杨良宜 杨大明 杨大志 | 著

证据法 基础理论、口头证据与专家证据

法律出版社
LAW PRESS · CHINA

作 者 简 介

杨良宜 现为全职国际商事仲裁员，在过去四十年中处理了大量国际商事、海事、贸易领域的仲裁案件，熟悉中国香港特区、亚洲地区及国际的有关实务，曾在中国香港特区、英国、新加坡、马来西亚、澳大利亚、美国、韩国以及中国内地的上千件仲裁案件中担任仲裁员。

现任香港专业海商及国际贸易业务顾问、最高人民法院国际商事法庭专家委员会成员、香港国际仲裁中心（Hong Kong International Arbitration Centre）名誉主席、中国国际经济贸易仲裁委员会（China International Economic and Trade Arbitration Commission）国际咨询委员会（International Advisory Board）委员、北京仲裁委员会/北京国际仲裁中心（Beijing Arbitration Commission/Beijing International Arbitration Center）战略委员会委员、上海仲裁委员会（Shanghai Arbitration Commission）委员、新加坡海事仲裁员协会（Singapore Chamber of Maritime Arbitration）理事会成员。曾任亚太仲裁组织（Asia Pacific Regional Arbitration Group）主席、法国巴黎国际商会国际仲裁庭（ICC International Court of Arbitration）香港代表、丹麦哥本哈根波罗的国际海事协会（Baltic & International Maritime Council）文件委员会副主席。

联系方式：philipyang@ biznetvigator. com

个人网站：www. yangliangyee. com

杨大明 现为欧华律师事务所香港办事处合伙人以及诉讼与监管业务部负责人，主要业务包括商业诉讼和仲裁。在处理涉及国际贸易和商品、合资企业和股东纠纷、国际投资和离岸项目以及科技相关的国际商业纠纷方面拥有丰富经验。同时，具有在中国香港特区、新加坡和英国伦敦等各地处理仲裁纠纷的丰富经验，涉及范围广泛的辖区、管辖法律和仲裁机构，包括北京仲裁委员会、中国国际经济贸易仲裁委员会、香港国际仲裁中心、国际商会、伦敦国际仲裁法院、伦敦海事仲裁协会、斯德哥尔摩商会、新加坡国际仲裁中心等。

2013 年，当选为上海市政协委员，并被任命协助上海发展成为国际仲裁中心。2015 年，作为领导小组成员之一向中国（上海）自由贸易试验区提交了有关“打造上海为航空航运融资租赁中心”的方案，并获评2016年“年度优秀提案”。2017年，被《钱伯斯亚洲太平洋》（Chambers Asia Pacific）评为争议解决在华仲裁领域的领先律师。2016/2017年，被《商法》（China Business Law Journal）杂志评为“The A List法律精英100强”之一。

联系方式：ernest_yang@ hotmail. com

杨大志　现为高伟绅律师事务所香港分所金融市场部门的合伙人。专长于处理场外衍生品交易和各类结构化产品，包括股权和信用挂钩产品、结构型重新组合证券、与基金挂钩的衍生品以及ISDA净额结算及套期保值交易。入选《钱伯斯亚洲太平洋》（Chambers Asia Pacific）律师名录，并因其在场外衍生品监管改革方面的丰富经验获得特别肯定与认可。经常为监管机构、行业组织以及各类客户就涉及场外衍生品的报告义务、清算义务和（非清算型产品的）保证金义务等方面提供专业意见与帮助。

2007年，在英国取得律师资格；2013年，在中国香港取得律师资格。在加入高伟绅律师事务所香港分所之前，曾在伦敦主流国际律师事务所与美国顶尖律师事务所的结构性金融产品部门工作。

联系方式：terry. yang@ cliffordchance. com

序 言 一

随着本书的完成,我从1980年年初开始的写作生涯经过了40年,已是告一段落。回顾这40多年来的写作历程,我很骄傲地发现,40多年来自己写书的目的与认知的学习方向从未改变,而撰写内容的质量则是随着自己经验与知识的增长,在广度与深度方面均有所变化,正所谓熟能生巧。例如,近10年来,我撰写的书籍都超过100万字,且在内容上尽量包罗万有并紧跟最新的法律变化。另外一个变化是,之前我自己抽时间在晚上以及周末或假日写作,后来变为有至少两位助手全职帮我搜集和整理资料,一起钻研,并帮助我写作。

这些不变与变化可以用我在1982年出版的《航运实务丛谈之二:租约》一书做参照。首先,我在该书的序言中说:“在多年讲学及工作实践中,深感中文专业理论书刊为数不多,现将近年教学讲稿尝试编译成中文印发,祈能抛砖引玉,更长学术之风。”而该书(350页,32开)一开始也是用大篇幅来讲“合约法概论”,针对合约法课题逐一介绍,如“订约自由政策”“发盘与受盘”“缔约人的能力”“合约关系”“误述与隐瞒”“条件与保证”“合约内容与双方订约意愿的解释”“合约的解除”等。虽然内容简约,实例介绍不多,但合约法重要的课题都已涵盖,与笔者近年来出版的三本(共3000多页)有关合约法的书籍的内容和框架相差并不远。

其次,我在1999年出版的《国际货物买卖》一书的序言也体现了我写作目的的一致性:“虽然笔者计划中的一系列专题书尚未大功告成,可以说说自己心中深处的想法。西方先进国家之所以国富民强,笔者认为从简单的推理可去找出其中一个重要原因,这就是英美商业领导人物,很大部分都受过全面的法律训练与教育,这套法律是指英美商法而非是指中国或日本的商法。而这套几百年发展起来的商法,更是令英美雄霸国际……这些年来想去掌握这一套英美法治背后思维方式与专业知识的中国人有一定数量,但他们都会面临各方面的重大困难。一是语言方面……二是代价方面……这方面的知识主要是来自书籍,英文专业书籍十分昂贵……也存在大量的平庸之作,精品并不很多。亦有不少有志青年花费大笔外汇去英美留学……但追求法律的知识(不是指自然科学)并能全面吃透的中国青年为数不多,多数留学生尽力去学习也只有学到皮毛或半桶水。笔者在想,如果自己能全面吃透英美这一套,再把它写成一系列的中文书籍,内容尽量全面、完整、细致、易明与实用……但要这样做,最困难莫过于自己的真正水平。如果自己未能全面吃透英美这一套,不论是中英文语言表达水平多高,终究不能写出连自己也不理解的内容……笔者在此衷心地希望这系列书籍能在中国年轻人当中产生影响，使他们认识到运用头脑、提高智慧的重要性及内中的长远利益，并以此为乐。”

前面所说写作生涯告一段落，只是指我40多年前计划的国际商法（以英国普通法为主）系列书籍已经基本完成，所以不用再日以继夜、呕心沥血、与时间竞赛般地写作。除了10多年前的多本航运、国际货物买卖与保险等专题书籍外，这套书籍最重要的就是针对基础商法的7本，包括有关国际商事仲裁法的《仲裁法：从1996年英国仲裁法到国际商务仲裁》《仲裁法：从开庭审理到裁决书的作出与执行》，有关国际合约法的《损失赔偿与救济》《合约的解释：规则与应用》《合约的履行、弃权与禁反言》，以及有关国际证据法的《证据法：国际规管与诉讼中的证据攻防》《证据法：基础理论、口头证据与专家证据》。这套书籍相当于俗语中所说“一理通，百理明”中的“一理”，深层次吃透了这“一理”，任何国际上的复杂问题（如国际制裁、西方国家的监管、国际诉讼/仲裁、高层次谈判等）都可以做出应对与解决，而不会手足无措。我相信，如果读者全部阅读并吃透了这7本，就能够拥有在国际商战中的对抗能力，特别是在思维理念上能够做到知己知彼地与外方交往，无论是成为朋友还是竞争对手。

虽然写作生涯告一段落，但不代表我一直追求的目标有所改变。在中国越来越走向国际化与面对国际压力的今天，我反而更是对推广这套书籍感到责任重大。但由于过去的做法效果有限，加上我本人年事已高，再到处去做讲座与送书也不是办法，必须改变做法，才会有更好的突破。所以，在我仍然有工作精力的有生之年，我将试图与国内的机构、单位合作，建立制度化学习的计划。毕竟，中国人在没有基础以及文化背景差异大的情况下，前期的阅读与钻研会十分辛苦。但如果有耐心坚持半年，我深信会找到读书的乐趣与价值，并且，随着国际思维与判断能力的提升，会树立解决难题的自信，见到实质带来的好处（如保障自己的利益）。我希望通过制度化的引导，能够帮助更多中国人坚持前半年艰苦的钻研与阅读，之后走上一生学习的坦途，并期望在10年后有大量精通国际法律的中国人才涌现。

感谢在过去3年中全职协助我完成《证据法：国际规管与诉讼中的证据攻防》以及《证据法：基础理论、口头证据与专家证据》的两位主要同事——王可心女士与贡航律师，他们也分别写出了自己的感受作为序言。有朋友曾问我，写出这么厚的书是否大家都会很辛苦？我可以坦言，我自己与两位同事并不辛苦，工时不长，也绝少加班，更没有任何工作压力。最后，我想表达的心里话就是：只要走对学习的路，学好并不如想象中艰辛。

杨良宜

2021年6月

序　言　二

"There are as many opinions as there are experts."（有多少位专家，就会有多少个意见。）

——Franklin D. Roosevelt（富兰克林·德拉诺·罗斯福）

我在协助父亲撰写这套法律书籍时，重点之一就是确保书中的道理不局限在适用于处理对外法律业务的专业人士，而是让每一位读者都会觉得是有帮助的人生道理。

正如美国罗斯福总统所说，所谓的"专家"有很多，每位"专家"都有独特的想法。大到国家领袖，小到平民百姓，每天在大小事情中都要掌握听哪位专家的以及听多少。本书对于这些问题与其他重要且有趣的问题，都介绍了国际法律界累积了几百年的经验，非常实用。

走到这里，于我父亲决定在撰写书籍上暂时告一段落之时，我想衷心地感谢他。作为有机会给我父亲的工作做出些许协助的人，我深深地感受到他几十年间风雨不改的信念，在同胞中推广国际法教育，提升国际法律思维与水平，付出了最大的坚定、毅力和信念。我父亲每天都是我的榜样。国际法律水平是无止境的，可以不断提高，所以，我们还有很多工作要做。每次遇到困难，我都会想到我父亲从一位没有受过法律教育与培训的船员，通过几十年不懈的学习、钻研与努力，最终改变了自己和家人的命运，并为国家相关专业领域的进步做出贡献。

杨大明

2021年6月于中国香港

序言三

李光耀先生是近代在国际上备受推崇与尊敬的有华人血统的政治家，他穷尽一生心血，把新加坡从一个落后的发展中国家锐变为发达国家。新加坡在1965年被迫脱离马来西亚独立之时，可以说是绝望之极，百废待兴，没有人看好。但在李光耀先生的领导下，新加坡在短短二三十年间就成功建立了现代化的经济与教育体制。李光耀先生是剑桥大学法学院培养出来的律师，显然了解法学教育对建立整个现代化社会制度的重要性。我父亲仍然记得他在船上当船员时，对新加坡船员利用业余时间学习英国法律感到好奇，而后得知是新加坡政府出台各种措施，鼓励年轻人在他们的专业范畴考取英国特许专业学会的资格，而无论是哪种专业学会，都要学习基本的英国法。这也在李光耀先生1981年的发言中得到印证，他说："There is no need to reinvent the wheel and start from scratch. We can study and learn from the experiences of other successful industrialised countries."时至今日，新加坡已建立起完善与受国际社会认同、肯定与欢迎的法律体系。

不可否认，英国这套已经建立了几百年的商法理念被国际社会普遍接受。中国在持续向全球开放以及加快与国际融合的今天，我们也更加需要熟悉和遵守这些国际法律理念和国际法律规则，进而融入和运用，从而令中国的法律环境成为商业发展的助力。我最近在工作中接触到一个用于中国与欧洲中小型企业之间交易结算的支付平台业务。该平台是由中国的科技公司开发，并在授权使用的合同中规定适用中国法。该适用法的规定令欧洲公司十分紧张，它们是第一次接触中国法，需要花费大量金钱与时间对使用中国法会产生的风险进行全面评估。显然，如果中国拥有一套与世界接轨和受认可的法律制度，就会大大减少外国企业与中国企业签约时的犹疑与障碍。自2021年1月1日生效的中国《民法典》吸引了中外法律界的关注，虽然仍待法官、律师、学者在实际应用中去诠释与具象化，从而建立一套全面、肯定、实用并与国际社会结合的中国民商法，但不可否认，这是中国法治化进程中的重要里程碑。

由于我的工作主要是非诉业务，所以对本书有关口头证据与专家意见证据方面的内容贡献不大。与我过去所学和现在业务关系比较大的是本书第十章，即"思想状态的证明"。我记得在英国读大学期间学习财产法这门课程时，第一课就是讲对个人财产权利的重视，任何人不能剥夺。但在20世纪80年代，由于国际环境的改变，国际上出现了大量的跨国商业诈骗以及贪污受贿、洗钱等犯罪，其中重要的一点是把被骗走的钱或者是赃款追回来。为了维护世界秩序，英美国家开始填补这个国际“黑洞”，建立与完善各种强制机制，如全球资产冻结令（金额大的资产也只能存放在金融机构）、资产披露令、对第三人的冻结令、搜查令、对第三方披露令等，同时也通过立法对银行等金融机构规定了解客户背景与交易内容的责任。而资产即使转移到第三人，除非第三人能够证明自己是不知情的善意买方，否则第三人作为推定信托人，仍需要在法院命令下将有关款项归还受害人。这些国际上追赃的做法十分灵活，在这个国际秩序下，中国也会得益，毕竟中国也是诈骗与贪污受贿犯罪的受害国。只要拥有熟悉与懂得运用这些手段的人才，中国就可以保护自身利益。

由我父亲主导撰写的这套共 7 本的国际商法（包括合同法、证据法与仲裁法）方面的书籍，主要针对国际商业交往中出现的千变万化的问题。这些问题不仅在商业交往方面，甚至在政治、外交方面也都会遇到。希望有更多的中国读者能够通过阅读这些书籍去了解与熟悉国际法律理念与实务，成为国际法律人才，帮助中国企业在国际商业舞台上立于不败之地。

杨大志

2021 年 6 月

序言四

事莫贵乎有验，言莫弃乎无征。

——汉·徐干《中论·贵验》

我在高考后选择来香港特区读法律时，甚至不清楚内地属于大陆法系，而香港特区属于普通法系。合约法算是我本科学习的第一门法律专业课，当时最大的感想是学不明白。只知道每节课不同主题的碎片化的知识，没有办法串联在一起。案例好像看明白了，考题改变一下事实，又不知道该怎么分析、怎么应用案例了。

我有幸加入杨先生团队时，刚好赶上杨先生写作"合约法三部曲"的第一本《损失赔偿与救济》，接着又协助杨先生完成了《合约的解释：规则与应用》与《合约的履行、弃权与禁反言》的写作。商业活动是由一个个合约串联起来的。英国合约法只有一套，合约的基础理论是根基与主干，各个领域（如海商、知识产权、建筑工程等）的细化规定则是分枝。如果只注重分枝而不注重根基与主干，就时常容易陷入困惑。而如果根基扎实，再向分枝展开研究，就容易融会贯通。协助杨先生完成这三本书的过程是不断学习、研究、提出问题与解决问题的过程，在这个过程中，当初碎片化的知识也逐渐产生关联，形成脉络。

这本《证据法：基础理论、口头证据与专家证据》与上一本《证据法：国际规管与诉讼中的证据攻防》是有关证据法的姐妹篇。我们每天都要面对大量真假难辨的新闻、传闻、信息，不断经历各种"反转"。我们每天也要作出无数决定，小到午餐吃什么，大到要选择在哪个城市定居。虽然人人都会说"凡事要看证据"，甚至知道"谁主张，谁举证"，但是具体到哪些证据可以采纳，哪些证据更有说服力，又有多少人能说得出子丑寅卯呢？证据法针对的就是事实审理者在法院诉讼或仲裁中如何处理证据：证据有哪些类别，不同类别证据的证明目的是什么，什么样的证据才是可采纳的证据，怎样获得有关证据，怎样决定有关证据的证明价值与分量。此外，相对应的还有当事人在争议发生前后要如何保护自身的敏感信息，在准备与质疑证据时有什么技巧等。

掌握了证据法知识，就等于在作决定时掌握了一套有条理和符合逻辑的思维方式。如果我在 18 岁时能掌握这套思维方式，我肯定会先了解更多的信息，找更多的证据。或许我会同样决定来香港特区读法律，但这是我给予所有证据分量权衡利弊后，认为对自己的未来最好的选择。此时的选择才能称为选择，而不是懵懵懂懂地碰运气,选对了也不知道为什么对,选错了也不知道为什么错。

一个人发出的微光或许只能照亮个人的前程,但如果发光的人足够多,互相映照之下,便足以照亮整个民族、国家的未来。共勉。

王可心

2021 年 6 月

目　录

第一章　口头证据之一

1. 序　　言

常听到贬低口头证据(oral evidence)证明价值(probating value)的说法,如"口说无凭"。相反,白纸黑字记录有关争议事实的文件就可信得多。西方人士在这方面的态度也是差不多,当场文件/记录(contemporaneous document/record)更为重要与其分量可以超越口头证据已是常识,在此只简单节录 Pearce 勋爵在 Onassis and Calogeropoulos v. Vergottis (1968) 2 Lloyd's Rep 403 贵族院先例的权威说法:"Credibility covers the following problems. First, is the witness a truthful or untruthful person? Secondly, is he, though a truthful person telling something less than the truth on this issue, or through an untruthful person, telling the truth on this issue? Thirdly, though he is a truthful person telling the truth as he sees it, did he register the intentions of the conversation correctly and, if so, has his memory correctly retained them? Also, has his recollection been subsequently altered by unconscious bias or wishful thinking or by overmuch discussion of it with others? Witnesses, especially those who are emotional, who think that they are morally in the right, tend very easily and unconsciously to conjure up a legal right that did not exist. It is a truism, often used in accident cases, that with every day that passes the memory becomes fainter and the imagination becomes more active. **For that reason a witness, however honest, rarely persuades a judge that his present recollection is preferable to that which was taken down in writing immediately after the accident occurred. Therefore, contemporary documents are always of the utmost importance.** "(加黑部分是笔者的强调)

另 Leggatt 大法官在 Gestmin SGPS SA v. Credit Suisse (2013) EWHC 3560 (Comm)先例中说:"I approach the evidence on the basis that, as in almost every case **where there is a contemporaneous documentary record, the documents provide the best evidence of what happened. Human memory is notoriously unreliable**, and the strong interests and emotions to which disputes resolved through litigation give rise are powerful distorting factors, however honest and well-intentioned the witness. Indeed, the more patently honest and convincing the witness, the greater can often be the risk of placing reliance on their testimony."(加黑部分是笔者的强调)

笔者对将口头证据与普通法法系所重视的交叉盘问(cross-examination)程序用于国际商业争议解决程序会带来多大的价值也持怀疑态度。这在商业争议解决程序中看来就是高水平与懂规则的证人与盘问律师上演一场好戏或玩一局"斗智游戏"(game of wit),让低水平与不懂规则的证人与盘问律师出尽洋相,而并不能让法院或仲裁庭找出与掌握事实真相。正如 Bingham 勋爵在他生前出版的《The Business of Judging》一书第 10 页中说:"... the ability to tell a coherent, plausible and assured story, embellished with snippets of circumstantial detail and laced with occasional shots of like-like forgetfulness, is very likely to impress any tribunal of fact. But it is also the hall mark of the confident trickster down the ages."这种懂得演戏与知道如何取信审理法官的高水平(但肯定不是高道德)的证人,被称为"自信骗子"(confident trickster),这种现象在今天与过往的国际商业社会中也是多不胜数。

但一味贬低口头证据也并不能解决问题,因为高水平证人(往往也是当事人)要想扭曲事实真相、避重就轻与/或误导法官/仲裁员以满足自身利益,根本不必等到开庭审理时的口头证据与交叉盘问,早在事发时与/或之后的时间内制作(making)文件证据时就已经做了。低水平证人也不是不想在文件记录自保(self-serving),只是能力有限与无法预知后果,常常会什么都不做,或反而自毁长城做出十分笨拙或自相矛盾、令人不可置信的错误言行并留下证据。口头证据如此,文件证据也如此。两种证据在这方面实际区别不大,即保护不了低水平、低思维与做戏/表达水平不够的证人。

虽然口头证据有不少缺点或不足之处,但它也有十分重要与无可替代之处。即使有完整的文件,法官或仲裁员在证人解释与介绍文件制作的背景(context)后,也会更容易理解与串起整件事的来龙去脉。若一个案件较为复杂且涉及大量争议事实,则代表存在大量文件,故双方当事人与代表律师也难以安心只以文书陈述,然后让仲裁员(因为仲裁更有可能不开庭,以文件审理)自己在大量文件中摸索寻找事实真相。

在进一步详论口头证据前,不妨先介绍口头证据的一些重要缺点:

1. 自然人的记忆短暂,时间久远的事实难以可靠地依赖口头证据。

2. 较文件证据更容易刻意"捏造"或事后被有意、无意塑造(这在拟定证人证言时最容易发生)。但在事情发生不久时制作与留下的文件,即所谓的"当场文件",因为白纸黑字赖不了、改不了,就可信多了。若只是口头讲出所谓的事实(或故事),则如何演绎就看讲者(证人)的智慧与水平(特别是法律方面)了,有极大的伸缩性。往往可以不讲一句谎言,只通过技巧避重就轻,就对同一个事实得出完全不同的结论。在一个"对抗制"(adversarial)的诉讼中,听双方当事人高水平的代表律师陈述各自的案件时就总会感受到:开庭时听一边的陈述觉得该方胜券在握,然而听完另一边觉得该另一方才应是胜利的一方,最后还是要靠证据分析得出结论。

3. 即使不刻意塑造、捏造或扭曲事实,自然人的记忆也会令事实在不知不觉中被调整。要知道回忆或记忆(memory)一件事并非像录音带或录像带回放一次可一字不漏。即使是记得十分清楚的事实,回忆仍是“重建”(reconstruct)而不是“回放”(reproduction)。这样,在重建过程中难免因偏见、想当然、喜怒、被提问的问题[如问的律师提出诱导性问题(leading question)]、为帮助回忆而参考的文件等受到影响,而产生对过去事实的偏差,增加或遗漏了部分细节。在《Litigation》(1976 年 Vol. 2)刊登的 MH Freedman 先生的“Counselling the Client: Refreshing Recollection or Prompting Perjury?”一文中:“One of the most common misconceptions about memory is that it is a process of recollection or reproduction of impressions, closely analogous to the functioning of a phonograph or tape recorder. In that respect, legal thinking is centuries out of date, proceeding as if highly relevant experiments in behavioural psychology had never taken place. In fact, perceiving is itself active and constructive, and memory is much more a process of reconstruction than one of recollection or recall. Moreover, the process is a highly creative one, affecting what is ‘remembered’ as much as what is ‘forgotten’.”

4. 笔者深深感到,有水平的“自信骗子”遇上差劲的对手经常可以随意扭曲事实。对抗制诉讼下设计的交叉盘问,本来是一种很好防止证人自说自话讲故事,或任意避重就轻不把所有的真相(the whole truth)讲出来的手段。做法上就是先让对方律师把证人的主证据(也就是讲的“故事”)调查清楚,然后在开庭审理交叉盘问时对证人“打破砂锅问到底”。可以说,在尖锐与细致的一连串盘问下,加上证人必须直接回答,不得回避,心底里也知道对方律师很可能已经知道正确答案,确实会有更大可能向审理法官说出全面的事实真相。但笔者认为,这一套手段如果适用在双方当事人与其代表律师的智慧与水平均等,也熟悉整个做法的情况下,也就是适用在西方社会或公司之间,应是十分适宜的。但一旦双方当事人在这方面水平并不均等,就会出现刚刚提到的有水平的人士在面对差劲与不熟悉这一套游戏规则的对手时可以随意扭曲事实的情况,最终导致在对抗制下不能插手调查取证的法院(或仲裁庭),只能认定扭曲的事实为“真相”。

5. 口头证据与交叉盘问的一套做法对中国公司尤其不利,因为普遍是害怕诉讼、不习惯“文斗”、更不了解对抗制的做法,一旦面对就会变得手足无措,无法有板有眼地应对。这样,投降或败诉的概率大增。所以笔者较早说到对普通法重视的交叉盘问作进一步澄清,去对质证人的主证据并找出事实真相,对其在国际商业争议起到的功能抱有怀疑态度,原因就是双方当事人、证人与他们的部分代表律师在这种对抗制的“文斗”中水平、经验、熟悉程度并不均等。所以,中国公司希望能保护自己的权益,保证事实真相不会被扭曲、正义可以得到伸张,这就必须提高国际法律水平、知己知彼。

2. 必须依赖口头证据的情况

国际商业的现实是,当事人在交往中通常都会制作大量的文件。但一旦有了争议,除非只是涉及一个狭窄的法律争端(narrow legal issue)或是一个简单的事实争端,而当场文件证据的内容本身已经是足够而不需要口头证据的进一步补充,否则在很多情况下,审理往往仍缺少不了口头证据。因为在民商事案件中,有相当比例的情况是,针对特定争议事实的文件证据缺失或有关文件证据的内容不足、混乱与/或需要进一步补充与解释。这样,只能是或主要是依赖口头证据证明争议的事实。侵权方面这种情况的诉讼就很多。商业合约的争议中这种情况也不少,常有的争议如:双方是否在电话中或在一个晚宴上口头同意一个买卖合约,或一方曾经作出一个承诺(promise)、担保(guarantee)、误述(misrepresentation)、违约/毁约的言行或弃权及禁反言的言行[1]等。

另也经常会有争议涉及多个替代争端(alternative issues)。例如,在某个特定案件中针对某些争端,如时效、条文解释、禁反言等,都有充分文件证据,无需口头证据补充,而针对损失计算,有些方面就没有充分文件证据而需要口头证据。照说,开庭成本很高,在国际仲裁中可否只局限在需要口头证据的个别争端,而其他争端以文件形式审理?原则上没有不可以,但现实中很少有这种"半桶水"安排。这样,开庭审理就不会仅限于一项争端,而是整个仲裁案件变得像法院诉讼一样,出现口头证据成为主要,而文件证据变为辅助的情况。一并审理下,开庭与证人提供口头证据、交叉盘问等程序就在所难免了。

2.1 例子介绍之一:早年伦敦仲裁案件

在笔者(杨良宜)的经历中也遇到过不少这种情况,接下来介绍一些仲裁案件的例子。先举一个早年有关一船(油轮)成品油部分(在其中一两个油柜)被污染的仲裁案件。船上大副坚持到达卸油码头时再卸,岸上油码头负责人说不必把污染的成品油分开及留待最后再卸,可与不污染的成品油一齐卸,岸上不难处理。但结果污染扩大到全船的成品油,损失数字倍增。而岸上油码头负责人否认曾说过此话,认为不会说这种话,相信是船上大副的误解或听错。整件事无论当时还是事后一份文件也没有存档在案,没有船上大副当场向公司发出的报告,唯一的证据就是船上大副与岸上油码头负责人这两位事实证人,但各执一词。对仲裁庭而言,双方的证人证言(witness statements)或主证据(evidence-in-chief)无助于认定事实的真相,唯一能帮助抉择(也就是相信谁的口头证据)的是依赖交叉盘问进一步澄清。而且,在证人无事先准备的情况下,其即时的反应会是较接近事实的。交叉盘问的一连串问题会涉

〔1〕 可见笔者的《合约的履行、弃权与禁反言》一书。

及两位证人的工作经验、出事时的环境与情况、对出事后果的理解、潜在可能（inherent probabilities）等，仲裁庭会在证人的回答、反应与行为举止（demeanour）中找到答案。

按理说，扩大污染对任何一方都没有好处，故此事实真相是出于语言上的误会，而无关谁诚实、谁说谎。但仅凭书面文件陈述（书面证人证言）看不出这个错误是出在表达方（码头负责人）还是接受方（船上大副）上。若证人出庭作证，仲裁员就可对他们的身体语言、表达能力（以英文为媒介）、理解能力等有深入的了解，再加上其他信息的辅助，例如大副是新手，第一次在油轮上工作和处理成品油，而码头负责人老练、有经验、自信，对被污染的成品油的处理与麻烦知之颇深，不像是乱讲话的人，案件的事实会变得更加清楚。虽然这不见得一定能够保证正确，但现实中大多数人仍倾向于认为懂业务、有经验的人较少有遗漏或过错。这样，法官（或仲裁员）作出对事实的认定，可能更接近真相。

通过上述过程认定的事实到底是否是真相也永远无法肯定与确切知道，但商业上的争议总要文明解决，民商事案件也只要求满足平衡的可能性（balance of probabilities）〔2〕。

2.2　例子介绍之二：近年香港特区仲裁案件

该香港特区仲裁案件涉及一家美国高科技跨国公司的亚洲分公司向我国台湾地区某公司（以下简称台湾公司）出售一项技术专利。双方已经谈妥主要条件与价格，但仍有其他需要完成的例行手续。作为原告的台湾公司指称美国分公司的负责人曾经说："这交易肯定成事，只等待一些例行手续，这仍要几个月。但亚洲分公司这一季度业绩很差，因为大部分精力都花在这交易。这将影响分公司员工的升迁与派发年终奖金，因为各地区的分公司是自负盈亏，根据自己分公司的业绩作出奖惩。所以台湾公司可否先支付25%的价款作为交易的首期款或订金？"

台湾公司老板很快就一口答应。但过了一两天，美国分公司的负责人说因为交易仍在谈判，没有合约，所以即使台湾公司作出支付，集团的会计部门也无法将这笔钱算作收入，因为万一谈不拢这笔钱要退还。所以，必须要"做戏"令这笔支付的金钱"独立起来"算作是已经赚取的"附带"交易。这样，在普通法下就要为这"附带"交易找一个对价（consideration）才能在法律上有效，这就带来了一个培训——由美国公司的相关人员飞到台北为台湾公司作一个半天的讲课，课程内容是有关出售的技术，参加课程的人员是台湾公司在台北以及在上海等地工厂的几十名员工。本来，如果顺利完成技术专利的出售，就什么问题都没有，双方仍是"商业老朋友"，可以寻找下一次合作的机会。但不幸的是，在最后关头该交易竟然得不到政府的批准，而被迫取消。这样，台湾公司向美国分公司索要这笔好几千万美元的款项，但美国公司拒绝，并称这是培训费，已经是赚取。该争议引发香港仲裁。笔者（杨良宜）是仲裁庭

---

〔2〕　见本书第七章之7.2段。

成员之一。从仲裁程序中双方提供的证据来看,几份重要的文件证据对台湾公司不利,因为这些文件都只显示了这笔钱是支付培训费。而台湾公司主张美国分公司负责人提出的要求与承诺都只是口头证据。该台湾公司负责人也在证人证言中提到没有文件记录的原因,即美国分公司负责人提出的制造“附带”交易的做法如果留下文书记录,将来被披露出来对总公司或美国税局不好交代,所以美国分公司负责人要求不要在文件上显示。

在该仲裁中,双方都委任了著名的律师事务所,也不惜成本去恶斗,曾经的“商业老朋友”也撕破了脸,证人证言内容相反。笔者仍记得,在仲裁程序中,代表台湾公司的律师要求披露的其中一类文件是美国公司近3年来在全球各处对各种有业务关系的公司提供的培训的收费与条件是怎样的。而美国公司抗拒并坦承有不少与交易有关联的技术培训是免费的,但这些文件也与此次不成功的交易无关。更重要的是,这类文件要在全球收集起来需要很长时间,对方去查阅需要更长时间,因为纸质文件的数量会填满一个40英尺的集装箱。仲裁庭最后决定不下令披露,原因之一是披露涉及的费用、时间与对认定案件带来的帮助是完全不成比例(disproportionate)的。另外,仲裁庭认为这些文件的关联性(relevance)也是十分薄弱(tenuous),甚至没有。因为涉及高端技术的培训不像是公开市场的货物买卖,有市场价格,只要你情我愿,每一个培训都是独特的,可以有特制的定价,其他培训都没有可比性。[3] 而能够令其无效的原因仍然是合约法原则中的误述(misrepresentation)、欺诈或非法胁迫(unlawful duress)等极少数理由。

台湾公司交出了涉及这半天培训与讲座的内容与材料的大量文件,希望显示这培训只是泛泛针对一般的内容,甚至随时可以在网站上下载;还有显示美国公司针对同一技术对其他公司免费提供培训的文件;另有针对台湾公司与上海等工厂参与培训的员工很多只是一般职务等的文件,反正都是为了证明这次培训的含金量不高。这样,正如台湾公司的律师在口头开庭陈词中说:“如果这几千万美元真是半天的讲课费/演讲费,这半天的培训将会是有史以来最昂贵的一次培训,是邀请世界上最红的政治家或演艺界的巨星也不会有的代价。”

但对笔者而言,这种“阴谋论”没有太大的说服力。这充其量显示了严重不合理(wholly unreasonable),但在普通法下不合理再也不是否定明示约定的理由。因此,双方约定一方提供半天培训另一方支付5000万美元是完全有效的。第一天开庭双方完成口头开庭陈词后,在第二天开始盘问证人时叫停。结果大半天后,双方告知在休息室等待的三位仲裁员双方达成和解,但是什么和解条件仲裁庭就不知道了。仲裁如果推进下去,恐怕台湾公司也会凶多吉少,因为能够站得住脚的理据是美国分公司负责人的误导/误述,但证明该“事实”的只有被美方否认的台湾公司负责人的证人证言。如果接受交叉盘问,台湾公司的负责人也不会比美国分公司负责人应对得更

---

〔3〕 这类想依赖相似事实证据(similar fact evidence)的情况,可见本书第九章之2.5段的介绍。

好与更有说服力。的确,如果台湾公司负责人对证据的重要性有了解,就会在事情发生时做两手准备。例如,向律师咨询双方谈话内容的法律后果,这就会有文书记录,而且在处理上会更谨慎。固然这些文件享有特免权(privilege),但台湾公司要放弃特免权去披露出来作为证据是完全可以的。又如,在商谈过程中台湾公司偷偷把大家的谈话录音,[4]或在公司内部把这些当场记录以会议记录、内部沟通邮件等文字形式保留,美国公司也不会知道。如果技术专利转让的交易顺利完成,大家仍是"商业老朋友"。而如果出了事,大家撕破脸,台湾公司才把留一手的证据抖出来。这样相信双方不会再有争议,也不会有这香港仲裁。接下来介绍的 Janan George Harb v. HRH Prince Abdul Aziz Bin Fahd Bin Abdul Aziz (2018) EWHC 508 (Ch)先例就显示了这种保留"接近当场记录"(near-contemporaneous record for event)手段的重要性。

2.3 例子介绍之三:Janan George Harb v. HRH Prince Abdul Aziz Bin Fahd Bin Abdul Aziz 上诉庭先例

英国近期的 Janan George Harb v. HRH Prince Abdul Aziz Bin Fahd Bin Abdul Aziz (2016) EWCA Civ 556 上诉庭先例不涉及商事争议,但涉及国际上曾被大量报道的花边新闻,而且同样的争议也经常会出现在商事争议或其他方方面面的情况中,所以在此简单介绍。案情有关沙特王室,已故的法赫德国王(King Fahd)的其中一位妻子 Harb 女士(本案的原告)在 1968 年结婚两年后因与王室其他成员关系不好,声称害怕有生命危险而离开沙特阿拉伯,移居美国,后来又入籍成为英国公民。1982 年,法赫德加冕成为沙特国王。但到了 1995 年,法赫德国王因为中风而瘫痪。在这期间,虽然名义上法赫德国王并没有在伊斯兰教法(Sharia Law)下正式与 Harb 女士离婚,但 Harb 女士仍然结婚两次并均以离婚收场。1999 年底,Harb 女士经济有了困难,就与法赫德国王的儿子(也就是本案的被告,可称为"王子")在英国见了一次面,并告知(或威胁)王子自己准备出版自传。王子害怕该自传会透露沙特与法赫德国王的"秘闻",所以在该次会面时给了 Harb 女士一笔 500 万英镑的银行汇票,以换取 Harb 女士不出版自传的承诺。但到了 2003 年,Harb 女士把这笔钱花光后又面临经济困难。在 2008 年 5 月 1 日,Harb 女士宣布破产。

在 2003 年初,Harb 女士经过律师要求法赫德国王援助,声称国王曾经承诺让她过体面的生活,并要求国王支付给她 1,200 万英镑,但该主张没有得到回复。于是在 2003 年 5 月 7 日,Harb 女士根据《Matrimonial Causes Act 1973》Section 27("Financial provision orders ... in case of neglect by party to marriage to maintain other party or child of the family")申请英国法院命令法赫德国王提供赡养费。在此法律行动中,Harb 女士也作出一份誓章(affidavit)披露了不少沙特王室的内幕与丑闻。

---

[4] 录音的做法可见笔者的《证据法:国际规管与诉讼中的文件攻防》一书第十三章之 6 段 Somatra v. SRT (2000) 2 Lloyd's Rep 673 上诉庭先例。至于偷偷录音会否关于属于用非法手段获得证据与有关的法律地位,可见本书第九章之 3 段。

2003年6月,Harb女士知悉王子前往伦敦并住在Dorchester酒店,于是在19日去该酒店,但王子没有见她。在当天晚上,她在一位朋友的陪同下再去该酒店并在大堂等待,希望有机会见到王子。针对后来发生的事情,Harb女士和王子各有不同版本。王子主张的版本是在20日凌晨,他经过大堂回房间时,Harb女士向他打招呼,但他没有理睬、也没有交谈。但Harb女士的版本是,双方有简短交谈,王子承诺只要她撤回对法赫德国王的指控,就会给她1200万英镑与两栋在伦敦的房子。Harb女士由此声称双方达成口头协议,并随即在当天告知自己的律师Sara Simon女士有关的口头协议,并要求拟定文件,也就是一份正式合约让双方签字与一份由Harb女士与律师加签的确认保密信函(confidential letter)。之后在22日,Harb女士再去酒店把这些文件交给王子的助手Martini先生与王子每人一份,并称王子回应说会考虑。但之后没有消息,所以王子在8月再度去伦敦并住在Landmark酒店时,Harb女士再去找他,并指称获得王子回应说会考虑,之后又是石沉大海,于是在6年时效(time bar)即将届满时Harb女士提起诉讼。

虽然Harb女士在2008年已经破产,但这个1200万英镑本金加上两栋房子的2000万英镑的索赔是破产执行人以1000英镑的代价转让给Harb女士,所以她一直是原告。

王子完全否认上述Harb女士所主张的事实版本与指控,并指出他没有收到过Harb女士提供的文件,他8月份在伦敦也没有住在Landmark酒店,更未曾见过Harb女士。在Harb女士提起诉讼后,王子试图以各种办法希望提前终止诉讼,包括申请撤销(strike out)索赔、主张国家豁免权(sovereign immunity)等,但都不成功,从而被迫面对诉讼。在此诉讼中,王子出具文书证人证言(witness statement),但不出庭接受交叉盘问,原因是沙特现任的萨勒曼国王(King Salman)不允许王子去英国出庭,因为出庭作证会泄露已故法赫德国王的隐私。为此,沙特驻英国大使馆发函给英国外交部,内容如下:"With reference to the litigation entitled Harb v. HRH Prince Abdul Aziz . . . , which is due to be heard from 16 July 2015, the Government of the Kingdom of Saudi Arabia wishes to inform the Court that it is not permissible for a Member of the Royal Family of Saudi Arabia to provide oral evidence in foreign court proceedings concerning matters related to HM the late King Fahd. The Royal Court of Saudi Arabia forbids HRH Prince Abdul Aziz . . . from doing so in this matter."

英国法院审理该案件的Peter Smith大法官不接受这个不出庭的理由,因为沙特王室成员在其他案件也曾出庭作证。这样,他把王子的证人证言视为传闻证据(hearsay evidence)不予考虑,并接受Harb女士的证言,判Harb女士胜诉。

王子上诉该案试图推翻一审认定的事实(finding of facts),并且从上诉庭成功获得发还重审(retrial)的命令。众所周知,事实认定是一审法院的工作,上诉只是针对法律方面。但这不代表上诉庭不能去监督一审法院对事实的认定。如果一审法院在事实认定方面因存在严重的程序性问题或其他不正常(procedural or irregularity),而判决被视为可能有错的情况下,上诉庭就可以将案件发回重审。据知,这方面的上诉在民事案件中约占15%。该课题在本书第三章之3段会详论。

在本先例中,上诉庭认为一审的 Peter Smith 大法官在几个重要方面犯了错,如:

1. 没有就证据的取舍与给予不同的分量提供足够的原因。民事案件在早年与刑事案件一样,是由陪审团认定事实。他们一般不会给原因,只会给出他们的决定。但民事案件变为由法官替代陪审团认定事实后,审理的法官就有责任把原因充分地在判决(judgment)中写出来。这除了能够保证法官是有全面与有规矩地考虑问题外,也可让上诉庭从写的原因中看到一审法官的这些考虑是否有错(misdirect)、是否有遗漏关键问题(不全面)或是否严重不正常等。显然,没有原因的决定无从挑出有什么特定问题。往往水平低或不想动脑筋的法官(或仲裁员)不去写也写不出有充分原因的判决(或裁决),这本身已经足够令法院下令重审。

2. 在此先例中,上诉庭就指责 Peter Smith 大法官草草了事(short cut)。例如,他一方面指出 Harb 女士是不可信,另一方面又没有充分解释是如何超越这不可信而去判她胜诉。Moore-bick 大法官说:"... the doubt expressed by the judge was fully justified, but despite that he had failed to explain what had given rise to the doubt or what had enabled him to overcome it."

3. 更重要的是,Peter Smith 大法官在拒绝接受王子不出庭的理由并因此作出不利推断与不考虑文书证人证言时,没有注意沙特大使馆的信函是王室(萨勒曼国王)不允许王子出庭,因为关乎已故法赫德国王的隐私,并不能与沙特王室成员曾经在英国其他案件出庭相提并论。看来,这又是一审判决的不充分原因显示了 Peter Smith 大法官没有考虑这一点。Moore-bick 大法官说:"More importantly, ... the judge wrongly concluded that the Prince had failed to attend the trial to avoid being cross-examined ... it is fair to say that parts of the note conveyed by the letter ... from the embassy might in a cursory reading have given the misleading impression that the minister was relying on a general rule of Saudi law. In fact, however, it is clear that it was limited to 'oral evidence ... concerning matters related to HM the late King Fahd' and the following sentence was quite unequivocal in stating that The Royal Court of Saudi Arabia forbids HRH Abdul Aziz from doing so. ... but the judge made no reference to that in his judgment, so it is impossible to tell what he made of it. ... in our view the judge's findings in ... do not reflect the evidence before him."

4. 上诉庭对 Peter Smith 大法官的批评是王子的代表大律师在结案陈词中指出 Harb 女士在交叉盘问的回答中有多处与她的证人证言相矛盾,但 Peter Smith 大法官没有在判决中对这些矛盾之处作出解释与分析,而只是说事情发生在13年之前,所以 Harb 女士会记不清楚。但这记不清楚的说法有问题,因为 Harb 女士的证人证言是在开庭前不久才根据她的记忆来拟定,没理由会与开庭时的记忆有不同。Moore-bick 大法官说:"... counsel for the Prince had made extensive criticisms of Mrs Harb's

evidence on the grounds that it was inconsistent with her witness statement, he (Peter Smith 大法官) failed to deal with any of those criticisms and brushed them aside by saying that it was unrealistic to expect Mrs Harb to have a clear recollection of events 13 years after the event. That fails to recognise that her statement itself had been made very shortly before the hearing, when her recollection, whether good or bad, should have been much the same as it was at trial."

在重审(Janan George Harb v. HRH Prince Abdul Aziz Bin Hahd Bin Abdul Aziz [2018] EWHC 508)时,Arnold 大法官也判双方有达成口头协议。这里有一个重要的发展,就是 Harb 女士新披露了她与她的律师 Sara Simon 女士多次会面时律师所做的完整约 100 页的笔记(除了遮盖了部分享有法律业务特免权的内容),这是在 Peter Smith 大法官审理时没有披露的。该笔记显示了 Harb 女士曾经告知律师有关与王子的口头协议的详情与细节。这份文件被 Arnold 大法官视为能获得的最佳证据(best available evidence)[5]与接近当场的记录(near-contemporaneous record for event),远比众位证人对 15 年前事情发生时的记忆可靠得多。Arnold 大法官说:

"The evidence at the second trial before me was different to that at the first trial ... In particular, an important development ... following a request by the Prince's legal team for further disclosure, Mrs Harb's legal team disclosed about 100 pages of attendance notes made by Mrs Harb's former solicitor Sara Simon ... mainly covering the period 2 June 2003 to 16 February 2004 ... As explained in more detail below, the attendance notes record reports by Mrs Harb of a series of meetings and conversations with the Prince and others during the relevant period. For reasons that will appear, I regard these documents as representing **the best available evidence on the central issues.**

... Mrs Simon kept meticulous attendance notes recording what she had been told by Mrs. Harb. Mrs. Simon's practice was to make a manuscript note during the course of the telephone call or meeting, and then to dictate a fuller note as soon as possible afterwards which would be typed up and filed by her secretary.... Mrs. Simon's attendance note thus contains a **near-contemporaneous record** of events as recounted by Mrs Harb to Mrs Simon.

... It is obvious that the passage of time since June 2003-February 2004 means that-Mrs Herb's recollection now, or even in 2015, is likely to be less reliable than the near-contemporaneous account she gave Mrs Simon and which Mrs Simon recorded in the attendance notes. **No reason has been suggested as to why Mrs Harb should have wished to mislead her own solicitor as to what had happened....**

... It is easy to pick holes in Mrs Harb's oral evidence, ... I accept that Mrs Harb

---

〔5〕 见本书第八章之2段。

was not a reliable witness, and that her evidence must treated with considerable caution. Nevertheless, the basic thrust of her evidencereceives considerable support from the attendance notes....

Mrs Harb's case that she reached an agreement with the Prince on 20 June 2003 is supported ... from the attendance notes dated 20 June 2003 and from the subsequent documentary evidence.... In my judgment it is probable that some kind of agreement was reached between Mrs Harb and the Prince in the early hours of 20 June 2003. **If there had not been, it is unlikely that all the activities which took place later that day, and subsequently, would have taken place.**"(加黑部分是笔者的强调)

在重审中,虽然 Arnold 大法官仍判双方达成口头协议,但王子最后仍在该认定的事实(即达成口头协议)下胜诉,因为 Arnold 大法官判定口头协议太不肯定(uncertain)。这方面涉及的是当事人仍在谈判阶段还是已经达成生效合约之间的分水岭问题,如果双方同意的明示条文(expressly terms)太泛泛,默示(不论是法律或事实默示)条文(implies terms)填补不了漏洞而令双方无法去履行该协议,就表示双方仍没有产生合约关系。在本案例中,法官即使认定双方达成口头协议,但这口头协议到底是什么内容仍要去推断。可以想象得到口头协议估计不会有太多内容,毕竟双方于 2003 年 6 月 20 日凌晨在 Dorchester 酒店大堂的短暂见面与交谈中无法达成一个全面与具体的口头协议。因为整件事已变得十分复杂,不是三言两语就可以谈得拢的。如 Harb 女士指称的王子要求 Harb 女士撤回对法赫德国王与沙特王室的指控到底是哪些指控与怎样做才能令王子满意。另作为"对价"(consideration),王子也不知道两栋房子是什么房子,后来 Harb 女士才写信跟进告知。这样,这口头协议太不肯定,无法在 2003 年 6 月 20 日之后马上履行而是需要双方进一步谈判。Arnold 大法官说:"I agree with counsel for the Prince that, if the agreement reached on 20 June 2003 was intended to be immediately binding, it was too uncertain to be enforceable. Thus, if the Prince had tried to enforce the agreement against Mrs Harb, she would have been able to say that she did not know precisely what she was required to retract."

2.4 对口头协议的取证与认定

针对双方诉讼方/当事人有否达成口头协议,法官(或仲裁员)在认定证据是否可采纳与给予分量方面,相比解释文书协议颇有不同。[6]

针对处理口头协议的证据问题,笔者可先介绍 Maggs v. Marsh (2006) EWCA Civ 1058 先例。该案例的争议是有关装修房子的费用。双方就最初以口头达成的预计装修费用与包括哪些装修项目的协议发生争议。在上诉庭,Smith 大法官说:

"The parties did not write down what they had agreed. No complete record was

---

[6] 在解释文书协议时,不接受订约后双方的行为的外来证据,这方面可见笔者的《合约的解释:规则与应用》一书第六章之 2.5.2 段。

made. Accordingly, the only way to decide what had been agreed then was to hear evidence about it at the trial, two or three years later. The accuracy of the parties' recollections was mutually disputed. In those circumstances, it is plain to me, as a matter of general principle, that, for the purpose of testing the accuracy of those recollections, it is highly relevant to hear evidence about what the parties had said and done about the disputed matters in the meantime.

The rationale of the well-established rule in Miller's case[7] is this. The parties have made a complete record of their agreement at the time, in writing. The written words must be objectively construed or interpreted. Such **construction is a matter of law. . . .** the question is what meaning the document would convey to a reasonable person having all the background knowledge which would reasonably been available to the parties in the situation in which they were at the time of the contract. **It is therefore irrelevant to call evidence of how one party behaved after the event.** That only sheds light on what that party subjectively thought he had agreed.

In my judgement it is clear that the principle set out in Miller's case, does not apply to an oral contract. **Determining the terms of an oral contract is a question of fact.** Establishing the facts will usually, as here, depend upon the recollections of the parties and other witnesses. **The accuracy of those recollections may be tested and elucidated by things said and done by the parties or witnesses after the agreement has been concluded.** Receiving evidence of such words or actions does not mean that the judge is losing sight of his task of deciding what the parties agreed at the time of the contract. It is simply helping him to decide whose recollection is right. . . . "(加黑部分是笔者的强调)

上述节录的内容清楚说明,法院(或仲裁庭)在处理当事人就文书协议与口头协议的内容所产生的争议截然不同。涉及文书协议,法院(或仲裁庭)根据的是双方选择使用的文字/措辞客观解释双方当事人同意了什么。这是一个法律问题(matter of law),所以无需证据。而双方参与谈判与订立合约的证人出庭作证只能说明他/她主观的想法或希望,与/或自以为双方同意的就是符合这想法,但这些证据与法律上解释文书合约内容无关(irrelevant)。然而,一旦针对的是口头协议,法院(或仲裁庭)就有了完全不同的处理手法。这不再是一个法律问题而是一个事实问题(matter of fact),要根据双方提供的证据来认定口头协议有否达成与/或内容是什么。这里的证据主要就是在所声称的口头协议达成后双方的言行举止,通常是要凭双方的有关证人出庭提供主证据与接受交叉盘问,他们对可能是在两三年前的沟通中到底同意

[7] 这是指著名的 Whitworth Street Estates Ltd v. Miller (1970) AC 583 先例。Reid 勋爵说,解释合约不针对双方当事人主观想什么或希望什么,而是大家同意了什么:"The question is not what the parties thought or intended but what they agreed."

些什么的回忆的准确性有疑问,但最后法官(或仲裁庭)仍要根据这些证据来决定接受哪一方的回忆比较正确并对事实问题作出最后决定与认定。更有可能是双方证人的回忆都不是完全准确,但法官(或仲裁庭)在民事诉讼中仍然要作出一个胜负的决定。

Leggatt 大法官在 Blue v. Ashley (2017) EWHC 1928 (Comm)先例中说:

"In determining where an agreement has been made, what its terms are and whether it is intended to be legally binding, English law applies an objective test. . . . 'The general principles are not in doubt. . . . it depends not upon their subjective state of mind, but upon a consideration of what was communicated between them by words or conduct, and whether that leads objectively to a conclusion that they intended to create legal relations and had agreed upon all the terms which they regarded or the law requires as essential for the formation of legally binding relations.'

As with all questions of meaning in the law of contract, the touchstone is how the words used, in their context, would be understood by a reasonable person. For this purpose the context includes all relevant matters of background fact known to both parties. . . . where, as here, the court is concerned with an oral agreement, the test remains objective but **evidence of the subjective understanding of the parties is admissible** in so far as it tends to show whether, objectively, an agreement was reached and, if so, what its terms were and whether it was intended to be legally binding. **Evidence of subsequent conduct is admissible on the same basis.** In the case of an oral agreement, unless a recording was made, the court cannot know the exact words spoken nor the tone in which they were spoken. In these circumstances, **the parties' subjective understanding may be a good guide to how, in their context, the words used would reasonably have been understood.** It is for that reason that the House of Lords in Carmichael v. National Power Plc (1999) WLR 2042 held that **evidence of the subjective understanding of the parties is admissible in deciding what obligations were established by an oral agreement.**"(加黑部分是笔者的强调)

以上所说可简单解释为:

1. 在通过文件谈判达成(或未达成)协议的情况下,双方如果对他们有否达成有效合约与达成了什么内容的合约有争议,法院(或仲裁庭)可以根据文书证据客观看待,而不会理会双方不同的主观看法。双方既然有争议,也就表示大家的主观看法相异,没有考虑价值,也不应采纳。法院(或仲裁庭)可以凭文件证据中的文字客观考量双方的谈判是否已经告一段落,双方同意的内容是否也满足了法律对达成有效合约的各种要件的要求,例如没有尾巴的无条件接受、对价、订约意图、肯定性等。这种情况会发生在不少国际交易中,双方以文书往来进行谈判,即使有通电话,随后也以电邮确认谈话的内容。更会是,双方已经签署了一些文件如草拟合约。反正这样,法院(或仲裁庭)完全可以客观考虑这些文件并作出判决(或裁决),没有必要也不应采纳双方当事人提供文件或口头证言去主张他们的想法。

2. 同样是“合约”后或事后的单方面行为,其中一方当事人跟从或开始准备履行工作的证据也是没有价值与不应采纳的。因为他/她可以有了错误理解,以为达成了合约但其实客观判断是没有。

3. 不过一旦涉及口头协议,这两种证据就会对认定事实真相起到很大的帮助:(1)一方当事人的主观看法与理解(并记录在案)会显示出对方可能曾经讲过什么话;(2)一方当事人事后单方面的行为也可以作出同样的推测。虽然,这其中难免会存在听错、误解、夸大、想当然等的情况,但在只有两种截然对立的口头证据的情况下,要判断是否存在口头协议与协议的内容,也只能依赖这两种证据。

4. 在上一段介绍的 Janan George Harb v. HRH Prince Abdul Aziz Bin Hahd Bin Abdul Aziz 先例中,Harb 女士的律师 Sara Simon 女士记录的笔记(attendance note),正反映了 Harb 女士当时主观所认为的“事实真相”,也是在事后的单方面行为。而且,这笔记在判决中被给予了很高的证据分量,正如 Moore-bick 大法官说:“In a case where the evidence on both sides is less than satisfactory (as it was in this case), it is the responsibility of the judge to assess the witnesses' evidence on each issue and to test it by reference to any contemporaneous documents and the inherent probabilities before deciding where the truth lies.”

3. 口头证据取证的简介

3.1 审前中间程序中与开庭审理时对口头证据的不同处理

在一个诉讼/仲裁中,法官或仲裁员对争议事实(disputed fact)的认定,必须要依赖证据,主要是文件证据与口头证据。有关文件证据,在笔者的《证据法:国际规管与诉讼中的证据攻防》一书已有详论,包括在不同的时间段取证的做法。如各种提前披露(early disclosure)做法,包括诉前(pre-action)披露与在诉讼程序早期的审前(pre-trial)披露。该书的第七章也针对了诉讼/仲裁的常规与标准做法,即会涉及所有与大量有关文件与信息的相互披露(mutual disclosure)。后者的“大量”文件相对较早的提前披露只是针对特殊情况下的少量与特定文件的披露。

在上述提前披露的时间段,由于调查取证的当事人要知道的信息不仅是文件的内容,也会是存在于个别自然人(包括对方当事人在内的有关人士或第三人)脑袋里的内容,所以前期调查取证为稍后开庭审理做准备,也会涉及要如何处理口头证据的问题。这具体会发生在诉讼/仲裁的中间程序(interlocutory proceedings)或临时措施(interim measures)涉及案件本身的实质问题与事实。但全面的开庭审理仍要等待,当事人对案件的调查取证或相互披露文件程序尚待完成,所以仲裁庭在处理涉及案件实体事实的中间程序或临时措施的申请时，提出申请的一方或进行抗辩的一方就需要提供有关证人的口头证据与手中已有的文件证据了。这种要提前处理的口头证据通常是以誓章证据（Affidavit evidence）与口供书（Deposition）的形式提供。

至于对比文件证据的相互披露，对口头证据的正常、常规与标准的做法是在诉讼/仲裁程序中相互交换证人证言（mutual exchange of Witness Statements）作为出庭证人的主证据（evidence-in-chief）。该主证据也就是证人对有关争议事实的证供。然后是开庭审理的交叉盘问（cross-examination），对方当事人的代表律师向作出过证人证言的证人问问题，以测试（test）证人主证据的全面性（completeness）、可信度（credibility）与/或分量（weight）。交叉盘问完成，就是口头证据的取证了。

3.2 开庭审理证据的准备：作战计划、挑选事实证人与人数

一旦涉及口头证据就需要事实证人（factual witness）了。虽然今天的国际商务仲裁中虽然有大量的文件证据，但口头证据仍至关重要，是当事人与他们的代表律师头一件要办好的大事。当场文件证据虽然重要并且往往证明价值（probative value）也更高，但这些文件通常都不能事无巨细地将争议事实全部记录在内。并且连一个在称职与有经验律师协助下正式签署的合约也做不到文件文字与内容的黑白分明，更不用说是任何人士随意拟定的一份当场文件（如电邮或报告）了。这样即使有大量的文件证据，往往还是需要口头证据去解释文件的含糊之处、制作的背景，并把它们（如电邮链）串起来。这对法院和仲裁庭深入了解双方争议的全面事实真相会有很大的帮助。

对当事人而言，文件证据已经记录在案（所谓“set in stone”）或“米已成炊”，再也改变不了，是客观存在的证据（objective evidence）。如果文件被制作时，当事人有疏忽、用字不当、内容没有自我保护，也就只能事后自怨自艾，甚至要面对现实尽快与对方庭外让步和解。面对这种记录在案的客观存在的证据，当事人在仲裁庭面前能够争辩（或狡辩）的范围也很局限，充其量就是如何对文件中内容不明确的地方进行解释这方面的争辩，但最后仍是看仲裁庭的自由裁量。

口头证据就很不一样，这依赖于事实证人回忆的证据就有很多可以改变的空间。这也不是说要去撒谎或作伪证这么极端与头脑简单的做法，而是自然人的记忆本来就有太多空间可塑造或重建（manipulate/reconstruct）。此外，虽然有说法是客观存在的当场文件证据（objective evidence）应比口头证据更可靠与更有分量，这的确也是科学的（scientific）。但正如身临其境观看演出给人带来的印象往往超出观看录像，在需要口头证据补充时，事实证人的行为表现与口头表达会令口头证据对案件的影响超出其应有的分量。所以挑选什么证人组成证人团队要慎重，因为一旦选定证人之后，往往无法再作出增加或更换人选的改变。

说到底，挑选证人、决定证人团队（witness team）的人数与每个证人对哪些争议事实（disputed facts）或主张（allegations）作证是听从诉讼律师（提供有关诉讼法律服务的律师，如跨国律师所负责诉讼的律师）或大律师的专业意见。如果当事人有委

任大律师,通常会要求大律师根据他的案件作出一个针对证据的大律师意见(Counsel' advice on evidence)。但现在有很多跨国律师事务所的诉讼律师与国内律师事务所诉讼律师都经常是自己代表客户出庭争辩与盘问证人。他们会对案件更熟悉,在准备证据方面能更好地掌握轻重,并在客户的批准与帮助下作出恰到好处的证据计划,包括收集、寻找、调查取证、通过法院强制(如第三方披露令、搜查令、从法院获得证据、检查物证等)、通过诉讼/仲裁程序的正常强制程序向对方当事人要求(例如申请提前披露、相互披露文件、相互交换证人证言等)、甚至在外国调查取证[包括在1970年《关于从国外调取民事或商事证据的海牙公约》(Hague Convention on the Taking of Evidence Abroad in Civil Or Commercial Matters,简称《海牙证据公约》)下求助外国法院[8]、英国《Arbitration Act 1996》之Section 44[9]、香港特区《仲裁条例》之Section 60[10]、美国的联邦立法《US Code》Title 28, s. 1782[11]等]的各种手段,务求把自己需要的证据备妥。

诉讼律师在准备案件的做法上会各有差异,例如会有律师在双方当事人文书请求/案件陈述(pleadings/statements of case)完结,并确定(identified)了双方的争议/争端(pleaded issues)后,通过画一个图表或制作一份清单列出双方文书请求中显示的所有争议/争端(pleaded issues),再加上这些争议/争端会带出的附属争端(subsidiary issues),或称"分争端"(sub-issues)。在一个金额庞大与复杂的案件中,可以想得到这个可称为是"作战计划"(war plan)的图表或清单,会有好几十个不同争端。这些不同的争端当然是会有重要或不重要的区别。至关重要的可称为是"核心争端"(core issues),较次要的会是"替代争端"(alternative issues)等。反正这些名字不重要,重要的是筹备作战计划的是否是有实战经验、机灵、头脑清楚、分析能力强、熟悉案件、精通实体法与证据法的"诸葛亮"或"曹操"。显然这个作战计划也需要随着后来情况的变动而调整,例如文书请求有了更改(amendments),引进了新的争端,或是在对某核心争端进行调查取证或选择证人时遇上困难等。

在所有争端都明确并调查取证后,应逐一查看与分析每一个争端或分争端中的每个主张是否都有证据支持。针对附属或是对整个案件是次要的争端/分争端,如果文件证据已足够支持己方主张,也就不会需要考虑引入口头证据。但如果是重要的争端,或是文件证据欠缺与不足以支持己方的主张,就要考虑引入口头证据了。反正在每一个争议点上都必须要有足够证据支持,否则不提出主张会更好。

笔者的经验是,不少中国代表律师在国际仲裁中,对于国际上调查取证的做法没能全面掌握。要通过证据找出事实真相,最理想的肯定是可以找到有关机构内负责

---

〔8〕 见笔者的《证据法:国际规管与诉讼中的证据攻防》一书第四章之2.3段

〔9〕 见笔者的《证据法:国际规管与诉讼中的证据攻防》一书第四章之2.9.3段。

〔10〕 见笔者的《证据法:国际规管与诉讼中的证据攻防》一书第四章之2.9.3段。

〔11〕 见本章之5.3段。

的人士出庭作证。但如果不可行，例如该机构不愿意出庭作证或提供文书信函说明有关问题，在外国就是要通过当地法院的传召（*subpoena*/witness summons）去强制了。〔12〕如果涉及内地的机构，中国法律也没有传召证人的做法与制度，〔13〕外国法院也无法传召不在是管辖的中国机构。如果为了安全想先知道有关机构的说法是否对己方有利才去传召，在国际上就可以先申请“第三方披露令”（Norwich Pharmacal Orders）〔14〕向有关机构取得信息，据知中国也没有这种做法。〔15〕

这样如果该证据对有关案件的成败至关重要，那此时可以采取的替代办法就是找与有关机构接触过、交流过的人士作为事实证人（如聘用调查员搜集有关的信息〔16〕），以显示有关机构的态度与回应。并且该人士也会在之后出庭接受交叉盘问时测试（test）他/她从有关机构与/或其他渠道调查取证所获取信息的可靠性与全面性，也可以让审理法官/仲裁庭提问以澄清疑问。虽然该事实证人出庭作证即使提供的是传闻证据（hearsay evidence）〔17〕，仲裁庭也会全面看待之下给予相应的证据分量。尤其是如果当事人提前给出了传闻通知（hearsay notice）〔18〕让对方有机会调查，加上证人在交叉盘问中表现得好又有其他证据的佐证，则无论如何要比没有任何证据强得多。

习惯内地做法的中国律师，由于在制度上与国际做法不相配或有欠缺的局限，“走出去”处理国际仲裁时没有学习好国际的一套就会困难重重，自己强有力的案件也会败诉。他们会认为已经把案件准备得很好，包括向客户调查取证。但如果不熟悉如何传召证人与申请第三方披露令（只是简单的例子，还有下一段介绍的其他做法），则这种自觉良好其实是没有全面考虑问题的不完整判断。

3.2.1　作战计划

接下来笔者选择一些在商业仲裁案件中经常遇到的争议/争端（issues）来制作一个作战计划（war plan），以显示需要在开庭审理或“最后决战”前通过各种手段在全球向第三人、诉讼敌对方与通过任何其他渠道调查取证，收集支持己方案件的证据［无论是文件或口头（如口供书）］与信息。现实中会有更复杂与更多不同争议/争端

---

〔12〕　见本书第二章4段。

〔13〕　《民事诉讼法》第72条规定：“凡是知道案件情况的单位和个人，都有义务出庭作证。……”但似乎没有条文针对如何强制执行这“义务”，而由于不是强制，也就不能等同于传召证人。

〔14〕　见笔者的《证据法：国际规管与诉讼中的证据攻防》一书第二章之4段。

〔15〕　《最高人民法院关于民事诉讼证据的若干规定》（法释〔2019〕19号）第2条第2款规定：“当事人因客观原因不能自行收集的证据，可申请人民法院调查收集。”但这法院依职权调查取证的措辞/文字较为宽泛，而一般法院对案件的了解程度也远比不上律师，看来除非是法院在单方面听取当事人申请的情况下就可以命令第三方披露特定信息，否则这与第三方披露令的做法仍是有很大不同。

〔16〕　调查员会采取各种手段，例如在本书第九章之3.6段介绍的Dubai Aluminium Co Ltd v. Al-Alawi (1999) 1 WLR 1964先例里的做法。

〔17〕　见本书第八章之3段的介绍。

〔18〕　见本书第八章之3.5.2段。

的案件，参与调查取证的诉讼支援（litigation supporting）的不同专业人士更是多达上百或数百。[19]（见图 1－1）所以，诉讼费用高昂也可想而知。

当然，每个案件的复杂程度各异，准备的作战计划也会因为案情与律师的风格千变万化。但万变不离其宗，所以笔者简单抽取了几个国际商事争议中常出现的争议/争端，希望用以下的作战计划为例来说明为案件准备证据的过程。这并非针对实际案例，也并不完整。

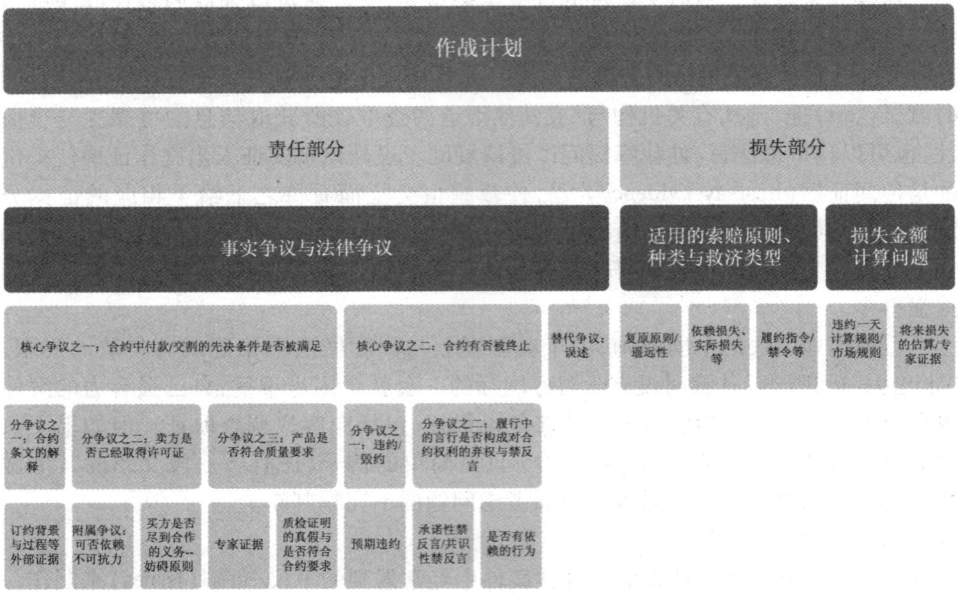

图 1－1　作战计划图

1. 这里首先涉及双方是否对合约条文的意思有不同的理解。如果有不同的理解，合约的解释将作为分争议之一。如果对于合约条文不存在不同理解，才是看事实上这些先决条件是否被满足。

2. 对合约条文的解释一向被认为是法律问题。法官或仲裁员在解释合约时，除非必要，否则不考虑合约条文文字与措辞本身之外的外部事实证据，而只是从一个客观与合理第三人的角度对合约条文的文字与措辞作出解释。[20] 针对需要考虑订约语境[21]、私人字典[22]等对合约条文做出解释的情况，这时当事人就要搜集订约时

---

〔19〕　可见本书第五章之 12.3 段介绍的 HRH Prince Jefri Bolkiah v. KPMG（1999）2 AC 222 贵族院先例。

〔20〕　见在本章之 2.4 段脚注 7 提到的著名的 Whitworth Street Estates Ltd v. Miller（1970）AC 583 先例的说法。

〔21〕　见笔者的《合约的解释：规则与应用》一书第六章。

〔22〕　见笔者的《合约的解释：规则与应用》一书第三章之 14 段。

双方的各种相关的通讯,包括书信往来(邮件、微信等即时通讯工具的对话记录等)、召开的会议、口头的商谈等,既包括文件证据也会可能涉及证人的口头证据。由于必须是双方都知道的事实才能纳入考虑,所以己方也应拥有这些文件证据,一般不需要依赖对方披露,[23]也不需要通过各种法律行动从第三人处获得。除非拥有关键证据的是离职的前雇员,且无法以其他证据替代,就要考虑传召证人(witness summons)。

3. 这里要看取得许可证是合约一方(如卖方)可以独立完成还是需要双方合作才能完成。如果涉及双方的合作,买方不提供相关的申请材料而导致无法及时取得许可证,会涉及买方是否违反英国合约法下的妨碍原则的问题(以下第5点详及)。这是事实问题,需要证据特别是当场文件证据支持。如果当场文件证据不完整,就只能以次要的口头证据补充。如果卖方申请许可证但没有被批准,卖方觉得情况可疑但向有关部门查询原因又没有回应,导致无法依赖合约中的免责条文,就可以考虑针对有关部门向法院申请第三方披露令(Norwich Pharmacal Order)。

4. 不可抗力条文[24](*force majeure* clause)是合约中常见的条文,通常会写明,在发生某些特定事件的情况下,合约下需要履行的一方可以延迟履行、减免履行或在某些情况下免除履行等。结合新型冠状病毒肺炎疫情来看,在有些地方的政府部门停工或在家办公导致办理各项业务的时间大大增加的情况下,如果不可抗力条文中包括瘟疫、检疫/防疫或者公共卫生事件等字样,申请许可证的时间可以按条文规定相应延长。不可抗力条文会产生的争议多存在于对条文的解释、特定事项是否属于不可抗力条文中所列明的事项、特定事项对履行一方的履行是否有直接影响从而与延误有直接的因果关系等方面。证明这个问题的一般步骤是:首先要看合约条文规定了哪些事项与举证发生了某种符合不可抗力条文中规定的事项,接着要证明该事项对履行合约(申请许可证)的影响,最后要证明该影响是不可以在合理努力下减低或避免的。支持的证据多数是文件证据,如果是当场制作,就属于证据价值最高的当场文件证据。如果诉讼需要,可以考虑通过第三方披露令向第三方(有关机构)获得有关文件。由于不可抗力常会产生大面积的影响,也可考虑向法院申请获得其他同类诉讼的有关文件以支持己方的案件。[25]

5. 妨碍原则[26](prevention principle)是指双方要尽合理的努力与相互合作来令合约被履行,如果一方不合作而妨碍对方履行合约,该不合作的合约方是不能主张无法按照合约规定履约的相对方违约。另外,是否取得许可证也会涉及向第三人(例如签发许可证的机关、拥有知识产权的一方是否无保留地将使用权授予合约中的一方等)取证的问题。向第三方取证会涉及在第三方不合作之下考虑使用法院强制的

---

〔23〕 见笔者的《证据法:国际规管与诉讼中的证据攻防》一书第七章。

〔24〕 见笔者的《合约的履行:规则与应用》一书第十三章之5段。

〔25〕 见笔者的《证据法:国际规管与诉讼中的文件攻防》一书第四章之1段。

〔26〕 见笔者的《合约的履行:规则与应用》一书第十一章之5段。

各种手段(如第三方披露令、搜查令[27]、从法院获得证据、检查物证[28]等)。因为证明对方妨碍履行很可能需要内部证据,所以可以考虑接触对方的前雇员,甚至收买对方雇员爆料,在民事诉讼中即使非法获得证据也并不一定令证据不可采纳。[29]

6. 这里是假设了另一种情况,针对的是货物质量是否符合合约要求这一事实争议,如果货物是复杂的机械而双方的争议是专业的技术方面,则需要引入专家证据[30]来帮助仲裁庭认定某些指标有否满足合约中规定的货物规格的事实。但如果一方对质检证明是否符合合约的要求或是出具质检证明的机构与质检过程有怀疑,则该主张的一方要承担举证责任。一般的商业争议不用上纲上线到涉及伪造质检证明或者贿赂质检人员而出具不符事实的质检证明的地步。除非有以"质检证明为准"[31]等的合约条文规定,导致非要证明质检证明无效不可。例如要拿到质检证明上的机构所出具的从未出具过该质检证明的文件证据或证人证言。针对质检人员被贿赂的情况,最好有针对贿赂过程的录音、录像等证据。如果涉及贿赂的人员在案发时是居住在英国或美国并不配合举证,那会涉及向当地法院申请强制令而强制证人作证[一般是给口供书(deposition)][32]。这时要注意绝不能仅仅只依靠一些表面事实来进行推理就指称有这种严重的欺诈行为存在。[33]

7. 这是假设的例子中的关键争议之一。合约的终止有四种方式:履行完毕(by performance)、双方同意(by agreement)、受阻(frustration)、违约/毁约(repudiatory breach)。合约是否终止和损失的赔偿与可以申请的救济类型有直接的关系。

8. 违约/毁约[34]是一种令合约终止的方式,以这种方式令合约终止,无辜方可以按照令合约回复到被正常履行的地位的复原原则[35]向违约方索赔损失。涉及这个问题要提供证据证明对方的言行构成了违约/毁约,这最好是记录了对方言行的文件证据,退而求之就是己方证人的口头证据,如对方在会议上说"我不干了"。但如果只有己方的口头证据,就可以预见到双方各执一词由法院决定选择相信谁的证据。要知道口头证据相对来说并不可靠,如果争议金额不大就会有是否值得开始诉讼的考虑。这时如果第三人也曾参与了有关的会议就再好不过,可以私下接触该第三人与拿到他/她的证人证言。如果该第三人因为不想得罪对方当事人而不愿意出庭,但

---

〔27〕 见笔者的《证据法:国际规管与诉讼中的文件攻防》一书第二章之3段。

〔28〕 见笔者的《证据法:国际规管与诉讼中的文件攻防》一书第五章。

〔29〕 见本书第九章之3段与笔者《证据法:国际规管与诉讼中的文件攻防》一书第五章之2.2.2段。

〔30〕 见本书第四至六章。

〔31〕 见笔者的《合约的解释:规则与应用》一书第十四章之1段。

〔32〕 见笔者的《证据法:国际规管与诉讼中的证据攻防》一书第四章之2段。

〔33〕 有关应减少不必要的欺诈/欺骗或其他严重的指控或主张的课题,见本书第七章之7.2.1.3段。

〔34〕 见笔者的《合约的履行、弃权与禁反言》一书第一章。

〔35〕 见笔者的《损失赔偿与救济》一书第一章。

肯定了他/她的证据对自己有利，则可以向法院作出证人纲要（witness summary）[36]与稍后申请传召证人。总之要有足够的“火药”才开始诉讼。

9. 预期违约[37]（anticipatory breach）是违约/毁约的一种形式，就是在履约时间尚未届临时，履行方已经通过明确的言行表明到时不会履行或者无力履行。举例就是在需要提供许可证的时间还未到时，卖方就以电邮明确表示因为内部决定不再进行交易，所以不会去申请许可证了。这样无辜方也不要拖拖拉拉，免得构成弃权（将在下一段介绍）。在没有希望对方会回心转意或自己也不想履行下去的情况下，以电邮接受预期违约并决定在将来索赔损失。在证据方面，也是要证明对方构成预期违约的言行与己方接受的言行，在这里就是对方与己方的两封电邮。

10. 弃权（waiver）与禁反言（estoppels）是改变法律与合约权利义务的一种方式。例如，合约中规定货物质量要符合某一标准，而随后卖方告知买方这一标准因某些原因达不到。买方明确说达不到这一标准那在价格上需要减少一些，卖方也同意（合约被更改[38]）；或者买方表示接受这不达标的货物，毕竟当时市场大涨（弃权[39]）；又或者以清楚的言行显示卖方可以继续生产与付运（承诺性/共识性禁反言[40]）。卖方在收到买方的回复后继续生产并完成合约项下所有货物的生产，但后来买方改变主意拒绝不达标的货物。如果是合约更改，一般会有文件证据，甚至双方可能签署了一份附件，这就能证明买方违约/毁约。而针对弃权，就要证明买方存在弃权的言行，这里最好是文件证据。而针对禁反言，有了这样的言行还不够，卖方还要证明是如何依赖这些言行并相应采取了行动，如果允许买方反悔自己就会蒙受损失。例如，卖方原本在市场大涨时可以将货物卖给第三人，但因为买方的言行没有行动，之后市场下跌且买方拒货。这些主张都需要有文件或口头证据。

11. 如果在合约的订立过程中，一方用不符合事实的陈述来诱使对方订立合约，而对方也依赖了该不符合事实的陈述而同意订约，事后被诱使一方发现上当可以依赖误述（misrepresentation）[41]这个法律上的理由主张取消合约。这种争议在涉及公司合并与收购、股权买卖、金融投资等方面特别常见。这些涉及金额巨大的合约一旦出现争议，当事人（例如买方）就会提出相对方在漫长的谈判过程中存在误述。而相对方（即卖方）会抗辩即使真的存在误述，买方也在订约前做过尽职调查，所以并不是依赖误述才订立合约。或者这些合约中也常见“完整合约条文”（entire agreement

---

〔36〕　见本书第二章之3段。

〔37〕　见笔者的《合约的履行、弃权与禁反言》一书第一章。

〔38〕　见笔者的《合约的履行、弃权与禁反言》一书第三章之2段。

〔39〕　见笔者的《合约的履行、弃权与禁反言》一书第三章之3段。

〔40〕　见笔者的《合约的履行、弃权与禁反言》一书第四章与第六章。

〔41〕　见笔者的《合约的履行、弃权与禁反言》一书第五章之1.1段与《国际商务游戏规则——英国合约法》一书第五章有详论。

clause)/“不依赖条文”(non-reliance clause)[42],即合约文字内容就是双方同意的所有内容,没有依赖对方的任何陈述。总之,误述与弃权、禁反言一样非常依赖事实证据,包括订约往来中的文件证据与口头证据来证明有误述的言行与依赖。所以当事人可能需要采取已经在稍早提到的向第三人取证(如前雇员、提供其他服务的人士等参与过交易的人士),从法院获得证据(如被收购公司董事被起诉商业诈骗),甚至去外国取证(如关键证人在国外)等所有取证手段。

12. 损失索赔与救济也是一个非常复杂的课题。[43] 损失赔偿的适用原则除了上面已经提到过的最基本的复原大原则之外,仍要考虑损失是否可以合理预见、[44]因果关系、[45]无辜方是否有合理减少损失等。[46] 这些是事实与法律的混合,事实证据也是至关重要的。相对于金钱赔偿来说,在金钱不足以弥补损失时,无辜方可以申请的救济类型还包括履约指令(specific performance)和禁令(injunction)等。[47]

13. 损失的遥远性(remoteness of damages)包括:在订约时是否可以预见违约后产生该损失与某一损失与违约是否有直接的因果关系。在是否可以预见的问题上,针对某些特别的损失,如果在订约时一方已经明确有文书或口头告知另外一方如果违约会产生该特别的损失,则无论客观来看该特别损失是否可预见,只要能够证明双方均是知道该特别损失,仍然可以获赔。而针对因果关系,涉及专业问题时需要引入专家证据。例如,买方整个工厂的停工是否与机器某个零件的损坏有因果关系,而令卖方不仅只是赔偿维修、更换机器的费用,而是要负责买方停工期间所有的损失。

14. 这一类损失往往是在违约时已经产生了的损失,这就需要无辜方提供这些已经发生的损失的证明。而违约方则会攻击无辜方是否有合理减损,如在上一段举的例子中,买方是否可以合理寻找替代零件以减少停工的时间等。这表示一发生违约事件,无辜方就要开始保留证据。

15. 针对履约指令或禁令这类救济的类型,主张的一方一定要用事实证据来说服法官/仲裁员金钱赔偿的不足之处。例如针对专利的侵权,被侵权方要收集各种市场数据、制作市场报告与找专家来证明如果侵权不马上停止,[48]侵权产品因为价格低廉抢占了专利产品的大部分市场,这样对于被侵权方来说,这个损失是会一直产生并无限扩大的。尤其在科技日新月异的今天,等诉讼/仲裁结束,这个专利技术很可能已经老早被更好的产品所替代,根本不再有市场。所以这种禁令的衡平法救济一般要尽快申请。

---

〔42〕 见笔者的《合约的履行、弃权与禁反言》一书第十三章之2段。

〔43〕 见笔者的《损失赔偿与救济》一书。

〔44〕 见笔者的《损失赔偿与救济》一书第三章。

〔45〕 见笔者的《损失赔偿与救济》一书第四章。

〔46〕 见笔者的《损失赔偿与救济》一书第五章。

〔47〕 见笔者的《损失赔偿与救济》一书第十二章。

〔48〕 关于市场调研(Market Research)/问卷调查证据(Survey evidence)可见本书第十章之6段。

16. 这是计算损失金额的两个基准,一个是时间基准,一个是价格基准。时间基准通常是从应该履约而没有履约的那一天来起算。[49] 价格基准针对的是可以在市场上买卖的动产与不动产,在违约方违约之后,无辜方在市场上购买替代物自然会产生与合约之间的差价、浪费的费用等。[50] 这时也会涉及专家提供专家报告来证明市场的情况,如替代物与原合约的标的是否有差别,差别会否对市场价格有影响等问题。英国法律对这种市场规则感到骄傲,也作为表面规则写进了《Sale of Goods Act》立法中。唯一的缺点是很多商业上的标的(例如收购公司)没有市场,所以不能适用市场规则,在这种情况下计算损失会十分复杂。

17. 计算损失金额时,可能需要定损专家证人(quantum expert)的帮助。[51] 例如,若已经提到不适用市场规则的案件损失计算十分复杂,收购公司就需要专家对公司进行估价。还有很多长期的合约一旦终止就会涉及将来损失的计算,需要专家对将来的损失进行预估等。

总结而言,制作"作战计划"的目的是梳理所有的争议/分争议与明确拥有哪些证据可以支持己方的立场。如果发现证据不够,应如何搜集更多的证据。但若在尽力调查取证后仍然发现证据不足以支持己方在某个争议或分争议的立场,就要考虑放弃提出或抗辩某个争议,以防止浪费诉讼费用。如果在责任方面没有证据或证据很薄弱,那就直接承认责任而只针对损失金额问题进行抗辩。这对责任的承认可以发生在一开始就不提出争议或在抗辩中承认,或之后修改(amend)文书请求作出承认,[52] 又或在对方给出要求承认事实通知(Notice to Admit Facts)后承认。[53] 此外,在提出和解要约(settlement offer)时也要根据证据是否充足来及时调整金额,以达到保护费用的目的。[54] 最后要强调如果主张没有完整的证据支持,就只是随口"讲故事",是不会被法院或仲裁庭接受的。

3.2.2　证人团队的规模

大部分的国际仲裁案件中都存在很多不同的争议事实(disputed facts),但在实务中,从可行性或经济性的角度来说,当事人不会也不必事无巨细针对每一个争议事实都挑选证人去提供口头证据。例如现实中,可能出现针对一个重要争议事实能够

---

〔49〕 见笔者的《损失赔偿与救济》一书第十三章与第十四章。

〔50〕 见笔者的《损失赔偿与救济》一书第十五章与第十六章。

〔51〕 这是今天庞大与完善的诉讼支持行业(litigation support industry)中的一环,著名的跨国会计所如PwC、EY、Deloitte、KPMG都提供这样的服务。这种诉讼支持咨询公司(consulting company)全球有近200家。其中一家著名的咨询公司的资料显示其仅在香港特区的分公司就有150位不同专业领域的专家。这些咨询公司主要帮助国际上建筑、工程、商事、资产追踪与投资仲裁案件的当事人进行调查取证,并为他们提供延误/金额计算方面的专家证人等的工作。

〔52〕 见笔者的《证据法:国际规管与诉讼中的证据攻防》一书第七章之10.4段。

〔53〕 见笔者的《证据法:国际规管与诉讼中的证据攻防》一书第七章之10.2段。

〔54〕 见笔者的《仲裁法:从开庭审理到裁决书的作出与执行》一书第一章之5.3.3.3.6段。

提供一手与直接证据的关键证人（key witness）在不久前已经死亡或已经因和领导吵架离职的情况，这就令针对这些争议事实提供口头证据是不可行或不现实的。另从经济的角度而言，当事人也不会事无巨细针对所有事实争议/争端都提供证人的口头证据，因为这会导致诉讼/仲裁的费用变得高昂与不成比例。特别是该当事人已经拥有足够表面（*prima facie*）证明己方案件（own case）的文件证据，而对方当事人的证明看起来很弱。毕竟如果自己提供了口头证据但证人表现不好，可能有反效果。又或是个别的争议事实只是次要与替代性的，对诉讼/仲裁最后的胜负结果起不了关键性的影响，这样也就不需要不惜工本地在这个争议事实上把己方的案件在证据上做得最好。本来，调查取证是没有底的，只要不断地查下去，总会有发现出人意表的有利证据的可能。但费用（特别相比争议的金额）与时间（法院诉讼/仲裁程序都有严格的程序时间表）都有局限，不可能允许任何一方当事人去无限期地调查取证。

笔者作为仲裁员与诉讼律师见过不少中国公司的国际仲裁案件在这方面的处理或决定不佳。例如，证人团队有太多事实证人，而且重复针对同一个争议事实。这样除了浪费金钱外，在证人隔离（witness sequestration）下，事实证人在作证前无法参加开庭审理，被对方大律师进行敌意的交叉盘问时，两位证人针对相同争议事实的证言发生矛盾，也会是两位证人都回答说不知道，或推来推去说应该是对方负责与知悉。例如，合约下的一个先决条件是否被满足或在尽职调查（due diligence）中发生什么争议，老板作为证人说这事情是下属在处理并向他作了简单汇报，但他的下属（也是另一个证人）回答说是美国另一个老板或另一位已经离职同事在事发时处理的，且只是发生问题或事后才会向他们告知或汇报的。反正再盘问下去，要不是一涉及细节就一问三不知，要不是提供一些他们自己也不肯定的传闻（hearsay）信息。这样的结果就是令仲裁庭认为，针对这个重要与关键的争议事实，该当事人根本没有准备并提供一手与直接的最佳口头证据（best evidence）。看来，该当事人的代表律师或大律师对证据的准备或处理不妥，没有做到恰到好处。例如，应该把拥有直接与一手证据的美国另一个老板（或前老板，因已退股）或离职同事加入证人团队。如果他们是身在外国加上身体不适无法出庭接受交叉盘问，也至少可提供一份陈述（statement）作为传闻证据提供给仲裁庭。如果该证人不合作，也可以向美国法院通过《US Code》Title 28，S. 1782 的联邦立法求助，强制美国前老板提供文件证据与口头证据（以美国的口供书形式）等。反正如果是一个重要的案件因为没有走这一步去准备证据而败诉是十分可惜。

本课题涉及拉丁文的"*omnia praesumuntur contra spoliatorem*"规则，翻译成英文就是"all things are presumed against the wrongdoer"，即对有错或做得不够的一方作出不利推断（adverse inference）或推定（presumption）。[55] 在证据的范畴下就表现为一方当事人在调查取证与提供证据给法院方面相比对方做得不够的情况下，法官（或

---

〔55〕 关于不利推断可见本书第七章之 8.4 段。

仲裁庭）在遇到证据上有什么疑点时就会对该当事人作出不利推断或推断。在加拿大的 McDougall v. Black & Decker Canada Inc., 2008 ABCA 353（Can LII）先例中：“The problem of lost or destroyed evidence is not new to litigation. In Rome, where businessmen were obliged to keep a written record of their affairs for a particular period of time, the maxim **omnia praesumuntur contra spoliatorem**（all things are presumed against the wrongdoer）was applied with much harshness and a claimant could be denied his claim, or found to have committed fraud, if he did not produce the documents when required. This maxim has been applied by the courts ever since, even in common law jurisdictions, although its strict application has moderated considerably over time.”

3.2.3 选择“最好”的事实证人

在对抗制的诉讼或仲裁中，为最后决战的开庭审理做准备，也不只是在重要或关键的争议事实与主张有了证人可去提供证据即可安心。要准备得好，当事人必须挑选出“最好”的事实证人，不仅其口头证据要对己方的案件有利，还要机智、反应敏捷、表达能力强、领悟力强、称职与诚实，才能在对方代表律师严厉、敌对与充满陷阱的交叉盘问中“过关”，并最终说服法官或仲裁员。换言之，如果有几位人士都涉及同一事实争议，则可以选择其中最有机会给法官或仲裁员留下好印象并说服他们的一位人选作为己方的事实证人。这种证人一般比较能言善辩，能够有针对性地回应对方大律师的问题而不是自说自话，表达清晰与有逻辑，思维敏捷与记忆力好。该证人不需要是所谓的即使不说真话也能取信于人的“自信的骗子”（confident trickster）。但是，如果证人头脑混乱、缺乏信心和沟通能力，即使他/她说的是真话也可能不被法官或仲裁员相信。证人必须足够有思维水平与有信心才能很好地处理充满敌意与陷阱的交叉盘问，保持头脑清醒与不会被中途激怒。有法律知识/背景或参加过类似“超级证人课程”（Super-witness course）培训的证人一般来说会表现得更好。但现实中很少会存在这种完美的情况，所以诉讼方与律师在选择证人时必须权衡轻重。

这里涉及代表律师需要尽早会见（interview）所有可能提供信息与证据的潜在证人，以挑选恰当的证人人选。笔者作为仲裁员经常会怀疑到底是谁来决定挑选的这些证人，代表律师有否事先会见并筛选证人？决定了证人人选之后如何跟进培训证人（witness training）。有可能是当事人委任的律师即使是有在开庭审理前做了准备工作，但因为律师自己也是头脑不清与/或不懂，所以挑选的证人也并不好。

当然肯定也有只有一位证人可以选择或甚至是没有选择的情况。无论是首选或次选，律师在会见时除了要在多方面观察以判断是否是适合的证人人选，也要特别小心他们到底掌握什么直接与一手的信息与证据。律师在对关键证人进行取证时（在准备文书证人证言时），要确保他/她讲每一句话都是有真凭实据或是亲自参与有一手信息支持的。一旦出现他/她对某些对案件结果有重要影响的事实是想当然与/或道听途说的，当事人就要考虑另寻找其他证人补充或替代。

3.2.4 不提供证人出庭的后果的先例介绍

这方面有很多权威的先例针对,笔者可进一步介绍部分的先例(尽量是较近期)如下:

1. 在澳大利亚的 Ghazal v. GIO (NSW) (1992) NSWLR 336 先例中,Kirby 大法官说,如果当事人对没有让证人出庭作证可以作出合理的解释或这样做的原因是可以理解的,则"*omnia praesumuntur contra spoliatorem*"规则不适用。如果有足够的客观存在的文件证据,即使提供了口头证据也不会改变什么,审理法官也同样不会作出不利推断。部分判决可节录如下:"The rule in Jones v. Dunkel (1958 – 1959) 101 CLR 298 is one of commonsense reasoning. It provides that an unexplained failure by a party to call a witness may, in appropriate circumstances, lead to an inference that the uncalled evidence would not have assisted the case of the party who might be expected to call the witness. It is important to note that this is a facility. It is not an obligation in the reasoning of the decision-maker . . . **the rule has no application if the failure to call the witness is satisfactorily explained or readily understood. The usual explanations are the absence of a witness from court and a reasonable explanation for not compelling the witness' attendance by subpoena. But failure by a party to call a witness likely to be friendly to the interests of the other party has been held sufficient to entitle a court not to draw an adverse inference from such failure**[56] . . . . In my opinion, in the circumstances of this case, no such inference can or should be drawn by reason of the applicant's failure to call her former solicitor(没有出庭的证人). **First**, because there are significant areas of the evidence in which the former was involved, and upon which the applicant strongly relies, which **seem established by the objective evidence and could not be altered by the former solicitor's evidence.** . . . "(加黑部分是笔者的强调)

2. 英国权威先例确立了四个原则,可节录 Brooks 大法官在 Wisniewski v. Central Manchester HA (1998) PIQR 324 上诉庭先例中所说如下:"(1) In certain circumstances a court may be entitled to draw adverse inferences from the absence or silence of a witness who might be expected to have material evidence to give on an issue in an action. (2) If a court is willing to draw such inferences they may go to strengthen the evidence adduced on that issue by the other party or to weaken the evidence, if any, adduced by the party who might reasonably have been expected to call the witness.

[56] 例如当事人提供证据显示该了解关键事实的人士是一个已经与自己关系完全破裂,甚至是已经开始对自己提起诉讼的前雇员,该前雇员不论是自愿还是在法院传召下作为证人出庭,都有危险添油加醋提供对自己不利的证据,此时就足够令法院可以对该人士没有作为证人出庭作证不作出不利推断。

（3）There must, however, have been some evidence, however weak, adduced by the former on the matter in question before the court is entitled to draw the desired inference: in other words, there must be a case to answer on that issue.（4）If the reason for the witness's absence or silence satisfies the court then no such adverse inference may be drawn. If, on the other hand, there is some credible explanation given, even if it is not wholly satisfactory, the potentially detrimental effect of his/her absence or silence may be reduced or nullified."

3. Property Alliance Group Ltd v. The Royal Bank of Scotland Plc（2018）EWCA Civ 355 上诉庭先例的判词中就说一方诉讼方没有必要满足对方的要求找特定人士出庭作证，如果对方一定想要该证人提供证词总是可以采用传召证人等方式。[57] 但要注意，由于国际商事争议涉及的证人经常在海外，这个论点不一定能得以适用。只是如果一方诉讼方被期待，理应找该人士出庭作证但没有这么做时，应由事实审理者根据具体的案情对后果如何、怎样推断行使裁量权："No litigant is obliged to call witnesses to satisfy the curiosity or enthusiasm of his opponent. It was always open to（对方诉讼方/当事人）to subpoena any witness it thought would be helpful to the Court. The fact that a party who might be expected to produce witnesses does not do so may sometimes speak volumes but it is a matter for the Judge to decide whether it does so in a particular case."

4. 接下来在 Manzi v. King's College Hospital NHS Foundation Trust（2018）EWCA Civ 1882 上诉庭先例中，Ernest Ryder 大法官是说针对这种情况，即使 Wisniewski v. Central Manchester Health Authority 的 4 个原则已经全部满足也不是必须作出不利推断，这是法院在个别不同的案件/案情中的裁量权的体现："Wisniewski is not authority for the proposition that there is an obligation to draw an adverse inference where the four principles are engaged. As the first principle adequately makes plain, there is a discretion i. e. 'the court is entitled [emphasis added] to draw adverse inferences'..."

5. 另在英国更近期的 Mr Rustem Magdeev v. Mr Dmitry Tsvetkov & Ors（2020）EWHC 887（Comm）先例中，Cockerill DBE 大法官说："In my judgment the point can be dealt with relatively briefly thus: i）This evidential 'rule' is, as I have indicated above, a fairly narrow one. As I have noted previously ..., the drawing of such inferences is not something to be lightly undertaken. ii）Where a party relies on it, it is necessary for it to set out clearly（**i**）**the point on which the inference is sought**（**ii**）**the reason why it is said that the 'missing' witness would have material evidence to give on that issue and**（**iii**）**why it is said that the party seeking to have the inference drawn has itself adduced relevant evidence on that issue.** iii）The Court then has a

[57] 见本书第二章之 4 段。

discretion and will exercise it not just in the light of those principles, but also in the light of:**a) the overriding objective; and b) an understanding that it arises against the background of an evidential world which shifts-both as to burden and as to the development of the case-during trial**."(加黑部分是笔者的强调)

6. 香港特区也有不少相同案例。如在 Ip Man Shan, Henry v. Ching Hing Construction Co Ltd (2003) 1 HKC 256 先例中,林大法官说:"(a) **If a prima facie case is made out, and if there are evidence available to the party against whom the case is established which could displace the prima facie case, and he omits to call such evidence, an inference could be drawn**;(b) however, the inference **could be rebutted by a plausible explanation by the party who elected not to call the evidence**;(c) if an inference is to be drawn, it would be an inference **that such available evidence, even if adduced, would not displace the prima facie case**;(d) it is also **open to a tribunal of fact, upon the drawing of such an inference, to take it into account in respect of a matter with respect to which the person not called as a witness could have spoken**, i) in deciding whether to accept any particular evidence, which has in fact been given, either for or against that party; ii) in deciding whether to draw inferences of fact, which are open to them upon evidence which has been given."(加黑部分是笔者的强调)

7. 类似的说法也可节录香港的 Gleneagle Holdings Ltd v. Tse Yue Fong & others (2009) HKEC 760 先例,陶大法官说:"... If the opponent's assertion is credible, the inference would add weight to that assertion. It would be reasonable to draw the adverse inference. **If the assertion is just moonshine or incredible, the inference could not even be raised at all.** It would be unreasonable to draw an adverse inference against a party to give support to an assertion which cannot even stand on its own. The maxim does **not require a party to call each and everyone mentioned in the assertion to rebut that assertion**. Whether the adverse inference is to be drawn is **a matter of common sense.**"(加黑部分是笔者的强调)

8. 另一个香港特区的 Chow Kwan Ye v. Leung Mei Yin May & Anr (2019) HKCFI 2998 先例有说:"When a party without a proper explanation fails to call a witness whom the party might reasonably be expected to call, ... the court may draw an inference against the party that the evidence of the witness ... may not help the party's case."

最后介绍 Thomas Morison 大法官在 R (on the application of Stapleton) v. Revenue and Customs Prosecution Office (2008) EWHC 1968 (QB)先例中所说:"I am instinctively opposed to the notion that evidential matters, and the weight to be given to evidence, should be hedged around by 'principles'. Whether it is appropriate to draw adverse inferences from a failure by a party to call a witness depends entirely, as I see it, on all the relevant circumstances in each case ..."

也就是说,Thomas Morison 大法官反对在对待证据以及给予证据分量方面受到各种原则或规定的约束,主张应该看不同情况去灵活对待。这表示在每一个案件中,在不同情况下是否对一方当事人没有提供事实证人的口头证据作出不利推断或推定,要看当时所有有关的情况而定,不能一概而论。

3.2.5 总结

根据上述介绍,笔者整理出以下重点:

1. 有大量的英国与其他普通法国家或地区的先例说明针对争议事实(disputed fact)当事人不提供应该拥有的最佳证据(在这里是指有直接证据的关键与对口的证人出庭接受交叉盘问),会对己方的案件带来实质的不良后果。当事人自己或对方当事人已经提供了一定证据证明一个事实争端,当事人自己本应找关键与对口的事实证人出庭作证提供证词,但在没有合理解释的情况下拒绝找该关键证人出庭与接受交叉盘问,法院(或仲裁庭)可以综合事实情况推断这做法"有鬼",给予当事人已经提供的证据更低的分量或给予对方当事人已经提供的证据更高的分量,并最终影响他们在该事实争端上的认定。例如,假设对方当事人提供的证据(文件加上口头证据)表面显示可以索赔损失,而当事人自己因为没有提供应当出庭的事实证人导致被法院(或仲裁庭)作出不利推断,法院(或仲裁庭)就会给予对方的证据较高的分量,推断即使当事人自己的事实证人能出庭并接受盘问,也无法成功反驳对方提出的索赔。

2. 在英国或其他普通法国家的本土案件中,法院(或仲裁庭)不会对参与诉讼的双方当事人有什么明面或私底下的偏向性(尤其是不涉及文化、种族问题时),但是如果法院(或仲裁庭)可以对某一方"合法"作出不利推断,就会对该受影响的一方当事人十分不利。

3. 但不利推断或假设也不是随意作出,因为每一个案件都有不同情况,例如:

(1) 对方当事人如原告的案件(如索赔损失)本身就站不住脚,根本满足不了一个表面证据能够成立的案件的要求。这样,被告没有提供最佳证据与关键的证人去反驳原告的案件就根本无关紧要了。

(2)当事人的知情与关键证人不出庭作为事实证人去提供口头证据是有说得通的原因。这原因根据真实情况而定,如:其一,前雇员不愿意合作,通过法院传召也不现实,例如他/她下落不明或居住在外国等。其二,案件争议金额不大,特别是针对一些附带并不特别重要的争议,让证人出庭提供最佳证据产生的效果会是与花费的费用不成比例(disproportionate)。其三,在本章之2.3段介绍的 Janan George Harb v. HRH Prince Abdul Aziz Bin Fahd Bin Abdul Aziz (2016) EWCA Civ 556 上诉庭先例中,王子不出庭与不考虑提供文书证人证言是因为相关内容关乎已故法赫德国王的隐私,所以王室(萨勒曼国王)不允许王子出庭,从而不应作出不利推断。

(3)同样或是更重要的是要一并考虑其他情况。例如,已经提到的对方有否表面证据支持他/她的案件或指称的事实成立?对方的文件与/或口头证据?己方的文件证据与强弱?案件本身/本质,如是否为明确不过与一目了然的案件(open and shut case)?

4.归根结底要解决这方面的问题,中国公司必须有这方面的心理与实质准备,就是打官司是所有国际贸易避无可避的事情。这包括学习国际商业规则与法律,接受如超级证人课程(Super-Witness Course)等的培训,一旦公司有了诉讼,要亲力亲为地参与并监督与支持(如当场给予指示)代表律师等。

4. 提前对口头证据进行取证之一:誓章证据(affidavit evidence)

在诉讼前期的中间程序中,特别是在申请简易撤销索赔或抗辩(summarily strike out claim or defence)或是简易判决(summary judgment)时,当事人难免要辩争案件本身的实质争议与事实(substantive disputes and facts)。这样就可能需要使用口头证据来支持有关事实,这时申请方与抗辩方的有关证人会以誓章(affidavit)或誓词(affirmation)的形式向法院提交口头证据,以支持他们各自主张的事实(alleged facts)。[58]

有关申请简易撤销索赔或抗辩与简易判决的课题,在《证据法:国际规管与诉讼中的证据攻防》一书第六章之4段有详及,并提到了对原告而言,该申请的一个作用是提前对被告"摸底"。这种英国法院的传统做法,也在近期被引入国际仲裁,见SIAC与HKIAC(2018年版仲裁规则的第43条名为"Early Determination Procedure")的仲裁规则等。

虽然因中间程序不是最后的开庭审理,法官或仲裁员只是看表面的案件(*primal facie* case)作出决定,从而证人在宣誓下(under oath)作出誓章或誓词后不必出庭与面对交叉盘问,但有关证人仍要保证其证言的真实性。这除了是因为撒谎会带来伪证罪(perjury)之类的刑事惩罚外,也要考虑如果诉讼/仲裁持续下去,到了全面的开庭审理时,若早前作出的誓章或誓词内容如果与之后的证据矛盾或不一致,而且无法合理解释,就会在证人被交叉盘问时被丑化(impeach),面临最终案件败诉的风险。从中也可以看到原告想去对被告摸底所起到的作用,因为在英国的证人规则(Mere

---

[58] 今天英国民商事诉讼在CPR下,也会是以证人证言(witness statement),甚至只是依赖文书请求中或者是中间程序申请中提交的申请中陈述的事实加上对这事实的真实声明(statement of truth)作为证据,这可见CPR PD 32, paragraph 1.3:"Statements of case and application notices may also be used as evidence provided that their contents have been verified by a statement of truth."

Witness Rule)下,[59]任何一方当事人不能提前向对方摸底,所以全面的有关文件证据是留待相互披露时交换,证人的口头证据也要留待相互交换证人证言。这样,对抗制的诉讼/仲裁的程序要重视同等对待(equal treatment),就不会让任何一方当事人在"一场战争"中占先机,提前对对方拥有与依赖的证据摸底,然后考虑对策。而上述提到的通过申请提前撤销抗辩或简易判决,就迫使被告为了抗辩非要把现有的抗辩理由与证据(文件与口头)抖出来。这就让原告很早就知道被告抗辩的底牌,也绑死了被告在将来的正式开庭审理时,不能在无法合理解释(如后来持续的调查取证发现了重要信息)的情况下,改变原来的抗辩理由,否则会被质疑。

5. 提前对口头证据进行取证之二:口供书(deposition)

笔者首先提供"口供书"在英国法下的一个定义(这与美国法不一样),它是指"证人在法院外有授权监誓人士的监督下宣誓所作出的证词在将来的法院法庭程序中使用"(Out-of-court testimony a witness gives under oath before an officer authorized to administer oaths for use later in the proceeding)。

5.1　英国

1999年CPR生效前的英国高院规则(Rules of Supreme Court或简称"RSC")之Order 39, rule 1规定说:"**Power to order depositions to be taken** (1) The court may, in any cause or matter where it appears necessary for the purposes of justice, make an order for the examination on oath before a judge, an officer or examiner of the court or some other person, at any place, of any person. (2) An order under paragraph (1) may be made on such terms (including, in particular, terms as to the giving of discovery before the examination takes place) as the Court thinks fit and may contain an order for the production of any document which appears to the Court to be necessary for the purposes of the examination."

从上述立法条文的文义上看,只要法院觉得公平公正,就有很广泛的裁量权(discretion)命令任何一位停留在管辖范围内(也就是身在英国)的自然人作出口供书去提供信息/证词。但现实中法院只会在非常局限的情况下作出这种命令,主要原因就是本章之4段与本书第三章之5.5段提及与介绍的证人规则。以下可以列举一些法院签发作出口供书命令的情况:

1. 在各种不同的案件/案情中,可举一种情况作为例子。如有关人士短暂停留在英国,他一旦离开,将来再没有机会向他取证,法院需要下令他以口供书留下证言:见

[59]　见笔者的《证据法:国际规管与诉讼中的证据攻防》一书第二章之4.1段与本书第三章之5.5段。

Kuwait Airways Corp v. Iraq Airways Co (2010) EWCA Civ 741 先例。该案的案情在笔者的《证据法：国际规管与诉讼中的证据攻防》一书第三章之 2.4 段有介绍，它涉及萨达姆政权在 1991 年侵占科威特发动海湾战争后一连串向伊拉克有关公司索赔损失的诉讼。伊拉克航空公司败诉后被全球冻结资产。其中有一位名为 Captain Kifah 的公司领导短暂在伦敦停留，很快将飞回伊拉克，法院命令他不能离开而先要为披露资产作证。另在十分近期的 A and B v. C, D and E (2020) EWCA Civ 409 上诉庭先例中，Males 大法官提到 CPR Rule 34.8 下的口供书时说："... the power under CPR 34.8 to order that a witness's evidence be obtained by way of a deposition before a judge or an examiner of the court. ... that this power is generally used in limited circumstances, typically where the witness is unfit or otherwise unable to attend the trial, and that the norm is for witnesses to give their evidence before the judge at the trial, ... the power is a broad power, used in limited circumstances, and the court has a discretion ... to determine the circumstances in which it should be exercised."

2. 在《海牙证据公约》、英国的《Evidence (Proceedings in Other Jurisdictions) Act 1975》与 CPR Rules 34.16 ~ 34.21 下，英国法院要协助签约国法院取得在英国的证据。英国法院在口头证据（有关自然人身在英国）方面的协助就是以口供书的形式。这个课题可见笔者的《证据法：国际规管与诉讼中的证据攻防》一书第四章之 2 段。

3. 在英国脱欧前，欧盟法律（《Council Regulation (EC) No 1206/2001》）要求会员国之间在民事与商事诉讼的取证方面相互协助，英国法院也是以口供书的形式协助对口头证据取证。

4. 与经常会涉及国际商事仲裁的中国公司有更加密切关系的，是在英国《Arbitration Act 1996》之 Section 44(2)(a)下，英国法院可以帮助仲裁向证人取证（the taking of the evidence of witness）。Section 43 则详尽针对了命令不合作与不情愿的第三人出庭作证的传召证人（subpoena 或 CPR 下的"witness summons"）。Section 43(3)(a)与(b)说明只适用在身在英国的自然人与英国仲裁，所以，Section 44(2)(a)应是针对其他情况。一连串的先例如 Commercial Insurance Co v. Lloyd's Underwriters (2002) 1 WLR 1323; A and B v. C, D and E 等，已明确英国法院的协助除了适用在英国（伦敦）仲裁，也适用在外国的仲裁，也即英国法院会强制身在英国的自然人提供证据去协助外国仲裁。这自然人可以是双方当事人（parties），也更可以是掌握有关信息的第三人（non-parties）证人。看来，这等同于法院之间的《海牙证据公约》的做法，而且对仲裁而言，会是更便宜与更简单[最少是省了要通过有关机构或法院在《海牙证据公约》下提出要求的请求书（Letter of Request）这个复杂的程序]。

同样的规定也可见香港《仲裁条例》之 Section 55(2)与近期的 Company A and Ors v. Company D and Ors (2018) HKCFI 2240 先例[案件不是涉及取证而是委任接管人（Receivers），但法院确认可去协助外国仲裁（该案例是新加坡仲裁）去向第三人作出命令]。

最后简略介绍部分先例的案情以加深理解。首先介绍 Commercial Insurance Co v. Lloyd's Underwriters 先例。该先例涉及一个纽约仲裁的仲裁庭签署了一份要求英国法院协助向两位劳合社成员强制取证的"请求书",但被法院拒绝,法院说《海牙证据公约》或《Evidence (Proceedings in Other Jurisdictions) Act 1975》立法所针对的外国"审判庭"(tribunal)不包括仲裁庭。[60] 申请人随即把申请协助强制取证的依据改为是英国《Arbitration Act 1996》之 Section 44(2)(a)。Moore-bick 大法官认同他在该条文下拥有这个协助取证的权力,但因为认为该先例的案情不适合,所以行使裁量权拒绝了该申请。

另 A and B v. C, D and E 上诉庭先例也涉及一个纽约仲裁。由于要保护仲裁的机密性,所以法官在判决书中对案情的描述非常有限。判决书仅仅披露了 A、B、C、D 共同成立合资企业投资了开发中亚某国一块油田的项目。随后在 2002 年 C 与 D 成功出售了合资企业开发该油田的权益,并要从出售的价款中支付一部分金额给 A 和 B,因为 A 和 B 享有该油田开发项目 15% 的利益。但 C 与 D 在对 A 和 B 做出支付时扣除了一笔据说是支付给该中亚国家政府官员的"签约奖金"(signature bonus)。A 和 B 反对这项扣除,指称这笔所谓的签约奖金因为涉及贪污受贿而属非法,并开始了针对 C 和 D 的仲裁。为了证明这笔签约奖金非法的本质,A 和 B 依据《Arbitration Act 1996》之 Section 44(2)(a)的立法条文向英国法院申请强制向一位居住在伦敦的 E 先生以口供书的形式取证以协助纽约仲裁,因为该 E 先生曾经代表 C 与 D 与中亚国家政府官员谈判该油田的出售,他应该知悉该签约奖金的来龙去脉。上诉庭同意做出协助,Flaux 大法官说:"... the Court does have jurisdiction under section 44 (2)(a) to make an Order for the deposition of the third respondent as a non-party and I would make an Order for the examination of the third respondent by way of deposition before an examiner of the Court."

法院在下令向证人取得口供书时,一般会要求并指定一位执业律师作为中立的讯问官(examiner)主持。而证人要在宣誓后回答讯问官的问题,之后口供书被用在开庭审理时类似书面证人证言。

取证过程的记录或誊本(transcript)在以后的正式开庭时宣读给审理法官。所以严格说,口供书不再是口头证据而变成了文件证据。除了文书记录/誊本,法院还会下令将这过程录像(videotape):见 J Barber & Sons v. Lloyd's Underwriters (1986) 2 All ER 845 先例。这样做可以解决一种批评,即将来的审理法官不会是口供书的讯问官,仅凭文书记录无法知悉有关证人作证时的行为举止。

最后可节录在 1999 年替代了 RSC 的 Civil Procedure Rules(简称"CPR")之 Rule 34 有关部分,其中有不少有关口供书做法的指引(虽然中国公司或律师是要委任英国律师,所以不必太关心),如下:

---

〔60〕 见笔者的《证据法:国际规管与诉讼中的证据攻防》一书第四章之 2.9.2 段。

"EVIDENCE BY DEPOSITION(口供书作为证据)

34.8 (1) A party may apply for an order for a person to be examined before the hearing takes place.

(2) A person from whomevidence is to be obtained following an order under this rule is referred to as a 'deponent' and the evidence is referred to as a 'deposition'.

(3) An order under this rule shall be for a deponent to be examined on oath before – (a) a judge, (b) an examiner of the court, or (c) such other person as the court appoints.

(4) The order may require the production of any document which the court considers is necessary for the purposes of the examination.

(5) The order must state the date, time and place of the examination.

(6) At the time of service of the order the deponent must be offered or paid – (a) a sum reasonably sufficient to cover his expenses in travelling to and from the place of examination; and (b) such sum by way of compensation for loss of time as may be specified in the relevant practice direction.

(7) Where the court makes an order for a deposition to be taken, it may also order the party who obtained the order to serve a witness statement or witness summary in relation to the evidence to be given by the person to be examined.

CONDUCT OFEXAMINATION(取证如何进行)

34.9 (1) Subject to any directions contained in the order forexamination, the examination must be conducted in the same way as if the witness were giving evidence at a trial.(一般做法与开庭审理时取证一样。)

(2) If all the parties are present, the examiner may conduct the examination of a person not named in the order for examination if all the parties and the person to be examined consent.(不在法院命令内的宣誓证人,即其他证人,若刚巧在场,在所有人同意下也可去向他/她取证。)

(3) The examiner may conduct the examination in private if he considers it appropriate to do so.(取证可以秘密进行,即使这本是法院诉讼。)

(4) The examiner must ensure that theevidence given by the witness is recorded in full.(记录要完整。)

(5) The examiner must send a copy of the deposition(讯问官一定要送一份口供书给下列人士)(a) to the person who obtained the order for the examination of the witness; and (b) to the court where the case is proceeding.

(6) The party who obtained the order must send each of the other parties a copy of the deposition which he receives from the examiner.

ENFORCING ATTENDANCEOF WITNESS(强制证人出席)

34.10 (1) If a person served with an orderto attend before an examiner –(a) fails to attend; or (b) refuses to be sworn for the purpose of examination or to answer any lawful question or produce any document at the examination(拒绝宣誓或回答或带同文件),a certificate of his failure or refusal, signed by the examiner, must be filed by the party requiring the deposition.

(2) On the certificate being filed, the party requiring the deposition may apply to thecourt for an order requiring that person to attend or to be sworn or to answer any question or produce any document, as the case may be.

(3) An application for an order under this rule may be made without notice.

(4) The court mayorder the person against whom an order is made under this rule to pay any costs resulting from his failure or refusal.

USE OF DEPOSITION AT AHEARING(开庭审理如何使用口供书)

34.11 (1) A deposition ordered under rule 34.8 may be given inevidence at a hearing unless the court orders otherwise.(口供书可在开庭时用作证据,除非法院另有命令)

(2) A party intending to put in evidence a deposition at a hearing must serve notice of his intention to do so on every other party.

(3) He must serve the notice at least 21 days before the day fixed for the hearing.

(4) The court may require a deponent to attend the hearing and give evidence orally.

(5) Where a deposition is given in evidence at trial, it shall be treated as if it were a witness statement for the purposes of rule 32.13 (availability of witness statements for inspection).(口供书若作为证据,它类同书面的证人证言)..."

5.2 美国

美国法律在1938年前与英国法律基本一致,要求原告在提起民商事诉讼时已经拥有证据能够表面证明索赔的诉因(cause of action)与损失。但在1938年的《Federal Rules of Civil Procedure》后,美国法院对提起诉讼前(pre-action)或开庭审理前(pre-trial)的证据披露(文件与口头)采取十分放任与开明的态度。除了享有特免权(privilege)的证据外,其他证据都需要披露。名为"Discovery Scope and Limits"的立法之Rule 26(b)(I)规定:"any non-privileged matter that is relevant to any party's claim or defense."而要求披露的时间范围与英国法院一样,都包括在提起诉讼前、开庭审理前与开庭审理。

但美国的放任态度,可让一方当事人只要感觉有诉因,就可去启动一个诉讼。即使他/她当时不拥有任何证据,做法上也不像英国要先从零开始调查取证,等获得足够支持索赔的证据再开始诉讼。美国也没有英国法下的钓鱼取证/摸索证明(fishing expedition)或证人规则(mere witness rule)的顾虑。例如,双方当事人公司的董事、前/现雇员、公司顾问(除了律师可享有特免权)等都可以被要求披露文件与/或提供口头信息。所以,不少国际商业人士都对美国的审前披露(US-style pretrial discovery)闻之色变,笔者见过好几份商业合约的仲裁条文同意去纽约仲裁,但明示排除这种审前披露。美国认为这样的做法有很多好处,也保障了有权索赔人士的权益与鼓励双方早日和解。但这种做法的问题也不少,如有说法是提早知道案件的强弱对鼓励和解并没有很明显的效果。1965 年哥伦比亚大学法学院的《Field Survey of Federal Pretrial Discovery》报告称:"no positive evidence is found that discovery promotes settlement."另是,美国广泛与没有止境的审前披露十分昂贵,有钱的诉讼方(deep-pocket litigants)可轻易去压迫缺钱的对方诉讼方。

有说法是美国在披露信息方面是一个极端,而欧洲大陆法的国家没有披露的程序又是另一个极端,而英国持中间立场。

口供书是美国审前披露的主要途径(key mechanism)。而即使是有了部分文件,也需要盘问证人才能把文件的内容串起来。虽然美国这种调查取证的口供书的操作通常不必直接牵涉法院,但证人仍不敢不坦白,证人的代表律师也通常不能反对对方律师提出的各种问题。

在后来的开庭审理(如果无法达成和解)中,口供书的内容被视为传闻证据(hearsay evidence)而不被法院采纳(admit),除非:(1)证人在口供书承认对自己不利之处,如自认说谎;(2)证人在审理时的证言与口供书有矛盾或不一致之处;(3)证人无法出庭作证。

如果以文书去处理口供书,也就是写下一连串的问题让证人以文书回答,这做法虽然会省钱,但一般并不理想。除了对证人没有压力外,也失去了从回答的答案中继续追问的机会,而这也正是把全面的真相问清楚的最有效手段。

有关此课题,笔者在多本书中均有涉及,如《证据法:国际规管与诉讼中的证据攻防》一书第四章之 2.8 段。但笔者并非美国执业与有经验的律师,所以有了真正涉及这方面问题的案件,仍必须在懂行的美国律师的建议下行事。

5.3 美国广泛披露令对国际仲裁的影响

这里的问题笔者在《证据法:国际规管与诉讼中的证据攻防》一书第四章也提到美国联邦立法《US Code》Title 28, s. 1782 允许美国地方法院协助外国/国际的民商事诉讼调查取证并作出披露命令(discovery order for evidence)。立法文字是:"The district court of the district in which a person resides or is found may order him to give his testimony or statement or to produce a document or other thing **for use in a proceeding in a foreign or international tribunal** . . . The order may be made . . . upon the application of any interested person and may direct that the testimony or statement be given, or the document or other thing be produced, before a person appointed by the court . . . A person may not be compelled to give his testimony or statement or to produce a document or other thing in violation of any legally applicable privilege.”(加黑部分是笔者的强调)

显然,这种命令是美国的审前披露(US-style pretrial discovery)。美国最高院的 Intel Corp v. Advanced Micro Devices Inc, 542 US 241 (2004)先例将立法中的“外国诉讼”也包括在“准司法组织”(quasi-judicial bodies)进行的程序后,就引发了很多对“仲裁庭”(arbitral tribunal)是否被包括在立法中所写的“审判庭”(tribunal)中的课题讨论,也出现了很多不同判法的案件。如在较早的 National Broadcasting Co Inc v. Bear Stearns & Co Inc, 165 F 3D 184 (2d Cir 1999)先例中,第二巡回法院判立法中提到的“foreign Tribunal”不包括国际商事仲裁机构(涉及是 ICC 仲裁院)。另该判决到底是否被 5 年后最高院的 Intel Corp v. Advanced Micro Devices Inc 先例推翻也是目前有争议的。接下来的先例又演变为探讨仲裁机构与按照规则组成的“仲裁庭”是私人/民间或政府/政府间组织(governmental or intergovernmental arbitrator tribunals)的区分,有看法是后者才是立法所针对的。此外,是否会协助调查取证也涉及了不同法官的裁量权(discretion)。在此不进行深入分析,只简单列出一些案例,包括成功申请到协助的案例,如 In re Children's Investment Fund Found. (UK), 363 F. Supp. 3d 361, 369 - 70 (S. D. N. Y.)(涉及仲裁机构是 LCIA);In re Kleinar N. V., 220 F. Supp. 3d at 521 - 22(涉及是 LMAA)等,与没有成功申请到协助的案例如 In re Application of EWE Gasspeicher GmbH, 19 - mc - 109 - RGA, 2020 WL 1272612, at #3 (D. Del. Mar. 17, 2020(涉及仲裁机构 DIS)。法院的判决很不肯定,目前上诉庭的第二、第五与第七巡回法院认为不包括仲裁庭,而第四与第六巡回法院则认为包括仲裁庭,该问题还是要留待最高院作出最终的决定。

除了上述的介绍,在此想特别介绍两个在这方面与国内有密切关系的案例。其中,第一宗案件是 In re Application of Hanwei Guo, 2019 WL 917076 (SDNY, Feb 25, 2019)先例,该案涉及中国贸仲(CIETAC)仲裁。仲裁中的一方当事人 Hanwei Guo 先生作为腾讯音乐(Tencent Music)公司的前股东,主张在腾讯音乐联席主席谢国民的欺骗、威胁与恐吓下被迫以较低价格出售其在腾讯音乐的股份。由此 Guo 先生在美国纽约法院申请要求多家金融机构/投行,包括德意志银行、摩根大通、美林银行、摩根士丹利与 Fenner & Smith 审前披露为腾讯音乐在美国上市进行尽职调查时所持有的文件等。该申请在一审时被拒绝,Guo 先生上诉。上诉庭第二巡回法院[19 - 781 (2d Cir. 2020)]维持了一审判决,认为国际商事仲裁庭不属于立法下的“审判庭”。

而另一宗 HRC-Hainan Holding Company LLC v. Hu, 19 - MC - 80277, 2020 US Dist LEXIS 32125 (ND Cal, Feb 25, 2020)先例也同样涉及中国贸仲的仲裁案件,看来申请人运气较佳。案情涉及美国的亨廷顿公司与海南慈铭医院就建设生殖健康与不孕不育科室(简称 IVF 中心)的项目签署了合作协议。该合作协议约定由亨廷顿(通过海南子公司)负责营运与管理 IVF 中心。其后双方发生争议,亨廷顿声称慈铭医院想把他赶走并且启动了贸仲仲裁向慈铭医院索赔2000万美元损失。2019年11月13日,亨廷顿根据《US Code》Title 28, s. 1782立法向加利福尼亚北区法院申请调查取证,被申请人是住在加利福尼亚的慈铭医院老板的女儿胡女士(Hu Yihan)、她的3家美国公司与其账户所在的富国银行。一审与上诉法院均支持该申请,命令被申请人对资产情况作出广泛的披露,包括慈铭医院的资产动向、这些年来转移给胡女士的钱等。看来这些资产方面的信息与进行中的贸仲仲裁案件没有直接的关系,很可能是亨廷顿整体法律作战战略的一部分,以增加迫使慈铭医院投降赔钱达成和解的砝码。

最后介绍Servotronics Inc v. The Boeing Company And Rolls-Royce Plc, 954 F 3d 209 (4th Cir 2020)案件。该案情涉及Servotronics为Rolls-Royce制造的发动机提供零件,而该发动机被装在了一架波音787飞机上。该飞机在测试时发动机着火,造成了很大的损失。Rolls-Royce与波音公司达成和解,之后声称是因为Servotronics提供的零件缺陷导致飞机发动机着火,所以转而向Servotronics要求1,280万美元的补偿。Servotronics否认责任,声称Rolls-Royce与波音雇员的很多不恰当行为才是导致损失的原因。于是Rolls-Royce开始仲裁向Servotronics索赔,根据英国Chartered Institute of Arbitrators(CIArb)规则成立仲裁庭。为了在仲裁中抗辩,Servotronics根据《US Code》Title 28, s. 1782在美国南加州地区法院申请传召3位波音的雇员或前雇员作为证人。其中两位参与了对着火的发动机的故障排查,第三位是波音调查火灾事故的调查委员会主席。南加州地区法院驳回了该申请,认为立法不包括国际商事仲裁庭。Servotronics提起上诉,2020年3月上诉庭第四巡回法院同意Rolls-Royce与波音加入,并最终判CIArb仲裁庭属于立法下的"审判庭"。但在2020年9月,面对同样的当事人与同样的争议,上诉庭第七巡回法院[No. 19 - 1847 (7th Cir. 2020)]判CIArb仲裁庭不属于立法下的"审判庭",这无疑加重了美国不同州份法院、上诉庭不同巡回法院之间对国际商事仲裁庭是否属于立法下的"审判庭"的混乱判决。Rolls-Royce(针对第四巡回法院判决)与Servotronics(针对第七巡回法院判决)都上诉要求美国最高院作出最后的决定,结束目前的混乱判决,但截至2021年2月还没有结果。

5.4 英国法院面对美国广泛披露令保护伦敦仲裁的做法

在"对抗制"(adversarial system)下,一方当事人不惜成本在调查取证时把敌对方的不利(或可能不利)的信息(敌对方自己不会自动披露)找出来是无可厚非的,毕竟敌对方也可以做同样的调查取证。与实体战争一样,信息决定成败。如果敌方重视情报工作,不惜代价牺牲了无数的情报人员取得有关我方致命弱点的信息(派兵遣将、粮草后勤、军令等),但相比之下我方自恃军队人数或炮火比敌方多,根本不想花钱花工夫或派出情报人员,也不重视掌握对方的信息,最后导致战败也已经有不少的历史教训。商场如战场,对抗制的诉讼与国际仲裁更是一场不见硝烟的战争,不重视信息(证据)的一方当事人最后结果可想而知。

但从另一个角度客观去看国际仲裁的制度,可以说当今没有任何参与人士

(stakeholders)认为美国广泛的审前披露恰当或是好事,甚至都有排斥。例如,在贸仲或 HKIAC 仲裁的一方当事人去美国成功申请到针对对方当事人的审前披露命令,能够获取敌对方信息,而对方当事人根本无法从贸仲或 HKIAC 的仲裁程序中与/或中国与香港特区法律下取得对等的披露令。另外更严重的是,英国与香港特区依从的证人规则对美国的审前披露命令也不管用。[61] 这会带来严重不公平与干扰,如 Males 大法官在 Dreymoor Fertilisers Overseas Pte Ltd v. EuroChem Trading GmbH (2018) EWHC 2267 (Comm)先例中说:"if(证人)is required to submit to a deposition, he may then be unwilling to attend as a witness in the arbitration, so that(对方当事人)may be deprived of the benefit of his live evidence in the arbitrations; and that in any event for him to be cross-examined twice, first by way of deposition and then in the arbitration would be oppressive, unfair and one-sided."

这显然不符合仲裁程序强调的要平等对待(equal treatment)双方当事人。所以,如果在香港仲裁,上述 HRC-Hainan Holding Company LLC v. Hu, 19 - MC - 80277, 2020 US Dist LEXIS 32125 (ND Cal, Feb 25, 2020)案件,在美国被要求审前披露的慈铭医院作为当事人之一向仲裁庭(当然香港法院也有同样权力)说明这个做法对香港仲裁的程序会带来什么不良影响,并申请一个中间禁令(interim injunction)或最后命令(final order)去阻止亨廷顿在美国申请或执行取得的审前披露命令,笔者作为仲裁员会很乐意好好考虑这项在本质上类似于止诉禁令(Anti-suit injunction)或止执行禁令(Anti-enforcement injunction)的申请,因为这并非无理取闹。在英国,就需要向法院申请禁令。这是因为英国《Arbitration Act 1996》针对法院把临时措施放权给仲裁员不像是《联合国示范法》全部放掉。所以,相比香港特区,伦敦仲裁员在两方面是没有权力,只是英国法院才有。这两方面是 Section 44 针对法院支持仲裁的权力之(2)(d)的"the sale of any goods the subject of the proceedings"与(2)(e)的"the granting of an interim injunction or the appointment of a receiver"。这是在 Section 38 针对仲裁庭对临时措施的一般权力中找不到的。换言之,中间禁令只是由英国法院作出。但如果是最后禁令(final injunction),就是由伦敦仲裁庭作出,因为这是最后决定,也常会是实质争议的救济(relief)的部分。

对美国《US Code》Title 28, s. 1782 立法下的审前披露命令带来的对英国法院诉讼/伦敦仲裁的影响与英国法院的应对近年来已有了一些案例,包括:South Carolina Insurance Co v. Assurantie Maatschappij 'De Zeven Provincien' (1987) AC 24; Omega Group Holdings Ltd v. Kozeny (2002) CLC 132; Benfield Holdings Ltd v. Elliott Richardson (2007) EWHC 171 (QB)与 Dreymoor Fertilisers Overseas Pte Ltd v. EuroChem Trading GmbH 等先例。而只有最后的先例涉及伦敦仲裁(仲裁机构是 LCIA 与 ICC

〔61〕 见本章之4段、本书第三章之5.5段与笔者的《证据法:国际规管与诉讼中的证据攻防》一书第二章之4.1段。

仲裁院),不妨进一步介绍。

英国法院会否插手作出中间禁令去阻止在英国诉讼/仲裁的一方(或双方)当事人去美国申请或执行(因为已经取得命令)一个审前披露命令看的是个别案件的不同情况是否不合情理(unconscionable)。简单举例,美国命令只针对文件(即使会是大量),通常是不达至不合情理的高门槛(high threshold):见 South Carolina Insurance Co v. Assurantie Maatschappij 'De Zeven Provincien' 先例。但如果是针对口供书,将会违反英国法律的证人规则,就会是不合情理了:见 Omega Group Holdings Ltd v. Kozeng 先例中。在后一个先例,Peter Gross QC 大法官说:"In these circumstances, the guidance for the present case ... is as follows: (1) No injunctive relief is to be granted unless the applicant satisfies the **threshold test of unconscionability**. (2) **In general, the English court leaves it to the parties to obtain the evidence** they think necessary for the advancement of their case by the means of their choosing, provided such means are lawful in the country where they are deployed. (3) The fact that a party to English litigation is able to obtain evidence by means of a right available in a foreign country **significantly different from that available in the English system does not, by itself, constitute unconscionable conduct**. Essentially, this is a corollary of proposition (2) above. (4) It follows that there is no blanket ban on a party to English litigation seeking to utilise the US procedure for pre-trial deposition in order to obtain evidence for his case. (5) That said, I do not read ... that it can never be unconscionable for a party to English litigation to apply for US pre-trial depositions by way of section 1782. ... (6) Accordingly, it remains open to an applicant to demonstrate **on the facts of the case that a particular application for US pre-trial depositions by way of section 1782 is unconscionable.** ..."(加黑部分是笔者的强调)

接下来可介绍 Dreymoor Fertilisers Overseas Pte Ltd v. EuroChem Trading GmbH 先例的案情。EuroChem 是瑞士公司(有俄罗斯背景),业务是世界上主要的化肥销售。它与 Dreymoor 的一家新加坡公司在 2008 至 2013 年期间签订了数百份化肥买卖的合约,Dreymoor 再转售或作为 EuroChem 代理(这是有争议)将这些化肥卖给第三人,如印度等用家。所有的买卖合约均有仲裁条文,仲裁机构不是 ICC 仲裁院,就是 LCIA。

双方后来的争议是,EuroChem 指称,在这一段蓬勃的业务期间,Dreymoor 行贿(bribe)它的两位高管(Rogalskiy 与 DP 先生)。但 Dreymoor 否认,指称支付合法并相信 EuroChem 高层知道有关的支付。看来,这些支付到底是贪污受贿或合法支付会是争议的关键。EuroChem 为此启动了对 Dreymoor 的伦敦仲裁(包括 LCIA 与 ICC,根据不同买卖合约)、BVI 法院诉讼[起诉多达 14 位被告,包括 Rogalskiy 与 DP 先生、几家 BVI 公司(被指称代付贿款)与 Dreymoor]与塞浦路斯法院诉讼(被告涉及 Rogalskiy 先生的公司等,另涉资产冻结令与第三方披露令的申请)。

伦敦仲裁于2017年3月9日启动(LCIA),另一个于同年10月24日启动(ICC)。开庭审理预定在2019年3月25日开始,为期10天。在此先例判决时(2018年8月24日),仲裁以"Redfern Schedule"形式进行的相互文件披露程序仍在持续,估计在10月5日完成。[62] 至于相互交换证人证言,更是要等到11月2日。

但期间,EuroChem早在2017年5月18日就向依据《US Code》Title 28, s. 1782单方面(without notice)美国法院(District Court for the Middle District of Tennessee)申请法院命令一位Chauhan先生[他曾是Dreymoor新加坡公司的董事与负责买卖(Chief Trader),目前身在美国并在Dreymoor美国公司任职]以口供书形式提供证词,以及支付在伦敦仲裁与BVI/塞浦路斯的法院诉讼使用。对申请目的的说明是:

"to obtain evidence from Mr Chauhan to discover the amount and details of all improper payments made by Dreymoor and its affiliates to Mr Rogalskiy and Mr Pomytkin, the profits obtained by Dreymoor, Dreymoor America and other companies within the Dreymoor group which benefited from the bribes paid by Dreymoor, and other evidence to aid in recovery of the bribe money which the BVI court has stated, on a preliminary basis, is held in constructive trust[63] for Applicants.

In addition, Applicants intend to vigorously pursue additional claims against any involved parties... The evidence sought from Mr Chauhan will also be relevant in these Contemplated Proceedings."

Chauhan先生被通知后,现身抗拒申请。Dreymoor没有加入,因为不想送上门给美国法院管辖(submit to the jurisdiction of the US court),但在背后支持Chauhan的法律行动。而Chauhan的主要抗拒理由是,伦敦仲裁庭并非是立法针对的"审判庭"。但美国法院在2017年11月3日不直接针对这一点,而是判令审前披露命令也适用于在BVI与塞浦路斯的法院诉讼。但Chauhan继续申请中止执行此审前披露命令,认为法院误解了BVI与塞浦路斯诉讼的性质。该申请在2018年7月3日被美国地方法院否定,在8月15日的上诉中也被再次否定。虽然Chauhan仍可以上诉去第六巡回法院,但在3次被否定后,看来在美国的抗拒已经接近尾声。

显然,Dreymoor很坚持Chauhan先生不应被强制以口供书提供有关信息,所以把"战场"从美国转移到英国,向法院申请对EuroChem作出禁令禁止(restrain)执行这个美国审前披露命令,包括:(1) 要求Chauhan披露文件,直到伦敦仲裁的文件相互披露完毕(目前指令是在2018年10月5日);(2) 要求Chauhan作出口供书,直到伦敦仲裁的开庭审理完成(目前是排期在2019年3月25日至4月5日)。换言之,申请并非完全不执行美国的审前披露命令,而是暂缓向Chauhan先生执行,直至伦敦仲裁告一段落。如此,EuroChem的美国命令也变为"得物无所用"了。

---

〔62〕 见笔者的《证据法:国际规管与诉讼中的证据攻防》一书第七章之9.8段。

〔63〕 关于推定信托(constructive trust)与追踪贪污受贿的资产可见本书第十章之2.9段与2.10段。

先是 Dreymoor 单方面申请,而后由 Bryan 大法官作出了这个中间禁令。接下来 Dreymoor 需要法院去延长这禁令,EuroChem 也出庭抗拒,由 Males 大法官审理与决定。双方的争议就涉及 EuroChem 在美国法院申请的审前披露命令是否是不合情理,所以应否以禁令阻止?显然每一个案件都有不同案情,Males 大法官认为重要的是,这次申请除了是为了伦敦仲裁,也是为了 BVI 与塞浦路斯的法院诉讼,这也是美国法院所指出的。这样,就难以说是不合情理了。加上案情其他的原因如 Dreymoor 的延误,所以 Males 大法官撤销了中间禁令。

结合稍早提到的两个涉及贸仲诉讼的申请,可以看出很多人在动利用美国的审前披露命令的脑筋。中美贸易关系紧密,可以想到将来争议会越来越多,这种申请也会越来越多。中国也需要类似的英国或香港特区的应对机制,以保证在中国仲裁的当事人可以被平等对待。

6. 开庭审理前的准备工作

案件一旦涉及实质争议事实(disputed fact)的口头证据,就难免要开庭审理。由于开庭审理会产生高昂的费用,所以即使开庭,大家也会尽量压缩开庭所需时间(duration)。宝贵的开庭时间主要用在口头证据上,因为交叉盘问(cross-examination)无法以文书来替代。对提供主证据(一般通过文书证人证言)的事实证人进行交叉盘问,也就是让受到主证据不利影响的对方诉讼方/当事人有机会考验(test)主证据的内容以及其他有关内容,向该证人提出质疑、澄清、确证等,对审理的法官(或仲裁庭)也至关重要。因为证人证言(witness statement)是在代表律师协助下撰写,双方证人各讲各的"故事",表面看都应是头头是道找不出瑕疵,导致仅是阅读很难判断出不同口头证据的分量高低,或在相互冲突的证据中怎样取舍。但经过称职律师全面的交叉盘问,这些困难就会迎刃而解。即使针对争议事实已有大量更可信的当场文件证据(contemporary documentary evidence),往往证人的口头证据也会把这些文件证据的语境(context)如制作的背景变得更加清楚,帮助法官(或仲裁庭)更好的理解文件证据的内容,或将文件/邮件链的内容相互串联起来等。

案件一旦需要开庭审理,就会有不少开庭前的准备工作要做,其中大多要走的程序与证据有密切关系。在此不妨以国际商事仲裁的一般做法作为介绍,毕竟相比英国法院诉讼,国际商事仲裁是与中国公司与律师关系更密切,更需要掌握,而英国法院的做法很多也被国际商事仲裁程序所采用。

6.1 案件管理会议与开庭前会议

国际仲裁的开庭审理会的做法类似于英国法院,在仲裁程序一开始的第一个案件管理会议(Case Management Conference 或简称"CMC")中就要大家(仲裁庭成员与双方当事人的代表律师)确定为了准备开庭审理要走的程序步骤(procedural steps)与时间表(procedural timetable),并同意开庭审理所需的时间与确实的日期。开庭日期会定在一两年后,而中间这一两年时间就是去进行证据准备的中间程序(interlocutory proceedings),包括双方按先后顺序提交文书请求/案件陈述(sequential exchange of Pleadings/Statement of Case)、相互文件披露(mutual disclosure/production of documents)〔64〕、相互交换证人证言与专家报告等。另外,在此会议中,大家也会制定一个在这个案件中现实可行、合理与高效的程序时间表。

在文书请求中确定了双方的争议/争端后,接下来处理证据的每一个程序都只针对与局限在与争议/争端(disputed issues)有关的证据。处理证据的第一步是双方当事人同时相互披露文件。这是因为双方当事人都可以通过合理搜查(reasonable search)各自的文件夹、电脑、服务器、手机(如微信的通讯)或从第三人处(如政府部门、代理人或其他有关人士等),找到与争议事实有关的文件证据。这些文件证据已经客观存在不能抵赖且证据分量很高,双方可以马上通过相互交换文件证据以知道双方案件的强弱。如果双方当事人与他们的代表律师理智、肯面对现实且专业水平大致相当(否则大家会对案件的强弱看法不一致),文件披露后会是一个按照案件的表面强弱达成和解的黄金时机。而即使达不成和解,这些披露出来的文件证据也可以让双方在进行下一步证据程序,也就是准备口头证据(oral evidence)时,更清楚知道要准备什么。

如果文件证据与事实证人的口头证据涉及专业知识,双方当事人相信仲裁员需要在相关领域专家的协助下才能透彻理解这些证据,当事人就需要专家提供专业的意见证据,再走下一步的步骤了。做法上也与事实证人的口头证据一样,先是双方当事人相互交换文书专家报告(mutual exchange of expert reports),这是专家证人的主证据。做法是可以相互交换或是前后交换(sequential exchange),后者的好处是专家报告的内容会是更点对点针对,与文书请求的先后递交与送达(serve),“索赔请求——抗辩书——答辩书”的道理是一样的。但双方同时相互交换,就容易发生各讲各的专业意见,没有点到点地特定针对与说出双方专家不同意见的理由或依据,所谓的西方说法是“ships passing at night”。在英国对抗制做法下针对事实证人不提倡先后提交与送达的做法,令一方当事人证人的主证据或底牌先让对方知道,但可以适用于专家证人。先交出专家报告的当事人不会吃亏,因为:(1)专家证人一般是有关专业的知名人士,本人有一定的专业操作与自律,加上法律强加的专家证人对法院(或仲裁庭)的责任也肯定有压力。(2)专家证人一般不会好像事实证人与有关争议有重大的经济利益冲突。(3)同样重要的是“事实”可以扭曲甚至是捏造,只要是没有当场文件拆穿,但涉及专业意见,双方专家证人持不同意见是肯定的,否则他们也不会被委任去在开庭审理时“对抗”。但他们的不同专业意见都需要引经据典,不能空口白话,否则这个专家意见就没有任何含金量。所以即使一方当事人的专家证人

---

〔64〕 在笔者的《证据法:国际规管与诉讼中的证据攻防》一书第七章有详论。

先去交出专家报告,另一方后一步去点对点回应,也不会占太多便宜,顶多是原来的专业意见会有点偏差与侧重上的不同,但不大可能为了对抗/否定先交出的专家报告的说法去扭曲或捏造。

至此,对各种有关证据(文件、口头与专家证据)已全部披露/交换,让双方当事人各自的案件与强弱十分透明地摊开在桌面上(all cards on table),也就可以在双方不达成和解的情况下走下一步(也是最后一步)的开庭审理程序了。

在 CMC 后,仲裁庭会针对以上简单介绍的中间程序尽快作出第一号程序命令(First Procedural Order),作为双方当事人必须(除非事先取得仲裁庭或双方当事人同意的延期)按照命令中的时间规定往前推进仲裁程序。

仲裁庭也经常会在仲裁程序的中途召开另一个或多个的 CMC,其中常有的是在文书请求/案件陈述与相互文件披露后,尽快召开另一个开庭前的准备会议(Pre-hearing Conference)以针对开庭审理的各项繁重的准备工作。现在在国际仲裁中,这可以通过电话会议或是以 Zoom、Skype 等通讯方式进行。

有关国际仲裁的 CMC 要针对的不同事项(agenda items)与细节,笔者在《仲裁法——从 1996 年英国仲裁法到国际商务仲裁》一书第十二章之 7 段已有详论。由于该书于 2006 年 2 月写毕,内容难免已经有点过时。但笔者仍无意重复,只是在此针对有关证据方面的事项与一些近期较多发生争议、受关注与没有在 2006 年的《仲裁法——从 1996 年英国仲裁法到国际商务仲裁》一书中强调的事项去介绍几句。

有关 Pre-hearing Conference 与要针对的事项,只节录 ICC Commission 的"Techniques for Controlling Time and Costs in Arbitration"报告:"38 Consider organizing a conference with the arbitral tribunal, which may be by telephone, to discuss the arrangements for any hearing. At such a pre-hearing conference, held a suitable time before the hearing itself, the parties and the arbitral tribunal can discuss matters such as time allocation, use of transcripts, translation issues, order of witnesses and other practical arrangements that will facilitate the smooth conduct of the hearing. The arbitral tribunal may consider using the occasion of the pre-hearing conference to indicate to the parties the issues on which it would like the parties to focus at the forthcoming hearing."

另也可节录联合国贸易法委员会的《UNCITRAL Notes on Organizing Arbitral Proceedings》(2016)针对开庭审理前的准备事项,包括:[65]

"LIST OF MATTERS FOR POSSIBLE CONSIDERATION IN ORGANIZING ARBITRAL PROCEEDINGS

1. Set of arbitration rules- If the parties have not agreed on a set of arbitration rules, would they wish to do so;

2. Language of proceedings-(a) Possible need for translation of documents, in full

---

〔65〕 见 https://uncitral.un.org/zh/texts/arbitration/explanatorytexts/organizing_arbitral_proceedings。

or in part (b) Possible need for interpretation of oral presentations (c) Cost of translation and interpretation;

3. Place of arbitration (a) Determination of the place of arbitration, if not already agreed upon by the parties (b) Possibility of meetings outside the place of arbitration;

4. Administrative services that may be needed for the arbitral tribunal to carry out its functions;

5. Deposits in respect of costs (a) Amount to be deposited (b) Management of deposits (c) Supplementary deposits;

6. Confidentiality of information relating to the arbitration; possible agreement thereon;

7. Routing of written communications among the parties and the arbitrators;

8. Telefax and other electronic means of sending documents (a) Telefax (b) Other electronic means (e. g. electronic mail and magnetic or optical disk);

9. Arrangements for the exchange of written submissions (a) Scheduling of written submissions (b) Consecutive or simultaneous submissions;

10. Practical details concerning written submissions and evidence (e. g. method of submission, copies, numbering, references);

11. Defining points at issue; order of deciding issues; defining relief or remedy sought (a) Should a list of points at issue be prepared (b) In which order should the points at issue be decided (c) Is there a need to define more precisely the relief or remedy sought;

12. Possible settlement negotiations and their effect on scheduling proceedings;

13. Documentary evidence (a) Time-limits for submission of documentary evidence intended to be submitted by the parties; consequences of late submission (b) Whether the arbitral tribunal intends to require a party to produce documentary evidence (c) Should assertions about the origin and receipt of documents and about the correctness of photocopies be assumed as accurate (d) Are the parties willing to submit jointly a single set of documentary evidence (e) Should voluminous and complicated documentary evidence be presented through summaries, tabulations, charts, extracts or samples;

14. Physical evidence other than documents (a) What arrangements should be made if physical evidence will be submitted (b) What arrangements should be made if an on-site inspection is necessary;

15. Witnesses (a) Advance notice about a witness whom a party intends to present; written witnesses' statements (b) Manner of taking oral evidence of witnesses: (i) Order in which questions will be asked and the manner in which the hearing of witnesses will be conducted (ii) Whether oral testimony will be given under oath or affirmation

and, if so, in what form an oath or affirmation should be made (iii) May witnesses be in the hearing room when they are not testifying (c) The order in which the witnesses will be called (d) Interviewing witnesses prior to their appearance at a hearing (e) Hearing representatives of a party;

16. Experts and expert witnesses (a) Expert appointed by the arbitral tribunal (i) The expert's terms of reference (ii) The opportunity of the parties to comment on the expert's report, including by presenting expert testimony (b) Expert opinion presented by a party (expert witness);

17. Hearings (a) Decision whether to hold hearings (b) Whether one period of hearings should be held or separate periods of hearings (c) Setting dates for hearings (d) Whether there should be a limit on the aggregate amount of time each party will have for oral arguments and questioning witnesses (e) The order in which the parties will present their arguments and evidence (f) Length of hearings (g) Arrangements for a record of the hearings (h) Whether and when the parties are permitted to submit notes summarizing their oral arguments;

18. Multi-party arbitration;

19. Joinder and consolidation (a) Joinder (b) Consolidation;

20. Possible requirements concerning filing or delivering the award."

以上的准备事项中没有针对新型冠状病毒肺炎疫情后被普遍使用的远程/网络开庭的情况,这方面可稍后见本章之6.16段的介绍。

6.2 确定开庭日期与时间段

常会有在仲裁程序开始的第一个案件管理会议(CMC)没有确定(fix)开庭日期与时间段的情况,因为实在太早而难以准确预计。即使仍有不少仲裁案件这样做,也经常会在后来需要改动。笔者更喜欢在中间程序走了一半,也就是在双方的文书请求/案件陈述与文件证据相互披露这两大步的程序步骤后才去确定开庭日期。在该时刻,双方当事人已经明确了哪些是双方的争议/争端(disputed issues),也已经通过相互披露了解双方所有的有关文件证据,就能够在掌握情况下去明智地决定有哪些争议/争端仍需要口头证据,因为它是关键的核心争端(core issue)。又或是某争议/争端光靠文件证据不够或欠缺,需要专家证人,甚至是迫于无奈要申请传召第三人证人等。这样,除了知道案件需要口头证据与必须要开庭审理外,也可以准确估计开庭的时间段会是多长。

往往如果在第一个案件管理会议没有确定开庭日期,就会需要在上述介绍的两步重要程序步骤完毕后,召开另一个开庭前的准备会议(Pre-hearing Conference)。在此会议中,仲裁庭通常要求参会人士带日程表参加。但在国际仲裁仍有不少对在第一次 CMC 就确定开庭日期的做法的支持,如 ICC Commission 在 2014 年的报告"Effective Management of Arbitration: A guide for In-House Counsel and Other Party Representatives：Hearing in Merits（including witness issues）”就是支持这种做法。另外，ICC Commission 的 2012 年与 2018 年更新的“Techniques for Controlling Time and Costs in Arbitration”报告说：“37 If a hearing is necessary，then early in the proceedings（ideally at the early case-management conference）consider fixing the date for this hearing. This will reduce the likelihood that the arbitral proceedings will become drawn out and will enable the procedure leading up to the hearing to be adapted to the time available.”

ICC 或其他支持这种做法的理由是避免延误，因为繁忙的仲裁员（即使他/她只是三人仲裁庭的其中一位成员）会排期满满。特别是在开庭的时间段较长的情况下。显然对这些人士而言，日期越远就越找得出空档。这也不是个别人士的空档，而是所有参与人士的共同空档，包括三位仲裁庭成员、双方代表律师团、当事人（会有要求全程参与并对突发事件对他/她的代表律师当场授权）、事实与专家证人等。

但太早确定开庭日期有很多不理想的地方，其中包括双方不会把握得好开庭所需要的时间。例如，后来的文书请求、双方文件相互披露、证人证言相互交换、专家证人的会面等，都会带来对争议事实的收窄甚或不需要口头证据或专家证人等，令原来预定的时间大幅度减少或调整，更别说是程序走下去发展到双方对早前争议的事实在文件相互披露后全部同意，只剩下法律问题仍有争议，也根本无须开庭审理了。另是被告开始参与仲裁程序与 CMC 后代表律师突然告诉仲裁庭他/她不再代表被告（这种情况在涉及中国公司时会出现，其中的原因之一是对律师的收费不满，不肯支付），而被告就不再理睬这个仲裁，更不去委任另一家律师事务所接手此仲裁。这是典型的缺席（default），仲裁庭不会因此不审理，所以会推动下去。原告除非是被告面临倒闭，继续花费诉讼律师费用只会是竹篮打水一场空，也肯定会更高兴程序可以更快推动下去，而且胜券在握。但这样看来就无须开庭审理了。

开庭审理的时间段也是一样道理，国际仲裁任由双方当事人的代表律师来估算与确定。因为在对抗制诉讼下，这是他们之间的战争。笔者感觉仲裁机构或首席仲裁员决定一天或两天不等的开庭时间不像是对抗制诉讼，更像是走过场去摆个样子。而如果仍是有事实证人或专家证人交换了证人证言或专家报告，并出庭举证，恐怕让敌对方律师提问也像是走过场（不严格是对抗制诉讼的交叉盘问，因为时间不会允许）。说回对抗制的国际仲裁，如果双方在诉讼一开始就能够较为准确估计一两年后开庭所需的时间，就需要十分熟悉案件并大致掌握开庭审理要做什么。这也表示双方的律师要做大量的前期工作（front-loading），而且双方当事人已经相互有了充分的沟通（如试图谈判和解但最后不成功）并清楚知道大家的争议/争端。但在不少仲裁案件中并非如此，例如启动仲裁是为了保护时效，对案件的全面了解与调查仍需要点时间。所以，一开始仲裁程序就去估算与确定开庭审理所需的时间就会难免粗糙。对不少案件，会是等到文书请求/案件陈述与文件相互披露（这一步程序如果涉及大量文件包括电子文件，再加上如翻译等会需时很长）告一段落后，双方才会清楚知道双方的争议/争端与会涉及什么证据需要在开庭审理处理，如事实证人、专家证人等。这样，确定开庭审理的日期与时间段会准确，较少会像太早确定带来调整、改期与缩短（太早确定为了小心，经常预定时间段保守而变得太长）。

上述提及的变化对双方当事人来说，过早确定案件的开庭审理日期以及在后来调整、缩短或改期，都会带来费用问题。首先，按小时收费的仲裁庭经常会在开庭日期被确定与保留（reserved）后，要求双方当事人支付仲裁庭的预付费用（deposit for fees），一般由仲裁机构作为信托人（stake-holder）保管。这会是一大笔钱，包括了预计开庭的准备工作、开庭审理时间（如举例的两三个星期）、开庭审理后仲裁庭成员之间的合议（deliberations）与拟定裁决书所需的时间。另是，后来缩短或取消会涉及仲裁庭成员收取取消费用（cancellation fees 或 commitment fees）。这根据一些仲裁机构的规定，会是在开庭前两三个月不等的时间段，由于当事人的原因或要求，取消或缩短开庭会收取如 50% 费用。理由是太接近取消或缩短会导致仲裁员无法另找可以填补或替代的收费工作，道理与委任大律师（barrister）开庭作为代表所收取的聘费（brief fee）在开庭前取消（如因为双方达成和解）不会退还一样。但会有个别仲裁员被委任时约定了自己的收费条件，这会是即使更早的时间当事人告知取消或缩短预定开庭时间，也要收取 50% 甚至全部的费用。

但会有仲裁机构只是支付仲裁庭固定费用，ICC 仲裁就是最典型的例子。这样会是双方当事人在后来需要对开庭审理日期与时间段调整、缩短或改期不必付出任何代价。对仲裁庭成员带来的不便与损失（直接或间接）也只能自己承受了。仲裁员对抗的办法会是在适当案件，鼓励大家在稍后较清楚与肯定时才确定开庭日期与时间段，或是在一方或双方当事人理由不充分的情况下拒绝改期等。

所以，即使是机构仲裁也常见到双方代表律师很快告知仲裁庭他们同意在稍后才确定开庭审理的日期与所需的时间，这往往是在双方文书请求与相互披露文件后，更不用说是更灵活的临时仲裁（*ad hoc* arbitration）。届时，会是双方更清楚与更准确知道是否需要开庭，如具体什么日期（考虑仍剩下要走的中间程序）与所需的开庭时间。此时也是双方当事人达成和解的黄金机会，如果和解不了也就要继续走仲裁程序，也就是确定开庭时间。这一确定下来，后来要取消或缩短/调整开庭时间的概率往往会低得多。另是，笔者也相信在大部分的仲裁案件中，特别是时间不长（如一周内），在一开始仲裁程序与稍后（但不要太晚）才确定仲裁开庭审理时间，不见得会带来明显的延误。毕竟即使是繁忙的个别仲裁员，他们满满的日程安排也经常在改动。如首席仲裁员本来在某个月份的其他案件预定了几个星期的开庭，因双方突然和解而空出来。至于双方代表大律师，更是仲裁庭能迁就就尽量迁就，不能就会要求当事人另去委任。

对双方当事人的代表出庭律师而言，要确定开庭日期与时间段，最重要的是确保自己有足够时间准备证人，熟读有关文件、证人证言、专家报告与掌握案情等，也需要想好在开庭时如何使用自己分配到的有限时间，还特别要懂得如何当场随机应变，例如可以放弃对部分对方证人的交叉盘问,但有哪些是必须提问对方关键证人的问题(如已经调查后明确该证人的证言中有错误或矛盾之处),这样如果对方证人之前的回答耗时或翻译员表现差劲导致时间不够,就可以放弃哪些问题来留下足够的时间给必要的提问等。

从以上的介绍就可以看出部分中国公司常犯的一个错误是太迟委任出庭律师或在开庭前不久更换律师。开庭时可以看出律师没有足够的时间准备就"上战场",结果可想而知。

6.3 仲裁地(seat)与开庭地点(hearing venue)

这涉及两方面,首先是什么城市对大家方便与省钱。例如,一个伦敦仲裁,但双方当事人都是亚洲公司,代表律师也是在亚洲的英国/跨国律师所分所,而仲裁庭只有一位仲裁员是居住在伦敦的英国人。结果双方同意在新加坡开庭,只需一位仲裁员与一位英国大律师飞过来。其他部分参与人士(包括证人)也需要飞往新加坡,但花费比飞往伦敦是差得远了。如果双方不合作,不能同意开庭地点(城市),就只能去仲裁条文约定的仲裁地(seat)了。另一方面是确定地方,如租用仲裁机构的房间、酒店、会议中心、或其中一家律师所的会议室(通常愿意免费提供)等。至于租地方的花费,一般命令是双方平分以显示平等对待双方当事人(equal treatment to parties),但不影响最后的费用分摊,也就是败诉方要全部承担。

这方面可节录联合国贸易法委员会的《UNCITRAL Notes on Organizing Arbitral Proceedings》(2016)文件如下:

"**3. Place of arbitration**

(a) Determination of the place of arbitration, if not already agreed upon by the parties

21. Arbitration rules usually allow the parties to agree on the place of arbitration, subject to the requirement of some arbitral institutions that arbitrations under their rules be conducted at a particular place, usually the location of the institution. If the place has not been so agreed upon, the rules governing the arbitration typically provide that it is in the power of the arbitral tribunal or the institution administering the arbitration to determine the place. If the arbitral tribunal is to make that determination, it may wish to hear the views of the parties before doing so.

22. Various factual and legal factors influence the choice of the place of arbitration, and their relative importance varies from case to case. Among the more prominent factors are: (a) suitability of the law on arbitral procedure of the place of arbitration; (b) whether there is a multilateral or bilateral treaty on enforcement of arbitral awards between the State where the arbitration takes place and the State or States where the award may have to be enforced; (c) convenience of the parties and the arbitrators, including the travel distances; (d) availability and cost of support services needed; and

(e) location of the subject-matter in dispute and proximity of evidence."

另一个与证据有关的重要方面是仲裁地决定了程序法(procedural law),也就是在伦敦的仲裁就强制适用《Arbitration Act 1996》、香港特区仲裁就强制适用香港《仲裁条例》等,而适用的证据法(law of evidence)是以诉讼地点的法律为准(*lex fori*)。

节录《The Conflict of Laws》(2012 年,第 15 版)一书之 7 – 022 段如下:"'The law of evidence', it has been said, 'is the lex fori which governs the courts. Whether a witness is competent or not; whether a certain matter requires to be proved by writing or not; whether certain evidence proves a certain fact or not; that is to be determined by the law of the country where the question arises, where the remedy is sought to be enforced and where the court sits to enforce it.' On the other hand, 'it is not everything that appears in a treaties on the law of evidence that is to be classified internationally as adjective law, but only provisions of a technical or procedural character—for instance rules as to the admissibility of hearsay evidence or what matters may be noticed judicially.' Thus the lex causae generally determines what the fact in issue; and it may do so by providing that no evidence need, or may, be given as to certain matters, for instance as to compliance, or failure to comply with, certain formalities of a marriage ceremony. Such provisions are substantive. On the other hand, as a general rule, the lex fori determines how the facts in issue must be proved. In the context of English proceedings, whether or not a document is privileged is to be determined by English law; the fact that under a foreign law the document is not privileged or that the privilege that existed is deemed to have been waived is irrelevant."

这样,虽然《Arbitration Act 1996》之 Section 34(2)(f)明确说明适用在法院诉讼的证据法[如本书第八与第九章的"证据采纳"(admissibility of evidence)]是不适用在仲裁,但这不代表仲裁庭可以去漠视或偏离证据法的很多大原则与背后的精神。这些大原则与精神与公平审理(fair trial)有密切关系,仲裁庭一旦偏离就有危险违反自然公正(natural justice)与程序公正(due process)。《证据法:国际规管与诉讼中的证据攻防》一书大篇幅介绍了各种"特免权"(privilege),绝大部分涉及公共政策(public policy)。所以在一个伦敦仲裁必须遵守,无论开庭地点是否搬去了其他地方,如新加坡或上海,也无论仲裁员或是当事人的代理律师是否来自其他不同法律背景的人士,如来自现行法律没有特免权说法的中国。在本书第二章之 4.5.2 段讲到《Arbitration Act 1996》之 Section 43(3)(b),也有介绍只有在英国开庭审理的仲裁(不论仲裁地是哪里),才能获得英国法院的协助去传召第三人证人(subpoena 或 CPR 下的"witness summons")。所以一个伦敦的仲裁,如果把开庭审理搬去外国也会失去法院这种协助。

6.4 事实证人(factual witness)

这个重要与核心课题(毕竟本章的口头证据就是靠事实证人提供)本书/本章在

多处涉及,在此简单介绍 CMC 会涉及的方面。

不像以前的对抗制诉讼,双方当事人的证人名字与身份到了开庭审理时才被大家知悉:可见 Marriott v. Chamberlain (1886) 17 QBD 154 先例。这在今天强调透明(transparency)与双方在开庭审理前必须把底牌摊开在桌面的大气候下,已经是不合时宜。特别是国际商事仲裁,不像电影会见到的刑事案件,在审理进行中仍去寻找关键的证人。双方当事人临急临忙去寻找或传召对应的事实证人(他们很可能在外国)也不是这么容易,非要事前安排好。

事实证人是否适格(competent)曾经是有关证据是否可采纳(admissibility)的一个重要考量,尤其是在早期特别重视口头证据的时候。简而言之,一位证人是否适格要看几个条件——必须在宣誓下(under oath)对通过个人感受(personal senses)亲身经历有关事件,并且记得与能够表达他/她所记得的经历。但是这个说法早已有变化,今天考虑可采纳性时也不再多关注证人适格问题。

这毕竟是很起码的条件或要求,一般的自然人都可以成为证人。英国普通法曾认为有一些人是总体不适格/不合资格(general incompetent)作为证人,因为太可疑与太不可靠了。例如该人士是犯下严重罪刑的罪犯,或与当事人是夫妻关系(这就有太大的个人利益),甚至是非基督徒。今天遗留下来恐怕只有儿童(另有立法针对)或有精神疾病人士,才会属于不适格的证人。特别是在商事案件中,更是放松,如罪犯或是当事人妻子完全可以作为证人提供证据。例如,香港特区的《仲裁条例》之55(5)条说:"Section 81 (Warrant or order to bring up prisoner to give evidence) of the Evidence Ordinance . . . applies as if a reference to any proceedings, either criminal or civil, in that section were any arbitral proceedings."即可以通过法院去传召服刑中的罪犯在一个香港仲裁中作为证人出庭。

现在的重点是证人所提供证据的分量。所以在商事案件或国际仲裁中,虽然不再有证人适格与否的问题,但挑选能够提供最佳证据的事实证人(有直接证据的关键与对口的证人)以提升在法官或仲裁员面前举证的分量仍至关重要。

至于在哪些争议/争端的事实与主张需要提供口头证据、证人数目多少、谁是关键与对口的"最好"事实证人等重要议题,已在本章之3.2段有详论。涉及程序步骤(procedural steps)与程序时间表,就会有一步是要求双方当事人尽早在交换证人证言前交换证人名单(包括事实证人与专家证人)。今天处处讲透明,也可让双方相互知道对方会提供的口头证据与针对的事情,以准备己方反驳的口头证据。

双方当事人的事实证人数目不一定相同,也没有必要相同。很多其他事情也是一样,是重质不重量,不存在一方当事人有七八个证人针对一个核心争议事实(core fact in dispute)就会压倒只有一两个证人的敌对方。证人太多,加上个别人士素质/水平不高,会更危险。容易被对方出庭律师找到漏洞,察觉潜在矛盾,进而利用交叉盘问令证人之间相互产生不符,扩大矛盾。

6.5 专家证人(expert witness)

这方面在本书第四至六章会有详论,在这里只简单介绍在 CMC 会要探讨的专家证据(如果有)议题。这方面可先节录 ICC Commission 的“Techniques for Controlling Time and Costs in Arbitration”如下:

“62. **Presumption that expert evidence not required** It is helpful to start with a presumption that expert evidence will not be required. Depart from this presumption only if expert evidence is needed in order to inform the arbitral tribunal on key issues in dispute. . . .

64. **Clarity regarding the subject matter and scope of reports** It is essential for there to be clarity at an early stage (by agreement, if possible) over the subject matter and scope of any expert evidence to be produced. This will help to ensure that the experts appointed by the parties have similar expertise and address the same issues.

65. **Number of experts** Other than in exceptional circumstances, it should not be necessary for there to be more than one expert per party for any particular area of expertise.

66. **Number of reports** Consider agreeing on a limit to the number of rounds of expert reports and consider whether simultaneous or sequential exchange will be more efficient.

67. **Meetings of experts** Experts will often be able to narrow the issues in dispute if they can meet and discuss their views after they have exchanged reports. Consideration should therefore be given to providing that experts shall take steps to agree on issues in advance of any hearing at which their evidence is to be presented. Time and cost can be saved if the experts draw up a list recording the issues on which they have agreed and those on which they disagree.

68. **Use of single expert** Consider whether a single expert appointed either by the arbitral tribunal or jointly by the parties might be more efficient than experts appointed by each party. A single, tribunal-appointed expert may be more efficient in some circumstances. An expert appointed by the arbitral tribunal or jointly by the parties should be given a clear brief and the expert's report should be required by a specified date consistent with the timetable for the arbitration.”

以上所讲可分几个相关小议题简单介绍如下:

1. 假设不需要专家证据:在一般的商业仲裁案件起点是应该假设仲裁庭在开庭审理不需要专家证据。这也应是英国法院的起点。在 CPR 下想引进专家证据的一方当事人是要去说服法院的审理法官会是需要专家证人的协助与提供专家意见,在说服后才会获得法院的批准。[66] 毕竟法院对任何人士去向他/她提供意见都会是十分抗拒,专家证人的意见证据可以说是仅有的例外。国际仲裁更应该如此,很多仲裁案件委任的仲裁员都对有关的争议(即使涉及专业知识)有一定的背景与认识。

2. 明确专家针对的专业领域与范围:双方当事人应尽早明确专家针对的专业领域与范围。如果是英国法院诉讼,可能在第一次 CMC 就要提供专家的名字或至少要明确专业领域与范围,才会获得批准去引进专家证据。而在国际仲裁中,虽然没有像法院的严格需要批准与时间上可以稍微延迟,但是也应在相互文件披露结束后尽早明确,如在开庭前的准备会议(Pre-hearing Conference)。这有利于双方委任的专家属于同样的专业领域,作出针对同样的问题的专家意见。毕竟,双方当事人需要互相或前后交换专家报告(expert reports)的程序步骤会紧跟着双方相互交换事实证人的文书证人证言。

3. 专家证人的数量:除非特殊情况,否则在某个专业领域的专家没有必要超过一位。在本书第五章会谈到这个问题,就是今天的民事/商事诉讼委任太多昂贵的专家证人。这也被有财有势的当事人/诉讼方"武器化"(weaponized),利用这个办法压迫弱小的另一方当事人。因为不少案件可以是同时挑出好几个方面会涉及专业知识,如果事无大小都去找顶尖的专家证人,则弱小的另一方当事人为了"应战"被迫找同样的多位专家证人,最终导致诉讼十分昂贵,则弱小的当事人因为承担不起费用只能投降。这些费用高昂、不成比例与无法保证双方有"均等火力"(equality of arms)的做法在 CPR 下被英国法院卡得很紧,包括不允许太多所谓的"专业领域"去委任多名专家证人,另每一个领域也只准各自有一位专家证人等。

4. 专家报告的数量:双方当事人可以约定限制专家报告的数量与交几轮专家报告。已经在本章之 6.1 段提到,双方可以同时(concurrent)或前后(sequential)交换。

5. 专家的会面:如果在交换专家报告后,双方当事人的两位专家证人会面与讨论各种的观点,往往可以减少或收窄双方诉讼方在专业方面的争议/争端。所以从节省开庭与拟定裁决书时间与费用的角度考虑,可以让两位专家证人在开庭会面(也不准代表律师参与)后制作一份共同声明/备忘录(Joint Memorandum /Statement),[67] 列明双方同意与不同意的争端,往往会能或多或少减少或收窄双方的争议/争端。所以,在第一次 CMC 或 Pre-hearing Conference,一般都会要求紧跟着双方交换专家报告进行该程序步骤。

在国际仲裁,由于双方当事人会经常可能委任的专家证人不居住在同一国家,这导致两位专家证人面对面的会面会是昂贵。例如,多年前笔者的一个仲裁中两位专家证人(一位在日本,另一位在美国)要在夏威夷会面。这就有点得不偿失了,毕竟这个步骤会带来的好处还是有限或并非必要。笔者经历过的变通做法是双方以电话

---

〔66〕 见本书第四章之 7 段。

〔67〕 见本书第四章之 14 段。

或视频会谈/会面,或在仲裁开庭审理开始时,两位专家证人才抽空去会面商谈。毕竟要处理专家证据,是要在双方的事实证人的作证后,这会要等好几天。笔者还有一个经历是在同样的程序步骤中,一位专家证人是英国人,而另一位是中国人,但他们两位只能说自己的母语。这样他们会面,就需要安排翻译(interpreter)。虽然该仲裁的语言是中文,双方有争议是专家证人的会议是否也是要用中文?这样两位专家证人以什么语言交流与谁要承担该翻译的安排与费用,发展成了一个激烈的争议。最后包括笔者在内的仲裁庭决定取消这个不成比例与估计不会有成果的专家证人会面。

6. 使用共同专家证人:由仲裁庭或双方当事人共同委任一位专家证人,[68]相比双方当事人分别委任专家可能是更有效率的做法,但在国际仲裁中不常发生。

6.6　隔离证人(sequestration of witness)

在其他事实证人接受交叉盘问时,对还没有轮到的事实证人,今天国际商事仲裁的通常做法是会被仲裁庭要求在庭外等待与轮候自己接受盘问时才进来庭内。这包括在己方证人接受交叉盘问时己方的其他仍未轮到的事实证人不能在场,也包括敌对方(通常是被告)未轮到的事实证人不能在场,他们之间也不能讨论交叉盘问的问答与被提供庭审记录。显然前者是怕证人串通去回答交叉盘问的性质相同问题,而后者是怕敌对方证人提前知道己方证人的回答后,轮到自己盘问时就占了先机。毕竟,不像相互交换文书证人证言,交叉盘问事实证人是无法同时"相互"进行,必须要一个个轮候处理。另一个间接的好处是作为轮候中的事实证人,可以在轮到他/她接受盘问时才前来法院(或仲裁开庭地点),不必久候或全程参与。

双方诉讼方总会需要有熟悉案件的代表在开庭审理时由头到尾在场,原因是需要对代表律师作出指示。在仲裁程序中也经常出现突发事件需要双方代表律师马上向客户要求指示或协助。例如,在盘问证人或证人在被盘问中带出新的信息,且代表律师不知情而无法应对时,就需要问代表或甚至要求代表马上跟公司有关人士查问。甚至在向敌对方的证人的交叉盘问结束前,也经常会见到盘问律师查问客户代表应该问的东西是否已经全部包括,没有遗漏。

国际商事仲裁通常涉及的当事人是公司法人(company/enterprise),所以这个做法没有太大的问题。公司法人通常会找得出一位代表在场,而且这代表并非一位事实证人,不存在需要部分时间在庭外等待。

这种做法对公司法人也非常重要,因为今天的商业诉讼往往涉及很高的金额,结果会严重影响公司的财政与营运,不得不关心。今天的国际商业社会竞争激烈,在商场如战场的现实下,参与国际仲裁是家常便饭。这样有判断力与有水平的公司代表通过在场参与,就可以积累很多有用的诉讼经验,如知道己方委任的代表律师优劣。

但如果一方诉讼方是自然人(natural person)或是小公司,就可能会有一个问题,

---

〔68〕 见本书第四章之3.5段。

即该自然人或小公司老板也是关键证人(key witness)。以前的做法是当事人自己不能作为己方的证人,认为是“不适格证人”(incompetent witness)。只有在极少数的情况下,被敌对方向法院申请传召出庭作为证人。但这已经不再是今天的做法,证人是否适格不再是重要议题。而这也表示这位作为一方当事人的自然人或老板需要作为代表在开庭审理时在场的同时,也可以是需要接受盘问的事实证人。所以在普通法下是法院(在国际仲裁就是仲裁庭)的裁量权来决定在其他事实证人作证时,是否隔离所有仍在轮候盘问的事实证人,包括当事人或代表(小公司老板)自己:见 R v. Nightingale (1975) 1 WLR 80; Outram v. Outram (1877) WN 75 等先例。

这种隔离证人的做法应在开庭审理前决定,否则会有情况是在一方(通常会是原告)的事实证人被交叉盘问涉及敏感的问答时,另一方(通常会是被告)的事实证人在场。之后被告证人出庭接受盘问时,原告代表律师质疑法院应否接受该证人的证言,因为他已经知悉了原告主要与相关证人的回答,造成不平等对待。这方面已在 Moore v. Lambeth County Court Registrar (No. 1) (1969) 1 WLR 141 上诉庭先例中明确,Davies 大法官说:“No rule of law requires that in a trial the witnesses to be called by one side must all remain out of court until their turn to give testimony arises. This is purely a matter within the discretion of the court. Indeed, if the court rules that witnesses should be out of court and a witness nevertheless remains inside, while the judge may well express his grave displeasure over such disobedience, he has no right to refuse to hear the evidence of such a witness.”

在 Tomlinson v. Tomlinson (1980) 1 All ER 593 先例中,法院判如果法院没有作出隔离证人的命令,证人无须离开。但如果法院已经作出了隔离事实证人的命令,但有个别证人偷偷留在庭内观察其他事实证人作证,会被法院视为欺诈性行为并将该证人的证言/证据排除。上诉庭的 Sir John Arnold 大法官说:“It seems to me that the right course is this: witnesses should not be under any obligation to leave the court, except where an order is made excluding them. The proper course for justices to pursue, if an application is made to them, would be to exclude the witnesses, unless they were satisfied that that would not be an appropriate step to take; .... There is one more matter to be considered: what should happen if a witness remains in court or a person remains in court after an order has been made excluding witnesses and his testimony is then offered to the court? In that case there should it seems to me be-and there is some indication that there already is-a discretion to admit that witness's evidence, notwithstanding that he has remained in court in apparent defiance of a ruling. Of course the justices, if they were satisfied that contumacy or deception was involved, would be likely to exercise their discretion by excluding the testimony. But, on the other hand, if the case was one in which the possibility of that person being called as a witness was not apparent at the time[69] when the exclusion order was made and the person remained, then they might well exercise their discretion the other way. But it being a discretion, it would have to be exercised in every case in accordance with the merits of the occasion."

仲裁庭在这种情况下,更安全与恰当的做法应是对该证人的证言减少分量(weight)。

考虑到双方诉讼方的证人证言的主证据一般需要同时交换,以避免在英国普通法下的对抗制诉讼(或仲裁)下让一方诉讼方先一步知悉敌对方的信息或"军情",把证人隔离并要求他/她在庭外等待与轮候接受盘问看来是一种公平合理的做法。审理法官或仲裁庭在一方或双方诉讼方要求下,通常不会不行使这个裁量权。

显然,在其中任何一位事实证人举证/接受盘问后,他/她可以不再被隔离,留下观察余下的开庭审理。虽然证人会有危险稍后再被召回(recall)要求补充证言,但这种可能性很低(特别是今天有了逐字记录的庭审记录)而且只是针对特别与狭窄的方面,所以不必去加以考虑。

最后要注意,双方的专家证人通常不会在开庭审理时被隔离,而要在庭外等待。这里的主要原因是:(1)专家证人通常与理应是独立,目的是协助法院(或仲裁庭)了解专业知识,往往是有身份的专业人士担任。所以即使不完全能做到,这方面的危险也比事实证人低了很多。(2)有不少有关争议的专家证人必须要完全掌握事实证据后才能做出全面与深思熟虑的专家意见。所以除了需要这些专家证人全面考虑所有有关事实的文件证据外,也需要同样掌握事实证人的口头证据。

6.7 宣誓或确证与如何对付伪证

在法院作证前,证人总会要先去宣誓或确证(oath or affirmation)(确认证言)。宣誓是给有宗教信仰的证人(不论是什么宗教),而确证是给没有宗教信仰的证人或证人反对宣誓:见《Oaths Act 1978》之 s.5(1)。作用都是为了让事实证人明白这是一个庄严的场合,必须真实坦白所知的事实真相,而故意作伪证(perjury)是会被严惩的严重刑事罪行。

英国法院一向对宣誓十分重视,很久以前普通法曾把不信仰基督教的证人当作是不适格证人(incompetent witness)并会不被采纳作为证人,因为他/她不能按着圣经宣誓。当然随着宗教约束的放宽与尊重个人宗教自由(包括是否有信仰),今天遗留下来的严格做法已是不多,但可以儿童证人(child witness)为例。在 R v. Flayes (1977) 1 WLR 234 上诉庭先例中,上诉庭认为让儿童证人宣誓,他/她必须明白这是

---

〔69〕 这种情况不会在今天的国际商业诉讼/仲裁中发生,双方当事人/诉讼方所准备的证人,在相互交换了文书证人证言作为主证据后,大家是完全明确知道提供了主证据的证人会迟早轮到在开庭审理中去面对对方代表律师的交叉盘问。所以法院或仲裁庭作出了隔离证人的命令后,这些证人就应该知道在其他证人作证时,不应停留在场,这不会有任何不肯定。

一个庄严的场合(solemnity of the occasion)。若是法院不认为该儿童证人适合宣誓,则可以不宣誓证据(unsworn evidence)来代替:见《Children Act 1989》之 s. 96。若是更进一步,法官认为该儿童证人根本没有足够智力去表达与/或明白什么是事实真相,则他/她应是不适格证人。

表面看来,大多数商事诉讼是双方当事人的事实证人对争议事实有直接冲突/矛盾。按理说,除了较少会有的双方证人有了善意误解,总会有一方的证人在庭上刻意讲假话、作伪证,虽然大部分更可能是记忆重建(reconstruction)后有了或多或少与事实真相的偏差并导致双方的证人所说的都不是事实真相。但为何甚少听闻有商事法院诉讼有伪证罪的跟进并且成功检控,即使在判决中对个别证人的可信度(credibility)大肆抨击?答案可以有以下方面:(1)刑事罪不易成功举证,除非罕有例子如证人自己承认并记录在庭审记录(transcript)。(2)审理法官不相信某一位证人不表示没有可能性(probability)法官会判断错。(3)遇上精明厉害的大律师,会有本事在交叉盘问令每一个普通证人(不论是否真实坦白)被丑化,[70] 甚至看来像是坏蛋、骗子。(4)事实证人水平差(这种证人在亚洲包括国内有不少),难以表达事实真相,想讲真话也难以取信于法院,但这离故意犯伪证罪仍有十万八千里的差距。

法院尚且如此,商事仲裁更是不会有伪证罪这回事。加上今天国际商人素质/水平高,但相当部分绝不是老实人或是道德高,而是为了利益/赚钱什么话都会讲,正如 Bingham 勋爵在他的自传内称为"自信骗子"(confident trickster)的证人。所以,不少商事仲裁盘问证人前干脆就不来这一套宣誓或确证了,若明知无作用,只是走程序,也就可免则免了。若仲裁庭不信任一方当事人的关键事实证人,在裁决书的理由部分也通常只会以一些中立与尽量不刺激的文字来表达,如"我认为 X 先生在这一点比 Y 先生可信"(On this point I found the evidence of Mr. X more credible than that of Mr. Y)。然后加上导致仲裁庭相信 X 先生但不相信 Y 先生的理由,如与某一份当场文件证据或盘问前后回答有相互矛盾或不一致的地方,这些理由也通常出现在双方的结案陈词(closing submissions)。裁决书不会断言证人显然在宣誓下讲假话(witness is shown to have lied under oath)。毕竟,仲裁员不是本书第二章之 2.1 小段所讲的法院的官员(officer of the court),也没有责任去追究。

在罕有的例子是在裁决书出了以后才发觉有伪证的存在,这会是当一方(败诉方)自己调查或无意中获得的资料,也会是仲裁员自己无意中获得的资料。在后一情况下,笔者一位海事仲裁员朋友曾在裁决书出了不久后在一社交场合遇到案件中的一位关键证人。该关键证人在言谈中自认提供伪证。笔者也有同样经验,涉及一位专家证人,大道理/原则相同。在此情况下,涉及仲裁员应息事宁人或是把事实向败诉方(受伪证影响)坦白。看来,正确与公平的做法应是后者。如果时间上来得及[根据英国《Arbitration Act 1996》之 Section 70(3)是裁决书作出后 28 天内],败诉方

---

[70] 关于怎样在交叉盘问中丑化证人,可见本书第三章之 1.3 段。

可向法院申请把裁决书发还（remit）给仲裁员重审，或判裁决书无效/撤销（set aside）。可见《Arbitration Act 1996》之 Section 68 如下："68（2）Serious irregularity means an irregularity of one or more of the following kinds which the court considers has caused substantial justice to the applicant：....（g）the award being obtained by fraud or the award or the way in which it was procured being contrary to public policy."

照说，以伪证取得胜诉应是明确以欺诈（fraud）手段取得裁决书，而且也应是违反公共政策（public policy）。但以前英国法院对"公共政策"的解释/适用十分严格，也不多理会证据方面的问题，所以极少听说有关案件/先例。现在英国《Arbitration Act 1996》说明了这属于一种可供法院插手救济的严重不正常（serious irregularity）行为，应该是表示可去放松，伪证受害方可采取行动撤销/发回裁决书。

撇开英国仲裁法，1959 年《纽约公约》在 Article Ⅲ（2）（b）也将违反公共政策规定为签约国家法院拒绝执行的一个理由。所以，在没有过错的情况下不在或无法在仲裁地点国家法院寻求救济，也可以在执行地国家法院抗拒执行。

在香港法院的 JJ Argo Industries（P）Ltd v. Texuna International Ltd（1992）2 HKLR 391 先例中，证人在英国仲裁开庭前被劫持并被迫作伪证，即是类同案件。英国法院的同类与近期先例可见：Thyssen Canada Ltd v. Mariana Maritime SA（2005）1 Lloyd's Rep 640（案例涉及仲裁的伪证）；Chantiers de L' Atlantique SA v. Gaztransport & Technigaz SA（2011）EWHC 3385（Comm）等先例。

6.8 开庭时间分配或开庭时间表（apportionment of hearing time）

节录联合国贸易法委员会的《UNCITRAL Notes on Organizing Arbitral Proceedings》（2016）文件中所说如下：

"**Whether there should be a limit on the aggregate amount of time each party will have for oral arguments and questioning witnesses**

78. Some arbitrators consider it useful to limit the aggregate amount of time each party has for any of the following：（a）making oral statements；（b）questioning its witnesses；and（c）questioning the witnesses of the other party or parties. In general, the same aggregate amount of time is considered appropriate for each party, unless the arbitral tribunal considers that a different allocation is justified. Before deciding, the arbitral tribunal may wish to consult the parties as to how much time they think they will need.

79. Such planning of time, provided it is realistic, fair and subject to judiciously firm control by the arbitral tribunal, will make it easier for the parties to plan the presentation of the various items of evidence and arguments, reduce the likelihood of running out of time towards the end of the hearings and avoid that one party would unfairly use up a disproportionate amount of time."

开庭时间的议题会包括：时间分配；每天从几点到几点；个别人士（特别是仲裁庭成员）在某一天的部分时间会有其他取消不了的事情必须参加，需要请半天假或提早结束,但在第二天补足等安排;个别证人是远程(如在美国)以视频链接方式参加与接受盘问,需要安排特定时间段等。虽然这是简单的安排,大家不应该会有什么争议,但仍会有各种小问题会要临时处理。

今天已经普遍接受以国际象棋限时(chess clock)的方式在国际仲裁开庭时分配时间。这种把开庭所预留的时间(reserved hearing time)各方分配一半的做法,被视为公平的分配。

在一些仲裁中,除了一方一半时间外,笔者还见过更详细的分配,即双方律师先私下协商每一步时间的分配,如开庭陈词、交叉盘问事实证人与专家证人、结案陈词各用多少时间,然后仲裁员以命令的方式(order for direction)确认该时间表。但笔者不喜欢这种更详细的分配,认为由双方律师自由运用总共分配到的时间与相互监督控制是更实际的做法。

国际象棋限时的做法是一方一半时间,按理来说不会有争议。但也会有问题是有时双方会争辩己方只有一个证人,而对方有三个证人且都需要翻译,所以给予双方同样的盘问时间是不公平,己方无法完全陈述自己的案件。这一般不会被接受,一方如果觉得时间不够只能延长开庭时间,例如从 3 天延长到 5 天,但双方的时间仍是平分,即使一方当事人根本不需要这么多时间。

已经在本章之 6.2 段提到,开庭时盘问的代表律师/大律师在决定时间如何分配后,就要准备如何使用自己分配到的有限时间,这就需要懂得如何当场随机应变。例如,如果对方证人答非所问或翻译表现差劲导致浪费了很长时间,可以放弃原本已经准备好的对部分对方证人的交叉盘问,一些可问可不问的问题就可略过,以保证有时间提问必须提问对方关键证人的问题(如调查后已经明确该证人的证言中有错误或矛盾之处)。如果交叉盘问有延误的原因并非可由盘问律师控制,例如有仲裁员不断地讲话(包括讲笑话),打乱交叉盘问,导致该大律师根本问不了几个问题,只问到一半时间已到。显然这并不公平,只好向仲裁庭申请给予更多时间。

6.9　文书开庭陈词(opening submissions):相互交换时间与内容范围

开庭陈词的目的与做法的课题在本书第三章之 1.1 段已有详及,在此是针对其他的议题,毕竟在案件管理会议(CMC),特别是开庭前准备会议中,这难免是要探讨的其中的事项。

在法院诉讼中,开庭陈词只应包括双方当事人在文书请求/案件陈述中被确定了(identified)的争议/争端(issues),也是双方当事人在走过的证据程序(双方相互文件披露、双方交换证人证言与专家报告等)与调查取证所针对与准备的,所以文书开庭陈词只应针对已作出请求或陈述的案件(pleaded case),不得节外生枝,这在法院诉讼会是严格。文书请求确定双方争议/争端笔者已在多本书籍中强调了,在此再次只节录如 Normand 勋爵在 Esso Petroleum Co Ltd v. Southport Corporation (1955) 2 Lloyd's Rep 655 先例中所说:"The function of pleadings is to give fair notice of the case which has to be met so that the opposing party may direct his evidence to the issue disclosed by them . . . To condemn a party on a ground of which no fair notice has been given may be as great a denial of justice as to condemn him on a ground on which his evidence has been improperly excluded."

另在 Al-Medenni v. Mars UK Limited(2005) EWCA Civ 1041 先例中, Dyson 大法官是说法官曾经主动提出修改(amend)文书请求,但当事人不理会,法院仍是只能局限在文书请求提出过的争议/争端事项作出判决:"It is fundamental to our adversarial system of justice that the parties should clearly identify the issues that arise in the litigation, so that each has the opportunity of responding to the points made by the other. **The function of the judge is to adjudge on those issues alone**. The parties may have their own reasons for limiting the issues or presenting them in a certain way. The judge can invite. And even encourage, the parties to recast or modify the issues. But if they refuse to do so, the judge must respect that decision. One consequence of this may be that the judge is compelled to reject a claim on the basis of which it is advanced although he or she is of the opinion that it would have succeeded if it had been advanced on a different basis. Such an outcome may be unattractive, but any other approach leads to uncertainty and potentially real unfairness."(加黑部分是笔者的强调)

但国际仲裁会有不同,不会像法院太坚持这一套严格的文书请求规则(Pleadings rules)。其中一个重要原因是,仍有相当数量的仲裁员(包括笔者杨良宜)没有从事法律业务(主要是法院诉讼)的知识与经验。在今天的国际仲裁中,即使越来越多国际仲裁员是执业或曾经执业律师,但有不少是大陆法国家背景的律师仲裁员,他们也不熟悉这一套英国/普通法法院的文书请求规则。仲裁员撇开不说,代表双方当事人的律师也是如此,所以很难要求他们去严格按照英国/普通法法院的规则,包括文书请求、证据等规则。

这导致在文书请求后,经常在后来的中间程序步骤中会有新的争议/争端加了进来。这会出现在双方相互交换的证人证言、开庭前双方交换的争议清单或是在文书的开庭陈词中。另事实证人在回答交叉盘问会带来没有显示在证人证言中的事实。再另是仲裁庭会在开庭审理时主动提出一些问题需要双方当事人回应,例如结案陈词。通常这些新争议/争端是分争端(sub-issues)或附属争端(subsidiary issues),不需要重走一次证据程序,否则会令一方当事人无法反驳/反证而造成损害或程序不公。所以虽然严格说这些新的争议/争端是要求通过修改文书请求才能算是正规做法,但只要不涉及需要引入新的证据,大家往往也不加理会,时间上不允许,特别是新的法律争议(issue of law)或依赖新的判例。而就算是事实争议(issue of facts),如果可以简单处理,如只要几份文件或在盘问证人时多问几句,仲裁庭一般也不会禁止。因为仲裁庭最重视的是自然公正与不会给任何一方带来不能弥补的损害。

在《Arbitration in Hong Kong-A Practical Guide》(2017 年,第 4 版)一书之 15 段中,郑若骅资深大律师说:"A more difficult issue is when and how the issues in contention should be identified. While a tribunal may be tempted to order identification of issues at the earliest opportunity, before doing so, a tribunal should bear in mind that for anything other than straightforward disputes, it will take time for the parties and their advocates to fully appreciate the relevant facts, law and other features of their own case and that of their opponent to embark on a meaningful identification exercise.

Most institutional arbitration rules will include provisions governing pleadings and perhaps additional methods of identification of issues. They will also usually confer wide discretion on the tribunal to decide procedural matters. In the absence of any agreement on procedural rules to be adopted, the tribunal is empowered to use procedures that are appropriate to the particular case, avoiding unnecessary delay or expense, so as to provide a fair means for resolving the dispute to which the arbitral proceedings relate."

在新加坡的PT Prima International Development v. Kempinski Hotels SA & Ors (2012) SGCA 35上诉庭先例中,几份中间裁决书在一审法院被撤销,原因是裁决书的部分决定针对了一些没有在文书请求中提出的争议/争端。一审法院说:"Under Art 34(2)(a)(iii) of the Model Law ... one of the grounds on which an arbitration award may be set aside is where the matters decided by the Tribunal were beyond the scope of the submission to arbitration. To determine whether matters in an award were within or outside the scope of the submission to arbitration, a reference to the pleadings would usually have to be made. It is therefore incorrect for (Prima) to argue that jurisdiction in a particular reference was not limited to the pleadings or that there was no rule of pleading that requires all material facts to be stated and specifically pleaded as would be required in court litigation. An arbitrator must be guided by the pleadings when considering what it is that has been placed before him for decision by the parties. **Pleadings are an essential component of a procedurally fair hearing both before a court and before a tribunal. I was therefore surprised that (Prima) argued that it was not required to plead material facts because this dispute was being adjudicated by an arbitrator**."(加黑部分是笔者的强调)

但一审的决定被上诉庭推翻,理由是仲裁这方面比较宽松,Chan Sek Keong首席大法官说:"In our view, any new fact or change in the law arising after a submission to arbitration which is ancillary to the dispute submitted for arbitration and which is **known to all the parties to the arbitration is part of that dispute and need not be specifically pleaded**. It may be raised in the arbitration ... We should also point out that Kempenski was given sufficient notice of and opportunity to meet Prima's force majeure defence."

笔者完全认同这个上诉庭判决,北京、新加坡、英国或香港特区的仲裁法都明示允许仲裁庭采取主动,也就是询问制(Inquisitorial)的做法,不像法院还是局限在对抗制的程序。这样仲裁庭采取主动,怎会是局限在双方当事人在文书请求提出的争议/

争端?

笔者的仲裁案件也时不时会遇到这种情况,特别是一些对处理国际仲裁比较少的律师/大律师会把他们在法院的经验搬到仲裁来。近期笔者遇到的一个仲裁案件中,双方当事人的代表律师在各自的口头开庭陈词(oral opening)中互斥对方的文书开庭陈词中提出不少争议/争端的事实没有在文书请求中提及(unpleaded),因此仲裁庭没有管辖权或权力,也不得理会。同时双方的代表律师/大律师也各自提交了一份清单,点对点比较在对方当事人的文书请求与文书开庭陈词中提起或没有提起的争议/争端,因为清单内有不少事项是仲裁庭将来合议或作出裁决书时很难因为没有在文书请求提起而必须排除与漠视的。

例如,在主合约的某条文中,因为没有在文书请求提及,就不得在文书开庭陈词(或稍后的结案陈词)时提出了。但问题是该主合约是明确提交了给仲裁庭的一份文件证据,稍后在合议与作出裁决书决定时必须重复参阅。既然仲裁争议涉及对合约的部分条文解释,仲裁庭是需要整个合约全部考虑后才能解释,这样仲裁庭怎样把脑袋切割,排除或漠视某条没有请求或陈述的有关条文呢?此外,对于是否有在文书请求提及有关的争议/争端要求是比较宽松的。只要主张的事实可以推断出会带来有关的争议就已经足够:见本书第十章之5段提到的 JSC Bank of Moscow v. Kekhman (2015) EWHC 3073 (Comm)先例。

包括笔者在内的仲裁庭合议后决定马上警告双方当事人的代表律师,提出国际仲裁与法院诉讼不一样,不会太严格与技术性地针对争议事实是否请求或陈述,更重视的是程序公平(procedural fairness)。双方对在文书开庭陈词中提出的新争议事实,都仍有足够的机会与时间去处理与反驳/反证。仲裁庭也特别在开始交叉盘问证人前提出,不要因为自己相信对方没有请求或陈述某个争端就不针对这方面盘问。将来如果仲裁庭的裁决有针对这方面,受影响的或不利的当事人就投诉己方因为合理以为没有请求或陈述有关争端所以没有针对这方面盘问证人,因此在程序上蒙受损害(prejudice)。最后,仲裁庭强调,如果双方当事人坚持必须在文书请求中表达或陈述(pleading point),仲裁庭就会允许双方在形式上修改文书请求,并承担额外费用,纯粹走一个无谓与浪费的程序。

6.10 争端清单(list of issues)

双方当事人会在开庭前的准备会议(Pre-hearing Conference)被命令在开庭审理前要提交一份双方同意的争端清单。这应该是没有什么好争议的一份文件,如果是法院的文书请求,根本可以从中确定(identify)双方有哪些争议/争端。但由于国际仲裁经常会以陈词(Submissions)或请愿书(Memorials)的形式替代文书请求(毕竟不是普通法的诉讼律师不会熟悉这一套文书请求的规则),再加上后来走的中间程序如相互文件披露等。所以到了半年1年后开庭审理在即,仲裁庭希望通过一份争端清单去确定双方的“仍存争端”(live issues),以明确知道双方的争议/争端,在开庭审理中更专注与理解有关的证据。在之后拟定与合议裁决书时,仲裁庭也能知道要针对的裁决范围。

这份文件也不应该有争议,如果原告有5项争议/争端,被告有10项,而其中3项与原告的5项重叠,就可加起来为12项。另是,即使是一个复杂的仲裁案件也不应该有太多的争议/争端,一般5项8项即已足够,没有必要把每一个双方各自的争议事实与主张都列出来。

但仍会遇到双方当事人的代表律师无法在限期内同意争端清单而需要各自分别交出给仲裁员一份自己的争端清单的情况。更大问题是,各自的争端清单都是10页甚至数十页密密麻麻的清单。看来,双方代表律师都不放弃去重复再重复争辩的每一次机会,而根本忽略了该文件应该起的作用。总之是这一份或两份的争端清单对仲裁庭起不了预期帮助的作用。

另一个问题是争端清单内包括了一些没有在文书请求的争议/争端。这个有否请求或陈述的争端的问题与开庭陈词(Opening Submissions)的问题相同,在上一段有详论,所以不在此重复。

6.11 仲裁语言(arbitral language)与双语仲裁(bilingual arbitration)

仲裁语言在双方当事人没有约定的情况下是由仲裁庭决定的。这在英国《Arbitration Act 1996》之Section 34(2)(b)中有说明:“It shall be for the tribunal to decide all procedural and evidential matters, subject to the right of the parties to agree any matter ... (b) the language or languages to be used in the proceedings and whether translations of any relevant documents are to be supplied.”

显然由仲裁庭决定,但在国际商事仲裁最大可能的仲裁语言就是英文。毕竟仲裁庭的三位成员如果是来自不同国家(如德国、巴西与日本),他们的共同语言只会是英文,而不是他们各自的母语。

如果仲裁语言是英文,带来的问题是绝大部分中国公司的文件都需要翻译为英文,这将耗费大量时间与金钱,特别在一个有大量事实争议(fact heavy)的案件中。中国公司可能可以向仲裁庭申请只是双方当事人要依赖的文件才需要翻译,但如果另一方当事人不合作仍是可以坚持所有或大部分中文文件都要翻译,否则无法知道是否需要依赖。笔者记得曾经有一个国内的案件,仲裁语言是中文。原告是德国公司,双方的争议是涉及机械的买卖合约,其中原告披露出来的文件有大量是英文与德文的双语技术方面的文件。被告的中国公司要求把所有披露的文件翻译为中文。在双方激烈的争辩后,仲裁庭在作出决定时,笔者作为原告委任的仲裁员大力建议不需要翻译,因为:(1)中国公司明显看得懂这些技术性文件,毕竟双方的买卖已经进行了一段时间,这些文件大家都应熟读了;(2)虽然披露了这些技术性文件,但看来与双方实质的争议关系不大。但仲裁庭的首席与被告委任的仲裁员不同意,最后与秘书处作出了命令把所有文件翻译为中文。笔者相信翻译技术性文件本来就不容易,加上数量很大,所以很快德国公司就与中国公司和解,估计是让步和解了争议/索赔。但作为仲裁庭作这样的决定,笔者就觉得不应该了。

近年来见到不少中国公司的国际商业合约明示规定以双语（中文与英文均可）作为仲裁语言，笔者认为对中国公司有利。这可以避免大量的翻译文件，也可以让中国证人以他/她的母语去制作证人证言（witness statement），不再需要在面对交叉盘问（cross-examination）时通过传译员（interpreter）而导致严重耗时与费用高昂。这还有一个好处是会在一定程度排除或减少对中国敌视的西方仲裁员。《IBA Rules of Ethics for International Arbitrators 1987》主张，仲裁员如果不熟悉双方约定的仲裁语言，则不应该接受委任，Rule 2.2 说："2.2 A prospective arbitrator shall accept an appointment **only** if he is fully satisfied that he is competent to determine the issues in dispute, and has an adequate knowledge of the language of the arbitration."（加黑部分是笔者的强调）

这表示，不懂得双语（中英文）的西方仲裁员不应该接受委任或任何一方当事人不应该指定他们。今天懂双语的西方仲裁员人数也不少，不会有选择的困难。这也不代表他们都会比较中立与不敌视中方，但至少能在一定程度上减少这方面的危险。

其他语言也有这种问题。可介绍几个较近期先例，涉诉语言是英文（因为是英国法院），外国证人（可以是中国证人）以英文作出证人证言，但在法院开庭审理时以母语通过传译回答交叉盘问的问题所带来的质疑。

第一个是 Force India Formula One Team v. 1 Malaysia Racing Team Sdn Bhd and Ors (2012) EWHC 616 (Ch) 先例。案件涉及与一级方程式（Formulae One，简称"F1"）车队的赛车设计与技术方面的知识产权以及保密有关的争议。该先例中，被告的两位事实证人是意大利人，但他们以英文作出证人证言，而面对交叉盘问要通过传译。法院认为不是理想的做法，特别是内容涉及技术性，更好的做法反而是以母语作出证人证言，然后通过其他人翻译为英文。这可以避免证人在交叉盘问时说英文的证人证言没有很好表达他/她真正的想法。Arnold 大法官说："All of these witnesses signed witness statements in English. **Many of their statements contained statements to the effect that the witness had some knowledge of English, that the witness had been interviewed by Italian-speaking lawyers who had drafted the statement in English based on his answers and that the witness considered that his knowledge of English was sufficient to allow him to give the statement in English, but might require the assistance of an interpreter to give evidence in court. A smaller number said that the statement had been translated into Italian for him (as I understand it, orally) before he signed it**. In the event, all of these witnesses except ... gave their evidence through interpreters. While I appreciate that many people can read English with greater proficiency than they can speak it, particularly in the context of cross-examination, it does not necessarily follow that it is appropriate for them to make witness statements in English, particularly in a highly technical case involving many points of detail such as this one. **It was clear that at least one of the witnesses had not correctly understood**

part of his statement when he signed it, and I suspect that this problem may have been more widespread. In my judgment the correct course would have been for the witnesses ... to make their statements in Italian, and for the statements then to have been translated in English."(加黑部分是笔者的强调)

下一个是 Otkritie International Investment Management Ltd and Ors v. Urumov and Ors (2014) EWHC 191 (Comm)先例。案件涉及约 2 亿美元的诈骗。原告是一家俄罗斯银行集团,被指控诈骗的多位被告中的一位 Kondratyuk 先生与原告达成和解与赔偿 2,500 万美元,另也承认欺诈与作为原告的"污点"与关键事实证人协助原告向其他的被告追回其余的金钱。审理的 Eder 大法官说到他的英文并不好,文书证人证言以英文作出不令人满意,另也提到到商事法院在这方面的操作指引,说:"I accept that Mr Kondratyuk's evidence must be approached with very great caution. In particular, it is obvious that he is extremely intelligent (as were many of the other defendants); that he is a charismatic individual with great charm; that he is a self-confessed rogue, fraudster and serial liar; that, even on the basis of his own evidence, he is capable of cunning deception on a large scale; and that his agreement to give evidence against the other defendants may well be driven, at least in part, by self-interest. **I also agree that his written statements were most unsatisfactory**. In particular, § H1. 4 of the Commercial Court Guide expressly provides that if a witness is not sufficiently fluent in English to give his evidence in English, the witness statement should be in the witness's own language and a translation should be provided. However, although **Mr Kondratyuk's statement was in the English language, it was plain when he gave evidence that he was not fluent in English**."(加黑部分是笔者的强调)

另是近期的 Frenkel v. Lyampert and Ors (2017) EWHC 2223 (Ch)先例。案情涉及原告与被告是移居去了美国的俄罗斯商人,他们本来是多年的好朋友,但后来闹翻并争夺一家在英国注册与经营的公司的股权。原告指称他们之前有一个口头协议,但被告否认。针对被告自己作为唯一与关键的证人,以英文作出证人证言而不是以他的母语俄文,Amanda Tipples 大法官说:

"Mr Lyampert (第一被告的唯一证人) gave evidence and he was the only witness in support of his case. **Mr Lyampert's first language is Russian**. It is clear that he is capable of understanding English, but he is much more comfortable speaking in Russian ... before I turn to Mr Lyampert's oral evidence at trial, I need to say something about Mr Lyampert's witness statements....

Mr Lyampert served three witness statements....

Mr Lyampert's first two witness statements were written entirely in English. They did not contain any indication that Mr Lyampert might not be sufficiently fluent in English to give his evidence in English, or indeed pay any regard to paragraph 19. 13 of the Chancery Guide which provides that：

‘If a witness is not sufficiently fluent in English to give his or her evidence in English, the witness statement should be in the witness's own language and a translation provided. **If a witness** is not fluent in English but can make himself or herself understood in broken English and **can understand written English**, **the statement need not be in his or her own words provided that these matters are indicated in the statement itself.** It must however be written so as to express as accurately as possible the substance of his or her evidence.’...

Returning to Mr Lyampert's witness statements, in cross-examination he was, unsurprisingly, asked by Mr Barden(原告代表大律师)how he managed **to put together his witness statements in English which contained expressions that Mr Lyampert did not understand**. Mr Lyampert explained that his wife and his daughter had assisted him in writing these statements. He said that he spoke to his wife and daughter in Russian. However, his daughter, who is a Californian lawyer, has difficulty understanding him, as she was only two and a half years' old when Mr Lyampert moved to the USA, and Russian was not her first language. Mr Lyampert said that the statements were then translated into English by a Mr Mogilyanskiy, ... Mr Lyampert described the process by which these two statements were prepared in these terms：‘First, I explained everything to my wife, who made notes, and then after that I made telephone calls to Mr Mogilyanskiy and I explained to him in Russian what I meant, how it was, and he also made some notes’.

Mr Lyampert could not remember how his third witness statement dated 19 May 2017 had been prepared. During the course of his evidence I asked him to read this short statement to himself, and then explain to me in his own words what it said. He was able to do this, and I was satisfied that he understood that that statement explained that he could not give oral evidence without the assistance of an interpreter, and the reasons for that....

For my part, I simply do not understand why Mr Lyampert, and those advising him, did not apply at the CMC in September 2016 for the witness statement of the oral evidence he intended to rely on at trial to be filed in Russian ... **It seems to me that the manner in which Mr Lyampert's witness statements have been prepared is deeply unsatisfactory**. The content of all Mr Lyampert's witness statements must therefore be approached with a considerable degree of caution and, **before accepting** what Mr Lyampert has said in these statements, **it is necessary to look to see whether there is any corroboration for what he has said elsewhere in the evidence**....

... **However, if the evidence that Mr Lyampert has given is corroborated by**

other evidence which I do consider to be reliable, then it seems to me that I can accept it. The fact that other parts of his evidence are unreliable, unsatisfactory or untrue, does not mean, when I consider his evidence as a whole, that I should reject the entirety of his evidence. ”(加黑部分是笔者的强调)

中国证人也经常会面对这种情况,并且会被对方代表律师乘机丑化。看来在英文作为仲裁语言时,可以有以下的建议:

1. 如果中国证人可以讲与写流利英文,不妨以英文作出证人证言与以英文接受交叉盘问。这种英文水平是不必与作为母语的英国人相提并论,只要能准确表达(不论是书写或口语)就足够。保险起见可以在证人证言中写明证人的母语并非英文,但可以阅读与书写英文。英文的证人证言会有代表律师协助草拟与修饰(polish),但证人必须完全明白这是他/她个人提供给仲裁庭的证言,也要明白将来会被对方代表律师逐段/逐句话盘问,甚至挑出部分英文字词问证人是否明白意思。证人都必须能合情合理、不会与当场文件证据或以前曾作出过的陈述或证言(如为了一个临时措施或中间程序)相互矛盾地作出回答。千万别因为交叉盘问问题刁钻而回避,如推说某些内容是己方代表律师代为拟定,证人自己不记得有关事情等。证人证言是证人的主证据,十分重要。如果有部分内容被丑化,很可能影响事实证人提供的所有证据是否被采信与分量几何。

2. 如果对英文没有把握,在文书证人证言与开庭审理时的交叉盘问中就应都以中文为准。虽然会增加费用,但今天找到好的与专业的中英文翻译/传译员也不是太难。同样,证人必须对他/她的中文证人证言也要熟悉,必须能够合情合理与没有矛盾地回答交叉盘问与清楚明了这是他/她本人提供给仲裁庭的证言,不能回避。

3. 中国证人也会被对方代表律师甚至是仲裁庭成员盘问有关他/她的证人证言是怎么样准备与拟定的。正确的答案显然是证人证言中每一句都是他/她出自内心所知道的事实真相,当然在准备与拟定的过程中,他/她的代表律师肯定会参与协助。所以要证人根据自己的个人认知,经过自己的表达与律师的帮助最后拟定成了证人证言,证人也能讲真话解释这套程序,也只有讲真话才不会被敌意的律师与有丰富判断与观察经验的法官/仲裁员挑出毛病或不予采信。

4. 中国证人在准备与拟定证人证言之前,必须把以往的有关当场文件全部熟读,而且不只是一次。这除了是帮助重建更准确的回忆外,也必须保证证人证言的所有内容不与这些已经是客观存在的文件证据(objective evidence)起任何矛盾。如果能够一致,就表示证人证言中的有关部分内容有客观证据佐证(corroboration),对口头证据而言,能被接受最常见与最重要的。如果两者之间并不一致,中国证人就要准备好在被对方代表律师交叉盘问时,怎样协调它们的不同之处,并给出能够说服仲裁庭的合理解释。

5. 当然,中国证人也必须是个人的思维水平高、分析能力强、机灵与头脑清楚,另有良好的培训如参加过超级证人课程等,才能在这个交叉盘问的斗智游戏不被斗倒/

丑化。

6. 所以正如在本章之3.2.3段所讲,中国公司的领导或高管必须积极参与和支持重要的国际仲裁案件,千万别以为委任了律师,就可以不必再麻烦自己。如果漠视,出庭接受交叉盘问非但没有帮助甚至会坏事。

6.12 文件证据的翻译(translation)与口头证据的传译(interpretation)

在决定仲裁语言后,如果有文件是其他语言,就需要翻译为仲裁语言。在国际仲裁中,这一般不需要是认证翻译(certified translation),除非双方对翻译有争议。这方面可节录联合国贸易法委员会的《UNCITRAL Notes on Organizing Arbitral Proceedings》(2016)文件中所说如下:"59 Try to agree how translations of any documents are to be dealt with. Minimizing the need for certified translations will reduce costs. Such certified translations may only be required where translation issues emerge from unofficial translations."

口头证据已经在上一段有所针对,这里不再重复。开庭时,好的传译员(interpreter)十分重要。开庭时的传译员并不是只要能够流利讲出两种语言的人士(甚至在联合国做过传译员)就足够,更重要的是他们对相关法律与仲裁涉及的案情是否了解。首先,传译员必须熟悉案件涉及的各方(无论是当事人、证人还是其他第三方)之间的关系,才能够快速与准确地传译证人的回答,避免因不必要的澄清与勘误而浪费时间。此外传译过程中一定会涉及不少术语,包括法律术语、技术术语、行业术语等。这表示,在一些专业性强的海事商事案件或者涉及特定技术及行业的案件中,传译员应在开庭前就熟读律师提供给他/她的术语词汇表,甚至最好本身就懂行。笔者遇见过一些传译员会在事前作好功课,但也有很多传译员只能靠一般的语言常识意译,不仅不准确,还经常会离题万丈与前后不一致,甚至因此而导致无法在预定的时间内完成开庭。笔者的经验是一些其他替代的做法也可以令人满意,例如在双方代表律师都有能够掌握双语的人士在场时,由原告派出一名双语的助理律师当传译员(或只是部分传译,如己方盘问律师所提的问题,这不应该担心有扭曲)。因为双方都有懂双语的律师在场,就不用害怕该助理律师有偏袒或者错译,即使有也可以当场纠正。另外,证人需要传译也经常会导致对证人盘问的威力与效果大大减低。

开庭时的传译一般分为两种。一种是同声传译(simultaneous interpretation),传译员在隔音的传译房里工作,一边通过耳机收听发言,一边翻译成目标语言,传译与原话几近同步,只有几秒钟的延迟。参与开庭的人士可以通过耳机选听所需的语言频道。另一种就是交替传译(consecutive interpretation),证人在说出一段完整意思后暂停,等候传译员传译,两者交替发言。在开庭时多用是后者,这也是笔者认为比较好的选择。因为首先交替传译相对来说费用较低,安排也简单。另一方面是开庭时的交叉盘问多以律师与证人之间的问答形式进行,所以交替传译也比较适合。而同声传译除了安排上比较麻烦,需要同时聘请2、3位传译员并且每位传译员可能会更昂贵外,另一个大问题是更难掌握翻译是否准确。因为在这种情况下,仲裁员只能听到传译员或者证人一方的发言。戴上耳机只能听到传译员的声音而无法听到证人的发言(即使该仲裁员听得懂证人的语言),而不戴耳机的仲裁员就不会知道传译员到底在讲什么。这就有危险是一个仲裁庭的不同成员会因为带不带耳机而听到不同的证言。更重要的是庭审记录(transcript)的记录,如果传译员的传译不准确并被庭审记录记录下来,而仲裁庭之后写裁决书时会参考庭审记录,之后就可能产生争议,甚至裁决书被挑战。交替传译就可以避免这种麻烦与危险,但缺点就是浪费甚至是大量浪费开庭时间。

6.13　开庭案卷(hearing bundles)

商业案件往往涉及大量的文件,开庭时需要当事人制作案卷供仲裁庭和双方使用,否则根本无法开庭,因为开庭主要是对照文件来说明与支持自己的观点与主张,并在交叉盘问作为质疑与丑化对方证人的依据。制作开庭案卷一般是申请人的责任,但被申请人必须最大限度配合,让双方当事人各准备一套开庭案卷会带来大量重复的浪费与造成混乱。

曾经有说法是为了减少浪费与节省时间金钱,只有在需要开庭时使用的文件才应被包括在开庭案卷中。但在实践中,从大量的文件中挑选出要使用的文件会耗费更多时间精力,更容易产生争议。此外,还有可能出现被盘问的证人的回答带出的内容要查阅别的文件,如果开庭案卷中不包括该份文件会很麻烦。所以不如在开庭案卷中将所有文件包括在内,这种类似争端清单,制作时不应有太多争议。即使对个别文件是否可采纳有质疑,也应该在文件披露阶段处理,不必留待制作开庭案卷时争辩。而如果是来不及处理的新文件证据,也可以单独列出,如果正式开庭前被采纳,就可以给一个新的编号编入开庭案卷。

开庭案卷里的编号、内容与组织必须在开庭前得到双方代表律师的认可。一般申请人至少要在开庭前的6个星期提供给被申请人有关他制作案卷的计划与建议,这包括案卷的数量、编号、内容与如何编排,而被申请人必须在开庭前的4个星期向申请人作出建议。通常,最少在开庭前2个星期开庭案卷的制作就应该完成。因为在准备文书开庭陈词时,提到文件的地方就要填上开庭案卷中的编号以方便查阅。

开庭案卷在不同的案件中有出入,但通常可分类如下:(1)文书请求(索赔请求、抗辩书与答辩书等)与相关文件,例如争端清单、中间措施相关文件等。(2)仲裁庭作出的命令。(3)证人证言。(4)专家意见报告。(5)其他文件证据,一般根据时间的先后顺序排序。虽然也有部分开庭案卷根据争议/争端分类,但因为往往一份文件的内容涉及几个不同的争议,就会导致同一份文件在开庭案卷多个不同部分出现,造成浪费与混乱。(6)核心案卷(Core Bundle)。如果案件文件众多,可能有制作核心案卷的必要,其中包括的文件是一些双方代表律师估计开庭一定会提到甚至反复提到的文件。核心案卷内所包括的全部文件应该是能够放在一个不大的文件夹中,核心案卷的文件必须有编号并且注明它在非核心的开庭案卷中所处的位置以方便相互参照(cross reference)。

随着大量电子文件的产生与技术的进步,现在也有越来越多的电子开庭案卷(e-bundling)出现。但这只是技术进步将纸质版转为更加便捷的电子版,本质没有区别。现在有不少国家或地区法院都对电子开庭案卷有专门的指引与做法,有关链接与内容可见笔者《证据法:国际规管与诉讼中的证据攻防》一书第八章之2.3段。[71]有一些在做法上应当要注意的地方,如一般会采用PDF的电子文件格式(最好是内容可以进行文字识别),而避免采用图片(如JPEG)等其他格式。案卷内容应当完全与纸质案卷一样,一页一页显示具体的证据内容,并附有超链接的电子目录,以及在每一个不同的文件前作出标记的书签。又如如果电子文件容量较大,则一般会采用U盘(并在U盘上写明是什么案件的哪一个案卷等)的方式实体提交。

另外,现在根据CPR PD 32 paragraph 27.2的规定,[72]如果对同意用于庭审的文件有反对或异议(如文件的真实性)应当及时提出,否则将视为双方当事人认同这套同意的开庭案卷中文件的可采纳性。

6.14 文件证据的真实性(authenticity)

在内地的仲裁有一个看来是必须走的程序叫做"质证",[73]针对有关文件证据要求双方当事人在开庭审理前相互查阅双方文件的正本与/或是给出意见(主要看来是接受或不接受对方文件是正确)。由于国际商事仲裁在普通法下的做法没有类似程序,所以笔者并不熟悉,只节录陶景洲律师《Arbitration Law and Practice in China》(2008年,第2版)一书之135页始的相关内容:

"The parties to an arbitration-similar to parties to a court litigation-are required to provide evidence in support of their respective claims. . . .

In December 2001, the Supreme People's Court promulgated its Several Provisions of the Supreme People's Court on the Evidence for Civil Actions '(Provisions on Evidence'), which comprehensively outline the rules of evidence to be used in civil lawsuits before the People's Court. . . . Whilst the Provisions on Evidencedo not theoretically apply to arbitration, it is widely expected that they will gradually be adopted into the practice of arbitration of the Arbitration Law. The main features of the Provisions on Evidence are . . .

Examination and Identification of Evidence

385 The court may examine and identify a piece of evidence from the following perspectives: (i) whether the evidence is the original document or object; (ii) whether a

---

〔71〕 例如,英国法院提供的电子案卷的样板,可见https://www.jcpc.uk/docs/electronic_bundle_sample.pdf。

〔72〕 该条文可以节录如下:"27.2 All documents contained in bundles which have been agreed for use at a hearing shall be admissible at that hearing as evidence of their contents, unless (1) the court orders otherwise; or (2) a party gives written notice of objection to the admissibility of particular documents."

〔73〕 据说通常解释质证应当针对证据的真实性、关联性与合法性,包括对证据证明价值进行质疑与辩解。但是笔者在国际仲裁中的经验是很多情况中国律师在质证过程中往往只着重针对了证据的真实性。

copy or reproduction is consistent with the original document or object; (iii) whether the evidence relates to the facts of the case; and (iv) whether the form and manner of gathering the evidence complies with the law. . . .

387 Where one party presents evidence in the form listed below, and the opponent party objects to such evidence but is unable to provide satisfactory rebuttal evidence then the Court will affirm the probative value of such evidence:

—Original documentary evidence or true copies thereof, photographs, counterparts, or extracts thereof through verification;

—Original material evidence or true copies thereof, photos, video material through verification;. . .

388 Where one party presents evidence that is accepted by the opposing party, or if the opposing party is unable to produce satisfactory or rebuttal evidence, then the Court will affirm the probative value of the evidence . . . ."

在国际商事仲裁中,笔者很少遇到当事人质疑对方披露的文件证据的真伪。国际仲裁的参与者(仲裁员与代表律师)的起点都是假设这些文件(相当一部分是当场文件)是真实,也就是这些文件一直客观存在,不是事后有了争议无中生有另外制作一份或多份文件去替代或填补。这是伪证,因为制作的目的是欺骗(deceit)。当然,一份客观存在的文件,其内容也可以为了欺骗而伪造,如外贸常会发生的倒签提单(Back-dated Bill of Lading)。或是,为了欺骗银行获得贷款融资,制作一份客观存在的虚假(sham)买卖合约。后者的伪造通常是一个双方当事人的实质争议/争端(substantive issue in dispute),仲裁庭要在开庭审理后慎重考虑了所有其他的证据才能确定/认定并作出裁决。但前者的伪造会局限在证据方面,需要提前处理。无论如何,在两者都是制作伪证文件或对事实虚假陈述,目的为了欺骗,这是严重的犯罪与侵权行为:[74] 见 Derry v. Peek (1889) 14 App Cas 337 贵族院先例。构成的条件是:(1) 作出了事实陈述(makes a factual representation);(2) 明知该陈述不正确,或鲁莽地认定真实性,或对真实性漠不关心(knowing that it is false, or reckless or indifferent about its veracity);(3) 希望另一方依赖该陈述(intending that another person relies on it);(4) 另一方确实依赖该陈述行动,并蒙受了损害(who then acts in reliance on it, to that person's own detriment)。

笔者提到很少遇到文件证据真伪的质疑与争议,原因是:

1. 欺骗的后果极其严重。除了民事的侵权(tort of deceit)外,刑事方面的立法是一连串的《Theft (Amendment) Act 1996》《Fraud Act 2006》《Theft Act 1978》《Theft Act 1968》等加上公司法、税法等针对会构成的各种罪行,主要包括了常见的经济与商业犯罪(financial and business crimes)。例如,为了获取财产的欺骗(obtaining prop-

---

〔74〕 这个课题在笔者《提单与其他付运单证》(2016 年)一书第六章之 3 段有更详细的介绍。

erty by deception)、为了获取金钱转移的欺骗(obtaining a money transfer by deception)、为了获取金钱好处的欺骗(obtaining pecuniary advantage by deception)、为了逃避责任的欺骗(evasion of liability by deception)、做假账(false accounting)等。这是严重犯罪，一般的国际商人都不敢碰。

2. 高水平的国际商人绝对不是"老实人"或"高道德"人士，而是伪造文件或虚假陈述这种笨拙做法是他们不屑于做的。他们通过更高级的做法与钻法律的空子就可以得到想要的所有好处与利益。例如，在细作当场文件时，不会对任何事实有虚假的陈述，但会避重就轻，不全面记录真相而只是片面记录，务求做到能在法律上自我保护(self-serving)。这是不懂法律、也不了解怎样记录事实才能在法律上自我保护的人士做不到的。

但少见不代表没有这种涉及伪证的诉讼或仲裁案件。如在本书第三章之5.6.1段介绍的Harmony Shipping v. Saudi Europe Line (The "Good Helmsman") (1979) 1 WLR 1380先例。案情涉及一份签署的租约(charter-party)，被被告承租人指称是虚假，双方都需委任笔迹专家(handwriting expert)。

指称文件是伪证或假文件，即使民事诉讼的举证责任(平衡性的可能)没有刑事诉讼这么高，但仍是沉重，因为伪证或假文件就不常发生，所以证明一件内在可能性(inherent probability)不高的事情，举证的要求自然是提高。[75]

单凭一方当事人的主张与口头证据证明伪证或假文件不足以满足举证责任，一般需要高质量的专家证据如笔迹专家、纸质专家等去协助不懂这方面专业知识的仲裁庭区分文件的真伪。另是，会要制作被该指称是假文件的作者作为事实证人出庭接受交叉盘问。又或是，一封重要的电邮(如不可抗力通知)的收件人虽然在发送人的文件中显示了正确的电邮地址，但收件人说没有收到的争议下就会需要收集大量文件，如服务器记录等。所以，这些证人(专家证人或事实证人)或证据都需要提前安排。这表示要质疑一份或多份文件的真实性，需要在程序中尽早提出，以利准备有关的证据，一般最迟也不能在文件已经被加入双方都同意的开庭案卷后再提出(hearing bundle)。显然整个做法费用会很高昂，一般的分摊就要看这个质疑成不成功。如果这质疑不成功，提出质疑的一方当事人就要承担所有证明文件真实性的费用。由于有此可能高昂费用的考虑，加上当前在国际商事诉讼/仲裁案件出现伪证/假文件的频率相对很低，所以就是笔者所说的不常发生。

以上所讲可节录联合国贸易法委员会的《UNCITRAL Notes on Organizing Arbitral Proceedings》(2016)文件中所说如下：

"**Assertions about the provenance and authenticity of documentary evidence**

80. At an early stage of the arbitral proceedings, the arbitral tribunal will often specify that unless a party raises objections to any of the following conclusions within a speci-

---

〔75〕 这方面在本书第七章之7.2.1.2段有更详细的介绍。

fied period of time, it will be understood that:

(a) documentary evidence is accepted as having originated from the source indicated in it;

(b) a dispatched communication is accepted without further proof that it has been received by the addressee; and

(c) a copy is accepted as a faithful reproduction of the original. A statement by the arbitral tribunal to this effect can simplify the introduction of evidence and discourage unfounded and dilatory objections.

81. If there are issues regarding the provenance, authenticity or completeness of documentary evidence, the arbitral tribunal may require verification thereof; it may further require that the evidence in its original form remain accessible to the parties and the arbitral tribunal."

这种情况经常发生,只以一个2019年笔者作为独任仲裁员的香港仲裁为例。该仲裁案件涉及双方当事人订立与签署了一个CIF买卖合约,但事后中国公司的卖方没有履行。笔者作为仲裁员估计是因为有关的商品市场下跌,反正这种同类案件也是司空见惯。卖方声称这一份已经签字与盖章的买卖合约是伪造,合约上显示签字的卖方业务负责人也作为证人参与香港仲裁的开庭审理,主张这不是他亲自签的。至于是谁冒签的,已有该卖方的经纪人说是他冒签的,并向外国的买方说他会做出赔偿,慢慢归还这笔损失。除了该经纪人的一份文书陈述外,卖方唯一的证据就是证人自己,并提供他在其他文件样本的签字显示与该买卖合约不一样。

对笔者来说,这远远没有满足对伪证或假文件的举证责任。说实在的,证人说在其他文件样本中他的签字不一样,但笔者不是笔迹专家,看不出有什么区别,反正都是这几个字,笔者自己的签字也是不会每次都一模一样。另是,证人自己的证言(说该买卖合约不是他签字)由于严重的利益冲突与没有其他客观存在的文件证据可佐证(corroboration),所以不可能满足对伪证或假文件的举证责任。最后是该自证其罪(self-incriminated)[76]的经纪人的陈述,说是他冒签的,笔者虽然经历过有经纪人在没有当事人授权的情况下把买卖合约签下来(如商品市场急变,令时间紧急),但签的是自己的名字,只是加多一个批注说明是代当事人签。因为私下假冒签当事人的名字是刑事犯罪,但没有授权代当事人签字(经纪人自己名字),顶多是民事上的不当,只是赔偿金钱上的损失。笔者也经历过不少经纪人在交易中为了吃差价而两头瞒骗(卖方与买方都被瞒骗)签下买卖合约的情况,但这样买卖合约的条文需要配合,如买方支付货款或信用证受益人不会是卖方而应是经纪人或他所控制的公司,否则如何吃差价?

---

〔76〕 关于"自证其罪特免权"(self-incrimination privilege),可见笔者的《证据法:国际规管与诉讼中的文件攻防》一书第十三章之10段。

但在笔者的仲裁案件中,所有其他的文件包括争议的买卖合约都无法佐证与配合。相反双方通过经纪人的通信往来都符合一个正常国际货物/商品买卖的谈判,如果经纪人冒充卖方签署了买卖合约,一直在谈判的卖方怎会不追问?如果追问,怎会没有文件留下?总之,笔者看整个故事是不可思议得低劣。显然,在该香港仲裁案件中,笔者毫无疑问在开庭后判中国公司败诉。

6.15 庭审记录(transcript)

庭审记录的安排十分昂贵,但是现在的国际仲裁几乎一定会安排。早期逐字记录的庭审记录还时常出现错误,但现在已经越来越少见到。

庭审记录服务之一为转录员(transcriber)当场记录,第二天整理完毕后将电子版与纸质版的庭审记录发送给当事人与仲裁庭。这种服务相对便宜,现在科技发达,一些公司还提供一种称为"Live Note"的服务。它在所有有关人士(双方当事人大律师与事务律师、仲裁员、当事人、传译员等)的面前都安置好一部电脑终端(terminal),而在开庭审理时当双方证人口头证据的每一句话被转录员打出来,每一个人都可马上在自己的电脑接收到。即在听到一句话的同时,马上可看见这句话的书面记录。若发觉有错漏,可马上提出。若仲裁员重视某些证据,想稍后重温,也可在自己电脑上在相关部分加上重点(highlight),看来十分有效率。

这项服务的好处有:(1)令仲裁员工作十分轻松,很容易跟得上双方律师或证人的讲话,而且不必自己笔录,更不必再像四十年前笔者(杨良宜)听当时多次被Denning勋爵称为"伦敦仲裁的元老"的Clifford Clark先生的告诫,要当仲裁员就必须要学好速记。(2)现在的庭审记录非常重要,因为仲裁员草拟裁决书与合议(deliberation)时一定会引用庭审记录的内容作为依据。所以现在有说法是开庭时最重要的不是仲裁员有没有听到有关的发言,而是是否在庭审记录中正确记录了该发言。而败诉方在裁决书作出后向法院寻求救济时,也往往会以庭审记录作为依据。

6.16 远程作证/网络开庭(virtual hearing)

在国际商事仲裁中,个别的事实证人/专家证人通过视频连线(video-link)远程作证的做法已有数十年的历史。这是因为在实务中确实会存在证人因某些他/她个人的原因或只影响到他/她个人的原因,而不能亲身(in person)到开庭地点参加开庭并接受交叉盘问的情况。这种令证人不能亲身到庭的原因如果很早就存在或被知悉,在该证人并不是非常关键又可以被其他证人替代的情况下,该证人在早期就会从证人团队中被排除。但如果该证人是某个核心争议(core issue)唯一且关键的证人,或者只是在非常接近开庭时才出现令个别已经做好准备的证人无法亲身参与开庭的事件而令当事人没有时间再去换人,当事人与仲裁庭就要想各种办法去解决问题了。一种可能的做法是要求该证人提供口供书(deposition),[77]另一种做法是开庭审理期间安排整个开庭的团队/参与者(至少包括三位仲裁员加上双方当事人的代表律

〔77〕 见本章第5段。

师等人士),移船就岸去该事实证人/专家证人的所在地向他/她取证(主要是为了进行交叉盘问),但这种做法就会非常昂贵。

虽然随着科技的进步,一些国际仲裁机构的仲裁规则开始明示允许通过电话、视频连线等方式召开案件管理会议、有关程序事项的会议与对个别证人的取证等工作,但证人通过视频连线作证的做法一直并不令人满意,并且仲裁庭只在理由十分有说服力的情况下才会允许证人通过视频连线作证。这是因为:

1. 国际仲裁主要受普通法对抗制的影响,开庭一向被视为当事人之间最后的决战,也是一个仲裁案件中双方展示各自观点与立场的最主要的机会。双方在开庭时会对之前的整个仲裁程序中提交的陈词与证据(包括文件证据、口头证据与专家证据等)来一个大检阅,令争议事项、双方各自的立场被有条理与清晰地展示出来,并且通过交叉盘问凸显各自证据的优劣。仲裁庭通过开庭对整个案件有一个最全面、深入与有针对性的了解,并会在开庭结束后就宣布整个仲裁程序结束与开始制作裁决书。所以,开庭这个环节对保证双方有合理机会陈述自己的案件是非常重要的,任何不对等与有缺陷的开庭安排都会带来程序公正的问题。

2. 一旦允许证人通过视频连线作证,就会产生不少额外的麻烦,包括:要在证人作证的地点和开庭的地点之间安排视频连线服务,并确保连线时视像与声音的清晰、同步与稳定;盘问方需要派律师去监督并确保该证人是在没有任何人指导下独立作证;要在存在时差时协调证人接受盘问的时间;要安排额外的开庭案卷(有时会是数量巨大)寄去证人所在地等。在一个较近期的英国先例,证人不出庭的原因(证人去英国有被逮捕的危险)被法官接受,但是 Eder 大法官仍然指出证人通过视频连线作证的不满意之处,包括证人是关键证人、交叉盘问长达四天、需要俄文与英文的翻译等。在 Otkritie International Investment Management Ltd and Ors v. Urumov and Ors (2014) EWHC 191 (Comm)先例中,Eder 大法官说:"I agree that the fact that Mr Kondratyuk gave evidence over some 4 days by videolink was very unsatisfactory particularly since he needed an interpreter (although the latter was unavoidable). Of course, the rules of court provide that in an appropriate case, permission may be granted for the evidence of a witness to be given by videolink; and such an order was made (by, I believe, consent) at a CMC before the trial. However, as noted above, at the beginning of the trial, I revoked that order because, given the central importance of Mr Kondratyuk's evidence, I considered that it was highly desirable, if possible, for Mr Kondratyuk to give evidence in person-a view which, I should say, was endorsed and supported by Mr Berry (原告的代表大律师) on behalf of the claimants. However, in the event, after further consideration, I was satisfied that Mr Kondratyuk's fear that he might be arrested if he came to England was well-founded or at least could not be eliminated or ignored; that, in those circumstances and for reasons set out in my ruling which I do not propose to repeat, his refusal to attend the trial in person was understandable; and that I should in effect re-

instate the earlier order that had been made giving permission for Mr Kondratyuk's evidence to be given by videolink."

相比个别证人通过视频连线作证,在新型冠状病毒肺炎疫情全球爆发并持续肆虐的今天,世界上很多国家都实施了锁国、隔离、在家办公等政策,在未来无法预计的很长一段时间内,国际仲裁案件如果仍然要进行开庭,视频连线可以说成为唯一的手段。现在,在大部分的国际案件中是部分甚至所有参与开庭的人员都需要通过视频连线才能进行开庭。幸运的是,通讯科技的高速发展为网络开庭提供了强有力的支持而令网络开庭成为现实。而与此同时,作为一项新生事物,通过视频连线开庭在实务中会带来的传统问题、新问题以及如何改进成为现在国际仲裁界的一个最热门的课题。各个国际仲裁机构(包括 ICC、SIAC、HKIAC 与中国的贸仲和北仲)都迅速制定了在疫情期间处理案件以及网络开庭的指引以期规范操作,并尽可能减低各种网络开庭会带来的不便以及程序上的瑕疵。

笔者也已经参与过数个网络开庭。首先从通讯技术方面来看,网络开庭的体验都是非常顺畅与良好的,与亲身开庭的效果差别并不大。虚拟的开庭室令所有开庭的人士(仲裁员、当事人的律师团队、事实证人、专家证人、转录员、传译员、当事人的负责人、为网络开庭提供技术支持与保障的人士等)都能够通过网络加入,大家在此网络开庭室中可以看到所有其他的参与者与听到他们的发言,从而达到通过电子设备的屏幕共聚一堂的效果。并且在主开庭室中还可以形成分隔会议室,以满足仲裁庭成员与每一方当事人和律师可以在开庭休息期间进行私密谈话与讨论的需要。

在满足了既可以共聚一堂又可以分组私密谈话的这一参与和沟通的要求之后,再需要考虑的就是本章已经谈到过的其他非常重要的开庭组成部分,包括庭审记录、开庭案卷等问题。现在庭审记录的服务提供商可以做到转录员加入网络开庭室而远程制作庭审记录,与将由转录员转录为文字的庭审对话实时显示在位于全球不同地点的开庭参与者使用的电子终端设备上。此外,还可以帮助当事人制作电子开庭案卷并提前提供给参与开庭的人士,与安排专人将开庭时提到的文件在屏幕上进行在线证据展示。这一切的做法都令网络开庭在感受上非常趋近于亲身开庭。

但是,网络开庭这种新的开庭模式仍然带来很多实务操作上与法律方面的问题:

1. 无论是原先个别证人通过视频连线作证,还是现在部分或全部开庭参与者都通过视频连线进行网络开庭,一个最重要的考虑就是要确保这种网络开庭方式能够保证各方当事人充分陈述自己案件的机会不会受损与开庭能够公平的进行。在这个大原则下,针对证人不在开庭现场作证从而无法确保证人是在没有场外指导或者其他提示的情况下独立作证的担忧,解决的方法除了让证人签署相应的独立作证的保证书,还有在作证时要求证人的摄像头能够覆盖整个作证房间的情况,证人的背面加多一个摄像头可以显示证人面前电子设备上的内容(或更简单的在证人背后加一面大镜子),不可以在作证途中使用除了参与开庭与查看电子开庭案卷以外的电子设备(如手机)。目前世界上多个主要的仲裁机构也开始探讨达成协议,为所在国与地区的当事人提供统一标准的虚拟开庭服务,包括各项技术的基础设施与证人通过仲裁机构的设备作证时所给予的监督与协助等工作。

2. 针对国际仲裁开庭时各方代表律师最主要也是最重要的交叉盘问部分,从笔者自己的感受与已看到的一些经验分享中,大部分是积极的。盘问律师也与现场盘问的效果差别不大,甚至有英国的大律师在完成一次网络开庭之后公开表示,即使疫情过去也会在将来推荐当事人考虑使用这种网络开庭的方式,因为这毕竟能节省亲身到开庭场地而产生的时间与费用。

不过,也有一些盘问律师会觉得网络开庭减少了现场开庭盘问时能够全方面观测到证人的行为举止与反应的机会,[78]与给证人的紧张感与压力不够从而不能达到理想的效果。例如,证人在被盘问到关键时刻却突然发生网络连接不顺畅的问题,从而要被迫中断,打乱了盘问的节奏。一个更重要的问题是,网络开庭减轻了证人面对交叉盘问时的压力。本书第三章之1.3段多处提到,开庭时严肃的环境会令证人更倾向于讲真话与回答更谨慎,这对交叉盘问十分重要。但网络开庭时,证人身处自己熟悉的环境、着装也可能更舒适等,显然就不会有这种环境的压力。

不过无论是已有良好的经验还是不满意的经验,这都是在目前疫情情况下大家要适应的新方式。针对不满意之处,只能通过通讯技术不断改进而尽量减少。例如,就有法律界人士提出将来通过全息3D摄影技术将证人在作证时的一举一动都真实呈现在仲裁庭与盘问律师面前是否就能够改进这个盘问中的互动的问题。总之,这是一个要拥抱科技发展为各行各业带来改变的时代。

3. 仲裁机密性的问题。在网络开庭时,所有进入网络开庭室的人士都要明确自己的身份。提供虚拟网络会议室服务的供应商都会面临这个网络安全的问题。随着使用者井喷式的增长,网络会议室服务的运营商在保证网络的安全性与私密性方面作出了极大的投入与改进。

4. 开庭的时差问题。在一个国际商事仲裁案件的网络开庭中,随时会涉及世界多个时区。所以在确定每日开庭的时间上,少不了大家都要互相迁就。在笔者最近参与的一个网络开庭的案件中,一位证人在纽约作证,最后大家协调后的时间是证人在纽约时间早上6点开始作证,而在香港的仲裁员与律师则从晚上6点一直到11点进行开庭。一个复杂的国际商事仲裁可能涉及数十个地区,如果确实开庭时间无法协调,默认以仲裁地(seat)的工作时间为准,毕竟即使是网络开庭也需要其他的后勤服务与保障,包括涉及仲裁地的仲裁机构来主持整个网络开庭等。

5. 针对一方当事人不合作/想拖延而拒不同意网络开庭的问题,仲裁庭在处理时往往要在仲裁法律或仲裁规则中寻找相关的依据。很少会有仲裁法律或仲裁规则会

---

[78] 在本书第三章之1.3.5.2段提到,仲裁庭在作出事实认定时不应在意证人的行为举止。但是盘问律师如果无法看到证人的行为举止,在本书第三章之1.3.2与1.3.3段介绍的各种交叉盘问的技巧就无法很好地施展。

明示规定开庭必须所有相关人士都亲临现场亲身参与,相反大部分仲裁法律或仲裁规则都赋予了仲裁庭决定如何进行仲裁程序的权力。这样,只要能保证自然公正与当事人有机会充分陈述自己案件,仲裁庭就有权在权衡案件的情况后决定是否进行网络开庭。

2020 年 2 月 14 日,最高人民法院《关于新冠肺炎疫情防控期间加强和规范在线诉讼工作的通知》规定,法院不得在一方当事人不同意的情况下强制性要求网络开庭。这个原则也令仲裁机构如贸仲、北仲、深仲等在面对一方不同意网络开庭时限制了仲裁庭能够发挥自由裁量权的空间,因为要避免将来裁决书的败诉方因被强迫网络开庭而挑战裁决书。

但在国际商事仲裁案件中,仲裁庭决定是否进行网络开庭的权力大得多,参与的当事人也会对网络开庭持更加积极的态度。如果国际仲裁这个重要的开庭程序因为疫情被一再延期,整个仲裁制度都会受影响与很多参与的人士,如仲裁员、代表律师、专家证人等。所以,在国际商事仲裁案件中,一方拒绝网络开庭以拖延仲裁程序,一般不会被仲裁庭接受。

英国首席大法官在 2020 年 3 月 19 日给民事(与家庭)法院的通知中说:"... the civil courts are flexible enough to enable telephone and video hearing of almost everything.... HMCTS(这里指法院服务系统) are working urgently on expanding the availability of technology but in the meantime we have phones, some video facilities and Skype ... The default position now in all jurisdictions must be that hearing should be conducted with one, or more than one, or all participants attending remotely. That will not always be possible. Sensible precaution must be taken when people attend a hearing."

与此同时,不少英国先例显示了法院再不容许延期开庭,如:Smith Technologies, Re (unreported, 26 March 2020); Blackfriars Ltd, Re (2020) EWHC 845 (Ch); Heineken Supply Chain v. Anheuser-Busch InBev (2020) EWHC 892 (Pat); Muncipio De Mariana & Ors v. BHP Group Pls (formerly BHP Bikliton) & Ors (2020) EWHC 928 (TCC)等先例。

2021 年版《IBA Rules on the Taking of Evidence in International Arbitration》(或简称"IBA 证据规则")特别针对了远程/网络开庭的情况,仲裁庭在咨询过双方当事人的意见后,可以命令进行远程开庭。仲裁庭要咨询双方当事人的意见,同意一份远程开庭的议定书(protocol),以保证开庭有效率与公平进行并尽量减少不必要的干扰。议定书的内容包括使用的技术、时区、保证远程作证的证人不会受到不当影响或扰乱。笔者也相信国际仲裁机构的规则与/或指引会很快跟进。

最后可简单节录 C (Children) (Covid – 19 Representation), Re (2020) EWCA Civ 734 先例的一审([2020] EWHC 1233 (Fam))中 Williams 大法官针对用 Zoom 开庭的利弊时所言:

"The use of the Zoom application has so far permitted an effective hearing, without anything more than the occasional and minor technical glitch as bandwidths fluctuated. The vast majority of both evidence giving and the hearing of submissions has so far taken place very effectively from the court's perspective.

It is undoubtedly the case that the evidence of the mother and the father could be given remotely by Zoom. Screen sharing of documents has been very effective and indeed in almost every way more effective than by use of hardcopy bundles in court. The paternal grandmother however would face a very considerable struggle in giving evidence by Zoom. She has so far been unable to operate it effectively. Given her hearing difficulty audio means alone would be inadequate. Thus, she can only realistically give evidence in person unless some Covid 19 safe arrangement could be implemented somewhere other than her home with technical support being provided to her. At present that does not appear to be an available option. The maternal grandmother is unable to participate by Zoom and can only participate by audio.

. . . the legal teams have rapidly familiarised themselves with the remote technology and have become adept at using it. Cross examination on even the most contentious aspect of the expert evidence was effective. From the perspective of the court and the lawyers I have little doubt that the remote technology would provide an effective means of the evidence being adduced and tested. My one reservation is that some of the parties have experienced bandwidth difficulties at various times which has required them either to resort to audio only participation or has required a degree of repetition. Whilst this has been manageable with the experts, I'm not sure that it would be so easily addressed were it to occur in the middle of a crucial piece of cross examination."

6.17 仲裁员的预付费用(deposit for arbitrator's fees)

这个课题与开庭审理时处理证据事宜没有关系,介绍的原因主要是笔者(杨良宜)在作为仲裁员时较常遇到这方面的问题,可见笔者 2006 年《仲裁法:从 1996 年英国仲裁法到国际商务仲裁》一书。

另可先节录联合国贸易法委员会的《UNCITRAL Notes on Organizing Arbitral Proceedings》(2016)文件所说如下:

"5. Deposits in respect of costs

(a) Amount to be deposited

28. In an arbitration administered by an institution, the institution often sets, on the basis of an estimate of the costs of the proceedings, the amount to be deposited as an advance for the costs of the arbitration. In other cases it is customary for the arbitral tribunal to make such an estimate and request a deposit. The estimate typically includes travel and other expenses by the arbitrators, expenditures for administrative assistance required by the arbitral tribunal, costs of any expert advice required by the arbitral tribunal, and the

fees for the arbitrators. Many arbitration rules have provisions on this matter, including on whether the deposit should be made by the two parties (or all parties in a multi-party case) or only by the claimant.

(b) Management of deposits

29. When the arbitration is administered by an institution, the institution's services may include managing and accounting for the deposited money. Where that is not the case, it might be useful to clarify matters such as the type and location of the account in which the money will be kept and how the deposits will be managed.

(c) Supplementary deposits

30. If during the course of proceedings it emerges that the costs will be higher than anticipated, supplementary deposits may be required (e. g. because the arbitral tribunal decides pursuant to the arbitration rules to appoint an expert)."

仲裁庭成员与双方当事人的费用与使费是一个复杂的课题。笔者在《仲裁法:从开庭审理到裁决书的作出与执行》一书第一章共200多页的内容中已有详及。为了避免重复,加上这课题也与本书的证据法方面没有直接关系,所以只会在此介绍有关在案件管理会议(CMC)与开庭前的准备会议(pre-hearing conference),涉及有关仲裁员的费用问题。

海事仲裁(伦敦或香港特区)通常不涉及仲裁机构,是典型的临时仲裁(*ad hoc* arbitration)。早期仲裁庭收取费用简单,也就是在作出了裁决书并告知双方当事人的同时,要求双方当事人或其中一方当事人支付费用,通常会是比较心焦的原告前来支付所有费用与使费以利即时取得裁决书。但也不一定,有越来越多的情况是被告因为资产被原告冻结或其他特殊原因而比原告更心焦,反正他们对仲裁庭的费用是有共同与连带的责任。但仲裁庭(通常是首席或主导仲裁员[79])收到这笔费用后才会发放裁决书,换言之,就是把裁决书留置直到获得支付。可以说,很少仲裁员会要求提前对费用提供担保(security)。

但商业社会不断变化,在支付仲裁庭费用方面,越来越多的仲裁员(特别在临时仲裁,包括海事仲裁)都会经历过坏账与欠债的情况。经常会发生的是中间程序走了一大半,双方当事人在背后达成和解后,就不再理会仲裁了。双方当事人更是会不礼貌地不去通知仲裁庭,只在仲裁庭追问有关案件的程序进展时才会被告知。但无

---

[79] 这是部分仲裁员特别是在临时仲裁喜欢的一种做法,就是在中间程序暂不委任首席仲裁员。这除了免了多花一两个月去委任外,也节省仲裁庭的费用与大大加快对中间程序的合议与决定。在双方当事人走中间程序时一般不会有太困难的决定,就是走程序而已。通常两位边裁是由原告委任的仲裁员主导,因为一般情况下是原告希望推进仲裁程序,所以由原告委任的仲裁员主导与推进仲裁程序,双方当事人感觉上会是更理所当然。而首席仲裁员只在两位边裁出了不同意见或需要开庭时才委任,因为需要多一个意见才会有多数意见的最后决定。这种做法只有在伦敦海事仲裁员协会(LMAA)的规则有说明。

论如何,经常会是双方都不打算支付仲裁员已经产生的费用或只有一方肯支付他委任的一位边裁。更极端的情况是,一方或双方当事人刚要求仲裁庭作出裁决书,但仲裁庭辛辛苦苦赶出了裁决书后,当事人不想要了,也不支付裁决书的费用。

这样,仲裁员(无论是机构仲裁或是临时仲裁)都普遍存在两个(或以上)的做法:

1. 在早期的英国普通法下的默示地位,仲裁庭能否在中间程序收取部分费用存有疑问,因为他/她承诺提供的服务还没有完毕,这是要到了作出裁决书后。所以想要收取已经产生的中间费用,最明确就是通过明示条文。这条文会是在个别仲裁员接受委任候说明,主要在委任条件(terms of appointment)。这也可以是合并 2017 年 LMAA Terms(香港海事仲裁协会的 HKMAG Terms 也有同样条文)之 Schedule 1 的印本条文,明示说明当事人不尽快支付仲裁员就可以辞职不干。

至于在机构仲裁更是不用说了,几乎所有知道的仲裁机构的仲裁规则只要是允许仲裁员按小时收费都有明示规定仲裁员有这个权利。例如,HKIAC 仲裁规则附录 2 之 2.1 条规定:"HKIAC 可指示当事人按 HKIAC 认为适当的比例,向仲裁庭支付一笔或多笔中期或最终的款项。"另 LCIA"Schedule of LCIA Arbitration Costs"中的相关条文规定是:"When interim payments are required to cover any part of the Arbitration Costs, including ... Tribunal's fees or expenses ... such payments may be made against the invoices for any of the above from funds held on deposit."LCIA 在指引中说愿意每 6 个月支付一次中间费用,但不会每个月支付。这是为了避免仲裁员频频收费,特别是干少许的活也要去收费,增加无谓的行政工作。

即使是普通法,现在也有了改变,确认了这种做法:见 Turner v. Stevenage Borough Council (1998) Ch 28 上诉庭先例。

2. 为了有钱支付仲裁员的中间费用,另是保证将来会产生的费用,所以需要双方当事人支付一笔预付费用(deposit)。这会发生在仲裁程序开始不久,特别是在机构仲裁中。例如,HKIAC 会主动问按小时收费的仲裁庭是否要向当事人收取预付费用与要多少。在贸仲,针对可以按工作小时收取费用(称为"特殊收费")的仲裁员,秘书也时不时会问仲裁员要向当事人或委任方收取多少预付费用。另一次会要求双方当事人支付预付费用的时间,通常是在确定开庭日期与时间段后。这样,除了仲裁庭成员要把这段开庭时间保留下来,不另作安排,也要保障届时取消开庭(如双方达成和解)的取消费用(cancellation fees),所以必须有另一笔预付费用以作保障。这取消费用的支付与计算办法在 HKIAC 仲裁规则附录 2 之 10 条有规定,这种费用在 LMAA Terms 下称为"booking fees",也有律师称为"commitment fees",但本质上与取消费用都是同一码事。普通法的默示地位是没有这权力要求双方当事人支付:见 K/S A/S Norjarl v. Hyundai Heavy Industries Co Ltd (1991) 1 Lloyd's Rep 524 上诉庭先例。所以,仲裁员也必须与当事人在委任时明示同意。在机构仲裁不是问题,因为在机构的仲裁规则中都有明示。

针对中间收费与预付费用,笔者认为 2017 年的 LMAA Terms(LMAA 针对的是海事的临时仲裁,但同样适用在机构仲裁)之 Schedule 1 写得十分明确、完整与公平(对仲裁员与当事人而言),可节录如下:

"(B) **Interim fees** An arbitrator may in his discretion require payment of his fees to date (which expression shall for these purposes include any expenses) at appropriate intervals (which shall be not less than three months). Any such demand for payment shall be addressed to the arbitrator's appointing party and shall be copied to any other member of the tribunal and other parties. A sole arbitrator, third arbitrator or umpire shall require payment from the parties in equal shares. Any such demand for payment is without prejudice (a) to ultimate liability for the fees in question and (b) to the parties' joint and several liability therefor. Without prejudice to the foregoing, a party may ask an arbitrator to provide an interim account of his fees at intervals which shall not be less than three months.

(C) **Right to resign for non-payment** If any amount due under ... (B) above remains unpaid for more than 28 days after payment has been demanded, the arbitrator in his sole discretion may give written notice to his appointer and to the other parties and arbitrators that he will resign his appointment if such amount still remains unpaid 14 days after such notification. Without prejudice to ultimate liability for the fees in question, any other party may prevent such resignation by paying the amount demanded within the said 14 days. Upon any resignation under this paragraph the arbitrator will be entitled to immediate payment of his fees to date, and shall be under no liability to any party for any consequences of his resignation.

(D) **Booking fees** (a) For a hearing of up to 10 days' duration there shall be payable to the tribunal a booking fee of such sum per arbitrator ..., for each day reserved. The booking fee will be invoiced to the party asking for the hearing date to be fixed or to the parties in equal shares at the discretion of the tribunal and shall become due and shall be paid within 14 days of confirmation of the reservation or six months in advance of the first day reserved ('the start date'), whichever date be the later. If the fee is not paid in full by the due date, the tribunal will be entitled to cancel the reservation forthwith without prejudice to its entitlement to be paid the fee in question or the appropriate proportion thereof in accordance with sub-paragraph (d) below. In the event of a cancellation under this provision either party may secure reinstatement of the reservation by payment within 7 days of any balance outstanding....

(d) Where, (i) at the request of one or both of the parties, or (ii) by reason of settlement of any dispute, or (iii) by reason of cancellation pursuant to sub-paragraph (a) above or (iv) by reason of the indisposition or death of any arbitrator or umpire a hearing is adjourned or a hearing date vacated prior to or on or after the start date, then, unless non-returnable instalment or other payments have been agreed, the booking fee will be retained by (or, if unpaid, shall be payable to) the tribunal (i) in full if the date is adjourned or vacated less than three months before the start date or on or after that date, (ii) as to 50 per cent if the date is adjourned or vacated three months or more before the start date. Any interlocutory fees and expenses incurred will also be payable or, as the case may be, deductible from any refund under (ii). (e) Where, at the request of one or both of the parties, or by reason of the indisposition or death of any arbitrator or umpire a hearing is adjourned or a hearing date is vacated and a new hearing date is fixed, a further booking fee will be payable in accordance with sub-paragraphs (a) and (b) above."

收取中间费用会有一个问题,就是个别仲裁员甚至是整个仲裁庭收费太高甚或乱来。这也不是坏事,因为这个基本性的问题可以更早暴露在双方当事人的眼中。通常在裁决书作出后,就更加难以质疑个别仲裁员乱收费。因为在仲裁庭做了大量的工作后,在合议机密(deliberation secrecy)下不知道他们之间怎样分配工作量很难质疑。但中间程序是相对不涉及大量与复杂的工作,大家的通信往来也容易知道工作是谁在干(一般是首席仲裁员),所以个别仲裁员多收取了中间费用容易觉察。

笔者作为仲裁庭成员之一遇到这种情况也难做,要顾虑在收费上与其他两位仲裁员有太大差距会带来敌意与不合群。这不是好事,因为仲裁程序持续下去,仲裁庭所有成员都需要有商有量,如果个别人士被其他两位共同仲裁员视为不合群,就很容易就被架空。

看来,最好还是双方当事人的代表律师去提出质疑,毕竟双方都说不准将来会是谁胜谁败,后者要承担所有诉讼费用。所以,双方虽然在对抗,但估计还是容易同意一并去向仲裁庭提出要求解释收费。如果只是一方当事人提出就会担心得罪个别仲裁庭成员,但双方一并提出就不会有这个后果。例如,笔者近期就被质疑作为其中一位边裁收取中间费用是 11 个小时,但另一个边裁只收取 4.5 个小时。在代表律师要求解释与查问下,才知道该位边裁不收取两位边裁协商指定首席仲裁员所花的时间。这也十分奇怪,毕竟是实际为了该仲裁案件做了工作。而笔者仅接触三四位潜在的首席仲裁员人选、最后两位边裁协商与确定人选作为首席仲裁员就花了 7 个小时。但当事人这种不卑不亢的做法仍是很值得做,对负责的仲裁员而言,他/她的工作量与收取的费用总会能够有合情合理的解释。

另是由仲裁机构提出质疑或在仲裁规则中作出约束,例如稍早提到的禁止仲裁员频密的收取中间费用。至于仲裁庭个别成员乱收费,不代表实质工作量,仲裁机构也应该发声。仲裁机构了解每位仲裁庭成员的工作量(因为经常在仲裁庭成员之间的商谈与谁在做实际工作都会抄本给仲裁机构的秘书),在仲裁庭成员收费有可疑时(如两位边裁据观察是工作量相等,但收费的时间与金额是有极大的差异),应该客观监督与要求解释收费,但现实中笔者很少见到有仲裁机构这样做。

看来,仍是要靠双方当事人主动向仲裁庭或仲裁机构提起质疑。在《Arbitration Act 1996》之 Section 28(2)中,任何一方当事人都可以稍后向法院要求审核仲裁员的收费。这立法感觉上起了很大的监督作用,导致一般伦敦仲裁的仲裁员不敢乱收费。该立法条文可节录如下:"**28 Joint and several liability of parties to arbitrators for fees and expenses.** ...(2) Any party may apply to the court (upon notice to the other parties and to the arbitrators) which may order that the amount of the arbitrators' fees and expenses shall be considered and adjusted by such means and upon such terms as it may direct."

仲裁机构从持有或信托的预付费用中支付仲裁庭的中间费用要双方当事人支付/预付。HKIAC 仲裁规则第 41 条有关部分可节录如下:

"41.3 During the course of the arbitration, HKIAC may request the parties to make supplementary deposits with HKIAC. HKIAC shall provide a copy of such request to the arbitral tribunal.

41.4 If the required deposits are not paid in full to HKIAC within 30 days after receipt of the request, HKIAC shall so inform the parties in order that one or another of them may make the required payment. If such payment is not made, the arbitral tribunal may order the suspension or termination of the arbitration or continue with the arbitration on such basis and in respect of such claim or counterclaim as the arbitral tribunal considers fit."

以上的做法是基于:

1. 仲裁庭必须平等对待(equal treatment)双方当事人,这是自然公正的大原则,所以要求双方当事人作出支付去承担仲裁的共同费用(common expenses),包括最主要的仲裁庭费用(已经是产生或预付),仲裁机构的管理费用与其他如仲裁庭委任的专家、租用开庭场地、庭审记录(transcription service)等,就需要平均分摊去要求双方同时支付。当然这不影响仲裁庭在最终的裁决书中判由败诉方承担所有的费用,并说明败诉方要补偿胜诉方支付的部分。

2. 这也是符合另一个原则就是双方当事人是"共同与个别"承担仲裁庭成员的费用,因为整个仲裁庭是服务双方当事人,去为他们的争议作出公正的裁决。《Arbitration Act 1996》之 Section 28(1)规定:"The parties are jointly and severally liable to pay to the arbitrators such reasonable fees and expenses (if any) as are appropriate in the circumstances."所以被告不能以一些站不住脚的理由拒绝承担这 50% 的预付费用与/或其他共同费用,例如说"仲裁程序是原告启动,要付钱当然是原告的责任","我只负责我被告委任的仲裁员,其他两位仲裁员与我无关","我承担不了"等。甚至被告不直接回复肯不肯支付,但反正在支付时效届满时仍是没有任何行动,问代表律师只是说我没有客户的进一步指示。这样,仲裁庭会知道是怎样一回事,转而要求(通过仲裁机构如 HKIAC)原告支付被告拒付的 50% 预付费用了。原告会觉得很冤枉,但这是被告的违约(违反双方当事人同意了的仲裁协议,其中合并了 HKIAC 的仲裁规则,内有要求支付预付费用),没有理由要仲裁庭[或其他提供服务的人士或仲裁机构,如 HKIAC 或庭审记录转录员(transcriber)]作出牺牲,少收 50% 的费用。

3. 反正是如果原告拒绝代被告支付这笔 50% 预付费用,也的确会有这种情况出现,例如原告对自己的案件信心不足(因为被告拒付不影响它仍可以抗辩)或对被告的经济稳定没有信心(即使胜诉仍不一定能执行裁决书),这样仲裁庭就有两个选择。这在刚节录的 HKIAC Rule 41.4 中有明确规定,一个选择是命令暂停(suspend)与/或终止(terminate)仲裁程序,另一选择是不再坚持要求这笔 50% 的预付费用,不足之数留待作出裁决书时通过留置向原告收取,估计或希望届时原告会有更大的动力支付欠下的仲裁庭费用以取得原告相信会是胜诉的裁决书。

至于仲裁庭会做出哪种选择,考虑因素会有:欠下预付费用的金额是多少?余下要走的仲裁程序(包括预留的开庭时间段长短)与会占用的时间是多少?作出裁决书原告届时会支付的可能性有多大?双方当事人特别是原告是否是一家经济稳定的正规公司?仲裁庭是三人组成或只是独任?只举两个例子进一步解释上述考虑因素。三人或独任仲裁员的区别是后者更有可能选择不再坚持要求全数预付费用后才肯推进仲裁。虽然这仍要看是谁,但独任就更容易决定这种困难的选择,一旦是三人仲裁庭就只要一位不同意就决定不了,因为这种不再要求全数预付费用的决定不能只是多数意见。

另是,双方当事人只要有一家(最好是原告)是经济稳定的正规公司(不是如巴拿马、BVI、不规范国家注册的"皮包"公司),就算是没有预付费用,也不必太担心。因为法律明确规定他们是"共同与个别"对仲裁庭的费用承担连带责任,仲裁庭可以很容易以法律行动去把这笔最终欠下的费用[可称为"裁决书费用"(costs of the award)]追回来,只是较麻烦。如果原告是一家经济稳定的正规公司,就有更大可能会表示在裁决书作出后进行支付。因为即使届时被告出了问题导致成功执行困难,原告自知在法律上逃不掉,也会乖乖支付欠下的裁决书费用。

现实中,被告拒付 50% 预付费用的情况不少,原因是:(1)撇开法律责任,一般的感觉是被告确实抗拒与原告平均分摊预付费用,认为不公平,因为被告只是被动抗辩,仲裁能马上终止是求之不得。(2)看什么案件与什么原告,确有情况是原告承担了太多与太高费用,临时改变主意并放弃索赔损失或债务。这会在:一是被告成功申请诉讼费用担保(security for costs);二是原告自己委任的律师收费太高;三是仲裁庭要求一大笔的预付费用因被告拒付而迫使原告要全数支付。

在原告代被告支付后,也就是付出了全数的预付费用以避免仲裁被暂停或甚至终止,会很不服气并会向仲裁庭作出各种申请以惩罚被告不支付的违约/违反规定。一种申请是不允许被告抗辩,但这是绝不可行的。因为被告即使不肯或不能支付(如因为贫穷),也不影响被告可以去抗辩对他的指控与索赔,这是基本人权与自然公正。原告也不能成功申请仲裁庭改动一些已订或将会订立的程序,如是否开庭审理。这除了因为两件事情无关外,也涉及程序公正与仲裁庭需要同等对待双方当事人。如果被告有一个反索赔(counterclaim),或是可以申请仲裁庭命令被告提供担保,否则中止(stay)这个反索赔。这道理与命令原告向被告提供费用担保一样,也不影响被告可以抗辩对他的指控与索赔的权力。

另一个近期的做法是仲裁庭为原告代被告支付的50%预付费用作出一个中间裁决书(interim award),并加上该裁决书费用与原告相关的律师费用。仲裁庭很愿意也很快去作出这种中间裁决书,因为责任(被告的违约)与债务金额(50%预付费用)清楚明了。在 The "Kostas Melas" (1981) 1 Lloyd's Rep 18 先例中,判仲裁员这种做法是完全合法合理。现在不少仲裁机构也明确在仲裁规则中说明或肯定这个做法。例如,新加坡国际仲裁中心(SIAC)的仲裁规则(2016 年)之 27(g)条说:"If a party pays the required deposits on behalf of another party, the arbitral tribunal may, at the request of the paying party, make an award for reimbursement of the payment."或 HKIAC 的仲裁规则之 41.5 条说:"If a party pays the required deposits on behalf of another party, the arbitral tribunal may, at the request of the paying party, make an award for reimbursement of the payment."

至于原告是否值得这样做会是要视不同情况而言。例如,这笔代付的预付费用金额是高是低?如果金额不高,是否不值得这样做,毕竟要花时间与功夫,也要分心。留待至最后的裁决(特别估计是不必久等)如果胜诉,就可以向败诉的被告要回全数的预付费用。而如果是在最后裁决败诉,原告就避难免要承担所有诉讼费用,包括支付仲裁庭全数的裁决书费用。所以原告代被告支付了50%充其量是早付出,影响现金流(cashflow),但不影响本来原告作为败诉方要去承担的现实。

原告这样做也会有战略上的优胜之处,主要是可以试探被告的经济状况与抗拒支付的决心,也就是去马上向被告执行这个中间裁决书,如果遇到抗拒,甚至可以借此理由向法院申请冻结令/全球冻结令(Worldwide Freezing Order)〔80〕或向被告公司所在地的法院申请清盘倒闭(Bankruptcy)〔81〕,而这本来是不容易申请到的。总而言之,这一连串手段会可能迫使被告投降,让仲裁程序不再走下去。胜利的原告事后也可以向仲裁机构取回这笔钱,毕竟预付费用只是"预付",没有真正工作赚取的仲裁庭仍要退还预付费用。

6.18 个人数据保护(personal data protection)措施

6.18.1 数据保护的历史

在"二战"后,人权保护是一项重要的国际议题,而对个人隐私(privacy)的保护,在1948年联合国《世界人权宣言》中就有广泛的国际共识,明确作为应当予以保护

---

〔80〕 见笔者的《证据法:国际规管与诉讼/仲裁中的文件攻防》一书第三章。

〔81〕 见《仲裁法:从开庭审理到裁决书的作出与执行》第十四章之 8.2 段。

的一项人权:"No one shall be subjected to arbitrary interference with his privacy, family, home or correspondence, nor to attacks upon his honor and reputation." 1950 年的《European Convention on Human Rights》中也有类似条文:"Everyone has the right to respect for his private and family life, his home and his correspondence."

而对于个人(隐私)数据(data)信息的保护,则是在 20 世纪 70 年代计算机的微型化与逐步在社会各方面得到应用后开始成为关注焦点。尤其是跟政府、机构打交道涉及的个人信息数据会被永久保存与可能被反复使用,但公众对政府与大型公司、机构不信任,[82] 担心信息被滥用。

因此,在国际上与各个国家与地区纷纷开始出现对个人信息数据的保护的立法。在一些重要的市场经济国家的组织与促成下,经济合作与发展组织(Organization for Economic Cooperation and Development,简称 OECD)在 1980 年 9 月 23 日[83] 作出了一份对个人数据与隐私立法的指引:"Recommendation Of The Council Concerning Guidelines Governing The Protection Of Privacy And Transborder Flows Of Personal Data",对基本隐私与数据立法提出建议。

第一份国际公约则看来是欧洲委员会(European Council)的成员在 1981 年 1 月 28 日签署的《Convention for the Protection of Individuals with regard to Automatic Processing of Personal Data》(CETS No. 108)[84],或称为"108 公约",以冀欧洲各国在境内对隐私与数据有一致的保护。1995 年,为了落实 108 公约,欧盟颁布《Data Protection Directive》(Directive 95/46/EC)设立了基本的保护标准。

近年来,更是由于计算机技术与互联网络信息技术的飞速发展,导致信息或数据爆炸。而信息爆炸意味着个人、商业机构或国家之间发生的任何事情、所作所为,都会有记录并可以找到详细信息以供己方、敌方或其他人士分析与判断。如果是中性的情况,如想与对方做生意,想获得的信息也就是对方的经济状况、业务情况、人脉关系等。而如果双方之间有了敌意甚至是已经产生争议,那么想要的就是对方的弱点、家庭、财政、税务、战略、底线、商业/国家机密、高科技技术等机密信息。

美国在 2001 年 10 月通过了法案《Uniting and Strengthening America by Providing Appropriate Tools Required to Intercept and Obstruct Terrorism》(简称 PATRIOT Act 或爱国者法案),以防止恐怖主义活动为目的,在 31 USC §5318 赋予美国财政部长

---

[82] 这有历史原因,也是现实中政府对公民隐私权的侵犯不断被曝光,如著名的"水门事件"。水门事件导致 1974 年时尼克松辞职下台。在此事件中还曝光了政府全面与广泛地以各种方式进行窃听与监视的行为。美国马上通过了《The Privacy Act of 1974》,针对政府不得滥用个人信息。美国在之后还有很多立法,如《Electronic Communication Privacy Act 1986》《Computer Matching and Privacy Protection Act of 1988》等。

[83] OCED 的指引在近期有 2013 年的更新与修改,有关信息可见:https://www.oecd.org/digital/ieconomy/privacy-guidelines.htm。

[84] 见 https://www.coe.int/en/web/conventions/full-list/-/conventions/rms/0900001680078b37。

(The Secretary of the Treasury)等作出传票(summons or *subpoena*)要求外国银行机构提供各类文件与信息(包括在海外的文件与信息)的权力。不履行的话,就要面临罚金,甚至禁止美国金融机构(financial institutions)与该外国主体有任何商业往来,而如果该传票转为法院命令后,不履行还有藐视法院的后果。据悉早在2006年美国政府就依赖这些权力等要求Society for Worldwide Interbank Financial Telecommunication (SWIFT)提供信息,以及逼迫总部在比利时的SWIFT将数据存储在美国的服务器,这做法被认为违反了当时欧洲的数据保护立法。近年来,美国政府也大量使用这些权力获取被其制裁的国家或政治实体的经济来源信息,并采取针对性的打击。2021年,美国还通过《Anti-Money-Laundering Act 2020》,进一步扩大这方面的权力,包括可以要求更广泛的任何信息(即使与美国本土看来没有关系),被传票人不能单纯以自己受到当地立法要求不得披露信息为由拒绝履行[法院要考虑国际礼让(comity)与私人公司与自然人可能面临的双重困境(double jeopardy)问题,此立法下就想要排除此因素],以及加强对告密的鼓励与奖励计划等。

今天个人不得不与网络打交道,如要浏览媒体、参与社交、收发各类电子信息(如电子邮件)、操作网上银行,而在这些过程中都需要提供隐私与数据。对个人而言,这些隐私与数据信息相比于要使用的公司或软件服务,常常是使用服务更重要,因此有时愿意授权与提供。然而这些信息对有关服务的提供有时未必真正有必要,但面临要使用服务就只能选择授权与提供时,即使个人不愿意提供也无能为力,在权衡之下不得不提供。而对国家或社会而言,要考虑的重要因素是这些数据属于公民的权利。也同样重要的是这些数据(如公民的生物/基因信息、定位信息等)都与国家利益、公共安全、市场经济秩序等息息相关。所以,今天各个国家或地区都纷纷订立更严格、惩罚更严重的立法保护个人隐私与数据,以及特别针对跨境的数据传输/转移。

这方面最著名与影响广泛的是欧盟的《General Data Protection Regulation》(2018)(又称《通用数据保护条例》,简称GDPR)。GDPR被认为是这方面规定最全面、复杂、严格与完善的立法,也被欧盟外的其他国家与地区(如巴西与美国加利福尼亚州)立法借鉴。欧洲各国也各自有立法,如英国的《Data Protection Act 2018》等。美国早在1974年已有隐私权立法,而各州也会有各自的不同做法,如《California Consumer Privacy Act of 2018》(Cal. Civ. Code § § 1798.100)。还有一些其他国家与地区有针对这方面的立法,如新加坡的《Personal Data Protection Act 2012》及后续修改,巴西的《Brazilian General Data Protection Act》(Statute 13709/18),中国香港特区的《Personal Data (Privacy) Ordinance》(Cap 486)等。根据联合国贸易发展组织(UNCTAD)的统计,截至2020年4月2日全球194个国家中,其中66%即132个国家制定了数据和隐私保护的法律。

中国在这方面也有不少立法,过去主要是以刑事手段针对。例如,《刑法》第253

条之一规定的侵犯公民个人信息罪,[85]针对了违反国家规定向他人出售或者提供公民个人信息,以及窃取或者以其他方法非法获取公民个人信息的行为,一旦行为严重,可能会判处有期徒刑与罚金。而在2012年全国人大作出《关于加强网络信息保护的决定》后,一系列法律中都有专门针对个人信息的规定,包括在2013年修改的《消费者保护法》,2017年施行的《网络安全法》,2017年修改的《民法总则》,2018年的《电子商务法》,2020年的《民法典》中均有规定;2020年还有新版的《个人信息安全规范》,以及2020年年底公布的《个人信息保护法(草案)》。[86]

虽然看似各个国家都有相关立法,但立法是否全面,包括是否与能否有效防范不恰当的跨境数据传输/转移,执行时能否真的保护到这些数据才是最根本与重要的,但这不在本段针对。

6.18.2　个人数据权利的内容与立法规管的方式

6.18.2.1　广泛的适用范围

在这些有关个人数据的立法下,地域适用范围(territorial scope)通常定义得很广。毕竟在今天数据全球流通的情况下,在境内处理数据的自然人即数据主体(data subject)[87],数据的控制人(controller,即决定数据处理目的与方式的人)或处理人(processor)可能在世界上任何一个地方。例如GDPR针对的地域适用包括:(1)在境内处理个人信息的各类行为的数据控制人以及处理人;(2)无论身处何处,但是向境内的个人提供产品或服务,或者是分析、监控或评估境内个人行为的数据控制人以及处理人;(3)在欧盟成员国法律适用的地方成立的数据控制人以及处理人。

而且今天这些立法下针对的实质对象与行为的实质适用范围(material scope)也都非常广泛,这尤其体现在广泛的个人信息与处理信息的定义:

1.对个人信息(personal data)的定义在GDPR之Article 4(1)规定:"'personal data' means any information relating to an identified or identifiable natural person ('data subject')."中国《民法典》第1034条第2款则这样定义:"个人信息是以电子或者其他方式记录的能够单独或者与其他信息结合识别特定自然人的各种信息,包括自然人的姓名、出生日期、身份证件号码、生物识别信息、住址、电话号码、电子邮箱、健康信息、行踪信息等。"在这样广泛的定义下,任何文件中会涉及个人信息的都会被包括在内,如一封电子邮件中会有的大量不同发件人、收件人、抄送人的电子邮箱地址,这些都可能会属于个人信息。因此,例如想要群发电子邮件,应当是采用密送(BCC)的方式,不让收件人的电子邮箱地址被其他收件人看到,否则就可能是不当

[85] 有关该刑事犯罪还可见最高人民法院、最高人民检察院《关于办理侵犯公民个人信息刑事案件适用法律若干问题的解释》。

[86] 《网络安全法》着重系统运行安全的保障,《电子商务法》则针对消费者权益保护,而将来的《个人信息保护法》则重点防止信息被滥用和泄露等。

[87] GDPR在Article 4(1)将数据主体定义为:"identified or identifiable natural person."

地将个人数据信息传输给了第三人了。

而如果是不能通过识别联系到特定自然人的信息，就不会属于个人信息，这里的重点是信息中不能合理识别到个人，如在街头采访了路过的“本地市民刘先生”，没有其他额外信息的情况下，这就是无法识别到个人信息。而即使将个人的姓名隐去，但留下了可以识别到个人的信息，如电子邮件中显示邮件的发送人是公司上海销售部的总经理，这就会是可以识别到个人的信息。

GDPR 中还对一些更敏感（sensitivity）的信息或涉及儿童的数据信息要求更多的保护。例如，Article 9 定义了特殊类别（specific category），包括种族与民族、政治理念、宗教信仰或哲学理念、工会会员信息，以及可以识别个人的基因、生物信息，个人的健康信息，以及个人的性生活、性取向等信息。对这些信息的处理，除了 Article 6 中的合法理由以外，必须额外满足 Article 9 para 2 中允许处理特殊类别的理由，见本章之 6.18.2.3.2 段的介绍。

针对刑事犯罪与定罪记录或受制于有关安全措施的数据信息也有额外保护（Article 10），不在这里多作介绍。

2. 对个人信息的处理，在 GDPR Article 4（2）的定义是：“‘processing’ means any operation or set of operations which is performed on personal data or on sets of personal data, whether or not by automated means, such as collection, recording, organisation, structuring, storage, adaptation or alteration, retrieval, consultation, use, disclosure by transmission, dissemination or otherwise making available, alignment or combination, restriction, erasure or destruction;”在中国《民法典》第 1035 条规定“个人信息的处理包括个人信息的收集、存储、使用、加工、传输、提供、公开等”。

这些立法明确数据主体会享有的隐私或数据权利，GDPR 中包括知情权（right to be informed，如 GDPR 之 Article 13，14），查询与访问自己数据的权利（right of access，如 GDPR 之 Article 15），修改或更正数据的权利（right to rectification，如 GDPR 之 Article 16），删除自己的数据或称“被遗忘权”（right to erasure，如 GDPR 之 Article 17），限制处理数据（right to restriction of processing，如 GDPR 之 Article 18），数据主体有权要求数据可流通（right to data portability，如 GDPR 之 Article 20），反对处理数据（right to object，如 GDPR 之 Article 21），数据主体有权介入与反对数据被全自动处理与分析/侧写作出重要决定（如根据填写的个人信息自动算出个人的信贷额度，或者是根据填写的个人信息决定是否聘用等）（rights in relation to automated decision making and profiling，如 GDPR 之 Article 22）。

6.18.2.2　数据处理的原则

在对数据的处理上常见一些共通的原则性规定。以 GDPR 为例，Article 5 规定了以下一些原则：

1. 对个人信息的处理必须合法公平与公开透明（lawfulness, fairness and transparency）。哪些合法目的可以处理数据，会在本章之 6.18.2.3 段介绍。对于合法而言，包括对数据的处理不能超过数据主体对使用目的的期待，一般还会包括数据的处理不应对数据主体造成不当影响等。这还会包括准确、及时以及用清晰易懂的措辞/文字通知数据主体等，如要求公司或各类组织向公众解释自己会如何处理数据的“隐私政策/通知”（Privacy Notice，也被称为“Privacy Policy”等）。今天在各类公司、组织的网站上也能很容易就找到这样一份文件，有兴趣的读者还可以参考 GDPR 对于隐私政策/通知的内容。[88]

2. 对个人信息的处理的合法目的需要告知数据主体，对数据的处理不能超出合法目的（purpose limitation）。

3. 数据收集最小化（data minimization），只能收集与处理为达到目的所必要（necessary）的数据。例如，H&M 德国曾经对休假回来的员工进行询问，了解员工休假的经历，病假时会了解员工疾病的症状与诊断信息，甚至是在询问中有时还涉及员工的宗教信仰、家庭情况等问题，这些信息会被存储与收集起来。曝光后尽管 H&M 全力配合整改，但仍然被处以 3500 万欧元的罚款。

值得一提的是，2021 年 3 月，中国国家互联网信息办公室、工业和信息化部、公安部、国家市场监督管理总局联合制定了《常见类型移动互联网应用程序必要个人信息范围规定》，明确移动互联网应用程序（App）运营者不得因用户不同意收集非必要个人信息，而拒绝用户使用 App 基本功能服务。其中一共明确了 39 种程序的必要信息，如针对即时通信类程序必要个人信息只包括移动电话号码与个人账号信息（账号、即时通信联系人账号列表），针对网络支付类程序的必要个人信息只包括移动电话号码与注册用户姓名、证件类型和号码、证件有效期限、银行卡号码。

4. 数据应当准确（accuracy）。要采取合理手段使得个人信息的记录是准确的，数据来源与状态清楚，审慎处理对数据正确性的质疑，并考虑定期更新数据等。对于什么是准确看来没有明确定义，但可以借鉴英国《Data Protection Act 2018》中对“不准确”的定义：“incorrect or misleading as to any matter of fact”。一般而言，常出现的问题包括信息记载的事实可能过时，但只要有明确写明是在特定时间的记录，就并非不准确。也包括信息记载的事实有误，例如某人因过错被决定处以罚金，后来该决定与罚金被撤销，但只要保证该记录不会造成误导就也不属于不准确，如可以是更新与加多一项记录该决定与罚金被撤销（以及被撤销原因）等。而个人数据也并非永远需要保持最新的状态，但是如果处理数据需要依赖当下的个人数据情况时，就应当更

〔88〕 见 https://gdpr.eu/privacy-notice/。根据 GDPR 规定，隐私政策中有一系列必须包括的内容，如公司的身份与联系信息，公司会收集哪些个人数据，这些个人数据会被处理的用途，处理过程中是否涉及全自动处理的根据个人信息做出的决定或对个人的侧写（profiling），处理过程中涉及哪些（公司或第三人的）合法利益，个人数据会被交给哪些第三人，如果涉及跨境传输/转移会采用什么方式传输/转移（如通过 GDPR 的标准数据保护条文 SCC）以及在过程中会有哪些安全措施，保存个人数据的期限，数据主体对于自己的数据享有什么权利、如何行使这些权利，数据主体对于过程中的个人数据保护有任何投诉应当向谁做出，不提供个人数据的后果等。

新,否则会属于有误导而不准确,如向客户发货的时候必须由客户确定送货地址。

5. 数据存储的限制(storage limitation),在已经不再需要个人数据后,就不得再继续存储数据。控制人与管理人需要考虑与交代根据使用目的需要保存多久个人数据,并实行一套相应的处理政策或措施。例如,有标准的数据保存期限,定期审阅所保存的数据并删除或对个人数据做匿名处理,在数据主体要求删除数据时(个人有被遗忘权),有相应的考虑与实行措施。值得一提的是,为了公共利益留档,或者是为了科学性、历史性、社会统计性等的研究,往往允许长时间地存储个人数据。

6. 有措施保障数据安全(integrity and confidentiality 或 security),控制人与处理人需要保障处理过程中的数据安全(cyber security)。这包括要有恰当的技术(technology),如虚拟数据的加密技术、存储技术,实体的安保监控措施。还包括要有组织上(organizational)的体系建设(组织、流程、规章和培训)或称企业数据保护体系建设(data protection management),如员工培训,限制能接触数据的群组等。

也正是由于控制人或处理人需要保障数据安全,因此一旦发生数据泄露,如果经认定发现是技术上或组织上的保障措施不足够,就可能要面对罚款与索赔。

在 GDPR Article 32 paragraph 1 还列举了一些恰当的保障措施:(1)对个人数据进行匿名/假名化(pseudonymisation)与加密(encryption)。(2)有能力持续保证系统与服务的机密性、完整性、有效性与适应性等(ongoing confidentiality, integrity, availability and resilience)。(3)一旦发生事件,有能力应对与及时恢复对个人数据的存取。(4)日常测试、评估与衡量技术性与组织措施的程序以确保安全。

今天有大量因为没有足够的技术、组织上的安全措施导致数据泄露的事件。例如英国对个人数据立法有规管职责的机构——Information Commissioner's Office(简称 ICO)在 2020 年 3 月 4 日发布公告,认定国泰航空在 2014 年到 2018 年间因为系统安全措施不足导致大量个人信息(包括姓名、护照资料、出生日期、电话号码、地址及旅行记录等)被泄露,涉及超过 11 万英国公民,在全球范围则实际上影响了约 940 万人,因此对国泰航空处以 50 万英镑罚款。值得注意的是,安全问题导致数据泄露是在 GDPR 生效前,因此该罚款是《Data Protection Act 1998》下的最高罚款,2018 年以后,罚款数额会是高得多(见本章之下一段的介绍)。

保护数据安全也是一个热点话题,尤其是处理大量个人数据的大型企业,没能保护数据安全可能面临严重后果。这方面著名的例子是美国最大的征信机构(credit bureau/consumer credit reporting agency)之一 Equifax 因为严重数据泄露(影响了几乎一半美国人口),而受到美国联邦贸易委员会(FTC)等规管机构(regulatory body)的调查,有大量信息被泄露的消费者向 Equifax 提出集体诉讼(要求的损失赔偿金额高达 700 亿美金),最后在 2017 年 9 月 Equifax 以 6.5 亿美元和解。这些没能保障数据安全的企业可能还违反很多其他不同立法,如数据安全保护法、消费者保护法、证券规管立法[89]等。

7. 向控制人与/或处理人问责(accountability principle),由控制人与/或管理人向规管机构显示自己满足前述原则,否则就要承担责任。在控制人以及处理人是公司时,立法会要求公司内部有专门负责数据保护的团队,[90]对收集的数据有详细的归档整理(数据如何收集、使用与存储的,谁来负责等),公司内部有专门的安全措施(定期与系统培训员工、有详细的规章制度),如果还会把数据交给第三人的话,与第三人的处理数据合约中也要有相关数据保护条文。另外,如果是有多个联合控制人(joint controller),GDPR 还要求在他们之间有明确的合约分配合规义务。

向规管机构显示自己合规的重要办法之一,就是记录衡量风险的"隐私影响评估"(Privacy Impact Assessment,简称 PIA)与"隐私保护影响评估"(Data Protection Impact Assessment,简称 DPIA),系统性地描述数据处理全程依赖了什么合法目的、受到怎样的处理,以及自己在处理全程中如何对必要性、成比例、处理风险等作出衡量,有兴趣的读者可以参考 GDPR 对 DPIA 的指引以及模板。[91]

以上这些原则在日常商业活动开展与开发中都必须予以考虑与实施。尤其是针对今天业务与欧盟有关联的公司必须特别注意,这在 GDPR 中给出的说法叫作隐私数据保护始于设计(privacy by design)与默认保护(privacy by default),主要意思是在所有商业活动设计阶段与实行阶段都必须考虑数据保护问题,并且这些保护应该是默认地位,商业活动只能获取合法目的与必要的最小化数据。

6.18.2.3　允许处理数据的理由

6.18.2.3.1　处理一般个人数据的理由

在 GDPR 中的法律规定允许处理个人数据的情况列出在 Article 6,包括:

1. 获得同意:"the data subject has given consent to the processing of his or her personal data for one or more specific purposes"。

今天大量对数据的处理,都是提前获得数据主体的同意。例如,常见在各类网站中输入电子邮箱地址,同意网站向自己发送各类推广、广告信息等。另一种常见的情况是,在雇佣合约中雇员同意雇主为工作目的使用包括工作邮箱在内等的个人信息。

同意必须是明确(unambiguous)的,即数据主体是否给出同意不会存在疑问。根据 GDPR Recital 32 的规定,这会要求数据主体有作出一定的言行(如在同意提供数据的方框内进行勾选),数据主体的沉默或者是预先在同意方框内已经勾选、数据主体没有采取行动的情况,不属于明确的同意("Silence, pre-ticked boxes or inactivity should not therefore constitute consent")。

---

[89] 雅虎信息泄露后没有披露,后来曝光后被美国证监会[SEC]处以 3500 万美元罚款,并以 5000 万美元与集体诉讼的消费者和解。

[90] GDPR 还要求大型或公共机构等必须有专门的数据保护监察专员(Data Protection Officer)。

[91] 见 https://gdpr.eu/data-protection-impact-assessment-template/。

数据主体必须是自由地做出(freely given)同意,数据主体有选择要不要提供的权利。也就是不能“逼”数据主体同意(如不同意的话就无法继续使用服务),除非是为了提供服务必须用到该数据(如商家要向客户发货就必须由客户提供收货地址等)。要注意的是例如在英国法下,根据双方之间的关系可能倾向于认为不会有自由做出同意,如雇主与雇员之间,特别是在雇佣期间提出的要求等。

必须对每一项特定(specific)数据处理都分别获得数据主体的同意。例如,不能再把获取处理数据同意的条文与其他所有一长串的用户协议混在一起,而必须是单独列出针对数据处理的条文让数据主体同意。例如软件使用协议中,好的做法就是分别列出服务合约条文与隐私政策条文让用户分别同意。如果是存在多项数据处理用途,也必须分别获取数据主体的同意(如要提供电子邮件地址,一个用途是为了首次注册的时候验证用户身份,还有第二个用途是日后的推广信息,这就应当分别获得同意。)要告知数据主体可以撤回同意(revoke),也要提供方便的撤回同意的办法。

数据主体做出的是知情(informed)的同意。必须让数据主体知道自己同意的是什么,是向谁提供了数据,数据会被如何处理,处理的目的是什么,以及告知数据主体有撤回同意的权利等。尤其重要的是,这些告知数据主体的文件应当清楚易读,不应有太多技术性的措辞/文字,也不应用晦涩难明的说法。英国 ICO 给出的指引中甚至提到避免用类似双重否定的措辞/文字,这有可能导致获取到的同意无效。也因此今天有一些公司(如微软)在自己官网上的隐私政策条文采用图文结合甚至视频讲解的方式,方便一般公众阅读与理解。

2019 年 1 月,法国的有关数据保护规管部门认定谷歌在处理个人数据提供针对性广告服务时没有遵循公开透明的原则,因此对谷歌处以 5,000 万欧元的罚款,重要理由就是认定谷歌没有获取到数据主体的有效同意。具体的原因有很多,例如:(1)有关该广告服务的相关信息被分散在多个不同文件中,数据主体难以全部找到与理解数据处理的用途,因此并非知情同意。(2)选择不同意数据被用作广告服务,要经过多重步骤才能找到链接位置,而在该位置默认勾选同意提供数据,这被认为并非明确同意。(3)在建立谷歌账户时,数据主体被要求勾选同意谷歌的服务合约条文与隐私政策条文,但这是简单地针对了所有不同的数据处理目的(谷歌有很多不同类型的不同服务),因此被认为并不特定。

2. 履行合约义务或为了订立合约处理数据,这类合法理由针对的是数据处理对于履行合约义务或订立合约所必需的情况:“for the performance of a contract to which the data subject is party or in order to take steps at the request of the data subject prior to entering into a contract”。

例如,商家为了履行自己向客户发货的义务,需要知道客户的收货地址;为了让客户可以履行自己付款的义务,客户想要网上信用卡付款,需要知道客户的信用卡信息;商家向客户提供服务之前,客户向商家查询报价,需要知道客户的具体使用的情况,又如,签订租赁合约之前对租客进行背景调查等。

3. 履行法律义务："for compliance with a legal obligation to which the controller is subject"。

在 GDPR 下针对的是欧盟法律或成员国法律（Article 6.3）下的义务。例如，根据当地税务法律要求，公司需要向税务局披露公司的财务会计信息，其中就会包括公司雇员的薪金等。又如，今天欧盟各个国家或地区的反洗钱立法中，要求公司（如银行）披露客户信息，处理这些信息就也可以依赖法律义务作为理由。但此理由针对的只是欧盟法律，如果是境外法律（如美国的针对反洗钱或反恐的立法）看来并不能依赖此合法理由。[92]

4. 拯救生命："in order to protect the vital interests"。

5. 为了公共利益："for the performance of a task carried out in the public interest or in the exercise of official authority"。

6. 为了合法利益："for the purposes of the legitimate interests pursued by the controller or by a third party, except where such interests are overridden by the interests or fundamental rights and freedoms of the data subject which require protection of personal data, in particular where the data subject is a child"。

为了合法利益的目的（purpose），在权衡（balance）之下可以处理必要（necessary）的个人数据，这也被称为"合法利益评估"（Legitimate Interests Assessments，简称 LIA）。合法利益可以说是最广泛的处理数据的理由，在无法符合其他理由的情况下，也只能依赖合法利益了。但依赖合法利益需要将合法利益与数据主体的个人利益、权利与自由进行权衡，往往是在对数据的处理对数据主体的个人利益影响较为轻微才能依赖此理由，也就会存在不肯定性。至于如何考虑有合法的目的、何时属于必要数据、对双方利益如何权衡会根据具体案件的案情而千变万化，有兴趣的读者可参考英国 ICO 对于合法利益评估给出的指引。[93]

这些合法利益包括公司防范欺诈，在集团公司中的数据转移，或为了保障数据安全而交给专业人士等。这也可能包括向有关机构披露违法犯罪行为等。在今天国际仲裁中的数据处理也有说法是可以依赖合法利益的理由，见本章之 6.18.3.1.1 段的介绍。

6.18.2.3.2　处理特殊类别个人数据的特定要求

在 GDPR 下，本章之 6.18.2.1 段提到的特殊类别的个人信息一般被禁止处理，

---

〔92〕 前文中已经提到 2006 年美国财政部长根据 31 USC §5318 作出传票（subpoenas）要求 SWIFT 提供数据，以及要求将数据存储在美国服务器。但这在当时欧盟的数据保护立法下，SWIFT 如果将欧盟的个人数据转移到美国就被认为是违法行为，并不能依赖履行法律义务作为合法理由（不是履行欧盟或其成员国立法的法律义务）。

〔93〕 见 https://ico.org.uk/for-organisations/guide-to-data-protection/guide-to-the-general-data-protection-regulation-gdpr/legitimate-interests/how-do-we-apply-legitimate-interests-in-practice/。

除非至少符合一项 Article 9 paragraph 2 的规定。这些规定包括:

1. 针对特殊类别个人数据使用的明示同意("the data subject has given explicit consent to the processing of those personal data for one or more specified purposes")。

2. 为了履行自己在雇佣合约、社会安全与安全保护法律下的义务("for the purposes of carrying out the obligations and exercising specific rights of the controller or of the data subject in the field of employment and social security and social protection law in so far as it is authorised by Union or Member State law or a collective agreement pursuant to Member State law providing for appropriate safeguards for the fundamental rights and the interests of the data subject")。

3. 在数据主体无法给出同意的情况下,为了拯救生命的目的("to protect the vital interests of the data subject or of another natural person where the data subject is physically or legally incapable of giving consent")。

4. 非营利组织为有关人士(组织成员或前成员等)采取的有关组织目的的合法行动,有关数据也不会被透露给外界("carried out in the course of its legitimate activities with appropriate safeguards by a foundation, association or any other not-for-profit body with a political, philosophical, religious or trade union aim and on condition that the processing relates solely to the members or to former members of the body or to persons who have regular contact with it in connection with its purposes and that the personal data are not disclosed outside that body without the consent of the data subjects")。

5. 数据主体已经公开的信息("personal data which are manifestly made public by the data subject")。

6. 为了建立、行使或抗辩法律索赔/请求,或法院行使司法职责("for the establishment, exercise or defence of legal claims or whenever courts are acting in their judicial capacity")。"为了建立、行使或抗辩法律索赔/请求"的措辞/文字在 GDPR 中有多次出现,在这里针对的是允许处理特殊类别的额外要求。在本章后文之 6.18.3.1.2 段会介绍针对国际仲裁,在 Article 49 Paragraph 1 中,可以作为特殊例外偶尔地将必要数据跨境转移。还可见 Article 17 Paragraph 3(e)中涉及数据主体要求行使被遗忘权时,可以依赖此理由拒绝停止处理数据。至于"法院行使司法职责"的措辞/文字,则看来仅在此处出现。

7. 经过权衡后有欧盟(或成员国)法律支持的公共利益("for reasons of substantial public interest, on the basis of Union or Member State law which shall be proportionate to the aim pursued, respect the essence of the right to data protection and provide for suitable and specific measures to safeguard the fundamental rights and the interests of the data subject")。

8. 经过权衡后有欧盟(或成员国)法律支持的健康或社会关怀("for the purposes of preventive or occupational medicine, for the assessment of the working capacity of the

employee, medical diagnosis, the provision of health or social care or treatment or the management of health or social care systems and services on the basis of Union or Member State law or pursuant to contract with a health professional and subject to the conditions and safeguards")。

9. 经过权衡后有欧盟(或成员国)法律支持的公共卫生("for reasons of public interest in the area of public health, such as protecting against serious cross-border threats to health or ensuring high standards of quality and safety of health care and of medicinal products or medical devices, on the basis of Union or Member State law which provides for suitable and specific measures to safeguard the rights and freedoms of the data subject, in particular professional secrecy")。类似的,在中国就可以是内地为了防止新冠肺炎疫情传播的健康码或者是香港特区的安心出行手机程序等。

10. 经过权衡后有欧盟(或成员国)法律支持的为了公共利益存档、研究与统计("for archiving purposes in the public interest, scientific or historical research purposes or statistical purposes in accordance with Article 89(1) based on Union or Member State law which shall be proportionate to the aim pursued, respect the essence of the right to data protection and provide for suitable and specific measures to safeguard the fundamental rights and the interests of the data subject.")

6.18.2.4 数据的跨境传输/转移

通常在个人数据立法中都会限制数据的随意转移。在对权利保护的层面来看,这会是因为各个国家或地区立法并不一致,如果个人数据会被随意转移甚至是存储在保护程度很低或没有保护的地区就可能绕过本地的立法,使得本地公民的人权实际丧失保护。从国家与社会层面来说,公民的个人信息也是国家与社会的重要资源,不能轻易传输/转移出境。

但是今天的环境中,数据的跨境转移与使用常常无法避免,因此立法中会有限地允许一些数据转移。以 GDPR 为例,针对跨境传输/转移的问题在 Chapter 5 集中规定。其中 Article 44 规定控制人与处理人要负责在数据被转移后有同等保护,不会使得 GDPR 下保护的人权被贬损。Article 48 还明确规定任何来自第三方国家的法院、裁判庭的判决与行政机关的命令,除非是根据第三方与欧盟成员国之间的国际条约如互惠司法协助条约(mutual legal assistance treaty)在欧盟被认可与执行,否则在 GDPR 下必须符合跨境传输/转移数据的规定。而 GDPR 下允许将数据传输/转移出境的只有下文中介绍的四大类情况。

6.18.2.4.1 允许的情况之一:充分性认定或"白名单"

根据 GDPR Article 45,欧盟会进行充分性保护评估,看有关国家/地区或国际组织签订的国际协议、法律规定、作出的承诺等来判断当地保护是否充分,如果作出了充分性认定(adequacy decision),就可以将数据转移给该国家/地区或国际组织。今天已经作出过充分性认定[94]的国家/地区或国际组织,包括安道尔、阿根廷、法罗群岛、根西岛、以色列、马恩岛、日本、泽西、新西兰、瑞士与乌拉圭,加拿大作出了有限制的部分决定(限定在加拿大立法《Personal Information Protection and Electronic Documents Act》针对的商业组织)。2021 年 2 月 19 日针对英国脱欧问题,还发布了草拟的针对英国的充分性认定。

值得一提的是,由于与美国之间有大量数据传输/转移,欧盟与美国过去就有"安全港"(Safe Harbor)协议,并作出过充分性认定(Commission Decision, 2000/520/EC1)。但在 2013 年"棱镜门"事件曝光后,奥地利隐私律师 Max Schrems 向爱尔兰数据保护局提出投诉,欧洲 Facebook 用户的数据定期转移到美国的服务器时,在安全港协议下是无法确保欧洲用户的数据安全。因此在 2015 年"Schrems Ⅰ"案(C－362/14,6 October 2015)中,欧洲法院认定安全港协议对隐私保护不足够。之后"隐私盾"(privacy shield)协议紧急上马并在 2016 年生效,替代安全港协议,也获得了充分性认定[Commission Implementing Decision (EU) 2016/1250]。在此充分性认定下,美国的公司可以申请获得商务部注册与批准,而欧洲的数据可以传输/转移给这些美国公司。但是在 2020 年的"Schrems Ⅱ"案(C－311/18,16 July 2020)中,欧洲法院指出没有任何证据显示美国对个人隐私数据的广泛监控有改变,各类安全部门(如国家安全局 NSA、联邦调查局 FBI 等)在这些监控计划下的权力几乎没有立法限制,可以广泛与大量地获取任何想要获取的数据信息。[95] 虽然美国公民可以在美国宪法(US Constitution)下向美国法院提出异议,但欧洲公民没有类似的救济途径。因此,最后判隐私盾协议的充分性认定无效。目前对美国也没有其他充分性认定。

6.18.2.4.2　允许的情况之二:恰当的保护措施

根据 GDPR Article 46,在没有充分性认定的情况下,将数据跨境传输/转移的另一个办法就是确保对数据有恰当的保护措施(appropriate safeguard),以及确保数据信息在跨境的第三人/数据接收人手上时,数据主体仍然可以享有同样的权利与救济手段。主要的保护措施规定是在 Article 46.2,在其中列出了多项属于恰当保护措施的情形,包括:

---

〔94〕 https://ec.europa.eu/info/law/law－topic/data－protection/international－dimension－data－protection/adequacy－decisions_en.

〔95〕 例如,欧洲法院说:"... Neither Section 702 of the FISA, nor E. O. 12333(授权广泛监控计划的多项立法), read in conjunction with PPD－28, correlates to the minimum safeguards resulting, under EU law, from the principle of proportionality, with the consequence that the surveillance programmes based on those provisions cannot be regarded as limited to what is strictly necessary. ... the Commission found... that 'while individuals, including EU data subjects, ... have a number of avenues of redress when they have been the subject of unlawful (electronic) surveillance for national security purposes, it is equally clear that at least some legal bases that U. S. intelligence authorities may use (e. g. E. O. 12333) are not covered'... "

1. 在公共机构或组织之间有合法有效的约定，而在该约定中有足够的对数据保护的措施，在他们之间就可以转移数据。

2. 有约束力的企业内部规则(binding corporate rules，简称 BCR)。公司需要订立一套具有法律约束力的内部规则，详细说明其数据保护做法、协议和保障措施，提交欧盟/有关规管机构批准后，集团内部就可以依照此规则传输个人数据。

2008 年，EDPB 的前身"第 29 条数据保护工作组"(Article 29 Data Protection Working Party)曾经做出过一份对 BCR 的指引："Working Document Setting up a framework for the structure of Binding Corporate Rules"，[96] 对于 BCR 大致应该包含的框架提出了建议。在之后还有多份不同的指引，[97] 如 2018 年的"Working Document setting up a table with the elements and principles to be found in Binding Corporate Rules"[98] 等。GDPR 在 Article 47 与 Recital 110 专门针对了 BCR，Article 47.2 列举了 BCR 至少应当包括的多项内容。对于这些的指引与信息，不在此详细介绍。只特别提醒 BCR 必须针对企业的具体情况量身订造，如必须考虑企业的业务类型、会接触到的个人信息情况、分公司所在地的法律与实践等信息进行全面制定，并且需要得到有关机构的批准。

在欧洲有业务或分公司的中国公司需要特别注意此条，因为日常业务中无可避免会有大量个人信息在公司内部传输/转移，包括跨境到中国的母公司(中国不在白名单内)。也因此有需要的公司应当委任称职的律师，制定针对具体公司与可行的 BCR，并向有关机构申请获得批准与进行后续合规。

3. 至于其他千变万化的情况，签订 GDPR 的标准数据保护条文(standard data protection clauses 或 standard contractual clause，简称 SCC)[99] 进行跨境数据传输一般是较为合适的做法。例如，在一个国际仲裁中，其中一位仲裁员住在欧洲，受到 GDPR 的约束。而在仲裁推进过程中，如仲裁庭合议难免会涉及个人信息传输，就可以考虑签订 SCC 条文。考虑到国际仲裁中很大一部分都是欧洲仲裁员，这表示身在

---

[96] https://ec.europa.eu/justice/article-29/documentation/opinion-recommendation/files/2008/wp154_en.pdf。

[97] 欧盟委员会(European Commission)对于 BCR 的指引有简单的小结，见：<https://ec.europa.eu/info/law/law-topic/data-protection/international-dimension-data-protection/binding-corporate-rules-bcr_en>。

[98] 这是针对控制人的建议，见 https://ec.europa.eu/info/files/working-document-binding-corporate-rules-controllers-wp256rev01_en。

[99] 现行的标准数据保护条文可见：https://ec.europa.eu/info/law/law-topic/data-protection/international-dimension-data-protection/standard-contractual-clauses-scc_en。2020 年年底还颁布了标准数据保护条文的修改草案，有关信息可见：https://ec.europa.eu/info/law/better-regulation/have-your-say/initiatives/12741。现行的 SCC 只针对了境内控制人向境外控制人以及向处理人之间的传输/转移，但在新版本中将针对控制人到控制人、控制人到处理人、处理人到分处理人以及处理人到控制人情况。

其他地区的仲裁员也会被卷入 GDPR。一般会是在他们之间签订有关数据传输/转移的合约中合并 SCC，主要目的是通过合约方式使得境外的数据接收人也要承担（类似 GDPR 下）保护个人数据的义务，如要求数据接收人遵守 GDPR 下的各项数据处理原则，保障数据主体在 GDPR 下可以享有的一些权利等。但 SCC 并非完全照搬 GDPR 规定，有少数的一些不同情况，如没有明确要求数据接收人保证数据的可流通性（portability）与限制对数据的全自动处理与分析/侧写。而相对重要的是，没有明确针对境外的数据接收人的问责（accountability）问题，也因此仅在目前的 SCC 下，看来没有严格要求数据接收人记录自己的合规行为、进行隐私影响评估等。

而在“Schrems Ⅱ”案（C－311/18，16 July 2020）中，欧洲法院也确认了 SCC 仍然是足够的安全保护措施。但是 SCC 作为合约条文，只能约束合约当事人，并不能约束数据目的地的政府执法或国家安全机构，因此，数据跨境传输/转移人士需要根据个案情况综合评估数据传输/转移后是否有足够的安全保护，这也被称为“传输/转移影响评估”（Transfer Impact Assessment，简称 TIA）。欧洲数据保护理事会（European Data Protection Board，EDPB）于 2020 年 11 月还给出了在衡量中会需要考虑哪些内容与采取什么保护措施的建议，见“Recommendations 01/2020 on measures that supplement transfer tools to ensure compliance with the EU level of protection of personal data”[100]与“Recommendations 02/2020 on the European Essential Guarantees for surveillance measures”。[101] 在建议中，EDPB 提出可以采用六个步骤进行考虑：

（1）传输/转移人需要“了解此次传输/转移”（“know your transfer”）。除了确认传输/转移的数据限于必要、有足够保护措施等，还需要了解在目的地是否能够真正有保护。

（2）确认自己所依赖的传输/转移的途径/理由/办法，即本章之 6.18.2.4 段所讨论的内容（“verify the transfer tool your transfer relies on，amongst those listed under Chapter V GDPR”）。

（3）评估目的地的法律与实践做法中，是否会影响所依赖的途径的有效性与恰当性。例如，目的地的立法规定授权有关机构强制获取数据（如目的地法律强制要求数据接收人对国家安全部门“开后门”），就会有重要影响。而如果有关国家机关目的地的立法含糊不清或没有相关立法，就还要根据客观因素评估如保护措施是否足够（“assess if there is anything in the law or practice of the third country that may impinge on the effectiveness of the appropriate safeguards of the transfer tools you are relying on，in the context of your specific transfer”）。

---

[100] 有关此建议可见：https://edpb.europa.eu/sites/edpb/files/consultation/edpb_recommendations_202001_supplementarymeasurestransferstools_en.pdf。

[101] 有关此建议可见：https://edpb.europa.eu/sites/edpb/files/files/file1/edpb_recommendations_202002_europeanessentialguaranteessurveillance_en.pdf。

（4）根据前一项的评估结果，要考虑是否可以通过采取额外措施确保数据在目的地也能与在欧盟境内有同等水平的保护。这些措施就要根据具体案件的情况考虑（“identify and adopt supplementary measures that are necessary to bring the level of protection of the data transferred up to the EU standard of essential equivalence”）。例如，是否可以所有数据传输/转移前就假名化处理，或者是如果数据接收人只是存储数据则由传输/转移人对数据在传输/转移前就进行加密（即使是被国家安全部门获取，也不会轻易被破解）。又如，需要有条文规定数据接收人一旦被有关机构根据当地法律要求提供数据，必须通知数据传输/转移人等。

（5）要以恰当的办法根据自己依赖的途径将额外措施加入数据传输/转移中来（“take any formal procedural steps the adoption of your supplementary measure may require, depending on the Article 46 GDPR transfer tool you are relying on.”）。例如，通过签订 SCC 传输/转移，就要考虑在合并 SCC 的合约中，额外增设合约条文，如将第（4）项中提到的加密与及时通知以合约方式约束数据接收人等。

（6）重新评估与不断监控数据在目的地是否得到保护（“re-evaluate at appropriate intervals the level of protection afforded to the data you transfer to third countries and to monitor if there have been or there will be any developments that may affect it.”）。例如，在恰当的情况下，派遣人士前往目的地查看与监督数据保护的实际进行状况。

在这套做法下，传输/转移人也不能不闻不问甚至是以“掩耳盗铃”的方式依赖 SCC，而必须自己进行综合评估（如评估目的地的法律），过程中也会要求数据接收人的汇报与承诺（如以合约要求数据接收人进行隐私影响评估，看数据在目的地会受到怎样的影响等）。而一旦发现根据目的地法律与实践做法，数据接收人无法实际完全履行自己的合约义务，就要看是否可以通过额外措施保护达到安全的效果。只有在确认额外措施可以达到保护效果时，才能继续传输/转移；如果没有合适的措施，就应当暂缓任何传输/转移。而且如果是高风险，必须及时通知与咨询本地规管机构。这方面的问题，尤其是如何综合评估各种因素以及有哪些可行的保护措施都还处在发展过程与有待观察，有兴趣的读者可以参考 EDPB 2020 年 11 月的建议的详细内容。

4. 境外的一些特定类别的控制人或处理人（看来可以专业处理数据的人士，如提供云存储服务或诉讼支援服务等的专业人士）成立自我管理协会并订立被批准的行为准则（approved code of conduct）后，向他们转移数据。

5. 经批准的认证机制（approved certification mechanism），向被认证的人士转移数据。

这些保护措施中，第 1 项主要针对的是公共机构或组织之间的数据传输/转移。第 4 项与第 5 项是 GDPR 下新出现的办法，欧盟也在鼓励与推动这方面的工作，但到 2021 年年初为止，还没有出现被批准的行为准则与被批准的认证机制。因此，对于中国公司或企业而言，最有关联与重要的是第 2 项企业内部传输数据的 BCR 与第 3

项能更广泛适用的 SCC。而对于受到这方面影响的国际仲裁而言,会是更需要 SCC 的帮助。这将在稍后简单介绍。

6.18.2.4.3 允许的情况之三:例外情况

根据 GDPR Article 49,如果没有充分性认定,也没有恰当的保护措施,一般只有是符合 Article 49 中的例外情况(derogations for specific situations)才能进行偶尔的(occasional)数据转移。这些例外情况包括:(1)数据主体在对缺乏充分性认定与恰当保护措施知情的前提下,明确同意(explicit consent)此次数据转移。但正如本章之 6.18.2.3.1 段已经提到的,数据主体的明示同意不是在每个案件情况中都适合采用的,这会是由于数据主体的数量问题,或者是由于数据主体与控制人/处理人之间的关系导致是否有明确的知情与自愿同意不明确等的情况(如他们是雇佣关系)。[102](2)基于数据主体的要求履行合约,或者是为了达成合约、履行先合约义务(pre-contract obligations),数据传输/转移是必要的。但这限于偶尔的行为,如果是要定期惯常的做法就必须采用如上一段介绍的任何一种恰当保护措施了。英国 ICO 给出的一个例子就是,如果是在客户的要求下旅行社单次为客户定某境外酒店,可以依赖此例外,但如果该旅行社长期为客户们定期预定此酒店,就不能采用此例外。(3)与(2)有类似之处,但针对的是为了第三人的利益的情况。(4)为了重要公共利益所必要的传输/转移。(5)为了建立、行使或抗辩法律索赔/请求("the transfer is necessary for the establishment, exercise or defence of legal claims")。此项例外针对的情况在广泛解释下,可以包括各类法院程序(包括诉前程序),国际仲裁程序,或者是规管程序(regulatory procedures)。(6)为了保护生命利益。(7)要求境内提供公共查册服务的公共登记机构将信息传输/转移出境。

6.18.2.4.4 允许的情况之四:其他

还有一些其他的可以跨境传输/转移的方式,如根据 Article 46(3),当事人可以根据自己的需求约定合约条文(ad hoc clauses),公共机构之间也可以自己约定行政协议(administrative agreement),但这些都必须得到有关规管机构的批准,才可以生效。

还有一种可以跨境传输/转移的情况,是 EDPB 在"Guidelines 2/2018 on derogations of Article 49 under Regulation 2016/679"[103]中提到根据 GDPR 的条文还有最后

[102] 针对此条例外,有兴趣的读者还可以参考 EDPB 的"Guidelines 2/2018 on derogations of Article 49 under Regulation 2016/679",见:https://edpb.europa.eu/sites/edpb/files/files/file1/edpb_guidelines_2_2018_derogations_en.pdf。

[103] https://edpb.europa.eu/sites/edpb/files/files/file1/edpb_guidelines_2_2018_derogations_en.pdf.

一种例外,在有必须保护的合法利益(compelling interest)时可以转移。[104] 但此例外的利益权衡中会有非常高的要求,还有其他要求如通知数据主体与有关规管部门等,所以不适合轻易依赖此例外。而随着时间进展,将来 GDPR 下的案件越来越多也会对何时能构成此条文下的“必须保护的合法利益”有更多指引与解释。

6.18.2.5　违反数据保护的严重后果

对于控制人(与/或处理人)常见的要求与规定,在本章之 6.18.2.2 段中介绍数据处理的原则时已经有提到一些内容,如对数据的处理要合法、公开透明,不得超出使用目的,只能处理必要的数据,有保护数据安全的措施与能力等。根据有关的立法还会有不少其他的规定与要求,例如,一旦发生任何数据泄露都要及时报告规管机构,保存数据的完善记录,有程序与措施应对数据主体或其他人的要求等。而很重要的一项规定,是常见立法中都有规定不能将个人数据随意转移给第三人尤其是转移出境[105]等。

任何违规或侵犯隐私数据的行为都可能有严重后果。在 GDPR 下,这些违反可能最高会被规管机构处以全球年营业额 4% 或 2000 万欧元(以高者为准)的处罚,这对跨国公司而言可能是毁灭性的影响。已经提到了英国 ICO 对国泰航空的 50 万英镑罚款(这是 GDPR 生效前的最高罚款额),而在 GDPR 后的数据泄露事件就会采用 GDPR 中严厉得多的罚款,如 ICO 在 2019 年 7 月 8 日拟对英国航空罚款 1.83 亿英镑(2018 年全球年营业额的 1.5%),在 7 月 9 日拟对万豪国际罚款 9,920 万英镑(2018 年全球年营业额的 3%)。而在 GDPR 生效后,在欧洲有大量这类罚款。据悉截至 2020 年年底实际罚款金额最高的前三名,[106] 分别是 2019 年法国对谷歌罚款超过 5000 万欧元,2020 年德国对 H&M 罚款超过 3,500 万欧元,2020 年意大利对电讯服务提供商 TIM 罚款 2,780 万欧元等。据统计,截至 2021 年 2 月,GDPR 下的罚款总额超过 2.6 亿欧元,罚款总次数达到 528 次,而占罚款金额最多的违反类型是没有足够处理数据的合法理由(金额超过 1.64 亿欧元,次数为 210 次),其次是没有足够的技术上或组织上的措施保障数据安全(金额为 6,450 万欧元,次数为 120 次)。

除了规管机构的罚款外,同样危险的是会有个人通过民事诉讼(civil tort action)向公司索赔的风险。这方面在美国出现非常多,如 2020 年 Facebook 面对用户提出

---

[104] 参见该指引 2.8 段,可以节录如下:“Under a number of specific, expressly enumerated conditions, personal data can be transferred if it is necessary for the purposes of compelling legitimate interests pursued by the data exporter. This derogation is envisaged by the law as a last resort, as it will only apply where ‘a transfer could not be based on a provision in Article 45 or 46, including the provisions on binding corporate rules, and none of the derogations for a specific situation is applicable’.”

[105] 例如,中国《网络安全法》第 37 条规定,“关键信息基础设施的运营者在中华人民共和国境内运营中收集和产生的个人信息和重要数据应当在境内存储”。根据此条文,一般不允许在境内收集、产生的个人信息被转出国外。

[106] GDPR 下各类处罚的统计数据与信息可见:https://www.enforcementtracker.com/?insights。

的隐私纠纷的集体诉讼以5.5亿美元和解。而至于在GDPR下数据主体可以依赖什么原因向公司索赔尚待澄清,例如,在英国根据《Data Protection Act 1998》个人提出损害赔偿的条件是,必须证明其因数据被滥用或丢失遭受经济损失或精神损失:见Vidal-Hall v. Google Inc (2015) EWCA Civ 311 先例。但 Lloyd v. Google LLC (2019) EWCA Civ 1599 上诉庭先例提出了进一步的问题,如果仅仅是由于公司的违规行为导致数据主体对数据信息失去控制(loss of control),数据主体是否也可以要求索赔呢?在 Lloyd v. Google LLC 先例中,原告 Lloyd 先生代表440多万 iPhone 用户,声称谷歌未经其同意使用其浏览器中的 Cookie 信息以获得金钱回报,导致他们对个人数据信息失去控制。[107] 上诉庭指出谷歌用这些获取的数据信息获利,也意味着这些信息是有价值的,也应当被视为财产(property)看待,失去对财产控制的个人应当有权获得金钱赔偿。此案件被允许上诉至最高院,而最高院的态度还不得而知,但如果对个人起诉公司也开放,可以预见的是对大型公司的大量金钱索赔诉讼会接踵而来。

在这样的立法规定下,今天各类公司企业以及专业人士不得不考虑有关数据保护与数据安全的问题。以银行为例,其在个人业务或公司业务中一定会收集各类个人信息,这些信息如何存储与管理,是否可以在业务中提供给第三方?在大数据时代,想要获取潜在客户资料,或者是要核实客户资料、确认客户信用,如何才是合法的做法?又如,要进行国际业务,如何将客户资料转给自己境外的分公司,或者是交给境外其他银行?在现在会产生巨额罚款以及可能面临刑事处罚的情况下,这些都是中国公司不得不面对的问题,也紧急需要公司的内部或外部律师根据可能适用的法律(控制人、处理人所在地法律、数据所在地法律等)逐一根据情况做出应对。

6.18.3 国际仲裁中的个人数据保护问题

上述针对了规管方面,对于国际仲裁而言,也受到数据保护立法的影响。数据保护立法如GDPR都一般有广泛的适用,一般国际商事仲裁[108]的每一位个体参与者都有可能需要遵守特定的立法规定。国际仲裁中的参与者会包括当事人及其代表律师、仲裁员、事实证人与专家证人、仲裁机构、仲裁庭秘书、其他提供诉讼支援(litiga-

---

[107] Cookie 是在一些网站上浏览时网站存储在本地终端上的数据,如购物网站记录搜索记录信息、购物车信息,或者是在网站上登录时勾选下次自动登录,这些信息都会以 Cookie 的形式记录为本地数据。2020年年初,谷歌已经宣布将逐步停用所有第三方 Cookie,不依赖这些信息向用户投放针对性广告。

[108] 针对投资仲裁,在 Tennant Energy LLC (USA) v. Government of Canada (PCA Case No. 2018-54) 案件中,原告主张由于一名仲裁员是英国仲裁员,因此虽然是美国公司对加拿大政府开始投资仲裁与欧洲没有关系,但仲裁程序中应当适用 GDPR 规定。仲裁庭在2019年给出很简单的决定判该仲裁程序不适用,但仍然强调保护数据信息的重要性。投资仲裁中数据保护立法的适用仍然有不少不明朗的地方,毕竟有说法是投资仲裁本身会超越国家,不应受单个国家本土法律管辖。但一般国际商事仲裁没有对数据保护立法适用的质疑,尤其 GDPR 会针对的是每一个参与仲裁的个体,或者是个体被卷入 GDPR。

tion supporting)服务的人士(轻易就几十、上百人)。[109] 也会涉及各类服务提供商,如翻译人士、庭审的记录人士,现在网络开庭的话,还有网络服务平台(如腾讯会议、Zoom),又或者是涉及电子文件披露会需要电子披露专家等。而在仲裁程序的过程中,任何参与者之间的通讯,任何提供的文件与证据(文书请求、事实证人证言、专家报告,证据更是内容千变万化,各类书信往来、合约、会议记录等),甚至是仲裁庭作出的指令与裁决书中,都可能会涉及能够识别到个人的数据信息,这样有关的参与者就要遵守立法规定。

而在国际仲裁中,这些人士很常见会来自不同国家与/或地区,例如,当事人 A 在欧盟国家,当事人 B 在中国,而仲裁员分别来自中国香港特区、英国与美国。这种情况下,A 要调查取证、提交一份文件给仲裁庭,就需要满足 GDPR 的要求,而类似的,B 则需要满足中国立法要求,仲裁员要满足中国香港特区、英国与美国立法要求等。而且在包含个人信息的文件被提交后,还涉及要确保其他人士也满足数据保护要求的问题,例如,A 交出文件后,根据 GDPR 规定,必须保证其他所有接收有关数据与参与的人士都满足 GDPR 要求。

6.18.3.1　国际仲裁中需要考虑的数据保护问题:以 GDPR 为例

在前文例子中,当事人 A 要遵守 GDPR 的规定,就因此需要考虑大量与多方面的问题。这可能是 A 自己想要提供文件以支持自己的索赔/请求或抗辩,但面临如何合法调查取证以及自愿将文件(很多文件中或多或少都包含他人的个人信息,如电邮地址)提供出来的问题。更可能在披露程序中,B 申请要求 A 披露文件获得仲裁庭批准后,在 GDPR 下 A 是否可以合法披露文件,还是说 A 可以主张自己受限于 GDPR 而拒绝披露。

在本段笔者挑一些重要与热点的问题进行简单讨论。

6.18.3.1.1　是否可以合法处理信息

首先就是要审核有关文件中是否会包括 GDPR 保护的个人信息。GDPR 对个人信息定义的范围非常广(能够识别到个人的信息都可以算作个人信息),这导致大部分文件实际上都多少有一些个人信息在内。此时,处理个人信息的 A 在 GDPR 下会被认定为控制人。A 要调查取证必须先有允许处理数据的合法理由(如果涉及的是特殊类别或刑事犯罪定罪记录等,还有特定要求)。

在本章之 6.18.2.3 段介绍的多类合法理由中,数据主体的明确同意虽然是简单的办法,但由于这要求必须针对特定目的获取同意、数据主体完全自由地给出同意、数据主体完全知情的同意,因此,要从每一个数据主体都获得这样的同意会是非常困难与繁重的工作。而且,数据主体有权随时撤回同意也会带来不肯定性。

"ICCA-IBA Roadmap to Data Protection in International Arbitration"(The ICCA Reports No. 7)一文认为,针对处理个人信息最适合的理由是依赖"合法利益"(legiti-

---

〔109〕　见本书第四章之 4.1 段的介绍。

mate interest),即处理这些信息是为了仲裁当事人(或可能的第三人)的合法利益,同时只能处理必要(necessary)数据,以及在当事人利益与数据主体利益之间做权衡(balance),并且要将整个过程以文件记录留档。但笔者的疑问是,显然此项理由在当事人主动想要披露时很有帮助,但如果是面对仲裁庭的披露命令而不想披露文件的当事人呢?毕竟看来在 GDPR 下进行权衡的应是需要对规管机构负责的数据控制人与/或管理人(即仲裁当事人),如果当事人主张自己经过权衡后认为无法依赖此项理由,是否就可以拒绝仲裁庭的披露命令?这些问题看来仍然有待澄清。对国际仲裁的仲裁庭而言,看来也只能采取有限的办法针对这些不愿意披露的当事人,如警告不披露文件可能会根据情况做出推断[110]等,"逼迫"当事人"就范",这也会是让当事人权衡之下有合理理由的原因。又或者是允许当事人对个人数据进行遮盖(redaction)或匿名/假名化(pseudomonotone)处理,以避开个人数据问题。

至于特殊类别的敏感信息,则可以额外依赖"为了法律索赔/请求"的理由,毕竟在宽松解释下,这是可以适用在国际仲裁中的。

也因此在一般国际商事仲裁中,除非涉及大量消费者的较为敏感隐私信息的情况,否则大部分时候都至少有条文可以依赖以处理个人信息。但数据保护立法带来的是一整套做法(稍后会介绍一些在国际仲裁中应采用什么做法的指引,如数据保护协议:见本章之 6.18.3.2.2 段),除了最初的有合法理由处理外,还必须符合这一整套做法才行。这看来也是今天希望通过尽早(如第一次案件管理会议)在仲裁庭与当事人之间达成一致,或者由仲裁庭对有关的做法做出指引与命令的原因。

6.18.3.1.2 提交文件如何满足跨境传输/转移的规定

在仲裁中,当事人无论是文书请求、文件披露、证人证言等都涉及文件证据,而一旦这些文件中涉及个人信息,在需要提交文件给跨境的仲裁庭与/或对方当事人时,就必须符合 GDPR 将数据跨境转移的规定,如欧洲的当事人 A 要跨境传输/转移给中国的当事人 B 以及在中国香港特区、英国与美国的仲裁员。

一般可以按次序考虑:(1)看目的地是否有充分性认定,但在这个假设的国际仲裁中,欧盟没有做出对中国(包括香港特区)的充分性认定,与美国的隐私盾协议也已经被认定无效,对英国的充分性认定虽然已有起草,但尚未正式做出。(2)看是否有恰当的保护措施,在本章之 6.18.2.4.2 段已经介绍了恰当保护措施的几种情况,看来有可能会适用在仲裁中的办法会是当事人 B 以及所有仲裁员在第一次案件管理会议上都签订 GDPR 的标准数据保护条文/SCC。通过 SCC 的方式实际上是较为完整与可靠的办法,保障仲裁中的数据传输。但这需要获取所有人士的同意,SCC 也不与任何人士的当地立法冲突。(3)但凡 SCC 被拒绝或无法签订,就需要依赖例外情况,而在仲裁中看来可以依赖的是法律索赔/请求或抗辩的例外("the transfer is necessary for the establishment, exercise or defence of legal claims"),注意此项例外的

---

[110] 见本书第七章之 8.4 段。

要求只能是偶尔(occasional)、必要(necessary),以及控制人或处理人必须保证在目标地对个人数据的保护不会降低。例如,对文件的筛选(culling)就必须先在本地完成,之后再交出给仲裁中的对方当事人以及仲裁庭。

理论上还有最后一种手段,即依赖必须保护的合法利益(compelling legitimate interest),但是首先是根据 GDPR 的指引,此手段对于"必须保护"的要求非常高。其次是这要求通知数据主体与有关规管部门,还额外可能涉及法律业务特免权(Legal Professional Privilege)[111]弃权的问题,将仲裁中的情况(如需要如何处理数据、处理哪些数据)披露给第三人还有违反仲裁机密性的问题。因此,在绝大部分情况下看来都并不适合。而且往往前三种理由也一般都已经足够。

6.18.3.1.3　遵循 GDPR 数据处理原则

有关数据处理原则已经在本章之 6.18.2.2 段有介绍,所有这些原则都需要数据控制人与处理人一直遵循。而本段主要想要结合仲裁中的问题举例进行考虑。

1. 公平(fairness)原则,要求当事人及其律师考虑数据主体是否能够合理预期数据会被用在这种目的的处理,处理是否会对数据主体造成不良后果,以及在全盘考虑所有仲裁当事人与该数据主体的利益后的不良后果,是否仍然属于正当的情况。这就与涉及的个人信息的性质有关系,如果是私密的个人信息,如宗教信仰或政治党派,就可能被认为有较严重不良后果。但一般商业往来中的通常信息(电子邮箱、姓名、属于哪间公司、书信往来的内容等)的处理看来都应属于公平。如果存有疑问,则应可以采用遮盖或匿名/假名处理。

但值得指出的是,遮盖、匿名/假名这类方法在有的时候会很有帮助,例如,提供文件的目的单纯是提供其中的数据以便后续的统计分析。但有时候,如果把所有能识别到个人的信息全部去除,可能导致这份文件的证据价值大大减低。而且在文件与数据主体数量较多时,遮盖、匿名/假名会需要花费大量的时间与金钱。什么程度的遮盖、匿名/假名能够达到要求,需要根据具体文件的内容综合进行判断,很多时候也不仅仅是遮盖姓名就能解决问题。

2. 数据最小化原则(data minimization),在今天的国际仲裁中如何减少文件数量本就是一个热点话题。而对数据保护问题而言,更是限于必须(necessary)的数据信息。"第 29 条数据保护工作组"在 2009 年曾经做出过一份工作文件——"Working Document 1/2009 on pre-trial discovery for cross border civil litigation",[112]针对美国的披露程序中提到,遵守数据最小化原则可以采取的做法包括:(1)只考虑有关的文件,并且避免重复;(2)在找出这些文件后,识别出到底有哪些个人数据;(3)必要的话,作出遮盖、匿名/假名处理等各种手段。针对筛选(culling)文件与遮盖、匿名/假

---

〔111〕 见笔者的《证据法:国际规管与诉讼中的证据攻防》一书第九章至第十二章的介绍。

〔112〕 该工作文件见:https://ec. europa. eu/justice/article - 29/documentation/opinion - recommendation/files/2009/wp158_en. pdf。

名处理等技术手段,可以参考在 2017 年 ICC 的报告“Information Technology in International Arbitration-Report of the ICC Commission on Arbitration and ADR”。但这些处理文件的手段在今天文件数量巨大的情况下,会涉及大量工作与产生一笔不小的花费(相信随着科技发展,人工智能可以帮助减轻不少工作量)。这也不限于文件披露程序,文书请求、证人证言、专家报告甚至是裁决书中都要减少个人数据到必要的程度。

3. 目的限制(purpose limitation)。国际仲裁常见的书信往来中涉及雇员的工作书信往来内容、在文件上的签字、会议记录中所记录的雇员所说的话等,在 GDPR 下,在雇佣该雇员时就应该告知雇员在工作中的这些信息会被处理与处理的目的。跨国公司设计完善的雇佣合同中会明确告知工作中的这些个人信息,可能在之后公司为了自己合法利益的诉讼中被使用,这就会包括国际仲裁。而即使没有这样明确的条文,看来也应尽量宽松地解释在合约中到底向雇员告知了哪些目的。

4. 公开透明原则(transparency)下,会要求告知数据主体处理其数据的目的与处理方式。这往往可以约定由收集或最初提供数据的一方承担,如在自己的网站上刊登广泛的数据政策通告,以及针对特定人士发出通知等。

5. 数据安全原则(integrity and confidentiality 或 safety),所有人士都要确保数据的安全问题,甚至是如果其中有一位人士的安全措施不符合要求(本地的立法要求或者数据来源地的立法要求等),可能会影响其他人士。对于数据安全而言,需要考虑所涉及的信息的敏感性以建立相应的安全措施。一般而言,国际仲裁中的当事人会根据自己本地的立法要求设立安全措施,类似的是仲裁机构或翻译、庭审记录人士也通常有安全措施,但作为个体的仲裁员而言,未必有这些能力与措施。而且这些不同人士之间的安全保障措施也会参差不齐,一个国家或地区的人士所采用的安保措施未必能够符合其他国家或地区人士的安全要求,这就会带来风险。例如,仲裁员如果常年使用的是没有密码保护的设备(电脑、平板电脑、手机、USB)处理事务,或者由于常年出差在外一直用酒店公共设备打印文件,就有被认为安全措施不够的风险。

这问题也引起了很多关注,ICC 在 2017 年出版《Information Technology in International Arbitration-Report of the ICC Commission on Arbitration and ADR》[113],IBA 在 2018 年出版《IBA Cybersecurity Guidelines (2018)》[114],ICCA 在 2020 年出版《ICCA/NY City Bar/CPR Cybersecurity Protocol for International Arbitration (2020 Edition)》,[115] 提供了很多可供参考的安全措施。这并非本书针对的课题,有兴趣的读

---

〔113〕 该报告可见:https://iccwbo.org/content/uploads/sites/3/2017/03/icc-information-technology-in-international-arbitration-icc-arbitration-adr-commission.pdf。

〔114〕 该指引的有关信息与内容可见:https://www.ibanet.org/LPRU/cybersecurity-guidelines.aspx。

〔115〕 该协议可见:http://documents.nycbar.org/files/ICCA-NYC-Bar-CPR-Cybersecurity-Protocol-for-International-Arbitration-Electronic-Version.pdf。

者可以自己查看。

在网上仲裁被日益关注与发展的今天,已经开始有通过互联网进行国际仲裁的网络平台被开发出来,如斯德哥尔摩商会仲裁院的安全电子数据平台,香港特区的eBRAM。在这样的网络平台上,当事人与仲裁员都通过网络平台交换通讯、文书请求与各类证据,以及在平台上进行网络开庭。全过程除了当事人自己的安全措施外,网络平台可以提供一个一致的、能符合绝大部分国家与地区安全要求的安全措施,会是一个解决问题的办法。

6. 控制人与/或处理人可以向规管机构证明自己确实遵从了所有 GDPR 的要求。

6.18.3.1.4　其他

还会有许多其他要考虑的问题。如考虑数据主体的权利,包括有机制应对数据主体提出的要求,如要求查询是哪些数据信息被处理,要求更新、改正数据信息等。

值得一提的是,针对数据主体的被遗忘权(right to erasure),仲裁中在 GDPR 下可以依赖 Article 9 para 2 中"法律索赔/请求或抗辩"的例外拒绝。可能的一种情况是,个人数据被当事人提供给仲裁庭后,作为第三人(如前雇员)的数据主体要求当事人与仲裁庭删除自己的所有个人信息,此时如果数据对仲裁确属必要的话,就可以依赖此例外拒绝删除。

又如,GDPR Article 33 要求,一旦发生任何数据安全问题,可能有风险危及个人的权利与自由("a risk for the rights and freedoms"),控制人必须在发现的 72 小时内通知规管机构。Article 34 规定,如果这风险高的话,也必须及时通知数据主体。在通知中则要写清楚数据泄露的情况与已知的原因,并告知数据主体可以采取的办法。例如,国泰航空的数据泄露事件发生后,其在 2018 年向所有受到影响的个体发送电子邮件通知,告知由于安全事故导致哪些信息(如护照号码、信用卡信息、登陆国泰航空网站的账号密码等)被泄露,并给出个人可以如何进行补救的建议(如尽快修改密码或终止信用卡)。因此,仲裁中的所有人士最好提前有准备预案,一旦发生有可能的风险[116],根据 GDPR 要求需要在很短时间内就发出通知。当然一般而言在国际商事仲裁中涉及的文件,如书信往来,通常不会有影响数据主体"权利与自由"的风险。

6.18.3.2　国际仲裁中如何应对数据保护立法

6.18.3.2.1　尽早计划与全程遵守

对于打算在国际仲裁中开始诉讼的原告而言,在准备诉讼的阶段就要考虑数据保护问题。而根据仲裁协议开始仲裁后,就会涉及更多人士的参与,对方当事人、机构仲裁中的仲裁机构、所接触的潜在仲裁员与最后实际委任的仲裁员。而在委任仲裁员的过程中虽然也会涉及个人信息,但这些信息往往较少,也不算是敏感信息,很

---

〔116〕 例如,本书第四章之 4.1 段介绍的 AA v. Persons Unknown and Others, Re Bitcoin (2019) EWHC 3556 (Comm)先例。

多信息(如仲裁员的姓名、履历等信息还会是公开的信息)也容易通知数据主体与获取对方同意。涉及跨境转移数据的情况(如英国仲裁机构询问身处新加坡的仲裁员是否愿意接受委任)即使没有充分性认定、没有签订 SCC,也往往可以较安全地依赖法律索赔/请求或抗辩而可以处理必要个人信息的例外。

不少仲裁机构,尤其是欧洲的仲裁机构在 GDPR 后更新过一些规定,例如 ICC 在 2019 年 1 月 1 日就马上修改了自己的"Note To Parties And Arbitral Tribunals On The Conduct Of The Arbitration Under The ICC Rules Of Arbitration",最新的是 2021 年 1 月 1 日版本,[117] 在 Part VII Section E 专门针对了个人信息保护问题,在 115 段告知说 ICC 与仲裁庭可能会在遵从 GDPR 规定的前提下处理个人信息,以及这些信息可能被跨境传输/转移,并在接下来的段落写明了仲裁中的参与者应当实际遵守与执行的一系列原则、措施与做法。ICC 也针对性地公布了自己处理个人信息的隐私政策条文/通知。[118]

在仲裁程序真正开始后,就涉及大量的文件与数据信息。而这些文件与数据信息如何在不同参与者要遵循的立法下都被合法处理,才是现在国际仲裁所面临数据保护立法的真正问题。很显然为了合规,在越早的阶段向所有其他参与者说明自己的需求,以及至少在参与者之间达成一致,就越能避免在仲裁进行过程中,因参与仲裁而导致违反立法规定被有关机构处罚甚至被个人索赔的风险。对于仲裁程序而言,这也可以避免在程序进行过程中当事人突然提出合规要求(如突然提出因立法要求拒绝披露)拖延甚至阻碍仲裁的有效推进。

因此,即使是当事人没有主动提出,如果是预计在仲裁中可能涉及数据保护问题(如涉及欧洲当事人或身处欧洲的仲裁员),也通常建议仲裁庭应该尽早将此问题在仲裁中提出进行讨论,例如,第一次案件管理会议或制作审理范围书(Terms of Reference)时就提出此问题,要求当事人考虑。如果当事人无法达成协议,还可以考虑以命令形式对必要的问题做出决定并要求当事人在仲裁程序中遵守。

6.18.3.2.2　数据保护协议

在本章之上一段已经可以看到,虽然很多国家或地区有严格的立法,但针对国际商事仲裁而言,在相对严格的 GDPR 下想要处理与使用数据以及跨境传输/转移也是可以做到的。只是这些做法都需要一系列措施的保障。因此,办法之一是要求参与者(尤其是当事人)拟定与签订一份应当在仲裁全程中如何应对数据保护问题的协议,并在协议中对一些责任(如通知有关数据主体等)进行分配。而如果当事人无法达成协议,甚至可以考虑由仲裁庭针对重要的问题以程序指令/命令(procedural direction/order)形式做出,要求所有参与者遵守。

---

[117] 见 https://iccwbo.org/publication/note-parties-arbitral-tribunals-conduct-arbitration/。

[118] 有关隐私政策/通知,见本章之 6.18.2.2 段。ICC 的隐私政策/通知见:https://iccwbo.org/dispute-resolution-services/icc-data-privacy-notice-for-icc-dispute-resolution-proceedings/。

在“ICCA-IBA Roadmap to Data Protection in International Arbitration”(the ICCA Reports No. 7)的附件4[119]中就是一份草拟的数据保护协议,该协议看来是主要基于GDPR的要求所准备,而如果是根据具体适用的立法需要更改,当然还可以再进行符合实际情况的更改。可以简单介绍其中的一些主要内容如下:

1. 当事人的合规责任,例如,当事人应当在文件提交之前先确保自己文件处理合规,向有关的数据主体做出必要与恰当的通知(包括对一些特定人士告知信息可能被用在后续一系列文件中),与涉及处理文件的第三人之间有恰当的措施如签订了符合要求的合约等。还会涉及要求当事人保障仲裁庭不会因为仲裁程序而受损(如仲裁庭协助交换证人证言,或者是包含个人信息的裁决书发送给当事人,而这些行为导致违反有关立法等)的补偿条文[120]等。

2. 列出在仲裁程序中可能涉及的个人信息,如个人身份、履历、联系信息,资产、经济状况信息,有关法律或规管障碍(legal or regulatory impediment,如被美国政府制裁),雇佣信息(如要介绍文件中提到人士或证人是谁)等各类会与仲裁争议所涉及的事实中出现或有关的个人信息。也可能有特殊类别信息,如家庭关系、医疗状况等。但一般较少涉及刑事犯罪或定罪记录信息,对这类信息则可以规定除非事先通知与获得针对该信息的明确批准,否则不准提交到仲裁中,避免让其他参与的人士接触这些信息。

3. 明确个人信息会在哪些情况下被处理与如何被处理,如提交文书请求、事实证人证言与专家证人证言及相关证据,文件披露,仲裁中的通讯(尤其是大量仲裁庭与当事人代表律师之间的通讯),仲裁庭发出的各类程序指令/命令与仲裁裁决,与仲裁机构的通讯,与其他人士(如翻译与庭审记录人士)的通讯等。

4. 处理数据的合法理由。如针对一般数据在GDPR下会依赖合法利益(legitimate interests),包括当事人之间要解决争议,以及确保仲裁程序快速有效等,并且该合法利益应当经过参与者的权衡。针对特殊类别数据,则依赖其为法律索赔/请求或

---

[119] 该文附件可见:https://cdn. arbitration - icca. org/s3fs - public/document/media_document/roadmap_annexes_28.02.20. pdf。

[120] 在GDPR下针对跨境传输/转移的SCC中,GDPR也提供了一条可供加入SCC的补偿条文:“The parties will indemnify each other and hold each other harmless from any cost, charge, damages, expense or loss which they cause each other as a result of their breach of any of the provisions of these clauses. Indemnification hereunder is contingent upon (a) the party(ies) to be indemnified (the “indemnified party(ies)”) promptly notifying the other party(ies) (the “indemnifying party(ies)”) of a claim, (b) the indemnifying party(ies) having sole control of the defence and settlement of any such claim, and (c) the indemnified party(ies) providing reasonable cooperation and assistance to the indemnifying party(ies) in defence of such claim.”要注意的是,此条文并非强制在SCC中,也允许签订SCC的当事人自己修改。因此,在国际商事仲裁中,ICCA推荐的是将仲裁员排除在此补偿条文之外,以及反而要求当事人补偿仲裁员任何可能的损害。否则,这条文在国际商事仲裁中较难执行,毕竟对仲裁员而言是不愿意签订有这样补偿条文的SCC。

抗辩的必要信息。但如果这些合法理由在所适用的立法下不足够，则应当及时提出以便寻求解决办法。

5. 跨境数据传输/转移的合法理由。在 GDPR 下就是按顺序考虑充分性认定、安全措施（尤其是 SCC）与可偶尔允许的例外情况（尤其是法律索赔/请求或抗辩的例外）：见本章之 6.18.2.4 段。

6. 确保数据不会被泄露给任何其他人士。

7. 数据最小化。只提供必要的文件，这尤其与文件披露程序要披露与提供哪些文件关系密切。在国际仲裁中，一般没有法院（如英国在 CPR 下）那么严格的筛选文件要求，但是也有一些可以参考的办法，如《IBA Rules on the Taking of Evidence in International Arbitration》[121]等。当事人应当排除不必要的文件，在恰当与适合的情况下要考虑采用遮盖、匿名/假名等方法。

8. 数据安全。这方面可以参照《ICCA/NY City Bar/CPR Cybersecurity Protocol for International Arbitration (2020 Edition)》等：见本章之 6.18.3.1.3 段。

9. 数据只应保存必要的时间，例如，仲裁员在裁决书作出后，在获得当事人同意的情况下，尽早退回或销毁所有文件。

10. 处理数据主体提出的要求的办法与程序。

11. 任何参与者发现数据泄露的处理办法与程序。

6.18.3.3　小结

国际商业活动中的不合规会带来的严重后果，涉及跨境业务的公司都应完成合规的做法与制度。例如笔者了解到有些涉及跨国业务的中国公司，在 GDPR 推出后就有针对性应对，包括：

1. 总公司与所有分公司、代表处都进行调查并做出报告，找出自己日常处理的信息中有哪些属于个人信息与信息的敏感程度，以及这些处理的目的与方式。根据这些报告来确定每种个人信息的处理中可以依赖的处理目的的合法理由（如商业活动中常见的理由是履行合约），以及相应的合规要求。

2. 在自己网站上更新针对 GDPR 合规的一般隐私政策/通知。对自己业务中会接触的几类不同对象以及公司自己的员工，根据各自的地位（数据的控制人、处理人或数据主体），分别发出针对性的通知，以及约定额外的合约条文。这些合约条文包括考虑是否需要将 GDPR 的 SCC 合并入合约条文。又如，针对商业伙伴的合约，列明在交往过程中可能涉及的个人信息（如姓名、名片、个人证件号码、在公司的部门职位、联系电话、签名、私人与工作电子邮箱、即时通讯程序与社交网络应用程序的个人信息等，甚至会包括资金来源）与特殊类别的个人信息［如性别、年龄、出生日期、法律上的居住地、照片（包括个人证件上的照片）、被制裁的信息与搜索到的媒体负

---

〔121〕 该规则有 2020 年 12 月 17 日的修改版本，值得一提的是，Article 2(2)(e)中有专门针对数据保护与网络安全的修改，建议仲裁庭尽早与当事人就证据上的数据保护问题进行探讨。

面信息等]，以及这些信息可能被用作的用途[常见的用途如履行合约、要求与处理付款、日常通讯、对各类立法规章制度（如反洗钱、审计）进行合规、自己的商业拓展、市场开发、商业关系维护等]与会留存这些信息的时间等。针对员工也是类似，对员工信息的用途可能如招聘与雇佣，对相关劳动法律法规合规，公司对员工的行政管理与政策制定，对员工的工作安排，对员工的审核与工资评估、奖励、升职与解雇决定，公司内部与外部的日常通讯，业务组织报告，日常业务经营，商业拓展，市场开发，以及很重要的是公司为了保护自己的合法利益涉及法律行动等。

3. 在公司内部各分公司之间设立统一合规的个人数据保护政策。如定期复核、全面的书面记录与留档等。制定有关个人数据保护的法律学习手册，在内部要求所有员工学习与进行培训。有专门部门负责对个人数据保护合规的监管与评估。

国际仲裁中的个人数据保护问题，虽然尚处在早期发展阶段，但已经有所涉及。笔者也已经在国际仲裁的过程中（尤其是涉及大量文件的文件披露程序）遇到了如何遵守个人数据保护立法的问题。笔者（杨良宜）就在一个近期的仲裁案件中遇到欧洲公司在收到仲裁庭做出的对十项文件的披露命令之后，只按照命令披露了其中的两项文件的情况。而对于其他八项文件，该欧洲公司以文件会涉及第三人，做出披露会违反 GDPR 的相关规定而面对严重的惩罚为由来抗拒披露。该欧洲公司在抗拒披露的申请中提供了大量的证据与宣誓书作为支持其申请的理由。在对方没有提出更加有说服力的理由的情况下，仲裁庭不得不重新评估自己已经做出的决定，而将 GDPR 作为一个影响披露的重要考虑因素。

而前面介绍的可以合法处理数据的理由、可以跨境传输/转移的理由，以及数据保护协议主要针对的是 GDPR 立法下的做法与办法，现在国际仲裁中涉及不同国家或地区的立法，会有或严格或宽松的规定。例如，如果一方当事人所在地（如俄罗斯）有非常严格的数据跨境传输/转移规定，就可以用来作为对抗文件披露的理由。

因此，在全球化环境中，想要给予个人隐私一致的保护、保障国际的顺畅通讯、跨国公司的正常商业往来以及想要使得争议解决快捷有效等，最理想的是订立一套被广泛适用、认可与执行的保护数据的国际公约（international convention）。

第二章　口头证据之二

1. 常规与标准的口头证据的取证之一：书面证人证言

1.1　证人证言的做法与近期批评

在1986年后，证人证言（Witness Statement）才通过《高院诉讼规则》（Rules of the Supreme Court或简称“RSC”）之Order 38，rule 2A.3被引入英国法院民事诉讼程序，替代口头主证据（oral evidence-in-chief）。这种做法首先出现在英国的商业法院（Commercial Court），但很快就被延伸到其他法院与其他普通法国家或地区的法院（如香港特区）。国际仲裁也很快作出同样的改变。这在当时被视为一个很好的民事诉讼程序的改革，正如当时的《白皮书》（White Book）所说：“an outstanding and far-reaching change in the machinery of civil justice.”同时，改革的目的包括节省开庭时间与费用、双方开庭前把牌摊在桌面上（cards on the table）的理念，与消灭因为不预先知道或猜测对方证人的身份与主证据而在开庭审理时被突袭（ambush）与感到惊讶（surprise），进而令审理变得不公平与降低开庭前最后机会和解的可能性等。

1.1.1　英国的权威批评

但在操作了30年后，近年来的实践做法受到不少批评。Woolf勋爵早在1996年的《Access to Justice》报告中，就已经批评证人证言变成了一份由律师拟定的法律文件，与让不懂法律的事实证人以文书形式提交想要与需要向法院作出的证据的本意越来越远。很难相信如果该证人在出庭以口头作出主证据时，在没有诱导性问题（leading questions）协助的情况下，仍会以口头说出与文书证人证言相同的内容。可节录部分批评如下：

1. 在1996年的《Access to Justice》报告中，Woolf勋爵说：“witness statements have ceased to be the authentic account of the lay witness; instead they have become an elaborate, costly branch of legal drafting.”

2. 在Berezovsky v. Abramovich（2012）EWHC 2463（Comm）先例中，Gloster大法官说：“（指在该先例的情况）led to some scepticism on the court's as to whether the lengthy witness statement reflected more the industrious work product of the lawyers, than the actual evidence of the witnesses.”

3. 接下来在 Deutsche Bank AG v. Sebastian Holdings Inc（2013）EWHC 3463（Comm）先例中，Cooke 大法官说证人证言现在变成是律师根据披露了的文件狡黠地塑造案件，再也不是证人证言本应起的作用（“cunningly crafted to put the case by reference to the documents that have been disclosed, and that’s not what witness statements are for”）。

4. 在 Gestmin SGPS SA v. Credit Suisse（2013）EWHC 3560（Comm）先例中，Leggatt 大法官说证人证言难免在反复多次改进后才会正式交出给法院。这证言也通常是由律师来草拟，而他/她是完全知道哪一些事实是重要或不重要，轻重怎样掌握。这样，Leggatt 大法官认为这个程序就像是将证人证言与其他文件证据的记录（不论它们是否正确）以及之后对这些文件证据的解释“植入”变成了证人的记忆，而不是用证人证言来显示证人原本的经历：“The effect of this process is to establish in the mind of the witness the matters recorded in his or her own statement and other written material, whether they be true or false, and to cause the witness’s memory of events to be based increasingly on this material and later interpretations of it rather than on the original experience of the events.”

Leggatt 大法官也谈及自然人记忆的可靠性（reliability），这也在之后 GH v. The Catholic Child Welfare Society（2016）EWHC 3337（QB）先例中被认同。近期对记忆的研究显示两种相关的假设是错误的。第一种是以为对一件事件的回顾感觉越强烈与越清楚，这个回忆是正确的可能性就越大。第二种是两位对立的证人，更有自信的一位更有可能回忆正确：“Two common（and related）errors are to suppose：（1）that the stronger and more vivid is our feeling or experience of recollection, the more likely the recollection is to be accurate; and（2）that the more confident another person is in their recollection, the more likely their recollection is to be accurate. . . .”

Leggatt 大法官指出近期对这方面的研究显示了记忆是流动与可塑的，也经常会在自然人追溯回忆时被重写：“. . . psychological research has demonstrated that memories are fluid and malleable, being constantly rewritten whenever they are retrieved. . . .”

此外当一个自然人因为时间的流逝对于一件事的记忆已经变得很模糊时，被展示了新的信息或建议，记忆也特别容易被干预与改变：“. . . memory is particularly vulnerable to interference and alteration when a person is presented with new information or suggestions about an event in circumstances where his or her memory of it is already weak due to the passage of time.”

Neuberger 勋爵在 2017 年也曾说：“. . . most witnesses who are not telling the truth are not actually lying, but have misremembered or have persuaded themselves of the truth of what they are saying . . .”而证人证言的做法则令这个问题变得更糟。

最后，Leggatt 大法官认为影响证人证言的可靠性还有以下因素：（1）事实证人通常与有关诉讼有利益关系。（2）证人证言通常是律师拟定。在定稿前，证人被提供了以往的文件协助回忆，参阅了案件陈述（Statements of Case）并了解了双方当事人的敌对立场。（3）证人在开庭审理前准备接受盘问阶段就熟读了已交出与交换的证人证言。这样，无论证人证言是对是错（或有对有错），都令证人更加深信其内容就是自己的记忆。可以说，证人证言拟定的过程是可以重建（reconstruct）并可能扭曲了证人的回忆。

5. 在 Kaupthing Singer & Friedlander v. UBS AG（2014）EWHC 2450（Comm）先例中，Andrew Smith 大法官说："It's become a problem with litigation in this court, that we are served up long witness statements, often with significant passages that are inadmissible, and then go away to read page after page of it and try and digest it and deal with it when we are writing our judgment, and it's not the right way to do it."

6. 在 Renaissance Capital v. African Minerals Limited（2014）EWHC 2004（Comm）先例中，Field 大法官说："This trend to produce over-lengthy and argumentative witness statements must stop. It is wasteful of costs and the court's valuable time."

Field 大法官也说到，在不久的将来，商业法院可能会限定证人证言的页数与要求当事人向法院确认有完全遵守证人证言的规则："The profession should not be surprised if in the near future the Commercial Court Guide is amended so as to:（i）limit the length of witness statements, requiring the leave of the court to exceed the limit; and（ii）require the parties to confirm in a report to the court post CMC that the witness statement rules have been complied with."

7. 在 Estera Trust（Jersey）Ltd and another v. Singh and others（2018）EWHC 1715（Ch）先例中，法院认为花了大量时间与金钱的证人证言其实没有用，没有什么证据价值（evidential value），反而欠缺证人真正的声音（true voice of the witnesses were "notably lacking from the witness statements"）。

8. 在近期的 Skatteforvaltningen（The Danish Customs And Tax Administration）v. Solo Capital Partners LLP & Ors（2020）EWHC 1624（Comm）先例中，案情涉及有关欧洲最大的骗税案。该"Cum-Ex"骗税丑闻最早于2012年在德国被发现，据《经济学人》报道，包括德国《时代周报》、法国《世界报》在内的欧洲12个国家的19家媒体对案件进行了1年的联合调查，于2018年10月发布名为"CumExFiles"的调查报告。报告得出结论：因为这种可疑的金融操作，德国、法国、西班牙、意大利、荷兰、丹麦、比利时、奥地利、芬兰、挪威和瑞士这11个欧洲国家损失了至少数百亿的税款。这种被称为"Cum-Ex"的操作，指的是在派发股息的当天，同时进行出售和再次收购行为。由于交易时间相隔很近，税务机构一时无法确定股票产权一方到底是谁。因此，买卖双方都可以从税务局拿到资本利得税（capital gains tax）的退税。

具体到此先例的案情，就是在丹麦法律下要收取27%股息预扣税（dividends withholding tax），即派息时只派扣除税后的73%的股息，而外国股东之后在避免双重纳税协议下可以要求退税。欺诈者通过多次没有实际效力的纸面股权买卖，声称收到丹麦公司的股息要求退税，但实际上并没有收到过股息。也就是纳税人只缴税一次，但丹麦税务机构多次退税，损失高达125亿丹麦克朗，约15亿英镑。这也导致了丹麦开始股息预扣税改革与加强退税监管。

该先例的原告是丹麦税务机构，被告共92位，涉及的争议主要是作为代理人在代表纳税人申请退税时是否对税务机构有小心谨慎的责任（duty of care）保证退税申请表上的陈述诚实？Goal（提供退税等金融服务的公司）是其中一个被告，在CPR Part 24下向法院申请简易判决以原告没有真正站得住脚的案件为由撤销原告的索赔。[1] 最后法院驳回了Goal的申请，并在判决中大篇幅批评了双方准备的证人证言。Baker大法官的批评主要针对以下三个方面：（1）证人证言应是证人提供的事实证据，而不是重复律师的法律争辩。向法官指出关键文件，对这些文件显示或可以推断出什么作出陈述是开庭陈词的作用，而不是证人证言的作用。双方的代表大律师本身已经准备了很长的争辩大纲（skeleton argument），再在证人证言中重复大量法律方面的争辩是浪费金钱与没有作用。开庭后双方被要求高亮证人证言中事实争议的部分提供给法院，从原本的共157页，缩减到了不到80页。（2）对非一手证据，也就是传闻证据要特别小心。Goal的员工/高管所提供的证人证言中包括部分并非来自事实证人的一手信息，且是来自未知来源的信息。Baker大法官强调了无论是中间申请的开庭还是最后的开庭审理，都要满足CPR PD 32说明传闻证据（hearsay evidence）来源的要求。[2] 虽然没有满足要求不会导致证据不被采纳（这是因为《Civil Evidence Act 1995》已经完全摒弃了对传闻证据的排斥），但会影响证据分量。（3）CPR PD 32，para. 18.1（5）要求写出证人证言准备的过程，例如做法上是面对面，通过电话与/或通过翻译等。整个过程越透明，证人证言的可信度就越高，特别是在涉及通过文件帮助证人回忆的问题上。Baker大法官批评了律师过多插手证人证言的做法，说这对法院、证人与当事人都没有帮助："The assessment of the weight to be given to a factual witness's trial testimony is supposed to be a matter for the court. Giving the court and not by a trial witness statement, as happens all too often, a polished and heavily lawyered version of events, the process behind which has far removed it from any account the witness could have given in examination in chief, assists neither the court nor the witness. It serves to increase the cost of the witness statement phase, to lengthen and increase the hostility of cross-examination and increase the witness's vulnerability to that lengthened cross-examination, and thus ultimately to harm, not to improve, the case of the party calling the witness."

1.1.2　澳大利亚的权威批评

澳大利亚也有不少批评文书证人证言问题的先例，可节录部分如下：

---

〔1〕 关于简易判决可见笔者的《证据法：国际规管与诉讼中的文件攻防》一书第六章之4.3段。

〔2〕 见本书第八章之3.5段的详细介绍。

1. 澳大利亚最高院在 Toll（FGCT）Pty Ltd v. Alphapharm Pty Ltd（2004）219 CLR 165 先例中说:“... Written statements of witnesses, no doubt prepared by lawyers, were received as evidence in chief. Those statements contained a great deal of inadmissible evidence, often in written form and prepared in advance of the hearing is to be **strongly discouraged**. It tends to **distract attention from the real issues**, give rise to **pointless cross-examination** and cause **problems on appeal** where it may be difficult to know the extent to which the inadmissible material influenced the judgment in the first instance.”(加黑部分是笔者的强调)

2. 在 Concrete Pty Ltd v. Parramatta Design & Developments Pty Ltd（2006）229 CLR 577 先例中,Callinan 大法官说:“This system has its disadvantages and dangers. On the one hand, the trial judge will be well educated in many of the details of the case on each side by the time that the hearing starts. But on the other hand, it may sometimes be **difficult for the trial judge**, apparently fully conversant with the facts and issues, **not to have formed some provisional view at least of the outcome of the case**. The justifications for the provision of written statements in advance of trial have been thought to be the **avoidance of surprise and the shortening of hearing time. These advantages will often be more illusory than real**. The provision of written statements by one side will afford to the other an opportunity to rehearse in some detail his or her response. It is also impossible to avoid the suspicion that statements on all sides are frequently the product of much refinement and polishing in the offices and chambers of the lawyers representing the parties, rather than of the unassisted recollection and expression of them and their witnesses. This goes some way to explaining the quite stilted and artificial language in which some of the evidence as expressed in writing from time to time, as it was here. **Viva voce evidence retains a spontaneity and genuineness often lacking in prepared written material**. It is also **open to question whether written statements in advance do truly save time and expense, even of the trial itself**. Instead of hearing and analyzing the evidence in chief as it is given, the trial judge has to read it in advance, and then has the task of listening to the cross-examination on it, and rather, of attempting to integrate the written statements, any additional evidence given orally in chief, and the evidence given in cross-examination.”(加黑部分是笔者的强调)

1.1.3　对以文书证人证言替代口头主证据的缺陷的总结

综合以上部分案例中的严厉批评,可以看到文书证人证言的缺陷,可以说是原来引进证人证言以替代口头的主证据基本性改变诉讼制度时预计不到的。这些缺陷可简单总结如下:

1. 现在,在精明的律师协助下准备与拟定的证人证言,实际是无法替代口头的主证据。因为在这个私下与机密的过程中,不要说律师难免向证人提出诱导性问题,甚至可能会做出更不符合专业操守的事情。加上证人证言这份文件会在多次修改(不代表是改为更接近真相或证人原来讲的话)与润色后才会交出/交换,难以相信该证人如果是以口头作出主证据也是与文件同样的内容。这令法院(或仲裁庭)在该证人接受交叉盘问/反盘问(cross-examination)后,看到他/她在回答很简单的问题时也是犹豫不决,或显露了对证人证言所讲的内容不熟悉或有重大误解,甚至坦率承认是由代表律师"一手包办"而自己只是在"大致认同"的情况下签字等,从而很难相信与以此来寻找争议事实的真相。

2. 这些年来,对自然人记忆的科学研究显示了对自然人的记忆有不少误解或错觉。这并非针对证人刻意撒谎的情况,这种情况在一般的国际商业争议通常发生的不多,因为一旦被拆穿会有严重后果。一般国际商业争议的证人,即使是与诉讼的结果有密切的利益关系,例如关键证人是当事人公司的雇员或高管,通常仍不够动力/诱因向法院说谎。只有相对少数案件是证人有很大与很强烈的动力/诱因,例如他/她是较小规模公司的老板,公司面临经济危机,败诉会倾家荡产与身败名裂。如果不是一般的国际商业争议,如涉及欺诈与不诚实[例如航运频频发生的破坏船舶事件以骗取保险费的案件,像近期著名的 Suez Fortune Investments Ltd v. Talbot Underwriting Ltd (2019) EWHC 2599 (Comm)先例],就肯定会涉及证人(主要会是船东自己与船东的其他相关证人)说谎或可能说谎的问题。

3. 有说法是涉及证人会说谎或可能说谎,更是不应以文书证人证言作为主证据。这会让该证人有机会完善他/她想讲的谎言。针对这些证人,要让他们的谎言暴露,更好的做法是让他们开庭审理时提供比较难提前准备与深思熟虑的口头主证据,然后进行严苛的交叉盘问。

例如,在 Armagas Ltd v. Mundogas SA (1985) 1 Lloyd's Rep 1 先例中,案情涉及公司雇员隐瞒公司越权订立一份长期租约,这种雇员欺骗公司的案件多不胜数。Goff 大法官就说判断证人是否说谎主要是看是否与客观存在的文件证据有证人无法解释或协调的矛盾以及证人是否有说谎的动力/诱因:"Speaking from my own experience, I have found it essential in cases of fraud, when considering the credibility of witnesses, always to test their veracity by reference to the objective facts proved independently of their testimony, in particular by reference to the documents in the case, and also to pay particular regard to their motives and to the overall probabilities. It is frequently very difficult to tell whether a witness is telling the truth or not; and where there is a conflict of evidence..., reference to the objective facts and documents, to the witnesses' motives, and to the overall probabilities, can be of very great assistance to a judge in ascertaining the truth."

证人说谎也不代表就要将他/她的证言一概否定,毕竟法院(或仲裁庭)的目的是找出争议事实的真相,不是为了惩罚有证人说谎的一方当事人。证人的谎言可细分为以下三种情况:(1) 证人对案件或证据的特定部分说谎;(2) 证人的整个故事都是谎言;(3) 证人没有必要地说谎去夸大他的案件,而这是愚蠢做法。

Peter Smith 大法官在 EPI Environmental Technologies Inc v. Symphony Plastic Technologies Plc (2004) EWHC 2945 (Ch)先例中,针对这方面说:"I add a few of my own precautions. (i) First, it is essential to evaluate a witness's performance in the light of the entirety of his evidence. Witnesses can make mistakes, but those mistakes do not necessarily affect other parts of their evidence. (ii) Second, witnesses can regularly lie. However, lies themselves do not mean necessarily that the entirety of that witness's evidence is rejected. A witness may lie in a stupid attempt to bolster a case, but the actual case nevertheless remains good irrespective of the lie. A witness may lie because the case is a lie. . . . "

1.1.4 有关记忆的近期科学研究

再谈回对记忆的科学研究,一个传统对记忆的错觉是认为一位自然人或证人对某些事情/事实(如经历过的惊险与重大事件,即使时隔已久)感觉强烈、记忆清晰,就往往会更接近事实真相。或是,证人越是有自信的表达就越是可信。在国际诉讼或仲裁的西方法官或仲裁员面前,证人表现得十分自信与记忆过于清晰恐怕反而会弄巧成拙。配合今天的一些说法,例如证人作证时的行为举止(demeanour)的重要性不大,今天太多国际商业人士在作证时都懂得做戏。所以特别对一些时隔已久的事情/事实,证人在作证时如何上佳的表演都会是比不上一页有清楚内容的当场文件证据(contemporaneous document)。

事实上,很多研究都显示了记忆中的事情/事实容易忘记、有偏差与受到外来的影响。英国由 Aikens 大法官领导的工作小组在 2007 年给出了一份针对国际商业案件的《Report and Recommendations of the Commercial Court Long Trials Working Party》报告后,[3] 开始推进对证人证言的改革,这也带出了事实证人的记忆问题这个热点话题。2015 年,Toby Landau QC 在 ICC Commission on Arbitration and ADR 的会议上进行了一次题为"Unreliable Recollections, False Memories and Witness Testimony"的演讲,这进一步引出了 ICC Commission Report 在 2020 年 11 月发布了一篇 60 多页的名为《The Accuracy of Fact Witness Memory in International Arbitration》的报告。[4] 此报告中提到事实证人的记忆容易受到很多不同因素的影响,很多也在常识下可以理解,在此只简单介绍以下几项:

1. 有调查研究显示,取证过程中律师提问的措辞/文字,会影响证人的回答。例如对看了同样电影人士提问,并要求所有人如实回答,但在问题是"How long was the movie"(电影时间有多长)时,得到回答的均值是 130 分钟,而将问题变成"How short

---

[3] 见本章之 1.2.1 段的介绍。

[4] 该报告的详细内容可见: <https://iccwbo.org/publication/icc-arbitration-and-adr-commission-report-on-the-accuracy-of-fact-witness-memory-in-international-arbitration/>。

was the movie”（电影时间有多短），得到回答的均值就只有100分钟。可以看到即使是开放性问题（open question），使用的措辞/文字不同也会造成答案有这么大的差别，更不用说是诱导性问题（leading question）。

2. 证人在事后接触到与自己原本认知的事实不同的信息，也可能影响证人的记忆。在事实发生后，证人会经历与接触大量其他信息。例如，与领导、同事、内部与外部律师汇报与讨论，或是听到其他事实证人对事实的谈论与评论，这些信息都可能影响证人的记忆。例如，该报告提到一次实验，来自10个不同国家的多名人士分别看内容近似但细节不同的电影，让他们互相讨论后，再向他们询问所看电影的内容，不少人士的回答中会提到根本不属于自己所看版本电影的内容，甚至是会提到与自己所看版本电影不同的内容。还有一次实验，是让多名人士观看在一个“Stop”（停车）交通标志旁边发生车祸的录像，事后向他们提问时故意在问题中掺杂对车祸的描述说是在“Yield”（让行）标志旁边发生。一段时间后再向这些人士询问录像内容，有59%都说是在“Yield”标志旁边的车祸，只有25%回答了正确的“Stop”标志。

3. 证人被灌输一些无中生有的信息，可能导致证人将这些信息错误当作自己的记忆。该报告提到有一个实验，向一些成年人展示一张经过数码编辑的图片，图片内容中把该成年人儿童时的形象编辑成在乘坐热气球的样子，但该成年人儿童时实际上从未坐过热气球，有部分人士会产生虚假的记忆，觉得自己儿童时真的坐过热气球。

4. 证人自己作出过陈述，尤其是带有偏见的陈述，也会影响到证人对事实的真实记忆。一个实验让多名人士阅读一个有关大学新生入学时接触新室友的故事，要求其中一部分写一封抱怨室友的信，另一部分写赞扬室友的信，还有一部分作为对照组写不带偏见纯粹记录有关室友事实的信。在一段时间后，再让他们回忆故事中的原本内容，但大家记得的主要都只是自己所写过的内容。在信件中带有偏见的两组人士都多少扭曲了故事的内容以配合自己所写信件的目的，这在事后却变成证人所以为的真正记忆。

证人如果与案件有利益关系或为了对邀请作证的当事人效忠，在多年后作出的证据更容易有自己也无法察觉的偏见。而在证人证言的准备与拟定的过程中，即使代表律师尽量遵守专业操守，不教唆证人也不向证人提诱导性问题，只是帮助证人回忆，最后版本的证人证言仍恐怕是“重建”（re-construction）多于证人自己的“回忆”（re-collection）。

因此想要了解事实、保存证据的律师（无论是公司内部的法务律师还是后来为了特定问题而委任的外部律师），都需要了解可能会影响证人记忆的因素，并据此采取一些防止证人记忆被扰乱的技巧。例如，在公司制度中要求员工多留下当场的文件记录；要尽早与证人（或潜在证人）会面；尽量避免证人与其他人士的讨论以及互相影响，在会面时单独与每一个证人会面；告诉证人有遗忘是正常的，关键是实话实说；告诉证人要分清楚是自己真实有一手资料的还是从别人那里听到的；不要提前与证人沟通案件的情况与己方的关键要点或立场;简单用开放式问题引导,主要让证人自己陈述,避免打断证人也不要在证人回答后给什么反馈等。

这些技巧会是各种各样,也需要结合具体案情采用。在获得证人的说法后还应自己进行审核与评估,例如要考虑证人的年龄、心态与精神状态,距离事发的时间长短,证人的说法是否与其他人或当场文件有冲突等。这些技巧与做法除了能帮助律师了解真实情况以外,也能防止扰乱证人的记忆,导致证人的证词中混入被扰乱的记忆,这些被扰乱的记忆在交叉盘问中就可能被对方盘问律师抓出来,就会成为对方丑化(impeach)己方证人的重要工具,毕竟对于审理法官或仲裁员而言,证人的证词中内容出了问题(如与当场文件有冲突),要不是证人在说谎,要不就是证人记忆有问题,这都会导致证人整个证词的可靠性受到重大影响。

而对于要听取与衡量证人的证词的审理法官或仲裁员而言,也要知道即使证人证言十分“完美”与证人在交叉盘问中对答如流,可接受为“诚实证人”,也要考虑到凭记忆提供的证据多变、不断受外来干预的影响(而证人证言的拟定与证人准备是对证人回忆的重要干预)与不可靠。[5] 这不是简单的非黑即白,不是谎言即是事实真相。也可以考虑的一些做法就如告诉证人如果有记不清楚或不全面的地方说“我记不清”会是更恰当的做法,希望证人分清楚自己有个人认知的事发时一手信息与后来看到与听到的二手信息的区别,不允许证人之间以及与当事人交流,在案件审理过程中不允许尚未作证的证人旁听等。[6]

另要再次强调除了单纯的记忆会流失与受到外来干预而并不可靠外,事实证人还会因为利益冲突等有偏袒,故意在证词中扭曲事实真相。

这里可以重复稍早提到的 Gestmin SGPS SA v. Credit Suisse (2013) EWHC 3560 (Comm)先例。该先例的案情涉及经常会发生的银行客户主张他/她的银行给了错误投资建议并令他/她蒙受损失。原告投资者(葡萄牙的富有家族公司)在出事后接近 6 年,时效终止前才开始起诉,显然双方证人根据回忆提供的证据可靠程度就成了问题。现实中这种时隔较久,文件证据不多而主要靠证人回忆的争议还有不少。

在该先例中,Leggatt 大法官在判决开始就说明他如何针对凭回忆作出的证据(evidence based on recollection),说:

“... In fact, psychological research has demonstrated that memories are fluid and malleable, being constantly rewritten whenever they are retrieved. This is true even of so-call ‘flashbulb’ memories of experiencing or learning of a particularly shocking or traumatic event. (The very description ‘flashbulb’ memory is in fact misleading, reflecting as it does the misconception that memory operates like a camera or other device that makes a fixed record of an experience.) External information can intrude into a witness’s

---

〔5〕 这一个课题本章之 2 段的介绍。

〔6〕 见本书第一章之 6.6 段。

memory, as can his or her own thoughts and beliefs, and can cause dramatic changes in recollection. Events can come to be recalled as memories which did not happen at all or which happened to someone else (referred to in the literature as a failure of source memory).

Memory is especially unreliable when it comes to recalling past beliefs. Our memories of past beliefs are revised to make them more consistent with our present beliefs. Studies have also shown that memories are particularly vulnerable to interference and alteration when a person is presented with new information or suggestion about an event in circumstances where his or her memory of it is already weak due to the passage of time.

The process of civil litigation itself subjects the memories of witnesses to powerful biases. The nature of litigation is such that witnesses often have a stake in a particular version of events. This is obvious where the witness is a party or has a tie of loyalty (such as an employment relationship) to a party to the proceedings. Other, more subtle influences include allegiances created by the process of preparing a witness statement and of coming to court to give evidence for one side in the dispute. A desire to assist, or at least not to prejudice, the party who has called the witness or that party's lawyers, as well as a natural desire to give a good impression in a public forum, can be significant motivating forces.

Considerable interference with memory is also introduced in civil litigation by the procedure of preparing for trial. A witness is asked to make a statement, often when a long time has already elapsed since the relevant events. The statement is usually drafted for the witness by a lawyer who is inevitably conscious of the significance for the issues in the case of what the witness does or does not say. The statement is made after the witness's memory has been 'refreshed' by reading documents. The documents considered often include statements of case and other argumentative material as well as documents which the witness did not see at the time or which came into existence after the events which he or she is being asked to recall. The statement may go through several iterations before it is finalized. Then, usually months later, the witness will beasked to re-read his or her statement and review documents again before giving evidence in court. The effect of this process is to establish in the mind of the witness the matters recorded in his or her own statement and other written material, whether they be true or false, and to cause the witness's memory of event to be based increasingly on this material and later interpretations of it rather than on the original experience of the events. . . ."

针对以上所讲的事实证人凭回忆对时隔已久的事情/事实作证的不可靠性,Leggatt 大法官对他会怎样考虑与对待这种证据时说:"In the light of these considerations, the best approach for a judge to adopt in the trial of a commercial case is, in my view, to place little if any reliance at all on witnesses' recollections of what was said in meetings and conversations(该先例显然涉及原告与被告银行之间多年前的多次会面与交谈内容中被告银行是否存在误述、是否提醒有关投资风险等的指控), and to base factual findings on inferences drawn from the documentary evidence and known or probable facts. This does not mean that oral testimony serves no useful purpose-though its utility is often disproportionate to its length. But its value lies largely, as I see it, in the opportunity which cross-examination affords to subject the documentary record to critical scrutiny and to gauge the personality, motivations and working practices of a witness, rather than in testimony of what the witness recalls of particular conversations and events. Above all, it is important to avoid the fallacy of supposing that, because a witness has confidence in his or her recollection and is honest, evidence based on that recollection provides any reliable guide to the truth."

证人证言太长、准备与拟定的花费也太昂贵,内容中经常包括事实证人不应插手与不可采纳的争辩(arguments)并附上大量文件证据作为附件或节录文件内容去试图支持(但照理说证人证言只针对证人自己所知道的有关与特定的事实真相是不应需要太多文件或其内容的),个人意见(opinions)和与双方诉讼的争议无关与/或不重要的事情等。造成这些问题(特别是最后一点)的原因会是多方面的,如:(1)当事人与律师难以抵挡多一个从不同角度争辩的机会的吸引力(特别是中国的当事人与律师),即使代表律师已经有很多次争辩的机会[包括最后的结案陈词(Closing Submissions)]。(2)以证人证言替代主证据,所以代表律师只怕有遗漏而不太担心多写内容,所以事无巨细,只要与争议能扯上一点关系就会加在证人证言中。

1.2 对证人证言的再度改革

1.2.1 2007 年 Aikens 大法官领导的工作小组

显然在面对大量与权威性批评的情况下,这个文书证人证言的做法肯定需要改变,甚至被取消而重新回到原来以口头作出主证据的做法。例如,Aikens 大法官领导的工作小组在 2007 年 12 月作出《Report and Recommendations of the Commercial Court Long Trials Working Party》报告,内容主要是针对复杂与金额庞大的国际商业案件涉及漫长的开庭审理,如何在诉讼程序上改善,其中有关证人证言的建议可节录如下:

"75. The recommendations that follow apply to all types of Commercial Court case. The Guide should be amended accordingly:

a. Witness statements must be as short as possible and cover only those issues on which the witness can give relevant evidence. There must be headings in witness statements that correspond to the relevant issue in the List of Issues.(文书证人证言必须尽量短且只能包括与证人能提供证据的争议有关的内容。证人证言中应有标题对应争议清单中的有关争议。)

b. Documents referred to in a witness statement must be given a reference by the relevant party which will usually be a disclosure reference, and there should be no hard copy exhibit with the witness statement. Where disclosure has been given electronically and it is possible to include a hyperlink to documents referred to within the witness statement, this should be done.（文书证人证言不应包括纸质附件，如果提到文件应使用双方当事人披露的文件的编号。如果是电子披露，应尽量在证人证言中链接到提到的文件。）

c. The judge should always consider whether to impose a limit on the length of witness statements. This should be discussed at the CMC setting the timetable for witness statements. Parties should be reminded that costs sanctions may follow if they serve unduly lengthy witness statements or statements which contain material which is not relevant. [法院（如果是仲裁就是仲裁员）]应在案件管理会议讨论程序时间表（包括交换证人证言程序）时，考虑是否限制证人证言的长度。当事人应被提醒如果他们递交了过长的证人证言或证人证言包含大量无关内容，将会在费用方面被惩罚。）

d. In some cases (eg. Where there are allegations of fraud) it may be of particularassistance to the judge in making findings of fact to hear a witness give evidence in chief about certain issues in his or her own words (as well as having the witness statement in evidence). The parties and the court must give consideration to this point (if relevant) at the Pre-Trial Review ('PTR'). [在某些案件中（例如涉及本章之 1.1.3 段提到的对欺诈的指控），法官为更好找出事实真相，听证人用自己的话作出主证据（虽然仍有证人证言）是很有帮助的：Mercer v. Chief Constable of the Lancashire Constabulary (1991) 2 All ER 504 (CA)先例。当事人或法院在审理前复核时应考虑这一点。]

e. The court should not be afraid to dispense with the need for witness statements if the time and expense involved in their preparation would be disproportionate. In such cases, which are likely to be rare, the court may order the party wishing to call the witness to serve a short summary of the evidence which thewitness is expected to give: a 'gist' statement.（如果准备与拟定需要的时间和费用与案件不成比例，那法院可以放弃证人证言的做法。在这种应该较少见的案件中，法院可以命令证人给一个简要的证言总结。）"

1.2.2　2018 年 Popplewell 与 Andrew Baker 大法官领导的工作小组

1.2.2.1　调查问卷结果

另 Sohrab Daneshku 于 2018 年 11 月 27 日在律师协会的期刊《The Law Society Gazette》发表的"Witness Statements-rip them up and start again?"一文就提到一个由"Business and Property Courts "或简称"B &PC"[商业法院、技术与建造法院（Technology and Construction Court）与大法官法院（Chancery Court）]一并成立的工作小组（Working Party），在 Popplewell 大法官与 Andrew Baker 大法官领导下对目前在 CPR

下有关证人证言的规则进行检讨。该工作小组在2018年12月14日前先向这三个法院的用户(Users,主要会是律师/大律师)调查并收集了意见。

针对证人证言改革的问题的回答有近千份,包括方方面面,主要投诉是:(1)太长,经常加入了无关事实/事情(irrelevant facts)、无必要重复性节录附件文件的内容(quoting extensively from documents)与争辩(arguments)。(2)太昂贵,拟定证人证言的花费已经即将赶上商业诉讼程序中最昂贵的文件披露。(3)证人证言不只针对证人对他/她直接知道(direct knowledge)的事实的最佳证据(Best Evidence),还经常加入争辩。但争辩实际是证人一方的律师所要做的事情,而且机会很多,主要在开庭的文书与口头开庭陈词(Opening Submissions)与结案陈词(Closing Submissions)。(4)律师没有严格跟从对证人证言的要求。(5)法院应更严格监督。

至于怎样改革,这近千份的答案也针对了方方面面,如:(1)反向的极端做法,取消证人证言复古到只有开庭审理的口头主证据/主盘问的做法。(2)在文书证人证言多加一份陈述书(statement),说明证人对有关的事情/事实有记忆与记忆的清晰程度。(3)草拟/拟定证人证言时允许对方当事人代表律师参与。这个过程在目前的法律地位下肯定可享有诉讼特免权(Litigation Privilege),[7]绝对是保密,不可能让对方律师参与。但普通法也可以通过立法否定这个特免权,让对方代表律师监督证人一方律师在拟定证人证言时,是否教唆证人或有其他任何不当的言行。(4)允许证人证言之余,也允许部分口头的主证据。(5)双方当事人在文书请求/案件陈述(Statement of Case)中要说明哪些主要事实(material facts)将来需要证人的口头证据(也就包括证人证言)支持。显然,将来证人证言的内容就只能针对这些方面的事实。(6)将来证人证言的内容只能局限在法院在一开始的案件管理会议上作出的命令中针对的争议事实。(7)与文件披露程序一样,为文书证人证言(如果有)与口头主证据/主盘问建立一份菜单(Menu),[8]让法院在案件管理会议中根据不同的案情选择一种最适合的做法。

工作小组收集与分析这近千个用户回答后,在2019年12月6日作出了全面的报告与建议。除了上述提到的证人证言的缺点外,报告还提到了实践中的另一个缺点,如果直接让证人接受交叉盘问,就剥夺了证人经过主盘问加强证人证言与给法院留下好印象的机会。毕竟交叉盘问中的问题是由有技巧的律师/大律师设计,会限制证人表达的机会,这也很难通过再盘问弥补。

1.2.2.2　工作小组的建议

工作小组的建议分为改革与对现有法律的执行两部分。针对改革,主要建议措施有:

---

〔7〕 关于诉讼特免权,可见笔者的《证据法:国际规管与诉讼/仲裁中的文件攻防》一书第十章。

〔8〕 关于披露菜单(Disclosure Menu),可见笔者的《证据法:国际规管与诉讼/仲裁中的文件攻防》一书第七章之7.7段。

1. 律师的资深程度与经验差异可以很大,很多证人证言的第一稿是由一些经验很有限的初级律师草拟,因此做出准备证人证言的最佳行事方式指引(statement of best practice)会有帮助。工作小组并没有草拟有关指引,但是认为其中应包括以下几点:(1)证人证言应被限制在如果有主盘问,证人会给出的证据。即一个了解案件争议的称职律师问事实证人让他/她回忆事实的开放性问题,事实证人会作出的回答。(2)证人证言必须根据事实证人自己的回忆使用证人自己的语言,律师可以帮助让证人证言更简洁与明确,但不能改变意思与强调,不得改变、歪曲、杜撰证人证言以帮助当事人的案件。(3)证人证言的内容必须符合案件的争议与有关的证据规则。(4)证人证言的重点应是向法院准确展示证人自己的回忆,而不是作为达成内部目的或向对方当事人展示的工具。(5)律师帮助准备证人证言很重要,但必须牢记以上几点与小心不要在准备的过程中改变或腐蚀(corrupt)证人的记忆。

2. 证人证言中应包括更完善的真实声明(Statement of Truth)。这不应只是附加在证人证言后的一段话,事实证人应确认律师(或其他法律意见提供者)确实向他们解释了并且自己已经了解证人证言的目的与草拟证人证言的适当方式。

3. 在证人证言中加上律师的合规认证(Solicitor's certificate of compliance),草拟证人证言的律师确认证人证言符合有关法律与法院指引的要求。这不仅能让律师更专注于有关法律与法院指引对证人证言的要求,也可以让律师多一个理由拒绝客户坚持要在证人证言中加入不适当的内容与文件。

4. 法院考虑在案件管理会议上,根据不同的案件,命令在相互文件披露后当事人各自额外准备一份事实陈述(statement of facts)与证人证言一起递交。好处是双方可以将证据限制在自己的事实陈述内。但工作小组也承认小组内部对这个建议的意见分歧很大,也有很多人认为这是在诉讼程序中多加了一步,只会雪上加霜。

5. 协调统一针对证人证言的不同法院指引。

针对对现有法律的执行,主要建议措施有:

1. 虽然现有的法律规定法院有权在适当的案件中命令口头主证据/主盘问,但现实中法院很少作出这种命令。应在早期的案件管理会议中要求当事人明确是否要求在开庭审理时主盘问与主盘问针对哪些主题/争端。而即使法院同意当事人在开庭审理时的口头主盘问,主盘问也只能限制在这些主题/争端。为了避免突袭(ambush),主盘问针对的主题/争端应包括在文书证人证言中。

事实上,由于仲裁员是不受到英国或其他普通法国家/地区法院的规则管制,而自己是程序的"主人"(Master of the Procedures),所以笔者已经有听说在个别国际仲裁中,仲裁庭对证人证言的长短或页数作出局限。也听说过针对涉及欺诈与/或不诚实的案件,要求个别证人提供口头主证据,不容许以书面证人证言作为替代。

2. 现有的商业法院指引(Commercial Court Guide)规定,除非法院另有指令,否则证人证言不得超过30页,法院应更严格对待要求增加页数的申请。

3. 法院应更经常将不遵守对证人证言的规定与法院命令的行为单独列出,并对此作出费用惩罚(costs sanctions)与明确的司法批评(judicial criticism)。

1.2.3 CPR PD 57AC 与最佳行事方式指引的新规定

针对证人证言的内容,CPR PD 57AC 与附件的目标是缩短证人证言与保证证人证言反映了当事人如果被口头主盘问会用自己的话给出的回答,在保证没有遗漏重点的情况下,越简洁越好。CPR PD 57AC para. 3 规定,除了强调证人证言中的内容必须是与争议有关且事实证人个人知道(personal knowledge)的事实。对证人证言的常见批评之一是太长,常常长达上百页甚至数百页,而其中很大一部分是事实背景陈述,或是重复文件证据内容。因此,CPR PD 57AC para. 3.1 强调了证人证言只能包括必须通过口头证据证明的内容。也就是双方没有争议的事实,或是可以其他方式证明(特别是通过文件证据)的事实,不应该被包括在证人证言。双方对于事实背景的陈述,可以放在案件陈述或开庭陈词等,而不应被包括在证人证言之中。

为了达到缩短证人证言的目的,并且必须符合 CPR PD 32 的规定 外,CPR PD 57AC 与最佳行事方式指引额外的另一个改变是要求附上证人证言中提到或证人在准备证人证言过程中被提供的文件列表,但不要将这些文件作为附件,也不要在证人证言的内容中大篇幅引用这些文件的内容。这其中显然会包括部分可享有特免权的文件,但 para. 3.2 强调提供文件列表不影响文件享有的特免权,另在最佳行事方式指引之3.5 段也说可以只是用文件的类别或用宽泛的地描述识别出是哪些文件,不必一份份列出,所以提供列表本身也不会侵犯特免权。

CPR PD 57AC 与最佳行事方式指引也规定要最大程度保证证人的记忆不被影响或塑造,并准确反映在证人证言中。对重要争议事实,事实证人在证人证言中要诚实陈述对事实的记忆有多清楚,有否使用文件恢复记忆,如果有,要提供文件列表与表明是在什么时间和以怎样的方式恢复记忆。律师在与证人会面时,只能问开放式问题(open question),不能问诱导性问题(leading question)。在草拟证人证言时,内容不能超过证人的回答,尽量减少草拟证人证言的次数。所以,为了确保符合规定,律师在与证人会面时,最好录音或录像留下记录。

所以过去非常常见的,律师在与证人会面前,根据文件证据草拟一份对案件最有利的证人证言,在会面中让证人对内容作出修改的做法,不符合现在的规定。如果律师这样做并签署了稍后会介绍的合规认证(certificate of compliance),可能会有严重的后果。因为这等于是重新塑造了证人的记忆,让证人的证人证言符合律师的预期,可以说,没有比这更有诱导性的问题。律师也不要指望这样做不被发现,因为可以预见证人如果水平不够,很容易在交叉盘问中被对方发现。不仅证人会被丑化,对律师的职业声誉也会造成很大影响。同样,如果发现要修改证人证言的草稿,也需要安排与证人再次会面或通过文书形式询问开放式问题让证人回答。而不能先草拟了修改部分,再发给证人确认与修改。

CPR PD 57AC para. 4.1 规定事实证人除了要作出真实声明(statement of truth)外,还要作出以下的合规确认(confirmation of compliance):

"I understand that the purpose of this witness statement is to set out matters of fact of which I have personal knowledge.

I understand that it is not my function to argue the case, either generally or on particular points, or to take the court through the documents in the case.

This witness statement sets out only my personal knowledge and recollection, in my own words.

On points that I understand to be important in the case, I have stated honestly (a) how well I recall matters and (b) whether my memory has been refreshed by considering documents, if so how and when.

I have not been asked or encouraged by anyone to include in this statement anything that is not my own account, to the best of my ability and recollection, of events I witnessed or matters of which I have personal knowledge."

除此之外,当事人的代表律师也要作出合规认证(certificate of compliance):

"I hereby certify that:

I am the relevant legal representative within the meaning of Practice Direction 57AC.

I am satisfied that the purpose and proper content of trial witness statements, and proper practice in relation to their preparation, including the witness confirmation required by paragraph 4.1 of Practice Direction 57AC, have been discussed with and explained to [name of witness].

I believe this trial witness statement complies with Practice Direction 57AC and paragraphs 18.1 and 18.2 of Practice Direction 32, and that it has been prepared in accordance with the Statement of Best Practice contained in the Appendix to Practice Direction 57AC."

因为代表律师要签署合规认证,所以有理由拒绝客户不符合 CPR 规定的指示,如将证人证言作为重复争辩的工具。否则代表律师本人与律师事务所都可能会被法院批评,甚至面对更严重的后果,这将严重影响职业声誉。

如果当事人没有遵守规定,法院可以给予拒绝采纳证人证言,与/或要求重新根据规定拟定证人证言,与/或作出费用惩罚,与/或要求证人口头提供主证据:"If a party fails to comply with any part of this Practice Direction, the court may, upon application by any other party or of its own motion, do one or more of the following—(1) refuse to give or withdraw permission to rely on, or strike out, part or all of a trial witness statement;(2) order that a trial witness statement be re-drafted in accordance with this Practice Direction or as may be directed by the court;(3) make an adverse costs order against the non-complying party;(4) order a witness to give some or all of their evidence in chief orally."

CPR PD 57AC 与附件的目的显然是缩短证人证言的长度,增加拟定证人证言的透明度,强调文书证人证言的目的,并让当事人的法律代表承担了大部分确保符合法律规定的责任。但是否反而会令拟定证人证言变得更加昂贵与烦琐,例如,因为强调只能是证人个人知道的事实,反而要引入更多的事实证人。又如,最终签署律师为了确保证人证言符合法律规定,而做了很多额外工作,如一些本来由初级律师甚至法务完成的工作,将由最后需要签署的律师(往往是资深合伙人)完成。此外,针对文件列表,其实工作小组内部也有分歧,例如,在复杂的商业案件中,可能要向证人出示众多文件,法官能否因为证人在准备证人证言时看了大量文件而作出不利推断或减低证人证言的分量?而且虽然 CPR PD 57AC para. 3.2 明示说明强调提供文件列表不影响文件享有特免权,但是在具体操作中,会对特免权文件造成什么影响或带来什么困难仍是未知。这些都要等 CPR PD 57AC 正式生效后的实践操作再看。

此外要一提的是,CPR PD 57AC 的规定不适用在其他法院(如家事法院),更不适用在国际仲裁。但是由于对国际仲裁中的证人证言的批评相比法院诉讼是有过之而无不及,再加上国际仲裁中的参与者(无论是提供法律服务还是作为仲裁员)有很多是英国的律师或大律师,也有越来越多英国法院的退休法官成为全职仲裁员,所以,这个改革肯定会影响国际仲裁。仲裁庭可能会愿意作出程序命令,要求当事人根据 CPR PD57 AC 与附件的规定提供证人证言。而如果仲裁庭真的作出了这样的命令,可以想象当事人律师在交叉盘问中也会重点针对这方面的问题,试图找到不符合规定之处以丑化对方证人。

1.3 证人证言的拟定

如果是严格按照证人证言(witness statement)的本意,应由事实证人(factual witness)自己在被告知有关争议的事实后,在没有任何人干预与影响的情况下根据他/她能够回忆的事实拟定。他/她应该以自己的语言表达他/她的真实想法,毕竟向法院作出的证人证言中需要包含一个签署了的真实声明,如果证人证言不属实,在极端与证据确凿的情况下,会构成刑事犯罪。之后,证人一方的律师顶多做一些文法上的修改与校对。

但实际的做法不一样,因为证人一般不懂法律,不像律师会把客户、对方披露与调查取证后的文件/信息深入研究后知道己方的事实案件(factual case)与怎样表达才是合乎事实真相但同时对己方有利,所以让证人自己拟定证人证言几乎可以肯定律师不会满意。但在本章之上一段提到的律师先草拟一份再让证人修改的做法肯定不符合将生效的 CPR PD 57AC 与附件的规定,以下介绍两种过去较为常见的做法。

1.3.1 做法之一

一般做法之一(不同律师有不同做法)去拟定证人证言,大致上会是:

第一阶段:

1. 在草拟己方的文书请求/案件陈述[如索赔请求(Statement of Claim/Claim Submissions)或抗辩书(Statement of Defence/Defence Submissions)]时,就应该开始

准备并与有关的证人会面(interview)。

2. 准备一份模板(template)给每位事实证人或潜在证人填写,内容包括:(1)个人资料/信息(只会包括名字、职位、地址、精通的语言、资历与证人简历、工作经历、过去/现在与诉讼或仲裁的当事人的关系等)。(2)把争议与案件有关的事实/事项作为标题(title),以利证人填写有关标题的内容。(3)可在每一个不同标题下加上一些律师需要知道的问题[但问题不能是诱导性问题(leading question),否则就会是教唆证人(coaching)了]。例如,在出了意外后,证人做了什么?或另是证人有没有把意外告诉X先生?又或是,在告诉了X先生后,他有什么反应?(4)若有必要,向证人解释有关问题,但不能建议或提出怎样的答案才是有利。

第二阶段:

3. 证人应尽快填妥律师的模板(因为法院或仲裁程序都会有严格的时限),之后:(1)律师开始草拟第一稿的证人证言。(2)其间会要证人提供有关特定事实的问题与答案的文件证据(或其他的证据,如传闻证据)。即使证人是客户的公司雇员,也完全有可能有客户没有的有关文件。例如,在证人的个人电脑里的电子文件或证人本人的日记或笔记。(3)如果遇上了工作很繁忙的高管,就可以列出和诉讼与争议有关的每一方面的事实/事项,并在双方的会面中口头向高管逐一查问这些律师需要知道的有关事实真相的相关问题,并对会面的问答录音或录像进行查看,从而避免听错答案,也可以证明在会面中律师没有教唆证人。

第三阶段:

4. 不要盲目相信证人或潜在证人的回答(不论是高管或其他人),他们的回忆可能有错或不全面。必须比较证人提供与已经掌握(如客户提供或通过调查取证)的文件证据与信息,看有否不一致(inconsistencies)或矛盾,向证人提出并看他/她的解释是否令人满意,否则就不能加在文书证人证言中。即使程度没有误导法院或做假证这么严重,面对现实也知道过不了关,因为对方当事人的代表律师看到后也会在交叉盘问中刨根问底,所以最好提前把这些不一致或矛盾搞清楚。

5. 律师草拟第一稿的证人证言时要注意:(1)这第一稿的内容是由证人自己提供。(2)编辑(editing)证人的回答是被允许与合法的。(3)现实中也有这方面的需要,不少证人受限于水平,根本无法表达自己,需要律师代劳才能准确表达。但在这个过程中,律师要小心不能把"证人的证言"变为"律师的证言"(lawyer's evidence)。

第四阶段:

6. 第一稿后,律师在与证人进一步的探讨与改进的过程中要注意:(1)即使证人对部分内容有犹疑或觉得不放心(comfortable)之处,也不要诱导、怂恿证人或向证人施加压力去增加内容或改变草拟证人证言中对事实的陈述,必须保证证人证言中的内容是证人自己的话(intended witness's own words)。(2)多次修订的情况经常发生,经常会有第二、第三甚至第十稿才能定稿让证人完全满意,愿意签署并作出真实声明。(3)再次强调证人证言的内容将无可避免被对方当事人严厉调查、摸底与认证(特别是证人证言中的传闻证据),要提醒证人他/她将会面对在交叉盘问中被丑化(impeach)的风险。所以,不是肯定正确与能够满意解释的事实不要说死,不肯定的事情即使对己方有利,也应该坦白说明。(4)在拟定文书证人证言的最后版本时,律师要注意对格式与内容的要求。例如,CMC 作出的程序命令、英国法院诉讼的 CPR rule 32.8、包括已多次提到的真实声明、传闻证据的通知等。如果是国际仲裁,会是《IBA Rules on the Taking of Evidence in International Arbitration, 2010》之 Article 4(5)(a) - (e)等。

1.3.2 做法之二

此可节录 Adrian Saunders 大法官在 2007 年发表的一文。他是加勒比海法院(Caribbean Court of Justice)的一位法官。显然,该在 2001 年才新成立的法院也引进了英国法院以文书证人证言替代口头主证据的做法。文中他提到一位资深的律师介绍如何拟定一份证人证言,笔者觉得内容十分详尽(只选择性对部分重点加上中文翻译的脚注),所以节录如下:

"(a) I try to ascertain and be familiar with the overall facts, circumstances and context surrounding the transaction or event with which the Witness Statement is concerned.

(b) I read and try to be familiar with the pleadings of the case and be very clear about and understand the issues that arise for determination at the trial.

(c) I try to be familiar with and have a clear view of the law and all the legal questions that may arise and in particular have a good grasp of the eventual matters that may arise in the case i. e. proving of documents and questions of admissibility, relevance.

(d) I try to have available and at hand all the documents which concern the case and in particular that specific Witness.

Setting of taking the Statement

The setting should usually be formal (as in Chambers) but it could be anywhere including at the prospective Witness's home if that is most convenient to the Witness. The tone should be conversational and not unsympathetic.[9]

Actual Taking of Statement

In the case of articular and highly educated prospective Witnesses I might ask them to go away with the documents and ask them to prepare their own written statement of the matters in question. I would then use that statement as the basis for the Witness Statement

[9] 与证人或潜在证人会面的地方最好在是律师/大律师办公室这类比较正式的地方,但也可以是其他地方,包括证人的家里(证人可能是老年人、生病或有其他不便),只要证人感到舒服。

asking strategic open questions to supplement their statement.[10]

In all other cases I would have the witness present and at first ask the Witness to tell me in his/her own words what he/she knows about the matters in issue/question[11].

I think it advisable to let him tell me the whole story from beginning to end without interruption or interrupting as little as possible. A detailed note should not be taken at this stage but the emphasis should be on listening to the Witness and assessing the relevance of the story, their vantage point in relation to the questions at hand, their powers of observation and the strength and weakness of the Witness and their story.

I try to take as brief a note as possible at this stage so as not to slow down the Witness too much and cause him or her to lose where they are in their story. Important matters to be recorded at this stage may be dates, names of the principal actors and the sequence of events.[12]

If the story is long and complicated then once I get the gist of what the story is about, and I have the general contours of the story and I am satisfied that the person has relevant evidence, then at a convenient time I restart the process at the beginning at which point I then commence taking a detailed note of what is being said.[13] ...

I would attempt, as far as possible, to start at the beginning of the story and work through to the end of the story chronologically carefully noting and accounting for the passage of times and dates.

I attempt to ask as few questions as possible and then mainly to clarify points and to guide the Witness along the relevant line of the story but not so as to interrupt the train of

---

〔10〕 如果是表达力强与受过高等教育（特别是法律方面）的证人，我（律师）可能干脆请他/她自己拟定一份针对有关争议事实/事项的陈述，然后以这份文件作为拟定证人证言的基础并加以补充，问该证人一些特定与开放性问题（open questions）以引导证人提供进一步的证据，例如："你的陈述中第 9 段提到 3 年前的一个会议，可否告知明确的地点与所有参会人士的名字与身份？"

〔11〕 对其他一般的证人或潜在证人，我（律师）会要求与他/她面对面的会面，并要求他/她以自己的语言来告诉我有关争议的事实/事项。

〔12〕 这两段是说最好让证人或潜在证人先把他/她知道的整个故事从头到尾讲一遍，尽量不要或少干预，以免打断证人讲故事的思路。在此期间我（律师）可以简短记录下该证人所讲的重点，如事件与各事项发生的前后日期、一些在场的人士或主要角色等。最重要的是留心聆听证人讲的故事，同时观察这故事与诉讼或仲裁的争议的关联性、可靠性或故事的强弱，也包括证人本身的强弱。毕竟在国际商事仲裁，都是由双方当事人决定己方的证人，这就涉及确定（identify）与选择（select）最好的证人出庭接受盘问的问题。而对方当事人会向仲裁地法院或仲裁庭申请（如通过 *Subpoena* 或 CPR 下的 Witness Summons）强制某位人士出庭接受盘问的情况是绝少的。

〔13〕 如果证人或潜在证人的故事冗长与复杂，这就会需要多次会面。在第一次会面只先去聆听故事的重点，在获得了整个故事的轮廓（contours）并确定是与诉讼的争议有关或很有关后，再安排会面与开始记录下证人重复的故事详情与细节，为草拟证人证言所用。

thought of the Witness. I always try to ask open ended and not leading questions.[14]

Although I attempt to give a precise and grammatical exposition of the Witness's story, as far as possible I try to use the Witness's own words even if it may be an unusual use of language. Where an unusual use of language is used then I would ask the Witness to explain what it means. The clear meaning of the Witness should be ascertained and presented at all times. If, for example, a double negative is used then I would ask the Witness precisely what he/she means i. e. if it is positive or negative.

If the Witness says things which do not fit into my theory of the case I nevertheless do not excise or change the statement. The theory will have to change to fit into what the Witness is saying. It is better for the Witness's view to be accommodated at an early stage into the theory than in re-examination after the Witness has been totally destroyed in the Witness box.[15]

As far as possible I try not to include in the Statement facts and matters which are irrelevant or inadmissible, scandalous, or oppressive, but sometimes if it forms part of the transaction I would leave it in especially if the story would not make sense otherwise.[16]

I pay particular care with . . . immature, elderly or vulnerable persons[17] to ensure that what is recorded is their story and pitched at a level they fully understand and will repeat. Their precise words are used at all times with as little interpretation and word substitution as possible.

I always try to take a Statement without third party being present as their presence often does distort the story in many ways. . . The third party may also intervene into the story directly or subtly by gestures to influence the Witness. All this I try to avoid by

---

〔14〕 期间尽量少打断证人，即使有必要提问也尽量只问开放性问题而避免是诱导性问题，好像是在开庭时引导证人提供口头主证据（oral evidence-in-chief）一样。

〔15〕 这一点很重要，就是如果证人讲了一些事情/事实是与我（律师）最初根据客户提供的文件证据与其他调查取证得出对案件的初步观点有差异，也无法合理协调与解释，就只能改变对案件的观点了。试图改变证人证言，即使不是讲假话而只是避重就轻或回避（evasive）会更危险，很容易在交叉盘问/反盘问被严重丑化，也无法保证能够在再盘问（Re-examination）作出充分补救。

〔16〕 尽量在拟定的文书证人证言中避免与争议无关、不被法院采纳、诽谤性与压迫性的内容，除非这些内容是与争议有关而必须包括，如案件涉及欺诈与不诚实。这除了是因为在非必要的情况下，不必讲话过火，这会在法院或仲裁庭的眼中更"绅士"与讲道理，另也是对证人作出保护，不留下后患，不会令他/她事后面对诽谤的诉讼。虽然证人在法院作证是可以享有豁免权（Immunity）以鼓励证人无畏无惧地讲真话，而国际仲裁是享有机密性（confidentiality），但不代表证人证言不会外泄，特别是在双方诉讼方/当事方在开庭前庭外和解时。

〔17〕 这是指一些有困难的证人，不论是因为年龄、身体或心理状况。

keeping third parties out of the interview session.[18]

After Taking Statement

I would then have the notes of the interview typed up and tidied up and put into the format for Witness Statement as prescribed by the rules of Court.

The draft Statement is then given to the Witness or read to him/her by me. The Witness is then encouraged to change anything in the draft Witness Statement which he/she thinks is not correct before asked to sign it. . . ."

1.3.3　证人证言拟定的结论

总之：

1. 整个过程往往需要至少一至两个月或更长的时间。所以在律师建议的程序时间表或法院/仲裁庭作出的程序命令中，要给予合理但足够的时间完成这一步程序。

2. 要注意证人证言的长短，这是目前管治最重要的方面。证人证言过于冗长会带来法院的各种惩罚，如费用方面(costs sanction)、证人证言部分内容会被撤销(strike-out)、给法院留下坏印象影响证据分量等。再说，非必要的内容写多错多，因为给对方当事人代表大律师提供了在更多方面(而这会是有关证人不太熟悉或没有一手资料的事实/事情)盘问与丑化证人的机会。

但也不要走向另一个极端，即太简短的证人证言，这个问题笔者在国际仲裁中遇到过好几次。近期的 Autonomy Corp Ltd & Ors v. Lynch & Anor (2018) EWHC 2105 (Ch)先例案情涉及欺诈，而被告的证人交出的文书证人证言只有一句话说是承认长达 200 页的抗辩书中所陈述的事实："affirming the matters set out in the re-amended defence."

Mann 大法官判定这不是一份证人证言，毕竟一个文书证人证言的重要目的是提前告诉对方当事人该证人的主证据，并让对方为交叉盘问做准备。但通过这一句话无法达到这个目的。

3. 这无疑是一个十分昂贵的诉讼程序，笔者见过只是为一个重要事实证人所花的律师费用已是上百万美元。虽然现在已经有做法限制文书证人证言的长度与页数，但这个程序的花费恐怕仍是不会减少。正如英国前首相丘吉尔(Sir Winston Churchill)的名言"写一封简短的信函要比一份冗长的信函花费更多的时间与心思"。

所以，想避免浪费与昂贵的法院诉讼或国际仲裁的中国公司/商人，最重要的还是提高业务水平，才能做到避免或减少产生争议。

1.4　证人证言的格式与内容

证人证言(witness statement)是绝大部分民商事诉讼(或仲裁)中法院(或仲裁

[18]　我(律师)在与证人会面时，尽量不希望有第三人在场，因为这会带来对证人的压力而不想讲出全部真相与/或心里话，另第三人在场也会插嘴并带来干预。例如这第三人是证人的老板或领导，就免不了带来不必要的压力与干预。

庭)获取证据的重要来源。即使不少国际商业案件会有大量文件证据(包括电子文件),但通常仍有必要通过证人证言去作出填补与/或把有关文件串联起来与解释来龙去脉,才能让审理法官(或仲裁员)看明白整件事。

CPR Rule 32.4 规定了证人证言要满足的要求,而证人证言的格式可简单节录 CPR PD 32 如下:

"**Heading**

17.1 The witness statement should be headed with the title of the proceedings; where the proceedings are between several parties with the same status it is sufficient to identify the parties as follows:

	Number
A. B. (and others)	Claimants/Applicants
C. D. (and others)	Defendants/Respondents
	(as appropriate)

17.2 At the top right hand corner of the first page there should be clearly written: (1) the party on whose behalf it is made, (2) the initials and surname of the witness, (3) the number of the statement in relation to that witness, (4) the identifying initials and number of each exhibit referred to, and (5) the date the statement was made.

Body of witness statement

18.1 **The witness statement must, if practicable, be in the intended witness's own words, the statement should be expressed in the first person** and should also state: (1) the full name of the witness, (2) his place of residence or, if he is making the statement in his professional, business or other occupational capacity, the address at which he works, the position he holds and the name of his firm or employer, (3) his occupation, or if he has none, his description, and (4) the fact that he is a party to the proceedings or is the employee of such a party if it be the case.

18.2 **A witness statement must indicate: (1) which of the statements in it are made from the witness's own knowledge and which are matters of information or belief, and (2) the source for any matters of information or belief.**

18.3 An exhibit used in conjunction with a witness statement should be verified and identified by the witness and remain separate from the witness statement.

18.4 Where a witness refers to an exhibit or exhibits, he should state 'I refer to the (description of exhibit) marked'..."

18.5 The provisions of paragraphs 11.3 to 15.4 (exhibits) apply similarly to witness statements as they do to affidavits.

18.6　Where a witness makes more than one witness statement to which there are exhibits, in the same proceedings, the numbering of the exhibits should run consecutively throughout and not start again with each witness statement.

Format of witness statement

19.1　A witness statement should: (1) be produced on durable quality A4 paper with a 3.5cm margin, (2) be fully legible and should normally be typed on one side of the paper only, (3) where possible, be bound securely in a manner which would not hamper filing, or otherwise each page should be endorsed with the case number and should bear the initials of the witness, (4) have the pages numbered consecutively as a separate statement (or as one of several statements contained in a file), (5) be divided into numbered paragraphs, (6) have all numbers, including dates, expressed in figures, and (7) give the reference to any document or documents mentioned either in the margin or in bold text in the body of the statement.

19.2　It is usually convenient for a witness statement to follow the chronological sequence of the events or matters dealt with, each paragraph of a witness statement should as far as possible be confined to a distinct portion of the subject."(加黑部分是笔者的强调)

另可节录 Mann 大法官在近期的 Autonomy Corp Ltd & Ors v. Lynch & Anor (2018) EWHC 2105 (Ch)先例中所说如下：

"The current regime governing the use of witness statements is by now well understood. Witness statements for use at the trial are governed by CPR 32.4 . The provision of witness statements in advance of a trial appears in CPR 32.4(2), which is in the following terms: (2) The court will order a party to serve on the other parties any witness statement of the oral evidence which the parties serving the trial intends to rely on in relation to any issues of fact to be decided at the trial.

The nature of a witness statement is identified in the preceding paragraph, that is to say 32.4(1) : (1) A witness statement is a written statement signed by a person which contains the evidence which that person would be allowed to give orally.

A witness statement itself has no particular evidential status until it is actually deployed at the trial. The usual manner in which it is deployed at the trial is that it is ordered to stand as evidence-in-chief without the witness doing any more than confirming the accuracy of its contents. However, the evidence in question is still treated as being oral evidence, which is the form in which evidence is given at trials-see CPR 32.2(1) . That must be the principle underlying what is set out in the White Book, in the notes in the White Book at paragraph 32.4.5: 'A witness statement (or an affidavit) **should be in the witness's own words and should be restricted to matters to which the**

witness could readily speak if cross-examined on it. '

The same point is made in Practice Direction 32, paragraph 18. 1: 'The witness statement must, if practicable, be in the intended witness's own words, the statement should be expressed in the first person ...'

Those provisions generate or reflect what experience tells one is the normal form of a witness statement-a narrative of the events on matters of which the witness is giving evidence, given, most helpfully, in chronological order and, by and large, done without incorporating other narratives which are said to contain relevant facts of which the witness could give evidence. Of course, there are numerous instances in which a witness statement will cross-refer to a document or another matter, ... "(加黑部分是笔者的强调)

最后可将证人证言要注意的重点总结如下:

1. 要证人第一人称(be expressed in the first person),并以证人自己的语言/文字(in the intended witness's own words)表达。如果证人证言中使用了一些法律或其他方面专有名词或深奥的外文(英文),而在事后的交叉盘问中被对方代表律师问及,但证人无法回答,甚至直说不知道是什么意思,将会十分不利。对方律师会利用这个好机会进一步交叉盘问与丑化,最后会导致法院不给予该证人的证据任何分量。

2. 只针对证人自己个人直接获知(personal or direct knowledge)的事实,如亲眼看到、听到、在场、说过、做过的事情。

3. 如果不是个人直接获知,就表示是传闻证据(hearsay evidence),如从第三人处听说。这样,证人证言就必须详细说明信息的来源。本书第八章之3.5.2段有说到,要预先给对方当事人传闻证据通知(Hearsay Notice)。本段前文节录的 CPR PD 32 para 18.2 就已经提到这个问题,还可见 CPR Rule 33 等条文。

4. 要对在证人证言所作出的事实陈述提供文件证据的附件(Exhibits)以作为支持。这也是证人证言作为证据与文书请求/案件陈述(Statement of Case)只为了确定(identify)双方争议的重要事实(material facts)的不同之处。

所以,虽然仍需要小部分节录其他文件,但没有必要长篇大论地节录与合并(incorporate)其他文件的内容,律师与证人要掌握好轻重。在已经提到过的 Autonomy Corp Ltd & Ors v. Lynch & Anor 先例中,案情涉及被告证人的证人证言只讲了一句合并长达200页抗辩书所讲的事情/事实,这被 Mann 大法官认为不是一份证人证言,因为不能全部内容就是合并另一份不同目的制作的文件,说:

"... strictly speaking, if that witness sought in oral evidence-in-chief to say no more than that his or her evidence was contained in another document, or in a document, and to leave it there, that evidence-in-chief would, on traditional principles, not be admitted. The witness ought to give live evidence of all that material himself or herself ...

I do not consider that it would be appropriate in this case ... to serve a very short form witness statement which did no more than, in general terms, verify such facts as he considered that he could verify in the defence. He would not be allowed to give such unparticularised evidence as evidence-in-chief, absent a witness statement regime, and he should not be allowed to do it in a witness statement. Pursuant to its powers the court ought to be able to prevent that if it were threatened. The reason for that is that it does not really particularise the evidence or give the other side sufficient notice of what his evidence really is. . . .

The purpose of a witness statement is to give a clear indication to the other side of the evidence which his opponent wishes to give and rely on. A party should be able to gather that evidence largely from within the four corners of the witness statement, even if a certain degree of cross-reference is allowable (and in some cases probably inevitable)."

5. 由于证人证言是事实证人提供的口头证据,所以这份文件内不应该有争辩(arguments),也不应该有意见(opinion)。例如,证人证言不应有对合约条文的解释,这是法律问题,也不应有这方面的争辩,这是代表律师的工作。证人在证人证言中显示的对合约条文的理解也没有意义,因为这纯是他/她个人的主观意见。当然如果与合约条文的解释有关系,证人证言可以也应该说出有关谈判与订立合约时的事实背景(factual matrix)。但证人不必多加评论,这不是他/她要做的事。针对这些事实背景到底是否会影响合约条文的解释,还是由双方代表律师来最后争辩,并根据法院(或仲裁庭)的意见作出最终决定。

6. 按照时间次序陈述有关的事实。

7. 将每一个不同事实与/或主题分段陈述,并给每一段节编号。这会令将来提及(refer)与寻找时更加容易与快捷。

8. 由于证人证言是替代主证据,所以证人所有知道的事情/事实都应该被包括在内,也就是要提供证人全面的证据(all the evidence)。一般不会允许证人在开庭审理中在交叉盘问前增加证人证言的内容,可见 CPR 之 Rule 32.5(3)与(4):"(3) A witness giving oral evidence at trial may with the permission of the court (a) amplify his witness statement; and (b) give evidence in relation to new matters which have arisen since the witness statement was served on the other parties. (4) The court will give permission under paragraph (3) only if it considers that there is good reason not to confine the evidence of the witness to the contents of his witness statement."因为对方对新内容没有准备,不能事先调查。如果对方决定不盘问证人,证人甚至根本没有出庭的必要。这也是为什么现在证人证言特别是主要证人的证人证言事无巨细都要针对。一份主要证人的证人证言加上附件有上百页一点也不奇怪。

1.5　律师拟定证人证言的操守

很容易想到,希望为一位重要客户取得胜诉的律师在拟定证人证言的过程中有很强的诱因去教唆证人。问题通常是出在被教唆的证人在严苛的交叉盘问下,为了

“自救”或不知道严重性把己方律师曾经教唆的事实和盘托出。

所以在法院诉讼中,相信双方当事人律师作为法院的官员(Officer of the Court)都会更加小心,甚至留下没有教唆证人的证据,如会谈时的笔记或录音/录像等。但在国际仲裁中,因为没有法院诉讼严格,估计双方律师会轻松得多。一般仲裁庭有的权力能做到的惩罚很少,仲裁员一般也不认为自己有责任监督(policing)双方当事人律师的专业操守与道德(professional conducts and ethics)。但显然,国际仲裁要进行的程序(如准备证人证言)与法院诉讼基本一致,所以拟定证人证言时也会面对同样的问题,需要律师遵守专业操守才能顺利进行。国际仲裁中有很多不同社会与法律背景的律师代表当事人,所以适用划一的律师专业操守与进行监督不容易,但看来今天国际仲裁的大环境是在朝这个方向走。

最后可节录 Toulson 大法官在 The“Delphine”(2001)2 Lloyd's Rep 542 先例。该先例针对律师/大律师在准备与拟定证人证言时的专业操守所说如下:

“The procedure by which witness statements ordinarily stand as witnesses' evidence in chief has been an integral part of practice in the Commercial Court for some years and now applies generally under the Civil Procedure Rules : see Rule 32.5(2).

Part H1.3 of the Commercial Court Guide provides that: 'whilst it is recognised that in commercial cases, a witness statement will usually be prepared by legal representatives, the witness statement must, so far as practicable, be in the witness's own words'.

It cannot be too strongly emphasised that this means the words which the witness wants to use and not the words which the person taking the statement would like him to use.

Part H1.4 of the Commercial Court Guide provides that the rules of any professional body regarding the drafting of witness statements must also be observed.

The Law Society's Guide to the Professional Conduct of Solicitors provides guidance on the taking of witness statements. **It requires a high degree of skill and professional integrity. The object is to elicit that which the witness is truthfully able to say about relevant matters from his or her own knowledge or recollection, uninfluenced by what the statement taker would like him or her to say.**

Counsel on both sides expressed anxiety that this is in practice not what generally happens even when statements are taken by solicitors. If it is not, the situation is worrying. In the USA pre-trial depositions of witnesses are a standard feature of civil litigation. The process is costly and time-consuming. **Our system is quicker and cheaper, but it depends for its proper working on witness statements being properly taken.** Bad practices, like bad money, tend to drive out good. If bad practices in the taking of witness statements come to be seen as normal, so that witness statements become lawyers' artefacts rather than the witnesses' words, their use will have to be reconsidered. **Central**

to the problem is the ignorance of the court and the other party about how any witness statement has in fact been taken. It might therefore be thought salutary that, where a witness statement is prepared by somebody other than the witness, **there should be a written declaration by the person who prepared the statement giving information about how, when and where it was prepared and certifying compliance with any appropriate code of practice**.

Moreover where parties are represented in litigation by solicitors (as is almost invariably the case in the Commercial Court), I would regard it as part of their duty to ensure, so far as lies within their power, that any witness statements taken after they have been instructed are taken either by themselves or, if for some reason that is not practicable, by somebody who can be relied upon to exercise the same standard as should apply if the statements were taken by the solicitors themselves. So far as counsel may be involved in the preparation of witness statements for use in civil proceedings, there are rules and guidance in the Code of Conduct for the Bar and in the Bar Council's supplementary guidance note dated 16 January 2001."[19]（加黑部分是笔者的强调）

上述简单介绍是说证人证言想要起到应有的作用,制作证人证言的律师就必须严格遵守专业操守,这在英国律师协会与大律师公会都有详尽的指引。否则因为对方当事人与法院（或仲裁庭）都不知道是怎样制作的证人证言,只能根据表面价值（face value）考虑证人证言的口头证据给予证据分量,就有危险会错误认定事实了。所以 Toulson 大法官建议制作律师需要文书宣示是如何制作并确认遵守专业指引,这也是本章之 1.2.2.2 段提到的 2018 年 Popplewell 与 Andrew Baker 大法官领导的工作小组的建议之一。最后也提到,如果证人证言是交给其他人制作,如外国律师为外国证人制作证人证言,英国律师也有责任保证他们也遵守同样的专业操守。

1.6　交换证人证言的时间

法院通常在案件管理会议（CMC）中就会规定双方当事人交出或交换证人证言的时间。这一般是在程序的后期,往往是在双方相互文件披露（mutual disclosure of documents）后。这是因为专家证人需要掌握所有相关事实才能准备与作出全面的专家意见,而这些有关的事实,部分可能会来自对方当事人披露的文件。而对方当事人披露的文件内容也能够协助事实证人回忆或确认没有记错。国际仲裁的做法也大致相同。

当事人律师必须严格按照对时间的规定,[20]因为不断有说法是要求法院更加严格地执行时间规定,不允许轻易违反时间规定的命令而不受到惩罚（sanctions）。在国际仲裁中,仲裁庭也有避免延误、有效推进仲裁程序的责任,并且国际仲裁常常在

---

〔19〕　这里提到的专业指引已经失效,现行版本可见本章之 2.2.1 段。

〔20〕　专家报告也是如此,这方面可见本书第四章之 10.4 段。

披露阶段后就确定了开庭时间,也不会允许因为中间程序的延误影响原本确定的开庭时间。至于作出什么惩罚是法院或仲裁庭的裁量权(discretion),包括除非命令(Unless Order)带来的撤销(strike out)、浪费费用(wasted costs)命令等。但非常重要的一点是惩罚必须得成比例(proportionality),也就是相比违反的程度与原因,惩罚要恰到好处,不能过严或过轻。

由于拟定证人证言是一个有庞大工作量的复杂工程,也容易在此期间出各种意外,所以在早期的 CMC 上凭估计规定的时间经常会需要延期。通常双方当事人之间可以相互体谅达成协议延期 1 至 2 周不等或更长期限。但这也不一定,一旦无法达成延期协议,需要更多时间的当事人就必须在期限截止前向法院(或仲裁庭)作出延期申请。如果在规定的时间过了后才申请,在技术上就已经是违反,会面临惩罚。法院(或仲裁庭)也通常不高兴见到这种"迟到"的申请,因为如果没有太好的理由解释为何延误申请,感觉就是不尊重或漠视规定时间的重要性,也有强迫法院(或仲裁庭)非要延长时间不可的感觉。一个常见借口是工作繁忙,但谁的工作不繁忙?这完全是一个如何分配时间的问题。另一个较常见但也不太好的理由是律师说证人证言已经拟定好,但找不到该证人签字。在现实中,签字的证人突然离开的情况也经常会有,例如因为突发的公务或家事要离开几天。但即使是出现这种情况,律师还是可以先交出或交换没有签字的证人证言,并承诺稍后会跟进签字页。这至少可令对方当事人在知道证人证言的内容后进行交叉盘问的准备工作或其他有关工作。

如果违反准时交出/交换证人证言的时间规定,又没有太好的延期理由,法院(或仲裁庭)就要作出相应的惩罚,包括:

1. 不允许没有按照规定时间交出证人证言的一方当事人延期,也就是否定他/她交出证人证言的权利。这样,严重的后果会是该证人证言非常重要,被惩罚的一方没有其他当场文件证据支持,在索赔或抗辩的事实指控败诉。这惩罚看来明显是过严,针对延误交出/交换证人证言的违反并不适合。这方面在 Mealey Horgan Plc v. Timothy Horgan, Hill Samuel Bank Ltd (1999) 5 WLUK 345 先例中有涉及,Buckley 大法官说:"... it would be wholly out of proportion in my judgment for a court to deal with a case in effect on one side's evidence. It is or would be wholly unsatisfactory and unjust save in fairly extreme circumstances. I do not need to identify or suggest what those circumstances might be..."

2. 即使是在极端的情况下,例如延期后交出证人证言的日期是十分接近开庭,令对方当事人受到损害(prejudice),因为根本没有足够时间为交叉盘问做准备。更恰当的惩罚也会是把原定的开庭审理时间押后(adjourn),并同时命令违反的一方承担所有浪费的费用,甚至要求马上支付或向法院提供担保或在法院存放一笔钱(Payment into Court)作为允许延期的交换条件。

3. 在更极端的情况下,例如,延误的证人证言在开庭前 1 天才交出,违反时间规定的一方没有获得对方当事人同意延期,也没有事前向法院(或仲裁庭)申请延期。

更重要的是,违反时间规定的一方当事人也没有一个合理解释,甚至没有任何解释。这样,在对方当事人的抗议与反对下,把开庭审理时间押后也不现实,法院(或仲裁庭)剩下的"恰到好处"的选择可能只是否定延期申请,将违反方的证人证言拒之门外。

4. 在法院(或仲裁庭)命令下相互交换(mutual exchange)事实证人的证人证言是惯常的做法。原因是在英国的对抗制程序下,双方当事人都不想把已方证据的底牌先一步披露给敌对方,让对方有机会篡改他/她的证人证言。正如James大法官在Anderson v. Bank of British Columbia (1876) 2 ChD 644先例中说:"... as you may have no right to see your adversary's belief, you have no right to see that which comes into existence merely as materials for the brief."

在国际仲裁中,由于不一定是由英国律师代表双方当事人,加上双方经常处于世界各地,地域时间不同,所以,较难让双方律师约定在同一时间点作出交换。但仲裁庭通常很愿意协助,即当事人把要交出的一份或多份证人证言的电子版发送给仲裁庭,但不发送给对方。之后在对方当事人的证人证言也发送给了仲裁庭后,仲裁庭就会相互做出交换,让双方同时收到。

1.7 证人证言之后的修改

证人证言在拟定、签署与交换后,想再修改就较不容易。道理很简单,证人证言应该只包括过去的事实。而事实真相只有一个,不可能也不应该改来改去,否则只会降低甚至抹杀有关证人的可信性。

虽然理论上证人证言的内容中不应该包括对有关事情/事实的争辩(这是代表律师的工作,不属于事实证人的范畴),或是证人的意见[对有关事情/事实的意见是由审理法官(或仲裁庭)全面与客观评估所有证据后在判决(或裁决)书中作出推断与认定,如果涉及审理法官(或仲裁庭)需要协助才能够明白的专业知识,也是以专家证人而不是事实证人的意见作准],但现实中证人证言经常会加上这些内容,有时也不容易区分。

这样,在双方交换证人证言后,经常会要求再来一轮证人证言的回复(Reply Witness Statement)。回复的内容显然会包括对方证人在证人证言中提出而已方证人较早前的证人证言没有包括在内的事实,但更多的内容可能是针对对方证人证言对同一件事情/事实有不同的意见,其中也包括对争辩作出补充。

也有证人证言在交出/交换后需要对事实的内容作出修改的情况。毕竟,交换证人证言会是在开庭前,甚至是好几个月前所走的程序。在这段时间中,会发生新的突发事情导致需要对原来的证人证言的相关内容作出增加或修改。也会是,有关证人在看了对方证人证言或其他原先没有看到的文件记录后,回忆有了改变。如发觉原来交出/交换的证人证言,有部分事实是记错了,该证人就需要尽快作出修改,毕竟原来的证人证言是包括签署了的真实声明(Statement of Truth),而开庭审理并接受盘问时也需要发誓(under Oath)。这是承诺说出"真相、全部真相与只是真相没有其他”(the truth, the whole truth, and nothing but the truth),否则要承担刑事责任与后果。什么是“真相”应明确,“全部真相”是指证人说出他/她所知道的事实真相而不能有任何遗漏,而“只是真相没有其他”就是不得对全部的事实试图避重就轻、加以扭曲,让法院(或仲裁庭)留下错误的印象与感觉。

如果证人需要增加或修改原先的证人证言中的事实,特别是有实质重要性的内容,就应该尽快另作出一份修改的证人证言(Amended Witness Statement),并像修改文书请求/案件陈述(Pleadings/Statements of Case)的做法一样,向法院与对方当事人申请与交出。这可允许对方当事人有时间调查这部分增加或修改的事实与准备交叉盘问。

例如,Mealey Horgan Plc v. Timothy Horgan, Hill Samuel Bank Ltd (1999) 5 WLUK 345 先例涉及被告的证人比原告的证人晚交证人证言,并在原告反对的情况下向法院申请延期1周,从原来的1999年4月20日延至26日或27日的情况。此外,被告其中一位证人要求修改已经签署了的证人证言,但由于原告证人的证人证言已经交出,所以原告怕被告证人会针对性篡改证人证言。被告代表律师声称证人并没有看过原告证人的证人证言,并承诺在修改的过程中会完全透明。也就是以原来签署的证人证言为基础,后来的修改明确以修订模式来显示。Buckley 大法官认为这是一个完全可以接受与合理的做法:“That seems to me to be an entirely proper and sensible way of proceeding and one that does not engender any professional embarrassment to the Defendant's advisers and is in accord with the modern tradition of cards on the table.”

另外,如果证人增加或修改的事实不重要(主要是指晚了让对方当事人知道也不会造成损害或不利),时间上证人也是很晚才知道,就只能在开庭审理接受交叉盘问前,通过证人一方的律师在主证据/主盘问(Evidence/Examination-in-Chief)中问证人是否有修改的方式带出来。

证人要小心这样改动原来的证人证言肯定会导致对方律师在交叉盘问时的严厉查询。毕竟,事实就是事实,只有一个真相,怎会改来改去。所以证人必须有心理准备,对每一个增加或修改的事实都有一个合情合理的解释,否则就给了对方律师一个天上掉下来的机会去丑化自己。当然现实中,如果证人一直是讲真话,他/她事后要改动也往往有一个说得通的解释。

1.8 帮助证人或潜在证人回忆

自然人经常忘记或错误回忆过往的事情,证人也是不例外。Nederlandse v. Bacon & Woodrow (1995) 2 Lloyd's Rep 404 先例案情涉及一位65岁已经退休多年的证人几乎完全忘掉多年前发生的事情。被告以原告懈怠为由撤销诉讼请求(strike out claim for want of prosecution)的程序/做法的主要依据也是证人失去记忆。

对很多人来说,即使时间不久,也会失去部分的记忆。这带来证人能否看事情发生时所保留的文件[特别是当场文件(contemporaneous documents)]或该证人当时曾经作出过的陈述(previous statement)以协助证人回忆(memory refreshing)的问题。但如果允许证人对已经遗忘事情看以前所说的话(书面形式),就几乎肯定他/她会照着文件记录讲。一方面是不想自我矛盾,另一方面也确实忘了,依照以前说过的话应是最安全。但这样,主证据(evidence-in-chief)就失去作用了,因为这些文件或书面证言应在文件披露阶段就已经披露,双方都可以见到,又何必再要证人重复。还有一个更大危险是该文件或证言本身也不可靠,如制作时已隔事故/事情很久,记忆已经模糊。证人照着它讲,也就同样不可靠。

所以现在有了一套协助证人记忆的规则,以协助证人重建(reconstruct)记忆。这在两种情况下经常发生:第一是本小段所针对的文书证人证言的准备与拟定;第二是在开庭审理的证人盘问时。

针对证人证言的拟定,律师在与证人或潜在证人首次会面时,经常会遇见证人因时间的逝去,加上该证人已经退休、离职或老年等原因,根本没有回忆的情况。此时,律师无法让证人在首次会面时先讲他/她的故事,毕竟证人一开始在压力下乱讲乱猜不是好事。这样,就会要让证人先看有关的文件,包括当场文件,以协助回忆了。

国际商业案件一般都存在大量当场文件(特别是近年数字更为庞大的电子文件),通常证人在阅读后就可以回想起当时的事情/事实。已经提到证人的回忆通常会与当场文件的内容配合,因为证人不想讲一些与当场文件不一致与起矛盾的证言。由于当场文件现在一般被法院与仲裁庭视为更加优质与更接近事实真相的证据,所以证人的回忆与当场文件的内容配合,也不会有不良影响。但问题是,不像国际商业案件,在很多其他类型的案件中当场文件是欠缺或不足的。

为拟定证人证言协助证人回忆会涉及:(1)证人无法回忆某事件或要求提供更多信息或看有关文件才敢肯定。(2)律师会试图以开放性问题(open questions)协助证人的回忆,让他/她提供进一步的证据。这是允许的,例如问:"王先生,你这份早前的陈述中提到曾经汇过一笔2000万美元的款项去某人的账号,是怎么一回事?"(3)如果证人仍是无法回忆,就会是要提供当场文件(如果有的话)进一步协助该证人,例如该2000万美元的汇款单(remittance slip)等。如果证人能够恢复回忆并能够讲出他/她回忆的故事,就是证人能提供的证据了。

至于第二种情况,也就是在开庭审理的盘问证人时。今天的主证据已经不存在这个协助证人回忆的问题,因为口头主证据已经被文书证人证言所替代,但在交叉盘问(cross-examination)与再盘问(re-examination)仍存在需要协助证人回忆的情况。

对方当事人的律师会经常以开庭案卷里的文件"协助",要求被盘问证人阅读有了回忆后再提问题,但这种"协助"是不安好心的。对方律师也会要求证人阅读以前曾经作出过的不一致陈述(inconsistent statements),例如证人在这案件的中间程序申请(interlocutory application)中曾经作出过的誓章证据(affidavit evidence)[21]后再去提问题。而接下来的问题一般会要求被盘问证人解释它们之间的不一致或矛盾之处。这通常会是,证人忘了曾讲过什么或不警觉有矛盾,否则总会在口头主盘问或书面证人证言中协调一下,避免无可解释的不一致或矛盾之处。当然,也会有倒转矛头的敌意证人(hostile witness)[22]的情况。

这个做法的目的单纯是为了丑化(impeach)证人,要求审理法官(或仲裁员)完全漠视该证人的证据:见 Stinton v. Stinton (1993) PIQR P135 先例。罕有的情况下,甚至可请求审理法官或仲裁员接受该证人以前的一份陈述/证言才是真实/准确的。但能否成功,其中一个因素是证人能否解释修改证据的原因。例如,稍早提到的己方证人变了是敌意证人,说原本所讲是当事人或它的代表律师教唆,更可为后者带来大麻烦。证人也可能有完整与合理的解释,成功化解了这个不安好心的问题。

在回答问题时,证人也会想到这个问题的解释或答案可能是在另一份过去的文件或电文中,但不记得并要求协助。但对方律师当然不会真正协助,也可能是并不知道。这就要证人一方的律师/大律师协助指出在某个开庭案卷中的某页是否是证人想看的文件?而如果证人没有提出要求协助回忆,就要求己方律师在再盘问时,问证人在被盘问某一个方面时,证人曾想看的文件是否某个开庭案卷中的某页?要做好这些工作需要律师/大律师对大量的文件证据十分熟悉,所以代表律师在开庭前的准备与阅读文件工作会比仲裁员更多。

交叉盘问也经常涉及证人为自己准备了一些笔记(notes)或过去的陈述(previous statements)在接受盘问时参考,证人给的理由是在被盘问时会有必要去协助回忆。但这与协助回忆无关,因为还没有被交叉盘问,怎能预先知道有某特定问题证人要面对并且遗忘了,需要协助回忆才能回答?准备笔记或过去的陈述的真正目的会是想在证人面对交叉盘问时,用来提醒证人在回答时不要作出与以前的记录或陈述有不一致或矛盾的回答。但这是不允许的,也与证人必须在回答中说出事情/事实的全面真相的目的有偏差,因为过去的陈述或证人笔记不一定是事实真相或全面真相。所以在面对交叉盘问时,证人自己带的文件通常会被对方负责盘问的律师质疑并且不允许证人参阅。在真正遇到个别问题是证人因为遗忘而寻求协助回忆时,证人才

---

〔21〕 誓章(Affidavit)与证人证言(Witness Statement)的格式(form)上的差别如下:(1)誓章开始说:“我(名字)(职业)在宣誓下说……(I . . . say on oath: . . .)”但在证言证人,只是说:“我(名字)(职业)会说……(I will say as follows: . . .)”(2)誓章必须在律师(Solicitor)或公证人(Public Notary)面前宣誓签署。(3)誓章末端有宣誓公证(jurat),它记载了宣誓的场所、地点、日期、宣誓官(上一段提到的律师或公证人)的名字,及其他的特定事项。而证人证言是有一个真实声明(Statement of Truth)。在法院,冻结令(Freezing Orders)与搜查令(Search Orders)的申请需要誓章证据,这些课题请参阅笔者的《证据法:国际规管与仲裁中的文件攻防》一书第三章的详细介绍。其他法院程序,都可以证人证言作证而无需誓章,除非法院特定要求。在国际仲裁,做法上也是类似。

〔22〕 关于敌意证人可见本书第三章之 4 段。

能看过去的陈述以作出协助。

1.9　交叉盘问不受证人证言内容局限

简而言之，证人将会面对的交叉盘问问题不受证人证言的内容局限。只要是证人对有关争议有了解，都会被对方通过交叉盘问方式提问。所以证人在面对交叉盘问时，不能以证人证言内容没有包括作为挡箭牌。

所以这是在选择己方的证人或证人团队时要小心的地方。如果对一个潜在证人不放心，如潜在证人理解与表达能力很低与/或思维混乱，就最好不要列入证人团队，让其他更好的替代证人提供争议事实的证据会是更好的做法。毕竟很多事情会有几个人一起参与，没有必要让他们所有人都作为证人为同一个事实作证。

中国公司对证人的选择特别要小心，这在本章下一段也有提及。中国公司的个别董事长/高管并不适合出庭接受苛刻、敌意与打破砂锅问到底的交叉盘问。加上其他因素，例如不肯抽空接受证人的培训与不肯花时间看文件（包括他/她自己的证人证言）等，所以会有情况是最好不要将他们列入证人团队，也不要让他们作任何方面的文书证人证言。相反，尽量找其他也直接知道该董事长或高管所知道的事情/事实，并且更恰当与更能表达也肯花时间接受培训的证人代替是更安全的做法。

虽然对方当事人可以通过法院传召（*Subpoena*/Witness Summons）该证人（敌对方老板或高管），但很少有人敢在国际仲裁中这样做。因为强制传召对方的证人，不事前知道他/她的证言/证据，也不知道因为什么原因不出庭，会面对很大风险与不肯定。也正因为这种风险与不肯定，所以国际仲裁中很少强制传召证人。如果涉及对方的前高管，一般也是先与他/她会面并提及一些比较重要与有利的信息，但他/她不肯出庭对付前雇主。在这种特殊的情况下，才会考虑申请法院传召证人。另是在国际仲裁中，法院也无法传召在外国的证人。

2. 为证人出庭接受盘问做准备

准备事实证人（preparing witness），让他/她熟悉有关情况、习惯做法与规则以及证人将会面对的环境十分有必要。

不止中国证人需要准备与培训，英美这些西方国家的证人准备也是一个重要的课题，稍后会介绍这些英美与国际上的做法。

这里也涉及另一方面的准备，也就是要求事实证人对他/她自己的证言/证据与对方律师会在交叉盘问中攻击与丑化（impeach）的重点有充分了解。在 GH v. The Catholic Child Welfare Society（2016）EWHC 3337（QB）先例中，Gosnell 大法官提到 Bingham 勋爵曾经说要根据以下的五个要点决定证人的可信度：（1）证人的证据与其他双方已同意的事实或是有明确证据（通常是客观存在的文件证据）显示发生了的事实的一致性（“the consistency of the witness’s evidence with what is agreed, or clearly shown by other evidence, to have occurred”)。(2)证人的证据有否内部矛盾(“the internal consistency of the witness's evidence”)。(3)证人的证据与证人自己曾经在其他场合说过或文件中记录的话的一致性(“consistency with what the witness has said or deposed on other occasions”)。(4)证人在其他与有关诉讼没有直接关系的事情上显示的可信度或诚信(“the credit of the witness in relation to matters not germane to the litigation”)。(5)证人在交叉盘问中的行为举止与肢体语言(“the demeanor of the witness”)。

Bingham 勋爵说前三个要点最重要与最可靠。这也表明对方律师在交叉盘问中会重点针对这方面，即针对证人证言中的内容进行盘问。一旦证人的回答显示了与证人证言其他段节有内部矛盾，就会被对方律师抓住大做文章了。同样，如果证人证言的内容与披露的大量过往文件有不一致或矛盾，也会是麻烦甚至是致命的。更多问题会出在证人在回答对方律师盘问时，说出了新的内容是与披露了的当场文件有不一致之处。这样，对方律师会指出该当场文件让证人看并追问证人如何解释这个矛盾。这往往又会带来麻烦，甚至是对证人一方致命的不利。

商业案件中有大量的有关文件(特别是涉及电子文件)，己方律师在现实中很难做到把披露的文件都看一遍或多遍，熟悉内容后留待交叉盘问时发挥。但在双方代表律师与有关证人之间，谁更勤奋、把准备工夫做得更好(往往是查阅与熟读文件)，谁就更有可能在交叉盘问时掌握好机会。

知道了这方面的危险，在准备证人出庭接受交叉盘问时，除了上述所讲让证人熟悉将来面对敌意交叉盘问的情况外，也包括熟悉己方的案件(own case)，这表示证人肯定要熟读证人证言的内容与披露文件的内容。即使是懂法律与熟悉对抗制诉讼或仲裁的事实证人，也要熟悉己方的案件与熟读证人证言以及披露的文件以做准备。这才可以保证不会或减少在面对交叉盘问时讲错话，被对方律师抓到不一致或矛盾之处。

除了要特别注意不要有不一致或矛盾之处，证人还要小心很多其他地方。笔者无法在这里一一列举，只提一个就是：事实证人在被交叉盘问时，不必要多讲话。因为证人证言本来就不应该是有关事实的部分内容，而是应该提供全面真实的证据。如果增加的内容确实与争议有关甚至很有关，就很难解释为什么没有包括在一开始的证人证言中。

2.1 英国诉讼准备证人的做法——允许证人熟悉出庭情况

英国一贯允许律师，在法院诉讼就是大律师(Barrister)在准备时让证人熟悉(familiarisation)出庭接受交叉盘问的情况，这不是教唆(coaching)证人。但两者之间不容易区分，律师作为法院的官员(officer of the court)要掌握好轻重。毫无疑问的是律师/大律师必须与证人会面(interview)，甚至多次会面。在双方紧密的接触中，什么话可以对证人说或什么事情可以做就会是十分微妙。

这方面有不少有关先例与规则(主要会是英国大律师的专业守则)，虽然每一次遇到的情况都不会是一模一样，但至少有指引可帮助掌握轻重。

首先针对让准备证人熟悉情况，在2005年出版与最后在2017年修订的对英国大律师在准备证人(witness preparation)的专业操守(professional ethics)的指引中，有总体说明(overview)是不允许教唆证人，但允许让证人熟悉情况，包括与事实证人或专家证人讨论案件。在此只节录民事诉讼(civil litigation)中大律师可以针对准备事实证人所做的事情。针对事实证人的第20条说：

"20. The following approach is suggested in relation to any witness familiarization process for the purpose of civil proceedings:

20.1 Any witness familiarisation process should normally be supervised or conducted by a solicitor or barrister.(与证人的会面与交谈，必须十分小心不能讲任何会被解释为是建议证人在作证过程中如何讲话或表达的话，这是不被允许的教唆证人。)

20.2 In any discussions with witnesses regarding the process of giving evidence, great care must be taken not to do or say anything which could be interpreted as suggesting what the witness should say, or how he or she should express himself or herself in the witness box: that would be coaching.(这是要求让证人熟悉出庭情况的过程，一般要有律师或大律师在旁监督与操作。这可以理解，毕竟除了律师或大律师，一般人士是不可能熟悉开庭审理与证人被交叉盘问的程序，让他们做这件事是开玩笑。另是，也只有律师或大律师才会被信任有专业操守掌握好轻重，在这个过程中不会教唆证人。毕竟，律师或大律师都会受到专业机构与法院的严格监督。他们在处理个别案件时是肯定不会也不值得为个别案件冒这个风险。类似的，一些有规模与地位的律师所恐怕每天因为利益冲突或潜在的利益冲突拒绝的案件也会不少，可以相信它们不会乱来与"饥不择食"。)

20.3 If a witness familiarisation course is conducted by an outside agency(如果有为证人举行培训的课程，如跨国公司/西方大公司会为公司高管举办的超级证人课程):

20.3.1 Records should be maintained of all those present and the identity of those responsible for the programme, whenever it takes place.(保留所有提供与负责培训课程的人士的身份。)

20.3.2 The programme should be retained, together with all the written material (or appropriate copies) used during the sessions.(保留培训课程的时间安排以及所用的资料。)

20.3.3 None of the material used should bear any similarity whatever to the issues in the current or forthcoming civil proceedings in which the participants are or are likely to be witnesses.(如果参加培训的学员在这些可能的争议会是潜在证人，培训课程所用的资料必须与目前或将会有诉讼的争议没有任何雷同之处。)

20.3.4 If discussion of the civil proceedings in question begins, it should be stopped.(如果在培训课程中有学员提出与这些诉讼的争议有关联的问题,也必须中止讨论。)

20.4 Counsel should only approve or take part in a mock examination-in-chief, cross-examination or re-examination of witnesses who are to give oral evidence in the proceedings in question if, and only if:(只有在以下情况下,律师/大律师才能批准或是参与一个模拟诉讼)

- Its purpose is simply to give a witness greater familiarity with and confidence in the process of giving oral evidence; and(模拟诉讼的目的只是让证人更大程度熟悉情况与建立出庭作证的信心。)
- There is no risk that it might enable a witness to add a specious quality to his or her evidence; and(不会有危险让证人变为更有能力让他/她的证言/证据表面看似更为有理。换言之,不要训练证人变得更会在法院“做戏”。)
- All steps have been taken to ensure that the exercise is not based on facts which are the same as or similar to those of any current or impending trial, hearing or proceedings at which a participant is or is likely to be a witness; and(如果参加模拟诉讼的是目前或将会有的诉讼的潜在证人,就要采取所有预防措施以肯定这模拟诉讼不会涉及这些诉讼或可能的诉讼中同样或接近的事实。)
- In conducting any such mock exercises, counsel does not rehearse, practise or coach a witness in relation to his/her evidence: Rule C9.4. Where there is any reason to suspect that a mock examination-in-chief, cross-examination or re-examination would or might involve a breach of the Code, counsel should not approve or take part in it.(模拟诉讼结束后,律师/大律师不要借机对参加的人士重温、训练或教唆他们作出的证言/证据。只要律师/大律师有怀疑(例如知道了模拟诉讼的案情后)会违反专业操守,那就不应该批准或参与。)”

以上关于让证人熟悉出庭情况的课程或培训的指引最早是在 R v. Momodou and Another (2005) EWCA Crim 177 先例这一刑事诉讼中出现。该案涉及两位被告被起诉在入境拘留中心有暴力行为与制造骚乱,并在一审被定罪与被判监禁 4 年。两位被告上诉,原因之一是相关证人(是入境拘留中心的两位工作人员,他们指证两位被告在骚乱中是带头分子)在审前被培训过。上诉庭判虽然英国不允许教唆证人,但如果证人培训只是让证人熟悉诉讼程序(如法院的设施与环境、会在证人作证时发生的事情、要听清楚问题才回答、清楚与慢慢回答让审理法官听清楚与/或记录、避免讲无关问题的话、要遵从法官的指示等),但不进一步与证人讨论要作出的证据,是没有问题的。而在该先例中,上诉庭看了有关培训的安排与内容,加上一审法官在指导陪审团(Jury)时已经说过,相关证人被培训过是不恰当并影响证人口供的可信度(credibility)的,认为没有造成错判的危险。所以,否定了两位被告的上诉。

在民商事诉讼领域,没有类似 R v. Momodou and Another 先例的直接针对这方面的权威先例。但 Ultraframe（UK）Ltd v. Fielding（2006）EWHC 1638（Ch）先例看来对 R v. Momodou and Another 先例是认同的。所以,可以假设针对民商事诉讼,培训证人熟悉诉讼程序与情况是合法的,这也是与英国大律师公会的专业守则一致的。

允许证人(不论是事实或专家证人)熟悉诉讼程序也有很有说服力的原因:(1)保证有关证人不会因为他/她不熟悉情况产生恐惧而造成影响,导致没有完全尽到应该向法院提供事实证据的义务;(2)法院的资源很有限,经常听到不能浪费法院宝贵的资源与时间的说法,提前让证人熟悉法院程序与正确的作证做法往往与此目的一致。

接下来的第 21 条针对的是准备专家证人。虽然有不少专业的专家证人是不需要培训或安排一个模拟开庭审理让他/她熟悉情况,他们会有很多出庭与面对交叉盘问的经验,也会参加过培训课程[如专家证人课程(Expert Witness Course)],但肯定仍会有一些专家证人(特别是争议涉及特殊行业或专业)没有这种经验。这样,让他们熟悉环境的培训就有必要。以下可节录有关的 21 条文与简单的中文解释,如下:

"21 It is a standard practice in civil cases for barristers to be involved in discussions with experts and to consider drafts of the expert's report prior to service of the report on the other side. In this connection, counsel has a proper and important role in assisting the expert as to:(民商事诉讼中的习惯做法是大律师参与和专家证人的讨论并考虑怎样拟定专家报告。在以下方面,律师可以对帮助专家证人起到一个正当与重要的作用)

● The issues which the expert should address in his or her report;(专家证人需要在他/她的报告中针对哪些争议/争端。)

● The form of the report and any matters which are required by the rules of court to be included in it; and[法院的专家报告需要怎样的格式与包括哪些内容。例如 CPR Rule 35 要求专家报告包括对专家被委任的指示、了解专家证人的责任与义务是协助法院了解涉案的专业知识的声明、真实声明(Statement of Truth)等。]

● Any opinions and comments which should not be included as a matter of law (e. g. because they are irrelevant or usurp the function of the court or go beyond the expert's experience and expertise).[法律不允许专家报告包括的专家意见或看法,如与争议无关,或是干预法院才有权决定的内容(通常是专家去发表对法律的看法,如合约条文怎么样解释),或不在有关专家证人的经验与专业知识内。]

22 Beyond this, however, the courts have repeatedly emphasized that expert reports should be, and be seen to be, the independent product of the expert in question, e. g. The "Ikarian Reefer" (1993) 2 Lloyd's Rep 68. Accordingly, one should not seek to draft any part of an expert's report. Counsel's involvement may, however, include discussing or annotating on a draft report observations and questions for the expert to consider in any revisions to the draft. These comments might include assisting an expert to use

plainer language, so that the expert's views are expressed accurately and clearly. When doing this, however, one must keep in mind one's obligations under Rules C9.2(d), C9.3 and C9.4.［但专家报告必须是专家证人本人的独立产品，不受其他影响。在著名的海事案例 The "Ikarian Reefer"先例中，Cresswell 大法官给出了对专家证人的一连串指引（guidelines），并在后来被加入 CPR。这方面在本书第五章之 4.2 段有详细介绍。在这里只说是律师或大律师在参与专家报告的拟定时要小心。律师可以与专家证人在讨论一份草拟的专家报告时提出问题让专家证人进一步考虑与进行修改，如报告以更简单的文字表达］。但必须保证律师不能试图影响专家证人的独立意见。）

23 Counsel may also assist in familiarizing experts with the process of giving oral evidence, including:（律师与大律师也可以帮助专家证人熟悉开庭审理作出口头证据时会要走的程序）

- Explaining the layout of the Court and the procedure of the trial, and（解释法院的布置与程序）
- Providing guidance on giving comprehensive and comprehensible specialist evidence to the Court, and resisting the pressure to go further in evidence than matters covered by his or her expertise.（提供指引有关怎样在庭上作出专家意见的证据，但不能进一步干涉专家证人以他/她的专业知识提供的证据。）

24... in relation to familiarizing expert witness ... one must take great care not to say anything which could be interpreted as manufacturing or in any way influencing the content of the evidence that the expert is to give in the witness box.（在协助专家证人熟悉的过程中，一定要十分小心不要被误读为试图制造或影响专家证人要在出庭时提供的证据。）"

在 Medimmune Limited v Novartis Pharmaceuticals UK Limited, Medical Research Council (2011) EWHC 1669 (Pat)先例中，Arnold 大法官说律师有责任保证专家证人收到正确的指示与发表独立与中立意见，律师与专家证人交流的尺度取决于案件的性质、专家的专业与其他情况："CPR rule 35.3 Practice Direction 35 and the Protocol emphasise the responsibilities of expert witnesses, but the parts of the Protocol that I have emphasised above make it clear that the lawyers who instruct expert witnesses have important responsibilities too. In short, it is the responsibility of the lawyers to ensure that the expert is properly instructed. A cardinal aspect of properly instructing the expert is to ensure that the expert is put in a position to express an independent and impartial opinion. ... As Lord Wilberforce said 'some degree of consultation between experts and legal advisers is entirely proper'. What degree of consultation is appropriate will depend on the nature of the claim, the expertise of the witness and other relevant circumstances of the case."

2.2 英国诉讼准备证人的做法——禁止教唆证人

证据方面教唆证人(coaching of witness)在诉讼或仲裁中的程序不同,包括:涉及证人的主证据(evidence-in-chief)或主盘问(examination-in-chief)、交叉盘问(cross-examination)与/或再盘问(re-examination)。

由于今天的诉讼普遍以文书的证人证言(witness statement)替代了开庭审理时的口头主盘问,所以英国做法下在律师协助证人拟定证人证言时就已经适用,律师不得试图教唆证人。

可节录 Lightman 大法官在 XYZ Music GmbH v. King & Ors (1995) 3 All ER 1 先例中所说:“... I should first say that in this case the modern procedure designed to shorten the length of trial was adopted, of exchanging witness statements and of those witness statements standing as the evidence-in-chief of those witnesses. The procedure requires of all participating in the process of the preparation and making of such statements (solicitors and witnesses alike) the obligation to take the greatest care to ensure that the statements contain the truth, the whole truth and nothing but the truth. This case, for the reasons, which will subsequently appear, starkly reveals the potential for abuse of this procedure.”

显然,不得教唆证人更适用在即将开庭审理,证人将面对敌意的交叉盘问前。例如,安排一个与实际争议接近(包括开庭审理的环境、所走的程序与实质争议会出现的问答)的模拟诉讼(mock trial)。如果只在环境与/或程序上类似,可以解释为是让证人熟悉将来面对交叉盘问的情况,但加上实质争议问答的内容就会是教唆证人了。

在证人作证(这包括主盘问、交叉盘问与再盘问)程序的中途,如中间休息与午饭时,不能教唆证人的说法也同样适用,即律师不得与该证人讨论任何关于这个案件以及他/她的证据。在国际仲裁中,仲裁庭也经常会对证人作出提示,就是在作证间歇期间不要与任何人讨论案件。虽然理论上,证人与他/她自己团队(包括代表律师)“谈天说地”,只要不涉及案件是没有问题的。但这仍需要避免,因为审理法官、仲裁庭与对方当事人不会知道在谈什么。一旦有了怀疑,那至少有可能导致该证人证言的分量对法院或仲裁庭来说会降低。

当然,在证人作证完毕,特别是开庭审理完毕后,就不再存在教唆证人的说法了。

2.2.1 向证人调查取证与教唆证人的区别

这两者之间的重要区别显而易见:前者是律师在处理好一个诉讼/仲裁必须要做的,例如需要多次与证人会面(interview)、记录(notes taking)交谈内容、草拟证人证言等,这也完全合法与不会违反专业操守。但后者的行为就恰恰相反,是执业律师严禁的。这两者不同行为的分水岭(watershed)在极端的例子是明确,也是常识(common sense)可以区分。例如律师与证人会面时问:“公司文件显示你在上一年的某天曾经与对方当事人的公司某高管见面或通了电话,你是否记得你们有关本案件的争议谈了些什么?”这应是调查取证。但如果律师与证人会面时说:“公司文件的内容显示你们的通话内容并不完整，而且看来对己方公司不利，可否补充一些有利内容？”这就是教唆证人了。

可节录古老的 Eldridge, Re, 82 NY 161 (1880)先例。Finch 大法官说到分别在“向证人获取他/她知道什么事实真相，不是告诉他/她应该知道什么‘事实真相’”，如下：“While a discrete and prudent attorney may very properly ascertain from witnesses in advance of the trial what they in fact do know and the extent and limitations of their memory, as guide for his own examinations, **he has no right, legal or moral to go further. His duty is to extract the facts from the witness not to pour them into him; to learn what the witness does know, not to teach him what he ought to know.**”（加黑部分是笔者的强调）

但在各种情况中，多数会是不容易区分的灰色地带（grey area）。特别是精明的人士懂得包装不合法、不恰当的语言，或是隐晦地表达让双方意会到。所以有了这方面争议，会需要全面看有关的事实背景、双方（律师与证人）的接触情况等，才能合理推断（infer）。这方面英国也已经有不少先例与规则（如英国大律师公会的专业守则）给了指引（guidelines），以下可去介绍。

首先是粗暴与明显不过是不合法的行为显然不会被允许，如欺压、威吓或贿赂证人提供或作出对己方有利的证据。Toulson 大法官在 The “Delphine” (2001) 2 Lloyd's Rep 542 先例中说：“In English litigation, civil or criminal, there can be no proper place for trying to persuade a potential witness what he should say, let alone by bullying, threats or inducements. Such methods are totally unacceptable.”

英国大律师公会的 The Bar Standards Board Handbook（2019 年版）中包括了专业守则（Code of Conduct Rules）〔23〕，其中 C9.2 条〔24〕是针对帮助客户拟定文书请求/案件陈述（Pleadings/Statement of Case）〔25〕、证人证言（Witness Statement）〔26〕、誓章（Affidavit）〔27〕或其他〔28〕涉及案件争议事实的法律文件时，代表当事人的大律师必须注意的事项，可节录如下：

“C9.2 you must not draft any statement of case, witness statement, affidavit or oth-

〔23〕 英国大律师公会旧的专业守则在 2014 年失效。

〔24〕 对应的是已在 2014 年失效的旧专业守则的 Rule 704。

〔25〕 针对重要事实（material facts）并且要加上真实声明（Statement of Truth）。

〔26〕 事实证人针对双方争议的事实向法院（或仲裁庭）作出的主证据。

〔27〕 法院的中间程序/临时措施申请与决定一般不需要开庭审理，通常法院只是根据誓章证据（affidavit evidence）中对有关事实的陈述决定。所以必须依赖当事人的代表律师/大律师的专业操守与作为法院官员（Officer of Court）的法律责任，相信他/她不会误导法院，才能在这种制度下安心作出决定。

〔28〕 如上诉通知（Notice of Appeal）。虽然上诉通常只能是法律方面，而事实方面的争议在一审法院决定后是不能通过上诉作出改变。但上诉仍可能涉及事实方面，如一审处理证据时是否出错，是否需要撤销（dismiss）与下令重审（retrial）等。

er document containing:

a. any statement of fact or contention which is not supported by your client or by your instructions;[不得作出任何客户不能支持(通过文件或口头证据)的事实陈述或争辩。]

b. any contention which you do not consider to be properly arguable;(不得有任何代表大律师自己认为是不恰当的争辩(主要是明知道这争辩是没有任何合理依据。)

c. any allegation of fraud, unless you have clear instructions to allege fraud and you have reasonably credible material which establishes an arguable case of fraud;(欺诈是商事诉讼中极严重的指控,不得轻易与泛泛提出。代表大律师必须要有客户在这方面的明确指示与拥有能够表面成立一个欺诈案件的合理可信的资料才能提出。这方面可见本书第七章之7.2.1.2段。)

d. (in the case of a witness statement or affidavit) any statement of fact other than the evidence which you reasonably believe the witness would give if the witness were giving evidence orally.(针对证人证言或誓章中对事实的陈述,代表大律师必须合理相信有关证人如果需要出庭以口头作出主证据,也是同样内容。但在其他很多包括针对特定事实或争辩的不同法律文件,代表大律师可以只根据客户或证人提供的说法与确认正确即可。例如一份告票或传票中对一些有关事实的陈述是不必有相同的严格性保证正确,这应是因为法院不会在作出决定或判决时考虑与依赖作为证据。)”

另在C9.3至C9.6条是说:

“C9.3 you must not encourage a witness to give evidence which is misleading or untruthful;(不得鼓励证人提供误导性或不真实的证据,这应包括不能鼓励证人说谎,也不能鼓励证人提供不完整的证据,例如对证人说:“这句话或这件事能不说就不说”)

C9.4 you must not rehearse, practise with or coach a witness in respect of their evidence;(不得排演、训练或教唆证人提供他/她的证据)

C9.5 unless you have the permission of the representative for the opposing side or of the court, you must not communicate with any witness (including your client) about the case while the witness is giving evidence;[除非获得对方诉讼方的代表律师或法院(在仲裁案件中就是仲裁庭)同意,否则代表大律师与己方证人(不论是否是大律师的客户)从一开始作证直到作证完毕,都不允直接或间接讨论有关案件。这种会获得同意的例外情况不多,如在作证的证人就是客户本人,但出现突发情况导致代表大律师需要马上向他/她寻求指示(seeking instruction)与授权,法院(或仲裁庭)就会为这方面的特定事情允许代表律师与作证中途的客户讨论]

C9.6 you must not make, or offer to make, payments to any witness which are contingent on their evidence or on the outcome of the case.(不得根据证人提供的证据或诉讼结果,向证人支付或提出要约会支付一笔钱)”

总之,英国法下什么是合法与律师专业可接受的证人课程或培训与不可接受的教唆证人要根据每一个案件的特定事实判断。对律师而言,特别是复杂的商业案件,往往与客户和证人的交流频密,难免要深入探讨案件与有关的证据。所以一时不慎说漏嘴,被视为教唆证人的情况可能发生,但刻意去做就不值得了。毕竟,这是客户的案件(即使是大案件),与律师没有共存亡的关系,律师不值得"卖命"或更准确是"出卖专业信誉"。律师也不要以为私下与证人的交谈是只有"你知我知",笔者数次亲自见过也看过报道证人在宣誓下面对交叉盘问时说是律师教他这样说的。在严重的情况下,该律师会面对律师公会/协会的制裁与/或教唆证人欺骗法院或伪证罪的刑事罪名。即使中国公司经常参与的是国际仲裁而非法院诉讼,但由于无论是仲裁员还是代表律师/大律师都大部分在英国(或其他普通法国家或地区)执业。所以无可避免会在这方面受英国法院做法的影响,对律师/大律师来说更是无论是在法院诉讼或是国际仲裁都受同样的专业守则约束。

2.2.2 教唆证人对有关案件的影响

教唆证人对有关案件的影响可介绍近期的新加坡 Compania De Navegacion Palomar SA and others v. Ernest Ferdinand Perez De La Sala (2017) SGHC 14 先例。该先例涉及澳大利亚在 20 世纪 70 年代最富有的家族之一。被告 Ernest 是家族六家公司的董事,被指控把公司约 6 亿至 8 亿美元转账去了他的私人账户。有关争议之一是这六家公司是 Ernest 的父亲给他本人的(家族其他成员的利益份额也已经被他陆续收购)或他只是作为家族的受托人(trustee)。[29] 在开庭审理时,Ernest 让他的哥哥 Tony 作为证人之一出庭作证。在交叉盘问中,Tony 针对一些澳大利亚物业的购买日期在前后两天的回答有冲突,并在对方律师追问下,承认了在开庭前曾经与作为 Ernest 的证人的其他家族成员一起受到 Ernest 的代表律师(一家著名的跨国律师事务所的悉尼分所)的培训。其中涉及准备了 14 页纸的可能会在交叉盘问出现的问答,Tony 也承认这文件中的回答不是他自己独立的回忆,而是与其他证人及 Ernest 的律师的讨论后才拟定的。

显然,这是教唆证人。在该先例中,Quentin Lok 大法官决定不给 Tony 的证词任何分量,同时认定 Ernest 本人的证词不可靠,前后矛盾。另外法院从早已身亡的父亲的信函中认定他的意图是把家族公司与财富留给全家族,Ernest 只是受托人。所以判 Ernest 败诉,他作为家族公司的董事违反了诚信责任(fiduciary duty)并要赔偿。上诉庭[(2018) SGCA 16] 支持一审认定 Ernest 的证据(显然是包括 Tony 与其他作

---

〔29〕 父亲名为 Robert Perez de la Sala,于 1967 年在澳大利亚悉尼在睡梦中突发身亡。他生前曾是香港特区著名船东之一(免那洋行),也在其他业务(如香港特区的绍荣钢铁厂)与房地产投资,后来移民澳大利亚。在他死亡时被称为澳大利亚最富有的公民,当时拥有高达约 1.2 亿美元的财产。他有 5 个孩子(其中一个儿子早在 1945 年死亡),最大的是 Tony,Ernest 是老二。Tony 对航运与生意不感兴趣,于是由老二 Ernest 接管并把家族公司从澳大利亚搬到了新加坡。在母亲于 2005 年身亡后,家族成员就在新加坡法院开始了 4 年的争产诉讼。

为证人的家族成员)完全不可信与不真实。

Quentin Lok 大法官在一个长达 300 多页的判决中详尽分析了英国、澳大利亚与香港特区的法律地位,可将笔者认为最重要部分节录如下:

"**The law on witness coaching**

In my view, and this is something basic that every advocate worth his salt knows, **witness familiarisation is perfectly legitimate.**〔30〕 Except for a few lucky individuals, our memories are not infallible and dim with age. Generally speaking, the further one goes back in time, the older the witness is, the more inaccurate his recall will be. **This means it is permissible to take the witness through his AEIC** (Affidavit Evidence-in-chief,也即是证人证言) **and then to assist his recollection of the facts by referring him to the key documents so that he is able to refresh his memory from these documents and their contents.**〔31〕 That is also why the drafting of an AEIC is such an important exercise and it is the solicitor's duty to ensure that what goes into that AEIC, or any affidavit for that matter, is the witness's own 'uncontaminated evidence' (see R v Momodou [2005] 2 All ER 571 ... ("Momodou")). Lawyers should never put words into the witness's mouth and should refrain from language that is not that of the witness. Neither should they put in events or matters that the deponent cannot recall. **Time and again we see words and elegant phrases that a particular witness deposes to in his affidavits, but when cross-examination ensues, it is obvious that the words and language used are not familiar to the witness.**〔32〕 The lawyer then exposes his client and his client's witnesses to confusion and great uncertainty in the hands of a competent cross-examiner, all of which is to the detriment of his client's case. This also happens **when two or more witnesses use exactly the same words as each other in describing an event or a fact**〔33〕, so that when one affidavit is found to be untrue or not quite true, it affects the credibility of the other deponents. This clearly happened when Isabel (Ernest 的妹妹) and Tony aligned their initial stories with Ernest's at the injunction stage without adequate checking of the facts. ...

---

〔30〕 让证人熟悉证词与文件是完全合法的。毕竟作证时往往事件已经发生了几年甚至十几年,证人的记忆已经模糊了是很正常。

〔31〕 允许证人看他/她的证人证言与其他曾经作出的陈述,也可以让他/她看一些有关的文件记录的内容以帮助他/她回忆。

〔32〕 时常可以见到证人在文书证人证言中行文优美,但在交叉盘问时发现很明显证人不熟悉证人证言中使用的文字与表达。

〔33〕 如果两个或多个证人在描述同一事件或事实时使用了一模一样的文字,就表示他们可能串供。串供是一个典型的教唆证人的例子,而且十分危险。因为只要其中一个证人的可信度受到质疑,也会影响到其他串供的证人的可信度。

What is equally clear is that witness 'coaching' is not permissible.〔34〕 Guidance and familiarisation by reference to documents becomes coaching when it seeks to supplement or supplant the witnesses' true recollection with another version of events. **This includes giving advice to a witness to move away from his original answer to one which favours his case or the person calling him as a witness. It is also wrong to allow witnesses to collaborate**〔35〕 on their answers so as to provide a version that is favourable to a party's case instead of relying on their honest recollection of what actually happened. . . .

The witness should give his or her own evidence, so far as practicable uninfluenced by what anyone else has said, whether in formal discussions or informal conversations. The rule reduces, indeed hopefully avoids, any possibility that one witness may tailor his evidence in the light of what anyone else said, and equally, avoids any unfounded perception that he may have done so. **These risks are inherent in witness training.**〔36〕 Even if the training takes place one-to-one with someone completely remote from the facts of the case itself, the witness may come, even unconsciously, to appreciate which aspects of his evidence are perhaps not quite . . .

The extent to which the guidance in Momodou should apply in a civil case, and in particular, a complex civil case such as the present, was answered in Ultraframe (UK) Ltd v Gary Fielding and others [2005] EWHC 1638 (Ch) ("Ultraframe"). Lewison J considered the application of Momodou in civil cases and gave the following view. . . : There are, of course, **significant differences between civil and criminal procedure.**〔37〕 Not least, in civil cases evidence in chief generally takes the form of a pre-prepared witness statement, whereas in criminal cases it is elicited by (non-leading) question and answer; and in civil cases witnesses are normally permitted to sit in court while other witnesses are giving evidence, whereas in criminal trials this does not happen until the witness has given his own evidence; and even then it is unusual. In criminal cases witnesses do not see each other's statements or depositions; whereas in civil cases it is common for witnesses to see and respond to the statements of other witnesses.

Nevertheless, the principle that a witness' evidence should be his honest and independent recollection, expressed in his own words, remains at the heart of civil litigation too. **In the light of the disappearance of oral evidence in chief from civil cases, it may**

---

〔34〕 教唆证人是绝对不允许的。

〔35〕 这包括不能建议证人改变原本的回答以对己方的案件更有利,也不能允许证人之间串供。

〔36〕 所以要单独培训证人,不可以一起培训,否则就可能被其他证人的证词影响导致串供。

〔37〕 在口头主证据方面,民事诉讼与刑事诉讼之间有很大区别,Quentin Lok 大法官接下来给了几个例子。

be thought that the importance of the witness's own independent recollection in giving his evidence under cross-examination is all the greater.[38]...

... What I can agree with is that with more complex civil cases, some group discussion early on in evidence gathering is inevitable but it always depends on the integrity of the lawyers to ensure it is handled responsibly and to remind potential witnesses of the dangers of coming to a common advantageous view when that is not the recollection of some of them.

A good example occurs when the chief executive, who is a witness, insists on a version and his subordinates all fall in line, whether it is the truth or not. When the chain of consistency is broken at the weakest link, or one of the witnesses has an attack of conscience, the edifice collapses spectacularly. So the experienced lawyer knows that he does not take the chief executive's proof of evidence in front of the chief executive's subordinates.[39] In the more complex cases, there are usually documents that can correct faulty memories and I can see nothing wrong if A were to say a meeting took place on a particular date and another witness, B, says that cannot be correct because a document or documents points to another date-that is entirely in the realm of accurate recall ...

In the Singapore practice, **counsel would sometime ask a witness if he had discussed his evidence with anyone else and such questions are perfectly legitimate in cross-examination. Responsible and experienced counsel know the risks**[40] they expose their witnesses to if they allow witness training and coaching. There is also nothing wrong with a lawyer asking questions of his witness as the witness might face in cross-examination but it would be wrong to start coaching him on what is the 'right' answer to be given. It is important that the answer is his own. Neither is there anything wrong in showing the witness the court room so that he can familiarise himself with his

[38] 如果是通过开庭盘问口头提供证词,证人在盘问中提供的主证据是证人独立提供的,证人的代表律师不能问诱导性问题(leading question)。但由于民事诉讼中以证人证言代替了口头主证据,事前由律师私下帮助证人准备证人证言,这就会担心不仅仅是律师有诱导性问题,甚至律师会教唆证人、影响证人的说法。所以要保证这是证人自己诚实与独立的回忆,即使是口头提供主证据也会是一样的内容。

[39] 一个例子是如果公司领导坚持一个说法,他/她的下属都会跟从这种说法,无论是否正确。这种统一性像锁链一样,一旦其中最薄弱的一环被破坏(如其中一个串供的证人在交叉盘问时抵抗不了压力承认自己讲错了),就会导致整个链条断裂,所有证人证言的可信度都会受到质疑。所以有经验的律师知道不应在下属面前向公司领导取证,除非下属不会作为证人出庭。

[40] 律师在盘问证人时有时会问证人是否与其他人讨论过自己的证据,这是完全合法的。证人有危险乱说爆出内幕,例如说是律师教他这样说的。有经验的律师知道这个风险,所以不会冒险去教唆证人,以免赔上自己的专业声誉,也毁掉了客户的案件。

surroundings.

In HKSAR v Tse Tat Fung [2010] HKCA 156 (like Momodou, this involved a criminal matter), the Hong Kong Court of Appeal agreed with the principle set out in Momodou...

In the NSW Court of Appeal decision of Day v Perisher Blue Pty Ltd [2005] NSWCA 110... it emerged during the course of the trial that witnesses for the defendant-tortfeasor, prior to the trial, had communications (via teleconference) with each other and other persons, including the solicitors for the defendant, with respect to the form and content of the evidence they were to provide. **The defendant's solicitors had also prepared an extensive document for the defendant outlining 'possible areas of questioning (to be passed on to the respective witnesses)' and included suggestions as to the appropriate responses which would be in line with the defendant's case**〔41〕... The trial judge did not address the plaintiff's attack on the credibility of these witnesses, whose evidence the trial judge accepted. On appeal, the issue was whether the trial judge erred in accepting the evidence of the defendant's witnesses in the light of the conduct of the witnesses and solicitors. The court held as follows: 'It has long been regarded as proper practice for legal practitioners to take proofs of evidence from lay witnesses separately and to encourage such witnesses not to discuss their evidence with others and particularly not with other potential witnesses. For various reasons, witnesses do not always abide by those instructions and their credibility suffers accordingly. In the present case, it is hard to see that the intention of the teleconference with witnesses discussing amongst themselves the evidence that they would give was for any reason other than to ensure, so far as possible, that in giving evidence the defendant's witnesses would all speak with one voice about the events that occurred. Thus, the evidence of one about a particular matter which was in fact true might be overborne by what that witness heard several others say which, as it happened, was not true. **This seriously undermines the process by which evidence is taken. What was done was improper. The process adopted was more concerned with ensuring that all the witnesses gave evidence which would best serve their employer's case.' ... The trial judge's judgment was eventually set aside and a new trial ordered.**〔42〕

---

〔41〕 在该澳大利亚先例中,被告的律师也给每位证人准备了一份详细的文件列出可能会被问到的问题,以及符合被告案件的建议回答。这是典型的教唆证人,建议证人回答与串供。

〔42〕 一审法院接受了被告证人的证据,但是被上诉庭推翻。上诉庭判被告律师的做法不正当,严重破坏了正常的取证程序。被告律师的做法并非提供证人独立的回忆,而是为了保证对被告的案件最有利。一审法院的判决被撤销,要重新审理。

The extent to which witnesses in a civil case may properly discuss their evidence with oneanother or the solicitors of the party that had called them as witnesses before it amounts to impermissible preparation has not been directly addressed by the Singapore courts. In my judgment, the matter is **obviously one of degree and very fact sensitive** and I should not lay down any hard and fast rules other than to adopt the principles espoused in the English and Australian authorities referred to above. I accept that **the line between witness coaching and training and permissible witness familiarisation can be a very fine one**,〔43〕 but that should not prevent a court from making that call and sort the wheat from the chaff. Even though that may be a judgment call〔44〕, I think there must be very few and rare cases indeed where one can say the line has disappeared. Few will argue with **the principle that a witness' evidence should be his honest and independent recollection**, **expressed in his own words. This remains at the heart of civil litigation**〔45〕 ... If, like in Day v Perisher Blue, it became apparent that the intention of the witnesses discussing their evidence amongst themselves was to ensure that they would all 'speak with one voice' such that their evidence best served one party's case, then the court is entitled to find that the credibility of the witnesses have suffered as a result. In my view, this must be correct in principle and in law. ”(加黑部分是笔者的强调)

2.2.3 过度准备与培训证人的问题

过度准备与培训证人会带来的问题可见近期英国的 EnergySolutions EU Ltd v. Nuclear Decomissioning Authority (2017) UKSC 34 最高院先例。该先例的案情与中国公司关系应是不大,涉及英国政府因为想为不再使用或退役(decommissioning)12 个核反应堆的工程安排公开招标,工程价值是几十亿英镑。原告参与投标但不成功,事后向被告(政府有关部门)提起诉讼,指称在考虑标书与程序上有错误,并索赔为了准备标书所花费的 1000 万英镑。有关这方面的问题与提起诉讼的依据,有兴趣的读者可以参阅笔者《合约的解释:规则与应用》一书第九章之 4 段的详细介绍。

回到本先例,双方当事人已经在诉讼中途达成和解,但仍要求最高院作出判决,对今后同类案件的法律地位有明确指引。争议涉及英国立法《The Public Contracts Regulations 2006》,这是根据欧盟《EU Public Procurement Directive》的本土化立法,并在 2009 年作出修改以令 Remedies Directive(违反《EU Public Procurement Directive》的救济)生效。最高院判责任方面不是根据英国私法解释,因为这是欧盟法,需要

---

〔43〕 教唆证人、培训证人与允许证人熟悉情况之间的分界十分不明显,要根据每个案件中律师与证人之间的交往的不同程度决定。

〔44〕 但是教唆证人、培训证人与允许证人熟悉情况之间在法律上的分界是肯定存在的,所以是每个不同案件中审理法官个人的判断。

〔45〕 民事诉讼的核心是证人证言应是证人独立的回忆,并以证人自己的话说出来,这个法律大原则不能改变。

“足够严重违反”(breach has to be “sufficiently serious”)才会有救济。显而易见这与中国读者没有太大关系,更不用说英国已经脱欧(Brexit)。

与本段有关的只是 Edward-Stuart 大法官在一审公开批评原告的证人死板地跟从“预早制定的问答脚本”(pre-ordained script),导致在开庭审理的交叉盘问阶段对一些被盘问的问题(显然不是预早准备与培训过)不能或回避清楚回答。虽然法院没有批评对证人的准备与培训,但认为在该先例是“没有帮助与反效果”(unhelpful and counter-productive),也会令证人的证言/证据分量减轻。

2.3 中国证人的准备

由于中国公司是今天全球国际商业诉讼与/或仲裁的主要“用户”(users),所以也有文章讨论中国证人(主要是事实证人)的开庭审理与接受盘问的准备。的确针对中国证人的准备与不少外国证人不同,而且通常很难有成效。而由于中国证人普遍没有英国法/普通法与法院对抗制诉讼的认知,所以作证时犯错(这里不是指证据本身)的机会也更大。这些独特之处包括:

1. 中文与英文的重大区别。一般的说法是在交叉盘问时可以通过翻译(interpreter)解决这个问题。但除了会带来开庭时间的严重延误与费用增加外,笔者很少遇到很满意的翻译,更不好的是没有把原来的中文或英文的语境(context)表达出来。所以如果中国证人能说英语,即使讲得不流利,笔者也会鼓励他/她在国际仲裁与以西方人为主的仲裁庭面前以英语回答交叉盘问。

2. 中国法院或中国仲裁机构的诉讼或仲裁程序与国际仲裁所走的程序(如对抗制)很不一样。所以经常带来误会与无谓的争议,导致西方人为主的仲裁庭作出的命令/指令的程序会是对中方不利。

3. 由于文化差异,在以西方人为主的仲裁庭,中国证人的言行就往往难在理念上被西方仲裁员接受或认同。虽然今天中国证人也通常在开庭前提交与交换文书证人证言(witness statement)。这份文件通过代表律师/大律师协助准备与修改,通常表面看来是站得住脚与有说服力的,但没有受过考验(untested)的书面证人证言的证据分量(weight of evidence)是受到质疑的。

也有很多人说英国仲裁员越来越不愿意相信文书证人证言,除非证人面对交叉盘问并且总体与对关键点的回答是令人满意的。这也表示中国证人在普通法的国外/外地(如中国香港特区)仲裁,难免需要面对交叉盘问。而由于上述所讲的独特之处,对中国证人出庭作证前的培训更加重要。笔者在这里针对以下几点:

(1)证人的人选十分重要,尤其是对中国公司来说。例如很多公司领导虽然对有关的争议是主导,但可能不是一位好的证人。而第二线实际参与有关事件的负责雇员会更加恰当,除了会直接掌握争议的事实详情外,也一般会较年轻,对国际规则与理念可能更了解。这里也涉及对最佳证人人选的平衡考虑,就是需要对争议事实最有关,也是大家合理预期会出庭作证的证人,这方面已在本书第一章之 3.2 段有介绍,不再重复。

(2)对中国证人而言,除了要接受对抗制诉讼/仲裁下开庭审理与接受盘问的培训,还要接受其他方面的培训。例如英国合约法下的一些重要原则,如合约是否有效成立的前提条件、什么是会构成弃权/禁反言的言行等。当然要避免教唆证人,更要避免与有关诉讼的争议扯上关系。

(3)交叉盘问能够让法院或仲裁庭找出事实真相是英美等普通法国家深信不疑的,如果双方居于同一水平,笔者也不怀疑这一点。一个证人说谎十分容易随口讲一句试图搪塞过去,但"一句谎言要用十句谎言弥补",最后很容易被拆穿,这完全正确。例如被问及"昨天去了哪里"时,由于不想告知对方就随口说看了一部较早前看过的电影。这看来很容易搪塞过去的谎话在接下来被追问一连串的问题时就会被拆穿了,如:是否自己一个人去?在哪家影院看的?看的什么时间的场?该场是否有打折?看的观众多不多?去影院是什么交通工具?证人就要不断动脑筋给出更多的谎言弥补以自圆其说。但这是十分危险的,因为在诉讼的交叉盘问中,是"除非已经知道正确答案(包括有证据可支持),律师是不会盘问对方证人"。所以,证人会在回答这些谎言带出来的细节时,感到无助与犹疑。这会给有经验仲裁员留下坏印象,因为这种简单与昨天才经历过的"事实真相",要说出来不应该吞吞吐吐。所以律师在准备与培训证人时,经常会重复要求证人必须讲真话,这对证人是完全正确的指引。

2.4　美国对律师准备证人出庭接受交叉盘问的地位

美国在大原则上与英国一致,即允许(甚至是欢迎)对证人的准备与培训(witness preparation/training),但不允许教唆证人(coaching)。但针对两者的区分/分水岭,会十分宽松对待什么才算是教唆。在现实中,美国律师的很多做法在英国(与其他普通法国家或地区)会被视为教唆证人。

例如《The Restatement (Third) of the Law Governing Lawyers》(2000)之 Section 116 Comment B 在针对证人准备与培训方面说:"Discussing the role of the witness and effective courtroom demeanor; discussing the witness's recollection and probably testimony; revealing to the witness other testimony or evidence that will be presented and asking the witness to reconsider the witness's recollection or recounting of events in that light; discussing the applicability of law to the events in issue; reviewing the factual context into which the witness's observations or opinions will fit; reviewing documents or other physical evidence that may be introduced; and discussing probable lines of hostile cross-examination that the witness should be prepared to meet. Witness preparation may include rehearsal of testimony. A lawyer may suggest choice of words that might be employed to make the witness's meaning clear."

Peter J. Henning 的"The Pitfalls of Dealing with Witnesses in Public Corruption Prosecutions"[23 The Georgetown J of Legal Ethics 351 (2010)]一文中说,在这宽松的尺度下,除了律师叫证人凭空编故事,准备证人的其他方面是没有不可以做或讲的:"it would be hard to find any type of preparation short of the lawyer instructing the witness to fabricate a story that would not be defensible."

举例说,允许与证人讨论针对争议事件所适用的法律(discussing the applicability of law to the events in issue)所带来的问题是先通过讨论向客户与证人(有利益冲突的事实证人)指出什么才是对自己有利的法律地位,就会导致证人在他/她的证据与所讲的故事中有意识或无意识(通过回忆)地倾向于作出对己方有利的证言,而不是说出全面/全部的事实真相。而客户与证人在仍不知道有关的法律地位时先对律师说出的所有有关争议的事实,会更能保证获得全面/全部的真相。但这也有问题,如此表示法律地位不信任客户与证人的诚信,即不论是否知悉有关争议的法律地位都不会对事实真相有所隐瞒或扭曲。另是,如果一方的证人水平高,即不需要代表律师指出有关的法律地位就已经熟悉。而对方证人的水平不够,但代表律师又不能向他/她说明有关法律地位,就会造成双方当事人的证人面对不平等地位而造成不公平。看来,美国还是接受了信赖美国律师会善意与谨慎,在为证人准备与培训时不会过度参与,导致证人制造虚假证据。

另让证人重复排演(repeated rehearsals),往往是通过重复的模拟诉讼/仲裁(mock litigation/arbitration)以及与证人讨论对方律师在交叉盘问中提出有敌意的问题时应如何回答(discussing probable lines of hostile cross-examination that the witness should be prepared to meet)。这也十分容易"越界"变为教唆证人,有说法是:"If the purpose of role playing is merely to accustom the witness to the rough and tumble of being questioned, then it is ethically unobjectionable. If, however, the lawyer uses the role playing session as an occasion for scripting the witness's answers, then it is unethical."

所以有美国律师在培训证人时,针对交叉盘问中会出现的问题,会建议证人其他更好与更有利的回答。可以说只要不违反美国律师协会的专业守则《American Bar Association (ABA) Model Rules of Professional Conduct》[46]之 Rule 3.3 与 3.4[47],即不能协助或明知证人提供虚假证据给美国法院,就会被认可。

---

〔46〕 见 https://www.americanbar.org/groups/professional_responsibility/publications/model_rules_of_professional_conduct/model_rules_of_professional_conduct_table_of_contents/

〔47〕 可节录如下:"**Rule 3.3: Candor Toward the Tribunal** (a) A lawyer shall not knowingly: (1) make a false statement of fact or law to a tribunal or fail to correct a false statement of material fact or law previously made to the tribunal by the lawyer; (2)...; or (3) offer evidence that the lawyer knows to be false. If a lawyer, the lawyer's client, or a witness called by the lawyer, has offered material evidence and the lawyer comes to know of its falsity, the lawyer shall take reasonable remedial measures, including, if necessary, disclosure to the tribunal. A lawyer may refuse to offer evidence, other than the testimony of a defendant in a criminal matter, that the lawyer reasonably believes is false. (b).... (c) The duties stated in paragraphs (a) and (b) continue to the conclusion of the proceeding,.... **Rule** 3.4: **Fairness to Opposing Party & Counsel**A lawyer shall not: (a)... (b) falsify evidence, counsel or assist a witness to testify falsely, or offer an inducement to a witness that is prohibited by law; (c)..."

2.5 国际仲裁对律师准备证人出庭接受交叉盘问的地位

在国际仲裁中,代表律师或多或少会对证人(特别是事实证人)就开庭审理与面对盘问做出准备与培训,但程度上很不一样,这会令仲裁员感到迷茫。例如,本章上一段介绍的美国对这方面很宽松,而另一个极端是一些欧洲国家(如比利时、意大利、法国与瑞士)的律师专业守则不允许对证人做出准备与培训,甚至不准与证人接触。

这样,仲裁员是否要对美国律师一方的证人所提供的证据分量(weight)与可信度(credibility)做出扣减,但欧洲国家律师一方的证人就不做出扣减?毕竟很多对律师的专业守则(codes of conduct)也适用在律师处理国际案件中,不仅是本国案件,如英国大律师公会包括了专业守则(Code of Conduct Rules)的《The Bar Standards Board Handbook》(2019 年版)与律师协会的《Solicitors Regulation Authority's Code of Conduct》。但法国与瑞士虽然在本国的法院诉讼中不允许接触证人,但允许律师在国际仲裁中接触与准备证人。

显然,这对国际仲裁不是好事,因为很多不同法律背景与受到不同国家的专业守则约束的律师,都会作为仲裁员或代表律师参与国际仲裁。

很多仲裁机构的仲裁规则中没有针对这方面。只在伦敦仲裁院(LCIA)的仲裁规则(2014 年)之 20.5 条中说:"Subject to the mandatory provisions of any applicable law, rules of law and any order of the Arbitral Tribunal otherwise, it shall not be improper for any party or its legal representatives to interview any potential witness for the purpose of presenting his or her testimony in written form to the Arbitral Tribunal or producing such person as an oral witness at any hearing."

另在新加坡国际仲裁中心(SIAC)的仲裁规则(2016 年)之 25.5 条,也有简单规定说:"It shall be permissible for any party or its representatives to interview any witness or potential witness (that may be presented by that party) prior to his appearance to give oral evidence at any hearing."

但其他很多著名仲裁机构都没有针对这方面作出任何规定。另在国际仲裁的实践中,笔者也很少见到过仲裁庭对双方当事人的代表律师为证人准备与培训可以怎样程度地接触证人作出相关命令或指引。同样也绝少见到或遇到当事人的代表律师向仲裁庭提出申请,要求这方面的命令或指引。大家似乎都不太重视这方面,甚至不知道有这么一回事。但这是很可惜的,因为这方面十分重要。

幸亏《IBA Rules on the Taking of Evidence in International Arbitration》(2010)或简称"IBA 证据规则"规定了国际仲裁中的这方面问题。IBA 证据规则之 4.3 条说:"It shall not be improper for a Party, its officers, employees, legal advisors or other representatives to interview its witness or potential witnesses and to discuss their prospective testimony with them."

这样就在一定程度上有了划一的准则。IBA 证据规则虽然不是全球的公约与法律,没有强制性,但由于这 IBA 证据规则十分普遍通过双方同意/协议使用在国际仲裁,也就有了合约的约束力。

可见到拟定 IBA 证据规则的工作小组(IBA Working Party)成员除了有英美的普通法背景,更多是来自大陆法背景的欧洲国家如意大利(工作小组主席)、瑞典、法国、西班牙、荷兰、比利时与德国。显然,大家都认同在国际仲裁中需要让代表律师接触己方的证人查询有关争议的事实,否则无法拟定文书证人证言。但问题是,在对证人准备与培训的程度上,IBA 证据规则与 LCIA 以及 SIAC 仲裁规则一样,没有进一步的明确规定。

可节录 *IBA Guidelines on Party Representation in International Arbitration* 或简称《IBA 国际仲裁当事人代理指引》第 20 条至 24 条指引与有关评论,如下:

“20. 一方当事人之代理人可以协助证人及专家准备证人证言与专家报告。

21. 一方当事人之代理人应尽可能确保证人证言反映的是证人自己相关事实、事件及情况的描述。

22. 一方当事人之代理人应尽可能确保专家报告反映的是专家自己的分析和意见。

23. 一方当事人之代理人不得引诱或鼓励证人作伪证。

24. 为了讨论或准备可能的证言,一方当事人之代理人可以与证人或专家见面或互动,只要符合以下原则:所提供的证据应反映证人自己对相关事实、事件的描述或情况或专家自己的分析或意见……

对指引第 18 – 25 条的评论

……如本指引第 20 条所述,一方当事人之代理人可以协助准备证人证言及专家报告,但应当尽力确保证人证言反映证人自己对事实、事件或情况的描述(本指引第 21 条),专家报告反映专家自己的观点、分析与结论(本指引第 22 条)。一方当事人之代理人不得引诱或鼓励证人作伪证(指引第 23 条)。作为准备仲裁证词的一部分,一方当事人之代理人可以会见证人或专家(或潜在证人与专家)并讨论他们备选的证词。一方当事人之代理人也可以帮助证人准备他/她的证人证言或专家报告。**此外,一方当事人之代理人可以协助证人,包括练习提问和回答的方式,来准备他们在直接询问和交叉询问中的证词(指引第 24 条)。准备可以包括了解证人质证阶段的程序以及准备直接证词和交叉询问。但是此类练习不得改变证人或专家证据的真实性**,证人或专家证据应当始终反映证人自己对相关事实、事件或情况的描述或专家自己的分析或意见。”(加黑部分是笔者的强调)

可以看出,该指引的做法(特别是上述加黑部分)比较接近美国的做法与标准。所以,笔者也听英国律师说,虽然在法院诉讼中不可以,但在国际仲裁并使用 IBA 证据规则时,准备与培训证人可以合法增加力度。

另 David P. Roney 律师(英国与加拿大律师)在 Effective Witness Preparation for International Arbitration: A Practical Guide for Counsel 20 J. Int’l Arb. 429 (2003)一文

中，提到了国际仲裁中准备证人的六个步骤，也是接近美国的做法：

1. 要求证人独立审阅案件文件，包括与证人证言针对的内容有关的文书请求与附件、他们自己的证人证言、其他证人的证人证言、根据证人证言中的事实作出的专家报告（如果有）、指出他们自己的证人证言与文件证据或其他证人证言或专家报告的矛盾之处的备忘录。

2. 与证人一起了解双方的案件与策略，包括双方当事人依赖什么证据与法律支持在仲裁中的立场与要求的救济，双方案件的强弱等。

3. 与证人一起详细审阅相关证据，这可能是准备证人的过程中最消耗时间的部分。最好是按照时间顺序或不同争端的顺序审阅所有与证人证言中针对的内容有关的文件证据，接着是所有的证人证言，最后是根据证人证言中的事实作出的专家报告（如果有）。代表当事人的律师在这一步可以考虑向证人询问一些关于证人个人对争议事实的参与和了解的开放式问题，要证人解释其证人证言与其他证据（特别是当场文件证据）有矛盾的地方。如果有必要，要与证人逐句审阅一些关键文件，以确保证人基于自己的证人证言与双方当事人的案件立场仔细考虑了文件内容。

4. 准备主盘问。在按时间顺序审阅了相关证据后，代表律师可以与证人讨论将在主盘问中针对的争端，但要注意由于国际仲裁中普遍以文书证人证言代替主盘问，所以在开庭时主盘问针对的问题是很有限的。代表律师可以模拟主盘问从头到尾要问的问题，并在结束后评论证人回答的内容与表现。但这种模拟的次数不宜过多，否则在真正开庭作证时，证人的表现过于娴熟反而会显得不可信。

5. 最关键的一步是准备交叉盘问，代表律师应与证人一起考虑对方或仲裁庭在交叉盘问时可能会问的问题。代表律师可以问一些诱导性与更有攻击性的问题，以让证人对主盘问与交叉盘问的区别有一个初步了解。

针对回答对方代表律师在交叉盘问中的问题，己方代表律师可以对证人作出如下一般性指引：（1）永远说真话；（2）仔细听对方的问题；（3）如果没有听清楚问题，可以要求对方重复；（4）如果不明白对方的问题，可以要求解释；（5）不要回答一些复合性问题（compound questions）；（6）听到问题后思考一下再回答，不要口不择言；（7）纠正任何提问中的事实错误；（8）只回答提问的问题，不要主动提供更多的信息，如果可以最好只回答"是"或"否"；（9）尽量简洁地解释你的回答；（10）不知道答案就回答"不知道"，不要猜测；（11）不要与对方争吵；（12）不要长篇大论；（13）避免使用一些绝对性的词语，如"从不"（never）或"总是"（always）；（14）承认必须承认的，但对于并非必须承认的，要有坚持不承认的勇气；（15）与仲裁庭保持眼神接触；（16）显示个性中好的一面，如坦诚、直率、有水平等。

准备证人最好的方式当然还是进行一次模拟的交叉盘问，并且最好由另一位证人没有接触过的律师进行，这样更贴近真正开庭时的情况。录下整个过程并评论证人回答的内容与表现，之后再进行一轮模拟交叉盘问。

6. 在证人作证的前晚或上午，确保证人已经重温了自己的证人证言与整个案件策略。如果有必要,还可以复习将在主盘问中针对的争端与交叉盘问中对方当事人与仲裁庭可能问到的问题。告知证人在开庭过程中的新发展可能会对证人接受盘问造成的影响,例如新出现的证据,对方证人改变了自己的证词或第一次提出了对己方的证人证言的质疑。但是要小心,如果过于强调这些新发展会给证人造成负担,令证人分散注意力与失去自信。

看来,仍需要仲裁庭在双方同意或不反对下,在这方面去作出命令或指令,如是否适用 IBA 证据规则与 IBA 国际仲裁当事人代理指引。而对中国公司而言,即使仲裁庭与对方当事人(如美国公司)在一开始的案件管理会议(Case Management Conference)没有提起,也要记得向仲裁庭申请这一项议题。而一般情况下,笔者认为中国公司最好抗拒美国标准。这是因为中国公司/中国律师经常做不到,也不愿意花这么多钱去准备与培训证人,举行昂贵的模拟仲裁等。但完全不允许律师提前准备与培训证人也不现实,对方(美国公司)肯定反对。这样或是按照英国(或新加坡或香港特区)的标准做法更可能被双方接受,至少在细节的可接受做法上有更多的先例与规则(如本章所介绍)给了指引。另再强调是,中国律师自己也要学好这方面技巧才能担当这个重要任务为开庭审理与交叉盘问做好准备,而不是走个过场,否则会害苦客户与己方证人。

其他可介绍的是:(1)笔者认为国际仲裁现在关注与在方方面面收紧代表律师的专业守则,这迟早会影响中国律师,如 LCIA 的仲裁规则中包括了对当事人代理人的职业操守的指引。这方面也可见笔者《证据法——国际规管与诉讼/仲裁中的文件攻防战》一书第十二章之 9 段。(2)由于裁决书(award)在将来执行的地点的当地法律可能不允许律师接触证人,所以,仲裁庭在这方面的命令与指令,也就是有关律师接触、准备与培训证人,包括以 IBA 证据规则与 IBA 国际仲裁当事人代理指引行事等,都要获得双方当事人的同意或至少不抗拒,并把这些仲裁程序加入在裁决书内,以免将来在裁决书执行时,败诉方以这些技术性的理由抗拒执行。

3. 常规与标准的口头证据的取证之二:证人纲要

现实中会有各种原因导致一位重要的潜在证人无法或不愿意在一个诉讼中为一方当事人出庭作证。如果他/她只是无法出庭(如因为工作关系)而不是不愿意帮忙,肯说出有关事实真相甚至签署一份陈述(statement),就是不肯作出替代口头主证据的证人证言,或甚至是起初答应但后来改变主意。如果是证人根本不愿意合作,也就无法获得或肯定该证人会提供的证言。特别是在前者的情况下,如果仍然需要将该知道事实真相与有重要帮助的人士列为证人稍后申请法院强制要求出庭作证,就有必要考虑准备一份证人纲要(witness summary)以提前向法院申请。因为在如今要求双方当事人在开庭前把所有的底牌放在桌面上(all cards on the table)的大原则下,即使无法获得双方证人团队外其他人的证人证言并相互交换,也要提前用证人纲要作为替代,说明他/她会拥有什么信息或将会问他/她什么问题,才会在 CPR Rule 35.10 下允许他/她将来出庭作证与接受盘问。也因此这份证人纲要最晚也需要与其他证人证言同时提交,所以必须提前准备。否则像 Gamatronic (UK) Ltd v. Hamilton (2016) EWHC 1455 先例,就会影响传召证人(Witness Summons)传票被撤销。Gamhan 大法官说:"in the absence of either a witness statement or an adequate witness summary, or other adequate explanation, I see no grounds for maintaining the witness summons."或即使晚了向法院提交证人纲要,就好像晚交换/交出证人证言一样,需要获得 CPR Rule 3.9(1)项下的法院的宽容(relief from sanctions)。这要满足 Denton v. TH White Ltd (2014) EWCA Civ 906 上诉庭先例的 3 个测试(Denton tests),但不一定会成功,例如延误太久,已经十分接近开庭审理但又没有一个很好与不可控的理由解释。

潜在证人愿意帮忙但不肯或无法出庭的原因主要是出庭作证不是太多人喜欢做的事情,也没有太多人会喜欢被交叉盘问。有关当事人虽然可以合理补偿事实证人为了出庭作证的损失,但不能利诱,所以可以想到不会有太多陌生人愿意做证人。这样只能在权衡利弊[主要是有敌意证人(hostile witness)的风险或者是令人不满意的证人(unsatisfying witness)]后,向法院申请批准提交证人纲要与强制传召该证人出庭作证。

CPR Rule 32.9 专门针对了证人纲要的问题,可先节录如下:

"**Witness summaries**

(1) A party who – (a) is required to serve a witness statement for use at trial; but (b) is unable to obtain one, may apply, without notice, for permission to serve a witness summary instead.

(2) A witness summary is a summary of – (a) the evidence, if known, which would otherwise be included in a witness statement; or (b) if the evidence is not known, the matters about which the party serving the witness summary proposes to question the witness.

(3) Unless the court orders otherwise, a witness summary must include the name and address of the intended witness.

(4) Unless the court orders otherwise, a witness summary must be served within the period in which a witness statement would have had to be served.

(5) Where a party serves a witness summary, so far as practicable rules 32.4 (requirement to serve witness statements for use at trial), 32.5(3) (amplifying witness statements), and 32.8 (form of witness statement) shall apply to the summary."

即一方当事人想要提交证人纲要需要提前(可以单方面申请)获得法院批准,而法院批准是否允许提交证人纲要的标准,就是申请的当事人是否经过与证人沟通后证人明确拒绝提供证人证言:见 Scarlett v. Grace (2014) EWHC 2307 (QB);Otuo v. Watch Tower Bible and Tract Society of Britain (2019) EWHC 346 (QB)等先例。

显然证人纲要是为了让敌对方有准备,知道会面对什么证人与会提供什么证据,所以不得太迟以免敌对方无法有充分时间准备:见 Clearway Drainage Systems v. Miles Smith (2016) EWCA Civ 1258 先例。因此,如果知道证人将会提供什么证词,就应该列在证人纲要中。如果不知道,则应该列出将会问证人的问题,尽量不要有遗漏。所以即使是不愿意作证的证人,也应当尽可能事先私下接触以利大概了解他/她会可以提供什么证据与被明确拒绝协助作证。

最后可节录《Phipson on Evidence》(2018 年,第 19 版)之 111 – 07 段:"If a party is unable to obtain a witness statement from a witness he intends to call, the party may instead seek to serve a witness summary. A witness summary is a summary of the evidence which could otherwise be included in the witness statement or (if the evidence is not known) the matters about which the party calling the witness proposes to question the witness. The witness summary must include the name and address of the intended witness. Where a party seeks to rely on a witness summary under these provisions, on the basis that they were unable obtain a witness statement, the party must be able to show that 'they have taken the matter to a point where there is a clear refusal, express or implied' to provide a statement. ... If a witness summary is not served within the time specified then that witness may not be called to give oral evidence unless the court gives permission."

3.1 证人明确拒绝提供证人证言时才可以提交证人纲要

在 Scarlett v. Grace (2014) EWHC 2307 (QB)先例中,被告驾驶车辆时发生严重车祸,有一位乘客当场死亡,而原告则蒙受了严重的头部创伤,因此向被告索赔。此先例的主要争端是原告在事发当时是否按交通规则系上安全带,因为这涉及原告是否也要分摊责任的问题。被告想要找的证人包括当时车内的其中一名生还的乘客、事故发生后第一个到达现场的人士、以及两名参与救援的消防员。Phillips 大法官就说只有证人明确(明示或默示)拒绝提供证人证言时才可以提交证人纲要,并解释了最后证人出庭的相关风险:"... a party is entitled to call witness to give relevant and admissible evidence if they either serve a witness statement for use at trial or, exceptionally, demonstrate that they are unable to obtain a statement in which circumstance they are entitled to serve a witness summary instead. It is plainly not ideal that a witness's evidence will not be known prior to a trial, but that is why a witness summary is only permitted when a party is unable to obtain a statement; but it is necessary for the party to show that they are indeed unable to do so, and that test must be, in my judgment, applied with a degree of rigour. Nevertheless, if a party is able to demonstrate on the evidence that they are unable to obtain a witness statement, then that party is, at least prima facie, entitled to serve a witness summary and call the witness as their witness at trial and take the risk as to what evidence will be given. That party is not, of course, contrary to what was suggested to the Master in the hearing, entitled to cross-examine such a witness, unless on usual principles such as when the witness is properly to be regarded as hostile. . . . In my judgment, if a party wishes to submit to the court that they are unable to obtain a witness statement then **it is necessary to show that they have taken the matter to a point where there is a clear refusal, express or implied**, to assist in that regard."(加黑部分是笔者的强调)

而此先例中的几种情况也很好地反映了这方面问题。在被告(的代表律师)向他们分别发出希望沟通了解情况的信件后:(1)一名消防员回复说:"After receiving your letter in the post I have decided that I will not be willing to provide my assistance in your civil case."这被判属于不愿意配合作出证人证言,也允许被告提交证人纲要。该证人纲要的内容是:"I will give evidence as to the extrication of the rear nearside passenger, who is the claimant in this action, and whether or not he was wearing a seatbelt."(2)另一名消防员回复说最先救援原告的并非自己,因此自己对原告是否佩戴安全带并不知情,这被判并非不愿意而只是表示不知情,因此不允许提交证人纲要。另外,被告在证人纲要中仍然说"... I will also give evidence as to ... whether or not the claimant was wearing a seatbelt."就被 Phillips 大法官批评不恰当。(3)车内生还的乘客说自己是坐在前排,当时天又很暗,因此自己不知道后排的原告是否系安全带,这也不被允许提交证人纲要。(4)第一个到达事故现场的人士看来并没有收到被告的信件,之后还成为原告的证人。这被判并没有明确的拒绝,不被允许提交证人纲要。

3.2 对方当事人能否抗拒证人纲要(与传召证人)

在近期的 Oliver Morley T/A Morley Estates v. The Royal Bank of Scotland Plc (2019) EWHC 2865 (Ch)先例中,案情涉及被告苏格兰皇家银行向原告地产公司提供了一笔 750 万英镑的融资额度(facility agreement),并以原告的房产作为抵押或押记的担保。但后来原告偿还有困难而需要债务重整,最后达成的协议是要把原告的房产低价出售给被告的一家附属公司 West Register。之后,原告提起向被告的诉讼,指称这些协议是在被告非法的威胁下达成["induced to do so by wrongful, and/or lawful, and/or illegitimate, and/or unconscionable threats to (his) property, and/or economic interests"],要求法院宣告协议无效并赔偿原告损失。原告的文书请求中的指控也牵连了英国财政部下的一个名为 APA (Asset Protection Agency)的附属机构,主要负责英国政府在当时(2010 年)对被告苏格兰皇家银行的挽救,因为该银行在 2008 年金融海啸后是国际上最受影响与面临倒闭的银行之一。原告指称 APA 鼓励被告通过毁掉个别客户以提升自己的资产。

这表面看来是原告不容易胜诉的案件,因为银行的融资合约都是一面倒保护银行的利益。笔者估计原告是想兵行险招申请证人纲要与传召两位证人。他们是前雇员,一位是曾任被告全球资产重组部门主管的 Sach 先生,另一位是曾任 APA 主管的 Workman 先生。他们两位都与原告案件有密切关系,也可能会提供十分重要的信息。虽然被告已有证人针对有关的争议事实,但这些证人在事发时只是 Sach 先生的下属。

原告拟定的证人纲要中列明了会盘问这两位证人的问题,如:(1)APA 有否直接参与或影响被告对原告融资协议的执行(Did APA direct or influence the Defendant, and if so how, in relation to the Defendant's approach to enforcing the Facility)?(2)APA的意见与希望的做法是否与被告对客户的政策有矛盾,而最后让步等(What did the Defendant's own objectives, policies and industry practice indicate or dictate as to the approach it would normally expect to take to enforcing the Facility; did the APA's view and desired course of action conflict with the Defendant's view and desired course of action as informed by its own objectives, policies and industry practice; did the Defendant allow the views of the APA to override its own objectives, policies and industry practice and if so in what respect(s))? (3)其他。

被告作为这两位证人的前雇主肯定大力反对,因为他们显然会拥有公司机密的内部信息,他们的雇佣合约中也会有条文限制他们在离职后不得泄露公司机密信息。但由于机密(confidentiality)不是特免权(privilege),[48] 所以在法院接受盘问就不能以机密作为挡箭牌了。被告申请撤销证人纲要的理由包括太晚通知、证人纲要内容不够/不充分、两位证人能否提供有关/有用证据与会否重复已经有的证人、被告没有时间充分准备等。但在该先例中,这些理由都被 Kerr 大法官拒绝了。以下可节录部分的判决:"The second issue is the extent to which the two witnesses can give relevant evidence. The defendant says they cannot, but as at present advised I disagree. The fact that there are other witnesses being called by the defendant who will be giving evidence on the same topics does not, contrary to the suggestion in the defendant's skeleton argument, mean that the evidence of these two witnesses is irrelevant. You can have a situation where witness A and witness B give evidence on the same topic, which is mutually contradictory. It is not for one party alone to select which witnesses should cover which topics. . . . Next, are the summaries adequate? Do they adequately set out 'the matters about which the party serving the . . . summary proposes to question the witness'; CPR 32.92(b). In my judgment they do. There is no lack of clarity in the summaries."

至于延误向法院申请证人纲要,Kerr 大法官同意根据案情,原告早在 2019 年 8 月就可以做,而等到庭审前复核(Pre-trial review)实是不对,延误的原因也不能接受,

[48] 见笔者的《证据法:国际规管与诉讼中的证据攻防》一书第九章之 1 段。

因为主要是原告代表律师的疏忽:"... I agree with the defendant that the default here is significant and serious. The application could and should have been made in August 2019, even though that was the summer break period. It is surprising and, with respect, reprehensible that the claimant's solicitors waited so long before serving the draft summaries. The defendant might have thought the issue had gone away, until notified on 27 September 2019 by the claimant's solicitors that the claimant intended to obtain witness summonses in respect of two individuals.

What are the reasons for default?... I find that the reasons for the default were, essentially, slowness on the part of the solicitors to wake up to the need to get on with serving summaries on the defendant and apply for permission. The claimant's solicitors should not have waited until the pre-trial review. They should have applied in August 2019."

但 Kerr 大法官最后认为这两位证人所针对的事实狭窄,被告不应需要太多准备,也估计证人被盘问带出来的主证据重要,所以决定允许申请证人纲要:

"... to consider all the circumstances of the case, to enable the court to deal justly with the application for relief from sanctions, including the need for litigation to be conducted effectively and at proportionate cost, and to enforce compliance with rules, practice directions and orders.

Here, the defendant has been alive to the issue since 3 October 2019 and has had the draft summaries since 7 October 2019. I do not think the conduct of the trial will be significantly impaired if the witnesses are called. The compass of their evidence is relatively narrow. I am confident that it can be dealt with within a day. The time estimate for the trial, indeed, has been informed by the possibility that it will include the giving of their evidence.

I do not accept that the case is comparable to one where lengthy, late, witness statements are served shortly before trial. The summaries are compact. I do not accept that the witnesses or the defendant will be ambushed, or that the defendant will be prevented by lack of time from preparing properly for trial....

I, therefore, grant that relief and permission to rely on the witnesses' summaries."

这带来另一个问题,就是敌对方能否反对,进而申请法院把证人纲要与传召证人传票(两者本来是同一件事)撤销?例如,本章之 3 段提到的太迟通知而没有充分时间准备或是 Gamatronic (UK) Ltd v. Hamilton (2016) EWHC 1455 先例的情况。但问题是凭什么反对对方当事人引入有关甚至是重要证人,毕竟在让法院寻找事实真相的大原则下,所有有关与重要的证据都不应该排除。双方当事人都不拥有证人

(no property in a witness)的公共政策也是同样道理。[49] 所以,有说法是,另一方当事人根本没有地位或权力(no standing)反对并申请撤销证人纲要与/或传召证人。唯一的例外是案件管理方面的考虑,如果太迟申请,会在程序上对对方当事人不公平。毕竟文书证人证言如果错过了相互交换与太晚才提交也会被法院拒绝宽容:见 Durrant v. Chief Constable of Avon and Somerset (2013) EWCA Civ 1624; Clearway Drainage Systems v. Miles Smith (2016) EWCA Civ 1258; Reece Gladwin v. Adrian Bogescu (2017) EWHC 1287 (QB)等先例。

在 Oliver Morley T/A Morley Estates v. The Royal Bank of Scotland Plc 先例中,Kerr 大法官没有对被告是否有权与有地位这样做作出决定,但假设有权在该先例下也拒绝撤销:

"In my judgment, this is not the appropriate occasion on which to decide, on a firm basis, whether the defendant has standing to bring this application. . . .

I think the appropriate course, today, is to assume without deciding that the defendant has standing. The question of standing raises potentially difficult issues about the interaction or tension between the principle that there is no property in a witness and the principle that a party to litigation should be protected against oppressive and irrelevant evidence and is entitled to ask for case management decisions to secure that right.

On the assumption that the defendant has standing to make the application, I am not prepared to accede to it. My reasoning on this. . . application overlaps considerably with what I have already said when giving reasons for allowing the summaries to be relied on. I do not repeat what I have already said when dealing with that matter.

It is relevant here that the application is not made by the witnesses themselves. Given my provisional view that their evidence could be relevant to issues I have to decide at trial, I do not think it would be appropriate to set them aside.

I think the justice of the position here is adequately protected by the right of the witness to apply to set aside the summons. I do not think it is for the defendant to do it for them, without having contacted them despite knowing, since early October 2019, of the claimant's intention to call them.

In all the circumstances, I do not think this is a case where I should set aside the summonses. As at present advised, I think justice requires that the defendant should not be allowed to assert what comes perilously close to asserting a de facto right of property in these witnesses."

最后可节录《Phipson on Evidence》(2018 年,第 19 版)之 8-21 段说:"It is not necessarily the case that the other party to the litigation has a right to apply to set aside a

---

〔49〕 见本书第三章之 5 段。

witness summons, although the authorities indicate that, in specific instances, he may object. It has been recognised that an opposing party in litigation may have a limited interest in setting aside a witness summons or subpoena, namely an interest that the hearing should not be allowed to expand beyond the trial of the issues raised by the pleadings and matters necessarily ancillary thereto ..."

3.3 对中国公司的建议

对本书主要针对的"走出去"的中国公司而言,这方面做法比较少在商业案件出现,但不是没有,如本章上一段介绍的 Oliver Morley T/A Morley Estates v. The Royal Bank of Scotland Plc (2019) EWHC 2865 (Ch)先例。但可以更肯定地说绝少在涉及中国公司的国际商业仲裁中出现,因为英国法院对大部分身处外国(也就是中国)的事实证人没有管辖权去传召出庭作证:见 Mackinnon v. Donaldson, Lufkin & Jenrette Securities Corp (1986) Ch 482; Bankers Trust International Plc v. PT Dharmala Sakti Sejajtera (unreported, 19 October 1995)等先例。如果是英国诉讼需要身居外国(如是中国或任何其他国家/地区)的第三人证人提供口头证据或文件,当事人必须寻求第三人证人所在地的法院协助(根据当地会有协助外国法院诉讼的法律),并且英国法院对此不反对:见 South Carolina Insurance Co v. Assurantie Maatschappij "De Zeven Provincien" (1987) AC 24 先例。如果外国的第三人证人愿意协助并作出陈述(statement),但不愿意出庭甚至不愿意通过视频链接的方式出庭作证,他/她的陈述也可作为传闻证据(hearsay evidence)被引入与提交。但是如果对方对陈述的内容有异议/争议,最后法院可能对这份陈述给予有限的分量,甚至不给予任何分量。

但也不至于说这方面的课题与中国公司完全无关,因为中国公司大量涉及英国法院诉讼与伦敦仲裁,也经常委任英国的服务行业如经纪人、代理人、会计/财务顾问、检验师、专家等。另是,中国走出去的公司或中国跨国公司会在伦敦有分所并雇佣高管/员工。通常在商事诉讼/仲裁中,要传召的知道有关争议事实真相的第三人证人主要是这两类人士:(1)提供服务的专业人士(除律师可以享有特免权,无须白花心思),他们不想帮忙一方而得罪另一方当事人(如双方当事人均是财雄势大的公司),所以拒绝作为任何一方证人。(2)是对方的前雇员或"内鬼"。反正这些人士将来一旦与发生的诉讼有关,只要敌对方认为他们可提供对中国公司不利的证据,都会有可能被英国法院传召为证人。但反过来,中国公司面对敌对方的西方公司也可以"以其人之道还治其人之身",传召提供对西方公司不利证据的证人。例如,在商业诉讼中,一类常会考虑传召的证人是敌对方的前雇员。由于他/她已经离职,甚至离职时大家闹得不开心,就会不介意向法院提供对前雇主不利的机密信息。但该证人不会主动肯作证,提供证人证言,因为这会与前雇主撕破脸,也会令他/她违反雇佣合约中要求在离职后仍必须对公司的机密信息保密的条文(通常会有)。剩下的做法就是申请证人纲要与传召证人了。

与中国公司有最密切关系的国际商事仲裁,特别是伦敦仲裁(也包括其他普通法管辖的仲裁,如香港特区或新加坡仲裁),不像英国本土的民事诉讼会经常要出此招,绝少遇上申请证人纲要与传召证人的做法。这里涉及国际仲裁的当事人代表律师最担心的是打没有把握的仗与开庭审理时的意外(surprise),所以除非有了相互交换文书证人证言作为主证据,可以肯定有关证人会提供的证据,否则是不会愿意有其他不知道会提供什么主证据与想什么的证人的。即使该第三人证人曾经私下或做"吹哨人"提出过对己方有利与对敌对方不利的信息,也难保他/她在开庭审理接受盘问时提供不同与出人意表的主证据。在对抗制的两军对阵下,也难保不是"反间计"。这种可能性在国际仲裁相比英国的法院诉讼高多了,居住在英国的第三人证人在英国法院庄严的环境下宣誓下作证,他们从小养成的习惯与认知是不敢不讲真话与全面的真相。但相对国际仲裁,整个环境差远了,笔者见过不少证人举证也没有要求他/她去宣誓或确认,证人也没有因为在仲裁中不讲真话受到法律的惩罚,被起诉藐视法庭。所以除非是逼不得已的情况,否则最好不要冒这个险,因为第三人证人在被盘问时改口风险肯定有。如涉及敌对方的前雇员,在敌对方知悉会被传召出庭,而且知道影响重大,就难免会去接触与试图影响他/她,也很可能会成功。

4. 常规与标准的口头证据的取证之三:传召证人

4.1 传召第三人证人到庭的做法

在本书针对的商事诉讼中,需要考虑传召证人(witness summons 或 *subpoena*)的情况最主要发生在 Kerr 大法官在 Oliver Morley T/A Morley Estates v. The Royal Bank of Scotland Plc (2019) EWHC 2865 (Ch)先例中说的:"The situation is quite normal. A witness has relevant evidence to give. The party who most naturally would call the witness declines to do so. The other party wishes to do so."

这些第三人证人会是其中一方当事人(party)现任或前任高管/雇员,当时参与了诉讼/仲裁所涉及的合约与相关交易的订立与履行,或当时为该当事人提供服务的人士如律师、财务/技术顾问、经纪人、代理人等。显然这些人士应掌握与争议有关的重要与第一手的信息(first-hand information),可以提供文件或口头证据给法院或仲裁庭。照说,如此重要的证人,对法院或仲裁庭寻找事实真相大有帮助,应该包括在该当事人的证人团队中。但在对抗制诉讼下,只要是"合法"的做法,双方当事人的代表律师都是无所不用的。因此,这些重要与有帮助的证人如果出庭接受交叉盘问会对该当事人不利,也就不会加在证人的团队了。这种"不利"可以是这些证人掌握的事实真相并不符合该当事人的利益,只在法院或仲裁庭不掌握全面的事实真相时它才有胜诉的机会。当然,也会是该证人并不是一位好的证人,如因表达能力差等原因而导致不被选进证人团队。但无论如何,如果一个大家明知是重要与有帮助的证人不被安排出庭作为证人接受盘问,另一方当事人就会怀疑。这样,应对的选项之一就需要考虑通过法院强制传召证人的做法了。而撇开商业案件,在各种形式的民事诉讼,特别是侵权或家事等方面,传召证人会是更加常见的做法。本段承接上一段证人纲要(Witness Summary)的议题,尽量不重复探讨有关传召证人的做法。

首先,权威书籍《Phipson on Evidence》(2018年,第19版)之8-02段提到传召证人有两种形式:一是传召与命令证人出庭提供口头的主证据(evidence-in-chief);二是出庭交出一些证人拥有与控制的特定文件。可节录如下:"Where a person has relevant evidence to give or is in possession of relevant documents, his attendance may be compelled by means of a witness summons. There are two forms of witness summonses, ... First, there is a summons to attend court to provide oral evidence on behalf of the party issuing the summons (in the High Court formerly known as a subpoena ad testificandum). Secondly, there is the summons to attend court to produce specified documents (in the high Court formerly known as a subpoena duces tecum). The procedure is now set out in CPR Pt 34."

一方当事人对一个不愿意协助提供证据或出庭作证的第三人(non-party)(如促成有争议交易的经纪人或负责争议工程的分包商,或可提供重要信息的政府官员,又或某商场的管理人应拥有记录了意外事件经过的录像带等),若明知或估计其有对自己有利的重要证据,即会考虑强制其出庭作证。这就是传召证人的做法。强制向他们取证的方式就是通过法院传召出庭提供口头证据(Subpoena *ad testificandum*)或传召出庭提供文件证据(Subpoena *duces tecum*)。目前英国新的民事诉讼规则(Civil Procedure Rules,CPR)已摒弃拉丁文的使用,所以"*subpoena*"一词已改为"witness summons",但读者会看到有很多权威先例仍然使用了"*subpeona*"。CPR Rule 34.2(1)规定法院可以通过传票要求第三人(non-party)出庭作证,或向法院提供某些文件,立法条文如下:"A witness summons is a document issued by the court requiring a witness to -(a) attend court to give evidence; or (b) produce documents to the court."

第三人证人在收到传召到庭的传票后若不出庭,将构成藐视法院(contempt of court)的刑事罪行:见 R v. Yusuf (2003) 2 Cr App R 32 先例。法院也会签发"法院逮捕状"(bench warrant)去保证该证人出庭作证:见 Astroulanis Compania Naviera SA v. Linanrd (No. 2) (1972) 2 Lloyd's Rep 187; Zakharov v. White (2003) EWHC 2463 (Ch)等先例。同样,干预传召证人的人士(如雇主不批准请假)也会涉嫌妨碍司法罪。

之前要求第三人提供证据只能通过传召证人的方式,但现在一方当事人还可以提前申请第三方披露令(Norwich Pharmacal Order)。[50] 不同于在开庭时才能传召证人,在有关诉讼开始前(pre-action)就可以申请第三方披露令。加上传召证人出庭时不确定第三人证人到底会讲什么,而第三方披露令下披露出的内容并不一定要将来

〔50〕 见笔者的《证据法:国际规管与诉讼中的证据攻防》一书第二章之4段。

披露给对方当事人,对方也不一定知道这件事情,所以可以说对该当事人来说很有吸引力。但要成功申请第三方披露令,第三方必须介入(mix up)了有关的错误行为,且在"证人规则"(mere witness rule)[51]下,该第三方不属于开庭时双方当事人会引入或可以传召的证人。以本段一开始提到的商场管理人应拥有记录了意外事件经过的录像带为例,如果原告根本不知道侵权者(tort-feasor)的身份以开始诉讼,或者没有其他证据支持一个看来站得住脚的案件(会被法院撤销索赔),可以通过第三方披露令商场管理人披露。因为如果拿不到录像带就无法开始诉讼,更谈不上传召商场管理人出庭提供证据。随着第三方披露令对介入程度的放宽与对信息披露范围的扩大,第三方披露令与法院诉讼中的证人规则的界限越来越模糊。但第三方披露令不能用来钓鱼取证/摸索证明(fishing expedition)这一点仍很明确。所以如果申请的当事人不需要录像带就可以开始诉讼,法院就可能以该当事人应该在开庭时传召证人为由拒绝作出第三方披露令。

4.2　传召证人提供文件

传召第三人证人出庭接受盘问提供的主证据的范围应在证人纲要(witness summary)明确,这在本章之3段已有涉及。本小段将针对传召第三人证人提供特定文件的一些特点与要求进行论述。

这方面与笔者的《证据法:国际规管与诉讼中的证据攻防》一书第二章(有关第三方披露令)之4.5.6段与第四章(有关从外国法院取得文件)之2.3.2.3段基本是一样的道理,就是不应该太骚扰无辜第三人,要求其提供大量文件或是对他/她太压迫(oppressive)因为没有必要这样做。

所以必须清楚传召证人提供文件与诉讼中的正常相互文件披露(mutual discovery/disclosure of documents)不同,可先节录《Phipson on Evidence》(2018年,第19版)一书之8-12段所说如下:"A witness summons should be kept within sensible bounds.... A subpoena duces tecum has been set aside on the ground that the documents were not necessary, in that the applicant wanted the documents on a speculative basis to see if they contained material inconsistent with what a witness was saying in evidence. Even where there is some basis for supposing that the recipient has the documents, he ought not to be required to undertake a search of an excessively large number of such documents."

接下来之8-44段说:"The English court does not permit general orders for disclosure of documents. Production will be ordered ... only of particular documents named in the order as likely to be in the possession, custody or power of the witness. Witnesses will not be ordered to state what relevant documents they have, nor to produce all documents relevant to particular issues.... The power is thus a narrow one. Not only must the

---

[51]　见笔者《证据法:国际规管与诉讼中的证据攻防》一书第二章之4.1段。

documents be separately described as individual documents rather than a class, but the court must be satisfied that the documents sought exists and are likely to be in the witnesses' possession, custody or power. Fishing expeditions are not permitted and requests which are oppressive to the witness may be set aside. Requests which are in reality exercises in discovery will be refused. . . ."

所以,传召第三人证人到庭提供文件,显然必须对要求提供什么文件有明确的描述。否则证人不知应该怎样做才是正确,要是做错(弄错文件)而无意中犯了藐视法院的罪行,这不是好事对第三人证人也不公平。

另是,传召第三人证人出庭提供文件的做法不等同双方当事人在诉讼的文件披露程序中的相互文件披露,有关这步重要程序在笔者的《证据法:国际规管与诉讼中的证据攻防》一书第七章(诉讼程序中正常的相互披露)与第八章(电子文件披露)有详及。但向第三人证人要求提供文件是不存在文件披露的做法,否则对他/她太苛刻与不公平。毕竟他/她没有参与诉讼,是不会清楚知道什么是有关(relevant)当事人之间争议/争端(disputed issues)的文件。而且在法院的命令下进行合理搜索(reasonable search)有关文件是比双方当事人的法律责任还要沉重,因为一旦有了遗漏,当事人不会藐视法院,反而第三人证人就有这个危险。

故不能泛泛要求第三人证人提供所有有关文件,而是要明确说明是什么特定文件,并给予详情(must specify the documents with particularity):见 Asbestos Insurance Coverage Cases, Re (1985) 1 WLR 331 先例。要能这样做,也表示申请的当事人知道或有一定根据相信这份或这些特定文件是存在,并在第三人证人的手中,不是投机性寻找可能有利的文件。

在 The "Lorenzo Halcoussi" (1988) 1 Lloyd's Rep 180 先例中,证人被要求提供多达两个半行李箱的文件,这被判是过分了。Steyn 大法官在该先例中说:"Our law. . . recognizes that proper mutual discovery in litigation and arbitration is in the public interest in that it promotes settlement; it reduces a party being taken by surprise; and enables the Judge to decide the case in the light of contemporary documentary material which is often more valuable than oral testimony. . . . Nevertheless, the scope of discovery even in England is wide, . . . But it is clear that under our law a party to litigation cannot obtain discovery against a third party except in certain exceptional cases . . ."

另在 Wakefield v. Outhwaite (1990) 2 Lloyd's Rep 157 先例中,传召证人被撤销,因为要求文件太多,被判完全是投机(based on a wholly speculative premise)且无关的。Potter 大法官说:"I consider that the vices of this subpoena are that it is far too wide in its terms and it is based on a wholly speculative premise, in the sense that it calls for production of large numbers of individual documents, which it acknowledges have nothing to do with the case, their only relevance being the possibility that certain of them provide the bread for a sandwich containing as its filling a copy of (one specified document) which may or may not exist. As such, this subpoena is a request fashioned for a purpose which goes well beyond the basic purpose of a subpoena, namely to obtain production at trial of specified documents the existence or likely existence of which is demonstrable and which are necessary for the just disposal of the cause. I do not consider that such basic purpose can or should be stretched on this case to cover the speculative inspection of large numbers of documents for the purposes of cross-examining a witness. . . . ”

4.3 第三人证人或其他人士反对传召到庭

针对这方面,可先节录权威书籍《Phipson on Evidence》(2018 年,第 19 版)一书之 8 – 21 段,名为“回应与质疑传召证人”(Responding to and challenging witness summons):

“It is doubtful that a recipient of a witness summons is under a legal obligation to another to contest a properly formulated witness summons, although he may be expected to point out to the court if the documents or oral evidence are covered by the legal professional privilege of a third party. On the other hand, a recipient may be under an obligation at least to use reasonable endeavours to inform the person, whose confidential affairs the documents relate to, of the existence of the witness summons, so that that person has the opportunity of objecting. This is because, not only may the person to whom the witness summons is directed apply to set aside the witness summons, the owner of documents may object, and where confidential or private documents are required, a person who is owed a duty of confidentiality by the holder of the documents may also object. It is not necessarily the case that the other party to the litigation has a right to apply to set aside a witness summons, although the authorities indicate that in specific instances he may object. . . . If a general right were recognised in an opposite party to raise objections to the witness summons, this may encourage ancillary litigation. An opposing party may object to the production and admissibility of the documents when the witness summons is complied with in court.

On an application to set aside or vary a witness summons, the burden is on the party who issued it to justify the summons, and the categories of documents sought. On such an application the court is concerned to ensure that the issuing party has not abused the privilege of summoning witnesses. Objection may be taken that any of the requirements set out above have not beensatisfied. A witness summons may be objected to on the grounds of public interest immunity, self-incrimination, legal professionally privilege, and the production of the document would constitute a criminal offense under English law. In deciding whether or not to set aside a witness summons, the court may take into account the interest of the witness, and where the witness is unwilling, the court may be inclined to set aside the summons. The court may, instead of settling aside the whole summons, amend or redraw it as necessary.

Where the witness summons is too wide, the court may simply set aside the whole summons, rather than permitting it to be varied..."

接下来的段节可稍作补充。

4.3.1 第三人证人的反对

被传召的第三人证人[即传票的收件人(recipient)]在收到法院的传召证人传票后,应没有法律责任向法院提出质疑,他/她完全可以默默按照传召证人的法院命令行事,在开庭审理时出庭接受盘问或提交特定文件。他们对将来因为他/她提供给法院证据而因此导致受到不良影响的人士/公司完全没有法律责任,一般证人在法院作证是可享有豁免权(immunity):见 Robertson v. Canadian Imperial Bank of Commerce (1994) 1 WLR 1493 先例。

但他/她作为传票收件人应该向法院指出要求提供的文件或口头主证据是其他人士(如前客户)可享有"法律业务特免权"(Legal Profession Privilege, LLP)。[52] 这在公共政策(public policy)下可享有绝对的机密,法院也不能违反去强制披露。一个典型例子是申请传召向法院提供文件或信息的对象是一位律师,这么明显的情况显然过不了关,法院不会批准这种申请。但对其他传召的对象如一个检验师或专家,就不会太明显了。传召证人要求提供的文件或信息是前客户通过代表律师为了诉讼的委任与咨询,这表示有关的文件与信息至少大部分可享有诉讼特免权,而且这个特免权属于前客户,他/她作为被传召的证人不可以自作主张弃权。他/她发觉这个情况应尽早告知法院,指出有合理预期可享有特免权的文件,毕竟法院命令是不能超越法律业务特免权:见澳大利亚联邦法院的 MM v. Australian Crime Commission (2008) 244 ALR 先例。

如果传票收件人被要求提供的文件或信息涉及机密/隐私(confidentiality/privacy),但没有到特免权的高度,是否需要提供看的是法院的裁量权。法院要在保证审理的公正利益(interests of justice)与保护机密之间作出权衡:保护机密的重要性相比申请人在有关案件中对要求提供的证据(文件或口头信息)的重要性与迫切性与审理法院寻求事实真相要全面的有关证据之间的孰轻孰重。如果涉及第三人证人自己的机密/隐私,法院可能会更谨慎,毕竟法院是不愿意强制抗拒出庭的第三人证人。针对这方面可节录《Phipson on Evidence》(2018 年,第 19 版)一书之 8 - 10 段如下:"... Confidentiality[53] and privacy are also relevant discretionary factors for the consideration of the court in deciding whether to uphold a witness summons. The third party's privacy should not be invaded unless that is counterbalanced by the interests of justice in

---

〔52〕 见笔者的《证据法:国际规管与诉讼中的证据攻防》一书第九章。

〔53〕 见 Farm Assist Limited (in liquidation) v. The Secretary of State for the Environment, Food and Rural Affairs (No. 2) (2009) EWHC 1102 (TCC)先例(尽管涉及机密,但传召调解员的要求被批准)。

the individual case.[54] Thus, witness summonses have been set aside where they have amounted to unwarranted intrusions into the private affairs of the recipients of the summonses. . . "[55]

另外,针对传召证人要求提供的文件是涉及其他人的机密文件,并且传票收件人对其他人有保密的责任(如公司雇员、代理人等),相比上一段的情况,法院可能更倾向于批准传召证人。《Phipson on Evidence》(2018 年,第 19 版)一书之 8 - 14 段说:"Often a witness summons will require a third party to produce documents in respect of which he owes a duty of confidence to another. Prima facie, the fact that a third party owes a duty to another not to release a document without his consent, not being privileged, is not an absolute objection to a witness summons, any more than a duty of confidence owed by a witness to another (not amounting to legal privilege or public interest immunity) justifies a refusal to answer a question asked in evidence, or such a duty owed by a litigant to a third party justifies failing to give disclosure. Thus, apart from cases of privilege, the court will not grant an injunction to restrain a breach of confidence in the use of documents in legal proceedings . . . In the case of particularly confidential or sensitive documents, it is open to the court to direct that the document should be produced but that disclosure should be confined to legal advisers and experts, with the sanction of contempt if the documents are disseminated further."

传召出庭提供机密文件的证人如果对其他人有机密责任,在提供前有责任通知,让后者有机会向法院提出反对。这方面还会涉及与《欧洲人权公约》(European Convention on Human Rights)对个人隐私的保护的权衡:见 R (on the application of TB) v. Stafford Combined Court (2006) EWHC 1645 (Admin)先例。该先例是刑事案件。被指控性骚扰原告(B 女士)的被告向法院申请传召第三人证人医院(National Health Services Trust)提供 B 女士的一些医学报告,如滥用药物等,但这法律行动没有告知 B 女士。这被上诉庭判传召证人的命令不妥,也违反《欧洲人权公约》保护 B 女士隐私的要求。May 大法官说:"In my judgment, procedural fairness in the light of article 8 undoubtedly required in the present case that B should have been given notice of the application for the witness summons, and given the opportunity to make representations before the order was made. . . . Her rights were infringed and the court acted unlawfully in a way which was incompatible with her Convention rights."

在同样道理下,例如第三人证人是银行,被要求向审理法院提供某位或某些客户

---

〔54〕 见 Cantabrica Coaching Holdings Ltd v. Vehicle Inspectorate (2001) UKHL 60 先例(为了公共安全考虑)。

〔55〕 如在 Morgan v. Morgan (1977) Fam 122 先例中,涉及第三人证人要被迫公开讲出他的财政状况与细节的机密/私隐,这被视为压迫。

的存款或财务记录的文件,应通知客户让他/她有机会出面向法院反对,这种案例也有不少。在较早前提到的 Robertson v. Canadian Imperial Bank of Commerce 先例中,作为被告的银行在另一个诉讼中被法院传召,提供了两份其客户也就是本先例的原告(并非另一个诉讼的当事人)的月结单(bank statements)。这两份月结单部分有关该诉讼,但还有很多其他的信息与该诉讼的争议无关。但在公开法院披露出来,给原告带来了不良影响,例如显示了他的超支。这导致原告向银行提起诉讼,指控银行违约与/或疏忽并索赔损失。一审法院与上诉庭是判原告败诉,因为银行没有违反对客户信息保密的责任,是被法院强制要求提供,加上银行作为证人是可享有豁免权。但显然银行收到法院命令更正确的做法是尽快通知原告,让原告有机会向提出法院反对,或至少说服法院采取各种保护机密的手段,[56] 例如把月结单无关内容遮盖(redaction)或"机密会"(confidential club)等。

在涉及特别机密或敏感的文件的案件中,法院也可以命令只向律师或专家提供文件等做法,如果文件被进一步传播就属于藐视法院:见 Welfare v. Bridon Sands Pty Ltd (1997) 79 FCR 220 澳大利亚先例; A Solicitor (Disclosure of Confidential Records), Re (1997) 1 FLR 101 (Contempt)等先例。

《Phipson on Evidence》(2018 年,第 19 版)一书之 8-21 段的脚注 90 说:"Even where the recipient does not owe a duty of confidentiality, if the documents relate to the confidential affairs of another, in principle that person should be able to object."

传票收件人也可以因该传召到庭命令而受到压迫(oppressive)的理由要求撤销:见 Steele v. Savoury (1891) 8 TLR 94; Lively Ltd & Control Nominees Ltd v. City of Munich (No. 1) (1977) 1 Lloyd's Rep 418 等先例。这包括方方面面。例如,申请传召财政部部长作为证人要他提供一些有关争议的经济数据的证据,包括文件与口头信息。但有很多其他人士可替代作证,何必一定要传召财政部部长?这显然是压迫的例子,传召证人的命令不会申请成功或在财政部部长的反对下已作出的传召证人命令也会面临被撤销。但值得注意的是,除非在出庭前成功撤销,否则第三人证人(不管是财政部部长或国家总理)怎样不情愿也只好严格遵守传召到庭作证的命令,以免犯刑事罪行。这方面在《Phipson on Evidence》(2018 年,第 19 版)一书之 8-08 段有涉及:"Witness summonses requiring the Prime Minister or other Ministers to attend to give oral evidence have been set aside on this ground, particularly where the purpose of the summons is simply to embarrass the Government and question Ministers on irrelevant issues."

又例如,在澳大利亚的 Azzi v. Volvo (2006) NSWSC 283 先例中,判令传召证人提供可以在诉讼通过相互披露程序获取的文件是滥用程序(abuse of process),这也类似于压迫性。较早前的 Sphere Drake Insurance v. ME Denby (1991) 11 WLUK 280

---

[56] 这方面的课题,可参阅笔者的《证据法:国际规管与诉讼中的证据攻防》一书第四章之 1.7.7 段。

英国先例已涉及同样情况，简要说："The legality of subpoenas served against non-parties as a means to secure the production of certain documents was challenged on the basis that the disclosure of documents should have been obtained from the opposing party on discovery."

另是传召 12 岁以下的未成年人士，也被视为压迫：见 P (A Minor) (Witness Summons), Re (1997) 2 FLR 447 CA 先例。

另也可想到，如果传召证人要求提供的文件太广泛/太多或不再存在，也会是传票收件人向法院提出反对的理由。在本章之 4.2 段介绍的 Wakefield v. Outhwaite (1990) 2 Lloyd's Rep 157 先例中，Potter 大法官已经提到要求提供太多文件是压迫性。在 Senior v. Holdsworth exp ITN (1976) QB 23 先例中，案情涉及原告指控警察暴力，并提起诉讼与传召 ITN 电视台的一位在流行音乐节中拍摄的摄影师到庭，要求提供长达 3 天的未剪辑过的所有录像带。ITN 向法院提出反对，但一审法院作出了传召证人的命令。之后 ITN 上诉，传召证人的命令因是压迫而被撤销。此先例涉及其他重要方面特别是对报刊传媒的保护，但也涉及要求太广泛/太多的问题。上诉庭的 Denning 勋爵说："In this particular case, it was mere speculation that the untransmitted file would contain a photograph of the incident; and it was oppressive to require the whole film to be shown when only one small incident was involved ... I would allow the appeal and set aside the judge's order."

《Phipson on Evidence》(2018 年，第 19 版）一书之 8－08 段也说："On an application to set aside a witness summons for oral evidence, it is not enough for the recipient to simply state that he does not believe that he has any relevant evidence to give. Ordinarily the court will accept an assertion by the party issuing the summons that the summons is for the purpose of obtaining relevant evidence. However, if the court is satisfied that the witness summons has not been issued in good faith for the purpose of obtaining relevant evidence, and the witness named is in fact unable to give relevant evidence, the witness summons may be set aside ..."

上述前部分内容是说传票收件人反对传召证人只是泛泛声称他/她没有有用与有关的证据或信息可以提供给法院，或已经不记得有关事宜，是不会被法院接受的。通常法院更愿意相信申请传召证人的当事人，毕竟他/她在证人纲要（witness summary）内，应该已经有要求提供的信息与/或特定文件的内容，而且花钱这样做也不会是开玩笑。至于第三人证人说不记得，可以在有关文件与主盘问/主讯问的帮助下回忆，往往也可以重新记起。重要的是处理传召证人的法院并不适合决定文件与信息（特别是口头）是否会有用或与争议/争端有关或是否会被审理法院采纳。如果被传召的证人的确是没有有帮助的信息，更适合留待审理法院在该证人开庭时在宣誓下对他/她进行主盘问/主讯问时决定。这一点类似于英国的《Evidence (Procedure in

Other Jurisdictions) Act 1975》[57]的考虑,相关先例可见:Westinghouse Electric Corporation Uranium Litigation MDL Docket No. 235 (No. 1 and 2) (1978) AC 547; Asbestos Insurance Coverage Cases, Re (1985) 1 WLR 331 等。

但如果传票收件人能显示这传召证人是不安好心与另有企图(如曾经提到的传召国家部长或首长,以为难政府的例子),法院被说服的情况是会撤销传召证人的命令。在 Senior v. Holdsworth 先例中,Scarman 大法官也有同样说法:"If it is clear to the court that the subpoena has been issued not to obtain relevant evidence but for some other purpose (for example, to embarrass politically the person served), and that the intended witness has no relevant evidence to give, it will be set aside: R v. Baines (1909) 1 KB 258."

4.3.2 其他人的反对

其他受影响的人士会向法院提出反对传召证人,商事案件中的常见情况是传票收件人的现雇主或前雇主(employer)、委托人(principal)等人士。例如,在有争议的交易中,其中一方当事人/诉讼方申请传召证人,对象是在该交易提供服务的人士如财务顾问、专家或经纪人。传票收件人无意花律师费会反对,也没有个人利益需要去反对,反正在法治社会听从与严格依照法院命令理所当然。但背后提供服务的公司(会是该证人的前雇主)在知悉后就会紧张,因为该前雇员证人向法院提供的文件与信息会严重影响该公司,例如严重得罪其中一方或双方重要客户,甚至是带来刑事(如商业欺诈)后果。

至于其他人出面向法院反对的理由通常仍会是特免权(privilege)或机密性(confidentiality),毕竟现雇员和前雇员拥有的文件与信息通常属于该雇主或前雇主,又或是该传票收件人作为前/现雇员在雇佣合约下有保护公司机密的责任(duty of confidentiality),离职后仍有此责任。如果是特免权(不论是法律业务特免权或自证其罪特免权等),由于涉及公共政策(public policy),作为特免权享有人的雇主一般成功反对不是问题。但如果是机密,如商业机密,这在本质上与传票收件人个人机密没有什么不同,这就要看法院的裁量权与作出的权衡。而如果是决定要向审理法院提供某些特定机密文件,法院也可能命令采取一些措施去保护机密内容。

至于"陌生"的"其他人"是否有权反对传召证人,这在 Marcel v. Commissioner of Police (1992) Ch 225 先例中即有针对,上诉庭的 Brown-Wilkinson 大法官说:"... Mr Serota (被告 Jaggard. 先生代表大律师) submits that only the person on whom the subpoena served has locus standi to apply to set aside. I was not referred to any case where a third party has made such an application, But I can see no reason why any person whose

[57] 这是针对 1970 年《关于从国外调取民事或商事证据的海牙公约》(Hague Convention of the Taking of Evidence abroad in Civil or Commercial Matters,简称"海牙证据公约")的本土立法。关于《海牙证据公约》可见笔者的《证据法:国际规管与仲裁中的文件攻防》一书第四章之 2.3 段。

legal rights will be interfered with by the execution of the subpoena should not be heard. Say a former, disillusioned, member of the security services, for example Mr Wright of Spycatcher[58] fame, was subpoenaed to produce secret documents and chose not to resist such subpoena. Can it seriously be thought that the Crown would be held to have no locus standi to apply to set aside the subpoena or otherwise object to the production of the secret documents?"

不妨进一步介绍 Marcel v. Commissioner of Police 先例。它涉及英国伦敦的一个著名地产项目,即 80 年代 Dockland 的发展(类似上海开发浦东)。一家名为 Anchor Brewhouse Ltd 的地产公司作为原告向被告 Jaggard 先生提起两个有关该地产项目的房屋(flats)买卖的相关民事诉讼。Jaggard 先生的抗辩是,Anchor Brewhouse Ltd 出售房子给他涉及欺诈性误述(fraudulent misrepresentation),而这些指控根据的是 Jaggard 先生通过代表律师从伦敦警察取得的文件与信息。而伦敦警察取得这些文件与信息是通过逮捕 Marcel 先生(与其他人)与在他办公及居住地点搜查,逮捕的理由是 Marcel 先生涉嫌在 Anchor Brewhouse Ltd 的地产项目中商业欺诈与串谋(conspiracy)。这种搜查在刑事案件根据的是《Police and Criminal Evidence Act 1984》的立法,而民事搜查令(Search Orders 或 Anton Pillars Orders)在笔者的《证据法:国际规管与诉讼中的证据攻防》一书第二章之 3 段有详及,不再重复。Marcel 先生将会在 Jaggard 先生的民事诉讼中作为 Anchor Brewhouse Ltd 的事实证人。反正 Jaggard 先生知道了 Marcel 先生被逮捕与搜查的事情后,代表律师随即向法院申请传召证人,传票收件人是伦敦警察,要求提供搜查到的 Marcel 先生的文件。警察当局也就允许 Jaggard 先生的代表律师检查与复印部分文件。提供的文件令 Jaggard 先生更改(amend)了他的文书请求/抗辩书(Statement of Defence)增加对原告欺诈的指控与有关详情(particulars)。另在开庭审理的第一天,警察向法院交出大量文件让法院托管。这才引起 Marcel 先生的警觉,[59] 马上向法院申请撤销传召证人,命令 Jaggard 先生与他的代表律师交出已经获取的文件与作出禁令不得使用这些已经曝光的文件

〔58〕 有关《Spycatcher》一书的案件可见《证据法:国际规管与诉讼中的证据攻防》一书第十二章之 5.2 段介绍的 Attorney General v. Guardian Newspapers (No 2) (1990) 1 AC 109 先例等。涉及的是著名的英国前 MI5 间谍出版书籍《Spycatcher》写自己从事间谍活动时的事情以及写了很多 MI5 中的内幕、间谍技术与手段等。这里的意思是如果有人传召一位间谍出庭作证,而该间谍自己没有反对,显然会受影响的英国政府可以提出反对。这表示的是被传召的第三人证人以外的其他人士也可以反对传召命令。

〔59〕 因为在 CPR 前没有证人纲要的做法,所以原告与 Marcel 先生在开庭时才知道。在 CPR 于 1999 年生效前的 RSC Ord 38 r. 2A (5) 规定:"Where a party is unable to obtain a written statement from an intended witness in accordance with paragraph (4)(a), the Court may direct the party wishing to adduce that witness's evidence to provide the other party with the name of the witness and (unless the Court otherwise orders) a statement of the nature of the evidence intended to be adduced."从 RSC 的用字可以看出,这并非是强制要求。

的内容，理由是特免权与/或机密。

上诉庭判警察通过搜查所获得的文件与证据是不能任意使用在其他方面，而只是局限在有关的刑事调查。另是警察当局在收到法院传召证人的传票后，必须在提供与交出文件前告知这些文件的所有人，让他/她有合理机会考虑向法院提出反对。如 Dillion 大法官说："The police should not disclose seized documents, without the consent of the owners, otherwise than for the specific purposes specified in the Act, unless a subpoena has been served on the relevant police officer. Even where a subpoena has been served, the police should not disclose seized documents to ... a party to civil proceedings in advance of the attendance at court required by the subpoena, unless at least the police have first given to the true owner of the documents notice of the service of the subpoena ... and have given the true owner a reasonable opportunity to state the objection."

一审判决给出主要理由的 Browne-Wilkinson 大法官把文件分为两类：可享有特免权的就以禁令(injunction)禁止使用以及要求 Jaggard 先生/法院退还文件给警察；至于第二类(Category 2)文件，本质上是 Marcel 先生的机密文件，要平衡方方面面的公共利益/公共政策来决定。Browne-Wilkinson 大法官说：

"In my judgment, therefore, the plaintiffs in the documents action have the right to apply to preserve the confidentiality of their documents either by setting aside the subpoena altogether or by limiting the documents to which it applies. Whether or not such application ought to succeed must depend on the same balancing of public interest ... I therefore turn to that question. ...

It is important to identify the public interests which are in conflict in this case. On the one side, there is**the basic public interest in ensuring a fair trial on full evidence. Anything which prevents the full facts coming before the court may lead to injustice through failure to protect the litigants' rights**. If Mr. Jaggard is not permitted to use the documents and information already in his hands or in the hands of the police he will be deprived of the right to put forward his full case. **The position is exacerbated by the fact that it is notoriously difficult to prove fraud.**[60] If, in fact, Mr. Jaggard has been the victim of fraud, it is unlikely that the company or those associated with it have themselves given full discovery in the main actions. Is Mr. Jaggard to be deprived of the right to correct this by the use of documents obtained from a third party, the police?

The public interest on the other side is not so easy to identify. This is not the normal case where the disclosure of documents may prejudice the public interest by impairing the

---

〔60〕 首先，一个最基本的公共政策就是有全面的证据进行公平审判。阻碍法院了解全面的事实可能导致无法保护一方当事人的权利产生不公平，特别是在被告需要证明原告存在欺诈这种不容易去满足举证责任的情况下。

future conduct of the public service. **That more normal public interest arises in cases where the risk of disclosure may impair the future flow of necessary information to the organs of government**,[61] for example from police informers or from traders to the customs authorities: see the Alfred Crompton case (1974) A. C. 405. No such consideration applies here. The disclosure of these documents will not threaten the future efficient working of the police: the documents were obtained by seizure and the power to seize is not adversely affected by the subsequent disclosure of the documents to third parties.

But there is another, to my mind, more important, public interest. There is a public interest in upholding confidentiality as such even as between private individuals... **This public interest in confidentiality as such is immensely increased when the information in question has been obtained by a public authority using compulsory powers.**[62] There are today numerous agencies of the state upon which, no doubt for good reason, Parliament has conferred the power compulsorily to obtain information and documents from the private citizen. If this information is not communicated to others but is known to, and used by, only the agency which is given the statutory power to obtain it, no great harm is done. **But if the information obtained by the police, the Inland Revenue, the social security offices, the health service and other agencies were to be gathered together in one file, the freedom of the individual would be gravely at risk.**[63] The dossier of private information is the badge of the totalitarian state. Apart from authority, **I would regard the public interest in ensuring that confidential information obtained by public authorities from the citizen under compulsion remains inviolate and incommunicable to anyone as being of such importance that it admitted of no exceptions and overrode all other public interests.**[64] The courts should be at least as astute to protect the public interest in freedom from abuse of power as in protecting the public interest in the exercise of such powers....

For these reasons I will grant against the second and third defendants the interim injunctions sought... and set aside the subpoena on the police. The orders should require

---

〔61〕 如果披露会影响将来信息在民众与政府部门之间(如民众向政府部门通风报信)的必要流动,就可能更要担心公共利益的问题。

〔62〕 当涉及个人隐私的信息是政府部门通过强制性权力获取时,类似于本案例,保持机密的公共利益就变得尤为重要。

〔63〕 如果警方、税务、社会保障、卫生与健康部门分别获得个别自然人的信息被集中在一个档案中,会对该人士的隐私权与个人自由造成很大的威胁。

〔64〕 必须保证政府机构强制获得的公民个人机密信息不受侵犯与不会被泄露给其他人,公共利益应至高无上与没有例外。这有点类似法律业务特免权的道理,所以本先例中传召证人(警察)的命令被撤销。

delivery up of documents by the second and third defendants to the police, not to the plaintiffs in the documents action."

4.3.3 对方当事人的反对

但对方当事人能否反对申请方传召证人呢？对方当事人若想阻止第三人（non-party）证人出庭作证，显然是因为该证人会向法院提供对他/她不利的文件或口头主证据。表面看来，对方当事人并不拥有第三人证人（no property in witness），凭什么反对传召呢？而且，这有企图向法院隐瞒事实真相之嫌，法院肯定会有一定怀疑与敌意。另《Phipson on Evidence》（2018 年，第 19 版）一书之 8－21 段也说到会有鼓励附属诉讼的危险，就是面临决定谁胜谁负的最后决战即实体争议的开庭审理（merits/evidential hearing），本来双方应全力准备，但反而要分心反对与争议传召证人的事宜："If a general right were recognised in an opposite party to raise objections to the witness summons, this may encourage ancillary litigation."

这方面可介绍两个先例。先是 Harmony Shipping v. Saudi Europe Line（The "Good Helmsman"）（1979）1 WLR 1380 先例，案情在本书第三章之 5.6.1 段有介绍。被告传召证人，对象是原告曾经委任过的一个笔迹专家（handwriting expert），显然是预计他在宣誓作证时会向法院提供对原告不利而对被告有利的信息或文件。但该专家知悉曾在同一个诉讼为原告服务后，就拒绝接受被告的委任。这样，被告唯一的途径就是通过向法院申请传召证人强制该专家出庭作证。原告知悉后自然是立即向法院提出反对，要求向该专家证人作出各种禁令以及撤销传召证人命令。但一审的高院与上诉庭都根据各种原则与理由拒绝。例如，双方当事人都不拥有证人，而这证人是包括了事实证人与专家证人。这表示原告不委任没有理由不准被告委任，好像原告才能拥有该证人。另是所有有关与有利于法院找出事实真相的证据，都不应该被排除。此先例中，Denning 勋爵说：

"So far as witnesses of fact are concerned, the law is as plain as can be. There is no property in a witness. The reason is because the court has a right to every man's evidence. Its primary duty is to ascertain the truth. Neither one side nor the other can debar the court from ascertaining the truth either by seeing a witness beforehand or by purchasing his evidence or by making communication to him. In no way can one side prohibit the other side from seeing a witness of fact, from getting the facts from him and from calling him to give evidence or from issuing him with a subpoena. ...

... it seems to me that an expert witness falls into the same position as a witness of fact. The court is entitled, in order to ascertain the truth, to have the actual facts which he has observed adduced before it and to have his independent opinion on those facts. ...

In this particular case Mr. Davis（笔迹专家）has been subpoenaed by the defendants. It seems to me that that is very right and proper. It was suggested that the subpoena should be set aside. As far as I know, no subpoena ad testificandum has ever been set aside except at the instance of the witness himself when he has claimed that it would be oppressive to make him answer that subpoena. . . . He will be protected in so far as there is any proper claim for legal professional privilege or confidence. So, it seems to me, on principle that Mr. Davis can be subpoenaed."

另 Waller 大法官也说:"It is significant . . . that the attempt to set aside the subpoena is made by the plaintiffs. I do not find it surprising that there is no such case where the objection is made by somebody other than the person subpoenaed. It seems to me that that is the natural result of the situation, and the case where somebody else can set aside the subpoena must be if not non-existent then very, very rare indeed."

另 London & Leeds Estates v. Paribas (No. 2) (1995) 1 EGLR 102 先例也提到对方当事人没有反对的余地。该先例涉及被告声称原告的专家证人 M 在仲裁中作出的专家意见与他在另外两个仲裁中的专家意见矛盾。于是被告向法院申请传召 M 提供他在另两个仲裁中的专家意见。原告向法院申请撤销这传召证人的命令。但这被法院拒绝,M 作为被传召的第三人证人可以反对传召,但是原告没有反对的余地。保证审理公正利益(interests of justice)的考虑超越了保护仲裁的机密性,[65] 有合法理由引入有关证据。另外,在英国过去的民事诉讼中,证人庭外(包括过往其他案件中)给出的陈述属于传闻证据(hearsay evidence),一般不被采纳,但如果证人否认曾作出过矛盾的陈述,为了保护当事人的权利与公共利益会允许采纳之前的陈述,这也是《Civil Evidence Act 1968》之 Section 3 的规定(当然在今天《Civil Evidence Act 1995》下所有传闻证据就更是都可以被采纳了)。

对方当事人不能在审前反对传召证人,不代表不能在开庭审理盘问提供口头主证据或文件的第三人证人时反对有关的证据,例如无关、属于传闻证据等。《Phipson on Evidence》(2018 年,第 19 版)一书之 8 – 21 段说:"An opposing party may object to the production and admissibility of the documents when the witness summons is complied with in court."

在 Boeing Co v. PPG Industries Inc (1988) 3 All ER 839 上诉庭先例中,O'Connor 大法官说:"The fact that in the ordinary course of events the opposite party cannot and does not apply to the court to set aside a subpoena means that the party's right course is to object to the production and admissibility of the documents when the subpoena is complied with in court."

4.4 海外第三人证人的传召到庭

英国法院作出的传召证人(以前的"subpoena"或现在的"witness summons")的一个重要局限是只能针对身在/住在英国法院管辖范围以内的潜在证人,不可向海外/外国的人士送达传召证人传票:见 Masri v. Consolidated Contractors International

[65] 见笔者的《仲裁法:从 1996 年英国仲裁法到国际商务仲裁》一书第十三章之 2.4.5 段的详细介绍。

(2009) UKHL 43；Clavis Liberty Fund v. HKRC (2015) 1 WLR 2949 等先例。

在 Masri v. Consolidated Contractors International 贵族院先例中，案情涉及在英国法院诉讼中胜诉的判决债权人(judgment creditor)想要执行判决，因此想要通过申请"提供资料命令"(Order to provide information)的方法来获取败诉的判决债务人(judgement debtor)的财产、业务状况等信息，包括在法院交叉盘问判决债务人，并根据这些信息进行下一步的执行判决的行动，如第三债务人命令(Third Party Debt Orders)、对资产的执行(Execution against goods)、针对股票房产的押记(Charging Orders)等。对判决或仲裁裁决债务的各种执行办法或做法在笔者的《仲裁法——从开庭审理到裁决书的作出与执行》一书第十四章之8段有详尽的介绍，不去重复。回到本先例的案情，判决债务人是一家在希腊的黎巴嫩公司。这迫使判决债权人作为原告向法院单方面申请传召证人，对象是在希腊公司的一位高管，导致该希腊公司作为传票收件人前来英国法院撤销该传召证人命令。案例也涉及欧盟法律，与本段有关的判决内容可节录如下："In the present case, ... the limitation of the court's power to enforce the attendance of witnesses or fine defaulting witnesses. From the Statute of Elizabeth (1562) onwards, this had been regulated by statute and had never extended beyond the United Kingdom. The procedure enacted in relation to other jurisdictions involves the taking of evidence, on commission or otherwise, with the assistance of the foreign court. **The service of a writ of subpoena is still only possible under s. 36 of the Supreme Court Act 1981 in respect of persons in one of the parts of the United Kingdom**. The limitation of the court's power in this respect corresponds with the principle of international law, summarised robustly by Dr Mann in his Hague lecture 'The Doctrine of Jurisdiction in International Law' ..."(加黑部分是笔者的强调)

所以不可以传召海外/外国(对英国法院而言)的第三人证人。如果试图强制该不合作证人提供文件或信息，就只能求助外国(该证人的所在地)法院了。这是有关《海牙证据公约》的内容，读者可参阅笔者的《证据法：国际规管与诉讼中的证据攻防》一书第四章之2段，这里不去重复。

4.5　国际商事仲裁的传召第三人证人

这一小段要介绍国际商事仲裁的传召第三人证人(Witness Summons)，甚至是仲裁员自己会否被法院传召，例如在对裁决书的救济或执行时。

首先是针对传召第三人证人，仲裁与法院诉讼一样也有同样的需要。如果仲裁程序是询问制(inquisitorial)，也就是仲裁庭主动寻找事实真相，更会是仲裁庭在双方当事人不主动提供的情况下，要求他们提供重要与有关的证人。如果他们无法提供，就要通过法院的协助强制这些证人在仲裁开庭审理时出庭作证。毕竟仲裁员在没有证据的情况下(如文件证据欠缺)，没有办法认定事实与作出裁决，是非要关键证人出庭提供口头证据不可的。但仲裁员对第三人证人是没有管辖权与向他/她作出命令的权力(除了美国，这将在稍后详细介绍)，所以除非双方当事人能够提供证人的证据,仲裁庭就要在法院的协助下才能做到传召第三人证人。

4.5.1 有关的仲裁法与仲裁规则

仲裁员这方面主动的权力,可先节录国际仲裁常使用的《IBA 证据规则》。Article 4.10 说:"At any time before the arbitration is concluded, the arbitral tribunal may order any party to provide for, or to use its best efforts to provide for, the appearance for testimony at an evidentiary hearing of any person, including one whose testimony has not yet been offered."

接下来的 Article 8.5 提到,如果双方当事人没有提供某些仲裁庭认为重要的证据,仲裁庭可以要求任何其他人士("any person")作为证人提供口头证据或文件。IBA 证据规则的解释(IBA Commentary)说这两条有关联,而 Article 8.5 更进一步可去要求任何其他人,这就会包括通过法院强制传召第三人证人了,可部分节录如下:"the tribunal may request any person to give oral or written evidence on any issue that the arbitral tribunal considers to be relevant to the case and material to its outcome."另在美国的《Federal Arbitration Act》之 Section 7 中也有同样文字的"any person",并有不少先例明确包括第三人(non-party)。

这在其他的仲裁规则基本上有同样的规定,如《联合国仲裁示范规则》(UNCITRAL Arbitration Rules)之 Article 27(3)说:"at any time during the arbitral proceedings the arbitral tribunal may require the parties to produce documents, exhibits or other evidence within such period of time as the tribunal shall determine.""any other evidence"一词一般被视为包括证人的口头证据。

香港国际仲裁中心的仲裁规则也有类似条文,Article 22.2 说:"at any time during the arbitration, the arbitral tribunal may allow or require a party to produce documents, exhibits or other evidence that the arbitral tribunal determines to be relevant to the case and material to its outcome."

ICC 仲裁规则之 Article 25(4)说:"at any time during the proceedings, the arbitral tribunal may summon any party to provide additional evidence."这被解释为仲裁庭行使这个权力可以是来自任何一方当事人的申请或是仲裁庭自己主动。

4.5.2 英国

撇开仲裁规则,毕竟这些规定是不能约束双方当事人都管不到的第三人。例如,该第三人是一方当事人公司闹得不开心离职的前雇员,但他/她偏偏掌握了有关争议最关键的信息。这样仲裁庭可以根据规则,要求一方当事人主动提供该前雇员的口头证据。英国《Arbitration Act 1996》之 Section 38 规定:"**General powers exercisable by the tribunal** ...(5) The tribunal may direct that a party or witness shall be examined on oath or affirmation ...(6) The tribunal may give directions to a party for the preservation for the purposes of the proceedings of any evidence in his custody or control.

另 Section 42 规定:"**Enforcement of peremptory orders of tribunal** (1)... the court may make an order requiring a party to comply with a peremptory order made by the tribunal."

但如果该当事人说他无法提供,这可能是事实也可能是借口,反正此路不通,就只能求助仲裁地(seat)的监督法院(supervisory court)了。英国《Arbitration Act 1996》授权英国法院协助在英国举行的仲裁,强制在英国管辖内的不情愿的第三人证人出庭,Section 43 说:"(1) A party to arbitral proceedings may use the same court procedures as are available in relation to legal proceedings to secure the attendance before the tribunal of a witness in order to give oral testimony or to produce documents or other material evidence. (2) This may only be done with **the permission of the tribunal** or the agreement of the other parties. (3) The court procedures may only be used if – (a) **The witness is in the United Kingdom**, and (b) **The arbitral proceedings are being conducted in England and Wales** or, as the case may be, Northern Ireland. (4) A person shall not be compelled by virtue of this section to produce any document or other material evidence which he could not be compelled to produce in legal proceedings."[66](加黑部分会在接下来进一步解释)

在 Section 43(2)中,英国法院行使这个权力作出传召证人的命令是要仲裁庭批准或双方当事人同意。至于仲裁庭怎样决定是否批准要求第三人证人要求提供文件证据,可在《IBA 证据规则》之 Article 3.9 中找到指引:"If a Party wishes to obtain the production of documents from a person or organization who is not a Party to the arbitration and from whom the Party cannot obtain the documents on its own, the Party may, within the time ordered by the Arbitral Tribunal, ask it to take whatever steps are legally available to obtain the requested documents, or seek leave from the Arbitral Tribunal to take such steps itself. The Party shall submit such request to the Arbitral Tribunal and to the other Parties in writing, and the request shall contain the particulars set forth in Article 3.3, as applicable. The Arbitral Tribunal shall decide on this request and shall take, authorize the requesting Party to take, or order any other Party to take, such steps as the Arbitral Tribunal considers appropriate if, in its discretion, it determines that (i) the Documents would be relevant to the case and material to its outcome, (ii) the requirements of Article 3.3, as applicable, have been satisfied and (iii) none of the reasons for objection set forth in Article 9.2 applies."

另 Saville 大法官主持并发表的《Departmental Advisory Committee on Arbitration Law—Report on the Arbitration Bill》第 213 段也提到立法条文 Section 43(2)的原因如下:"The reason for this is to make sure that this procedure is not used to override any procedural method adopted by the tribunal, or agreed by the parties, for the arbitration.

[66] 保障普通法下文件或其他关键证据享有的特免权。

Thus, for example, if the tribunal has decided that there shall be no oral hearing, then (unless all parties agree otherwise) this procedure cannot be used to get round that decision."

在做法上，是要申请传召第三人证人时向法院提供一份誓章(affidavit)或是证人证言(witness statement)，确认这个申请是有了仲裁庭的批准或双方当事人同意的事实。

与已经在本章之4.4段提到的法院诉讼一样，Section 43(3)(a)明确了只针对英国管辖范围内的证人，英国法院对居住在外国的自然人或公司法人没有管辖权。

而Section 43(3)(b)明确立法条文并不针对英国(伦敦)作为仲裁地(seat)的仲裁案件，而是局限在任何实际在英国举行的仲裁。这样，也不至于过分骚扰第三人证人，例如传召与命令他/她要飞去外国为仲裁开庭作证，即使该案件的仲裁地是伦敦。Mustill & Boyd之《Commerical Arbitration》(2001年Companion)一书之323页也讲到："Section 43(3)(b) is necessary to prevent a witness being compelled to travel abroad, as might otherwise happened if the arbitration, although having a jurisdical seat in England ... was being conducted elsewhere."

这应包括了部分仲裁程序如证据的开庭审理(evidential hearing)，甚至只是部分的取证。这表示，在个别有需要也不想通过《海牙证据公约》的做法[可见Commercial Insurance Co v. Lloyd's Underwriters (2002) 1 WLR 1323先例]的案件中，可以把部分开庭审理转移去伦敦以利向英国法院求助传召居住在英国的关键证人。

随着环境与情况的变更，难免是"老革命遇到新问题"。在今天的新冠肺炎疫情下进行的大部分国际商事仲裁都需要通过网络开庭审理，而这导致一个香港特区或新加坡的仲裁需要连接伦敦是经常会有的事，如一方甚至是双方当事人的代表出庭律师都是在英国的大律师或是仲裁庭的其中一位成员是在伦敦。笔者不知道这种情况会否可以适用Section 43要求英国法院协助传召英国第三人证人。

另在《Arbitration Act 1996》之Section 44下，英国法院也可以协助英国以外的仲裁："Unless otherwise agreed by the parties, the court has for the purposes of and in relation to arbitral proceedings the same power of making orders about the matters listed below as it has for the purposes of and in relation to legal proceedings ..."

其中，Section 44(2)(a)是协助向证人取证(the taking of the evidence of witnesses)。可见Econet Wireless Ltd v. Vee Networks Ltd & Ors (2006) EWHC 1568 (Comm)先例。Morrison大法官说，Section 44是"长臂"(long arm reach)，并说到英国法院在面对这种申请时，他首先会问的问题是为什么要向英国法院申请，而不是寻求外国仲裁的监督法院协助("the first question should be: why are you asking for an order from this court")。Morrison大法官说："As (Counsel) submitted on behalf of the Respondents, 'The natural court for the granting of interim injunctive relief must be the court of the country of the seat of arbitration, especially where the curial law of the arbitration is that of the same country.' I agree."

申请人要讲出一些好的理由。例如,要求英国法院协助是因为关键的证据是来自英国的证人或他/她所拥有的文件,而没有其他办法可以获得这关键证据。英国法院会否协助也要考虑几个方面,一个重要的点就是外国的仲裁程序法律是否与英国的很不一样。毕竟,英国法院也需要考虑保护居住在英国的第三人证人不会受到过多的骚扰。这样看来同样在中国的仲裁,香港特区作为仲裁地的仲裁比内地如北京或上海作为仲裁地(也因此适用不同的程序法)的仲裁会更容易向英国法院申请要求协助取证。总之,这种申请还不算是太常见,相比 Section 43(1)也存在更多的困难。

这方面在本书多处有讲到。例如,本书第一章之5.1段有提到,在一连串的先例如 Commercial Insurance Co v. Lloyd's Underwriters (2002) 1 WLR 1323; U&M Mining Zambia Ltd v. Konkola Copper Mines Plc (2013) EWHC 260 (Comm); A and B v. C, D and E (2020) EWCA Civ 409 中,已明确除了适用在英国(伦敦)仲裁,也可去协助外国的仲裁强制身在英国的自然人提供证据。自然人可以是双方当事人(parties),也可以是掌握有关信息的第三人(non-parties)证人。看来,这相当于法院之间的《海牙证据公约》,而且对仲裁而言,会更便宜与更简单[最少是省了要有关机构或法院在《海牙证据公约》下提出要求的请求书(Letter of Request)这个复杂的程序]。

强调这一点是因为国际商事仲裁与英国伦敦的关系十分密切,在国际上要寻找第三人证人提供对争议有关键性作用的文件或信息,常会涉及居住在英国伦敦的第三人证人。这是因为伦敦是为世界上的商业社会活动提供最大量高质量服务的集中地,甚至占有垄断性地位。所以在重要的国际商事仲裁案件中,在英国(特别是伦敦)寻找到重要与有关的第三人证人与/或文件证据的可能性要比世界任何其他地方大得多。

4.5.3　美国

在传召第三人证人(美国仍称为"subpoena")方面,美国有十分独特的法律。这是因为国际仲裁普遍认为仲裁庭的管辖权与权力不能延伸到第三人,所以其他国家或地区的法律没有给予仲裁庭传召第三人证人的权力。而美国《Federal Arbitration Act》(简称 FAA)之§7 给予了仲裁庭传召"任何人士"(any person)的权力,包括传召第三人证人出庭提供文件与/或口头证据。这方面的案例与资料很多,也不是本书重点,所以简单与选择性地提一两处有趣的地方,如:

1. 如果一方当事人向仲裁庭申请下令传召第三人证人,但仲裁庭拒绝,会引发对仲裁庭不当排除证据(exclude evidence)的质疑。在 Doral Financial Corp v. Garcia-Velez, F3d, 2013 WL 3927685 (1st Cir, July 31, 2013)先例中,案情涉及雇佣合约。雇主到开庭审理开始后才向仲裁庭提出申请,被仲裁庭以时间太晚为由拒绝。仲裁庭之后裁定雇主败诉与赔偿250万美元,这导致雇主向法院寻求救济去撤销裁决书,声称没有得到公平审理(fair hearing),但一审与上诉均失败,上诉庭说:"... the fact that the employer had received both adequate notice of the schedule for requesting discovery and the opportunity to present relevant evidence and arguments (as well as continuances when requested). The court also noted that the employer had nothing but a hunch that the documents and testimony if sought would have yielded relevant information..."

2. FAA 之 § 7 明确给予仲裁庭传召第三人证人在开庭审理时提供文件与口头证据的权力,但 § 7 的权力是否包括向第三人要求审前披露(pre-hearing discovery),类似英国法院的第三方披露令(Norwich Phamarcal Order)的作用,看来目前在美国不同州与不同法院有相异的说法。

3. 仲裁庭的传召证人命令的撰写与送达必须符合《Federal Rules of Civil Procedures》的要求,并且如果被第三人漠视,法院可以强制执行仲裁庭的传召命令。

4. 另可节录 Gary Born 先生《International Commercial Arbitration》(2009 年)一书第 1891 页有关内容如下:

"**Arbitral Tribunal's Disclosure Powers Generally Limited to Parties to the Arbitration**

The disclosure and discovery powers of the arbitral tribunal in international arbitration are ordinarily limited to the parties to the arbitration and do not extend to non-parties. This limitation is in substantial part a result of the consensual nature of international arbitration. In principle, the powers conferred by the parties' arbitration agreement (and any institutional rules it incorporates) extend only to the parties to that agreement. Accordingly, the tribunal will generally lack the authority to order third parties to produce documents or otherwise provide disclosure in the arbitration, just as it will generally lack the power to grant provisional measures or final relief against non-parties to the arbitration.

Nonetheless, there are exceptions to this general rule. As discussed below, there are instances in which national law, affirmatively grants arbitrators power to take evidence from non-parties with the judicial assistance from national courts. The UNCITRAL Model Law, the FAA in the United States, the English Arbitration Act, 1996, and the Swiss Law on Private International Law[67] are leading examples of this approach. Under these statutes, arbitral tribunals have the power to order disclosure from third parties and, if refused, the parties or the arbitral tribunal may seek judicial enforcement of the tribunal's orders."

4.5.4 国际商事仲裁传召第三人证人不多的原因

笔者认为,国际仲裁很少传召第三人证人的原因如下:

---

〔67〕 见《Swiss Law on Private International Law》之 Art. 184(2)。

1. 仲裁庭主动要求提供关键的事实证人以利找出争议的事实真相往往会发生在大陆法体系下的询问制(inquisitorial)程序中,而不大会发生在普通法体系下的对抗制(adversarial)程序中。在后者中,作为事实审理者(trier of fact)的仲裁庭不会主动要求某位特定关键证人(不论是当事人可以提供或不可能提供的第三人证人)出庭作证。但在今天的国际仲裁中,绝大部分的参与者(players),不论是双方代表律师或是仲裁庭成员,都处于普通法与对抗制的背景下。

2. 在对抗制程序的诉讼中,法院或仲裁庭至高无上的责任与目的是找出争议事实的真相,但这只是根据双方当事人在诉讼程序中提交的证据(文件与/或口头)。显然当事人会尽量提供对己方有利的证据,虽然在文件证据方面,已经很明确是也必须披露对自己不利的文件。但一旦涉及口头证据,就很难想象一方当事人的证人团队会只有部分证人(事实与专家)提供对己方有利的口头证据,但也有证人提供对己方不利的证据,以让法院或仲裁庭能够掌握全面的事实。在对抗制下,一方当事人会在证人团队中向法院或仲裁庭提供对敌对方不利的证据。所以如果双方当事人与他们的代表律师以及证人团队就会在最后开庭审理时使得法官与仲裁庭可以对有关的争议与双方的强弱有一个全面的理解并有相应的证据支持。

3. 如果一方当事人在调查取证中知悉有第三人掌握有关争议事实的重要文件或信息,但事实并不对他有利,代表律师就不会复印该文件或提供该第三人为证人。如果另一方当事人没有能够接触到该第三人并知悉同样的文件或信息,可能十分重要有关的证据就被"淹没"了。又或是,一方当事人知悉有第三人掌握对己方十分有利的证据,一般在商事仲裁情况下应可说服他/她出庭作为己方的证人团队成员之一。而如果该第三人拒绝,明显不会合作去提供文书的证人证言(witness statement)作为主证据并与对方当事人相互交换或接受证人培训(witness preparation),就很难肯定他/她如果被法院强制传召出庭作证,会在主盘问/主讯问与被对方代表律师讲什么。加上如果该第三人所提供的证据对己方不利,作为自己传召的证人也是无可奈何,不能质疑或交叉盘问该第三人证人,除非达到了变为是敌意证人(hostile witness)的程度,[68]而且要仲裁庭接受。所以,为了避免这个不肯定,一般的国际商事仲裁很少冒这个险,在极端的案件才会出此下策。

4. 面对今天复杂的国际商业案件,仲裁庭想主动质询并自己调查取证以寻求争议事实真相也难以做到,即使今天各地的仲裁法律普遍允许仲裁庭采取更多主动。如英国《Arbitration Act 1996》之 Section 34 规定,针对仲裁庭在仲裁程序与证据方面的权力包括决定:"whether and to what extent the tribunal should itself take the initiative in ascertaining the facts and the law..."但仲裁员一般也只敢在开庭审理时更多插手向证人提出一些尽量不尖锐的问题或是要求双方代表律师澄清一些观点或递交更多对这方面的陈述(further submissions)。仲裁庭提出问题或自己的观点,即使说是为

---

〔68〕 见本书第三章之4段。

了澄清，仍会造成对一方当事人有利但对另一方当事人不利的后果而被视为有偏袒。

5. 仲裁员太主动在今天国际仲裁的做法下确实也往往管不好/管不了。例如，仲裁庭在开庭前根本不了解或只是部分了解案情，怎能确定有哪些关键的证人是双方当事人的证人团队中没有包括在内，而需要主动要求双方当事人提供或通过法院传召出庭的呢？

6. 在今天的国际仲裁中，中国公司最重要的是委任与信赖熟悉对抗制的代表律师参与国际仲裁，有能力把诉前（pre-action）与审前（pre-trial）的调查取证、保存证据与分析证据做得比对方更好，就会有更大的胜诉可能。至于对委任的仲裁员，就别期望太大，希望他/她会主持公义。在一个己方认为是有利的案件（自己应是最了解事实真相）与委任了有能力的律师把调查取证做好的情况下，能够委任一个可预测会合理有水平、稳定、有常识地分析证据与文化上不会敌视己方证人的仲裁员就已经足够。

4.5.5 裁决书寻求救济或执行时申请法院传召第三人证人

在作出裁决书后，胜诉方试图向败诉方执行裁决书或是败诉方试图向仲裁监督法院寻求救济撤销裁决书时，往往会带来另一类在执行或监督法院的“卫星诉讼”（satellite litigation）。当事人（特别是败诉方）在这类诉讼中申请法院强制传召第三人证人的做法很少听说。届时，作出裁决书的仲裁员也已经“职责履行完毕”（*functus officio*），本质上跟任何其他第三人一样，区别只在他/她掌握整个仲裁程序与合议等方面的信息，而这是法院争议的关键证据。

笔者先介绍新加坡的 BVU v. BVX（2019）SGHC 69 先例。案情涉及南美公司作为原告向韩国的一家国营公司提起新加坡仲裁，争议是有关他们之间的一个买卖合约。仲裁结果是原告败诉，但原告不服并向新加坡法院申请撤销该裁决书，理由是裁决的结果涉及欺诈与隐瞒（fraud and concealment）仲裁庭，显然违反了公共政策。这种争议也经常会遇到，往往就是在裁决书作出后的调查下，发觉胜诉方故意隐藏了一些重要证据没有在仲裁程序中披露。本来这种没有（有意或无意）全面披露文件与口头证据的情况在国际仲裁中很正常，但问题在于程度。如果在极端的情况下，例如，胜诉方刻意隐藏至关重要的证据（不论是文件或口头），在提供后裁决结果就很可能扭转，加上其他的情节如在败诉方与仲裁庭要求提供时，以谎言蒙混过关，或是涉及以金钱收买出庭的关键证人等不法行为，就会因违反公共政策而需要撤销裁决书或拒绝执行了。显然败诉方在一个很短的时间内能够有足够证据证明这种极端情况是不容易的事，光凭揣测（speculation）完全不够。

在该新加坡先例中，败诉方南美公司向新加坡法院寻求救济撤销该裁决书，并另申请传召证人要求第三人证人（对象是韩国公司的雇员）向法院提供一些韩国公司的内部文件，声称是可以证明被告欺诈与隐瞒仲裁庭有关事实真相的文件证据。这导致韩国公司反对并要求撤销该传召证人命令。新加坡法院判南美公司的做法滥用诉讼程序(abuse of process),本质上是试图在法院重审一次在仲裁败诉的案件。如果南美公司觉得这些内部文件是重要并会影响仲裁结果,大可以在仲裁进行时就采取同样的做法(这是指新加坡《International Arbitration Act》之 section 13 有关传召第三人证人的立法条文[69])去取得这些文件的披露。

4.5.5.1　申请法院传召调解员(mediator)

在 Farm Assist Limited (in liquidation) v. The Secretary of State for the Environment, Food and Rural Affairs (No.2) (2009) EWHC 1102 (TCC)先例中,涉及传召的证人是较早前的调解员,出庭反对与试图撤销传召证人命令的就是调解员自己。她是一家跨国律师所的合伙人,也经常接受作为调解员的委任。该先例显然较早前的调解取得了成功,令双方达成了一个和解协议(settlement agreement),但事后有一方当事人声称该和解协议是通过不合法的压迫(unlawful economic duress)达成,要求法院宣示无效。在诉讼中,双方当事人也同意通过法院传召该调解员作为证人提供有关调解程序中的事实真相,包括分开游说(caucusing)双方当事人的情况。该调解员知道被传召为证人后向法院提出反对,这里涉及好几方面的问题,如调解员在调解协议的地位、调解的机密性与特免权[和解谈判的无损害特免权(without prejudice privilege)[70]]。

先简单介绍并节录在三方(双方当事人加上调解员)签署的调解协议(Mediation Agreement)中的有关机密性与特免权的一些标准条文如下:

第 6 条文:"Each Party in signing this Agreement is deemed to be agreeing to the confidentiality provisions of the Mediation Procedure on behalf of itself and all of its directors, officers, servants, agents and/or Representatives and all other persons present on behalf of that Party at the Mediation."

第 7 条文:"In addition, each Party may send to the Mediator and/or bring to the Mediation further documentation which it wishes to disclosure in confidence to the Mediator but not to any other Party, clearly stating in writing that such documentation is confidential to the Mediator."(这是指一方当事人披露让调解员单方面看的文件,不让另一方看到。这种情况在仲裁中不会也不应该发生,但在调解中就经常会发生。调解员经常要把双方当事人分开来去分别游说,期间一方当事人可能会给调解员看一些

[69]　Section 13 的规定可节录如下:"(1) Any party to an arbitration agreement may take out a subpoena to testify or a subpoena to produce documents. (2) The High Court or a Judge thereof may order that a subpoena to testify or a subpoena to produce documents shall be issued to compel the attendance before an arbitral tribunal of a witness wherever he may be within Singapore. (3) The High Court or a Judge thereof may also issue an order under section 38 of the Prisons Act (Cap. 247) to bring up a prisoner for examination before an arbitral tribunal. (4) No person shall be compelled under any such subpoena to produce any document which he could not be compelled to produce on the trial of an action."

[70]　这方面的课题,可参阅笔者的《证据法:国际规管与诉讼中的证据攻防》一书第十三章。

机密性甚至享有特免权的文件,如他的律师针对双方的法律责任的意见。)

第 11 条文:“Every person involved in the Mediation will keep confidential and not use for any collateral or ulterior purpose: a) The fact that the Mediation is to take place or has taken place; and b) All information (which given orally, in writing or otherwise), produced for, or arising in relation to the Mediation including the settlement agreement (if any) arising out of it, c) Except insofar as is necessary to implement and enforce any such settlement agreement or to comply with any Order of the Court in any subsequent action.”

第 12 条文:“All documents, which include anything upon which evidence is recorded (including tapes and computer discs), or other information produced for, or arising in relation to, the Mediation will be privileged and not be admissible as evidence or discoverable in any litigation or arbitration connected with the Dispute except any documents or other information which would not in any event have been admissible or discoverable in any such litigation or arbitration.”(这一条文针对特免权,比机密性更高。)

第 13 条文:“None of the parties to the Mediation Agreement will call the Mediator as a witness, consultant, arbitrator or expert in any litigation or arbitration in relation to the Dispute and the Mediator will not voluntarily act in any such capacity without the written agreement of all the Parties.”(这一条文明确规定任何一方当事人不得在将来发生的诉讼或仲裁中,要求或委任调解员做证人、顾问、仲裁员或专家。)

显然该调解员非常不乐意被传召出庭作证,所以向法院提出反对。反对的理由主要是调解的机密性(除了对其他人要保密,也包括双方当事人之间,因为调解员会有大量的信息是与其中一方当事人单独沟通)。

看来,按照调解协议的明示条文,调解过程中的机密性文件应该十分有保障,第 13 条文更是清楚说明不得要求调解员在调解后的诉讼作为证人,应该不会发生此先例的情况。但此先例是双方当事人同意传召调解员出庭作证,情况不一样,加上这个诉讼是把达成的和解协议撤销,而不是第 13 条文所针对的有关双方当事人原来实质争议的诉讼或仲裁,所以不适用。Ramsey 大法官针对这一点说:“Does that provision mean ... should not be entitled to call the Mediator as a witness in these proceedings so that the court should set aside the witness summons? In my judgment, it does not. First, I consider that the parties' agreement not to call the Mediator as a witness 'in relation to the Dispute' is limited to litigation or arbitration in relation to the underlying dispute as defined in the preamble. There the Dispute is defined as the dispute which 'relates to work performed by FAL on behalf of (DEFRA) during the foot and mouth epidemic in 2001'. The dispute with which I am concerned is not that dispute but the dispute whether the settlement agreement was entered into under duress. ...”

接下来首先针对机密性方面,众所周知,机密性并不是有关的信息与文件可以在诉讼中不被披露的绝对保障。法院公平审理需要有证据才能寻找事实真相的公共利益(public policy in the interest of justice):见 British Steel Corporation v. Granada Television Ltd (1981) AC 1096 等先例。调解的机密性是法律所默示,更不说调解协议还加上了明示条文。但即使是明示条文,仍不能超越公共利益/公共政策。《Confidentiality by Toulon and Phipps》(2006 年,第 2 版)一书之15 - 016 段说:“The same logic, whether in support of an implied contractual term or an equitable obligation, must apply as much, if not more strongly, in the case of mediation. For it would destroy the basis of mediation if, in the case of mediation failing, either party could publicise matters which had been passed between themselves or between either of them and the mediator for the purpose of mediation. An obligation of confidence would also be owed to both parties by the mediator.”

在此先例中,Ramsey 大法官针对机密性说:“I consider that, in the context of mediation and in the absence of an express provision, a similar implied confidentiality would arise but that evidence may be given of those matters if the court considers that it is in the interests of justice to do so. In this case DEFRA and FAL(双方当事人)have agreed with the Mediator to treat the mediation as confidential. That, in my judgment, is an obligation which is binding as between the parties and the Mediator but that the court can permit the use of or order disclosure of the otherwise confidential material if it is in the interest of justice. ...”

特免权方面也是公共政策。涉及法律业务特免权(legal profession privilege),更是至高无上的特免权,不会被为了公平审理不轻易排除证据的公共利益/公共政策所超越。虽然在调解的过程中也会涉及法律业务特免权,但估计只是个别一两份文件或信息,例如刚介绍过的一方当事人向调解员展示他的律师给的法律意见。与调解更密切相关的特免权应是无损害特免权,毕竟调解就是为了促成双方当事人达成和解协议。但单独的一份份文件拆开来看,会有很多在调解中产生的文件并不符合无损害特免权的法律要求。例如,调解中的其中一方当事人根本无意让步(compromise)以达成和解,或是在调解中作出威胁如会把公司自动清盘等。另是,当事人也不可以通过协议(如本案例的调解协议中的第 12 条文)制造特免权,不因此有公共利益/公共政策的保护并有约束法院的效果。如果可以通过合约的明示条文改变,就会造成可笑的现象。例如希望享有高度机密的文件,通过双方明示同意这是属于法律业务特免权,就可以安稳了。

所以有一些权威说法是,调解应该有一套自己的特免权,即使是要通过立法。例如,《Brown & Marriott ADR Principles and Practice》(1999 年,第 2 版)一书之22 - 079至 22 - 087 段探讨这方面问题,并说道:“It remains to be resolved definitively by the English Courts (if not by the legislature) whether there is a privilege attaching to the whole mediation process, including all communications passing within that process, whether the mediation relates to family matters, civil or commercial disputes or any other kind of issues."

判例方面,在 Brown v. Rice (2007) EWHC 625 (Ch)先例中,Stuart Isaacs QC 大法官说:"The possible existence and desirability of a distinct privilege attaching to the entire mediation process is also usefully discusses in Brown & Marriott ADR Orinciples and Practice (2nd edition, 1999) ... however, that this case could be decided under the existing without prejudice rule. In particular, this was because it was common ground between the parties that the court could not properly require Mr Walker(调解员)to give evidence and, ... neither party was intending to issue a witness summons against him. I agree that this case can be decided under the existing without prejudice rule. It may be in the future that the existence of a distinct mediation privilege will require to be considered by either the legislature or the courts but that is not something which arises for decision now."

另在 Aird v. Prime Meridian (2006) EWCA Civ 1866 上诉庭先例中,May 大法官说:"The court will always encourage mediation in an appropriate case. It is well-known and uncontentious in this case that mediation takes the form of assisted 'without prejudice' negotiation and that, with some exceptions ..., what goes on in the course of mediation is privileged, so that it cannot be referred to or relied on in subsequent court proceedings if the mediation is unsuccessful. ..."

在 Farm Assist Limited (in liquidation) v. The Secretary of State for the Environment, Food and Rural Affairs (No. 2)先例中,法院最后在权衡了所有上述与其他的因素(如调解员说她之后被委任与处理了好几十个其他的调解案件,所以已经是忘掉)后,得出的结论还是认为为了审理的公正(估计是相信她的证据会对法院审理该案件十分关键)仍要传召该调解员。Ramsey 大法官说:"In those circumstance, balancing the various considerations, I have come to the conclusion that **it is in the interest of justice that she should give evidence as to what was said and done in the mediation**, for the following reasons: (1) The issue in this case is whether the settlement agreement arising from the mediation should be set aside for economic duress. **The allegations concern what was said and done in the mediation and this necessarily involves evidence of what FAL says was said and done by the Mediator. This evidence forms a central part of FAL's case and the Mediator's evidence is necessary for the Court properly to determine what was said and done**. (2) Whilst the Mediator has said clearly that she has no recollection of the mediation, I accept that this does not prevent her from giving evidence. Frequently memories are jogged and recollections come to mind when documents are shown to witnesses and they have the opportunity to focus, in context, on events some years earlier. In addition provided that the summons is issued bona fide to obtain such evidence, I accept that, as a general rule, it will not be set aside because the witness says they cannot recall matters...(3) As I have held, calling the Mediator to give this evidence would not be contrary to the express terms of the Mediation Agreement ...(4) The parties have waived any without prejudice privilege in the mediation which, being their privilege, they are entitled to do. (5) Finally, whilst the Mediator has a right to rely on the confidentiality provision in the Mediation Agreement, I consider that this is a case where, as an exception, **the interest of justice lie strongly in favour of evidence being given of what was said and done**."(加黑部分是笔者的强调)

4.5.5.2　申请法院传召仲裁员(arbitrator)

在今天的国际商事仲裁中,仲裁员被当事人有意或无意卷进法院诉讼并不罕见。在裁决书发放后败诉方会向仲裁地的监督法院寻求救济,通常是试图撤销(set aside)裁决书。在英国《Arbitration Act 1996》项下,根据 Section 68,申请救济的主要理由通常是仲裁庭程序不公正的"严重不正常"(serious irregularity)。

败诉方质疑并试图撤销裁决书在英国《Arbitration Act 1996》生效前更多与更频繁,因为在之前的《Arbitration Act 1950》中,英国法院对仲裁员的监督与撤销裁决书的尺度比较严谨。当年作出了裁决书后的仲裁员不会再理会,通常也不会被通知,反正通知了也是无能为力。在英国法律下也没有必要通知前仲裁员,因为他/她职责已履行完毕(*functus officio*)已是无关。这与法院制度的做法一致,败诉方或都不满意的双方当事人对一审法院的判决提起上诉与质疑,不需要先通知一审法院的审理法官。上诉庭在审理时也不会需要给一审法院的审理法官自辩与解释的机会。上诉庭只凭判决中的全面理由与一审的庭审记录,再加上双方大律师的解释与争辩,往往就可以决定该一审的判决是否有严重问题要撤销与下令案件重审(retrial)。

这种法院的制度与做法[见 Mosely v. Simpson (1873) LR 16 Eq 226 先例]延伸到伦敦仲裁被视为理所当然。所以在早期的伦敦仲裁,有大量的裁决书被挑战,并且其中有相当部分在法院被成功撤销,而这些诉讼都没有告知作出裁决书的仲裁员,但一般对伦敦仲裁影响不大。笔者认为主要是英国法院在处理这种案件时的轻重与分寸掌握得好。毕竟英国高院的大法官在自己是执业大律师时就已经累积了很多做仲裁员或代表客户处理商业仲裁的经验,所以不会乱挑剔这个被质疑裁决书的前仲裁员的做法/手法。所以在作出判决时,即使认为仲裁庭犯错要撤销裁决书,也不会过度批评与公开该前仲裁员的名字。相反,如果否定撤销裁决书的申请,就会在公开判决中公布处理正确的仲裁员名字。

近期,对这种做法有了不同看法,认为这种败诉方向法院寻求撤销裁决书的救济,难免需要攻击作出裁决书的仲裁庭。当然这种攻击可能反映了事实真相,但重要的是在法院作出决定前,不先通知受影响的仲裁员让他们有机会解释或自辩,显然有失公平:见 Port Sudan Cotton Co v. Govindaswamy Chettiar & Sons (1977) 1 Lloyd's Rep 166 先例。所以《Arbitration Act 1996》已经明确会涉及仲裁员的法院行动,特别是 Section 68，申请人必须同时通知前仲裁庭/仲裁员（with notice）。前仲裁员在收到通知后会有什么反应与行动会根据不同情况与不同人士而有所不同。如果前仲裁员看申请救济中依据的理由并不是太针对他本人或没有什么好向法院解释的，会乐得不加理会。也会有情况是申请救济所依据的理由涉及的是仲裁庭要进一步解释的事情，因为裁决书中没有写清楚或是对仲裁庭有误解，就会选择作出一个文书声明或陈述（statement）并通过双方当事人的代表律师转交给法院。由于双方当事人对立，即使该陈述中的解释对申请人不利，也会对另一方抗拒撤销裁决书的胜诉方有利。所以，总会有人转交给法院，不必进一步麻烦前仲裁员，更不需要他/她花钱委任律师代表。只有在少见的情况下，例如申请救济所依据的理由严重攻击前仲裁员并会严重影响他/她的声誉与事业时，才会不安心宁可自己亲自（in-person）或花钱委任律师出庭解释与自辩。

可以说，一般仲裁员处理仲裁案件被直接卷进法院行动的可能性不大。这种附属（ancillary）法院行动经常有，但一般只局限在双方当事人之间，不论是在仲裁程序的半途还是在裁决书作出后，仲裁员顶多就是获悉。

那么，前仲裁员会否在其中一方当事人（如败诉方）向法院申请对裁决书的救济时被同时申请传召为证人？如果调解员（mediator）被传召为第三人证人，前仲裁员会否也难逃被传召？毕竟两者有很多相似之处：双方当事人有了争议要解决，调解员为了解决争议通过以各种不同的调解做法公平合理地使双方谈拢一个和解协议，而仲裁员为了解决争议是通过以“私人法官”的身份按照法律与自然公平的大原则作出一个裁决书。另是，两种争议解决的办法都是法律明确默示（imply）可享有机密性（confidentiality）的，双方当事人或是调解员与仲裁员也有这方面的责任。可以说，这两类提供争议解决服务的专业人士可以相提并论。

笔者认为，虽然理论上应该可以传召仲裁员，但英国法院传召前仲裁员作为第三人证人的机会极微，要比调解员的机会低得多，因为两者之间还是有一些重要区分的，如下：

1. 不像调解程序，仲裁的程序一般必须透明且仲裁庭不能与任何一方当事人单方面接触，所以仲裁程序中如果有什么问题会构成严重不正常，双方当事人都会知道，无须传召仲裁庭/仲裁员提供双方当事人不知道与没有记录在案（如在庭审记录）的事情。

2. 双方当事人无法知道而是要仲裁员提供信息应只会发生在仲裁庭的合议（deliberation）。例如，在一个多数的裁决书（majority award）中，少数不同意见的仲裁员作出了一份他/她个人的不同意见（dissenting opinion），内容涉及合议时多数仲裁庭成员的不当行为。这在国际仲裁是不应该有的做法，因为这等同于毁掉/破坏（sabotage）该多数裁决书，而不是一般的只简单说明为什么不认同部分或全部的多数仲裁员实质裁决的不同意见。但这种不如意的事件仍有发生。这样，就会要仲裁庭向法院提供信息与证据，而这又涉及另一类的机密性，也就是合议机密性（deliberation

confidentiality)，需要监督法院权衡。这个机密性十分重要，因为社会上有很多为了作出重要决定的合议，如果机密性可轻易失去，大家就不敢在重要的合议与决定时畅所欲言了。Duke of Buccleuch v. Metropolitan Board of Works（1871－72）LR 5 HL 418 与 Whiteley，Re（1891）1 Ch 558 先例早已明确了不能问仲裁员达成裁决书决定的原因，更不用说现在普通法与立法都加强了对仲裁机密性与仲裁员的保护。

3. 毕竟上述所讲的情况也很容易解决，稍早介绍的仲裁庭/仲裁员通过一方或双方当事人向监督法院提交一份声明或陈述(statement)说明仲裁庭合议时的情况的做法即应足够。

4. 在今天支持仲裁是英国公共政策的大环境下，撤销裁决书有很高的难度，这在立法中已经写得清清楚楚。在《Arbitration Act 1996》之 Section 68 项下，最大的难度是要证明与说服监督法院这"严重不正常"会实质性造成"重大不公正"(substantial injustice)，几乎等同于表示，没有这个严重不正常，申请救济的败诉方就会改变命运变为胜诉方。这显然不可能通过传召仲裁员证明。这与 Farm Assist Limited（in liquidation）v. The Secretary of State for the Environment，Food and Rural Affairs（No. 2）(2009) EWHC 1102（TCC)先例通过调解达成一个和解协议，事后一方当事人再试图去法院撤销和解协议根本是两件不同难度的事情。后者不涉及公共政策，与向法院根据各种不同的理由(误述、错误、非法、胁迫、欠缺订约意图等)撤销任何其他的协议/合约一样，要看全面的有关证据。

5. 国际仲裁往往会涉及仲裁庭的成员居住在国外的情况。这样，光是这一点就不可以去传召了。

6. 总之，法院在考虑一个传召前仲裁员作为第三人证人的申请时，马上面对的就是权衡两类重要的机密性(仲裁机密性与合议机密性，这两类机密性均是属于公共利益/公共政策)与审理的公正利益(interest of justice)。笔者很难想到法院根据《Arbitration Act 1996》之 Section 68 考虑是否撤销裁决书(或任何其他对裁决书的救济)时，需要仲裁员提供什么信息才能让法院公平审理。所以相信这个权衡的结果应该明确，就是不会批准传召前仲裁员。

如果上述的分析正确，就解释了为什么很少听到传召仲裁员的案件。看来败诉方如果对裁决书寻求救济，则不论是在监督法院或者是在执行法院，都没有必要动前仲裁员的脑筋。

第三章　口头证据之三

1. 常规与标准的口头证据的取证之四：开庭审理的盘问

对抗制下的法院诉讼或国际商事仲裁到了正式开庭审理阶段的一般程序是：

1. 原告的代表律师先作开庭陈词（opening submissions），[1]向法官（或仲裁员）介绍原告的案情，说出原告的立场，带出各位证人，并以其认为表达整个事件最好的方式，决定证人的先后顺序。一般是事实证人（factual witness）先作证，专家证人（expert witness）后作证。涉及多位事实证人时，会以时间先后（chronological order）或以不同争议/争端次序（topical order），例如先针对责任方面才轮到救济，或以案件的逻辑发展为次序（logical order）作证。也会是，考虑到审理法官或仲裁员的注意力最高是在开庭的开始，故把最重要与最好的证人放在前面等。

可引述 Phillips 大法官在 Barnes v. BPC（1976）1 All ER 237 先例中的判决如下："Plainly solicitors and counsel are entitled to conduct within the rules of court or of procedure the proceedings as they think fit and in particular to call witnesses in the order they wish ... The parties and their advisors must be left to conduct the case as they think fit, subject to the rules."

法官有权下令在事实证人取证后才轮到专家证人，即使一方当事人的大律师并非准备这样去介绍/陈述案情：见 Bayerische Ruckversicherung Aktiengesellschaft v. Clarkson Puckle Overseas Ltd, The Times, 23 January 1989 先例。一般而言，专家证人确实应该排在后面，因为他们要在对较早事实证人所讲的一些证据给予意见或要理解了所有事实后才能给意见。

2. 向原告事实证人取证，包括：

(1) 原告代表律师引导（但不是诱导）证人作口头主盘问（examination-in-chief）。这实际是要求证人说明有关事实的经过。原告代表律师不得问诱导性问题（leading questions）。原告代表律师应小心地将希望证人讲的话全部套出来，因为一

---

[1] 在英国法院的诉讼会委任/聘用大律师（barrister），但今天的国际仲裁一旦涉及国际律师事务所即依个别不同案件而定，会是所内的讼辩律师（Solicitor-Advocate）自己代表，不求助"外援"的大律师。

旦漏讲了就没有机会了。现在一般以文书证人证言(witness statement)替代口头主证据。

(2)被告代表律师向原告证人进行交叉盘问(cross-examination)。这时被告代表律师会向原告证人提出一连串设计好的诱导性问题,企图从证人的回答中达到丑化(impeach)证人与考验(test)证据的目的/意图。

(3)原告代表律师引导证人再盘问(re-examination)。这是再次向原告证人发问的机会,不过内容仅限于交叉盘问所涉及的范围。换言之,再盘问不是从头再来,也不是把主盘问时遗漏或遗忘的问题提出来。它的作用纯粹是对交叉盘问所造成的损害,或自己证人在回答时没有讲清楚之处作事后补救。

以上就是向原告证人取证(口头证据)的三部曲:主盘问、交叉盘问及再盘问。接下来将以同样步骤向被告事实证人取证。

3. 轮到被告代表律师开庭陈词,将被告的案情与立场向法官(或仲裁员)介绍,并带出一个个事实证人,轮流取证。当然在国际仲裁中更常见的是在原告与被告分别完成口头开庭陈词后再轮流对证人(事实与专家)取证。这样做的好处是让仲裁庭在开庭一开始就知道整个案件的全貌与双方在开庭审理中会带出的证据。

4. 被告代表律师结案陈词(closing submissions)。到此阶段,所有文件及口头证据(假设此案不涉及专家证据)全都抖出来了,而对于它们的分量、可信程度等将取决于法官(或仲裁员)。所以,结案陈词是总结自己一方的案件,强调争辩的重点,并把自己(被告)证人的有利口供指出来,而把原告证人的不利与矛盾口供也挑出来。

5. 原告代表律师结案陈词,所做的与第4点一样。但如果被告没有证人,虽然原告在开庭审理是首先发言,也应有最后一句话(final words)的权利。

在国际商事仲裁中,谁先发言的次序(order of speeches)并不太重要,保障有最后发言的权利也不是太重要,因为不会欠缺陈述己方案件与争辩的机会,如文书结案陈词。笔者只在很早见过有双方当事人的代表大律师争论谁先发言与最后发言。谁先发言通常主要看谁对有关争议/争端有举证责任。但一般的仲裁案件都是原告对他们向被告提出的主张与索赔有举证责任,所以原告先发言也正常。可节录《Phipson on Evidence》(2018年,第19版)一书之11-16段有关双方先后发言的次序的部分:"**Order of proceedings: the right to begin** . . . In general, the right to begin is determined by the burden of proof. Where the onus of proving any one of the issues is on the claimant, the claimant is entitled to begin. If the onus of proving all issues lies on the defendant, he is entitled to begin."

另可见 Huntley v. Grimstone (1879) 5 PD 24; Seldon v. Davidson (1968) 1 WLR 1083; Parry v. Fraser and Another (1977) 1 WLR 93 等先例。只简单介绍 Seldon v. Davidson 先例,案情是 Seldon 女士借了1,500英镑给她的司机 Davidson 先生买屋子。之后双人关系破裂,Davidson 先生也被辞退。但后来 Seldon 女士要求还债,Davidson 先生指称她承诺这是一笔不必退还的礼物。在 Seldon 女士提起的诉讼中,她

作为原告是没有什么证据证明,因为被告的 Davidson 先生没有否认他收取过这笔钱。在开庭时,原告 Seldon 女士的代表大律师指称应先由被告开始对口头陈词的发言。被告反对,这导致一审法院要决定谁对争议有举证责任,并决定是被告首先发言。被告申请开庭暂停并将这个程序决定上诉到了上诉庭。但上诉庭支持一审决定,其中,Willmer 大法官说:"The way I look at it is this. Payment of the money having been admitted, Prima facile that payment imported an obligation to repay in the absence of any circumstances tending to show anything in the nature of a presumption of advancement. This is not a case of father and child, or husband and wife ... which could have given rise to a presumption of advancement ... In the absence of any such circumstances, money paid by the plaintiff in circumstances such as these is prima facile repayable on demand. If the defendant seeks to evade repayment of the money which was paid to him, it seems to me that the judge was right in placing the onus upon him to prove the facts which he alleges show that the money was not repayable."

谁先发言有一个好处,就是在开庭审理完结前的口头结案陈词应是最后发言或讲最后一句话的权利。但在今天的国际商事仲裁中,通常开庭审理后还有一个程序,即双方当事人在稍后交换文书的结案陈词(written closing submissions),所以开庭审理最后的发言权利不再重要。

至于对证人(事实与专家)作证的先后次序,《Phipson on Evidence》(2018 年,第19 版)一书之 11 - 17 段说:

"**Order of witnesses** In general, ... it is counsel's duty to decide what evidence is called in what order it is called.

The practice has developed of calling factual witnesses on both sides firstand then experts on both sides, and where there are experts of different disciplines, calling the experts of similar disciplines in succession to each other....

Where there are several claimants or defendants, ... claimants and defendants usually open and call witnesses in accordance with their order as claimants or defendants. As to whether the claimant should cross-examine the witnesses of a defendant before other defendants (and other similar permutations), there is no usual practice; decisions on this point turn on what the judge regards as convenient in the particular case."

1.1 开庭陈词(opening submissions)

在国际仲裁中,只要涉及开庭审理,仲裁庭通常会要求与命令双方当事人在开庭前(如 1 ~ 2 周前)交换文书开庭陈词。[2] 有说法质疑这一步程序是否必要或重要,特别国际仲裁已经相互交换了详尽的案件陈述(statements of case)甚或是请愿书(memorials)。所以,没有必要双方浪费时间与金钱再重复陈述与争辩他们各自的

---

〔2〕 文书开庭陈词英文也会有不同叫法如 Opening address、Pre-hearing Memoranda、Briefs 等。

案件。

但也有更多的说法是文书开庭陈词有它的重要性,特别是如果能理解它能起的作用并能够好好利用。这些作用是:

1. 开庭陈词应只是提供仲裁庭的一份路线图或示意图(roadmap)或框架(framework),只针对双方当事人各自对有关争议的关键事实/争端(critical facts/key issues)与将会展示的主要证据(primary evidence)及关联性。该路线图简洁(concise)地介绍了案件重点去到各自的终点(destination),即己方的案件(own case)才是可信与应该获胜的。

拟订一份"简洁"文件(仲裁庭会限制页数)通常比拟定一份冗长的文件难得多,正如英国前首相丘吉尔的名言:"I would have written a shorter letter, but I do not have the time."

2. 重要的是不重复已经在案件陈述或请愿书的相互交锋中全面争辩过的方方面面细节内容。否则何必多此一举,花费大量金钱与时间制造另一份大同小异的文件?

3. 不少人会有错觉,就是重复再重复地争辩自己的案件就会增加被仲裁庭接受的机会。但这在国际仲裁(或法院)就起不了作用,因为法律强制仲裁员(或在诉讼就是法院法官)分析所有有关证据后才按照法律的原则作出最后决定,并需要全面与详细解释决定原因。所以关键不是重复争议,而是在全面争辩时不要遗漏重要之处。

4. 文书开庭陈词作为路线图或案件的框架,就应该精简,与较早时交换的详尽请愿书(或案件陈述)不能相提并论。后者全面针对方方面面,不遗漏有关事情以免之后不能再提出。

5. 开庭陈词只应指出己方依赖的重要事实与法律地位,并简单介绍己方将会通过这次开庭审理去展示(present)的证据(特别是事实与专家证人的证言)与会证明的相关重要事实,所以在强调重点方面与文书请求/案件陈述不同。至于想重复与开庭审理无关的争辩也可留待稍后的结案陈词(Closing Submission)。有说法是文书与/或口头开庭陈词是"advocacy without argument"。

6. 另有说法是"争辩"(argument)是否应包括在开庭陈词有两方面的测试。一是证人测试(witness test):也就是将会有证人出庭作证与接受盘问所涉及的"争辩",则允许也应该包括。但没有有关证人证言针对或证人因为各种原因被排除,就不应包括在开庭陈词内。二是核实测试(verification test):如果有一个说法是可以通过证据(文件或口头等)去核实,则可以包括在开庭陈词,否则就不应该包括在内。

7. 也存在一些事情不应该包括在开庭陈词内,可举例如下:(1)中间程序曾发生过的事情,即使是与证据有关。(2)没有在文书请求提出过的争议/争端或事项(issues or matters outside pleadings)。(3)避免涉及仲裁庭在开庭审理后要作出判断的事情。(4)不要感情用事如不要作人身攻击或以文字贬低(pejorative language)对方或其他人士(如它的代表律师、证人等),只心平气和地介绍己方案件的证据与支持的事实。(5)不提自己的意见如有关争议案件的强弱(merits),不提自己从第三方(但不是证人)或在双方曾经和解谈判中(享有无损害特免权)获悉的事情,也不争辩或解释有关的法律,如其他案例或其他裁决。(6)其他。

8. 国际仲裁的开庭陈词也应简要(summarily)提及估计是敌对方的案件(事实与争辩)与会提供的证据,以便让仲裁庭更好理解。但开庭陈词主要仍是介绍己方的案件,不是对方。

9. 绝大多数的案件不会是黑白分明,己方弱点会在双方较早前的文书请求/案件陈述或请愿书中暴露,所以没有必要回避,因为回避不了。到了开庭陈词时,也应对如何回应或解释这个弱点有了方案。为了向仲裁庭全面介绍案件,显示己方的信心,不妨也在开庭陈词介绍。

但对仍没有暴露的弱点,在开庭陈词提出会有提醒敌对方(特别是对方代表律师不对等)的危险。但即使是如此,仲裁庭成员会有可能在口头开庭陈词时打断。所以,必须有准备。即使为了不打断口头开庭陈词,要求稍后回答,也必须在适合时间(如小休或午饭后)回答提问的仲裁员。因为他/她是不会忘记,回避只会被视为心虚。另在庭审记录中也有记录,将来再被挑出来就会百口莫辩了。

10. 仲裁庭成员在开庭前会惯常或在当事人要求(如在开庭陈词中提出建议)下阅读为开庭做准备的文件(list of pre-reading materials)。这些文件包括:文书请求/案件陈述/请愿书(包括修改后的版本)、主合约、证人证言、专家报告与开庭陈词等,甚至是一些有关争议的权威书籍部分内容(通常是法律方面)。这些加起来会是大量文件,也确实有仲裁员细读,准备工夫做得很足。这样做的好处是因为对案件熟悉,所以在开庭审理时就马上跟得上。坏处会是:(1)有可能白干,如双方很快和解或更大可能是双方的争议/争端在开庭时已收窄,令部分细读的文件已经是无关。(2)会有预判(pre-judgment)、先入为主与"只见树木,不见森林"的危险。

11. 无论仲裁庭成员有多少准备,在开庭时他们(通常是3位仲裁员)肯定是对案件/案情最不了解的人士。相比之下,双方的代表律师已经在过去半年一年或更长时间全面参与该案件的发展。所以,作为路线图的开庭陈词,目的是告诉仲裁庭成员有哪些重点的争议事实(identify the issues in dispute)与可预期到会有什么证据(what to expect the evidence)支持双方各自案件的合约条文或法律地位。另当事人代表律师也可以通过近距离接触观察到仲裁庭成员的反应以及行为举止,例如个别人士是否跟得上与真正理解开庭陈词所介绍的案情或相关法律问题,仲裁员能提问题更是提供了触摸到他/她到底心里在想什么的黄金机会等。

12. 开庭陈词应与在开庭审理取证后的结案陈词有一致性。作为简短的路线图,也应可让仲裁庭在草拟裁决书时借用。

13. 虽然每一位当事人的代表律师会有各不同的写作风格(writing style),但一般的结构与内容会是:(1) 简单介绍案件的关键或重点事实[最好根据发生时间的前后排列(factual timeline)]与双方的争议/争端,例如有关的合约条文;(2) 简单针对敌对方的案件与双方会需要承担的举证责任;(3) 简单解释将会带出的有关的证据[口头主证据(在证人证言的段节)、文件证据(在开庭案卷的页数)、专家证据]与去证明什么;(4) 将要被证明的事实应该适用/套用的相关法律与合约条文。

14. 对双方当事人在开庭审理前相互交换的文书开庭陈词,一般不会再来一轮的答辩(reply)。毕竟这不是用作争辩,而且会在开庭审理的一开始会有机会允许双方代表大律师简要以口头介绍开庭陈词的重点。双方会各自有1、2个小时或各有半天不等的时间。这会是很好的开庭序幕,也应是仲裁庭最专心的时刻。让双方当事人代表律师去口头介绍各自的案件会比让仲裁员在私下或漫散的环境下断断续续地阅读文书开庭陈词更能加深印象。为帮助加深印象,当事人(特别是原告)的代表律师会以其他形式的表达作为辅助,如PPT(但要提供纸质以让仲裁庭成员手写笔记)、图像、视频或照片。

15. 仲裁庭也一般会提醒双方代表律师已经阅读了开庭陈词与提及的文件。因为时间有限,代表律师会挑开庭陈词中部分内容说。

16. 双方当事人的代表律师要处理好开庭审理,包括拟定文书开庭陈词与开庭前的口头介绍的序幕,必须充分准备。在口头开庭陈词中,经常会有仲裁庭成员提问题要求澄清。如果被问及的代表律师马上精准回应,即时提供进一步信息与指出相关文件所在,显示他/她已仔细分析了证据与熟悉自己的案件,会给仲裁庭带来信心。

最后作为总结可节录《Russell on Arbitration》(2015年,第24版)一书在Para. 5－203对开庭陈词的介绍如下:"**Pre-hearing and opening statements.** Opening statements are intended to introduce the tribunal to the parties' respective cases, although the tribunal will usually be expected to have read the parties' pleadings, submissions and evidence in advance of the hearing. Increasingly, and particularly in complex cases, each party will also provide shortly before the hearing a written submission setting out a summary of its case which it will then develop orally at the hearing. If this is to be done, it is important to clarify the form and scope of the written submission to be provided so that the parties know what is expected of them. Some form of oral presentation by each party at the beginning of the hearing will usually be allowed, although if there have been pre-hearing written submissions the tribunal will often impose short time limits for oral opening submissions. Oral opening statements may address specifically the key documents relied upon, and set out the party's arguments and the case it will seek to establish in the course of the hearing. However, whether or not there have been written pre-hearing submissions, lengthy opening statements reading aloud large numbers of documents are not generally tolerated in arbitration proceedings and should very much be discouraged."

1.2 主盘问(examination-in-chief/evidence-in-chief)

口头主证据(或主盘问)的程序要求事实证人(factual witness)说出自己所知道的有关事实真相。但自从国际商事仲裁有了文书证人证言(witness statement)作为代替,即表示这一步程序走起来变得十分简短。一般做法是在事实证人宣誓(sworn)或确认(affirm)说出真相与全面的真相后,承认文书证人证言是其提供给法院或仲裁庭的主证据,并且准确无误,就已经可以下一步接受敌对方盘问律师的交叉盘问(cross-examination)了。

在国际仲裁中,笔者也经常遇到不要求事实证人宣誓或确认。这个形式在今天的国际商业环境下实际作用不大,反正关键仍是要靠分析证据以及根据常识(common sense)与经验(experience)给予适当的分量后,对更有可能发生的事实作出认定(finding of facts)。笔者个人则是倾向在证人开始作证前让双方代表律师决定是否需要他/她宣誓或确认。如果一方要求,笔者就会走这一步程序。

本书第二章之1.1段谈到的文书证人证言替代口头主证据的缺点,引发对“复古做法”的探讨,也就是取消文书证人证言,恢复到以前民事诉讼,或同今天的刑事诉讼一样,要求事实证人以口头提供主证据。对某些性质的案件或甚至是个别的争端(issues),例如主要涉及欺诈或不诚实,这种复古的做法的确会对寻找出事实真相更有帮助。

法院在CPR Rules 32.4与32.5下已经有权选择这种不同的做法。但据悉,法院很少会行使这个权力。在国际仲裁中,这种弹性处理的权力更加明确,但也绝少有仲裁庭行使这个权力。虽然每一个仲裁案件或争议/争端都不同,走的仍是惯常的一套程序,即以证人证言替代口头主证据。

这里的问题会是仲裁庭通常对案件的争议只有一个十分粗略的理解,特别在程序的初段如案件管理会议(CMC)时,所以不会也不敢主动提出与惯常程序不一致的做法,主要仍是听从双方当事人的建议。另是一般国际仲裁庭都是3人,他们之间也往往不熟悉,要大家合议后同意主动去走一步并非惯常的程序,如要求证人在某些争端上要以口头提供主证据,不得以文书证人证言替代,会十分不容易。

如果有这种不同做法,更有可能是其中一方当事人的代表律师主动申请。当事人关心的是胜诉,不是事实真相。但会有一方当事人更希望仲裁庭能看到事实真相(因为更符合己方的利益),进而申请仲裁庭命令要走口头主证据的程序。这样,就可以迫使仲裁庭考虑这方面的问题,并可能带来与一贯做法不同的程序命令。

1.3 交叉盘问(cross-examination)

1.3.1 目的/意图

交叉盘问在英国普通法下的对抗制诉讼/仲裁(adversarial litigation/arbitration)中被视为至关重要的程序,不是仲裁庭(相比法院诉讼仲裁中更有可能不开庭与进行交叉盘问)可去轻易否定的。例如,争议金额不高不值得花费开庭审理的钱,双方披露的文件证据已经足够作出裁决决定或仲裁程序应该灵活(flexible)。可以说,只有在立法允许(在英国的《Arbitration Act 1996》)或双方当事人明示同意下,仲裁庭排除交叉盘问证人才会安全。交叉盘问是在面对对方当事人向法院或仲裁庭提交肯定会对己方不利但对对方有利的证人的口头证据时,有机会考验(test)这些口头证据的完整性、可靠性、可信度与分量。所以交叉盘问是双方当事人去陈述与表达他们自己的案件(a fair and equal opportunity to each party to present his case)的重要权利,去否定就会等同严重违反自然公正(Natural Justice),并导致后来作出的判决或裁决被撤销。这方面的权威说法有太多,难以一一节录,只作简单介绍。在 Chilton v. Saga Holidays Plc (1984) EWCA Civ 1 上诉庭先例中,Donaldson 大法官说:"... both courts and arbitrators in this country operate on an adversarial system of achieving justice. It is a system which can be modified by rules of court; it is a system which can be modified by contract between the parties; but, in the absence of one or the other, it is basically an adversarial system, and **it is fundamental to that that each party shall be entitled to tender their own evidence and that the other party shall be entitled to ask questions designed to probe the accuracy or otherwise, or the completeness of otherwise, of the evidence which has been given.**"(加黑部分是笔者的强调)

在早期的 Allen v. Allen (1894) Probate 248 先例中,Lopes 大法官说:"It appears to us contrary to all rules of evidence, and opposed to natural justice, that the evidence of one party should be received as evidence against another party, without the latter having an opportunity of testing its truthfulness by cross-examination."

开庭审理可以说是对抗制诉讼/仲裁中所走的证据程序去到尾声的最终决战,期间要走的预先准备程序也已经走完:双方通过文书请求(pleadings)或案件陈述(statements of case)与后来的修改(如果有)确定(identify)了大家在开庭审理时要面对的特定争议/争端并已经准备好面对开庭时的各种情况;通过己方的调查取证与相互披露(mutual disclosure)已经掌握了所有能找到与可以依赖的文件证据;通过相互交换证人证言(exchange of witness statements)也就掌握了所有的口头主证据或双方证人所提供他们所知道的"事实真相";如果涉及专家证据,双方的专家报告也已经相互或先后交换了。此时,即使仍会有重要的证据欠缺,但不知道怎样去取得,就不能漫无止境地等下去。例如怀疑对方隐藏了部分文件证据不去披露,但想尽办法还是逼不出来与证明不了,或有个别重要证人找不到,也必须面对现实以目前双方提交的证据准备这场最终的决战。要是对决战没有信心(特别是根据相对肯定与重要的文件证据),就应该面对现实,尽量试图与敌对方作出最后的和解谈判了事。否则,唯一剩下要在最后决战走的证据程序就只是各自交叉盘问敌对方的证人(事实与专家)了。

这个证据程序十分昂贵、耗时与重要。重要之处是在很多的国际商事仲裁,虽然当场文件证据会是看来十分完整的记录,但仍是难让"事实审理者"(trier of fact)如法官或仲裁员去从死板的文字中看到全盘的事实面貌。毕竟,一份文件的内容即使是记录了重要的事实,也不会包括所有的语境(context)如文件的来龙去脉以及怎样与其他前后文件与事情串起来。当场文件证据再加上事实证人的口头证据,会让事实审理者在认定事实时更加确定。

至于交叉盘问在对抗制诉讼下的目的/意图可先介绍如下:

1. 澄清主证据(文书证人证言与专家报告)中不明确、不全面/完整、有矛盾与/或有疑点之处。这种属于建设性的交叉盘问(constructive cross-examination),一般是盘问律师认为证人比较客观或中立。

2. 估计事实真相对盘问方有利,对证人可能遗忘或忽略的事实进行搜查,作全面的盘问。如果证人(如专家证人或代理人等)较独立,判决/裁决结果对他/她没有影响,他们在宣誓下作证会在交叉盘问与被显示其他权威说法或当场的文件记录等后带出回忆,并乐意改正或将全部事实说出来。

3. 设法令对方证人认同己方对事实的看法。

4. 不让对方证人蒙混过关、避重就轻。

5. 揭示对方证人愚昧无知、丑化(impeach)对方证人,因为法官/仲裁员(及一般人)会认为这种人犯错的可能性比较大。交叉盘问中,除了诸如不受判决影响的证人(如一些著名的专家证人)会受客气对待,被告代表律师在丑化、质疑(challenge)原告证人与令其失信(discredit)方面,是毫不留情、咄咄逼人的。

6. 最常见的一种丑化证人的手段是盘问证人有关他/她在证人证言或交叉盘问时的回答与当场文件证据或以前的陈述(如在中间程序中作出的誓章证据)出现的矛盾、不一致与/或无法自圆其说之处,以向仲裁庭显示证人的不可信、不可靠、记忆有欠缺等。或是向证人提出一个主张并在证人否认后,通过一两年前的一份电邮显示证人同意过这个主张。要知道,任何人士都不会在一段长时间内能对每件事情保持完全一致,他们会在不同的背景/语境(context)下讲过几句不一致的话并被留在记录里,但一般情况下没有其他人会发掘出来并提出质疑。但在一个对抗制的法院诉讼或国际仲裁的查证(forensic examination)下,就会把这些不一致但与争议/争端有关或在证人证言中有涉及的言行发掘出来盘问证人。证人很有可能忘记了说这句话时的背景/语境或脑筋动得不够快所以无法合情合理地自圆其说,从而让盘问律师达到丑化证人的目的/意图。所以在国际商事仲裁中,有说法是大量的有关文件(包括大量的当场文件如电邮与微信的通讯等)对盘问律师是“宝库”(treasure)。即使看来是中性与无害的一份文件,也可能找到一两句话可以挑出证人不一致或矛盾之处。

7. 由于口头主证据被书面的证人证言替代,而证人证言是在代表律师的大力协助下千锤百炼完稿,所以光看证人证言这份文件难以区别可信度与分量,只有通过交叉盘问让法官或仲裁员观察证人的回答与行为举止(demeanor),是否能自圆其说与有说服力,之后才能够踏实接受与采信哪一方当事人证人的证据。

8. 其他。

另外需要重视的是,在普通法下,如果对某证人的文书主证据或其中部分内容不进行交叉盘问,会被视为接受了或不质疑该主证据:见 R v. Bircham (1972) Crim LR 430;Edwards Lifesciences LLC v. Boston Scientific Scimed Inc (2018) EWCA Civ 673;P v. D, E and F (2019) EWHC 1277 (Comm)等先例。《Phipson on Evidence》(2018

年,第19版)一书之12-12段如下:“In general a party is required to challenge in cross-examination the evidence of any witness of the opposing party if he wishes to submit to the court that the evidence should not be accepted on that point. The rule applies in civil cases as it does in criminal.”

所以,对对方证人的主证据(证人证言)有任何异议或怀疑之处,并相信打破砂锅问到底会对己方有利,都应交叉盘问。但国际商事仲裁不同,原因会在稍后详细解释。国际仲裁中普遍适用的《IBA证据规则》之 Article 4(8)规定:“If the appearance of a witness has not been requested . . . none of the other parties shall be deemed to have agreed to the correctness of the content of the Witness Statement.”

但要提醒,虽然《IBA证据规则》有不同的规定,但国际仲裁庭成员往往是普通法背景,会受普通法的影响,所以不应轻易放弃交叉盘问敌对方事实证人的机会,特别是对重要与关键的事实证人。

法院或仲裁庭,也包括敌对方当事人预期会作证与出庭接受交叉盘问的重要事实证人,如果在没有合理理由的情况下不出现,会带来不利推断(adverse inference)。该课题已在本书第一章之3.2.2至3.2.4段有关“选择最好事实证人”中详论,并介绍了大量有关英国与其他普通法国家或香港特区的先例如:Wisniewski v. Central Manchester HA(1998)1 PIQR 324;Manzi v. King's College Hospital NHS Foundation Trust(2018)EWCA Civ 1882;Mr Rustem Magdeev v. Mr Dmitry Tsvetkov & Ors(2020)EWHC 887(Comm);Ip Man Shan, Henry v. Ching Hing Construction Co Ltd(2003)1 HKC 256;Chow Kwan Ye v. Leung Mei Yin May & Anr(2019)HKCFI 2998;Ghazal v. GIO(NSW)(1992)NSWLR 336等。

1.3.2 交叉盘问的原则

交叉盘问的艺术(Art of cross-examination)大有学问,不只是语言的艺术,也包括很多其他做人的艺术,如斗争艺术、批判性思维、观察与判断不同情况与人心(被盘问的证人与仲裁庭成员)的艺术、机智的反应与能随机应变(被盘问证人的回答经常有出人意料的信息,需要马上决定是进一步盘问或止步)的艺术等。这往往需要通过优质经验、磨炼与大量阅读才能慢慢掌握与进步,是个别盘问律师(cross-examiner)的个人特质(attributes)与长期优质经验与学习的积累。

但即使是个人特质优秀的盘问律师,除了个人的技术与能力外,也必须在开庭审理前勤奋做准备,主要是熟悉案件与证据、为交叉盘问做准备、设计需要在不同议题提出盘问的问题等。个人特质、经验加上准备充分才能够保证有一个满意的开庭审理与交叉盘问。

早期国际仲裁开始蓬勃发展,由于或多或少总会同时有大陆法系与普通法系背景的人士(主要是仲裁员与律师)参与,也曾经产生不少矛盾或疑虑。例如,在1981至1982年美国—伊朗求偿法庭(Iran-US Claims Tribunal)刚开始运作时,仲裁程序是根据1980年的《联合国示范规则》(UNCITRAL Arbitration Rule),但对是否允许普通法的交叉盘问有疑虑。这导致最初只允许仲裁庭向证人提出问题,当事人律师必须通过仲裁庭才能间接盘问证人,仲裁庭也可以否决它认为不适当(如太尖锐)的问题。但过了不久,就发觉浪费开庭审理时间,另是仲裁庭在吸收了当事人律师问题后再以自己语言转问证人,会说得不准确或有遗漏。所以,很快就变为是当事人律师提出问题后,只要仲裁庭首席点头,就表示证人要回答。再过了不久,就全面变为普通法熟悉的对抗制交叉盘问。这也延伸到了国际商事仲裁经常适用的《IBA 证据规则》之 Article 8(2)。

接下来,笔者介绍一些常被提及的交叉盘问的原则与戒律。

1.3.2.1 原则之一:清楚反盘问的目的/意图

首先是要明白,一个实质与针对证据的开庭审理(merit/evidential hearing)的交叉盘问的目的与其他较早前对案件的盘问(即使是针对同一位证人)目的不一样。例如,口供书(deposition)的盘问,这是为了向证人寻求他/她拥有的信息(what information the witness has)以及把他/她"钉"(nail down)在当时所讲的"故事",无法随着中间程序的持续发展与更多的证据浮现出来而试图改口。可以说,当时仍是在调查取证的过程中。

但交叉盘问的目的不同。届时双方当事人对案件的调查取证已告终,所有能够展示的有关争议/争端的证据(特别是重要的客观证据),都已经摊开在桌面上(on the table)。所以对法院或仲裁庭而言,对抗制诉讼的交叉盘问主要是通过双方相互测试(test)桌面上的证据[包括文件与口头(包括刚提到的口供书或证人过往的陈述)]让事实审理者(法官或仲裁员)找出双方主张的不同事实真相(the truth of alleged facts)。所以,有说法是所有的证人(特别是专家证人)在开庭审理的作证(主要是交叉盘问)都是为了协助法院或仲裁庭确定双方争议的事实真相。

但对双方当事人的代表律师而言,他们的目的是打胜这场"生死决战"。所以针对不同方当事人的证人(包括专家证人),交叉盘问也有了不同的目的/意图。例如,对于相对独立的对方证人(专家证人或部分事实证人,如前雇员或代理人等),可以向他们澄清或把背后的真相挖得更深。所以设计的问题可以更有建设性(constructive)且应比较友善,而不要咄咄逼人,以免招致证人与/或仲裁庭的反感,当然也要有把握澄清的事情与/或背后的真相是对盘问方有利。另是在交叉盘问的过程中,盘问律师一发觉证人并非独立,而是有抗拒与不合作,就要当机立断改变盘问的目的/意图。

盘问律师如果相信对方证人会讲假话、不诚实与/或有利益冲突,成功的交叉盘问就是去暴露、丑化与质疑他/她,令事实审理者觉得该证人看上去完全是一个骗子。这种不同目的/意图的交叉盘问是去摧毁证人,也就是所谓的"destructive cross-examination"。惯常的手法是挑出众多矛盾之处要求证人解释。该矛盾有的来自文书证人证言本身,例如对同一事实的措辞/文字一段是"肯定"(definitely),另一段则是"可能"(probably)到底是什么,更重要的是证人证言与其他文件的冲突,包括:(1)双方相互披露出来的当场与客观存在的文件(contemporary objective documents);(2)其他用以反驳证人证言的文件,这是极少数可以不必在开庭审理前摊在桌面上的文件,因为只有令被盘问的证人出现意外才能成功丑化证人;(3)证人过往的陈述如口供书等。

例如盘问证人:"为什么在某开庭案卷(hearing bundles)某页的文件中,曾说不知道谁负责这件事,而在文书证人证言(主证据)的某段,又说是你负责?"又或是盘问证人:"为什么在文书证人证言的某段是说在某一天后就再没有与对方当事人联络,但在某开庭案卷的某页有一封电文是抄本给你?"证人会回答说:"抄本不是联络,我根本不一定看。"盘问律师接下来就会要证人看另一个开庭案卷的另一页,有微信记录显示有包括证人在内的一个短暂会面,然后再问证人:"这算不算是联络?"

总之,抓住了交叉盘问的目的/意图,预先设计与交叉盘问时随机应变跟进的问题就不会偏离重心。盘问律师也知道何谓成功盘问,如果目的已经达到(如已经成功丑化了对方证人),就应及时住口。

交叉盘问的目的/意图也要是与争议/争端与仲裁案件的胜负有关而且有用,否则会带来不必要的浪费,毕竟开庭审理以进行交叉盘问是十分昂贵的程序。在各种各样的案情中,可举一个笔者近期的香港仲裁案件。案情涉及中国经常发生的船舶在卸港无单放货(delivery of cargo without bill of lading),这种案件应是一面倒,因为上百年来不断有案例、世界各国的立法与国际公约强加这个严格责任在船东或承运人,以保障国际贸易。[3] 可以说,作为被告的船东或提单承运人是没有机会抗辩成功的,除了在个别案件的特殊情况下产生极少数的一些技术性(technical)的抗辩理由,如索赔时效已过、提单持有人的弃权或禁反言言行等。在笔者作为首席仲裁员的仲裁案件中,双方披露的文件看来也应是被告船东败诉的结果。奇怪的是被告要求以文件审理(会是因为在事实上没有什么好争辩),但原告坚持要开庭审理并要求船东管理公司的一位主管(他作出了一个被告也不认为重要的证人证言)接受交叉盘问。在香港的《仲裁条例》下,仲裁庭只能开庭,不像英国《Arbitration Act 1996》之section 34(2)(h)下可让仲裁庭作最终决定。结果在开庭审理时,原告提单持有人交叉盘问的是有关在中国青岛港卸货/交货前有否查问了有关货物的真正持有人是谁。之后在结案陈词时,也带出了一个没有在文书请求提到过(unpleaded)的争端名为"有否合理查问"(reasonable enquiries),也就是指控船东在卸货/交货前没有先查问货物当时属于谁就闭着眼睛去处理掉。但这是莫明其妙的说法,也是对提单作为物权凭证(Document of Title)法律地位与国际贸易的操作不了解。正是因为在18世纪全球无法通讯的情况下,船长(代表船东/承运人)在各国不同港口根本无法查问到谁是货物所有权人,所以才创造出这个著名的提单作为物权凭证的做法。船长只要凭交出一份正本与发货人背书过的提单去交出货物,在法律上就"交对了",即使后

〔3〕 可见笔者的《提单与其他付运单证》(2016年)一书。

来对货物的所有权是有争议（如融资银行与收货人之间）。换言之，法律上根本没有一个船东要在卸货与交货前合理查问的责任。[4] 即使在国际通讯十分发达的今天，要求船东去这样做仍不现实，而且会带来船舶漫长与不肯定的延误。

所以笔者认为原告坚持开庭审理交叉盘问证人的目的/意图错误，也是不必要、浪费，带来9个月的仲裁程序延误更是不合理。笔者的本意是要原告承担所有因开庭审理产生的费用，这笔钱是诉讼费用的大半，但两位边裁不同意，认为太偏离"胜诉方可向败诉方取回诉讼费用"（Costs follow the event）的大原则，结果只对原告作出部分的费用惩罚。

1.3.2.2 原则之二：律师团队

国际商事仲裁案件经常涉及庞大金额，程序复杂与工作量大，即使公司自己有庞大的公司律师（corporate lawyers）团队，也需要委任外援去在第一线处理仲裁的程序与相关工作。虽然公司律师团队也有诉讼背景的律师（有很多跨国公司的总法务是这种背景），但他们每天有公司内部的事情要处理。

在英国与中国香港特区，律师分为事务律师（solicitors）与大律师（barrister）。传统做法是针对法院诉讼需要委任大律师在开庭审理时代表当事人（如中国公司），所以所有在本章介绍的一些开庭审理的重要工作如开庭陈词或结案陈词，特别是交叉盘问与准备、设计问题等，都是大律师去处理。换言之，大律师就是他的客户/当事人在法院的代言人。

但近年来这两类律师也有了混合，今天已经有不少律师所/跨国律师所聘用大律师作为合伙人，也有不少事务律师是合格的讼辩律师（solicitor-advocate）。但毕竟每一个人的时间有限，累积的经验也有不同的侧重。所以，一旦涉及复杂与漫长的开庭审理，一般还是和传统的做法一样去委任大律师，但如果涉及相对短时间的出庭争辩，如一些临时措施，讼辩律师就会自己处理。

诉讼不仅仅只是开庭。从本书与《证据法：国际规管与诉讼中的证据攻防》中可以看到开庭审理前有大量的前期工作，包括调查取证、临时措施、各式各样的中间程序（如相互披露文件的搜查、查阅文件等都是极其繁重的工作[5]）等。而且一旦涉及国际商事仲裁，有很多都是涉外与全球性的工作，如一个香港特区的仲裁在调查取证时需要去内地，也要去美国法院（见本书第一章之5.3段介绍的《US Code》Title 28, s.1782）、英国法院求助（在本书多处介绍的《Arbitration Act 1996》之Section 44(2)(a)等）。这些工作一般都不是由英国或香港特区大律师处理，他们没有这么大的团队，也往往不熟悉这些做法（特别是涉及外国），充其量如果遇到英国法律的疑

---

[4] 在正常商业贸易中，对当事人的要求只是实际知情（actual notice）或应当知情（涉及蓄意与鲁莽的不查问），而不要求当事人在任何情况下都打破砂锅问到底式地查问，这方面可见本书第十章之2.2段。

[5] 见笔者的《证据法：国际规管与诉讼中的证据攻防》一书第七章。

问与为了肯定,事务律师会先问问大律师的专业意见。

在一个国际仲裁中,中国公司在委任了业务律师后,显然大量的前期与准备的工作均是该事务律师团队应去处理好的。期间如果也委任了大律师,大家就会不断协调与商讨,到了开庭审理,就由该大律师出庭辩护。现在见到越来越多的中国律师所在前期工作时就委任英国或香港特区的大律师,而该大律师在开庭审理时自然就比在开庭前不久才委任的大律师更熟悉案情与准备得更充分。也有大量英美法背景的国际律师所会派出自己所内的讼辩律师作为代表出庭辩护,全程没有大律师参与。

交叉盘问的盘问律师(无论是律师事务所的讼辩律师或大律师)最好懂行,特别是一些比较专业与经常发生争议的大行业如外贸/商品买卖、航运、金融、建筑/工程、知识产权等,都不欠缺懂专业的事务律师/大律师。当然,有很多比较偏的行业律师不太会懂。这样,盘问律师就应该尽量在准备交叉盘问前勤奋学习,这对交叉盘问十分重要。

1.3.2.3　原则之三:选择交叉盘问的对方证人

在一个复杂与事实争议很多的国际商事仲裁中,双方当事人都有一个庞大的证人团队(如三四十位事实与专家证人),就会要考虑是否要交叉盘问每一位证人了。毕竟,分配到的开庭时间可能有限,所以必须好好运用这宝贵的时间,这是另一个战略上的重大考虑。

首先要知道普通法的地位,可节录《Phipson on Evidence》(2018 年,第 19 版)一书之 11 - 06 段如下:“**A party wishing to rely on the evidence in a witness statement must actually call that witness to give evidence at trial, unless the court otherwise directs, or unless it is put in as hearsay.** If a party who has served a witness statement does not call the witness to give evidence at trial or put the witness statement in as hearsay evidence, then another party may put the witness statement in as hearsay evidence. This does not mean that the other party can put the evidence in and seek to invite the court to disbelieve as untrue a substantial part of that evidence. Furthermore, once the other party has put the statement in as hearsay evidence, then the party who originally served the statement can then apply to require the witness to be called to be cross-examined. **Where a party seeks to rely upon a witness statement at trial as hearsay evidence and the other party applies for permission to cross-examine that person under CPR r. 32.7, then if the person does not attend his evidence may be excluded.**”(加黑部分是笔者的强调)

接下来要考虑仲裁庭作出的仲裁程序命令。显然如果适用的是《IBA 证据规则》,包括已介绍的 Article 4(8),就可以安心不必对每一个证人都交叉盘问。但笔者也见过在仲裁庭的一号程序命令(Procedural Order)说明不交叉盘问即是接受证人证言的内容。如果不明确,当事人可向仲裁庭澄清。如果必须要对每一个证人进行交叉盘问,就只能在设计对不同的证人提出什么问题上动脑筋。

在大部分国际商事仲裁适用《IBA 证据规则》与国际象棋限(chess-clock)的情况下,当事人一般可以考虑选择什么对方证人进行交叉盘问,这就会有以下几个方面要注意:

1. 如果在相互交换的文书证人证言中有个别证人没有对己方的案件(own case)有损害或不利(injury 或 prejudice),或主证据内容并不重要,就可以不必交叉盘问。对这些不去交叉盘问与不在开庭陈词(opening submissions)及结案陈词(closing submissions)提及的证人证言,仲裁庭在拟定裁决书时一般不太关注。

2. 如果是一个关键的证人(事实或专家),一般都必须去交叉盘问。作为关键证人,他们文书证人证言的内容也不大可能是会对己方没有损害或不利。所以设计好如何交叉盘问这些关键证人至关重要,包括需要盘问的议题与一连串问题,了解盘问的目的/意义(一般就是去丑化对方的口头证据,但也会是想澄清)等。也会有极端情况在己方调查取证后相信无法丑化(无论是对事实的陈述或是曾经公开发表的观点等都没有不一致之处)与动摇关键证人(也是"超级证人")的证言,权衡下就放弃向他/她交叉盘问,因为没有任何好处,只会令仲裁庭更关注与更难忘该关键证人的口头主证据。

3. 通常针对某一个特定争议/争端(issue)或议题,双方当事人只会有一个证人,这方面在本书第一章之 3.2.3 段挑选"最好"证人时已有介绍。但还是经常有情况是针对同一个争议/争端或同一议题,一方当事人会有几个证人,这是各种原因造成的,一个极端是该当事人的策略(tactical reason)。

4. 另一个极端是,该当事人没有想通如何选择最好与最适合的证人,而把所有掌握一定信息与证据的人士全部加进证人团队。可能该当事人自以为"人多好办事",或把同一个信息或主张重复再重复就更可能被仲裁庭接受与认定为事实。这样,对方盘问方就会选择性考虑交叉盘问同一个争议/争端或议题的多位证人中其中一位,一般是选最弱(weakest)的一位来盘问。换言之,就是最容易或可能达到盘问目的(主要是丑化对方的口头证据)的一位。而专家证人就或会可以通过公开资料调查或查问后掌握。也会是,如果每位证人都交叉盘问,但一旦能够碰上一位弱小的证人并在差劲的回答中已经达到己方的目的,并记录在案(庭审记录),该特定争议/争端或议题就可以告一段落。对其他接下来的证人不要再盘问同一争议/争端或议题,省得后来的证人作出有说服力的回答,导致原来已经是到手的"得分"被否定、减弱或失去。

1.3.2.4　原则之四:开庭审理前充分准备

盘问律师与接受交叉盘问的证人之间斗智游戏的一个决定性因素是准备工作。可以说,在条件(如盘问律师站在高地进攻,证人在低处防御)与各人特质(attributes)既定的情况下,谁能够表现得相对更好就是看两位的准备工夫。有说法是计划交叉盘问对方证人 2 个小时,就要做上 2 天的准备。所以面对一位自信对他/她经历过的事实绝不会被盘问律师"问倒"的超级证人,盘问律师要准备到比该超级证人更熟悉他/她经历过的事实的程度，才能成功“丑化”，否则不去盘问会更好。

要准备好需要做大量工作，这主要是阅读大量在本章之 1.3.1 段提到的纸质与电子文件“宝库”（treasure），其中总会发掘到有用的证据与信息。此外还包括：(1)仲裁案件文件如仲裁申请书、对申请书的答复、双方的文书请求/案件陈述、证人证言、专家报告、中间程序与临时措施的有关文件等。(2)其他相关文件，例如有关争议的行业与有关时间段的公开信息等的一般信息（general knowledge）。反正是只要与案件有关的资料与信息，知道的越多越好。

盘问律师有了全面准备就会在交叉盘问中更自信，临场也更会游弋自如，掌握每一个机会（特别在证人的回答中暴露出来的问题）。盘问律师要想能够提出明确、精简与有针对性的问题，就必须自己明确了解所有双方争议的议题、主张与事实。一个有效的做法是将每一个争议的议题、主张与事实一一对应起来制作出一个模型（matrix）。[6] 要注意不要有任何的遗漏与将一些可能带出来的潜在问题一并考虑进去并做出相应的准备。

对仲裁庭来讲（如笔者），也自然对充分准备的一方当事人代表律师（现实中经常遇到双方当事人代表律师之间一方比另一方要准备得更充分）有一份好感，信任与尊重他/她的敬业。例如，交叉盘问的盘问律师找不到证人回答中提到的一份相关文件而手足无措与浪费时间，而证人方的代表律师很快指出是否是某开庭案卷的某份文件。如果这种情况多次出现，仲裁庭的印象是可想而知的。

有不少仲裁员的经验是大部分的交叉盘问没有什么帮助，浪费时间与金钱。笔者相信主要原因是盘问律师的水平与没有充分准备，导致很多交叉盘问只是“走过场”。每一个仲裁案件都不一样，面对的人士（主要是将被交叉盘问的对方证人）也不一样。所以盘问律师每次准备时都要独立思考，而不是每次都是同样的态度与技巧。

1.3.2.5　原则之五：设计好交叉盘问的问题

为了成功地交叉盘问，盘问律师应设计一连串问题控制对方证人，不让他/她回避。因此，不要完全根据敌对方证人证言的次序（order）按照不同议题去设计一连串问题，因为证人证言通常是按照敌对方认为能最好向仲裁庭表达自己的案件的次序，而如果在一定程度上打乱次序去提问，会有机会扰乱证人的准备（甚至是教唆），令他/她远离舒适地带（comfort zone）。

除了不要遗漏设计好的关键问题与取得想要的回答外，也要注意与留心证人回答中带出来的新问题。这会临场带来新的一连串无法提前预料与设计的问题。但如果盘问律师准备工作做得好，对案件争议/争端与有关文件足够熟悉也有经验，完全可以很好地应对，甚至成为制胜的关键。这种证人回答中带出的新信息通常是对己方有利，因为对对方当事人有利的信息是对方不会“遗忘”的。至少可以在结案陈词

---

[6] 可见本书第一章之 3.2.1 段的图表。

中攻击对方证人这么重要与有关的信息,为什么没有包括在主证据的文书证人证言,而要在交叉盘问时才被逼出来?这至少就显示了证人有隐瞒或有意无意没有全部说出事实真相。

另重申,在分配到的宝贵时间内,设计的交叉盘问只应提问对盘问方有利的问题,这主要包括:(1)已经知道答案的问题,可成功丑化对方证人与证人证言;(2)预计证人的回答对己方有利。

要知道,交叉盘问是盘问方的一个可以决定胜负的关键点。盘问方也占尽好处,因为什么问题与怎样问是由盘问方自己设计。

1.3.2.6 原则之六:知道谁是要说服的听众

一个至关重要的讼辨原则是知道谁是你要说服的听众。例如,单对单的谈判,想说服对方就必须就针对他/她的疑点,投其所好,根据需要做出协调让步等。国际仲裁,双方代表律师也不是企图说服对方(也不会做到),真正的听众是仲裁庭成员,所以必须摸清他们的背景、疑点、喜好等准备开庭审理与交叉盘问。

1.3.3 交叉盘问的戒律

交叉盘问有很多个别讼辨律师/大律师因人而异(针对不同证人)的技巧、敏锐感觉与随机应变的本能,笔者自己也在不断积累经验,此书无法逐一详论。

1.3.3.1 戒律之一:不知道答案的问题不要问

首先要清楚,交叉盘问虽然表面看来是不断去追问证人有关事实的问题,但本意不再是调查事实真相(investigation),这个阶段早已告一段落。开庭审理时冒出盘问律师不知道的"事实真相"通常不会对盘问方有利。所以常听到的说法是盘问律师不知道正确答案(并且有证据支持)的问题就不要提问。其道理是,若不知道答案仍盘问,很容易让对方证人蒙混过关,或被吓唬住(bluff away),或对方证人的回答中有新的与对盘问方不利的"事实"与内容,而时机已不再允许盘问方调查/收集证据和反驳了,因为开庭会马上完毕。

如果预测无论证人怎样回答都不会有害,即使不肯定答案也可以提问。而其他不肯定答案的问题,要问也要旁敲侧击,一旦发觉不对就不再进一步提问,不让对方说出对己方不利的答案。做法上是先问一大堆相关但答案不重要的问题,这表示对方证人无法在这种旁敲侧击的问题中损害/不利己方。而对方在回答中,会说漏嘴或累积了足够资料让盘问律师有信心提出一些本来因为不知道答案而不敢提出的重要问题。"Litigation"(1977)Vol. 3 No. 2 刊登的"Ten Commandments of Cross-Examination"的部分内容可节录如下:"Even though he does not know the answers, a good cross-examiner may ask a question when he does not care what the answer is. Second it is possible not to know the answer to a particular question at the start of cross-examination, but to discover the answer by cunning use of preliminary questions to which the answer is either known or unimportant. The advocate closes doors, he eliminates possible explanations, and gradually escalates himself to the point where he does know the answer. He has learned it in the course of cross-examination and, so, he may now ask the question."

但这个戒律也不一定,笔者知道有经验的律师在交叉盘问开始后不久,对被盘问的对方证人有了较好的感觉,觉得可以进行一些用来“钓鱼”(fishing)的建设性交叉盘问(constructive cross-examination),虽然盘问律师不知道答案但应该安全,与带出一些对盘问方很有利的口头证据与信息。

另在时间上,较佳是在交叉盘问中间时段提出而不是在开始或最后。因为开始是要熟悉对方证人,但最后会在对方证人的不利回答时没有机会补救。

1.3.3.2　戒律之二:设计控制对方证人的诱导性问题和避免开放性问题

众所周知,证人的代表律师是不能在主证据(evidence-in-chief)与再盘问(re-examination)向证人提问诱导性问题(leading questions),而是要让证人从自己的口中把他/她所知道的事实说出来。换言之,向己方证人只能提出开放性问题(open questions),在带出主题后,让证人自己自动与自由以他/她自己的语言表达所知道的事情。

诱导性问题是指问题所期待的回答已经包含在了问题内(questions which suggest the answer within their own terms)。证人律师提问诱导性问题而带来对方代表律师反对的情况今天在国际商事仲裁已很少遇到,主要是因为今天的主证据都以文书证人证言替代。至于再盘问,通常要提问的问题不多甚至没有。电视剧或电影中经常见到的反对对方证人律师向对方证人提问诱导性问题的情况也是发生在刑事诉讼中,因为刑事诉讼的做法不是以文书证人证言替代口头主证据。

而交叉盘问正好相反,盘问律师必须设计一连串的严谨控制答案的诱导性问题。《The Art of Advocacy in International Arbitration》(2010 年)[7]一书之 42 页有说:"Leading questions in cross examination are not considered a problem for two main reasons, first because the tribunal determines the weight to be accorded to any witness evidence, and secondly, because the opposing party's witnesses are relatively unlikely simply to agree with propositions put to them by the other side's lawyer on cross examination."

交叉盘问不能问开放性问题如:为什么(why)? 怎样(how)? 何时(when)? 哪里(where)? 什么(what)? 谁(who)? 这是为了避免对方证人有太大自由去表达一些内容,使盘问律师对希望获得的回答完全失控。也可以预测到对方证人可以自由发挥与表达,通常会把他/她的证人证言有关内容重复一次,加深仲裁庭的印象,或带出一些对盘问方不利的信息,而盘问方没有时间再去调查这些新信息的真实性。

所以,盘问律师的问题要设计得令对方证人只能局限地回答,而不能漫无边际地发挥,甚至只能回答“是”或“否”(yes or no)。这种在交叉盘问控制证人回答的技巧主要就是设计好的一连串的诱导性问题,令对方证人难以讲题外话,一讲即可被马上

[7] 该书在 2019 年已经有第二版,但内容不同。

制止。但这也不是机械性(mechanical)的做法,会随着不同情况与面对不同的证人而有变化。

另是,国际商事仲裁要小心会遇上不同法律背景的仲裁员/仲裁庭。例如,《The Art of Advocacy in International Arbitration》(2010)一书之42-43页有说:"In one recent arbitration, a German arbitrator admonished the English cross-examiner for asking leading question, and instructed him only to ask questions commencing Who, What, Where, When, How and Why. This is of course diametrically at odds with normal practice and the advice repeated throughout the leading advocacy manuals for common law practitioners, which insist that 'every question on cross-examination should be leading'."

1.3.3.3 戒律之三:无谓与浪费时间的废话不要问

这种情况经常出现在交叉盘问中,即使是一些有经验的盘问律师/大律师也会浪费时间问一些废话。最常见是问证人怎样理解有关书面合约的条文,但这是法律问题(issue of law),由法院/仲裁庭客观解释。本书第一章之2.4段脚注7介绍的Whitworth Street Estates Ltd v. Miller (1970) AC 583权威贵族院先例或笔者的《合约的解释:规则与应用》一书已有明确与详尽介绍。所以任何一方当事人的事实证人怎样主观理解合约的条文,都是与合约条文的客观解释(interpretation/construction)无关。该证人的主观理解也与合约订立时的语境(factual matrix 或 context)无关,因为需要双方当事人都知道的事情才算是协助解释合约。

可能有经验的盘问律师希望证人的回答显示有严重误解或无知,从而加强证明证人做错或讲错的可能性。但对仲裁员来说,这两者之间没有必然联系,而且证人是否做错或讲错是看证据,不是看他/她是否正确理解合约条文。另是,往往发生盘问律师提出法律的问题,特别是盘问律师一旦盘问理解合约条文的问题,证人方的代表律师就会跳出来反对,往往仲裁庭也支持这个反对。这样,盘问律师要就跳去另一个话题继续交叉盘问,否则就要重新设计(reframe)问题。例如,原来问的是合约的某条针对有关交易的交割(closing)时的先决条件(condition precedent)如何理解,就要改为撇开合约问证人对必须在交割时交出的文件做了些什么工作。

同样道理,任何涉及法律问题,包括被英国法律视为事实问题(issue of fact)的外国法律都不适合去交叉盘问事实证人。

交叉盘问去问废话也会出现在重复证人证言或文件针对的内容,例如问:"文件这部分说了什么?"又或是一些很明显的事,如问:"你是否同意这邮件没有回复?"

其他例子还有:(1)分配到的宝贵时间应该集中在盘问重要与关键的争议/争端(main disputed issues),不浪费时间盘问每一点,即使是包括在证人证言的内容。例如一位证人的学历与工作经验与争议是没有太多的关系,就没必要问。如果要小心,可以在一开始的开庭陈词(Opening Submissions)向仲裁庭说明交叉盘问只会是针对双方争议的重点。(2)如果盘问证人有关其他人在做什么或想什么,这是猜测(conjecture)，不是证据。仲裁案件会有能提供一手的直接与关键证据的领导、高管或老板不出庭作为证人，而是由其他的员工替代，所以没有必要向证人提出他/她认为领导或老板在想什么。只有领导或老板对证人说了什么，例如在与对方当事人的领导开会后，对证人作出什么指示与证人做了什么，这回答才是证据。但这对在该会议中双方当事人到底发生了什么并导致争议没有太大的证据分量，充其量只是传闻信息。(3)向证人提出假设性的问题(hypothetical questions)[8]也是废话，证人即使回答也不是证据。(4)有说法是如果盘问律师有证据丑化事实证人，就应速战速决在交叉盘问一开始就丑化，不要先熟悉证人让他/她习惯盘问的节奏与给仲裁庭留下好印象。

1.3.3.4　戒律之四：可能带来不利答案的不要问

在设计交叉盘问时，如果对一个问题的答案是不利的可能性比有利更大，或是一半一半的可能性，这个问题就不要问。例如问证人写这封信、报告或纪要或其中部分内容的意图。一般而言，特别是针对不是相对独立的证人(大部分对方证人团队成员都不会是相对独立)，都尽量避免提问一些证人可自由发挥的问题，因为容易对己方不利。

盘问律师要知道交叉盘问充满了风险，证人在接受盘问时会警惕与有敌意，猜测如何回答问题才能保护自己的利益。所以让证人自由发挥可能问不到什么有用的信息，如果是盘问律师估计答案有利或不利的可能是对半分的问题，最后往往获得的是不利的答案。而且也没有必要问太多问题，如果多问可能导致不利的答案，就不应恋战，可以在这个议题快速略过。

1.3.3.5　戒律之五：封死证人的退路

在提出重要与关键问题前，要先封住后路。例如问证人是否一直主张他/她在证人证言(或专家报告)所说的立场？可以想到证人一般会回答“是”。再去把这个立场问深一点，引导证人把话说死。此时就可以向证人出示可以证明他/她曾有不同立场的文件证据(会包括在开庭案卷内或外部调查所获得)，这可能发生在几年前而证人已经忘掉。可以同样手法“丑化”事实证人或专家证人，或显示他们前后不一致。

例如，对方专家证人在专家报告中主张的专业意见对盘问方不利。在开庭审理前，盘问方向对专家证人做出各种背景调查，发觉他曾经在5年前发表过不一致主张的论文，或是3年前在法院或其他仲裁案件提供过不同主张的专家报告。[9]不一致是关键的问题，必须要去盘问。但如果直接提出，有被交叉盘问的经验的专家证人就很容易说是因为他在这3~5年的进一步研究后，有了不同的看法，所以现在主张的专业意见才是他认为最正确的。这样就可能失去了盘问方辛苦与昂贵得来的黄金机

---

〔8〕　有关假想事实(hypothetical facts)见本书第七章之7.2.2段。

〔9〕　见本书第二章之4.3.3段介绍的London & Leeds Estates v. Paribas (No.2) (1995) 1 EGLR 102等先例。

会。更好的交叉盘问是先问该专家证人在专家报告中主张的专业意见，是否是他一贯的看法。估计专家证人肯定说“是”。接下来就可以追问专家证人这主张的专业意见是什么时候形成，10 年前？5 年前？如果有改变，什么时候改变与为什么导致改变？反正把退路封死，如专家证人说 10 年前已经是这个主张，才把他的论文或其他案件的专家报告抖出来。

1.3.3.6　戒律之六：不要问最后一句话

这是指在提出一连串的问题后，不必再向证人问最后结论性的一句话/问题。简单的例子是在一个涉及交通事故的民事诉讼中，目击证人说他不驾驶与不拥有汽车。但在另一个回答说他看到出事的车辆当时的时速是约 90 ~ 100 公里，这显然在法律上是超速，盘问的律师就不要再追问下去，因为已足够在结案陈词中向审理法官指出这两个已被记录在庭审记录中的回答有矛盾，并让他们作出推断与结论，对方代表律师也无从反驳。但如果盘问律师多问一句最后一句话指出两个回答矛盾并要求解释，别说该证人会有敌意（毕竟是对方当事人的证人才需要交叉盘问），即使是相对独立的证人也难保他会怎样回答。可能该证人会回答说他任职火车驾驶员多年，所以对行车速度十分敏感。

又如证人在多条回答中几乎是承认责任，记录业已足够说服审理法官或仲裁庭支持盘问方，就不必多追问如：“你是否承认责任？”作为对方证人，应可肯定不会承认责任，而且会多讲几句试图淡化或改变较早前的回答。所以，又何必问最后的一个问题？

总之，如果提问的问题与什么时候住口的轻重掌控不好带来的坏处是：(1) 如果演变成一场争吵/吵架，盘问律师岂非自贬身份？(2) 给对方证人一个打圆场的机会。若不再交叉盘问，反而令对方证人失去机会补充/打圆场，因为之后唯一的机会是证人律师警觉并在再盘问提出让证人补充/打圆场，但一般来讲这种情况不常发生。只要已经获得想要的答案（如证人回答是与某些当场文件有矛盾与冲突，但证人没有好的或有说服力的解释）或目的/意图已经达成（如证人在交叉盘问中前后有矛盾或自己承认在文书证人证言中记忆有问题等），并且记录在庭审记录中就足够，所谓的“enough is enough”。盘问律师应留待在文书与口头的结案陈词再指出给仲裁庭（或诉讼就是审理法官）并让他们理解与推断证人的可信度与可靠性。

1.3.3.7　戒律之七：盘问律师注意自己的言行和不要与证人争论

盘问律师必须注意自己的言行举止，讲话与提问要友善、坦率、不偏离有关问题与显示自信。这不是为了给对方证人（通常有敌意、疑心重与对抗性）一个好的印象，而主要是为了针对仲裁庭。盘问律师分寸掌握得好会增加可信度与好感，这才重要。

盘问律师以尖锐问题激怒证人无妨，但盘问律师自己不能生气，绝对不能与证人对骂。通常对骂的后果是：(1) 证人会更坚持他/她原来的说法；(2) 这样做只会令盘问律师在仲裁庭面前严重失分，而且远比证人失得多，因为仲裁庭不会预期到律师会有如此的反应。

这除了使盘问律师因为沉不住气而失身份外,也害苦了代表的客户/当事人。所以要尽量不要直接攻击证人,这容易引起证人的争论与对抗。盘问时不要过度强调己方的案件,而是“建议”应是这样,尽量表现“中立”。这会给审理法官/仲裁庭留下更好印象,也容易令对方证人没有那么对抗。这当然要顾及 Browne v. Dunn 规则,即法律要求如果要攻击证人的可信度,就一定要向他/她主张这个立场。这一般会引起证人激烈的反应,这方面的问题可见本章之 1.3.7 段。

1.3.3.8 戒律之八:不要让不合作证人解释、质疑问题或答非所问

证人在出庭审理接受交叉盘问的主要甚至是唯一责任就是回答问题,让对方代表律师测试他/她较早前在文书证人证言中的主证据所主张的事实真相。所以,盘问律师应尽量不让证人作出太多的解释(讲故事)、质疑盘问律师提出的问题或是答非所问(兜圈子)等。可以提醒证人前来开庭审理作为事实证人接受交叉盘问只是为了回答问题(不是发表意见),而他/她要提供给仲裁庭的主证据或“故事”,只要与争议/争端有关,也应全部包括在文书证人证言,不能再事后补充。一种丑化证人的做法是在他/她在回答中长篇大论兜圈子时,问证人是否仍记得问题是什么。

但如果证人没有改变或仍是不合作(所谓的“recalcitrant witness”),盘问律师可尽快要求仲裁庭干预与阻止。如果仲裁庭的首席仲裁员提醒证人,证人承诺后不久仍是故态复萌(现实中不合作的证人也经常是如此),会让仲裁庭对该证人有不好的印象。

在极端的情况下,盘问律师即使没有把想问的问完,也可以告一段落,反正交叉盘问下去也是浪费时间。但在稍后的结案陈词中可以强调这些事实,向仲裁庭丑化该证人的可信度与减轻证据分量。

通常完全不让证人作任何解释也不行,因为一个刁钻的问题的合理答案不仅是“同意”或“不同意”,“是”或“不是”,稍作解释才是完整。简单举个日常例子,问:“你在某天有否吃晚餐?”回答可以是“有”。但如果是“没有”,就需要多一句解释才是完整,例如,“我记得那天吃了一顿很丰富的下午茶”或“我在减肥,那段时间通常不吃晚餐”等。这样,通常做法是要求证人回答提问后才稍作解释。但重要的是,解释只应针对提问的问题,而不是偏离去带出新的其他证据。

另是,盘问律师的提问也不局限在文书证人证言的内容,而是可以盘问任何证人知道或合理应该知道的有关事实。这也合理,否则一个重要的证人通过一个内容局限的文书证人证言就可避免被问及其他证人不想回答的内容了。在普通法国家或地区,只有美国在这方面不太一样。美国《Federal Rule of Evidence》之 Rule 611(b)规定:“**Scope of Cross-Examination**. Cross-examination should not go beyond the subject matter of the direct examination and matters affecting the witness's credibility. The court may allow inquiry into additional matters as if on direct examination.”也就是说,在美国的诉讼(或仲裁)需要法院(或仲裁庭)的批准,盘问律师才能盘问证人证言内容外的

问题,但相信在实践中一般会比较宽松。

总而言之,盘问律师不尽早打断证人的冗长或离题的回答,除了占用己方宝贵的分配时间外,也增加了证人讲多带来意外内容令盘问律师措手不及的危险。

但在证人需要翻译的情况下这样做就会有困难。例如,证人以母语回答问题时答案冗长与离题,但盘问律师听不懂,直到传译员传译了才发现就为时已晚,因为不能打断传译员也会被记录在案。除了找懂得双语的盘问律师或找懂得双语的人士从旁协助外,一般的做法是要求证人讲一段较短的话就要传译员传译,而不是回答完有关问题后再让传译员一次性传译。

1.3.3.9 戒律之九:问题应简短与不要同时针对多件事

交叉盘问时,为了让证人听清楚与无法回避,更要对此小心。只要预留了足够的交叉盘问时间,就一个问题一个问题地问,而且每个问题都尽量简短,让仲裁庭更能看到这问题的重点(emphasis)。

曾有专家建议说,如果提问超过 20 个字就会令听者无法掌握。如果被交叉盘问的证人需要翻译,就更要注意了。所以问题尽量简短、明确、直接,尽量用普通简单文字(英文),避免复杂的词汇。要知道,不只是要让接受交叉盘问的证人听懂,也要让所有人听懂,包括仲裁庭成员、传译员与庭审记录的转录员。

同时问多于一项事情的情况在交叉盘问可称为混杂(complex)或复杂(complicated)的问题,也会带来其他危险,因为没有提出反对的指控会被视为接受:R v. Bircham (1972) Crim LR 430 先例。所以证人回答了第一个问题后,忘了回答第二个问题,盘问律师却不再追问,这会被视作证人已接受了第二个问题的指控,这显然十分不公平。另一危险是可能会遇上精明证人只拣一个容易或有利的问题作答,令原本可能是很好的问题被证人蒙混过关。

什么是混杂或复杂的问题有时候不易觉察。若一句问题内明确有两件不同的事情,这固然是混杂或复杂的问题,但也会有情况是默示了另一件不同的事情,如在刑事诉讼向证人提出的问题是:"你是否仍有殴打你的妻子?",这默示了证人以前家暴妻子。

在国际仲裁的交叉盘问中,问题越简单与直接,仲裁庭与证人听得就越明白。如果证人仍迟疑不直接回答、答非所问或是听不懂(或假扮听不懂),就会令仲裁庭有不好的印象。但如盘问律师的问题太复杂与把不同事项混在一起问,连仲裁员也听不太懂,就容易有一个印象是盘问律师想混淆(confuse)证人。

1.3.3.10 戒律之十:掌控时间

操控时间要做得好,以及要有弹性(如证人的回答时间较长或带出其他问题),可见本书第一章之 6.8 段。在国际象棋限时的情况下,如果因为时间不够而无法向证人提出能丑化他/她的问题,就太可惜了。

1.3.3.11 戒律之十一:不要只顾自己的问题而漏掉证人在回答中的疑点

注意敌对方证人的肢体语言(body language)与留心答案,不要遇到机会也不知道把握,不追问下去。尤其是水平高的"超级证人",一般设计的问题根本难不倒他们,只有抓住他们无意间说漏嘴或说错的机会才能乘胜追击。这在本章之1.3.2.5段有介绍,这里不再重复。

1.3.3.12 戒律之十二:交叉盘问达到目的可速战速决

有部分盘问律师以为是把交叉盘问拖得越长越好,方方面面都向对方证人盘问到底,或是以为把对方证人弄得筋疲力尽,他/她更可能会犯错。笔者认为这是一厢情愿,脑袋好的证人不会因疲倦而讲错话,只会反应较慢。再说,盘问律师自己也更是会弄得筋疲力尽,同样会犯错,特别是对证人的回答失去注意力而错失良机没有追问下去。

这种情况会出现在盘问律师对同样一个议题重复提问时。对方证人会回答:"这个问题我昨天(或前天)好像已经回答过,我再重复说一遍……"这通常不会是好事,只会增加仲裁庭在这个问题上是盘问方失分的印象。盘问方必须清楚理解光凭提出问题,面对有戒心与机灵的对方证人,是永远得不到自己想得到的满意答案的。

另一种情况是,一个有经验的盘问律师开始交叉盘问,在几次成功丑化了一个重要证人后,迫使他/她承认文书证人证言中有错漏,或是证人证言的重要部分与以前的当场文件或证人曾经做出过的陈述说法不一样,而且向证人指出后他/她无法解释这个不一致等。盘问律师认为已经是足够得分成功丑化了该证人,也相信已经在庭审记录(transcript)中记录下来,就快刀斩乱麻,干脆节省时间告诉仲裁庭没有其他问题问这一位证人。多问反而节外生枝,让对方证人有机会补救与/或改变仲裁庭对其整体表现的印象。即使针对对方证人的证人证言中的其他内容准备了很多问题要问,也不去理会。这是因为在一个重要方面不可信,就可以说服仲裁庭推断其他方面也不可信,正如拉丁文的"*falsus in uno, falsus in alterius*"。像在美国法院审理时法官会提醒陪审团一样,盘问律师也应在结案陈词提醒仲裁庭。

听一些有经验的仲裁员或律师说,盘问证人一般半个小时就已经可以问出重点,当然这可能并非指的是文书证人证言中针对了很多争议/争端的关键证人。但无论真正盘问需要多久(一个小时、半天、一天等),都要记得只针对重要的争议/争端,避免问会带来不利答案的问题,没有必要问太多,不要在"危险区域"停留太久。在结束盘问某位证人前,可向仲裁庭说明为了节省时间只对重点盘问,留下记录,以免将来对方当事人(公开)或仲裁庭(私下)会质疑为何不盘问某些证人证言中的主张。

1.3.4 接受交叉盘问的证人的戒律与技巧

该课题在本书第二章之2段有关"为证人出庭接受盘问做准备"已有详及,不在此重复。

针对中国证人不熟悉国际法与国际商务游戏规则,也介绍一些事实证人回答交叉盘问的一般性原则或戒律,如:

1. 不要把话说得太绝对与避免夸大其词(superlatives)。涉及某些难以肯定的事实或意见(仅专家证人有权作出意见,但事实证人可能也会涉及)时,尽量别把话说得太绝对。把话说得太绝对等于不给自己留余地，而且往往带来更多、更尖锐的盘问。例如说："我们公司的员工绝对不会这么做。"

2. 不要主动多讲，盘问律师问什么答什么。一旦离题多讲，盘问律师感到对盘问方不利，会马上阻止，说主盘问已完结，现在是交叉盘问。相反，若盘问律师不阻止，甚至以眼神鼓励证人继续讲，这表明证人应尽快闭嘴，以免讲多错多，或提供"火药"(ammunition)让对方律师有机可乘。

3. 对一些明确的事实则小心使用一些含糊的词语(hedge words)，如"我猜"(I guess)、"这看来"(it seems)等，具有回避的味道，也有违事实证人一般不能给予意见的原则。例如盘问律师说："这封邮件是你发出的吗?"就没必要用"看起来是"这种说法。

4. 不要乱提供意见，事实证人只能讲经历过的有关事实，是他/她所见过、听过、说过、做过，甚至只是传闻听说。只有法院或仲裁庭才能根据证据对事实作出推断与认定，事实证人没有这一资格或权威。关于事实与意见的区别可见本书第九章之1段。仅有的例外是：(1)法院需要专家证人的意见帮助法院或仲裁庭理解有关的专业知识；(2)事实证人对事实的证据只能以意见的形式表达，如"当时车速很快"等。

5. 以上所讲，表示事实证人不应讲："我不知道答案或事实，但……(I don't know but...)"之类的话，因为"但是"之后的话纯属猜测/意见。假设性(hypothetical)问题也属于这一类，事实证人可以拒绝作答。例如，问题是："你当时小心一点是否就可以避免意外?"证人应回应说这问题不针对事实，自己无法也不应给予意见。当然证人方的律师也应该即时阻止这类问题，涉及特免权(privilege)[10]的问题也是同样道理。但证人方律师不一定会警觉，或可能来不及阻止，所以如果证人自己了解相关知识会是双重保险。

6. 不要回避问题，特别是对一些简单的问题与应可明确回答的事实。回避的后果会导致仲裁庭的不信任。要知道盘问律师是不会轻易让证人回避的，他们会一个问题接着一个问题地问下去，无从回避。笔者见过好几次是证人在交叉盘问时面对95%甚至100%的问题都说："这是两三年前发生的事，我已经忘记了。"但这很可能是证人方的灾难，因为：(1) 两三年前的事情不记得确实有可能，但这样三四个月前相互交换的证人证言，也就是证人的主证据中的"故事"又是怎么样得来的?(2) 这种回答与态度显示了证人不合作与不诚实，难免引起仲裁庭的严重不信任。(3) 这些问答中肯定有一些十分重要的事实，但一旦关键证人说忘记了也同时否定了证人证言的主证据，就代表证人方没有提供任何支持它所主张的事实的证据了。笔者对这种证人的感觉是他们很可能不清楚作为事实证人的正确角色，误以为要对抗敌对方的盘问律师，特别是面对尖锐的盘问又被强制要求回答就不合作说不记得。

7. 不清楚的问题，弄清楚后再回答，不要乱回答，免得被盘问律师抓住矛盾或不

---

[10] 关于特免权的课题，可见笔者《证据法：国际规管与诉讼中的证据攻防》一书第九至十三章。

正确之处。证人不妨要求盘问律师进一步澄清问题,态度上尽量礼貌,而且不必针锋相对。因为,交叉盘问是证人回答问题的程序,不是盘问律师回答证人的问题。例如,涉及某文件记录了证人曾说过的一句话,证人因时间已久,加上文件有其他内容,一时记不清,则可要求对方律师让他/她仔细看看文件再回答。

8. 如果盘问律师要求证人以"是或否"回答,而证人想多讲两句,认为不能以"是或否"简单答复,大可不必被盘问律师牵着鼻子走,可以回答说:"我无法以是或否回答这问题(I cannot answer that question with a yes or no reply)。"这会迫使对方律师允许证人多讲几句。

9. 证人在态度上应该尽量庄重、诚恳,不轻佻、不乱发脾气,不用俚语或开玩笑。态度好显然是为了取信于仲裁员,以示作证认真、谨慎、诚恳。

10. 本章之1.3.3.9段提到的混杂或复杂的交叉盘问问题不必回答。证人除了可以不回答外,还可以向对方代表律师说:"你问了几个问题,可否简化便于我准确回答(Counsel, you have asked several questions. Can you simplify the question so I can answer it accurately)?"

11. 坦白承认不知道与/或有犯错。对一些不知道或已忘记的事实,证人无妨坦白承认,别硬想一个答案,这样会讲多错多。当然,也不是简单一句话。例如,证人对不应忘记的重要事实自认不知道,而对难以记得的其他事实/细节却了如指掌,这就显得不正常,会引起审理法官或仲裁员的猜疑。证人想要令人信任除了要真诚坦白,也要懂得做戏。承认犯错是一件很敏感的事,还是应该尽量减少犯错,特别是不能在关键事实上犯错。对一些无关痛痒的事实,如果在看到文件后发现记错,可以坦白承认,反而会给仲裁庭留下好印象。而如果证人发现在作为主证据的文书证人证言中犯错,加上有合理的理由,就应尽早承认与纠正,最晚也不能迟于主盘问,否则会被盘问律师利用,攻击整份文书证人证言的可信度。届时才纠正,就会被视为被盘问律师逼出来的。

12. 交叉盘问中的提问不需要局限在文书请求与证人证言,只要有关就可以提问。如果有没有曾经在中间程序中披露的当场文件(即不包括在开庭案卷内)可以支持证人的回答,可稍后(甚至在交叉盘问完毕后)尽快找出来以提高可信度。

13. 已经多次强调证人一定要讲真话,因为交叉盘问是一连串的问题,在一个回答说谎就要再说一连串的谎言圆谎。你无法骗比你更精明、更狡猾与更有阅人经验的人,这里笔者指的是盘问律师、审理法官或仲裁员。

1.3.5　仲裁员聆听证人口头证据的戒条与技巧

1.3.5.1　不要在交叉盘问中过度插手

这种事实审理者(trier of fact)在开庭审理时过度参与,特别是对证人的交叉盘问与/或一方当事人的代表律师争辩,好像是代替了另一方当事人的律师的情况在今天仍在发生,特别是在相比法院程序宽松的国际仲裁。笔者估计是有以下理由造成:

1. 由于仲裁法(这包括香港的《仲裁条例》与英国的《Arbitration Act 1996》)不像

英国法院的民事诉讼规则(CPR),允许仲裁庭采取主动(proactive),也就是偏离传统的对抗制诉讼(adversarial litigation)去接近大陆法的询问制(inquisitorial),再加上仲裁法一般不细管仲裁程序,说明仲裁庭有权主导(所谓的"master of procedure")与灵活处理。这就带来了误解与危险,特别国际仲裁有大量参与人士(包括仲裁庭成员或是双方当事人代表律师等)并不熟悉英国的对抗制诉讼或自然公正的细节。要掌握细节就要有大量的经验,阅读大量的案例,知道在不同案情下不同的说法与怎样掌握轻重。如果三位仲裁员特别是首席不熟悉对抗制,程序上就容易出毛病,一种经常出现的情况就是过度插手交叉盘问。

2. 法院在处理小金额的民事诉讼时,也经常会面对一方当事人没有法律代表的情况,审理法官不给予一定的帮助,就会令交叉盘问推进不下去。国际仲裁也不乏这种情况出现。而且,更大问题是,即使双方当事人均委任的法律代表,他们之间的水平与对对抗制诉讼的了解也是不均等的,这样就会导致仲裁庭有更大的动机插手。而对对抗制诉讼更了解的一方就会觉得仲裁庭插手太多,是在"锄强扶弱"。

这种情况以前就已有发生,Yuill v. Yuill (1945) 1 All ER 183 先例的一审法官就是如此。其导致判决被上诉庭推翻,并被批评说:"It was said that the judge put many more questions to witnesses than all the counsel in the case put together and that he in effect took the case out of counsel's hands to the embarrassment of counsel and the prejudice of his case."

这种一审法官插手或参与(有时也有必要)的轻重掌握可节录 Donaldson 大法官在 Chilton v. Saga Holiday Plc (1984) EWCA Civ 1 上诉庭先例中所说:"The problem which arises where you have one represented party and one unrepresented party is well known to all judges... it becomes the duty of the judge so far as he can, without entering the arena to a point where he is no longer able to act judicially, to make good any deficiencies in the advantages available to the unrepresented party. We have all done it; we all know that it can be done and that it can be done effectively. That is the proper course to be adopted. The informality which is stressed by the rule and the requirement that the arbitrator may adopt any method of procedure which he considers to be convenient-it would have been better perhaps if it had said 'just and convenient'-covers the situation where, as so often happens, a litigant in person is quite incapable of cross-examining but is perfectly capable in the time available for cross-examination of putting his own case. The judge ... than picks up the unrepresented party's complaints and put them to the other side."

在 Southwark LBC v. Kofi-Adu (2006) EWCA Civ 281 先例中,案情涉及一审法官不断参与交叉盘问,说是令证人以为在面对两位(法官与盘问律师)的交叉盘问。期间,法官也叫盘问律师不必再问下去,并且有过证据是否有关的激烈争议。上诉庭的 Jonathan Parker 大法官说:"It is important to stress at the outset that, within the bounds set by the CPR, a first instance judge is entitled to a wide degree of latitude in the way in which he conducts proceedings in his court. However, that latitude is not unlimited. Ultimately, the process must always be the servant of the judicial function of dealing with cases justly (see the overriding objective expressed in CPR 1.1). In an adversarial system such as we have developed in this jurisdiction the discharge of that function requires the first instance judge (as Lord Denning M. R. put it in Jones v National Coal Board [1957] 2 QB 55 at 63):'... to hear and determine the issues raised by the parties, not to conduct an investigation or examination on behalf of society at large ....'."

另可介绍 Shaw v. Grouby (2017) EWCA Civ 233 先例。被告指称一审法官太多参与交叉盘问,从庭审记录可以看出,简直是接手了盘问律师的工作,自己主导了交叉盘问。这导致被告没有机会陈述或表达自己的案件,也谈不上有一个公平审理(Fair Trial)。上诉庭重复了在对抗制下,法官必须是不偏袒与中立(impartial and neutral),而且不应该主动调查,Patten 大法官说:"to hear and determine the issues raised by the parties, not to conduct an investigation or examination on behalf of society at large."

上诉庭也提到,虽然今天法院会比以往更主动参与/插手打断盘问律师,但这有风险。法官自己过度参与盘问证人会影响他/她对证人口头证据的判断:"interrogating witnesses at length can cloud Judge's ... vision and judgment to the point where he becomes unable to subject the oral evidence to proper scrutiny and evaluation... The greater the frequency of the interventions, the greater the risk; and where the interventions take the form of lengthy interrogation of the witnesses, the risk becomes a serious one."

总之,一审法官固然要小心,但仲裁员也应该是一样,就是尽量不要太主动,特别去参与对证人的盘问,事实证人不应感觉是被敌对方盘问律师与仲裁员轮流交叉盘问。仲裁员盘问得越多与越尖锐,就越令证人与当事人感觉到对他们的敌意,不被认为独立与中立。这严重影响双方当事人对有了一个公平的开庭审理的认定。双方当事人应认为他们主张的案件与提交的证据已被听取,并将在仲裁庭作出裁决时被加以考虑("must leave the trial process feeling that they have had a fair hearing and that their evidence was heard and understood")。

当然,仲裁员在交叉盘问时为了澄清或希望进一步理解证人的口头证据,是可以主动向证人提问。但这是要掌握好分寸,在时间上最好等到交叉盘问告一段落才去提出,这可以保证仲裁员自己想提出的问题后来没有被律师在交叉盘问中提出。另是,要区分向证人提出的问题不是盘问证人。所以内容应尽量中立,而不是让证人上当的陷阱(trick question),更不会让证人感觉到敌意与压迫。当然也不能协助证人,帮助证人补救回答不好的问题,这是证人方律师在再盘问时应做的工作。

如果仲裁员不自我约束(self-restraint),最坏的情况会是令受影响的当事人对公平审理失去信心,进而向法院申请救济。这包括在开庭中途试图把不自我约束的仲裁员赶走,或作出了裁决书后败诉方(也是受影响的一方)申请撤销。至于法院在处理对仲裁庭在开庭审理中过多主动打断律师与/或参与盘问的投诉时,要看有否影响与剥夺了申请方盘问律师交叉盘问的机会,导致无法恰当处理客户的案件(properly conduct the case)。或是,仲裁庭的过多参与会否导致他们在开庭后要达成一个对双方当事人持平(balanced)与客观裁决的能力(judicial capability)受到影响。如果是仲裁员就违反了自然公正或程序公正的天条了,法院从庭审记录就可以看出仲裁庭是否有这种不当的行为。

1.3.5.2　不要太重视证人的行为举止

所以,开庭审理时主盘问加上交叉盘问让法官(或仲裁员)有机会观察证人的行为举止(demeanour)十分重要,尤其是在刑事案件中。但即使是刑事案件,也有了不同说法/看法。在香港的 HKSAR v. Poon Siu Wai (2002) HKEC 394 刑事先例中,Jackson 大法官不相信证人(被告)的行为举止(冲动、矛盾百出等)之余,在判决书中多加了一句:"I am well aware of the danger in relying on assessment of demeanour alone when assessing credibility. From the inherent improbability of his version of events and my conclusion as to his demeanour as a witness I had no doubt he was not to be believed. I did not believe him."

更明确的是,英国法律委员会(Legal Commission)的报告"Evidence in Criminal Proceedings: Hearsay and Related Topics"(Legal Commission No. 245)之 3.10 段总结说,虽然仍然有小部分说法认为证人的行为举止不可忽视,但是今天的主流看法以及心理学研究都显示对于陌生人(证人)的行为举止观察对准确地认定事实来说帮助不大:"Against this, a number of judges have doubted whether the demeanour of a witness is really much of a clue as to the witness's veracity. One very experienced judge, whose view was endorsed by a distinguished Law Lord, doubted his own ability, 'and sometimes that of other judges, to discern from a witness's demeanour, or the tone of his voice, whether he is telling the truth.' Similar views have been expressed by other lawyers with much knowledge of the criminal justice system. Psychological evidence suggests that it is the doubters who are right..."

上述提到的非常有经验的法官的看法是英国 MacKenna 大法官在 University College Dublin 的发言:见"Discretion"(1974) 9 Irish Jurist (NS) 1。该说法后来得到不同大法官的认可:见 Devlin 勋爵的 The Judge (1979)之 63 页;也可见 Bingham 勋爵在"The Judge as Juror: The Judicial Determination of Factual Issues" (1985) 38 Current Legal Problems 1 (reprinted in Bingham, The Business of Judging, 9)一文。MacKenna 大法官针对的是刑事案件,笔者认为相比商业案件已是容易判断,但对如何判断口头证据、找出事实真相仍很有指导价值,可节录如下:

"I question whether the respect given to our findings of fact based on the demeanour of the witnesses is always deserved. I doubt my own ability, and sometimes that of other judges, to discern from a witness's demeanour, or the tone of his voice, whether he is telling the truth. He speaks hesitantly. Is that the mark of a cautious man, whose statements are for that reason to be respected, or is he taking time to fabricate? Is the emphatic witness putting an act to deceive me, or is he speaking from the fullness of his heart, knowing that he is right? Is he likely to be more truthful if he looks me straight in the face than if he casts his eyes on the ground perhaps from shyness or a natural timidity? For my part I rely on these considerations as little as I can help.

This is how I go about the business of finding facts. I start from the undisputed facts which both sides accept. I add to them such other facts as seem very likely to be true, as, for example, those recorded in contemporary documents or spoken to by independent witnesses like the policeman giving evidence in a running down case about the marks on the road. I judge a witness to be unreliable if his evidence is, in any serious respect, inconsistent with these undisputed or indisputable facts, or of course if he contradicts himself on important points. I rely as little as possible on such deceptive matters as his demeanour."

MacKenna 大法官怀疑自己与其他法官是否能够从证人的行为举止与/或声音看透证人。如果他吞吞吐吐讲话，是小心讲话（这是好事）或是在考虑如何捏造/虚构？一个斩钉截铁的证人是为了骗我或是讲心里话？证人作证时直视法官或只看地下（可能是害羞或胆小），谁更可信呢？

这方面还可见 R（on the application of SS（Sri Lanka））v. Secretary of State for the Home Department（2018）EWCA Civ 1391 上诉庭先例中 Leggatt 大法官所说：

"Nowadays the reluctance of an appellate court to interfere with findings of fact made after a trial or similar hearing is generally justified on other grounds: in particular, the greater opportunity afforded to the first instance court or tribunal to absorb the detail and nuances of the evidence, considerations of cost and the efficient use of judicial resources and the expectation of the parties...

Generally speaking, it is no longer considered that inability to assess the demeanour of witnesses puts appellate judges 'in a permanent position of disadvantage as against the trial judge'. That is because it has increasingly been recognised that it is usually unreliable and often dangerous to draw a conclusion from a witness's demeanour as to the likelihood that the witness is telling the truth.

The reasons for distrusting reliance on demeanour are magnified where the witness is of a different nationality[11] **from the judge and is either speaking English as a**

---

〔11〕 这就完全适用于中国证人的情况，虽然法律上说不应考虑，但是现实中确实会影响证人证据的分量，特别是在国际商事仲裁中，可见本章之 1.3.5.3 段。

foreign language or is giving evidence through an interpreter. Scrutton LJ once said that he had ' never yet seen a witness giving evidence through an interpreter as to whom I could decide whether he was telling the truth or not'[12]

To the contrary, empirical studies confirm that the distinguished judges from whom I have quoted were right to distrust inferences based on demeanour. The consistent findings of psychological research have been summarised in an American law journal as follows:...

This is not to say that judges ... lack the ability to tell whether witnesses are lying. Still less does it follow that there is no value in oral evidence. But**research confirms that people do not in fact generally rely on demeanour to detect deception but on the fact that liars are more likely to tell stories that are illogical, implausible, internally inconsistent and contain fewer details than persons telling the truth**: see Minzner, ' Detecting Lies Using Demeanor, Bias and Context' (2008) 29 Cardozo LR 2557. One of the **main potential benefits of cross-examination is that skilful questioning can expose inconsistencies in false stories.**

No doubt it is impossible, and perhaps undesirable, to ignore altogether the impression created by the demeanour of a witness giving evidence. But**to attach any significant weight to such impressions in assessing credibility risks making judgments which at best have no rational basis and at worst reflect conscious or unconscious biases and prejudices**. One of the most important qualities expected of a judge is that they will strive to avoid being influenced by personal biases and prejudices in their decision-making. That requires eschewing judgments based on the appearance of a witness or on their tone, manner or other aspects of their behaviour in answering questions. Rather than attempting to assess whether testimony is truthful from the manner in which it is given, **the only objective and reliable approach is to focus on the content of the testimony and to consider whether it is consistent with other evidence (including evidence of what the witness has said on other occasions) and with known or probable facts.**"(加黑部分是笔者的强调)

在本章之1.3.5.5段介绍的The "Ikarian Reefer" (1995) 1 Lloyd's Rep 455先例中,一审判决就因为过于重视证人的行为举止被推翻。今天复杂的国际商业案件就更加不应重视证人的行为举止与不应加以考虑,可简单强调以下几点:

1. 今天的国际商业环境,越来越多的证人是高水平(sophisticated)的商业人士,越来越难以以行为举止作出判断。他们太会演戏,太会隐藏自己的内心,但本质与人性同任何不论水平高低的其他证人一样是自我保护。

---

〔12〕 见The "Arnus" (1922) 13 Lloyd's Rep 83先例中Scrutton大法官所说。

2. 国际商业案件不像刑事案件，后者一般没有文件证据，往往只能靠相不相信相关证人的口头证据与一些环境证据，在这种情况下，证人的行为举止有一定帮助至少有一定理由。但前者往往有大量与完整的当场文件证据，具有更高的证明价值（probative value），完全没有必要退而求其次地依赖证人的做戏表演。

3. 针对不同文化与外国（英国以外）证人，更不能重视他们在作证时的行为举止，因为很容易令审理法官或仲裁员难免存在的潜在偏见扭曲推断与认定的事实真相。

1.3.5.3　证人的种族、宗教、政见、不同文化等方面的因素

笔者认为这是导致仲裁员错误认定事实的一个重要因素，虽然大家都避免提及，因为太敏感。

英国已有先例判决定法官是否公正时不得考虑这些因素，或以它们攻击法官：见 Locabail v. Bayfield Properties（2000）QB 451 先例。该先例说："In considering whether there is a real danger of bias on the part of a judge, everything depends on the facts, which may include the nature of the issue to be decided. However, a judge's **religion**, **ethnic or national origin**, gender, age, class, means or sexual orientation cannot form a sound basis of an objection. Nor, ordinarily, can an objection be soundly based on the judge's social, educational, service or employment background or that of his family; his previous political associations; his membership of social, sporting or charitable bodies; his Masonic associations; his previous judicial decisions; his extra-curricular utterances; his previous receipt of instructions to act for or against any party, solicitor or advocate engaged in a case before him; or his membership of the same Inn, circuit, local Law Society or chambers."（加黑部分是笔者的强调）

当事人会以这些因素质疑法官，因为担心这些因素会影响审理法官对事实的认定。这其中不少是小问题、小因素，不足挂齿，但也有一些十分重要因素确实会影响对事实真相的认定，不能完全漠视，其中最严重的是不同的人种/种族、文化、政见、宗教。较早期的可举 The "Catalina"（1938）61 Lloyd's Rep. 360 先例，案情涉及仲裁员说他相信挪威证人而不相信意大利证人，结果被法院因严重违反自然公正赶走。

也可重复上小段介绍的 R（on the application of SS（Sri Lanka））v. Secretary of State for the Home Department（2018）EWCA Civ 1391 上诉庭先例中 Leggatt 大法官所说："The reasons for distrusting reliance on demeanour are magnified where the witness is of a different nationality from the judge and is either speaking English as a foreign language or is giving evidence through an interpreter. Scrutton LJ once said that he had 'never yet seen a witness giving evidence through an interpreter as to whom I could decide whether he was telling the truth or not'."

法律虽然很正确地指出了这一点，但现实很难证实这些因素的存在与如何影响对事实的认定，除非是仲裁员乱讲话与/或在裁决书的原因说明是以败诉方的证人在

作证时行为举止作出推断与决定。但这一般不会发生，他们都是十分小心与高水平/技巧的人士，可以隐藏内心的这些偏见，像 The "Catalina" 先例的事件今天再难发生。

作为一个称职的国际商事仲裁的仲裁员，更是要对世界各国证人的不同文化与背景有所了解，才能较准确地对证人的言行作出判断。看来，所有国际仲裁员（特别是有重大国际影响力和权力的仲裁员）应听取与真正学习 Mustill 勋爵在 1993 年商事仲裁国际理事会会议（ICCA Conference）中作出的告诫："... The most important by far is independence: not of course only political independence, but also freedom from the much more insidious pressures of a culture shared with only one of the parties, and a system of moral values shared with only one of the parties."

1.3.5.4　证人的利益冲突、权威性与良好品格

这是三个不同的方面，首先是证人的利益冲突（conflict of interest），这也是仲裁员在决定证人证据的分量时会考虑的因素。例如，如果证人是公司的老板或高管，就显然有严重利益冲突。加上证人水平高，而对方证人水平相对低，常会出现错误认定事实的情况，这说明仲裁员对水平高但有严重利益冲突的证人的危险性估计不足。相反，水平低的证人，虽也有严重利益冲突、不是"好人"，但无太大危险性，难以瞒天过海。

另外，证人的权威性（authoritative）也十分迷惑人。这不仅指学历/学识/资历好，也包括有名誉、地位高等。这些一般的权威性或好品质是不足以忽视有严重利益冲突证人的危险。在笔者看来，这些好品质大大不及证人有重大利益冲突时的不可靠因素。

而专家证人一般会被视为与争议没有太大的利益冲突，也更珍惜自己的专业地位。加上作证内容通常仲裁员也不懂或不熟悉，所以一般较愿意相信专家证人。但若双方的专家证人各持不同的意见，有严重矛盾，就存在仲裁员的抉择了。一般人的通病是盲目相信（或靠一点点常识去衡量）更高权威。难怪在一些专家证据显得极其关键的案件中，双方会不惜代价委任能在权威性方面压倒对方的专家证人。这样，原本案件可能并不需要这么高资历的专家，但由于对方委任了一位剑桥大学的著名教授，则另一方非得出巨资委任一位诺贝尔奖获奖者为专家。

至于品格证据（character evidence）的问题，证据规则是一般不接受当事人提交自己证人的良好品格证据证明自己证人可信。国际商事案件中，对方盘问律师会在交叉盘问中质疑证人的可信度（credibility）与丑化证人。有关品格证据的问题可见本书第九章之 2 段。

1.3.5.5　the "Ikarian Reefer" 先例

笔者不妨以实例介绍英国法院如何信赖口头证据及其考虑的因素。The "Ikarian Reefer" (1995) 1 Lloyd's Rep 455 先例是针对专家证人对法院的责任的著名先例。该先例的案情涉及船舶投保了 300 万美元，之后发生搁浅后起火的事故，船舶被推定全损，但此时实际价值仅 45 万美元左右。遇上这种船东可在保险赔偿中赚取大

钱的事故，保险公司就会怀疑船东有否不良动机，做了手脚。除非事故中船员伤亡严重，或遇上百年一遇的风暴等其他情况，才可减少这疑虑。在 The "Ikarian Reefer"先例中，被告保险公司拒赔的原因是指控船员故意行为（故意造成搁浅与失火），而船员的行为可以默示为船东授意，否则不会这样做。

这里有一个微妙的区别——在船舶保险保单中，如果单纯是船员的疏忽甚至是船员自己恶意破坏，保险公司仍要赔偿，但如果船员的行为是来自船东授意，保险公司就可以拒绝赔偿。所以在该先例中，争议的关键就是希腊船长的行为是否来自船东授意。但该分界线的划分并不容易，显然作为关键证人的希腊船长是不会承认是来自船东授意，这就涉及法院对证人相信到何种程度，这是至关重要的。在高院一审［（1993）2 Lloyd's Rep. 68］中，船长的行为举止（demeanour）给 Cresswell 大法官对留下了良好印象，Cresswell 大法官认为他只是疏忽并非故意行为，说：

"I formed the impression（based on seeing and hearing the master and on his demeanour）that he was a truthful witness and that he did not deliberately run 'Ikarian Reefer' aground. He was of course in difficulty in explaining certain matters particularly as, even on the plaintiffs' case he had been grossly negligent.

At times he showed understandable frustration at his long ordeal. The master was at all times adamant in his denial of the allegation that he deliberately cast the vessel away.

On several occasions his answers were to this effect; 'I may have made a mistake-I have accepted that, I have never accepted and I will never accept under a penalty of my life that I did something intentionally.'

My impression was of a slightly stubborn man who was proud of his seagoing career. Although he was due to retire shortly I do not think that this master would have been prepared to sacrifice his good record and reputation for a financial inducement..."

显然希腊船长要取信于法官，需要：（1）了解清楚分界线是什么，若事故是由于疏忽、甚至严重疏忽所致，并不影响胜诉，保险公司一样要赔，而船东也不会责怪他。他不妨爽快承认疏忽，摆出一个坦率、诚恳及有歉意的姿态。（2）对重复有关故意造成事故的交叉盘问，能有条理、不过火，有层次地提高自己的反应，表现出愤怒与怨恨。（3）显示自己已经济稳定，有条件做诚实/坦白的人。（4）显示自己事业成功，有良好名誉，常理应是犯不上冒险去自毁长城。（5）显示自己了解刑法后果严重，有意制造事故欺骗保险公司正是触犯刑法的行为，除了影响自己的名誉外，其退休生活也不保。

保险公司在一审败诉后上诉。按说，事实的认定一般上诉改不了，除极少情况，如一审法官明确错误。[13] 这正是被告保险公司上诉的理由，认为一审的高院大法官犯错在：（1）太重视证人的行为举止而忽视了对证据的考验，例如与事实不符或与其

---

〔13〕关于一审法院对事实认定有错判的救济，可见本章之 3 段。

他证据有矛盾(unduly impressed by the demeanour of the witnesses... and failed to test them against established facts and the probabilities of the case)。这一点在本章较早前的 1.3.5.2 段已有介绍。(2) 未全面考虑证据，没有听完所有证据就下结论(appears to have decided the case piece-meal... should not have made up his mind until he had heard all the evidence)。

在该先例，上诉庭推翻了一审法院对事实的认定，这种情况极少发生。Stuart-Smith 大法官说：

"There are many other problems with the master's evidence which to the least, show that he was an unsatisfactory and unreliable witness. Indeed Mr. Steel(代表船东的大律师) points out that the Judge did not describe him as either of these things; merely that he was honest and would not therefore scuttle his ship. It is impossible to read the transcript of his evidence without getting a clear impression of these problems. Thus:

(1) On many occasions the witness prevaricated and was evasive. He declined to answer any hypothetical or difficult questions.

(2) Time and again he resorted to the device of saying that he does not remember. Some of the things like the satfixes(卫星导航) at 1935(时间) and whether or not he obtained one at 2142 would be very firmly imprinted on his memory in any event.

(3) Although he must have been fully aware after the casualty of the significance of the two impacts, all he said to Mr. Lowe(船东的事务律师) was: 'Some 10 minutes before the grounding I felt some light impact as if we hit a log but nothing to worry about'.

At the joint interview he said that he had noticed nothing 'unusual' before the grounding. There is no reference to these matter in the log or in any of his statements or evidence in the ASNA proceedings(对船长职业疏忽的聆讯). His explanation of the omissions is, to say the least, unconvincing...

(4) When confronted with inconsistent statements that he made in these interviews, he alleged that words had been put into his mouth by the solicitors at a time when he was suffering psychological stress.

(5) The alteration of course to 115 deg. For reasons we have already set out, the master's evidence on this point is wholly unconvincing.

(6) The master, after the outbreak of the fire, at some risk to himself, went down to his cabin and collected the crew's seamen books and the fair log, which was only made up to 0800 hours on 12th, and accordingly contained none of the vital information relating to the navigation of the vessel thereafter. This information was contained in the scrap log and the charts. Although the master returned to the bridge after fetching the documents from his cabin, he did not take with him the scrap log or charts. The master's explanation for this omission was that he simply did not think of doing so. The Judge's comment on

this is that his failure to take these vital documents was explicable, given the fire. This hardly does justice to the underwriters' case, namely that if he thought about and was able to rescue the fair log and seamen books, although this involved going near the fire, it is very surprising that he forgot about these documents.

Mr. Pollock(代表保险人的大律师) has referred to as one of the common features found in scuttling cases, because an innocent master would be anxious at all costs to show what he had done and why.

Mr. Steel submits on the other hand, that a grossly negligent master would be equallyanxious to hide his tracks... Moreover, even if a desire to conceal gross negligence was the explanation for not taking these documents, it follows that his answers about his reason for not doing are untruthful.

For these reasons, we have come to the clear conclusion that the Judge's principle findings of fact on this aspect of the case and his assessment of the master as a truthful witness cannot be accepted..."

以上是说船长的口头证据有很多不可靠与令人不满意之处。一审的 Cresswell 大法官却不这样看船长,认为他诚实,不可能故意弄沉船舶。可以看出上诉是根据一审的庭审记录,而并非对船长等证人再次进行交叉盘问等。证人如果多次回避问题,特别是整体看来是有水平的证人,会引起怀疑。船长在交叉盘问过程中拒绝回答假设或困难的问题,还经常推辞说忘记了。但一些重要事实如卫星导航定的船舶位置应是印象深刻,不可能会忘记的事实。

船长也应知道事故前两次撞击的重要性,但他的反应矛盾(细节不多解释,因本书读者不都是与航运有关的),并且船长曾冒险(因为失火)抢救船员的护照或船员证,加上抄写的航海日志(不是原版)漏掉了至关重要的原手稿记录的航海日志和海图(海图上有船舶定位,走的航线等关键资料)。根据原手稿记录的航海日志,只写到船舶搁浅前的大半天(至早上 8 点,而搁浅发生在当晚 11 点,失火是在第二天)。所以根本没有搁浅前的主要航海资料可供分析为何导致搁浅,如海图陈旧漏了重要资料或航线偏离而不警觉,因为一直没有定位。这些资料都在原手稿记录的航海日志与海图上。船长解释他在匆忙中忘记了带。Cresswell 大法官也相信船长,因为当时失火,形势有些危险。但试想船长能抢救次要文件(如抄写的航海日志),这样做同样要冒险接近火场,为何忘记了更重要的文件呢?看来,船长干脆什么文件都不抢救为妙,反而不会惹人怀疑,或在回答交叉盘问时以更好的理由解释。

代表保险公司的 Pollock 大律师介绍了一些沉船骗取保险金的案例,其中也有类似的情况,即船长隐瞒出事前的重要航海资料。若船长是无辜的,他应企图抢救重要航海资料以证明他做了哪些正确的事但仍避免不了事故。代表船东的 Steel 大律师说,船长在犯了严重疏忽的情况下,也会有同样反应,即不热心抢救重要航海资料。

以上可以看出好的代表律师对证人的行为举止总有可解释之处,并可以导向完全相反的结论。总之在该先例中,上诉庭最终判一审法院在认定事实时明显错误,推翻了一审法院认定的事实。

1.3.5.6 Freemont (Denbigh) Ltd v. Knight Frank LLP 先例

还可以介绍一个较近期的 Freemont (Denbigh) Ltd v. Knight Frank LLP (2014) EWHC 3347 (Ch)先例。此先例涉及的事实背景是原告[Freemont (Denbigh) Ltd,实际控制人看来是 Bhailok 先生]在 2006 年取得了英国北威尔士登比(Denbigh)地区的原北威尔士医院(North Wales Hospital,该医院建成于 1948 年专门收治精神病人,然而早已废弃,后来成为历史遗迹,但已经破败不堪)的土地,并打算找开发商接盘这块 80 英亩土地,此先例针对是其中 17 英亩土地。在出售土地前,原告希望先获得政府的开发申请,在申请开发批文的过程中,根据规定需要有银行保函。原告与 Lloyd 银行接洽作出保函的过程中,Lloyd 银行要求先对土地估值。因此原告委任被告(Knight Frank LLP)估值。被告在 2006 年 7 月提供了一份估值报告,指出在当时这土地如果成功获得政府批准规划大纲(Outline Planning Permission),价值是 1700 万英镑,如果再成功获得政府批准详细规划,价值就甚至会达到 1870 万镑。之后原告也的确成功获得了银行保函,并获得了政府批准规划大纲。

然而出现的问题是,原告未能成功出售这片土地给开发商。在案件审理时这片土地及其上的历史遗迹原址越发破败,甚至被认为是已经没什么价值了。原告指称这是因为自己在收到开发商报价要约时,开发商们的报价都与被告估值相差甚远,自己依赖了被告的估值,没有同意这些开发商的要约,但实际被告估值过高,如果估值恰当,原告自己至少会接受其中部分开发商的报价。

此先例中审理的是部分初步争端(preliminary issues),其中一个重要争端就是作为估价师的被告到底在法律上对原告承担怎样的小心谨慎责任/注意义务(duty of care)。在此先例中,明确需要看估价师被委任制作报告的目的到底是什么,如果衡量土地价值仅仅针对获取银行保函,就会在后续出售给开发商的问题上没有法律上小心谨慎义务。[14] 这也可以理解。因为两者虽然有关联,但针对的重点与工作量

---

〔14〕 在此先例中,Stephen Smith QC 大法官总结了普通法下估价师的小心谨慎责任:"The law regarding the common law duty of care owed by a valuer can be summarized in the following propositions: (1) that a duty of care in tort is likely to be owed to the person for whom the report was prepared (even though a contractual duty of care may also be owed to the same party); (2) that the duty of care in tort is likely to be limited to the purposes for which the report was prepared; (3) that a duty of care in tort may also be owed by a valuer valuing premises for mortgage purposes (at least if they are modestly valued residential premises), to the purchaser of those premises, if (i) the valuer knows that his report is likely to be shown to the purchaser, and (ii) the purchaser intends to use the premises for his own residential purposes, not to let them, and (iii) the valuer knows that his report is likely to be relied upon by the purchaser for the purpose of deciding whether to purchase the premises; but (4) that a duty of care in tort is unlikely to be owed by a valuer instructed to produce a report for a lender for security purposes, to an investor who relies on the report for other purposes... Propositions (1) - (3) in the previous paragraph have been

不同。

为了证明委任被告时不仅仅是为了获取银行保函，而且还包括帮助原告了解土地的真实价值，原告提供了一些当场文件，尤其是一些当时通讯的记录等。被告则主张这些对话的记录有不少内容都是错误的，指称这些所谓的当场文件实际是后来编造出来的。照理说这些文件本都有电子版，可以通过文件的元数据（meta-data）获悉文件的真实制作日期与最后改动日期，但原告指称自己在2009年升级设备时已经将有关电子数据的硬盘销毁。[15]这样在对这些所谓的当场文件是否当场存在疑问的前提下，就很依赖当时有关事实证人的证词了。

双方也各自找了一些证人对当时通讯到底说了什么提供证词。在需要认定关键事实争端，而证人们的证词又各执一词时，审理法官看来就必须认定谁的证词更可靠（reliable）。

Stephen Smith QC 大法官首先提到了在衡量证人证词是否可靠的问题上，Bingham 勋爵曾经给出过指引：

"In his instructive article entitled The Judge as Juror: The Judicial Determination of Factual Issues, published in Current Legal Problems 38, Mr Justice Bingham (as he then was) made this observation: 'The main tests needed to determine whether a witness is lying or not are, I think, the following, although their relative importance will vary widely from case to case: (1) the consistency of the witness's evidence with what is agreed, or clearly shown by other evidence, to have occurred; (2) the internal consistency of the witness's evidence; (3) consistency with what the witness has said or deposed on other occasions; (4) the credit of the witness in relation to matters not germane to the litigation; (5) the demeanour of the witness.'

Mr Justice Bingham went on to conclude that the first three of the tests may be regarded in general as giving a useful pointer to where the truth lies, whereas the fourth test is more arguable. As regards the fifth, he was of the view that: 'the current tendency is ... on the whole to distrust the demeanour of a witness as a reliable pointer to his honesty.'"

---

settled for many years. Proposition (4), however, whilst it builds on views expressed in the earlier authorities, cannot be viewed as having been settled before the decision in Scullion in 2011 (the first instance judge in that case had awarded the claimant damages for the valuer's breach of a common law duty of care, an award which the Court of Appeal set aside). It is quite possible that proposition (4) was not in the mind of the individual(s) who conceived this case, whereas proposition (3) was." 这方面还可见 Smith v. Eric Bush (1990) 1 AC 831; Caparo Industries Plc v. Dickman (1990) 2 AC 605; South Australia Asset Management Corporation v. York Montague Ltd (1997) AC 191 等贵族院先例与较近期的 Scullion v. Bank of Scotland plc (2011) 1 WLR 3212 先例等。

〔15〕 有关电子文件的问题，可见笔者的《证据法：国际规管与诉讼中的证据攻防》一书第八章之1.2.4段。

此案件中有很多事实证人,笔者也不打算一一介绍,只打算针对两个与本段内容有关的证人谈一谈法官是如何根据前述 Bingham 勋爵的指引进行衡量的。

1. Susan Leece-Roberts 女士

Susan Leece-Roberts 女士是原告向银行申请保函时的经纪人公司(broker)的代表。原告提供了一份 2006 年 5 月的笔录,记载的是原告的实际控制人 Bhailok 先生、Leece-Roberts 女士以及被告等人的谈话:"I (Bhailok 先生) told Susan that it was Freemont's intention to sell the site ie the enabling development and also the Listed Buildings, if possible once Outline Planning Permission was secured. I told her that we had already undertaken a marketing exercise and that initial offers had been received for the 17 acres. Offers received were somewhat varied by several million pounds and Susan confirmed that a valuation for the site would assist both the bank to take a view on the security for the bond but also give Freemont a realistic and current market figure of what the buildings and/or the site are actually worth, especially as the offers received have been so varied."

被告在准备诉讼时获得 Leece-Roberts 女士给出简短的证人证言,说很惊讶看到这样的记录,这与她惯常给客户的建议与意见不符合,也不记得曾经听过 Bhailok 先生说估价会与之后考虑是否出售开发土地有关。

但是在开庭前,这可能是因为不愿意作证对抗曾经的客户,或者是由于她的丈夫刚刚出车祸非常需要她的紧密照顾,Leece-Roberts 女士拒绝出庭。在这种情况下被告紧急申请并获得法院作出传召证人(witness summons)的命令,[16] 但允许 Leece-Roberts 女士在最方便、不影响照顾丈夫的时间出庭作证。

Leece-Roberts 女士作证说自己其实已经记不清到底具体谈了什么,这完全被法院所接受,毕竟要证人回忆的是 8 年前的事情,记忆模糊才是一般正常人的状态。而且她在证人席上的表现非常好,法院较为罕见地根据行为举止也认为她的说法可信。Stephen Smith QC 大法官说:"Once Mrs Leece-Roberts entered the witness box, it quickly became apparent to me that she was obviously a witness of the truth. Her calm and careful manner when giving evidence, and her quiet assurance when rejecting suggestions made on behalf of Freemont Denbigh that she would indeed have said or heard what the controversial passages in Mr Bhailok's notes purported to record her as having said or heard, were impressive... Mrs Leece-Roberts was adamant that she would not have said the things which Mr Bhailok said she said and which Knight Frank challenge. I would have had no hesitation in accepting her denials even in the absence of the factors which discredit Mr Bhailok's account to which I refer below. Mrs Leece-Roberts was in my judgment one of those witnesses-perhaps a rarity as Mr Justice Bingham suggested-whose

〔16〕 有关传召证人(witness summon)命令可见本书第二章之 4 段的介绍。

demeanour whilst giving evidence was a reliable pointer to the truth."

2. Bhailok 先生

Bhailok 先生看来是原告的实际控制人,他的本职工作是事务律师。

首先针对 Bhailok 先生的可信度(credibility)问题,被告的代表律师攻击了多个方面与列举了多个事实,在交叉盘问中也有针对性地进行了提问,包括 Bhailok 先生过去的其他行为是否影响了 Bhailok 先生的可信度(在此先例的中间程序中 Bhailok 曾经给出的证人证言中是否隐瞒事实真相因此他不可信等)。在考虑了这些事实的情况下,法院认为相比之下,被告证人的可信度更高,倾向于相信被告证人的证词。可以简单介绍部分被告代表律师攻击的方面如下:

(1)Bhailok 先生曾经受到律师协会的纪律处分,Bhailok 先生主张违反的是技术性的问题。法院虽然不同意 Bhailok 先生的说法,但是这些处分确实不涉及任何不诚实(dishonest)问题,不能因此减低 Bhailok 先生的可信度。

(2)另一方面是在 2013 年开始诉讼时,被告曾经申请要求原告提供费用担保(security for costs),[17] 在该中间程序中,Bhailok 先生曾经给出的证人证言中这样写:"I can confirm that I have never been a director or shareholder of the Claimant or Acebench Investments Limited(此公司在 2003 年购买了该土地,并后来转让给原告的公司)as suggested and therefore I am not required to provide security for the Claimant. The articles ... are factually inaccurate such as the reference to me being a director of Acebench Investments Limited... This seems to me to be a deliberate attempt by the Defendant to muddy the waters by attempting to undermine my credibility as the articles have no relevance to the basis of the application. I am a solicitor and an officer of the court and am aware of my duties when signing the statement of truth attached to this witness statement."

但是后来发现,Bhailok 先生虽然的确从来不是原告与 Acebench Investments Limited 的股东(这些公司由 Bhailok 先生的其他亲戚控股),但是 Bhailok 先生(以及他的太太)一直都是 Acebench Investments Limited 母公司 Acebench Limited 的股东。这虽然严格来说并非说谎,但显然是没有全面坦白。这直接导致法院对 Bhailok 先生的可信度打了一个折扣。Stephen Smith QC 大法官说:"I accept Knight Frank's criticism of Mr Bhailok's evidence in the first sentence of the passage I have just quoted, that it was not candid; indeed, I have no doubt that the evidence was deliberately not candid. Had Mr Bhailok provided the Court with the complete picture, he could not have gone on to say with any confidence, 'and therefore I am not required to provide security for the Claimant'... In my judgment this demonstrated lack of candour is a factor which does count against the credibility of Mr Bhailok. If it had stood alone, it would at least

[17] 这个课题可见笔者的《仲裁法——从开庭审理到裁决书的作出与执行》一书第一章之 5.2 段。

have caused me to be circumspect before accepting Mr Bhailok's evidence on any controversial issue."

(3)在该申请费用担保的中间程序中,还涉及另一位 Ahmed Patel 先生的证人证言。Patel 先生是 Bhailok 先生的亲戚,也是原告公司的真正股东。但是 Patel 先生是一名住在印度的退休教师,每个月收入只有 168 英镑的退休金。在证人证言中,其对于自己是如何有资金成立公司与收购土地,在第一份证人证言中明显说错(他说自己从某公司处获得金融借贷,但该公司在当时还没有成立),后来又给出不同说法试图圆谎。Bhailok 先生接受盘问时更是给出了又不一样的说法,而且也没有文件佐证。因此 Stephen Smith QC 大法官说:"He(被告代表大律师) submits that it is incredible that Mr Bhailok and Mr Patel, when sitting down together to prepare that evidence, as they did in 2013, could have so fundamentally misremembered the true sequence of events. I agree that it is difficult to understand how such serious mistakes could have been honestly made. In the light of the errors, my findings as regards the credibility of Mr Patel, and in the absence of documentary corroboration ... And that means that the evidence of Mr Bhailok and Mr Patel ... was untrue, as they must have known. The interlocutory evidence is therefore a significant pointer to the conclusion that as between Mrs Leece-Roberts ... on the one hand, and Mr Bhailok on the other hand, it is the former ... witnesses who are to be believed rather than the latter, on the question of the authenticity of the challenged passages in the notes of discussions to which I have referred."

其次,在此先例中,更重要的原因是,根据事实情况综合来看,原告所提供的所谓当场文件中的 2006 年 5 月的谈话笔录的内容并不像真实发生的,这也是 Leece-Roberts 女士所否认的。尤其是在其他并没有争议的与客观存在的文件证据(objective evidence),且双方之间的书信往来中并没有能与原告这些单方面提供的文件相佐证的内容。Stephen Smith QC 大法官说:

"But significant though this point(相比之下被告证人更可信) is, there is in my judgment an even stronger reason for disbelieving Mr Bhailok, which falls within Mr Justice Bingham's test (1).

Careful study of the challenged parts of the discussions recorded in the notes, when set in their context, convinces me that the challenged aspects cannot have taken place. They are out of kilter with the contemporaneous correspondence for the reasons I have endeavoured to explain when discussing them. And it defies belief that if Mr Bhailok really had intended Knight Frank'sreport to be prepared for the purpose of enabling Freemont/Freemont Denbigh to make a decision on whether to sell some or all of the site at some point in the future, that important consideration did not find expression in any of the contemporaneous (and unchallenged) documentary communications."

因此最后法院在初步争端上判被告胜诉。Stephen Smith QC 大法官说："In short, therefore, I accept Knight Frank's submission that the challenged passages in Mr Bhailok's attendance notes were concocted because (a) I accept that Mrs Leece-Roberts ... were witnesses of the truth and their evidence cannot be reconciled with Mr Bhailok's, (b) in my judgment Mr Bhailok's evidence in the interlocutory proceedings was such as to cast doubt on his general reliability as a witness on points of controversy, and (c) most important of all, the challenged passages in Mr Bhailok's notes do not fit with the story told by the unchallenged contemporaneous material."

本书多处提到盘问律师在交叉盘问时会通过找出证人证言和当场文件与在中间程序中作出的其他陈述的矛盾之处去丑化(impeach)证人,降低证人的可信度。当场文件可能年代久远,证人记忆模糊和当场文件有出入尚且可以理解。如果证人证言和时隔不远的中间程序的陈述(在此先例就是 Bhailok 先生在费用担保申请中提交的证人证言)有矛盾,就会令法院强烈怀疑证人在说谎,此先例就是一个典型的例子。此外,本书与《证据法:国际规管与诉讼中的证据攻防》一书也多次强调不要制作假文件,因为很难与其他当场文件在细节上完全一致,此先例也是一个典型的例子。

1.3.6　Browne v. Dunn 规则

参加过英国或香港普通法与对抗制的诉讼或仲裁的中国证人或律师,应该遇上过以下情况。双方争议一旦涉及相信谁(a contest of credibility)的问题,双方当事人的代表律师在交叉盘问(cross-examination)中就会难免问证人一大堆尖锐的问题试图"丑化"该证人,并在结束这个课题时,向证人指出证人刚才作出的证据不可信或不诚实,然后问证人是否同意。很多时候会看来是多此一举,因为从刚才证人的回答中,应该很清楚他/她是肯定不会同意的。

也会有情况是一方当事人的出庭律师没有交叉盘问某位有关证人,让他/她解释或反驳某一方面的特定指控(特别是涉及证人的可信度),但在结案陈词(closing submissions)中认定他/她在证人证言中某些段节所主张的事实真相不可信,这是会被视为对证人很不公平。毕竟开庭审理时,证人出庭就是接受交叉盘问,如果盘问律师不问,证人就没有机会解释或反驳了。所以为了程序正义(不只是对双方当事人,也包括对证人),就需要盘问律师把这方面的指控与己方的立场清楚向证人指出,才能在结案陈词时攻击该证人不可信。在交叉盘问中向该证人指出,他/她就会有机会解释或反驳。例如,在盘问律师指出证人被视为不诚实的理由后,他/她或会有条有理地解释为什么有这个矛盾,并有机会被法院接受。《Phipson on Evidence》(2018 年,第 19 版)一书之 12–12 段说:"In general a party is required to challenge in cross-examination the evidence of any witness of the opposing party if he wishes to submit to the court that the evidence should not be accepted on that point ... This rule serves the important function of giving the witness the opportunity of explaining any contradiction or alleged problem with his evidence. If a party has decided not to cross-examine on a particular important point, he will be in difficulty in submitting that the evidence should be rejected."

1.3.6.1 什么是 Browne v. Dunn 规则

这个规则来自早期的 Browne v. Dunn（1893）6 R 67 贵族院先例。案情涉及书面诽谤(libel),6 份分别由 6 位不同人士签署的文件被指称是虚假(sham)与是在没有任何合理与诚实理由的情况下制作的,目的只为了伤害与骚扰原告。被告是一位律师,他能否享有法律业务特免权(Legal Profession Privilege)取决于这些文件是否虚假与不诚实。在该 6 位签字人士作为证人被盘问时,原告从来没有提到该 6 份文件不真实或这些证人不可信。在口头结案陈词(oral closing submissions)时,原告代表律师请求陪审团(Jury)不要相信这 6 位证人的证据。结果陪审团也接受了原告的主张,但这个案件上诉到贵族院被推翻。原因是如果向法院结案时会对某位或某些证人作出不可信或不诚实的严重指控,就必须就这些指控对该证人交叉盘问,并向他/她清楚明了地"指出己方对盘问的争议事实的立场与案件"(put forward own case),让证人有机会解释或反驳。Herschell 勋爵在该重要先例说:"Now my Lords, I cannot help saying that it seems to me to be absolutely essential to the proper conduct of a case, where it is intended to suggest that a witness is not speaking the truth on a particular point, to direct his attention to the fact by some questions put in cross-examination showing that that imputation is intended to be made, and not to take his evidence and pass it by as a matter altogether unchallenged, and then, when it is impossible for him to explain, as perhaps he might have been able to do if such questions had been put to him, the circumstances which it is suggested indicate that the story he tells ought not to be believed, to argue that he is a witness unworthy of credit. My Lords, **I have always understood that if you intended to impeach a witness you are bound, whilst he is in the box, to give him an opportunity of making any explanation which is open to him; and, as it seems to me, that is not only a rule of professional practice in the conduct of a case, but is essential to fair play and fair dealing with witnesses....** All I am saying is that it will not do to impeach the credibility of a witness upon a matter on which he has not had any opportunity of giving an explanation by reason of there having been no suggestion whatever in the course of the case that his story is not accepted."(加黑部分是笔者的强调)

最后该先例对证人的交叉盘问的大原则与做法可总结如下:"It was a rule of professional practice and essential to fair play and fair dealing with witnesses that if, on a crucial part of the case, a party intended to ask the jury to disbelieve the evidence of a witness, that party should cross-examine that witness or at any rate make it plain, while the witness was in the box, that the evidence was not accepted. If the party failed to do that, then he would not be allowed in his address to the court to rely on that argument at all.... This case is the basis for the term 'rule in Browne v. Dunn' adopted in many common law jurisdictions."

该先例带来了所谓的"Browne v. Dunn 规则"。该规则适用在所有类别的诉讼,不论是民事、商事或刑事(如香港终审法院的 HKSAR v. Chan Hoi Tat [2013] 16 HKCFAR 34 先例),毕竟背后的大原则是公平审理(fair trial)与程序公正。

不少近期先例也有提到这个重要规则。例如,在 Markem Corp v. Zipher Ltd (2005) EWCA Civ 267 上诉庭先例中,Jacobs 大法官说:"Procedural fairness not only to the parties but to the witnesses requires that if their evidence were to be disbelieved they must be given a fair opportunity to deal with the allegation."他也节录英国权威书籍《Halsbury's Laws of England》之 58 段说:"Where the court is to be asked to disbelieve a witness, the witness should be cross-examined; and failure to cross-examine a witness on some material part of his evidence, or at all, may be treated as an acceptance of the truth of that part or the whole of his evidence."

另在 Okolo v. Revenue and Customs Commissioners (2013) STC 906 先例中, Arnold 大法官说:"the principles of natural justice ... apply in all courts and tribunals."他接下来判说:"In the absence of any challenge to Mr Okolo's evidence to the Tribunal ... it was not open to the Tribunal to disbelieve that evidence."

在近期的 Edwards Lifesciences LLC v. Boston Scientific Scimed Inc (2018) EWCA Civ 673 上诉庭先例中,Floyd 大法官总结与清楚明了的说:"Phipson on Evidence (19th Edn 2018) summarises the obligation to cross-examine a witness in the following way at paragraph 12-12: 'In general a party is required to challenge in cross-examination the evidence of any witness of the opposing party if he wishes to submit to the court that the evidence should not be accepted on that point. The rule applies in civil cases as it does in criminal. **In general the CPR does not alter that position. This rule serves the important function of giving the witness the opportunity of explaining any contradiction or alleged problem with his evidence.** If a party has decided not to cross-examine on a particular important point, he will be in difficulty in submitting that the evidence should be rejected....'"(加黑部分是笔者的强调)

1.3.6.2 规则适用更弹性与灵活

规则的适用也非没有弹性与灵活性,一些权威说法例如《Phipson on Evidence》(2018 年,第 19 版)之 12-12 段就说:"the rule is not an inflexible one."该说法也在很多先例中有提到,如在稍后会介绍的 William v. Solicitors Regulation Authority (2017) EWHC 1478 (Admin)先例中,Carr 大法官说:"The rule is not an absolute or inflexible one."另 Floyd 大法官在 Edwards Lifesciences LLC v. Boston Scientific Scimed Inc (2018) EWCA Civ 673 上诉庭先例中说:"However, the rule is not an inflexible one. For example, if there is a time limit imposed by the judge on cross-examination it may not be practicable to cross-examine on every minor point, particularly where a lengthy witness statement has been served and treated as evidence-in-chief. Thus, in practice there is bound to be at least some relaxation of the rule. Failure to put a relevant matter to a witness may be most appropriately remedied by the court permitting the recall of that witness to have the matter put to him."

在 P v. D, E and F (2019) EWHC 1277 (Comm)近期先例中,Burton 大法官说:"As made clear by cases from Browne v Dunn (1894) 6 R 67 HL to Markem v Zipher (2005) EWCA Civ 267 ..., the rule is an important one. However, it is not an inflexible one. Procedural rules such as this are the servants of justice and not the other way round."

弹性处理只要不违反自然公正就可以接受。Foskett 大法官在 Various Claimants v. Giambrone and Law (a firm) (2015) EWHC 1946 (QB)先例中说:"I do not accept that merely because the suggestion that what he said in his witness statement was untrue (or simply misguided) was not put specifically to him (a proposition that inevitably he would deny) means that I am bound to accept his position. It is, of course, important to be fair to a witness, particularly if serious imputations as to the witness' honesty and integrity are being made, and there may be other areas of a witness' evidence that need to be challenged head-on, but the days of the 'I put it to you' cross-examination on other matters have long since gone."

随着时代与民商事诉讼程序有了重大改变,今天的商事诉讼,特别是国际仲裁,这个规则与做法是否仍需要严格依从也有疑问。重要的原因是:

1. 今天的文书请求(Pleadings)或是请愿书(Memorials)更详细,加上开庭前交换证人证言(甚至是第二份回应的证人证言),很难会有一方被盘问的证人不知道对方当事人对盘问的争议事实的立场,而需要在开庭时刻意指出才是对证人公平。在 Commissioner of Police of the Metropolis v. Denby (2017) 10 WLUK 543 先例中,Kerr 大法官说:"In Williams v Solicitors Regulation Authority (2017) EWHC 1478, Carr J noted that in modern litigation the parties have more advance written material than in Victorian times. The springing of **an unfair surprise at trial is much reduced by the expansion of pleadings, written witness statements and lists of issues**...."(加黑部分是笔者的强调)

2. 反正在各种情况下,最重要的还是要考虑审理公平与否,而不是形式上地对每一个争议事实都向对方证人指出盘问方的立场。在 William v. Solicitors Regulation Authority 先例中,Carr 大法官说:"The rule is not an absolute or inflexible one: it is always a question of fact and degree in the circumstances of the case so as to achieve fairness between the parties...."

3. 国际仲裁很不同,今天国际仲裁的开庭时间往往很紧张,通常对双方当事人盘问对方证人的时间要严格控制。例如,国际仲裁经常会适用国际象棋限时程序(Chess-clock Procedure)平摊双方开庭时间。在国际仲裁中普遍适用的《IBA Rules on the Taking of Evidence in International Arbitration》之 Article 4(8)规定:"If the appearance of a witness has not been requested . . . none of the other parties shall be deemed to have agreed to the correctness of the content of the Witness Statement."换言之,在开庭审理的时间紧缩与局限的情况下,双方当事人连想交叉盘问所有有关证人也有困难,更不用说是向每一位证人指出己方对盘问的争议事实的立场与案件,让他/她有机会解释或反驳。经常看到的情况是,证人不知道这种"Browne v. Dunn 规则"的程序与做法,在被盘问并解释了一大轮后,对方律师还是指出他/她不可信,会有很大的反应。往往最容易的反应是长篇大论重复早前被盘问时给出的答案,也很难被阻止。事实证人也经常会指出或私下认为盘问方大律师在误导仲裁庭,明明已经在交叉盘问中解释请楚,在结束前再重复立场,也迫使他/她再讲一次,甚至讲得更清楚与详尽,结果是导致开庭审理的时间拖很长与看来很浪费。这样,为了避免这种可能是空泛的技术性(empty technicality)做法,法院或仲裁庭带来一种名为"视为已指出程序"(Deemed Put Procedure)的做法,会稍后介绍。

4. 指出证人不诚实或欺骗/欺诈十分严重,在一般民商事诉讼与西方社会中,不敢轻易提出。所以需要十分小心,正如在 HMRC v. Dempster (2008) EWHC 63 (Ch)先例中,Briggs 大法官说:"It is a cardinal principle of litigation that if serious allegations, **in particular allegations of dishonesty** are to be made against a party who is called as a witness they **must be both fairly and squarely pleaded, and fairly and squarely put to that witness in cross-examination**."(加黑部分是笔者的强调)

所以,针对这种对证人的十分严重指控,在交叉盘问结束前向证人指出会是安全的做法。

另在 ATB Sales Ltd v. Rich Energy Ltd & Anor (2019) EWHC 1207 (IPEC)先例中,案情涉及原告指控被告的商标侵犯了自己的版权。被告声称原告在文书请求中没有提出被告不诚实或欺诈,所以法院应该接受原告的地位是:(1)被告不知道原告或它的商标;(2)原告相信被告是自己独立创造的商标。但这不被法院接受,法院认为原告可能在文书请求时没有足够证据支持这个指控,但通过开庭的交叉盘问从证人的回答中(如在关键点无法自圆其说等)有了足够证明可说服审理法官该证人确实不诚实或欺诈,可在结案陈词去指出这个指控。这样,只要原告的代表大律师在交叉盘问时曾向被告指出,让被告有机会抗辩,就算没有在文书请求中包括这个争议/争端仍不是问题,即适用"Browne v. Dunn 规则"。Clarke 大法官说:

"It is trite law that the assessment of the credibility and reliability of evidence is peculiarly a matter for the court. Of course I accept . . . that the Claimant is entitled to test the Defendants' evidence by cross-examination at trial. Until it is so tested, and considered in the light of other evidence before the court and the inherent probabilities, the court cannot know whether on the balance of probabilities it is true, mistaken, dishonest or concocted.

As long as the facts upon which an inference of dishonesty may be based are pleaded, if evidence emerges at trial which the Claimant considers sufficient that the court might properly find dishonesty, even though it was not able to plead it before trial, it must be put to the relevant witness so that he may answer it. It is only then that a court may properly be invited to, and may make, an evidential finding that such a witness was indeed dishonest. This is part of the court's ordinary adjudicative function. In this case, the facts from which dishonesty may be inferred are clearly set out in the pleadings and arise from the cause of action. ”

在简单介绍了上述的要点后,读者会更容易理解将在接下来的小段中介绍的一些相关的英国先例(特别是近期先例)中的说法。

1.3.6.3 有关的近期先例

1.3.6.3.1 先例之一:Markem Corp v. Zipher Ltd

Markem Corp v. Zipher Ltd (2005) EWCA Civ 267 上诉庭先例涉及知识产权与前雇员违反机密的争议。简单的案情是作为第一原告的美国公司 Markem Corporation 在收购了作为第二原告的英国公司 Markem Technologies Limited 后,第二原告的前高管/雇员陆续辞职加入一家新成立的公司 Zipher,也就是本先例的第一被告,而前高管/雇员就成为其他被告。原告指称被告的印刷机(printing machine)是它们的专利,但被告抗辩是自己的发明。

在一审中,法院判 Zipher 败诉,法院也不相信被告证人(前雇员 Buckby 先生)的证据/证言是真实。这导致 Zipher 上诉,意指程序不公平(procedural unfairness),声称 Buckby 先生在有关方面的主证据已经以文书证人证言替代,而原告大律师从来没有在交叉盘问中提出过质疑,但一审法院后来认定 Buckby 先生的证人证言不可靠。

该一审判决被上诉庭判程序不公平与没有足够原因去支持对事实的认定。Jacobs 大法官说:

“Mr Buckby's evidence in chief stated: ... He was never challenged on that. The entire cross-examination of Mr Buckby ... is as follows: ...

So it was never even suggested that his evidence in chief was false. Yet the Judge has held it was so. And that was despite the fact that Mr Watson(原告大律师) in his closing speech did not invite such a finding.

Zipher say it was not open for the Judge to make such findings. In their skeleton argument they relied uponArt. 6 of the ECHR(《欧洲人权公约》) and English v Emery Reimbold (2002) 1 WLR 2409 ... The argument was that the Judge had not given adequate reasons for his adverse findings. But there is a second ground which we consider

first, namely that procedural fairness not only to the parties but to the witnesses requires that if their evidence were to be disbelieved they must be given a fair opportunity to deal with the allegation.

Prior to the hearing before us we drew the attention of the parties to the decisions of theHouse of Lords in Browne v Dunn . . .

We think all that applies here. It is not necessary to explore the limits of the rule in Browne v Dunn for this case falls squarely within it. Indeed the position is stronger here, for the Judge was not even asked to disbelieve the witnesses.

We are also satisfied that the**Judge's reasons for the adverse findings were inadequate**."(加黑部分是笔者的强调)

1.3.6.3.2　先例之二:Hussain v. Mukhtar

Hussain v. Mukhtar (2016) EWHC 424 (QB)先例的案情涉及原告投资了被告的一家在伦敦的汽车公司(chauffeuring business)。看来这不像是一宗好的投资,导致后来原告向被告提起诉讼,主张被告对原告作出误述(misrepresentation)造成原告投资错误。

原告作为证人被交叉盘问,事后声称对方的被告大律师没有对原告误述的主张有过质疑("the Claimant was not challenged upon his allegations of misrepresentation")。但 Martin Chamberlain 大法官说:"**The rule that a witness must be cross-examined on those parts of his evidence said to be untrue is well established and important: see Browne v Dunn** . . . But the requirement to challenge evidence is based on the need to give the witness a fair opportunity to respond. Provided that a witness is on notice that his account is being challenged as untruthful in the relevant respect, there is **no requirement mechanistically to challenge each and every statement of fact**. . . . I am satisfied that the Claimant understood perfectly well both before and during cross-examination that the Defendant challenged his account of the representations made by the Defendant. In paragraph 17 of his witness statement, the Defendant had said that he had made 'absolutely no representations to the Claimant in order for him to invest money in exchange for shares'. My non-verbatim note of the evidence records . . . the totality of Mr Webster's (被告大律师) questioning the Claimant could have been in no doubt that it was being put to him that his evidence was deliberately untrue, not merely mistaken. The Claimant had every opportunity to respond."

1.3.6.3.3　先例之三:Seven Individuals v. HMRC

Seven Individuals v. HMRC (2017) UKUT 132 (TCC)先例涉及一家有限责任合伙(Limited Liability Partnership 或简称"LLP")的税务问题(一些使费能否扣税)。案件有关英国复杂的税法与读者没有太大关系,只节录与本段课题有关的部分判决,也就是上级审裁庭(Upper Tribunal)审阅了有关的交叉盘问的庭审记录后,认为没有对证人不公平与剥夺解释的机会,判是没有程序不公平。Nugee 大法官说:"The rule in Browne v Dunn is a rule of basic fairness, and prevents a witness's evidence being impugned if there has been no suggestion, either before the evidence starts or during the cross-examination, that the tribunal of fact will be asked to reject it. . . . But the rule should not be applied in an over-technical way. So long as it is clear from the thrust of cross-examination (or from notice given beforehand) that a witness's evidence will be challenged, I do not see that it is necessary to continue exploring a point in detail when the witness has already had an opportunity to state his case. . . . Having obtained the answers he did, and having challenged them, I do not see that it was necessary . . . to continue to ask the main purpose question. It would have been an empty technicality."

1.3.6.3.4 先例之四:Chen v. Ng (British Virgin Islands)

Chen v. Ng (British Virgin Islands) (2017) UKPC 27 先例有关经常发生的股权争议,涉及的是一家 BVI 公司的股权,所以诉讼是在 BVI 法院,最后上诉到英国枢密院(Privy Council)。

这个 BVI 公司背后拥有了澳门的一家公司,它的唯一资产是澳门新世纪酒店(Macau New Century Hotel)。原告吴先生(Ng)与被告陈女士(Chen)在 2011 年 10 月左右签署了把股权转让(Shares Transfer)给陈女士的相关协议。但到了 2012 年 10 月,吴先生向 BVI 高院起诉,要求法院宣示他是有关股权的真正拥有人与较早前的股权转让无效。吴先生声称较早前的"免费"转让是为了逃避或防止其他债权人对他追债。

一审法院不接受吴先生的证据/证言,其中包括认为吴先生如果说的是真相,就没有理由不同时要求陈女士签署 6 个月后把股权转让回来的空白表格,让吴先生有保障。这个令法院不相信吴先生的原因并没在交叉盘问中被提出。但在较早前的文书证人证言中已有涉及,吴先生也解释了是他不警觉有这个必要,也没有其他人(应是指他的律师)提醒他。

这方面在枢密院先例有提及,可节录如下:"The Judge added that, in any event, he considered that, if his story was true, Mr Ng would not have transferred the Shares to Madam Chen without ensuring that Madam Chen gave him a blank transfer which he could use to retransfer the Shares at the end of the six month period. **That was not a point which had not been put to Mr Ng in cross-examination, but he had dealt with it in his witness statement, where he said that it had not occurred to him to ensure that he had a blank transfer of the Shares from Madam Chen, and he had not been advised to take such a course.**"(加黑部分是笔者强调)

结果是 BVI 一审法院否定了吴先生的证据/证词,说:

"The Judge then reached his conclusions. Having rejected Mr Ng's case on the facts, he said that Mr Ng had failed to discharge 'the legal and evidential burden' of establishing ‘why the documents which he executed should not have carried into effect the agreement which they evidence on their face-a sale and purchase [of the shares] completed by Madam Chen’s entry in (BVI 公司) register of members’. The Judge added that ‘Mr Ng cannot show that the Transfer was gratuitous because his own documents contradict him.

The Judge therefore concluded and determined that the Shares were beneficially as well as legally owned by Madam Chen, and Mr Ng had no interest in, or rights over, them.”

吴先生随后上诉至上诉庭，一审判决被推翻，判是陈女士只是作为信托人为吴先生代持股份。最后上诉至枢密院，枢密院支持了吴先生的主张，判一审法院不接受与不相信吴先生的证据/证言，但没有在开庭审理时有机会让他解释或指出他的“故事”是不可信与不被接受属于程序不公平，争议应发回重审。Neuberger 与 Mance 勋爵说：

“The Judge’s rejection of Mr Ng’s evidence, and his reasons for rejecting that evidence, do not infringe this general rule, because it was clear from the inception of the instant proceedings, and throughout the trial that Mr Ng’s evidence as to the basis on which the Shares were transferred in October 2011 was rejected by Madam Chen. Indeed, Mr Ng was cross-examined on the basis that he was not telling the truth about this issue. The challenge is therefore more nuanced than if it was based on the general rule: it is based on an objection to the grounds for rejecting Mr Ng’s evidence, rather than an objection to the rejection itself. It appears to the Board (枢密院) that an appellate court’s decision whether to uphold a trial judge’s decision to reject a witness’s evidence on grounds which were not put to the witness must depend on the facts of the particular case. **Ultimately, it must turn on the question whether the trial, viewed overall, was fair bearing in mind that the relevant issue was decided on the basis that a witness was disbelieved on grounds which were not put to him**.

At a relatively high level of generality, in such a case an appellate court should have in mind two conflicting principles: the need for finality and minimising costs in litigation, on the one hand, and the even more important requirement of a fair trial, on the other. **Specific factors to be taken into account would include the importance of the relevant issue both absolutely and in the context of the case; the closeness of the grounds to the points which were put to the witness; the reasonableness of the grounds not having been put, including the amount of time available for cross-examination and the amount of material to be put to the witness; whether the ground had been raised or touched on in speeches to the court, witness statements or other relevant places; and, in some cases, the plausibility of the notion that the witness might have satisfactorily answered the grounds**.”(加黑部分是笔者的强调)

以上加黑部分是说,最终还是要考虑到没有向证人指出有关的立场让其解释,而法院最终在这个立场上不信任证人,从而导致了对有关争端的决定,这对该证人是否公平与是否是公平审理。考虑的因素包括:有关争端本身与对整个案件的重要性;这个立场与其他向证人指出的立场的关系是否紧密;没有指出有关立场的合理性,包括交叉盘问的时间是否充分,向证人指出的有关该立场的证据的数量等;是否曾在文书请求、证人证言、开庭陈词或其他地方充分陈述过有关的双方立场;在某些案件还可以考虑就算向证人提出有关立场,证人可否给出令人满意与可信的回答。

1.3.6.3.5 先例之五:The Commissioner of Police of the Metropolis v. Mr A Denby

在较早前已经提到过的 Commissioner of Police of the Metropolis v. Denby (2017) 10 WLUK 543 先例中,案情涉及雇佣合同中的性别歧视。Kerr 大法官指出,Chen v. Ng (British Virgin Islands) (2017) UKPC 27 先例是这个课题在目前最权威的先例,说:"... the useful guidance from Lords Neuberger and Mance at paragraphs 54 – 55, which seems to me the most authoritative recent pronouncement on the subject: Applying that guidance to the present context, I think the issue is whether the outcome of the trial was fair in the light of the parties' pleaded cases, the written evidence, the list of issues (as agreed and then amended) and the conduct and course of the trial including the questioning of witnesses, and the matters set out in paragraph 55 in Chen v Ng ."

也就是说,根据该先例的指引,是否程序公平是要综合看有关案件的文书请求、文件证据、争议清单与开庭审理中交叉盘问的问答,及 Chen v Ng (British Virgin Islands) 先例 55 段(已在上一小段节录)提到的因素。

1.3.6.3.6 先例之六:P v. D, E and F

近期 P v. D, E and F (2019) EWHC 1277 (Comm)先例有关 Browne v. Dunn 规则在仲裁中的适用。可先简单介绍一下该先例的案情。D 公司(由于涉及仲裁的机密性,所以判决中以 D 公司代替)借钱给 P 公司(同样是出于仲裁机密性的考虑),金额高达 2 亿美元,还款期应是在 2017 年 1 月 1 日。双方之后对还款产生争议,D 公司开始伦敦仲裁要求 P 公司在借款合约下还钱。P 公司声称其代表 E 先生与 D 公司的老板 D 先生在 2015 年 8 月在游轮上的会面里达成了口头合约,将还款日期延迟到 2020 年 1 月 1 日。之后在 D 先生的书房,E 先生、D 先生与其他人士会面时再次确认。所以 D 公司被禁反言(estoppel,应该是承诺性禁反言),[18]不能在 2020 年 1 月 1 日前要求还钱。构成有效的合约应该是不可能,因为没有合约的要素如约因/对价(consideration),此外借款合约也有条文规定合约必须以书面形式才能更改(no oral modification clause),但 D 先生完全否认在两次的会面有谈及过这个问题。从潜在可能性(inherent probability)来说,债权人会无端端将一笔高达 2 亿美元的债务延期几年的确是不可思议。E 先生与 D 先生递交了证人证言并被交叉盘问,但在对 E 先生

---

〔18〕 关于承诺性禁反言,可见笔者的《合约的履行、弃权与禁反言》一书第四章。

的交叉盘问中没有被问到关于2015年8月会面的问题。

最终仲裁庭判D公司被禁反言，不能在2018年1月1日前要求还钱。对于这个裁决结果，笔者猜测是有其他会面与部分文件证据，但仲裁庭也判这个时间没有延长到2020年1月1日。之后P公司向法院申请撤销裁决书，[19]其中一个理由是，对方当事人在对E先生的交叉盘问中没有问关于2015年8月有关延期到2020年1月1日的问题，但仲裁庭最终认定事实是双方没有达成协议或构成禁反言。这违反了《Arbitration Act 1996》之section 33下仲裁庭公平与不偏私地对待双方当事人，让双方当事人都有合理机会争辩自己的案件与反驳对方的案件的责任，构成section 68(2)(a)下的严重不正常(serious irregularity)。

在裁决书中，仲裁庭提到了E先生没有被交叉盘问私人会议的问题，另一方面，仲裁庭也说D先生并非一个令人满意的证人，他不仅完全不记得有关的会议，而且承认是由己方律师根据已有的文件证据准备的证词。[20] P公司争辩说，根据Browne v Dunn规则，如果质疑证人在一些核心争端(core issue)上的可信度，必须在交叉盘问时提出，否则就不能依赖这点。Burton大法官说："The cross-examination began with that of Mr E by Mr Berry(D的代表大律师) at the outset of Day 2 of the hearing. There were other issues to deal with in the Arbitration, and in any event Mr Berry explained to me that what he wanted to do was 'lay the groundwork', by referring to matters which he submitted would be inconsistent with there having been an extension agreed, but he cross-examined for the whole of Day 2 and half of Day 3, and did not at any time put a question in relation to the meeting of August 2015, even though the Chairman, Mr M(首席仲裁员), pointed out towards the end of the morning on Day 3 that Mr Berry had not yet covered what he reminded Mr Berry that Mr Morgan(P的代表大律师)had described as 'the core issue', as to the alleged extension agreement. Notwithstanding that, no case was put by Mr Berry to Mr E by way of challenge or even questioning as to the events of August 2015 or the case pleaded in such strong terms in the Statement of Defence as set out above ... In the closing speeches the dispute between the parties was limited to whether there had or had not been an oral agreement or promise. Mr Berry contended that there was no oral agreement or promise in August 2015 or June 2016. Mr Morgan submitted that 'D's counsel did not put the summer 2015 meeting to Mr E, with the result that his clear witness evidence was unchallenged'."

法院支持了P公司的申请，认为Browne v Dunn规则适用，Burton大法官说："... difficult for me to consider the question of the exceptions to the Browne v Dunn principle. I certainly do not conclude in this case that because there was no cross-examina-

[19] 在笔者的《仲裁法——从开庭审理到裁决书的作出与执行》一书第八章。

[20] 关于准备证人与教唆证人的区分，可见本书第二章之2段。

tion of Mr E in relation to the August 2015 meeting D thereby accepted or conceded the truth of what Mr E said. It was clear that there was no concession, not only from the pleadings, but from the challenge, minimal though it was, that there was to Mr E, referred to in paragraph 15 above. Similarly, to that extent, there was notice given to P prior to the cross-examination of Mr E, such as to that extent to put him on notice of D's case. But the suggestion that such notice was sufficient might have been appropriate in the days when witnesses gave evidence-in-chief, so that they could then give their evidence from scratch orally, knowing what was alleged against them, but that would not be enough where, as in the present system, they had put their evidence into a witness statement and expected to be challenged, but were not. Whereas there may be cases . . . where not every point required to be challenged, nevertheless this was the core issue, it was one where, . . . the Chairman had specifically expected it to be dealt with in cross-examination; and . . . it was 'important to be fair to a witness, particularly if serious imputations as to the witness's honesty and integrity are being made'. . . . fairness to a witness requires that, if his evidence is to be disbelieved, he must be given a fair opportunity to deal with the allegation. There is then in this case the further point that there was also not put, by virtue of the fact that there was no challenge at all to his evidence as to August 2015, any case as to conditionality or contingency, as to which he was given no opportunity to explain his case, or meet what it seems the Arbitrators subsequently concluded, without such cross-examination, was . . . the 'proper analysis of his evidence' . . ."

Burton 大法官认为,虽然 D 公司在文书请求阶段就提出不同意曾在会面时同意延期,也就是已经指出双方的立场,让 E 先生可以在证人证言中针对、解释或反驳,但由于这涉及双方的核心争端,所以并不够。因此,法院认定仲裁庭违反了 section 33 下的责任,根据 section 68 撤销了裁决书。

看来,D 先生想追回这笔 2 亿美元的借款不甚容易。在裁决书被法院撤销与承担一大笔律师费(双方的诉讼费用)后,又要从头开始另一个新仲裁,而且在面对厉害对手(债务方)的情况下,前途命运难料。

1.3.6.4 "视为已指出程序"(deemed put procedure)

这个诉讼或仲裁都予适用的程序通常是在双方当事人同意下,不要求在交叉盘问时,对每一个已经在证人证言争议的事实都向证人指出己方的立场与案件。也无需在交叉盘问的最后,再向证人重复己方对盘问的争议事实的立场与案件。而事后证人的当事人如果败诉也不得以此理由质疑对证人有程序上的不公平。大家(包括审理法官)同意这个程序,显然是为了节省开庭的时间与避免一些技术性的做法,进而节省诉讼费用。

这在近期香港上诉庭的 Aspial Investment Ltd v. Mayer Corp Development International Ltd (2013) 3 HKLRD 276 先例中有涉及。该先例也涉及股权转让(shares transfer)的争议。在一审中,Reyes 大法官接受一方代表律师的要求,采纳了视为已指出程序。

但后来败诉方提出上诉,称程序不公平。上诉庭否决上诉申请,霍兆刚大法官说到了这种程序的几个方面。首先是当事人同意了这个程序的后果就会是弃权(waiver)或禁反言(estoppels),以及要小心的地方:"In the circumstances, I would add two observations of my own. First, parties should exercise caution when proposing or endorsing streamlined procedures to ensure that such expediencies as are adopted do not cause them to overlook points which, on mature reflection, they would have wished to take. Secondly, where a party has adopted such expediencies for its own reasons, it will lie ill in its mouth to complain afterwards, in the light of an adverse outcome, that it would have wished to make some other procedure choice."

另是同意这个程序的后果就是不需要在每一个争议事实,都向对方的证人指出己方立场。但仍需要兼顾程序上的公平,因为公平审理是公共政策(public policy),根本不是通过当事人约定就可以超越。霍兆刚大法官说:"... the adoption of a practice ... which was described as 'deemed put' by which matters mentioned in a witness's statement were deemed to have been put to other witnesses upon whose evidence they impacted, so that it would not be necessary for every specific matter to be put to each witness, subject ... to an overriding requirement of fairness."

最后,霍兆刚大法官也指出走这个视为已指出程序的困难或危险,说:"While I can see that there may have been, in this case, reason for expedition and attempting to keel the trial on course to finish within the time allotted for it, it seems to me that the adoption of a practice whereby all matters raised in a witness statement which impact upon the evidence to be given by other witnesses are to be deemed to have been put to such other witnesses (subject only to some overriding requirement of fairness to be determined by the judge hearing the matter) is one which is fraught with potential difficulties. This will particularly be the case where (as here) the evidence of the witnesses is given by their witness statements, which are not responsive to the evidence of other witnesses, and where there is limited, if any, oral evidence-in-chief in which matters raised by the other witnesses are dealt with. It seems to me that it would be preferable, in almost every case, for important aspects of a party's case to be specifically put to the witnesses on whose evidence they may impact, so as to afford such witnesses a full and fair opportunity to comment on, or respond to, those matters."

以上大概是说,假设已经就证人证言中包括的所有事情向对方证人指出己方立场是有很多潜在困难或危险的。例如,对方证人证言中并没有正面回应所有的事情,也就是各说各的故事。这种情况经常有,也不只是证人证言,甚至是为了确定(identify)双方有什么争议的文书请求(Pleadings)或案件陈述(Statements of Case)中也经常是如此,仲裁庭需要双方多准备一份同意的争议清单(List of Issues),才能明确双方的争议究竟是什么。

或是,即使对方的证人证言有正面回应所有的事情,但十分简单。这样,加上今天以证人证言替代主证据(in lieu of evidence-in-chief)的做法,对方证人没有机会再做口头的补充或增加内容(topping up)。

这会带来的结果是对方证人面对一个严重的指控,例如指称他/她不诚实、不可信或欺诈等,没有一个充分的机会解释或反驳。所以,霍兆刚大法官建议诉讼双方的争议事实如果是重要与关键性(critical 或 core),最好还是向对方证人指出己方的立场,让对方证人清楚知道,并有一个全面与公平的机会回应与解释,才是更安全的做法。

在 EPI Environmental Technologies Inc v. Symphony Plastic Technologies Plc (2004) EWHC 2945 (Ch)先例中,Smith 大法官说:"(iii) Third, I regard it as essential that witnesses are challenged with the other side's case. This involves putting the case positively. This is important for a judge to enable him to assess that witness's response to the other case orally, by reference to his or her demeanour and in the overall context of the litigation. **A failure to put a point should usually disentitle the point to be taken against a witness in a closing speech. This is especially so in an era of pre-prepared witness statements.** A judge does not see live in-chief evidence, thereby depriving the witness of presenting himself positively in his case."(加黑部分是笔者的强调)

1.3.6.5 国际仲裁

在国际仲裁开庭审理中的交叉盘问中,也会见到(伦敦或香港仲裁)一些当事人/诉讼方的代表大律师把法院的一套做法搬来仲裁,对证人证言中每一个或个别争议的事实向对方证人指出己方的立场,这经常没有必要。倒不是仲裁程序不需要公平(fairness),毕竟仲裁也需要严格遵守自然公正(natural justice)。但在英国的《Arbitration Act 1996》之 Sections 24 与 68[前一条文针对在仲裁程序中途法院赶走(remove)仲裁庭或仲裁庭成员,后一条文针对撤销裁决书(set aside award)],是要求被惩罚的仲裁员被认定是违反自然公正外,还要这违反必须"已造成或会造成重大不公平"(has caused or will cause substantial injustice)。换言之,必须是严重的违反并造成实质影响与后果,不只是一个技术性违反(technical breach)。如败诉方即使证明有发生严重不正常(serious irregularity)的仲裁程序不公平,还要证明这影响了裁决结果。

这方面先例多不胜数,见:Sanghi Polyesters Ltd v. The International Investor KCFC (2000) 1 Lloyd's Rep 480; Groundshire Ltd v. VHE Construction plc (2001) BLR 395; Warborough Investments Ltd v. S Robinson & Sons (Holdings) Ltd (2003) EWCA Civ 751; Shuttari v. Solicitors Indemnity Fund (2004) EWHC 1537 (Ch); Vee Networks Ltd v. Econet Wireless International Ltd (2005) 1 Lloyd's Rep 192; Compania Sud

Americana de Vapores SA v. Nippon Yusen Kaisha（2009）EWHC 1606（Comm）; Gujarat NRE Coke Ltd, Shri Arun Kumar Jagatramka v. Coeclerici Asia（PTE）Ltd（2013）EWHC 1987（Comm）; Brockton Capital LLP v. Atlantic-Pacific Capital Inc（2014）EWHC 1459（Comm）等先例。

笔者只节录在较近期的 Konkola Copper Mines v. U&M Mining Zambia Ltd（2014）EWHC 2374（Comm）先例。在该先例中，Cooke 大法官说："... here is a slight tension between some of the decisions of this court as to the extent to which a party applying under section 68 needs to show that the alleged 'serious irregularity' has affected the ultimate result. **Section 68 is concerned with the fairness of the process but the ultimate question is one of substantial justice**. The claimant is thus required to show that, had he had an opportunity to address any point where he says he was not given that opportunity, 'the tribunal might well have reached a different view and produced a significantly different outcome'. To my mind it is plain that, since it is necessary for the applicant to show that the serious irregularity 'has caused or will cause substantial injustice to the applicant', he **cannot succeed in that unless he can establish that he had at least a reasonably arguable case contrary to the findings of the tribunal**."（加黑部分是笔者的强调）

这样，笔者曾经觉得违反 Browne v. Dunn 规则并对仲裁结果造成重大不公平恐怕机会甚低。该要求漏了向证人指出己方立场的是一个影响最后裁决胜负的事实，如果让证人有机会解释或反驳会可以扭转乾坤。

笔者看来，Browne v. Dunn 规则主要针对仲裁程序公正，特别是证人的保护。当事人想在结案陈词（closing submissions）主张对方证人不可信或丑化证人，就需要让有关证人有机会解释或反驳。对证人而言，解释或反驳的机会只有两个。如果在文书请求/案件陈述（pleadings/statements of case）中已经明确，例如对被告提出不诚实或欺诈的指控，被告的有关证人在接下来的程序，也就是准备与交换文书证人证言（witness statement）有充分机会解释或反驳自己的立场。但如果原告想对被告（特别是被告的个别证人）的指控是在后来才出现，例如在原告的开庭陈词（opening submissions）中，该证人就只能在开庭审理时的交叉盘问解释或反驳。但被告证人会否有这个机会是由原告盘问律师决定，因为证人只能是回答问题，不可以自由提出。

例如，在交叉盘问中，原告盘问律师通过一些隐藏在开庭案卷的文件或其他调查取证获得的文件显示了与被告证人证言中的矛盾后，如果准备在后来的结案陈词中提出以丑化该被告证人，就会要向该证人"指出己方立场是证人证言是不可信"（I put to you what you have said is untrue）等措辞，让被告证人有机会反驳或解释，以满足 Browne v. Dunn 规则。

但在一个复杂的国际商事仲裁案件中，重要证人的证人证言会是几百页与有无数对争议事实的不同主张。虽然对这种重要证人的交叉盘问会长达几天,但对该证人每一个主张都这样做才能在结案陈词中提出该证人的主张不正确与不可信是不现实。而且这样做也太浪费宝贵的时间,特别是做来也没有用,因为从该证人较早前的回答立场已经很明确,再要求向该证人“提出”只会导致该证人重复一遍他/她早前的回答。再说,也看不出怎样违反 Browne v. Dunn 规则带来不公正,因为剥夺了该证人解释或反驳的机会。

所以无论仲裁庭是否说明适用“视为已指出程序”,盘问律师是事无大小都这样做,关键仍是在各种各样的情况下客观考虑是否让对方证人在交叉盘问对一个课题或程序结束前有一个解释或反驳的机会才是公平合理,特别是对一些核心争端与严厉的指控。

总之,在国际商事仲裁中,双方当事人同意采用视为已指出程序的情况较少,但笔者见过首席仲裁员或独任仲裁员(包括笔者自己)经常会告诉当事人的代表大律师不必要去严格依照这法院的 Browne v. Dunn 规则而浪费开庭时间。近期有关 Browne v. Dunn 规则在仲裁中的适用的 P v. D, E and F (2019) EWHC 1277 (Comm)先例对仲裁员与代表当事人的律师是一个严重警告,显示了 Browne v. Dunn 规则的重要性与危险性。虽然笔者根据简单的案例报告,感觉 Burton 大法官有些过于严格。首先,Burton 大法官认为文书请求中提到有关立场不够,但是否足够,取决于法官的裁量权。其次,笔者在本章之 1.3.7.3.6 段已经提到,从潜在的可能性看,D 先生不太可能无端端同意对一笔高达 2 亿美元的借款延期几年,所以即使 E 先生有机会解释或反驳,笔者也不太相信可以扭转乾坤。毕竟这是一个国际仲裁,撤销裁决书的标准与撤销一审法院的判决要求重审有很大的不同。

1.4 再盘问(re-examination)

这一程序是在交叉盘问之后,是让证人的代表律师对交叉盘问中有问题或不满意的回答作出一些补救或补充。但值得注意的是,不得超越交叉盘问所涉及的范围,因为这毕竟不是主盘问的延续。此外,代表律师也不得向证人提诱导性问题(leading questions)。

一般而言,再盘问通常只是很局限地草草走过场,例如更正一些庭审记录的错误,如问证人在昨天某处的庭审记录所记录的是否他的回答或所想的文件等。证人代表律师不敢多问的一些主要原因是:(1)已经提到再盘问只能局限在交叉盘问的问题与回答。(2)重要是交叉盘问期间,不得与证人沟通。证人在交叉盘问完毕后,已经十分疲倦,承受很大的压力,又不能安全地提出诱导性问题的情况下,很难保证该证人会与代表律师“心有灵犀”。所以,证人方的代表律师通常对证人在面对再盘问的开放式问题时能给出己方想要的答案是没有一点把握。(3)如果处理不好往往会有反效果,就是向仲裁庭重复与强调了一次交叉盘问中有问题或不满意的回答,不仅补救不了,还加深了仲裁庭的印象。

举一个教科书中的例子。在一个涉及汽车超速的诉讼中,被告的大律师交叉盘问一位汽车超速的证人。其对答如下：

问：李先生，你看见我客户的汽车从弯道以高速冲出来？

答：是。

问：我相信你对汽车的速度估计是每小时60公里。

答：差不多。

问：你能准确判断速度？

答：还可以。

问：你自己是否驾驶汽车或摩托车？

答：不。

至此，盘问律师就不再继续下去，而会留待在结案陈词中说证人自己不懂驾驶汽车，怎能准确判断汽车的速度呢？然后让法官自己作出推断。这方面可见本章之1.3.3.6段。

所以，证人方的大律师欲作出补救，在知悉事实/答案的情况下，再盘问时问证人："你过去与现在的工作是什么？"证人回答："我干了12年的火车司机，最近才退休。"这样，就成功地补救了，因为证人的工作经验告诉法官，他具有足够的能力判断车速。

上述例子是一个非常简单的情况，但在一个复杂的商业案件中，即使代表律师已经对案件是非常熟悉，但对于交叉盘问中证人回答带出来的一些事实细节并不一定知晓或有准备，所以现实中己方代表律师并不总能提前或马上知道要对证人的回答做哪些补救。因此，在国际商事仲裁中，交叉盘问中的证人在对方盘问律师的诱导性问题下作出的回答对己方不利，而对己方有利的有关事实与全面真相没有说出来。代表律师也可能对此有利事实并不知情，这时如果当事人有代表参与了开庭审理，他/她会更容易发现这一点与可以及时提醒代表律师，让他/她在再盘问中作出补救。

2. 口头结案陈词或文书结案陈词

2.1　避免重复

表面看来，能够讲最后一句话的当事人看似具有优势，因为他/她说的话已经无法再被反驳（尽管不少反驳只是重复，但感觉上可以对重要之处加以强调、加重语气以加深马上要作决定的仲裁员的印象）。例如，在中间程序的申请，经常是双方当事人没完没了的文书往来争论不休。正常做法应该是来回三次已是足够：申请人提出申请的理据，之后是被申请人作出抗拒的抗辩（defence）或反对（opposition）的理据，最后是申请人回应（reply）反对或抗拒内容内的新主张。回应不是重复或多写几句已经在申请的理据中提到或详及的内容，只是针对被申请人提出的新主张。所以，通常页数较少,允许准备的时间也较短。但现实中经常会有双方当事人或代表律师等来来去去,不理会正常做法与程序命令或指示(directions),也不先向仲裁庭申请就重复(加上本质上换汤不换药的新内容)的情况,而且越争越激烈,文件也越来越厚。这种情况也出现在文书结案陈词(closing submissions/post-hearing briefs)中,即使仲裁庭已经是有命令规定。

笔者觉得这种做法经常会是反效果,除非是难得一见的在多次文书往来后一方当事人(会是更换了代表律师有了新想法)提出一个漏掉但关键的新主张。反效果是:(1)仲裁庭会对这种不尊重规矩的做法心底里不高兴;(2)仲裁庭会作出费用惩罚;(3)无谓的浪费时间与客户当事人的诉讼费用;(4)已经说过,"谎言讲1000次"在国际商事仲裁中是起不了"洗脑"的功能,其中最重要的保障是要求仲裁庭作出一个深思熟虑的有理由裁决书(reasoned award);(5)尤其是如今中间程序的申请、文书请求/案件陈述或请愿书(memorial)、开庭陈词与结案陈词基本都是书面文件(即使有短暂的口头争辩)。仲裁员在合议与考虑决定时不会只看最后一份文件,特别是在有了交叉引用(cross-reference)之后,所以以文书的形式说最后一句话根本不重要,反而是必须要注意不要漏了重点。

2.2 口头与/或文书结案陈词的抉择与优劣

在开庭审理中,到了双方的事实证人与/或专家证人的最后一位已经被盘问完,也就是取证完毕了。这就轮到最后的一步程序,也就是双方当事人的结案陈词了。过去在国际商事仲裁,特别是有英国/普通法大律师参与,常见是取证完毕后停半天或一天就马上接下来以口头作出结案陈词。这紧迫的程序对当事人的代表律师压力很大,往往需要在暂停的半天或一天内准备一份会长达数十页的文书结案陈词大纲(skeleton outline,即使在口头结案陈词下,有一份书面的文件给仲裁庭仍是很有帮助)与在结案陈词中讲什么重点。但这种做法在国际商事仲裁越来越少,会是今天的案件/案情更加复杂?或是今天代表律师不肯承受这种压力?也或会是今天国际商事仲裁有各种不同背景的法律代表,这对伦敦大律师来说比较习惯的做法,其他背景的代表律师就不习惯。所以,会有一方当事人的代表律师(是伦敦一位大律师)要求这样做,取证后马上结案陈词,但另一方代表律师(甚至会是香港特区或新加坡的大律师/讼辨律师)反对,坚持要多一点时间准备。这导致即使是一个相对简单的国际商事仲裁,争议点不多,原本是很适合口头结案陈词,双方也无法同意。

这样,就会考虑另一种做法,即开庭审理结束后双方交换文书结案陈词(closing submissions/post-hearing briefs)。这会是以前后次序(sequential)交换,以利双方可以针对对方提出的重点回应。也会是同时交换(concurrent exchange),但这样就会要第二轮同时交换回复,因为难免双方第一次交换时不知道对方会提出哪些重点,就会有看漏之处要去补救,所谓的"ships passing at night"。

后者做法的更大问题是时间的中断,有时候会是很长一段时间。通常是因为双方代表律师(通常都是大忙人)在开庭审理结束后,很快有另一个案件要紧急处理或开庭审理,所以会把拟定文书结案陈词变为第二或第三优先的工作。这样,本来在开庭结束前约定的时间表在两三个月后就很容易在双方同意或仲裁庭允许延期下,拖至开庭审理四五个月后。亦会是,文书结案陈词后再有安排一两天的口头结案陈词开庭(oral closing hearing),这又要等上两三周。所以,相比之下,开庭审理取证后马上一气呵成推进口头结案陈词,既省钱也省时间,仲裁庭也可以趁记忆犹新马上草拟裁决书。

总而言之,国际商事仲裁在程序上还是有很大的自由度,主要还是双方当事人同意与/或仲裁庭必须严守自然公正与平等对待双方当事人。

最后总结口头结案陈词与文书结案陈词的优劣:(1)相对比较简单的案件与双方争议/争端不是太多,口头结案陈词较适合。在国际商事仲裁中,较多的做法还是以文书结案陈词。因为争议金额庞大,所以即使本来是简单的争议/争端也会搞得很复杂,变得更倾向于文书结案陈词,甚至再加上另一次口头结案陈词。(2)通常在开庭审理取证后进行口头结案陈词会节省时间与费用。(3)国际商事仲裁会涉及不熟悉英国法院这种在处理证人的交叉盘问后马上以口头结案陈词的做法的代表律师。(4)除非文书结案陈词后再来一个口头结案陈词,否则仲裁庭就少了一个提问(一般问的会是法律问题)的机会。要知道此时仲裁庭已经吸收了所有重要的有关证据也熟悉了案情,提出的问题应是"真问题"。(5)有了多一轮甚至是多轮的文书结案陈词会延误仲裁庭对裁决书的合议与拟定。虽然也有不少仲裁庭(主要看首席)在开庭审理结束后,就已经开始合议。毕竟在该时刻,应该在多天开庭的"教育"下已经对关键的争议/争端与重要证据的分量有了全面的想法。三位仲裁员可以表达初步看法与/或初步决定,而最后决定可留待首席的一份草拟的裁决书做出来,才进一步细致合议。笔者如果是首席仲裁员,通常会马上草拟裁决书。因为记忆犹新,也知道重要证据(在开庭案卷内的文件或记录在庭审笔录的口头证据)的所在,所以写起来会顺畅与准确。

2.3 结案陈词的重要之处

至于文书结案陈词的重要之处,可介绍以下要点:

1. 它类似于开庭陈词(opening submissions),是提供给仲裁庭的"路线图"(road-map),但指的方向是仲裁庭拟定的裁决书,目的或终点(destination)是仲裁庭的裁决书接受与跟从己方结案陈词的结构、对争议重点的分析与结论,也就是判己方胜诉。整个复杂的国际仲裁案件,仲裁庭面对大量提及的争议/争端与分争端以及排山倒海的各种证据,简直是进了一个迷宫。就算在开庭审理往往对整个案件有了一定的初步印象与看法,甚至是初步决定,仍有需要在合议与拟定裁决书时知道从何开始与细致分析、慎重考虑。而结案陈词的路线图是双方当事人把自己的案件(own cases)向仲裁庭提供一个是聚合一致(coherent)、整理妥当(arranged)、有秩序分析(analytical order)与恰到好处(apt)的路线进行拟定裁决书的工作。

2. 作为路线图,也应与开庭陈词一样需要简洁(concise/succinct)。一旦冗长就难免有重复与关系不大的内容,反而会遮盖了其中的重点。要知道,这份文件是最后向仲裁庭陈述己方案件的机会,必须好好掌控并能做到吸引仲裁庭在合议与在最后决定时的注意力,甚至能够在将来作出的裁决书中作为支持事实认定(finding of fact)与/或法律裁定(holding of law)的依据被部分引用。

3. 不像开庭陈词,到了结案陈词的时刻,所有证据已关门。仲裁庭成员通过昂贵的开庭审理与交叉盘问的教育,对案件与所有有关证据(不论是文件、口头与/或专家)的熟悉与理解程度已是足够作出深思熟虑的决定(considered decision)与事实认定,并去判谁对谁不对。所以,没有必要重复介绍案件与双方的争议或争辩,充其量在结案陈词中简单提及、串连与交叉引用其他较早前的文件如文书请求/案件陈述、证人证言、专家报告、争议清单与/或开庭陈词等的有关部分,已经是足够。仲裁庭在合议与草拟裁决书时,不会只看结案陈词,即使它是最后说服仲裁庭的至关重要的陈述文件。

4. 关键是针对所有走过的程序(披露、盘问、陈述、争辩等)所带出来的重点,无关痛痒的就不必去提。这些重点包括:

(1)仲裁庭会向双方当事人代表律师在开庭审理结束前提出哪些重点(通常是法律方面)要求在结案陈词中针对。为了小心与保留,提出问题的仲裁庭成员会说面门话,如“assuming, without finding, that if . . . , then can the parties tell the tribunal . . . ”或“the parties please do not make assumptions to the question that I will be asking. . . . ”。但在该时刻,仲裁庭成员不论是对还是不对,在已经掌握所有有关证据的情况下提出的问题一般都是困扰提问的仲裁员或仲裁庭内部已有了异议的问题,所以必须面对。

(2)另一个重点肯定是己方认为胜面高的事实与/或法律争议/争端,并把所有有利的不同证据(文件、口头与专家)串连起来与确定(identify),例如文件在开庭案卷的页数、口头在庭审笔录的哪里,务求仲裁庭会去看。如果是电子文件的结案陈词,更可为这些希望仲裁庭在合议与拟定裁决书时去看的文件证据加上超链接(hyperlinks)。至于对法律问题的解释,就涉及有关的权威先例/书籍等,其中重要部分的结论可在结案陈词中节录与确定。

(3)证据需要综合地处理(synthesised)、针对性解释与争论,光是总结(summarise)如说某关键证人并不可信等并不够。所以本章之1.3.3.6段提到的在交叉盘问不要问的最后的问题就需要在结案陈词中提出,以帮助或说服仲裁庭作出对己方有利的推断(inference)与推定(presumption)。

(4)敌对方重点会依赖的有利事实与/或法律与会提出对己方不利之处也必须面对,尽量试图有根有据地反驳和解释以减低它们的分量或对仲裁庭的说服力。

(5)在中间程序曾发生过并会影响仲裁庭对争议事实的最后认定。这中间程序主要会是相互文件披露(mutual disclosure)〔21〕与要求信息(information request)〔22〕。例如,某仲裁案件在相互文件披露中涉及另一家中国大公司的文件,并且对一个关键性争议/争端是十分重要。但与该大公司有关的被告以这是第三人的文件,不是被告所拥有/托管和有权获取的文件,〔23〕仲裁庭也没有权力作任何命令要求第三人作出披露。由于文件的表面的重要性,仲裁庭也曾因原告的申请向被告作出指示或要求试图去取得这些文件。被告后来向仲裁庭提供一些书信往来,显示被该第三人的大公司拒绝披露。或是,很想取得这些文件的原告可以根据不同情况去通过如第三方披露令(Norwich Pharmacal Order)〔24〕与向证据地法院求助(如英国《Arbitration Act 1996》之 Section 44(2)(a)、美国的《US Code》Title 28, s. 1782、《关于内地与香港特别行政区法院就仲裁程序相互协助保全的安排》)等方式试图获取这些文件。但仲裁庭不知道原告有没有做,或做了但是不成功。在后来的开庭审理中,被告的证人团队中竟然有一位是来自该第三人大公司的部门负责人,并交换了文书证人证言。在接下来的交叉盘问中,该负责人也不过不失。一个原因是他所讲的"事实"全是该公司内部事情,在没有任何一份有关文件的情况下,原告的代表大律师也无从澄清,更不用说是丑化与质疑该负责人。该负责人也没有临时提供交叉盘问提出过的问题与回答所涉及的文件。但在整件长达一年以上(从相互披露文件开始)的过程中就令仲裁庭在合议时感觉到非常可疑或迷惑,最后选择了不接受该负责人的证言并在该关键性争议/争端判被告败诉。在该仲裁案件中,该重要的一点并非原告代表大律师在结案陈词中向仲裁庭指出的。虽然十分困扰仲裁庭,特别是在合议时,但不方便或不能把这个疑问向双方当事人提出并要求解释,因为估计不会有什么好的解释,而且有很大的危险会"泄露天机"。

5. 双方当事人在结案陈词要避免的是:(1) 提出过去没有涉及的新事实或法律。这十分令人反感,这种突袭(ambush)也不会得逞。别说是敌对方当事人肯定会反对,仲裁庭也会十分反感。(2) 不要夸大或误述已经摊开在桌面上的证据(文件与口头)或法律地位。仲裁庭不是傻瓜,到了这个最后的阶段不但没有作用,反而会失去信任。

6. 最后是在所有证人(事实与专家)交叉盘问结束后,就取证开庭(evidential hearing)已经是告终的双方当事人代表律师的口头结案陈词的先后次序问题,可节录一些有关的权威说法。首先是《Phipson on Evidence》(2018 年,第 19 版)第 11 - 21 段说:"The order of closing speeches is ultimately a matter for the discretion of the judge. The traditional order of closing speeches was defendant first and claimant last.

〔21〕 见笔者的《证据法:国际规管与诉讼中的证据攻防》一书第七章。

〔22〕 见笔者的《证据法:国际规管与诉讼中的证据攻防》一书第七章之 10 段。

〔23〕 见笔者的《证据法:国际规管与诉讼中的证据攻防》一书第七章之 8 段。

〔24〕 见笔者的《证据法:国际规管与诉讼中的证据攻防》一书第二章之 4 段

There is an increasing tendency to alter this, particularly where the court has not needed to hear more than a relatively short oral opening from the claimant. The practice is often now: closing by claimant-closing by defendant-reply by claimant."

接下来是《Russell on Arbitration》(2015 年，第 24 版)之 5－208 段，节录如下："**Closing and post-hearing submissions.** The parties or their representatives often make oral closing submissions at the end of the hearing, summarising their case and the evidence in support, and addressing the case put forward by the other party. It is usual for the respondent to make its closing submissions prior to those of the claimant, so that the claimant 'gets the last word'. Whoever makes it closing submissions first, there is no right of reply.[25] Alternatively. It is increasingly common in arbitrations for there to be mutual exchange of written post-hearing submissions. Where this procedure is adopted, the written submissions may replace oral closing submissions altogether. If there are to be written post-hearing submissions, it is important for the tribunal to set a date by which they are to be produced in order to bring finality to the proceedings."

上述节录在脚注提到 Margulead Ltd v. Exide Technologies (2005) 1 Lloyd's Rep 324 先例。在该先例中，Colman 大法官说："... the arbitrator had made it very clear to those appearing at the hearing what procedure was to operate on the last day of the hearing. That procedure involved just two oral closing submissions, the first by Mr Daly on behalf of Margulead and the second by Mr Hanbold on behalf of Exide. There was no provision for Margulead to have the last word as would have been the case under English Court procedure. But it must or ought to have been clear to all concerned that the arbitrator was following an order of speeches combined with written submissions which did not correspond with that in this Court. Indeed, at the commencement of the hearing, Exide's counsel had given the first oral opening, notwithstanding Exide was respondent.

There was nothing wrong with this form of procedure, provided always that it gave each party 'a reasonable opportunity of putting his case and dealing with that of his opponent', in accordance with s. 33(1)(a) ... The proposition that, because Margulead had the burden of proof as claimant. It would necessarily be denied a reasonable opportunity of putting its case or a fair hearing unless its counsel had the last word is not sustainable. ..."

7. 最后可节录前 IBA 主席与现任 HKIAC 共同主席 David Rivkin 先生(另一位共同主席是袁国强先生)有关结案陈词：

"An effective closing argument-whether made orally or in writing-does much more than summarise the evidence presented. The advocate should use the closing to frame the

---

〔25〕 Margulead Ltd v. Exide Technologies (2005) 1 Lloyd's Rep 324 先例。

case in the manner that will provide a decision-making road map for the tribunal; and to indicate not only why one's client wins on a certain issue, but the consequences of that decision for other issues.

If arbitrators can understand that, because of one decision, certain other issues no longer need to be decided, it makes their internal deliberations and the ultimate award-writing much easier. A decision tree can be very effective in this regard.

It is most satisfying when arbitrators adopt the analytical method that one has provided in the closing arguments."

3. 判决/裁决中对事实认定有错判的救济

3.1 一审法院判决对事实认定错判

众所周知,事实的认定(finding of facts)是在一审法院通过开庭审理的取证后根据双方提供的证据作出决定。对一审的判决不满(通常是指败诉方)寻求救济提出上诉,上诉庭一般只考虑对法律问题的判决(holding of law)而不考虑对事实的认定。但这不代表上诉庭不理会对事实的认定,如果被败诉方证明或说服对事实的认定很可能是错的或一审判决认定适用的证据法原则有错误,就会插手撤销一审判决。但上诉庭自己也不是去审理(只会在少数的案件无须重审就可去干脆改变判决),而是让案件由另一位一审大法官去重审(retrial)。这种上诉庭会插手一审的事实认定的例外情况做法上已历史悠久,本章之1.3.5.5段介绍的The "Ikarian Reefer" (1995) 1 Lloyd's Rep 455 著名先例曾提到,可节录如下:

"(B) The approach of the Court of Appeal

... the proper approach of this Court when hearing an appeal from a decision of a Judge sitting alone.

(1) The burden of showing that the trial Judge was wrong lies on the appellant. This proposition does not admit of any doubt. As long ago as 1896, Lord Esher in Colonial Securities Trust Co. v. Massey, [1896] 1 Q. B. ... said: 'Where a case tried by a Judge without a jury comes to the Court of Appeal the **presumption is that the decision of the Court below on the facts was right**, and **that presumption must be displaced by the appellant**. If he satisfactorily makes out that the Judge below was wrong then **inasmuch as the appeal is in the nature of a rehearing, the decision should be reversed; if the case is left in doubt it is clearly the duty of the Court of Appeal not to disturb the decision of the Court below.**'

(2) When question of the **credibility of witnesses** who have given oral evidence arise the appellant **must establish that the trial Judge was plainly wrong**. Once again

there is a long line of authority emphasizing the restricted nature of the Court of Appeal's power to interfere with a Judge's decision in these circumstances though in describing that power different expressions have been used. ...

Viscount Sankey in Powell v. Streatham Manor Nursing Home, [1935] A. C. 243 said: 'On anappeal against a judgment of a Judge sitting alone the Court of Appeal will not set aside the judgment unless the appellant satisfies the Court that the Judge was wrong and that his decision ought to have been the other way. **Where there has been a conflict of evidence the Court of Appeal will have special regard to the fact that the Judge saw the witnesses**.'

Finally in Mersey Docks and Harbour Board v. Proctor, [1923] A. C. 253... Viscount Cave, L. C., said: 'In such a case (where the Court is hearing an appeal from a Judge sitting alone) it is the duty of the Court of Appeal to make up its own mind not disregarding the judgment appealed from and giving special weight to that judgment in cases where the credibility of witnesses comes into question, but with full liability to draw its own inference from the facts proved or admitted and to decide accordingly.'

(3) When a party has been**acquitted of fraud** the decision in his favour **should not be displaced except on the clearest grounds**. This proposition is not in contest and is supported by the House of Lords in Akerhielm v. De Mare, [1959] A. C. 789 where the earlier authority of Glasier v. Rolb (1889) 42 Ch. D. 436 is cited."(加黑部分是笔者的强调)

在最高院 Volcafe Ltd v. Cia Sud Americana de Vapores SA (2018) UKSC 61 先例中,Sumption 勋爵说:"This court has on a number of occasions pointed out that while an appeal to the Court of Appeal is by way of rehearing, a trial judge's findings of fact should not be overturned simply because the Court of Appeal would have found them differently. It must be shown that the trial judge was wrong, i. e. that he fundamentally misunderstood the issue or the evidence, or that he plainly failed to take the evidence into account, or that he arrived at a conclusion which the evidence could not on any view support. Within these broad limits, the weight of the evidence is a matter for the trial judge. There is a world of difference between the impression which evidence makes on a judge who has followed it as it was deployed and the impression that an appellate court derives from cold transcripts."

简单挑几点说:

1. 作为起点,上诉庭假设一审法院对事实的认定与证据的处理是正确的。上诉庭不能以自己的表面看法认为可能会得出不同意见,就贸然干预一审判决,毕竟这涉及一审法院对全面披露与展示的证据在深思熟虑后去作出的推断(inference)、给予适当分量(weight)与行使裁量权(discretion)。再说一审法院有全面处理有关案件的所有证据的经历。但上诉庭是没有这个机会。

2. 所以，申请上诉的一方如果只能证明到令上诉庭不肯定一审法院对事实的认定是对是错，上诉庭仍不应该作出任何救济或干预一审判决。

3. 如果一审的认定是涉及证人的可信度（credibility）或可靠性（reliability），例如一个涉及口头协议的争议，双方的证人对"事实"各执一词，双方完全对立，导致一审法官要根据相信谁去作出抉择。这样申请上诉的败诉方的举证责任就更大，因为必须证明一审法官对事实的认定是明确错误（plainly wrong）。道理是可以理解，一审法官才有机会亲自见到双方证人在出庭时的交叉盘问与他们的应对，肯定会有更好的感觉去作出决定。上诉法官应明白他/她们比一审法官有一个永久性的不利之处，就是没有见过证人的行为举止。它不代表一切，甚至不应被太重视（近代看法），但一旦涉及口头证据的可信度，行为举止就仍是一个重要的因素。而这是上诉庭仅参阅庭审笔录（transcript）看不出来的，上诉庭不应自说自话地根据文件比较证人与认定其可信度。

4. 若争议事实涉及欺诈（fraud）而一审判决是不成立，在同样道理下，上诉庭也是更不应否定一审判决。

对上诉庭来说，考虑一审法院是否对事实的认定有错判显然不能只听申请上诉方（通常是败诉方）的一面之词或双方代表律师的雄辩，而需要细看一审判决的理由。一旦有充分的理由解释一审法官的思路，从双方当事人代表律师的争辩与提供的证据去解释他/她在分析后如何得出最后的结论，上诉庭就可以看到这决定是否合情合理与根据的相关法律与证据法原则是否正确。什么是充分理由并非取决于一审判决的长短，而是在内容，正如 Gage 大法官在 Baird v. Thurrock Borough Council（2005）EWCA Civ 1499 上诉庭先例中说："It is clear that a judge is entitled to express the reasons for his decision briefly. For my part, I would wish to say nothing which would discourage a judge from expressing the reasons for his decision briefly but it is equally clear that the reasons for his or her decision must be sufficient to explain why he reached that decision. The question therefore is: do the judge's reasons for his decision meet the test of adequacy? In my judgment in this case he did not."

如果涉及复杂的争议，开庭时间漫长，涉及大量争端与证据，通常就表示法院（或仲裁庭）会要拟定一个很长或较长的判决（或裁决），针对在方方面面的争议/争端与重要证据（包括事实证人与专家证人）中作出取舍，并给出充分理由解释怎样作出每一个导致判决结果的决定。如果没有做到，这一审判决就会有危险被上诉庭质疑，即使是对事实的认定。在最高院的 Lawrence v. Fen Tigers Ltd（2014）UKSC 13 先例中，Neuberger 勋爵说："The judge gave his decision on 4 March 2011, and his judgment runs to 325 paragraphs and over 110 pages［2011］EWHC 360（QB）... It is unnecessary to attempt to explain it in any detail for the purposes of this appeal. There are some parts which are difficult to follow, and there are one or two findings which he should have made, but did not make ... Particularly where there has been a relatively long and expensive hearing, it is important that the judge (i) clearly identifies for his own benefit as well as that of the parties, all the issues of fact and expert opinion that are in issue, and (ii) resolves in clear terms all such issues which are relevant on his view of the law, and, at least often, those issues which would be relevant if his view of the law turns out to be wrong. **Otherwise, there is a real risk of a complete or partial rehearing being ordered, which would be very unfair on the parties, and would bring the administration of law into disrepute.**"(加黑部分是笔者的强调)

本书第一章之2.3段详细介绍了案情的Janan George Harb v. HRH Prince Abdul Aziz Bin Fahd Bin Abdul Aziz (2016) EWCA Civ 556上诉庭先例。Moore-bick大法官说:"The first question we have to consider in the light of all this is whether the shortcomings in dealing with the evidential issues to which we have referred are sufficiently serious to require us to allow the appeal ... That depends in part on our assessment of the quality of the evidence adduced in support of Mrs Harb's case, since, it the evidence supporting her case clearly bore out the judge's decision, it would be wrong to put the parties to the inconvenience and expense of a re-trial despite the shortcomings to which we have referred. In our view, however, far from that being the case, the evidence supporting her case was open to different interpretations ... As we have already said, a party in a case of this kind is entitled to expect that the judge will engage with the arguments advanced on his behalf and, insofar as the case turns on the facts, deal fully with the evidence and explain how he has come to his conclusions. For the reasons that we have given, the judge failed to do this adequately in this case and the appeal must be allowed ..."

此先例是针对是否有一个口头协议,一审的Peter Smith大法官说是"有",并判Harb女士(已故法赫德国王前妻)胜诉。但败诉的沙特阿拉伯Aziz王子不服上诉,结果上诉庭撤销一审判决的事实认定并下令重审。上诉庭的庭长Moore-bick大法官说到怎样作出有严重后果(包括对一审法官与司法制度的打击、重审带来的时间延误与诉讼费用的浪费等)的决定,上诉庭的考虑是:

1. 这案例涉及证人的可信度,所以沙特王子需要证明一审法院的决定是明确错误。

2. 虽然上诉庭在一审判决已挑出不少对证据处理的不足之处(shortcomings),但仍必须考虑是否足够严重去撤销。

3. 这部分要根据上诉庭自己对胜诉方Harb女士已经在一审法院呈堂的证据去审核(assess)看看是否表面是支持一审判决。如果是,也表示一审法院的判决,即使是有不少不足之处,但结果仍是对的。但在此案例中,上诉庭的表面审核显示了上诉庭是会得出不同解释,这表示一审的判决有较大可能会是错判。

4. 在这种争议中,当事人也希望一审法院在作出事实认定时会解释如何抉择他们的争辩与提供的证据。但在此先例中,Peter Smith 大法官没有给出充分的理因。所以,就只能支持沙特王子的上诉并撤销一审判决并下令重审。

另在 Simetra Global Assets Limited v. Ikon Finance Limited (2019) EWCA Civ 1413 上诉庭先例中,案情涉及金额庞大的国际投资庞氏骗局。2018 年 10 月的一审开庭审理长达 3 周,一审法院的 Robin Knowles 大法官只作出一个简短的判决,判被指控欺诈的被告(Ikon 多家联营公司、此先例共有 12 位被告)胜诉。原告上诉,上诉庭撤销一审的判决并命令由另一位商业法院的法官重审,主要就是因为对事实认定的理由欠缺或不足。Males 大法官说:"that there was a plainly arguable case of dishonesty on the part of Ikon which needed to be addressed and with which the judge did not engage, and the judge's findings on the absence of reliance are inadequately reasoned." Males 大法官也说一审没有把部分有帮助的证据(包括专家证据)考虑在内:"this judgment does not take into account the evidence which needed to be taken into account."

最后可举澳大利亚的 Day v. Perisher Blue Pty Ltd (2005) NSWCA 110 上诉庭先例。该先例的原告是一个滑雪场的员工,被告是他的雇主。原告在滑雪场受伤,有关的争议是被告是否违反了提供安全工作场所的雇主责任。开庭交叉盘问期间显示被告的证人们与律师曾在开庭前进行过电话会议,讨论作证的内容。被告的律师还为证人准备了一份文件,内容是关于证人可能会被盘问的领域与一些建议的回应。[26] 原告在最后的书面结案陈词中花了大量篇幅针对证人的可信度。一审法院判被告胜诉,但在判决中对被告证人的可信度与为什么不质疑被告证人的问题完全没有给出任何理由,因此上诉庭撤销了一审判决并下令重审。

3.1.1 上诉庭不能取证重审

前已说到过重审会带来很多不利之处,如:(1)对公众来说会给司法制度带来不良印象(put judicial system into disrepute),对一审错判的法官也是一个打击。(2)重审会导致双方当事人浪费大量的费用与面对额外的压力(额外的工作压力以及持续诉讼的精神压力)。正如 Males 大法官在 Simetra Global Assets Limited v. Ikon Finance Limited (2019) EWCA Civ 1413 上诉庭先例中所说:"Unfortunately this judgment plainly does not take into account the evidence which needed to be taken into account. ... it is undoubtedly a matter of regret that(当事人)must be put to the expense and stress of a retrial, to allow this judgment to stand, ... would in my view be the greater unfairness."(3)除了浪费当事人的诉讼费用外,也浪费法院的宝贵资源。(4)争议解决的时间也显然带来延误,但还不是短时间的延误。(5)重审也不科学,已经被敌对方的代表律师全面交叉盘问过的证人有了经验如何面对,会在重审时更会做戏。这种经验会比证人准备与培训时被严禁的教唆证人"优越"得多了。

---

〔26〕 关于准备证人与教唆证人,可见本书第二章之 2 段。

显然,上诉庭如果可以不下令重审就自己决定,好像对实质法律问题(issue of law)的上诉一样,会是最好。早期针对一些简单的案件,上诉庭可以直接自己重审。但针对近期的民商事案件的事实问题的错判往往涉及大量文件证据与口头证据,所以做不到而被迫要下令重审。例如,Interflora v. Marks & Spencer (2014) EWCA Civ 1403 上诉庭先例中所说:[27] "We have also given anxious consideration to the possibility of simply determining the issue of infringement(此先例涉及原告指称被告玛莎公司投放谷歌广告时侵犯原告的商标权) for ourselves, a course which would have obvious benefits in terms of time and cost. It is with regret that we have decided that is not something we can do. In that connection we consider there is force in Mr Silverleaf's(原告代表大律师) submission that we have not been taken to all of the documents, and we have not had the benefit of hearing the oral evidence of the witnesses. This is a case of considerable importance to the parties, and it is one in which they have invested substantial time and resources. We therefore conclude that we have no alternative but to allow the appeal and remit the case for retrial. We find limited consolation in the thought that such a retrial should now be relatively straightforward."

3.1.2 上诉庭仅凭庭审笔录干预一审判决

早期上诉庭只看判决/裁决很难决定对事实的认定是否判错,例如,在 Pagnan and Fratelli v. Corbisa Industrial Agropacuaria Ltda (1970) 2 Lloyd's Rep 14 先例中,Megaw 大法官说:"The award, quite properly, does not purport to set out all the evidence. It is impossible for this Court, as I think, to say that the tribunal had no evidence on which to base its finding of profit. ...."

如果双方当事人对庭审记录某些部分的准确性有争议,特别是在各自记录的情况下,通常会带来疑点,文件证据也不一定帮得上忙。这样,上诉庭也不安心撤销一审判决去下令重审。

但有了科技的帮助,上诉庭现在要插手一审对事实的认定,就可以靠阅读庭审笔录(transcript),如同 The "Ikarian Reefer" (1995) 1 Lloyd's Rep 455 先例与 Janan George Harb v. HRH Prince Abdul Aziz Bin Fahd Bin Abdul Aziz (2016) EWCA Civ 556 上诉庭先例一样。

但只看庭审笔录也有缺点,一贯的说法是上诉庭不像一审法官,无法亲眼看见证人的行为举止(demeanour)。因为庭审笔录无法显示这方面的情况,例如证人回答时支支吾吾或情绪过激,导致上诉庭事后翻看/阅读庭审笔录与在开庭现场感受到的有很大不同。

在本书第一章之 2.3 段介绍的 Janan George Harb v. HRH Prince Abdul Aziz Bin Fahd Bin Abdul Aziz 先例中,Moore-bick 大法官说:"It is, of course, important not to

---

〔27〕 在本书第十章之 6.2.3 段对该先例的案情有详细介绍。

lose sight of the fact that the judge had the benefit of seeing Mrs. Herb . . . in the witness box, but we have been provided with transcripts of their evidence and are able to make a reasonably reliable assessment of it. . . . We have also been provided with a transcript of her evidence and can therefore to a considerable degree assess it for ourselves."

但今天,本章之1.3.5.2段详细介绍了行为举止不再被重视,这已经不是重要的考虑了:见R(on the application of SS(Sri Lanka)) v. Secretary of State for the Home Department (2018) EWCA Civ 1391 先例。今天上诉庭会否定一审法院对事实的认定去命令重审(retrial),或干脆去改变判决如Gloster大法官在Ellison v. Glen core Services (UK) Ltd (2016) EWCA Civ 407 先例中所说:"I would allow this appeal and give judgment in favour of the appellant. This is not a case where it would be appropriate to remit the matter for trial before another judge."

3.2 仲裁裁决书对事实认定错判

英国《Arbitration Act 1996》之Section 68不允许以仲裁庭对事实或法律问题作出错误决定为由,申请撤销裁决书:见Lesotho Highlands Development Authority v. Impregilo SpA (2005) UKHL 43; Double K Oil Products 1996 Ltd v. Neste Oil Oyj (2010) 1 Lloyd's Rep 141 等先例。

在Lesotho Highlands Development Authority v Impregilo SpA 先例中,Steyn勋爵说:"This is a mandatory provision. The policy in favour of party autonomy does not permit derogation from the provisions of section 68. A number of preliminary observations about section 68 are pertinent. First, unlike the position under the old law, intervention under section 68 is only permissible after an award has been made. Secondly, the requirement is a serious irregularity. It is a new concept in English arbitration law. Plainly a high threshold must be satisfied. Thirdly, it must be established that the irregularity caused or will cause substantial injustice to the applicant. This is designed to eliminate technical and unmeritorious challenges. It is also a new requirement in English arbitration law. Fourthly, the irregularity must fall within the closed list of categories set out in paragraphs (a) to (i)."[28]

也不以一方无辜地没有披露证据或披露的是假证据为由,申请撤销裁决书:见Profilati Italia Srl v. Painewebber Inc (2001) 1 Lloyd's Rep 715 与 Elektrim SA v. Vivendi Universal SA (2007) EWHC 11 (Comm)等先例。

---

〔28〕《Arbitration Act 1996》之Section 68是强制性条文,双方当事人不能以合约条文排除。Section 68的要求也比1979年《Arbitration Act》更严格。首先,法院一定要在裁决书作出后才能介入。其次,从原本的"不良行为"变为"严重不正常",门槛更高。再次,这种严重不正常必须给申请上诉的一方带来重大不公平,这可防止一些技术性的上诉。最后,立法条文中列出的严重不正常是一个完整的列表,必须符合这9项其中之一。

3.2.1　例外之一:新证据的出现

对法院诉讼来说,由于存在上诉机制,上诉庭在面对一审后出现的新证据必须在一审法院对事实认定的"一审终局"与找出事实真相之间作出权衡。在 Ladd v. Marshall (1954) 1 WLR 1489 先例中,Denning 勋爵说要批准引入新证据必须满足三个条件:(1)证据必须是一审时无法合理获得;(2)新证据很可能对判决结果产生重要影响;(3)新证据表面看来可信。Denning 勋爵的判决可部分节录如下:"To justify the reception of fresh evidence or a new trial, three conditions must be fulfilled: **first**, it must be shown that the evidence could not have been obtained with reasonable diligence for use at the trial; **secondly**, the evidence must be such that, if given, it would probably have an important influence on the result of the case, though it need not be decisive; **thirdly**, the evidence must be such as is presumably to be believed, or in other words, it must be apparently credible, though it need not be incontrovertible."

近期的新加坡 Anan Group (Singapore) Pte Ltd v. VTB Bank (Public Joint Stock Co) (2019) SGCA 41 先例也引用了 Ladd v Marshall 先例的说法。

在国际仲裁,经常在披露程序结束后才出现新证据。原因往往是有关当事人与其代表律师没有尽责按程序走,在相互披露与被下令披露时,草率地搜索(search)一下就回应说没有文件。这样,仲裁庭一般也就到此为止,不愿意也无法采取进一步的行动。如果在另一方当事人要求下,提前告知会对没有相关文件作出不利推断(adverse inference),这表明不相信说没有文件的一方(包括代表律师,即使谈不上是"仲裁庭的官员")。这并不是好事,仲裁庭也不应太早下结论,除非是很肯定要求披露的文件存在。在一个近期的伦敦仲裁中,笔者(杨大明律师)在程序中途接受委任代表一家中国公司,原因是上一位律师在仲裁庭命令披露有关文件时回应说,已经搜索过但没有有关文件。但仲裁庭不相信,并表示将会作出不利推断。中国公司感觉不安心,毕竟争议涉及的金额很大。笔者亲自去了客户的公司几次,针对性询问有关人士、查阅多部电脑与档案等,结果找出上百份有关文件。这些文件不都是对中国公司不利,大部分是中性甚至是有利的。在最后中国公司胜诉的裁决书内,仲裁庭特意说明了这些新文件导致仲裁庭改变了想法。

以上的情况只想显示一方当事人不按程序走,在很晚才警觉需要披露某些文件,特别是早前遗漏的对己方有利文件的各种各样的情况之一。另一个极端是新证据确实很晚才出现,较早前是根本无法取得或得知它的存在。例如,在一个涉及沉船的案件中,在开庭审理完毕法官仍在考虑判决时,得知该沉船的"鲁滨孙船长"获救,可以提供有关沉船的一手直接证据。这样,不采纳这迟来的证据一并考虑,以作出一个会是更正确事实认定的判决就说不过去。

以下进一步探讨在伦敦仲裁的不同阶段出现新证据会如何处理。

3.2.1.1　新证据出现在开庭审理后裁决书发放前

在开庭审理与/或相互交换文书结案陈词(closing submissions)后到仲裁庭去合

议并作出裁决书(award)的时间段短暂,但也经常会长达一两年之久,特别是涉及"怠慢"的首席或不合作的仲裁庭成员之一。显然,在后者的情况下,就会有较大的机会其中一方当事人在等待裁决书的期间出现了有关甚至是重要的新证据(口头或文件),并且对该当事人有利。交出新证据与希望仲裁庭一并考虑对他/她来讲会有很强的诱惑力,而对方当事人也难免会反对。另一种情况是,在等待裁决书的这段时间内原来依赖的法律地位有了改变。如更高的法院作出了一个不同说法的判决去推翻了早前的法律地位,这对一方当事人有利。这样,该方当事人也难免要向仲裁庭提出。两种区别只是在针对的是法律或是事实(新证据),而针对法律,即使是很迟才提出,一般也不是问题。因为事实摆在眼前,有了这样的判决,只是如何解读它对本案件的影响的问题,顶多请双方代表律师在裁决作出前再来一轮文书陈词(written submissions)。但一旦涉及事实方面的问题,也就是新证据,处理就困难很多。首先是对方当事人会大力反对,也就是不接受新证据内容所表达的事实。的确,如果仲裁庭采纳并在作出裁决时一并考虑,就要让对方当事人对新证据的事实进行调查取证,然后有机会反证。如果不是几份文件可以说得清的,就会再来一次开庭审理。反正,带来的延误与额外费用也会很可观,更不用说会带来金钱无法弥补的不良后果,例如针对新证据表达的事实,对方已失去了反证证据。

有部分仲裁机构针对延误提交证据(主要是文件)的做法有规定,如贸仲的"证据关门",即过了某一天双方不能再提供新证据(口头或文件)。另像ICC的规则是有一个程序步骤名为"程序终结"(Closing of Proceedings)。ICC仲裁规则第27条规定:"在就裁决书中所需认定的事项进行最后一次开庭之后,或在当事人经授权就该等事项最后一次提交文件之后(以发生在后者为准),仲裁庭应当尽快:a)宣布对于裁决中所需裁定事项的程序终结;...在程序终结之后,对于裁决书中所需裁定的事项,非经仲裁庭要求或授权,当事人不得再提交任何材料、意见或证据。"

但这不解决问题,证据关门只是在程序上给了仲裁庭一个裁量权(discretion)去决定是否采纳新证据,如采纳则定下条件(如承担额外产生的费用等),但不表示行使裁量权时可以漠视自然公正(Natural Justice)。

所以,如果表面或初步看来新证据重要且会影响裁决的结果,特别是新证据的确是较早前有关当事人难以获取的,仲裁庭就会选择采纳并押后裁决书的拟定与作出。相反,如果新证据没有显示出重要性,或不在较早前按正规程序在开庭审理前提交的原因并不充分与合情合理,仲裁庭会拒绝采纳。但这样,应把这件事在裁决书写明,包括证据看来并不重要。这样,即使试图提交新证据不果的一方败诉,以仲裁庭否决他/她陈述案件(present case)与提交(新)证据的机会的理由向法院申请撤销(set aside)或发还(remit)裁决书,也会十分困难。一方面是法院应倾向信任仲裁庭在裁决书中写下的事件与解释的原因,另一方面新证据不重要与不至于影响裁决的结果,就难以满足《Arbitration Act 1996》之Section 68所要求的"严重不正常"必须造成"重大不公平"(substance injustice has caused)才会给予救济。

3.2.1.2 新证据出现在裁决书作出与发放后

在作出与发放裁决书后,若出现新证据,普通法下仍有机会向法院成功申请将裁决书发还(remit)给原仲裁庭重审,令仲裁庭"恢复身份"一并考虑新证据与重新作出另一个很可能是新的与不同的裁决:见 The "Stainless Patriot" (1979) 1 Lloyd's Rep 589; The "Eleftheria Niki" (1980) 2 Lloyd's Rep 252 等先例。

这方面也可见笔者的《仲裁法:从开庭审理到裁决书的作出与执行》一书第五章之11.4 段。只简单说,在 The "Stainless Patriot"先例中,Donaldson 大法官说,要成功申请将裁决书发还给仲裁庭重新考虑则必须证明:(1) 无法在较早时间合理取得这一新证据。(2) 也无法拖延仲裁等待这一新证据。(3) 新证据对案情有重大影响,它的出现将带来裁决结果的不同。

这些条件本来就十分苛刻,但无论如何,这普通法地位已被英国《Arbitration Act 1996》替代。Section 68 之(a)到(i)针对了法院有权撤销或发还裁决书的九种"严重不正常"(serious irregularities)情况[这是完整的清单(close list),法院没有潜在权力(inherent jurisdiction)增加],没有一项是出现新证据。所以,除非是同时涉及其他列明的严重不正常如(a)的违反自然公正/程序公正时,例如新与重要的证据在裁决书作出前已经出现,但仲裁庭不肯采纳或拒绝等待新证据,理据不足与不合理时,法院才能插手给予救济。

在 Italia SrL v. Paine Webber Inc (2001) 1 Lloyd's Rep 715 先例中,案情涉及一个伦敦金属交易所(London Metal Exchange)的仲裁,败诉的原告向法院申请救济,理由是知悉胜诉的被告没有披露两份对原告有利的文件(新证据),仲裁庭应一并考虑。这申请显然不成功,法院说除非能进一步证明被告是刻意瞒骗仲裁庭不披露这两份文件,这涉及欺诈/不诚实取得裁决书 ,才会在 Section 68(2)(g)下有权撤销或发还裁决书。Moore-bick 大法官说:"... the court no longer has the power to remit an award simply on the grounds that new evidence has come to light."

当然,成功指称对方有新证据但刻意没有披露,等同是欺诈/不诚实并不容易,要有很高的举证责任。如果没有披露会只是疏忽或判断失误,仍是不够:见 Elektrim SA v. Vivendi Universal SA (2007) EWHC 11 (Comm)先例。

同样道理,如果是在认可与执行裁决书时有新证据,则要看是否涉及 1958 年《纽约公约》第 5 条下可以拒绝执行裁决书的 7 种情况。一般来说,最相关的往往是是否违反了执行地的公共政策,例如新证据显示存在贪污受贿的情况。

3.2.2 例外之二:仲裁员承认自己犯错

在败诉方的眼中,仲裁员肯定在裁决书中对争议事实的认定与/或法律的裁决有了错判,但即使是客观与有专业水平的人士(如仲裁地法院的法官)细心看待也可能认同败诉方看法的情况。但裁决书错判并不是法院可以插手干预的理由,英国《Arbitration Act 1996》Section 68 的 9 项"严重不正常"(serious irregularities)中并没有裁决书错判这一项:见 Buyuk Camlica Shipping v. Progress Bulk Carriers Ltd (2010)

EWHC 442（Comm）先例。这里的原因是双方当事人自愿选择以仲裁解决争议，就要自己承担这后果。法院会有不同判法也只代表有另一个意见。而且法院要重审一次才可以肯定有这另一个意见，这是不可以接受的，也不是双方同意的仲裁条文中约定的解决争议办法。

但如果是在英国作出的裁决书错判了英国法律，在 Section 69 下可能有救济，即获准上诉到法院纠正。但这个法律错判在程度上要十分严重，Section 69（3）（c）（i）要求是"明显错误"（obviously wrong）。这是法院只阅读裁决书的原因或理由，不需要败诉方律师的进一步解释与举证，就可以得出法律错判的结论。

至于裁决书对事实认定的错判就不会有救济了，败诉方只能认命。唯一例外是仲裁庭自己承认错误（admitted mistake），因为这是 Section 68 的 9 项严重不正常之一，是（i）项。这里的道理也不是错误是否严重、会否影响裁决的结果，而是基于仲裁庭自己承认错误，想更正但改不了，为何法院不去"成人之美"，把裁决书发还给仲裁庭更正呢？以下进一步探讨。

3.2.2.1　承认错误

仲裁员自己承认犯了错误，例如将事实搞错，或漏看了一些文件证据等，即使在裁决书发放后（错误通常是双方当事人律师在仔细查阅后向仲裁庭指出），也会导致法院将裁决书发回重审（remission），让仲裁员有机会更正。这在普通法与英国《Arbitration Act 1996》下都有先例：见 The "Montan"（1984）1 Lloyd's Rep 389 先例与立法后的 Gannet Shipping Limited v. Eastrade Commodities Inc（2002）1 Lloyd's Rep 713；CNH Global NV v. PGN Logistics Limited（2009）EWHC 977（Comm）；Cadogan Maritime Inc v. Turner Shipping Inc（2013）1 Lloyd's Rep 630 等先例。

在 Cadogan Maritime Inc v. Turner Shipping Inc 先例中，Hamblen 大法官说："The answer in such a case would be ... to make an application for the First Award to be set aside and remitted so that the tribunal could redress what has been admitted to be a mistake. There has long been a jurisdiction to remit in cases of admitted mistake-see, for example, The "Montan" ... That jurisdiction is reflected in section 68（2）（i） of the Act. ..."

当然，现实中仲裁员坦白承认犯了错误/错判，并可能影响裁决结果的情况不多。毕竟这与文书上的错误如拼错个别字不同，后者除了明显与没有什么好争的以外，承认犯错也不会令仲裁员感到丢脸。例如，对某些重要争议事实的认定，原因只提到与依据了第一份检验报告的内容，但没有提到第二份有明确更改与不同内容的报告，看来是漏看了。又或是像 The "Montan"先例，把原告/被告、承建商/雇主、承租人/船东的名字搞混了。这种情况经常发生，例如裁决书的原因部分显示作为被告的雇主胜诉，但在裁决与命令部分却写上了原告承建商胜诉并命令被告支付一笔胜诉的判决债务。这种情况仲裁庭自己承认错误，而且会涉及对原裁决书的实质性改动与仲裁庭对原来的裁决有了其他想法，需要法院根据 Section 68（2）（i）行使权力发还裁决书并授权更正。这方面也有被报道的先例,如:CNH Global NV v. PGN Logistics Limited (2009) EWHC 977 (Comm)等先例。

3.2.2.2 承认的错误是改变想法还是文字改动

无论仲裁庭是否承认错误,申请更正的一方都必须明白不同"错误"的性质有区别。在英国《Arbitration Act 1996》之 Section 57 下,仲裁员有权澄清或解释裁决书中的模糊不清的部分。如果裁决书不完整,没有对部分争端作出裁决,仲裁员可以作出另一份追加裁决书(additional award)。

但非常重要的一点是以上的更正/澄清/追加裁决书都不涉及改变原裁决书中的想法。仲裁员职责已履行完毕(*functus officio*)或一事不再审(res judicata)等说法都显示了一旦仲裁员作出了裁决书,裁决书中的决定就不可更改。如果仲裁员承认在实体争议上犯错,涉及改变在原裁决书中的想法,只有法院有权将裁决书发还给仲裁员,让他/她重新考虑有关争议与更正裁决书,作出与原裁决书不同的裁决。

所以这属于英国《Arbitration Act 1996》之 Section 57 下对裁决书的救济,还是 Section 68 下的严重不正常?这个细微的区别可见 CNH Global NV v. PGN Logistics Limited (2009) EWHC 977 (Comm)先例。该先例涉及一个 ICC 仲裁案件,争议有关一个服务合约的违约/毁约。在认定了责任后,仲裁庭要计算损失。合约被违约/毁约时还有 3 年没有履行,可以想到这"将来"利润损失是一个很大的数字。但在原裁决书中,仲裁庭决定这笔钱的利息从裁决书作出之日起计。于是胜诉方在 ICC 仲裁规则下提出申请,要求利息从应赚取的时间起计(即每年的 7 月),而不是裁决书作出之日起计,后者甚至迟过合约原本履行结束的时间。仲裁庭承认错误,说这是个无心之失(unintended error)并通过修改(amendment)原裁决书更正,涉及的金额 200 万~300 万英镑。于是败诉方向英国法院申请撤销裁决书或裁决书的修改部分,因为仲裁庭无权作出这样的修改。改变利息起计时间属于改变想法而不是简单的文字改动或更正笔误。但法院拒绝在 Section 68 下撤销裁决书或发还给仲裁庭,此案件中涉及的虽然的确(如同败诉方所说)是仲裁员改变了想法而不是文字改动,正常也应是先由法院发还后仲裁庭重审再重新作出裁决,但此先例虽然没有经过此步骤(这不正常),但结果仍然是合理的,看来也算是法院放他们一马,说这个不正常也没有对败诉方造成任何重大不公平。

在最近的 Doglemor Trade Ltd v. Caledor Consulting Ltd (2020) EWHC 3342 (Comm)先例中,案情涉及一个 LCIA 仲裁庭作出的裁决书中有计算错误。三位非常出名的御用大律师作为仲裁员在资产估值时的其中一步应是减去 9000 万美元但错误算成了加 9000 万美元,最后裁决书根据错误估值计算出的损失金额是 5800 万美元(正确计算应是 400 万美元)。仲裁庭承认计算错误,但是拒绝更正裁决书,因为这会根本改变裁决书,而更正后 400 万美元不足以代表仲裁庭想要裁决被告赔偿原告严重损失的"真正意图"(true intention)。于是被告根据 Section 68 向法院上诉,法院最后将裁决书发还给仲裁庭,要求仲裁庭更正计算损失时的错误。但裁决书的其他部分因为表面看来是结论性(*prima facie* conclusive),仲裁员职责已履行完毕(*functus officio*),所以不能改动,也就是仲裁庭在改正计算错误后不能通过调整裁决书的其他部分令最后的金额能满足仲裁庭让原告获得足够赔偿的"真正意图"。

3.2.2.3　要求更正裁决书错误的时限

在英国《Arbitration Act 1996》之 Section 57 下,仲裁庭有权以一个更正裁决书(correction award)或附件(addendum)更正笔误、澄清裁决书模糊的部分与对没有决定的争端(如没有在最终裁决书中处理费用或利息问题)追加裁决书。

根据 Section 57(5),当事人要在裁决书作出后的 28 日内提出申请。延误领取裁决书一般不是理由,因此时限可以说是很紧张。但在香港《仲裁条例》(第 609 章)下就宽松很多。第 69 条规定当事人可以在收到裁决书后的 30 日内申请,但这也会带来问题。假设当事人在裁决书作出 6 个月后才领取,然后一个月后再来申请更正笔误或要求澄清,仲裁员可能已经销毁了部分或所有有关文件,或者记忆已经模糊了等。

如果合并了仲裁机构的仲裁规则,而该仲裁规则中对时限有不同的规定(或规定仲裁员有权延长时限),则仲裁规则的规定应超越仲裁法的默示地位。例如,ICC 仲裁规则规定:

"Article 36: **Correction and** Interpretation of the Award; **Remission of Awards**

1. On its own initiative, **the arbitral tribunal may correct a clerical, computational or typographical error, or any errors of similar nature contained in an award, provided such correction is submitted for approval to the Court**(指 ICC 仲裁院) **within** 30 **days of the date of such award.**

2. Any application of a party for the correction of an error of the kind referred to in Article 36(1), or for the interpretation of an award, must be made to the Secretariat within 30 days of the receipt of the award by such party, in a number of copies as stated in Article 3(1). After transmittal of the application to the arbitral tribunal, the latter shall grant the other party a short time limit, normally not exceeding 30 days, from the receipt of the application by that party, to submit any comments thereon. The arbitral tribunal shall submit its decision on the application in draft form to the Court not later than 30 days following the expiration of the time limit for the receipt of any comments from the other party or within such other period as the Court may decide. 3. A decision to correct or to interpret the award shall take the form of an addendum and shall constitute part of the award. . . . "(加黑部分是笔者的强调)

笔者(杨良宜)个人更倾向于时限有一定的弹性,例如仲裁庭有裁量权延长。笔者遇见过不少几个月甚至几年后再来申请澄清或解释裁决书的情况,这一般是胜诉方在执行裁决书时,执行地法院认为有不清楚的地方。作为仲裁员,相比于看自己的决定或命令被漠视,笔者当然更愿意协助执行。而如果法律或仲裁规则没有赋予仲裁庭延长时限的裁量权，在英国《Arbitration Act 1996》之 Section 79 下，只是法院有权延长有关时限。

3.2.2.4　向法院或仲裁庭寻求救济的区别与相互关系

要理解这套救济的逻辑，就要看英国《Arbitration Act 1996》之 Section 57、Section 67（挑战仲裁庭管辖权）、Section 68（严重不正常）、Section 69（对法律观点上诉）之间的相互关系，它们之间有所重叠与相互配合。首先可节录 Section 70（2）："An application or appeal (under section 67, 68 or 69) may not be brought if the applicant or appellant has not first exhausted-(a) any available arbitral process of appeal or review, and (b) any available recourse under section 57 (correction of award or additional award)."

Section 57、Section 67 与 Section 69 之间的相互关系相对容易理解。例如，如果裁决书中对管辖权或实质法律争议的决定有含糊的地方，一方或双方当事人要先向仲裁庭要求澄清或解释，然后才能决定是否上诉法院。

但 Section 57 与 Section 68 之间的相互关系就复杂很多，因为有很多重叠的部分。首先笔者可先节录 Section 68 下的 9 项"严重不正常"可能与 Section 57 有重叠的部分："(a) Failure by the tribunal to comply with section 33 (general duty of tribunal);...(d) Failure by the tribunal to deal with all the issues that were put to it;...(f) Uncertainty or ambiguity as to the effect of the award; (g) The award being obtained by fraud or the award or the way in which it was procured being contrary to public policy; (h) Failure to comply with the requirements as to the form of the awards; or (i) Any irregularity ... which is admitted by the tribunal ... in relation to the ... award."

仲裁庭最重要的责任就是保证自然公正。根据不同错误的性质（无论是否被仲裁庭承认），Section 68（2）（a）可能在很多方面与其他条文重叠或有关。例如在极端案件里，仲裁员向当事人承认把程序搞得一团糟。

在（d）项下的严重不正常是裁决书不完整，首先要明白这种严重不正常针对的情况，时不时看到当事人说仲裁员没有在裁决书中写明接受或拒绝当事人提出的某个争辩。但现实中很常见的情况是，仲裁员在某个关键争端中支持一方当事人就决定了这个案件的命运，所以仲裁员会只对关键争端与决定性的重要证据给出裁决的详细理由，而对其他替代争端与次要的证据一笔带过。例如，仲裁员在裁决原告责任方面败诉之后，不会再长篇大论去针对损失的争议。或是在大量有争辩的文件与口头证据中认定其中一两处重点决定胜负，而不解释每一项非决定性或次要证据（即使双方都有争辩），认为是已经没有必要了，这完全是可以的。的确，事无巨细针对每一争议事实与证据的仲裁员笔者（杨良宜）也遇过好几次，感觉除了浪费金钱与时间（往往要很久才能拟定好裁决书）外，也很难审阅（作为共同仲裁员合议）与抓到重点内容。正如 Phillips 勋爵在 English v. Emery Reimbold & Strick Ltd (2002) EWCA Civ 605 先例中所说："... the judgment（仲裁裁决书也同样道理）must enable the appellate court to understand why the judge reached his decision. This does not mean that every factor which weighed with the judge in his appraisal of the evidence has to be identified and explained. But the issues the resolution of which were vital to the judge's conclusion should be identified and the manner in which he resolved them explained. It is not possible to provide a template for this process. It need not involve a lengthy judgment. It does require the judge to identify and record those matters which were critical to his decision. . . . ”

或另在 Simetra Global Assets Limited v. Ikon Finance Limited（2019）EWCA Civ 1413 先例中，Males 大法官说：“. . . I would not criticise the judge for saying that he would not address disputes of fact which led nowhere. No judge is required to do that. But that did not absolve him from needing to address at least the principle factual matters . . .

另在更近期的 Mr Rustem Magdeev v. Mr Dmitry Tsvetkov & Ors（2020）EWHC 887（Comm）先例中，Cockerill DBE 大法官说：“. . . it is plainly impossible for me to deal with every issue which has been raised by the parties. To do so would, . . . result in a judgment of ‘intolerable length’. It would also run into serious danger of making it impossible to see the wood for the trees. ”

这种没有在裁决书针对与解释每一个“次要”的争议或与最后裁定没有大关系的事实或证据的情况并不属于(d)项下的严重不正常。但另一个极端是解释怎样作出裁决书的决定的理由不够，正如 Phillips 勋爵在 English v. Emery Reimbold & Strick Ltd（2002）EWCA Civ 605 先例中所说：“the issues the resolution of which were vital to the judge's conclusion should be identified and the manner in which he resolved them explained. ”如果是在寻求法院对裁决书的救济时需要让法院更多了解问题出在哪里而要更多的理由，当事人可在 Section 68（2）(f）与 Section 70（4）下向法院申请命令，要求仲裁庭给出更多的理由。

因此，在 Hussman（Europe）Ltd v. Al Ameen Development & Trade Co（2000）2 Lloyd's Rep 83 先例中，Thomas 大法官说：“I do not consider that s. 68(2)(d) requires a tribunal to set out each step by which they reach their conclusion or deal with each point made by a party in an arbitration. Any failure by the arbitrators in that respect is not a failure to deal with an issue that has put to it. It may amount to a criticism of the reasoning, but it is no more than that. ”

另在 Margulead Ltd v. Exide Technologies（2005）1 Lloyd's Rep 324 先例中，Colman 大法官说：“The meaning of ‘failure to deal with all the issues’ must therefore refer to a failure to deal with a claim or a distinct defence to a claim advanced before the tribunal and not merely to an omission to give reasons for the tribunal's conclusion in respect of such claim or defence. It is in those cases in which the award expresses no conclusion as to a specific claim or a specific defence that the Award can be said to have failed to deal with an issue. . . . In the present case, the arbitrator expressly accepted the specific defence of mutual mistake ... He therefore necessarily rejected all the submissions of Margulead including those as to affirmation. The Award did not include his reasons for doing so. He had therefore not failed to deal with an issue within s. 68(2)(d) ... Accordingly, there was in relation to the Affirmation Point no serious irregularity."

这种裁决书不完整的情况应先向仲裁庭寻求救济,在 Section 57 下要求仲裁庭追加裁决书。如果仲裁庭做不到(如一位仲裁庭成员突然去世),或因为一些不合理的原因,或根本不给原因就拒绝追加裁决书,当事人就要转而在 Section 68(2)(b)下向法院寻求救济。另一种情况是裁决书中没有处理的是替代争端(alternate issue),而不是一个独立的争端(如利息或费用)。这样,如果对替代争端(如时效)追加裁决书,就可能导致要改变原裁决书的最终决定。这涉及改变想法,而并非仲裁员在 Section 57 下有权"更正"的错误。换言之,这时就只能通过 Section 68 让仲裁员考虑这个替代争端重新作出决定。也可能是仲裁庭遗漏没有决定的争端十分重要,或拒绝作出追加裁决书的理由十分不合理,法院对仲裁庭的能力与知识水平失去了信心,所以认为将裁决书发还给仲裁庭重新考虑不恰当也不能解决问题,而应撤销整个裁决书。这样,当事人就必须在另一个仲裁庭面前开始一个新的仲裁。

(f)与(h)项下的严重不正常也是同样的道理与操作。仲裁员经常面对败诉方提出质疑,声称裁决书中有很多不肯定与含糊之处,要求澄清或解释。仲裁员可能看出了这是败诉方在鸡蛋里面挑骨头,所以拒绝澄清,说裁决书很清楚没有需要进一步澄清或解释的地方:见 Margulead Ltd v. Exide Technologies 先例。这样,败诉方就要在(f)项(或者再加上 Section 67 或 69)下向法院提出申请。法院可能觉得某些澄清的要求是合理的,就会要求仲裁庭澄清或给予更多的理由。这是 Section 70(4)赋予法院的权利,可节录如下:"If on an application or appeal it appears to the court that the award—(a) does not contain the tribunal's reasons, or (b) does not set out the tribunal's reasons in sufficient detail to enable the court properly to consider the application or appeal, the court may order the tribunal to state the reasons for its award in sufficient detail for that purpose."

因此伦敦仲裁的仲裁员如果只在裁决书中给出很少或粗略的理由,很难全身而退。这在一定程度上也能保证在伦敦仲裁的仲裁员在作出裁决书时会自律(self-discipline),不是草草略及(shortcut)就"交功课"。另也保证没有水平(主要是通过合约法与证据法大原则分析双方的争议/争端并给出充分理由)的人士不敢乱接受仲裁员的委任,除了一两次的边裁可滥竽充数。

至于(h)项下的不符合对裁决书的格式要求,首先,英国仲裁对裁决书几乎没有什么格式要求,Section 52 规定:"(1) The parties are free to agree on the form of an award. (2) If or to the extent that there is no such agreement, the following provisions apply. (3) The award shall be in writing signed by all the arbitrators or all those assenting to the award. (4) The award shall contain the reasons for the award unless it is an agreed award or the parties have agreed to dispense with reasons. (5) The award shall state the seat of the arbitration and the date when the award is made."

当然这也会有各种各样的情况,举一个最简单的例子,如果当事人发现裁决书中没有日期或年份写错,就可以向仲裁庭申请补上或更正,很难想象仲裁庭会拒绝。但现实情况往往更复杂,如笔者(杨良宜)遇到过仲裁员(特别是首席仲裁员)对作出裁决书的时间不警觉。当最后一个仲裁庭成员(一般是首席仲裁员)签字后或仲裁机构盖章后,裁决书就正式作出。更重要的是,要同时告诉当事人裁决书已经作出,可以领取。此点的重要之处在 Sections 67~69 规定的时限都是裁决书作出后的28日,而时限的要求是很严格且一般不容易获得法院的宽限,让法院同意根据 Section 79 延长时限。所以,如果仲裁庭在裁决书中写明的日期是8月1日(举例),但在8月5日才通知当事人可以领取裁决书。这等于白白浪费后四五天的时间让当事人无法对裁决书提出质疑。虽然在这种情况下,法院会更愿意延长时限,但当事人提出申请仍承担了不必要的困难与支出,所以仲裁庭应注意不应在这个程序上犯错。

涉及裁决书格式瑕疵的最复杂的情况,就是有瑕疵的部分是有关裁决书的理由(reasons)。绝大多数仲裁法与仲裁规则都要求裁决书中要写明理由(reasoned award),所以仲裁员有责任作出一份有理由的裁决书解释如何通过分析与抉择作出最后裁定。但写理由并不容易,这方面较早已有涉及。国际商事仲裁中很大一部分明示或默示适用英国法(或其他普通法国家或地区法律,如香港特区法律或新加坡法律),笔者较少见到没有足够普通法(主要是合约法与证据法)知识的仲裁员能写出一份包括有说服力与充分理由的裁决书,甚至很难在仲裁庭合议时有贡献。因此,如果裁决书的格式要求包括理由,但仲裁庭没有写明理由或更常见的是没有足够理由,法院可以将裁决书发还给仲裁庭要求仲裁庭给出进一步的详细理由。但 Section 68(3)使用了"可以"(may)一词,所以法院有裁量权(discretion)决定发还仲裁庭或撤销裁决书哪个才是合适的做法。如果法院对仲裁庭没有信心,不认为仲裁庭可以给出足够的理由以满足格式要求,也可以决定撤销裁决书。

这里还有时限的问题,已经提到 Section 57 与 Section 68 的时限都是裁决书作出的28日,所以当事人是否应该同时向法院或仲裁庭申请救济,以保护时效?毕竟,裁决书的特定错误(无论仲裁员是否承认)应向仲裁庭还是法院申请救济往往不明确。如果做了错误的决定,可能有严重后果:见 Torch Offshore LLC v. Cable Shipping Inc (2004) EWHC 787 (Comm), The "Pearl C" (2012) EWHC 2595 (Comm)等先例。

在 Torch Offshore LLC v. Cable Shipping Inc 先例中,承租人声称存在两条误述导致租约无效。承租人以仲裁员没有处理这两条误述是否诱导租约成立的问题为由,在 Section 68(2)(d)下挑战裁决书。Cooke 大法官判没有处理这个问题构成严重不正常,但是在 Section 70(2)下承租人应先在 Section 57 下要求仲裁庭澄清是否在这点上判己方败诉。

根据 Section 70(3),如果当事人需要先向仲裁庭申请澄清或解释,上诉法院的时限就变为当事人被通知仲裁庭的处理结果后的28日。可节录Section 70(3)如下:"Any application or appeal must be brought within 28 days of the date of the award or, if there has been any arbitral process of appeal or review, of the date when the applicant or appellant was notified of the result of that process."

3.2.3 例外之三:仲裁员的错判行为

仲裁员认定的事实是最终(final)与有约束力(binding)的,仲裁员有完全的裁量权(discretion)决定证据的分量(weight)、推断(inference)、是否充分(adequacy)等:见GKN v. Matbro (1976) 2 Lloyd's Rep 555先例。例如,仲裁员可以自己根据当事人提交的证据作出推断,不必要先与双方当事人确认、让双方作出进一步陈述与争辩:见The "Pamphilos" (2002) 2 Lloyd's Rep 681先例。所以,一般的说法就是仲裁庭是"证据的主人"(master of evidence)。

这个局面在英国的《Arbitration Act 1996》生效后更是明确与肯定。例如,《Russell on Arbitration》(2015年,第24版)一书之Para. 8-095就说对事实认定错判(mistake in finding of fact)不属于《Arbitration Act 1996》之section 68下法院可撤销(set aside)裁决书或发还重审(remission)的一种"不正常"(irregularity)。

另Claire & Co Ltd v. Thames Water Utilities Ltd (2005) BLR 366先例中说:"The weight to be attached to each piece of evidence was entirely a matter for the arbitrator ... It is not permissible to use ss. 33 and 68 as a device to mount an appeal against the decision of an arbitrator on a question of fact."

法院诉讼不同。在原则上,一审法院对事实的认定也是"一审终局",上诉只主要针对法律问题。一审法院对证据的分量与推断也是完全享有裁量权。但认定事实时如果没有足够理由,会被上诉庭批评,撤销判决与下令重审:见本书第一章之2.3段介绍的Janan George Harb v. HRH Prince Abdul Aziz Bin Fahd Bin Abdul Aziz (2016) EWCA Civ 556上诉庭先例。类似地,如果一审判决中给出的原因显示事实的错误认定是因为适用了错误的法律原则,就可能属于法律的错误,这是可以在上诉时被纠正并同样导致上诉庭下令重审。例如完全没有证据认定事实属于法律错误。

仲裁员在这方面就"幸运"得多,基本原则是法院不应随意干预裁决书,毕竟双方当事人自愿选择以仲裁解决争议,就要自己承担这后果。在英国,是允许对裁决书中的法律错误上诉的,所以败诉方(通常是事实的认定不利的一方)就会努力找出裁决书中对事实的认定适用了错误的法律原则,所以有法律错误。例如,搞错举证责任(burden of proof)的情况:见The "Popi M" (1985) 2 Lloyd's Rep 1先例(贵族院认为高院与上诉庭都搞错了举证责任)。另在较近期的Interflora v. Marks & Spencer (2014) EWCA Civ 1403先例中,上诉庭也判一审法院错误认定举证责任在第三方(提供关键字广告服务的谷歌)。同样,如果仲裁员没有任何证据或证据很薄弱就认定事实,也属于法律错误。正如Atkin大法官在Gillespie Bros & Co v. Thompson Bros & Co (1922) 13 Lloyd's Rep 519先例中说:"... there is no evidence on which the facts could be found, because that would be a mere error in law."另在 GKN v. Matbro 先例中,Stephenson 大法官说:"Bearing in mind, . . . that the Court is bound by the arbitrator's finding of fact and cannot review them unless they are unsupported by any evidence. , ..."

但这不要说在支持仲裁的今天,即使在早期也不容易,因为这种错误必须显示在裁决书中。例如,在 Pagnan and Fratelli v. Corbisa Industrial Agropacuaria Ltda (1970) 2 Lloyd's Rep 14 先例中,Megaw 大法官说:"The award, quite properly, does not purport to set out all the evidence. It is impossible for this Court, as I think, to say that the tribunal had no evidence on which to base its finding. . . ."

所以除非仲裁员明显可见其搞错了法律原则,与/或无能、无知,或违反自然公正大原则,否则是很难证明有法律错误。例如在裁决书中写:"我最相信自己的眼光,其他什么证据都不重要。我已阅人无数,一看就知道证人是否可靠。"或是像 The "Catalina" (1938) 61 Lloyd's Rep 360 先例一样,写:"双方主要证人互相矛盾,我比较相信印度人,印度这个民族比较坦诚。"当然,今天有水平/高技巧的仲裁员一般不会犯这种基本错误。至于仲裁员毫无证据凭空下定论,一方当事人说 A,另一方当事人说 B,而仲裁员不声不响判了 C 的典型例子可见著名的 Fox v. PG Wellfair (1981) 2 Lloyd's Rep 514 先例。

Mustill 与 Boyd 的《Commercial Arbitration》(1989 年,第二版)一书第561 页对当时的英国法律地位总结说:

"If a party suspects that the tribunal is about to make a finding against him for which there is no evidence, he should ask the tribunal to give a reasoned award raising the question for an appeal under the 1979 Act[29] whether there is any evidence to support the finding.

It is conceivable that where the state of the evidence is such as to show, not merely that no reasonable arbitrator would reach a particular conclusion of fact upon the basis of it, but also that there is no evidence at all to sustain the findings, the award can be attacked-either on the ground that the arbitrator has acted unjudicially, or on the ground that by deciding that contrary to the obvious facts he has taken the parties by surprise, and hence been guilty of misconduct."

英国《Arbitration Act 1996》之 Section 68 已把"不良行为"(misconduct)收紧或提

---

〔29〕该书的这个版本明显针对的是《Arbitration Act 1979》而不是现在的《Arbitration Act 1996》。当时国际仲裁特别是海事仲裁的普遍做法是裁决书不用给原因,除非双方当事人要求,这在该立法下也被允许。所以作者建议,如果当事人感觉自己会败诉,就应该要求仲裁庭作出有理由的裁决书,看是否能从理由中找出仲裁庭没有证据支持就认定了对己方不利的事实或是指鹿为马,己方可借此上诉法院撤销裁决书。

升至“严重不正常”(serious irregularity),而且这一严重不正常行为在个别案件确实带来“重大不公平”(substantial injustice),法院才会插手并给予撤销裁决书或发回重审等的救济。法律改变分水岭的原因是为了加强商务仲裁的终局性(finality);双方当事人自愿选择以仲裁解决争议(很多时候也是自己选择的仲裁员),就要自己承担这后果,接受裁决书的约束;减少国际对英国法院插手/干预太多的批评。而就法律问题上诉除了 Section 69 外基本保持了在 Pioneer Shipping Ltd v. BTP Tioxide Ltd (The “Nema”) AC 724 贵族院先例确立的指引(the Nema Guideline)中。[30]

数据显示,2012 至 2018 年,在成千上万的伦敦仲裁案件中,只有 60 个案件在 Section 68 下被批准向法院申请救济撤销或发还裁决书,其中 6 个成功,54 个失败。而在 Section 69 下的 61 个案件,30 个成功,8 个打到了上诉庭,3 个打到了最高院。

总结而言,仲裁员对事实认定的错误几乎无法逆转。即使从裁决书表面看很明显仲裁员在认定事实时适用了错误的法律原则。例如,没有证据就臆测事实可以属于法律错误,虽然不是没有可能成功,但也不会容易。Section 69(3) 规定只有符合以下条件才会被允许上诉:“(a) That the determination of the question will substantially affect the rights of the one or more of the parties, (b) That the question is one which the tribunal was asked to determine, (c) That, on the basis of the findings of fact in the award-(i) The decision of the tribunal on the question is obviously wrong, or (ii) The question is one of general public importance and the decision of the tribunal is at least open to serious doubt, . . . ”

而在适用《贸易法委员会国际商事仲裁示范法》(UNCITRAL Model Law on International Commercial Arbitration,简称《示范法》)的国家或地区,如中国香港特区或新加坡,甚至比在英国还要难:(1)撤销或发还裁决书的标准更高:见中国香港《仲裁条例》(第 609 章)第 81 条即《示范法》第 34 条。与认定事实错误可能相关的是第 34(2)(a)(ii)条的不能陈述案情(unable to present his case),与 34(2)(b)(ii)条的裁决与本国(地区)的公共政策(public policy)相抵触。(2)没有纠正法律错误的办法。在《示范法》下,与英国《Arbitration Act 1996》不同,不能以有法律错误为由上诉,因此不能像对伦敦(新加坡也在考虑允许对法律错误上诉)仲裁裁决书一样,试图将事实认定错误塑造为法律错误。

换言之,即使是严重的认定事实错误,例如 Mustill 与 Boyd 的《Commercial Arbitration》(1989 年,第二版)一书中提到的“没有证据”或“没有任何合理的仲裁员基于提供的事实证据会得出这样的结论” 即指鹿为马,除非达到违反公共政策的程度,或者在某些特定案件中可以说是被拒绝陈述案情,否则依然没有办法改正。

所以有观点认为,应确保裁决书中严重的事实或法律(或至少是认定事实时适用了错误的证据法原则)有相应的救济,否则对国际仲裁不利。笔者同意新加坡

---

〔30〕 见笔者的《仲裁法:从开庭审理到裁决书的作出与执行》一书第八章之 3 段。

Michael Hwang 资深大律师在 2013 年发表的"Egregious Errors and Public Policy：Are the Singapore Courts Too Arbitration Friendly?"一文中的观点，他总结说："A curial court's policy on reviewing or enforcing awards must be based on a balance of protecting the sanctity of an arbitral award with the need to ensure that there are no miscarriages of justice. It is suggested that the Singapore position may tilt the balance too much in favour of protecting the arbitration award. After all, a pro-arbitration policy should not involve giving the tribunal licence to commit error."

上述提到的 Michael Hwang 资深大律师的强有力的争辩可部分节录如下：

"—The survey of the positions taken by various jurisdictions above demonstrates that major common law jurisdictions have accepted that, in limited and prescribed circumstances, errors of law (and possibly fact) can justify setting aside or refusal of enforcement of an award ...

—The Singapore position that 'no challenge lies' against an 'error (and does not cease to be such even if the error is gross or egregious)' and that there is 'no remedy' against 'en error of fact', is arguably too extreme and absolute a position to take even if we may be a pro-arbitration regime. (In fact, no other common law country has taken so absolute a stand and stated in express terms that an arbitral award can never be set aside for error by the tribunal.)

—The authors would also argue that, at the very least, some form of relief should be allowed against egregious errors (ie, Hutchinson-type errors of fact or errors of law which are easily demonstrable). Otherwise, we would be promoting arbitration at the expense of justice and thereby get our priorities wrong since arbitration must be a means of achieving justice, and not a substitute for justice. It must therefore be possible for the courts to consider setting aside or refusing to enforce an award tainted by egregious errors."[31]

上述提到的"Hutchinson type of errors"指的是 Hutchinson v. Shepperton (1849) 13 QB 955 先例。Denman 勋爵说："If awards were allowed to be questioned under any circumstances, it may be difficult to draw a line; but a line must be drawn somewhere." 在该先例中，裁决书中的错误是十分严重与根本性的。如果不能被改正，将会影响公众对司法系统的信心。

---

〔31〕 Michael Hwang 资深大律师研究了主要的普通法地区针对法律（或事实）错误的法律地位，实际上大部分都可以在有限与特定的情况下撤销或拒绝执行裁决书。即使新加坡是一个仲裁友好的国家，对法律错误完全没有救济还是太极端与绝对化了。Michael Hwang 资深大律师认为，至少针对一些极其严重的错误（Hutchinson type of errors）还是应该有一些救济，毕竟仲裁也是为了追求公平公正的大原则，不能以牺牲公平公正为代价毫无原则地支持国际仲裁。

《示范法》下允许法院以裁决书违反自然公正为由撤销裁决书,这也是所谓的公共政策。但这要求裁决书决定令人良心感到震惊,或伤害社会公序良俗,或如果合理的普通社会成员知道所有信息会对结果感到冒犯,或违背了最基本的道德与公平公正的理念。尽管一般来说这只限于涉及贪污受贿或欺诈的情况,在一些极端的案件中对事实认定错误或法律的错误(如无视证据法的基本规则)也可能属于违反公共政策。《Phipson on Evidence》(2018 年,19 版)一书之 28 – 55 段说:"Many arbitration agreement expressly or impliedly exclude the operation of the hearsay rule. It is probable that even where the hearsay rule is not applicable as a matter of statute or practice, **the exigencies of natural justice require the tribunals to maintain some restriction on the evidence receive and use in their deliberations.**"(加黑部分是笔者强调)

另一种能有效控制裁决书中事实与法律错误的手段是近年来拒绝执行没有理由或没有足够理由的裁决书的趋势。必须写出一份有完整与详细理由的裁决书的要求会约束仲裁员,让他们深思熟虑再作出决定。为了保证裁决书被执行,仲裁机构会确保委任了称职的仲裁员;如果是独任仲裁员,当事人会保证委任一位称职与可以信赖的仲裁员;如果是三人组成的仲裁庭,即使其中一位不称职也不会构成多数意见。仲裁员为了写出完整与有详细理由的裁决书也会保持警觉。毕竟如果裁决违反基本理念或证据法规则,很难或几乎不可能有足够理由进行合理解释,特别是考虑到还有双方代表律师在"教育"仲裁员。

如果最终仲裁员还是作出了一份没有理由或理由很薄弱的裁决书,已经有不少先例以违反公共政策或没有按照双方同意的程序作出一份有理由的裁决书为由,拒绝执行:见英国的 Flannery v. Halifax Estate Agencies Ltd (t/a Colleys Professional Services) (2000) 1 WLR 377;加拿大的 Smart Systems Tech Inc v. Demotique Seacant Inc (2008) QCCA 444;香港特区的 R v. F (2012) 5 HKLRD 278 (裁决书的理由不够是本案的焦点,但最后法院批准执行裁决书并为判断裁决书的理由是否足够订立了标准)与 Z v. Y (2018) HKCFI 2342 等先例。

关于 Z v. Y 先例,香港法院作出的判决在内地仲裁界引起了不少关注,有文章批评香港法院的判决是对裁决书实体裁决的干涉,没有体现出裁决书是如何违反香港的公共政策而被不予执行的。这种批评看来是因不了解对抗制诉讼中证据的重要性而对该香港判决产生的误解。该案例涉及的仲裁程序中被告引入了事实证人并提供了详细的证人证言。该口头证据中提出了多个事实去质疑供货合同交易的真实性,但是在裁决书中仲裁庭却完全漠视了这些口头证据,也没有处理口头证据中提出的各种事实疑点。这对笔者来说也不难理解,因为在内地仲裁中很少会出现口头证据,大家都认为事实证人各为其主提供的口头证据肯定是各执一词,在没有交叉盘问去测试这些证据的分量(weight)的情况下,干脆是漠视,不会也无法将这些证据作为判决/裁决的理由。至于针对那些通过口头证据提出的争议事实,仲裁庭也只能在漠视了这仅有的口头证据的情况下,不予处理。或者即使认定事实,也不针对证据而只是拍拍脑袋说“我相信谁”。虽然对事实做出认定是仲裁庭的权力,不存在上诉或法院插手的空间,但在此先例中,不是对事实认定是对是错(本段稍早提到如果是严重与根本性错误也应该干预)的问题,而是根本没有认定。这样,仲裁庭完全不考虑当事人提供的证据与忽略对争议事实作出认定在国际上被上升到程序不公正进而违反公共政策也是毫不奇怪了。所以笔者呼吁国内仲裁从业者加强对证据法的了解与重视,以利裁决书能够在国际上得到执行。

不少国际与中国仲裁机构都会希望自己管理的仲裁的裁决书能在国际上得到执行,也有一些仲裁机构会像 ICC 仲裁一样审核(scrutiny)裁决书。笔者认为在审核过程中,很关键的就是要看理由是否足够。如果理由不够,就应该要求仲裁员对理由进行加强。当然要有这个水平进行审核就需要仲裁机构负责审核的秘书或其他人员熟悉与了解这方面的重要性。

4. 敌意证人

在英美对抗制的民商事诉讼中,当事人提供多少证据与如何提供(如多位证人作证的先后排列)是他们自己决定的。故此,提供多少与哪些证人出庭作证也是当事人自己决定。而其中一个重要的考虑是证人是否有必要(如对方是否有相关的证人)、能力与水平如何、有用与有利,这就必须事先能预计到他/她在作证时会讲些什么。不要安排一位纯因为出庭方便、愿意作证的证人,更要防止他/她只是借出庭机会出国旅游一次。[32] 安排任何证人出庭都有潜在的危险与/或出乎意料的后果,会在主盘问(口头)或交叉盘问时对自己的案件造成重大伤害。

这往往因为证人能力与水平不足或对方盘问律师厉害。也许事实真相确实如此,证人在宣誓下作证加上法院严肃环境与对方律师厉害紧密的交叉盘问,避无可避下只能坦白,但也可能是在压力下根本无法表达出真相。本段要讲的是一种更加极端的情况,即自己的证人(不论是自愿或是传召的)倒转矛头讲反话,变成所谓的敌意证人(hostile witness)。这情况在商事案件不常见,但不是没有。

在商事诉讼/仲裁中,有经验的律师都不会希望打一场没有把握的仗与不知道自己胜率几何,所以为了避免这种危险:(1)除非事先有证人签字的将在开庭时提供的证据的书面总结(proof of evidence)否则千万别让该证人出庭,因为根本不知道证人会讲什么。(2)有经验的律师或大律师要事前与证人见面,并对该证人有一定的判断,才决定是否让其出庭作证。(3)如果证人不情愿出庭作证,应当尽量避免传召证人,因为不知道该人士出庭会说什么。

---

〔32〕 怎样挑选“最好”的证人已在本书第一章之 3.2.3 段有介绍。

4.1 为何证人会突然讲反话

本方证人突然讲反话,可能由于各种原因。例如,证人恶意(malice)、受贿(bribery)、被对方恐吓(intimidation)或纯粹不愿意合作。证人被对方买通,急忙中也很难证实受贿真相的情况,现实中不会没有。早在 Melhuish v. Collier (1850) 15 QB 878 先例中,Erle 大法官就说:"There are treacherous witnesses who will hold out that they can prove facts on one side in a cause and then, for a bribe or for some other motive, make statements in support of the opposite interest. In such cases the law undoubtedly ought to permit the party calling the witness to question him as to the former statement, and ascertain, if possible, what induces him to change it."

在 Islamic Republic of Iran Shipping Lines v. Denby (1987) 1 Lloyd's Rep 367 先例中,一家颇著名的希腊船东连对方(伊朗承租人)的代表律师都买通了,要买通对方证人也不奇怪,更不会犹疑不定或觉得良心不安。

至于证人恶意,可举例如交通意外伤人赔偿案件中,很多时候原告只能依赖一些目击证人(如路人或乘客)去描述意外怎样发生,或死者如何死亡(原告是死者遗属)。否则可说是一点证据也没有或不满足举证责任。但这些目击证人可能极不愿意出庭作证,反正没有好处。假如他们被传召到庭,被迫强制出庭,会在气愤下讲一些以前与警察调查时所作的证人口供截然不同的版本。原告的律师被迫申请法院批准把他们当作敌意证人,这样才能质疑与交叉盘问他们,问是为何改版本,因为真相只有一个,然后想办法丑化敌意证人,令他们的证据不被法院/仲裁庭采信。

另外,也有证人被威胁的情况。香港法院的 JJ Argo Industries (P) Ltd v. Texuna International Ltd (1992) 2 HKLR 391 先例曾介绍证人被对方以武力绑架。

最后原因是证人不愿意合作。有一个案件涉及中国某大船东通过香港经纪人将船舶出租给一家欧洲承租人。该经纪人动了贪念,估计可以赚运费差价,谈判中摇身一变从经纪人变为二船东,即企图以一家空壳公司为名从中国船东租入该船舶,再以高价格/运费背对背(back-to-back)将船转租(程租)给欧洲承租人。而且,经纪人(或二船东)先确认了与欧洲承租人的租约后,才试图与中国船东谈妥租约。但这种做法十分危险,因为若中国船东知道了非租它的船不可,可以乘机敲竹杠。或是,如果与中国船东谈不拢怎么办?

结果果然如此,经纪人(二船东)与中国船东未谈拢,中国船东把船舶另出租了。经纪人(二船东)已经把该船舶预租了出去,可是根本无法履约,加上市场运费急涨,于是只能拖延。

欧洲承租人在蒙受重大损失后,雇用了律师并单方面(*ex parte*)向香港法院申请了冻结令(Freezing Order),把作为二船东的皮包公司与经纪人的银行账户冻结了。虽然二船东的账户没有钱,但经纪人的账户有点钱,毕竟公司仍在运作。按说,正确的做法是把欧洲承租人的冻结令撤销(针对经纪人的账户),因为单方面申请的宣誓书中说到二船东与经纪人之间的关系有不真实之处,他们是两家不同的公司、不同的法人。但面对强硬的欧洲承租人与他厉害的律师,香港经纪人早已吓破胆,也不肯花律师费用申请撤销冻结令,结果只好牺牲中国船东利益,甚至编谎言以协助欧洲船东。换言之,与欧洲承租人律师达成协议协助其向中国船东索赔,指中国船东不履约,视二船东并不存在。

本来,如果文件证据完整,事实真相应该是抵赖不掉的。但遗憾的是,中国船东与香港经纪人之间的通讯多数是电话,几份杂乱无章的传真已无法展示全貌,非要口头证据不可。当然,香港经纪人(二船东)与欧洲承租人之间有十分完整的文件证据,其中对中方有利的包括:(1)显示的二船东的名字,明显与中国船东不符。(2)与欧洲承租人订立租约后,仍有传真内容显示与中国船东尚在谈判,这就说不通了。

按说,欧洲承租人不会不知道这些不利之处,但仍决定嫁祸中方船东,原因是:(1)经纪人针对这些矛盾可以给一个听起来合理的解释,并愿意(或被强迫)出庭作证。(2)更重要的是,欧洲承租人明知向经纪人索赔不会有结果。(3)英国的代表律师明知部分中国船东好欺负。总之,欧洲承租人在香港扣了中国船东一艘姐妹船,并取得了百万美元的诉前保全。之后,在香港法院进行诉讼。欧洲承租人在索赔请求书中指他通过香港经纪人,以口头和书面形式与中国船东达成一个租约。

案件发展下去,不知道是中国船东另向香港经纪人施加了压力,或是香港经纪人自己良心发现,或是慢慢也不害怕欧洲承租人了,也或是不敢在法院发誓讲谎言,他竟向中国船东主动表示在开庭时,他会讲真话,把欧洲承租人的实际合约方是二船东的事实抖出来。

4.2　证人突然讲反话怎么办

在普通法下,不允许一方当事人去丑化或质疑自己引入或传召的证人,也不能去向己方证人交叉盘问,唯一例外是,审理的法院(或仲裁庭)批准把该证人改为敌意证人。但批准的尺度甚为严苛,如证人有故意隐瞒真相或说谎:见 McLennan v. Bowyer (1961) 106 CLR 95 先例。

根据1865年《Criminal Procedure Act》古老立法的 Section 3 针对自己的证人突然倒转矛头讲反话的补救办法:"A party producing a witness shall not be allowed to impeach his credit by general evidence of bad character, but he may, in case the witness shall in the opinion of the judge prove adverse, contradict him by other evidence, or, by leave of the judge, prove that he has made at other times a statement inconsistent with his present testimony; but before such last-mentioned proof can be given the circumstances of the supposed statement, sufficient to designate the particular occasion, must be mentioned to the witness, and he must be asked whether or not he has made such statement."

该立法虽然被称为"刑事诉讼法",但实际适用于民事与刑事。针对讲反话的证人(该立法称为"adverse witness",其实与"hostile witness"同义),它提供了两个办法。两个办法都需要经法院(或仲裁庭)的批准,而批准的前提是要说服法官/仲裁员,自己的证人已变为"敌意"(hostile),而不仅是"表现不佳"(unfavourable)、讲错话等。

Price v. Manning (1889) 42 Ch D 372 先例十分少见地传召对方当事人作为证人,显然目的是有机会盘问他。但法院判除非对方当事人变为敌意证人,否则不能被传召方交叉盘问。Lopes 大法官说:"Whether the witness called by one party is a litigant or non-litigant it is a matter of discretion in the presiding Judge whether the witness has shewn himself so hostile as to justify his cross-examination by the party calling him. This rule applies in a case where an opponent is called as a witness."

在 R v. Thompson (1976) 64 Cr App R 96 先例中,上诉庭判不合作、不肯讲话(注意不是讲反话)也可以被视为敌意证人。

当然,突然遇上讲反话的自己一方证人,会令人惊慌失措与窘迫,也会面临是否继续让证人作证(以免讲多错多)的抉择。这涉及一个紧急的形势衡量,如是否放弃该证人,或是不干预、随他去,因为证人所造成的损害不算太大,没有他/她的口头证据也另有其他替代(如文件证据)等。不过,由于现在已经一般由证人证言代替口头主证据,而证人即使在交叉盘问中改口,提供了对己方不利的证据,也不会被认为是敌意证人。所以这种情况在商事诉讼一般只会发生在不愿意主动出庭作证,而被己方传召的证人身上,但这种情况不多。而在由陪审团(Jury)决定事实争议的刑事案件,敌意证人会相对更多。

若已造成损害且一定要补救,就须向法官(或仲裁员)申请把自己证人当作敌意证人:见 R v. Fraser (1956) 40 Cr App R 160 先例。一经批准,就可以:(1) 直接提出其他否定 (contradict) 与/或丑化 (discredit) 该证人的证据。若没有被批准转为敌意证人,则不得对自己证人采取这种行动(这是1865 年《Criminal Procedure Act》Section 3 的第一句话)。(2) 反盘问自己证人为何讲反话,为何与较早的陈述不相符,是否受了什么人的影响或教唆?这些较早陈述有例如证据的书面总结(proof of evidence)、证人证言(witness statement)、口供书(deposition),或其他中间程序中如较早的冻结令申请的誓章(affidavit)证据。还可以是口头:见 R v. Prefas & Pryce (1988) 86 Cr App R 111 上诉庭先例,如证人不愿意出庭、因此只能提供证人纲要的情况,当事人在早先向证人了解情况时证人作出的口头陈述。

在主要会涉及敌意证人的刑事案件中,敌意证人较早曾作出不符(inconsistent)的陈述只能用于否定他/她,而不能用作事实的证据。毕竟这些没有当庭宣誓接受交叉盘问之下给出的陈述只是传闻证据(hearsay evidence)。

而今天在民商事案件中,针对过往陈述的规定可见《Civil Evidence Act 1995》之 Section 6。针对己方证人可信度的问题,Section 6(2)说除非是获得了法院批准,或者是为了反驳对方主张说证人的证词是编造,否则不得提交证人的过往陈述。Section 6(3)规定本段前文中提到的《Criminal Procedure Act 1865》之 Section 3 与有关做法同样适用在民商事案件,在涉及敌意证人的情况下可以提交证据质疑证人的可信度。另外,前述内容只是过往陈述被用来针对证人可信度的情况,而如果是用过往陈述中的内容证明案件中的其他事实争议/争端,由于今天民商事诉讼中已经完全放开传闻证据的可采纳性问题,在 Section 6(5)额外针对说所有过往陈述都是可以被采纳的,也不需要考虑证人如何的问题。可以节录有关条文如下:"(2) A party who has called or intends to call a person as a witness in civil proceedings may not in those proceedings adduce evidence of a previous statement made by that person, except (a) with the leave of the court, or (b) for the purpose of rebutting a suggestion that his evidence has been fabricated. This shall not be construed as preventing a witness statement (that is, a written statement of oral evidence which a party to the proceedings intends to lead) from being adopted by a witness in giving evidence or treated as his evidence. (3) Where in the case of civil proceedings section 3, 4 or 5 of the Criminal Procedure Act 1865 applies, which make provision as to (a) how far a witness may be discredited by the party producing him, (b) the proof of contradictory statements made by a witness, and (c) cross-examination as to previous statements in writing, this Act does not authorise the adducing of evidence of a previous inconsistent or contradictory statement otherwise than in accordance with those sections. ... (5) Nothing in this section shall be construed as preventing a statement of any description referred to above from being admissible by virtue of section 1 as evidence of the matters stated."

5. 任何当事人不拥有证人

任何当事人不拥有证人(no property in a witness)这个英国法律的大原则背后的道理是为了自然公正(natural justice),所以不仅是法院,就算是在伦敦或其他普通法地区的仲裁,仲裁员也要小心,以避免违反这个"天条"。双方当事人只要知道任何了解有关(relevant)事实的潜在证人(potential witness)的存在,就可以自由通过会面(interview)、通讯(communications)或其他办法向他/她调查取证,对方当事人或任何其他人士均不得阻止或妨碍,否则这是会构成妨碍司法公正[见 R v. Kellett (1976) 1 QB 372 先例]或藐视法院[见 Versloot Dredging BV v. HDI Gerling Industrie Versicherung AG & Others (2013) EWHC 581 (Comm)先例]。

5.1 大原则背后的理由

理由是法院的主要目的就是找出双方当事人争议事实的真相,所以需要双方提供所有的有关证据。不能允许其中一方先一步拥有了证人(如他/她的雇员或聘用的专家),就不允许对方与该证人接触与向他/她调查取证。

这个大原则已经有了很长与明确的历史。其中,最权威与经常被引用的是 Denning 勋爵在 Harmony Shipping v. Saudi Europe Line (The "Good Helmsman") (1979) 1 WLR 1380 先例中所说:"... the law is as plain as can be. There is **no property in a witness**. The reason is because the court has a right to every man's evidence. **Its primary**

duty is to ascertain the truth. Neither one side nor the other can debar the court from ascertaining the truth either by seeing a witness beforehand or by purchasing his evidence or by making communication to him. In no way can one side prohibit the other side from seeing a witness of fact, from getting the facts from him and from calling him to give evidence or from issuing him with a subpoena. That was laid down by the Law Society in 1944 . . . That principle is established in the case of a witness of fact: for **the plain, simple reason that the primary duty of the court is to ascertain the truth by the best evidence available. Any witness who has seen the facts or who knows the facts can be compelled to assist the court and should assist the court by giving that evidence**."(加黑部分是笔者的强调)

换言之,不能有"这是我的证人,别人不能碰"的错误想法,这也是笔者在《证据法——国际规管与诉讼中的文件攻防》第七章之10.1.4.5段提到以前的Marriott v. Chamberlain (1886) 17 QBD 154先例是不允许要求对方当事人提前披露开庭审理证人名字的。估计是为了防止对方当事人会接触己方证人,可能令该证人改变主意。而在今天的诉讼,理念是在开庭前把所有的底牌摊开在桌面上(all cards on the table),特别是1986年后通过的《高院诉讼规则》(Rules of the Supreme Court或简称"RSC")引进了以文书证人证言(witness statement)替代证人的口头主证据(oral evidence-in-chief)的做法。

所以,这个双方当事人都不拥有证人的大原则在今天的诉讼或仲裁仍有密切关系,特别是这原则已经不仅仅是适用在事实证人(factual witness),也适用于提供专业意见的专家证人(expert witness),还适用在民商事或刑事诉讼,虽然本书会侧重在民商事(特别是商事案件),这包括稍后会介绍的先例主要是在商事诉讼/仲裁,希望通过千变万化的案情把这个大原则解释得更清楚。

5.2 己方证人之事实证人是雇员或前雇员

事实证人经常难免是公司的在职雇员或前雇员,因为有争议的事实经常发生在他们在职期间。如果有了诉讼/仲裁,在双方当事人都不拥有证人的大原则下,对方当事人就有可能会想办法接触这些有关与重要的证人,不论他们将来会否出庭作证。

对在职的雇员,相信愿意接受对方的接触与愿意配合对方调查取证的情况不大可能发生。但对已经离职的前雇员,特别是走得不开心,会愿意接受并配合对方当事人的调查取证的机会就会高多了。这里也有法律的保护,即该前雇员有法律默示责任(implied obligation)与/或雇佣合约(employment contract)中的明示条文(express provision),必须保护前雇主的机密性信息(confidential information)。而涉及争议,会有颇大的可能性是对方当事人的调查取证会涉及前雇主的机密信息。如果前雇员任意向对方当事人透露,就会有危险被前雇主采取法律行动(如禁令)与/或索赔损失。

这方面的法律责任可节录Rakusen v. Ellis, Munday & Clarke (1912) 1 Ch 831上诉庭先例中Fletcher Moulton大法官所说如下:"Before dealing with the case before us

I wish to say a few words upon the rights of the parties and the action of the Courts in cases in which there is . . . the feature of confidential relationship is to be found. In almost all businesses there must be persons in such a confidential relation to the employers or to the people who are employed by them for purposes connected with the business, that the knowledge which they acquire is not knowledge at their own disposal but consists substantially of the secrets of their employer. Such employments come to an end sometimes at the choice of the master, sometimes at the choice of the servant, and thereupon difficulties necessarily arise, because the person who is no longer in employment still has in his breast secrets which are the property of his past employer. The view that the law takes of the rights of the parties in that position is too clear to be disputed. The employee is quite free to go into the service of people who may be the rivals or the opponents of his former master. The law does not say that the possession of those secrets shall cripple his work, or sterilize it. He may go into employment quite inconsistent with the employment which he had in the past. All that the law says is: You shall not disclose or put at the service of your new employer the secrets that belong to your old employer."

显然,有这种机密关系(confidential relationship)的也不只是当事人(雇主)与雇员/前雇员之间,也包括了当事人与代表律师或专家证人。这个大原则也包括了当事人是可以接触对方当事人的专家证人,也会试图说服该专家改变地位(change position)。怎样预防这种危险会在下一段进一步探讨。

最后也可说明一方当事人接触对方的潜在证人,如前雇员,由于他/她不能透露机密信息,通常会是作用不大。但如果该当事人可以肯定他/她拥有对自己有利的机密信息,就可以考虑传召(Subpoena 或 CPR 的 Witness Summons)他/她出庭作证。正如笔者的《证据法:国际规管与诉讼中的文件攻防》一书第一章之 4 段说,面对法院审理,机密并不是一个可拒绝披露的保护伞,除非这个机密信息是提升至特免权,特别是法律业务特免权(Legal Profession Privilege)。这样,就恐怕不多的机密信息会是可享有特免权。所以,难保不开心离职的前雇员会在私下会面时给对方当事人的代表律师一个暗示,例如:"我不能透露这些信息,但如果传召我去法院作证则是另一码事了,反正对你有好处。"

5.3　己方证人之专家证人

专家证人是否与事实证人一样,一旦被一方当事人委任就再不允许对方接触,也就是同样适用双方当事人不拥有证人(no property in a witness)的大原则?正确答案应是肯定的,在刑事方面可见 R v. King (1983) 1 WLR 411 先例,在民商事诉讼可见 Harmony Shipping v. Saudi Europe Line (The "Good Helmsman") (1979) 1 WLR 1380 先例。在后一个先例中,Denning 勋爵说:"... it seems to me that an expert witness falls into the same position as a witness of fact. The court is entitled, in order to ascertain the truth, to have the actual facts which he has observed adduced before it and to have the independent opinion on those facts.... no matter by which side he is instructed."

但相比事实证人，专家证人在这方面有更多的考虑，如下：

1. 这会涉及另一个公共政策。世界上有不少专业知识只有少数几位专家拥有。这样，如果一方当事人有雄厚的财力，可以尽早委任所有的专家，就会导致对方当事人因为慢了一步而无法找到有资格的专家证人协助，而申请法院传召其中一位专家出庭协助会太危险（稍后会介绍）。一方当事人委任了的几位专家也不会是每位都被要求出庭作为专家证人。在这个大原则下，对方当事人就有机会合法接触其他被委任过的专家，咨询他/她的专业意见（expert opinion）了。

2. 被委任过的专家被对方当事人委任与咨询时显然是不得透露任何较早前被委任所知悉的机密（confidential）与特免权（privileged）信息。相比事实证人，曾经被委任过的专家所知悉的信息更加会是享有诉讼特免权（Litigation Privilege），[33] 因为当事人如果不是为了该诉讼或可能的诉讼（litigation in contemplation）做准备，不会需要专家意见。这样，即使对方当事人把该被委任过的专家传召到法院作证，恐怕也不会披露太多机密信息。但该专家的真实意见（genuine opinion）不享有特免权，所以是要向法院披露的。

3. 对专业与有信誉的专家来说，他们也如同律师一样，有专业操守不接受双方当事人前后的委任，以免可能有利益冲突（conflict of interest）与处在尴尬（embarrassing）的地位。毕竟再接受委任，其他人士是不会知道该专家有否为前委任方守机密与没有说漏嘴透露。可说，这也是适当与正常的专业做法（proper and usual professional practice）。

4. 如果前雇员任意向对方当事人透露机密信息，就会有危险被前雇主采取法律行动（如禁令）与/或索赔损失。同样，即使专家接受了委任，如果他/她确实知道机密与享有特免权的信息，就会有被前委任方申请禁令闭嘴的危险。

5. 这样，即使可以自由接触对方当事人委任过的专家，也不会有什么收获。该专家一般是不会提供任何信息，也不会接受新的委任。在这双方当事人不拥有证人的大原则下，可做的就只能是开庭审理时传召该专家到法院作证了。但这带来了危险与不肯定性，因为无法知道该专家的真正意见是什么。他/她如果在宣誓下向法院披露的不享有特免权的真正意见是对传召方有利，这当然是好事。但如果他/她作出真正意见是对传召方不利，就会是弄巧成拙了。

6. 在今天常发生当事人委任与咨询多位专家（所谓"experts shopping"），[34] 并挑选一个最适合自己案件的专家作为出庭的专家证人的情况。这并不代表其他几位没有被挑选的专家就是因为持不同意见，并且会是对对方当事人有利令其可考虑传召

---

〔33〕 可见笔者的《证据法：国际规管与诉讼中的证据攻防》一书第十章。

〔34〕 见本书第四章之 3.4.3 段。

作证。毕竟不被先一步委任专家的当事人挑选作为专家证人的原因会是很多,不一定是因为持不同意见。例如,费用太高(或太低),表达能力或出庭经验不如被成功挑选为专家证人的另一位,代表律师曾经与挑选的专家证人愉快合作过等。

7. 所以在这个大原则下,潜在的专家证人会被对方当事人自由接触与咨询是常见的事也并不太危险。往往对方只有在特殊情况下肯定了该专家是持有一个对他/她有利的真正专家意见,但又不肯接受新委任,才会以法院传召的"下策"去强迫其作出真正意见:见 Harmony Shipping Co SA v. Saudi Europe Line Ltd 先例。

8. 最后说明的是,在委任专家时可以在委任信函(Instruction Letter)或协议中明示说明所有的信息必须保持机密。但这话说了也是白说或重复,因为法律就是这个默示地位,信息也往往享有诉讼特免权。如果进一步在委任函中说明该专家接受委任以后(不论是否仍在被委任),就禁止接触对方当事人与不得在未获得委任方同意的情况下出庭作证,该明示规定或条文也会因违反公共政策而无效。正如 Denning 勋爵在 Harmony Shipping Co SA v. Saudi Europe Line Ltd 先例所说:"But it is not a contract. It is not a binding contract at law, express or implied. But I would go further. If there was a contract by which a witness bound himself not to give evidence before the court on a matter on which the judge said he ought to give evidence, then I say that any such contract would be contrary to public policy and would not be enforced by the court. It is the primary duty of the courts to ascertain the truth: and, when a witness is subpoenaed, he must answer such questions as the court properly asks him. This duty is not to be taken away by some private arrangement or contract by him with one side or the other."

9. 总结而言,对于非常重要的争议,如果专家非常有限,还是值得花钱采取第一点中提到的诉讼策略与技巧,先一步委任所有有关专家的。

5.4　妨碍司法公正与/或藐视法院的危险

首先是 R v. Kellett (1976) 1 QB 372 先例。案件是一个离婚的诉讼(divorce proceedings),被告威胁两位证人要求撤回较早前提供给调查员(enquiry agent)的录音证言,否则会向证言中一位被诽谤(slander)的朋友提供证言,让他向两位证人提起诽谤诉讼。该威胁虽然是谈不上非法,但仍被视为对证人作出不适当压力(improper pressure),被告被上诉庭判是妨碍司法公正(attempting to pervert the course of justice)。Stephenson 大法官说:"There may be cases of interference with a witness in which it would be for the jury to decide **whether what was done or said to the witness amounted to improper pressure, and so wrongfully interfered with the witness and attempted to pervert the course of justice**, and it would be not only unnecessary and unhelpful but wrong for this court or the trial judge to usurp their function. **The decision will depend on all the circumstances of the case, including not merely the method of interfering, but the time when it is done, the relationship between the person inter-**

fering and the witness and the nature of the proceedings in which the evidence is being given. Pressure which may be permissible at one stage of the particular proceedings may be improper at another. What may be proper for a friend or relation or a legal advisor may be oppressive and improper coming from a person in a position of influence or authority. But it is for the judge to direct the jury that some means of inducement are improper and if proved make the defendant guilty, and this was such a case. A jury should be directed that a threat (or promise) made to a witness is, like an assault on a witness, an attempt to pervert the course of justice, if made with the intention of persuading him to alter or withhold his evidence, whether or not what he threatens (or promises) is a lawful act, such as the exercise of a legal right, and whether or not he has any other intention or intends to do the act if the evidence is not altered or withheld."(加黑部分是笔者的强调)

另在较近期的 Versloot Dredging BV v. HDI Gerling Industrie Versicherung AG & Others (2013) EWHC 581 (Comm)先例(案情涉及船舶保险的争议,会稍后介绍)中,Christopher Clarke 大法官说:"That principle is that it may be a contempt to interfere with attempts to interview a potential witness, or to prohibit the other side from getting the facts from him."

在该先例中,Christopher Clarke 大法官也总结了一些原则如下:

1. 因为当事人不拥有证人的大原则,所以当事人 A 不得阻止当事人 B 要求或向法院传召 A 的证人出庭作证["Because there is no property in a witness, party A cannot prevent party B (opponent) calling as a witness at trial (under subpoena if necessary) a witness from whom party A has obtained a statement or intends to call himself"]。

2. 在开庭审理前,证人可自由选择与对方当事人 B 合作,除非已被法院传召或对当事人 A 有合约(如雇佣合约)或诚信责任的约束["Before trial, whether or not a witness chooses to cooperate with either party (absent a subpoena or any relevant contractual or fiduciary obligations) is a matter of the witness. It is his or her free choice."]。

3. 在开庭审理前选择与对方当事人 B 合作的证人不可以披露当事人 A 的机密信息,但在开庭审理时,就会要求提供机密信息的证据["A witness, once called at trial, may be required to give evidence that would otherwise be confidential. However, that does not mean that he is entitled to do so before trial-see post on Porton Capital Technology Funds v. 3M UK Holdings Limited (2010) EWHC 114 (Comm)."]。

4. 无论是开庭审理前或期间,证人都不得披露当事人 A 的特免权信息["Nor, whether before trial or at trial, is a witness entitled to reveal a party's privileged information."]。

5. 任何向该证人施加压力或强烈劝阻(strong persuasion),如向雇员的证人暗示证人不能改变地位(a witness cannot change sides)或会影响他/她的就业,都会构成藐视法院(contempt of court)。但只是告诉证人不要透露真正机密或享有特免权的信息并非藐视法院,毕竟该证人很可能不懂法律,不知道自己的权利与义务。

5.5 接触将要出庭接受交叉盘问的证人与证人规则

上一小段介绍的 Versloot Dredging BV v. HDI Gerling Industrie Versicherung AG & Others (2013) EWHC 581 (Comm)先例涉及的事实证人(factual witness)是一位专业验船师(surveyor),他已经是被告(船舶保险人)的证人,将出庭接受原告的交叉盘问。这样,带来的疑问是,原告能否在双方当事人都不拥有证人的大原则下在开庭审理前接触该证人?笔者在《证据法:国际规管与诉讼中的文件攻防》一书中有关第三方披露令(Norwich Pharmacal Orders)的第二章之4段就介绍了证人规则(Mere Witness Rule)。

Versloot Dredging BV v. HDI Gerling Industrie Versicherung AG & Others 先例也有这方面的争议。有关的事实证人(可将该专业验船师简称为 G 先生)由于将会出庭接受原告的交叉盘问,所以被告的代表律师反对原告单方面接触 G 先生,要接触也必须有被告律师在场。毕竟,G 先生不是英国人更不懂英国法律,不知道在原告律师接触中,什么是他即使是愿意合作仍在法律规定下也绝不能透露的被告机密与特免权信息。被告代表律师说:"(双方当事人不拥有证人的大原则下可去自由接触对方证人) simply inapplicable to present circumstances, where (证人)s coming to give evidence, and not as claimants' witness, and can be cross-examined. The court is thus not going to be deprived of the right to his evidence... There is no question of a threat towards (证人) to prevent him from giving evidence, nor any attempt to persuade him to alter or withhold his evidence from the court."

但 Christopher Clarke 大法官不同意,说:"... in my judgment, no answer in the present case ... to say that (证人) evidence will be available at trial. Improper interference with access to a witness may mean that, although the witness is called at trial, the entirety of the evidence that he (证人) could give is not in fact elicited, because it has not been elicited by the party who called him, and because the opposing party was not aware, or not fully aware, that that witness had such evidence to give, with the result that the best evidence is not available to the court..."

以上的判词可稍作解释,事实证人的主证据(evidence-in-chief 或 direct evidence)都在证人证言(witness statement)中,交叉盘问在做法上也通常只局限在证人证言中的内容。但证人证言的拟定是完全在证人律师的引导(leading)下,即使是不会讲假话,也经常有避重就轻之处与/或没有全面把事实真相讲出来。这样光是靠交叉盘问,即使对方的代表律师尽职盘问,也受制于证人证言的内容与无法知道证人还有什么事实真相漏了披露,无法把全面的事实真相向法院显示出来。

但在允许双方自由接触任何一方的证人的大原则下,虽然在大部分的情况下不会有用(如证人是对方当事人的雇员),因为证人会拒绝见面或通讯,但难保有部分较独立的证人(如前雇员)会在接触时披露更全面的事实真相或改变立场。

5.6 重要案例与笔者仲裁案件简介

针对这个课题,笔者最后介绍部分以及尽量与商事有关的案例/案件,可以让读者在各种各样的情况下看到这个大原则会出现并且适用。

5.6.1 案例之一:Harmony Shipping v. Saudi Europe Line

Harmony Shipping v. Saudi Europe Line (The "Good Helmsman") (1979) 1 WLR 1380 先例涉及一艘名为"Good Helmsman"的船舶的租约(charter-party),争议的类别是中国航运与外贸公司经常碰到的双方是否已经约定了一个有效与有约束力的租约。在此先例中,双方已经签署了一份租约,但被告承租人(Charterers)指称该租约是虚假(sham)。这份文件只有复印本,但有两份前后披露的复印本看来有一点不同,这表示有必要找笔迹专家(handwriting expert)来协助法院确定文件的真伪。

船东的代表律师先委任了一位笔迹专家 Davis 先生。在双方的会面中,这些复印本给了 Davis 先生查阅,双方也谈了要收取的费用等。估计是 Davis 先生在会面中表达了他的初步看法是有关的文件并不像是真实(genuine)的,这也代表了 Davis 先生的专家意见对船东没有帮助,因为船东的立场是已经有了一个有效与签署了的租约。可以想得到,船东律师之后再没有与 Davis 先生接触。

过了 2 个月后,Davis 先生被一家英国律师所(是承租人委任但 Davis 先生不知道)接触并提供了一些文件与咨询真伪。Davis 先生之后也表达了他的初步意见是文件并不像是真实的。在双方的进一步交谈中,Davis 先生才发现曾经查阅过同样的文件与向另一家律师所表达过意见。这样,Davis 先生马上抗拒进一步接触,说:"I cannot accept any further instructions in the matter since I have already been consulted by the other side."

承租人律师在知道了 Davis 先生的看法/说法后表示,即使他不肯再合作,也可以向法院传召 Davis 先生出庭提供事实真相,同时确实这样做了。这导致船东律师的反对,并带来了这个先例。

结果显然在一审与上诉庭中,船东都败诉了,法院不肯撤回对 Davis 先生的传召,也不肯作出禁令排除 Davis 先生为对方当事人/承租人提供证据(他愿不愿意是另一回事)。除了双方当事人都不拥有证人的大原则外,Denning 勋爵也提到了另一考虑,就是财雄势大的当事人接触或委任所有著名的专家,令对方当事人找不到专家协助的战略/计策并造成严重不公正,说:"I would add a further consideration of public policy. If an expert could have his hands tied by being instructed by one side, it would be very easy for a rich client to consult each of the acknowledged experts in the field. Each expert might give an opinion adverse to the rich man—yet the rich man could say to each, 'Your mouth is closed and you cannot give evidence in court against me'. We were told that in the Admiralty courts, where there are a very limited number of experts, one side may consult every single one of them. Does that mean that the other side is debarred from getting the help of any expert evidence because all the experts have been taken up by the other side? The answer is clearly No. ... There is no property in an expert witness as to the facts he has observed and his own independent opinion on them. There being no such property in a witness, it is the duty of a witness to come to court and give his evidence in so far as he is directed by the judge to do so."

5.6.2　案例之二:R v. King

R v. King (1983) 1 WLR 411 先例也涉及虚假文件与笔迹专家,而且是刑事诉讼,所以该先例也涉及双方当事人不拥有证人的说法与大原则适用在刑事与民商事诉讼之间有否区别的问题。

案情涉及英国一家倒闭与清盘中的珠宝店被政府指控曾经欺诈(defraud)珠宝供应商(suppliers),作出欺诈性误述(fraudulent misrepresentation)说公司业务正常与财务健全以获得供应。显然,如果能够证明,珠宝店的老板(被告)就会要负上个人赔偿责任(包括可能的刑事责任)。

被告代表律师要求控方把手中涉嫌虚假的文件(估计是从清盘人手中取得)提供给被告委任的笔迹专家 Radley 先生,控方也因而得知这专家证人的委任。后来控方向法院传召 Radley 先生出庭并披露其他被告提供给他查阅的文件。确实,如果这些文件被披露,控方就会"捡到宝",因为其中有一份供应 5000 英镑钻石的发票被 Radley 先生认定是虚假签名。

被告反对,称这些文件可享有诉讼特免权(Litigation Privilege)。但这被法院否定,认为交出给专家证人(或律师)的现存文件(existing documents)不享有特免权。[35]

至于被告的另一个争议是刑事与民商事在这方面的大原则有所不同,上诉庭跟从与确认了 Harmony Shipping v. Saudi Europe Line (The "Good Helmsman") (1979) 1 WLR 1380 先例中的大原则,也认定刑事与民商事诉讼不应该有不同。Dunn 大法官说:"Is there any difference because the document was examined in criminal proceedings rather than in civil proceedings? On principle we can see no reason why that should be so. It would be strange if a forger could hide behind a claim of legal professional privilege by the simple device of sending all the incriminating documents in his possession to his solicitor to be examined by the expert."

5.6.3　案例之三:Porton Capital Technology Funds v. 3M UK Holdings Limited

在 Porton Capital Technology Funds v. 3M UK Holdings Limited (2010) EWHC 114 (Comm)先例中,原告(Porton Capital Technology Funds,简称 Porton)是一家投资基金(Investment Funds),专门将新发明(包括医学方面的新发明或产品)商业化赚

[35]　这方面课题可参阅笔者的《证据法:国际规管与诉讼中的文件攻防》一书第十一章之 1.1 段的介绍。

钱。本先例的案情涉及原告投资一家名为 Acolyte 的公司并占有了 47% 股份,Acolyte 公司的主要产品名为"BacLite MRSA"。MRSA 是指"耐甲氧西林金黄色葡萄球菌",一种大多数抗生素无法杀灭的细菌。该产品是 MRSA 的快速检测设备,可用在容易感染的医院。稍后在 2007 年 2 月,Acolyte 公司的股东(包括原告 Porton)与美国 3M 公司达成了股权买卖协议(Share Purchase Agreement 或简称"SPA"),将 Acolyte 的所有股份(包括 Porton 的 47%)转卖给 3M。

在 SPA 中有不少有关本先例的明示条文,包括 3M 有责任发展与在国际上推广该产品,要向美国与其他多国的有关机构(如美国药品管理局 FDA)申请与取得批准等。另重要的一条是要求到 2009 年底,如果 3M 利润达标,需要支付 Acolyte 的前股东不超过 4100 万英镑的盈利能力支付计划安排(Earn out)。

后来 3M 声称 BacLite MRSA 并不成功,但 Porton 指称原因是 3M 没有按照合约责任尽力推广与没有取得美国 FDA 的批准。Porton 也声称 3M 不尽力的背后原因是因为更倾向于推广另一个名为 Fastman 的同类产品。Porton 开始诉讼,并向 3M 索赔如果尽力推广,Porton 在盈利能力支付计划安排本应可以获得的钱。

被告 3M 的两位前雇员 O'Hara 先生与 Collier 先生分别在 Acolyte 与 3M(收购后)的技术与营销部门工作过,所以他们两位可以提供 3M 在此期间有关发展与推广 BacLite MRSA 产品到底做(或没有做)了什么等方面的直接证据。在 Porton 接触这两位前雇员后,他们也愿意提供给 Porton 重要证据与信息。但他们的雇佣合约有一条机密条文,需要不论是在职或离职都必须保密。这样,除非这个问题能够解决,否则他们不愿意提供信息。

这迫使 Porton 的律师要求 3M 对该两位前雇员的机密义务弃权,3M 律师的回应是 Porton 可以随意接触这两位前雇员,但他们不得泄露机密与特免权信息。另在与两位前雇员的通信往来中,3M 也告诫了他们不得泄露机密。这就带来 Porton 对 3M 藐视法院的指控。

另是,3M 在披露程序中披露了大量的电子文件,这些文件就有不少涉及产品推广信息等内容。由于 3M 已经披露了这些文件,在当事人之间对于这些已披露的文件就没有机密性,[36] 因此 Porton 的代表大律师提出可以要求前雇员回答任何有关这些文件的问题,应该视为前雇员在面对知道机密文件的 Porton 时不再受制于他们在雇佣合约下的机密义务。判词中就提到 Porton 的代表大律师在这方面的争辩说:"is it possible for C's solicitors to ask (前雇员) to comment on and give them information in relation to a disclosed document and, if so, may he legitimately answer their questions, even though, in other circumstances, his answer would be a breach of confi-

---

〔36〕 今天英国民商事诉讼在 CPR 下,文件即使享有机密性也应当披露(disclosure),但同时在 CPR Rule 31.22 有保护机制限制对方当事人一般情况下只能将以这种方式获取的文件与信息用在此诉讼中。这部分内容可见笔者《证据法:国际规管与诉讼中的证据攻防》一书第四章之 1.7.7 段。

dence?... Mr. Onions（Porton 代表律师）submits, the loss of confidentiality following disclosure ... is not generally, limited to matters that are apparent from the documents disclosed, a criterion itself difficult to apply. ... any such limitation would be unworkable or produce very odd results. Suppose a dispute as to whether an agreement has been made, it would make no sense to allow the potential witness to be questioned, free from any obligation of confidentiality, if there was a document which made it clear that there was an agreement, but not if the document was ambiguous about it or if there was no document indicating an agreement at all. Nor would it make sense for a witness to be allowed to be questioned with a view to establishing that an apparent accord of an oral agreement was true and complete, but not to be questioned by the party denying the agreement about its supposed existence if there was no document which recorded it, when one could be expected."

但 Christopher Clarke 大法官虽然认同经过文件披露后，在当事人之间对文件不再有机密性，看到文件的一方可以为此诉讼使用这文件（如用来向前雇员提问），但机密性的丧失到什么地步确实是有不清楚之处。因为明显可以看到 Porton 不会只是要前雇员确认文件表面内容，而是想要根据这个文件内容深挖背后更多的内容，在这种时候前雇员仍然受制于保密义务应拒绝回答。可以说无论如何，前雇员对披露方的保密义务不应受到在诉讼中披露方（被强制）披露文件的影响。例如披露的文件中如果显示 3M 与第三方订立合约的书面文件记录，Porton 在接触前雇员时是可以向前雇员出示这份文件，也可以因此提出有关此合约的相关问题，但前雇员仍然可以依赖机密义务拒绝回答任何涉及机密性的问题。例如，前雇员在为 3M 工作期间知悉的合约履行情况等，都仍然可以拒绝回答，并不因为合约被披露就丧失任何机密性。Christopher Clarke 大法官说："**I agree** that, if the effect of disclosure is that the disclosing party loses his right to rely on a duty of confidence owed to him by the person to be questioned, **it is difficult to draw the line** as to the extent of that loss. **I do not, however, accept that the effect of disclosure is in any way to alter any duty of confidence owned by（say）an employee or former employee**（save that compliance with the obligations of disclosure would, obviously, not be a breach of duty). Subject to any special order of the Court the receiving party is entitled to use the documents disclosed for the purpose of action. He may show the documents to a potential witness or provider of relevant information. But that **does not mean that the witness is absolved from any duty of confidence he may owe to an opposing party（or anyone else）.** Fulfilment of that duty may preclude him from answering some of the questions that may be asked of him. The fact that the disclosing party has been compelled to disclose the documents to the receiving party does not alter that duty."（加黑部分是笔者的强调）

由于 3M 披露的文件看来有很多都属于高度机密（技术上与商业上），因此需要向法院申请成立机密会(Confidential Club)只允许少数人士查阅(inspection)。但成立机密会需要法院批准,[37] 所以除了前述披露与机密义务的争辩以外,Porton 还提出替代要求,申请法院在行使裁量权(discretion)允许成立机密会时,以 3M 必须对两位前雇员的机密责任弃权作为交换条件,因为这样做才公平合理,让法院在审理时有全面与真实的证据与信息。但是否成立机密会的裁量权,完全是不同的两码事,所以法院也不接受 Porton 的申请。Christopher Clarke 大法官说:"I do not regard it as appropriate to use the fact that the defendants seek a confidentiality club order as the means by which to procure a waiver of obligations of confidentiality. The two subjects are separate."

看来在机密责任下,这两位前雇员恐怕想披露与提供给 Porton 信息也不会太多与太有用。这样,如果原告 Porton 从与这两位前雇员的接触中,在字里行间或欲言又止的情况下感觉到这两位有重要与对 Porton 有利的信息可以提供,剩下的办法就只是向法院申请传召这两位前雇员作为证人出庭作证,强制向法院提供机密信息了。但这在国际案件中也不一定能行得通,因为证人可能并不住在英国境内。

5.6.4　案例之四:Versloot Dredging BV v. HDI Gerling Industrie Versicherung AG & Others

Versloot Dredging BV v. HDI Gerling Industrie Versicherung AG & Others (2013) EWHC 581 (Comm)先例涉及海事或商品买卖(commodity sales)经常会遇到的情况。案情涉及一艘船舶发生海难,被迫去了避难港(port of refuge)波兰的 Gdansk 港,之后再去了德国的 Bremenhaven 港进行永久修理。被告船舶保险人(underwriters)知悉事故后,委任了一家荷兰的专业验船师(名为 Han Gravendeel 或简称"G 先生")在两个港口上船检查。检查的目的包括与船员会谈(interview)、调查船舶的损坏以及出事的原因、调查修理的方案以及其他可能有的修理选择方案等,并向保险人作出报告。

作为原告的船东没有另外委任验船师,但与 G 先生接触也没有任何困难,甚至 G 先生向保险人作出的文书报告也由保险人自动提供给了船东。之后,原告希望与 G 先生私下会面询问有关他对船舶的专业知识与他上船检查的事实经过。即使在稍后被告知 G 先生会以被告证人的身份出庭接受原告律师的交叉盘问,原告还是坚持这几个要求。

被告律师认为原告律师与 G 先生直接接触与私下会面不适当,显然其中一个原因是怕 G 先生会无意中泄露机密信息,也建议原告律师两种做法:(1)将要问 G 先生的问题写在一份文件并通过被告律师向 G 先生提问,让 G 先生作答;(2)与 G 先生的会面允许被告律师在旁。但这些建议都被拒绝。期间,被告律师指示 G 先生说:"Thanks for keeping us updated. If (原告律师) calls you please refer to previous corre-

〔37〕 有关机密会等问题可见笔者的《证据法:国际规管与诉讼中的证据攻防》一书第四章之 1.7.7 段。

spondence and your instructions not to discuss the matter with him."这也带来原告律师的回应说:"Your instructions to(G 先生)not to talk to us/our clients or provide evidence to us/our clients amounts to a contempt of court."

这最终导致双方向法院寻求答案,法院判 G 先生可以自由决定是否接受与原告律师会面。当然在会面与交谈中,不得泄露/透露被告的机密通讯与信息。如果 G 先生要求会面时有记录(transcript),他完全可以提出。

5.6.5 案例之五:香港仲裁

这是笔者(杨良宜)在不久前的一个香港仲裁案件,案情涉及双方当事人之间因为广告业务产生了争议而闹翻,并启动了仲裁。在双方根据仲裁庭作出的程序命令相互交换文书证人证言时,其中一方当事人(原告)把一份证人证言的证人名字遮盖。对方当事方(也就是被告)向仲裁庭提出反对并要求命令原告把证人名字填上,让被告可以识别(identify),但原告提出是要遮盖的理由是害怕该身份敏感的证人在出庭作证前会受到被告的干预与影响。

笔者与另外两位仲裁庭成员在合议后觉得该证人的身份迟早要曝光,最迟是在出庭接受交叉盘问时。而这又不是严重的刑事案件,证人既然是愿意出庭作证,恐怕也不见得会太害怕被告的干预。而被告如果真的非法干预与影响该证人故然是不对,也是妨碍司法公正,但这看来只是原告的猜测(speculation)。相反,不让被告识别该证人,进而剥夺了被告有可能想合法接触该证人的权利,也会违反了双方当事人不拥有证人的大原则。此外非常重要的一点是,现在非常强调透明度,也就是开庭前就要将所有的牌摊开在桌面上(all cards on table)。最后,仲裁庭命令原告披露被遮盖了的证人名字与身份,同时命令被告在此期间不得不适当干预该证人,否则仲裁庭会对被告作出有关方面的不利推断(adverse inference)[38]与其他惩罚。

该仲裁案件最后也顺利完成,在这方面再没有发生过任何其他不愉快的事件。

5.7 总结

总之,总体的做法是完整与相互之间没有矛盾。针对对方当事人将会出庭的证人(不论是专家或事实证人),根据证据规则是不能先一步通过第三方披露令(Norwich Pharmacal Orders)向该证人摸底或所谓的提前交叉盘问(advanced cross-examination)。而是要留待开庭审理时一并处理,相互轮流向双方的证人交叉盘问。[39]

而针对拒绝出庭作证的第三方(如对方的前雇员或对方曾经是咨询过但后来没有继续聘用的专家),如果知悉他/她拥有有关与重要的文件证据与信息,而且可以肯定是对己方有利,可考虑向法院申请传召(*Subpoena* 或 Witness Summons)出庭。但要再次强调的是,必须肯定或可以肯定该证人是有对己方有利的证据与信息,否则不值得冒这样的险。因为在不肯定的情况下传召了一位第三方的证人,他/她出庭时

---

〔38〕 这个课题可见本书第七章之 8.4 段的介绍。

〔39〕 见笔者的《证据法:国际规管与诉讼中的证据攻防》一书第二章之 4.1 段。

提供对己方不利的证据与信息，己方会变得十分被动。由于该证人是己方传召，故不能够向他/她交叉盘问，也不能提供品格证据（character evidence）等证明该证人可信度有问题，除非该证人在出庭时明显十分有敌意，才会有机会成功说服法院把他/她转为敌意证人（hostile witness）允许去向他/她盘问，并试图减轻较早提供的对己方不利的证据与信息的分量。

针对该第三方拥有的有关文件与信息，较安全与较早向他/她取得的做法除了传召证人外，就是第三方披露令。但满足特别的要求才能够成功申请，如第三方介入（mix up）了有关的错误行为。这样，拒绝协助出庭作证的第三方（如对方当事人的前雇员）不一定符合这些要求，也就无法成功申请第三方披露令了。

在本段所针对的双方当事人都不拥有证人的大原则下，可以接触对方当事人的证人或潜在证人并说服他/她改变立场与/或换边站（change sides）。这样该证人（主要会是事实证人）本来是对方的，但后来又变为己方的。但这必须完全是该证人自己的选择与决定，不能在接触时使用任何非法手段或施加不恰当压力令该证人改变立场，否则会是藐视法院的行为。而针对专家证人，如果一方当事人先一步接触与委任一位专家但最后没有选择他/她作为专家证人，根据任何当事人不拥有证人的证据规则，无法阻止另一方接触与委任他/她，包括作为另一方的专家证人出庭作证。但为了保护自己的名誉与避免麻烦（包括对前客户的保护机密与特免权责任），该专家一般会以利益冲突为由拒绝接受委任。所以面对争议金额很大与十分重要的诉讼，强势的一方当事人比对方先一步把该领域的所有顶级专家包揽下来委任仍然是一个应该考虑的策略/战略。而慢一步的当事人也不敢随意传召其他没有被选择作为专家证人出庭作证与接受交叉盘问或证人会议（witnesses conferencing）[40]的专家，因为不清楚他/她到底是因为什么才没有被继续委任。

---

〔40〕 见本书第六章之2段。

第四章　专家证据之一

1. 序　言

本书第九章之 1.1 段介绍了事实(fact)与意见(opinion)的区分。大量传播的信息中大部分是不同的意见,但也有部分“装饰”为事实。而且往往是多重传闻(multiple hearsay)后失真/走样与受到扭曲的事实,更经常是掺杂了不同传闻人士的个人意见。可以说这种信息在一个严谨的法院诉讼或国际仲裁为了寻找争议事实的真相下会不被采纳(inadmissible),或即使采纳了也不会被采信,即不会在证据价值(probative value)上有分量(weight)。

首先,要知道“事实”(facts)与“意见”(opinions)表面看似容易区分,例如一个人会问“这是谁的意见”但不会问“这是谁的事实”。“事实”是已经客观存在与发生了的事,不存在谁拥有。如果有争议也只是这个“事实”存在与否,是真是假(true/false),需要通过证据证明(provability)。事实的真假相对比较容易通过调查取证去确定,而在法院诉讼或国际仲裁,当事人更是对每一个指称的事实有举证责任,否则是不会被相信去认定。

但“意见”属于个别人士对某些事实的主观(subjective)看法/想法,很容易掺杂个别人士的偏袒、偏见、以偏概全、自身利益、想象与错误等,[1]这是人性弱点。即使他/她尽量客观(objective),也无法完全避免。“意见”是抽象(abstract)与无法证明,甚至无法对为什么会有这个意见给出解释,例如‘我就是不喜欢吃西兰花’。所以,证明意见的对错是十分困难甚至是不可能的,除非发表意见的人自己承认错误,其他人能做的只是相信或不相信这个意见与相信到什么程度。

在一个法治社会,最为重要的意见就是法院在经过审理后对有关事情/事实所作出的“意见”,也就是它的判决(judgment)。民众对这种意见有信心也是通过长期法治社会建立的机制:如审理法官的素质与操守、公开审理以利社会监督、程序公正、对有关证据采纳的严谨、作出的判决必须有全面的理由与上诉的机制等。其中,法院对

---

〔1〕 见 Toohey v. Metropolitan Police Commissioner (1965) 1 All ER 506 先例,Pearce 勋爵说:“Human evidence shares the frailties of those who give it. It is subject to many cross-currents such as partiality, prejudice, self-interest and, above all, imagination and inaccuracy.”

意见证据是特别抗拒,因为对有关争议的事实作出推断(inference),如有关行为是否疏忽、是否合理、是否恶意等,都是审理法官在听取了证据后去认定事实并作出最后的意见。[2] 这是法治社会所相信的,绝对不能让其他人越俎代庖。能够向法院提供意见的唯一例外情况是专家证人(expert witness),这是因为审理法官自己不懂得科技或专业知识。

但由于“意见”的危险,所以法院分析对一个专家意见的采纳与否与可信度,主要的考虑在以下三个方面:

1. 提供或作出的专家意见是来自真正专家的优良意见,正如常会挂嘴边的说法:“你不是专家,我为什么要听你?”这考虑也包括如何保证不会是“伪科学”/垃圾科学(fake science/junk science)与“假专家”,而且可以让审理法官通过对抗性诉讼的交叉盘问(cross-examination)对该意见作出深入的测试与认证,以决定是否可信与可信的程度。

2. 专家证人是真心帮助法院理解专业知识,不会有偏私或另有图谋的误导意见。误导的意见十分危险是常识。

3. 专家证人是在通过调查取证、检查测试等掌控优质证据与全面理解有关事实后,作出的深思熟虑的意见。至于一个意见是否有这“含金量”,往往是要看专家报告的实质内容与支持这意见结论的原因/理由,并要专家证人再接受交叉盘问的对质才是过关。

这些道理说是容易,但在机制上保证能全面落实绝对不是一件容易的事情,而且不断要追从社会与人心的改变去针对或优化机制。英国法院民事诉讼程序改革带来的1999年《Civil Procedural Rules》或简称“CPR”与香港特区跟从的《高等法院条例》(第4章)虽然对事实方面的证据有不少重要的改革,[3]但看来主要还是为了节省诉讼费用。而针对专家意见证据,却有更多重大的改革。除了节省诉讼费用同样重要,

---

[2] 在不少涉及中国公司的商事仲裁中,中方都喜欢披露取得的律师意见,这种做法在国际仲裁会会是很大的问题。首先是仲裁庭(包括笔者)会不喜欢与抗拒这种意见,因为觉得是越俎代庖,所以实际上不会有用。但更大的危险是,在国际仲裁中,这种律师意见普遍被视为享有诉讼特免权。虽说中方可以弃权作为回应,但这将带来大麻烦。因为对方代表律师会随即以不能“挑选樱桃”(cherry picking)为由要求中方披露所有与律师的通讯,不论有利或不利。如果中方说没有不利的通讯,也就是律师意见都是一面倒有利,一般仲裁员(包括笔者)是不会相信的。如果在交叉盘问中这样回答,这个证人也就没什么可信度了。

[3] 虽然香港特区也进行了民事诉讼改革(Civil Justice Reform)并在2003年作出了最终报告,新的《高等法院条例》(第4章)也在2009年生效,但并没有完全照搬英国的CPR。原因是CPR生效后是否成功有争议,特别是在节省费用方面。有说法是CPR生效后,诉讼费用非但没有减少反而增加了,这也是为什么英国之后不断有新的改革,如本书多处提到的2013年“Jackson Reform”。因此,香港的民事诉讼改革在参考了英国CPR的经验后,只是挑选了一些较为成功的部分。由于篇幅有限,有兴趣的读者可以阅读2003年的最终报告 <https://www.civiljustice.hk/fr/paperhtml/toc_fr.html> 与Charles Hollander QC的《Documentary Evidence in Hong Kong》(2020年,第2版)。

针对上述的三个方面考虑也有不少重大的改变。

另是,英国法院在程序上对专家意见的掌控与监督是通过两个主要手段:一是通过批准,如果不采纳就不批准。二是通过对专家意见给予不同的分量,也就是可信的程度。其他还有很多手段如:交叉盘问的对质、费用惩罚(包括罚专家证人而不只是客户)、藐视法院与伪证罪(perjury)的刑事惩罚等。

对每一位中国人而言,听取"意见"可信与否或相信到什么程度也是必须要掌握好。普通法系几百年来形成了一套完整与不断在改革与优化的证据采纳规则,虽然一般民众在日常生活中无法也没有必要去照搬这一套证据规则,例如无法对提供意见人士交叉盘问。但可以肯定的是,广大中国民众越理解这套法院筛选危险的意见证据的做法,就有更多人能够更好地面对今天"排山倒海"的真/假信息,既保护自己,也保护社会安定繁荣。

2. 法律与科技融合的困难

真正需要排除万难融合法律与自然科学的一刻是在诉讼/仲裁时。从审理案件的角度看,法院要客观找出双方当事人争议事实的真相是至关至要的公共政策(Public Policy)。法院在判决中的最后意见在法治社会是一锤定音,是维持法治社会的基石。这样,在一项自然科学伟大成果商业化的过程中订立的大量合约如果发生争议,会有少数争议只是涉及法律,或一般审理法官或仲裁员凭一般常识可以理解双方提供的证据所针对的事实。例如,对买卖/供应合约或雇佣合约中条文的解释。但也会有另一大类的争议不仅涉及法律,也涉及该自然科学成果的技术方面。例如,争议的是买卖/供应合约下的高科技产品的质量问题。这样,法院或仲裁庭就需要在对有关高科技产品是否有质量问题各执一词的当事人中作出选择。法官/仲裁员必须理解有关的尖端科学才能作出正确的事实认定,也就是"质量是否有问题"的事实。或是与高管/员工的雇佣合约,如果发生的争议涉及工资、加班费、奖金或升迁等,也往往只涉及法律与一般常识可以理解的有关事实。但一旦争议涉及离职高管违反机密条文,泄露公司商业/技术机密,审理法官又难免必须掌握有关自然科学。又如买方声称在使用产品时,被第三人指侵犯了其知识产权。如果属实,将违反买卖/供应合约条文,买方可要求补偿损失。买卖双方的关键争议就是卖方的产品是否侵犯第三人的知识产权。这种争议涉及大量的事实证据,而法官或仲裁员必须了解有关的自然科学技术才能判断是否侵犯知识产权,如关键技术是否重叠等。

但了解自然科学后仍要融合法律,这要求审理法官或仲裁员以社会科学的思维整体考虑有关争议。在 Dingley v. Chief Constable of Strathclyde Police (2000) UKHL 14 先例中,贵族院指出了法官太受专家证人影响的危险,主张在严格求证后接受一个说法。审理法官要考虑所有的证据,而且判决只是根据平衡的可能性(balance of probabilities),与自然科学的求证不一样。Craighead 勋爵说:"By immersing himself in every detail and by looking deeply into the minds of the experts, a judge may be seduced into a position where he applies to the expert evidence the standards which the expert himself will apply to the question whether a particular thesis has been proved or disproved instead of assessing, as a judge must do, where the balance of probabilities lies on a review of the whole of the evidence."

在该案例上诉至贵族院前,苏格兰法院的 President 勋爵也说得清楚,如下:"in their evidence the experts refer at times to a standard of scientific proof which is different from the standard of proof which the court applies when deciding matters of fact. For a court a fact is proved if the court holds that it is more probable than not, even if it is only marginally more probable. By contrast scientific experts will obviously require a much higher standard before they hold that something has been established. I have tried to keep this difference of approach in mind when reaching my conclusion."

民事诉讼中,法律要求只要可能性多于一半就接受并认定为"事实",即使 51% "是"与 49% "否",也仍把 51% 的当作事实去认定(finding)。这是专家/科学家难以接受的,他们要求更严格的举证。

另在面对一些涉及高尖端的自然科学知识的争议时,法院必须对有关争议作出判决并给出令人信服的理由。这就要求审理法官理解有关的知识,不能拍拍脑袋就作决定,否则只会影响法院的公信力,也过不了上诉庭(court of appeal)这一关。第一次工业革命后,科技突飞猛进,航海、造船、火车等科技或专业知识争相出现,所以此后英国法院一直在寻找一种最好的制度去融合这各种不同甚或是完全相异且日新月异的知识去协助法院审理案件。但这不好找,英国找了好几百年,从早已开始应用并在 19 世纪末大行其道的"特别陪审员"(Special Juries)、[4] 法院委任自己的"顾问专家"(Assessors)或"法院专家"(Court Expert)、到了 19 世纪开始流行的"双方当事人各自委任的专家证人"(Party-appointed 或 Partisan Expert)、[5] 再到了 1999 年生效的 CPR 引入的"共同专家证人"(Single Joint Expert)与 2013 年的修改以增加对专家证据的控制(见 CPR PD 35, Para. 11),一直是东摇西摆,至今仍难有定论。原因是多方面的且都难以解决,会在稍后详论。

在此可节录已故的 Bingham 勋爵在他的《The Business of Judging》(2000 年)一书第 19 页中所说的:"For a judge to prefer the opinion of one expert to another he must understand what they have both said and form a reasoned basis for his preference. Usually this gives rise to no problem. The conflict of expert opinion may relate to an issue which is not particularly complex, or it may arise in a field of which the judge has previous ex-

〔4〕 见首次立法的《An Act for the Better Regulation of Juries 3 Geo. II, Cap. 25, (1730)》。

〔5〕 早在 Folkes v. Chadd (1782) 3 Doug 157 先例中即已首次报道有当事人自己委任专家证人的做法。

perience or which he has studied at a level which at least enables him to understand the concepts to which the experts refer and the language they use. But this is by no means always so. The more advanced and experimental a technology the more risk there is of mishap, and legal proceedings do on occasion involve issues at or near the frontier of the technology involved. And it would not be at all unusual for one judge in the course of his career to be confronted by highly technical problems arising in the field of (and I give examples largely at random) chemical engineering, metallurgy, soil mechanics, brain surgery, naval architecture, computer technology, nuclear radiation, oil refining, navigation, mining engineering, combustion, and the international currency markets. No single man, however sophisticated his education or eclectic his interests or broad his experience, could hope to be familiar with all these fields, and as society becomes more complex and science more specialized, so the role of the amateur is diminished and the problem of assimilation and comprehension becomes greater. There are in my view times when the ability of judges to understand the effect of evidence given sufficiently to make an informed judgment is taxed to the very utmost, and I can imagine it being exceeded."

由此,审理法官在双方专家证据中选择一个意见(或均不选择)必须先明白这些证据并写出是根据什么理由作出这个决定的,否则法律不允许会构成上诉理由。一般情况下审理法官也做得到,或是因有关案件并不复杂,或是法官碰巧有这方面专业的认知,来自以前办的案件,或是曾经学习过有关专业知识,有理解专家证人意见证据内的概念与行内话的基础。但不一定所有情况/案件都能如此令人满意。越具先进性与实验性的科技越容易出错,而诉讼遇到的争端都是有关尖端与深奥的高科技。看来,在今天高科技突飞猛进的国际商业环境下,越来越多的案件必须要有专业知识甚至是尖端的专业知识。可否考虑由专家而不是由"万金油"的法官或仲裁员作出审理与决定最后的判决?答案是更不行,因为这些专家也同样要面对融合社会科学的法律与自然科学的高科技的困难,而且会有更大的问题,如:

1. 若在国际商业社会出了争议,理解专业知识才能准确认定事实是无可置疑的常识。但法律的争议会更多与更复杂,如索赔时效、管辖权、损失计算等。所以由专家审理与判决仍难逃需要融合这两种不同的头脑,而且自然科学思维的专家更难做到。在一个法治社会,当事人有了争议去法院是希望由法官而不是专家决定。正如在 Liddell v. Middleton (1996) PIQR 36 先例中,Stuart-Smith 大法官说:"We do not have trial by expert in this country; we have trial by Judge."另在 Davie v. Edinburgh Magistrates, 1953 SC 34 先例中, Cooper 勋爵说双方诉讼方是要求法院去作决定,不是由一位专家做一个玄妙/深奥的宣言作决定:"The parties have invoked the decision of a judicial tribunal and not an oracular pronouncement by an expert."

2. 在法治社会与国际商业环境下,法律只有一套,如维系国际商业社会最重要的合约法。但不同的专业多不胜数,而且同一专业还在不断细分,且互相差之毫厘,谬以千里。所以,以专家决定代替法院审理是成不了体系的。

3. 在商业社会也有商人设计融合两种不同头脑的做法,最常见的就是商业合约中的专家决定条文(expert determination clause)。[6] 即商业合约会约定针对一些专业或技术方面的问题或争议,通常由双方都可以接受的专业机构或公司决定,而该决定就是终局并对双方有约束力。但首先在 CPR 下法院也完全可以采用共同专家的做法达到同样的效果。此外,这种通过合约约定的做法也并没有减少当事人之间在其他方面的争议,如有关争议是否属于纯专业或技术方面的争议,由谁担任审理的专家,专家决定是否偏离双方的委任与指示的错误/疏忽,专家是否偏私等。且如果是关键性的争议,遭受不利的合约方总会"不择手段"挑毛病去扭转命运。

3. 法院融合法律与科技的尝试

英国法院早期的做法,如已经提及的特别陪审团(Special Jury),由于在 1949 年《Juries Act》已被废除,所以不多讲。简而言之,法院自己或通过当事人的申请,为一些有特殊性的诉讼案件传召一些对这类争议有更深认识的人士作为陪审团成员。在当时的民商事诉讼中,对争议事实作出认定的事实审理者(trier of facts)是陪审员而不是法官。例如,就涉及女性的争议如是否怀孕等成立全女班的陪审团(all female jury)等。商业方面,在 18 世纪 Mansfield 勋爵的年代,成立了不少商人陪审团(merchant juries)去处理大量的保险、银行等的案件:见 James Oldham 先生的"Special Juries in England: Nineteenth Century Usage and Reform"(Journal of Legal History 148)一文。这种做法被终止的原因有说法是由于这些特别陪审员大面积的贪污受贿,加上他们也无法满足对专业知识有更高层次的了解要求。

接下来介绍一些持续至今的法院融合法律与科技的不同做法。

3.1 试图改良之一:法院可委任顾问专家或法院专家

3.1.1 顾问专家、法院专家与其异同

顾问专家(Assessors)是 20 世纪末试图替代特别陪审团的做法。"顾问专家"的一个精准定义可节录《The Province and Function of Assessors in English Courts》(1970) 33 MLR 494 第 501 页说:"A person who, by virtue of some special skill, knowledge or experience he possesses, sits with a judge during judicial proceedings in order to answer any questions which might be put to him by the judge on the subject in which he is an expert."

早在《Judicature Act 1925》Section 98 与后来替代的《Senior Court Act 1981》Sec-

---

[6] 关于专家决定条文,可见笔者的《合约的解释:规则与应用》一书第十四章之 2 段与《合约的履行、弃权与禁反言》一书第八章之 5.1 段。

tion 70(1),都有这方面的条文,允许法院自由决定是否委任一位中立的顾问专家在专业知识方面作出协助:"In any cause or matter before the High Court the court may, if it thinks it expedient to do so, call in the aid of one or more assessors specially qualified, and hear and dispose of the cause or matter wholly or partially with their assistance."

但英国法院极少委任顾问专家,仅有的例外是海事法院(Admiralty Court)与涉及自然科学的专利案件(patent cases)。[7] 商事法院(Commercial Court)也不例外,同样没有听说过这种让法院融合法律与专业知识的做法。

法院核算诉讼费用时,在胜诉方可向败诉方取回合理诉讼费用(Costs follow the event)的大原则下,往往需要对胜诉方真正产生的费用作出核算,以确定败诉方需要支付的金额。另是客户指称律师收费太高与不合理,但代表律师或前律师否认,并追讨欠下的律师费等的争议。这些法律行动涉及费用顾问专家(Costs Assessors)[CPR下已改称为"费用法官"(Costs Judges)],但这不严格关系到专家/专业知识协助法院审理案件。

法院专家(Court Expert)也历史悠久,早在14世纪即已有英国法院传召专家去法院作证的记录。《Holdsworth A History of English Law Vo. 10》(2nd Ed Methuen & Co Ltd 1945)第212页提及Anonymous, Lib, Ass'n 28, pl 5 (28 Edward III) (1345)先例,涉及一位外科医生被传召帮助法院理解在一个严重伤人(mayhem)的案件中一个伤口是否是新造成的问题。在很早期的Buckley v. Rice-Thomas (1554) Plowden 118先例中,Saunders大法官说:"If matters arise in our law which concern other sciences or faculties, we commonly apply for the aid of that science or faculty which it concerns. Which is an honourable and commendable thing in our law. For thereby it appears that we do not despise all other sciences but our own, but we approve of them and encourage them as things worthy of commendation."

当时的做法是法院而不是当事人引入专家证人,好像是法院的专业助手(Expert Assistants to the Court),所以也不存在当事人可质疑或盘问法院专家提供给陪审团的专业信息,反正也不透明。

看来,法院(或仲裁庭)委任的"独立专家"与"顾问专家"没有实质上的区别。Mustill & Boyd《Commercial Arbitration - 2001 Companion》一书第311页说:"The section (section 37 of Arbitration Act 1996) refers to assessors as well as experts, but there is no clearly defined distinction between the two. The function of both is to give impartial advice to the tribunal on matters within their expertise. Unlike an expert, an assessor usu-

---

〔7〕《Senior Courts Act 1981》之section 70(3)规定:"Rules of court shall make provision for the appointment of scientific advisers to assist the Patents Court in proceedings under the Patents Act 1949 and the Patents Act 1977 and for regulating the functions of such advisers."

ally sits with the tribunal to hear the evidence and may suggest questions to be put by the tribunal to witnesses, but this is not the invariable rule, and there is no reason why an expert should not do the same. An assessor is not part of the tribunal, which must exercise its own judgment about the advice which the assessor gives to it., but this is also true of an expert. ... ”

看来唯一不同的做法是独立专家要作出书面报告给法院(或仲裁庭),但顾问专家则不必。这是英国《Arbitration Act 1996》Section 37(1)(a)(i)&(ii)可得出的结论:“37(1)(a) the tribunal may -(i) appoint experts or legal advisers to report to it and the parties, or (ii) appoint assessors to assist it on technical matters, and may allow any such expert, legal adviser or assessor to attend the proceedings; ... ”

3.1.2 极少数法院有委任顾问专家的做法

海事法院早在16世纪就已经开始有委任顾问专家的做法。《The Province and Function of Assessors in English Courts》(1970)一书就提及了 Romney and Wood, Re (1541), Selden Society, Vol 6, 102 先例。

但一直以来,英国法院(与仲裁庭)极少利用此权力,即不委任顾问专家协助,除了海事法院最主要的例外——较后期涉及复杂的自然科学的专利案件(这在《Patents Act》中有条文)。[8] 正如 Bingham 勋爵在《The Business of Judging》(2000年)一书第22页中说:“... I have myself never known of a Queen's Bench action tried with assessors, and enquiries do not suggest my experience (or lack of it) to be untypical. Appeals against orders for the taxation of costs are heard with assessors but are scarcely in point. The only Queen's Bench judge whom I know to have proposed appointing and assessor was unable in the event to do so and was pleased at the end of the case that he had not. The Senior Queen's Bench Master tells me that he has never in seventeen years known of a court expert being appointed in that Division and nor have any of his staff. The present Admiralty Judge does sit with an Elder Brother as assessor in collision cases, but has never done so in any other class of case. ... The Patent Judges have on occasions, in cases involving advanced technologies such as computers and colour television, appointed a scientific adviser, usually because the parties wanted it, but these occasions have been few. By and large the judges have dealt with cases on their own. ”

3.1.3 顾问专家或法院/独立专家不受欢迎的原因

看来,虽然法院(或仲裁庭)有权委任顾问专家或法院/独立专家,但很少这样做,背后的原因是:

1. 双方当事人会担忧法院的判决(或仲裁庭的裁决)变成了顾问专家/独立专家的判决/裁决,令他们对诉讼结果完全失去控制与肯定性。法官(或仲裁员)很可能

---

〔8〕 如 Eli Lilly & Co v. Human Genome Sciences Inc (2010) EWCA Civ 33 等先例。

会盲从并给予顾问专家(或独立专家)的意见不恰当的分量。在 The "Beryl" (1884) 9 PD 137 先例中,Brett 大法官有提及:"The assessors who assist the judge take no part in the judgment whatsoever: they are not responsible for it, and have nothing to do with it. They are there for the purpose of assisting the judge by answering any question, as to the facts which arise, of nautical skill."

但接下来 Brett 大法官就说到该问题:"Still, it would be impertinent in a judge not to consider as almost binding upon him the opinion of the nautical gentlemen who, having ten times his own skill, are called to assist him."

2. 双方当事人也担忧法官或仲裁庭与顾问专家之间的"黑箱作业",完全没有透明度。这也剥夺了他们的陈述与解释的机会,例如顾问专家对专业问题有误解或者想歪了,但受影响的当事人代表律师与专家也因为不知情而没有机会纠正。

这方面担忧可节录 The "Tovarich" (1931) AC 121 先例所讲(针对海事法院委任顾问专家的做法):"The judge in the Admiralty talks to them (指顾问专家/独立专家) and gets information from them. The parties do not know **what the witnesses are telling the judge**; they have **no opportunity of cross-examining** the so-called witnesses..."(加黑部分是笔者的强调)

另 Earwicker v. London Graving Dock Company Limited (1916) 1 KB 970 上诉庭先例也说到了顾问专家不能被交叉盘问,如下:"He is an assessor to assist the learned judge upon points as to which his expert knowledge may render assistance; he is not there to conduct an examination or a cross-examination... his duty is simply and solely that of assisting the learned judge by his expert knowledge to arrive at a proper conclusion. ... **he is not a witness ... he cannot be cross-examined**, and he certainly ought not to take up the position of cross-examining witnesses at length; and he ought not to take up the case as if he were leading counsel for one side or the other."(加黑部分是笔者的强调)

再是在 Richardson v. Redpath, Brown & Co Ltd (1944) AC 62 先例中,Simons 大法官也说到顾问专家不是证人,不存在宣誓,也不能向他们交叉盘问,说:"To treat ... any assessor, as though he were **an unsworn witness in a special confident of the judge, whose testimony cannot be challenged by cross-examination and perhaps cannot even be fully appreciated by the parties until judgment is given**, is to misunderstand what the true functions of assessors are. He is an expert available for the judge to consult if the judge requires assistance in understanding the effect and meaning of technical evidence."(加黑部分是笔者的强调)

在 The "Queen Mary" (1947) 80 Lloyd's Rep 609 上诉庭先例中,Scott 大法官说:"Although the assessors give evidence, they are not subject to the litigant's normal safeguard of cross-examination, because being protected by the impartiality of the Court the parties do not need it."

总之,当事人的不满与顾虑没有透明度,是完全失控与"黑箱作业"。可能正是因为这种缺陷,所以为了减少当事人的顾虑与担忧,顾问专家/独立专家的做法难以普及。

在国际商事仲裁中,近年来不断强调要增加透明度,包括可让当事人对所有的专家证人交叉盘问,要求解释专业意见所依赖/根据的事实与/或资料等。英国《Arbitration Act 1996》之 Section 37 也有说:"(1)(a) the tribunal may –(i) appoint experts or legal advisers to report to it and the parties, or (ii) appoint assessors to assist it on technical matters...; (b) **the parties shall be given a reasonable opportunity to comment on any information, opinion or advice offered by any such person**. ..."(加黑部分是笔者的强调)

3. 在国际商事仲裁中,如果仲裁庭不额外聘用顾问专家或独立专家,与费用也有关系,因为独立专家可能十分昂贵。笔者(杨良宜)曾有一次仲裁是金额颇大与涉及税务的争议。仲裁庭在开庭审理前约两三个月收到双方当事人交换的文书专家报告后,感觉看不懂,也怕开庭审理时的交叉盘问也不一定有太大帮助。所以,仲裁庭决定向双方当事人提出需要委任独立专家去帮助理解专家证据,也总算是在大力要求下获得同意。但查询了四大会计师事务所,虽然它们都有税法专家,但多数因工作太忙而拒绝考虑委任,剩下的一家愿意接受仲裁庭的委任,但必须在一周内确认,而该专家每小时的收费是笔者作为仲裁员收费的 1.5 倍。为了及时确认,仲裁庭回去向双方当事人要求追加这笔额外的好几十万港币的费用。但此时,有一方当事人抗拒,认为没有必要。这样就拖延过了一周的限期,仲裁庭被该会计师事务所告知专家已经有其他工作,再不会有时间作为顾问专家/独立专家参与开庭了。

4. 在不少尖端自然科学或狭窄的专业领域,对口与称职的专家证人对双方当事人而言在全球也不好找。对完全是外行人的仲裁庭而言,更是无从下手。所以一旦感觉到需要独立专家意见去帮助审理,只能求助双方当事人,如邀请他们双方同意一位顾问专家/独立专家或是各自给一份两三人不等的名单,让仲裁庭自由选择委任。但由于该人选会是对争议胜负起关键性作用,加上称职的人选不多,往往会导致双方当事人代表律师之间的斗争。此外,国际商事仲裁不比英国法院的是,如果双方当事人都反对仲裁庭额外委任顾问专家/独立专家,往往习惯对抗制诉讼的双方代表律师也确实会反对,仲裁员除非不想干,否则只能去依从。

5. 虽然笔者对询问制(inquisitorial)的国家法院委任自己的法院专家或顾问专家的做法不熟悉,但曾听到素质成疑的批评。这可能会是习惯对抗制(adversarial)的英国律师会认为他们自己寻找与委任的专家证人才是对有关科技或专业知识有顶尖素质/水平。以法国法院的制度为例，[9] 各地法院有各种科技/专业的专家名单，要由一个委员会核实后才接受加入专家名单。这在法国被视为专业与社会上的一种莫大荣耀，所以专家们争相企图加入专家名单。法国法院对这些专家也较为尊重，不像英国法院任由专家证人被对方大律师苛刻地盘问、甚至是侮辱。故在法国法院的制度下更能保证寻找到真正一流人才/专家。

但也有疑问如：(1) 面对国际商业案件，最好的专家证人要在全球范围内寻找。法国法院的专家名单会否有局限？(2) 名单总难免有局限，特别是在今天急变的社会与科技领域。很多仲裁机构的仲裁员名单也是走过场，恐怕当事人代表律师凭该名单去委任自己觉得合适的仲裁员频率也不会高。通常有经验的代表律师还是喜欢优先考虑自己（或信任的同事）接触过的人选。仲裁员只是一类的专才，而专家证人会涉及无数的专业。(3) 法院相比当事人对案件知之甚少，所以未必能知道应该找专家帮助的专业领域。此外当事人委任专家证人前还会与专家会谈、面试等，确认适合才会委任，所以相比之下对自己委任的专家证人更有信心也不奇怪。

也有批评称法国法院制度导致法官在选择专家与听取专家意见时毫无选择余地。因为只有一份法院专家的报告，过程中不存在双方当事人对质、挑毛病、盘问等问题。[10] 也有情况是法官怀疑法院专家的水平，或专家报告内容有矛盾、不合理之处，但由于没有选择余地也就马马虎虎地接受了。Woolf 勋爵在民事诉讼改革的最后报告《Access to Justice》中说："9. In continental jurisdictions where neutral, court—appointed experts are the norm, there is an underlying assumption that parties' experts will tell the court only what the parties want the court to know. For the judge in an inquisitorial system, the main problem is that it may be difficult for him to know whether or not to accept a single expert's view."[11]

6. 最后，最重要的是，顾问专家/独立专家在没有压力的情况下容易自说自话、自以为是，导致一个无法被质疑的专家意见在质量与深入程度上都有问题。但双方当事人各自委任的专家证人需要面对敌意的交叉盘问的深入探讨与质疑，所以在拟定与准备的作为主证据的专家报告的质量与深入程度都会大幅度提升。笔者相信，对

---

[9] 中国法院程序中涉及司法鉴定时，也有各地司法行政机关编制的《国家司法鉴定人和司法鉴定机构名册》。而且根据《全国人民代表大会常务委员会关于司法鉴定管理问题的决定》，法医类、物证类、声像资料的鉴定应当选择列入名册中的司法鉴定机构。

[10] 中国法院程序中也开始加入"有专门知识的人"的"专家辅助人"制度，允许当事人委任"有专门知识的人"就司法鉴定人给出的鉴定意见或者专业问题提出意见。《最高人民法院关于适用〈中华人民共和国民事诉讼法〉的解释》第122条第1款规定："具有专门知识的人在法庭上就专业问题提出的意见，视为当事人的陈述。"看来，"有专门知识的人"并非本书所讨论的独立、目的应是帮助法院的专家证人。

[11] 欧洲大陆很多国家/地区的普遍做法是法院委任一位独立专家，这是假设当事人的专家只会向法院讲当事人希望法院知道的事实。在大陆法系的询问制下，法官最大的问题是不知道是否应接受唯一的一份专家报告。

外行的审理法官或仲裁庭来说,这些专家的意见应是"理越辩越明"。

3.1.4 英国海事法院委任顾问专家的一贯做法

英国海事法院(Admiralty Court)是通常委任"顾问专家"(Assessors)一并开庭审理的主要例外。而且,该做法有悠久历史(在15世纪已有案件是这样做)并仍在CPR生效后持续,虽然需要顾问专家协助的海难案件在航海科技的进步下与早年的数量与重要性已经是不可相比。1600年,已经有报道有案件需要Trinity House[12]的会员(是一些资深船长)帮助确定货损到底是因坏天气还是疏忽造成的。1673年,有报道在一宗船舶碰撞案件,L. Jenkins大法官正式委任了一位航海专家(nautical expert)去从旁作出协助。

虽然海事法院主要在船舶碰撞案件有此做法,但在其他海事案件中(如沉船意外、船舶搁浅等)也有同样做法:见 Waddle v. Wallsend Shipping Co Ltd (1952) 2 Lloyd's Rep 105;Esso Petroleum Co Ltd v. Southport Corporation (1955) 2 Lloyd's Rep 655 等大量先例。在 The "Australia" (1926) 25 Lloyd's Rep 141 先例中,Sumner 勋爵说:"In Admiralty practice (assessors) are not only technical advisors: they are sources of evidence as to the facts. In questions of nautical science and skill, relating to the management and movement of ships, a Court, assisted by nautical assessors, obtains the information from them, not from sworn witnesses called by the parties ..."

另可较详尽地介绍 Esso Petroleum Co Ltd v. Southport Corporation 先例。案情有关在河道搁浅的"Inverpool"轮的船长被指控疏忽导致事故。事后为了浮起该船舶,故意抛弃(jettison)了船上装运的约700吨燃油中的400吨以减轻载重,是英国第一宗重要的海上油污案件。在高院一审中,Devlin大法官说到有关委任顾问专家以协助审理法官理解航海与船艺以利最后判决船长是否有疏忽的问题,如下:"In this case questions of seamanship and navigation arise and, acting under the Judicature (Consolidation) Act, 1925, s. 98 ..., I have appointed one of the Elder Brethen of Trinity House to act as an assessor and to advise me upon them. In 'Waddle v. Wallsend Shipping Co. Ltd.' I called attention to what seemed to me the undesirability of having questions of this sort tried by a judge of the Queen's Bench Division sitting without assistance. This practice of sitting with the Elder Brethen is always followed in the Admiralty Division and if it is not followed in this Division as well it is bound to lead to the belief that the result will not be as satisfactory as it should be. I have therefore been advised by an Elder Brother, Commodore Hubbard, ... before arriving at my conclusions in this case, but I have not had his assistance during the hearing. I hesitated in this case, as I did in 'Waddle v. Wallsend Shipping Co. Ltd', to adjourn the trial so that an assessor might

---

〔12〕 Trinity House 是在1514年成立的海员联谊会(fraternity of mariners),为当时英王亨利八世授权规管英国航道的领航与安全,目前仍存在。

be present because of the inconvenience to the parties and their solicitors and counsel. But I doubt whether I shall in any similar case in the future allow these considerations to deter me again."

该先例对船长的指控是"Inverpool"轮的舵机出了毛病,但仍驶入狭窄的航道是疏忽与不负责的做法。Devlin 大法官在顾问专家提供的意见下,判船长没有疏忽,因为港外/航道天气坏与无法下锚,权衡后船舶不去驶入更危险。

英国海事法院委任顾问专家的惯常做法已有数百年历史,至今仍普遍受到欢迎,并成功垄断了世界上任何海域发生的船舶碰撞或海难事故所导致的相关诉讼。即使是其他国家的法院拥有无可置疑的管辖权,例如船舶碰撞发生在中国内河或日本内海,两艘(或更多)碰撞船舶的船东与他们背后的保险公司都会事后同意去英国海事法院审理他们之间的责任与损失分摊。这里的原因固然少不了背后保险公司/保险人的重大影响,看来与英国海事法院的顾问专家与人才鼎盛令大家有信心也是关系密切。难怪 Steel 大法官在 The "Pelopidas" (1999) 2 Lloyd's Rep 675 先例中十分自傲,认为海事法院在法律融合科技或专业知识是最独立、最省钱的民事诉讼改革后 CPR 下最好做法的代表(confident that it reflects best practice under CPR)。

但笔者认为,海事法院的做法是其他审理商事案件的法院难以跟随的,因为今天所涉及的复杂与高难度的科技与专业知识已经五花八门、多不胜数。它们没有大量的单一同类案件(像船舶碰撞、船舶管理),只需要一种类别的专家协助,并且有稳定与可靠的来源(来自 Trinity House)。世界已经是大变,恐怕海事法院与 Trinity House 合作去融合法律与航海专业知识的优良传统做法应是无以为继了。

3.2 试图改良之二:民事/商事法院专业化

民事/商事法院的专业化在理念上与特别陪审团(Special Jury)一致,就是让懂行的事实审理者(trier of fact)审理会更容易理解证据与掌握事实真相。所以目前英国与商业有关的专业清单(specialist lists)有"大法官法院"(Chancery Court)下的"公司法院"(Companies Court)、"专利法院"(Patent Court)、"破产法院"(Bankrupt Court),"后座法院"(Queen's Bench)下的"商业法院"(Commercial court)、"海事法院"(Admiralty court)、"商人法院"(Mercantile Court)、"科技与建筑法院"(Technology and Construction Court)与"行政法院"(Administrative Court)等。而随着争议涉及的自然科学或专业知识愈多愈专,只要案件够多估计专业清单就会进一步扩展与调整。

这只是在一审法院的层面,英国的上诉庭在民事诉讼再没有去分专业,毕竟审理证据与认定事实是在一审法院。但即使只是去监督,也曾导致如 The "Laura Prima" (1982) 1 Lloyd's Rep 1 先例的笑话。由于该先例中上诉庭的 3 位大法官都没有商事/海事背景,所以错判。据悉在上诉庭的结案陈词,双方代表大律师由于大法官仍提出外行人的问题,显示了对案件不了解,而有了默契与心理准备上诉去贵族院纠正错判。此先例导致当时的 Denning 勋爵改革上诉庭,要求商事/海事案件的 3 位大法官中必须有一位有商事背景。

这种专业化做法在中国包括香港特区也有。但由于调度案件的分流或专职法官休假等问题，仍存在外行的法官因审理专业性的案件而提高错判的概率。例如，香港特区一贯会委任懂行与国际声望高的法官专职负责审理仲裁有关的案件。但在 China Property Development (Holdings) Ltd v. Mandecly Ltd (2015) CACV 92 &93 先例中，笔者(与袁国强、杨明悌大律师)的仲裁庭就被一审法院责骂犯错，笔者当然不同意。

3.3 试图改良之三：商事仲裁替代法院

商事仲裁近四十余年崛起而晋升为众所周知的国际商业争议的主流解决办法。仲裁的优点有多项，不在此罗列。与本章针对的课题有关的其中一项是可以让双方当事人委任懂行人士作为仲裁员，并最终能够成立一个对有关争议所涉及的法律与专业知识完全对口的仲裁庭去审理。但看来，这个理想在现实中很难得以实现。一般当事人对法律人士(如退休著名法官、大律师等)有莫名的敬畏与迷信，认为他们无所不知与代表公平公正，这也是法治环境下成长的熏陶。另加上在跨国律师已经"劫持"(hijack)了国际仲裁的大环境下，可以说非律师仲裁员(lay arbitrator)在国际仲裁案件中被委任为仲裁员的机会更是微乎其微。

大家似乎忘了商业仲裁兴起原因是法院无法经济与快捷处理主要涉及专业知识的事实争议，在国际的范畴就是海商/海事与商品买卖/付运合约。例如，在笔者(杨大明)的《国际货物买卖》一书所提及的 GAFTA(Grain and Feed Trade Association)的仲裁。它已有上百年历史，其中的服务是在买卖双方对货物质量有争议时，要尽快有一个裁决以决定偏差百分比，用以调整货价。GAFTA 委任或确认作出裁决的仲裁员是 GAFTA 名单上的成员，也是有经验的粮油贸易商。他们以多年的相关经验与知识，很快即可对有质量争议(是经常发生的争议类别)的货物摸摸、看看与闻闻(look-sniff)下判断并作出裁决。这种案件完全不适合五谷不分的法官去审理，它不涉及法律问题，纯是专业知识去认定争议的事实。所以，GAFTA 仲裁一直排除律师的参与。海事/海商的仲裁，也是由于同样的原因与历史背景在波罗的交易所(Baltic Exchange)兴起，作为仲裁员的也是非律师而是经纪人(shipbrokers)。

商品买卖/付运合约与海事/海商仲裁也不会是只针对需要专业知识的争议事实，也避免不了会涉及法律问题(甚至是十分复杂的问题)。例如，对货物质量的争议就不会只涉及调整货价，而会涉及买方以质量不符拒货，但卖方反指控买方因市场下跌而找借口拒货是毁约/违约(repudiatory breach)，这就涉及了法律问题。但由于海商/海事或商品买卖/付运合约是早年国际性强、涉及金额庞大与复杂(sophisticated)的行业，所以参与其中的船东、贸易商或经纪人对国际商法(其中主要是英国合约法)都比其他在社会上的非法律人士懂得更多。而会有兴趣做 GAFTA(或其他商品的商会)仲裁员或波罗的交易所的仲裁员，也往往是对法律有个人兴趣或船东/贸易商公司的法务部员工。另是，英国《Arbitration Act 1996》之前的所有仲裁法版本，都有条文针对法院在法律问题上监督与协助这些以非律师仲裁员为主的案件的做法，名为“Special Case”或“Case Stated”。一种常见的做法是仲裁庭认定争议事实后，说明仲裁庭对争议法律的意见，并向法院提问是否支持、是否正确。例如，在认定货物质量确实有问题与有什么问题后，说明仲裁庭的意见是足够在法律上构成违反条件条文让买方合法拒货，所以买方胜诉。但如果法院不同意，裁决的结果就改为卖方胜诉。再如果是法院有其他想法或需要认定更多其他的事实，就把裁决书发还（remit）给仲裁庭。

这种在1979年被废除的做法今天年轻的一代都不会知悉。到了《Arbitration Act 1996》与全球化带来的国际商事仲裁的兴起，除了已提及的跨国律师“劫持”了这个行业外，也有其他重要原因导致非律师仲裁员的式微。只简略提一个如《Arbitration Act 1996》与《联合国示范法》把原本属于法院的中间措施（Interim Measures）的权力与责任下放给仲裁员，这涉及很复杂的法律问题，要有法院实践操作的经验才能掌握。早年笔者认识的海事/海商的非律师仲裁员不少都熟悉国际商法/合约法，但这是实体法（substantive law）。可以说今天的国际仲裁完全不够，除非极少数人（包括在伦敦或纽约的朋友）肯努力钻研才能跟得上。

今天国际仲裁的常态就是仲裁庭清一色的是3位律师。这些“万金油”仲裁员一旦涉及专业知识，就依赖专家证人了。所以在今天的国际商事仲裁，笔者认为是需要更多而不是更少的专家证据/专家证人。总之，在融合法律与科技/专业知识方面，今天的国际商事仲裁不会在这方面比英国法院做得更好，甚至笔者认为是更差与退步了。

3.4 试图改良之四：双方当事人各自委任专家证人

当事人委任自己的专家证人与在18世纪末英国法院从法院主导转变为双方当事人律师主导的“对抗制革命”（Adversarial Revolution）有密切关系。

3.4.1　确认当事人委任的 Folkes v. Chadd 先例

当事人委任的专家证人在身份（role）上与做法上被正式确立应是在 Folkes v. Chadd（1782）3 Doug 157 先例中。它是一个滋扰（nuisance and trespass）的诉讼，争议涉及需要专家证据协助法院了解专业知识（specialized knowledge）去找出什么原因导致港口淤塞（silting）。

原告委任了一位 Smeaton 先生，他是一位工程师，十分熟悉港口的构造与相关问题。但他与案件本身无关，所以不是事实证人，他去做证人只能是根据他的专业知识与经验提供意见。被告反对，认为陪审团（jury）只能依据事实证据作出事实的认定，不是意见（“It was matter of opinion, which could be no foundation for the verdict of the jury, which was to be built entirely on facts, and not on opinions”），并被一审法院认同。但上诉后著名的 Mansfield 勋爵不同意，认为 Smeaton 先生的意见应被采纳（admissible），并下令重审（retrial），说：“It is objected that Mr. Smeaton is going to speak, not to the facts, but as to opinion. That opinion is, however, deduced from facts which are not in disputed the situation of banks, the course of tides, and of winds, and the shifting sands. His opinion, deduced from all these facts, is that, mathematically speaking, the bank may contribute to the mischief but not sensibly. Mr. Smeaton understands the construction of harbours, the causes of their destruction, and how remedied. In matters of science no other witnesses can be called . . . the cause of the decay of the harbour is a matter of science, and still more so, whether the removal of the bank can be beneficial. **Of this, such men as Smeaton alone can judge. Therefore we are of the opinion that his judgment formed on facts, was very proper evidence.**"(加黑部分是笔者的强调)

Mansfield 勋爵也有说到像本案件涉及的港口问题是出在天然或人为上,怎会不采纳自然科学人士的专业意见,正如笔迹专家证明可能的虚假文件等,如下:". . . I cannot believe that when the question is whether a defect arises from a natural or artificial cause, the opinions of men of science are not to be received. Handwriting is proven everyday by opinion . . . Many nice questions may arise as to forgery and as to the impression of seals. In such cases I cannot say that the opinion of seal makers is not to be taken."

Folkes v. Chadd 先例可带来一些有趣的观察如下:

1. 当时英国正处于工业大革命,专业知识争议相继出现,法院需要在这方面赶上,但仍在摸索。

2. 此先例是开了门让当事人引入自己的专家(Smeaton 先生),并把该专家定位在证人席(witness box),而不再是在审判席(tribunal)作出或参与决定事实的一分子,好像过往的特别陪审团(special jury)或是法院委任的顾问专家(Assessors)与法院专家(court expert)。而法院从过往更主动,变为更中立,让双方当事人代表律师主导与满足各自对争议事实的举证责任。

3. 专家证人是当事人的其中一位证人,但是地位特殊,只有他们可向法院提供意见证据,他们也不需要参与过或知悉争议事实就可以举证。这些也是与事实证人的主要区别。

4. 专家证人的意见证据会因为不知道事实真相而受到局限。正如 Mansfield 勋爵所讲的"That opinion, . . . is deduced from facts which are not disputed",也就是必须根据毫无争议或证实了的事实去作出的意见。这也带来很多有关的发展去配合。例如,专家证据作为传闻证据规则(Hearsay Evidence Rule)的例外,[13] 也需要引用专业界其他人的学说;交叉盘问向专家证人提出"假设性问题规则"(Hypothetical Question Rule);专家意见需要回避"最后争端规则"(Ultimate Issue Rule)等。这些内容稍后会在段节中涉及。

5. 专家证人被要求去向法院提供有关的专业知识协助理解事实,但委任与支付

---

〔13〕 见本书第八章之 3 段的详细介绍。

专家证人费用的是个别当事人。这带来了严重的矛盾与利益冲突,如 Folkes v. Chadd 先例和 Severn, King and Company v. Imperial Insurance Company, The Times, 14 April 1820 先例。所以,指称当事人专家证人是"枪手"(hired gun)的问题并非新问题,只是一直没有解决。接下来进一步探讨这种当事人委任专家证人(party-appointed expert)或有偏袒的一方专家证人(partisan expert)的问题。

3.4.2 专家证人对审理法官的影响与证据分量

在涉及复杂的自然科学、高科技或社会科学(如金融衍生品等)的案件中,一旦需要委任专家证人协助事实审理者(trier of fact)如审理法官或仲裁员,就清楚表示他们不懂。这样从基本人性可以肯定,这些事实审理者内心是相信专家的。大陆法系询问制的国家如法国法院的做法通常只是委任一位法院专家,没有任何人去质疑、盘问或测试,审理法官就会照单全收。这种做法受到批评也是同一道理。例如,2017年12月发表的"Oxford Constitutional Law-Role of Expert in Judicial Proceedings"一文有提到这方面问题:

"... Measure regulating the qualifications of experts were implemented early on, with **expert registers being established in Italy and France.** Expert evidence was given mainly in the form of written report. In France, the Ordinance of 1667 was the first statute to recognize expert reports as a true means of proof in civil cases. ...

While concerns about the role of experts in the common law tradition centre around partisanship, critiques of the civil law tradition often point to the problematic relationship between the expert and the judge. Given the challenges of competently assessing expert knowledge, **the danger in the civil law context is that a judge may defer too readily to the opinion of a court-appointed expert. If so, it may be that the expert effectively usurps the judge's role as decision maker, contrary to the constitutional principle of judicial independence**.

While there is less risk of expert bias arising from partisanship in the civil law tradition, the strong influence of court-appointed experts on judicial decision-making, and the quasi-judicial nature of the expert's role as auxiliary of the court, heightens the consequences of any bias that may arise. The ECtHR has found that a lack of neutrality on the part of a court-appointed expert may violate the principle of equality of arms inherent in Article 6 of the ECHR (Sara Lind Eggertsdóttir v Iceland, para. 47). ..."(加黑部分是笔者的强调)

在英国法院诉讼或国际商事仲裁的双方当事人有各自的专家证人的情况下,虽然表面看是专家的意见有了比较、对质与通过交叉盘问去深入测试,不至于审理法官或仲裁庭照单全收,必须去分析与考量取舍,但仍难逃受到影响,而且是坏影响。

有说法是,专家证人对审理法官或仲裁员的说服力比出庭代表律师/大律师强得多。出庭代表律师的陈述不是证据,涉及的内容(法律争辩)也是审理法官或仲裁员懂的课题,所以不会轻易被一方律师的滔滔雄辩说服。但专家证人就在本质上有很大的不同,因为审理法官或仲裁员不懂,所以像一般大众,也难免在分析与考虑时受到双方专家证人谁在交叉盘问表现好与谁名气大等因素影响。[14]

1999 年 Freckelton, Reddy & Selby 的《Australian Judicial Perspectives on Expert Evidence: an Empirical Study》中包括了向 478 位澳大利亚法院法官发出的问卷,并收到了 244 位的回复。其中的 Question 3.7 有关专家证据,有 76.72% 的法官承认他们有时候觉得他们无法理解审理案件中的专家证据,另 14.22% 说他们经常在比较双方不同的专家意见时有困难。

另在加拿大的 R v. Mohan, 1994 CanLII 80 (SCC)先例中,Sopinka 大法官说资深专家证人意见会对陪审团有不应当有的分量:"... dressed up in scientific language which the jury does not easily understand and submitted through a witness of impressive antecedents, this evidence is apt to be accepted by the jury as being virtually infallible and as having more weight than it deserves."

在英国的 R v. Turner (1975) QB 834 上诉庭先例中, Lawton 大法官说:"If, on the proven facts, a judge or jury can form their own conclusions without help, then the opinion of an expert is unnecessary. In such a case, if it is dressed up in scientific jargon it may make the judgment more difficult. The fact that an expert witness has impressive scientific qualifications does not by that fact alone make his opinion any more helpful than that of the jurors themselves; but there is a danger that they may think it does."

最后去举的例子是 2020 年 Queen Mary University 与 PwC 合作的一个有关仲裁损失计算的专题研究。在研究与分析自 2011 年至 2018 年的 180 个 ICC 仲裁裁决书后,得出的结论是:在损失计算方面,原告与被告各自计算得出的最后金额往往有很大分歧,平均被告的数字只是原告的 12%。正是原告漫天要价,被告落地还钱。另是原告的索赔金额超出 1000 万美元,就更有可能委任计算损失的定损专家证人(quantum expert),因为仲裁员对损失计算最多的批评是证据不足,有了定损专家证人,就可以有更大的可能性说服仲裁庭。重要的是,该专题研究发觉,如果被告也委任称职的定损专家证人,被告的有利地位会"重大提升"(significantly better),也就是把索赔金额大幅度减低。换言之,在原告委任定损专家证人的情况下,被告如果不委任而只是依赖代表律师/大律师对原告的索赔损失计算批评与争辩,就会吃大亏了。[15]

---

〔14〕 法律对这方面的管治就是要求一审法官在判决中分析双方专家证人的理据与写明最后倾向于哪方的专家意见的理由。只有在别无选择的情况下,才能考虑专家证人的资历。可见本书第六章之 4.1 段的详细介绍。

〔15〕 这方面可见本书第六章之 4.3.3 段。

3.4.3 挑选专家(expert shopping)

上一段显示,在对抗制诉讼下,专家证人可以被"武器化"(weaponised),只要花得起钱聘用。一旦当事人各自委任专家证人,他们就会想尽办法寻找对自己最有利的专家。这"最有利"的人选是:(1) 专家的专业名誉与地位高,有更大机会压倒敌对方专家证人与更可能说服审理法官或仲裁庭。(2) 该专家的专业意见也是自己乐见的意见与支持自己的案件,不论这的确是他/她的专业观点或是为了想被委任而去迎合。(3) 有诉讼与出庭接受交叉盘问的经验,是一位"超级证人"。(4) 收费适宜与有时间,因为法院对程序与开庭时间抓得很紧。

同时,也往往需要在全球(主要是西方国家)有渠道才能寻找到这些专家,稍后会分段介绍诉讼律师如何在需要不同领域的自然科学或专业知识时寻找对口与称职的专家。这种"挑选专家"(expert shopping)的做法已经是很多诉讼律师的商业机密(trade secret),较专的案件更是以能够为客户找到最对口与最称职的专家证人为傲。这种做法上百年来也无法杜绝,导致只有符合当事人需要的专家意见才会被审理法官或仲裁庭听到,而真正独立、不偏不倚、更可能是正确与没有误导的专家意见他们是不会听到的。Jessel 大法官早 100 多年前就在 Thorn v. Worthing Skating Rink Co (1877) 6 Ch D 415 先例中说:"... A man may go, and does sometimes, to half a dozen experts. I have known it in cases of valuation within my own experience at the Bar. He takes their honest opinions, then finds three in his favour and three against him; he say to the three in his favour, 'Will you be kind enough to give evidence?'. And he pays the three against him their fees and leaves them alone, the other side does the same. It may not be three out of six, it may be three out of fifty. I was told in one case, where a person wanted a certain thing done, that they went to sixty-eight people before they found one."

Jessel 大法官讲到他做大律师时,曾经历过一位客户当事人接触了 6 位专家,在取得了这 6 份坦诚的初步专家意见后,发觉有 3 份对当事人有利,另 3 份不利。当事人对有利的 3 位专家说:"你可否出庭做证人,向法院提供专家意见?"另 3 位不利的专家就付了有限的费用后不再理睬他们。对方当事人也应是如此行事。所有当事人与他们的代表事务律师都喜欢这种做法,雄心勃勃(aggressive)的当事人更喜欢。

又如,近年在国际上颇多的高科技工程(high-tech project),如建造核电厂或炼油厂。这种工程合约在履行时有了争议需要诉讼或仲裁,往往难免要有专家证据协助审理法官(或仲裁员)理解有关专业知识。但因为专家人选不多,也不一定愿意做专家证人。加上科技更新越来越快,老资格的专家也会跟不上,而够专业资格的年轻真正专家又难令人信服,所以寻找适合与称职的好专家十分困难。笔者看到一文,是一位专攻高科技诉讼的律师谈到(也同时在做广告):"It is striking when reading first instance of technology cases how hugely influential expert witnesses can be. This is perhaps not surprising in a field where the tribunal does not have considerable experience of the projects upon which it is adjudicating. But it is somewhat unnerving for the solicitors and barristers presenting the case because in truth it is supremely difficult to select an expert in a technology matter who will produce evidence which will be preferred by the judge over one's opponent's expert. This is because of the wide ranging and fast changing skills deployed in project year on year (which means that the real experts are usually untested in court) and because the 'professional witnesses' may be seen as hired hands and generalists rather than incisive guides to the subject matter of the dispute."

但法院不鼓励挑选专家的做法。例如,在香港的 Law Chung Fai Law Chung Fai v. Lam Ming Kuen (2010) HKEC 1410 先例中,Bharwaney 大法官说:"Expert shopping is undesirable and, whenever possible, the court will use its powers to prevent it. It can lead to potential unfairness between those who can afford to shop around for the opinions of more than one expert and those who cannot. Expert shopping is not conducive to cost effectiveness of the proceedings and the expeditious disposal of a case."

但只要是双方当事人各自委任自己的专家证人,就难免会有挑选专家的做法,他们是不可能委任与引入一位持不利己方利益或只肯说中立意见的专家证人的。所以,CPR 只能希望通过严格的案件管理去减少挑选专家问题带来的危险,如引入专家证人需要批准,[16] 申请更换另一位新的专家证人时会有困难,[17] 尽量命令委任可减免对抗的共同专家证人(Single Joint Expert 或简称"SJE")等。[18] 这在稍后将有详细介绍。

3.4.4 "枪手"(hired gun)的问题

这种做法显然是影响向法院或仲裁庭提供的专家证据的质量了。上一段提到的 Jessel 大法官的例子是 6 位专家中只有 3 位的初步意见对己方有利,也有可能是当事人接触了 50 个专家,其中只有 3 位的初步意见对己方有利。该当事人从这 3 位专家中挑选一位专业名誉与地位最高、表达能力最强的作为己方的专家证人向法院提供协助。在这种情况下,希望专家证人能独立与不偏不倚地帮助审理法官或仲裁庭理解有关的自然科学或专业知识与持平地认定争议事实,是缘木求鱼。据知,从 19 世纪末开始,已经有很多这方面的丑闻,如 Severn, King and Company v. Imperial Insurance Company, The Times, 14 April 1820 先例。案情涉及保险公司对受保的一家制糖工厂失火拒赔,理由是该工厂发生火灾前 3 个月曾改变了制糖的工序与设备,但没有向保险公司披露。保险公司声称这新工序与设备的危险性是大大提升。在诉讼开庭审理时,双方各自把该年代所有最著名的有关专家全部作为专家证人对抗并在审理法官面前做各种实验。这导致 Dallas 大法官说:"(这些专家证人) left the court in

〔16〕 见本章之 7 段。
〔17〕 见本章之 12 段。
〔18〕 见本章之 3.5 段。

a state of utter uncertainty; and the two days during which the results of their experiments had been brought into comparison, were days not of triumph, but of humiliation to science."

该先例在当时就引起了社会大众的反感,但直到 100 多年后的民事诉讼改革(Civil Justice Reform)与 CPR 生效前,这种双方当事人各自委任专家证人与向法院/仲裁庭提供偏袒意见的专家证人(partisan expert)过度斗争的情况也没有发生重大改变,近二三十年来甚至变得更坏。1994 年,英国名为"Counsel"的辩护律师刊物曾发表社论,说:"**Expert witnesses used to be genuinely independent experts. Men of outstanding eminence in their field. Today they are in practice hired guns: there is a new breed of litigation hangers on, whose main expertise is to craft reports which will conceal anything that might be to the disadvantage of their clients.** The disclosure of expert reports, which originally seemed eminently sensible, has degenerated into a costly second tier of written advocacy. Costs of experts have probably risen faster than any other element of litigation costs in the last 20 years. This deplorable development has been unwittingly encouraged by a generation of judges who want to pre-read experts' reports before coming into court, and by practice directions stipulating that the reports be lodged in court to enable them to do so. What litigant can ignore an opportunity to implant his case in the judge's mind before the hearing begins?"

以上加黑部分被 Woolf 勋爵节录在了他的 1995 年《Access to Civil Justice》中期报告中。

至于为何英国法院容忍这严重的缺陷长期存在,笔者估计原因如下:(1) 比较欧洲大陆的询问制针对专家证据的处理,英国相信自己的对抗制相对而言更好或较优。(2)在早前的社会环境,特别是专业人士的专业操守会不一样。不像近几十年来,教育的提高令专业人才辈出,造成大量与过度的竞争(甚至是恶性竞争),包括提供专家证人的咨询公司、事务律师、大律师等。(3) 更严格的采纳(stricter admissibility),加强对专家证人程序的控制,包括需要向法院显示专家证据的必要性、相关性与证据价值、专家证人对口的专业资格等。(4) 而最重要的是,英国法院相信对抗制的交叉盘问(cross-examination)可以测试专家证人意见,暴露隐蔽的偏私与其他缺陷。这样,反而令对立的两位专家证人意见有了对比、质疑与详尽及深入的分析,让审理法官更充分理解有关的专业知识。

但问题是,今天复杂的争议事实所涉及的科技或专业问题也不是只有两个敌对与偏袒自己客户的专家意见。或许审理法官或仲裁庭根本听不到/看不到最正确的专家意见,因为已经在拣选证人的过程中被双方当事人剔除了,听到的两个各走极端的专家意见都是错的,顶多是错多错少的问题。

所以随着这专家证人偏袒当事人的问题日趋严重,英国的 CPR 对专家证据大程度作出改革。香港特区也紧跟着英国作出同样改革,2000 年 2 月首席大法官成立的工作小组(CJ's Working Party on Civil Justice Reform)在2002年4月30日发表的中期报告(Civil Justice Reform—Interim Report and Consultative Paper)中,针对专家证据急需改革的两个主要问题之一就是,专家不能提供客观意见以协助法院判案,这反而成为各方在诉讼时使用的武器:"Partisanship and a lack of independence amongst experts, devaluing their role in the judicial process."

3.4.5 当事人委任的专家证人人性上难以独立

已经提到,希望当事人寻找、委任与支付费用的专家证人会在对抗的"决战"(开庭审理)中独立与不偏不倚地帮助审理法官或仲裁庭理解有关的自然科学或专业知识是违反人性与缘木求鱼。早在1873年,Jessel大法官就在Lord Abinger v. Ashton (1873 - 74) LR 17 Eq 358先例中说:"Undoubtedly there is a natural bias to do something serviceable for those who employ you and adequately remunerate you. It is very natural, and it is so effectual that we constantly see persons, instead of considering themselves witnesses, rather considering themselves as the paid agents of the person who employs them."

CPR对挑选专家的做法深恶痛绝,这也反映在很多方面,如申请更换另一位新的专家证人时非常困难与尽量命令委任可减免对抗的共同专家证人(Single Joint Expert或简称"SJE")等。但由于没有排除双方当事人各自委任专家证人的做法,所以该问题仍继续存在,只能希望通过CPR的严厉控制(后详)有所减低。这主要是指减低两方面的偏袒。第一种是"选择偏袒"(selection bias),因为当事人客户是在接触了好几位专家后才挑选了他/她,肯定是因为他/她的意见有利。第二种是专家证人的"刻意偏袒"(deliberate bias),把自己当作另一位为客户辩护的人士(advocate)。但看来,对专家证人潜在与不自觉的偏袒(imputed bias)仍难以避免,因为是人性。所以,Neuberger勋爵于2014年11月7日在Annual Bond Solon Expert Witness Conference中的发言也提到了专家证人的独立与不偏袒受到很多基本人性影响:"Take the example of the frequently cited fact that many expert witnesses are frequently accused of bias in favour of the client. Of course, there is an enormous temptation to an expert to be biased. The expert is paid by the client-often handsomely; the expert sees documents which support the client's case or excite sympathy for the client; the expert may well have given initially optimistic advice (not least because otherwise he would not have got the job), and will want to stick with that advice if at all possible; the expert frequently attends meetings so that he or she feels part of, or sucked into, the client's team, and therefore regards himself as having to advance the client's case; the adversary nature of litigation will atavistically influence the expert to fight the other side."

3.5 试图改良之五:双方当事人委任一位共同专家证人

英国的Woolf勋爵改革与随之而来在1999年生效的CPR,使专家证人有了很多新概念,并产生重大变动。其中,Woolf勋爵主要鼓吹的是他新发明/设计的一位共同专家证人(single joint expert)的做法,希望借此改变专家证人的文化(expert culture)并达到:(1) 保证专家证据是独立、客观与不偏不倚;(2) 减低对抗性;(3) 避免浪费诉讼费用与火力不均等(unequal arm)等重要问题。

Woolf 勋爵也强调他的改革仍会保留对抗制(adversarial system),即不会以欧洲大陆的询问制改革专家证据,可节录 CPR Rule 35.7 如下:"**Court's power to direct that evidence is to be given by a single joint expert** (1) Where two or more parties wish to submit expert evidence on a particular issue, the court may direct that the evidence on that issue is to be given by a single joint expert. (2) Where the parties who wish to submit the evidence ('the relevant parties') cannot agree who should be the single joint expert, the court may – (a) select the expert from a list prepared or identified by the relevant parties; or (b) direct that the expert be selected in such other manner as the court may direct."

共同专家的理念与做法早已在商业合约中出现,最常见的就是专家决定条文(expert determination clause),[19]通常由双方共同委任的专业机构或公司决定双方争议,该决定就是终局。CPR 下的共同专家证人与顾问专家(assessors)或法院专家(court experts)不一样。主要是共同专家证人仍是由当事人主导,不是法院主导。对审理法官而言,共同专家证人仍是一位证人,由双方当事人同意与挑选。

香港民事诉讼改革小组的中期报告中说:

"**Single joint experts**

507. **An important innovation aimed at avoiding partisanship altogether** and at saving costs is the power given to the court to appoint a single joint expert. CPR 35.7 provides ...

508. It is noteworthy that**such an expert is not a court-appointed expert**. The court is likely to direct that such an expert should be appointed but then to **leave it to the parties to select the expert by agreement or at least to agree a shortlist of experts.** ...

509. **By letting the parties pick the expert, the court preserves some of the beneficial aspects of the adversarial system and avoids, for instance, being seen to descend into the arena in its choice of expert or in the formulation of his instructions. The CPR leaves the instruction and remuneration of the single joint expert to the parties** ...

510. During his visit to Hong Kong in April 2000, Lord Woolf spoke enthusiastically about the introduction of single joint experts. He expressed the view that the new provisions**could bring about a far reaching cultural change amongst experts**. It enhances an expert's appointability as a single joint expert if his opinions are known for their inde-

〔19〕 见本章之2段。

pendence and objectivity. **This becomes a strong incentive to avoid partisanship.**

511. According to the White Book : ‘There is some evidence that within a short time of the implementation of the CPR lawyers, experts and the courts were accepting and applying the objectives of Part 35. In a survey carried out by an expert witness training organisation in December 1999, experts reported that workloads were down by 35% , 65% had been appointed as single joint experts, 64% had received written questions on their reports, and requests to give oral evidence were down by 30%. ’

512. After two years’ operation, the Lord Chancellor’s Department reported that post-CPR joint expert witnesses were used in 41% of cases involving any expert witnesses and a reduction in cases overall where at least one expert witness was instructed by each side; 11% in 2000 compared with 15% in 1997. In general, the Department reported: **‘The use of single joint experts appears to have worked well. It is likely that their use has contributed to a less adversarial culture, earlier settlement and may have cut costs’**. ”(加黑部分是笔者的强调)

看来大部分的民事诉讼在专家证据方面都可以通过一位共同专家证人处理，尤其是争议金额不高与/或专业方面的争议相对简单或正确答案明确与稳定的案件，如外国法律、市场价格与估价（valuation）等。从上文提到的在 CPR 刚刚开始生效不久的数据就可以看出这一点，更不必说是今天。在今天，法院是先考虑下令一位共同专家证人，在认定在有关案件不适合后才会改为批准双方当事人委任各自的专家证人。但一位共同专家证人的做法也有自身的缺点与局限，这也正常，任何社会制度都有利弊需要做出权衡。共同专家证人否定双方当事人各自委任专家证人，这会导致审理法官受到局限。如果是两位或以上的对立专家证人，并且他们是真正与善意地持不同意见，相互深入质疑，就会迫使审理法官思考、比较与分析，并可能带来更优质与更正确的结果。再说，对抗制的基本精神是必须先听双方当事人各自的案件后才决定，但共同专家证人就做不到了。所以，CPR 仍保留了当事人自己委任专家证人的做法，也接受有些案件不适合一位共同专家证人，如花得起诉讼费用与涉及复杂的专业知识，且会有多过一种正确的答案。CPR 希望通过法院加强控制专家证据，减少与对冲当事人委任的专家证人会作出偏袒意见的缺点。

最后对一位共同专家证人做法的好处可举一个例子。澳大利亚新南威尔士（New South Wales）最高院退休的 Hon. Hal Sperling QC 大法官在一个电台节目（Sunday ABC Radio programme “The National Interest”）中说到他经历过的案件如下：

“I will give you an illustration from my own experience. As a judge I heard a case in which the critical issue was whether a surgeon had left a radioactive substance in the lungs of a patient. If he had, the plaintiff won. If he had not, the plaintiff lost. Two experts gave evidence.

Their evidence was based on the same X-ray of the patient's lungs. One said it was obvious that the substance was in the lungs. It clearly appeared from the X-ray. The other said the X-ray showed only common deviations within the norm. **Now what is a judge to do with that**?"(加黑部分是笔者的强调)

他说在这种无法作出明智选择的情况下,马上的反应是最好要求一位独立专家去决定。

在国际商事仲裁中,这种由仲裁庭下令委任一位共同专家证人的做法还不常见,这方面稍后探讨。

3.6　试图改良之六:培训审理法官或仲裁员

在 Kirin-Amgen Inc v. Hoochst Marion Rousseau Ltd (2004) UKHL 46 先例中,案情涉及基因(DNA)。在双方当事人同意下,贵族院事先安排一位牛津大学的生物化学(biochemistry)教授给贵族院大法官一连串录像授课(seminars in camera)解释基因重组技术(recombinant DNA technology)的有关知识。Hope 勋爵大力赞赏这种做法说:"This had the result of shortening the length of time that it was necessary to devote to the hearing by several days ... it is a course which might usefully be adopted in the future in cases of this kind, where the technology is complex and undisputed and the parties are willing to consent to it."

《Expert Evidence: Law & Practice》(2020 年,第 5 版)一书之 2-002 段也赞赏此先例说:"In an unusual (but welcome) procedural development in a complicated patent infringement case in 2004, the House of Lords (with the consent of the parties) was given a series of seminars by an eminent academic on aspects of recombinant DNA technology."

另一个例子是 Eli Lilly & Co v. Human Genome Sciences Inc (2010) EWCA Civ 33 上诉庭先例,[20] 案情涉及专利(patent),培训审理法官是另一种形式。Jacobs 大法官说:"In this very case we have had the benefit of a scientific advisor, Dr John Murphy of Kings College London. ... Prior to the hearing Dr Murphy gave us some 'teach-ins' about the background technology. At the hearing he sat with us and provided valuable further explanation of the technology. At all times he meticulously refrained ... from commenting on the parties' respective cases and he played no part in our decision making process. I would like to go on record to express the court's thanks to him."

另可介绍 Electromagnetic Geoservices ASA v. Petroleum Geo-Services ASA (2016) EWHC 881 (Pat)先例。该有关专利的先例其实不针对实质争议,因为在 11 天的开庭审理后双方达成和解。但 Birss 大法官仍决定作出一个简短的判决,以显示

〔20〕 Eli Lilly & Co v. Human Genome Sciences Inc (2011) UKSC 51 先例最后上诉到了最高院,最高院推翻了一审法院与上诉庭的判决,但理由与如何处理专家证据无关。

这种中立与没有争议的课程(neutral/non-controversial introductory course)的好处/用处:

"1. This case is ... entitled 'Method for Determining the Nature of Subterranean Reservoirs'. The patent concerns the use of controlled-source electromagnetism ('CSEM') in searching for oil reservoirs under the sea. Electromagnetic Geoservices ASA ('EMGS') contended that Petroleum Geo-Services ASA ('PGS') infringed the patent and that it was valid. PGS denied infringement and contended the patent was invalid.

2. The patent has been litigated in the English courts before. ...

3. The trial took 11 days in the Patents Court. For one patent, that is a lot. The issues involved difficult physics and mathematics. In order to explain and address them, it was going to be necessary to deliver a judgment which delved into Maxwell's equations, 3D vector calculus and imaginary numbers. Before the judgment was completed the parties settled the proceedings. They are to be congratulated for that. It has saved the court and it will save the parties a lot of costs and trouble. Normally there would be no reason to give any sort of judgment at all in these circumstances but this case was unusual in one respect which warrants it.

4. **Before the trial I had the benefit of a teach-in from a neutral scientific adviser, Dr Karen Weitemeyer. Directions for this were addressed in an interim judgment ... Dr Weitemeyer was provided with a set of brief instructions which were settled by the court. They consisted essentially of the two primers (on geology and CSEM) as well as short extracts from the expert's reports which dealt with matters of background. She was not told about the issues. Dr Weitemeyer was asked to prepare materials, effectively Powerpoint slides, to educate the court on five topics. The teach-in took place over the course of a single day at a meeting between myself and the Doctor. The parties were not present and I was able to ask candid questions and learn. I learned a lot. Afterwards the paper materials were provided to the parties so that they could see what had happened.**

5. There are two things I wish to say.

6. First, **this practice of having a neutral scientific adviser to assist the court in getting into the technology, but not sitting in court for the whole trial, was a useful one in this case. No doubt in the end the court might have reached the same level of understanding of the issues eventually but speaking personally, I would have needed much more time to read into the case in advance without this assistance and the trial itself would have had to be conducted more slowly.** The teach-in allowed the speeches and cross-examination to proceed more briskly than would have been possible without it.

So time and therefore cost has been saved and the court's comprehension of the issues was significantly improved.

7. Patent trials inevitably involve the court deciding what can be difficult technical issues on conflicting expert evidence. As has been said in a number of judgments, what matters is not the opinions the experts' express as to the conclusions to be reached but the reasons they give for them. In order to be able to decide the case, the court therefore needs to be able to understand not only the experts' opinions but also the material on which those opinions are based and the reasons for them. That is why the task of educating the judge is of such significance and time spent on it is rarely wasted. One cannot evaluate what one does not understand. In the majority of patent cases the combined efforts of the legal teams and the expert witnesses achieve that result, but experience in this case shows that sometimes the further step like this one is useful and proportionate.

8. The transparency of such an exercise was recognised as an important factor inHalliburton Energy Services Inc v Smith International (North Sea) Ltd [2007] Bus LR 460 (and see Electromagnetic Geoservices ASA v Petroleum Geo-Services ASA [2016] EWHC 27 (Pat)...). Although the teach-in took place in private, that was helpful in facilitating a candid discussion. After the teach-in the scientific adviser did not participate in any way. Having the scientific adviser's instructions settled by the court in advance and then making the written materials available to the parties afterwards ensured an appropriate degree of transparency. Overall, seen from the point of view of a reasonable fair minded observer, the interests of justice were served.

9. In this case, for reasons given in the directions judgment, the instructions to the expert did not engage with the issues, but rather explained what topics needed to be covered. In other cases there may be no reason to avoid the issues.

10. The second thing I wish to say, and this is the real reason for speaking at this stage, is that I wish to pay public tribute to Dr Weitemeyer. ...

11. I will make the order."(加黑部分是笔者的强调)

看来,这种对审理法官的中立与没有争议的课程在专利案件中经常发生。但这种做法看来没有延伸至其他民商事案件,除了已经介绍的海事法院(admiralty court)有历史悠久的独特做法。在国际商业仲裁中也会发生,例如双方当事人把有关争议事实所涉及的高科技或专业知识以录像先录制好,预先交给仲裁庭成员要求在开庭审理前先看了,或更可能在开庭审理在处理证据前先花一两个小时或半天不等去放映录像,企图让仲裁庭成员打一个基础,以更好理解有关证据,并加上口头解释。

这种做法显然对审理法官或仲裁员而言较容易理解与掌握即将被双方当事人引入的事实与对专家证据有帮助,也接近当事人的盘问律师/大律师在开盘审理前准备交叉盘问对方专家证人时所做的准备。他们通常的做法是与己方的专家顾问一对一学习，挑出对方专家报告中的强项与弱项，并确定提出什么问题、预期对方会怎样回答与如何跟进等。盘问律师要学习的有关专业知识比审理法官要更深入才足够在交叉盘问时游刃有余。

当然，这种学习不全面，只针对与争端有关的专业知识，所以在交叉盘问时盘问律师仍需要专家顾问从旁协助。但看个别审理法官（或仲裁员）的学习态度与其他客观条件，在一些复杂与尖端（cutting edge）科技/专业知识的案件（如很多专利案件）距离真正完善融合法律与科技/专业知识仍十分遥远。

4. 当事人如何寻找专家

4.1 不同身份的专家证人

先简单区分两种不同身份的专家证人，第一种是“一次性专家证人”（one-off expert），另一种是“专职专家证人”（professional expert）。这与仲裁员一样，很多仲裁员只是兼职（part-time）。特别是在三四十年前仲裁案件数量不多，有不少人就是这种情况，全球能称得上是专职仲裁员（professional arbitrator）的寥寥可数。之后国际商事仲裁受欢迎并迅速发展令案件数量大增，一下子多了很多专职仲裁员，因为突然有了大量的仲裁案件养得活这些人，可让更多人去全职做仲裁员。

这两种不同身份的专家证人如同仲裁员一样，可以粗略以下的比较：

1. 通常专职/全职会对相关的工作比较熟悉，毕竟他们每天 8－10 个小时干同样的活，熟能生巧。但兼职只是花部分或小部分的工作时间在相关工作上，所以从学习与累积工作经验的角度而言会慢得多。除非兼职外的全职也是相关的工作，例如诉讼律师/大律师兼职做仲裁员，或是检验师（surveyor）兼职做专家证人。

2. 就专家证人而言，专职/全职也表示该专家证人有法院与/或仲裁的诉讼经验。这十分重要，因为 CPR 对专家证人有要求，也显示他/她有更大概率表达好与能够应对交叉盘问。

3. 有说法是兼职的合理收费应比专业的低廉，因为前者没有固定成本，加上有正职对他们提供了生活保障、医疗保险与其他福利。但针对仲裁员而言，笔者的经验是不见得。即使是费率较低，但在真正收费时金额会是接近或一样的。一个解释是专职熟悉有关工作而做得快、省时间，但兼职就会更耗时。

4. 专职/全职仲裁员与/或专家证人会更关注把事情办好，因为想在这竞争激烈的环境下生存下去，就必须保护好自己的信誉。

5. 所以，一般可以有选择的当事人总会与他们的代表律师先考虑专职/全职仲裁员，专家证人也会是同样心态。但不同的是，遇上需要的自然科学或专业知识是十分特殊与/或罕见的，这样根本不会找到专职/全职专家证人，就只能去委任一次性专家证人了。

6. 由于一次性专家证人在有关专业知识的小范围外不出名，所以代表律师对寻找这种专家证人是无从下手，而要求助懂行的客户当事人。往往是没有其他选择而只能是希望该一次性专家证人能够表现好。也可能同事实证人（factual witness）一样，需要对一次性专家证人多提供指示并作充分与高强度的开庭前准备，特别是熟悉法院环境、会面对的交叉盘问与 CPR 下对法院的责任才能安心。相对而言，专职的专家证人就可以轻松多了。[21]

专职专家证人只存在会不断产生争议并需要通过法院诉讼或仲裁解决争议的专业/行业，因为对他们的专业知识有持续的需求才养得活他们。这些行业已有悠长的多争议（litigious）历史，如商品买卖/付运合约（commodity sale/shipment contracts，如 CIF、FOB 等）、海事/海商（maritime/shipping）、建筑/工程（building/construction）等。商品买卖/付运合约的争议最常见的是运载货物多货损/货差，这少不了需要验货师（cargo surveyors）与付运不同货物类别的专家（cargo specialist）。例如，鱼粉自燃需要鱼粉专家/燃烧学专家等；硫黄腐蚀船舶钢板需要硫酸专家/钢材专家等；[22] 散粮生虫或受潮就是粮食专家等的专业知识以协助审理法官理解事实真相。

在海事/海商有关的争议中，船艺/船舶管理的争议需要船长/轮机长的专家证人协助已是英国海事法院数百年来的做法。随着航运愈来愈复杂，不论是科技或做法方面，也不断出现全新的专家领域与涉及的争议需要有专业知识人士协助。一个国际的海事律师所会有成百上千位与海事相关的不同种类专业的专家名单。专业种类包括船长、轮机长、造船师等，也往往会有各种海上运输的货物（不同品种如危险品、水果、钢材等，因为经常发生货损货差案件）的专家，如水果专家（fruit expert）、海上火灾专家、电子专家、油污专家、医学专家（船员伤亡）等，反正应有尽有。例如，笔者在 20 世纪 80 年代知悉伦敦有一位世界上独一无二的香蕉运输专家证人（如此类推，也会有苹果[23]、橙子、土豆等专家证人），遇上一船香蕉在卸港发觉腐烂/变黑的案件，被当事人（收货人、背后的货物保险公司、船东、责任保险的互保协会等）所委任的律师就试图比敌对方占先机，先去委任该香蕉运输专家肯定会增加胜算。

建筑/工程行业也经常难逃昂贵争议，通常是在工程延误、工程缺陷、工程变更（variation）方面增加费用等。这些争议导致在技术与专业知识方面经常需要工程师、建筑师、测量师、估价师、会计师等协助审理法官或仲裁员理解有关专业知识。另是如经常在建筑工地发生的工伤/人命伤亡的索赔，就需要各方面的专业医生等。

在四五十年前相对简单的商业环境下，最常见的本土争议是建筑/工程行业，而国际就主要是海事/海商或航运与国际商品买卖，但近二三十年来在全球化（globalisation）下已经变得面目全非。今天跨国的建筑/工程项目越来越多，而国际航运与

---

〔21〕 见本书第六章之 1.3 段。

〔22〕 见著名的 The “Spiliada” (1987) 1 Lloyd’s Rep 1 贵族院先例。

〔23〕 见 The “Hoyanger” (1979) 2 Lloyd’s Rep 79 先例。

商品买卖仍是至关重要,但风光不再。但所有类别的行业在“软件”(software)方面仍是都需要订立合约,面对规管,产生争议需要以国际商业仲裁去解决,并按照国际商事法律行事。

这样就多了成千上万不同类别的新行业,很多涉及新的高科技,但也包括很多其他方面,如生命科学(life science)、保健(health care)、医疗药品(pharmaceuticals & medical devices)、环保(environmental)、休闲(hospitality, gaming & leisure)、零售与消费品(retail & consumer products)、新能源与相关产品[energy, power & products (EPP)]、电信与数字新媒体[telecom, media & technology (TMT)]、基建(infrastructure)、建筑(construction)、房地产(real estate)、金融与银行(finance and banking)、保险/再保(insurance/re-insurance)、矿业(mining)、物流(logistics)、交通运输(transportation)、航空(airlines & aviation)、汽车(automotive)、航空航天(aerospace)、公共事业与政府合约(public sector & government contracts)等。这些行业不断产生争议与诉讼/仲裁,争议解决也无可避免需要更多与更专的专业知识与专家意见去帮助事实审理者,也就是需要商事法院的审理法官与国际仲裁的仲裁员共同理解。加上在一个诉讼只要一位审理法官或3位仲裁员,但专家证人可能要好几十位。在2010年加拿大有关环境污染的Syncrude Canada Ltd案件中,当事人总共引入了250位专家证人。在一些复杂的案件中,诉讼支援服务加上专家证人的费用可能超过了代表律师团的费用,这显然导致了专家证人行业在这二三十年的急速扩张,形成了一个庞大与完善的诉讼支持跨国行业(litigation support industry)。在今天已经有了大量的咨询公司(consulting company),例如,环球仲裁评论(Global Arbitration Review)除了有GAR100的跨国律师所的名单外,还有GAR30的跨国咨询公司的名单,专门为国际商事仲裁/投资仲裁提供诉讼支援。名单包括著名的跨国会计师事务所如PwC、EY、Deloitte。本书第五章之12.3段介绍的HRH Prince Jefri Bolkiah v. KPMG (1999) 2 AC 222先例也介绍了KPMG提供同样的服务。这些咨询公司在不同类型的诉讼会是各有侧重,不少是主要针对国际上的建筑、工程、商事与投资仲裁的调查取证,提供定损专家证人(quantum expert)等工作。

这还不包括在英美大量存在的其他范畴的专家证人,如人身伤亡的医学专家、海事/商品买卖方面的专家等。英国也另有与国际商业争议关系不大的其他咨询公司,可以提供英国大量民事、家事诉讼的专家证人服务,如随意上网找到的UK Forensic Science Service Ltd.(在网站上说提供的服务是“... analysis and interpretation of evidence, provides solutions and analysis in areas of blood, drugs, hair, and firearms. Forensic Science reviews offences, examines and traces information, responds to crime scenes, and offers device and consultancy internationally.”);Medical & Legal Admin Services(网站上说提供服务是“Our experts are specialists in specific areas across both the medical and legal profession, some of which include: Pain Management; Urogynaecology/Obstetrics; Neurosurgery/Spinal Surgery; Nursing (adult and children); Rheumatology; Finance. Our experts reports are always impartial. We pride ourselves on assessments and facts only.")等。为了生意,这些咨询公司在工作的类别上会尽量宽松。个别案件需要特殊的专业知识,专家证人也会来自一些著名大学或研究院等。可以说是今天各行各业的专家证人(也往往是他们专业内的顶尖人物)已经企业化与锐变为跨国公司的经营。"个体户"与"一次性专家证人"只会在罕见与一次性的案件中出现。

这些咨询公司在20世纪八九十年代主要是为诉讼当事人与代表律师提供专家证人,今天的业务已经扩展至很多与诉讼/仲裁有关的工作,如索赔损失计算(damage quantification)、法务会计(forensic accounting)、计算机取证(computer forensic)[24]、证据管理(evidence management)、电子文件披露(e-discovery)、估值(valuations)、法律风险管理(risks management)等。

咨询公司国际化与企业化经营在业务方面当然有好处,例如可以有能力与财力在全球做广告、参与国际会议、争取发言与发表文章与应酬客户/律师等,但也更容易带来利益冲突。显然,全球业务越大越广会出现利益冲突的机会越大,正如在跨国律师事务所的个别律师去做仲裁员也经常会面临这种情况。

例如,2020年6月11日,ICSID专门委员会就因此撤销与废除(annulment)了ICSID仲裁庭此前作出的Eiser and Energia Solar Luxembourg v. Spain (Case No. ARB/13/36)一案的仲裁裁决。在该涉及西班牙更新能源政策下,英国投资人Eiser Infrastructure启动ICSID投资仲裁案件,结果是西班牙败诉,赔偿金额高达1.28亿英镑加上利息的损失。西班牙向ICSID申请撤销与废除(annulment)该裁决书,原因是Eiser Infrastructure委任的仲裁员没有披露他与专家证人/咨询公司长达15年的业务关系。在该仲裁员任职盛德律师事务所(Sidley Austin)合伙人期间,该名为Brattle Group的咨询公司曾在9个投资仲裁案件中被盛德律师事务所委任。Brattle Group所提供的支持诉讼/仲裁业务范围很广,主要在复杂的经济(有诺贝尔经济学奖得主)、财务、能源、反垄断与规管等方面,在美国(总部波士顿,另在纽约、华盛顿、旧金山等地有分公司)、加拿大(多伦多)、欧洲(伦敦、罗马与马德里)与澳大利亚(悉尼)

---

[24] 例如,在近期的AA v. Persons Unknown and Others, Re Bitcoin (2019) EWHC 3556 (Comm)先例中,案情涉及今天很多公司关注的黑客的风险。一家加拿大保险公司的计算机被黑客入侵与加密,令所有资料数据都无法调取。之后该公司收到黑客勒索120万美元的通知说:"Hello, to get your data back you have to pay \$1,200,000 (one million two hundred thousand). You have to make the payment in Bitcoin."该加拿大公司对网络犯罪向一家英国保险公司AA(也是本先例的原告)投保,而AA也接管与代位(subrogate)了该案件并直接与不知名黑客谈判。最后AA同意以109.25比特币支付95万美元,并在之后获得解密工具把20个服务器与1,000台电脑解密。AA在此期间雇用了一家名为Chainalysis Inc的美国咨询公司,该公司主要向银行、公司与政府提供金融犯罪调查与区块链分析服务。Chainalysis Inc追查到其中96个比特币去向第三与第四被告运营的比特币交易平台中的一个指定地址,这导致AA向所有有关的被告申请冻结令与根据复原(restitution)与/或推定信托(constructive trust)要求返还这笔钱。

等也都有分公司,共300员工。ICSID专门委员会认为仲裁员没有披露他与Brattle Group的业务关系,使得西班牙没有机会以此挑战仲裁员的公正性,且仲裁员应披露而不披露的行为违反程序中的自然公正,所以撤销了裁决。据悉该裁决被撤销之后,其他多个在同样背景下由投资基金(investment fund)启动的对西班牙政府的投资仲裁也都没有继续进行下去。

4.2 寻找办法:推荐、相关专业组织专家名单等

一般寻找特殊与/或罕见争端的一次性专家证人(one-off experts)只能通过推荐,而且推荐的渠道也会不可靠。例如,推荐会来自同事、朋友、认识的专业相近专家、客户本人等。其中客户本人因为身处有关行业比律师更懂行,更可能知道合适的专家人选,但是最后往往也只能听天由命希望该一次性专家证人能够称职与表现好,也要对该专家进行有关培训与作出庭准备。

其他争议较多的常见行业,专家的名字也会出现在一些相关组织的名单内。例如,英国律师协会(Law Society)甚至出版过很厚的名为《Law Society's Directory for Expert Witness》的书,其中在2002年版共列印有各行各业的3,500位专家。其他如:

1. 在1987年成立的英国专家学院(Academy of Experts)。专家会员经过严格审查(vetting)与认证,专家学院的网站是https://academyofexperts.org/。专家学院在香港有分会,可通过香港国际仲裁中心(HKIAC)联络。香港民事诉讼改革小组的中期报告中之506段也提到专家学院:"One such association is the Academy of Experts which is based in London but which regularly conducts training and education sessions in Hong Kong. Such associations have an important role to play in countering unsatisfactory practices, by offering continuous education and developing codes of practice for their members as well as making available advice on specific issues of professional ethics where needed."

2. 英国还有类似组织如1995年成立的Society of Expert Witness(网站:https://www.sew.org.uk/index.cfm)与1996年成立的The Expert Witness Institute(网站:https://www.ewi.org.uk/)。

3. 苏格兰律师协会也有类似的专家名录(Expert Witness Directory),可以根据不同的专业搜索有关专家,见网站:https://www.lawscot.org.uk/members/business-support/expert-witness/。

4. 香港特区的律师协会(HK Law Society)是没有类似做法,但香港营造师学会(HK Institute of Construction Managers)可以找到专家证人培训与专家证人名单,见网站:http://www.hkicm.org.hk/expert_witness_services.html等。

这些专业组织/机构的名单笔者感觉还是少了,毕竟,保持一份完整、准确与不断更新的专家名单并不容易。而且,名单也不见得太常用。常见的一个担心是,如果找它们推荐,会有可能都是一些"自己人"(在该组织/机构有影响/交情的人士),不一定推荐的都是最好与最适当的人选。毕竟仲裁机构对案件不知详情,判断水平也不会太高,所以推荐也只能停留在表面。

4.3 寻找办法:律师所自己的推荐与机密专家名单

在技术与专业性强的诉讼或仲裁中,代表律师代客户去寻找一个称职与高水平的专家证人不是一件简单的事情。往往凭本身也不熟悉诉讼的人士的推荐或查阅一些公开渠道(如上述介绍的相关机构网站)寻找都是不可靠的,会找到一些滥竽充数的专家。靠一些纸面资格(paper qualification)与/或是广告中的吹嘘更是绝不可靠。从某些可靠渠道听说某位专家在有关专业有名气(如出版过重要相关书籍或发表过重要文章)与有丰富的专家证人经验(虽然自己没有委任与合作过)及有相关专家证人培训,会比较可靠。但最好还是真正合作过(特别是在近期合作过)并觉得满意,这是自己经历过的一手证据,也是相信自己的判断力。但今天在国际商业环境下发生的案件涉及不同行业,专业知识面太广太杂,所以跨国或有规模的律师所需要变得是"万金油律师",什么类型的商事、民事、甚至是刑事(如商业欺诈/勒索)案件,都可以接受委任做代表律师。这样,凭一位律师自己的经验是远远不够应付去寻找合适与称职的专家证人。

但跨国或有规模的律师事务所有很大优势,它们会有雄厚与有诉讼经验的诉讼律师团队,人数上动辄数以百计,每人都有自己的网络(network)、渠道与不同的诉讼经验与知识。所以一在内部查问,往往可以在全球寻找到一些合适与称职专家证人。

侧重某些方面的诉讼(如商品买卖、海事/海商、人身伤亡/医疗疏忽等)与经验丰富的律师所,除了个别负责律师自己的一手证据外,寻找专家证人的主要办法是本所的专家名单。各位律师会把曾经委任过与经历过的专家证人与/或顾问列在名单上,以利将来有同类案件与争端时考虑委任。而且,打过交道的律师会加上自己对某专家的观察/评语。

据知这种做法在英国有了立法保障隐私[《Data Protection Act 1998》与《Data Protection Act 2018》,香港特区也有1996年的《个人资料(私隐)条例》(第486章)]后有了改变,名单已变得更加隐蔽,以避免怀疑被列入黑名单内而导致不被委任的专家向法院申请强制某律师事务所披露专家名单,并在知悉有不利的评语后提起诽谤(defamation)的诉讼。

4.4 尖端科技的专家证人主要在英美寻找

在国际商事诉讼/仲裁中,一旦需要寻找具有尖端科技专业知识的专家,有诉讼经验的律师就会想到去伦敦或英国附近地区尝试寻找,因为成功机会最高。

在这方面,无数例子可以显示与说明。在此笔者只介绍一个十分著名的 The "Spiliada" (1987) 1 Lloyd's Rep 1 贵族院先例。该先例是有关"择地行诉"(foreign shopping)与冲突法的"不方便法院"或"法院不便审理诉讼的原则"(*forum non conveniens*)最重要的先例之一。案情涉及20世纪70年代末到80年代初,在加拿大温哥华装运的"潮湿"硫黄("wet" sulphur)导致运载的船舶钢板在航次完成后发现严重腐蚀的问题。潮湿是因为硫黄在装船时造成大量尘埃,市政府为了保护环境要求必须同时喷水。据说因此在航次中产生了硫酸并导致船舶腐蚀。

这一连串的事故首先发生在一艘名为“Cambridgeshire”的英国船舶上它在温哥华装运了约7万吨硫黄去南非发觉严重腐蚀,导致高达数几百万美元的修理费用。由于这种事情从来没有发生过,而且硫黄一直以来被视为安全的货物,所以当时在航运界是大新闻。“Cambridgeshire”轮的英国船东 Bibby Line 在英国法院起诉加拿大的几位发货人(包括 Cansulex 公司),指控他们把危险品装船,这在英国普通法不被允许,是严格责任。该诉讼在英国法院由 Staughton 大法官开庭审理,并在半途双方达成和解而不再继续下去。这已经足够为同类案件带来一个名为“Cambridgeshire 因素”,在今后的同类案件的“便利或不便利诉讼”的争议中需要加以考虑。这因素就是英国有了一批熟悉的律师与专家证人是其他地方没有的,可以令诉讼更有效率、快捷、经济与更可能是正确认定事实可达至公平审理。

在 Cambridgeshire 轮事故发生后2个星期,“Spiliada”轮也在温哥华装载2万吨硫黄去印度,并发生同样事故。虽然整件事故与英国没有任何关系(不像“Cambridgeshire”轮,“Spiliada”轮是挂利比里亚船旗),但船东仍在英国法院提起向加拿大发货人 Cansulex 的诉讼。这导致 Cansulex 作出抗拒与申请中止(stay),指称温哥华才最便利审理诉讼。除了它是出事故理所当然的自然管辖地外,对所有有关的事实证人也方便,加上加拿大法院也不会在这种不涉及政治的案件对“Spiliada”轮船东不利等。

一审的 Staughton 大法官拒绝了 Cansulex 的申请,理由主要是“Cambridgeshire 因素”。但上诉庭推翻一审判决,认为 Cambridgeshire 轮的诉讼虽然为英国伦敦累积了大量专业知识,但不应视为决定性重要。最后贵族院又推翻了上诉庭的判决并支持一审判决。Goff 勋爵的著名判决涉及“Cambridgeshire 因素”与专家证人部分,可节录如下:“But the crucial point, in the Judge's(指一审的 Staughton 大法官) view, was the Cambridgeshire factor. ... Lord Justice Neill(上诉庭大法官) indicated ... that the Judge attached far too much importance to this factor. With all respect, however, when I read the judgements of both the Lord Justices, I consider that they underrated it. I believe that anyone who has been involved, as Counsel, in very heavy litigation of this kind, with a number of experts on both sides and difficult scientific questions involved, knows only too well that the learning curve is like; how much information and knowledge has to be, and is, absorbed, not only by the lawyers but really by the whole team, including both lawyers and experts, as they learn about the inter-relation of law, fact and scientific knowledge, having regard to the contentions advanced by both sides in the case, and identify in their minds the crucial matters on which attention has to be focussed, why these are the crucial matters, and how they are to be assessed. The Judge in the present case has considerable experience of litigation of this kind, and is well aware of what is involved. He was, in my judgement, entitled to take the view (as he did) that this matter was not merely of advantage to the owners, but also constituted an advantage which was not balanced by a countervailing equal disadvantage to Cansulex; and (more pertinently) further to take the view that having experienced teams of lawyers and experts available on both sides of the litigation, who had prepared for and fought a substantial part of the Cambridgeshire action for Consulex (among others) on one side and the relevant owners on the other, would contribute to efficiency, expedition and economy-and he could have added, in my opinion, both to assisting the Court to reach a just resolution, ... it is a matter which can, and should, properly be taken into account, in a case of this kind, in the objective interests of justice."

5. 何谓专家证据

本书第九章之1段与本章之1段已经详细介绍了事实(fact)与意见(opinion)的区别,不去重复。只总结说事实证人只能针对他们对有关事实(从双方当事人的文书请求/案件陈述中确定)所看到、听到、做过与参与过的一手信息(first-hand information)向法院提供口头证据。事实证人也不能对他们看到或听到的事实给予进一步的意见或推断(inference),这是审理法官自己要尽的责任。

专家证人则一般对有关事实没有一手信息,纯粹是因为他们的教育、资格、训练、技术、知识与/或经验是事实审理者(trier of fact)如审理法官、仲裁员或任何其他的外行人如陪审员不会拥有的。所以事实审理者需要专家证人的帮助才能完全理解双方提供的有技术、自然科学、数据、专业与/或特殊知识含量的证据,才会正确认定事实。这种帮助有不同形式,例如讲授有关技术/专业等方面的知识,认定事实可能带来的推断,背后会有的理论(theory),如何理解这些一般外行人看不懂的证据(如生产流程、数据等)等。这些专家证人提供给审理法官或仲裁员的证据由于不是有关事实,也只会是对有关争议事实涉及专业方面的意见了。专家证据(expert evidence)是特殊(special)的专业意见(expert opinion),不会考虑整个案件的其他事实证据。而全面考量所有证据(双方对立的事实与专家证据)后根据民事诉讼的平衡的可能性(balance of probabilities)作出最后意见,并记录在判决(judgement)或裁决书(award)的是审理法官或仲裁庭。

可以从另一个角度区分专家证人的意见与审理法官(或仲裁庭)的意见:如果说专家证人是涉及科技与自然科学(虽然不少但也不一定,现在也有很多专家证据涉及社会科学),他是带着自然科学的头脑较局限地考虑问题作出的意见,而审理法官是以社会科学的头脑全面考虑问题作出的意见。在部分的案件(技术和自然科学起了关键性作用,如专利案件)中,这两种意见的结论是一致的,但其他的案件就不一定。

在上述的总结下,为了保证各就各位、不去跨越,有必要进一步分析专家证据的范畴或界线,这就带来很多的证据规则(Rules of evidence)。这些来自普通法的证据规则有相当部分地位都已经有变化甚至是被立法改变或废除,但不代表在考虑专家证据时可以完全不予考虑,因为虽然在是否采纳(admissibility)与接受证据方面不再排除,但在衡量专家证据分量(weight)时仍然是非常重要的因素。

5.1 最后结论规则(ultimate issue rule)

5.1.1 最后结论规则的本意

最后结论规则是为了保证专家证人对有关事实的"意见"与审理法官的"意见"不会有冲突,也防止专家证人越俎代庖替代了审理法官的司法责任,而令法院的判决本质上变为专家审理(trial by expert),不再是法律要求的公平审理(fair trial)。正如Neville大法官在Joseph Crosfield & Sons v. Technichemical Laboratories Ltd (1913) 30 RPC 297先例中所讲:"it was not competent for witnesses to express their opinion on the issues which the jury was to determine."另在R v. Stockwell (1993) 97 Cr App R 260先例中,Taylor大法官说:"The rationale behind the supposed prohibition is that the expert should not usurp the functions of the jury."

最后结论规则是为了保护没有司法经验/训练的陪审团免受来头大与资历吓人的专家证人所给的意见的过度影响。不让专家证人作最后的结论性意见(例如被告是对是错、有否疏忽、是否适当等),最少为陪审团保留了空间可不必受直接影响。

5.1.2 对最后结论规则的抨击

但这条规则被抨击"太广"(too wide)也是"太窄"(too narrow)。一种常见的情况是,一旦涉及高难度的自然科学或专业知识,就必须承认对口与称职的专家证人比作为外行人的审理法官(或陪审员)更有能力评估争议的事实或对双方当事人对没有争议的事情的不同解读作出推断(如造成的原因或会带来的后果)。毕竟,即使违反最后结论规则,是否听取仍是由审理法官或陪审团行使裁量权。尤其是现在民商事案件是由受过法律教育的法官来认定事实而不再是陪审团,这些法官应该知道司法判断与专家证人的意见不尽相同。

首先要解释审理法官与专家证人根据同样的事实与证据,得出的结论也有不同之处。1999年CPR生效后,在英国第一宗上诉至贵族院的Dingley v. Chief Constable of Strathclyde Police (2000) UKHL 14先例中,Hope勋爵说:

"Nevertheless it is right to bear in mind that there is an important difference between the exacting standards of thought and analysis which the academic will expect of medical scientists(指专家证人) and the task of a judge when he is considering whether the essential elements in a pursuer's case have been established on a balance of probabilities.

This is not to say that the judge need not examine the detail of the evidence. Of course he must, as his task is to identify the real issues in the case and then determine where the balance lies between the competing positions revealed by the evidence on each side. In a case such as this, an important part of his task is to assimilate and understand the oral and written evidence and to penetrate the arguments which have been developed by the expert witnesses. But when it comes to the point of exercising his judgment on these issues, he must be careful to avoid applying the standard of proof which the expert would apply to them. As Lord President Cooper said in Davie v Magistrates of Edinburgh (1953) S. C. 34: 'Expert witnesses, however skilled or eminent, can give no more than evidence. They cannot usurp the functions of the jury or judge sitting as a jury, any more than a technical assessor can substitute his advice for the judgment of the court.' **The function of the judge in a civil case is to decide where the truth lies or whether the case has been made out, on a balance of probabilities. One cannot entirely discount the risk that, by immersing himself in every detail and by looking deeply into the minds of the experts, a judge may be seduced into a position where he applies to the expert evidence the standards which the expert himself will apply to the question whether a particular thesis has been proved or disproved—instead of assessing, as a judge must do, where the balance of probabilities lies on a review of the whole of the evidence.**"(加黑部分是说审理法官与专家证人的意见的基础不一样,法官是根据专家提供的专业知识,在平衡的可能性下凭借自己的知识与经验作司法判断。而专家的判断就显然没有法官的知识与经验,在专家证据中也未必有清楚的判断标准与逻辑分析过程。如果法官太深入沉浸、分析专家证人的判断,将有危险将自己带入专家的角度认定事实,但这是不应该的。)

但现实中专家很难避免对结论给出自己的意见。例如,很多相对简单的专家意见,会只有一个答案如估价、专业疏忽、死亡原因等。美国 Hamilton v. United States (1934) 73 F 2d 357 先例说,有些情况只问专家一个不能再简单的问题,回答也无可避免要涉及"最后结论",不存在去回避只作了一连串的擦边意见让法官作最后推断。该案例中说:"Oftentimes an opinion may be received on a simple ultimate issue, even where it is the sole one, as for example where the issue is the value of an article, or the sanity of a person; because it cannot be further simplified and cannot be fully tried without hearing opinions from those in a better position to form them than the jury can be placed in."

另可见 M and R, Re (1996) 4 All ER 239 先例,案情涉及 4 位儿童受到家庭的虐待与疏忽照顾。上诉庭的 Bulter-Sloss 大法官也对最后结论规则作了如下批评:

"In cases involving children, expert medical and psychiatric evidence from paediatricians and allied disciplines is often quite indispensable to the court. . . . **But that dependence in no way compromises the fact that the final decision in the case is the judge's and his alone.**

In cases involving suspected child abuse, the expert evidence may relate to the presence and interpretation of physical signs. But it may also relate to the more problematic area of the presence and interpretation of mental, behavioural and emotional signs. That evidence often necessarily includes if not a conclusion, at least strong pointers as to the witness's view of the likely veracity of the child (ie credibility): indeed, his diagnosis and the action taken by the local authority may depend on the conclusion reached. **The evidence also frequently includes a conclusion as to whether or not the child has been abused**. At one time it was thought that an expert witness could not give evidence of his opinion on an issue in the case, especially not when it was **the ultimate issue**, determinative of the case. To give such evidence was said to 'usurp the function of the jury', a reason Wigmore was particularly scornful of, condemning it as 'empty rhetoric' (see Evidence in Trials at Common Law ...). First, the witness is not attempting to 'usurp' the judge or jury's function-at worst he is simply offering as evidence that which is not, and secondly he could not usurp it if he would, because no power could compel the judge or jury to accept it, and they know the decision is theirs. Wigmore was equally dismissive of the dicta that opinion evidence on the ultimate issue was inadmissible: '**The fallacy of this doctrine is, of course, that it is both too narrow and too broad, measured by the principle. It is too broad because, even when the very point in issue is to be spoken of, the jury should have help if it is needed. It is too narrow, because opinion may be inadmissible even when it deals with something other than the point in issue.** Furthermore, the rule if carried out strictly and invariably would exclude the most necessary testimony. When all is said, it remains simply one of those impracticable and misconceived utterances which lack any justification in principle.' ..."（加黑部分是笔者的强调）

5.1.3 英国立法改变

针对以上早已存在的抨击，法律改革委员会成立了一个强大（其中包括当时或之后升任的两位贵族院大法官与五位上诉庭大法官）的委员会，最后出了报告[17th Report, Cmnd 4489 (1970)]，并直接带来了《Civil Evidence Act 1972》之 section 3 以解决这个问题："**Admissibility of expert opinion and certain expressions of non-expert opinion**(1) Subject to any rules of court made in pursuance of Part I of the Civil Evidence Act 1968 or this Act, where a person is called as a witness in any civil proceedings, his opinion on any relevant matter on which he is qualified to give expert evidence shall be admissible in evidence. (2) It is hereby declared that where a person is called as a witness in any civil proceedings, **a statement of opinion by him on any relevant matter** on which he is not qualified to give expert evidence, if made as a way of conveying relevant facts personally perceived by him, **is admissible as evidence** of what he perceived. (3) In this section '**relevant matter**' **includes an issue in the proceedings in**

question."(加黑部分是笔者的强调)

这里可简单介绍几个立法后的有关先例。首先是有关知识产权的 Glaverbel SA v. British Coal Corp and Another (1995) RPC 255 先例,上诉庭的 Staughton 大法官说:"Mr. Hobbs(原告的代表大律师)with commendable scholarship referred us to a supposed rule that evidence of expert opinion should not be allowed on the very issue which the court has to decide-even if it be an issue of unvarnished fact: . . . I do have a recollection of some such objection from judges in the past. Mr. Hobbs suggests that the rule has been abrogated by section 3 of the Civil Evidence Act 1972: . . . In my judgment Mr. Hobbs is right. In October 1970 the seventeenth report of the Law Reform Committee had proposed the abolition of the rule (para 63), and annexed a draft clause for that purpose."

另一个是涉及专业疏忽的 Routestone Ltd v. Minories Finance Ltd (1997) 1 EGLR 123 先例,Jacobs 大法官说:"I think this provision(指《Civil Evidence Act 1972》之 section 3) makes the opinion admissible. It by no means follows that the court must follow it. . . . What really matters in most cases is the reasons given for the opinion. As a practical matter a well constructed expert's report containing opinion evidence sets out the opinion and the reasons for it. If the reasons stand up the opinion does, if not, not. A rule of evidence which excludes this opinion evidence serves no practical purpose."

在著名的 Barings Plc v. Coopers & Lybrand (No. 2) (2001) EWHC Ch 17 先例中,案情涉及巴林银行因 Leeson 先生的丑闻倒闭。Evans-Lombe 大法官说到被告的专家证人 Giannotti 先生的报告中的结论是巴林银行的管理不及格,否则早就可以觉察到 Leeson 先生的不当行为(如从新加坡分行快速赚取的丰厚利润汇去伦敦总行),早采取行动就可以避免后来庞大的损失并导致银行倒闭。这结论可说是与法院会作出的判决相同,如下:"Barings' management fell short of all these criteria in the period leading to the firm's collapse. Senior management, the control mechanism, product managers and local management should have taken a variety of actions which would have uncovered Leeson's true activities at an early enough stage to have avoided the collapse and averted the vast majority of the losses."

这导致原告巴林银行清盘人向法院申请把这份专家报告全部或部分内容拒绝采纳,指称这些内容违反了最后结论规则。但 Evans-Lombe 大法官拒绝申请,并说:"... Mr Aldous(原告代表大律师)... advanced a number of objections to the reports of Messrs Cunningham and Giannotti(被告专家证人), particularly that of Mr Giannotti. His first **objection was that the reports are studded with examples of the experts giving their opinions as to what conclusions the Court should arrive at on particular issues in the case including the 'ultimate issue', namely, whether the Defendants were negligent.** ... Mr Aldous' contentions as to the sources upon which Mr Giannotti based his description of the background facts were not accepted . . . It does not seem to me to be necessary for me to come to a conclusion as to whether they were justified or not. It is frequently the case that experts are instructed to give their opinion based on a statement of the relevant facts prepared by their instructing solicitor without reference to any sources. When experts come to give their evidence they may be cross-examined and in the course of that cross-examination their description of the background facts may be challenged, and if successfully challenged, the authority of their conclusions undermined. It must be borne in mind that the experts will normally be giving evidence after the conclusion of all the factual evidence in the case. The expert evidence in this case will not depart from that norm. **I cannot accept these objections as justifying my striking out any part of Mr Giannotti's expert report**."(加黑部分是笔者的强调)

在 JP Morgan Chase Bank v. Springwell Navigation Corp (2006) EWHC 2755 (Comm)先例中,Aikens 大法官也有提到了 Barings Plc v. Coopers & Lybrand (No. 2)先例的判决,说:"Although in former years it was said that **experts should not give opinions on 'the very issue which the court has to decide', that restriction is no longer in force, at least in civil actions**: see Barings Plc (In Liquidation) v Coopers & Lybrand (2001) Lloyds LR (Banking) 85 at para 54 per Evans-Lombe J and the cases there cited. **However, it is not for experts to attempt to make findings of fact.** Instead, they should express their opinion on the area in which they have their expertise on the basis of assumed facts which should be clearly identified and stated in their expert report."(加黑部分是笔者的强调)

2019 年英国律师学院(Inn of Courts)[25]下的 The Inns of Court College of Advocacy 发布的"Guidance on the preparation, admission and examination of expert evidence"指引中说:

"**Burden and standard of proof**

5.3 The purpose behind court procedures is to produce a decision or outcome in each case. A defendant charged with a crime is found either Guilty or Not Guilty. In civil litigation, a claimant is awarded or refused the relief claimed. Decisions are made in the context of, and at times turn upon, the burden and relevant standard of proof.

Experts may not deal in the same currency.

An expert analysing the cause of a past event such as an illness or the collapse of a building **will express an opinion on the cause, but may not give it in terms of 'beyond reasonable doubt' or 'on the balance of probabilities'**. If a valuer gives an

[25] 指英国在 14 世纪左右成立且都位于伦敦的 4 间律师学院:林肯学院、格雷学院、内殿学院与中殿学院。英国法院的大律师一定要在这 4 间学院毕业,才有资格当大律师。

opinion of the value of a piece of real property or an article such as an Old Master picture they may not be able to go further than stating what price they think it is ' likely ' to fetch in the open market, based on the information they have and their personal knowledge and experience. A medical expert predicting the likelihood of a patient's future recovery from injury, and the likely degree of recovery, may be in no different position. **Experts provide evidence to inform a decision by the court, they do not provide the decision itself, and should not try, or be seen to try, to usurp the decision-making role of the court.**

Experts can be asked about the degree of certainty with which their opinion is expressed but it is for the court to connect that evidence with the requirements of legal proof, and for advocates to assist the court with that function and advance their client's case as they do so.

Experts do not provide the final answer to the question which the court has to decide. Their evidence goes no further than forming part of the material on which the decision is based. "（加黑部分是笔者的强调）

虽然会有专家证人证据无法绕开对最后结论的意见，但也会有情况是专家证人没有必要作出最后结论的意见。

5.1.4　美国与澳大利亚立法改变

美国没有这项规则，而且《Federal Rules of Evidence》之 Rule 704（a）说明不会单纯因为专家证人作出了自己的结论（不论是事实问题或是专家意见）就排除这部分专家证据："（a）In General—Not Automatically Objectionable. An opinion is not objectionable just because it embraces an ultimate issue."

澳大利亚法律改革委员会（Australian Law Reform Commission）的中期报告"Interim Report 26 – Evidence"（ALRC June 1984）之 743 段有说："The popular justification for the rule, that it prevented the expert or lay witness from usurping the function of the jury, is misconceived. There is no usurpation. The jury, in any event will be told that they must assess the evidence, lay and expert. . . . "

之后生效的澳大利亚《Evidence Act 1995》之 Section 80 取消了最后结论规则，但这导致有些类别的案件如专业疏忽，专家证人的最后结论意见对判决带来太大影响。所以"Review of the Evidence Act 1995" IP 28（2004）之 6.47 段提到，有过考虑但最后决定不再次引入最后结论规则。

5.2　普通知识规则（common knowledge rule）

这是指一般审理法官或陪审员认定事实时只需要通过双方代表律师的陈述与介绍就可以凭常识（common sense）或人生经验（life experience）理解的普通知识，无需专家证人的帮助，这专家证据就不可采纳与不应批准。《Murphy on Evidence》（2003年，第 8 版）一书对这规则的简洁陈述是："expert evidence is confined to those matters on which it is necessary in order to assist the court to determine the issues."

英国的主要权威先例是 R v. Turner (1975) QB 834 上诉庭先例,案情是有关被告被指控谋杀他的女朋友。被告的抗辩是因为女朋友承认对他不忠,导致他在一时愤怒下做出了杀人的行为。被告想引入专家证人去试图证实:(1) 被告没有谋图/意图(*mens rea*);(2) 被告性格上冲动;(3) 提升被告的可信度。但一审法院拒绝接受一份研究上述方面的心理学专家(psychiatrist)报告,也就是不让陪审团参阅。上诉庭也支持一审判决,Lawton 大法官说:"An expert's opinion is admissible to furnish the Court with scientific information which is likely to be outside the experience and knowledge of a judge or jury. If on the proven fact a judge or jury can form their own conclusions without help, then the opinion of the expert is unnecessary."

在该先例中,被告 Turner 先生没有声称有精神病或其他问题,是正常人。这样上诉庭认为,一位正常人在知悉女朋友不忠后会有什么反应是陪审员作为一般自然人自己能够下判断的,允许专家提供"专家"意见是越俎代庖替陪审团作决定。看来,这与上一小段的最后结论规则(Ultimate Issue Rule)本质上是一致的。Lawton 大法官说:"Jurors do not need psychiatrists to tell them how ordinary folk who are not suffering from and mental illness are likely to react to the stresses and strains of life."

在民商事案件中,该规则的困难对事实审理者来说是否为普通知识的分界线在不同的案件中并不明确,也会因科技与社会随时间进步而有所改变。澳大利亚高院的 Murphy v. The Queen (1989) 164 CLR 94 先例就对此规则与英国 R v. Turner 先例中 Lawton 大法官的说法有质疑:"Lawton L. J. added some remarks which may not be so unquestionable ... To begin with, it assumes that 'ordinary' or 'normal' has some clearly understood meaning and, as a corollary, that the distinction between normal and abnormal is well recognised. Further, it assumes that the common senses of jurors is an adequate guide to the conduct of people who are 'normal' even though they may suffer from some relevant disability. ... None of these assumptions will stand close scrutiny."

所以澳大利亚高院把采纳与否的测试改为"该专家证据在有关案件会否对事实审理与决定者有帮助"(whether the evidence would provide assistance to the decision maker)。澳大利亚《Evidence Act 1995》立法之 Section 80(b) 撤销了普通知识规则作为采不采纳专家意见证据的依据:"Evidence of an opinion is not inadmissible only because it is about ... (b) a matter of common knowledge."

英国的 CPR 也没有特定针对普通知识规则,但 CPR Rule 35.1 规定:"Expert evidence shall be restricted to that which is reasonably required to resolve the proceedings."

这等于给了一审法院很大的灵活性与裁量权,可以根据个别不同案件决定有关专家证据是否需要与对法院有帮助,可见本书第五章之 3.1 段。

但在刑事案件中,据知这普通法规则仍适用以维护陪审团认定有关事实的制度与分工,必须对不懂法律背后道理的陪审员可以参阅并加以考虑的证据(包括专家

意见)把好关。可见:

1. 在一个谋杀案件 R v. Chard (1972) 56 Cr App R 268 先例中,被告抗辩受到激怒(provocation),并没有谋图/意图。被告提供一份医生报告作为专家证据,内容包括看不出被告有什么精神问题,但说:“What does seem clear to me in the light of this man's personality was that there was no intent on his part to commit murder at any time that evening. However the question of mens rea intent and provocation are a matter for his Lordship.”但这被拒绝采纳,上诉庭的 Roskill 大法官说:“(被告)at this trial stood before the jury as an ordinary man and his intent fell to be judged by them in the facts of the case in the light of what they thought the Crown proved his intent to have been.”

2. 在 R v. Land (1988) 1 All ER 403 先例中,有关不雅照片中的儿童是否不满16岁的儿科医生专家意见不被采纳(paediatric expert evidence excluded on issue of whether a child in an indecent photograph was below the age of 16)。

由于本书不涉及刑事,所以就此略过。

5.3 事实基础规则(factual basis rule)

任何人士(包括专家证人)的意见都不是事实,也变不了“事实”。可节录《Phipson on Evidence》(2018 年,第 19 版)一书之 33-01 段:“The general reputation prevailing in the community; and the opinions, inferences or beliefs of individuals (whether witnesses or not), are inadmissible in proof of material facts. Evidence of this nature is sometimes said to be excluded by the hearsay rule; but it is, in general, inadmissible whether delivered on oath or not.”

另可见 Barings Plc v. Coopers & Lybrand (No. 2) (2001) EWHC Ch 17 先例中, Evans-Lombe 大法官所说:“However, it is not for experts to attempt to make findings of fact.”

这样,专家证人的意见是根据什么?事实基础规则是指专家证人的意见是必须基于事实,正如 Mansfield 勋爵在 Folkes v. Chadd (1782) 3 Doug 157 先例所说:“the opinion of scientific men **upon proven facts** may be given by men of science within their own science.”

另在 Dew Pitchmastic Plc v. Birse Construction Ltd (2000) 78 Con LR 162 先例中, Humphrey Lloyd QC 大法官说:“The studies carried out and opinions expressed by experts are not academic in nature; they must be based solely on what actually happened or, if there are disputes about what happened, upon assumptions in favour of one party or the other, or both, as to what might have happened.”

这带来的大前提是专家意见所基于的事实/事情必须正确,否则该专家意见没有价值了。至于事实/事情是否正确,主要是看信息的来源与其他详情。例如,大部分有关特定争议/争端的事实是来自委任专家证人的当事人与代表律师提供的信息与文件。这很正常,但这些“事实”部分是双方当事人没有争议与/或在文书请求中已经承认(admitted)的,这些事实显然正确。又或是,有些“事实”实是双方的争端,这些“事实”真假难明,专家证人就只能根据“假设事实”(assumed facts)作出意见了。至于假设事实的分量方面,专家证人要看己方是否有优质证据(即使是传闻证据)支持己方主张的事实(asserted facts),或是欠缺证据等。

反正在追求透明与公平审理的诉讼中,有必要提前披露专家意见基于的信息与“事实”的来源,以利对方当事人调查取证与准备,在对抗制的交叉盘问时测试(test)与质疑(challenge)专家意见所基于的信息来源与“事实”是否会不正确、不完整、不可靠等。

所以英国 CPR PD 35 para. 3. 2(3) & (4)也规定了专家报告的内容必须列明意见所基于的事实,包括客户当事人与其代表律师提供的指示中对有关案情事实的陈述:“An expert's report must: ... (3) contain a statement setting out the substance of all facts and instructions which are material to the opinions expressed in the report or upon which those opinions are based; (4) make clear which of the facts stated in the report are within the expert's own knowledge; ...”

专家证人的意见证据所基于的“事实”通常有以下三种来源:

1. 专家证人自己看到或观测到的有关该案件的事实(facts observed by the expert)。看到或曾参与争议事实的情况不会太多,因为专家证人通常与争议的事实没有关系,不会有一手资料。例如,医生曾在事故后对人身伤害案件的原告进行急救与治疗,他/她当然可以作为证人。但这应是事实证人,虽然是有较高的专业知识含量。即使加上个人意见,如认为当时觉得原告会很快康复或会有严重的后遗症或残疾等,也改变不了是事实证人。当然,他/她也可以转做专家证人,例如向审理法官提供有关原告在残疾后或受后遗症影响需要的照顾与治疗的专业意见。但往往治疗的医生不会对口与/或权威,更重要的是,治疗医生通常不愿意也不适合做专家证人,因为他/她不懂法律或 CPR 强加的专家证人对法院的责任:见 Kirkman v. Euro Exide Corp (CMP Batteries Ltd) (2007) EWCA Civ 66 上诉庭先例。更多的事实是专家证人被委任后为了该案件所作出的调查取证、实验等。

2. 专家证人自己累积的经验(facts drawn from the expert's general experience)。这可以是有技术性、特殊性或专业含量的经验如以前所做过的测试,也可包括参阅专业内其他权威人士发表的文章、研究结果等,也可以是一般人生经验,只是因为事实审理者如审理法官、陪审团或仲裁庭没有经历过,所以需要帮助才更好理解,如某行业的习惯做法。这些事实不少涉及本章之 5. 5 段介绍的“非特定传闻”(non-specific hearsay)证据。

在本章之6. 3 段有详尽介绍之 The “Torenia” (1983) 2 Lloyd's Rep 210 先例中,Hobhouse 大法官说:“expert evidence extends not merely to expert opinion but also to evidence which might be described as factual which is used to support or contradict the opinion evidence. This includes evidence based on previous experience, previous experiments or experiments which the expert has carried out for the present case. . . ."

3. 专家证人以客户/代表律师与其他第三人告诉专家证人,并被假设或估计是正确的事实作为基础作出专家意见(facts told to the expert which he has assumed to be correct for the purposes of his opinion)。专家意见大部分是基于这类假设或估计的事实。

在 Beckwith v. Sydebotham (1807) 1 Camp 116 先例中,Ellenborough 勋爵说:"Where there was a matter of skill, a science to be decided, the jury might be assisted by the opinion of those particularly acquainted with it from their professions or pursuits. **As the truth of the facts stated to them was not certainly known**, their opinion might not go for much; but was still admissible."(加黑部分是笔者的强调)

另可重复节录较早介绍的 JP Morgan Chase Bank v. Springwell Navigation Corp (2006) EWHC 2755 (Comm)先例:"However, it is not for experts to attempt to make findings of fact. Instead, they should express their opinion on the area in which they have their expertise on **the basis of assumed facts** which should be clearly identified and stated in their expert report."(加黑部分是笔者的强调)

2014 年 12 月 1 日生效的"Guidance for the Instruction of Experts in Civil Claims"(替代对 CPR Part 35 的指引"Protocol for the Instruction of Experts to Give Evidence in Civil Claims 2005")之 Article 30 提到,专家证人有责任尽量从客户手中取得双方当事人提供的"所有"有关信息:"Experts should try to ensure that they have access to all relevant information held by the parties, ..."

这是为了保证专家证人不会根据片面的部分事实作出错误与/或误导的专家意见。所以开庭审理时,一般专家证人是在事实证人后才接受交叉盘问,以保证专家证人了解全面的事实。

作为帮助审理法官的法院的官员(officer of the court),如果专家证人因为后来的发展如听取了事实证人的盘问而有了与较早前交换的文书专家报告(专家证人的主证据)中的不同意见,应该尽早(如在接受交叉盘问或参与证人会议时)调整自己的专家意见。

5.3.1　专家意见与基于事实之间的相辅关系

针对上述三种来源,类别专家意见所基于的事实,但双方当事人争议的"事实"到底谁的版本才是事实真相不是由专家证人决定,而作出决定并认定事实的审理法官或陪审员需要专家意见证据的帮助才能够准确认定事实真相,这在笔者看来有点矛盾。专家意见与所基于的事实本就是相辅相成的关系,该事实越有可能发生专家证据就越有证明价值,同时也会验证与增加事实确实发生的可能性,而事实如果不可靠与无法被证实,专家证据的证明价值也就很低或没有。

可见澳大利亚的法律改革(Australian Law Reform Commission)在 2016 年 8 月 17 日发表的《Uniform Evidence Law》(ALRC Report 102, NSWLRC Report 112, VL-

RC Final Report)中的"Opinions based on specialised knowledge"部分:"It is arguable that the ' basis rule' is a shorthand explanation of the interaction of two processes that are involved in cases where the factual basis of expert of opinion evidence is not proved (or is incompletely proved) by independent evidence. One is determining whether the evidence of expert evidence is relevant. The other is the forensic process determining what weight the tribunal of fact can or should give the expert opinion. Confusion can arise because the processes overlap: where the factual basis of expert opinion is not proved, evidence of the opinion might lack any weight or carry very little weight and so have no probative value. Evidence carrying no weight will be inadmissible because it is irrelevant."

这里提到的两个步骤是诉讼中的证据都会经历的:第一步先根据证据的关联性(relevance)与重要性(materiality)等规则采纳(admissibility)证据,第二步经过开庭审理在全面事实下给予证据恰当的分量。但本书第八章之1.2.2段已经提到,在考虑是否应当批准与接受证据时,就已经要考虑证据的内容与是否有证明价值(probative value)了。

针对专家证据而言,证明价值很显然与所基于的事实密切相关,理论上如果所基于的事实与真实发生的情况不符,那显然不会有证明价值。专家证据所基于的事实会有一些是没有争议的事实(undisputed fact)或者是经过专家自己调查检验得到的事实,但往往很多时候是有争议的事实(disputed fact),该事实到底如何本就是诉讼当事人之间的争端,或是有时候必须对部分"事实"进行假设与估计才能继续给出意见。但在考虑是否应采纳与接受专家证据时,对大量事实还无法作出认定(此时很多证据还没有摆在桌面上,更重要的是肯定没有经过开庭审理,并没有进行事实认定的最后审理阶段),因此只能先要求专家明确说出自己的意见是基于什么事实(如当事人提供了什么材料,自己进行了怎样的测量等),以及哪些只是自己的假设。

只要根据现有证据表面看来专家意见基于的事实会有机会发生与会被可采纳证据证明,就允许接受专家证据。而如果明显专家是纯凭臆测(speculation)给意见或基于的事实明显没有发生,就不会采纳。至于之后在全面衡量事实之下,根据平衡的可能性认定专家意见基于的事实没有被证明或根本是被证否,则是衡量分量时的重大打击。这方面可见本书第六章之6段,亦可节录 Makita (Australia) Pty Ltd v. Sprowles (2001) NSWCA 305 先例中 Heydon 大法官所说如下:"The basal principle is that what an expert gives is an opinion based on facts. Because of that, the expert must either prove by admissible means the facts on which the opinion is based, or state explicitly the assumptions as to fact on which the opinion is based. If other admissible evidence establishes that the matters assumed are ' sufficiently like' the matters established ' to render the opinion of the expert of any value', even though they may not correspond ' with complete precision', the opinion will be admissible and material..."

5.3.2　没有可被采纳的证据证明则专家意见基于的“事实”会被排除

除了上述提到的三类事实，专家意见基于的所谓“事实”还可能没有可被采纳的证据证明，本质上是专家证人道听途说的“事实”，不会被法院接受。

不妨以澳大利亚的 Ramsay v. Watson (1961) 108 CLR 642 先例为例进行简单介绍。此先例的背景是原告(前雇员)指称自己在被告(政府的印刷厂)工作时被告没有提供足够有效的保护措施，导致原告铅中毒造成身体损伤与残疾，因此向被告索赔。在该诉讼中，被告主要抗辩是依赖印刷厂其他的 21 位雇员/前雇员没有铅中毒的事实。被告医疗专家证人对曾经为被告工作的其他 21 个雇员进行了身体诊断与检查(尿检、血检等)后，给出专家意见证明他们在此时并没有铅中毒迹象。但在开庭审理时，被告代表大律师想要进一步主盘问自己专家证人在诊断时是否有问过这些其他雇员的病史，如是否一贯身体很好、从来没有过铅中毒的任何迹象。但这就遭到了原告代表大律师的反对，指称这是传闻，不应被采纳，并最后向陪审团指出专家意见的分量需要打折扣，因为其他雇员的病史并没有证明。原告的反对被一审法院接受，上诉到高院后也被高院支持。

被告上诉希望高院命令重审，被告就可安排这 21 位雇员自己出庭对事实作证，不需要通过医疗专家证人转述。但高院拒绝，看来原因是被告自己没准备好证据，而不是一审法院的错判。

一般医疗专家证人在给出诊断病人现在的身体状况的专家意见时，应写明自己所基于的事实，其中会综合考虑病人陈述的病史以及自己的检测结果。在用来说明针对病人现在的身体状况医生为什么会给出这样意见时，该病史也不涉及传闻证据可采纳性问题，因为并非传闻用途，[26] 最多是导致分量受影响。但如果用来证明病人过去确实有或没有这些病史，就是传闻用途会被排除了。假如病人出庭，可能在交叉盘问下被发现当时根本没有这样说或者说的意思与医生的转述有偏差，而且这种情况下可能进一步导致专家对病人现在身体状况的意见也证明价值很低(这当然要看具体案件情况，例如对病人的诊断如果主要靠仪器的检测与实验，病人的病史就会影响不大)。无论如何，病人陈述的病史是否真实需要病人自己作证，不能仅仅由医生提供传闻证据。此先例中是原告自己不找病人出庭作证，导致专家医疗报告病史部分的事实基础不牢靠。可以节录部分高院判词如下：“**When a physician's diagnosis or opinion concerning his patient's health or illness is receivable, he is ordinarily allowed to state the 'history' he got from the patient.** ... This, of course, is quite a different matter ... That, in cases where it applies, makes statements made to anyone concerning present symptoms and sensations admissible as evidence that those symptoms and sensations, in fact, existed. **This makes all statements made to an expert witness**

〔26〕 有关什么是传闻用途，即被用来证明传闻内容是真实的，可见本书第八章之 3.3.2 段。医生可作证说自己听到了什么，但不能用来证明所听到的内容是真实的。

admissible if they are the foundation, or part of the foundation, of the expert opinion to which he testifies; but, except they be admissible under the first rule, such statements are not evidence of the existence in fact of past sensations, experiences and symptoms of the patient. Hearsay evidence does not become admissible to prove facts because the person who proposes to give it is a physician. And, **if the man whom the physician examined refuses to confirm in the witness box what he said in the consulting room, then the physician's opinion may have little or no value, for part of the basis of it has gone**. Each case depends on its own facts. ...”(加黑部分是笔者的强调)

最后节录澳大利亚的 Dura (Aust) Constructions Pty Ltd v. Hue Boutique Living Pty Ltd (No.3) (2012) VSC 99 先例,Dixon 大法官提到了考虑采纳专家证据时的四种规则,其中着重强调了事实基础规则与哪些“事实”:“(a) is the opinion relevant (or of sufficient probative value) (the ‘relevance rule’);(b) has the witness properly based ‘specialised knowledge’ (the ‘expertise rule’);(c) is the opinion to be propounded ‘wholly or substantially based’ on specialised knowledge (the ‘expertise basis rule’);(**d**) **is the opinion to be propounded ‘wholly or substantially based’ on facts assumed or observed that have been, or will be, proved, or more specifically** (**the ‘factual basis rules’**): i) are the ‘facts’ and ‘assumptions’ on which the expert's opinion is found disclosed (the ‘assumption identification rule’); ii) is there evidence admitted, or to be admitted before the end of the tendering party's case, capable of proving matters sufficiently similar to the assumptions made by the expert to render the opinion of value (the ‘proof of assumptions rule’); iii) is there a statement of reasoning showing how the ‘facts’ and ‘assumptions’ relate to the opinion stated to reveal that that opinion is based on the expert's specialised knowledge (the ‘statement of reasoning rule’)?”(加黑部分是笔者的强调)

5.4 假设问题规则(hypothetical questions rule)

上一段介绍的事实基础规则也带来同一道理下的假设问题规则,即专家证人的意见是基于某些假设、估计并需要证明的事实作出。如果假设事实无法被证明,该意见也就站不住脚了。如在 Beckwith v. Sydebotham (1807) 1 Camp 116 先例中,案情有关一艘回航去英国的“Earl of Wycombe”轮,被指称在 Pictou 港开航时不适航。这导致在半途遇上坏天气后需要去中途港哈利法斯(Halifax)避难。在该港,有人曾上船检查并说有很多缺陷,并告知船舶保险人(劳合社)。保险人在与船东的诉讼申请引入几位著名的船舶验船师(ship's surveyors)对该船舶在 Pictou 港开航时是否适航的争议事实(disputed fact)向法院提供意见。但这些验船师从来没有见过该船舶,没有任何一手经验(first-hand experience),所以原告船东反对。Ellenborough 勋爵说涉及技术或自然科学(skill or science),即使是事实真相不够明确导致基于事实的意见分量不会太高,但仍是可以采纳作为证据。而原告可以在交叉盘问中提出接近己方主张的事实的假设性问题问专家证人的意见,从而减少对己方的损害。Ellenborough勋爵说:"Where there was a matter of skill or science to be decided, the jury might be assisted by the opinion of those peculiarly acquainted with it from their professions or pursuits. As the truth of the facts stated to them was not certainly known, their opinion might not go for much; but still it was admissible evidence. **The prejudice alluded to might be removed by asking them, in cross-examination, what they should think upon the statement of facts contended for the other side.**"(加黑部分是笔者的强调)

假设性问题也让对方当事人代表律师可以在交叉盘问时大做文章。专家证人会面对与回应不同/相反的假设(counter-hypotheses)、修改后的假设(modified-hypotheses)等,只要不是太有误导性、与有关的证据扯得上关系就没有限制。专家证人可能要面对另一套与主盘问不同的假设的事实并给出意见,或是对方可以改变一两点原先的假设,看专家证人的意见会否变得不同。通过这种方法可以找出意见重点依赖什么假设事实与是否适合,或是否是专家证人自己想出来"事实"等。如果回答与原本的专家意见有冲突,例如改变的一两点不应对专家意见有影响,或是发现专家依赖的是道听途说的"事实",就可以在结案陈词(closing submissions)中丑化该专家证人,降低专家证据的可信度。

另 Francis Busch 的《Law and Tactics in Jury Trials》(1959 年)一书之 139 页也提到另一个交叉盘问时的技巧,说:"A tactic resorted to by some trial lawyers is to ask the expert to state what he remembers of the hypothetical statement of facts upon which he gave his opinion. The hope obviously is that the witness will be embarrassed by not being able to remember some of the facts which are essential to his conclusion. Less experienced witnesses . . . will frequently answer . . . that in giving his opinions they considered some fact or factor outside the stated hypothesis; as for example, in the case of an expert medical witness that he also considered an attending physician's certificate or an autopsy report of a coroner's physician as to the cause of death."

但美国著名的 Wigmore 的《A Treatise on the Anglo-American System of Evidence in Trial at Common Law》(1940 年,第 3 版)Vol. Ⅶ在 § 686 对这种过度斗争持批评态度:"Misused by the clumsy and abused by the clever, it has in practice led to intolerable obstruction of truth."

显然,对事实证人是不存在假设问题,因为给的答案变了是意见,不再是只有一个的事实真相。

5.5　非特定传闻规则(non-specific hearsay rule)

本书第八章之 3 段已对传闻证据规则(hearsay rule)作详尽介绍,这里不再重复。专家证人作为证人之一也受到传闻证据规则的约束,但专家证人提供的意见是必须对有关科技或专业引经据典,才会有依据、理由与说服力。这表示专家意见的主证据,也就是专家报告,必须引述大量的权威说法(authority)与早前的同行评审(peer review)、学术成果、研究调查、数据、学术专著、权威文章、被接受的行为准则等,但这些都是传闻证据。所以,这种“非特定传闻”(non-specific hearsay)就属于传闻证据规则的例外。

非特定传闻的说法来自 Pattenden 的“Expert Opinion Evidence Based on Hearsay”(1982) Crim LR 85 一文。在 Pownall v. Conlan Management Pty Ltd (1995) 12 WAR 370 澳大利亚最高院先例中,Anderson 大法官给出很好的解释:“In my opinion, however . . . information obtained by a valuer from others, relating to particular transactions, forms part of his general experience, knowledge and expertise upon which he can draw ‘to formulate his opinion and to express working truths’: Pattenden, Expert Opinion Evidence Based on Hearsay (1982) Crim L R 85 at 95. Hearsay information of this kind may be used by a valuer, for example, to give a general exposition of the subject, to assess market trends, or to determine whether a particular transaction is aberrant or consistent with overall market conditions. . . **Hearsay evidence of this character (termed ‘non-specific hearsay’ by Pattenden) is to be contrasted with hearsay evidence of particular comparable transactions** that are used to infer the value of the property that is directly in issue (termed ‘specific hearsay’ by Pattenden. . .). **Hearsay information of the latter kind, which is not otherwise proved by direct evidence, cannot be used** by the valuer, unless otherwise proved by direct evidence.”(加黑部分是笔者的强调)

该非特定传闻可适用在专家意见证据可先节录 Megarry 大法官在 English Exporters v. Eldonwall Ltd (1973) 1 Ch 415 先例中所说:“the opinion of the expert witness is none the worse because it is in part derived from matters of which he could give no direct evidence.”

另 Bingham 大法官在 H v. Schering Chemicals (1983) 1 All ER 849 先例中所说:“It is common ground, as I understand it, that these articles can be referred to for the purpose of showing the state of general professional knowledge which is of course relevant to the issue of what the defendants knew or ought to have known at any given time.”

再是 Kerr 大法官在 R v. Abadom (1983) 1 WLR 126 先例中所说:“it is no more than a statement of the obvious that, in reaching their conclusion, (专家证人) must be entitled to draw on material produced by others in the field in which their expertise lie . . . once the primary facts on which their opinion is based have been proved by admissible evidence, they are entitled to draw on the work of others as part of the process of arriving at their conclusions.”

在 Wilband v. The Queen (1967) SCR 14 加拿大先例中,Fauteux 大法官说这并不影响或违反传闻证据规则的精神,因为这些资料不是用于证明争议事实的真相,而是解释专家证人如何得出他/她的意见:“. . . the value of (专家证人的) opinion may be affected to the extent to which it may rest on second-hand source material; but that goes to the weight and not to the receivability in evidence of the opinion, which opinion is no evidence of the truth of the information but evidence of the opinion formed on the basis of that information."

针对民商事诉讼,英国的《Civil Evidence Act 1995》之 Section 1(1)规定不再仅仅因为是传闻就排除证据。即使在刑事诉讼,英国《Criminal Justice Act 2003》之 Section 118 也针对专家证人作为传闻证据的例外之一说:"Any rule of law under which in criminal proceedings an expert witness may draw on the body of expertise relevant to his field."

由于要给予这些非特定传闻恰当的分量,所以专家报告中资料的来源十分重要,而且要在文书专家报告中说明。这等于替代了传闻证据通知(hearsay notice),让对方可以警觉与在开庭审理前预先准备。这可节录 CPR PD 35 与专家报告的内容有关的部分如下:"3.2 An expert's report must: . . . (2) give details of any literature or other material which has been relied on in making the report; . . . (4) make clear which of the facts stated in the report are within the expert's own knowledge; (5) say who carried out any examination, measurement, test or experiment which the expert has used for the report, give the qualifications of that person, and say whether or not the test or experiment has been carried out under the expert's supervision."

上述条文之(5)针对的情况是需要一个庞大的团队完成的专家报告,不可能由出庭专家证人自己一个人做每一项检查、调查与分析,而是要假手整个团队里的其他人士。这样,要每一位参与的其他人士出庭作为专家证人不现实[在 HRH Prince Jefri Bolkiah v. KPMG (1999) 2 AC 222 先例显示团队超过 200 人]也不好,因为专家意见的重点反而显示不出来。这样做也没有问题,但负责签字与作出真实声明(Statement of Truth)的出庭专家证人必须在专家报告说明哪些工作不是他亲自做的,而且必须了解与同意,因为最后还是要负责有关内容与数据准确性的。

6. 专家证据/证人的类别

专家证据的类别无边无际。正如在 R v. Clarke (1995) 2 Cr App R 425 的上诉庭先例中,三位大法官一致判:"There are no closed categories where expert evidence may be placed before the jury."

可以想到,因为案件(包括刑事与民商事)的案情千变万化,只要有个别事实的争议/争端(factual issue)有特殊性(special features),涉及事实审理者(trier of fact),审理法官、陪审团或仲裁庭凭一般知识(general knowledge)与/或人生经验(life experience)不会真正掌握与摸透,就有必要引入专家证据帮助事实审理者更好理解有关的证据。因为每个案件的案情不同,所以需要法院(或仲裁庭)在每个不同的案件行使裁量权,决定是否有必要与有帮助,正如 R v. Stockwell (1993) 97 Cr App R 260 上诉庭先例:"In each case it must be for the judge to decide whether the issue is one on which the jury could be assisted by expert evidence, and whether the expert tendered has the expertise to provide such evidence."

某些经常会出现同类争议与需要专家证据帮助的行业对对口的专家证人有大量需求,也因而出现了专职专家证人(professional expert),这在本章之 4.1 段有详细介绍。

而一次性(one-off)案件的专家证据种类更是无边无际。例如,Shaw v. DPP (1962) AC 220 先例指对社会上不同行业的内部活动言行(inner working of a specialist profession)的解读都可能需要专家证据的帮助。或是在由百慕大法院上诉到英国枢密院的刑事案件 Myers, Cox and Brangman v. The Queen (2015) UKPC 40 先例中,案情涉及不同黑社会组织之间的仇杀,上诉的三位人士在百慕大法院被判谋杀(两人)与企图谋杀(一人)罪名成立。为了支持以谋杀与企图谋杀罪名起诉,百慕大警方要证明这三位人士是有预谋犯罪的谋图/意图(*mens rea*)。但问题是,这三位与被谋杀的另一个黑社会党派的青年没有个人关系。于是,百慕大警方引入了 Rollin 警长作为专家证人,他对当地黑社会的心态与常规行为(包括意图仇杀不熟悉的对方帮派成员)很了解,包括与黑社会分子混得很熟,经常与其他同僚交换对黑社会的观察与相互了解,也曾经在美国联邦调查局受过这方面特殊培训等。

在百慕大法院,这三位被告就已经质疑 Rollin 警长的意见证据是否可以采纳让陪审团(juries)作为对谋杀与企图谋杀罪名成立的依据,包括 Rollin 警长是否是有资格的专家证人,另是他有利益冲突,因为是警方的成员之一。在百慕大法院不被支持后,他们最后上诉到英国枢密院,但也是败诉。枢密院同意该意见证据可被采纳,有关警察是否是合资格作为专家证人与涉及专业知识,Hughes 勋爵先是引述 Widgery 勋爵在 R v. Oakley (1979) RTR 417 有关交通事故的先例中所说:"we would like to make it clear straight away that there is no question of a police officer being prevented from giving evidence as an expert if the subject in which he is giving evidence as an expert is a subject in which he has expert knowledge, and if it is restricted and directed to the issues in the case."

接下来 Hughes 勋爵说:"The particular issues which may arise when a new scientific theory is advanced do not arise here. But the officer must have made a sufficient study, whether by formal training or through practical experience, to assemble what can properly be regarded as a balanced body of specialised knowledge which would not be available to the tribunal of facts."

至于在利益冲突方面,Rollin 警长明白他作为专家证人的责任不仅是提出检控的原告,也就是警方的成员之一,还要向法院提供独立的证据,不论该意见最后是对哪一方有利。只要满足必须向法院提供独立意见的要求,就可以被采纳。

在接近商业的范畴,专利(patent)的争议也经常涉及一次性的争议/争端(one-off issue)。这是因为专利经常涉及稀奇古怪与罕见的科技、制造、做法/想法,所以有了争议也难免要寻找这些方面的一次性专家证人。甚至会因为找不到外面独立的专家证人,而要当事人自己或雇员提供给事实审理者专业意见。

以下段节会简单介绍不同类别的专家证据是如何帮助事实审理者的。

6.1 根据有关事实或争议事实提供专业意见

由于法院(或仲裁庭)面前的有关事实或待证明的争议事实有技术或自然科学的专业知识含量,故需要专业证据帮助才能让事实审理者充分理解有关事实造成的前因后果。

此类别的专家意见证据体现在本章之 3.4.1 段介绍的 Folkes v. Chadd (1782) 3 Doug 157 先例中,可重复 Mansfield 勋爵所说的一句:"Mr. Smeaton is going to speak, not to the facts, but as to opinion. **That opinion is, however, deduced from facts which are not in disputed.**"(加黑部分是笔者的强调)

在该先例中,双方当事人无异议的事实是在 20 年前建立的堤坡以防止海水倒灌,之后港口淤塞。被告(港口保护信托人)想把堤坡拆除,受影响的原告向法院申请禁令(injunction)阻止被告这样做。双方的争议不涉及事实,这是大家同意的。争议只是在造成港口淤塞的原因:被告说是由于这堤坡,但原告不同意。Mansfield 勋爵是这样说:"The facts in this case are not disputed. In 1758 the bank was erected, and soon afterwards the harbour went to decay. The question is, to what has this decay been owing? The defendant says, to this bank. Why? Because it prevents the back-water. That is matter of opinion:—the whole case is a question of opinion, from facts agreed upon. Nobody can swear that it was the cause; nobody thought that it would produce this mischief when the bank was erected. ... It is a matter of judgment, what has hurt the harbour. The plaintiff says that the bank was not the occasion of it."

所以在该重要先例中,事实已经摆在面前,争议的只是一个涉及专业知识的正确判断,即是什么原因造成港口淤塞。也是这样的案情令 Mansfield 勋爵判允许引入专家证据,并视为采纳意见证据(admissibility of opinion evidence)的主要先例。

另在 The "Ikarian Reefer" (1993) 2 Lloyd's Rep 68 著名先例的一审中,双方当事人引入了不少不同的专家证人。案情在本书第三章之 1.3.5.5 段已有介绍。该"Ikarian Reefer"轮在非洲搁浅后失火,最终导致弃船。原告船东向保险公司索赔船舶全损被拒后起诉,而被告保险公司拒赔的理由是船东故意/恶意造成搁浅与失火(或纵火),造成全损以向保险公司索赔,从中赚一大笔钱(投保金额相比船舶价格/废铁价值可赚 300 万美元)。如果保险公司的说法能够成立,显然在英国法律要求善意(good faith)的保险合约下是可以拒赔的。这种在 20 世纪七八十年代经常听到的凿沉船舶(scuttling of ships)骗取保险金的案件就涉及很多专家证人,如航行方面

（经验老到的船长）、卫星导航方面、海上风浪方面等。另在失火（或纵火）方面，船东就有6位专家证人，分别是：火灾专家（fire expert），针对管道发热、金属疲劳与震荡的管道专家（pipe expert），针对开关阀的发热的热力专家（heat expert），针对开关阀的破裂的金属专家（metallurgist），第五位是对船舶震荡有专长/研究的造船师（naval architect），他与第六位同时是造船师与验船师（surveyor）的专家证人针对了船底铺板（floor plates）的移动。而保险公司有5位专家证人，分别是：对船底铺板移动、金属疲劳与震荡等有研究的造船师，火灾专家，金属专家，顾问工程师（consulting marine engineer）与验船师，对金属受压的反应（开关阀的破裂有关）有研究的教授。

6.2 专家证据意见解释技术或复杂的事情或技术性言辞

这是专家证人的惯常工作（bread and butter work）。他们经常被要求向不懂的事实审理者（trier of fact）解释有关争议与/或有关证据涉及的一些复杂、技术性或自然科学的课题，让他们理解以利正确认定事实（finding of fact）。这类专家证据包括外国法（foreign law）；外国文字的解释（foreign words）；惯例与习惯做法（customs and practices of a trade or profession）；技术性或自然科学术语（technical or scientific terminology），如在专利（patent）的争议就难免会涉及；刑事犯罪经常会涉及的基因鉴证（DNA）等。

举几个实例/案例介绍以利读者更好理解：

1. 首先是外国法，也就是英国以外的法律。虽然同是普通法体系的新加坡、加拿大等国也是英国的外国，但很难想象英国法院会认为需要帮助并批准这些国家的法律专家证人去提供有关公司法或合约解释的意见。即使有个别立法是英国没有，也不代表英国法院不能通过代表律师提供的有关资料（如立法条文、立法工作报告、有关判例等）理解。但如果是其他法系，如中国法、日本法、俄罗斯法等，就完全不一样了。所以在国际诉讼/仲裁中，由于涉及中国公司很多，导致出现大量有关中国法的争议/争端，就频频需要中国法律专家证人了。这方面在本书第五章之11段有针对，不在此多讲。

2. 至于外国文字，一般只需要认可翻译（certified translation）就足够。也会是审理法官或仲裁庭懂外语，根本无须帮助。在一个香港仲裁案件中，双方当事人将大量的中文文件翻译为英语，因为仲裁语言是英文以及仲裁庭其他两位成员是外国人，其间有翻译的争议，结果在仲裁庭的大力建议下，以笔者（作为边裁）的决定为准。但这只是一般的文字，如果涉及特殊与极端的情况，准确理解外国文字至关重要，就会需要专家证据了。

这可介绍Fothergill v. Monarch Airlines Ltd（1981）AC 251贵族院先例，案情涉及航空公司遗失了乘客托运的行李，事后虽然找回，但部分东西遗失了。乘客在通知保险公司后过了约4周再通知被告航空公司，被告拒赔指称过了通知时限的7天。虽然遗失的东西价值只有28.5英镑，但对航空业十分重要，是一个典型的“测试案件”（test case），需要明确法律怎样规定。这7天通知的要求是《华沙公约》（Warsaw

Convention)立法的《Carriage of Air Act 1961》之 Article 26(2):"In the case of damage, the person entitled to delivery must complain to the carrier forthwith after the discovery of the damage, and, at the latest, within seven days from the date of receipt in the case of baggage ..."

这7天通知适用在托运行李遗失没有问题,因为乘客在行李输送带等不到自己的行李肯定要弄清楚,否则不会离开机场。但只是行李内的部分东西不见了,乘客不在7天觉察并马上通知航空公司就大有可能。要求7天内通知是因为航空公司一旦晚了收到通知,就很难寻找出事原因与/或找回失物。所以如果7天通知可以忽视,就表示乘客可以在《华沙公约》规定的2年时效前任何时间向航空公司投诉与索赔。航空公司届时也不可能再调查与补救,也无法抗辩。所以,该争议/争端对航空业十分重要,而关键是在立法条文里"damage"(损失)一词是包括全部与部分损失,或只局限在全部(整件行李)的损失。显然只看英语"damage"就应包括全部与部分,反正都属于"损失"一字。但该国际公约是英法双语,并在一开始说明如双语有矛盾以法语版本优先。这样,"damage"一字的法语是"avarie"是否同义就成了关键性争议,并带来是否在这方面必须引入专家证据的问题。毕竟这是国际公约,在英法双语的版本应该已是有了高层次的翻译去避免不一致与矛盾。所以有了争议不是仅靠字典、一般翻译或法院懂双语(该先例的上诉庭确有一位大法官懂法语)就已足够。如果被视为必须(necessary)引入专家证据但被拒绝,就会受到质疑了。在该先例中,贵族院一致说:"that in construing article 26 (2) a purposive and not a literal construction should be applied; that having regard to the purpose of article 26 (2) and to dictionaries, legal text-books, articles in legal journals and (per Lord Scarman) the decisions of foreign courts and the travaux préparatoires leading up to the Hague Protocol of 1955, 'damage' or 'avarie' in article 26 (2) included partial loss of the contents of baggage; and that, accordingly, a complaint by the plaintiff of such loss had been required within seven days of the date of receipt of the baggage by him. ... (i) The process of ascertaining the meaning of a word or expression in a foreign language must vary according to the subject matter and no precise rule can be laid down. There is no reason why a judge should not use his own knowledge of the language, nor why he should not consult a dictionary. Other evidence, including expert evidence, other dictionaries, other reference books, text-books, articles and decided cases may be called by the parties to supplement his resources if they think fit."

另在 Confetti Records v. Warner Music (2003) EWHC 1274 先例中,案情涉及原告指控被告在音乐中多加的一段说唱(Rap)词影响原作者的声誉。Lewison 大法官认为虽然说唱词是英文写的,但在这个先例的情况中类似外语,必须引入专家:"This led to the faintly surreal experience of three gentlemen in horsehair wigs examining the meaning of such phrases as '**mish mish man**' and '**shizzke my nuzzle**'. ... Mr Howe

(被告代表大律师)submitted, correctly in my opinion, that the meaning of words in a foreign language could only be explained by experts. He also submitted, again correctly in my opinion, that the words of the rap, although in a form of English, were for practical purposes a foreign language."加黑部分是争议针对的英文词语,原作者称这与街头毒品交易有关,所以会影响自己的声誉。

3. 英国法律承认习惯(custom)。笔者在《合约的解释:规则与应用》一书第六章之2.3.7段与第七章之5段已详及。主张习惯做法的当事人需要证明有此习惯,往往又需要专家证人了。这种专家证人往往不是拥有高深与尖端学问/专长人士,只要对有关习惯了解可去说服事实审理者即可。

4. 现在也经常会碰到技术性或自然科学术语,特别是涉及专利的案件,可能字典上根本找不到有关的词语,或是即使是常见的词语与在字典上有一般性解释,但在有关争议中有特定意思,就需要引入专家意见证据。这方面也可见笔者《合约的解释:规则与应用》一书第六章之2.3.6段。

Hoechst Celanese Corporation v. BP Chemicals Ltd (1999) FSR 319 先例涉及专利争议,专利有关从乙酸中去除碘化物的方法。争议涉及专利规格中使用的"dimension"一词本来是很常用的词语,但 Aldous 大法官说这里应在作决定前听听专家证人(notional skilled man)的说法:"... it would be wrong to start the task of construction with any preconceived idea. Having obtained the knowledge of the notional skilled man, the (patent) Specification must be read as a whole to ascertain its meaning and from that the court has to decide the ambit of the monopoly claimed using the guidance on the Protocol (to the European Patent Convention)."

5. 专家证据意见解释复杂的事情也经常带来昂贵的专家证据,特别是国际商业案件。这会是在很多方面的议题,复杂是在有大量文件、需要调查取证并会涉及层次不高的专业知识(但仍需要学习),反正不涉及个别的争议/争端(discrete issue)审理法官或仲裁庭是必须(necessary)专家证人意见帮助才能理解。但一方或双方当事人与代表律师仍是委任专家证人代劳,省得律师自己处理并在自己先弄清楚后,再向审理法官或仲裁庭陈述与解释。这虽然做得到,但更加干脆与省事做法的就是委任专家证人。在 JP Morgan Chase Bank v. Springwell Navigation Corp (2006) EWHC 2755 (Comm)先例中,Aikens 大法官就提到这个问题:"I should mention one further practical matter, which I think is relevant to large commercial disputes. It is inevitable when there is a dispute between commercial entities that covers a long period of time (as this case does) and concerns a very large sum of money, that a huge amount of documents will have to be considered. There is a natural tendency of parties and their advisors to consider **employing experts to assist in digesting this material, particularly if it relates to any area that might be recondite, such as trading in Russian debt in the 1990s.** There is a tendency to think that a judge will be assisted by expert evidence in an

area of fact that appears to be outside the 'normal' experience of a Commercial Court judge. The result is that, all too often, the judge is submerged in expert reports which are long, complicated and which stray far outside the particular issue that may be relevant to the case. Production of such expert reports is expensive, time-consuming and may ultimately be counter-productive. That is precisely why CPR Pt 35.1 [27] exists. In my view it is the duty of parties, particularly those involved in large scale commercial litigation, to ensure that they adhere to both the letter and spirit of that Rule. And it is the duty of the court, even if only for its own protection, to reject firmly all expert evidence that is not reasonably required to resolve the proceedings."(加黑部分是笔者的强调)

这种专业知识(上述举的例子是在1990年买卖俄罗斯债券,但可以是任何其他课题如复杂与琐碎的损失计算等)的专家证据只能说是会有帮助,但对审理法官或仲裁庭而言,这帮助来自代表律师或专家证人区别不大,而一旦涉及专家证人,就难逃诉讼费用的增加与同样工作的重复。

6.3　以专家证据的形式提供与科技/专业知识无关的其他事实

这类别的专家证据的特殊性是专家证人提供给事实审理者(trier of fact)的意见证据没有科技或专业知识含量的事实,只要有证据审理法官或仲裁庭没有帮助也可以理解这些事实。但简而言之,这就是指专家证人自己的经验、经历(experience)过与观察到的事情/事实,会帮助审理法官或仲裁庭更好地理解与衡量有关争议的证据与事实。所以曾经有质疑这类证人算是事实证人(factual witness)还是专家证人。

这方面最著名的是The "Torenia" (1983) 2 Lloyd's Rep 210海事先例。案情涉及一艘老龄船舶在一个从古巴装运食糖去丹麦的航次中,半途遇上坏天气(九级风浪)并进水,最终导致弃船与船舶沉没。该批食糖的提单持有人(是一家丹麦公司)向船东索赔该批食糖的全损与没有交货(non-delivery),称是船舶不适航(unseaworthy)所致。船东作为被告的抗辩依赖的是《海牙规则》的"海上风险"(perils of the sea)。这样,就避免不了需要专家证人帮助审理法官理解有关证据去更好认定争议事实:什么原因导致船舶与船上食糖全损?该先例的双方当事人各有一位专家证人,并已依照法院命令在开庭前交换了专家报告。但到了开庭审理中的第20天,被告要求法院允许另一位事实证人出庭。他是一位资深船长,可凭他的经验说明大风浪对船舶的影响。要知道,该船长并非在"Torenia"轮上工作,也从未见过该船舶,故谈不上有任何直接的一手事实证据。所以原告反对,认为他不可能是事实证人,只会向法院提供意见证据,但又谈不上该意见有什么科技或专业知识的含量,也不会是专家证人。换言之,即认为法院不应该采纳。

以下可节录Hobhouse大法官对这方面争议的介绍:

"... In a case of this kind one can analyse the matter in this way: **First**, evidence is

---

[27] "Expert evidence shall be restricted to that which is reasonably required to resolve the proceedings."

adduced which can be described as direct factual evidence, which bears directly on the facts of the case. **Second**, there is opinion evidence which is given with regard to those facts as they have been proved; and then, **thirdly**, there is evidence which might be described as factual, which is used to support or contradict the opinion evidence. This is evidence which is commonly given by experts, because in giving their expert evidence they rely upon their expertise and their experience, and they do refer to that experience in their evidence. So an expert may say what has observed in other cases and what they have taught him for the evaluation of the facts of the particular case. So also experts give evidence about experiments which they have carried out for the purposes of their evidence on the particular case in question.

Mr. Pollock(被告代表大律师) submitted ... expert evidence is opinion evidence only and any evidence which is evidence of fact, whether it is relevant in the primary or in the secondary sense ... is still to be treated as factual evidence and is not to be treated as expert evidence; it is therefore admissible as of right. His submission was that one should not look to see what issue the evidence goes to; one should only look at what evidence the witness is given. Is it fact or opinion? If it is fact then it is admissible as of right. The contrasting submission from Mr. Rix(原告代表大律师) is that of the factual evidence is relevant only to the expert opinion of the experts then it must be admitted as expert evidence and expert evidence alone ... ”

以上是说,直接关系到案件本身的事实(direct factual evidence)是第一类的证据,双方当事人不必向法院申请批准就可引入,特别是早期的诉讼不像今天强调在开庭审理前所有牌必须摊开在桌面上(All cards on table)。第二类证据是依据被证实的事实作出的专家意见(opinion evidence based on proven facts)。第三类证据也可以说是针对“事实”,但只用来支持自己或反驳对方专家意见(factual evidence to support or contradict opinion evidence)。

第三类证据通常是来自专家证人,因为要向法院提供专家意见,必须依赖他/她的专业知识与/或过往的经验。这些也都是“事实”,但一定要区分这不是有关案件的“主要事实”(primary fact),而只是有关专家证人意见的“次要事实”(secondary fact)。

被告的代表大律师(Gordon Pollock 先生)说,只要是“事实”,即无须区分主要(即是针对案件本身)还是次要(针对其他相同但无关的事件/经验),都算是事实证据而不是专家意见,也就是不需要理会这些事实证据是为了什么目的(如否只是为了支持专家证人的意见)。而当事人提供事实证据是不必先获得法院批准的,被告完全有权引入资深船长提供“事实”。但原告代表大律师(Bernard Rix 先生)不同意,认为事实证据若只是与专家意见有关,就是一回事,仍只能属于专家证据。

读者可以想得到,Hobhouse 大法官不同意被告的代表大律师的说法,即不批准该资深船长临时出庭作证。道理是,如果把专家证人讲的每一句话拆开来分析是事实还是意见,专家证人的身份就含糊不清了。另是被告引入资深船长讲肯定是对被告有利的经验,这种情况属于突击(ambush),因为原告会来不及另外寻找一位更资深船长向 Hobhouse 大法官讲不同的经验。而这在今天不会发生,因为现在讲究透明,强调要在开庭审理前把所有牌摊开在桌面上让大家有准备。

Hobhouse 大法官也说:"expert evidence extends not merely to expert opinion but also to evidence which might be described as factual which is used to support or contradict the opinion evidence. This includes evidence based on previous experience, previous experiments or experiments which the expert has carried out for the present case. The factual evidence of the captain amounted to expert evidence and was thus excluded because notice had not been given of the intention to call him."

这类由"内行人"根据经验、经历提供的"事实",对一些雷同的争议/争端(例如出现某种事情就会有什么后果)会有帮助,尤其是可以用这些证据显示己方主张的事实是更可能发生。但提供第一类证据的事实证人,即使自己就有经验、经历,也无法在证词中提供这些"事实",因为该事实证人针对本案件的情况提供的是直接与案件有关的第一类证据,但该证人过去的经验、经历严格来说与这次事故无关,就不能被采纳为事实证据。对于这类经验、经历或者是惯常做法等,就只能以第二类与第三类证据,以专家证据的形式引入,从而用来佐证己方主张的事实。只要这些经验、经历有特殊性,在法院看来又是合理需要或甚至是必要的,就会被采纳与接受。

笔者(杨良宜)曾经在一个海事/海商争议作为独任仲裁员,涉及船舶抵达某印度卸港时有否马上向收货人作出与送达准备就绪通知书(Notice of Readiness)。只有在作出与送达有效通知书后,卸货时间(discharge laytime)才会开始起算。该仲裁案件就是这种争议,争议/争端只在一个事实,船东说有作出与送达但承租人/收货人否认。这本来十分简单,船东只要交出有关文件,估计是船舶抵达在卸港锚地等待泊位时发出电文的通知书,或是进港补签的通知书,或是船长与船东或代理人之间的当场电文往来中内容涉及船长告知刚不久前作出与送达通知书。但船东作为原告一份有用的文件证据也没有交出与披露,只解释说该船舶已经出售,没有留下文件。但即使是真相,船东也可以把当时的船长安排做事实证人去提供口头证据,但也没有这样做。反而引入一位专家证人,也是一位资深船长,提供的证据就是每一位船长包括他自己第一件做的事情就是作出与送达通知书,这已经是一种"本能"。

在该仲裁案件中,笔者是判船东败诉,其中致命的原因是在本章之 5.1.3 段已经介绍的专家意见不论是可信或不可信,是不能用来证明一个事实存在:见 Barings Plc v. Coopers & Lybrand (No. 2) (2001) EWHC Ch 17 先例。看来,船东的代表律师在证据的准备中犯了错。

这种专家证人只是凭经验的证据或可被称为是"non-scientific evidence"。在美国的 Kumho Tyre Co v. Carmichael, 526 US 137 (1999)先例中,Breyer 大法官说:

"... it will, at times be useful to ask even of a witness whose expertise is based purely on experience, say, a perfume tester able to distinguish among 140 odors at a sniff, whether his preparation is of a kind that others in the field would recognize as acceptable."

6.4 有特殊或专业知识含量的传闻证据

本书第六章之7段会介绍专家证人必须引经据典来显示科技与专业知识的意见证据的可靠性与显示意见的证明价值。

但这些援引的研究报告、文献、实验结果等内容由于并非专家证人自己所做,而可向法院提供一手证据的人士不会出庭作证,因此实际上是传闻(hearsay)。但只要接受专家证据就避免不了这类支持(或反驳)专家意见的传闻证据,所以是可被采纳,属于传闻证据规则例外(exceptions)的"非特定传闻"(non-specific hearsay)。可见 Pownall v. Conlan Management Pty Ltd (1995) 12 WAR 370 澳大利亚最高院先例与 R v. Abadom (1983) 1 WLR 126 先例等。

英国《Civil Evidence Act 1995》之 Section 1(1)规定已经不再根据传闻证据规则不采纳证据:"evidence shall not be excluded on the grounds that it is hearsay."传闻证据基本上在民事诉讼已被废除,因此在民事诉讼中也可以不用再理会过去把这类证据当作非特定传闻的例外。在刑事诉讼中,由于仍是一般不采纳传闻证据,所以仍需要此种例外。

这些援引的内容是专家报告论据的重要方面,它们的权威性、行业/专业内接受度、完整性与分析的说服力(相比对方当事人的专家意见),就决定了专家报告在法院或仲裁庭在考虑取舍时的含金量。在 CPR PD 35 para. 3.2 下,也明确规定了专家报告中应当写明所依赖的文献等材料。专家要依赖这类证据向事实审理者显示自己的意见更正确、是业内的权威看法等。双方专家证人都会在自己的专家报告中援引权威说法,甚至会援引同样的权威书籍/文献但针对性地挑其中对己方有利的部分与反驳对方专家报告中的论据。双方代表律师在交叉盘问时也会相互针对对方专家报告中的弱点提问与质疑,例如指出对方专家证人主要依赖的某个文献实际上显示行业内有多种说法、完全没有定论等。最后在衡量分量时越是重要、对认定事实越是关键的文献,事实审理者也越是会仔细审查与分析,决定到底支持哪一方的意见等。

7. CPR 下会被采纳与批准的专家证据

针对专家证据的采纳与批准,本质上是没有改变。例如,本书第五章介绍的要考虑证据是否可靠、专家证人是否合资格与对口、对事实审理者会否有帮助等。CPR 改变的是更严格的控制与重点考虑超越性目的(overriding objective)的节省诉讼费用与时间、公平审理、火力均等。如果当事人想引入专家证据,必须尽早向法院提出申请,并在法院批准后才可引入。在 CPR 生效前,引入专家证据也是需要法院批准,但申请的时间宽松,例如本章之 6.3 段介绍的 The "Torenia" (1983) 2 Lloyd's Rep 210 先例是在开庭审理中途。这也反映了做法的不同。现在强调开庭前要把所有牌摊开在桌面上,前期准备工作要在一开始的案件管理会议(CMC)就安排妥所有要走的程序。不像过去在开始诉讼或启动仲裁时对案件案情了解不多,是否需要专家证据甚至是事实证据也心里没有底。

1999 年生效的 CPR,为了控制被视为在过去二三十年完全失控的专家证据,有了全新的做法去严加控制专家证据。在 Jackson 改革(见《Review of Civil Litigation: Final Report 2010》)后,2013 年再次修改 CPR 进一步加强控制,控制的起点是当事人想引入专家证据向法院提供专家意见,必须先申请批准。这样考虑批准与否时,法院就有权作出各种考虑与控制,如:(1) 专家证据是否是必须(necessary)或会有帮助(will be of assistance);(2) 会否更适合命令一位共同专家证人;(3) 专家证人的费用;(4) 当事人需要放弃部分针对专家证人的信息可享有的特免权(privilege)作为批准引入专家证人的交换条件;(5) 其他。

可节录 CPR Rule 35.4 如下:"**Court's power to restrict expert evidence** (1) No party may call an expert or put in evidence an expert's report without the court's permission. (2) When parties apply for permission they must provide an estimate of the costs of the proposed expert evidence and identify – (a) the field in which expert evidence is required and the issues which the expert evidence will address; and (b) where practicable, the name of the proposed expert. (3) If permission is granted it shall be in relation only to the expert named or the field identified under paragraph (2). The order granting permission may specify the issues which the expert evidence should address."

法院批准专家证据的考虑,会在本书不同段节详及,这里只简单节录两个先例的部分判决。首先,在 Barings Plc v. Coopers & Lybrand (No. 2) (2001) EWHC Ch 17 先例中,Evans-Lombe 大法官针对 CPR 前后决定是否采纳专家证据时的考虑时说:"In my judgment the authorities ... establish the following propositions: **expert evidence is admissible** under section 3 of the Civil Evidence Act 1972 in any case where the Court accepts that **there exists a recognized expertise governed by recognized standards and rules of conduct capable of influencing the Court's decision on any of the issues which it has to decide** and the witness to be called satisfies the Court that he has a **sufficient familiarity with and knowledge of the expertise in question to render his opinion potentially of value** in resolving any of these issues. Evidence meeting this test can still be excluded by the Court if the Court takes the view that calling it will not be helpful to the Court in resolving any issue in the case justly. Such evidence will not be helpful where the issue to be decided is one of law or is otherwise one on which the Court is able to come to a fully informed decision without hearing such evidence."(加黑部分

是笔者的强调)

另可节录Arnold大法官在Interflora v. Marks & Spencer (2013) EWHC 936 (Ch)先例,强调CPR下专家证据必须获得法院的批准:

"... The starting point for resolving the issue must be the fact that Part 35 contains no definition of expert evidence. What it instead has, in rule 35.2(1), is the following definition: 'A reference to an 'expert' in this Part is a reference to a person who has been instructed to give or prepare expert evidence for the purposes of proceedings.'

Part 35 goes on to contain a series of provisions regulating the admission and content of expert evidence. Thus, rule 35.4(1) states that: 'No party may call an expert or put in evidence an expert's report without the court's permission.' Similarly, rule 35.5(1) states that: 'Expert evidence is to be given in a written report unless the court directs otherwise.' ..."

7.1　顾问(consultant)或影子专家(shadow expert)与专家证人

需要区分的是,并不是当事人委任"专家"(expert)都要法院批准,只有"专家证人"(expert witness)需要法院批准。专家证人要以专家报告(expert report)作为主证据,并在开庭审理时出庭接受交叉盘问以测试他/她的主证据。这在英国Civil Justice Council对CPR Rule 35的指引《Guidance for the Instruction of Experts in Civil Claims 2014》之Article 5中有说明:"Although the court's permission is not generally required to instruct an expert, the court's permission is required before an expert's report can be relied upon or an expert can be called to give oral evidence (CPR 35.4)."

换言之,一方或双方当事人如果花得起钱可私下委任无限的专家作为顾问,针对某些顶尖与狭窄行业也可以使用这种战术,令对方当事人因为花不起钱与慢了一步找不到适合与称职的专家,这都不是法院能控制的。但这种顾问或影子专家与专家证人相比法律上有很大的不同:(1)效忠对象不一样:专家顾问效忠客户,可以出谋划策,但专家证人主要与超越性责任是向法院效忠。(2)因为效忠对象不一样,所以诉讼特免权(litigation privilege)的保护有很大不同。如果当事人在处理一些隐蔽的事情,如与对方当事人进行和解谈判时,需要不断互相试探虚实、摸底、你进我退,这过程中无可避免会涉及科技或专业知识要有专家出谋划策,就要多委任一位顾问/影子专家了:见Jackson v. Marley Davenport (2004) EWCA Civ 1225先例。(3)专家证人的费用在胜诉后可向败诉方取回,但顾问专家的费用就要客户当事人自己承担。(4)顾问专家的专业意见即使是以传闻证据(hearsay evidence)形式给法院或仲裁庭,也不会被采纳或不会有分量。

7.2　专家证人是否有必要或只是有帮助

本小段开始也提到法院批不批准是看对有关的争议/争端(disputed issue)来说专家证人是否有必要或只是有帮助。在前者,法院必须采纳专家证据,否则有必要但仍拒绝,岂非乱来?笔者相信,在绝大部分情况下,专家证据只是对法院(或仲裁庭)

有帮助甚至很有帮助，但不到"必须"的层次。这样就涉及行使裁量权（discretion）考虑是否批准引入专家证据，这种情况也往往是"灰色地带"。可先节录《Phipson on Evidence》（2018 年，第 19 版）一书之 33－36 段如下："Expert evidence need not be determinative of an issue before it can be admitted. Such evidence may be admitted because it might be helpful, even though it is not necessary. The more important the issue and the greater the relevance of the expert evidence in determining that issue, the more likely that it will be admitted. The court may take into account whether it would be disproportionate to admit it in light of the overriding objective. The court may be reluctant to admit expert evidence on collateral or minor issues not central to the proceedings."

在"灰色地带"决定是否批准专家证据就要看法院对个别案件的考量/裁量，需要考虑的因素包括：在 CPR 的超越性目的（overriding objective）节省诉讼费用与成比例（proportionality）的要求下，专家证人的费用与争议金额是否成比例；判决结果不论胜负对双方当事人的重要性；专家证据所针对的争端是否对整个案件起关键性/决定性影响，或只是附带的一个争端等。可节录《Phipson on Evidence》（2018 年，第 19 版）一书之 33－36 段接下来的部分：

"The following propositions may be distilled from the authorities:

(1) The issues on which expert evidence is sought to be called need to be carefully and as precisely identified as practicable. In practice what is needed is a clear identification of such issues before the experts are instructed. ...

(2) Once the issues have been properly identified, the first question is whether looking at each issue, it is necessary for there to be expert evidence before it can be resolved. **If it is necessary, rather than merely helpful, then it must be admitted**, unless it is to be excluded on case management grounds such as a late application which may prejudice a trial date.

(3) If the evidence is not necessary, the second question is whether it will be of assistance to the court in resolving that issue. **If it would be of assistance, but not necessary, then the court would be able to determine the issue without it.**

(4) Since, under the scenario in (3) above, the court will be able to resolve the issue without the evidence, **the third question is whether, in the context of the proceedings as a whole, expert evidence on that issue is reasonably required to resolve the proceedings bearing in mind the overriding objective.** A balance needs to be struck and the proportionality of its admission assessed. In striking the balance, the court can take into account disparate factors including: (a) The value of the claim and the cost of the expert evidence (including relationship/proportionality of the cost to claim value); (b) The importance of the issue in hand to the resolution of the litigation and to the parties; (c) The extent to which the expert evidence is likely to assist in the resolution of the

issue (including how cogent the expert evidence would be); (d) The effect of a judgment either way on the parties; (e) Who is to pay for the commissioning of the evidence on each side and the means of the parties; (f) What effect the introduction of the expert evidence would have on the management of the case in terms of delay (where a trial date may have to be vacated if admitted) and length of trial."(加黑部分是笔者的强调)

针对本段课题只以 Mitchell v. News Group Newspapers Ltd (2014) EWHC 3590 (QB)先例说明。该先例涉及2012年9月19日在伦敦唐宁街10号首相府的大闸发生的一件事。Andrew Mitchell先生当时作为英国政府高官去首相府开会,但看守大闸的警察不允许他随意放置自行车而导致Andrew Mitchell先生被指控辱骂该警察。之后两个同时进行的诉讼(Andrew Mitchell先生起诉News Group的报刊在文章中诽谤)关键性争议是针对Andrew Mitchell先生讲的一句话有不同版本。另一个案件中原告警察(Rowland先生)的版本是:"Best you learn your fucking place-you don't run this fucking government-you're fucking plebs."但Andrew Mitchell先生的版本较短与温和:"I thought you guys were supposed to fucking help us."

在案件管理会议(CMC)上,Andrew Mitchell先生要求法院批准引入一位语音学家(phonetician)作为专家证人,声称从CCTV显示的短时间内,无法说得出警察Rowland先生版本的句子。Warby大法官说:"The first area of expertise proposed was phonetics, and the issue to which the evidence would go was identified as 'The length of time that the 59 syllable exchange as alleged by PC Toby Rowland might reasonably have taken to enunciate'. The proposition that lay behind Mr Mitchell's application to call expert phonetics evidence on this issue is ... **that it is possible to prove by reference to CCTV of the events that night that he cannot have used the words that PC Rowland says he used.** By the time his application was issued he had confirmed in Further Information given in both actions on 11 August 2014 that it is his case '**that the incident ... could not have taken place** as alleged by PC Rowland, **in particular by reason of the lack of available time**, derived from the CCTV images.' He stated that he relied on, among other things, 'the time which the exchange would have taken, including pausing.'"(加黑部分是笔者的强调)

法院的决定是批准引入专家证据。虽然认为在本案并非必须有专家证据才能认定争议事实,但有关证据会有帮助。案件本身的重要性(社会影响、Andrew Mitchell先生的名誉地位等),都是支持批准的裁量原因。Warby大法官说:

"Here, the trial judge could arrive at a decision on the central issue in these cases without reference to expert or any analysis of speech rates, but instead by assessing the witnesses, their credibility, and the probabilities in the light of all the other evidence including the CCTV. It is naturally a matter for concern that the position adopted on one side of the issue is that evidence of this kind, if adduced, will be inconclusive. In that event, the evidence would not have been helpful but its admission would have been wasteful. It does not follow, however, nor could I take the view, that this evidence will not be helpful in resolving the issue justly.

The case for Mr Mitchell, . . . , is that the evidence would not only be helpful but it would be conclusive in his favour. I was in no position to dismiss that as a real possibility. Where a party to civil litigation credibly alleges that expert evidence he has obtained will show that his opponent's case cannot be true, that must be a powerful factor in favour of permitting the evidence to be led. It also seemed to me that there is a real prospect that, if not conclusive, objective evidence of this kind would help the trial judge reach a conclusion as to the probabilities on the central issue. The evidence is potentially of value, perhaps very great value, in resolving the issues.

The case for admitting the evidence is bolstered by the fact that these cases have an important public dimension and have attracted considerable public attention. It is highly desirablethat their outcome should be one that commands public confidence. The process should not be vulnerable to the charge that one or the other party has been unreasonably denied an opportunity to lead evidence which, had it only been heard, would have altered the outcome.

CPR 35. 1 imposes a duty on the court to restrict expert evidence to that which is reasonably required. I do not, however, read this as imposing a test of absolute necessity. A judgment has to be made in the individual case, and it has to be made before the evidence is heard and evaluated. My conclusion was that evidence which it is credibly said could conclusively determine the single most important issue in the case meets the criterion in the rule."

7.3　其他涉及专业知识与经验的报告是否属于 CPR 下的专家证据

7.3.1　以传闻证据提供给法院的专家报告

CPR Part 35 针对的专家证据并非法院会采纳的唯一专家意见,正如在 Rogers v. Hoyle (2014) EWCA Civ 257 先例中,上诉庭 Christopher Clarke 大法官说:"That CPR Pt 35 was not a comprehensive and exclusive code regulating the admission of expert evidence but rather regulated the use of evidence from experts who had been instructed to give or to prepare expert evidence for the purpose of the proceedings; that since the AAIB[28] had not been instructed by, and was wholly independent of, any of the parties the expert evidence in its report did not fall within CPR Pt 35; and that, accordingly,

〔28〕 AAIB 的全称是"Air Accidents Investigation Branch",是英国交通部(Department for Transport)在《Civil Aviation (Investigation of Air Accidents and Incidents) Regulations 1996》立法下成立的空难调查机构。在本书第九章之 1.4 段也有涉及 AAIB 调查报告可否被采纳的先例。

that evidence was prima facie admissible and the claimant did not require the permission of the court to adduce it."

法律也不断在发展。民事诉讼《Civil Evidence Act 1995》之 Section 1(1)已经规定了不再排除传闻证据(hearsay evidence),包括事实与意见(只要有专业知识与特殊经验)证据。只要意见证据是有关(relevant),大可以传闻证据形式提供给法院,区别只在证据的分量(weight)。《Civil Evidence Act 1995》之 Section 1 可节录如下:"**Admissibility of hearsay evidence.** (1) In civil proceedings evidence shall not be excluded on the ground that it is hearsay. (2) In this Act— (a) "hearsay" means a statement made otherwise than by a person while giving oral evidence in the proceedings which is tendered as evidence of the matters stated; and (b) references to hearsay include hearsay of whatever degree."

至于关心会否将来有通过以传闻通知(Hearsay Notice)(以增加传闻证据的分量)替代 CPR Part 35 的法院批准专家证人,在 Illumina Inc v. Genetics Ltd (2019) EWHC 1159 (Pat)先例中,Henry Carr 大法官说不担心。因为传闻证据即使有过通知,只要不盘问,分量高不到哪里:"I agree with [29.16] of Phipson. The cited passage also makes clear that there is nothing to be gained by trying to avoid cross-examination of an expert by serving a report under a hearsay notice, as the factors set out in s.4(2) indicate that little weight is likely to be attached to such evidence. Therefore, I am not expecting, as a result of this judgment, that there will be a flood of hearsay notices in respect of expert reports in patent cases."

7.3.2 调查报告之 Roger v. Hoyle 先例

如果发生会影响社会大众的重大意外事故,通常会由政府部门或其他独立机构做出调查报告。这种报告涉及专业知识与特殊经验往往很多,也往往包含了不少对当时发生的事实(contemporaneous facts)的客观意见,有很高的证明价值。问题是这可否被视为属于专家证据(expert evidence)?这些公开询问的报告显然是可以作为事实证据(本质属于传闻证据)的部分,在事后的诉讼中向法院提交,虽然要依赖的部分是其中的意见(如事故责任):见 Rogers v. Hoyle (2014) EWCA Civ 257 先例。

但不论从哪一个角度看待,这种公开询问的报告都显然不符合 CPR Rule 35 对专家证据的定义。例如,制作这份报告并非来自其中一方诉讼方的委任;这种报告被拟定或制作的过程也与 CPR Rule 35 没有关系;也往往不知道政府部门中实际是哪些人士在拟定与制作这一份报告;即使知道,他们也不会愿意或可能出来作为一方诉讼方的专家证人,并接受对方诉讼方的交叉盘问等。即使一方诉讼方试图把他/她传召(Witness Summons)到法院强制提供专业意见,法院也不会愿意与批准这样做。这方面,Arnold 大法官在 Interflora v. Marks & Spencer (2013) EWHC 936 (Ch)先例有说:"... Part 35 ... controls the giving of evidence by experts as so defined. It does not control the admission of other types of evidence which may be described as expert evidence. In my judgment, this interpretation is supported by the commentary in Phipson on Evidence (17th edition) at paragraph 33 – 255, where the learned editors say this: '... The position now is that the court has power to restrict the calling of an expert or the tendering of an expert's report. This rule, however, applies only to reports falling within the definition set out above. There are several types of report which do not do so, even though such a report may be highly relevant and a party may well wish to rely on it. Such reports may contain expert evidence admissible at common law and which can now be tendered in evidence notwithstanding that they are hearsay. It commonly happens that reports are prepared by third parties and either published or made known to particular individuals. Thus there may be MAIB (Marine Accident Investigation Bureau) reports into shipping casualties, or reports by the Factories Inspectorate into accidents which occur in the workplace. It is easy to multiple the numbers of official reports which fall into this category. A party may well wish to rely on the contents of such an official report, even though he has not had any part in its production. Documents of this class are not the reports of 'experts' within CPR Part 35. That does not mean that they are not statements of opinion on relevant matters by appropriately qualified experts in the general sense. They may therefore be tendered in evidence without the permission of the Court, because they are admissible at common law, they are not excluded by the hearsay rule ... In theory, it would be possible for other parties to ... call the expert for cross-examination. ; but it is easy to see the court jibbing at the prospect of compelling some independent public servant to come to the court to speak to a report that he has not reconsidered since that day, perhaps months or even years before, when he released it for publication. ...'."

上述提到的 Rogers v. Hoyle 先例在本书第九章之 1.4 段有详及,可参阅。

7.3.3 其他未获法院批准的专家报告作为附件提供之 Mondial Assistance (UK) Ltd v. Bridgewater Properties Ltd 先例

Mondial Assistance (UK) Ltd v. Bridgewater Properties Ltd (2016) EWHC 3494 (Ch)先例涉及一栋办公楼的租客(Mondial)与业主(Bridgewater)之间的争议。由于该办公楼在 1980 年建造,所以墙壁、电梯与其他电器与机械方面的设施寿命已满。法院批准引入一位估价师(expert valuer)作为专家证人,但在租客提交的专家报告中附上了其他专家对上述设施的报告,而这些专家没有获得法院的批准。这样,业主显然反对,说这是钻空子向法院提供其他多位专家意见。毕竟,这也令业主没有机会委任自己的专家反驳。

一审法院支持业主的说法并以 CPR Rule 32.1(2)排除了这些报告。虽然民事诉讼已不再排除传闻证据,而这些报告显然有关(relevant),大可以以传闻证据方式提供给法院。但 CPR Rule 32.1(2)授权法院排除即使可被采纳的证据:"The court may use its power under this rule to exclude evidence that would otherwise be admissible."该立法条文的本意是给予法院更强更广的案件管理权力去控制证据,特别是传闻证据,如重复了或数量太大。Hale 大法官在 Post Office Counters Limited v. Mahida (2003) EWCA Civ 1583 先例中说:"The power of the Civil Procedure Rules to exclude evidence even if it is admissible is principally a case management power designed to allow the court to stop cases getting out of hand and the hearing becoming interminable because more and more admissible evidence, especially hearsay evidence, is sought to be adduced."

但上诉庭推翻了一审判决。上诉庭同意这些专家报告不是 CPR Part 35 下需要批准的专家证据,但认为一审决定有问题。除了上述提到的以 CPR Rule 32.1(2)排除证据不适用在此先例的情况(附件数量并非太多要管控)外,Nugee 大法官认为估价师专家报告经常需要附上传闻证据去支持估价/估值:"... litigation should be conducted at proportionate cost and it is very common in my experience for valuers to wish to have, and hence to obtain, advice from other experts before opining on rental values and anything which led to a practice whereby all those who had an input into a valuation report had to be called separately, subject to the restrictions of Part 35, would be likely, in very many cases, to lead to disproportionate cost being spent on what, in the end, is a valuation question. If every sub discipline had to be, separately, the subject of expert evidence, that could well get out of hand."

所以,Nugee 大法官认为这应是审理法官考虑的问题。

7.3.4 较早前诉讼的专家证据之 Illumina Inc v. Genetics Ltd 先例

Illumina Inc v. Genetics Ltd (2019) EWHC 1159 (Pat)先例涉及专利争议,原告(Illumina)指控被告(Genetics)侵犯专利,双方在较早前已有一个包括其他被告的相同诉讼[(2017) EWHC 930 (Pat)]。在此先例,双方当事人均没有向法院申请专家证据。但在审理前复核(Pre-trial Review)前,原告向被告送达了一份传闻通知(hearsay notice),说是会提供或引入在较早前其他被告委任的 Henry Erlich 博士的专家意见有关"common general knowledge on quantities PCR"这一点,因为被告在此先例对此有不同说法。显然,原告无意在此先例委任 Erlich 博士为专家证人,即使想委任,Erlich 博士考虑到利益冲突问题也不一定接受,所以也从未申请法院批准。被告反对,但法院不同意,认为可以以传闻证据提供。Henry Carr 大法官说:

"The Court of Appeal concluded in Rogers v Hoyle (2014) EWCA Civ 257 that the purpose of CPR Part 35 is to regulate the evidence of experts instructed by the parties, to ensure that they act as experts and regulate the use and content of their reports. If the relevant expert is not instructed by one of the parties, or is not instructed by one of the parties in the proceedings in which the evidence is sought to be adduced, then Part 35 has no application.

I agree... that CPR Part 35 is forward-looking. It seeks to regulate and control expert evidence which has not yet been adduced by a party to the proceedings. Furthermore, I do not accept that a party who seeks to adduce evidence in respect of which permission has already been obtained under Part 35 in previous proceedings and where the expert has already been cross-examined on his report (as in the present case) should be in a worse position than a party who seeks to adduce such evidence in respect of which permission has not previously been obtained [as in Rogers v Hoyle (2014) EWCA Civ 257 and Mondial (2016) EWHC 3494 (Ch)]."

笔者也联想到发生在英国或其他普通法地区的仲裁会带来的危险。一般而言，即使不严格需要批准,但如果双方没有要求专家证据与交换过专家报告,也不会预期有专家证人。一方当事人在开庭审理的准备时交出一份专家报告或证据作为传闻证据,就会令另一方当事人感到惊讶与对其不利。虽然说传闻证据的分量不应该太高,但也难保仲裁庭在合议时会参考有关的专业知识。相信仲裁庭可以处理的办法,一个是以"突袭"(ambush)拒绝,但这将会给裁决书的质疑或执行带来麻烦。另一个办法是给对方当事人时间委任专家证人并有机会提供相应的传闻证据,并不惜押后开庭,但浪费费用由突袭方负担。

7.3.5　外国调查报告之 Gregory v. Moore 先例

Gregory v. Moore (2019) EWHC 2430 (Ch)先例涉及一宗在乌克兰发生的交通致命事故,一辆大卡车把 Barry Pring 先生撞死后逃逸。出事前不久,Barry Pring 先生与他的新婚妻子 Julianna Moore 女士(本先例被告)在附近餐馆吃晚饭,庆祝他们结婚1周年。根据乌克兰内政部当局对此意外事故的调查,看来对情况有点怀疑。这些调查报告包括征收 Moore 女士的手机与交通事故的分析(包括事实与意见)。

此先例中,已故 Barry Pring 先生的家庭成员(母亲与兄弟)试图阻止 Moore 女士继承 Barry Pring 先生的遗产,理由是她对此意外事故串谋、协助或是背后的主谋(aided, abetted or procured)。但此严重指控依赖推断的主要证据是通过委任乌克兰律师与侦探,把上述的调查报告拍了约3,700张照片等提供给法院。这在刑事诉讼中肯定不够,但在民事诉讼因为基于平衡的可能性就可能成功。Moore 女士反对法院采纳这些证据。

在该先例中,Marsh 大法官首先针对意见证据的可采纳性,引述了 Henry Carr 大法官在 Illumina Inc v. Genetics Ltd (2019) EWHC 1159 (Pat)先例所说如下:"(i) If opinion evidence is tendered and the evidence is of an expert qualified to give expert evidence within section 1(1) of the Civil Evidence Act 1972, then it is prima facie admissible, even if tendered in hearsay form, by a combination of section 1(1) of the 1972 Act and section 1(1) of the 1995 Act. (ii) That admissibility is not affected by the provisions of CPR Part 35 unless the report is the report of an expert within the meaning of CPR 35.2(1). If the report is outside the purview of 35.2(1), then CPR Part 35 has no bearing on the question of its admissibility. (iii) An example of opinion evidence which falls outside 35.2(1) is the report of the AAIB in Rogers v Hoyle itself. In that case, the AAIB was not instructed by the parties and the report was not commissioned for the purposes of the proceedings. (iv) Therefore, evidence by an expert who was not instructed by one of the parties to the proceedings in which it is sought to be adduced, or was not instructed for the purpose of those proceedings, does not fall within CPR Part 35, and permission to adduce it is not required."

所以该先例的结论是,该报告本质与 Rogers v. Hoyle (2014) EWCA Civ 257 先例中的 AAIB 调查报告没有区别,都是由官方机构根据当地法律对有关事故作出,内容包括事实与意见。所以此先例中,法院认为没有理由不接受该报告作为传闻证据:"It seems to me that it is a document that is broadly analogous to the report of AAIB in Hoyle v Rogers. It was produced by an official, in accordance with procedures under local legislation for the purposes of an inquiry into the death of Barry Pring. It records evidence that may be fact or opinion or, more likely, a combination of both. It is not an objection to say that the source of the evidence cannot be readily identified. In any event, for the reasons I have given, it is uncertain whether an expert was needed to produce the compilation. There is nothing in the Protocol(乌克兰的有关报告) itself to suggest that anyone other than Captain Zaiets and the two witnesses were involved and on its face it derives from a review by Captain Zaiets (whose technical expertise is unknown) of Ms Moore's telephone records. ... In my judgment, the Protocol is admissible either as hearsay evidence of fact, or hearsay evidence of fact and opinion. I can see no compelling reason to exclude the Protocol from the evidence to go before the trial judge."

7.4 申请批准专家证据的时间

首先节录《Phipson on Evidence》(2018 年,第 19 版)一书之 33 - 37 段:"... Partly because of the general increase in the court's duties of case management and partly because of the especial concentration on the role of the expert witness, the CPR's general rules relating to case management contain important provisions relating to expert evidence. It is no longer possible, ... to look to a single rule to ascertain the regime governing expert evidence. **However, ..., the parties are expected to apply for permission to adduce expert evidence well before trial. Whether the court will refuse an application shortly before trial will depend on the circumstances.** Permission will be refused if sought just before trial will depend on the circumstances. Permission will be refused if sought just before trial and to grant it would cause injustice to an opponent, **but may be given even if sought late in the day where appropriate**. The court may also extend time for the service of an expert's report and if so may do so subject to conditions. However the court **may refuse permission where a previous application has been refused and there has been no material change of circumstances. Further the court may grant**

permission subject to conditions. The order granting permission to adduce expert evidence will ordinarily specify the discipline (or areas to be covered) and where practicable, but not necessarily the name of the expert. Where the name is not specified, a party may change experts prior to service of reports without needing further permission. . . ."(加黑部分是笔者的强调)

在法院有广泛的案件管理权力的情况下,显然在诉讼开始的 CMC 就已经可对所有类别的证据(包括专家证据)作出程序命令。Burstein v. Times Newspapers (2001) 1 WLR 579 上诉庭先例有说道:"That, however, is to be seen in the light of . . . the CPR . . . These are a new procedural code with the overriding objective of enabling the court to deal with cases justly [rule 1.1(1)]. Dealing with a case justly includes saving expense, dealing with the case in ways which are proportionate and ensuring that it is dealt with expeditiously and fairly [rule 1.1(2)]. The court is obliged to seek to give effect to the overriding objective when it exercises any power given to it by the rules (rule 1.2). The court is obliged to further the overriding objective by actively managing cases (rule 1.4). **Case management includes confining issues. Rule 32.1, . . . enables the court to control the evidence which may be given and gives the court explicit power to exclude evidence that would otherwise be admissible.**"(加黑部分是笔者的强调)

在一些简单与常规发生争议的案件中,例如业主与租客之间的租赁合约,争议涉及多少租金,法院就可在一开始的 CMC 命令一位共同专家证人(一位估价师)在接下来的程序中如要在什么期限内提供专家报告等。

但在一些复杂的国际商业案件,即使是双方代表律师就有关案件做了大量的前期工作(front-loading),也会无法在一开始的 CMC 肯定或相对肯定开庭审理时需要专家证据与针对的争议/争端(issue)。这需要稍后在文书请求/案件陈述(pleadings/statements of case)或在相互文件披露(mutual disclosure/production of documents)后,才明确双方有什么争议/争端与什么争端是需要专家证据。这就需要尽快向法院申请批准引入专家证据或某位专家证人了。这在本质上与其他方面的中间申请(interlocutory application)一样,法院需要在另一方当事人的反对下根据每一个不同情况考虑是否接受申请,也就是是否批准专家证据。但显然是越早申请越好,否则会有危险被拒绝,特别是会造成原订的开庭审理日期押后(adjourn fixed hearing)或对另一方当事人不利:见 Calenti v. North Middlesex NHS Trust (unreported, QBD, 2 March 2001)(没有理由不更早申请但留待至开庭审理前几周才提出,申请不批准);Dew Pitchmastic Plc v. Birse Construction Ltd (2000) 78 Con LR 162;Guntrip v. Cheney Coaches Ltd (2012) EWCA Civ 392;Charles Terence Estates Ltd v. The Cornwall Council (2011) EWHC 1683 (QB)等同样后果先例。

但也有案例是法院批准延误申请引入专家证据:见 Hanley v. Stage and Catwalk

Ltd (2001) EWCA Civ 1739; Holmes v. SGB Services Plc (2001) EWCA Civ 354 等先例。

这是根据每一个不同案件的案情作出的权衡,既要坚持法院命令(如订下的开庭审理日期),也要兼顾 CPR Rule 1(1)下的公平审理的超越性大原则。正如 Otto v. Keyes (1997) PIQR 120 先例前言(headnote)所说:"If parties are free to disregard successive court orders, then respect for orders of the court in general is undermined. At the same time the overriding principle is that justice must be done."这样,总会有不寻常的情况令法院为了公平审理而去延期开庭。

例如,在 Holmes v. SGB Services Plc 先例中,原告是一辆重型货车司机,在使用货车随车液压起重机卸货时货物掉下受伤,原告指控是该起重机的吊臂有问题。被告雇主的抗辩是从未发生这事故,说原告声称的意外事故没有客观存在的证据,记录事故册(accident book)也失去。之后在交换证人证言(witness statement)的程序中,McKeever 先生作为被告的事实证人(本身不是专家,也没有向法院申请引入专家证人)提供"意见"说明意外事故是不可能由于原告指控的技术原由而发生。这样原告需要引入专家证据反驳,但拖了 7 个月才向法院申请。法院批准一位共同专家证人提供专家报告,这时距离开庭只有 3 周,时间上已是十分紧张。在该报告中,共同专家证人基本同意被告说法,但另是说如果真有意外事故,可能是因为起重机与脚手架的板之间只有两条起重吊带连接,脚手架的板滑动导致货物掉下。这样原告马上需要申请修改索赔请求(amendment of Statement of Claim),进一步调查与澄清共同专家证人指出的另外一个原因,这就要押后开庭时间了。但被告反对,反对理由包括是意外事故发生在 5 年前,不应再拖;原告自己在较早前延误导致时间紧张等。但一审法院决定押后开庭,允许修改索赔请求与抗辩请求,向共同专家证人提问有关另一个原因并进一步解释等。这导致被告上诉,但被拒绝。上诉庭的 Arden 大法官说:"In my judgment the starting point is to remember that the judge was exercising a discretion and was making a case management decision. The defendants, therefore, have to show that the judge erred in principle, not simply that he could have reached some other decision. As I see it, the judge correctly applied the overriding objective, as he was bound to do, and he concluded that it was fair that the claimant should have the opportunity to instruct the expert on further matters, as set out in his order. The judge was aware of all the circumstances which I have related, including of course that the claimant appears to have suffered an injury at work for which there is no proper explanation. In those circumstances it seems to me that the learned judge carried out a balancing exercise and that his decision is not such that this court can interfere."

针对时间晚并靠近开庭审理的中间申请(这包括专家证据的批准、修改文书请求或其他会影响确定的开庭日期的申请),法院行使裁量权决定应松或应紧有两种说法。在 Cobbold v. Greenwich LBC (1999) EWCA Civ 2074 先例中的态度是宽松,认为通过惩罚申请押后开庭日期一方承担浪费的费用(wasted costs)已经足够。但另有 Worldwide Corporation v. GPT Limited (1998) EWCA Civ 1894 先例,对程序命令与开庭时间十分严格,认为光是惩罚浪费费用不够补偿受到延误一方当事人的损害。看来,在 CPR 的大精神下,后者是法院的主流看法。在 Charles Terence Estates Ltd v. The Cornwall Council 先例中,案情涉及在开庭审理前 4 周申请专家证人,Coulson 大法官说:"As to interplay between the overriding objective and interlocutory applications made late and close to imminent trial, there has recently been important guidance from the Court of Appeal in Claire Swain-Mason and Others v. Mills and Reeve (a firm) (2011) EWCA Civ 14. In that case, Lloyd LJ noted two different strands of authority on this topic. One, epitomised by the decision of the Court of Appeal in Cobbold v. Greenwich LBC (August 1999, unreported ...), took a relatively relaxed view of such late applications, ... The other line of authority, which might be said to have begun in the case of Worldwide Corporation v. GPT Limited (1998) EWCA Civ 1894, took a more vigorous line. In that case Waller LJ observed: 'In the modern era it is more readily recognised that, in truth, the payment of the costs of an adjournment may well not adequately compensate someone who is desirous of being rid of a piece of litigation which has been hanging over his head for some time and may not adequately compensate him for being totally 'mucked about' at the last moment...' This latter approach is, so it seems to me, in accordance with both the CPR generally and the overriding objective in particular."

7.5 中间程序引入专家证人是否需批准

通常案件涉及引入专家证据都是在最后有关实质争议的开庭审理,届时审理法官(或仲裁庭)面对涉及科技与专业知识的事实证据,才会需要专家证人的帮助去深入理解。诉讼的中间程序(interlocutory proceedings)一般只是走程序,无需专家证据,但最近有两个中间程序涉及专家证据的相关案例。

首先是 Deutsche Bank AG v. Comune Di Savona (2018) 4 WLR 151 上诉庭先例。案情涉及双方当事人(原告是德国银行伦敦分行,被告是意大利公司)订立的一份"ISDA Master Agreement"(这方面可参阅杨大志律师在《损失赔偿与救济》一书第十九章"衍生品合约下的损失赔偿"中的介绍)与后来的两个利率掉期交易(interest rate swap transaction)。几年后,意大利法院(Court of Auditors)对这交易进行调查,并牵连到银行。这导致德国银行在英国法院启动法律行动,申请宣示判决认定这交易是合法。但被告向英国法院申请中止,因为存在英国或意大利法院哪个才是适合的审理法院的争议。这涉及欧盟法与有两条起冲突的英国与意大利管辖权条文(competing jurisdiction clauses),只简单说被告要求引入意大利法律专家证人。Longmore 大法官说:

"I must confess to considerable unease about the proliferation of expert evidence

of foreign law on jurisdiction applications which are supposed not to be excessively complicated and to be capable of determination in hours rather than days: . . . . In a case in which the main, let alone the only, issue is as to the construction of a foreign jurisdiction clause as opposed to an English jurisdiction clause, the only relevance of evidence of foreign law is to inform the court of any difference of law in relation to the principles of construction, ... It is not to have competing arguments as to how the highest court in the foreign jurisdiction would decide the question whether a claim brought in England would (or would not or would also) fall within the foreign jurisdiction clause. The task of the English court is merely to inform itself of any relevant different principles of construction there might be in the foreign law and, armed with such information, look at both jurisdiction clauses and decide whether the English claim falls within the English clause. That should be a comparatively straightforward exercise.

The court asked the parties (1) **whether the permission of the Commercial Court had been sought or granted for expert evidence to be adduced by Savona** and (2) whether the principles of construction of documents in Italian law were different from those of English law for the purpose relevant to this case. The answers were (1) that **no permission had been sought by Savona** and (2) that there was no difference on the principles of construction between Italian and English law. I venture to think that, if permission had been sought and it had emerged that there was no difference in the principles of construction, permission would not have been granted and the jurisdiction application could have been disposed off rather more shortly and much less expensively. This is a matter which could **usefully be considered by the Commercial Court Users Committee with a view to stating in the Commercial Court Guide that the permission of the court should be obtained before expert evidence of foreign law can be adduced on interlocutory applications**. (The position at trial is, of course, catered for in CPR Pt 35.)”（加黑部分是笔者的强调）

另有 BB Energy (Gulf) DMCC v. Mohammed Hussein Al Amoudi and Others (2018) EWHC 2595 (Comm)先例。案情涉及4位被告（自然人）是一家名为 SAMIR 的摩洛哥炼油公司的董事。该炼油公司已经在 2016 年 3 月破产与被摩洛哥法院下令清盘。原告是一家迪拜的石油与天然气贸易公司，与 SAMIR 有业务与签订合约，SAMIR 倒闭前欠下原告大笔债务。SAMIR 清盘时承认约 1.3 亿美元，另原告已获得英国法院一个高达约 9000 万英镑的缺席判决。但由于 SAMIR 在清盘中，估计原告作为普通债权人不会取回多少钱。这样，原告就在英国法院向 4 位被告起诉索赔，指控他们对 SAMIR 管理不善、欺骗与串谋等。而被告申请中止（stay），认为这些指控都涉及摩洛哥商法/公司法。看来双方都引入了专家证据，但没有先向法院申请批准，法院也不会作出专家证据程序的指示。这带来了混乱，如以为是很快的中间程序

变得很长(因为专家证人),令审理法官失算与双方没有确定什么争端等。该先例的 Andrew Baker 大法官说:

"... in my judgment it is a matter of significant regret that neither side identified, as undoubtedly they ought to have, that this was **a heavy application that needed case management, not least because neither side had permission for reliance upon any expert evidence, permission being required for interlocutory hearings as much as for trials.**

That is not a pedantic procedural concern on the part of the court in this case. ...

In the circumstances, it would have been unfair in the event to both sides not to have considered the evidence such as it is that has been exchanged and the submissions that have been made on it, both sides having prepared the matter on the basis, it would seem, that the material as served would be admitted, so**in the order I make today, as well as dismissing the application, I shall give permission in accordance with Part** 35 **for each side respectively to rely**, for the purposes of the application notice of 21 February 2018 only, **on the various reports that were in fact served which can be recited in the order.** One particular reason for being to that extent pedantic about the matter is so as to emphasise thereby, in case the parties would not have taken this message away from the hearing in any event, that whilst the material that has been exchanged to date may be helpful to the parties in informing each other of the likely shape of possible expert evidence for a future trial and the issues to be addressed, it will not be the expert evidence for trial, and any question of what expertise is to be required, answering what questions, should be regarded as still a matter to be considered properly for the first time by the court with the assistance of the parties as and when the matter comes to case management in the ordinary way."(加黑部分是笔者的强调)

7.6　香港特区仲裁的相互交换专家证据后加插专家证人的问题

笔者(杨良宜)接触的一个在香港特区的仲裁,涉及双方代表律师在仲裁程序的命令下交换与同意了专业证据的范畴,并根据这个范畴各自委任专家证人,交换专家报告。其中,原告交出了 2 份专家报告针对两个不同(但相关)的专业范畴,但被告只有一位专家证人交出 1 份专家报告。之后的一步程序是双方交换回应专家报告,然后双方专家证人会面,试图收窄不同意见并对两位无法同意的部分作出一份共同声明/备忘录(joint memorandum),但期间被告更换代表律师,这带来新看法。新代表律师认为被告的这位专家证人只专长一个专业范畴,但对另一个专业范畴只有泛泛的知识,不适合做专家证人,也对抗不了原告的专家证人,所以马上向仲裁庭申请允很多引入一位专家证人。仲裁庭在合议后认为离开庭时间不多,也不适合重新开始走了一半的专家证据程序,所以决定不批准,但明示不反对被告申请引入的专家做专家顾问/影子专家。这里的想法是被告原来的专家证人虽然只有泛泛知识,但毕竟是该专业的"大咖",可以通过专家顾问的"恶补"在开庭审理时接受盘问或在证人会议(Expert Witnesses Conferencing 或 hot-tubbing)时应对。

之后在下一轮程序的交换回应专家报告，被告的专家证人在附件加上了该位专家顾问的长达50页的意见。[29] 原告律师大力反对并要求删除(remove)，认为这是取巧去违反仲裁庭的命令。但仲裁庭在合议后的考虑之一是，在专家报告中附上第三人的专业意见，如另一位专家在刊物上发表过的意见十分常见，允许以附件形式交出，但不代表该专家顾问被允许做专家证人。所以在交叉盘问或证人会议时，该专家顾问不能发言，也不能在原专家证人作证时与他交谈与提供意见。仲裁庭在进一步的申请与澄清下，也允许该专家顾问作为被告的团队出庭与在技术方面从旁协助被告出庭律师交叉盘问原告的专家证人。

这令原告律师产生极大不满，认为应该完全排除该专家顾问的参与，迫使仲裁庭要提供更详尽的理由说明决定的背后原因，避免纠缠下去。理由包括：

1. 专家证人是有法律责任在专家报告中宣示他/她理解责任是必须独立与真诚协助仲裁庭(法院诉讼就是审理法官)提供意见，而不是偏向客户当事人。此外，专家报告中要包括真实声明(Statement of Truth)，这相当于宣誓。这不是走走程序或仪式，特别是对在社会或有关专业有身份地位的专家来说，案件成败与他/她不涉及实质利益也没有颇大影响，犯不着赌上自己的声誉。所以虽然该专家证人的意见还是偏向客户，否则他/她也不会出庭作证，但程度上不一样，特别是在交叉盘问或证人会议的回答中。

2. 但专家顾问就是另一码事了，仲裁庭(法院)认定他们是完全偏向客户，也应该是如此，不偏向客户是不合理与可能违反雇佣合约。这表示专家顾问的意见即便作为附件去交出，在仲裁庭考虑所给予的分量也会有区别。

3. 另是专家顾问的意见没有机会被盘问，只是传闻证据(hearsay evidence)，这种没有被测试(tested)的意见显然不应该有太大分量。特别考虑到他是有关专业内的顶尖专家，估计测试是几乎肯定过关，而原告可以充分利用这一点。例如如果该附件的报告内容中有疑点或不完整之处，相信原来的专家证人即使恶补了也不够，不妨试探地交叉盘问看该专家证人如何回答与能否丑化他，估计有一定机会成功。又或是，干脆不盘问附件的内容，然后在结案陈词(closing submissions)中贬低该附件意见，包括这是没有经过测试的有倾向性的个人意见，仲裁庭(如同法院)不应该采纳与听取任何第三人的意见除非是批准的专家证人等。

4. 任何一方当事人委任专家顾问的人选与数量是不须仲裁庭(或法院)批准。只要当事人愿意与花得起钱，把一个顶尖与狭窄专业内的所有专家都聘用了，令敌对方难找到好专家的战略也是有可能的。所以，仲裁庭禁止与排除该专家顾问的参与超越了权力，很可能违反自然公正/适当程序。

---

[29] 这个仲裁案件的做法与本章之7.3.3段介绍的 Mondial Assistance (UK) Ltd v. Bridgewater Properties Ltd (2016) EWHC 3494 (Ch)先例相似。

5. 任何惩罚必须成比例。这次被告的前律师“失误”（也可能只是不同律师的不同判断而已）只是错过了专家证据的程序，惩罚已是足够。走进一步不允许被告去充分陈述它的案件（present its case）是完全不成比例的惩罚了。

8. CPR 生效后带来的变化

可先节录《Phipson on Evidence》（2018 年，第 19 版）一书之 33 – 21 段在介绍 1999 年生效的《Civil Procedural Rules》（“CPR”）下专家证据的重要课题前所说如下：“Prior to the introduction of the CPR, there had been a mounting tide of unease and criticism, some of it well-founded, directed at aspects of the civil justice system. Whilst many of the criticisms have been sought to be addressed, some concerns remain. The abuse of expert evidence was one matter which has come in for particular comment. ... In the result, the whole of the procedure for the admission of expert evidence in civil cases was fundamentally transformed by the changes brought by the Civil Procedure Rules introduced in the wake of Lord Woolf's two reports entitled Access to Justice. The general policy of the courts administering the CPR is that the new rules should represent an entirely fresh start, so that reference to authorities relevant to the Rules of the Supreme Court ... which they replace is discouraged to some extent ... Since the CPR came into force in 1999 they have been regularly revised and the rules and Practice Direction relating to expert evidence have evolved over time, including now expressly providing for concurrent expert evidence〔30〕. The extent to which CPR Pt 35 has achieved its objectives in controlling expert evidence and its cost is a matter of continuing debate. Whilst it has led to a significant improvement, particularly through the use of the single joint expert〔31〕, it may be fairly questioned whether expert evidence is still too readily used and at a disproportionate cost. The rules were revised in 2013〔32〕 to increase the level of control over expert evidence and its cost. Substantial costs can be saved by the court exercising its powers to limit and focus expert evidence.”

负责英国法院民事诉讼改革（Civil Justice Reform）并最后带来 CPR 的 Woolf 勋爵在他的中期报告表示了对专家证据滥用的极大关心，并提出很多建议务求减低在专家证据层面上的全面对抗（full scale adversarial use of expert evidence）。但这在咨

〔30〕 见本书第六章之 2 段。

〔31〕 见本章之 3.5 段。

〔32〕 Jackson 大法官的《Review of Civil Litigation：Final Report 2010》带来了“Jackson 改革”与 2013 年对 CPR 的修改。

询期间受到大力反对,看来是英国律师不愿意放弃这有效的“对抗武器”(adversarial weapons)。1996 年的最后报告,仍是大幅度针对减低专家证据的对抗性,认为较好的做法是让法院在个别不同案件有弹性(flexible)地行使裁量权并以广泛的案件管理(broad case management)权力控制专家证据程序。其中,最重要的变化是本章已经详尽介绍的专家证据必须先取得法院批准才可以引入(adduced),不再重复。可先简单介绍一些其他重要并与本章有关的变化,包括:

1. 需要法院批准才能够引入专家证据(making leave of the court a condition precedent to the adducing of expert evidence),法院可以:(1) 不批准专家证据,无论是全面或只针对某方面的争端;(2) 限制专家证人的人数;(3) 针对某特定争端指令委任一位共同专家证人(Single Joint Expert);(4) 要求专家证人的证据以文书形式作出,开庭审理前的双方同时或先后交换专家报告;(5) 指令双方当事人专家证人在开庭审理前会面与探讨,并事后提供给法院一份共同声明/备忘录列明双方专家证人同意或不同意哪些事情或争议/争端与原因。

2. 法院在广泛的案件管理权力下根据不同案件决定是否应委任一位共同专家证人。虽然这建议受到很多律师的反对,但 Woolf 勋爵觉得做法上好处很多,所以把决定权交给处理案件的法院,说:“A single expert is much more likely to be impartial than a party’s expert can be. Appointing a single expert is likely to save time and money, and to increase the prospects of settlement. It may also be an effective way of levelling the playing field between parties of unequal resources. These are significant advantages, and there would need to be compelling reasons for not taking them up.”

3. 法律将专家证人的首要职责(paramount obligation)改为必须持平与不偏不倚向法院提供专家意见,强化了专家证人只是为了帮助法院的理念。做法上包括:(1) 正式规定专家证人的超越性的责任是对法院,不是委任的客户当事人(expert’s overriding duty to the court)。(2) 专家证人的文书专家报告写明是给法院,而不是给客户,以表达负责的对象。(3) 专家报告要附上专家证人对明白他/她对法院的责任的宣告与真实声明等。(4) 专家报告要披露客户当事人给予的指示。

4. 鼓励对专家证人特别在法律与诉讼程序方面作出培训与给予恰当的指示,让他们明白自己的职责。当事人与代表律师有责任保证专家证人明白自己的职责。

5. 有说法是,在对抗制的诉讼中,也不是方方面面的程序都适合对抗,专家证据就是典型的例子。因为专家证据的目的是帮助事实审理者(trier of facts)更好地理解争议事实涉及的技术与专业知识,希望对有关事实作出正确的认定与判决。双方当事人的对抗虽然会有帮助,例如双方当事人都会花很大心思寻找对口与称职的专家证人与通过交叉盘问“真理越辩越明”,但也带来坏处,如挑选专家证人(expert shopping)的做法。即使找到对口与称职的国际顶级专家,事实审理者在开庭审理时听到的也只是偏袒的意见;通过把专家证人“武器化”(weaponize)而滥用并压迫弱小的对方当事人,造成火力不均等;专家证人的收费与滥用是导致诉讼费用高昂的元凶之一。虽然当时有很多反对的声音,但 CPR 仍被认为是在减低专家证据的对抗性方面跨了一大步。例如,引入专家证据必须先取得法院批准,所以不能在一些不需要的争议/争端滥用专家证人,稍早提到的要求双方专家证人向法院提交共同声明/备忘录,强制双方委任一位共同专家证人等。正如 Clarke 勋爵在 2016 年 4 月 28 日的"Advocacy, Ethics and the Role of the Expert"发言中说:"... I sometimes wonder whether the adversarial process is a sensible way of putting expert evidence before the court. Fortunately one of the most important improvements in recent years seems to me to be the requirement, pursuant to the power in CPR 35.12, that in every (or almost every) case that the experts are required to meet in order to identify the real issues between them. I hope that has reduced the amount of oral evidence required and put an end to the almost endless cross-examination which used to go on."

对 CPR 下对专家意见证据的新理念与制度的简单总结,可节录《Phipson on Evidence》(2018 年,第 19 版)一书之 33 - 22 段如下:"Expert evidence is governed by Pt 35 of the CPR, though that Part must be read subject to CPR Pt 1, the Overriding Objective, which it is the duty of both the court and the parties to carry into effect.〔33〕This means that the application of CPR Pt 35 is subject to the objective of 'dealing with cases justly, and at proportionate cost.〔34〕This general objective requires the court to have regard specifically to matters of proportionality, dealing with cases expeditiously and fairly, saving expense, allocating to the case an appropriate share of courts resources (while taking into account the need to allocate resources to other cases), and ensuring that the parties are in equal footing.〔35〕This last requirement has enormous potential in cases while a relatively impecunious litigant confronts a relatively affluent one. It finds particular expression in the power of the court to order that a topic be dealt with by a single joint expert, but the power has a wider significance, especially in relation to small claims."

在接下来的段节,会进一步分别介绍 CPR 新的理念与制度带来的各种重要变化与做法。

9. CPR 生效后带来的变化之一:专家证人的教育与培训

简而言之,在 1999 年 CPR 生效后,法律上对英国法院出庭作证的专家证人的要

〔33〕专家证据也必须遵从 CPR Part 1 的超越性大原则,包括成比例(proportionality),这也是法院、双方当事人与他们的代表律师需要负责遵守的。

〔34〕这表示双方当事人不得做出滥用昂贵的专家证人等与案件本身的重要性不成比例的行为。

〔35〕这是指法院在大原则下要负责与注意的方面。

求大大增加,这不是一般对自己专业有高深造诣的专业人士会了解的。例如,在涉及人身伤亡的民事或刑事案件中都会大量需要的医疗专家,或是在复杂损失计算需要资深会计师作为定损专家(quantum expert),又或是在建筑/工程、土地/房产买卖的争议也会是大量需要工程师、建筑师、测量师等专业人士。这些人士也希望能在事业的后期,累积了丰富的专业知识与经验后创造第二个人生事业,做专家证人与/或仲裁员是部分人士梦寐以求的发展。所以在 CPR 生效后,提供培训潜在的专家证人变成了庞大与蓬勃的事业。以下段节会进一步介绍。

9.1 Woolf 勋爵在民事诉讼改革的最终报告的看法与建议

这可先节录 Woolf 勋爵的《Access to Justice: Final Report》(1996)年之 13.52 至 13.56 段说:

"**Improving the quality of experts' reports**

52. Since the publication of the interim report an appreciable level of concern has been expressed about the quality and reliability of experts' reports. This can relate to the problem of partisan reports which I have already discussed, or to the inclusion of irrelevant material, a tendency to stray beyond the expert's field of professional competence, or failure to address the real issues.

53. There are a number of ways of tackling these problems, of which training for experts is one. Some people would like to see**a compulsory system** of **training and accreditation of experts in particular fields**, along the lines of what is already provided by bodies such as the Academy of Experts. **This would mean that only fully qualified and accredited experts would be permitted to appear before the courts or prepare reports for forensic**[36] **use**. (Special arrangements would have to be made to meet the situation in some areas of litigation such as intellectual property, where experts commonly act on a **'one-off' basis**. For example, experts could be permitted to act in up to, say, three cases before accreditation was required.) Such a system would include the exercise of sanctions against experts who failed to meet the required standard.

54. I certainly support the provision of training for experts, both through attendance at courses and through the dissemination of published material such as the model form of expert's report which has been produced by the Academy of Experts. Professional people who take on responsibilities as**expert witnesses need a basic understanding of the legal system and their role within it.** They also need to be able to present their evidence effectively, both in written reports and orally under cross-examination. Training in presentational skills, however, should never lose sight of the fundamental point that the expert's

---

〔36〕"Forensic"一词的定义是:"belonging to, used to, or suitable to courts or judicature or to public discussion and debate."例如,本书多处提到的法务会计(forensic accounting)中的"forensic"。

duty is to assist the court. Otherwise it is not in the interests of justice because it may result in the truth being concealed.

55. **I do not recommend an exclusive system of accreditation**. Such a system could exclude potentially competent experts who choose for good reasons not to take it up. It might, in fact, narrow rather than widen the pool of available experts. It could foster an uncompetitive monopoly, and might encourage the development of ' professional experts' who were out of touch with current practice in their field of experience.

56. Another way of improving the quality of experts' reports is by ensuring that**experts are given adequate instructions**. From the comments I have received on this point it appears that solicitors' instructions vary from detailed to perfunctory. 'Please provide your usual report' is an example that has been mentioned to me, and it may well be that this is adequate for an experienced expert who is frequently instructed by the same solicitor. Many experts have, however, indicated that they would welcome more detailed and explicit instructions, and I have no doubt that solicitors would benefit from guidance in this area. . . . "(加黑部分是笔者的强调)

上述节录只说:(1)大家都十分关注专家证人的素质与可靠性。解决这个问题,其中一个重要的办法是培训。只有合资格与被认证(accreditation)的专家才可以被接受出庭作为专家证人。这在 CPR 下对专家证人的监督与控制有了重大的改变后可说是尤其重要。(2)一次性专家证人需要特殊安排,例如在做了 3 次后才需要培训与认证,除非不想继续做下去。(3)但 Woolf 勋爵不赞同专家证人需要强制认证或鉴定的做法,因为这只会造成垄断,并且因为专家证人需要的面太广,正如 R v. Clarke (1995) 2 Cr App R 425 先例所说:"There are no closed categories where expert evidence may be placed before the jury (or court). "所以这种强制性做法反而会导致专家证人的选择与来源更加局限与困难。(4)另一个可行的办法是,当事人代表律师在委任专家证人时,给出更充分的指示去告诉他们应该怎样做,而不像很多时候,在委任专家证人后只说:"请你给我你的专家报告。"这对有经验的专家证人可行,其他经验少的专家证人就会出很多的错漏了。

虽然做专家证人在法律上没有要求受过这方面的教育与/或培训,但随着专家证人行业在过去二三十年急剧扩张,在大量工作机会与赚取高昂费用的诱惑下,已经是在与诉讼/仲裁扯得上关系的专业/行业的有成就的专业人士所向往的第二职业。想敲开专家证人的大门,接受这方面的教育与培训已是必须走的捷径。确实,不懂这方面的法律(主要是与专家证人有关的程序法与证据法),无论他/她在自己的专业/行业如何显著与卓越,也做不了专家证人。不少律师事务所也说明不会委任一些显示不了对法律有基本了解与对 CPR PD 35 熟悉的专家作为专家证人。

9.2　专家证人市场上的培训课程

这些年来见到不少对专家证人的培训课程,而且业务越做越大,如英国在 1987

年成立的专家学院(Academy of Experts)。笔者(杨良宜)记得,在约20多年前,专家学院每年借HKIAC场地去专门提供一个很受欢迎也相当昂贵的"超级证人课程"(Super Witness Course)。今天这种培训课程已经多不胜数,随便打开一个网站就找得到。

在香港特区,就可以随意以两个不同行业的专家证人的培训课程为例。首先是香港医学会(HK Medical Association)有2天的医学专家证人培训,内容主要包括法律(专家证人需要知道的程序法与证据法)方面,如医疗专家的角色,医疗疏忽的原则,香港的诉讼程序,从专家的视角准备开庭与涉及专业的争议,准备专家报告与法律方面的考虑,专家报告中好的、坏的与会被丑化的内容,职业操守与一些难以抉择的决定,其他争端解决方式,出庭接受盘问的技巧等。

另香港营造师学会(HK Institute of Construction Managers)也有为时10个小时的专家证人培训课程(Expert Witness Training Course),内容也是以法律方面为主,如专家的角色与责任、专家的义务、专家实践准则、专家在撰写报告前应当了解的内容与采取的行动、律师对专家报告的期待、委任专家的律师会担心专家报告中的哪些方面、审前的早期评估建议、无损害谈判、如何在主盘问中阐述主张、如何在交叉盘问下"求生"、委任专家的程序与问题等。

在英国,这种专家证人课程更是多不胜数。例如专家学院的网站上可见到它提供几种不同偏重的课程,如"The Expert's Report""Advanced Report Writing""Foundation Course""Into Court""Practical Law""Procedure Rules""Roles & Responsibilities""Essential Update"。

除了公开举办的课程外,也可以为个别公司私下举办同样的课程,授课的老师基本上都是有诉讼经验的大律师。对笔者而言,自从早期的"超级证人课程"开始,基本是同一个模式与内容(虽然是越来越多与复杂,也估计不会超出本书的内容)。

2020年8月,新加坡成立了名为"Asia Pacific Institute of Experts"或简称"APIEx"的类同机构,目的是:"spearhead the development of professional expertise in the field of Expert evidence both locally and in the Asia Pacific region. A core mission of the society is to develop and provide a framework for the accreditation of Experts to meet international standards. This mission will be achieved through education, training and collaboration in local and regional conferences and workshops in the Asia Pacific region."

亚洲对仲裁员的培训已经有较长时间的历史,但对专家证人的培训相对少得多。而随着亚洲包括中国科技的发展,对专家证人的需求与日俱增。可以说,这种课程很有必要。

10. CPR生效后带来的变化之二:专家报告

专家证人对法院提供的专家证据在CPR下存在三部曲,其中最重要是作为主证据的文书专家报告，接下来是：(1) 双方当事人的专家证人会面(expert's meeting)并试图收窄争议/争端后向法院作出一份共同声明/备忘录(joint expert memorandum 或 statement)；(2) 出庭接受交叉盘问。

一份优越与含金量高的专家报告与本章和接下来两章有关专家证据的所有议题都有密切关系，包括如本书第五章之4.2段有关专家证人对法院的责任与必须不是客户的"枪手"；本章之5段有关各种证据规则，特别是事实基础规则(factual basis rule)等；在本书第六章之4段有关法院或仲裁庭会如何衡量专家证据并给予适当的分量。此外，专家报告需要将高深难明的专业知识以平白易懂的语言让作为外行人的审理法官或仲裁员明白等。

这除了需要专家证人在他/她的有关科技与专业知识方面有很高的造诣，能以说理压倒对方专家证人外，还必须熟悉有关专家证据的法律。

10.1　报告的内容：专家意见所依赖的事实/资料必须说明

CPR Rule 35.10 针对专家报告内容必须包括什么，说：

"**Contents of Report**

35.10(1) An expert's report must comply with the requirements set out in the relevant practice direction.

(2) At the end of an expert's report there must be a statement that: (a) the expert understands his duty to the court; and (b) he has complied with that duty.

(3) The expert's report must state the substance of all material instructions, whether written or oral, on the basis of which the report was written.

(4) The instructions referred to in paragraph (3) shall not be privileged against disclosure but the court will not, in relation to those instructions (a) order disclosure of any specific document; or (b) permit any questioning in court, other than by the party who instructed the expert.

unless it is satisfied that there are reasonable grounds to consider the statement of instructions given under paragraph (3) to be inaccurate or incomplete."

CPR PD 35 对专家报告的内容也有所针对：

"**Form and Content of an Expert's Report(专家报告的格式与内容)**

3.1　An expert's report should be addressed to the court and not to the party from whom the expert has received instructions.(专家报告应是给法院，不是给委任方)

3.2　An expert's report must:

(1) give details of the expert's qualifications;(提供专家的资历与经验)

(2) give details of any literature or other material which has been relied on in making the report;(提供作出本报告所依据的有关专业文献与资料，即要引经据典)

(3) contain a statement setting out the substance of all facts and instructions which are material to the opinions expressed in the report or upon which those opinions are

based；（提供一个完整的列表列出本报告中意见所依赖的所有实质事实与指示）

（4）make clear which of the facts stated in the report are within the expert's own knowledge；（说清楚在报告中陈述的事实哪些是专家证人本人的知识，如他/她曾去过事故现场或做过某测试等）

（5）say who carried out any examination, measurement, test or experiment which the expert has used for the report, give the qualifications of that person, and say whether or not the test or experiment has been carried out under the expert's supervision；[说明在报告中有哪些检查、测量、测试或实验是由谁做的（这会是专家证人的同事、助手、另一家公司或大学等），以及该人士的资格与专家证人有否亲自监督]

（6）where there is a range of opinion on the matters dealt with in the report –（如果有关的专家意见在行业/专业内有不同意见）（a）summarise the range of opinions；（应总结这些不同意见并在报告中告知审理法官）and（b）give reasons for the expert's own opinion；（专家证人对自己的意见给出理由，看来也应会同时与其他不同专业意见作出对比与取舍）

（7）contain a summary of the conclusions reached；（对最后结论有一个总结）

（8）if the expert is not able to give an opinion without qualification, state the qualification；（如果专家证人的意见是有条件的，需要把条件写明）and

（9）contain a statement that the expert –（a）understands their duty to the court, and has complied with that duty；[提供陈述确认专家证人明白自己对法院的责任（提供独立与不偏袒的专家意见），并且也尽了责任。专家证人不明白对法院的责任会带来严厉后果，如很明显显示在专家报告中就会被排除，导致客户当事人失去唯一被批准出庭的专家证人，如 Stevens v. Gullis（2000）1 All ER 527 先例。也会在开庭审理时的交叉盘问中被质疑，如在 Phillips v. Symes（No. 2）（2005）1 WLR 2043 先例，Peter Smith 大法官说："... when an expert is cross-examined as to his credit as an expert, that can involve necessarily an examination of his duties, his understanding of his duties and putting to him whether or not he has discharged those duties."] and（b）is aware of the requirements of Part 35, this practice direction and the Guidance for the Instruction of Experts in Civil Claims 2014.（专家证人了解 CPR Rule 35、本操作指引与 2014 年的指引）

3.3　An expert's report must be verified by a statement of truth in the following form –（在专家报告中必须有一个真实声明，这相当于对专家报告内容的真实性向法院宣誓，不真实或瞒骗会带来刑事后果。真实声明措词如下：）

I confirm that I have made clear which facts and matters referred to in this report are within my own knowledge and which are not. Those that are within my own knowledge I confirm to be true. The opinions I have expressed represent my true and complete professional opinions on the matters to which they refer.

Part 22 deals with statements of truth. Rule 32. 14 sets out the consequences of verifying a document containing a false statement without an honest belief in its truth."

英国 Civil Justice Council 对 CPR Rule 35 的指引《Guidance for the Instruction of Experts in Civil Claims 2014》,针对专家报告有很多地方与 CPR 操作指引有重复,但在细节有进一步的指引。其内容可节录如下：

"**Experts' reports**

48. The content of experts' reports should be governed by their instructions and general obligations, any court directions, CPR 35 and PD35, and the experts' overriding duty to the court.

49. In preparing reports, experts should maintain professional objectivity and impartiality at all times.

50. PD 35, paragraph 2 provides that experts' reports should be addressed to the court and gives detailed directions about their form and content. All experts and those who instruct them should ensure that they are familiar with these requirements.

51. Model forms of experts' reports are available from bodies such as the Academy of Experts and the Expert Witness Institute and a template for medical reports has been created by the Ministry of Justice.

52. Experts' reports must contain statements that they: a. understand their duty to the court and have complied and will continue to comply with it; and b. are aware of and have complied with the requirements of CPR 35 and PD 35 and this guidance.

53. Experts' reports must also be verified by a statement of truth. The form of the statement of truth is:...

54. The details of experts' qualifications in reports should be commensurate with the nature and complexity of the case. It may be sufficient to state any academic and professional qualifications. However, where highly specialised expertise is called for, experts should include the detail of particular training and/or experience that qualifies them to provide that specialisedevidence.

55. The mandatory statement of the substance of all material instructions should not be incomplete or otherwise tend to mislead. The imperative is transparency. The term 'instructions' includes all material that solicitors send to experts. These should be listed, with dates, in the report or an appendix. The omission from the statement of 'off-the-record' oral instructions is not permitted. Courts may allow cross-examination about the instructions if there are reasonable grounds to consider that the statement may be inaccurate or incomplete.

56. Where tests of a scientific or technical nature have been carried out, experts should state: a. the methodology used; and b. by whom the tests were undertaken and un-

der whose supervision, summarising their respective qualifications and experience.

57. When addressing questions of fact and opinion, experts should keep the two separate. Experts must state those facts (whether assumed or otherwise) upon which their opinions are based; experts should have primary regard to their instructions (paragraphs 20 – 25 above). Experts must distinguish clearly between those facts that they know to be true and those facts which they assume.

58. Where there are material facts in dispute experts should express separate opinions on each hypothesis put forward. They should not express a view in favour of one or other disputed version of the facts unless, as a result of particular expertise and experience, they consider one set of facts as being improbable or less probable, in which case they may express that view and should give reasons for holding it.

59. If the mandatory summary of the range of opinion is based on published sources, experts should explain those sources and, where appropriate, state the qualifications of the originator(s) of the opinions from which they differ, particularly if such opinions represent a well-established school of thought.

60. Where there is no available source for the range of opinion, experts may need to express opinions on what they believe to be the range that other experts would arrive at if asked. In those circumstances, experts should make it clear that the range that they summarise is based on their own judgement and explain the basis of that judgement.

Prior to service of reports

61. Before filing and serving an expert's report solicitors must check that any witness statements and other experts' reports relied upon by the expert are the final served versions.

Conclusions of reports

62. A summary of conclusions is mandatory. Generally the summary should be at the end ofthe report after the reasoning. There may be cases, however, where the court would find it helpful to have a short summary at the beginning, with the full conclusions at the end. For example, in cases involving highly complex matters which fall outside the general knowledge of the court the judge may be assisted in the comprehension of the facts and analysis if the report explains at the outset the basis of the reasoning."

接下来分段介绍个别有关专家报告的课题。

10.2 相互交换专家报告的做法

与事实证人的文书证人证言一样,双方当事人需要在开庭审理前的合理时间相互交换文书专家报告。大家理解对方证人的口头主证据后可以更好地事先为开庭审理与交叉盘问做准备与调查取证,这也是配合把牌摊开在桌面上的公平审理大原则。

事实证人的证言通常是在同一时间相互交出(concurrent exchange)给对方,一方当事人不会愿意先一步交出给对方，以免对方当事人的证人删改他们尚未披露的证人证言中的内容。但专家报告有不同看法，这包括：(1) 专家证人的身份独立，也不会与有关案件有利益冲突。(2) 专家证人只是提供意见，"事实"可以有真假或去扭曲，但"意见"就无所谓真假。意见是否相对可靠与深思熟虑后作出，也会在接下来的交叉盘问中受到考验。所以更多的是支持双方前后交换(sequential exchange)，好像文书请求/案件陈述(pleadings/statement of case)的做法一样。主要好处是双方可以点对点针对，不会在不知道对方讲什么的情况下各说各的意见，没有针对对方意见的理据、分析与重点作出反驳或接受。《Guidance for the instruction of experts in civil claims 2014》之63段是要专家报告应以前后交换而不像事实证人的证人证言同时互相交换，可节录如下：

"Where there is to be sequential exchange of reports then the defendant's expert's report usually will be produced in response to the claimant's. The defendant's report should then:

a. confirm whether the background set out in the claimant's expert report is agreed, or identify those parts that in the defendant's expert view require revision, setting out the necessary revisions. The defendant's expert needs not repeat information that is adequately dealt with in the claimant's expert report.

b. focus only on those material areas of difference with the claimant's expert opinion. The defendant's report should identify those assumptions of the claimant's expert that they consider reasonable (and agree with) and those that they do not; and

c. in particular where the experts are addressing the financial value of heads of claim (for example, the costs of a care regime or loss of profits), the defendant's report should contain a reconciliation between the claimant's expert's loss assessment and the defendant's, identifying for each assumption any different conclusion to the claimant's expert."

在国际仲裁案件中，仍经常见到仲裁庭的指令与/或双方当事人代表律师同意同时相互交换专家报告。仲裁员既然是仲裁程序的主人(master of the procedure)，看来还是要多指示与多鼓励双方当事人以前后顺序交换专家报告，务求专家报告的内容更完整、点对点与减少重复。

10.3　专家证人意见的理由与行业/专业内的不同意见

若知道在行业/专业中有很多与专家报告中的意见不同、相反或有少许异议的意见/结论，应在专家报告中写清楚，帮助法院知道。

专家证人也必须要在专家报告中写明对自己所持意见的理由。这可让对方当事人通过这些理由了解这专家意见是通过怎样的思路与考虑得出最后结论，做法上与上诉庭通过一审判决的理由了解一审判决是否正确可去支持，或是要推翻或发还重审。区别只会在后者，上诉庭会自我约束不随意推翻或发还重审，否则会劳民伤财，对司法制度有不良影响。但前者是为了稍后在交叉盘问中向对方专家证人挑毛病，这毕竟是对抗性的诉讼。所以,专家证人无法回避要在专家报告中写明自己所持意见的理由时,必须肯定这些理由能够经得起考验与质疑,不能信口开河。很多自然科学或社会科学的专业范畴都有主流的一致看法,但即使是这些有一致看法的知识或应用,在结合案件具体事实的情况中如何适用也会有争议。

可节录《Phipson on Evidence》(2018 年,第 19 版)一书之 33 - 33 段:"... the expert must summarise the facts and instructions material to the opinions expressed in his report. This is consistent with the authorities which state that it is good practice for an expert's report to set out the factual basis on which the opinion evidence rests. It has been said that unless a witness states in his evidence in chief (in effect his report) the grounds and reasoning that have led to his opinion, the opinion is valueless. Before the court can assess the value of an opinion, it must know the facts on which it is based, it is also important to separate and identify the relevant opinion of the expert and the material on which the opinion is based. It has been held that opinion evidence is inadmissible if the facts and assumptions on which it is based are not identified, or if those facts are not proved. The expert should state the reasoning by which he has arrived at his conclusions based upon the proved fact or assumptions. ..."

在专家报告中写出行业/专业内,不同意见的困难可节录《Phipson on Evidence》(2018 年,第 19 版)一书之 33 - 33 段所说:"... One provision which may cause difficulty in practice is the provision that where there is a range of opinion on the matters dealt with in the report, the expert must summarise the range of opinion as well as give reasons for his own opinion. In some cases, presumably the type of cases which those drafted this direction had in mind, there will be well-known differences of opinion on some thorny topic. In other cases, the expert may not know of the existence of other opinions. In yet other cases (probably the majority), the difference of opinion between the experts will not relate to theories of a high level of generality but to the specific application of well-known techniques to the fact of the instant case. Does the expert have to imagine the possibility of another expert reaching difference conclusions from his own on the same facts? The expert must make it clear whether any issue or question falls outside his expertise, or his conclusions are based on inadequate evidence."

例如,在 Petursson v. Hutchison 3G UK Ltd (No. 2) (2005) EWHC 920 (TCC)先例中,原告专家证人(Hyland 博士)的学术观点与行业内的主流说法有重大分歧,在行业内有不少对 Hyland 博士的理论与研究方法有漏洞与不严谨的批评,但在专家报告中没有向法院提及这些内容。这就显示出,Hyland 博士所给出的意见不够客观,这导致最后专家证据分量被影响。Frances Kirkham 大法官说:"Dr Hyland lacked balance and impartiality in relation to his evidence in this case. He did not adopt the objective approach which a court expects from an expert witness... In his reports to this court, Dr Hyland failed to draw attention to the(行业内批评 Hyland 博士做法的文献)..."

这些类似的判例很多。真正客观与独立的专家应当是向事实审理者介绍行业内的各种观点,显然包括是自己意见所采用的观点,即使并非自己意见所采用的观点,也应该解释为什么这种观点在此案件的事实中不适用等。这正是 Qantas Airways Ltd, Re (2004) ACompT 9 澳大利亚先例中 Goldberg 大法官所说:"The Tribunal will be assisted by expert witnesses who can clearly explain the relevant issues and concepts and can pinpoint the differences between opinions in the profession and the reasons for such differences so that an informed decision can be made as to which opinion should be accepted on the available evidence."

还可见 Saginaw Chippewa Indian Tribe of Michigan v. Granholm, 690 F Supp 2d 622 (ED Mich 2010) 美国先例中所说:"One measure of the value of an expert's opinion is whether an objective and disinterested methodology was employed. Objectivity can be measured by the expert's inclusion and discussion of counter-arguments and contrary sources of information."有关这方面会影响专家证据分量的问题还会在本书第六章之7段详细介绍。

这种"正反两面"都要表述的做法对诉讼律师来说也不陌生,如向法院单方面(*ex parte*)申请冻结令(freezing order)也是同样情况。由于需要向法院显示有一个良好论据的案件(good arguable case),所以申请人必须在誓章/誓词中尽可能展示双方当事人会有的争辩,这是通过假设被申请人如果有通知出庭,会提出什么实质的抗辩。这方面在笔者的《证据法:国际规管与诉讼中的文件攻防》一书第三章之1.7.1.3段有详论,这里不去重复。

10.4 延误作出专家报告

CPR 生效后,法院对专家证人在规定的日期或时限内作出专家报告并相互交换的要求越来越严格(事实证人的证人证言也是如此,这在本书第二章之1.6段已经有详及),所以专家证人必须准时完成专家报告与对方当事人交换,否则会给客户带来严重的后果。比如,法院不容许客户当事人提交专家证据。所以为了委任专家证人而订立的委任书中有必要规定时间是重要(time to be of essence),[37]并在委任时同时提供一份法院程序命令,让专家证人知道是什么时间表。如果将来专家证人因延误而违约,客户向他/她索赔庞大损失就有了明确的基础,也就是对委任合约的毁约/违约,更不用说还会有其他的严重后果,如专家证人直接被法院惩罚。

这也不只是针对专家报告的完成与相互交换的延误,在 CPR 下法院对会在诉讼程序中发生的所有延误都是采取"零容忍"的态度。Woolf 勋爵主导的民事诉讼改革与 CPR 的大精神之一就是要法院迅速与不延误地(expeditiously and without undue

---

〔37〕 见笔者的《合约的解释:规则与应用》一书第十章的介绍。

delays)管理与推进案件。CPR Rule 1.1 就强调这是超越性大原则(Overriding Principle):"These Rules are a new procedural code with the overriding objective of enabling the court to deal with cases justly and at proportionate cost. ... (d) ensuring that it is dealt with expeditiously and fairly;"

另是在 CPR 下,法院有广泛的案件管理(case management)权力,包括对专家证据的严控,所以 CPR 中没有必要好像前身的 RSC 一样说明可以因为错过时限撤销索赔或抗辩(dismiss or strike out a claim or defence),但在广泛的案件管理权力下,法院有裁量权针对不同案件与情况更灵活(flexible)处理。为了确保诉讼程序有效率地推进与对双方当事人公平,法院不会轻易容忍一方当事人任意错过案件管理会议(CMC)同意的程序时间表上规定的时限。

就专家证据而言,最重要的时间点或时限是:(1)通过调查取证、研究与仔细考虑后完成专家报告与送达给对方当事人;(2)回答对方对专家报告的文书提问/澄清;[38](3)双方专家证人开庭前会面与作出共同声明/备忘录;[39](4)参与开庭审理与接受交叉盘问。

如果不遵守时限,法院会严格地给出最后命令(peremptory order),并会采取比较强硬与坚定(robust)的态度对待不遵守时间线的行为。2013 年 3 月 22 日,"the 18th implementation lecture on the Jackson reforms"中,时任英国法院主事官(Master of Rolls)的 Dyson 勋爵就指出:"The tougher, more robust approach to rule-compliance and relief from sanctions is intended to ensure that justice can be done in the majority of cases. This requires an acknowledgement that the achievement of justice means something different now. Parties can no longer expect indulgence if they fail to comply with their procedural obligations. Those obligations not only serve the purpose of ensuring that they conduct the litigation proportionately in order to ensure their own costs are kept within proportionate bounds. But more importantly they serve the wider public interest of ensuring that other litigants can obtain justice efficiently and proportionately, and that the court enables them to do so."

这种态度也已经在 Mitchell v. News Group Newspapers Ltd (2013) EWCA Civ 1537 上诉庭先例以及后续的诸多先例中得到体现,包括如果没有遵守法院的命令,在邻近开庭时才提交证人证言(或是补充证人证言)可能就不被允许:见 Durrant v. Chief Constable of Avon and Somerset (2013) EWCA Civ 1624 上诉庭先例与 Canning v. Network Rail Infrastructure Ltd (2014) EWHC 2104 (QB)先例等。

当事人在委任专家证人前应了解专家证人的档期,确保他/她有时间准时与有质量地完成每个步骤。不能保证的专家不应该接受专家证人(无论是共同专家证人还

〔38〕 见本章之 13 段。

〔39〕 见本章之 14 段。

是当事人分别委任的专家证人)的委任。毕竟专家证人一经法院批准就不能私下任意换人。

例如,开庭审理的时间,有一些高层次的专家证人十分忙碌。有了档期,当事人代表律师就可以在与法院的案件管理会议上确定开庭时间表时一并纳入考虑。CPR Rule 39.4 规定,在确定开庭日期时,要咨询双方当事人:"when the court sets a timetable for a trial... it will do so in consultation with the parties."开庭日期一明确下来,当事人应尽快通知专家证人。专家证人应确认收到通知并且愿意出庭。这样,当事人可以肯定届时开庭有专家证人协助。专家证人会尽所有努力出庭,如有必要(如专家证人在外国),可以考虑以视频会议的方式接受交叉盘问。

10.4.1 法院对专家证人必须遵守程序时间与时限的指引

对专家证人[无论是共同专家证人(Single Joint Expert)还是当事人各自委任的专家证人]而言,他们必须警觉延误的危险。CPR Part 35 的指引"Protocol for the Instruction of Experts to Give Evidence in Civil Claims 2005"之 4.7 段有说:"Experts should be aware that any failure by them to comply with the Civil Procedure Rules or court orders or any excessive delay for which they are responsible may result in the parties who instructed them being penalized in costs and even, in the extreme cases, being debarred from placing the experts' evidence before the court. In Phillips v. Symes (No. 2) (2005) 1 WLR 2043, Peter Smith J held that courts may also made orders for costs (under section 51 of the Supreme Court Act 1981) directly against expert witnesses who by their evidence cause significant expense to be incurred, and do so in fragrant and reckless disregard of their duties to the Court."

替代"Protocol for the Instruction of Experts to Give Evidence in Civil Claims 2005"的"Guidance for the Instruction of Experts in Civil Claims 2014"也强调了准时与不延误的重要性与有对各方面做法的指引,可节录如下:

"16. Before experts are instructed or the court's permission to appoint named experts is sought, it should be established whether the experts: ... **c.** can produce a report, deal with questions and have discussions with other experts within a reasonable time, ... **d.** Are available to attend the trial, if attendance is required;

17. Terms of appointment should be agreed at the outset and should normally include: ... **c.** Time for delivery of the report; ...

19. Experts should be kept informed about deadlines for all matters concerning them. Those instructing experts should send them promptly copies of all court orders and directions that may affect the preparation of their reports or any other matters concerning their obligations."

专家有责任尽快告知委任他/她的当事人是否接受专家证人的委任。如果想接受委任但因为各种原因有困难(包括估计无法满足法院的程序命令,这包括双方交换专家报告的时间与开庭审理的时间等），就应尽快拒绝接受委任或向委任方提出有关困难，让他们考虑另外委任或想办法（如跟对方当事人同意延长时间）。“Guidance for the Instruction of Experts in Civil Claims 2014”之23段也有说明：

“They should also inform those instructing them (whether on initial instruction or at any later stage) without delay if: a. Instructions are not acceptable because, for example, they require work that falls falls outside their expertise, impose unrealistic deadlines... e. they are not satisfied that they can comply with any orders that have been made.”

如果专家证人在委任后因其他突发事情导致赶不上法院命令的时间，可以考虑根据“Guidance for the Instruction of Experts in Civil Claims 2014”之28段直接向法院申请指令。

10.4.2 专家证人延误与/或不遵守时间的案例介绍

有关的先例本书多有涉及，在此不再详述。首先是在 Baron v. Lovell (2000) PIQR P20 先例中，案情有关车辆碰撞导致原告受伤。被告承认了责任，所以要审理的只是在赔偿金额（quantum）方面，双方都委任了医生作为专家证人，但被告没有依据法院的命令/指引在10个星期内向原告送达专家报告。法院在原告的申请下决定不准延误的被告在开庭审理时依赖专家证据，也不准专家证人 Wetherill 先生出庭。被告上诉，说这延误送达专家报告（应在1998年11月送达）根本影响不了开庭（在1999年8月），但被上诉庭否定。上诉庭的 Brooke 大法官说：“... reveals a fundamental misconception... pre-trial disclosure obliges the parties to disclose to each other the substance of the evidence on which they intend to rely at the trial... it is not legitimate to serve out of date statements and then hope to be allowed to update them in a radical way just before the trial... Consultant orthopaedic surgeons are busy people and it is quite wrong for trials to be delayed; and for the possibility of making an effective Part 36 offer[40] to be rendered nugatory because of a late service of an expert statement, followed by an even later ‘updated’ meeting between experts.”

接下来是专家证人没有在开庭审理准时出庭的案例。读者要注意这不是传召（witness summons）到庭，所以失约也不会构成藐视法院（contempt of court），只是会耽误了客户。在 Mathews v. Tarmac Bricks and Tiles Limited (1999) CPLR 463 先例中，案情涉及人身伤亡/工伤，双方当事人难免出动专家证人。原告的专家证人（专科医生）通过大律师说只要法院定了任何一天，他都会出现，而被告的大律师只给法

---

〔40〕 这里是说，如果延误送达专家报告，会影响对方当事人特别是原告尽早作出和解要约来保护自己的诉讼费用与利息，可见笔者的《仲裁法：从开庭审理到裁决书的作出与执行》一书第一章之5.3.5.4段。“Part 36 和解要约”对原告十分有利，能够越早提出就越有利：见 Rawbank SA v. Travelex Banknotes Ltd (2020) EWHC 1619 (Ch); Blackpool Borough Council v. Volkerfitzpatrick Limited (2020) EWH 2128 (TCC)等先例。

官看了一份日期表，列出被告两位专家证人没有空的日期。法院最终定了1999年7月15日与16日开庭，这是被告专家证人说没空但没有说明原因（有原因才能知道什么应让步，如原因是该天约了朋友郊游）的日期。被告之后向法院解释，两位专家证人中一位已经预定了这段时间休假，而另一位被另一地方法院传召出庭。如果法院坚持这个时间开庭，被告将变得没有专家证人了。但法院拒绝更改开庭时间，于是被告上诉到了上诉庭。Woolf勋爵批评了被告认为法院应该定在专家证人方便的日期开庭的说法，说在CPR下这不是正确的做法，如果法院将医生方便作为首要考虑是无法公平审理案件。如果被告认为专家证据重要，可以要求专家证人改变休假计划或通过视频会议的方式接受交叉盘问。虽然另一专家证人被传召一定要在另一地方法院出庭，但如果向另一地方法院解释清楚，相信可以将时间安排到专家证人可以在这两天时间参与两个诉讼的开庭。上诉庭一致决定驳回被告的上诉，Woolf勋爵说："They were regarding it as the responsibility of the court to defer the hearing to a date which could, with convenience, be met by the doctors. It was apparently thought that all that was required was to tell the court the dates that the doctors had indicated would not be convenient and the court would thereupon find a date which would allow the case to be heard to meet their convenience ... courts cannot perform their duty of conducting cases justly if the preference for hearing dates of doctors are always given priority over all other considerations."

10.4.3 法院对延误或不遵守时间的专家证人可作出的惩罚

有关专家证据方面的延误，法院会考虑到底是由谁造成的。如是当事人延误向法院申请批准引入专家证人，或是延误向专家证人提供信息与事实的指示，或是没有告知专家证人有关的时限等。这是当事人的过错，惩罚的对象也是当事人。这些问题导致没有办法准时交出专家报告等，法院可以作出浪费费用命令（Wasted Cost Order），更严重可剥夺/否定该专家证据，导致延误方在开庭审理时没有专家证据。

而如果错在专家证人，就要与代表律师一样承担犯错或疏忽的后果，而且随着法律的发展后果会越来越严重，包括被客户当事人起诉索赔机会损失（loss of chance）与浪费的诉讼费用，因为专家证人已失去了传统法律提供保护的豁免权：见Jones v. Kaney（2011）UKSC 13先例。但与上面的情况不同的是，既然错在专家证人而不是当事人，惩罚的重心也应该是专家证人。例如，如果是专家证人的原因导致没有准时送达专家报告，而专家证据在认定争议事实时非常重要，作出不允许客户当事人引入专家证据的惩罚将不成比例，可以推迟开庭但要专家证人自己承担推迟开庭浪费的费用。

对专家证人犯错的惩罚要看犯错的程度。如Peter Smith大法官在Phillips v. Symes（No.2）（2005）1 WLR 2043先例中说："First they can be said, depending on the level of the dereliction of their duties, to be in contempt of court or may even be guilty of perjury. Secondly, in an appropriate case their costs could be disallowed either as between their client and another party to litigation, or even as between a client and themselves. Thirdly, they can be referred to an appropriate professional body by the court for disciplinary action."

对于专家证人的惩罚,将在以下以一些先例为例进行介绍。在 Pearce v. Ove Arup Partnership Limited (Copying) (2001) EWHC Ch 481 先例中,案情涉及知识产权的争议,Jacob 大法官认为原告的专家证人有偏袒甚至行为不合理,专家报告中大部分内容都是想象出来的,于是向他所在的专业协会报告。Jacob 大法官说:"Most (but not all) expert witnesses, however, belong to some form of professional body or institute. I see no reason why a judge who has formed the opinion that an expert had seriously broken his Part 35 duty should not, in an appropriate case, refer the matter to the expert's professional body if he or she has one. Whether there is a breach of the expert's professional rules and if so what sanction is appropriate would be a matter for the body concerned."

在近期的 Arroyo and Ors v. Equion Energia Ltd [formerly known as BP Exploration Co (Colombia) Ltd] (2016) EWHC 3348 (TCC)先例中,原告专家证人在开庭前不久才延误递交了第四份专家报告,其中包括新的计算方式,这超出了法院命令中的范围。专家证人发现他在第四份专家报告中的计算有误后,在开庭的第 22 天也就是他要被交叉盘问的 4 天前,作出了第五份专家报告试图解释这种实际非常误导法院的计算方式。之后原告败诉,法院虽然没有认定原告的专家证人故意误导法院,但是针对专家证人令人非常不满意的做法表示谴责(justifies serious and unequivocal condemnation)。但 Stuart-smith 大法官认为,该做法上的错误不仅仅是专家证人自己导致的,也有很大部分要归咎于原告的法律团队,因此判原告支付被告部分时段的惩罚性诉讼费用(indemnity costs)。看来如果原告能分得出到底哪些是专家证人的责任,则可以自己去找专家证人索赔这部分金额。

另外,犯错的专家证人更可以好像律师一样,直接被法院惩罚要自己承担浪费的诉讼费用,而不是由客户承担。至于律师(事务律师或大律师)犯错直接被法院惩罚诉讼费用经常在发生:[41] 见 Gupta v. Comer (1991) 1 QB 629; Fletamentos Maritimos SA v. Effjohn International BV (1997) 12 WLUK 182; Arthur JS Hall v. Simons (2002) 1 AC 615 等先例。

在 Phillips v. Symes (No. 2)先例中,专家证人更是可被对方当事人在取回诉讼费用的行动中加入为第二被告,一并要求承担因该专家证人的犯错而导致诉讼费用变得高昂。笔者可以想到,如果败诉的第一被告倒闭,胜诉方就可以这种方式对付专家证人,以取回部分诉讼费用。用这种方式来对付事务律师或大律师的机会就低得

[41] 有关浪费费用命令(wasted costs order)的惩罚可见笔者的《证据法:国际规管与诉讼中的文件攻防》一书第三章之 1.7.1.7.2 段。

多,因为律师与客户之间的通讯享有特免权,对方当事人很难证明是否律师确实犯错。

另在近期的 Parent A v. Parent B and Others(2019)EWHC 406(Fam)先例中,案情涉及家庭暴力、儿童福利等。共同专家证人因为身体原因不能及时递交专家报告,导致原定的开庭时间两次推迟。法院判专家证人应知道自己对法院的责任与准时递交专家报告的重要性,如果因为身体原因不确定能否遵守法院命令就应该坦白,拒绝接受委任。所以最后判专家证人要承担所有当事人因两次推迟开庭而产生的费用,这会是很大一笔钱。Keehan 大法官说:“In considering an application for costs against Dr Kaur-Kelly(专家证人), I have regard to s 51(1) and s 51(3) of the Senior Courts Act 1981 whereby the court is given a discretion and has full power to determine against whom a costs order may be made and the extent of it. I also have regard to the provisions of rule 28.1 of the Family Procedure Rules and rule 44.4 and 46.2 of the Civil Procedure Rules. . . . as a professional witness and accepting forensic work, Dr Kaur-Kelly knows and knew only too well of her duty to the court and of the importance of filing reports on time. If her health was such that she could not be sure that she would be able to comply with court orders, she should frankly not have accepted instructions to be a forensic expert witness. . . . I consider her to have acted inappropriately and to have serially failed to comply with orders of this court. Accordingly, I will order her to pay the costs incurred by all of the other parties in respect of the hearing on 2 October 2018 and 10 October 2018.”

最后可节录英国 Civil Justice Council 关于 CPR Rule 35 的指引“Guidance for the Instruction of Experts in Civil Claims 2014”之 89 – 92 段如下:

“89. Solicitors and experts should be aware that sanctions might apply because of a failure to comply with CPR 35, the PD or court orders.

90. Whether or not court proceedings have been commenced a professional instructing an expert, or an expert, may be subject to sanction for misconduct by their professional body/regulator.

91. If proceedings have been started the court has the power under CPR 44 to impose sanctions:

a. cost penalties against those instructing the expert (including a wasted costs order) or the expert (such as disallowance or reduction of the expert's fee) (CPR 35.4(4) and CPR 44).

b. That an expert's report/evidence be inadmissible.

92. Experts should also be aware of other possible sanctions

a. In more extreme cases, if the court has been misled it may invoke general powers for contempt in the face of the court. The court wouldthen have the power to fine or imprison the wrongdoer.

b. If an expert commits perjury, criminal sanctions may follow.

c. If an expert has been negligent there may be a claim on their professional indemnity insurance."

除了延误等问题外,专家证人未能履行 CPR Rule 35 下的其他各项责任都可能导致法院作出浪费费用命令。例如,专家证人应该了解自己对法院的责任并明确在专家报告中作出陈述(可见本书第五章之4.2段),这也包括专家证人必须清楚知道自己如果没有做好就可能被法院惩罚支付浪费费用。在 Mengiste v. Endowment Fund for the Rehabilitation of Tigray (2013) EWCA Civ 1003 上诉庭先例中,专家证人在交叉盘问下被发现并不知道自己做得不好会被惩罚,就被法院批评没有了解专家证人在 CPR Rule 35 下应尽的义务或责任,作为专家证人是不合格的。但在此先例中,法院判专家证人做得不好主要是因为当事人的代表律师没有向专家证人好好解释与准备,因此最后的浪费费用命令是针对律师作出的。

11. CPR 生效后带来的变化之三:专家证人需要放弃诉讼特免权

有关诉讼特免权(litigation privilege)的课题,在笔者《证据法:国际规管与诉讼中的文件攻防》一书第十章已有详论,不去重复。这种类别的特免权是至高无上的公共政策,无论是谁(包括法院或行政命令)都剥夺不了诉讼特免权的保护:见 Derby v. Weldon (1991) 2 All ER 901 先例。十分少有的例外之一是立法,而针对专家证据的《Civil Evidence Act 1972》之 Section 2(3)规定:"Notwithstanding any... rule of law by virtue of which documents are privileged from disclosure, provision might be made by rules of court enabling a civil court to direct that each party should disclose to the other in the form of one or more expert reports the expert evidence on matters of that class which he proposes to adduce as part of his case at the trial."

11.1 当事人委任专家可享有诉讼特免权

首先,双方当事人委任的专家(expert)的身份与诉讼特免权没有冲突,专家参与诉讼或潜在诉讼所做的工作是充分享有特免权的保护。这情况发生在专家以顾问身份去协助客户当事人时,会参与和解谈判、调查取证、献计献策、研究对策等工作,也出过专家报告且内容中包括不利客户的专家意见,客户当事人也需要这些意见才更能掌握轻重,知道进退。这些文件与信息都享有诉讼特免权的保护,令对方当事人或任何第三人无法取得,而即使取得也不能使用。所以有了极其严密的保护,可以说专家与客户/代表律师什么都敢说、可自由商量、敢发表意见等,但该专家报告并不是准备用作诉讼证据。

传统的做法是,向法院提供专家意见证据的专家证人也可以享有诉讼特免权。毕竟,他们会从专家顾问的身份改为专家证人。而他们交出并与对方当事人交换的专家报告(expert report),被视为放弃(waive)对该份作为专家证人提供给法院的文件的特免权:见 Bourns Inc v. Raychem Corona (1999) 3 All ER 154 等先例。

为了针对难以解决的"枪手"(hired gun)的问题,有想法是通过剥夺专家证人对其他文件享有的特免权,令专家证人在完全透明的情况下更独立地向法院提供专家意见。例如,在 Naylor v. Preston AHA (1987) 2 All ER 353 上诉庭先例中,Donaldson 大法官说:"... whilst a party is entitled to privacy in seeking out the 'cards' for his hand, once he has put his hand together, the litigation is to be conducted with all the cards face up on the table..."

11.2　诉讼要求透明度与防止专家证人偏袒和不独立

在英国的民事诉讼改革(Civil Justice Reform,简称 CJR)中,Woolf 勋爵在"Access to Justice"中期报告中曾建议专家若要成为证人,被委任准备一份专家报告与出庭接受交叉盘问,就得把与客户/他们的代表律师的所有通讯全部抖出来,再不享有诉讼特免权:"once an expert has been instructed to prepare a report for the use of a court, any communications between the expert and the client or his advisers should no longer be the subject of legal privilege."

但建议受到强烈反对,认为不应该剥夺诉讼特别权。专家证人在准备专家报告的过程中,与客户当事人代表律师之间会密切通讯完善与拟定专家报告,会有多个版本的草稿(draft report)。大家(主要是英国律师)反对特免权,认为没有必要与只会是反效果。最后 Woolf 勋爵也是从善如流,并在《Access to Justice》最后报告的第 13 章第 31、32 段中有详细说明:

"31. One of the recommendations in my interim report was that, once an expert had been instructed to prepare a report for the use of a court, any communication between the expert and the client or his advisors should no longer be the subject of legal privilege. My intention was to prevent the suppression of relevant opinions on factual material which did not support the case put forward by the party instructing the expert. There is, I believe, no disagreement with that intention, but it has been put to me very strongly that waiver of legal privilege is not the way to achieve it. The point has been made that experts must be free to submit drafts to clients and their legal advisors, so that factual misconceptions can be corrected. A further objection is that a great deal of time could be wasted if all these documents were disclosable, because the opposing party would have to comb through the various versions of a report to identify any changes the reasons for which would not always be clear in any event. Another possibility is that lawyers and experts might begin to subvert the system by avoiding written communication in favour of off the record conversations.

32. I accept, in the light of these arguments, that it would not be realistic to make drafts experts' reports disclosable. I do not, however, consider that privilege should apply to the instructions given to experts. The Chancery Working Group has pointed out that major problems can arise when opposing experts are working from different instructions, which leads to reports that are hard to compare and use ... "

换言之，Woolf勋爵的最后建议是不在CPR剥夺专家报告草稿（这是专家证人主要的工作）的特免权。但为了保证双方当事人代表律师提供给专家证人的指示（instructions）一致与完整，以利肯定两位专家证人的意见是基于同一个基础，信息的特免权就要被剥夺。而剥夺诉讼特免权并不是法院可决定，所以采取的手法是要求申请专家证据的当事人自动放弃/弃权（waiver），以交换法院批准引入专家证据。

最后CPR作出的平衡是只剥夺了小部分的诉讼特免权，可节录CPR Rule 35.10如下："（3） The expert's report must state the substance of all material instructions, whether written or oral, on the basis of which the report was written. （4） The instructions referred to in paragraph （3） shall not be privileged against disclosure but the court will not, in relation to those instructions –（a） order disclosure of any specific document; or （b） permit any questioning in Court, other than by the party who instructed the expert, Unless it is satisfied that there are reasonable grounds to consider the statement of instructions given under paragraph （3） to be inaccurate or incomplete."

在接下来介绍这客户的"指示"包括些什么内容前，笔者先简单介绍美国的做法以显示英国的平衡确实比较明智。

11.3　强制专家证人完全透明与全盘放弃诉讼特免权的弊端

美国的经验值得比照《Federal Rules of Civil Procedure》在1993年版本修改立法后的Rule 26（a）（2）（B），要求专家披露的内容包括："... the data or other information considered by the witness in forming the expert opinions."2008年对此检讨的顾问委员会（Advisory Committee）就说这导致实际操作中惯常要求披露所有与专家之间的通讯与所有报告的草稿等文件："routine discovery into attorney-expert communications and draft reports has had undesirable effects."在2010年修改版本中，以及今天2020版本中，Rule 26（a）（2）（B）改为"... the facts or data considered by the witness in forming them."这是因为1993年立法后的实际操作带来严重问题，包括：

1. 律师与专家证人尽力不制作任何文件，包括专家报告的草稿，尽可能口述与开会，虽然仍有在交叉盘问时披露的危险。这导致专家意见质量降低，因为一份长达几百页的专家报告（或任何报告）有好几稿才是正常，因为每一稿都是在改正与完善。但如果诉讼特免权被剥夺，需要披露给对方当事人，就会变得十分危险。专家证人会在交叉盘问被对方代表律师针对每一个改动质疑。有部分改动会是专家证人自己也忘掉是什么原因，所以无法合理解释。即使是有看来是合理的解释，例如，进一步调查后改变了看法，仍容易被丑化。毕竟在对抗制诉讼下，对方盘问律师是为了这个目的,不是为了寻求真理。但没有草稿,只会有一稿也就是相互披露的专家报告,质量也是可想而知。说实在的,笔者相信披露草稿不会对发觉专家证人的偏袒有什么帮助。专家证人一被挑选,肯定是他/她的专家意见是对客户当事人有利。所以第一稿与最后一稿(中间可能有 10 稿)不会有完全不同的说法,充其量是修修补补。对方当事人可去挑毛病,但不会更接近真相。

2. 对方当事人有了幻想,希望尽力要求披露这些很可能不存在的文件,这导致相互文件披露(mutual discovery of documents)程序更加耗时与复杂。

3. 更重要的是客户当事人与代表律师不敢与专家证人交流或查询。例如与对方的和解谈判是经常会有,一旦涉及技术或专业知识并需要衡量自己案件的强弱,也不敢问专家证人。富有的当事人可多花钱委任另一位"影子专家"(shadow expert)或专家顾问(consulting expert),但贫穷的当事人就承担不起这个费用,这会造成火力不均等(inequality of arms)。

11.4 CPR 对剥夺诉讼特免权作出的平衡

当事人委任专家证人的指示(instructions),像向大律师取得法律意见一样,通常有一份文件称为"对大律师的指示"(instructions to counsel),是由代表当事人的事务律师(solicitors)准备的一份文件或信函。其内容包括所有相关/重要事实与资料,并附上重要文件(如一份主合约、有关通信往来、附属文件等),最后列出要求的特定法律意见。

对专家证人的指示在 CPR 的定义可以很广,这不仅包括给专家证人的信函,也包括所有附上的相关/重要文件。这些资料/文件肯定部分是双方当事人都已经拥有或披露的文件,但也包括可能享有特免权或与有关案件无关(如其他同类案件)但提供给专家证人参考的资料/文件等。在专家证据起关键作用(如专利争议)的案件中,如果全部都要与专家报告一并弃权提供,将会太苛刻。所以 CPR Rule 35.10(4)有所限制,要求专家报告中必须提及客户当事人所有重要指示(material instructions),但弃权只停留在信息,而不必把这些属于指示的文件交出,即使对方当事人要求。CPR Rule 35.10(4)说是要法院批准才需要对这些专家报告中提及的资料与文件进一步弃权,但法院只会在怀疑专家证人在专家报告中披露的委任当事人的指示并不正确或完整时才会批准。

可节录《Phipson on Evidence》(2018 年,第 19 版)一书之 33 - 33 段:"... It (expert report) must set out the substance of all material instructions, and those instructions are said not to be privileged. The effect of this provision is that privilege in the instructions to the expert is in effect waived once the report has been served. The court will not order disclosure of those instructions or permit any questioning in court ... in relation to those instructions unless it is satisfied that there are reasonable grounds to consider that the statement of instructions given in the reports tend to be inaccurate or incomplete. In practice experts' reports tend to give a fairly full account of the instructions and often a letter of instructions is appended. ..."

针对 CPR 下对专家证人的"指示"所包括的资料/文件，Lucas v. Barking, Havering and Redbridge Hospitals NHS Trust（2003）EWCA Civ 1102 上诉庭先例给的定义是"当事人提供给一位专家证人让其以此为基础拟定专家报告的任何资料/文件"[any material which an instructing party supplied to an expert as the basis on which he was asked to write an expert's report was part of the expert's 'instructions' within the meaning of CPR r 35. 10(3)]。

专家证人的指示较乱，它会在与代表律师会面时以口头作出，也会有几个不同指示（如专家证人认为需要澄清某方面的问题），这在 CPR Rule 35. 10(3)下都要在专家报告中说明。

英国 Civil Justice Council 对 CPR Rule 35 的指引"Guidance for the Instruction of Experts in Civil Claims 2014"之 20 段关于指示应包括的内容与有关文件，可节录如下："Those instructing experts should ensure that they give clear instructions (and attach relevant documents), including the following: (a) Basic information, such as names, addresses, telephone numbers, date of incidents and any relevant claim reference numbers; (b) The nature of the expertise required; (c) The purpose of the advice or report, a description of the matter(s) to be investigated, the issues to be addressed and the identity of all parties; (d) The statement(s) of case (if any), those documents which form part of disclosure and witness statements and expert reports that are relevant to the advice or report, making clear which have been served and which are drafts and when the latter are likely to be served; (e) Where proceedings have not been started, whether they are contemplated and, it so, whether the expert is being asked only for advice; (f) An outline programme, consistent with good management and the expert's availability, for the completion and delivery of each stage of the expert's work; and (g) Where proceedings have been started, the dates of any hearings (including any case/costs management conferences and/or pre-trial reviews), the dates fixed by the court or agreed between the parties for the exchange of experts' reports and any other relevant deadlines to be adhered to, the name of the court, the claim number, ... and whether is a specific budget for the experts' fees."

11.5 专家报告中提及的指示与相关资料/文件

显然，如果对方当事人拥有（如文书请求/案件陈述、披露的文件等）专家报告提及的重要指示（material instructions）与相关资料/文件，就不会要求披露。但不少对方不拥有而且很想去看甚至看了才会完整明白专家报告的资料与文件，就需要提供专家报告的一方当事人全面披露。这道理与其他文件如文书请求/案件陈述（pleadings/statement of case）、代替事实证人的主证据的证人证言（witness statement）、证人纲要（witness summary）与作出的誓词/誓章内容一旦提及（referred to）其他文件就需要披露一样。[42] 本质上是一样的专家报告（专家证人的主证据），在 CPR 下有不同的处理。可先节录有关的 CPR Rule 31.14：

"**Documents referred to in statement of case etc.**

(a) A party may inspect a document mentioned in – (a) A statement of case; (b) A witness statement; (c) A witness summary; or (d) An affidavit.

<u>(1) Subject to Rule 35.10(4)</u>, a party may apply for an order for inspection of any document mentioned in an expert's report which has not already been disclosed in the proceedings."（下划线部分是笔者的强调）

CPR Rule 31.14(2)结合 CPR Rule 35.10(4)就可以看到区别是专家报告所提及的文件不是对方当事人提出要求就可以取得，而是需要法院批准，而且法院只会在怀疑专家报告说明客户当事人提供给专家证人的资料/文件并不正确或不完整时批准。在 Lucas v. Barking, Havering and Redbridge Hospitals NHS Trust (2003) EWCA Civ 1102 上诉庭先例中，Waller 大法官解释原因是："Under CPR r. 35.10(3) there is a compulsion on experts to set out their material instructions. It is completely up to a party whether in a statement of case, affidavit or witness statement he refers to a document which might be otherwise be privileged. CPR r 35.10(3) compels disclosure of what would otherwise be privileged material, and indeed compels that material to be referred to in such a way that under the common law there would be held to be waiver of all other privileged material relevant to showing there was no 'cherry picking' at least where that material was deployed at a hearing."

以证人证言为例，拟定与制作的事实证人与当事人的代表律师有主导权。即使证人的主证据涉及机密或特免权文件的内容，但为了防止被下令披露，可以不在证人证言中提及。专家报告就不一样。专家证人与当事人的代表律师没有主导权，在 CPR Rule 35.10(3)规定下必须说明所有重要指示的内容（must state the substance of all material instructions）。

所以，无论是高度商业机密，还是享有特免权的资料/文件，只要是与专家报告有关而需要提供给专家证人参阅，都会被迫在专家报告中说明。CPR PD 35 Para. 2.2(3)更明示要求："contain a statement setting out the substance of all facts and instructions given to the expert which are material to the opinions expressed in the report or upon which those opinions are based."

所以，从公平合理的角度法院也应该把关。特别是可享有诉讼特免权的指示附件，主要是草拟的证人证言（时间上尚未相互交换）、其他专家报告（不是出庭的专家证人）等。显然，这些文件都需要提供给专家证人参阅与考虑，但 CPR Rule 35.10 针对特免权的弃权只是局限在 CPR PD 35 Para. 2.2(3)，也就是专家报告必须说明客户

〔42〕 见笔者的《证据法：国际规管与诉讼中的文件攻防》一书第六章之 5 段。

当事人的所有重要指示。显然,法院也相信应对法院负责的专家证人不会隐瞒。所以对指示附上的特免权文件是否可下令披露,CPR 也没有说清楚。这在 Lucas v. Barking, Havering and Redbridge Hospitals NHS Trust 上诉庭先例中即有针对。

11.6 有关先例之一:Lucas v. Barking, Havering and Redbridge Hospitals NHS Trust 先例

Lucas v. Barking, Havering and Redbridge Hospitals NHS Trust (2003) EWCA Civ 1102 上诉庭先例是有关原告(David Lucas 先生)向被告起诉索赔医疗疏忽造成的损失,原告提供了专家证人 Dr Mason 有关他伤势的两份专家报告,其中提及 Lucas 先生的一份陈述或草拟的证人证言与另外一份 Dr Durdey 曾作出过的专家报告。这两份文件表面看来可享有诉讼特免权(litigation privilege),因为显然是因此诉讼才会去制作。

被告根据本章之11.5段已有节录的 CPR Rule 31.14(2)要求法院命令原告披露这两份文件,但该条文一开始说明是"subject to Rule 35.10(4)",该 Rule 35.10(4)条文在本章之11.2段有节录,因为稍长不在此重复。只说 CPR Rule 35.10(3)要求专家报告必须把所有客户当事人的"重要指示"(material instructions)清楚陈述,道理在本章之5.3段有详及,也就是在透明与公平审理的大原则下,需要让对方当事人知道专家报告中的意见所基于的事实或假设事实(assumed facts)是什么。而在 Rule 35.10(4)是由于这重要指示的文件本来享有诉讼特免权,所以 CPR 作出一个协调,就是法院只在有合理理由认为专家报告对这些重要指示的陈述不准确或不完整时,才会命令该当事人必须披露有关的文件让对方当事人检验(inspect)。也可以想得到,法院尽量不去这样做以尊重特免权的公共政策。

一审法院接受被告申请允许披露,但被上诉庭推翻。Waller 大法官不认为 CPR Rule 35.10(4)是想剥夺文件的特免权,说:

"18. Before turning to the provisions of the CPR with which this appeal is concerned it is worth exploring whether under the law as it stood previously the defendant would have been entitled to disclosure of Mr Lucas's statement and the report of Dr Durdey(另一份专家报告).

19. The position would have been that the statement and the report would prima facie have been privileged. . . .

23. What then was intended to be the position under the CPR? Under CPR r 31.14 (2) the defendants 'may apply' subject to CPR r 35.10(4) for inspection of documents mentioned in an expert's report. As already indicated this is to be contrasted with the right to inspect documents in witness statements, witness summarises, affidavits or statements of case, . . .

24. Where there is a right to inspect without application, and without the right being subject to CPR r 35.10(4), it is not absolutely clear whether a party is still entitled to

refuse inspection on the ground of privilege. There is **a suggestion** in Hollander & Adam's Documentary Evidence, 7th Ed (2000), Para. 13 – 14 that **CPR r 31.14(1) provides an absolute right to inspection... I have my doubts as to whether that is right. It seems to me unlikely that the CPR would have intended to abolish privilege at a stroke under CPR r 31.14(1) without expressly saying so, in relation to 'instructions' in expert's reports CPR r 35.10(4) expressly refers to there being no privilege and if privilege was to be lost I would expect express reference to that result. There is no indication that there was an intention to revoke privilege in all other cases....**"(加黑部分是笔者的强调)

被告能否成功要求披露与检验这两份文件的关键是它们是否属于 Rule 35.10(3) 的"重要指示"。被告主张是狭窄的解释,不包括这两份文件。而如果不是,就与 Rule 35.10(4)要求法院允许与命令披露无关了。被告可以主张原告的专家证人在专家报告中提及这两份特免权文件可以视为"被置于法院"(deployed in court)/内容被依赖(relied on the content)是对特免权的放弃(waiver),因为不允许"挑选樱桃"(cherry picking),[43]所以可以要求完整披露与检验。

原告则主张宽泛的解释,CPR 35.10(3)下"重要指示"应该宽松解释为专家证人作出报告所依赖的指示("on the basis of which the report was written")。这两份文件显然需要提供给专家证人 Dr Mason 让他知道所有有关争议的事实/假设事实。证人证言是关键证人 Lucas 先生的口头证据,另一份专家报告是之前 Dr. Durdey 作出过的医学专家意见,这都是专家证人 Dr. Mason 作出专家报告的意见或主证据必须参考的,否则也不会把这些文件提供给 Dr. Mason。所以证人证言与专家报告属于"重要指示"。这样解释之下只要被告没能向法院显示专家对重要指示的陈述有什么不准确或不完整之处,就不应该被批准披露或检验。

原告的说法得到了上诉庭的支持。上诉庭 Waller 大法官说:"Where does that lead in relation to the construction of the word 'instructions'? Mr Westcott(被告代表大律师) submitted that **a narrow construction** should be placed on that word. He says that the CPR cannot have been intended to go backwards. He submits therefore that the correct

---

[43] 这方面可见笔者的《证据法:国际规管与诉讼中的文件攻防》一书第十二章之4.3段的详细介绍。

approach is to construe the word ‘instructions’ narrowly as Morland J did.〔44〕 The effect of his argument would be (1) that some limitation will be placed on the circumstances in which the instruction letter to the solicitors will have to be disclosed; (2) that if a statement is actually referred to as a document an application to inspect will succeed ...; (3) that the effect of deploying the contents of the claimant's statement would be to waive privilege in the same in any event... so that the statement should be ordered to be produced at this stage.

Mr Donovan(原告代表大律师)suggested that CPR r 35.10(4) is intended to reach a reasonable compromise so far as material supplied to experts is concerned. The rules require a full setting out of the facts; that would have waived privilege; the loss of privilege is confirmed by rule 35.10(4) but the court will not make an order for disclosure unless ‘it is satisfied that there are reasonable grounds to consider the statement of instructions given under rule 35.10(3) to be inaccurate or incomplete’. That he submitted supports a wide construction of the word ‘instructions’ to include the information being supplied by the claimant and all the material which a solicitor places in front of the expert in order to gain advice.

In my view(Waller 大法官看法)Mr Donovan's submissions are to be preferred. It seems to me that CPR r 35.10(4) is designed primarily to give protection to a party who would otherwise have waived privilege by being compelled to set out matters in an expert's report. It is also designed so far as possible to prevent lengthy arguments as to whether there has been a waiver of privilege either prior to the trial or indeed at trial leading to an entitlement to further disclosure....

It follows that I disagree with the decision of Morland J in Taylor and would hold that that should no longer be considered authoritative in this area. Material supplied by the instructing party to the expert as the basis on which the expert is being asked to advise should in my view be considered as part of the instructions and thus subject to CPR 35.10(4)."

---

〔44〕 被告依赖的是 Taylor v. Bolton Heath Health Authority (unreported, 14 January 2000) 先例中 Morland 大法官对“重要指示”给出的狭窄解释:“In my judgement, the material upon which an expert is asked to comply with his instruction to answer questions, give a prognosis, etc are not part of the instructions, but the basic material upon which the expert is asked to reach his conclusions in accordance with his instructions, and therefore, in my judgment, the material, **the basic material supplied to the expert is not part of the instructions.** I bear in mind that the philosophy of the CPR is cards on the table. I have in mind that of course the court and cases should not be encumbered by a prolixity of documents, in particular if they are not necessary.”(加黑部分是笔者的强调)但是在该先例时 CPR 还没有 Rule 31.14(2) 针对专家证据的特别条文。

在这样的宽松解释下,绝大多数专家报告中提及的内容都可以被解释为属于"重要指示",毕竟 CPR Rule 35.10(3)与(4)的原意是让对方当事人与事实审理者了解专家证人的主证据的基础到底是什么。

11.7 有关先例之二:Jackson v. Marley Davenport 先例

这方面情况也在 Jackson v. Marley Davenport (2004) EWCA Civ 1225 先例有出现。在该先例中,原告的专家证人先准备了一份草拟专家报告与原告律师开会。之后,该专家证人再准备一份最后的专家报告,并且送达(served)了被告。在该送达的专家报告中,有提到两封委任他的信函(letters of instruction),并在针对意外事故的结论中说:"Thus in summary, having now gained **additional information** in relation to this case, I am of the opinion that it is entirely possible that the claimant fell from the top of the sump in a backwards and slightly to the left direction probably whilst try to get onto the ladder."(加黑部分是笔者的强调)

问题是出在加黑部分的"additional information"(额外信息)一词。它显示了专家证人在没有与原告律师会面与收到额外信息前,曾经有过不同的意见。这样,被告向法院申请,要求命令原告披露第一份草拟的专家报告,以及要求根据 CPR 35.10(3)披露给专家证人的指示的具体内容。

针对后一个问题,一审的 Mort 法官命令专家披露所有重要指示的实际内容,无论是书面还是口头的都要作出陈述:"The expert's report must state the substance of all material instructions, whether written or oral, on the basis of which the report was written."上诉后,郡法院(County court)的 Hull 法官驳回了这个命令,主要理由就是根据在上一段 Lucas v. Barking, Havering and Redbridge Hospitals NHS Trust (2003) EWCA Civ 1102 上诉庭先例的判法下,在 CPR Rule 35.10(4)下除非专家证人原本陈述有不准确、不完整之处,否则不会要求进一步披露,而在此先例中被告并没能证明专家证人原本的陈述不准确、不完整。在上诉到上诉庭后,针对这问题双方当事人都没有提出异议。

这里的困境显然就是原告的专家证人提到了额外信息,但这个额外的是什么并不清楚。尤其是如果并非以文件形式记录的额外信息,就只能纯凭专家说。这要证明不准确、不完整更是有一定难度的。

被告主要针对的是草拟专家报告的披露,看来从额外信息这个措辞/文字来看,显然专家证人有改变看法,想通过披露草拟专家报告看专家证人态度如何改变,进而知悉是什么额外信息。有草拟专家报告,往往有某他修改可提供给被告打击原告专家证据分量的机会。一审 Mort 法官命令披露,但也被 Hull 法官驳回。到了上诉庭审理的主要就是 CPR 下是否有权要求披露草拟专家报告,面临的就是草拟专家报告所享有的特免权在 CPR 下是否被改变的问题。

上诉庭大法官们的一致意见是在 CPR 下除了 CPR Rule 35.10(4),其他地方并没有超越特免权的意图与做法,而 CPR Rule 35.10(4) 针对的也只是专家依赖的重

要指示,并没有包括专家草拟报告,因此草拟的专家报告仍然受到特免权保护。针对特免权的问题,Longmore 大法官说:

"There can be no doubt that, if an expert makes a report for the purpose of a party's legal advisers being able to give legal advice to their client, or for discussion in a conference of a party's legal advisers, such a report is the subject matter of litigation privilege at the time it is made. It has come into existence for the purposes of litigation. It is common for drafts of expert reports to be circulated among a party's advisers before a final report is prepared for exchange with other side. Such initial reports are privileged.

I cannot believe that the Civil Procedural Rules were intended to override that privilege. CPR 35.5 provides that expert evidence is to be given in a report unless the court directs otherwise. CPR 35.10 then changed the previous law by providing in sub-rule (3) that the expert's report must state the substance of all material (whether written or oral instructions) on the basis on which the report was written. By sub-rule (4) it is, moreover, expressly provided that these instructions shall not be privileged. But **the reference in Rule 35.10 to 'the expert's report' is, and must be, a reference to the expert's intended evidence, not to earlier and privileged drafts of what may or may not in due course become the expert's evidence.**

The specific and limited exemption from privilege of the instructions given to the expert as the basis on which the report is to be written, shows, to my mind, that there cannot have been any intention in the minds of the draftsmen of the Civil Procedure Rules to abrogate the privilege attaching in other respects, eg to earlier drafts of a final report or to earlier reports whether said, in terms, to be draft reports or not....

The report intended to be used at trial is Professor Rutty's(原告专家证人)report of 18 June 2004. It is not on its face a partial or incomplete document, if it were, the position might be different, but it would not in my view be a retrogression and not an advance in our law if earlier reports of experts, upon which they did not intend to rely, had to be routinely disclosed before they could give evidence. For the reasons given, I do not believe that is the law."(加黑部分是笔者的强调)

11.8 结论

但这不代表享有特免权的资料/文件可以永保机密,因为 CPR Rule 35.10(4)规定,如果专家报告中没有说明客户当事人的"所有重要指示"(这会被对方当事人挑出来),而法院认为专家报告有不正确或不完整之处,就会下令披露。也可以想得到,对方当事人挑毛病的情况发生的频率不会低,但法院在作决定时还是会对特免权作出权衡。

对是否批准披露或者披露的程度没有一条明确的规则,而是要法官根据不同案件的案情行使裁量权。因为法院对专家证据的控制,很多时候可以要求当事人"自动”弃权去披露特免权资料/文件,作为法院批准专家证据的条件。在 *Odedra v. Ball* (2012) EWHC 1790 (TCC) 先例中,原告声称自己的房屋由于邻居(被告)房屋排出的油烟导致卖不出去而蒙受损失。法院批准各自委任专家证人,其中一位是房屋估价师(valuer)。原告的专家证人因为误解准备了两份不同专家报告,但只交出其中一份与被告交换。被告要求法院命令披露另一份,而该份报告显然可享有诉讼特免权。

Coulson 大法官说:“Edwards-Tubb was a case under CPR 35.4 (power to restrict expert evidence). There is no authority dealing with the status of an undisclosed report prepared by an expert at the same time as a report which has been disclosed. I agree ... because of the ... authorities to which I have referred emphasise the importance of openness under the CPR, and make plea in that, in certain instances, that openness trump questions of privilege, there may be cases in which an expert may have to disclose both reports as a condition of being permitted to give evidence at all. However, I also acknowledge that there may be cases where requiring an expert to disclose everything that he produces, regardless of privilege, could give rise to injustice. Taking the point to its logical extreme, it might mean that all expert's draft reports become disclosable, or all documents produced by the expert for the sole purpose of assisting counsel with topics for cross-examination. In my view, therefore, there could be no general rule that everything is disclosable, regardless of privilege.”

在该先例中,Coulson 大法官拒绝被告申诉。

12. CPR 生效后带来的变化之四:法院增加批准更换专家证人的先决条件

显然,如果想引入专家意见证据需要法院批准,法院在批准并作出有关专家证据的命令时,除了命令明确了的科技或专业知识的特定范畴外,还会明确谁是双方当事人委任的专家证人或共同证人。

这样,一方当事人因为各种原因需要后来更换另一位专家证人是难免要法院再度批准。可以想到,如果申请更换的理由是原来法院明确批准的专家证人或是法院没有明确但己方已经明确并提供与交换了专家报告,但他/她突然死亡或病重,法院肯定会批准换人并不会增加先决条件。但更换的理由也会令法院感到不愉快,例如,为了挑选另一位更好(表示对己方更有利)的专家证人,或因为较早的一位专家证人改变观点或意见、认同对方专家证人意见而导致赶紧要更换专家证人:见 Jones v. Kaney (2011) UKSC 13; Guntrip v. Cheney Coaches Ltd (2012) EWCA Civ 392 等先例。显然,在后一情况下,不愉快的法院即使是批准更换专家证人,也会增加先决条件了。

从这些先例也可以看到,在当事人及其代表律师与自己的专家证人通讯时仍然需要保留,不能以为这些通讯可享有特免权保护就高枕无忧,因为存在之后涉及各种原因(这些原因也很多,如专家生病或者是对专家证人的报告不满意等)需要法院批准时,法院在行使裁量权时是可能要求对特免权弃权作为批准的条件。这样,通讯中对自己不利的内容就有可能暴露出来,如代表律师告诉专家证人说在草拟专家报告中某些段节的意见对自己不利,需要作出修改达到怎样效果等。更会是双方曾经有过争论,最后专家证人让步去对专家报告定稿等致命的通讯。如果对于当事人确实很重要、需要与专家密切地讨论与研究,如双方当事人在和解/调解谈判,不妨找"影子专家"的帮助,在保护上是更完善与安全的。本来很敏感的、对自己不利的信息最好只咨询"影子专家",毕竟专家证人在专家报告中必须陈述所有的重要指示,而且在交叉盘问中也会被逼无奈之下非要作答,即使能够依赖特免权拒绝也会让法官产生怀疑。

同时应尽量避免涉及法院的额外批准,如避免更改专家。在这方面应注意的是避免提前给出专家证人的名字,如在申请专家证人时仅针对某类专业申请。最好是在专家证人已经给出一份初步报告、意见对自己有利以及对该专家的水平也满意的情况下,才将这个证人的名字透露给对方当事人。

在以上的谨慎做法下,即使以后由于各种原因导致需要向法院申请额外批准,法院附加披露草拟专家报告的先决条件,也不会有太大问题。

可在以下段节介绍部分近期先例。

12.1 先例之一:Beck v. Ministry of Defence

在 Beck v. Ministry of Defence (2003) EWCA Civ 1043 先例中,Beck 先生作为一位空军飞行员指称自己因公受伤向作为雇主的英国国防部索赔损失。法院命令双方各自委任一位专家证人(医学专家),国防部委任的专家证人也对原告作了身体检查。但事后国防部对该专家证人作出的报告(草稿)不满意,也对该专家证人失去了信心,所以向原告提出要委任另一位专家证人,并要求原告允许进行另一次身体检查,但原告拒绝了。在上诉庭中,被告更换专家证人的要求被允许,但加上了要披露原专家证人的报告(草稿)的先决条件。显然这一份报告本来可以享有诉讼特免权(litigation privilege),但要弃权去披露给原告。这样,在开庭审理的交叉盘问时,更换的专家证人可能面对针对每一个不同点为什么有不同意见的严苛提问。如果该专家证人回答得不好,无法合理解释令法院满意,被告就麻烦了。上诉庭的 Phillips 勋爵说:

"A claimant who brings proceedings for personal injury, whether physical or psychiatric, must accept that he is likely to have to submit to a medical examination by an expert instructed by the defendant. A claimant can properly object, however, to being subjected to a second examination without good reason.

In this case the reason advanced for subjecting Mr Beck(原告)to a second examination is that the first expert instructed by the defendants has proved unsatisfactory. In my judgment a claimant can reasonably object to having to be examined again if this is, or may be, because the conclusions reached by the first expert have proved more favourable to him than the defendants had anticipated.

I do not consider that the court should order a second examination or stay proceedings pending a second examination by a new expert if this is a possibility. So to order would be to permit the possibility of expert shopping which is undesirable. In this case, on the evidence of the defendants' solicitor, it is not said that Mr Goodhead's(原专家证人)conclusions are unfavourable to the defendants, but that the form or manner in which those conclusions have been expressed in the report that he has prepared are so unsatisfactory as to have resulted in a loss of confidence in him as an expert.

I do not consider that a claimant should be required to take such an assertion on trust. Equally, I can accept that it may not be reasonable, and has been found not to be reasonable in this case, to expect defendants to advance specific criticisms of an expert's report at the time when the possibility remains that the defendants will be driven to rely upon that expert because the application to replace him has been refused.

The answer in this case,.., is that ... the permission to instruct a new expert should be on terms that the report of the previous expert be disclosed. Such a course should both prevent the practice of expert shopping, and provide a claimant in the position of Mr Beck with the reassurance that the process of the court is not being abused. In this way justice will be seen to be done."(加黑部分是笔者的强调)

另 Simon Brown 大法官说:" I do not say that there could never be a case where it would be appropriate to allow a defendant to instruct a fresh expert without being required at any stage to disclose an earlier expert's report. For my part, however, I find it difficult to imagine any circumstances in which that would be properly permissible and certainly, to my mind, no such circumstances exist here."

12.2 先例之二:Vasiliou v. Hajigeorgiou

在 Vasiliou v. Hajigeorgiou (2005) 1 WLR 2195 上诉庭先例中,由于较早前法院命令并没有说明委任谁为专家证人,只说双方委任"对餐馆估值与估计利润的专家"。所以在此先例中,法院即使是不鼓励诉讼方好像在菜市场挑选一个对自己最有利的专家证人的挑选专家(expert shopping)做法,被告不满意第一位的专家想另换一个也不需要向法院申请批准。因为不需要法院允许更换另一位专家证人,所以法院也不存作出更换证人的先决条件的裁量权。虽然上诉庭判被告更换专家证人不需要法院批准,但在附带意见中同意如果需要法院批准,法院有权增加先决条件。

该先例的前言(head note)中说:

"the order of July 2004, agreed to by the parties' legal advisers, plainly and unequivocally identified the experts only by their field of expertise, and the failure to name the first expert in the order had not been an accidental slip which could be corrected under the slip rule; that, therefore, the terms of the order did not of themselves require the defendant to obtain the permission of the court to rely on the evidence of an expert other than the first expert; that since CPR r 35.4 empowered the court to grant permission not to 'instruct' an expert but to 'call' or 'put in evidence an expert's report' the order was to be construed as granting permission to call and put in evidence a report from one expert; that, therefore, the fact that the first expert had been instructed did not mean that the order had been carried into effect and did not of itself require the defendant to seek the court's permission to rely on the second expert; and that, accordingly, the defendant did not need the permission of the court to rely on the evidence of the second expert.

Expert shopping is undesirable and, wherever possible, the court will use its powers to prevent it. Where a party needs the permission of the court to rely on the evidence of a second, replacement, expert witness the court has the power, which it will usually exercise, to give permission on condition that the first expert's report is disclosed."

12.3 先例之三：Edward-Tubb v. J. D. Wetherspoon

在 Edward-Tubb v. J. D. Wetherspoon (2011) EWCA Civ 136 先例中，案情也是与 Beck v. Ministry of Defence (2003) EWCA Civ 1043 先例大同小异，涉及工伤。一审认为强加披露这一先决条件会侵犯诉讼特免权，而这是一个绝对权利(absolute right)。但上诉庭指出，法院完全有裁量权对批准引入新专家证人的命令附上条件要求披露原草拟专家报告、对本享有的诉讼特免权弃权。上诉庭认为专家证人是为了协助法院，所以一旦开始了专家证据的程序，法院就应该知道正确与全面的专家意见，不能通过更换专家证人回避。上诉庭的 Hughes 大法官说：

"The clear, indeed emphatic, decision was that where the court has power to attach such a condition to an order which is needed by the party changing expert, it should attach it. The court regarded itself as bound by the Beck case so to hold, but it also endorsed the earlier decision with further careful reasoning. Dyson LJ, giving the reserved judgment of the court, summarised the position (2005) 1 WLR 2195, para 29: 'The principle established in Beck v Ministry of Defence (Note) (2005) 1 WLR 2206 is important. It is an example of the way in which the court will control the conduct of litigation in general and the giving of expert evidence in particular. Expert shopping is undesirable and, wherever possible, the court will use its powers to prevent it. It needs to be emphasised that, if a party needs the permission of the court to rely on expert witness A in place of expert witness B, the court has the power to give permission on condition that A's report is disclosed to the other party or parties, and that such condition will usually be imposed. In imposing such a condition, the court is not abrogating or emasculating legal professional privilege; it is merely saying that, if a party seeks the court's permission to rely on a substitute expert, it will be required to waive privilege in the first expert's report as a condition of being permitted to do so.'....

... Authority apart, it seems to me that the imposition of a condition of disclosure is as justified in pre-issue as in post issue cases. I certainly accept that there may be perfectly good reasons for a party to wish to instruct a second expert. Those reasons may not always be that the report of the first expert is disappointingly favourable to the other side, and even when that is the reason the first expert is not necessarily right. That means that it will often, perhaps normally, be proper to allow a party the option, at his own expense, of seeking a second opinion. It would not usually be right simply to deny him permission to rely on expert B and thus force him to rely on expert A in whom he has for whatever reason lost confidence. But that is quite different from the question whether expert A's contribution should be denied to the other party by the fact of who instructed him. An expert who has prepared a report for court is different from another witness. The expert's prime duty is unequivocally to the court. His report should say exactly the same whoever instructed him. Whatever the reason for subsequent disenchantment with expert A may be, once a party has embarked on the pre-action protocol procedure of co-operation in the selection of experts, there seems to me no justification for not disclosing a report obtained from an expert who has been put forward by that party as suitable for the case, has been accepted by the other party as suitable, and has reported. Thus..., it is appropriate for the court to exercise the control afforded by rule 35.4 in order to maximise the information available to the court and to discourage expert shopping ...

For these reasons I would hold that the power to impose a condition of disclosure of an earlier expert report is available where the change of expert occurs pre-issue as it is when it occurs post issue. It is of course a matter of discretion, but I would hold that it is a power which should usually be exercised where the change comes after the parties have embarked upon the protocol and thus engaged with each other in the process of the claim. ..."

12.4 先例之四：BMG（Mansfield）Ltd v. Galliford Try Construction Ltd

在 BMG（Mansfield）Ltd v. Galliford Try Construction Ltd（2013）EWHC 3183（TCC）先例中，案情是工程争议，涉及原告的房子火灾并造成严重损失，去起诉被告建造与设计商，指称在设计与建造防火设备时疏忽。原告需要更换一位专家证人，他已经快到70岁高龄，不愿意继续接受委任。但被告抗拒，认为原告更换年老专家证人为何不早换，怀疑是试图寻找另一位对原告更有利的专家证人，而这是法院不鼓励的挑选专家做法。这个上诉庭先例另一个重要之处是说法院的裁量权可以要求申请更换专家证人一方披露更多本可享有诉讼特免权的文件,不只是以前的先例中的原专家证人的专家报告(拟定好并准备交出/交换)。现在所有有关文件,甚至包括代表律师与原专家证人的通讯,其他没有披露过也没有准备披露的报告(如前几份草稿),法院都有权要求披露,否则就不批准更换专家证人。

Edwards-Stuart 大法官说:

"On one view, therefore, this is not a case of 'expert shopping' at all. The first expert had, perhaps not unreasonably in the circumstances, indicated that he wished to withdraw from the case. . . . , he was hoping that this litigation would be concluded by the end of that year and that, when agreeing to continue to act as the Claimants' expert following his retirement from full-time practice, . . . did not envisage that the case would continue for as long as it has.

. . . it is in my view inherently plausible. I suspect that Mr Streeter (原告年老专家证人) may have found the mediation (and the experts' meeting that preceded it) to have been a fairly bruising experience and, when it failed to resolve the litigation, he then decided that he had had enough. . . . .

It seems to me that, at best . . . where there is an appearance of 'expert shopping'. In my judgment any such appearance is faint. . . .

In these circumstances this is not a case where I am prepared to order disclosure of all attendance notes by BLM(原告代表律师) in which Mr Streeter's opinions on any matter in issue have been recorded. To make such an order would result in a significant invasion of the Claimants' privilege which is not justified in the light of the evidence about the circumstances and timing of Mr Streeter's withdrawal from the case. . . . **I appreciate that the policy of imposing a condition requiring disclosure of a previous expert's reports is to deter the practice of 'expert shopping', but it seems to me that there has to have been 'expert shopping' or at least a very strong appearance of it, before disclosure of the type sought on this application should be ordered. I therefore decline to make an order of the type that the Defendants seek.**

However, I will order the Claimants to disclose any other report or document provided to BLM by Mr Streeter in which he expressed opinions or indicated the substance of such opinions onthe matters in issue in these proceedings. I understand that there may be no such report or documents, but I do not see why the Defendants should not have the comfort of such an order in case any such documents should hereafter come to light."(加黑部分是笔者的强调)

12.5 先例之五:Allen Tod Architecture Ltd v. Capita Property and Infrastructure Ltd

在 Allen Tod Architecture Ltd v. Capita Property and Infrastructure Ltd (2016)

EWHC 2171（TCC）先例中，涉及更换专家证人，因为原来委任的专家证人一直没有办法把他的专业意见表达清楚。案件是有关一个建造合约的争议，由于房屋的墙壁与地基有严重问题，带来工程延误与其他损失。这样，雇主向承包商（本先例的原告）提起诉讼索赔损失，但双方在诉讼程序中达成和解，承包商赔了雇主 200 万英镑。之后，承包商作为原告向被告分包商（本身是一位结构工程师）索赔并要求补偿这一笔 200 万英镑的损失。

在案件管理会议上，法院批准专家证据，并规定专家证人需要是结构工程师，但没有在命令中规定这个专家证人要委任谁。原告原本委任的专家证人 A 先生，由于一直延误交出专家报告，也不能把专业意见说清楚，导致原告最后失去信心而要更换另一位专家证人。但被告知悉 A 先生的委任，因为较早前有一个不成功的调解（Mediation），是 A 先生的同事（因为 A 先生没有空）作为专家出现协助。

这样，被告知道原告要更换专家证人就向法院申请，要求原告披露：（1）所有 A 先生曾经作出过的报告（包括草拟版本）；（2）其他所有有关的文件与通信往来；（3）委任 A 先生与更换新专家证人的律师信函，否则法院不应该允许更换专家证人。

这里有一个重要与有趣的问题，就是很多被告要求披露的文件肯定可享有诉讼特免权。可以说，即使不允许更换专家证人，导致原告需要依赖 A 先生作出的最后报告，其他要求的文件包括较早前专家报告的草稿，仍可享有诉讼特免权。所以，法院能否/应否要求披露？David Grant 大法官认为是可以的，因为这涉及法院行使裁量权以此作为交换条件，如果当事人不愿意放弃特免权就可以选择不更换专家证人："In my judgment there is no difference of substance between the position which obtains where the condition to be imposed is（a）disclosure of the previous report（in the form of a final and/or signed and/or Part 35 compliant report）of expert A, or（b）disclosure of any earlier draft or provisional report, or other relevant document, produced by expert A in which he sets out the substance of his opinion on the issues in the case, which would not have been disclosable had expert A remained the expert witness of the applying party. Accordingly, I do not find the fact that any of the documents presently sought to be disclosed are or may be cloaked with the cover of privilege is a reason for them now not to be disclosed as part of the price which the claimant will have to pay in order to call expert B as its expert witness at trial."

法院另说到，作为批准的交换条件，要申请人放弃特免权文件的范围多广根据案件的不同情况而定。显然，法院越感觉到更换证人是因为原专家证人的意见对申请的诉讼方不利或其他令法院感到不愉快的原因，就会越苛求披露大量甚至全部有关文件以作为交换的条件。相反，法院感觉申请人要更换证人没有办法，与挑选专家无关，如原专家证人去世了等，就会宽松甚至不要求披露这些诉讼特免权文件。

12.6 先例之六：Vilca v. Xstrata Limited

在近期的 Vilca v. Xstrata Limited（2017）EWHC Civ 136 先例中，原告是一名南

美秘鲁的工人,他在当地抗议行动中受伤,之后向被告英国公司与它控制的秘鲁公司在英国法院提起诉讼,索赔受伤带来的损失。由于涉及秘鲁法,所以双方需要在法院批准下委任秘鲁法律专家证人。双方在诉讼的推进中有在谈判并希望达成和解协议,但谈不拢,这导致被告在开庭审理前这一"决战前夕"想更换一位更资深(应该也更昂贵)的秘鲁法律专家。但由于交出/交换专家报告的时限临近,所以向法院申请延期,理由是更换专家证人需要时间让他/她接手。但这被法院加上了作出披露的先决条件,否则就不行使裁量权延期。这表示不严格批准更换专家证人,涉及其他与专家证人有关的要求(如延期)也可以行使裁量权增加先决条件。

13. CPR 生效后带来的变化之五:以文书向对方专家证人提问的做法

13.1 CPR 与英国 Civil Justice Council 对 CPR Rule 35 的指引

CPR Rule 35.6 引入了一个新的做法:

"**Written Questions to Experts**

35.6(1) A party may put to—(a) an expert instructed by another party; or (b) a single joint expert appointed under rule 35.7, written questions about his report.

(2) Written questions under paragraph (1)—(a) may be put once only; (b) must be put within 28 days of service of the expert's report; and (c) must be for the purpose only of clarification of the report, unless in any case— (i) the court gives permission; or (ii) the other party agrees.

(3) An expert's answers to questions put in accordance with paragraph (1) shall be treated as part of the expert's report.

(4) Where—(a) a party has put a written question to an expert instructed by another party in accordance with this rule; and (b) the expert does not answer that question, the court may make one or both of the following orders in relation of the party who instructed the expert— (i) that the party may not rely on the evidence of that expert; or (ii) that the party may not recover the fees and expenses of that expert from any other party."

一般法院会根据 CPR Rule 35.5(1)要求专家证人作出文书专家报告:"expert evidence is to be given in a written report unless the court directs otherwise."一方当事人可以文书直接向对方专家证人针对他/她的文书专家报告提问。若只有一个共同专家证人(SJE),也可向他/她提问有关文书专家报告中的内容。

另可节录英国 Civil Justice Council 对 CPR Rule 35 的指引"Guidance for the Instruction of Experts in Civil Claims 2014"之 67 – 69 段如下：

"67. Experts have a duty to provide answers to questions properly put. Where they fail to do so, the court may impose sanctions against the party instructing the expert, and, if there is continued non-compliance, debar a party from relying on the report. Experts should copy their answers to those instructing them.

68. Experts' answers to questions become part of their reports. They are covered by the statement of truth, and form part of the expert evidence.

69. Where experts believe that questions put are not properly directed to the clarification of the report, or have been asked out of time, they should discuss the questions with those instructing them and, if appropriate, those asking the questions. Attempts should be made to resolve such problems without the need for an application to the court for directions, but in the absence of agreement or application for directions by the party or parties, experts may themselves file a written request to court for directions (see paragraph 28 – 29)."

13.2　新做法的背后原因

新引入 CPR 背后的道理可以理解，双方当事人都应有权向对方专家证人与共同专家证人澄清（clarifications）以搞明白他们到底要向法院说什么，并为开庭审理时的交叉盘问（cross-examination）作精确的准备，也可简化与加速交叉盘问的程序，不必留待届时才澄清。毕竟，可能长达上百页的专家报告有内容不清不楚、相互矛盾、长篇大论、有所遗漏与离题之处是很常见。这是表达与/或思维精密等方面的水平问题，或是勤奋与否与小心没有疏忽的问题，不是独立与否与不偏袒的问题，所以也可以发生在共同专家证人的报告中。

但针对双方当事人都有各自的专家证人情况，已经有两次机会向对方专家证人澄清他/她报告中的内容。一次是在稍后的两位专家证人会面（Joint Meeting）并作出共同声明/备忘录（Joint Memorandum/Statement）时，另一次是开庭审理的交叉盘问时。所以，何必多此一举？毕竟，诉讼程序与相关工作必须避免重复，否则只会不必要地浪费费用与时间。看来，以文书提问与这两次澄清的机会有不同的目的。两位专家证人会面是让他们作为有地位的专业人士（通常情况），在知道自己对法院的责任的情况下私下会面，试图收窄双方在专业方面的分歧并通过一份共同声明/备忘录向法院汇报。这可避免因为有太多分歧而每个分歧都要花时间针对，所以开庭审理时将对专家证人的交叉盘问拖得太久。而且，交叉盘问时向对方专家证人提问也不是为了澄清以理解专家报告的内容，而是挑毛病以丑化该专家证人。

本小段针对的向对方专家证人澄清只是为了更好与尽快了解专家报告的内容，可以及应该留待两位专家证人会面或交叉盘问时才提出与质疑的问题，就必须不在此时假借"澄清"提出。所以设计上 CPR Rule 35.6(2)(a)只能提问一次，以防纠缠不清。另 CPR Rule 35.6(2)(b)规定，提问要在收到专家报告后的 28 天内，一旦过了时限对方专家证人就可以拒答，除非法院另有命令。

什么才算是“澄清”专家报告内容的问题，CPR 并没有定义。《白皮书》（White Book）针对这方面说：“It would seem that questions should not be used to require an expert to carry out new investigations or tests, to expand significantly on his/her report or to conduct a form of cross-examination by post.”该解释虽然有用但仍是泛泛。虽然已有一些这方面被报导的案例（多数是人身伤亡的案件，通常是医学方面的专业）被判提出的问题不是“澄清”而专家证人可以不必作答，但由于涉及特定专业与案件案情，所以节录作为介绍对读者也没有帮助，或可干脆以一个假设但通俗易懂的例子作介绍：如对方专家证人的报告中说到他曾有 3 年与爱因斯坦先生同事，就需要澄清在什么年份与在德国或美国等。但进一步“澄清”他与爱因斯坦先生共事时有过什么重要的研究成果或发表过什么文献等，就不成了。

所以，向对方专家证人提出的问题要掌握好轻重。除了问题的本质，也不应长篇大论问太多，这是要顾及成比例（proportionality）的大原则，否则对方专家证人会在代表律师的建议下拒绝回答，也可以根据 CPR Rule 35.14 向法院申请可拒绝回答对方提出的问题的指示：见 Wilson v. Al-Khader（2015）EWHC 4240（QB）；Lalana Hans Place Ltd v. Michael Barclay Partnership（2017）EWHC 29（TCC）；Mustard v. Flower（2019）EWHC 2623（QB）；Madden v. B24 Ltd & Eon Productions Ltd（unreported, 7 August 2019）等先例。在一定程度上，这与英国《Arbitration Act 1996》之 Section 57（3）（a）与香港《仲裁条例》（第 609 章）之 Section 69 要求仲裁庭澄清或解释仲裁裁决书类似。

接下来简单介绍上述先例的有关要点。

13.3 先例之一：Lalana Hans Place Ltd v. Michael Barclay Partnership

在 Lalana Hans Place Ltd v. Michael Barclay Partnership（2017）EWHC 29（TCC）先例中，涉及被告在原告的专家证人 de Silva 先生的专家报告中发觉 de Silva 先生早前有参与设计该诉讼的争议工程（补救豪宅地下室墙壁），在开庭审理前几天向法院申请要求 de Silva 先生澄清其参与设计工作的细节与详情。这就涉及这些文件与额外信息是否可以享有诉讼特免权的问题，因为如果 de Silva 先生参与并向原告提供专业意见是在诉讼发生或可能发生时，就可享有诉讼特免权。但如果他的参与并向原告提供专业意见只是工程的部分与诉讼无关，就变为了与该诉讼的争议/争端有关的当场文件证据了，肯定是要披露。双方对此有争议。

专家顾问/“影子专家”转为专家证人就会有这方面的危险，反正原告反对的两个理由是：（1）时间上太迟，错过 28 天时限与再过一个星期就要开庭。（2）回答会涉及诉讼特免权。

有关提问题太晚，Coulson 大法官说有两步的测试（two-stage test）：一是看是否是公平处理（fair handling at trial），如提的问题是否重要；二是看对开庭准备与开庭时间有什么影响。Coulson 大法官说：“First, if I concluded that the application went to an issue that was relevant to the fair disposition of the trial, I should not necessary refuse it simply on grounds of delay. Secondly, in this circumstances, the delay would fall to be considered by reference to questions of potential prejudice: if the application, and any work to be done as a consequence of the application, put the trial date in jeopardy, or comprise an unfair burden on the claimant so close to trial, then that would again be a complete reason for refusing the application. If, on the other hand, I thought the application went to an important issue and could be dealt with by the claimant before the trial, then I should allow it."

至于特免权方面,Coulson 大法官认为当时没有时间处理有关问题的事宜是否可享有特免权,在这个阶段可先同意被告的申请要求原告的专家证人作出澄清,而原告也仍然可以依赖特免权拒绝专家证人回答原告认为受特免权保护的信息,不回答个别或全部问题。至于是否真的受特免权保护则可以留待马上就要进行的庭审,在庭审最开始解决,Coulson 大法官说:"I conclude that the claimant should answer the request and the claimant can decide whether it wishes to continue to assert privilege or not. Any subsequent debate on that topic can be dealt with at the start of the trial."

13.4　先例之二:Wilson v. Al-Khader

另在 Wilson v. Al-Khader (2015) EWHC 4240 (QB)先例中,涉及实体诉讼的原告 Al-Khader 女士在一宗意外严重受伤而变为植物人。她的专家报告说她会生存多年(with the present regime of care Mrs Al-Khader could survive for many years to come)。这种情况代表索赔金额会非常巨大,因为要计算很多年的医疗与照顾 40 岁 Al-Khader 女士的费用。越早死亡,赔偿金额就相对越低。被告律师向原告专家证人提出 14 条问题,包括:(1)你预期一位 40 岁脑部受伤的植物人的生命期是多长?(What is the anticipated life expectation of a woman in a vegetative state following traumatic brain injury aged 40?)(2)你个人的意见是 Al-Khader 女士会生存多少年?(How many years is it likely, in your opinion, Mrs Al-Khader will survive?)

原告律师认为这些问题不适合提前回答,需要等到所有的事实证据/证人的口头证据都有了定局后才能回答。的确,提早回答会让被告盘问律师有在交叉盘问时丑化原告的专家证人的机会,所以建议原告的专家证人拒绝回答。原告专家证人回复说:"我目前不能给有关生命期的详尽意见,需要在稍后的诉讼阶段(应是指交叉盘问)才回答。"

这导致被告向法院申请命令原告专家证人作答。但被告在一审与上诉均失败,判这些问题不是澄清,实是邀请原告专家证人表达一个在本来的专家报告中没有包括的额外专家意见[in reality invitations to express an opinion that, conspicuously, the expert in question had not expressed in (his) report]。

13.5　先例之三:Mustard v. Flower

最后在 Mustard v. Flower (2019) EWHC 2623 (QB)先例中,原告对被告 6 份专

家报告提出大量(47 个,很多还带出分支)问题/分问题,要被告专家证人澄清。法院说从未见过这么大量的问题,说:"I have never before encounter a set of questions to experts even remotely approaching the scale and complexity of these and I have never known questions to provoke letters to the court from an expert or group of experts phrased in terms as the present."

法院最后拒绝,理由是:(1) 完全不成比例(wholly disproportionate);(2) 明确不是为了澄清(overwhelmingly not for the purposes of clarification);(3) 问题类同交叉盘问(amounted to cross-examination)。法院接受有小部分的问题会是涉及澄清,因为在专家报告中有针对但会有遗漏(omissions),但更正确与恰当做法是留待双方当事人的专家证人在会面与向法院作出共同声明/备忘录时针对。

14. CPR 生效后带来的变化之六:双方专家证人开庭前会面与作出共同声明/备忘录

14.1 CPR 生效前的先例显示英国法院的同样做法

双方当事人的专家证人被要求去会面的目的是希望他们对他们之间在专业上的分歧可达成统一意见,或至少可收窄,从而缩短开庭审理的时间与减轻负担。特别是在工程/建筑争议,大部分的事实争议都是技术性的问题,而且项目很多,如果双方专家证人可以诚意同意收窄部分分歧(即使不是关键性的),就无须在开庭审理时针对,可以大大减少诉讼或仲裁开庭时花费在专家证人盘问上的漫长时间。Bowsher QC 大法官在 Robin Ellis v. Malwright (1999) 15 Const LJ 150 先例中举了一个好例子:"When quantity surveyors ... meet without prejudice under order of the court, they often discuss figures which are not precise but fall within a band of what is reasonable. Discussions between the experts may lead them into a recognition that they are respectively proposing figures at the top and the bottom of the range. They may then sensibly modify their views to agree upon a figure between the extremes. That may be referred to as a compromise, but it is not a compromise in the sense of a compromise agreement binding the parties."

显然,同样情况也适用于估价师(valuers)或定损专家(quantum experts)等专家证人。

这种做法在法院很早就有了,笔者在国际商事仲裁也很早见到这种做法。只要双方当事人的专家证人针对的是同一议题,仲裁庭在一般情况下就会命令两位专家证人在无损害(without prejudice)的地位下会面,并试图减少或收窄专家之间的争议/争端(expert issue)的范围。无损害,是指他们可以对会面和谈的内容保持机密,享有和解谈判的无损害特免权(without prejudice privilege),[45]除非两位专家证人达成合意去披露。无损害也可从双方当事人的角度去看,就是他们委任的专家证人在会面时同意的争议/争端不约束他们。换言之,当事人可以在开庭审理时否定自己专家证人在会面中与对方专家证人的共同观点。例如,攻击他们共同意见或观点所假设的事实有偏差。

在专家会面(joint meetings)后,通常会作出一份共同声明/备忘录,分别列出双方能够同意与不能同意的争议/争端。命令也会要求双方当事人的代表律师不参与会面,以免增加对抗性、戒心与敌意,反而导致两位专家证人不能同意或收窄分歧。专家证人在法律上是为了帮助法院或仲裁庭了解科技或专业知识,所以向他们提出这个要求与指示在道理上无法抗拒,也不需要双方当事人同意。但这种要求不会向事实证人(factual witness)提出,就算提出也是徒劳无功,毕竟事实真相只有一个,无法像意见一样妥协或收窄分歧。

有了以上解释,可以容易了解一些 CPR 生效前的先例的说法,如:

1. Tomlin 大法官早在 Graigola Merthyr Co Ltd v. Swansea Corporation (1928) Ch 31 先例中说:"Long cases produce evils . . . In every case of this kind there are generally many 'irreducible and stubborn facts' upon which agreement between experts should be possible, and in my judgment the expert advisers of the parties, whether legal or scientific, are under a special duty to the court in the preparation of such a case to limit in every possible way the contentious matters of fact to be dealt with at the hearing. That is a duty which exists notwithstanding that it may not always be easy to discharge."

2. 另在 1999 年 CPR 生效前的 Carnell Computer Technology Ltd v. Unipart Group Ltd (1990) 16 Con LR 19 先例中,针对双方专家证人在开庭审理前会面进行无损害谈判以收窄争议的做法的好处有详尽解释,如下:

"The judge said that the note to the order in the White Book merited consideration. He said that rule 38 took a significant step towards the open system of pre-trial procedure.[46]

It empowered the court in any cause or matter . . . to direct that the experts of the parties must meet, though under the protection of 'without prejudice' for the purpose of identifying those parts of the evidence which are in issue. At such a meeting they can prepare a joint statement indicating those parts of their evidence on which they are and those parts on which they are not in agreement.

His Honour said that the power under the rule might be exercised without the prior

---

[45] 关于无损害特免权可见笔者的《证据法:国际规管与诉讼中的文件攻防》一书第十三章。

[46] 这是一个较早前先例,以前的高院规则(RSC)之 Rule 38 引进了这种双方当事人专家证人会面的做法,在 1999 年后被 CPR Rule 35.12 替代。

consent of the parties. **The experts of the parties are required to meet, albeit 'without prejudice'**. The rule assumed that the experts of the parties may wish to decide to remain in a state of 'confrontation' on all or some of the matters, issues or questions, and in such case **they should prepare a joint statement**. This statement should say either that they are not in agreement on the whole of their joint statement, or indicate those parts on which they are in agreement. Such agreement then has the effect of removing the protection of 'without prejudice' in respect of the matters agreed upon.

His Honour said that by this machinery, the parties will know **before the trial the rationale and extent of the agreement or disagreement between their experts** and this **may well promote a settlement** between them, which will be arrived at **on a fairer basis** in the sense that they will be proceeding in the knowledge rather than the ignorance of the strength or weakness of their respective cases. His Honour said that if the action should proceed to trial, the parties would be **able to concentrate on the real controversies between them** in the areas on which the experts will have indicated that they are unable to agree, and in that way a great deal of otherwise wasteful effort, labour, cost and expense could be saved. The process of the trial itself should be made more smooth and its length significantly shortened.

His Honour said that in the experience of many solicitors practising in construction litigation, **'without prejudice' meetings have often proved very beneficial. Partial or complete settlement has resulted from such meetings**. The judge said that an important element is the **creation of mutual trust** between the experts, and that such trust can only be achieved over a number of meetings. He also said that orders for the preparation of such joint statements had been made extensively only in recent times. After a slow implementation, experts under guidance from the parties' solicitors were becoming active in preparing such a joint statement..."(加黑部分是笔者的强调)

3. 最后介绍在《Rules of Supreme Court》(RSC)之 Order 38, Rule 38 下的 Robin Ellis v. Malwright 先例,Bowsher QC 大法官说:"The purpose of the experts' meetings and the joint statement of experts is stated in the orders. Before the court will allow the evidence to be adduced, it is to be refined by the experts so far as possible. It is not for the parties to tell the experts what opinions they are allowed to hold. The duty owed by the experts to the court is to express in their joint statement and in their reports to the court the views which they themselves honestly hold. It is well understood that after giving his initial privileged advice to the party to the litigation an expert may honestly change his opinion either as a result of further research and thought or as a result of discussions with other experts. If he does so change his mind, he should record that change of mind either in the joint statement or in his report or, if necessary, in a supplemental

report, bearing in mind that those documents will eventually become the basis of his sworn testimony.... The freedom and duty of the expert to record freely such changes of opinion is most clear when the expert is to give evidence on opinion as to scientific or engineering theory and practice...."

CPR 后专家会面在做法上并没有太大不同,最大的变化是 CPR 明确了专家证人是面对法院,是法院的官员(officer of the court)。如果双方专家证人明白(也必须明白)自己对法院的职责,诚意试图收窄分歧,在 CPR 下的专家会面应比 RSC 更有效果。但是如果有一位或两位专家证人仍带着旧思维表现得过于对抗性,就会很容易从共同声明/备忘录中看出来,因为 CPR 要求在共同声明/备忘录(joint memorandum/statement)写明不同意的理由。这不仅会在交叉盘问中被对方盘问律师质疑,也会让法院怀疑独立性,从而导致专家证据的分量受影响,还可能会被惩罚。这些将在接下来的段节有详细介绍。

14.2 相关的 CPR 立法条文与英国 Civil Justice Council 的指引

可先节录 CPR Rule 35.12 如下:

"**Discussions between experts**

(1) The court may, at anystage, direct a discussion between experts for the purpose of requiring the experts to – (a) identify and discuss the expert issues in the proceedings; and (b) where possible, reach an agreed opinion on those issues.

(2) The court may specify the issues which the experts must discuss.

(3) The court may direct that following a discussion between the experts they must prepare a statement for the court setting out those issues on which – (a) they agree; and (b) they disagree, with a summary of their reasons for disagreeing.

(4) The content of the discussion between the experts shall not be referred to at the trial unless the parties agree.

(5) Where experts reach agreement on an issue during their discussions, the agreement shall not bind the parties unless the parties expressly agree to be bound by the agreement."

另可节录英国 Civil Justice Council 对 CPR Rule 35 的指引"Guidance for the Instruction of Experts in Civil Claims 2014"标题为"Discussion between experts"的 70–82 段的详尽内容如下:

"**70. The court has the power to direct discussions** between experts for the purposes set out in the Rules (CPR 35.12). Parties may also agree that discussions take place between their experts **at any stage**. Discussions are not mandatory unless ordered by the court.

71. The purpose of discussions between experts should be, wherever possible, to: a. identify and discuss the expert issues in the proceedings; b. reach agreed opinions on those issues, and, if that is not possible, narrow the issues; c. identify those issues on which they agree and disagree and summarise their reasons for disagreement on any issue; and d. identify what action, if any, may be taken to resolve any of the outstanding issues between the parties. They are not to seek to settle the proceedings.

72. Where single joint experts have been instructed but parties have, with the permission of the court, instructed their own additional Part 35 experts, there may, if the court so orders or the parties agree, be discussions between the single joint experts and the additional Part 35 experts. Such discussions should be confined to those matters within the remit of the additional Part 35 experts or as ordered by the court.

73. Where there is sequential exchange of expert reports, with the defendant's expert's report prepared in accordance with the guidance at paragraph 63 above, the joint statement should focus upon the areas of disagreement, save for the need for the claimant's expert to consider and respond to material, information and commentary included within the defendant's expert's report.

74. Arrangements for discussions between experts should be **proportionate to the value of cases.** In small claims and fast-tracks cases[47] there should not normally be face to face meetings between experts: telephone discussion or an exchange of letters should usually suffice. **In multi-track cases discussion may be face to face but the practicalities or the proportionality principle** may require discussions to be by telephone or video-conference.

75. In multi-track cases the parties, their lawyers and experts should cooperate to produce an agenda for any discussion between experts, although primary responsibility for preparation of the agenda should normally lie with the parties' solicitors.

76. The agenda should indicate what has been agreed and summarise concisely matters that are in dispute. It is often helpful to include questions to be answered by the experts. If agreement cannot be reached promptly or a party is unrepresented, the court may give directions for the drawing up of the agenda. The agenda should be circulated to experts and those instructing them to allow sufficient time for the experts to prepare for the discussion.

77. Those instructing experts must not instruct experts to avoid reaching agreement (or to defer doing so) on any matter within the experts' competence. Experts are not permitted to accept such instructions.

---

〔47〕 CPR 下的小额程序(Small Claim)适用于争议金额在 1 万英镑以下的案件,快速程序(Fast Track)适用在争议金额在 1 万至 2.5 万英镑的案件,但涉及中国公司的争议应绝大多数都是适用"multi-track"的金额较大案件。

78. The content of discussions between experts should not be referred to at trial unless the parties agree (CPR 35.12(4)). It is good practice for any such agreement to be in writing.

79. At the conclusion of any discussion between experts, **a joint statement should be prepared setting out**: a. issues that have been agreed and the basis of that agreement; b. issues that have not been agreed and the basis of the disagreement; c. any further issues that have arisen that were not included in the original agenda for discussion; and d. a record of further action, if any, to be taken or recommended, including if appropriate a further discussion between experts.

80. The joint statement should include a brief re-statement that the experts recognise their duties (or a cross-reference to the relevant statements in their respective reports). The joint statement should also include an express statement that the experts have not been instructed to avoid reaching agreement (or otherwise defer from doing so) on any matter within the experts' competence.

81. The joint statement should be agreed and signed by all the parties to the discussion as soon as practicable.

82. Agreements between experts during discussions do not bind the parties unless the parties expressly agree to be bound(CPR 35.12(5)). However, parties should give careful consideration before refusing to be bound by such an agreement and be able to explain their refusal should it become relevant to the issue of costs."

笔者只对以上加黑的段节简单介绍如下：

70 段：这是说，法院在 CPR 下有权命令双方当事人的专家证人在任何诉讼程序阶段(开庭前或开庭审理进行中)会面商谈。当然一般是在开庭审理前，但会有较罕见情况是有关科技/专业的争端在开庭审理中有所扩大，故法院保留权力下令当时双方专家证人在另一个小房间商谈。与开庭审理前会面类似，要把新出现的争端一项一项列出来，要求他们尝试达成全面或部分一致意见。

71 段：双方当事人的专家证人被要求会面的目的是希望他们能够确定有哪些争议/争端，他们可否对专业上的分歧达成统一意见或至少可去收窄，对无法同意的分歧说明各自的理由，建议什么办法可解决此分歧等。曾有一个香港仲裁案件，双方专家证人会面后回来向仲裁庭说所有科技争端全部同意了。当时仍在开庭审理中，正在交叉盘问事实证人，但这样诉讼也就无法进行了，因为案件主要涉及专家证据。另稍后介绍的 Jones v. Kaney (2011) UKSC 13 等先例也是类似情况，显示这个做法不是奢望。

74－75 段：在成比例大原则下，专家证人会面(甚至会有多次)也会有不同的方法。显然针对英国法院经常要处理的本土小金额民事诉讼(small claims 与 fast-tracks cases)，电话会议或书信往来即可。但较大案件(multi-track cases)就要面对面才会更有成果,双方代表律师也应与专家证人一起准备一份会面议程(agenda),因为律师才会更知道双方当事人在诉讼中关键性的技术或专业方面争议,避免专家在讨论时遗漏。律师帮助草拟的议程会列出一些专家一定要讨论与回答的关键性问题,以最大限度达成会面收窄双方分歧后缩短庭审时间的目的。

77 段:在 CPR 下专家证人独立与对法院负责,所以法院命令两位专家证人会面,不严格与当事人与代表律师有关,后者不得阻示。当事人与代表律师也不准试图影响或局限专家证人的自由,专家证人在与对方专家证人在会面时(或之后,如双方再以传真或电话交谈),可以自由确定有哪些争端,试图达成一致或至少收窄分歧。而专家证人自己也必须自重,不听从客户当事人的指示(如果有),也不得在会面时向对方当事人的专家证人说"我要问了客户才能同意你的观点",即使不能马上在会面时确认,也只能说"我要回去想想后才能同意" 等,才不会被对方抓住弱点。

当事人代表律师不准参与会面,除非双方当事人同意或在特殊情况下法院下令。例如,双方同意由于两位双方专家证人之间语言不通,需要旁人协助(但不干预),并协助拟定会议记录(这文件享有特免权)与草拟给法院的共同声明/备忘录(Joint Statement/Memorandum)等,所以双方当事人会同意他们的代表律师可以从旁协助。

78 段:这里涉及特免权,两位专家证人的会面商谈内容可享有无损害特免权(without prejudice privilege)以保护和解谈判的机密性,除非大家同意弃权公开。但他们会面后的共同声明/备忘录显然是要提供给法院,这份文件就不存在无损害特免权了。在 Robin Ellis v. Malwright (1999) 15 Const LJ 150 先例中,Bowsher QC 大法官说:"I have ruled that the joint statement signed by the experts is not privileged... The discussions and correspondence between the experts were and remain privileged.... Experts' meetings and the communications associated with them are without prejudice and protected by privilege for the public policy reasons to which I have referred. Following older authority, what is agreed as a result of those without prejudice meetings is not privileged. It is only as an open document that the joint statement can serve its purpose in limiting the issues in the action."

79 – 81 段:如果两位专家证人是独立与理解在 CPR 下对法院的责任,加上自己在行业/专业内的声誉与地位,在大家讲道理与说话在同一频率(talk same language)、相互尊重的情况下,的确是有很大可能在一次或多次会面后收窄争议/争端,甚至达成一致意见。但问题也经常出在会面后拟定共同声明/备忘录会要律师协助,这可能导致专家证人改变想法。所以如果能做到,大家会面后但仍未离开时最好当场就由双方专家证人签署拟定妥的共同声明/备忘录,以防将来反口。其他情况下也是尽早签妥给法院的共同声明/备忘录。

专家证人在给法院的共同声明与备忘录外,可追补一份附加报告(supplemental expert report)给法院说明无法同意的较详尽原因。

82 段:专家证人在与对方专家证人会面时达成一致的意见或观点是不约束客户

当事人。这从很多现实与法律方面都说得通,如:(1) 专家证人只是一位证人,他/她不像代表律师有当事人的真正或表见授权(actual or ostensible authority);(2) 专家证人对案件的熟悉程度与了解有限(只在科技或专业方面),也不会为客户当事人与对方达成和解的恰当人选;(3) 在 CPR 下专家证人更应独立,不应考虑客户当事人的利益去与对方专家证人达成一致等。这方面有不少先例,包括在 CPR 生效前,如在 Richard Roberts Holdings Limited v. Douglas Smith Stimson Partnership (1989) 47 BLR 113 先例中,John Newey QC 大法官说:"I think it would be quite alien to the role of expert witnesses that they should have an automatic power to bind parties at the conclusion of 'without prejudice' meetings. An 'expert' does not represent a party in the way that a solicitor represents his client; he is principally a witness and his duties are to explain to the court (and no doubt to those who instruct him) technical matters and to give objective 'opinion' evidence."

另在 Robin Ellis v. Malwright 先例中,Bowsher QC 大法官说:"While the parties are not bound by the agreement already reached by the experts or by any further agreement reached by them in the further meetings which I have ordered, a party wishing to present a case inconsistent with those agreement will plainly be faced with considerable difficulties and I have little doubt that with the benefit of the experts' agreements the parties will be assisted in reaching appropriate compromises."

虽然两位专家证人在会面商谈后达成的一致意见不约束不利的一方当事人,但他能做什么改变这不利情况呢?总的说肯定不容易,法院也不同情这种"输打赢要"的做法。是证明会面当天专家证人喝醉了酒?或是要求法院批准另委任一位新的专家证人企图驳倒原先的专家证人?针对后者,上诉庭的 Chadwick 大法官在 Stanton v. Callaghan (2000) QB 75 先例有提到说:"Once they knew of the view recorded in the joint statement and in Mr Callaghan's (专家证人) final report, the plaintiffs were faced with the choice of accepting his advice or **instructing another expert**."但在 CPR 下,也不大可能获得法院批准去这样做了。

也可以直接事实证据反驳专家共同意见所假设的事实与问题是错误的,或是该科技或专业知识的共同意见对有关案件的最后结果不是关键性或结论性。但这些情况在不同案件/案情下会发生的几率都不高,所以大部分案件还是以不利一方当事人和解或投降了事,因为继续开庭审理并要求己方的专家证人出庭只是自取其辱。如果要责怪"背叛"的专家证人,就要分析专家证人有否犯错,因为本书在第六章之3段与接下来会介绍 Jones v. Kaney 最高院先例,以表明专家证人已失去豁免权(immunity)。

14.3　己方专家证人在会面后的共同声明/备忘录中错误认同对方专家意见之 Jones v. Kaney 最高院先例

在 Jones v. Kaney (2011) UKSC 13 先例中,Jones 先生交通事故后留下心理创伤

(psychiatric consequence),患上创伤后应激障碍(Post Traumatic Stress Disorder,简称"PTSD")。交通事故的责任是一面倒非常明确,因为交通肇事者在事故时是醉酒驾驶与没有驾驶执照。所以争议不在责任而是在损失计算,也可以预计 Jones 先生作为交通事故受害人会夸大他的损失,而交通肇事者(实际上是背后的第三人保险公司)会尽力压缩赔偿金额,这就难免双方当事人都需要这方面的医学专家证人。本先例的被告 Kaney 医生是一位临床心理学家,Jones 先生在交通事故索赔的诉讼中委任她作为专家证人对 Jones 先生作出诊断,她在报告中说明 Jones 先生患有 PTSD,这是 Jones 先生向交通肇事者索赔损失的重要依据。在法院诉讼程序中,双方专家证人被命令会面商谈,并试图收窄专家意见分歧与作出一份共同声明/备忘录给法官。但在该过程,Kaney 医生无条件、无保留地签署了一份由对方专家证人准备的共同声明/备忘录,确认 Jones 先生没有达到 PTSD 的程度,共同声明/备忘录中甚至提到怀疑 Jones 先生在诊断时有欺骗性陈述。这无疑对 Jones 先生非常不利,导致他被迫接受比原来索赔金额低得多的和解金额。

Kaney 医生在签这份共同声明/备忘录时没有看对方专家证人的报告,并且虽然认为共同声明/备忘录没有反映她在会面时说的话或者她的真正观点,但仍在压力下签了字。之后 Kaney 医生也没有修改她的专家报告或解释她为什么改变主意。

Jones 先生以 Kaney 医生专业疏忽为由向她索赔损失,Kaney 医生的抗辩是她享有豁免权,该先例一直打到了最高院,最高院的多数意见废除了专家证人原本可享有的豁免权。

14.4 己方专家证人在会面后的共同声明/备忘录中正确认同对方专家意见之 Guntrip v. Cheney Coaches Ltd 先例

另在 Guntrip v. Cheney Coaches Ltd (2012) EWCA Civ 392 先例中,案情涉及一位校巴司机在更换膝盖的手术后上班,被委派去驾驶一辆老式手动档而并非是自动档的巴士。他之后指称使用离合器(clutch)导致他动了手术的膝盖产生问题,并向雇主 Cheney Coaches 提出索赔。因为雇主违反立法责任在没有好好衡量风险之前,就委派他做这一份驾驶手动档巴士的工作。这种涉及人身伤害与赔偿金额的案件,显然需要专家证人。Jackson 先生作为原告校巴司机委任的专家证人在交换专家报告后与被告的专家证人 Briggs 教授会面商谈试图收窄争议/争端范围。在会面后两位专家证人作出的共同声明/备忘录中同意:"This work is work that somebody could routinely expect to return to with a well functioning unicompartmental replacement. The stresses involved even with a stiff manual clutch should not pose a problem with a satisfactory replacement. . . . there is a temporal relationship between the start of his synth is and his return to work. It is likely that these would have occurred anyway and were not caused by his return to work."

但这样,Guntrip 先生就无法胜诉了。他能成功向雇主索赔就需要 Jackson 先生的专家意见是他的膝盖问题复发是因为返回工作岗位驾驶该巴士。即使是返回工作岗位只是加速了复发也不够,因为这不是 Guntrip 先生文书请求中的案件(unpleaded case)。所以,Guntrip 先生的律师团队想更换另一位专家证人,名为 Banks 先生。但更换专家证人的申请被一审的 Payne 法官拒绝,理由如下:

"1. The claim was an old claim and was shortly to enter its third year.

2. If Mr Guntrip were to be given permission to adduce the evidence of Mr Banks, there would have to be a further meeting between experts which would cause a significant delay likely to be longer than three months.

3. Significant extra costs would be involved. Those costs would run into thousands of pounds in the context of a significant although not enormous claim. If those costs were to be incurred, the overall costs burden would be disproportionate.

4. The grant of the application would have a deleterious impact on the possibility of a fair trial. Part of the defence turned on disputed questions of fact and memories would fade over time.

5. There had already been delay. The proceedings were issued almost at the end of limitation period and Particulars of Claim were served almost at the end of a period prescribed forthat. Two trial windows had already been vacated. Although he did not say so, allowing the application would necessarily mean that the third trial date could also not be held.

6. Mr Jackson had expressed his views tentatively in his disclosed report so that the agreed statement did not represent a complete change of mind.

7. Although Mr Guntrip would undoubtedly feel aggrieved that the application were refused. Chaney Coaches would be equally aggrieved if it were granted.

8. Having considered carefully the content of the evidence to be given by Mr Banks, ... took the view the value of his evidence wouldbe small."

之后在上诉庭,除了支持一审判决外,Lewison 大法官也提到了 Jackson 先生与 Briggs 教授会面后在共同声明/备忘录中改变立场,不再支持委任方 Guntrip 先生的立场与主张是正确做法,说:"The expert's overriding duty applies not only to the preparation of an initial report, but also to the preparation and agreement of a joint statement with an expert advising an opposing party as well as, of course, to evidence given orally in court. If at any time the expert can no longer support the case of the person who instructed him, it is his duty to say so. **Indeed, if the expert forms that view it is far better that he says sooner rather than later before the litigation costs escalate.** It is partly because an expert's overriding duty is to the court that the court discourages expert shopping, particularly where a party has had a free choice of expert and has put forward an expert report as part of his case. He must adduce good reason for changing expert. The mere fact that his chosen expert has modified or even changed his views is not good enough. The expert may have had good reason for changing his views. He may have been confronted with additional evidence as in Singh v. CS O'shea & Co Ltd [2009] EWHC 1251 (QB). His opposite number may have pointed out flaws in his initial report, especially in cases where reports have been exchanged rather than served sequentially. It is not possible to lay down hard and fast rules."(加黑部分是笔者的强调)

14.5 专家证人对抗意识过浓导致会面无用的 Igloo Regeneration (General Partner) Ltd v. Powell Williams Partnership 先例

在 Igloo Regeneration (General Partner) Ltd v. Powell Williams Partnership (2013) EWHC 1718 (TCC)先例中,案情涉及买卖19世纪的旧厂房,被告测量师(surveyors)被委任去检查。事后原告买家指控被告疏忽,没有注意到一些严重的裂缝,导致买了两年后出现重大安全问题,所以在此诉讼以专业疏忽向被告索赔损失。在此只针对双方当事人的两位专家证人在法院命令的专家会面中十分不合作,导致会面根本没有起到作用。

该先例的 Akenhead 大法官批评说:"It was a disappointing feature of the case that there was what some might call a **'disconnect' between the experts** on each side and in each discipline. They were permitted to exchange a number (up to 5) addendum reports in report or letter form, which is not a practice to be encouraged as it adds to the cost and to the complication of any given case; supplementary reports may be necessary but not generally because the whole idea of the experts producing joint statements listing what is agreed and disagreed is to enable the experts to deal in their main reports only with what is not agreed. Examination of the voluminous second joint statement of the engineer experts reveals what is **essentially a running debate on numerous points** which is almost like a long and partly repetitive pleading; it was not helpful. It also revealed as was confirmed by Mr Brown in oral evidence that by this stage **the two experts had fallen out with each other**, which again was not satisfactory. The quantum expert statements were not particularly helpful because they seem to **have largely incorporated almost verbatim what was in their reports**; it was surprising (and unusual) that there was such **little agreement on the figures**."(加黑部分是笔者的强调)

14.6 因为代表律师拟定的议程混乱与对抗导致会面无用的 Saunders v. Central Manchester University Hospitals NHS Foundation Trust 先例

在 Saunders v. Central Manchester University Hospitals NHS Foundation Trust (2018) EWHC 343 (QB)先例中,原告声称被告医院在手术时疏忽,导致他留下永久性的后遗症与要接受另一次手术,被告则否认存在疏忽。双方各委任了一位医学专家并提供了报告。专家证人会面后作出了一份60页的共同声明/备忘录,Yip 大法官说这份共同声明/备忘录没有同意任何事情也没有收窄任何分歧。但 Yip 大法官认为这不是专家证人的问题,而是专家会面时的议程(agenda)的问题。议程并非一个双方共同同意的议程，而是两个包含重复问题的议程，这是因为拟定议程的代表律师不合作与加强了对抗性。Yip 大法官批评说：

“Both experts provided clear reports that were easy to read; thorough and attractively presented with useful diagrams attached. However, their joint statement was disappointing. It was 60 pages long and did not fulfil the purpose identified in CPR 35PD 9.2 'to agree and narrow issues'. It seemed to me that the difficulty may have arisen not through the fault of the experts but through the way in which the agendas were drafted. I say 'agendas' because, for reasons not explained to me, there had apparently been two separate agendas that the experts were required to consider. Both involved repetitive questions for the experts and far from producing a focus on the real issues, the result was a document that served only to confuse rather than assist.

I can see no good reason why the parties were unable to agree a single agenda in this case. Perhaps greater input from Counsel may have assisted. The joint statement is an important document. It ought to be possible to read it and to understand the key issues and each expert's position on those issues. Sometimes less is more as far as the agenda is concerned. Parties should adopt a common sense and collaborative approach rather than allowing this stage of the litigation to become a battleground. Frankly, the approach to the joint statement in this case achieved nothing of value.”

14.7 专家证人在会面时不合作与拖延导致被惩罚的 Mayr v. CMS Cameron McKenna Nabarro Olswang LLP 先例

在 Mayr v. CMS Cameron McKenna Nabarro Olswang LLP（2018）EWHC 3669（Comm）先例中，原告起诉前律师专业疏忽并索赔 6,500 万英镑的损失。法院同意双方当事人在“LMM issue”与“Turkish issue”两个方面引入定损专家证人（quantum expert）。法院命令双方先交换文书专家报告，然后双方专家证人会面并作出共同声明/备忘录，最后再交换附加专家报告（supplemental reports）。

针对“LMM issue”，双方专家证人在 2018 年夏天交换了报告并会面，但双方在会面中没有达成任何一致意见与收窄任何分歧。原告的专家证人说自己还没有完全想好，但会在交换附加专家报告时想好。

针对“Turkish issue”，因为原告专家证人的延误，双方专家证人在 2018 年 11 月 30 日才交换了文书专家报告，并在 12 月 5 日会面。然而根据 12 月 11 日的共同声明/备忘录，双方再次没有达成任何一致意见，并且原告专家证人重复他还没有想好，会在 12 月 21 日交换附加专家报告时确定自己的想法。原告之后申请延期，在 2019 年 1 月 7 日，也就是开庭前的两周交换附加专家报告。

在 2018 年 12 月 18 日的审理前复核（Pre-trial Review），被告向法院申请在专家证据方面对原告作出惩罚。Males 大法官说：

“Nobody involved in litigation in this court, whether as client, lawyer or expert, can be in any doubt that the court expects and requires the experts at the joint meeting to take a constructive approach, discussing the contents of their report and the issues on which they are required to express their opinions, reaching agreement where they can and setting out concisely where they cannot reach agreement and why they cannot.

The agreement is then to be recorded in a joint statement or memorandum. It is the experts' responsibility to agree the content of the joint memorandum. This is part of their duty to the court as independent experts and is the basis on which the court gives permission for expert evidence. While the lawyers may properly assist the experts by ensuring that they focus on the issues which the court will need to determine, neither clients nor lawyers have any role in dictating to the experts what they can or cannot agree.

It is only once that joint memorandum is produced that there is scope for supplemental reports which are usually described, and were described in the order made on this occasion, as short supplemental reports. The object of those reports is not simply to repeat what has been said the first time around but to engage with the points, hopefully although not always, the narrowed points on which the experts remain in disagreement after their joint meeting. Sometimes the order will spell this out but, even when it does not, this is implicit."

法院最终命令原告的专家证人必须在2018年12月21日下午四点前递交附加专家报告,且必须对12月11日的共同声明/备忘录的每一点逐一回应,否则原告不准引入专家证据。之后双方专家证人再次会面,并作出一份新的共同声明/备忘录。

15. CPR生效后带来的变化之七:专家证人修改专家报告版本

这谈不上是CPR生效后才带来的变化。在CPR前的The "Ikarian Reefer" (1993) 2 Lloyd's Rep 68先例中,Cresswell大法官根据以前的先例总结了著名的七条专家守则或戒律,其中第6条是:"If, after exchange of reports, an expert witness changes his view on material matter having read the other side's expert's report or for any other reason, such change of view should be communicated (through legal representatives) to the other side without delay and when appropriate to the Court."

专家证人通常会在慎重考虑后写下专家报告,所以也不会轻易与自发改变自己的看法。通常在开庭审理前改变观点或意见是因为以下三种情况:

1. 对方当事人在收到专家报告后的28天内向专家证人提出问题要求澄清,这方面可见本章之13段。显然专家证人在考虑如何回答时,可能发觉有错误、遗漏或潜在矛盾等。这样无可避免要改变或调整原来在专家报告中的意见,区别只在于幅度的大小。

2. 双方当事人的专家证人在会面与商谈后,同意与/或收窄了部分或甚至是全部的专家争端(expert issues)。这显然又改变或调整了原来在专家报告中的意见,需要以共同声明/备忘录或各自以另一份附加专家报告(supplemental expert report)去记录下来提供给法院。

3. 在专家报告作出之后,出现了重要事实的改变。例如,客户当事人取得了新的证据(这可以是对方当事人迟来的披露文件、修改文书请求,或是自己从第三人处取得等)显示专家报告中假设的事实有误,这又需要专家证人尽快以一份附加专家报告修改专家意见提供给对方当事人与法院了。

作出修改原来报告的附加专家报告时,专家证人要注意:

1. 必须反映正确的最后/最新意见,因为对法院负首要责任与原来专家报告中的真实声明(statement of truth)等仍然适用与约束专家证人。

2. 必须说明修改的原因。没有原因的随意或太多修改就可能导致影响专家证据的分量:见本书第六章之12段的介绍。

3. 费用上注意成比例(proportionality),因为另拟定一份专家报告不便宜。如果共同声明/备忘录已经足够,就可能没有必要再另外作出一份附加专家报告。即使有作出附加专家报告的必要,也应尽量简短与避免重复。

4. 做法上是专家证人一想修改就应马上通知客户并给予一份打算修改的版本(清楚显示出修改了的地方)。客户应尽快通知对方当事人,以防止对方仍是以原来版本的专家报告进行开庭的准备工作。例如,原本的拟定交叉盘问的问题,会在修改版本再没有必要问或问法不同了。

5. 当修改版本完成后,尽快送达一份给对方当事人与法院(或仲裁庭)。

最后节录英国 Civil Justice Council 对 CPR Rule 35 的指引"Guidance for the Instruction of Experts in Civil Claims 2014"之64-66段的内容如下:

"64. It may become necessary for experts to amend their reports:(a) as a result of an exchange of questions and answers; (b) following agreements reached at meetings between experts; or (c) where further evidence or documentation is disclosed.

65. Experts should not be asked to amend, expand or alter any parts of reports in a manner which distorts their true opinion, but may be invited to do so to ensure accuracy, clarity, internal consistency, completeness and relevance to the issues. Although experts should generally follow the recommendations of solicitors with regard to the form of reports, they should form their own independent views on the opinions and contents of their reports and not include any suggestions that do not accord with their views.

66. Where experts change their opinion following a meeting of experts, a signed and dated note to that effect is generally sufficient. Where experts significantly alter their opinion, as a result of new evidence or for any other reason, they must inform those who

instruct them and amend their reports explaining the reasons. Those instructing experts should inform other parties as soon as possible of any change of opinion."

16. CPR 生效后带来的变化之八:顾问专家

有关顾问专家(Assessors)本章之3.1.1段已有介绍,不再重复。按理说,这已是历史悠久的做法,不能说是CPR生效后才带来的变化。但在CPR的超越性大原则(Overriding objective)下,凡事都能与诉讼费用要与争议金额和重要性成比例(proportionality)扯得上关系。所以在Balcombe Group Plc v. London Development Agency (2008) EWHC 1392 (TCC)先例中,案情涉及为了建造伦敦奥林匹克公园而收购土地,收购价格根据政府的"Compensation Code"支付。案件涉及的金额只有60万英镑,谈不上太高。被告向法院申请审理法官在核算损失金额时委任一位对Compensation Code有资格的顾问专家陪同,但被Coulson大法官拒绝,认为争议金额不高也已经拖了很久,没有必要让法院委任顾问专家,并且把这笔可能昂贵的费用转嫁要求双方当事人各承担一半。再说,Coulson大法官认为顾问专家没有必要也帮不上法院忙:"... it seems to me that, once the Code has been explained to the trial judge, he would be able to come to a view as to the reasonableness and recoverability of each item of cost claimed, without the assistance of an assessor."

Coulson大法官针对成比例大原则说:"The court must have regard to the overriding principle (CPR 1.1), and in particular to all questions of proportionality, when considering appointing an assessor. Since the parties will have to pay the costs of an assessor, a court should think twice before imposing an extra layer of cost on the parties, and evaluate the potential benefit of an assessor against that cost, and the amount at stake in the proceedings."

据知,英国法院包括经常碰到有关科技或专家知识争议案件的科技与建筑法院(TCC),也很少会委任顾问专家。虽然法院态度没有改变,但这不表示不需要CPR Rule 35.15这个允许法院委任顾问专家的立法条文。因为海事法院仍在海事案件如船舶碰撞案件延续这个做法:见The Owners of the Ship "Bow Spring" v. The Owners of the Ship "Manzanillo II" (2004) EWCA Civ 1007; The Owners and Bareboat Charterers of the Vessel "Global Marina" v. The Owners and Bareboat Charterers of the Vessel "Atlantic Crusader" (2005) EWHC 380等先例。

另针对仲裁案件,Agrimex Ltd v. Tradegrain SA (2003) EWHC 1656 (Comm)先例也提到了英国《Arbitration Act 1996》之Section 37允许仲裁庭委任顾问专家。案件有关GAFTA仲裁,众所周知,GAFTA仲裁主要针对散粮买卖带来的争议,仲裁员名单限制在贸易商(traders),他们大多没有接受过正规法律的训练。GAFTA也有内部上诉机制,5位上诉仲裁庭成员由GAFTA委任。上诉是有开庭审理但不允许双方代表律师出庭,律师只能在背后指导。如果是上诉仲裁庭自己拟定裁决书,固定收费是每小时35英镑。但上诉仲裁庭也可以要求GAFTA委任外部律师作为法律顾问专家(legal adviser or assessor)与代为草拟裁决书的人士(draftsman)协助仲裁庭。这就带来费用问题,因为外部律师不会收费低。特别是GAFTA经常会处理一些争议金额不高甚至很低的案件,如本案例只涉及约5万美元的滞期费(demurrage)。Thomas大法官说:"(i) The amounts of the sums in issue; if a relatively small sum is in issue, then the use of a draftsman can rarely be justified. (ii) The complexity of the legal arguments, but it is much more likely that in such a case, an appointment of an assessor under s. 37 would be appropriate. ..."在该先例中,最后Thomas大法官判GAFTA要自己承担外部律师的费用,而不是让败诉方承担。看来虽然CPR在仲裁中不适用,但法院在对仲裁作出监督与决定时仍会考虑费用是否成比例。

17. 国 际 仲 裁

针对专家证据,国际仲裁大量参照了英国法院的做法,因为英国法院有雄厚的资源(特别是人力资源)、大量的案源,会面对各种问题也提供无限磨练的机会。英国也有一套完善与自我改进的制度,最有条件去不断改良。但总体来说,国际仲裁没太多规则去管理、控制与统一做法。国际上的仲裁机构很少有针对专家证据的详细规定,一般就任由个别仲裁庭作为仲裁程序的主人(master of proceedings)去处理。这导致专家证据在国际仲裁经常出现滥用、乱用、过度对抗、双方当事人火力不均等问题。难怪现在的说法是国际商事仲裁比法院诉讼更昂贵与耗时,[48]笔者相信专家证人的滥用是其中的"元凶"之一。例如,国际仲裁很少会碰到仲裁庭在程序一开始就坚持要批准后才允许双方当事人引入专家证据。如果当事人要引入专家证据,无论是要求多少专家证人与专业范畴(甚至可能包括"伪科学"),也很少见过仲裁庭干预与限制,如试图限制人数或因为不可靠而不允许引入专家证据,至于使用一位共同专家(Single Joint Expert)的做法更是少见。但当事人在专家证据方面花费大量金钱并不代表结果令人满意,因为仲裁庭作出的裁决书中针对专家证据的决定与理由不受监督,所以可能只是草草几句话。

笔者相信,专家证据在国际仲裁的问题,迟早会受到注意并试图作出改善与规管。例如,针对近期比较热门的专家证人会议的课题,[49]英国的特许仲裁员学会已经在2019年4月发布了《CIArb Guidelines for Witness Conferencing in International

---

〔48〕 虽然在本章一开始的脚注3提到CPR是否达到了节省法院诉讼费用的超越性目的是有争议的。

〔49〕 见本书第六章之2段。

Arbitration》。[50] 长达66页的指引有详尽针对证人会议方方面面的考虑,其中第一部分是检查清单(checklist),针对仲裁庭与当事人决定是否适合采用证人会议的形式取证时要考虑的事项,包括针对什么(专家意见的对立、事实证据的对立、证人的可信度);证人[什么证人(事实或专家)、对质证人的文化差异等];开庭前的准备与组织(如分配时间、如何安排座位等)。第二部分是一个框架指引(directions),针对仲裁庭主导、证人主导、代表律师主导这三种证人会议方式,让在不同案件使用的不同证人会议采用/参考(“a framework procedural order that may be used as a basis for drafting appropriate directions”)。第三部份是“注释”(explanatory notes),是对上述指引的进一步解释。最后要强调无论是《IBA证据规则》还是特许仲裁员学会的指引都不是强制适用,还是要靠仲裁机构规则甚至是立法的改变。

英国 Civil Justice Council 对 CPR Rule 35 的指引(Guidance for the Instruction of Experts in Civil Claims 2014)[51]

[50] 读者如果想进一步了解有关内容,可在 https://www.ciarb.org/media/4595/guideline-13-witness-conferencing-april-2019pdf.pdf 下载。

[51] https://www.judiciary.gov.uk/wp-content/uploads/2014/08/experts-guidance-cjc-aug-2014-amended-dec-8.pdf.

第五章 专家证据之二

1. 简 介

专家证据(expert evidence)是为了帮助法院理解涉及专业知识(expert's knowledge)或特殊经验(specialised experience)的事实,是一般非行内或没有某方面丰富经验人士(包括审理法官、仲裁员或陪审团在内)无法充分摸透、理解与掌握的。所以,如果事实审理者(trier of facts)无需帮助就可以理解事实证据,对证据把关的审理法官或仲裁员就可以甚至应该拒绝采纳一方诉讼方要求引入(adduce)的专家证据。这除了节省诉讼费用(因为专家证据可能十分昂贵,另也会带来诉讼程序与开庭审理时间等延长的间接费用等),也替审理法官省去了麻烦。因为双方诉讼方引入不同但没有帮助的专家意见,只是多了两个或更多的意见,反而令法官(仲裁员也是一样)在自己作决定时更为混乱与摇摆不定。在审理法官要作出的判决(或仲裁庭要作出的裁决)中,需要的是法官(或仲裁员)是"诸葛亮",而绝对不是所谓的"人多好办事"。

当然对客观看专家证据"是否有帮助"(of assistance)或"有必要"(necessary)的平衡在一些复杂的商业案件不容易掌握。如果一审法院在案件管理会议(Case Management Conference 或简称"CMC")上拒绝专家证据,申请失败的诉讼方可以提起上诉。如果上诉庭认为专家证人应该有帮助,甚至觉得一审法院可能自视过高,就会推翻一审法院判决,或在案件中有多项不同争议/争端时挑出一些事项批准与采纳专家证据:见 British Airways Plc v. Spencer (2015) EWHC 2477 (Ch)等先例。

本书第四章已经提到 CPR 针对专家证人的做法进行了很大的改革,强调了法院要收紧对专家证人的采纳与加强监督。

Kennedy v. Cordia (Services) LLP (2016) UKSC 6 最高院先例总结了法院要管理与监督专家证据的四个方面:(1)可采纳性(admissibility),包括专家证据所针对的领域是否已有一套有公信、定论与被承认的专业知识或特殊经验(reliable body of knowledge or experience),专家证据能否帮助法院(assisting the court),专家证人是否公平与理解自己对法院的责任等(impartiality and other duties);(2)通过法院的官员(officer of the court),也就是双方诉讼方的代表律师保证专家证人履行他/她对法院的责任(make sure that the expert performs his or her role);(3)监督专家证人的履行

(policing the performance of an expert's duties);(4)节省诉讼费用(economy in litigation)。

针对采纳与否,Reed 勋爵与 Hodge 勋爵说有以下四个方面的考虑:"... As we have said, a skilled person gives factual evidence either by itself or in combination with opinion evidence. There are in our view **four considerations which govern the admissibility of skilled evidence**: (**i**) whether the proposed skilled evidence will assist the court in its task; (**ii**) whether the witness has the necessary knowledge and experience; (**iii**) whether the witness is impartial in his or her presentation and assessment of the evidence; and (**iv**) whether there is a reliable body of knowledge or experience to underpin the expert's evidence..."(加黑部分是笔者的强调)

另在 British Airways Plc v. Spencer 先例中,Warren 大法官对 CPR 下法院是否采纳专家证据给出了权威指引,可节录如下:"It is necessary to look at the pleaded issues and, unless and until a particular issue is excluded from consideration under CPR 3.1(2)(k), the court must ask itself the following important questions: (a) The **first question** is whether, looking at each issue, it is necessary for there to be expert evidence before that issue can be resolved. If it is necessary, rather than merely helpful, it seems to me that it must be admitted. (b) If the evidence is not necessary, the **second question** is whether it would be of assistance to the court in resolving that issue. It would be of assistance, but not necessary, then the court would be able to determine the issue without it ... (c) Since, under the scenario in (b) above, the court will be able to resolve the issue without the evidence, the **third question** is whether, in the context of the proceedings as a whole, expert evidence on that issue is reasonably required to resolve the proceedings. In that case, the sort of questions I have identified in paragraph 63(这是针对利弊是否成比例的各种考虑,将在本章之5段介绍)above will fall to be taken into account...."

接下来先节录 CPR Part 35 对是否采纳专家证人的有关立法条文,本章稍后会进一步介绍。CPR Rule 35.1 规定,只有在合理需要的情况下才会引入专家证据:"**Duty to restrict expert evidence** Expert evidence shall be restricted to that which is reasonably required to resolve the proceedings."

CPR Rule 35.4 规定,法院有权限制诉讼方引入专家证据与诉讼方如何去申请法院批准与采纳:"(1) No party may call an expert or put in evidence an expert's report without the court's permission. (2) When parties apply for permission they must provide an estimate of the costs of the proposed expert evidence and identify – (a) the field in which expert evidence is required and the issues which the expert evidence will address; and (b) where practicable, the name of the proposed expert. (3) If permission is granted it shall be in relation only to the expert named or the field identified under paragraph

(2). The order granting permission may specify the issues which the expert evidence should address.[1] (3A) Where a claim has been allocated to the small claims track or the fast track, if permission is given for expert evidence, it will normally be given for evidence from only one expert on a particular issue.[2]... (Paragraph 7 of Practice Direction 35 sets out some of the circumstances the court will consider when deciding whether expert evidence should be given by a single joint expert.) (4) The court may limit the amount of a party's expert's fees and expenses that may be recovered from any other party.[3]"

2. 考虑之一:专家证据必须是针对有公信、有定论与被承认的专业知识或特殊经验

专家证据是否是针对有公信、有定论与被承认的专业知识或特殊经验是针对是否批准与采纳专家证据的第一关。英国判决中对此要求有很多不同说法如"reliable body of knowledge or experience""recognised scientific discipline""established body of knowledge"等。显然,这是为了防范伪科学/垃圾科学(fake/junk science)[4]或假专家(false expertise)。除了审理法官要防范,没有法律训练的陪审员更是要被保护,以免受误导、迷惑与影响。意见(opinion)往往难分真假优劣,而一般人士又特别喜欢听意见,特别是来自带有"专家"名称的意见。所以,审理法官必须作为"守门员"(gate-keeping)严格保护陪审团,而方法就是通过采纳与否的决定。

2.1 有可靠测试的原因

有该要求的原因是,如果没有一个已经有大量研究(research)与/或方法论(methodology)的课题或有了一些定论的说法,即使不是伪科学,也难以判断证人相比其他人是否是"真专家"与说的话可靠(reliable)。法院也无法从双方专家证人提供不同的个人意见中分析哪一位比较可靠与可以信赖,甚或都不可信(因为是伪科学),并在判决中说是根据什么理由作出这样的决定。相反,如果提供的大量资料显示一方诉讼方专家证人主张的意见在该专业范畴有更广泛与持久的支持,而另一方的专家意见虽然有过这一说法,但被批评与说不通,也有无法解释的地方。这样,审理法官就容易有根有据地作出决定了。

---

[1] 这是在专家证人被法院批准后,只有该专家能够提供专家意见,包括文书的专家报告与出庭接受盘问。

[2] 这是指每一个争议/争端只准委任一位专家证人。

[3] 这里针对法院有裁量权对有关诉讼费用中的专家费用部分作出适当的分摊与惩罚。

[4] "垃圾科学"(junk science)指出于支持一方争辩的目的在法院中滥用科学或科学术语,引入无关或不准确的证据。

Kennedy v. Cordia (Services) LLP (2016) UKSC 6 最高院先例说:

"In many cases where the subject matter of the proposed expert evidence is within a recognised scientific discipline, it will be easy for the court to be satisfied about the reliability of the relevant body of knowledge. There is more difficulty where the science or body of knowledge is not widely recognised. . . . an orbiter dictum in Lord Eassie's opinion in Mearns v. Smedvig Ltd 1999 SC 243 in support of their proposition that: 'A party seeking to lead a witness with purported knowledge or experience out with generally recognised fields would need to set up by investigation and evidence not only the qualifications and expertise of the individual skilled witness, but the methodology and validity of that field of knowledge or science.'

We agree with that proposition, which is supported. . . by the **court's refusal to accept the evidence of an expert whose methodology is not based on any established body of knowledge.** Thus, in Young v. HM Advocate 2014 SLT 21, the High Court refused to admit evidence of 'case linkage analysis' because it was the subject of only relatively recent academic research and a methodology which was not yet sufficiently developed that it could be treated as reliable. See also, for example, R. V. Gilfoyle (2001) 2 Cr App R 5, in which the English Court of Appeal (Criminal Division) refused to admit expert evidence on 'psychological autopsy' for several reasons, including that the expert had not embarked on the exercise in question before and also that there were no criteria by reference to which the court could test the quality of his opinions and no substantial body of academic writing approving his methodology. . . . "(加黑部分是笔者的强调)

上诉庭的 R v. Dawson and Hamburger (2004) EWCA Crim 1344 刑事先例涉及"唇语证据"(lip-reading evidence)是否为足够有公信、定论与被承认的认识与经验,与这种专家意见证据是否可靠的争议。被告认为这种专家证据本质上是不可靠,也没有定论,不是受到承认的专业知识。所以,法院不应该采纳为专家证据。上诉庭说:"The judge(指一审法官). . . rejected the defence submission that there was no sufficiently well established field of lip reading expertise for it to be accepted as reliable body of knowledge or experience. . . . Professor Campbell(被告专家证人), . . . considered all lip reading intrinsically unreliable and it could not be used in court."

虽然唇语有很多变数,包括小孩与成年人、从旁与面对面唇语、嘴唇变形或脸上没有表情等,都会带来困难与准确度差异。但法院最后还是认为水平高的专家证人在条件配合的情况下准确度会高达 80%,并批准引入专家意见证据。

在较早前的 R v. Stockwell (1993) 97 Cr App R 260 先例涉及银行抢劫。由于强盗伪装,加上被告在他被抓捕前蓄须,所以原告(检控方)申请引入面部映射(facial mapping)证据,即监控视频中的人脸是否能与被告的面部对应。这受到被告反对,认为这是新科技(breaking new ground),再加上专家证人是帮不了陪审员,所以不应采纳。上诉庭不同意排斥新科技，只要它有适当的基础或定论："One should not set one's face again fresh developments, provided they have a proper foundation."而专家证据是否会帮助陪审员理解有关事实是由一审法官在不同情况下决定，说："Where, for example, there is a clear photograph and no suggestion that the subject has changed his appearance, a jury could usually reach a conclusion without help. Where, as here, however, it is admitted that the appellant had grown a beard shortly before his arrest, and it is suggested further that the robber may have been wearing clear spectacles and a wig for disguise, a comparison of the photograph and defendant may not be straightforward. In such circumstances we can see no reason why expert evidence, if it can provide the jury with information and assistance they would otherwise lack, should not be given. In each case it must be for the judge to decide whether the issue is one on which the jury could be assisted by expert evidence, and whether the expert tendered has the expertise to provide such evidence."

之后不久的 R v. Clarke (1995) 2 Cr App R 425 上诉庭先例也是抢劫银行。由于在场证人无法在辨认嫌疑人(identification parade)的过程中认出嫌疑犯，等于没有目击证人(eye witness)，所以只能依赖银行监控拍下的强盗照片作为物证(real evidence)，并以专家证人的分析与意见去帮助陪审团。这也是受到被告的反对，包括通过视频叠加的面部映射(facial mapping by way of video superimposition)不可信，特别是在没有目击证人的情况下去定罪是不妥。上诉庭的 Steyn 大法官说："It is essential that our criminal justice system should take into account of modern methods of crime detection. It is no surprise, therefore, that tape recordings, photographs and films are regularly placed before juries. Sometimes that is done without expert evidence, but, of course, if that real evidence is not sufficiently intelligible to the jury without expert evidence, it has always been accepted that it is possible to place before the jury the opinion of an expert in order to assist them in their interpretation of the real evidence. . . . We are far from saying that such evidence may not be flawed. It is, of course, essential that expert evidence, going to the issues of identity, should be carefully scrutinised. Such evidence could be flawed. It could be flawed just as much as the evidence of a fingerprint expert could be flawed. But it does not seem to us that there is any objection in principle."

另是在民事诉讼 Pride Valley Foods v. Hall & Partners (2000) EWHC Technology 106 先例中，涉及工厂建设的项目管理人(project manager)是否疏忽导致失火，焚毁工厂。高院的 Toulmin QC 大法官认为针对项目管理人是否疏忽的专家证据对法院没有什么帮助。因为项目管理人没有一个特许(chartered)或专业协会，也不是一个容易被认定的专业(recognisable profession)。项目管理人的职责在不同的项目中也有不同。该先例涉及的上百页专家报告中有不少都是针对在同样的情况下，他会怎样做或批评被告的做法。但这应是法院而不是专家证人作出的推断(infer)，不应被接受。该案件之后被上诉到上诉庭,部分争议/争端被发还(remit)给一审法院重审,但与该专家证人证据无关。

但看来英国对这个专家证据是否可靠测试(reliability test)没有立法或正式的规定,而是法院根据每一个不同的案件决定专家证据可否被采纳,包括尚在萌芽阶段的科学理论/说法。在 R v. Harris (2005) EWCA Crim 1980 上诉庭先例中,Gage 大法官说:"There is no single test which can provide a threshold for admissibility in all cases. . . . in our judgment, developments in scientific thinking should not be kept from the Court, simply because they remain at the stage of a hypothesis. Obviously, it is of the first importance that the true status of the expert's evidence is frankly indicated to the court."

即使专家证据被采纳,背后的知识、应用是否可靠在最后审理法官(或仲裁员)在开庭审理后全面衡量分量时仍然是一个重要因素,这在本书第六章之7段有介绍。

2.2 新科技/新发展

所以,如果是太早期的新科技或新发展、尚未有定论与参与人数不多的社会科学或自然科学/理论,就会有是否可靠的问题了。例如,早期的基因鉴定、测谎仪、笔迹鉴定等都有过很大的争议性。说到底,实是有关证明价值(probative value)。一种尚在试验中连科学界本身也没有定论的新科技,因为太不肯定,会难以被法院接受。

2.2.1 美国:对科学理论、应用的可靠基础测试

在普通法国家或地区,美国在这方面可能是有最多先例的,尤其是有一些先例专门针对了哪些科学理论或对科学理论的应用是可以被采纳与接受的可靠基础测试(reliable principles and methods)。是因为美国作为科技与法律强国,有大量涉及新科学理论或应用的先例。与英国不同的是,美国民事案件仍然采用陪审团审理,[5]因此法官必须在可采纳的问题上严格把关,当好守门人(gate keeper)。而英国民事案件则一般不采用陪审团,因此在早期考虑可采纳与接受方面不用特别严格,可以将专家证据的可靠性问题主要留到最后审理衡量分量时再详细考虑,没有美国先例中如此详细的指引,但不代表这个问题无关。

2.2.1.1 Frye v. US:广泛接受测试

早期的权威先例是 Frye v. US, 293 F1013 (DC Cir 1923)美国先例。此先例涉及的是测谎仪的结果是否可被采纳的问题,但必须是得到行业内广泛接受的理论或应用才是可靠与可接受的,被称为"广泛接受测试"(general acceptance test),而测谎仪结果不被认可也因此不予采纳。可以节录有关广泛接受测试的部分如下:"Just when a scientific principle crosses the line between the experimental and demonstrable stages is difficult to define. Somewhere in this twilight zone, the evidential force of the

---

〔5〕 由陪审团审理是美国宪法保护的权利,但现实中会被双方当事人同意弃权,只由一位法官审理,这也可称为"Bench Trial"。

principle must be recognised, and while the courts will go a long way in admitting expert testimony deduced from a well-recognized scientific principle or discovery, the thing from which the deduction is made must be sufficiently established to have gained general acceptance in the field in which it belongs."

以上是说,新科学原理在什么时候从实验阶段变为可论证阶段很难说死。在这种"迷离境界",总有一天法院可以承认这科学原理有证明价值。法院会慢慢接受由被广泛承认的科学理论或发现发展而来的专家证据,而该科学理论或发现一定先要在本行业(如医学界、天文学界、鉴证学界等)已被广泛接受。

之后,美国的 United States v. Baller, 519 F 2d 463 (4th Cir 1975)先例把这方面的准则说得更清楚,如下:"(i) There must be a demonstrable, objective procedure for reading the opinion(一定要有一个可以论证与可客观衡量的程序去考虑这个意见。); (ii) There must exist 'qualified persons' who can either duplicate the result or criticize the means by which it was reached, drawing their own conclusions from the underlying facts(一定要有合资格与适合的人士,可以重复这方法并得出同样结果或可以批评这些方法与结果,通过同样的基本事实得出他们不同的结论。);(iii) Deciding whether these conditions have been met is usually within the discretion of the trial judge(审理法官有裁量权决定是否满足了这些条件。);(iv) absolute certainty of result or unanimity of scientific opinion is not required for admissibility[科学理论不需要绝对肯定(世界上本来就难有绝对)或有关的科学界一致同意(世界上总会有唱反调的人)才有证明价值被采纳。];(v) Unless an exaggerated popular opinion of the accuracy of a particular technique makes its use prejudicial or likely to mislead the jury, it is better to admit relevant scientific evidence in the same manner as other expert testimony and allow its weight to be attached by cross-examination and refutation. [除非一些夸大与不准确的意见会误导陪审团(在美国法院民事或刑事诉讼都会涉及陪审团),带来坏处多过好处,最好或较安全的做法还是批准与采纳这些专家证据。然后在开庭审理听了双方代表律师的交叉盘问与反驳后,在证据分量上调整。]"

2.2.1.2 《Federal Rules of Evidence》之 Rule 702 与可靠基础测试

但在是否可采纳与接受问题上,严格到必须在行业内获得广泛接受看来是过于严苛。毕竟在美国《Federal Rules of Evidence》之 Rule 702 下,专家证据是否应被接受的关键是专业理论有关联性以及该专业理论有重要性,证明价值超过会带来的坏处。这就包括在 Rule 702(c)就专门针对说要求专业意见是根据"可靠理论与应用":"(c) the testimony is the product of reliable principles and methods..."

在笔者看来,如果采用是否"被广泛接受"测试,就意味着是交给了该行业来判断可靠与否。但这在一个诉讼本应是事实审理者的工作,两者对于是否可靠的判断标准也未必完全一致。尤其是在涉及新理论或对科学理论的新应用时,这些新理论或应用可能还没来得及获得行业内的广泛认可,但这并不意味着新理论、新应用在法律上不可靠。换一个角度说，即使是行业内会接受采用的应用或做法，也可能本身实际有不低的错误率（rate of error），在事实审理者看来会属于不可靠。

也因此 Daubert v. Merrell Dow Pharmaceuticals, 509 US 579（1993）美国最高院先例改变了 Frye v. US, 293 F1013（DC Cir 1923）先例的地位，设立了“可靠基础测试”（reliable foundation test）。关键是理论或应用是否可靠，而是否已经获得业界的广泛接受或认可只是专业理论是否可靠的其中一个因素。Blackmun 大法官说：“The primary locus of this obligation is Rule 702, which clearly contemplates some degree of regulation of the subjects and theories about which an expert may testify. ‘If scientific, technical, or other specialized knowledge will assist the trier of fact to understand the evidence or to determine a fact in issue,’ an expert ‘may testify thereto.’ ... The subject of an expert's testimony must be ‘scientific ... knowledge.’ The adjective ‘scientific’ implies a grounding in the methods and procedures of science. Similarly, the word ‘knowledge（connotes more than subjective belief or unsupported speculation.）The term ‘applies to any body of known facts or to any body of ideas inferred from such facts or accepted as truths on good grounds.’ ... Of course, **it would be unreasonable to conclude that the subject of scientific testimony must be ‘known’ to a certainty; arguably, there are no certainties in science**. ... ‘Indeed, scientists do not assert that they know what is immutably ‘true’-they are committed to searching for new, temporary theories to explain, as best they can, phenomena’... ‘Science is not an encyclopedic body of knowledge about ... the universe. Instead, it represents a process for proposing and refining theoretical explanations about the world that are subject to further testing and refinement’. But, **in order to qualify as ‘scientific knowledge,’ an inference or assertion must be（derived by the scientific method）. Proposed testimony must be supported by（appropriate validation）-i. e., ‘good grounds,’ based on what is known. In short, the requirement that an expert's testimony pertain to ‘scientific knowledge’ establishes a standard of evidentiary reliability.**”（加黑部分是笔者的强调）

在后来的 Kumho Tire Co v. Carmichael, 526 US 137（1999）美国最高院先例中，Breyer 大法官简略地将 Daubert v. Merrell Dow Pharmaceuticals 先例中的可靠基础测试总结为四点：“（1）Whether a theory or technique ... can be（and has been）tested;（2）Whether it ‘has been subjected to peer review and publication’;（3）Whether, in respect to a particular technique, there is a high ‘known or potential rate of error’ and whether there are ‘standards controlling the technique's operation’; and（4）whether the theory or technique enjoys ‘general acceptance’ within a ‘relevant scientific community’.”

即行业内的广泛接受只是科学理论或应用是否可靠的其中一个考虑因素（第四点），同样重要的是：（1）科学理论或应用是否可证伪（falsifiability）、可反驳（refutability)、可验证(tested);(2)是否已经经过同行评审(peer review),刊登出版(publication);(3)新应用的错误率情况如何,会否过高,是否有控制的标准与办法。

显然科学理论或应用是否可靠也只是判断专家证据可靠性的一个方面,在科学理论或应用本身可靠以外,专家所采取的具体方法也必须可靠,很显然即使专家依赖了完全正确的理论,但操作错误就一样只能得出错误答案。Daubert v. Merrell Dow Pharmaceuticals 先例给出的指引看来也考虑了这方面问题,如考虑了控制的标准与办法等。

在 Daubert v. Merrell Dow Pharmaceuticals 最高院先例后,可靠基础测试虽然已经被美国绝大部分州法院遵循,但对于其中新理论或应用的采纳或接受标准仍然有争议与质疑。包括:要求完全属于门外汉的事实审理者来判断专业理论是否可靠,责任有点过重与会浪费时间;Blackmun 大法官提到了"科学"(science)的可证伪性,这会是一种区分良好科学(good science)与伪科学/垃圾科学(fake/junk science)的办法,但也并不绝对,而且这样的判断标准显然很偏向于严格的硬科学(hard science)或自然科学(natural science),在验证科学理论或应用是否采用了可靠的方法上也是很有帮助的,但对于软科学(soft science)或社会科学(social science),如对人类的心理活动分析等就未必适用。

也因此之后的 Kumho Tire Company Ltd v. Carmichael 美国最高院先例明确 Daubert v. Merrell Dow Pharmaceuticals 先例中的可靠基础测试在各类涉及专家的案件中都会适用,但四方面测试只是认定专业理论是否可靠的一些有帮助的办法,而并非绝对,也未必在每一个案件的事实情况中都适用,关键还是有弹性地根据双方提交的证据与案件的案情判断想要引入的专家证据是否在法院看来足够可靠。Breyer 大法官说:"This case requires us to decide how Daubert applies to the testimony of engineers and other experts who are not scientists. We conclude that **Daubert's general holding**, setting forth the trial judge's general 'gatekeeping' obligation, **applies not only to testimony based on 'scientific' knowledge, but also to testimony based on 'technical' and 'other specialized' knowledge.** See Fed. Rule Evid. 702. We also conclude that **a trial court may consider one or more of the more specific factors that Daubert mentioned when doing so will help determine that testimony's reliability. But, as the Court stated in Daubert, the test of reliability is 'flexible', and Daubert's list of specific factors neither necessarily nor exclusively applies to all experts or in every case.** Rather, the law grants a district court the same broad latitude when it decides how to determine reliability as it enjoys in respect to its ultimate reliability determination... Daubert ... made clear that **its list of factors was meant to be helpful, not definitive.** Indeed, those factors do not all necessarily apply even in every instance in which the reliability of scientific testimony is challenged. It might not be surprising in a particular case, for example, that a claim made by a scientific witness has never been the subject of peer review, for the particular application at issue may never previously have interested any scientist. Nor, on the other hand, does the presence of Daubert's general acceptance factor help show that an expert's testimony is reliable where the discipline itself lacks reliability, as, for example, do theories grounded in any so-called generally accepted principles of astrology or necromancy."

简单总结在美国判断新理论或应用是否可采纳或接受,是在《Federal Rules of Evidence》之 Rule 702 下,结合 Daubert v. Merrell Dow Pharmaceuticals 与 Kumho Tire Company Ltd v. Carmichael 最高院先例给出的可靠基础测试的指引。也可以再次节录 Section 702 如下:"A witness who is qualified as an expert by knowledge, skill, experience, training, or education may testify in the form of an opinion or otherwise if: (a) the expert's scientific, technical, or other specialized knowledge will help the trier of fact to understand the evidence or to determine a fact in issue;(专家的科学、技术与其他专业知识可以帮助对争议事实审理者更理解这些事实证据。)(b) the testimony is based on sufficient facts or data;(专家证据有足够的事实或数据依据)(c) the testimony is the product of reliable principles and methods(专家证据是通过可靠/可信赖的理论与应用(例如,人体内的血块是怎样形成或怎样推算某特定市场的反应等)得出的意见与结论); and(d) the expert has reliably applied the principles and methods to the facts of the case.(专家将这些理论与应用可靠地适用在案件的事实)"

可以说,Rule 702 要求专家证人必须在有关专业知识方面符合资格(the expert be qualified);专家证据对法官或事实审理者更精确了解特定事实的证据有帮助(the testimony address a subject matter on which the fact-finder can be assisted by an expert);专家证据可靠与可信赖;专家证据与案件的事实有关/配合(the testimony 'fit' the facts of the case)。

Daubert v. Merrell Dow Pharmaceuticals 与 Kumho Tire Company Ltd v. Carmichael 最高院先例中的可靠基础测试还会在本书第六章之 7.2 段讨论专家证据分量时作详细介绍。

2.2.2 英国:有弹性地根据具体案件判断

英国法下,本章之 2.1 段已经提到了看来还没有一个普适的广泛先例指引,R v. Harris (2005) EWCA Crim 1980 上诉庭先例明确指出每一个案件由审理法官判断。英国证据规则《Civil Evidence Act 1972》立法之 Section 3 关于可被采纳的专家证据的说法也十分笼统:"(1) Subject to any rules of court made in pursuance of this Act, where a person is called as a witness in any civil proceedings, his opinion on any relevant matter on which he is qualified to give expert evidence shall be admissible in evidence.... (3) In this section 'relevant matter' includes an issue in the proceedings in question."

这也很好理解,毕竟专业理论与应用类型多种多样,找一套所有案件都适用的指引并不容易。而且即使是针对相同的理论或应用,具体到每一个案件中是否可采纳仍然是不一定的。

也可以看到的是,这方面的先例主要都是刑事案件,因为刑事案件中仍然采用陪审团的做法,需要在可采纳性的问题上严格把关。

早期的先例,尤其是根据 R v. Robb (1991) 93 Cr App R 161 先例等的判法,在考虑证据是否可采纳阶段,只考虑有关理论或应用是否需要特别的技巧以及有关人士是否真的有“专家”资格,而没有对专家意见背后的理论或应用以及与/或方法是否可靠的特别指引。该先例案情涉及一位中东富商在英国被绑票,并通过电话向富商夫人要求赎金。但电话被录音,并在该刑事案件中原告检控方引入专家证人去证明录音带的声音属于被告。法院采纳专家证据,说作用是:“to provide the court-that is you, the jury-with possible scientific reasons to allow you to form your opinion and judgment in relation to the matters that you find proved to your satisfaction. Remember, no expert can usurp your function as the final arbiter of fact. He is available to assist you with his experience.”这一审判决被上诉庭支持。

R v. Clarke (1995) 2 Cr App R 425 先例则判专家证据与一般证据是否可采纳的起点是一样的,也就是证据需要有关联性与不会被证据排除规则排除。而专家证据背后理论与应用的可靠是与证明价值有关,如果是完全不可靠就没有证明价值,也就没有关联性、不能帮助法院。但在考虑是否可采纳的阶段,只要表面可靠(*prima facie* reliable)就已经足够被采纳,至于是否真的可靠是最后衡量证据分量的问题。

但较近期的先例中有一些较为不稳定的判法,不少先例中都采取了类似 Frye v. US, 293 F1013 (DC Cir 1923)先例中广泛接受测试的办法。

2.2.2.1 R v. Robb 先例:Bingham 勋爵针对专家证据是否可采纳的两个条件

这方面早期的权威说法是 R v. Silverlock (1894) 2 QB 766 先例,涉及的问题是能否由笔迹鉴定专家提供意见,Russell 勋爵说关键是提供意见的到底是否是这行业的“专家”(peritus):“We now come to the second objection, as to the proof of the handwriting, which affords a good illustration of that class of evidence called evidence of opinion. It is true that the witness who is called upon to give evidence founded on a comparison of handwritings must be peritus; he must be skilled in doing so; but we cannot say that he must have become peritus in the way of his business or in any definite way. The question is, is he peritus? Is he skilled? Has he an adequate knowledge? Looking at the matter practically, if a witness is not skilled the judge will tell the jury to disregard his evidence.”

之后一贯都是类似判法,并有权威的 R v. Robb (1991) 93 Cr App R 161 先例。此先例涉及专家通过语音识别进行指认,Bingham 勋爵给出的专家证据可采纳的两个条件:一是有关的理论或应用必须是涉及特殊技巧(skill)(因此事实审理者才会需要专家的协助),二是作证的人必须是该方面的专家。Bingham 勋爵说:“The old-established, academically-based sciences such as medicine, geology or metallurgy, and the established professions such as architecture, quantity surveying or engineering, present no problem. The field will be regarded as one in which expertise may exist and any properly qualified member will be accepted without question as expert. Expert evidence is not, however, limited to these core areas. Expert evidence of finger-prints, hand-writing and accident reconstruction is regularly given. Opinions may be given of the market value of land, ships, pictures or rights. Expert opinions may be given of the quality of commodities, or on the literary, artistic, scientific or other merit of works alleged to be obscene (Obscene Publications Act 1959, s. 4(2)). Some of these fields are far removed from anything which could be called a formal scientific discipline. Yet while receiving this evidence the courts would not accept the evidence of an astrologer(星座学说), a soothsayer (占卜学说), a witch-doctor(巫医) or an amateur psychologist(业余心理学) and might hesitate to receive evidence of attributed authorship based on stylometric analysis (笔迹文体分析)... That was, as the passage makes clear, a case concerned with the expert analysis of hand-writing, a field in which skill had earlier been held to be required... Thus the essential questions are **whether study and experience will give a witness's opinion an authority which the opinion of one not so qualified will lack**, and (if so) **whether the witness in question is peritus** in Lord Russell's sense. If these conditions are met the evidence of the witness is in law admissible, although the weight to be attached to his opinion must of course be assessed by the tribunal of fact."(加黑部分是笔者的强调)

在本章之2.1段介绍的R v. Stockwell (1993) 97 Cr App R 260先例中也有类似说法,此先例涉及的是属于当时"全新科技"("breaking new ground")的面部映射(facial mapping)技术,上诉庭说:"In such circumstances we can see no reason why expert evidence, if it can provide the jury with information and assistance they would otherwise lack, should not be given. In each case it must be for the judge to decide whether the issue is one on which the jury could be assisted by expert evidence, and whether the expert tendered has the expertise to provide such evidence."

针对这方面就有说法是批评Bingham勋爵的说法没有考虑专家意见背后的理论与应用必须可靠。但在笔者看来,在可采纳阶段考虑专家证据是否可靠本就更为困难,因此只有专业理论或应用显然完全不可靠时,由于没有证明价值(也就没有关联性、更谈不上重要性了),无法帮助事实审理者,在此时排除证据才是恰当与合适的。这也可以配合下一段R v. Clarke (1995) 2 Cr App R 425先例的判法来理解。

2.2.2.2 R v. Clarke先例:可靠性与证明价值有关以及考虑是否可采纳阶段时表面可靠已经足够

在稍后的R v. Clarke (1995) 2 Cr App R 425先例中,涉及的案情在本章之2.1

段已经简单介绍,Steyn 大法官就说除非适用证据排除规则,否则只要是有证明价值的证据都可以采纳,而专家证据的证明价值正是与科学理论或应用的可靠性相联系的。但在考虑证据是否可采纳的阶段(*voire dire*),只需要专家证据表面看来有一定可靠性就已经足够:"The starting point in law, must be that prima facie all logically probative evidence may be adduced. It is only if there is an exclusionary rule that covers the case that it must be rejected... We can see no other objection in legal principle to this category of evidence, but we say immediately, of course, that **the probative value of such evidence depends on the reliability of the scientific technique (and that is a matter of fact), and it is one fit for debate and for exploration in evidence**... All these criticisms were fully explored in oral evidence **on the voire dire**. The two witnesses testified:... The battle ground for the judge then was the reliability of the technique and its use in this particular case... **That decision of the judge to accept the prima facie reliability of the evidence, subject to the jury's views**, of course, was well within his powers, and in our judgment he was fully entitled to arrive at that conclusion."(加黑部分是笔者的强调)

R v. Clarke 先例这样的判法虽然排除了表面看来都不可靠的专家证据,但仍然是相对宽松的,尤其是会给予审理法官很大的裁量权。这也是本章之 2.2.2 段所提到的有弹性(flexible)的做法,毕竟正如 Steyn 大法官所说,新理论与应用会是无穷无尽的:"There are no closed categories where such evidence may be placed before a jury. It would be entirely wrong to deny to the law of evidence the advantages to be gained from new techniques and new advances in science."

2.2.2.3　R v. Dallagher 先例:英国法地位与美国《Federal Rules of Evidence》之 Section 702 类似

但在较近期的 R v. Gilfoyle (2001) 2 Cr App R 5 先例中,涉及的是想通过心理解剖(psychological autopsy)看死者是否属于自杀。上诉庭拒绝接受心理解剖专家的理由中,就包括科学界不认为这种办法足够准确与可依赖,并指出这是本章之 2.2.1.1段介绍的 Frye v. US, 293 F1013 (DC Cir 1923)美国先例的指引,而且这也是英国法地位,Rose 大法官说:"In our judgment, although Professor Canter(有关专家) is clearly an expert in his field, the evidence tendered from him was not expert evidence of a kind properly to be placed before the Court, for a number of reasons... Fifthly, there is English, Canadian and United States authority which points against the admission of such evidence... So far as is known, there have been 17 occasions in the United States when criminal trial judges have admitted evidence of psychological profiling: in each case the decision has been overturned on appeal. The guiding principle in the United States appears to be (as stated in Frye v. United States...) that **evidence based on a developing new brand of science or medicine is not admissible until accepted by the scientific**

community as being able to provide accurate and reliable opinion. This accords with the English approach. . . ”(加黑部分是笔者的强调)

R v. Gilfoyle 上诉庭先例在这一点上的说法马上就被之后的 R v. Dallagher (2002) EWCA Crim 1903 上诉庭先例批评。R v. Dallagher 先例涉及的是耳纹(ear print)的专家证据，上诉庭看来更全面地考虑了美国先例，包括更近期的 Daubert v. Merrell Dow Pharmaceuticals, 509 US 579 (1993)最高院先例等，Kennedy 大法官说英国做法更近似于美国《Federal Rule of Evidence》之 Section 702 而不是采用 Frye v. US 先例中的广泛接受测试，是否被行业内广泛接受仅仅是一个因素而已(见本章之 2.2.1.2 段的介绍)，Kennedy 大法官说：“It is clear from Daubet. . . to which it seems that this court in Gilfoyle was only indirectly referred, that Frye does not represent the guiding principle in the United States. It was superseded by the adoption of the Federal Rules of Evidence which do not require that a scientific technique be regarded as inadmissible unless the technique is generally accepted as reliable in the relevant scientific community. Rule 702 provides ‘If scientific, technical or other specialised knowledge will assist the trier of fact to understand the evidence or to determine a fact in issue, a witness qualified as an expert by knowledge, skill, experience, training, or education, may testify thereto in the form of an opinion or otherwise.’ **As to the English approach** we have found it necessary to . . . a number of other decisions, especially Clarke, from which, as it seems to us, **the analogy with Rule 702 is clear**. As is said in the current ninth edition of Cross and Tapper on Evidence at 523 after a reference to Frye ‘The better, and now more widely accepted, view is that so long as the field is sufficiently well-established to pass the ordinary tests of relevance and reliability, then no enhanced test of admissibility should be applied, but the weight of the evidence should be established by the same adversarial forensic techniques applicable elsewhere.’”(加黑是笔者的强调)

但需要注意的是，法院虽然说英国做法与美国《Federal Rule of Evidence》之 Section 702 的做法近似，但并没有提到 Daubert v. Merrell Dow Pharmaceuticals 与 Kumho Tire Co v. Carmichael, 526 US 137 (1999)最高院先例下的可靠基础测试是否有借鉴意义，该测试与指引是否可以在英国法下适用仍然不清楚。

2.2.2.4　英国法下对 R v. Bonython 澳大利亚先例判法的借鉴

可以先简单介绍一下 R v. Bonython（1984）38 SASR 45 澳大利亚先例的判法。[6] 此先例中，King 大法官有一段著名的说法可节录如下：“Before admitting the opinion of a witness into evidence as expert testimony, the judge must consider and decide two questions. The first is whether the subject matter of the opinion falls within the class of subjects upon which expert testimony is permissible. This first question may be divided into two parts; **a**) whether the subject matter of the opinion is such that a person without instruction or experience in the area of knowledge or human experience would be able to form a sound judgment on the matter without the assistance of witnesses possessing special knowledge or experience in the area and **b**) **whether the subject matter of the opinion forms part of a body of knowledge or experience which is sufficiently organised or recognised to be accepted as a reliable body of knowledge or experience**, a special acquaintance with which of the witness would render his opinion of assistance to the court. The second question is whether the witness has acquired by study or experience sufficient knowledge of the subject to render his opinion of value in resolving the issue before the court.”[7]（加黑部分是笔者的强调）

可以看到，King 大法官对 R v. Robb（1991）93 Cr App R 161 先例中 Bingham 勋爵设立的两个条件进行了额外的阐述。King 大法官将第一个条件（有关理论或应用涉及特别的技巧）分为两个部分：(1)事实审理者进行公平认定、作出完善的判决是否一定需要依赖掌握有关知识与经验的人士，这也就是关联性的问题，需要考虑专家

---

〔6〕　此先例是南澳大利亚法院的判法。澳大利亚在《Evidence Act 1995》之 Section 79 规定：“(1) If a person has specialised knowledge based on the person's training, study or experience, the opinion rule does not apply to evidence of an opinion of that person that is wholly or substantially based on that knowledge.”这要求专家根据训练、学习与经验掌握特殊的知识（specialised knowledge）才会被法院采纳作为意见证据。这看来与美国《Federal Rules of Evidence》之 Section 702 以及 R v. Robb（1991）93 Cr App R 161 先例中的第一个条件是很类似的。但问题是针对“特殊的知识”如何解释与适用，是应当宽松地让有关法院自由裁量，还是引入类似美国广泛接受测试或者是可靠基础测试的指引？在澳大利亚各地法院有着各种不同判法。澳大利亚法律改革在2004 年的中期报告《Review of the Evidence Act 1995》（2004）IP 28 中这样说：“One view is that the specialised knowledge ‘ requirement of section 79 should be interpreted as imposing a standard of evidentiary reliability, so that expert opinion evidence must be derived from a reliable body of knowledge and experience. At the least, aspects of the field of expertise test, including ‘general acceptance’ and Daubert-style reliability criteria may be able to be used to help determine the probative value of evidence in the exercise of the general discretion to exclude evidence. On the other hand, there may be concern about the restoration of a field of expertise rule, contrary to legislative intent, through such interpretations of section 79.”然而在最后报告中认为目前还是适合每一个不同案件中由有关法院考虑具体的专家意见，排除缺乏证明价值的不可靠专家意见，而没有引入任何一种指导性的测试。

〔7〕　第二个问题是有关专家是否合资格的问题，这可见本章之4 段的介绍。

意见是否能帮助法院，这方面会在本章之3段进一步介绍。（2）有关知识与经验足够有条理/有组织以及被认为可靠（“sufficiently organized or recognised to be accepted as a reliable body of knowledge or experience”）。有说法是这部分其实是偏离了R v. Robb先例的判法，额外加入了可靠性的要求，在本章前文中的介绍也可以看到可靠性并不是一个可采纳时真正要考虑的问题（虽然可以说这与证明价值与关联性有一定关系）。

有一些英国先例引用与借鉴了R v. Bonython先例的做法。R v. Luttrell（2004）EWCA Crim 1344刑事案件先例涉及的也是唇语（lip reading）问题，Rose大法官明确判令适用R v. Robb先例中Bingham勋爵所说专家证据可采纳的两个条件，以及专家证据不能没有证明价值，理论或应用是否可靠并非专家证据是否可采纳需要考虑的问题。但在第一个条件上，Rose大法官认为可以借鉴R v. Bonython先例的说法。可以节录部分Rose大法官所说如下：

“For expert evidence to be admissible, **two conditions must be satisfied: first, that study or experience will give a witness's opinion an authority which the opinion of one not so qualified will lack**; and secondly the witness must be so qualified to express the opinion. **The first was elucidated in Bonython**（并节录了本章前文中已经节录的King大法官的说法）... If these two conditions are met the evidence of the witness is admissible, although the weight to be attached to his opinion must of course be assessed by the tribunal of fact... It might be added that, as with any evidence, expert testimony will not be admitted unless it is relevant in the sense that ‘it is logically probative or disprobative of some matter that requires proof’.

As we have indicated, the appellants argued that evidence should not be admitted unless it passes a further test, that the evidence can be seen to be reliable because the methods used are sufficiently explained to be tested in cross-examination and so to be verifiable or falsifiable[这就类似于可靠基础测试中的因素（1），专业理论或应用必须可证伪：见本章之2.2.1.2段]. ... We cannot accept that this is a requirement of admissibility. **In established fields of science, the court may take the view that expert evidence would fall beyond the recognised limits of the field or that methods are too unconventional to be regarded as subject to the scientific discipline. But a skill or expertise can be recognised and respected, and thus satisfy the conditions for admissible expert evidence, although the discipline is not susceptible to this sort of scientific discipline.**

... In some cases, the reliability of the evidence might be relevant to whether the conditions of admissibility are satisfied... However, while reliability of evidence can be relevant to whether the conditions of admissibility are met, in itself reliability goes to its weight.”（加黑部分是笔者的强调）

民事案件则可见 The "Ardent"（1997）2 Lloyd's Rep 547 先例。涉及是否能找海事顾问与船舶管理服务行业的有关专业人士提供意见，Mance 大法官看来没有接受有关人士提供专家证据。在判词中 Mance 大法官就引用了已节录的 R v. Bonython 先例中 King 大法官的著名说法。

也可见 Barings Plc v. Coopers & Lybrand（No. 2）（2001）EWHC Ch 17 先例（此先例的案情可见本书第四章之 5.1.3 段）中 Evans-Lombe 大法官的评论，说 King 大法官所说的有关知识与经验是足够有条理/有组织以及被认为可靠，确实应该在认定有关证据是否属于可采纳的专家证据时予以考虑："R v. Bonython was not, of course, decided under section 3 of the 1972 Act. However the passage from the quoted extract from Chief Justice King's **judgment beginning at（b）**... constitute a good description of what would qualify as expert evidence under that section. The passage headed（a）is a description of the Court's residual power to admit or exclude expert evidence admissible under section 3 but which is not 'relevant' to the issue to be decided."（加黑部分是笔者的强调）

在较近期的先例中也可以看到这个趋势，如在 Kesabo v. African Barrick Gold（2014）EWHC 4067（QB）先例中，Andrew 大法官就说该先例中有关理论或应用不符合 R v. Bonython 先例中足够有条理/有组织以及被认为可靠的要求，Andrew 大法官说："（有关知识或经验）not an expert discipline which falls within the category recognised in Bonython as part of a body of knowledge or expertise which is sufficiently organised or recognised to be accepted as a reliable body of knowledge or experience."在 Vilca v. Xstrata Limited（2016）EWHC 2757（QB）先例中，Foskett 大法官也采用了同样的说法。本章之 2.3 段会对这两个近期先例进行介绍。

也因此可以看到，虽然很明确可靠性并非英国法下专家证据可采纳的要求，但是不少法官看来在行使裁量权时都会采用类似于广泛接受测试的办法，尤其是参考 R v. Bonython 先例中 King 大法官的说法进行考虑与判断。爱尔兰法律改革委员会的报告"Consultation Paper Expert Evidence"（LRC CP 52 - 2008）之 2.374 段说："... despite repeated judicial emphasis that no additional admissibility requirements exist other than those set out in Robb by Bingham LJ, it can be argued that more recent English cases, both civil and criminal, have applied a general acceptance test without acknowledging that this test was founded in Frye, which decision was expressly rejected in R v Dallagher."

2.2.2.5　小结

笔者可以简单总结，英国关于专家证据可采纳性的问题在 R v. Robb（1991）93 Cr App R 161 先例即设立了：（1）有关的理论或应用必须涉及特殊技巧（skill）；（2）作证的人必须是该方面的专家这两个条件，而哪些科学理论、应用可被认为涉及特殊技巧并没有硬性标准，审理法官会根据具体的案情判断专家证据的关联性与重要性来决定是否应当采纳与批准。最高院先例 Kennedy v. Cordia (Services) LLP (2016) UKSC 6 也有类似的说法。

至于新科技或新发展的可靠性,影响的主要是最后的证明价值,在中间程序中考虑可采纳性问题时只要表面可靠就已经足够满足重要性要求。这种有弹性、给予审理法官或仲裁员较多裁量权的方式,好处显然就是能够相对宽松地采纳更多不同类型与种类的专家证据。尤其如新兴的科学理论与应用,经过衡量,只要认为该理论与应用本身有帮助、出庭作证人士表面看来确实是专家,就已经足够跨过可采纳性的门槛。但坏处也显而易见,这比较考验事实审理者处理案件的水平,毕竟这只是考虑可采纳性,证据与事实还没有全部摆在桌面上,而且面对的会是自己完全不熟悉的领域,轻重掌握如何拿捏是不容易的。而且采纳太宽容也相对容易漏过一些实际上会是垃圾科学的理论或应用,这就会大大浪费时间与金钱,在高昂的专家费用下有不成比例(disproportionate)的风险。这也能理解,在行使裁量权时,会倾向于参考 R v. Bonython (1984) 38 SASR 45 先例要求有关理论或应用足够有条理/有组织以及被认为可靠等要求了。

最后,有说法是,当新科技在尚未成熟时,应避免采纳专家意见证据。除了新科技或新发展不肯定与不可靠外,双方诉讼方的专家证人自称是"专家",但在该冷门专业也没有人不是"专家"。专家意见只是各说各的主观看法,没有其他有关书籍(更不说是有业界接受的权威书籍)或文章去针对过,审理法官也就无法分析与客观衡量两位专家意见的证明价值,并在判决中说得出理由支持最后的选择了。这样,倒不如法官自己凭双方代表律师的争辩中的解释决定。好的代表律师需要有本事能通过己方的专家顾问解说,吸收专业性很强的事情,然后以简单与听得懂的语言解释到令外行的法官(或陪审员/仲裁员)能够明白的程度。

2.3 拒绝采纳与批准专家证据的 Vilca v. Xstrata Limited 先例

近期的先例显示了法院是严格针对这方面,即使从表面看来专家证据要针对的点好像是很专业,可见 Vilca v. Xstrata Limited (2016) EWHC 2757 (QB)先例。2012 年,南美秘鲁的一个由被告公司(是一家跨国的矿业公司)拥有的铜矿场,矿工发生抗议,导致出动警察镇压并造成伤亡(2 人死亡与多人受伤)。之后有 20 个受害矿工在英国向被告提起索赔,指称被告指使秘鲁警察暴力镇压,违反了被告自己公开采纳的联合国"安全与人权的自愿原则"(Voluntary Principles on Security and Human Rights)下要求矿业与石油工业(Oil and Mining industries)对待与保护作为雇员的矿工的良好标准(good practice)。针对这方面的争议,被告在案件管理会议时申请针对这个自愿原则(可简称"VP")引入专家证据,并说明委任的 Freeman 先生是一位十分资深的专家,如曾在美国国务院劳工与人权部门任职副秘书长,并与英国外交部一并在国际推动这个自愿原则。但原告大力反对,理由包括这套 VP 只代表一些人类的"美好愿望"(aspirations),不是行业标准(industry standard),也没有一套规管机构订立的守则(rules of conduct set by a regulatory body)等,所以不存在什么专家证据。

Freeman 先生顶多说凭他个人的经验，国际上其他的矿场会做什么或不会做什么。反正不是专家意见而只是他个人意见，也不是针对一些已经有了公信、定论与受到承认的行为准则。

在一审法院，Foskett 大法官同意原告的说法，拒绝采纳与批准专家证据，并参照了不久前的一个也是有关非洲坦桑尼亚金矿场的同样事故的案例。在该 Kesabo v. African Barrick Gold（2014）EWHC 4067（QB）先例中，原告想引入两位专家证人：一位是 Warner 先生，据原告说是矿场在冲突时应对管理（mining community engagement in situations of conflict）方面的专家；另一位是 White 先生，据原告说是在面对群众抗议与公众秩序的场合有丰富的管理与策划的经验（significant operational command and planning experience in the area of policing of protest and public order）。

但 Andrews 大法官拒绝了两位专家证人，对 Warner 先生说："... not an expert discipline which falls within the category recognised ... as part of a body of knowledge or expertise which is sufficiently organised or recognised to be accepted as a reliable body of knowledge or experience ... If and in so far as any evidence that Mr Warner is able to give could be relevant to the issues that have to be decided in this case, it would appear that it would derive from his knowledge of what, as a matter of fact, other mining companies may or may not do, and what standards they apply ... However that would be purely factual evidence and is not a matter of expertise."

另对 White 先生说："There is nothing before the court today in terms of evidence that suggests that a body of recognised opinion exists as to what are the appropriate steps to be taken in terms of policing a mine or dealing with public order issues arising in consequence of people trespassing in or near a mine. Thus there is no objectively ascertainable standard or consensus against which to judge the defendants' behaviour."

Andrews 大法官也认为 White 先生想提供的所谓"专家证据"，本质上是说其他人士或公司在某些情况下会怎样做，这对法院是没有帮助，因为其他做法并不代表是唯一正确的做法，有经验的审理法官完全可以根据认定的事实情况，决定做法上到底有没有疏忽与合理不合理，不需要任何其他人给意见来帮助："An experienced trial judge is well able to determine questions of negligence against the appropriate matrix without the assistance of somebody coming in and saying what they would have done in a similar situation, or expressing a view as to whether what the Defendants actually did was reasonable, in the light of their experience in similar (or different) situations, which appears to be the high water-mark of what one would be able to get from Mr White. ... thus the subject-matter of Mr White's putative opinion, so far as it is possible to discern anything about it, does not appear to be something on which expert evidence is permissible."

再回看 Vilca v. Xstrata Limited 先例，Foskett 大法官说："... Ms Fatima QC（原告

代表大律师) contents, however, that the proposed evidence falls at the first hurdle in that it cannot properly be characterised as 'expert' evidence. . . . She submits, in the first instance, that this is not a situation in which there is a recognised expertise governed by recognised standards and rule of conduct capable of influencing the Court's decision. . . . At all events, the question in the present case is whether there is a recognised standard of conduct for dealing with the kind of demonstration that occurred to be deduced from the VPs. . . . the issue to be addressed is very similar to that addressed by Andrews J in Kesabo v. African Barrick Gold (2014) EWHC 4067 (QB). In that case the claimants were pursuing claims for damages arising from injuries or deaths that occurred in or around a gold mine in Tanzania sustained, it was alleged, as a result of the use of unlawful and/or excessive force by private security forces and/or police at a mine operated by the defendants. . . . Ms Fatima says that the same applies here. I agree. There may, one supposes, be an emerging consensus about what represents good practice in the kind of situation that arose in this case, but it would be impossible, certainly on the available evidence, to conclude that there was an established consensus."

3. 考虑之二:能否帮助法院

涉及是否采纳专家意见证据,第二个考虑是它能否帮助法院与/或法院是否需要帮助。针对一些一般非行内或没有某方面丰富经验人士无法充分摸透、理解与掌握的事实,事实审理者需要帮助。不能仅靠自己判断,否则可能以为自己已经理解,但其实想歪/想漏了。英国证据法早就有这个"一般知识与经验"(common knowledge and experience)的说法。[8] 早在 1782 年的 Folkes v. Chadd (1782) 3 Doug 157 先例,Manfield 勋爵已经说,只有超出陪审员(当年的刑事与民事案件都是由陪审团认定事实)的一般知识与经验才会允许采纳专家证据,因为只有在这种情况专家证据才能帮助陪审员认定事实。

之后 Lawton 大法官在 R v. Turner (1975) QB 834 先例中也说,只能在一些超出/超越一般人士的经验(ordinary human experience)事项/争端中接受专家证据:"If on the proven facts a judge or jury can form their own conclusions without help, then the opinion of an expert is unnecessary. In such a case if it is given dressed up in scientific jargon it may make judgment more difficult. The fact that an expert witness had impressive qualifications does not by that fact alone make his opinion on matters of human nature any more helpful than the jurors themselves, but there is a danger that they may

[8] 可见本书第四章之 5.2 段介绍的普通知识规则(common knowledge rule)。

think it does."

另在 Barings Plc v. Coopers & Lybrand (No. 2) (2001) EWHC Ch 17 先例中，Evans-Lombe 大法官指出是否接受专家证据有两个阶段的考验(two stage test)。第一阶段是是否属于《Civil Evidence Act 1972》之 section 3 下的专家证据，本章之 2.2.2 段已经针对。第二阶段是本段针对的能否帮助法院对有关的争议/争端作出决定。Evans-Lombe 大法官说："... the test whether expert evidence in any particular case is to be received is a two stage test, the first stage being whether the evidence is admissible as 'expert evidence' for the purposes of section 3 of the 1972 Act, and the second stage whether the Court should admit it as being relevant to any decision which the Court had to arrive at, that is, helpful to the Court for that purpose."

所以一般人的经验可以理解的争议事项/争端，审理法官不应偷懒(会有法官与仲裁员不愿意花时间、动脑筋去对案件进行艰苦的探索与分析)把工作推给专家证人，批准或采纳专家证据只会带来混乱与诉讼费用的浪费。

3.1 凭法院一般知识/经验明显不需要帮助的案件

对一些明显不过的事实专家帮助是不必要的，双方当事人可以在自己递交的开庭陈词或结案陈词中说清楚自己的立场，而事实审理者只凭自己的一般知识或经验也不需要更多的帮助就可以作出决定，是不应该采纳与批准专家证据的：见 LHS Holdings Ltd v. Laporte Plc (2001) EWCA Civ 278; Thermos Ltd v. Aladdin Sales & Marketing Ltd (2000) FSR 402; Lee Steel Strip Ltd v. Turner & Wilson Ltd (unreported, CA, 3 December 1999)等先例。

在 LHS Holdings Ltd v. Laporte 先例中，案情涉及公司收购，其中一份有关文件中包括"UK GAAP"一词。LHS 向高院申请批准找专家对该词作出解释，但被高院拒绝。上诉庭也完全同意高院的判决，认为"UK GAAP"是"UK Generally Accepted Accounting Principles"的缩写，即"英国一般接受的会计原则"，是基本常识根本不必专家帮助解释。

也有一些一般人可一眼看得出而无需专家的例子，例如大部分合约或侵权案件中的疏忽。最常见的案件就是交通事故中司机是否疏忽驾驶，一般而言这都明显不过，所以很多交通事故的案件中被告承认责任，只在赔偿金额方面抗辩。即使是当时下雪或有雾遮挡视线等情况，法官(陪审员也是同样道理)也可以平时的经验与常识作出判断，不需要采纳专家证据。除非是非常特殊的情况，如十年一遇的大雪，法官不可能有相关经验与常识，就会需要雪地行车方面的专家证人的帮助。上诉庭的 Butler-Sloss 大法官在 Sansom v. Metcalfe Hambleton & Co (1998) 26 EG 154 先例中说："but, unless it is an obvious case, in the absence of the relevant expert evidence the claim will not be proved."

在 Thermos Ltd v. Aladdin Sales & Marketing Ltd 先例中，案情涉及工业设计权(design right)。原告指称被告的保温瓶侵犯了其工业设计权，抄袭了同类产品的设计/外观等。在该先例中，双方均委任了专家，一说没有抄袭，一说有抄袭。Jacob 大法官认为工业设计权的争议一般不必委任专家证人，因为有关产品都是大众市民购买或鉴别的普通消费商品（objects bought or to be appreciated by ordinary member of the public）。所以怎会是普通大众能作出判断反而审理法官（不是不食人间烟火）要专家帮助才能作出判断呢？Jacob 大法官说很明显无需专家（this is so obvious that one hardly needs an expert），并引述了他在较早的 Isaac Oren v. Red Box Toy Factory Ltd（1999）FSR 785 先例中所说如下："I do not think generally speaking, that 'expert' evidence of this opinion sought（i. e. as to what ordinary consumer would see）in cases involving registered designs for consumer products is ever likely to be useful. There is a feeling amongst lawyers that one must always have an expert, but this is not so. No one should feel that their case might be disadvantaged by not having an expert in an area where expert evidence is unnecessary. Evidence of technical or factual matters, as opposed to consumer 'eye appeal' may, on the other hand, sometimes have a part to play that would be to give the court information or understanding which it could not provide itself."

Jacob 大法官认为，一般来说，有关"一般消费者"看法的专家证据是没有用处。代表律师常会感觉一定要委任专家证人，其实并非如此。这是滥用专家证据与浪费诉讼费用。如果案件本身的确没有必要，任何一方当事人都不必害怕不委任专家证人会有不利。另外还会是有关技术性问题需要特别的专业知识进行分辨，或者其他法官不适合根据自己意见作出事实认定的情况，专家证据就或许会有用武之地。例如，知识产权案件中也会涉及的相当比例公众（substantial proportion of the public）测试，这就需要看公众中是否有一定比例的人士持有特定看法，此时法官的个人意见仅仅是一个人的看法，对事实认定帮助不大。这时引入专家证据如问卷调查证据（survey evidence）〔9〕由专门的调查问卷人士作为专家解释问卷调查的进行与统计学原理，法院就会批准与接受作为证据。

最后，在 Lee Steel Strip Ltd v. Turner & Wilson Ltd 先例中，Staughton 大法官怀疑在该先例的损失计算是否需要专家证人，因为这只是简单的计算问题。现在经常会找会计师作为定损专家证人（quantum expert）计算损失，这有时会有用，〔10〕如一般人看不懂的账目或涉及将来损失的复杂计算，但并不是经常需要，会有案件只涉及简单

〔9〕 知识产权案件中，一般消费者（average consumer）测试与相当比例公众（substantial proportion of the public）测试的问题可见本书第十章之6段介绍问卷调查证据（survey evidence）时的简单介绍。

〔10〕 2020年，Queen Mary University 与 PwC 合作的一个有关仲裁损失计算的专题研究得出的结论是在损失计算，如果原告的索赔金额超出1000万美元，就更有可能委任定损专家证人。如果被告也委任称职的定损专家证人，被告的有利地位会"重大提升"（significantly better），也就是把索赔金额大幅度减低。所以，在原告委任定损专家证人的情况下，被告如果不委任而只是依赖代表律师/大律师对原告的索赔损失计算批评与争辩，就会吃大亏了。

的加减乘除的计算。Staughton 大法官说："The first point that strikes me is that there must be some doubt as to whether expert evidence was necessary at all for the buyers' case. **It appears to have been merely a matter of arithmetic**. Surely a witness from the buyers could have given evidence of their loss of production and loss of a customer and the loss of profit that resulted. But **if they had no witness who could do arithmetic, then somebody from their company could have proved the primary facts and produced the documents, and counsel or even the judge could have done arithmetic.** It is very common nowadays for accountants to be called as expert witnesses to do arithmetic, and in some cases it is helpful, but it does not seem to me that, as a matter of course, it is always necessary."(加黑部分是笔者的强调)

以下举少数一些例子看专家证据对法院(或仲裁庭)会否有帮助。

3.2　例子之一:商业专业疏忽的案件

无论是合约还是侵权,涉及疏忽(negligence)的诉讼很多。商业范畴也经常遇到涉及专业疏忽(professional negligence)的案件,因为商业活动经常需要专业人士的帮助,常会在服务中涉及疏忽并给客户带来损失。现在这种案件很多,索赔的金额常是天文数字。因为一单交易金额越大,涉及的专家就越多,如会计师、审计师、专家顾问、投资银行、律师等,专业疏忽造成的损失也越大,如著名的 Barings Plc v. Coopers & Lybrand (No. 2) (2001) EWHC Ch 17 先例。

上一段已经提到,大部分疏忽的案件在认定事实后对法官来说十分明显,不需要专家证人的帮助。但针对专业人士是否存在专业疏忽,看来就会涉及专业知识,但有不少先例认为没有委任专业专家的必要。因为很多时候都有相关法律或专业机构(professional body)的法规针对专业的行为守则,而理解与解释法律法规是法官的强项,不需要专家证据帮助。除非有关的法规写得不清楚(incomprehensible)与/或另有"潜规则",但在千变万化的案情下这种情况也很常见,尤其是在一些复杂的行业。同样重要的是,是否疏忽应是审理法官在认定有关争议事实后所作出的判断,在"最后结论规则"(Ultimate Issue Rule)[11]下,专家证人不该下结论说谁应负责,某行为是否疏忽。

在经常被引用的著名的 Midland Bank v. Hett, Stubbs & Kemp (1979) Ch 384 先例中,案情涉及律师被指控在房屋买卖中疏忽。诉讼方希望引入专家证据证明其他行内律师的恰当做法。Oliver 大法官拒绝了申请,说:"I must say that I doubt the value, or even the admissibility, of this sort of evidence, which seems to be becoming customary in cases of this type. The extent of the legal duty in any given situation must, I think, be a question of law for the court. **Clearly, if there is some practice in a practical profession, some accepted standard of conduct which is laid down by a professional institute**

---

〔11〕 见本书第四章之 5.1 段的详细介绍。

or sanctioned by common usage, evidence of that can and ought to be received. But evidence which really amounts to no more than **an expression of opinion by a particular practitioner** of what he thinks he would have done had he been placed, hypothetically and without the benefit of hindsight, in the position of the defendants **is of little assistance** to the court, whilst evidence of the witnesses' view of what, as a matter of law, the solicitor's duty was in the particular circumstances of the case is, I should have thought, inadmissible, for that is the very question which is the court's function to decide."(加黑部分是笔者的强调)

以上加黑部分是说,在这种案件中,只有有关的某专业行业中较深层次、内部的活动/行为(inner workings of a specialist profession)法院才会需要专家证据帮助。这样,就需要知道某行业做法(practices)与/或行为准则(standards of conduct)的实际规则是什么,审理法官才能更容易与更准确掌握涉及专业疏忽的被告在某种情况下应有的行为职责(duties and responsibilities)。但若同行的专家证人只说他/她是被告,在同样情况下会怎样做或作出怎样不同的反应,则是不能被采纳的意见证据。除了主观与事后"诸葛亮"(benefit of hindsight)外,审理法官也只是知道了有两种不同做法/反应,无法受惠。这本来也是审理法官自己应该从被认定的事实中作出推断,即被告有否疏忽,不应由专家证人代劳。

接下来介绍的 Bown v. Gould & Swayne (1996) PNLR 130 先例也是如此。案情同样涉及律师在一宗房屋买卖有疏忽,没有查明进入车道的使用权(the right of way)。上诉庭的 Simon Brown 大法官针对是否采纳专家证人(是另一位同行律师)的问题表示:(1)法院自己应该决定的法律问题,专家证人的意见说应该怎样做或不该做只会是违反了最后结论规则;(2)专家证人不说应该怎样做或不该做,只说他自己会怎样做,也是帮助不了法院。最多只显示多了一种做法,对被告律师已经发生了的做法是否是疏忽没有帮助。Simon Brown 大法官说:"What solicitors should properly do in the very particular individualistic circumstances of this case is by no means a matter of practice. It is a matter of law to be resolved by the judge. . . . It would amount to no more than an expression of opinion by the expert, either as to what he himself would have done, which could not assist, or as to what he thinks should have been done, which would have been the very issue for the Judge to determine."

在 United Bank of Kuwait v. Prudential Property Services Ltd (1995) EGCS 190 上诉庭先例中,案情涉及银行向被告的测量师公司索赔对一个房产的错误高估,并导致银行作出贷款而蒙受损失。被告反驳自己只是"共同疏忽"(contributory negligence),银行自己也有疏忽,没有调查与分析贷款人(一家物业公司)的公司账本(account)去了解它的资信与偿还能力就去贷款。这个银行共同疏忽的争议/争端带来是否接受专家证据[其他银行家(banker)在同样情况下会怎样做,会否作出货款]的争议。上诉庭说看不同领域,如在医疗疏忽(medical negligence)的案件中,专家证据是必须的事，但在其他领域如看公司账目，个别法官会知道一些理论与做法，但较复杂就不懂。反正法官自己没有信心就要允许专家证据去帮助了，最重要的目的就是专家证据是能够帮助法院全面与真正理解有关公司账目。Evans 大法官说："In all cases it is admissible to inform the Court of relevant practices in an area where the conduct on the particular occasion is said to have been negligent. In other words such as no reasonably competent practitioner would undertake. Sometimes, however, it may be unnecessary so to inform the Court. . . . The decision whether or not there was negligence is always one for the Court. **. . . can there never be cases where the expert can say what he would have done or not done or would have expected to have been done if he had been placed in the relevant situation**? **Clearly there are cases where such evidence is admitted.** One might say that it happens every day, **especially in medical case** where, for example, an allegation is made against a surgeon. . . . The interpretation of accounts, perhaps, comes midway in this scale. The Courts, meaning individual judges, may have some understanding of them but they cannot be confident. Therefore expert evidence is potentially admissible under both heads, that is to say as to practice and of opinion because **it is helpful in assisting the Court to reach a fully informed decision which, in my judgment is the overriding principle**."（加黑部分是笔者的强调）

在 JP Morgan Chase Bank v. Springwell Navigation Corp（2006）EWHC 2755（Comm）先例中，Aikens 大法官说：

"... it is not for experts to attempt to make findings of fact. Instead, they should express their opinion on the area in which they have their expertise on the basis of assumed facts which should be clearly identified and stated in their expert report.

It was argued by Mr Hapgood QC（原告银行代表大律师）that it is impermissible for an expert in a particular profession or trade to examine the acts and omissions of a party and express an opinion as to what he, the expert, would himself have done in similar factual circumstances. **I accept that submission. However, an expert is entitled to examine an assumed set of facts, which can include assumptions as to what a particular person or party has or has not done, and then give an opinion on whether or not the actions (or inactions) of the relevant person fall below the standard of practice in that profession. Such an opinion can, indeed must, be based on the experience of the particular expert. But the expert's opinion must not reflect what he would or would not have done in certain circumstances. Instead it should say what would reflect the proper standard of practice in the profession concerned in the circumstances being considered.**"（加黑部分是笔者的强调）

Aikens 大法官的说法是，专家证人不应该说在同样的情况下，他/她会怎样做，因为这充其量只是多一种做法。但可以对在假设的事实（也就是案件事实）下，特定人士做了什么或没有做什么是否低于专业标准给出意见。这种专业意见必须基于专家的经验和知识,显示出恰当的专业标准而不是他/她会怎样做。但在笔者看来,这在很多时候是专家证人在作出专家报告时的技巧问题。

同类案例很多,最终是否采纳与批准专家证据的结果也不太肯定,取决于不同案件的案情与法官的裁量权,如:

1. 在 Routestone Ltd v. Minories Finance Ltd (1997) 1 EGLR 123 先例中,案情涉及地产经纪(estate broker)是否专业疏忽。Jacob 大法官虽然判地产经纪同行说一个称职的地产经纪在同样的情况下不会这样做的专家证据可被采纳,但也只是让法院知道另一种观点,帮助有限,法院也不一定要听从,重点还是看专家报告中的理由是否充分与有说服力。

2. Secretary of State for Trade and Industry v. Baker [Barings plc, Re (No. 5)] (2000) 1 BCLC 523 上诉庭先例是有关英国巴林银行的一连串诉讼之一。一审[(1999) 1 BCLC 433]的 Jonathan Parker 大法官与上诉庭不准一位著名商人银行家对另一同行是否行为恰当作出专家证据。此先例还可见本章之 10 段的介绍。

3. 在 Sansom v. Metcalfe Hambleton & Co (1998) 26 EG 154 先例中,案情涉及测量师(surveyor)是否专业疏忽。Butler-Sloss 大法官接受专家证据,并且说法院在判断一位专业人士有错前,应先听听专家证据,了解同行的行为准则以利对照被告的行为是否达到要求。Butler-Sloss 大法官说:"... a court should be slow to find a professionally qualified man guilty of a breach of his duty of skill and care towards a client (or third party), without evidence from those within the same profession as to the standard expected on the facts of the case and the failure of the professionally qualified man to measure up to that standard."

4. 在 Matrix Securities Ltd v. Theodore Goddard (1998) PNLR 290 先例中,案情涉及事务律师(solicitor)与大律师(barrister)是否专业疏忽。由于案情涉及的税务大律师(Revenue Bar)从业人员相对较少,Lloyd 大法官说被告的一位大律师同行采取的同行一般做法与他会怎样做的专家证据对法院有用。

5. 在 Liverpool Roman Catholic Archdiocese Trustees Inc v. Goldberg (No. 2), The Times, 9 March 2001 先例中,案情涉及作为税务专家(tax consultant)与御用大律师(QC)的被告作出法律意见时是否专业疏忽。Neuberger 大法官在考虑了这问题与所有先例后认为,虽然这一类专家证据很可能不应被采纳或没有帮助,但仍应由一审法官根据案件的事实决定。

Queen's Bench Guide (2018)[12] 中的建议是说,若涉及一些复杂的专业,还是应该听取双方专家证人对行业标准的意见。毕竟法院凭一般的常识很难作出判断,有专家的帮助才能更好地理解在普遍接受的行业标准下是否可被认定为疏忽。有关部

〔12〕 有兴趣的读者可在 https://www.gov.uk/government/publications/queens-bench-guide 下载。

分可节录如下:"10.8.5 ... in cases where the issue for determination is as to whether a party acted in accordance with proper professional standards, it will usually be of value to the court to hear the opinions of more than one expert as to the proper standard in order that the court becomes acquainted with a range of views existing upon the question and in order that the evidence can be tested in cross-examination."

3.3 例子之二:医疗失当与人身伤害案件

上一段在介绍商业专业疏忽时,已经提到了医疗疏忽(medical negligence)或医疗失当。Bolam v. Friern Hospital Management Committee (1957) 1 WLR 582 先例设立了判断是否医疗疏忽/医疗失当的"Bolam 考验"[13]:"A doctor is not guilty of negligence if he has acted in accordance with a practice accepted as proper by a responsible body of medical men skilled in that particular art ... Putting it the other way round, a doctor is not negligent, if he is acting in accordance with such a practice, merely because there is a body of opinion which takes a contrary view."

所以这些医疗疏忽的案件中一般都需要甚至是必须找专家证人。毕竟这类案件在责任方面会涉及医生在治疗病人过程中是否有违该特定医疗类型的医疗标准,因此无论是主张或抗辩都要找涉及同样医疗类型的人士作为专家就这方面问题进行作证。常见的这类专家显然包括各种不同类别的临床医生,也会包括医院行政(hospital administrator),医学院的教授,护士、专业医院看护人士(hospital care)等。

涉及专家证人的,还有人身伤害(personal injury)案件。人身伤害是很广泛的词汇,一般而言包括涉及他人责任的事故导致受害人身体、心理或情感上的创伤。这类案件在责任方面要认定事故如何发生、被告是否有责任,也时常涉及专家。例如,汽车碰撞事故,就可能涉及汽车碰撞事故重建专家(car accident reconstructionist)看事故到底如何发生。大型卡车事故中还可能涉及由车辆维护专家(maintenance specialist)看应由货车公司负责维护的大型卡车本身是否存在维护不当问题。由安全规章制度专家(regulations expert)看轮胎、车辆气囊等是否合格。由车辆引擎控制模块(engine control module)或电子控制单元(electronical control unit)专家解读事故发生时车辆(尤其是大型卡车)的运行状况。涉及受害人死亡还会有医学解剖专家(medical examiner)解读死因看是否确实与事故相关等。

另一方面则是这两类涉及原告受到伤害的案件,在需要确定损失时,往往需要专家证人的帮助。常见的是神经科医生(neurologist)、骨科医生(orthopedic surgeon)等确定原告伤害、残疾的程度,这也包括疼痛管理专家(pain management specialist)确定原告受到疼痛的程度、生活如何受到疼痛影响等。还需要由长期看护规划师(life care planner)、职业规划专家(vocational specialist)、复健专家(rehabilitation specialist)

---

〔13〕 这个"Bolam 考验"现在在一些非医疗疏忽的专业疏忽(professional negligence)案件中看来也会被参考与借鉴。可见本书第六章之5.3段。

等确定受害人因为这事故导致收入会降低多少、需要什么额外开支等,以帮助确定后续损失应为多少。

3.4 例子之三:以市场规则计算损失的案件

英国合约法下,商业合约中途被违约/毁约(repudiatory breach)〔14〕导致合约终止,在计算无辜方(非违约方)的将来损失时有一个非常著名的"市场规则"(Market Rule)。〔15〕如果有关商品或其他合约标的(如上市公司股票买卖)有一个公开可供买卖的市场(available market),就将以合约价格与市场价格的差额计算无辜方的损失金额(quantum)。其中的好处是令本来复杂的计算将来损失变得相对非常简易。这可以与没有市场的长期合约被终止作比较,将来损失的计算往往要高价委任定损专家证人(Quantum Expert)作出复杂的估算,然后出一份或几份专家报告,但赔偿金额的准确性估计还比不上按照市场规则去确定。此外,市场规则也带来了很多其他的好处,如违约方在违约/毁约前预知后果可作衡量;节省诉讼费用与时间;愈早知道损失赔偿的金额,双方愈容易达成和解等。

这种公开市场会有多种,如股票市场、外汇市场、黄金市场、商品市场、运费市场等。其中大部分有市场报告,很容易查阅,一般人即使是非行内人士在稍作解释后也看得明白。法院在当事人的代表律师解释后(指出看哪些数据与怎样分析,某缩写是代表什么等),没有道理不明白,不需要更高层次的专家证人,除非涉及的市场非常特殊、隐蔽,外行人士难以凭常识了解。而在国际仲裁更是如此,很多仲裁员本身也是有关行业的从业人员。

在 Bandegani v. Norwich Union Fire Insurance Society Ltd (1999) 5 WLUK 304 先例中,上诉庭认为有关二手车市场审理法官自己看公开报告比聆听两位专家证人的意见更佳。Henry 大法官说:"The evidence which could be used in such cases could instead be published guides available in newsagents and used in the trade that give some indication as to the market price of second-hand cars which judges may find helpful."

笔者遇到过不少航运、船舶买卖与商品买卖的仲裁案件,证明损失时是要参考有关的运费、船价与商品市场。这方面有很多全面的定期市场报告,但偏偏当事人常常要再委任船舶或商品买卖经纪人作为专家证人,互相在不同的市场报告或一份市场报告的内容中挑拣对自己有利的内容讲,笔者经常聆听他们的证据好像也没有太大帮助。即使要解释,双方行业内的诉讼方无法通过代表律师向仲裁庭成员解释吗?虽然仲裁不受 CPR 的约束,法院也没有权力可以把专家证据的采纳卡得很紧。但在笔者看来,国际仲裁也应对此收紧,否则难逃国际仲裁比法院诉讼还要昂贵与耗时的结果。仲裁庭或可以在程序的开始就告知双方当事人有关这方面的理解不需要专家证据的帮助,另也可以提前警告双方当事人,如果仲裁庭在开庭审理或仲裁庭合议后

---

〔14〕 关于违约/毁约,笔者的《合约的履行、弃权与禁反言》一书第一章有详细介绍。

〔15〕 关于市场规则,笔者的《损失赔偿与救济》一书第十五章与第十六章有详细介绍。

觉得专家证人没有帮助,就要由申请引入这方面专家证据的当事人承担浪费的专家证人的费用。

当然,这也要看仲裁庭的成员,因为现在有很多国际仲裁的仲裁员都是具有不同法律(虽然是普通法为主)与业务背景的律师或前律师。不少仲裁机构的管理人员都认为仲裁员只要有良好的法律基础与思维就什么类型的案件都可以处理。毕竟,今天的跨国律师所的业务就是什么案件都接,反而传统主导的海事与商品买卖的付运合约(shipment contracts,如 FOB、CFR 与 CIF)案件并不是它们的主流工作,也不受欢迎,因为国际船东与承运人加上背后的互保协会(P&I Clubs)懂行,对收费盯得太紧。

这种壁垒分明的局面在近期的重要最高院 Halliburton v. Chubb (2020) UKSC 48 先例中[16]就能明显看到。在该重要的先例中,主要的英国与国际仲裁机构,罕有的申请加入(intervene)该诉讼作为当事人之一,以让它们表达自己的立场。这包括 ICC 国际仲裁院、LCIA、Chartered Institute of Arbitrators、LMAA 与 GAFTA,而后两个机构与其他国际仲裁机构的立场完全对立。在等待最高院判决的期间,LMAA 在 2019 年底发表了公告,并在最后的结论提到 Mustill 勋爵早在 1991 年所说如下:"that there is much room for generalist international commercial arbitration practitioners and maritime specialist arbitrators to work together to achieve a better mutual understanding, it is necessary for the generalists to better understand the requirements of those involved in specialised arbitration when evolving and promulgating prescriptive rules of universal application to govern international commercial arbitration in a generic sense. If this article helps to promote this understanding it will have fulfilled its intention."

但在其他地方区分国际商品买卖与海事的仲裁员与"万金油"仲裁员(Mustill 勋爵说的"generalists")就有困难了,即使是亚洲的新加坡或香港等受欢迎的仲裁地点。这里微妙的区别是,已经提到这类案件计算损失时一般适用市场规则,这也是《Sale of Goods Act 1979》之 Sections 49 - 51 立法的表面(*prima facie*)规则。这对国际商品买卖与海事的仲裁员来说很熟悉,不需要专家证人的帮助。但万金油律师对此就不太熟悉,如果没有专家证人的帮助可能会"误入歧途"。

笔者(杨良宜)记得多年前一个仲裁案件,笔者作为边裁与其他两位国际知名的仲裁员一起审理一个从南美运铁矿石的长期付运合约,涉及被 CFR 卖方(一家美国国际贸易商)拒绝履行而终止。在该仲裁案件中,中国公司(CFR 买方)向美国公司索赔上亿美元因长期合约没有被履行的损失,主要损失是根据违约/毁约时(根据 Breach Date Rule)的市场规则计算。美方的被告在开庭前已因为责任分明而放弃了争辩,余下的争议主要在损失计算。被告的代表律师是一家著名跨国律师所,在方方面面质疑损失的计算,包括在市场规则与违约/毁约前履行了一个航次的小量滞期费

---

〔16〕 在本书第九章之 1.6.2 段有详细介绍。

等。笔者觉得是外行人讲的话,代表中方的律师与英国大律师虽然驳斥但没有太针对,可能是认为这些外行话对仲裁庭起不了作用。但后来在仲裁庭合议时,笔者才发觉两位仲裁员听得进笔者认为的外行话,结果是在笔者大力反对下判市场规则不适用,原告没有证明损失。而不适用的原因就是被告代表律师的一个争辩是南美到中国的铁矿石的市场报告并不适用,因为报告中没有针对个别合约中不同的条文。该合约就有一条“最终用家条文”(End-user Clause),也就是该铁矿石是供中国使用,不能转卖其他国家。笔者的少数意见(dissenting opinion)指出这种条文在国际商品买卖并非罕见,如石油产品与原油买卖。在此案件也是因为被告的美国公司有此标准合约条文才会出现,这表明了普及性。市场规则作为立法的计算损失的表面规则不会因为一些无关紧要的条文而不适用。笔者也指出商品市场报价会根据来源地等分类,但不会因个别合约条文而变化。否则每一个合约都有不同的条文(包括标准格式合约也会有各种各样的附加条文),就不会有“市场价格”或“市场规则”这说法了。笔者也认为仲裁庭的裁决不公平,即使认为市场规则不适用也应该作出中间裁决书,让原告有机会证明真正损失(actual loss),而不是全部否定原告的索赔。

这个仲裁案件给笔者带来两个想法:

1. 如果索赔方认为适用市场规则计算损失,并非仲裁庭的部分成员甚至是所有成员的“一般知识与经验”(common knowledge and experience),例如,大陆法系背景或是“万金油”仲裁员,最好还是坚持委任有关市场的专家证人帮助仲裁庭。这与本章之3.1段脚注13提到争议金额大时,引入定损专家证人是类似的道理。市场的专家证人应该同意合约各种各样的无关条文不影响市场规则下的市场价格,争议也只会在内行的范围。只依赖仲裁庭其中一个成员是内行的话并不够,因为他的话不是“证据”,其他两位仲裁员也会猜疑该仲裁员可能偏袒指定他作为仲裁员的当事人等问题。当然,另一方抗辩索赔的违约方则应采取相反的战略,抗拒引入专家证人,并希望在一个国际仲裁中外行的仲裁庭成员能成功“浑水摸鱼”。

2. 新加坡目前在探讨走英国仲裁的道路,就是裁决书的法律观点(issue of law)可以允许上诉去法院。这个观点难免影响仲裁重视的“一审终局”(finality)的好处,也严重背离了《UNCITRAL Model Law》(联合国示范法)的理念,可能带来的争议是新加坡还算不算《联合国示范法》的国家或仲裁地。如果碰到像上述介绍的案件,会允许上诉到法院应有机会纠正仲裁庭在机密(confidential)下作出笔者认为是很错误的决定,带来可能的救济并不是坏事。这不能依赖把裁决书撤销(set aside)的救济,因为在仲裁程序上多数仲裁庭成员(也包括笔者)并没有犯错,如违反自然公正(Natural Justice)。问题只是涉及实体的法律问题搞错,目前这在除英国外的各地的仲裁法下都无法补救。

3.5 CPR 下对专家证人的批准应宽松对待是否有帮助或应采用严格必须的测试

CPRRule 35.1 对专家证据的批准只是局限法院是“合理要求”(reasonably required)专家的帮助。但是关于什么属于有帮助(of help),不同的审理法院可能有不同的标准,毕竟他们有不同的背景,这也导致了不同裁量结果。在 CPR 生效后,特别是出于节省诉讼费用的超越性主要原则(overriding principle)与专家费用一般昂贵的考虑,开始有“严格必须”(strictly necessary)的说法。这在家庭法院中,Family Procedure Rule Part 25 就比 CPR Rule 35.1 文字上更严格,规定专家证据一定要是“必须”(necessary)。在“严格必须”下,即只有在法官必须有专家证人的帮助,才能理解有关的事实证据并以此作出判决的情况下,才可以接受专家证据。但案件的案情不同往往不会黑白分明,轻重也不好掌控。特别考虑到法院是要在早期的案件管理会议作出批准专家证人与否的决定,难免对很多需要综合考虑的因素(这在下一小段会更详细介绍)涉及大量的估计(estimate)、臆测(retrospective speculation)与预判(prejudge),所以决定批不批准并不容易。

但在 Kennedy v. Cordia (Services) LLP (2016) UKSC 6 最高院先例(该先例虽然是针对苏格兰法律,但也有很强的说服力)中,最高院认为不应该适用严格必须的标准,否则可能反而导致浪费更多的诉讼费用。Reed 勋爵与 Hodge 勋爵说:“Most of the Scottish case law on, and academic discussion of, expert evidence has focused on opinion evidence to the exclusion of skilled evidence of fact. In our view, the test for the admissibility of the latter form of evidence **cannot be strict necessity as, otherwise, the court could be deprived of the benefit of a skilled witness** who collates and presents to the court in an efficient manner the knowledge of others in his or her field of expertise. There may be circumstances in which a court could determine a fact in issue without an expert collation of relevant facts if the parties called many factual witnesses at great expense and thus a strict necessity test would not be met.”(加黑部分是笔者的强调)

看来最高院建议的仍是弹性对待各种不同的案件,根据不同案件的案情(包括考虑案件的重要性与是否涉及庞大的诉讼金额)考虑专家证据会否对法院认定特定争议事实有帮助。Reed 勋爵与 Hodge 勋爵说:“The advantage of the formula in this rule[17] is that it **avoids an over-rigid interpretation of necessity**, where a skilled witness is put forward to present relevant factual evidence in an efficient manner rather than to give an opinion explaining the factual evidence of others. If skilled evidence of fact would be likely to assist the efficient determination of the case, the judge should admit it.”(加黑部分是笔者的强调)

---

〔17〕这是指美国《Federal Rules of Evidence》之 Rule 702(见本章之 2.2.1.2 段),可以节录该条文如下:“If scientific, technical or other specialized knowledge will assist the trier of fact to understand the evidence or to determine a fact in issue, a witness qualified as an expert by knowledge, skill, experience, training, or education, may testify thereto in the form of an opinion or otherwise.”

4. 考虑之三:专家证人是否合资格与对口

《Civil Evidence Act 1972》之 s. 3(1)只泛泛说:"... where a person is called as a witness in any civil proceedings, his opinion on any relevant matter on which **he is qualified** to give expert evidence will be admissible in evidence."(加黑部分是笔者的强调)

显然,法院在考虑是否采纳、接受与批准某位专家时,要判断该专家是否"合资格"(qualified)与"对口",就必须先知道是什么争议/争端与涉及的专业领域。这由要申请的当事人提供。CPR Rule 35.4(2)也有规定如下:"When parties apply for permission they must provide an estimate of the costs of the proposed expert evidence and identify – (a) The field in which expert evidence is required and the issues which the expert evidence will address; and (b) Where practical, the name of the proposed expert."

《Civil Evidence Act 1972》之 s. 3(1)是说,任何人士只要是"合资格"对有关争议/争端给出专业意见就已经跨越了可被采纳作为专家证据的门槛。在本章之2.2.2.4段介绍的 R v. Bonython (1984) 38 SASR 45 澳大利亚先例中,King 首席大法官说:"Before admitting the opinion of a witness into evidence, the Judge must consider and decide two questions. ... The second question is whether the witness has acquired by study or experience sufficient knowledge of the subject to render his opinion in resolving the issue before the Court."

有关是否是"专家"(peritus),否则他/她的意见是会不被接受为专家证据早在 R v. Silverlock (1894) 2 QB 766 先例已经被 Russell 勋爵说清楚:"It is true that the witness who is called upon to give evidence must be peritus; he must be skilled in doing so; but we cannot say he must have become peritus in the way of his business or in any definite way. The question is, is he peritus? Is he skilled? Has he an adequate knowledge? Looking at the matter practically, if a witness is not skilled the judge will tell the jury to disregard his evidence."

另是在 Liverpool Roman Catholic Archdiocese Trustees Inc v. Goldberg (No. 2), The Times, 9 March 2001 先例中,Neuberger 大法官说:"The authorities show that to qualify as expert evidence within section 3, the party seeking to call the evidence must satisfy the Court of the existence of a body of expertise governed by recognised standards or rules of conduct capable of influencing the Court's decision[18] on any of the issues which it has to decide and **that the witness to be called has a sufficient familiarity with and knowledge of the expertise in question to render his opinion potentially of value**

〔18〕 见本章之2段。

in resolving any of those issues."（加黑部分是笔者的强调）

也可节录美国的《Cleveland State Law Review》（1995 年）对什么是合资格与对口的说法如下："**Is the expert qualified**? First, the judge must determine whether or not the expert is qualified to render an opinion on the subject matter which is before the court. To make this determination the judge must examine the witness's qualifications in a very narrow contest, making certain his qualifications give him the necessary means to testify on the exact issue before the court. For example, a gynaecologist will probably not be able to give a satisfactory opinion on lung cancer. Likewise, not all psychiatrists may be able to discuss adequately the relatively narrow disorder called 'battered women's syndrome'. Thus, it is important that the trial judge first exercise the utmost care in examining expert qualifications."

上述的说法只针对了当事人想引入专家证据的专家证人与有关的争议/争端是否合资格与对口。此外，在英国法院，专家证人是否了解 CPR 在 1999 年生效后法律强加在他/她身上的对法院的责任也影响专家证据会否被接受与即使被接受会给予的分量。正如在 Field v. Leeds City Council（2000）1 EGLR 54 上诉庭先例中，Waller 大法官说："The question whether someone should be able to give expert evidence should depend on whether,（i）it can be demonstrated whether that person has relevant expertise in an area in issue in the case；and（ii）that it can be demonstrated that he or she is aware of their primary duty to the court if they give expert evidence."

以下会对提及的要点分段介绍。

4.1　专家证人对口与/或有资格/经验

照理说，双方当事人委任的专家证人是否合资格（qualified）应该不是一个问题。因为在不少涉及专业知识的商业案件中专家证据至关重要，所以参与一个费用高昂与后果严重的对抗制法院诉讼或国际仲裁的当事人都不会让一位或多位"不对口"或不合资格的专家证人出庭提供专家证据，特别是对方当事人委任了一位重量级的对口专家证人时。但现实中仍常会见到，就好像当事人也常常委任完全不对等或不合资格的代表律师一样。

导致出现这种情况的会是多种原因，例如寻找不到适合的专家证人，只能滥竽充数。更可能是代表律师自己的能力与接触面也有限，毕竟不少尖端科技或专业知识会需要全球寻找与委任优秀的专家证人，一家本地小型律师事务所就难以与跨国律师事务所或一家本地但有很好的国际网络与有处理国际商事诉讼/仲裁经验的律师事务所相提并论。也见过一些能力有限的代表律师，甚至在很有必要与对方已有了在履历对口、经验优秀的专家证人的情况下，没有委任专家证人，这对客户十分不利。

相比以上"低级"的原因，也会有十分"高级"的原因导致同样问题，就是在一些情况下对什么才算是对口的专家证人有不同判断与争议。例如，在人身伤亡的案件中，受害人如果因为脑部受伤（brain injury）或脊椎受伤（spinal injury）而瘫痪，在计算应赔偿的损失时受害人生命期(life expectancy)的长短是一个十分重要与有争议的课题。这有大量的统计数据与精算师(Actuary)根据数据建立的模型。这样,如果有了"多专业争端"(multi-disciplinary issue)的争议,那到底专家证人是委任医师或者是精算师就有不同看法,虽然两种专业知识都对法院会帮得上忙(两者结合当然更好)。在 Mays v. Drive Force (UK) Ltd (2019) EWHC 5 (QB)先例中,双方已经各自有5、6位不同方面的医学专家证人,原告反对被告申请批准多委任一位 Brown Jones 教授,他是有医学背景的统计学专家,也在其他法院案件做过专家证人。原告反对的看来不是他的专业资格,而主要是专业是否对口,如:"(i) ... Life expectancy is generally treated as a clinical matter. In the cases relied on by the Defendant the life expectancy evidence generally came from clinicians: ... ;(ii) Separate statistical evidence is normally reserved for cases in which the clinical experts interpret the data in a fundamentally different way;... (iv) If Professor Bowen-Jones' evidence is permitted in this case, it would be to permit a hitherto uncommon practice of permitting life expectancy evidence to deal with non-accident factors. It would lead to him or a similar expert being instructed in all cases, and this would be contrary to the good administration of justice; (v) Professor Bowen-Jones' statistical approach derives from the insurance context and is not necessarily validated in personal injury claims; ... "

法院批准了被告多委任一位专家的申请:"... suggest to me that statistical evidence of the sort provided by Professor Bowen-Jones in this case can be admissible in an appropriate case, alongside the evidence given by the clinicians. There is a basis for concluding that such evidence may assist the trial judge in this case, ... This is a high value claim where the evidence may make a significant difference to quantum. Accordingly, the parties should be entitled to rely on this sort of evidence, and the addition of this expertise is proportionate. I am not persuaded by the 'floodgates' arguments hinted at by the Claimant. Granting permission to rely on life expectancy evidence in this case is in my view consistent with the broad principles set out above. Ultimately it will be a matter for the trial judge to determine whether statistical evidence is of assistance, and to consider any challenges that are made to the credibility of the evidence. "

再如,在 Matthews v. East Suffolk Health Authority (2000) EWCA Civ 58 先例中,案情涉及医院在原告出生时是否有疏忽导致原告大脑受损,包括之前若及时给予抗生素(antibiotics),可否减少大脑损伤。被告委任的专家证人 Wigglesworth 先生是一位病理学教授。他的意见是,大脑受损的原因是周脑室白质软化症(periventricular leukomalacia,或简称"PVL"),这是原告专家证人也接受的。他也认为之前给予抗生素应是于事无补。一审法官接受了 Wigglesworth 教授的专家证据,但败诉的原告不服提起上诉,原因之一是 Wigglesworth 教授只是病理学教授而非是有临床经验的专家,对在临床上是否及时给予了抗生素是不对口。但上诉庭认为他的专家证据明显是可采纳(admissible),而且有关(relevant)争议/争端。至于给多少证据分量是一审法官的事,即使是多给了上诉庭也管不了。

这也不止是医学领域,现在各个专业分类都越来越细化。例如,在有关建筑工程方面的争议,往往索赔的内容非常繁杂,涉及很多不同专业的争端,而这些争端所需要的专业知识也会有所不同,虽然有时因此会允许一些"万金油"的专家。例如,在James Longley & Co Ltd v. South West Thames Regional HA (1983) 25 BLR 56 先例中,针对工程中的延误原因,Lloyd 大法官指出,一名索赔顾问(claim consultant)虽然并没有与这些争端直接相关的建筑师(architect)、工程师(engineer)或测量师(surveyor)等专业资格,也可以被接受为专家。但可以想到的是,如果针对特定争端,对方当事人委任了对口专家,这些"万金油"专家的证据分量相比之下是较低的,这方面还可见本书第六章之8段的介绍。

接受明显不妥的专家证人会浪费大家时间与金钱,故不批准一些不对口或不合资格的专家证人大有先例。所以让法院满意的专家证据是有关的且有很高的证明价值(high probative value)才会批准。但根据不同案情,除非是十分明显的情况,否则法院批准然后留待审理法官在分量方面掌握轻重会更安心。

4.2 专家证人理解对法院的责任

稍早已经提到专家证人理解对法院的责任是法院是否接受与批准专家证人的两个考虑之一:见 Field v. Leeds City Council (2000) 1 EGLR 54 等先例。首先,在 The "Ikarian Reefer" (1993) 2 Lloyd's Rep 68 先例中[19] Cresswell 大法官根据以前的先例总结了著名的七条专家守则或戒律,强调专家证据一定要是专家独立的作品/产品,未曾受诉讼需要(如为了胜诉)的影响,专家证人应提供给法院独立的协助,以他/她的专业知识对有关事件作出客观不偏袒的意见,专家证人永远不应把自己改身份为当事人的辩护人。有关判决可节录如下:

"The duties and responsibilities of expert witnesses in civil cases including the following:

1. Expert evidence presented to the Court should be, and should be seen to be, theindependent product of the expert uninfluenced as to form or content by the exigencies of litigation [Whitehouse v. Jordan (1981) 1 WLR 246 at p. 256 per Lord Wilberforce].

2. An expert witness should provide independent assistance to the Court by way of objective unbiased opinion in relation to matters within his expertise [see Polivitte Ltd. v. Commercial Union Assurance Co. Plc (1987) 1 Lloyd's Rep. 379 at p. 386] per Justice Garland and Re J (1990) FCR 193 per Justice Cazalet). An expert witness in the High Court should never assume the role of an advocate. . . .

3. An expert witness should state the facts or assumption upon which his opinion is

---

[19] The "Ikarian Reefer" (1993) 2 Lloyd's Rep 68 先例的案情,可见本书第三章之 1.3.5.5 段。

based. He should not omit to consider material facts which could detract from his concluded opinion（Re J（1990）FCR 193）.

4. An expert witness should make it clear when a particular question or issue falls outside his expertise.

5. If an expert's opinion is not properly researched because he considers that insufficient data is available, then this must be stated with an indication that the opinion is no more than a provisional one（Re J）. In cases where any expert witness who has prepared a report could not assert that the report contained the truth, the whole truth and nothing but the truth with some qualification, that qualification should be stated in the report（Derby & Co. Ltd. and others v. Weldon and Others, The Times, Nov. 9,1990）per Lord Justice Staughton）. Weldon and Others, The Times, Nov. 9, 1990 per Lord Justice Staughton）.

6. If, after exchange of reports, an expert witness changes his view on material matter having read the other side's expert's report or for any other reason, such change of view should be communicated（through legal representatives）to the other side without delay and when appropriate to the Court.

7. Where expert evidence refers to photographs, plans, calculations, analysis, measurements, survey reports or other similar documents, these must be provided to the opposite party at the same time as the exchange of reports."

在 The "Ikarian Reefer"先例中,专家证人对法院的责任也在 CPR Rule 35.3 被重申。可以说 CPR 通过立法对专家证人"开刀",希望改变之前专家证人是当事人的"枪手"(hire gun)这一不令人满意的情况。CPR Rule 35.3 说:"**Experts-overriding duty to the court** 35.3（1）It is the duty of experts to help the court on matters within their expertise.（2）This duty overrides any obligation to the person from whom experts have received instructions or by whom they are paid."

在 CPR 生效后不久,Anglo Group Plc v. Winther Brown & Co Ltd（2000）EWHC Technology 127 重要先例也给出了类似 The "Ikarian Reefer"先例的说法:

"1. An expert witness should at all stages in the procedure, on the basis of the evidence as he understands it, provide independent assistance to the court and the parties by way of objective un-biased opinion in relation to matters within his expertise. This applies as much to the initial meetings of experts as to evidence at trial. An expert witness should never assume the role of an advocate.(这一条守则/戒律已包括在 The "Ikarian Reefer"先例中,重复了专家意见独立性的要求。)

2. The expert's evidence should normally be confined to technical matters on which the court will be assisted by receiving an explanation, or to evidence of common professional practice. The expert witness should not give evidence or other opinions as to what

the expert himself would have done in similar circumstances or seek to usurp the role of the judge. [这一条没有包括在 The "Ikarian Reefer" 先例,即专家证人的证据应局限在向法官解释对口的专业知识,不应提供他在类似情况下会怎样做的意见(见本章之3.2段),或对法官的职责越俎代庖,也就是所谓的最后结论规则(The Ultimate Issue Rule)(见本书第四章之5.1段)。]

3. He should co-operate with the expert of the other party or parties in attempting to narrow the technical issues in dispute at the earliest possible stage of the procedure and to eliminate or place in context any peripheral issues. He should co-operate with the other expert(s) in attending without prejudice meeting as necessary and in seeking to find areas of agreement and to define precisely (areas) of disagreement to be set out in the joint statement of experts ordered by the court. [专家证人应与对方专家证人及当事人合作去收窄专业上的争议/争端,而且越早做越好,可节省费用与提高和解机会。设法协调次要的边沿的争议/争端,达成一致意见,避免把事情搞大。双方专家证人需要参加开庭审理前的无损害会面并试图与对方专家证人找出相同意见,与明确有哪些无法同意的意见以及什么原因,最后交给法院一份共同声明/备忘录(joint statement)。这一条也没有包括在 The "Ikarian Reefer" 先例,在本书第四章之14段有介绍。]

4. The expert evidence presented to the court should be, and be seen to be, the independent product of the expert uninfluenced as to form or content by the exigencies of the litigation. (这一条要求专家证人提供法院的证据必须是独立的作品/产品,在 The "Ikarian Reefer" 先例已有包括。)

5. The expert witness should state the facts or assumptions upon which his opinion is based. He should not omit to consider material facts, which could detract from his concluded opinion. [也包括了 The "Ikarian Reefer" 先例,要求专家证人说明他/她的意见是依据什么事实或假设的事实。CPR Rule 35.10(3)也有同样规定:"The expert's report must state the substance of all material instructions, whether written or oral, on the basis of which the report was written."]

6. An expert witness should make it clear when a particular question or issue falls outside his expertise. (也已包括在 The "Ikarian Reefer" 先例中,要求如果某些问题超出专家证人的专业范围,专家证人要自己坦白说明。会出这种问题往往是因为找的专家证人是"万金油"专家,这可见本章之4.1段。)

7. Where an expert is of the opinion that his conclusions are based on inadequate factualinformation he should say so explicitly. (也已包括在 The "Ikarian Reefer" 先例中,如果专家证人自知数据或资料不足,应在报告中注明。)

8. An expert should be ready toreconsider his opinion, and if appropriate, to change his mind when he has received new information or has considered the opinion of the other expert. He should do so at the earliest opportunity. (类似要求也已包括在 The "Ikarian

Reefer”先例,就是有了新资料或看了对方专家证人报告与双方专家证人会面后,专家证人应客观地重新考虑。而若要改变/调整原先的意见,也应尽早尽快。)”

从以上节录的立法规定与重要先例可以看出,在 CPR 下专家证人要保持独立性(independence)。这改变了之前的诉讼文化,带来了很复杂的课题,将在本章之 6 段详细介绍。

5. 考虑之四:节省诉讼费用

在今天民事诉讼成本十分昂贵的情况下节省诉讼费用(economy in iitigation),使其成比例是 CPR 下超越性主要原则(overriding principle)。在 CPR 下,只有获得法院的允许诉讼方才能引入专家证据。法院在决定是否允许当事人引入专家证据时,也必须将这一点纳入考虑。例如,在本章稍早的 3.5 段提到的 Kennedy v. Cordia (Services) LLP (2016) UKSC 6 最高院先例中,举了一个双方需要派出 10 位事实证人可以帮助法官理解有关的事实证据,而双方各委任一位专家证人也可以达到同样的效果的例子。这时为了节省诉讼费用,就应该引入专家证据。通常在案件管理会议上,法院在了解双方争议与提供的资料后会限制只有针对特定争议/争端可以引入专家证据。稍后的程序命令中也会明确可以引入专家证据的争议/争端,甚至写明特定的专家证人的名字。或是考虑到案件的复杂性与/或争议标的(真正有可能成功索赔的金额),双方各自委任专家证人在诉讼费用上是不成比例,所以只接受一位共同专家证人(Single Joint Expert)的证据。如果有关的专家证据确实是针对有公信、有定论与被承认的专业知识或特殊经验,且可以帮助法院,但又不适合只委任一位共同专家证人,法院很难阻止双方诉讼方委任昂贵的专家证人。法院唯一能做的是对专家证人的费用封顶(cap),诉讼方即使胜诉也只能取回限制的专家证人费用。

在 Kennedy v. Cordia (Services) LLP 先例中,最高院说:“In recent years there have been many statements of concern in many jurisdictions about the disproportionate cost of civil litigation. . . . Those concerns include the use of expert witnesses. . . . Cordia in this case challenge what they described . . . as ‘the largely uncontrolled proliferation of experts’. Case management offers a means by which the court can encourage parties to avoid leading evidence on matters which are not contentious, for example by agreeing a statement of fact which explains background matters that are not the subject of written pleadings to the court. There may be matters which can readily be agreed, thereby allowing parties’ expert to concentrate on contentious matters. . . . a court which has case management powers may require experts to exchange opinions, confer and prepare a report which identifies matters of agreement and reasons for any continued disagreement. It can also ascertain the scope for joint expert reports and evidence. Courts also possess powers in relation to expenses which can be used to discourage the excessive use of expert evidence. . . ”

另在 British Airways Plc v. Spencer (2015) EWHC 2477 (Ch)先例中,Warren 大法官也说,法院在 CPR 下考虑是否接受专家证据时,要将利弊是否成比例(Proportionality)纳入考虑,这包括争议金额的大小、有关争议/争端的重要性与复杂性、判决会带来的严重性(重大案件是小心与判决理由更周详为佳)、专家证据的庞大费用谁承担与会带来的延误等因素。Warren 大法官说:“. . . A judgment needs to be made in every case and, in making that judgment, it is relevant to consider whether, on the one hand, the evidence is necessary (in the sense that a decision cannot be made without it) or whether it is very marginal relevance with the court being well able to decide the issue without it, in which case a balance has to be struck and the proportionality of its admission assessed. In striking the balance, the court should, in my judgment, be prepared to take into account disparate factors including the value of the claim, the effect of a judgment either way to the parties, who is to pay for the commissioning of the evidence on each side and delay, if any, which the production of such evidence would entail. . . ”

法院要在案件管理会议时作出决定并非容易,因为是诉讼程序的早期,很多对成比例的考虑都只能从双方诉讼方代表律师提供的资料去作出猜测与估计。可随意挑一个相对简单(相比复杂的国际商业案件)但笔者认为有代表性的案例。在 Mann v. Chetty and Patel (2000) EWCA Civ 267 先例中,案情涉及夫妻离婚与分产后,败诉的丈夫(此先例的原告)起诉前代表律师,指称作为被告的律师专业疏忽,没有在离婚诉讼中妥善准备与处理前妻对原告嗜酒的指控与出售他们婚姻期间的房子,也没有告诉原告有关他前妻曾经在开庭审理前作出过和解要约(Calderbank settlement offer)导致最后变为一场空等。

针对疏忽的详情(particulars),原告修改了索赔请求(Statement of Claims),增加了三项:(1) 没有对前妻与两名孩子所居住的房子估价,因为原告在败诉的离婚案件是请求把该房子出售然后一半的售价归他。最后原告一分钱也没有拿到。(2) 没有为原告与前妻共同拥有一家卖地毯的私人公司(private company)估值,原告也是请求公司的价值要分一半归他,但最后没有拿到。(3) 原告声称前妻仿冒他的签名转移了另一家共同拥有的公司的股权。

针对这三项请求,加上原告被指是一个严重嗜酒人士(alcoholic),所以原告[他享有法律援助(Legal Aid)]要求法院批准与采纳 4 位专家证人:对房子估价的测量师、对公司估值的会计师、笔迹专家与医师。一审法官在案件管理会议看到这些专家费用加起来的预算是明显高出争议的金额。这在成比例的大原则下,显然不能接受。原告之后上诉到了上诉庭。上诉庭认为一审法院没有考虑到原告的索赔金额已经从 17,500 英镑变为超过 100,000 英镑,而且如果法院认为适当,完全可以只委任一位共同专家证人,而不允许双方各自委任专家证人。

首先,针对房子的估值,虽然上诉庭认为房子的争议涉及最高价值,可委任一位共同专家证人,费用也不会很高。但是考虑到前妻与孩子住在该处,加上房子抵押(mortgage)给银行,这包括原来已经有的贷款与后来为了支持私人公司业务,前妻向银行的额外借贷等。而原告已经有了新的房子,并且贷款很少。所以在该先例中,法院最大的困难并非具体的估值,而是在离婚诉讼中法院会下令出售这套房子的可能性。如果这套房子不出售,就不需要花太多专家证人的费用去估值,这会是一审法院拒绝采纳专家证人的原因,而上诉庭不愿干预一审法院的决定。

其次,针对公司估值的专家,一审法院拒绝采纳原告想引入专家证据,因为针对私人公司的估值,这专家费用很高。有不少先例如 P v. P (Financial Provision) (1989) 2 FLR 241 说是除非一家私人公司涉及买卖/收购,这是需要尽职调查找出准确与精细的目标公司价值,但在其他情况下就没有必要去作这种昂贵的估值,毕竟有其他文件可以帮助找出有关公司大概的价值,如过去两三年的公司账目。而上诉庭认为同样困难并非具体的数值,而是在猜测如果被告律师没有疏忽,处理离婚诉讼的法院应该怎样判。从这个角度看,有关的专家证据不应花费高昂的费用找出准确与精细的估值,而更多是对前妻在离婚诉讼中提供的专家证据的评价,以帮助法院理解与猜测处理离婚诉讼的法院的判决。所以上诉庭在公司估值方面推翻了一审法院的判决,允许双方委任一位共同专家证人。

最后,针对笔迹专家,上诉庭也认为可以通过别的方式达到同样目的。因为提出指控的原告自己先要证明原来拥有的股权与在自己没有同意的情况下失去,而能够做到就可以胜诉,无须证明前妻仿冒签名,试图去丑化她。因此同样支持了一审法院的判决不批准专家证人。

在该先例中,上诉庭作出指引说在考虑是否批准专家证据时要兼顾三大方面:(1)预计专家证据是否会是强而有力与有说服力(how cogent the proposed expert evidence will be);(2)是否会对解决争议有帮助(how useful it will be in resolving any of the issues in the case);(3)费用方面与有关案件的金额大小等(how much it will cost, and the relationship of that cost to the sums at stake)。

对一审法官而言,对个别案件在案件管理会议去掌握好轻重的困难之处是要在开庭前对案件所知有限的情况下去预测原告索赔成败机会如何,否则怎样掌握轻重、权衡利弊比例? 例如,虽然索赔 100 万美元,但预测其中 90 万美元的一项是难以胜诉。故即使原告在责任方面胜诉,损失索赔也不会多于 10 万美元。而 100 万美元与 10 万美元的索赔在应花的诉讼费用上显然有别。但首先法官应否在完全不成熟之时预测或预下定论? 这会否导致潜在偏见等不良后果? 上诉庭的 Hale 大法官说:“It is no easy matter for a judge to assess proportionality without prejudging the claimant's prospects of success. If the requirement in the Civil Procedural Rules is to have any effect at all, however, it seems to me that he cannot always take the claimant's claim at face value and simply ask how the proposed costs relate to the claimant's best case. The judge is entitled to take into account the broad ambit of the claimant's likely recovery in the event that the claimant succeeds in his factual allegations. This is particularly so in a case such as this, where the trial judge will have to ask himself what the appellant would have been likely to achieve had his case been properly prepared and presented. . . . These cases are never easy to try, given the large amount of retrospective speculation they involve. Case management decisions in the light of the Civil Procedure Rules are correspondingly difficult. "

5.1 专家费用高昂的原因

一直以来专家证人都不便宜,世界一流的尖端专家更加昂贵。加上开庭时要花时间聆听这专家证据,导致开庭时间延长,增加的诉讼费用也可想而知。

在英美法院的对抗制诉讼程序(adversarial system)下,专家证据的作用往往会被放大,于是诉讼方就会倾向寻找与委任最佳与声誉最高的专家证人。这种情况在小型的民事诉讼如人身伤亡案件中更是恶劣,常有只是一项专家费用已超出争议金额的不合理状况。另一方面,世界也的确是越来越复杂。特别在国际商业社会,一旦涉及事实争议,往往就和相关的专业知识有关系。而今天也形成了一个庞大与完善的诉讼支持行业(litigation support industry),[20]其中包括各行各业的专家证人,诉讼方如果想委任是十分便利。这导致一旦控制不好或甚至是无人控制,专家证据容易被滥用。在笔者看来,国际商事仲裁已经出现了这种情况。

Woolf 勋爵在他对英国法院民事诉讼改革的最后报告《Final Report to the Lord Chancellor on the civil justice system of England and Wales》(July 1996)中说,无控制的专家证据滥用毋庸置疑是导致民事诉讼费用高昂的原因之一。如今庞大的诉讼支援行业,赚取了天文数字的费用,包括各行各业的专业人士,如会计师、建筑师、精算师、工程师、医师、检验师等。新的行业也被开拓,例如电脑、基因科学鉴证、专门重现事故的专家。这对寻求司法公正与追求利弊成比例的人士很不利。其中最坏的影响是创造了一种自以为理所当然的风气,动辄就去委任专家。不仅诉讼方有这种风气,代表律师等人士同样如此。无论案件大小,都是同样的做法。Woolf 勋爵的报告内容可节录如下:

"It was my basic contention of my interim report that two of the major generators of unnecessary cost in civil litigation were uncontrolled discovery and expert evidence. No one has seriously challenged that contention.

A large litigation support industry, generating a multi-million pound fee income, has grown up amongst professions such as accountants, architects and others, and new professions have developed such as accident reconstruction and care experts. This goes against all principles of proportionality and access to justice. In my view, its most dama-

---

〔20〕 这方面可见本书第四章之 4.1 段。

ging effect is that it has created an ethos of what is acceptable which has in turn filtered down to smaller cases..."

5.2 CPR 的办法之一:专家证据局限在合理需要

在这个“成比例”(proportionality)的超越性大原则下,法院在专家证据方面对节省诉讼费用的责任是在 CPR Rule 35.1,可重复节录如下:“**Duty to Restrict Expert Evidence** 35.1 Expert evidence shall be restricted to that which is reasonably required to resolve the proceedings.”

此条文名为法院有责任与权力局限(restrict)专家证据,显然说明大方向是尽量不批准或减少专家证人,或委任较便宜的专家人选等办法,反正可省即省。何谓解决有关争议合理需要的专家证据,已经提到在 Mann v. Chetty and Patel (2000) EWCA Civ 267 先例中,上诉庭的 Hale 大法官提供的指引是法院是否批准专家证据要兼顾三大方面。但其实在不同的情况下要兼顾的会是不止三方面,如在 British Airways Plc v. Spencer (2015) EWHC 2477 (Ch)先例中,Warren 大法官就提到如有关争议事实是否对双方诉讼方重要、争议的复杂性、谁支付专家证据的费用、对诉讼会带来的延误等。比如,有关争议涉及的金额虽然不高,但对双方诉讼方的长期合约在将来的履行有很重要的指导作用。加上双方是财雄势大的跨国公司,而争议本身十分复杂,需要委任极高端与世界上人数不多的昂贵专家证人。这样,“成比例”的考虑就远不只专家证据的费用是否比争议的金额还高了。

另可节录 CPR Rule 35.4 如下:

“**Court's Power to Restrict Expert Evidence**

35.4 (1) No party may call an expert or put in evidence an expert's report without the court's permission. (2) When a party applies for permission under this rule he must identify (a) the field in which he wishes to rely on expert evidence; and (b) where practicable the expert in that field on whose evidence he wishes to rely. (3) if permission is granted under this rule it shall be in relation only to the expert named or the field identified under para. (2) ... (4) The court may limit the amount of the expert's fees and expenses that the party who wishes to rely on the expert may recover from any other party.”

以上条文只加上以下几点看法与重点:

1. 此条文是让法院作出控制,需要批准才能引入(adduce)专家证据。即使是在某个专业方面采纳与批准专家证人,通常也只会允许一方当事人委任一位,只在某些特殊案件例外如真正是“多专业”的重要争端。因为双方诉讼方往往在一个对抗制诉讼中严重对立,不能合理与客观对待专家证据,反而会把专家证据“武器化”(weaponised)去威吓与压倒对方。而一方诉讼方(特别是财力强大)先走一步去过度斗争

(overfight),滥用专家证据,即会导致另一方诉讼方为了不愿意被压下去,[21]被迫陪同去过度斗争,如果财力不足就只有自动缴械投降。

2. 当然要法院批准才能引入专家证据也非新的说法/立法。但以往在CPR生效前所针对的并非有关省钱与"成比例"方面,而是在其他可否采纳(admissibility)方面,以防无关、重复、劣质的专家证据被用来误导特别是陪审团成员。而今天英国法院在民事诉讼程序的改革后,重点/侧重有了变化。

3. 诉讼方申请专家证据的批准与接受,一般是在诉讼程序早段的案件管理会议(Case Management Conference或"CMC")作出。国际仲裁有不少的著名的仲裁机构如ICC Court of International Arbitration或香港国际仲裁中心等的仲裁规则,已经有硬性规定程序一开始先要开一个案件管理会议确定仲裁程序命令(Procedural Order),这看来是依照CPR的做法。但实质上笔者感觉跟不上法院的做法与起到的作用。在国际仲裁,经常是仲裁庭要求双方当事人的代表律师先去商量并尽量同意推进仲裁的程序。只有双方不能同意的程序,才需要在CMC让仲裁庭决定。这个做法的理由是双方当事人对自己的案件(own case)比仲裁庭熟悉得多了,更适合在第一轮相互约定将来仲裁程序应该怎么样走,与每步程序所需要的时间。笔者的经验是绝大多数涉及专家证据的案件(多数案件都是),双方往往对是否采纳或需要局限没有争议,更没有听说过仲裁庭强制双方只允许委任一位共同专家证人(Single Joint Expert)。[22] 虽然在《Arbitration Act 1996》也有在section 33(1)(b)说明仲裁庭有责任在程序避免不必要的延误与费用(adopt procedures suitable to the circumstances of the particular case, avoiding unnecessary delay or expenses, ...),但用字上强度明显比CPR弱,也没有详尽的操作指引(类似CPR Practice Directions)与上诉机制,可以约束一审法院不只把成比例这一超越性大原则挂在口中。而国际仲裁机构的仲裁规则一般也没有针对专家证人的操作。

4. 专家证人一经法院批准,当事人不得随意更换。例如,批准了去委任爱因斯坦教授针对某一方面的争议事实,就必须委任他,除非法院另外批准。若法院批准了麻醉方面的专家证据(针对行业/专业而非是某位专家证人),就不能私下改为精神科方面的专家。这除了是为了防止滥用专家证据外,防止挑选专家(expert shopping),也涉及自然公正(Natural Justice),让敌对方知悉面对什么以对应地准备开庭审理。

5. CPR Rule 35.4(4)涉及法院局限胜诉方能向败诉方要回来的专家费用金额。英国法院的一贯做法是允许胜诉方向败诉方要回所有为了诉讼合理花费(reasonably

〔21〕 这也可能是当事人逼不得已非要委任自己的专家证人不可,否则如果对方的专家证据没有收到质疑与反驳(not controverted),审理法官或仲裁员就可能即使对对方专家证据有不满意之处也非得接受不可。这方面可见本书第六章之4.3.3段的Griffiths v. TUI UK Ltd (2020) EWHC 2268 (QB)先例。

〔22〕 见本章下一段与本书第四章之3.5段。

incurred)的金钱,这自然是包括了专家证人的费用。当然,既然是合理花费表示如果专家证人使用得不合理,费用即无法向败诉方取回。例如,没有获法院批准的专家证人或甚是被否定了的专家证人:如 The"Pelopidas"(1999) 2 Lloyd's Rep 675 先例。特别是美国诉讼的当事人常会委任两组专家,一组(或一个)为准备专家报告与出庭,另一组(或一个)在背后向当事人献策与解说,可称为"影子专家"(shadow expert)。在英国诉讼中,即使胜诉影子专家费用也不能向对方要回来。

6. CPR Rule 35.4(4)是说法院可以局限专家证人的费用,也就是即使一方当事人想要委任爱因斯坦教授,最后胜诉也只能拿回法院封顶的费用(如 10 万美元),至于这和爱因斯坦教授收取的费用(如 1000 万美元)差价就要由委任的当事人自己承担。国际仲裁的仲裁庭不明确拥有这种权力,因此可能会被质疑没有给当事人充分争辩案件的机会。但在英国《Arbitration Act 1996》之 section 65 下,仲裁庭有权局限能够向败诉方取回的所有仲裁费用,但是在现实中很少见到有仲裁员会适用这条规定去局限双方的仲裁费用。

7. 更进一步的是,法院可迫使当事人委任一位更便宜的专家。在 Kranidiotes v. Paschali (2001) EWCA Civ 357 先例中,争议金额是 10 万英镑。法院命令双方委任的共同专家不得超出 1 万英镑。第一个专家证人预计费用高达 7.5 万英镑,法院下令换一个,换了一个预计只需 2 万至 2.5 万英镑费用的专家证人。

5.3 CPR 的办法之二:法院只准委任一位共同专家

本书第四章之 3.5 段已经提到,在 CPR Rule 35.7 下,如果有一个争议/争端是双方或多方当事人都想委任专家与引用专家证据的,法院有权命令只能委任一位共同的专家。这些当事人都可称为委任方。若委任方自己不能同意委任谁(这与委任独任仲裁员一样,在争议中的当事人往往互不信任,甚至有一方想扯皮,导致很难同意适当人选),只能由法院在委任方列出的人选名单中挑出一个,或是另想其他办法,例如在该有关专业的学会的名单中找人选。

英国法院诉讼一向是对抗制,当事人各找各的专家证人,所谓的"各自专家证人"(separate experts)。而他们与当事人之间的通讯(包括与专家会面时的交谈),也可享有诉讼特免权(litigation privilege)。[23] 所以,这个让法院下令只准委任一位共同专家的新概念的做法在 CPR 生效后早期是相当有争议性的与难以捉摸的。例如,什么是法院认为需要作出命令的恰当案件?但随着时间的推移与经验的累积,现在应该已经不是问题。

5.3.1 法院决定是否适合委任一位共同专家证人时的考虑因素

CPR 的操作指引 CPR PD 35 para. 7 规定了法院在决定是否批准引入专家证据与是否应该委任一位共同专家证人时要考虑的因素:

"When considering whether to give permission for the parties to rely on expert evi-

---

〔23〕 请参阅笔者的《证据法:国际规管与诉讼中的证据攻防战》一书第十章。

dence and whether that evidence should be from a single joint expert the court will take into account all the circumstances in particular, whether:

(a) it is proportionate to have separate experts for each party on a particular issue with reference to – (i) the amount in dispute; (ii) the importance to the parties; and (iii) the complexity of the issue;[24]

(b) the instruction of a single joint expert is likely to assist the parties and the court to resolve the issue more speedily and in a more cost-effective way than separately instructed experts;

(c) expert evidence is to be given on the issue of liability, causation or quantum;

(d) the expert evidence falls within a substantially established area of knowledge which is unlikely to be in dispute or there is likely to be a range of expert opinion[25];

(e) a party has already instructed an expert on the issue in question and whether or not that was done in compliance with any practice direction or relevant pre-action protocol;

(f) questions put in accordance with rule 35.6 are likely to remove the need for the other party to instruct an expert if one party has already instructed an expert;

(g) questions put to a single joint expert may not conclusively deal with all issues that may require testing prior to trial;

(h) a conference may be required with the legal representatives, experts and other witnesses which may make instruction of a single joint expert impractical[26]; and

(i) a claim to privilege makes the instruction of any expert as a single joint expert inappropriate."

---

〔24〕 已经在稍早提到,法院在决定是否批准引入专家证人,是批准双方各自委任专家证人还是共同专家证人时,要将利弊是否成比例这一超越性大原则纳入考虑,包括争议金额的大小、有关争议/争端对当事人的重要性与复杂性等。如果有关争议/争端对当事人非常重要,因为涉及长期合约今后的履行问题,或者争议非常复杂,即使争议金额不大,也应更倾向于批准各自委任专家证人。特别是在非常复杂的争议/争端中,理应越辩越明。再加上共同专家证人会剥夺当事人与自己的专家证人商讨与咨询的机会,如果迫使双方当事人各自另去委任专家顾问,这就变成了聘用 3 个专家,反而会弄巧成拙令整体诉讼费用更加高昂。

〔25〕 在一些发展已经比较成熟的领域,正确的专家证据之间不应该有大的分歧或浮动的范围比较有限,就比较适合委任共同专家证人。例如,香港特区的 Peace Mark (Holding) Ltd (in Liquidation) v. Chau Cham Wong Patrick (2017) HKCU 2782 先例提到了法务会计(forensic accounting)与百慕大公司法。如果在该领域有非常大的分歧或有好几种不同的学说,就不适合委任共同专家证人,因为即使委任的专家证人非常独立公正也只代表多种观点中的一种。

〔26〕 有些案件可能表面看来适合委任共同专家证人,但法院有犹疑。在代表律师、专家与其他证人共同参与的会议后可以显示出并不适合,例如虽然争议金额较小,但是有关的专业理论/行业操作在业内有很大的分歧或事实证人声称有关的争议对当事人生死攸关等。

这在 Queen's Bench Guide (2018)[27]有很清楚的建议,可节录如下:

"10.8.5 In many cases it is possible for the question of expert evidence, or one or more of the areas of expert evidence, to be dealt with by a single expert. Single experts are, for example, often appropriate to deal with questions of quantum in cases where the primary issues are as to liability. Likewise, where expert evidence is required in order to acquaint the court with matters of fact, as opposed to opinion, a single expert will usually be appropriate. There remain however, a body of cases where liability will turn upon expert opinion evidence and where it will be appropriate for the parties to instruct their own experts. For example, in cases where the issue for determination is as to whether a party acted in accordance with proper professional standards, it will usually be of value to the court to hear the opinions of more than one expert as to the proper standard in order that the court becomes acquainted with a range of views existing upon the question and in order that the evidence can be tested in cross-examination.

10.8.6 It will not be a sufficient ground for objecting to an order for a single joint expert that the parties have already chosen their own experts. An order for a single joint expert does not prevent a party from having their own expert to advise them, though that is likely to be at their own cost, regardless of the outcome."

看来,社会上大部分的民事诉讼都适合委任一位共同专家证人,这变成了主流做法:见 Peace Mark (Holding) Ltd (in Liquidation) v. Chau Chan Wong Patrick (2017) HKCU 2782 香港先例。香港特区的《高院规则》之 O. 38 r. 4A 针对委任共同专家证人,而针对案件管理的操作指引 Practice Direction 5.2 之 20 段说明除非已先考虑了委任一位共同专家不适合,否则法院不会批准当事人各自委任专家证人。

总而言之,共同专家证人相比传统对抗性诉讼的各自委任己方专家证人有很多优胜之处,如:(1)减少了隐蔽的偏袒与误导性专家意见;(2)进而提高专家证据的质量;(3)大幅度减低对抗性,可避免浪费与提高双方提早和解的机会;(4)大幅度收窄专业方面的争议/争端,共同专家证人只会关注关键性的争端,不像对抗的双方当事人专家证人在方方面面都去争辩;(5)以共同专家证人处理专业知识的案件能够大幅度节省诉讼费用与缩短开庭时间,完全配合 CPR 成比例的超越性原则。

但也有缺点,相信对抗制诉讼(adversarial litigation)的人士都会对询问制(inquisitorial)的一位专家(不论是法院专家或共同专家证人)在没有质疑与辩论的情况下得出的结论有疑问。例如,Michael Howard QC 的"The Neutral Expert: A Plausible Threat to Justice" (1991) Crim LR 98 一文有说:"Expert evidence produced under the dual pressures of expectation and the threat of attack by the opposition is likely to be superior to that produced by one of a corps of supposedly disinterested individuals drawn

---

〔27〕 有兴趣的读者可在 https://www.gov.uk/government/publications/queens-bench-guide 下载。

from a list approved by the bureaucracy."

这两种制度的利弊也可节录《Phipson on Evidence》(2018 年,第 19 版)一书之 33 - 30 段,如下:"It has already been observed that there are both advantages and disadvantages of the adversarial procedure. It is perhaps understandable that some commentators have felt that the defects are particularly apparent in the context of evidence of expert witnesses. However this view may be regarded as a superficial one. **Perhaps more than in the case of witnesses of fact, the adversarial system is both a fairer and a more incisive instrument than the inquisitorial for reaching the truth where a dispute can be resolved only be resort to expert testimony** ... the wide spread use of court experts has major disadvantages. First, the absence of a need to identify with a particular cause to some extend prevents the intensive focus that the adversarial process engenders. Court experts tend to take or support conventional positions because there is no incentive to be critical. Secondly, their evidence is untested by cross-examination, and thus acquires a somewhat spurious authority. Thirdly, there is much more of a sense of grievance felt by a losing litigant when the material which has persuaded the judge to find against him is not open to challenge and may not even be revealed until judgment. ..."(加黑部分是笔者的强调)

5.3.2 国际商业案件共同专家证人的做法能否节省诉讼费用

但在商业案件,特别是国际性的商业事件中,争议/诉讼金额较大往往较复杂,而且双方当事人也花得起钱。所以很少听说法院诉讼(更不用说国际商事仲裁)有去下令要委任一位共同专家证人。在仲裁案件中,只听说过一个伦敦海事仲裁(LMAA 仲裁)涉及船舶上一场小火的争议,造成损失索赔只有 7 万英镑,被仲裁庭下令只准委任一位共同专家。

在简单的事实争议/争端中,委任一位共同专家证人明显比双方当事人各自委任自己的专家证人要便宜。这与委任仲裁员一样,独任仲裁员(sole arbitrator)肯定比各自委任一位仲裁员便宜。但问题是在复杂与重要的争议/争端,双方当事人各自也需要委任专家顾问(expert adviser/consultant expert)协助,如协助外行人的当事人与代表律师与敌对方一起挑选适合的共同专家证人,向最终被委任的共同专家证人提供制作专家报告所需要的信息与材料,向当事人与代表律师解释共同专家证人作出的报告与意见并给出建议,如在对共同专家证人的报告不满意的情况下是否要向法院寻求救济等。

这样,原来的双方诉讼方各自委任只需要 2 位专家证人。但换了共同专家证人,反而需要 3 位专家。如果对第一份共同专家证人的报告不满意,法院给予救济并允许另去委任第二位共同专家证人(second expert),相当于多取一个专家意见,变为需要 4 位专家。

但这只是对个体案件的诉讼费用的片面考虑,共同专家证人的做法对整个社会大量的民事诉讼总体来说是好事。这种做法节省诉讼费用更多是体现在避免了专家证据的对抗（adversary）或专家竞赛（battle of experts）。在民事诉讼改革中，对英国法院以往的诉讼的一个批评是太对抗/过度对抗，所以也反映在CPR去试图减低。毕竟，过度对抗也就是带来恶战或不惜代价的无节制斗争是十分浪费与丧失理性。而共同专家证人的做法省下了对抗性的交叉盘问（cross-examination）、[28]准备专家证人与其他相关专家证据的大量工作。

5.3.3　共同专家证人如何操作

在法院决定委任一位共同专家证人后，首先要做的是要双方当事人试图同意委任哪一位专家证人。这与双方同意委任一位独任仲裁员类似，但会比委任独任仲裁员更容易。因为针对某一个专业/行业可作为专家的人选可能比较局限，而委任的共同专家证人将来所需要做的事情也相对比较局限。

过程可以是各自寻找相关的专家，取得他们的简历与对相关特定争议/争端的经验，然后双方交换与同意挑选出两三位可能的人选，之后再查问可能人选的收费、时间安排、在诉讼做专家证人的经验并知道做共同专家证人对法院与双方当事人的责任等，最后同意与确定委任谁。反正双方当事人如果不能同意，就把这些资料交给法院，让法院决定最后的人选。

接下来是准备委任书（Engagement Letter）让双方或他们的代表律师签字，费用一般是双方诉讼方平均分摊与支付。在大家同意所有的条件/条文后，共同专家证人就开始收集有关争议/争端的信息（information）与材料（materials）。其中，如何恰当处理通讯十分重要。通常是尽量避免跟其中一方诉讼方单方面通讯，以免带来猜疑。所以最好还是以书信往来比较简单，并在每一次都同时抄送双方当事人。如果需要见面或电话会议，双方当事人/代表律师必须都在场。共同专家证人对他/她自己认为需要收集的信息，必须有同等机会提交。

通常，共同专家证人会发给双方诉讼方代表律师一份要求信息清单（list of information required），双方也会在回复中附上相关的文件。共同专家证人在考虑与分析的过程中，会有需要向双方进一步查询。如在一个估价/估值查问一些在文件中不反映的风险或机会。最后，会是凭信息与文件中显示的事实与数据，以及共同专家证人个人的专业知识与经验作出结论与意见。

共同专家证人在交出专家报告给法院前，会准备一份草稿分发给双方诉讼方作进一步的评论。在一个复杂的争议中，双方诉讼方也有他们自己的专家顾问参与，并会回复共同专家证人与提供进一步的信息与文件。这会导致共同专家证人在专家报告作出修改甚至改变意见。反正，最后是他/她自己的决定。专家报告最后定稿后就要交出给法院并等待开庭审理。如果这是双方争议的关键要点，而共同专家证人的报告有绝大可能性是审理法官会接受，双方当事人就很可能在此期间索性以此结果

[28]　共同专家证人也会涉及盘问，但这种查询的盘问与对抗性盘问是两码事。

达成和解(settlement)。

如果要开庭审理,该共同专家证人就要出庭作证,也会被法院提问以全面理解该专家报告。双方诉讼方的代表律师也会提问(或盘问),特别是涉及复杂的专家意见。说到底,该共同专家证人必须理解他/她的责任是帮助法院,必须能够与尽力以他们的专业知识与经验把技术性的概念/理念解释给外行的审理法官,让法官能理解并作出正确的事实认定与判决。

5.3.4 共同专家证人的有关先例介绍

5.3.4.1 涉及委任第二位共同专家证人的 Daniels v. Walker 与 Cosgrove v. Pattison 先例

法院下了命令只委任一位共同专家证人,事后仍有机会再委任第二位专家证人,好像是有了两个阶段的专家证据(two stage expert evidence)。在 Daniels v. Walker (2000) 1 WLR 1382 先例中,原告被被告的车子碰伤了,导致年轻的原告终生需要照顾。而赔偿金额的大小取决于原告需要什么程度的合理照顾,如全日 24 小时的专人照顾或只是零星的照顾。双方当事人为此同意委任一位职业理疗师(occupational therapist)作为共同专家证人。但在该专家证人出了报告后,被告的第三人责任险保险公司被吓了一跳。因为专家报告中的金额太大,大大超出了同类案件(保险公司有这方面资料与统计)。故被告(实是背后保险公司)向法院申请委任第二位专家证人。上诉庭允许被告申请找第二位专家证人,而且 Woolf 勋爵也在这方面作了澄清。看来主要仍在诉讼金额大小,也就是要成比例的考虑。若是大,则只要申请理由不是乱来(fanciful),一般法院会准许第二位专家证人提供多一份共同专家意见。相反,若是诉讼金额小,法院顶多允许向第一位的共同专家对他/她的报告多提问(好像交叉盘问一样)。可节录 Woolf 勋爵所说如下:

"Where a party sensibly agrees to a joint report and the report is obtained as a result of joint instructions in the manner which I have indicated, the fact that a party has agreed to adopt that course does not prevent that party being allowed facilities to obtain a report from another expert or, if appropriate, rely on the evidence of another expert.

In a substantial case such as this, the correct approach is to regard the instruction of an expert jointly by the parties as the first step in obtaining expert evidence on a particular issue. It has to be hoped that in the majority of cases it will not only be the first step but the last step. If, having obtained a joint expert's report, a party, for reasons which are not fanciful, wishes to obtain further information before making a decision as to whether or not there is a particular part (or indeed the whole) of the expert's report which he or she may wish to challenge, then they should, subject to the discretion of the court, be permitted to obtain that evidence.

In the majority of cases, the sensible approach will not be to ask the court straight away to allow the dissatisfied party to call a second expert. In many cases it would be wrong to make a decision until one is in a position to consider the situation in the round. You cannot make generalisations, but in a case where there is a modest sum involved a court may take a more rigorous approach. It may be said in a case where there is a modest amount involved that it would be disproportionate to obtain a second report in any circumstance. At most what should beallowed is merely to put a question to the expert who has prepared a report.

However, in this case a substantial sum of money depended on the issue as to whether full-time or part-time care was required. In those circumstances it was perfectly reasonable for the Defendant, if the matter had been properly explained, to say that he would like to have the Claimant examined by(第二位专家证人)."

另是在 Cosgrove v. Pattison (2001) CPLR 177 先例中,双方当事人"争地"(有关两块土地的分界线)。Neuberger 大法官依从 Daniels v. Walker 先例,在共同专家证人被指称有偏袒时,允许一方当事人多引入一位专家证人。Neuberger 大法官说决定是否允许委任很多专家证人要考虑 9 个方面:"In my judgment although it would be wrong to pretend that this is an exhaustive list, the factors to be taken into account when considering an application to permit a further expert to be called are these. First, the nature of the issue or issues; secondly, the number of issues between the parties; thirdly, the reason the new expert is wanted; fourthly, the amount at stake and, if it is not purely money, the nature of the issues at stake and their importance; fifthly, the effect of permitting one party to call further expert evidence on the conduct of the trial; sixthly, the delay, if any, in making the application; seventhly, any delay that the instructing and calling of the new expert will cause; eighthly, any other special features of the case; and, finally, and in a sense all embracing, the overall justice to the parties in the context of the litigation."

5.3.4.2 涉及盘问共同专家证人的 Popek v. National Westminster Bank 与 Peet v. Mid-Kent Healthcare Trust 先例

至于让当事人在开庭审理时盘问共同专家证人,与交叉盘问双方各自委任的专家证人有很大不同。双方各自委任的专家证人的意见肯定有分歧,盘问律师就可以就这些分歧提前调查取证,盘问与丑化专家证人。但如果是委任共同专家证人,法院只有这一份专家报告。如果专家报告表达清楚与内容明确,盘问律师想针对这些内容盘问肯定会受到限制,甚至变得没有什么必要。

在 Popek v. National Westminster Bank (2002) EWCA Civ 42 先例中,一审法院根据一位共同专家证人的报告的意见撤销原告的索赔请求,也不允许原告交叉盘问该专家证人。这个判决被上诉庭支持并说到原告可以在开庭审理前向共同专家证人提问题作出澄清,[29]但是没有去这样做。此先例也引用了在较早的 Peet v. Mid-Kent Healthcare Trust (2001) Lloyd's Rep Med 382 先例。上诉庭的 Woolf 勋爵说一般没有必要在开庭审理时通过交叉盘问共同专家证人再去加强或测试(amplified or tested by cross-examination)他/她的报告的内容。虽然是否允许这样做是一审法院的裁量权(discretion),但这需要严格限制(restricted)。Woolf 勋爵说:"I summarise my reasons for so saying. The starting point is: unless there is reason for not having a single expert, there should be only a single expert. If there is no reason which justifies more evidence than that from a single expert on any particular topic, then again in the normal way the report prepared by the single expert should be the evidence in the case on the issues covered by that expert's report. In the normal way, therefore, there should be no need for that report to be amplified or tested by cross-examination. If it needs amplification, or if it should be subject to cross-examination, the court has a discretion to allow that to happen. The court may permit that to happen either prior to the hearing or at the hearing. But the assumption should be that the single joint expert's report is the evidence. Any amplification or any cross-examination should be restricted as far as possible."

在较早前提到的 Daniels v. Walker (2000) 1 WLR 1382 先例中,Woolf 勋爵也有同样说法:"In a case where there is a substantial sum involved, one starts, as I have indicated, from the position that, wherever possible, a joint report is obtained. If there is disagreement on that report, then there would be an issue as to whether to ask questions or whether to get your own expert's report. If questions do not resolve the matter and a party, or both parties, obtain their own expert's reports, then that will result in a decision having to be reached as to what evidence should be called. That decision should not be taken until there has been a meeting between the experts involved. It may be that agreement could then be reached; it may be that agreement is reached as a result of asking the appropriate questions. **It is only as a last resort that you accept that it is necessary for oral evidence to be given by the experts before the court. The cross-examination of expert witnesses at the hearing, even in a substantial case, can be very expensive.**"(加黑部分是笔者的强调)

5.3.4.3 涉及因为费用太高而更换共同专家证人的 Kranidiotes v. Paschali 先例

最后详细介绍本章之 5.2 段提到的 Kranidiotes v. Paschali (2001) EWCA Civ 357 先例。一家名为 Ecocolor Ltd 的英国公司,它的两位董事有了意见闹翻,其中小股东 Kranidiotes 先生指称大股东 Paschali 先生把公司价值超过 10 万英镑的货物、交易、服务与现款转到大股东自己家庭名下与控制的另一家公司 Colopave Ltd,申请法院根据《Company Act 1985》作出救济。

[29] 根据 CPR Rule 35.6,这一课题可见本书第四章之 13 段。

在首次程序会议(first direction hearing)上,经双方当事人同意,法院作出了一个双方同意的命令(Consent Order),命令 Paschali 先生根据 1998 年 8 月 5 日的市场价格收购 Kranidiotes 先生所有的股份。法院也同时作出命令,要双方当事人同意怎么样操作,包括同意委任谁为共同专家证人给出 1998 年 8 月 5 日公司股份的市场价格的意见。如果无法同意,就回来法院寻求进一步的命令,并要求双方当事人各自提供三位人选的名单。

另法院也确定了委任书的措词与允许的收费(1 万英镑),可节录如下:

"You are jointly instructed by, on the one hand, the Petitioner(Kranidiotes 先生) and, on the other, the Respondents. You are instructed to provide a report giving your opinion as to the market value as between a willing purchaser and a willing seller of certain shares in Ecocolor Limited as at 5 August 1998 of: [the particular shares]

The method and basis of valuation to be adopted shall be entirely in your sole discretion taking into account normal accounting principles. In the manner referred to below, the Petitioner and the First Respondent(Paschali 先生) shall be free to make such submissions in writing to you as each sees fit on the method and basis which it is considered appropriate to adopt. You shall give such weight if any as you think fit to any existing accounts but you are not bound to accept any such accounts whether audited or not. . . .

In preparing your report you shall take into account, to the extent and in the manner in which you see fit, any written submissions, as are made to you by either the Petitioner or the Respondents by 30 June 2000 provided copies of such submissions have also been served on the other parties to this litigation.

You shall serve on each of the Petitioner and the Respondents and file at Court your report by 31 August 2000.

In preparing your report you shall undertake only such investigations and enquires as are consistent with an overall fee of Pds. 10,000 (or such higher figure as many be agreed between the parties . . .) for the production of the report.

There be liberty to each party and to the expert referred to above to apply to the Court for any clarification or further directions needed."

双方最后不需要法院插手同意委任著名会计师事务所德勤(Deloitte & Touche)的合伙人 Uglow 先生作为共同专家证人,较早节录的委任书也给了他。接下来双方当事人向共同专家详尽陈述了各自立场,好像是给独任仲裁员的文书请求/案件陈述/请愿书一样。这包括小股东 Kranidiotes 先生对公司账目的质疑并要求查账等。这导致了 Uglow 先生不认为可以在 1 万英镑完成这些工作,故向法院申请并详细解释了他要写一份双方要求的详尽专家报告需要做的工作,并估计要全面审计 Ecocolor Ltd 公司与它联营公司,这估计额外需要 7.5 万英镑。另是 Uglow 先生已经做了一些工作,产生了 4.5 万英镑的费用。

针对10万多英镑的争议金额,专家证人的费用显然太高与不成比例,所以一点也不奇怪。一审法院作出的决定是要求双方当事人支付掉Uglow先生的4.5万英镑(但要他交出所做了的工作记录与文件,以利转交给另一位新专家),另去委任一位价钱更便宜的Solomon Hare先生。这也应是当事人提供给法院的信息,他全面查账审计估计只收费2至2.5万英镑,比Uglow先生的收费便宜了2/3。但Paschali先生对这个决定并不满意,认为应该继续委任Uglow先生,所以向上诉庭作出申请去推翻这个一审的判决,但上诉并不成功且命令他要承担上诉的律师费用。这里主要是两方面原因:(1)一审的决定是涉及行使裁量权,上诉庭一般不愿意去干预或推翻,除非是十分明显的错误,是一般其他法官不会作出的决定:见G v. G (1985) 1 WLR 647; Tanfern Ltd v. Cameron-MacDonald (2000) 1 WLR 1311等先例。(2)一审法院的决定,即进行一个过得去且费用成比例的调查审计是正确,上诉庭不应干预。上诉庭的Aldous大法官说:"For my part, I do not believe it relevant to consider whether I would have adopted the same solution. In coming to the conclusion that he(一审的Weeks法官)came to, I believe he exercised his discretion in such a way that this court should not interfere with it. The decision that he has to take was clearly a difficult one and different people might take different views as to what was correct. The amount of money in issue did not warrant a payment of very substantial costs. He has to arrive at a fair result and in the end the route that he chose was the one which he thought best. I do not believe that this court should interfere. I believe it fell well within the ambit of his discretion to decide as he did."

5.4 胜诉方向败诉方取回专家费用

本章之5.1段与本书多处提到专家费用高昂的问题,包括在CPR下严格控制专家证人费用。但怎样严控,也管不了当事人自己花钱(或乱花钱)寻找多位专家,不论是作为出庭的专家证人或作为顾问的"影子专家"(shadow expert),并会被个别专家漫天要价。当事人心态上会只求压倒敌对方,不惜代价。这样,即使将来胜诉,根据败诉方支付所有费用(costs follow the event)的大原则向败诉方取回全部或是大部分支出恐怕也不乐观。

从另一个角度去看,中国公司对要花费的费用轻重要掌握好,不能乱花但也不能太省。中国公司面对诉讼/仲裁,有时客观看来过分省钱。只举少数例子如:(1)敌对方的律师团队兵强马壮,案件也复杂,但中国公司即使"勉强委任"了律师,也坚持他/她必须单枪匹马"出战",不得多去聘用大律师等。(2)敌对方委任专家证人,而中国公司只依赖代表律师反驳两句。(3)中国公司太晚才寻找与委任专家证人,导致他/她不熟悉委任方较早前的文书请求(pleadings)或案件陈述(statement of case),专家意见或开庭被盘问时的回答中有不一致或不熟悉之处。(4)对一些附属行动(ancillary actions),如申请冻结令(Freezing Injunction)或调查取证的第三方披露令(Norwich Pharmacal Order)等,因为额外费用而犹豫不决。这也带来了更高的败诉或和解投降的机率,导致在费用大原则下,中国公司最终要承担敌对方作为胜诉方的所有诉讼费用,包括敌对方委任的收费高昂的事务律师、顶级的大律师/专家证人、敌对方备战(如调查取证、附属行动等)大量花费的钱等。

针对费用大原则,以下笔者简单介绍 CPR 与近期先例对专家证人/影子专家费用(重复可能是高昂)的相关课题,与怎样正确节省费用。

5.4.1 费用预算(costs budgeting)

在 CPR 下,当事人要在法院诉讼委任专家证人是事先要申请批准。这样,关心费用要“成比例”(proportionality)与“火力均等”(equality of arms)的法院就可以在需要专家证人帮助的必要情况下才批准并会控制人数或要求委任“共同专家证人”(joint expert witness)等。但即使是批准了当事人引入专家证人,如各方四五位不同的专家证人针对几个不同专业的争端,法院仍要控制这些专家证人的费用。这不是指一贯以来胜诉方可让“费用法官”(costs judge)核算(assess)与决定(determine)可向败诉方取回的合理诉讼费用。这只是最后核算(final detail assessment),时间上太晚,控制不了专家证人的费用,因为胜诉方乱花或多花的专家费用已经花了出去,充其量只是在最后核算不允许向败诉方取回而要胜诉方自己承担。

但从 2013 年 4 月 1 日开始,根据本书第四章之 7 段提到的“Jackson Reform”的建议,CPR 加上了 CPR PD 3E,有了提前费用预算(costs budgeting)的强制做法。该做法可简单节录《Expert Evidence: Law & Practice》(2020 年,第 5 版)一书之 13 – 010 段如下:“... the present practice focuses on the court's management of each party's costs budget as the litigation progresses typically at the first interim hearing. The parties will be required to submit budgets for each stage of the case to the court and the court will decide whether the budget is reasonable and proportionate or not. Where the budget has been agreed or approved by the court then, in the absence of 'significant developments' in the progress of the claim providing the opportunity to vary the budget, the sum fixed in the budget will usually determine whether it is reasonable and proportionate for such sums to be recovered between the parties at detailed assessment. In effect, the receiving party should be awarded its budgeted costs at detailed assessment subject only to 'good reason', within CPR r. 3. 18(b), ...”

这表示,专家证人费用作为预算费用其中一项必须是合理与成比例,否则在诉讼程序的早期法院批准专家证人时就过不了关。而将来即使胜诉,也往往只能向对方败诉方取回预算或后来调整过的专家证人费用。可以想到,在一个复杂案件的整个诉讼程序的推进中准确估计预算不是易事。

国际仲裁还没有这种做法,导致专家证人费用相比英国法院更失控,这也是仲裁已变为比法院诉讼更昂贵的说法的原因之一。Jackson 大法官(他已经退下法院系统成为仲裁员)曾于 2018 年在香港 HKIAC 发言,大力提倡国际仲裁应该引入费用预算做法,笔者也十分赞同。

5.4.2 当事人的影子专家/顾问专家费用可否取回

一旦发生侵权或违约事故并带来潜在诉讼,当事人经常会委任影子专家(shadow expert)/顾问专家(consultant expert)协助大量的工作,如补救工作(remedial work)、确定事故原因、调查取证、估计损失等,甚至参与诉讼协助独立专家证人,并在开庭审理时旁听与从旁协助等。但这些费用一般不会包括在上段介绍的费用预算内,不容易在胜诉后在最后核算阶段能向对方败诉方取回这笔费用。可节录《Expert Evidence: Law & Practice》(2020 年,第 5 版)一书之 13－013 段所说:"While there is no immutable rule that the fees of a shadow expert may not be recovered on a detailed assessment, it will usually be extremely difficult to persuade a Costs Judge that it was reasonable to instruct a shadow expert."

这方面可见 Consolidated Pneumatic Tool Co v. Ingersoll Sergeant Drill Co (1908) 25 RPC 574; James Longley & Co Ltd v. South West Thames Regional HA (1984) 25 BLR 56 等先例。

但该费用在满足损失赔偿的条件下会可以通过索赔实质损失(substantial damages)向败诉方取回。可节录《Expert Evidence: Law & Practice》(2020 年,第 5 版)一书之 13－022 段:"It is submitted that an approach consistent with most of the cases, which do not taken together present a clear principle, is to allow by way of damages any expert work prior to the issue of proceedings which is wholly referable to remedying the damage, albeit it may also have some subsequent forensic use. If the items of work performed by the expert are clearly divisible in a logical manner, then one part should be recoverable as damages and the other as costs. Any report or other expert work performed after the issue of proceedings, or clearly in contemplation thereof, which is principally for the purpose of the litigation, should be recoverable in costs ..."

5.4.3 诉前产生的费用可否取回

诉前产生的费用(pre-action costs)是否可以向败诉方取回,对专家费用而言尤其重要,因为在争议发生的前期,很可能已经是做了大量调查取证与准备的工作。特别是针对专业知识的案件,往往会涉及尖端技术的争议,外部专家证人不容易找也费用高昂,但这种当事人的公司往往有对口的专家(in-house experts)可以随时调用,也相对节省费用。当然这种内部专家的工资也不会便宜。这样,如果胜诉或双方达成有条件的和解(settlement on terms),要对方承担己方的合理诉讼费用,就会带出这笔会是可观的费用能否一并取回的问题。这涉及两个方面:(1)诉前的费用;(2)内部专家的费用。

首先是诉前产生的费用(pre-action costs),而且是与潜在或预期的诉讼有关的费用,Pecheries Ostendaises (SA) v. Merchant's Marine Insurance Co (1928) 1 KB 750 上诉庭先例早已支持。上诉庭推翻一审法院判诉前产生的费用不能向败诉方被告取回的判决, Hansorth 勋爵在针对当时的 RSC Ord 55, r. 27(29)判说:"It appears to me . . . that there is power . . . to allow costs incurred before action brought, and that if the costs are in respect of materials ultimately proving of use and service in the action."

之后的 Frankenburg v. Famous Lasky Film Service Ltd (1931) 1 Ch 428(涉及诉前委任的外部专家与律师)与 Gibson's Settlement Trusts, Re (1981) Ch 179 等先例都是同样判法。诉前产生的费用不只包括专家费用,但一涉及专家费用就会是一笔较高昂的费用。

在 1999 年 CPR 生效后,胜诉方可向败诉方取回诉讼费用的标准是"标准基础"(standard basis),就是"合理"诉讼费用,但如果对合理与否有疑点,认定时应针对胜诉方。这笔费用显然包括合理的专家费用。在 Admiral Management Services Ltd v. Para-Protect Europe Ltd (2002) EWHC 233 (Ch)先例中,Stanley Burnton 大法官说:". . . if the costs were reasonably incurred in order to obtain material that was . . . of use and service in the claim, . . . costs could be recoverable from the time when the claimant reasonably suspected that the defendants . . . had committed or were committing the wrongs that were the subject of the subsequent claim. I add that in my judgment in principle costs may be received although they were incurred before the claimant instructed its solicitors, . . . "

5.4.4 当事人内部专家费用可否取回

第二个问题是当事人(公司法人)的内部专家费用(in-house expert's costs)。这里的起点是胜诉的当事人只能取回自己为诉讼支付的费用,也就是不能向败诉方取回自己花费的时间与所做的工作换算出来的费用(不论是诉前或诉讼期间产生),即使是做了大量工作。所谓的"no costs rule"的例外是当事人是一位律师的自然人(如被前客户起诉专业疏忽),他工作中替代了委任的外部律师的部分可向败诉方取回:见 London Scottish Benefit Society v. Chorley (1884) 13 QBD 872; Malkinson v. Trim (2003) 1 WLR 463; Khan v. Lord Chancellor (2003) EWHC 12 (QB); Sisu Capital Fund Ltd v. Tucker (Costs) (2005) EWHC 2321 (Ch)等先例。

在 London Scottish Benefit Society v. Chorley 先例中,Bowen 大法官说:"only legal costs which the court can measure are to be allowed, . . . Professional skill and labour are recognised and can be measured by the law; private expenditure of labour and trouble by a layman cannot be measured. It depends on the zeal, the assiduity, or the nervousness of the individual. . . it would be absurd to permit a solicitor to charge for the same work when it is done by another solicitor, and not to permit him to charge for it when it is done by his own clerk."

在 Jonathan Alexander Ltd v. Proctor (1996) 1 WLR 518 先例中,原告不能取回一位在诉讼中作为公司代表的董事为诉讼所花的时间与工作换算过来的费用。

该普通法立场已被立法改变,但能够取回的金额很低:见《Litigants in Person (Cost and Expenses) Act 1975》与在 CPR Rule 48.6 的"Litigants in person"。但除了

金额很低外,这与本段想针对的内部专家也无关,因为内部专家不会是当事人。

针对内部专家费用,在 Nossen's Letter Patent, Re (1969) 1 WLR 638 先例中,判当事人内部雇佣的专家可以取回费用。这曾被认为是只局限在专利案件,但在 Admiral Management Services Ltd v. Para-Protect Europe Ltd (2002) EWHC 233 (Ch) 先例中,Stanley Burnton 大法官不认为有此局限,说:"... I accept ... that the principle In re Nossen's Letter Patent is not limited to actions for patent infringement.... I see no logical reason why a different principle in regard to the recoverability of costs should apply to intellectual property tort claims as against other claims."

至于其他带来的问题有:

1. 当事人内部专家会有可能从诉前的调查取证(evidence gathering exercise)与其他准备的工作如挑出有关与需要披露文件、协助拟定证人证言等,最后演变成为专家证人,如在尖端科技找不到或只能找到不成比例昂贵的外部独立专家证人(independent expert witness)而迫使内部专家转为做专家证人,这表面看来在独立性(independence)上有问题,但 Field v. Leeds City Council (2000) 1 EGLR 54 先例已明确可以接受,Admiral Management Services Ltd v. Para-Protect Europe Ltd 先例也提及:"... an employee of the defendant ... with the appropriate expert qualifications was not disqualified from testifying as an expert witness. His relationship to the defendant went to the weight to be given. To his evidence, but not to its admissibility, provided the expert appreciated that his paramount duty in giving evidence was to the court."也可见本章之 6.6 段的介绍。

2. 胜诉的当事人可取回的内部专家费用根据他们的工资或报酬与所花的工作时间得出,而不包括当事人的管理费用(overhead)或利润(profit):见 Nossen's Letter Patent, Re ;Admiral Management Services Ltd v. Para-Protect Europe Ltd 等先例。

3. 胜诉当事人的雇员是否是专家/专家证人可以取回内部专家费用,或只是一般员工/事实证人在原则上不能收取费用?这要看该雇员是否拥有有关的专业资格以及所做的工作性质是否需要专家才能胜任。Bingham 大法官在 Richards & Wallington (Plant Hire) Ltd v. Monk & Co Ltd (1997) Costs LR (Core Vol) 79 先例中说:"The dividing line between expert and factual evidence is never an easy one ... was to dig out the basic factual material which was necessary to prove the claim and on which Mr Quinlan's(专家证人) expert evidence was to rest. I have no doubt that a great deal of work needed to be done, ... But essentially, I think, these two gentlemen (原告的两位雇员 Atkinson 与 Kottler 先生) were engaged on a factual exercise; they were certainly not independent experts; they were not, in truth, acting as experts at all and, in my judgement, these costs fall within the ordinary costs that a litigant must bear of digging out his own factual material, through his own employees, to prove his own case. Had outside experts been introduced to carry out this work then it by no means seems to me to

follow that it would in any event have been recoverable as a cost of the litigation."

4. 对于内部专家的工作,包括诉前的调查取证等,如果对诉讼有帮助,则属于诉讼的费用。而如果属于为了复原对方诉讼方带来的损失等做的工作,就可能属于实质损失,可以实质损失赔偿的形式取回。这个区分的重要性,可见下一段的介绍。

5.4.5 胜诉当事人除了费用外另以实质损失赔偿的可能

胜诉方的专家费用,除了可以作为诉讼费用(litigation costs)的部分向败诉方取回外,也可能可以违约或侵权所导致的实质损失(substantive damages)向败诉方取回。

表面看来,无论是费用或是损失,胜诉方都可以向败诉方取回,何必去细分?毕竟大原则应是一致,如要求金额上合理(reasonable)、赔偿性(compensatory)等,虽然在计算损失与核算费用会得出不同结果但不应差异太大。但现实中经常会有必要,如经常双方当事人在诉讼程序中途,甚至在开庭审理期间达成和解协议(settlement agreement)。和解条件是根据各自衡量自己的地位(其中主要是诉讼持续下去会有什么结果,包括胜负的几率与要花费的诉讼费用等),然后你情我愿与各退一步确定下来。一般原告对自己愿意取回多少损失(如 50% 不等)或被告愿意付出多少索赔金额就收手心里有底,没底的或不愿意再多承担的是代表律师的费用,也不确实知道是多少钱。所以经常会有和解协议如:"被告在 14 天内支付 50 万美元给原告,另加上原告的律师费用由被告承担,双方如果不能同意金额就由法院(或仲裁庭)核算确定"或"双方同意撤回索赔与反索赔,但原告承担双方包括被告的律师费用,如果不能同意金额,就由法院(或仲裁庭)核算决定"等:见 James Longley & Co Ltd v. South West Thames Regional HA (1983) 25 BLR 56; Admiral Management Services Ltd v. Para-Protect Europe Ltd (2002) EWHC 233 (Ch)等先例。这样,如果在核算费用时,其中一笔金额(可以是专家费用)被视为不是诉讼费用而是损失,但损失已经和解掉,有关当事人就无法取回了。

同样情况也会发生在正常诉讼/仲裁案件,通常是在责任(liability)与争议金额(quantum)有了定论后才去处理双方当事人所花费的诉讼费用,并做出分摊与核算。因此,需要对费用与损失的区别作以下进一步分析:

1. 如果有关费用可以以诉讼费用取回,就不应以索赔损失作为替代。可见 Bolton v. Mahadeva (1972) 1 WLR 1009 上诉庭先例,Cairns 大法官说:"so far as the defendant's claim in respect of fees for the report which he obtained from his expert is concerned, it seems to me quite clear that that report(专家报告)was obtained in view of a dispute which had arisen and with a view to being used in evidence if proceedings did become necessary, and in the hope that it would assist in the settlement of the dispute without proceedings being started. In those circumstances, I think that the judge was right in reaching the conclusion that **the report was something the fees for which if recoverable at all, would be recoverable only under an order for costs.**"(加黑部分是笔者的

强调）

在 Aerospace Publishing Ltd v. Thames Water Utilities Ltd（2007）EWCA Civ 3 上诉庭先例中，有关工作涉及拟定证人证言，Wilson 大法官说："（有关工作）was described by the claimants as 'writing witness statement' and, before us, Mr Young（原告代表大律师）was quick to concede that such, at least, was an item of costs rather than of damages."

另《Expert Evidence：Law & Practice》（2020 年，第 5 版）一书之 13－022 段也说："Only in limited circumstances can damages be recovered in relation to matters after the commencement of proceedings, and these do not include the situation in which the taxing master disallowed particular item as costs."该段还以 Cockburn v. Edwards（1881）18 Ch D 449 先例支持。这表示在核算诉讼费用被减扣或排除的项目（如因为不合理），就不能转为损失索赔换个名义取回。

2.《Expert Evidence：Law & Practice》（2020 年，第 5 版）一书同一段也说："An expert's fees are recoverable as damages on the ordinary causation rules appropriate to the cause of action（usually the tortious or the contractual test）. Thus the fees of an engineer in a construction case, where the parties agreed to adopt the **remedial works he recommended, were recoverable as damages as being 'incurred as a natural consequence of the defendant's breach**：Peak Construction（Liverpoool）Ltd v. McKinney Foundations（1970）69 LGR 1. The courts generally adopt a practical approach to the matter, avoiding too theoretical a view of the division between damages and costs. It is possible to analyse all the costs of litigation logically as following from the cause of action：**'all the costs of litigation which arise out of a breach of contract are, in a sense, the result of that breach, but not all such costs are recoverable as damages**：Hutchison v. Harris（1978）10 BLR 19.'"（加黑部分是笔者的强调）

3.《Expert Evidence：Law & Practice》（2020 年，第 5 版）一书同一段还说："It is submitted that an approach consistent with most of the cases, ... is to allow by way of damages any expert work prior to the issue of proceedings which is wholly referable to remedying the damage, albeit it may also have some subsequent forensic use. If the items of work performed by the expert are clearly divisible in logical manner, then one part should be recoverable as damages and the other as costs...."

4. 胜诉方的雇员（包括内部专家与普通雇员，区别在部分内部专家费用还可能可以诉讼费用取回）的使费，今天有三种基础以损失向败诉方提出索赔，包括：（1）因为违约或侵权造成的额外支出，如新聘用雇员处理补救或善后工作；（2）因为要处理违约或侵权带来的问题，雇员无法处理能够产生效益的本职工作，导致雇主失去了这部分收入；（3）雇员为了处理违约或侵权造成的问题而做了某些工作，雇主有权获得这些工作的价值。在 Admiral Management Services Ltd v. Para-Protect Europe

Ltd 先例中,Stanley Burnton 大法官有说:“There are three possible bases for awarding damages in respect of such work. (a) In consequence of the tort, the claimant has incurred expenditure that he would not otherwise have incurred: for example, it employed additional staff to carry out the work in question and paid salaries it would not otherwise have paid, or it paid overtime to carry out the work made necessary by the tort. The claim is for expenditure loss. (b) The claimant has lost revenue as a result of the tort because, as a result of the tort and the work carried out in relation to it, the employees in question were unavailable to carry out revenue-producing work, no other employees were available to carry it out in their place, and the revenue in question has not been merely postponed but lost. This is a claim of revenue. (c) In consequence of the tort, management and staff carried out the work in question, and the claimant is entitled to the value of that work irrespective of any expenditure loss or loss of revenue.”

5.4.6 胜诉方雇员的报酬与费用可否取回

违约或侵权的受害方是可以在责任确定后向违约方或侵权方索赔他们蒙受的损失,务求“复原”(*restitutio in integrum* 或 compensatory principle)回到合约被履行或侵权没有发生前的经济地位,并需要满足《损失赔偿与救济》一书详细介绍的条件如“损失遥远性”(remoteness of damages)的可以“合理预见”(foreseeable)与“因果关系”(causation)不被打断等。

分析胜诉方雇员(现有或新聘用,无论有否专业资格)因为有关违约或侵权所投入的工作与相应的报酬与费用在不能向败诉方作为诉讼费用取回的情况下能否作为损失赔偿取回,可以 Aerospace Publishing Ltd v. Thames Water Utilities Ltd (2007) EWCA Civ 3 先例的案情作简单说明。原告是发行有关航空与战争历史的刊物的公司,所以办公地点有一个资料很多的档案室,是刊登有关文章必须查看的。但由于被告的一家供水公司的水管爆裂,原告办公地点浸水令档案室严重受损。原告为了业务必须尽快复原档案室里毁坏或失去的档案,于是抽调 7 位雇员处理,并聘请了两位前雇员(也是航空与战争历史方面的专家)以自由职业者(freelance)的身份检查与估计损失。他们数以月计的工作,加起来是一笔颇为可观的雇员费用(staff costs)。原告稍后启动对被告的侵权索赔,被告承认立法责任,有争议的只是索赔金额(quantum)。原告加上了这笔雇员费用作为损失的一部分,一审法院支持。

之后被告上诉,针对雇员费用可分为新聘用人士与原本的雇员两部分:

1. 针对新聘用人士,在该先例中就是两位自由职业者的费用,上诉庭同意应属于诉讼的准备工作,也就是应以诉讼费用而不是损失向被告取回。但笔者认为,如果聘用前雇员不是为了检查与估计损失[这应属于为潜在诉讼调查取证(evidence gathering)],而是为了复原档案室的资料,按理来说也可以损失向被告取回。对于这种新聘用的人士,证明蒙受损失与因果关系应更容易。当然雇主仍要保存好证据证明他们的工作与雇主支付的费用。

2. 针对现有雇员费用,困难在于证明蒙受损失及其因果关系。毕竟他们不是因该侵权或违约才被雇用,即使雇主作为当事人抽调这些雇员处理该侵权或违约,也难以证明当事人因此有什么额外支出与/或蒙受多少经济损失。可以举个日常生活的例子帮助理解。如果一位公司雇员请病假(同样是无法处理日常工作),一般并不会对公司的日常经营造成什么影响,不能说公司蒙受了什么可量化的损失。Wilson 大法官先分析了之前的 Tate and Lyle Food and Distribution Ltd v. Greater London Council（1982）1 WLR 149；Standard Chartered Bank v. Pakistan National Shipping Corporation（2001）EWCA Civ 55；Horace Holman Group Ltd v. Sherwood International Group Ltd（2001）All ER（D）83；Admiral Management Services Ltd v. Para-Protect Europe Ltd（2002）EWHC 233（Ch）；R + V Versicherung AG v. Risk Insurance and Reinsurance Solutions SA（2006）EWHC 42（Comm)先例。

在 Tate and Lyle Food and Distribution Ltd v. Greater London Council 先例中,法院判虽然原则上无辜方可以索赔雇员费用的损失,但认定具体的金额十分困难。随着现代办公室管理手段的增强,如果能证明具体的时间,也并非不可能索赔损失。之后在 Horace Holman Group Ltd v. Sherwood International Group Ltd 先例中,Bowsher QC 大法官虽然拒绝了被告区分可以赚钱的雇员(income-producing employee)与所谓的"后台"(back off)雇员的要求,说雇主支付所有雇员工资以在工作时间让雇主获得好处,而现在雇主失去了这段时间能获得的好处。但在对现实中对于后台雇员的时间如何量化有困难。在 Admiral Management Services Ltd v. Para-Protect Europe Ltd and others 先例中,Stanley Burnton 大法官判雇主是以失去收益(loss of revenue)而不是支出(expenditure)索赔。最后在 R + V Versicherung AG v. Risk Insurance and Reinsurance Solutions SA 先例中,Gloster 大法官认为应该加上雇主的日常经营受到严重影响的限制,也就是雇员要大幅度从日常工作中抽身。

Wilson 大法官最终判决如下:"I consider that the authorities establish the following propositions:（a）The fact and, if so, the extent of the diversion of staff time have to be properly established and, if in that regard evidence which it would have been reasonable for the claimant to adduce is not adduced, he is at risk of a finding that they have not been established.（b）The claimant also has to establish that the diversion caused significant disruption to its business.（c）Even though it may well be that strictly the claim should be cast in terms of a loss of revenue attributable to the diversion of staff time, nevertheless in the ordinary case, and unless the defendant can establish the contrary, it is reasonable for the court to infer from the disruption that, had their time not been thus diverted, staff would have applied it to activities which would, directly or indirectly, have generated revenue for the claimant in an amount at least equal to the costs of employing them during that time."

根据上诉庭 Wilson 大法官的判决,雇主要成功向被告以损失赔偿取回雇员费用需要:(1)证明雇员因为处理被告违约或侵权导致的问题,做了哪些工作与花费了多少时间。如果雇主没有提供合理应该提供的证据,就有无法证明损失的危险。(2)证明雇员要抽身处理被告违约或侵权导致的问题,而原本雇员可以做哪些工作。这对雇主的日常经营造成了严重影响。(3)对于现有的雇员,雇主无论如何都要支付工资,不涉及有额处的支出或使费,所以是否造成损失可能存在争议。根据 Wilson 大法官的判决,虽然理论上举证责任是在雇主,但是只要雇主证明了对日常经营的影响,除非被告可以证否,否则法院可以推定原本在这段时间雇员工作可以为雇主带来至少等于他们工资的收益。

另外,之前已经提到要取回内部专家的费用是基于如果不是内部专家做就要请外部专家做同样的工作,这是可取回的诉讼费用的问题。但雇员就没有这方面的要求,只要能证明与违约或侵权的因果关系与量化损失,就可以向对方索赔损失。

6. 考虑之五:要求当事人的专家证人独立与客观地协助法院

在 CPR 生效后,专家证人的主要任务是协助法院。这改变了过去数百年的诉讼文化,是不容易做到的。首先这就要求专家证人自己理解他/她对法院的超越性责任,要独立与客观地协助法院,而不能"效忠"于委任他/她的当事人与考虑当事人的利益。

6.1 当事人专家证人难以独立/客观的原因

当事人专家证人难以独立/客观的原因可总结以下几点:

1. 专家证人很可能是从当事人的专家顾问(expert adviser/consultant)的身份演变过来。他/她会参与过有关争议的决策、谈判,或在发生争议后作为"军师"献计献策,如怎样强调己方案件的优势避开缺陷等。例如,在 Secretariat Consulting PTE Ltd & Others v. A Company (2021) EWCA Civ 6 上诉庭先例中,Coulson 大法官提到建筑工程争议中有关工程延误的专家说他们往往都是一早就要介入与提供各方面的帮助,因此一般都不只是作为专家证人。Coulson 大法官说:"... in my experience, with what delay/quantum experts are usually engaged to do. They are retained at an early stage to sift through the reams of factual material, looking for particular events on which to focus. The delay expert collates that material and can often save a huge amount of time and resources by focusing the client's litigation support team on the factual issues as to delay which are really going to matter. In construction arbitrations, it would be rare for a delay expert to merely be a testifying expert. The whole purpose of having such an expert, along with his team, is to provide wide-ranging support and advice, in the hope that, ultimately, the case settles and there is no hearing at all."

一旦客户决定要委任他/她为专家证人,就会对法院有超越性责任,即使他/她主观上不希望偏袒,也很难做到客观看待自己有份参与的事实。而对他/她的客户来说,心态上也要改变,在委任其为专家证人前可以把他/她当自己人,过了这个分水岭就要当成是外人。正如Woolf勋爵在他的《Access to Justice》中期报告中说:"5. Most of the problems with expert evidence arise because the expert is initially recruited as part of the team which investigates and advances a party's contentions and then has to change roles and seek to provide the independent expert evidence which the court is entitled to expect. . . . In many cases the expert . . . has become, in the words of the submission of the London Solicitors' Litigation Association to the Inquiry, 'a very effective weapon in the parties' arsenal of tactics'."

在Lalana Hans Place Ltd v. Michael Barclay Partnership (2017) EWHC 29 (TCC)先例中,伦敦的一栋豪宅的地下室墙壁的补救工程,原告地产公司指控被告顾问工程师(consultant engineer)专业疏忽。在开庭审理前的几天,被告紧急向法院申请根据CPR Rule 35.6命令原告披露与提供它的专家证人de Silva先生在较早前曾经参与补救工程的信息,这信息是与诉讼的金钱赔偿有关。高院的Coulson大法官允许被告的申请并说:"It is not uncommon for a litigation expert, who is involved early in the relevant decision-making process, to give advice as to what should be done or not done. That advice may then be a matter of fact relevant to, for example, a decision to demolish or, as in this case, a decision to carry out costly remedial works."

在1999年CPR生效前,笔者知道以往不少做法是专家证人准备两份报告,一份是对客户有利的专家报告,另一份列出对客户不利之处以显示自己的专业与帮助客户在庭外和解时掌握分寸:见Kenning v. Eve Construction (1989) 1 WLR 1189先例。但现在CPR下,专家证人要作出真实声明(Statement of Truth),包括声明报告完整(complete),也就是应同时包括有利与不利之处,所以以前分开准备另一份报告的陋习就不能继续了。

CPR生效后,考虑到委任的专家会改变效忠对象,小心的当事人/代表律师索性一开始就委任两组专家,一组是专家顾问,另一组是专家证人。这方面的问题一是费用增加,而且专家顾问的费用即使胜诉也不能向败诉方取回。这与Woolf勋爵改革的目的背道而驰。二是针对某些专业,对口与合资格的专家本来已是不易寻找,更何况要找两个。

2. 同样重要的原因是,如今专家证人的竞争激烈,如果非常坦率地说出客户案件的不利之处,很有可能就不会被客户委任。客户可以转头去委任意见对己方更有利的专家证人。所以在一开始,很难完全不从客户的利益考虑,这是人性使然。

3. 近期专家证人已经被剥夺了豁免权(immunity):见最高院的Jones v. Kaney

(2011) UKSC 13 先例。[30] 这样,可以预见,如果专家证人在接受委任时为了迎合客户给出了对客户有利的初步专家意见,之后又没有合理理由改变专家意见,如看到了新的文件或看了对方专家报告或在双方专家开庭前会面时被合理说服等,就可能被客户以专业疏忽索赔。毕竟客户很可能是依赖了对自己有利的初步专家意见才开始诉讼,或拒绝了对方的和解要约。所以可以说现在专家证人的工作难度变大了,不像之前专家证人享有豁免权时即使改口客户与法院也没办法,也不能判专家犯了伪证罪,因为事实证据可以证伪,意见证据无法证伪。Jessel 勋爵在 Lord Abinger v. Ashton (1873 - 74) LR 17 Eq 358 先例中说:"... in matter of opinion I very much distrust expert evidence, for several reasons ... although the evidence is given on oath, in point of fact the person knows he cannot be indicted for perjury, because it is only evidence as to a matter of opinion. So that you have not the authority of legal sanction. A dishonest man, knowing that he could not be punished, might be inclined to indulge in extravagant assertions on an occasion that required it."

6.2 独立的定义

按理说,"独立"(independent)的定义应是明了。毕竟《联合国示范法》(UNCITRAL Model Law)第 20 条对仲裁员也有同样的要求,一般是指仲裁员与当事人没有联系/关系。英国《Arbitration Act 1996》之 section 1(a)与 section 33(1)(a)对仲裁员的要求只是"公平与不偏私"(to act fairly and impartially),不像《联合国示范法》有明示与额外的"独立"要求。但这不代表英国仲裁法不要求仲裁员独立,而是要求仲裁员公平与不偏私也包括了独立的问题。因为如果关系或联系到了不可接受的地步,也就代表该仲裁员不会是公平与不偏私了。在 AT & T Corp v. Saudi Cable Co (2000) 2 All ER (Comm) 625 先例中,Potter 大法官也给了仲裁员"独立"一个定义:"Independence connotes an absence of connection with either of the parties in the sense of an absence of any interest in, or of any present or prospective business or other connection with, one of the parties, which might lead the arbitrator to favour the party concerned."

对专家证人而言,一个对"独立"实用与贴切的定义是相信该专家证人"即使被对方当事人委任,也会作出同样的专业意见"(a useful test of 'independence' is that the expert would express the same opinion if given the same instructions by an opposing party)。这是 Wilberforce 勋爵在 Whitehouse v. Jordan (1981) 1 All ER 267 先例中所说,并在 Midland Bank v. Hett, Stubbs & Kemp (1979) Ch 384 先例被 Neuberger 大法官引用:"While some degree of consultation between experts and legal advisers is entirely proper, it is necessary that expert evidence presented to the Court should be, and should be seen to be the independent product of the expert, un-influenced as to form or content

---

〔30〕 见本书第六章之 3 段。

by the exigencies of litigation."[31]

该定义也常被之后的对专家证人的指引引用,如法院对 CPR Part 35 的指引(guidance)之"Protocol for the Instruction of Experts to Give Evidence in Civil Claims"之4.3段。这在2014年12月1日后被"Guidance for the Instruction of Experts in Civil Claims"替代,其中在11段重复说:"Experts must provide opinions that are independent, regardless of the pressures of litigation. A useful test of 'independence' is that the expert would express the same opinion if given the same instructions by another party. Experts should not take it upon themselves to promote the point of view of the party instructing them or engage in the role of advocates or mediators."

专家证人向法院提供的专业意见必须独立的要求,就表示专家证人千万别像以前一样当委任他/她的当事人的代理人(或"枪手")提供对客户有利与偏袒的意见。这种专家证人变成辩护人或"和稀泥"的调解员的做法,是 CPR 绝对不能接受的。这种行为即使在1999年 CPR 生效前也不允许,毕竟专家证人与事实证人(factual witness)一样,在法院作证前需要宣誓讲真话,而且是全面的真相。所以,除非专家证人的真诚专业意见是与客户当事人的看法完全契合,否则就违反了誓词。但在 CPR 生效后,在制度上强加在专家证人更多的要求与机制去保证他/她的专业意见是独立,例如在法律上把专家证人的角色有了根本性的改变。从委任当事人的"枪手",变为必须效忠法院,在证据方面有点像代表律师一样变为"法院的官员"(officer of the Court)。[32]

保证专家证人独立在现实中也不容易做到,如专家证人是当事人的雇员情况,稍后会在本章之6.6段详及。David Richards 大法官在 Rowley v. Dunlop (2014) EWHC 1995 (Ch)先例中说,影响专家证人独立性的因素主要在三大方面:

"The qualities of independence and lack of bias may be compromised by the expert's connections with the litigation or the parties or those who may benefit from the litigation. **It is always a matter for the court to decide whether any such connections disqualify the expert from giving evidence or whether, as may often be the case, they go not to the admissibility of the evidence, but to the weight to be attached to it.**

Such connections may take a number of forms, of which **three are the most obvious. First**, the expert may have a financial interest in the outcome of the litigation. Only rarely will the court admit the evidence of such an expert: see R(Factortame Ltd and others) v Secretary of State for Transport, Local Government and the Regions (2002) EWCA Civ 932. **Secondly**, the expert may have a conflicting duty. Whether this will disqualify the expert from giving evidence will depend on the circumstances of the case: see

[31] 这表示不应受专家证人是一方当事人委任与支付费用影响。
[32] 见笔者的《证据法:国际规管与诉讼中的证据攻防》一书第七章之4段。

Toth v Jarman (2006) EWCA Civ 1028. **Thirdly**, an expert may have a personal or other connection with a party, which might consciously or subconsciously influence, or bias, his evidence. Such connections will not normally of themselves disqualify the witness, but will go to the weight to be attached to the evidence: see Field v Leeds City Council (2000) 32 HLR 618; Factortame, particularly at (69) – (70) where the Court of Appeal disapproved the test put forward by Evans-Lombe J in Liverpool Roman Catholic Archdiocesan Trustees v Goldberg (Practice Note) (2001) 1 WLR 2337; and Hodgkinson v James: Expert Evidence (3rd ed.) at 6.006 – 6.011."（加黑部分是笔者的强调）

至于法院在面对这种质疑时会怎样处理，是马上拒绝采纳与接受，不批准有关的专家证人，或留待开庭审理，特别是在交叉盘问后决定有多少证据分量，就要根据每一个不同的案件处理。但可以先指出的是，在 CPR 下，虽然法院有裁量权决定是否批准引入专家证据，但一般而言涉及专家证人独立、客观或偏见的问题并不影响专家证据的可采纳性而更多会影响证据分量，毕竟专家证据的关键在于其内容是否独立、客观与没有偏见，而在程序中考虑是否应引入专家证据的法官还没有真正看到专家证据的内容，也没有不同意见的专家证据作对比，没有经过交叉盘问的测试等，所以与审理法官相比并不能很好地确实了解专家证据的情况。看来在案件管理阶段，由于不满足独立、客观与没有偏见不批准专家证据会相对少一些。除非是非常明显的情况，如专家证人对于案件结果有直接的利益关系。但如果最后由于专家证据确实有偏见会导致在分量上大受影响，将在本书第六章之 11 段介绍。对当事人来说也不应因为觉得法院倾向于先批准专家证人就忽视专家的独立性的问题，毕竟如果专家不独立与偏袒是很容易在交叉盘问中被暴露出来。这样，专家证据分量受影响甚至没有分量。

在此可以节录《Expert Evidence: Law & Practice》(2020 年，第 5 版）一书之 6 – 008 到 6 – 009 段：

"In general, bias goes to weight not to admissibility. There is good reason for this. The judge hearing the interim application has none of the advantages of the judge hearing the expert's testimony at trial... In short, while independence is a relevant factor, it is not necessarily a determinative factor in the weight to be given to expert evidence and many of the 'common sense rules of evaluation' of an expert's opinion will not be available to the judge at the interim stage...

...The position is the same in the US: 'It has been held that a witness is not disqualified as an expert because he is interested in the outcome of the proceedings. The bias or interest of the witness does not affect his qualification, but only the weight to be given his testimony.'

In England and Wales the position is different since expert evidence may not be called, or put in evidence, without the courts permission... Nonetheless, the common law's refusal to permit expert... to be held inadmissible merely because it is biased, coupled with the lack of forensic tools available to the judge at the interim stage, suggest that**the discretion to refuse to admit expert testimony on the grounds of bias should be sparingly exercised and should be reserved for the clearest cases only.**"(加黑部分是笔者的强调)

可以节录 Nelson 大法官在 Armchair Passenger Transport Ltd v. Helical Barr Plc (2003) EWHC 367 (QB)先例中总结的原则如下:"The following principles emerge from these authorities: -i) It is always desirable that an expert should have no actual or apparent interest in the outcome of the proceedings. ii) The existence of such an interest, whether as an employee of one of the parties or otherwise, does not automatically render the evidence of the proposed expert inadmissible. It is the nature and extent of the interest or connection which matters, not the mere fact of the interest or connection. iii) Where the expert has an interest of one kind or another in the outcome of the case, the question of whether he should be permitted to give evidence should be determined as soon as possible in the course of case management. iv) The decision as to whether an expert should be permitted to give evidence in such circumstances is a matter of fact and degree. The test of apparent bias is not relevant to the question of whether or not an expert witness should be permitted to give evidence. v) The questions which have to be determined are whether (i) the person has relevant expertise and (ii) he or she is aware of their primary duty to the Court if they give expert evidence, and willing and able, despite the interest or connection with the litigation or a party thereto, to carry out that duty. vi) The Judge will have to weigh the alternative choices open if the expert's evidence is excluded, having regard to the overriding objective of the Civil Procedure Rules. vii) If the expert has an interest which is not sufficient to preclude him from giving evidence the interest may nevertheless affect the weight of his evidence."

6.3　独立与否之一:专家证人与当事人关系密切

首先可以介绍 Liverpool Roman Catholic Archdiocese Trustees Inc v. Goldberg (No. 2), The Times, 9 March 2001 先例。案中被告是税务专家,也是御用大律师,他被原告以专业疏忽(professional negligence)起诉。被告委任了一位认识了28年的好朋友为专家证人。Neuberger 大法官首先说明专家证人必须独立的重要性,但认为光是与当事人有私交,并不表示不能采纳(inadmissible)专家证据。Neuberger 大法官说:"In my judgment the fact that Mr. Flesch (专家证人) has had a close personal relationship, and a close professional relationship with the defendant (被告) in the sense that they have been friends and in the same chambers for a long time, does not mean as a matter of law, or even as a matter of fact, that Mr. Flesch is incapable of fulfilling the functions described by Lord Wilberforce and Cresswell J. in Whitehouse v. Jordan (1981) 1 W. L. R. 246 and the "Ikarian Reefer" (1993) 2 Lloyd's Rep. 680."

但接下来 Neuberger 大法官警告这种好朋友专家证人会在他们的独立性方面被严厉地交叉盘问,最终导致审理法官不给予这些专家证据任何分量:"It is a fair point that, on the face of it, subject to there being a good reason for specifically choosing Mr. Flesch rather than somebody who was less well known to the defendant, the defendant's advisers may end up having, selected an expert whose evidence the court will feel obliged, having heard his cross examination on his issue, to discount in part or wholly on his ground alone."

Neuberger 大法官暂时处理中间程序,审理案件的 Evans-Lombe 大法官后来又考虑了是否采纳的问题:Liverpool Roman Catholic Archdiocese Trustees Inc v. Goldberg (No. 3) (2001) 1 WLR 2337 先例。Evans-Lombe 大法官判是不接受一位老朋友与同事/战友为专家证人,说:"It seems to me that his admission rendered Mr. Flesch's evidence unacceptable as the evidence of an expert on grounds of public policy that justice must be seen to be done as well as done."

Evans Lombe 大法官接下来总结说:"Where it is demonstrated that there exists a relationship between the proposed expert and the party calling him which a reasonable observer might think was capable of affecting the views of the expert so as to make them unduly favourable to that party, his evidence should not be admitted however unbiased the conclusions of the expert might probable be. The question is one of fact, namely, the extent and nature of the relationship between the proposed witness and the party."

上述先例也提到了 The "Ikarian Reefer" (1993) 2 Lloyd's Rep 68 先例,Cresswell 大法官在该先例说:"**I accept that neither section 3 (of Civil Evidence Act 1972) nor the authorities under it expressly exclude the expert evidence of a friend of one or the parties**. However, in my judgment, where it is demonstrated that there exists a relationship between the proposed expert and the party calling him which **a reasonable observer might think was capable of affecting the views of the expert so as to make them unduly favorable to that party. His evidence should not be admitted** however unbiased the conclusions of the expert might probably be. The question is one of fact, namely, the extent and nature of the relationship between the proposed witness and the party."(加黑部分是笔者的强调)

另可以 EXP v. Barker (2017) EWCA Civ 63 先例为例,案情涉及医疗疏忽。被告(Charles Baker 医生)是一位神经放射学专科医生(neuroradiologist),被原告(一位女大律师)指称在多年前的一个大脑核磁共振检验(MRI brain scan)中疏忽没有觉察有不寻常而导致延误治疗与后患。被告在一审败诉后上诉,指称一审法官错误适用

"Bolam 测试"[33]与没有恰当分析一审的专家证据。后一个上诉原因(grounds of appeal)是指一审法院漠视了被告专家证人的专业意见(having admitted the evidence of the Defendant's expert, Dr Molyneux, the judge failed to evaluate it on its merits)与错误指称该专家证人有利益冲突可漠视他的专业证据(The judge erred in holding that Dr Molyneux had an interest in the outcome of the case that was sufficient of itself to dismiss his expert opinion ...)。一审法院的理由是,虽然 Molyneux 医生专业方面德高望重,但双方(被告与 Molyneux 医生)均没有披露他们在牛津共事与受训多年,并曾共著文章等的密切关系。一审的 Coulson 大法官说:"... someone looking at the respective CVs would not know the exact nature and extent of any connection between Dr Barker and Dr Molyneux... it emerged only in cross-examination at the trial that the connection between Dr Barker and Dr Molyneux had been lengthy and extensive...."Coulson 大法官对没有披露特别反感,因为事先已经有下了命令需要披露利益冲突。上诉庭的判决说:"The judge took the view that the failure to disclose this close connection was a 'very substantial failure indeed', the more so because there had been a specific direction in the case that: 'Experts will, at the time of producing their reports, incorporate details of any employment or activity which raises a possible conflict of interest'."

显然,上诉庭拒绝上诉,Irwin 大法官说:"... the starting point is to identify what the judge decided, he considered that the witness had so compromised his approach that the decision to admit his evidence was finely balanced, and that the weight to be accorded to his views must be considerably diminished, in my view he was fully entitled to take that view. Indeed, had he decided to exclude Dr Molyneux's evidence entirely, it would in my view have been a proper decision. Our adversarial system depends heavily on the independence of expert witnesses, on the primacy of their duty to the Court over any other loyalty or obligation, and on the rigour with which experts made known any association or loyalties which might give rise to a conflict. Dr Molyneux failed to do so here ..."

看来除了他们的专家证据不被法院给予分量的危险,也会因事实上关系过密而在开庭前已经被拒接受为专家证人。所以,除非当事人找不到更独立/适合的专家证人,否则就应避免关系密切的专家证人,特别是诉讼金额较大的重要案件中。

6.4　独立与否之二:过往的业务/其他利益关系与披露责任

仲裁员要十分小心处理过往的业务关系,不论是曾经以其他身份为委任他/她的当事人服务过(如作为代表律师),或是曾经多次被委任为仲裁员。法律是要求该仲裁员向双方当事人宣告(declare)这个关系,但这样另一方当事人就很有可能会要求

〔33〕 这个 Bolam v. Friern Hospital Management Committee (1957) 1 WLR 582 先例设立的测试可见本章之3.3段。

或坚持该仲裁员不能被委任或需要辞职了。读者对这方面应该比较熟悉,也可参阅笔者的《仲裁法:从1996年英国仲裁法到国际商务仲裁》一书第三章、第七章至第九章。

专家证人也有同样的问题。在严格性方面会否像仲裁员一样不肯定,这将在本章稍后的6.6段详细介绍。在 The Bank of Ireland UK Plc v. Watts Group Plc (2017) EWHC 1667 (TCC)先例中,案情涉及原告银行向工料测量师(quantity surveyors)索赔专业疏忽导致银行损失。疏忽是对一个地产重建项目的错误估价并声称如果没有这个疏忽,银行是不会贷款并之后因债务人(地产公司)倒闭而蒙受损失。但银行最后败诉,理由是支付给被告测量师的费用只有1500英镑,这是一个非常低的费用,是不能合理预期测量师会做太多工作为重建项目做精细的估价。在该诉讼中,法院也对银行委任的专家证人很不满意,指出他:(1)试图以断章取义的特许测量师学会(RICS)指引误导法院;(2)不合理地争辩被告应该做的估价工作,虽然只有1500英镑的收费,但是如果按照银行专家证人指称被告应该做的工作,被告的收费应该是在30倍以上;(3)专家证人的意见只是"他会怎样做"的"事后诸葛亮意见",这对法院没有帮助。[34]

另法院指出,在过去几年,银行是该专家证人的主要客户,主要是用在作为专家证人去处理在2008年金融海啸后大量与其他测量师的争议。这些争议通常是以调解(mediation)方式解决掉,该案例是第一次涉及法院诉讼。这些信息显然是在开庭审理交叉盘问时抖出来的信息。法院说:"(该专家证人) was not a properly independent witness. It was clear that the Bank was his principal client, providing the vast majority of his work (and fees), and that he had spent most of the last few years acting for the Bank as an expert witness in actions against monitoring quantity surveyors arising out of the 2008 – 2009 financial crash, he told me that, until now these had all been resolved by ADR, so this was the first of those disputes which had come to court. He was, I think, unaware of the difference between acting as the Bank's advocate in, say, a mediation, and his duties to the Court when giving expert evidence."

在 Rowley v. Dunlop (2014) EWHC 1995 (Ch)先例中,案情涉及清盘中的 Inside Right Limited 公司的3位前董事与股东之间的争议。这个诉讼一开始是因为原告 Rowley 先生持有被告 Dunlop 先生与夫人(后者是前董事总经理)两位个人担保的公司票据(notes)。被告 Dunlop 先生与夫人把 Pagett 先生(前公司财务董事)加进来,指称在 Pagett 先生对公司财务的误述(misrepresentation)下才会签署与担保这些公司票据。另一个新的争议/争端是公司的清盘人(administrators)在接管公司后称 Pagett 先生的违法行为导致公司蒙受损失,并把向 Pagett 先生索赔的权利转让(assign)或卖了给 CFL Finance Limited (CFL)。而不久后,CFL 再把索赔转让给了 Dunlop 夫妇,

---

〔34〕 见本章之3.2段。

但条件是如果胜诉取回来的本金45%归CFL等。

Dunlop夫妇在向Pagett先生索赔时,附上了一份专家证人的草拟专家会计报告(draft expert accountancy report)。专家证人Cohen先生是一位特许会计师与认证法务会计师(accredited forensic accountant),有丰富经验。他是一家名为Frankels Forensics Chartered Accountants的会计师事务所的合伙人。问题出在另一位资深合伙人Frenkel先生身上。他也是CFL的一位董事,但只参与有限的贷款业务并按小时的工作收费,对CFL盈利与否是没有直接的利益关系。

反正这些相对间接的利益冲突带来Pagett先生的质疑,向法院申请拒绝采纳与接受Cohen先生的专家报告,也就是做不了专家证人了。一审法院认为专家证人是否不独立(lack of independence)要考虑两个层面:(1)不理会专家报告的内容,只根据申请的证据与信息去考虑;(2)全面参考了专家报告后才考虑,这一般表示要开庭审理后。所以在此先例中,一审法院根据申请的证据与信息,决定接受Cohen先生的专家证据,并留待开庭审理后才考虑证据的分量。Pagett先生上诉,但David Richards大法官说:"I should say at once that, if I considered that there was a conflict of interest in this case, I would not make an order that Mr Cohen had been deliberately untruthful in his denial of any conflict of interest. **It must be a rare case where it is appropriate to make such a finding at a summary stage, without an opportunity for the expert to give oral evidence, and this is certainly not such a case.** ... The qualities of independence and lack of bias may be compromised by the expert's connections with the litigation or the parties or those who may benefit from the litigation, it is always a matter for the court to decide whether any such connections disqualify the expert from giving evidence or whether, as may often be the case, they go not to the admissibility of the evidence, but to the weight to be attached to it. ... It follows that I agree with the conclusion reached by the judge and that Mr Pagett has not established, on evidence before the court, that Mr Cohen is subject to any conflict of interest, ..."(加黑部分是笔者的强调)

6.5 独立与否之三:专家证人的收费

与仲裁员一样,专家证人无论如何不能接受与诉讼(仲裁)案件的结果或成败挂钩的收费安排(contingency fee)。虽然法律不要求英国的律师对双方当事人公平与独立,但由于他们作为法院官员的责任,传统上在公共政策下也不允许这种收费安排。例如,在Wallersteiner v. Moir (No. 2)(1975)QB 373先例中,Buckley大法官说:"First, in litigation a professional lawyer's role is to advise his client with a clear eye and an unbiased judgment. Secondly, a solicitor retained to conduct litigation is not merely the agent and adviser to his client, but also an officer of the court with a duty to the court to ensure that his client's case, which he must, of course, present and conduct with the utmost care of his client's interests, is also presented and conducted with scrupulous fairness and integrity. A barrister owes similar obligations. A legal adviser who acquires a personal financial interest in the outcome of the litigation may obviously find himself in a situation in which that interest conflicts with those obligations."

针对律师的收费问题,英国在《Courts and Legal Services Act 1990》之 Section 58 下低程度地容忍律师这种收费安排,允许有条件收费(conditional fee agreements)。即败诉不收取正常按小时的收费,但胜诉就在正常收费上加额外的比例,而且胜诉方可去向败诉方全数取回这笔加大的诉讼费用。但在实践中发觉诉讼变得更昂贵,这与 CPR 节省诉讼费用的超越性目的(overriding objective)背道而驰。另是,对败诉方也不公平,在败诉后发觉要补偿胜诉方大幅度高出合理预期的诉讼费用与诉讼费用事后保险(After The Event Insurance,简称"ATE 保险")保费。[35] 所以,在 2013 年的 Jackson Reform 后有了改变。[36] 过去在英国律师与成败或结果挂钩的风险代理收费是属于揽讼(maintenance and champerty)的非法做法,[37] 允许有条件收费后,英国又通过修改《Legal Aid, Sentencing and Punishment of Offenders Act 2012》之 Section 45 以及在该立法中加入《The Damages-Based Agreements Regulations 2013》,在 2013 年 4 月 1 日后已经允许索赔方(或反索赔方)的律师在法院诉讼或仲裁按损害赔偿收费协议(damages-based agreements,简称"DABs")收费,即允许约定律师(通常只是原

〔35〕 关于 ATE 保险可见笔者的《证据法:国际规管与诉讼中的文件攻防》一书第十一章之 3.5.4 段的简单介绍。

〔36〕 CPR Rule 44.1(3)针对律师的有条件收费规定:"(3) Where advocacy or litigation services are provided to a client under a conditional fee agreement, costs are recoverable under Parts 44 to 47 notwithstanding that the client is liable to pay the legal representative's fees and expenses only to the extent that sums are recovered in respect of the proceedings, whether by way of costs or otherwise."但在 Jackson Reform 后,一般商业诉讼中律师根据有条件收费在正常费用外的额外收费,不能被作为诉讼费用取回。这方面可简单节录《Legal Aid, Sentencing and Punishment of Offenders Act 2012》之 Section 44 对《Courts and Legal Services Act 1990》之 Section 58 的修订:"In section 58 of the Courts and Legal Services Act 1990 (conditional fee agreements)...(4) For subsection (6) of that section substitute '(6) A costs order made in proceedings may not include provision requiring the payment by one party of all or part of a success fee(即本章前文所讨论的额外收费部分) payable by another party under a conditional fee agreement.'"ATE 保险保费也是一样。

〔37〕 风险代理的做法目前在中国香港特区仍然属于揽讼的非法做法。2020 年 10 月,香港法律改革委员会作出一份名为"与仲裁结果有关的收费架构"的咨询文件(consultation paper),总结了一些不同国家与地区有关风险代理收费问题的做法与实践经验,以及分析与衡量该做法的利弊,希望在交由社会各界提出意见、评论及建议后,开始考虑着手修改香港在这方面的法律规定。该咨询文件可见:<https://www.hkreform.gov.hk/chs/publications/orfsa.htm>。

告或有反索赔的被告）收取胜诉取回损失的一定比例。[38] 但在立法中对允许收取的比例加以限制，如一般民事诉讼最高可以约定收取取回损失的一半。[39] 可以想到，民间有不少涉及“小市民”的非商业案件会需要这种收费安排才能让他们打得起官司。

然而当事人的代表律师没有独立性的要求，仲裁员与专家证人有这个超越性的要求，所以不能相提并论。但不像英国律师法律早已明确禁止风险代理收费，普通法或立法对专家证人的收费方式没有明确规定，只有个别先例批评这种“风险代理”的收费方式不恰当。例如，R（On the application of Factortame & Others）v. Secretary of State for Transport，Environment & the Regions（No. 2）（2002）EWCA Civ 932 先例说：“we consider that it will be a rare case indeed that the court will be prepared to consent to an expert being instructed under a contingency fee agreement.”另在 Davis v. Stena Line Ltd（2005）EWHC 420（QB）先例中，也是在原告的两位专家证人在起初的“不成功，不收费”（no win，no fee）的收费安排改为“延后收费安排”（deferred payment agreement）后专家证据才被采纳。

CPR 与操作指引（Practice Direction）也没有直接针对专家证人如何收费作出规定。英国法院（Courts and Tribunal Judiciary）的“Guidance for the Instruction of Experts in Civil Claims”第 17 段说：“Terms of appointment should be agreed at the outset and should normally include：... d. The basis of the expert's charges（e. g. daily or hourly rates and an estimate of the time likely to be required，or a fixed fee for the services）. Parties must provide an estimate to the court of the costs of the proposed expert evidence and for each stage of the proceedings [CPR 35.4(2)]；...”

其他与专家证人有关的专业机构也有同样的规定。例如，特许测量师学会的指引“Surveyors acting as expert witnesses”说：“10. Payments contingent upon the nature of the evidence given or the outcome of the case must not be accepted by an expert witness under any circumstances.”专家学院（The Academy of Expert）与专家证人学会（Expert Witness Institute）的“Joint Code of Practice”中规定：“An expert who is retained or employed in any contentious proceeding shall not enter into any arrangement which could

---

〔38〕 Jackson Reform 带来的改变是，胜诉方在有条件收费中的额外收费部分等不再可以作为诉讼费用向败诉方取回，法律希望通过其他途径帮助承担不起昂贵律师费用的诉讼方找到律师帮助进行诉讼寻求救济。另一方面也是希望尽可能尊重民事主体之间的订约自由，也就当事人与委任代表律师的收费安排。虽然胜诉方能向败诉方取回的诉讼费用的大原则是不变，但仅是能取回诉讼中的“合理”费用（要考虑律师合理会花费的时间与金钱，还要考虑到在花费的费用上要成比例等），不再是加大的诉讼费用。而胜诉方委任的律师按取回损失一定比例的真正收费，如果超出向败诉方能够取回的“合理”费用，这是胜诉方自己承担。这样，也就与诉讼费用的高昂无关了。

〔39〕 有一些其他类别的诉讼，如劳资裁判庭（employment tribunal）审理的雇佣关系案件最高限制为35%，人身伤害（personal injury）案件限制为25%。

compromise his impartiality nor make his fee dependent on the outcome of the case nor should he accept any benefits other than his fee and expenses."

委任专家证人的费用需要向法院披露才会获得接受与批准,CPR Rule 35.4(2)在2013年4月1日的修改后,向法院申请引入专家证据是需要提供3项额外信息:(1)专家证据的估计费用;(2)什么专业;(3)可能的话,专家证人的名字。虽然第3点不会严格执行,但不去提供名字(如还没有收到意向专家证人的初步专家报告,不知道他/她的专业意见是否适用)与他/她的费用,就会有危险不被法院批准。所以,如果专家证人是按照"风险代理"收费,法院不会不知道。除非是极端的情况,否则法院不太可能批准风险代理收费的专家。

风险代理的收费只是对专家证人禁止,但不禁止适用在当事人自己的专家顾问(expert advisor 或 expert consultant)。在 R.(On the application of Factortame & Others)v. Secretary of State for Transport, Environment & the Regions(No. 2)先例中,原告试图向败诉的被告取回它的法务会计(forensic accountant)的收费,约定是"最后和解金额之8%"(8% of the final settlement figure)。败诉的被告(英国政府)指称这种费用安排是揽讼,法律不应承认与执行。但上诉庭允许原告可向被告取回,因为有关费用是为了支援诉讼的工作(support work),也与揽讼无关。虽然《Courts and Legal Services Act 1990》不允许风险代理收费(如本先例的做法),但立法只适用于出庭与诉讼服务(advocacy or litigation services)的相关人士,也就是大律师与事务律师,不包括法务会计。

除了费用方面,委任协议也会有其他不妥的条文。如在 Lilly Icos LLC v. Pfizer Ltd(2000)23(11)IPD 23089 先例中,条文约束专家证人不能接受敌对方的委任。这是不允许的,在法律上也因为违反双方不拥有证人(no property in a witness)的公共政策而无效,[40]而该条文本质上也强迫专家证人不独立,因为"独立"的定义是即使是被敌对方委任,他/她仍是会提供同样的专业意见。如果专家证人独立,可以任由他/她接受对方的委任,反正最后的专家证据没有区别。

6.6 独立与否之四:雇主/雇员的关系

英国法律要求专家证人独立,但矛盾是英国法律在某些方面不严格要求专家证人的身份也必须是"独立",他们是当事人的雇员也无妨。正如 Toulson 大法官在 Brandeis Brokers v. Black(2001)2 Lloyd's Rep 359 先例中说:"On the question of independence, ... but in any event **there is no rule of law that an expert witness may not be connected with a party**. I have no doubt that a Court or arbitral tribunal has jurisdiction to refuse to hear an expert witness on grounds of lack of independence, but it is essentially a procedural matter. For example, **in small claims it is not uncommon for a party to use an in-house expert so as to save costs**. The evidence of such a witness carry

---

〔40〕 见本书第三章之5段。

less value in the eyes of the tribunal, but that is a matter for the tribunal."(加黑部分是笔者的强调)

以上 Toulson 大法官是说,法律没有说专家证人不得与当事人有任何关系,但法院与/或仲裁庭可拒绝接受一些完全不独立的专家证人,这纯粹是程序方面的裁量与取舍。例如,部分争议金额不大的小案件为了省钱常会有当事人自己的雇员作为专家证人。这会导致证据分量较低,但这纯粹是法院的裁量权,不是原则上不准这些人士作为专家证人。

这种看来像是"犹豫不决"的情况不会在仲裁员身上发生,因为当事人委任一位雇员作为一方当事人的仲裁员肯定是不可以的:见 Veritas Shipping Corporation v. Anglo-Canadian Cement Ltd (1996) 1 Lloyd's Rep 76 先例。仲裁员与专家证人都被要求是诚实、客观、不偏袒与独立,但雇员作为专家证人时是否都能做到?雇主要求雇员作出专家证据前,是否应无条件保证他/她的意见/证据即使对公司不利而导致公司败诉,也不会因此解雇他/她?雇员会否相信?

在现实中两者毕竟有不同,所以对不偏袒与独立的严格性有轻重不同处理,如:(1)重要之处是法院可以在接受了雇员的专家证据后通过给予证据的分量轻重来调整,但这无法适用于仲裁员。(2)同样重要之处是专家证人会面对交叉盘问,敌对方代表大律师会把一些疑点与隐蔽之处抖出来。同样手段不能对待仲裁员,不会有交叉盘问的程序。(3)省钱,案件争议金额很小,本质上也不重要。(4)外面没有适合的专家,自己雇员反而最适合与真正懂行。(5)仲裁员要符合自然公正(natural justice),仲裁是司法行为(judicial process),但专家证人没有这要求。在英国法院实施了 CPR 之后,由于规定了当事人的专家证人必须真正独立,向法院而不是客户负责(CPR Rule 35.2),导致这方面先例会否仍适用的疑问。Field v. Leeds City Council (2000) 1 EGLR 54 先例重新考虑了在 CPR 下一位当事人的雇员可否充当专家证人的问题。以 Woolf 勋爵为首的上诉庭不认为这种身份会在 CPR 下自动失去作为专家证人的资格(automatically disqualify)。但建议高院大法官(会首先面对这种争议)要求当事人证明已向该雇员提供了适当的培训,让他们知道作为专家证人的困难与完全明白他们向法院的责任与要保持客观(objectivity)。

专家证人有雇佣关系的利益冲突与不独立近期仍有不少其他案例涉及,如:Admiral Management Services Ltd v. Para-Protect Europe Ltd (2002) EWHC 233 (Ch); R (On the application of Factortame & Others) v. Secretary of State for Transport, Environment & the Regions (No. 2) (2002) EWCA Civ 932; Armchair Passenger Transport Ltd v. Helical Bart Plc (2003) EWHC 367 (QB); Gallaher International Limited v. Tlais Enterprises Limited (2007) EWHC 464 (Comm)等先例。

其中,以 Gallaher International Limited v. Tlais Enterprises Limited 先例介绍法院如何在不同案情的事实下适用这些原则行使裁量权。案情涉及一个分销合约(Distribution Contract),有关香烟在中东地区的买卖,指控包括提供的产品有缺陷。双方争议也导致合约终止,并相互提出了金额庞大的索赔与反索赔。在双方的诉讼中,原告委任了分公司的一位雇员(Goel 先生)作为专家证人。被告大力反对,向法院申请不采纳这个专家证据,理由是 Goel 先生目前是原告的雇员,并不适合作为一个独立的专家证人,而原告也没有解释为什么选择这样的人士作为专家证人。

Aikens 大法官在考虑了这方面的原则后,决定行使裁量权采纳 Goel 先生的专家证人证据。Aikens 大法官在判决中分析了他在这方面能过关的理由,如下:(1)法院是满意 Goel 先生是公开向被告披露了他是原告的集团公司的雇员,而原告公司已经在信函中写清楚了 Goel 先生在作为专家证人的这一段时间,承诺/保证如何把 Goel 先生从公司业务独立出来、不参与也不提出任何要求等。(2)法院也满意 Goel 先生拥有作为专家证人的有关专业知识。特别是他的报告中明白他作为专家证人对法院的责任,包括在 CPR 下的法律要求,也不会受到雇佣关系的影响,而被告对他的质疑,并没有任何特定的指控与证据。这样,法院不能凭空认定 Goel 先生是不善意或恶意。(3)法院接受 Goel 先生的专业知识在有关的行业是非常缺少。如果拒绝采纳他的专家证据,原告就会被迫寻找新的替代专家证人。这会给原告带来非常大与不必要(onerous)的压力与不公平(unfair),特别还有一个多月就要开庭,时间非常紧张。(4)最后,被告完全可以在开庭审理的交叉盘问中提问与质疑 Goel 先生的独立性,并且在结案陈词(Closing Submission)时,提出进一步的争辩。这些做法会成功影响法院对 Goel 先生提供的专家证据会给予的分量(weight)。

6.7 对专家证人的独立要求与对仲裁员的比较

上一小段已经简单提到了这个问题,本段再进一步细化讨论:

1. 与仲裁员作出一个最终(final)与有法律强制与约束的裁决(Award)相比,专家证人所做的与所起的作用关键性要低得多。后者只是向法院(或仲裁庭)提供专家意见,是否听这个意见完全是法院(或仲裁庭)的裁量权。换言之,法院可以通过根据专家证人在交叉盘问时显示的不独立、不容观、偏袒与有利益冲突的程度决定对该专家证人提供的意见证据给予不同程度的分量,甚至不给任何分量,因为这种意见是完全不值得听取的。

2. 当事人对对方专家证人的怀疑,完全可以事先作出调查与在开庭审理时交叉盘问他/她有关利益冲突以及对 CPR 下对法院的责任的理解的细节的问题。

3. 现实中,会有专家证人是当事人的雇员的情况。这种情况常会出现在一些尖端或独特的行业,外面没有独立的专家,能找到可提供专家意见的人士不是当事人自己的雇员就是外面少数竞争对手甚至是敌对方公司或其关联公司的雇员。显然,如果法院(或仲裁庭)需要对有关专业了解才能掌握事实真相并需要协助,就没有必要拒绝当事人委任自己的雇员作为专家证人去作出协助,因为不现实(没有其他更好选择)。只要该雇员是真正懂得有关争议的专业的专家,也完全理解他/她作为专家证人的超越性责任是去协助法院(或仲裁庭),并且能够做到,也就看不出与外面的独立专家证人有太大区别了。

可节录上诉庭在 R（On the application of Factortame & Others）v. Secretary of State for Transport，Environment & the Regions（No. 2）（2002）EWCA Civ 93 先例中所说："... **applying to an expert witness the same text of apparent bias that would be applicable to the tribunal. We do not believe that this approach is correct.** It would inevitably exclude an employee from giving expert evidence on behalf of an employer. Expert evidence comes in many forms and in relation to many different types of issues. It is always desirable that an expert should have no actual or apparent interest in the outcome of the proceedings in which he gives evidence，but such disinterest is not automatically a precondition to the admissibility of his evidence. **Where an expert has an interest of one kind or another in the outcome of a case，this fact should be made known to the court as soon as possible. The question of whether the proposed expert should be permitted to give evidence should then be determined in the course of case management**. In considering that question the judge will have to weigh the alternative choices if the expert's evidence is excluded，having regard to the overriding objective of the Civil Procedure Rules."（加黑部分是笔者的强调）

4. 仲裁员（法官更是如此）不仅必须真正做到公平公正，而且要被看到是公平公正（"Justice must not only be done，must also be seen to be done"）。专家证人则只需要真正做到，而不必在表面上被看到。

5. 仲裁员如果发现可能存在利益冲突的情况要向当事人披露，可见本书第九章之1.6.2段介绍的英国最高院 Halliburton v. Chubb（2020）UKSC 48 先例。而如果是严重的利益冲突，仲裁员自己必须拒绝审理或接受委任，否则当事人或其他人发觉有利益冲突后可以向法院申请赶走（remove）仲裁员或撤销（dismiss）裁决书。而专家证人无须拒绝委任，但必须披露。

对于仲裁员，由于不能交叉盘问，所以更难发现独立性的问题。而一旦提出了关于仲裁员独立性的质疑并提交了有关证据与信息，就应该尽快决定，不存在开庭审理案件实质争议后再决定的情况。而针对专家证人，法院可以在诉讼程序开始的案件管理会议上就决定可否采纳，但更常见是在开庭审理后决定专家证据的分量。

6. 有些方面对仲裁员与专家证人的要求是一致的。例如，他们都不能与委任的当事人或客户约定风险代理收费（contingency fees）。这种收费安排明显太过分，不只是简单的利益冲突，而是把利益与客户联系在一起。别说是严格要求自然公正的仲裁员过不了关，只要求独立的专家证人也过不了关，难以相信他/她的专业意见是真心协助法院正确理解专业知识与其经验的。

7.法院拒绝采纳、接受与批准专家证人申请的恰当时机

法院如果对某位专家证人不满意,不论是由于他/她不对口、不合资格、不懂程序与 CPR 下对法院的责任与/或不独立、有利益冲突等问题,什么才是应对的恰当时机在不同案件中与不同程度下会有所不同。一个时机是在诉讼程序开始的前期的案件管理会议(CMC)就不接受与批准。这里的好处是省得在一个不称职与不恰当的"专家"身上浪费金钱,申请的当事人也有时间补救。另外的时机是在诉讼的专家程序中出现了问题(如交换的专家报告显示了不知道 CPR 下的责任或调查后发现有利益冲突等)才排除该专家证人,但这会对委任该专家证人的当事人十分不利与不公平,因为开庭在即,该当事人没有办法补救,等于在开庭审理中不会有专家证据支持索赔或抗辩。所以,这种做法十分少见。另一个时机就是等待开庭审理对该专家证人交叉盘问后才考虑提供的专业意见的证明价值(probative value)并给予恰当的分量(weight)。这种做法是最常见的,法院更趋向于此时再决定因为这是当事人自己自由选择委任的专家证人(chosen expert),后果应由他们自己承担。

其他的原因还有"专家"一词本身十分广泛,没有太准确的范围也没有法律定义。英国法院判例也十分包容,只在明显的案件才会在早期 CMC 申请批准时拒绝接受,如专家是风险代理收费。

正因为"专家"一词范围太广、太包容与有弹性,所以每次争议要看很多方面。提前考虑太多,法院倒不如先接受,在开庭审理特别在交叉盘问后再区分是否有关与有证明价值。当然届时可能为时已晚,只能涉及法院(或仲裁庭)会给予该专家证人所提供的专家意见多少分量。

对法院而言,一般在考虑接受与批准专家证据时,只会留心一下当事人想委任的专家证人的履历与有关经验,毕竟这些专业也不会是法院所理解与熟悉的。除非是另一方当事人反对批准某位专家证人的申请,法院才会需要深入了解有关专家的专业资格,并决定该专家是否是合资格与对口。

而针对一方当事人想反对另一方当事人的专家证据,即使 CMC 已经批准了,是明确不过的案件,否则法院不愿意这样做。在 Rowley v. Dunlop (2014) EWHC 1995 (Ch)先例中,David Richards 大法官说:"... It must be a rare case where it is appropriate to make such a finding at a summary stage, without an opportunity for the expert to give oral evidence..."

另在加拿大的 White Burgess Langille Inmann v. Abbot and Haliburton Co (2015) 2 SCR 182 先例中:"I emphasize that exclusion at the threshold stage of the analysis should occur only in very clear cases in which the proposed expert is unable or unwilling to provide the court with fair, objective and non-partisan evidence. Anything less than clear unwillingness or inability to do so should not lead to exclusion, but be taken into account in the overall weighing of costs and benefits of receiving the evidence."

所以这方面先例不多,只以一个 CPR 生效后不久后的 Stevens v. Gullis (2000) 1 All ER 527 先例为例。该先例涉及一个建筑争议,被告委任了一位十分关键的专家证人 Isaac 先生,但其不理解英国法院的 CPR 与相关的操作指引(Practice Directions)。例如,CPR 的操作指引要求在专家报告最后声明"专家证人明白他对法院的责任并且已经尽了这些责任"(contain a statement that the expert understand his duty to the court and has complied with that duty)。Isaac 先生只在专家报告中说:"I submitted all reports to the best of my ability, and each report was a true and accurate account of the condition of the building at the time of the inspections."

高院与上诉庭均认为这说明不够,而且在其他方面 Isaac 先生也不理解,如在开庭前与对方专家证人的会面中不合作。一审决定不接受他作为被告的专家证人出庭作证:"It is essential in a complicated case such as this that the court should have a competent expert dealing with the matters which are in issue between the defendant and third party. Mr. Isaac, not having apparently understood his duty to the court and not having set out in his report that he understands it, is in my view a person whose evidence I should not encourage in the administration of justice."

上诉庭的 Woolf 勋爵也说:"The series of orders made by the judge to which I have referred were designed to bring the present proceedings forward to a state where they could be conveniently tried at the proposed date in June 1999. If those order had been followed, it should have been possible to identify clearly and precisely what were the real issues between the parties. Because of the way which Mr Isaac responded to the experts' meeting, that was not possible. The requirements of the practice direction that an expert understands his responsibilities, and is required to give details of his qualifications and the other matters set out in paragraph 1 of the practice direction, are intended to focus the mind of the expert on his responsibilities in order that the litigation may progress in accordance with the overriding principles contained in Part 1 of the CPR . Mr Isaac had demonstrated that he had no conception of those requirements and I am quite satisfied that the judge had no alternative but to take the action which he did notwithstanding the fact that the **CPR had only recently come into force and the consequences to the defendant of the course which was taken was draconian and could deprive him of a claim which he might otherwise have against the architect.**"(加黑部分是笔者的强调)

早在 Liverpool Roman Catholic Archdiocese Trustees Inc v. Goldberg (No. 2), The Times, 9 March 2001 先例中,Neuberger 大法官对反对敌对方专家证人的做法与法院会怎样考虑这种申请就有了十分清楚的指引:

“1)If the expert evidence is said to be inadmissible, then that point must be raised as soon as possible;(如果指称对方专家证据不应被采纳与接受,越早申请越好。)

2)If the objection to expert evidence is raised early, the court should normally determine it, unless the court is satisfied that there is a real possibility that the trial judge will be in a better position to determine the point;(如果一早提出,法院应去决定,因为有些理由如专家证人的资格/对口,或是否足够独立,若一早被否定/不接受,对方当事人可以有充分时间另找一个专家证人,除非法院认为留待审理的法官决定更好。如果是否合资格与足够独立的程度不明确,处理中间程序的法官就会将专家证据的证明价值留给后来审理的法官在开庭审理与交叉盘问后决定,往往也是调整证据的分量轻重。)

3)If the objection is raised late, the court should be rather slower to determine it. However, that does not mean that the court should not determine the issue if it thinks that it is appropriate to do so;(若是在中间程序后期才提出申请,法院仍会判,但就会迟疑了。当然在极端与有明确证据证明不恰当的案件,法院还是会作出决定。)

4)The court should be particularly slow to determine an application to exclude evidence when the application is made so late that the case is coming on for trial, rather than at the stage of preliminary case management;(若是申请在开庭审理前不久才提出法院会更迟疑,因为除非押后开庭,否则对方根本来不及另找一位专家替代。加上对方也会已经在现有的被攻击的专家证人身上花了很多钱。)

5)In principle, it seems that if there is real doubt as to whether or not expert evidence ought to be put in as admissible, the issue should be determine in favour of admissibility;and[原则上,若有真正疑问,法院应采取的态度是接受专家证据,避免拒绝。毕竟,这关系到自然公正(natural justice)的大道理/大原则,即是应让当事人有充分陈述案件的机会。加上专家证人是当事人自己委任的,也应自己承担专家证据没有分量的后果。法院是如此,仲裁也是如此。]

6)Particularly bearing in mind the overriding requirement of the CPR, where it is clear that the evidence is likely to be very expensive and very time-consuming, it may be that even though the court has some residual doubt as to whether it is admissible or not, the court should grasp the nettle and exclude it.[在CPR节省费用的超越性大原则下,若法院估计这专家证据会是十分昂贵(例如把爱因斯坦先生请来)与花时间,而对是否应该采纳与接受有犹疑,法院就应面对现实拒绝专家证据,以避免造成巨大浪费的风险。]”

最后总结这方面的课题,可节录《Phipson on Evidence》(2018年,第19版)一书之33-30段,如下:

“The current state of the law may be summarized by the following principles.

(1)It is always desirable that an expert should have no actual or apparent interest in the outcome of the proceedings.

(2) The existence of such an interest, whether as an employee of one of the parties or otherwise, does not automatically render the evidence of the proposed expert inadmissible. It is the nature and extent of the interest or connection which matters, not the mere fact of the interest or connection.

(3) Where the expert has an interest of one kind or another in the outcome of the case, the question of whether he should be permitted to give evidence should be determined as soon as possible in the course of case management.

(4) The decision as to whether an expert should be permitted to give evidence in such circumstances is a matter of fact and degree. The test of apparent bias is not relevant to the question of whether an expert witness should be permitted to give evidence.

(5) The questions which have to be determined are whether: (a) the person has relevant expertise; and (b) he is aware of his primary duty to the court if they give expert evidence, and are willing and able, despite the interest or connection with the litigation or a party thereto, to carry out that duty.

(6) The judge will have to weigh the alternative choices open if the expert's evidence is excluded, having regard to the overriding objective of the Civil Procedure Rules.

If the expert has an interest which is not sufficient to preclude him from giving evidence the interest may nevertheless affect the weight of his evidence."

8. 考虑之六:法院在采纳与批准专家证人关注双方诉讼方有均等火力

"均等火力"(equality of arms)是《欧洲人权公约》(European Convention of Human Rights,简称"ECHR"之 Article 6 的"公平审理"(fair trial)所带来的理念。公平审理所包括的理念有:(1)公众都有诉诸法院的权利(right of access to court);(2)申诉由公平与独立的法院审理(right to have the claim decided by an impartial and independent court);(3)对抗程序(right to an adversarial procedure);(4)程序透明(right to a transparent procedure),包括公开审理、有全面原因的法院判决、可以获取有关的文件与知道程序如何进行、法院架构明确等(public hearing, a reasoned court decision, access to documents and status of the judicial procedure, an adequate level of clarity of the legal framework);(5)审判快速(right to a speedy trial);(6)可以请律师协助(right to be assisted by a lawyer);(7)适用程序规则时倾向以实体法律、事实决定争议而不是程序上的技术性手段(right to have procedural rules applied in a way which favour a decision based on substantive law/on the merits, not in procedural technicalities);(8)均

等火力(equality of arms)。

而均等火力的原则是:(1)保证双方公平平等(fair balance);(2)一定要给予所有当事人陈述自己的案件的合理机会,包括证据方面[each party must be afforded a reasonable opportunity to present his case (including evidence)];(3)相比敌对方不会有任何重大不利(without any substantial disadvantage of a party vis-à-vis the other party)等。

在此理念下,诉讼的双方当事人要有公平平等的机会,如引入证人(事实与专家)与交叉盘问敌对方证人等。已经在本章多处提到,专家证人一直以费用高昂著称,在诉讼实践中被财力雄厚的当事人"武器化",以压制请不起专家(或顶级专家)的经济状况较差的对方当事人。在英国民事诉讼改革中,这种现象受到了特别的关注与严厉的批评,并在 CPR 中有所针对。Woolf 勋爵在中期报告中说:"The purpose of the adversarial system is to achieve just results. All too often it is used by one party or the other to achieve something which is inconsistent with justice by taking advantage of the other side's lack of resources or ignorance of relevant facts or opinion. Expert evidence is one of the principal weapon used by litigators who adopt this approach."

法院即使在案件管理会议(CMC)采纳与批准专家证人去针对双方一些涉及专业知识与经验的争议事实,也会注意两个重点。首先是成比例(proportionality)与节省诉讼费用;另是双方的对抗要有均等火力,以显示持平。所以即使财力雄厚的当事人在一个复杂的案件中能找出十几个方面声称需要专家证据协助,法院也会控制在真正需要协助的争议/争端,这可能只有一两个方面。而即使被批准引入专家证据,也只允许每个专业方面委任一位专家证人。

可以本章之 2.3 段介绍的 Vilca v. Xstrata Limited (2016) EWHC 2757 (QB)先例的另一个程序判决之 Vilca v. Xstrata Limited (2016) EWHC 389 (QB)先例为例。案件是原告的 20 位秘鲁矿工向一家跨国矿业的大公司索赔总共 500 多万英镑损失。显然原告的资金十分有限,要在英国诉讼(估计是不想在秘鲁法院诉讼,毕竟案情涉及指控秘鲁警察的镇压)支付律师费用就够沉重了,更不用说加上昂贵的专家费用。但原告的困难是被告的制胜点,对抗制诉讼本来就是一场战争,所以被告就会试图引入(adduce)专家证据,并且是最一流与昂贵的专家证人。这样,原告就非常被动。这是因为一旦专家证据被采纳,代表法院自己初步接受有关的专家意见可以帮助审理法官,因为不是他/她一般会拥有的知识与经验,也代表有关专家证人提供的意见会有很大的说服力。所以,原告非要寻找与委任一位同等级的专家证人,并支付可能是天文数字的专家费用。若原告付不起这笔钱,原告就有可能不战而败。

在该先例中,Foskett 大法官说:

"I will address in a very broad way aspects of that principle which are said, particularly by the defendants, to have a significant impact on the outcome of the applications (这包括了专家证据与文件披露的申请) made by the claimants.

It is said, in the first instance, that the total value of the claims brought by the various claimants is... only about US $250,000. The suggestion by the defendants is that their total costs by the end of the trial will be in the region of £ 5.2 million and that, accordingly, there is an obvious disproportion.

In the first place, I think it is right to say... that the defendants have chosen, perfectly understandably, solicitors who will provide them with a Rolls-Royce service at a commensurate level of cost. Whether costs in that region would be held to be recoverable if the defendants were to succeed is, of course, a different matter. To the extent that it is relevant to look at the defendants' costs by way of comparison with the total value of the claim, it should, in my view, be by reference to the likely recoverable costs. Unless that approach is adopted **the engagement of expensive lawyers by a multinational company facing a claim by a group of those alleging injury or damage at a modest level will invariably result in the suggestion that 'the game is not worth the candle' and disproportion will become a self-fulfilling prophecy.**"（加黑部分是笔者的强调）

所以,即使是在某个专业方面采纳与批准专家证人,通常也只会允许一方当事人委任一位。只在特殊情况会有例外,例如允许其中一方多委任一位。首先,基于CPR节省费用的考虑,一方诉讼方很难获得法院的批准在同一争议的事项或争端(same issue)中委任多于一个专家。另外也没有必要,这种高层次的服务是贵精不贵多:见Hazelwood v. Narayan (unreported, 12 May 2000)先例。

在Kirkman v. Euro Exide Corp (CMP Batteries Ltd) (2007) EWCA Civ 66先例中,上诉庭的Smith大法官说:"It seems to me that the point this court has to decide is a short one. Before I address it I wish to say this. The problem that has arisen in this case seems to me to stem from the rigid application of the aspirational objective within the CPR that the parties to litigation should operate under equality of arms. This objective has been interpreted to mean that it is desirable for each party to have permission to deploy similar resources. Each party will, in general, be limited to instructing the same number of experts; the number will depend upon what is proportionate, bearing in mind the importance and complexities of the issues in the case. However, the desirability for equality of arms was not intended to result in an absolute rule that, in every case, the parties must be limited to calling the same number of experts. There may be circumstances in which that general rule should give way for the sake of achieving the overriding objective of dealing with the case justly...."

而在国际仲裁中,仲裁庭对专家证人的控制就更少。首先,虽然仲裁法在程序方面给了仲裁员很大的裁量权,但毕竟没有CPR这么明确的立法取向,一般的仲裁机构规则也没有针对。相比法院,仲裁庭也会对被败诉的当事人以没有合理机会争辩案件为由申请撤销裁决书有更多顾虑,也就是所谓的"正当程序偏执"(due process paranoia)。更重要的是,仲裁完全是双方当事人自愿,不存在浪费公众司法资源的问题。特别是国际商事仲裁,仲裁庭普遍默认参与的都是成熟的商业人士,理论上应拥有均等火力。但这对发展中国家的公司十分不公平,且不说中小型公司的资金能否支持昂贵的专家证人费用,更重要的是,它们的选择无法和跨国公司委任的律师与专家证人在数量与质量上相提并论。但笔者也想不出仲裁庭能如何改变这种情况,毕竟即使是有立法支持的英国法院诉讼,也没能完全做到均等火力。

9. 考虑之七:法院已有自己的专家帮助

虽然英国法院在民事诉讼改革前,一贯采取对抗制(adversarial system),不会另去自己寻找并委任一位中立的法院专家帮助,只是大陆法系的询问制(inquisitorial system)做法,但英国法院有一个主要的例外,就是主要处理海事事故(而非海商合约争议)的海事法院(Admiralty court)会委任一种海事顾问专家(nautical assessor)一并开庭审理做出帮助。其他英国法院就少有这种做法,可能与读者有关的是在涉及专利争议时,法院可以有同样的做法:见《Senior Courts Act 1981》之 section 70(3)。

海事法院的做法历史悠久,而且有十分独特之处,在本书第四章之 3.1 段有介绍,这里就不再重复,只节录 Sumner 勋爵在 The "Australia" (1926) 25 Lloyd's Rep 141 先例中所说如下:"In Admiralty practice (assessors) are not only technical advisers: they are sources of evidence as to the facts. In questions of nautical science and skill, relating to the management and movement of ships, a Court, assisted by nautical assessors, obtains the information from them, not from sworn witnesses called by the parties..."

在 The "Pelopidas" (1999) 2 Lloyd's Rep 675 船舶碰撞先例中,Steel 大法官自夸海事法院的做法最独立与最省钱,而且自信是 CPR 改革后针对专家证据最好的做法的代表。该案中 Steel 大法官拒绝了当事人想引入有关船艺的专家证人的申请,并警告说若硬要去自己委任,有关费用即使胜诉也无法向对方要回来。Steel 大法官说:"Of course, if the parties wish to obtain nautical advice it is a matter for them but again, without an order of the Court, the costs thus occurred will not be recoverable. The parties in the present case obtained advice from experts in seamanship matters. Some of it was to be found in the trial bundles and in further material tendered during the course of the trial. There was no obvious basis for including such material (some of which appeared to emanate from persons without nautical experience in any event)."

还可以多介绍一个 The "St Chad" (1965) 2 Lloyd's Rep 1 上诉庭先例。此先例中,原告在被告的渔船上工作时受伤,因此向被告索赔自己的人身伤害损失。案件一项争端涉及渔船上使用的舵机设备(steering gear)。虽然审理案件的海事法院已经有一名渔业顾问专家协助,但双方都还想各自委任一名专家,因为渔船上采用的是当时新出现的自动舵机设备,该项新技术可能超出法院已有的渔业顾问专家的知识、经验范畴。一审法院作出命令允许与采纳额外的专家解释这渔船上采用的新技术。但是在上诉庭中,Willmer 大法官对一审法官作出这样的命令表示惊讶,法院听取的是自己顾问专家的意见,即使是诉讼方自己委任了专家获取意见,也只能是提供给法院的顾问专家参考。Willmer 大法官说:"I had always understood that, where the Court is advised by an Assessor, it is not competent to call expert evidence in relation to matters on which the Assessor is supposed to advise the Court."

但需要注意的是,上诉庭的 Willmer 大法官并没有判这专家证据不可采纳,而如果某项争端确实超出了法院顾问专家的知识与经验范畴,可能也可以接受额外的专家意见。更好的做法看来是在接受与批准更多专家意见证据前,先获取法院顾问专家的同意。正如 Neptun (Owners) v. Humber Conservancy Board (1937) 59 Lloyd's Rep 158 先例中,审理的 Langton 大法官在咨询并获得法院顾问专家的同意后,接受了额外的水文地理学家(hydrographer)的专家意见,因为针对有关的争端水文地理学家能提供自己(独特)的知识("would be likely to add to their own personal knowledge of the subject")。

上述是在 1999 年 CPR 生效前的先例,可以说,基于 CPR 海事法院(与专利法院)在有法院自己的顾问专家的情况下,更加明确不会接受与批准当事人的申请允许引入专家证据。共同专家证人(joint expert witness)的委任,虽然不是法院自己委任,但是法院下的命令,也不会再自相矛盾地批准一方或双方当事人引入自己的专家证人。若他们自己去委任专家顾问,法院是管不了,但费用是即使胜诉也要自己承担。

10. 有关本国(英国)法律问题法院无需帮助

如果纯是英国法律问题,法院无需任何帮助,也不会有太多人敢帮助英国法院的法官理解英国法律观点与问题。固然,审理法官需要帮助,通常就是通过双方当事人的代表律师的争辩。双方的代表律师团队对该案件所涉及的法律争议/争端,会通过分析、研究与高强度搜索找出相关的所有先例,遗漏经常会有,要看双方律师谁会做得更好、少犯错漏。今天也会常用其他普通法国家与地区的同类先例去加强说服力,以支持己方与/或驳斥对方的法律地位。也会是,双方都会找得出支持自己一方的先例,或先例中审理法官曾经有的一些非约束性的附带意见(*obiter dictum*)。针对不支持己方的重要先例,就试图通过区分(distinguish)事实的不同,争辩该先例在本案中不适用。这是典型对抗制诉讼的做法,法院不会主动为双方当事人根据他们所陈述的简单案情(如在程序早期的文书请求/案件陈述)去调查与搜索所有有关先例后进行分析与研究。在这个过程中,审理法官显然也需要双方当事人代表律师的帮助,但只是对法律的争辩,不是对事实的证据。而审理的法官(或仲裁庭)的工作是仔细考虑与分析双方在争辩提出的不同法律地位与支持的先例后,决定双方的成败。当然在法院的判决不能简单一句决定成败,必须给原因,这也是上诉庭(如果败诉方上诉)需要知道的。加上为了英国法律体系的肯定性,后来的判决必须要遵从较早前权威性的判法。所以,针对早前有关但相互矛盾的先例,审理法官的取舍就需要说明它们之间是什么矛盾,以及他/她选择遵从的是哪一个先例的法律地位与原因。这些都是英国法院每天在干的工作,判对判错也有上诉庭的监督,审理法官不可能会在英国法律的问题需要专家证人帮助理解。

接下来可节录在 Liverpool Roman Catholic Archdiocese Trustees Inc v. Goldberg (No. 3)(2001) 1 WLR 2337 先例中 Evans-Lombe 大法官所说:"..., where the question is one of law, expert evidence will be excluded because this is within the expertise of the court and expert evidence does not assist [see Midland Bank Trust Co Ltd v. Hett, Stubbs & Kemp (a firm)(1978) 3 All ER 571]...."

另在 Barings Plc v. Coopers & Lybrand (No. 2)(2001) EWHC Ch 17 先例中,Evans-Lombe 大法官说:"... Such evidence will not be helpful where the issue to be decided is one of law ... on which the Court is able to come to a fully informed decision without hearing such evidence."

但要澄清这只是指本国/本土法律。可是,不少案件会涉及外国/外地的不同法律。甚至存在国际商业合约订得很乱,不同国家法律都会适用的情况。例如,有关合约写明管辖权是英国,但合约适用法律是德国或其他国家:见 The "Iran Vojdan"(1984) 2 Lloyd's Rep 380 等先例。也会是有关合约没有适用法律的明示条文,只能在双方当事人有争议时(不一定会有这方面的争议),法院要根据法律冲突原则(Conflict of Law)根据最密切关系找出默示适用的法律。在英国就是以《Contract Act 1990》为准:如 The "Komninos S"(1991) 1 Lloyd's Rep 371 先例。英国法官当然不可能懂其他国家的法律,所以只能依赖外国法专家的帮助,当作事实来判断。仲裁员也是一样,而且判错了也没有上诉的可能。关于英国诉讼涉及外国/外地法律的问题,可见本章之 11 段。

再谈回英国法律,可以说大部分情况,什么是法律问题与什么是事实问题很容易区分,但也会有分水线并不明显的情况。例如,Secretary of State for Trade and Industry v. Baker (No. 5)(2000) 1 BCLC 523 先例就是另一宗涉及英国巴林银行倒闭的案件。政府在银行倒闭后起诉三位董事(包括 Baker 先生),并指他们不适宜(unfit)担当董事职务,应被取消资格。在一审中,Parker 大法官判政府胜诉,而 Baker 先生被取消资格 6 年之久。Baker 先生不服上诉,理由是政府没有独立专家证据,这样怎能推断/判断 Baker 先生并不适宜呢? Baker 先生的说法是一位管理人士身在一个复杂国际投资银行中的衍生工具业务中的做法是否适合与合理,若是没有同行的专业人士作出专家证据以帮助法院,法院难以达至一个判决("the court is left in the position of attempting to reach a decision on the appropriate and reasonable practice of a manager of a derivatives business within a complex global investment bank without any relevant evidence from a member of that profession")。

但上诉庭不同意,说:"It is wrong to equate disqualification proceedings with a professional negligence claim. The standard of competence to be shown by a person as a director is a different question and is one of law."

以上所说是指取消董事资格的聆讯与 Baker 先生若被民事起诉专业疏忽并索赔损失是两码事。至于后者,不懂衍生工具业务的法官确会需要专家证据的帮助才能充分掌握一般做法与准则。[41] 但前者只涉及法官解释有关立法对董事的要求与惩罚,然后判断 Baker 先生是否达至要求的称职标准(standard of competence)。立法并不涉及衍生工具业务,没有专家证据的必要。所以一般同类聆讯/案件都不被允许专家证据,而判案的法官也一般完全明白涉案的证据,不需要帮助。至于解释有关立法,更只是法律问题,不容专家证人置喙。

11. 外国法律/中国法律专家证人与外国法律查明

国际商业诉讼或是仲裁经常会涉及外国的法律。即使有关的商业合约约定适用法(governing law)是英国法也是在所难免,比如案件涉及的争议是有关外国公司法下注册的公司,或是外国的权利转让(assignment),或是在外国发生的事实是否合法等。这里就涉及是否采纳外国法律专家证据的问题。

11.1　专家证据提供英国法律意见不被采纳

在英国法院的诉讼,如果争议涉及英国法律,审理的法官就被视为英国法律问题的权威。该法官也不会需要任何其他人士(如专家证人)去帮助他/她作出决定,所以不存在引入(adduce)英国法律专家证据(English law expert evidence)的说法与做法。

英国法院所需要的帮助就是由双方的代表律师[也就是出庭大律师(barristers)或讼辨律师(solicitor advocate)]对有关法律作出陈述与争辩,根据的是有关法律问题的直接或涉及的先例、案件[今天也经常会包括其他普通法系国家或地区的案件作为有说服力先例(persuasive precedent)]与/或其他权威说法或重要法律书籍。

这里只选一个法院不接受关于英国法律的专家证据的先例进一步解释。已经在本章之 3.2 段提到的 Bown v. Gould & Swayne (1996) PNLR 130 上诉庭先例中,案情涉及英国的一栋房屋的买卖,买卖包括了邻近土地的通行权(right of way of neigh-

---

〔41〕 关于这个课题可见本章之 3.2 段。

bouring land)。但原告 Bown 先生在购买不久后，被另一位想购买邻近土地的人士告知他没有这个通行权,迫使他要与邻近土地所有人谈判并最终才获得通行权。这带来 Bown 先生向代表他买卖该房屋的律师起诉,诉因是职业疏忽(professional negligence),没有调查清楚房屋实际上是没有邻近土地的通行权。

在开庭会议(pre-trial review)中,原告的 Bown 先生要求引入一位土地买卖律师(conveyancing lawyer)的专家证人向法院提供有关怎么样调查与确定一栋房屋是否有通行权的做法的专家意见,因为被告抗辩自己的做法并没有疏忽,原告也说这是让一审法院知道土地买卖最好的习惯做法,而专家证人会针对以下几点作出如下专家意见:“(1) good practice in establishing the existence of a right of way;(2) reliance on enquiries before contract;(3) the need for a site visit;(4) questions to ask the client about the property;(5) what would have happened had the problem with the right of way been spotted;(6) why did the prospective purchasers from the plaintiff in 1990 spot the problem whilst the defendants failed to;(7) was there anything to put the defendants on notice.”

但一审法院拒绝采纳这专家证据,认为会剥夺法院的职能与责任。原告的上诉也不成功,上诉庭完全支持一审法院的决定。其中,Simon Brown 大法官说:“It seems therefore plain that the essential reason why the judge refused . . . was because he regarded the proposed expert evidence as irrelevant and inadmissible and such as would essentially have presumed to usurp his own function. In so ruling he no doubt had in mind the judgment of Oliver J. In Midland Bank Trust Company Ltd v. Hett, Stubbs & Kemp (1979) 1 Ch. 384, and in particular the frequently cited passage . . . as follows:'**The extent of the legal duty in any given situation must, I think, be a question of law for the court. Clearly, if there is some practice in a particular profession, some accepted standard of conduct which is laid down by professional institute or sanctioned by common usage, evidence of that can and ought to be received**. But evidence which really amounts to no more than an expression of opinion by a particular practitioner of what he thinks that he would have done had he been placed, hypothetically and without the benefit of hindsight, in the position of the defendants, is, of little assistance to the court; whilst evidence of the witnesses' view of what, as a matter of law, the solicitor's duty was in the particular circumstances of the case, I should have thought, inadmissible, for that is the very question which it is the court's function to decide.' . . .

What solicitors should properly do in the very particular and highly individualistic circumstances of this case is by no means a matter of practice. It is a matter of law to be resolved by the judge.

Each of the seven respects in which(原告)sought to contend that expert evidence would assist the court, proves, on analysis, to involve either a question of law or a question of fact. None of those matters can sensibly be regarded as inviting a view as to ' some practice in (the solicitors)' profession, some accepted standard of conduct which is laid down by a professional institute or sanctioned by common usage.

I entirely share the view of the judge below that ... the evidence have sought to be adduced falls foul of Oliver J's dictum. It would amount to no more than an expression of opinion by the expert, either as to what he himself would have done, which could not assist, or as to what he thinks should have been done which would have been the very issue for the judge to determine."(加黑部分是笔者的强调)

其他两位上诉庭的 Millett 与 Leggatt 大法官也同意。其中,Millett 大法官说:

"If, however, the grantor's title to the right of way depends on a Deed of Grant or the separation of properties in common ownership, then the question is likely to depend on the extent (if any) to which the documents of title necessary to establish the grantor's title were available to the (被告) or were called for by them. None of this requires the assistance of expert evidence. ...

Good practice in establishing the existence of a right of way is the ordinary machinery of investigating title. **This is a matter of law and not practice. It does not require to be established by an expert witness. It is also a question of law whether the purchaser's solicitor was under a duty to inspect the property**. ...

... the uniform practice of eminent conveyances of an age long past. Two hundred and fifty years later the practice of investigating title has settled down sufficiently to be well established and recorded in the textbooks. **If it is necessary to assist the judge to understand the proper machinery for the deduction and investigation of title, the proper way to do it is to cite the textbooks such as Emmett, Farrand, Williams and Dart, if necessary supplemented by Law Society opinions.** ..."(加黑部分是笔者的强调)

可以从这个简单案例得出以下的结论:(1)在涉及有否疏忽或行为是否正确的争议,会有当事人试图引入专家意见去显示其他在同一行业的有经验人士实际上怎么样做才是正确(或不正确),这是审理法官根据所有提供的证据(不涉及专业知识,也不是在没有专家帮助下一般正常人是无法理解的)要作出的认定与决定,不能让专家证人越俎代庖,也违反了最后结论规则(Ultimate Issue Rule)。[42] (2)如果同样的争议是涉及英国法律的行业,即经常在发生的控告前律师疏忽并索赔损失,在同样道理下,也不能引入有经验的英国法律专家去举证说是合格律师应该做什么或应该熟悉什么法律问题才是没有疏忽。除了最后结论规则的问题,更重要的是相比其他专业,在英国法律方面,审理法官本来就是专家,根本不需要这种对英国法律问题的

---

〔42〕 见本书第四章之5.1段的介绍。

帮助。(3)即使是审理法官需要这方面的帮助,例如法律有最新发展,也可以通过双方代表律师的陈述与争辩,如在开庭与结案陈词,并提供有关的权威书籍、文章与其他资讯,无需法律专家证人。(4)如果法律是“外国/外地法律”,这不再是“法律问题”而是“事实问题”,英国法院也肯定是需要外国法律专家的帮助,不存在本段所讲的考虑。

这对国际仲裁来讲会有区别,因为即使是一个伦敦仲裁,而有关争议的商业合约是适用英国法,也会有可能被委任的仲裁员没有受过英国法律的培训与学习。例如,一位独任仲裁员可能是双方当事人同意委任,也可能是由一个机构(如工程师学会)所委任,但该仲裁的争议刚好涉及一个或多个复杂的英国法律问题。这样,就难说该仲裁员是否需要专家的帮助了。这种情况可以说一定不会在英国法院出现。

通常,国际仲裁的仲裁庭由三位成员组成。即使有一位当事人委任的仲裁员并不熟悉英国法律(如只熟悉外国法,如中国公司作为原告或被告委任一位中国法学教授或律师作为仲裁员),但由于其他两位仲裁员(对方当事人所委任与首席仲裁员)在一个伦敦的仲裁,有绝大可能是熟悉英国法律。所以,通常可被假设与估计他们会帮助不懂英国法律的仲裁员理解英国法律,绝少听过因为仲裁庭的一位成员不熟悉英国法律而需要委任英国法律专家证人去帮助。这种情况在香港或新加坡仲裁也应是一样。

11.2 外国法律:法律问题还是事实问题

但一旦争议涉及外国法律,英国法院的法官就只有在其他熟悉外国法律人士作为专家证人来帮助他/她理解外国法律后,才能为有关争议作出一个正确的决定。因为要依赖证据,就与争议涉及的其他事实问题(issues of fact)一样,需要根据相关证据(relevant evidence)作出决定。而一审法院对这个外国法律争议作出的认定无论是对是错,都不能上诉到更高的法院,是上诉庭(Court of Appeal)或最高院(Supreme Court),因为这些法院也不懂得外国法律,而证据也不能再来一次或多次。所以外国法律的问题在英国法下一贯被视为事实问题,而不是法律问题(issues of law)。

在一国两制下,香港特区的法律的问题被视为法律问题,可以在香港法院诉讼的程序下上诉至终审法院(Court of Final Appeal)。但内地法律问题(PRC Law issues)就被视为事实问题。一旦一审法院(通常国际商业案件是高院)对这个“事实”作出认定,就不能对此认定再去上诉。

11.3 外国法律与中国法律专家证人的职责

外国法律与中国法律的专家证人的职责与其他专家证人是一致的。他们也必须要独立(independent),有一个超越性责任(overriding duty)去帮助法院而不是帮助他们的“衣食父母”(客户),也不受到诉讼本身的影响而只是表达自己深信的专业意见(expert opinion)。换言之,英国 CPR Part 35 适用于所有专家证人,包括外国与中国法律专家证人。

至于这些专家证人的作用,Guangzhou Green-Enhan Bio-Engineering Co Ltd v.

Green Power Health Products International Co Ltd（2004）3 HKLRD 223 香港先例有谈及，林云浩大法官说：

“（a）the function of an expert witness on foreign law is as follows：（i）to inform the court of the relevant contents of the foreign law；identifying statutes or other legislation and explaining where necessary the foreign court's approach to their construction；[告知香港法院有关外国或中国内地法律的相关内容；明确指出有关的立法，并且如果有需要（如立法条文不够明确或肯定，或内容不完整），解释外国或中国内地法院会怎样对这些立法条文作出解释。]（ii）to identify judgments or other authorities，explaining what status they have as sources of the foreign law；（明确指出有关判决或其他权威说法，并解释它们在外国法律下的地位。如中国不是案例法国家，个别地方法院的判决没有约束力，权威性与说服力不如一位顶级权威学者的说法或是高院的司法解释等。）and（iii）where there is no authority directly in point，to assist the judge in making a finding as to what the foreign court's ruling would be if the issue was to arise for decision there. See MCC Proceeds Inc v Bishopsgate Investment Trust（1999）CLC 417 at 424.（如果外国法律对有关的争议没有直接权威说法，协助香港法院了解如果同样的争议在相关外国法院会怎样判。）

（b）When there is authority directly in point，there is no room for experts to give evidence to determine the likely outcome of the foreign court applying the foreign law，see National Bank of Egypt International Ltd v Oman Housing Bank SAOC（2003）1 All ER（Comm）246.（如果外国法律有直接权威说法，专家证人就不应该预测外国法院会怎样判，这一点会涉及最后结论规则。）

（c）In Hong Kong，the court accepts the judgment of the courts in the mainland as evidence of the law in the mainland，see First Laser Ltd v Fujian Enterprises（Holdings）HCA 4414 of 2001，12 December 2002，Para. 56；Shenzhen Development Bank v New Century International（Holdings）Ltd HCA 2976 of 2001，31 July 2002 at Paras. 33 to 36.（香港法院接受内地法院判决是内地法律证据。）

（d）Although there is no specific reference to a particular point in a foreign judgment，so long as the court is satisfied that the point could not have escaped the attention of the foreign court or the parties，the foreign court should be regarded to have decided that point as well，see Shenzhen Development Bank v New Century International（Holdings）Ltd HCA 2976 of 2001，31 July 2002 at Para. 35.（即使外国法院的判决中没有明确提到一些争议点，但如果香港法院同意外国法院不可能没有考虑过这些争议点，就可以当作已经对这些争议点作出了决定。）

. . . I accept these propositions as correct. . . ”

11.4　外国法查明是否通过专家意见或双方代表律师陈词较佳

在英国法院的对抗制诉讼（adversarial litigation）下，外国法律（如果适用）的适用是以双方当事人委任的外国法律专家证人（人选可能是该外国的法学教授/学者、退休法官或著名律师等）提供专家报告与接受盘问，法官在考虑与权衡后像认定其他争议的事实一样，认定谁的外国法“证据”更为可信。当然在考虑与平衡的过程中，英国法官会受他/她视为“合理”与“当然”的英国法律影响，在双方外国法律专家证人的“敌对”（confrontational）证言中更倾向于与英国法律立法一致的说法。这也是配合专家证据应否被采纳的主要条件之一。

在大陆法系的国家与地区，更喜欢由法院主动查明。这可能是中国法院十分热衷于外国法律查明的原因之一。

在国际商事仲裁，虽然主流程序与做法是跟从英美法院的对抗制诉讼程序，但更有弹性（flexibility）与自主性（party-autonomy），无需严格跟从法院的做法。只要是不违反自然公正，就可以根据不同案件自由安排。所以，有听闻与英美法院对待外国法律的做法不同的看法，认为有更好的办法提供外国法律的资讯以教育与帮助仲裁员理解。例如，像所有其他的事实争议一样让双方的代表律师陈述与争辩，但这样也就不再是证据了。

首先，对依赖外国法律的专家证人教育仲裁员的批评或异议有以下几点：（1）是导致国际仲裁费用高昂的原因之一，因为外国法律专家证人收费不低，而整个仲裁程序也因为多了这一步（包括当事人寻找合适的专家证人、准备与交换专家报告、对专家证人开庭前的培训、开庭审理接受盘问等）而变得更漫长与昂贵。让代表律师向外国法律专家查明后再向仲裁庭陈述与争辩有关的外国法律会便宜与快捷得多。（2）专家证人（包括外国法律专家）被作为当事人的“枪手”（hired gun）。即使该专家德高望重，但如果该专家持的意见不是配合他/她的客户利益，当事人作为客户也不会委任他/她为专家证人。所以双方当事人的外国法律专家证人难免在开庭审理时表达不同与“敌对”的意见，这在本质上与双方的代表律师陈述外国法律并互相争辩没有区别，反正仲裁庭难免要在分析后作出决定。（3）仲裁庭成员的法律背景也很混杂。如香港仲裁经常有商业合约约定适用法是英国法，但被委任的仲裁庭成员中的一位或多位不是有英国法律资格人士（English law qualified），如是德国或瑞典律师，更有不少是中国律师或有中国法背景。所以在国际仲裁中，仲裁庭（没有英国法律资格的成员）要根据外国法律（英国法律）的陈述与争辩作出裁决也是常见。

但这种说法受到不少拥护传统的英国与普通法做法的人士（不论是仲裁员或是律师）的反对。外国法律的争议一旦从证据变为争辩，就失去了他们相信的宣誓下作证（testify under oath）、真实声明（statement of truth）与交叉盘问（cross-examination）程序。

历史悠久的英国法院做法，在很长一段时间内还是会在国际仲裁持续，而不会因为仲裁有弹性与经常有创新的想法与做法有重大改变。但虽然如此，笔者也听过做法上有了一些改变。可见 2019 年 GAR 在斯德哥尔摩进行的一个名为“Do we need legal experts?”会议中。在该 GAR 会议中，有一位名为 Angeline Welsh 的律师提到她曾经的经验说:"I was before the commercial court in England this year where the judge asked the parties if they would agree for foreign law to be determined by way of submissions and he was content with parties' agreement for only submissions to be made on it."

看来,一般在程序上比较严格的法院也有了这方面的弹性。上一任的首席大法官 Thomas 勋爵也曾经提到过在英国商业法院处理国际案件时可以更宽松采纳对抗制与询问制(inquisitorial)的程序。

而国际商事仲裁在立法[在英国《Arbitration Act 1996》之 section 34(2)(g)]上规定了可以这样做,而且仲裁一向是在程序上更宽松、有弹性与可以配合个别案件任意设计,就没有理由不在这外国法律查明方面改进。事实上,绝大部分来香港的仲裁案件的一方或双方当事人是来自内地或有关背景,所以总难免涉及中国法律的适用,甚至不少相关的合约规定适用法是中国法(PRC Law)。这样,香港仲裁经常有中国法律的专家证人作出专家报告与出庭接受盘问,整个过程通常耗费大量时间与金钱。但香港仲裁中一方甚至双方当事人的代表律师是中国的著名律师所的情况也越来越多,这样仲裁程序还是需要这一家代表当事人的律师所另外委任或转聘另一家中国律师所的律师作为专家证人,看来是有一点流于形式。所以,笔者(杨良宜)已经听闻与经历过香港仲裁案件不要求委任中国法律专家证人,只是由双方代表律师替代作出陈述与争辩,可以说是以争辩/答辩(如在结案陈词)替代盘问。笔者本人认为这样的做法没有问题。但相信这种态度并不普遍,不少西方(英美法背景)仲裁员与代表当事人的跨国律师所仍是抗拒或不知道这种做法。看来,中国公司或律师如果认同这种做法,应在今后的国际商事仲裁向对方当事人提出这个建议,如果对方能够合情合理行事估计也会同意。当然也可以向仲裁庭提出这个建议,但获得同意的机率(特别是对方反对的情况下)就远远比不上与对方当事人达成协议。

从另一个角度来说,这也与诉讼中涉及其他专业领域的做法一致。也就是本章之6.6段提到的,在一些情况下可以采纳不独立的专家提供的专家证据,如当事人自己或内部专家(in-house experts)。在 Rawlinson v. Westbrook (1994) 12 WLUK 96 先例中,Staughton 大法官说,如果双方当事人都是特许测量师(chartered surveyors),而有关争议是测量师收费问题,双方就无需各自委任独立专家证人。

在 DN v. Greenwich LBC (2004) EWCA Civ 1659 先例中,上诉庭也判双方当事人可以自己提供有关的专家证据。Brooke 大法官说:"Of course ... evidence on matters of this kind may lack the objectivity to be accorded to the evidence of an independent expert, but this consideration goes to the cogency of the evidence, not to its admissibility. That such evidence was in principle admissible should have been reasonably apparent from the judgements in this court in ES v. Chesterfield and North Derbyshire Royal Hospital NHS Trust (2003) EWCA Civ 1284 ..."

所以,针对"外国法律"这一同样被认为属于事实问题的专家证据也应有同样的法律地位。

12. 国 际 仲 裁

在诉讼(包括国际商事诉讼/仲裁)中,由专家证人提供专家意见证据(expert opinion evidence)的做法也是越来越普遍。根据一个 2012 年的调查报告(Queen Mary University & White and Case, 2012 International Arbitration Survey: Current and Preferred Practices in the Arbitration Process[43]),有 2/3 的国际仲裁案件会聘用一个或多个专家证人。该调查报告也说,其中 90% 的国际仲裁案件是当事人各自聘用或委任专家证人(party-appointed expert),虽然在理论上这些当事人委任的专家证人仍必须帮助仲裁庭而不是帮助委任他/她的雇主或一方当事人。换言之,只有 10% 的国际仲裁案件是由仲裁庭委任专家证人(tribunal-appointed expert)。这种现象也往往出现在习惯询问制诉讼(inquisitorial litigation)的仲裁当事人:见 ICC dispute resolution bulletin 2018 Issue 253。[44]

但除了以上针对的专家证人合资格与他/她的意见证据是否对事实审理者(trier of fact)有帮助、是否可靠/可信赖与有关之外,还有其他原因会导致专家证人提供的证据不被英国法院(与国际仲裁庭)采纳,或是法院在开始的案件管理会议(Case Management Conference,CMC)就不批准。这主要是在利益冲突与仲裁机密性等方面,接下来会进一步探讨。

在国际仲裁中,通常仲裁条文中不会明示双方当事人有权提供专家证据,但不会有人质疑当事人在一个对抗制度下的诉讼或仲裁是有这个权利,不论是来自当事人陈述自己的案件(present its case)与/或会被仲裁庭聆听(to be heard)的基本权利(fundamental right),或是广泛的提供证据的权利。正如《联合国示范法》(UNCITRAL Model Law)之 Article 18 就规定了要给双方当事人充分机会陈述自己的案件(full opportunity to present its case)。另 Article 26(2)也明示规定,除非双方当事人共同反对,否则仲裁庭可以委任专家证人,当事人可以要求专家证人在递交专家报告后出庭接受盘问。

另一些仲裁规则也会有明示规定,如 2010 年版的《联合国示范仲裁规则》(UNCITRAL Arbitration Rules)之 Art. 5 说:"Each party may be represented or assisted by persons chosen by it."但也有仲裁机构规则明示规定是像英国法院的做法一样,先要获得仲裁庭的批文/批准(leave / permission)才能提供专家证据,如国际商会仲裁院

---

〔43〕 感兴趣的读者可在以下网址下载:http://www. arbitration. qmul. ac. uk/media/arbitration/docs/2012_International_Arbitration_Survey. pdf.

〔44〕 感兴趣的读者可在以下网址下载:https://iccwbo. org/publication/2017 - icc - dispute - resolution - statistics.

(ICC)的2021年版《ICC Arbitration Rules》之Article 25(2)与英国特许仲裁员协会(Chartered Institute of Arbitrators)的《CIArb Protocol for the Use of Party-Appointed Expert Witnesses in International Arbitration》之Article 3。现实中,这通常只是走走形式,仲裁庭通常都会给予批文/批准。仲裁庭极少会拒绝、不采纳与/或排除专家证人证据的首要原因是被拒绝的一方当事人如果败诉就会在仲裁地(arbitral seat)的监督法院(supervisory court)提起诉讼试图撤销(set aside)裁决书。理由往往就是仲裁庭违反自然公正(natural justice)与正当程序(due process),不给败诉的当事人一个完整、合理陈述案件的机会。

但这不表示仲裁庭就对当事人提供或试图提供一些不适当、无关/无谓与浪费的专家证人证据束手无策。最基本也是经常使用的手段是对该当事人作出费用的惩罚(costs sanctions),也就是即使最后胜诉,也会命令无谓与浪费的专家证据费用(经常会是高昂)仍由胜诉方自己承担。

此外,还会有其他各不同的特殊情况需要更进一步不采纳专家证据与/或完全排除专家证人,包括:(1)专家证人并不独立;(2)专家证人与仲裁庭成员之一有利益冲突;(3)专家证人知悉对方当事人的机密与/或享有特免权的有关信息;(4)委任的专家证人是同一行业的竞争对手。

笔者会在接下来的段节分别介绍以上的不同特殊情况,仲裁庭能否决定不采纳专家证据或完全排除该专家证人,以及仲裁庭这样决定的合法权力的来源,以抗拒可能的违反自然公平与正当程序的指控。

12.1 专家证人不独立

这个问题是要区分仲裁庭委任的专家证人(或更少会发生的双方当事人一起委任的一位共同专家证人)与当事人自己各自委任的专家证人。虽然专家证人都是为了全心全意帮助仲裁庭更好与更精准地理解涉及专业知识的证据,但仲裁庭自己委任的专家证人难免是双方当事人没有参与决定的,更像是仲裁庭成员之一(或三人仲裁庭的第四位仲裁员)。所以,对"第四位仲裁员"要求在公平公正(impartial)与独立(independent)方面与其他仲裁员一致并不为过。这种观点在一些仲裁机构的规则中也有显示,如香港国际仲裁中心2018年版的《机构仲裁规则》之25.5条就说明了第11条针对仲裁员资格与质疑(Qualifications and Challenges, in relation to arbitrators)也适用于仲裁庭委任的专家证人。《German Code of Civil Procedure》之Article 1049(3)也有同样的明示规定。在Smolen v. Solon Co-Operative Housing Services Ltd (2003) EWCA Civ 1240先例中,一方诉讼方在调查后发觉该共同专家证人过去曾经多次被对方诉讼方聘用,向法院申请把他赶走(removed)。上诉庭认为他"不明显是公平公正"(not visibly impartial),所以同意了将该共同专家证人赶走。

但当事人自己委任的专家证人,就有很大的不同。虽然帮助仲裁庭的目的相同,仍难免被视为当事人的诉讼团队(litigation team)的成员之一。加上有其他原因(这在本章之6.1段有详细针对),难以要求专家证人必须独立。例如,不得不接受专家证人是当事人自己的雇员,因为他/她拥有的相关与十分偏门的专业知识没有其他替代。所以,通常不会去排除不明显是公平公正与明显不独立的当事人委任的专家证人,只会在仲裁庭审理完毕考虑裁决书时,认为该专家证据有偏袒与没有全心全意帮助仲裁庭,而不给予分量。这样做法与本章之 7 段介绍的法院做法类似,对仲裁庭而言也安全多了。

在被报导的投资仲裁 Bridgestone Licensing Services Inc and Bridgestone Americas Inc v. Republic of Panama ICSID Case No. ARB/16/34 中,原告申请把被告的专家证人赶走。但仲裁庭认为专家证人的独立性与仲裁员不同,[45]可以通过给予专家证据的分量解决,无需赶走专家证人:"The Claimants have sought to draw an analogy between the principles that apply where the independence of an arbitrator is in issue and those that apply to the independence of an expert witness. We do not consider this analogy is apt. ... If an arbitrator has some personal or professional connection to one of the parties, or to the lawyers acting for one of the parties, this may be a ground for disqualification. ... Similar considerations apply to an expert who is appointed by the arbitrators to assist them. ... The role of a party appointed expert is quite different. ... An appearance of partiality does not result in disqualification of an expert witness. It detracts from the weight that the tribunal will accord to his evidence."

最后可介绍在国际商会仲裁院(ICC)给予的指引["Issues for Arbitrators to Consider Regarding Experts" 21(1)(2009) ICC International Court of Arbitration Bulletin 61],对专家证人与当事人有利益冲突时,仲裁庭应该怎样做也有同样的说法:"the tribunal usually will find that the conflict does not preclude the expert from testifying but may affect the weight that the arbitral tribunal gives to the expert's testimony."

12.2 专家证人与仲裁庭成员之一有利益冲突

这个问题相比专家证人不公平/公正与不独立要严重得多,因为影响整个仲裁庭的公平/公正与独立的形象,而且法院不会有这种问题。

这个问题在本质上与一方当事人/诉讼方委任代表律师与仲裁庭成员之一有利益冲突一样。如果先委任代表律师后才委任有利益冲突的仲裁员(不论是首席或是边裁),这也是一般的正常情况,仲裁员在接受委任前已被告知双方代表律师是谁,可以调查自己与已经知道的双方当事人与代表律师之间有否利益冲突,再决定是否接受委任。而如果在"灰色地带",就需要向双方当事人披露涉及的利益,在被明确接受后才能确认接受委任。这在现实中并不容易,一有涉及利益冲突的事情要宣告,难免令另一方当事人有点担心。

但也经常会发生在委任仲裁员与组成仲裁庭后,当事人/诉讼方才委任有利益冲突的代表律师的情况。例如,在仲裁程序的中途甚至快要开庭审理时,突然"阵前易

---

〔45〕 见本章之 6.7 段的介绍。

将”,换上另一位代表律师。[46] 这是极坏的做法,也是对抗制诉讼/仲裁中的大忌。但当事人坚持要这样做,也是自己的选择。但带来问题会很多,包括要延期。另一个问题就是,如果新换的替代律师与仲裁庭成员之一有利益冲突,其中一位肯定要回避,但到底是谁应该回避谁?看来应该是后一步才被委任的替代律师回避,但一直以来国际仲裁是信奉当事人自主(party-autonomy)的精神,当事人应该有完全不受干预的权利与自由去委任自己心仪与信任的代表律师。

在这方面出最多问题的是英国大律师,而不是事务律师。事务律师在诉讼开始或更早前已经被委任,并往往做了大量的调查取证与审前(pre-trial)准备工作。一旦当事人要阵前易将,往往是因为利益冲突外的其他原因,新委任的替代事务律师要重复大量的工作并无可避免带来昂贵的额外费用,但出庭大律师则往往是在很接近开庭审理时才委任。即使以前曾委任过大律师帮助或提供法律意见,也不一定委任同一位大律师出庭。这样,如果一方当事人想“扯皮”,很容易挑选一位与仲裁庭3位成员之一有利益冲突的大律师出庭,而在出庭时带来一场大风波。

在 Hrvatska Elektroprivreda dd v. Republic of Slovenia ICSID Case No. ARB/05/24 投资仲裁中,被告(斯洛文尼亚共和国)在开庭审理前不久告知委任了 David Mildon QC 作为代表大律师,但 David Mildon QC 与作为仲裁庭成员之一的一位大律师来自伦敦的同一家大律师事务所。最后,David Mildon QC 被仲裁庭在 2008 年 5 月 6 日下令回避。

这个问题逐步有了解决与肯定性。《IBA Guidelines on Party Representation in International Arbitration》之 Guideline 5 已明确警告当事人不要在仲裁庭已经成立后委任与仲裁庭成员有利益冲突的代表律师。这在伦敦国际仲裁庭(LCIA)的仲裁规则中已有了明示规定,有关规定可节录如下:“18.4 The Arbitral Tribunal may withhold approval of any intended change or addition to a party's legal representatives where such change or addition could compromise the composition of the Arbitral Tribunal or the finality of any award (on the grounds of possible conflict or other like impediment). In deciding whether to grant or withhold such approval, the Arbitral Tribunal shall have regard to the circumstances, including: the general principle that a party may be represented by a legal representative chosen by that party, the stage which the arbitration has reached, the efficiency resulting from maintaining the composition of the Arbitral Tribunal (as constituted throughout the arbitration) and any likely wasted costs or loss of time resulting from such change or addition.”

其他国际仲裁机构估计也会很快跟从,例如 ICC 最新修改的 2021 版的仲裁规则之 Article 17(2)就加入了类似的规定:“The arbitral tribunal may, once constituted and

---

〔46〕 在 Shell Energy Europe Ltd v. Meta Energia SpA (2020) EWHC 1799 (Comm)先例中,意大利公司在开庭中途换了代表律师,最后当然是败诉。

after it has afforded an opportunity to the parties to comment in writing within a suitable period of time, take any measure necessary to avoid a conflict of interest of an arbitrator arising from a change in party representation, including the exclusion of new party representatives from participating in whole or in part in the arbitral proceedings."

以上的发展虽然是针对当事人委任的代表律师,但没有理由不可以把同样的做法延伸到一方当事人委任的专家证人,因为两个问题本质上是完全相同。事实上,也已经开始有对这方面的关注,稍早已经提到的特许仲裁员学会的《CIArb Protocol for the Use of Party-Appointed Expert Witnesses in International Arbitration》之 Article 4.4(b)已经要求被委任的专家证人披露与仲裁庭成员之间的利益冲突,包括过去与现在存在的关系。

12.3 专家证人知悉对方当事人的机密与/或享有特免权的有关信息

另一种情况是,一方当事人委任的专家证人掌握了对方当事人的相关机密或享有特免权的信息,这样允许该专家证人继续做下去而不被排除,对对方是十分不利与不公平。

这种情况会出现在一方委任的专家证人较早前曾在有关的争议中被对方当事人正式或非正式委任为专家顾问团的一员,并且看到过或被告知过机密信息,但后来"投敌"。另一种更复杂的情况是,对方当事人是专家证人过去服务过的前客户(former clients),该专家证人曾在另一个不同的案件中作为专业人士提供过与诉讼有关的服务。如著名会计师/审计师事务所的合伙人与退休合伙人,也经常在仲裁案件中作为定损专家证人(Quantum Experts)。因为过往的业务往来,他们会对世界上很多公司的经济状况、资产分布与其他财经资料十分熟悉。所以如果对被告公司的经济状况了如指掌的专业人士被来势汹汹要索赔一大笔钱的原告委任为专家证人,而他/她又可以使用这些知识与信息,就会对被告十分不利。被告(当然也可以是原告)就难免很担心。这很不公平,也滥用了在案件以外获得的机密信息。但如果过度保护前客户,不让曾经为它服务过的专业人士接受任何新的工作,如接受对方当事人委任为专家证人,又会太过分。

这种情况对律师而言也经常发生,即以往提供法律服务时掌握了前客户的机密与可享有特免权的信息。但这种滥用至少在理论上很少会发生,因为法律与律师协会都对律师对前客户的职业操守(ethical duties)有了严格规定。如英国的《Solicitors Regulatory Authority-Code of Conduct for Solicitors, RELs and RFLs》之 para. 6.5,美国的《American Bar Association Model Code of Professional Responsibility》之 rule 1.9(Duties of Former Clients)。欧洲不少国家如法国、德国、意大利等的律师协会对这方面的职业操守也有类似的规定与监督。

专家证人由于来自不同的专业协会(如果有),不会有这方面的规定与监督。但英国法律在 HRH Prince Jefri Bolkiah v. KPMG (1999) 2 AC 222 贵族院先例已经明确了法律地位,即专家证人(与其他提供诉讼支援服务[47]人士)适用同样的对以前客户的职业操守。

在 Secretariat Consulting PTE Ltd & Others v. A Company (2021) EWCA Civ 6 上诉庭先例中,石油化工厂的发展商 A 公司与 X 公司(因为仲裁的机密性随意代称)订立了设计采购与施工管理合约(简称"EPCM 合约"),之后又与 Y 公司与 Z 公司订立了建筑工程合约。之后因为工程延误 Y 公司与 Z 公司在建筑工程合约下开始了第一个 ICC 仲裁,要求 A 公司赔偿包括延误给出施工图带来的额外费用。A 公司声称 EPCM 合约下是 X 公司负责图纸,所以如果自己要在建筑工程合同下承担任何责任都应转移到 X 公司。A 公司委任了一家咨询公司(Secretariat Consulting)的新加坡分公司在第一个 ICC 仲裁中针对什么是延误的根本原因提供专家证人服务。

之后 X 公司开始了另一个 ICC 仲裁,要求 A 公司支付在 EPCM 合约下欠下的钱。而 A 公司则反索赔因为工程延误带来的损失,包括因为 X 公司管理不当,A 公司在建筑工程合约下要多支付的钱。X 公司也找到了同一家咨询公司的英国分公司,希望在第二个 ICC 仲裁中针对损失金额与延误提供专家证人服务。咨询公司将这个情况告诉了 A 公司,并说认为新委任针对的事项不同且是由不同的分公司处理,所以没有真正的利益冲突。虽然 A 公司反对,但咨询公司还是接受了委任。X 公司的理由包括:每位专家都有责任独立作出专家意见与协助仲裁庭;专家是个人而不是公司;两位专家的地理位置完全不同,且咨询公司会在内部设立"中国墙"(chinese wall)。[48] 于是 A 公司向英国法院申请禁令,禁止该咨询公司参与第二个 ICC 仲裁。

一审高院[A v. B (2020) EWHC 809 (TCC)]支持了 A 公司的申请,认为整个咨询公司而非单独新加坡分公司在第一个 ICC 仲裁中对 A 公司有忠诚责任(duty of loyalty)/诚信义务(fiduciary duty),而在第二个 ICC 仲裁中,接受委任属于违反了这个责任。咨询公司声称自己类似大律师事务所,同一间大律师事务所的不同大律师可以同时代表诉讼双方,所以不同的独立专家也可以代表有利益冲突的当事人。但这不被高院接受,高院认为大律师是自雇人士,虽然同属于一间大律师事务所,但收益并不受其他大律师的表现影响。而咨询公司作为一个整体有共同的股东与共同的经济利益,受其他分公司的表现影响,且咨询公司是作为一个跨国公司在管理与市场营销。大律师不能像公司一样,因为可能不符合公司利益就拒绝客户。最重要的是,众所周知同一大律师事务所的大律师可能同时代表诉讼双方,而如果咨询公司没有提前通知 A 公司它可能接受与 A 公司有利益冲突的人士的委任,则 A 公司无法预料到会发生这种情况,否则 A 公司可能选择不委任这间咨询公司。两个 ICC 仲裁的专家证据针对的是同一个延误,咨询公司同时作为 A 公司与 X 公司的专家显然有利益

[47] 见本书第四章之 4.1 段的介绍。

[48] 关于设立"中国墙",可见笔者的《合约的履行、弃权与禁反言》一书第三章之 3.5.3 段。

冲突。

上诉庭指出专家证人必须忠于法院或仲裁庭,与专家证人向委任客户提供符合职业道德的专业服务之间并无冲突。这是因为专家证人明知道将来要在法院或仲裁庭面前宣誓与接受交叉盘问,所以前期给客户的专家意见更会是他们心中真正认为正确的专业意见,让客户知道自己案件的强弱,并考虑是诉讼到底或试图和解与和解的底线。这完全与对客户承担忠诚责任没有冲突。但是一审中描述专家对于委任的客户承担诚信义务就带来麻烦,因为这在法律上除了意味着要对客户忠诚外,另有其他责任如服从责任(duty of obedience)与/或首先考虑客户的利益等,如信托人/受托人、雇主/雇员等关系。这就会与专家证人对法院有超越性责任与/或作为"法院的官员"有矛盾了。总之是没有让专家证人承担诚信义务的必要,因为针对利益冲突,一般专家/诉讼支援公司与客户之间的合约中都有约定了保密义务与日后潜在利益冲突的问题如何防范与解决,应当根据合约条文具体判断利益冲突问题。Coulson 大法官说:

"**On a proper analysis, the expert's overriding duty to the court could be said to be one of the prime reasons why the expert may indeed owe a duty of loyalty to his client.** In many cases, the client instructs an expert to provide extensive pre-trial services and then to give expert evidence at the trial. The client wants a frank and honest appraisal of his case by the expert at the earliest possible opportunity. There is no point in the client spending a good deal of money pursing or defending a claim if his underlying position is hopeless, but none of his other advisors is prepared to tell him so. The client knows that, because an expert has to stand up before the judge or the arbitrators and say that his report is true to the best of his knowledge and belief, and represents his honest opinion, the expert will only be prepared to do that if he or she has first ensured that the pre-trial work has led to the formation of a position which the expert can support. None of that is contrary to any duty of loyalty: on the contrary, **complying with the overriding duty to the court is the best possible way in which an expert can satisfy his professional duty to his client.**

... However, although I reject ... primary reason for objecting to the finding of a fiduciary duty owed by the expert to his or her client, I would be reluctant to conclude that there was such a duty, which may have many unseen ramifications, unless it were necessary for the disposition of this appeal. That is because**the expression 'fiduciary' is freighted with a good deal of legal baggage** and I can certainly see an argument that it might be inapt to import all of that baggage into a relationship between a client and an expert. The close nature of a fiduciary's relationship with the other party ... does not seem to me the most accurate way of describing what a litigation support professional/expert does and should do when instructed in litigation or a commercial arbitration. It also gives rise (as this case has shown) to an academic distraction which is immaterial to the real issues.

I consider that, in a case like this, no purpose is served by designating the relationship as a fiduciary one. **There was a contract here with an express clause dealing with conflicts of interest. In my view, a fiduciary duty of loyalty would not add to or enhance the obligations arising from that clause.** ..."(加黑部分是笔者的强调)

而最后上诉庭认为,在此先例下,咨询公司接受委任会属于有利益冲突的违约行为,也因此仍然支持了高院的判法,这就给这些咨询公司、专家顾问公司服务带来一些不肯定性。毕竟要根据合约条文与具体情况来分析,就会有不同看法。例如,针对此先例中的情况,X公司、X公司的律师们与咨询公司的伦敦分公司就都认为并不存在真正利益冲突,在工作上伦敦分公司与新加坡分公司完全能分得开,比"中国墙"更好。但看来上诉庭的看法则更注重咨询公司标榜自己是一体的跨国公司"markets itself as one global firm, with numerous regional offices",类似跨国律师事务所(solicitor firm),而并不是像大律师事务所(chambers)一样各自单兵作战等。

能想得到将来跨国的咨询公司在以后会要在合约条文中写得更清楚,如允许不同分公司被委任,来防止这类问题的产生了。但这也约束不了对方当事人,他们仍可以利益冲突向法院或仲裁庭申请阻止/排除对方委任的专家证人继续参与,因为这已经是当今英国法律的地位。而委任专家的当事人面对跨国的咨询公司,或更要求不约束不同分公司时,要在这方面更小心。否则就有可能因为对方当事人的反对而导致赶不及找替代(特别是不好找的专家)而令开庭审理时没有专家证人。这小心包括要求有关的跨国咨询公司在委任前查清全球公司都不存在实质或潜在的利益冲突,做法与律师事务所在接受委任前会自动先检查是否存在利益冲突一样。

此外美国针对这方面的法律也是十分明确,基本地位就是如果一位专家已掌握一方当事人的机密信息,就不准他/她为另一方当事人服务。在 Wang Laboratories Inc v. Toshiba Corp, 762 F Supp 1246 (ED Va 1991)先例中,法院说:"To be sure, no one would seriously contend that a court should permit a consultant to serve as one party's expert where it is undisputed that the consultant was previously retained as an expert by the adverse party in the same litigation and had received confidential information from the adverse party pursuant to the earlier retention. This is a clear case for disqualification."

在国际仲裁,特别是透明与被报道的投资仲裁中,也有一些这方面的类似案件。第一个要介绍的是 Flughafen Zurich AG and Gestion e Ingeneria IDC SA v. Bolivarian Republic of Venezuela, ICSID Case No ARB/10/19 投资仲裁。案件涉及被告委内瑞拉政府委任 Ricover 先生作为专家证人与他所作出的"Ricover-Winograd Report"专家报告。原告向仲裁庭申请排除该专家证人与不采纳专家报告,因为原告较早前曾经考虑聘用他作为专家证人,并在会面期间曾提供给他看一些与案件有关的信息与文件,但最终没有聘用而去委任了其他的专家证人。

这个申请被仲裁庭拒绝,认为原告根本没有证明该专家证人 Ricover 先生获得过什么信息,更不用说是机密信息。但仲裁庭仍保留了如果将来原告有证据证明该专家证人的确获得机密信息,重新考虑这个申请的权利。

表面看来笔者也非常同意,在一个寻找专家证人的过程中,会对一些最后没有被委任的专家坦白的信息恐怕是十分有限。再说,如果一方当事人多找了几个专家问问,而有关的行业/专业人才又非常有限,岂非对方当事人慢了半步就再也找不到专家证人可去委任?这不是任何当事人不拥有证人的问题,[49]而是有关专家掌握了机密信息的问题。

这个投资仲裁也提到了国际商会仲裁院(ICC Court of Arbitration)发布的"Issues for Arbitrators to Consider Regarding Experts"(2009) 21(1) ICC Court of Arbitration Bulletin 61,其中包括了一个清单,列出了建议仲裁庭面对这种申请时应加以考虑的因素,并以这些因素作出决定,如下:(1)该专家证人与前客户曾发生业务关系的时间(如是近期还是年代远久),提供服务的本质与时间长短;(2)该专家证人有否从前客户(也是现在反对他/她继续参与做专家的一方当事人)获得过商业机密或机密信息;(3)该专家证人有否向前客户明示或默示承诺过,或有法律要求,为获悉的这些机密信息保密;(4)该专家证人在有关仲裁被委任提供的服务是什么性质(如涉及不是双方重点争议之处);(5)该专家证人会在替对方当事人服务的期间使用与透露前客户的机密信息的可能性;(6)前客户是否在言行中曾经对该专家证人的利益冲突作出了弃权(如早已知道但一直不反对与默示接受对方委任的专家证人)。

笔者介绍的第二个投资仲裁案件是 Bridgestone Licensing Services Inc and Bridgestone Americas Inc v. Republic of Panama ICSID Case No. ARB/16/34。原告向仲裁庭申请把被告(巴拿马)的专家证人(针对巴拿马法律)赶走/排除,因原告曾经找过他试图委任并给他看过一些机密与享有特免权(例如代表律师的信函)的文件。仲裁庭在 2018 年 12 月 13 日作出决定,拒绝了原告的申请,认为机密信息是要接收方(receiver)明示或默示同意保密才算。最常见是提供信息方告知接收方说:"这是机密,你要保密。"而接收方明示回应说:"我会保密,你给我看。"也可能是接收方听到要保密后,虽然没有明示回应,但接下来看这些说是机密的文件或听这些信息。

如果提供信息方只是自己披露机密信息给接收方(待委任的专家证人)就令接收方再也不能在同一个案件或关联案件中接受其他人委任,就对作为专家证人的专业人士太不公平了。一方当事人也可以相对容易与不花钱地在一个专家人才不多的狭窄行业,尽快接触所有人士,并在一开始接触谈委任时就把几份机密文件分发给他们,不理会他们看或是不看或看多细,就可令对方诉讼方慢半步就再也找不到好的专家。因为懂行的行业人才都无端有了利益冲突,不能接受其他人的委任,接受了也会

---

〔49〕 见本书第三章之 5.3 段的详细介绍。

被排除。

该投资仲裁庭判："One person cannot impose a duty of confidence on another simply by giving him information. The recipient . . . must expressly or impliedly agree that it will be treated as confidential. Here, the circumstances of the expert's receipt of information was a discussion for the purpose of exploring whether the expert should act for the Claimant. The tribunal denied the C's challenge, reasoning that such a discussion does not carry with it an implication of confidence."

12.4 委任的专家证人是同一行业的竞争对手

今天有大量的商业案件（法院诉讼或仲裁）涉及敏感领域，如知识产权、竞争法、专利、尖端科技或产品（如药物、电子芯片、机械等），都需要保护机密信息以防外泄。[50] 这些敏感与机密信息只要与双方争议有关，就不得不在诉讼或仲裁中披露出来让对方知道（才能对抗或反驳），也让审理法官（或仲裁庭）知道（才能根据文件或口头证据作出科学与正确的判决或裁决）。但一旦向对方当事人/诉讼方作出披露，而对方又往往是业务竞争对手，就会带来严重的后患。所以英国商业法院（仲裁庭也是）有各种办法保护机密，其中重要的是建立一个"机密会"（Confidential Club）限制披露出来的信息与文件只允许对方诉讼方的公司内若干少数人士阅读。这"少数人士"通常是代表律师或公司个别雇员（如法务部），但不能是对方公司的一些敏感雇员（如业务高管或技术部/生产部员工）。另也有法律法规［如 CPR Rule 31.22(1)］限制双方相互披露的机密文件与信息，只能在该诉讼中使用，不得使用在任何其他用途等。

有关专家证人，更是对这方面（机密信息的保护）特别敏感。《证据法：国际规管与诉讼中的文件攻防》一书第七章之 9.5.3 段有提到，在 Davies v. Eli Lilly & Co (1987) 1 WLR 428 先例中，一方诉讼方成功抗拒对方派遣一位作为第三人的记者以顾问的身份查阅披露的有关文件，因为该记者在查阅披露的机密文件后会在报刊爆料，允许这种做法会对申请人的商誉/业务带来不良后果。

在同样道理下，一方当事人/诉讼方也需要抗拒对方诉讼方委任一位虽然对对方而言是独立（independent）的，但实际上是一位与业务上强烈竞争的其他公司有密切关系的人士作为专家证人，如是其他竞争对手的现雇员或前雇员。并且稍早提到的机密会与其他保护机密信息的手段，也是法官或仲裁庭的案件管理权力（case management powers），只能用在诉讼/仲裁的双方当事人，但直接管不了（特别是仲裁庭）第三方或另一家公司的独立人士。

所以在一方当事人反对对方当事人想委任的专家证人的情况下，法院或仲裁庭（特别是仲裁庭）为了机密需要考虑恰当的对策。例如，在 Edwards Lifesciences AG

---

[50] 这方面在笔者的《证据法：国际规管与诉讼中的文件攻防》一书有多处提到，如第四章之 1.4、1.7.7、1.7.8 等段。

v. Cook Biotech Inc（Confidentiality）（2008）EWHC 1899（Pat）先例中，拥有一种心脏瓣膜支架（stent valve）专利的 Cook Biotech Inc 指控 Edwards Lifesciences AG 违反了 Cook Biotech Inc 的专利，要求 Edwards Lifesciences AG 披露产品描述（product description）与样本（sample product），其中包括一些产品设计与制造的细节。专利法院（Patent Court）的 Floyd 大法官判是 Cook Biotech Inc 内部的技术专家（in-house technical expert）不允许接触这些机密信息，因为看过就忘不了（"Once one learns of the confidential features of a competitor's product, it is impossible to keep those out of one's mind when designing new valves, or indeed designing patent protection to cover them"）。而 Cook Biotech Inc 有外部专家的帮助已经足够。

这可能令有关专家证人在一开始就完全被排除，而不是他/她将来会作出的专家意见证据/专家报告不被采纳（inadmissible）。因为他/她已经查阅了对方当事人的机密与敏感信息，时间上已经太迟。但一开始就完全排除一方当事人委任的专家证人可能会带来很严重的问题，因为一些尖端科技领域没有太多专才，该当事人也是逼不得已在没有其他选择的情况下委任一位有业务竞争的第三方公司的前雇员/前高管作为专家证人。当然作为专家证人，不可能禁止他/她接触与查阅双方披露的机密信息与文件，否则他/她无法工作，总不能凭空去发表意见，作出一份专家报告。

这样，一个可能的做法是通过委任专家证人的当事人要求有关专家签署一份保证机密与不披露的承诺/协议（confidential agreement[51]/non-disclosure agreement）。有了这一份文书担保与协议，如果将来该专家证人泄露机密资料给第三人（如前雇主或诉讼方的其他竞争对手），而且让诉讼方知道了，就可以通过法院阻止，如申请禁令（injunction）与/或索赔损失。一般有身份与地位的专家证人在明知违反这种严肃的承诺会有严重法律后果的情况下，是会严格遵守。除了这种不披露的承诺外，可以进一步要求该专家证人签署一份限制商贸/就业契约（restraint of trade agreement）与/或不竞争承诺（non-competition undertaking）。[52] 当然，年纪尚轻与对在有关行业的发展有雄心的专业人才，是不肯受到这种约束，最多不做专家证人。

在澳大利亚的 Idoport Pty Ltd v. National Australia Bank Ltd（No. 4）（2000）NSWSC 63 先例中，被告向法院申请保护机密命令（Protective Order），要求原告的专家证人签署一份不竞争协议/承诺。法院考虑了各种因素，包括保护机密在该案件中的重要性、的确有保护机密的重要性因为专家证人事后很难忘掉这些看过的机密信息（"the very clear difficulties in obliging a person to do what is in fact physically impossible; namely, to rid his or her mind of information which he or she has gained"）、这个行业的专家很难找到，特别是当时已经接近开庭审理的时间（"the plaintiffs would have real difficulty in being able to find other experts in the field who would be prepared

〔51〕 见笔者的《合约的解释：规则与应用》一书第十四章之 6 段。
〔52〕 见笔者的《合约的解释：规则与应用》一书第七章之 3.3.1 段。

to subject themselves to the non-compete undertakings, . . . especially when it was so near to the final hearing")等。最后法院认为不竞争的承诺没有必要,只签署一份保密协议已经足够。

第六章　专家证据之三

1. 专家证人出庭接受交叉盘问

在 EPI Environmental Technologies Inc v. Symphony Plastic Technologies Plc (2004) EWHC 2945 (Ch) 先例中，Peter Smith 大法官说："A judge is very rarely helped by competing expert reports, which express opinions, which are not tested or not maintainable by reference to supporting material. It is not useful simply to leave the judge to find his own analysis of the reports of experts without the experts themselves being put to the test by cross-examination."

以上是说，如果涉及技术性争议（这种情况在很多商业案件都有，更不说是如专利/知识产权等的争议），双方诉讼方需要委任专家证人（expert witnesses）向法院（或仲裁庭）解释，审理法官（或仲裁员）才能理解有关技术性事实的争议。一旦涉及专家证据，往往需要开庭审理与交叉盘问［或证人会议（Witness Conferencing/Hot-tubbing）］。法院或仲裁庭通常无法单纯从双方各有各的说法与对立的两份专家报告中找出真相或作出取舍。毕竟，如果审理法官（或仲裁员）能有专业水平区分谁的专家意见更正确，也就没有必要花费双方诉讼方的钱去委任专家证人了。只有通过称职的交叉盘问相互质疑，[1]才能把这些专业外行人的审理法官表面看来是十分严谨与完整的专家报告内的错漏挖出来，让审理法官在分析后作出取舍并在判决可说明理由（reasons）。

这也是为什么委任一位完全独立/客观的法院专家（court expert）与/或顾问专家（assessor）作用也会较局限。因为开庭前的法院相比当事人对案情的了解少得多，加上积极性较低，所以专家报告内不会挑得出太多尖锐（也会是关键性）的疑问。所以对抗制诉讼非常看重交叉盘问，双方当事人的代表律师与影子专家/专家顾问会做大量的调查与准备工作，在交叉盘问中相互攻击对方的弱点，从而令审理法官（或仲裁员）能更清楚专家证据的强弱，毕竟真理越辩越明。

---

〔1〕 即使从其他角度看，专家意见的专家证人主证据（evidence-in-chief）也比事实证人的证人证言的主证据更需要交叉盘问的测试（test）。前者是只"意见"（opinion），会比后者的"事实"（fact）复杂与难以捉摸得多。事实只有真假之分，而且在商业案件中，往往有其他优质与客观存在的当场文件证据可佐证（collaborate）。

但也正因为会在交叉盘问时被攻击,所以从专家证人的角度来看这往往并非一个愉快的经历。有说法是,不少真正一流的人才/专家就是因为害怕被交叉盘问而不肯做专家证人,对大部分被盘问的心理学家(专家证人)来说,这是一个创伤/痛苦经历,导致一些心理学家尽量避免被卷入法院成为证人:"The experience of being cross-examined by a counsel of top caliber: quick-witted, keen, incisive, penetrating and very much at home in his familiar professional surroundings can be a traumatic one for most psychologists, and the prospect is so daunting that others take pain to avoid involvement."

1.1 传召专家证人到庭接受盘问

当事人的专家证人一般都是正式委任,双方合意的服务合约关系。当事人很少会想以法院的传召到庭命令(*subpoena* 或 CPR 下的 witness summons)强迫一位不愿意协助的专家出庭作证。这样做也十分危险,因为当事人不知道一位被迫出庭的专家证人会讲什么样的意见。但会有罕有情况是拥有这方面科技/专业知识的人士极少,毫无选择余地,而专家证据却十分重要。又或是得知对方当事人原本接触了该专家,但最后没有选择他/她作为专家证人出庭,于是怀疑他/她的意见证据对对方不利,所以希望传召对方到庭接受盘问。但这种情况会是更加危险,因为对方当事人不选择该专家可能是别的原因,如收费过高、不够出名等,未必是证据对对方不利。这里还涉及任何当事人都不拥有证人(no property in a witness)的课题,当然这个"证人"也包括专家证人,这方面可见本书第三章之5.3段的详细介绍。

至于法院的态度,与传召事实证人很不一样,法院一般不容易接受强迫一位不情愿的专家出庭作出意见,特别是当该当事人可以选择另找其他专家证人时。而且传召一位不情愿的专家会更可能带来坏处而不是对法院的帮助,《Expert Evidence: Law and Practice》(2020年,第5版)一书之6-003段说:"In practice the question is not frequently of importance in relation to experts, because unlike witnesses of fact, who may uniquely have observed material facts, a party will usually have a number of possible experts to choose from, and a reluctant expert is likely to be damaging rather than helpful to a party's case. This does not necessarily apply in a field in which there is a very limited number of experts or where a particular expert has inspected subject matter which is no longer available and requires expertise for its comprehension and analysis. Moreover, in the modern era, an expert's report (or at least a statement of any findings or opinion) must be exchanged prior to either a civil or a criminal trial. However, an unwilling expert is unlikely to write a report (and cannot be compelled to do so) and, thus, in practice it is highly unlikely that a party is likely to attempt to compel an expert to give opinion evidence against their will. Even if an expert was to be compelled, it would be difficult to examine them in chief and, of course, the party calling them would not be sure that the expert would support its case."

另也可节录《Phipson on Evidence》(2018年,第19版)一书之33-66段,如下:

"In principle, expert witnesses are compellable in the same way as any other witness. In practice there are **three major qualifications which render it almost impossible to use the testimony of an unwilling expert. First**, while it is possible, though risky, to summons a witness from whom no proof has been taken, this is impracticable in civil proceedings where it is desired to call an expert who has refused to assist, because the party wishing to rely on his evidence will be unable to comply with the requirements of the CPR and to disclose a report. **Secondly**, it is generally true that the nature of expert evidence is such that the testimony of such a witness who has not previously communicated his views to the legal representatives of those who wish to call him will be largely a matter of conjecture, to predict the evidence of fact which an unwilling but not hostile witness will tender. It is often impossible for a legal representative to conduct a sensible examination of an expert where he has not been instructed by him in the arcana of his specialism.

Thirdly, the court has an inherent jurisdiction to disallow a witness summons, and although all witnesses are theoretically subject to compulsory process 'the English courts will not as a rule require an expert to give expert evidence against his wishes in a case where he had had no connection with the facts or the history of the matter in issue'...."
(加黑部分是笔者的强调)

在Seyfang v. GD Searle & Co (1973) QB 148先例中,Cooke大法官曾说:"the English courts will not as a general rule require an expert to give expert evidence against his wishes in a case where he has had no connection with the facts or the history of the matter in issue."所以即使当事人愿意冒险,如果没有正当理由也很难说服法院同意传召不情愿(例如曾经是对方想使用)的专家证人。而法院最容易接受的理由就是公平审理(fair trial)与可以帮助找出事实真相:见Harmony Shipping v. Saudi Europe Line (The "Good Helmsman") (1979) 1 WLR 1380先例。但De Taranto v. Cornelius (2001) EWCA Civ 1511与R v. Davies (Keith) (2002) EWCA Crim 851等先例认为这样做有问题,因为该不情愿的专家可能接触过对方当事人提供的机密与/或特免权信息,而这通常是应该被保护不被披露的。

关于传召专家证人的先例与谁可以反对传召,本书第二章之4.3段已经有多处提到,这里不再重复。

在国际商事诉讼或仲裁中,专家证人会来自世界各地。即使是在一个科学与专业人才以及专家证人集中的诉讼或仲裁地点如伦敦,不同案件也需要的方方面面专家证人,不会都居住在英国,可以通过法院传召。

1.2 开庭聆讯

此与本书第三章之1段十分类似,笔者也不想重复,所以只简单介绍以下几个课题以显示专家证人与事实证人的不同。

1.2.1　开庭前交换专家报告

CPR Rule 35.5(1)说明了专家证据是以专家报告的形式作出:"Expert evidence is to be given in a written report unless the court directs otherwise."

关于交换专家报告(exchange of expert report)可见本书第四章之10.2段,这里只说专家报告会代替专家证人的主证据。即使在CPR生效前,Sheen大法官在The "Captaine Le Goff" (1981) 1 Lloyd's Rep 322先例就说专家报告的内容就算是主证据了,只准为了澄清或强调报告内容而问几个附加问题:"as a general rule the report of an expert witness can be read as his evidence in chief, subject only to supplementary questions necessary for explanation or amplification of the report."

本书第二章之1.1段提到,现在对事实证人的证人证言有很多批评,如有意无意塑造、捏造或扭曲事实证人记忆,甚至在准备的过程中教唆证人,在如涉及欺诈等争议的案件,口头主证据会更合适等。但对以文书专家报告代替主证据则没有这方面的批评,因为专家意见必须是充分研究后深思熟虑的观点,并要引经据典以支持自己的观点,所以肯定是以一份报告的形式作出最好。

1.2.2　己方专家证人倒转矛头的情况

这方面也与事实证人一样,读者可参阅本书第三章之4段。专家证人倒转矛头,在开庭时变为敌意证人(hostile witness)的情况应是罕见。因为在本书第四章之15段已经提到,CPR下专家证人在开庭审理前有两次修改专家意见的机会。第一次是对方当事人在收到专家报告后的28天内向专家证人提出问题要求澄清,如果专家证人发觉有错误、遗漏或潜在矛盾就要修改专家证据。另一次是在开庭审理前专家证人的会面,双方专家证人在会面与商谈后,可能达成一致意见与/或收窄部分专家争端(expert issues),然后在稍后的共同声明/备忘录(Joint Statement)中修改专家意见,所以不会在开庭审理被交叉盘问时再突然改变。

即使在CPR生效前,专家证人在交叉盘问时改变意见也难说是倒转了矛头成为敌意证人:Oakes v. Uzzell (1932) P 19先例。可节录《Expert Evidence: Law and Practice》(2020年,第5版)一书之8-015段说:"There will be very isolated occasions when this manifests itself in a desire to damage the case of the party calling them during examination-in-chief, in which case they may be cross-examined by that party's counsel as a hostile witness."

笔者也相信,如果是专业水平高与负责任的专家证人,深思熟虑后作出在专家报告中的最后意见不会轻易改变,也不容易被对方当事人的代表律师与专家证人质疑后动摇自己的最后意见。但如果水平有限与没有花心思与时间准备就草草作出专家报告中的最后意见,后来被迫改变意见的概率也会是高得多,反正"死不悔改"也不是好事,会被视为偏见、不客观甚至是违反在CPR下专家证人对法院的责任。

在专家证人开庭前会面时同意对方专家证人的意见的情况在本书第四章之14.3

段介绍的最高院的 Jones v. Kaney (2011) UKSC 13 先例与 14.4 段介绍的 Guntrip v. Cheney Coaches Ltd (2012) EWCA Civ 392 先例等都有出现。而如果这种情况出现在交叉盘问，改口的专家证人的客户当事人会是十分困难。因为即使专家证人因为更独立与在立法下对法院有超越性责任，会比事实证人更容易让步或同意对方盘问律师的正确观点，也不代表专家证人就变为了敌意证人/敌人。

在普通法下，除非审理法院批准把证人转为敌意证人，否则不允许一方当事人去丑化（impeach）或质疑自己引入或传召的证人，也不能向己方证人交叉盘问。但除非怀疑证人有故意隐瞒真相或说谎，是不会轻易批准转为敌意证人：见 R v. Cook (1907) 147 CCC Sess Pap 466；McLennan v. Bowyer (1961) 106 CLR 95 等先例。事实证人如果在开庭审理的交叉盘问时突然改口可以有较大机会成功申请法院把他/她转为敌意证人，并向他/她交叉盘问，毕竟事实真相只有一个，没有太好的理由突然改口会引起法院或仲裁庭的怀疑。这样，当事人至少可以问清楚为什么事实证人出尔反尔，然后再丑化。而要证明专家证人故意隐瞒真相或说谎很难，因为意见可以有几种也可以改变，所以相比之下很难获得法院的批准转为敌意证人。

1.3 交叉盘问对方专家证人的问题与技巧

盘问专家证人的问题千变万化，要根据不同情况而定。以下可针对一般会涉及的几个方面举一些常见的例子：

1. 针对专家证人品格上的可信度（credibility）。一般而言，面对专家证人，特别是看来有专业地位并在专家报告签上了真实声明（Statement of Truth）的独立专家，在没有真凭实据的情况下，不要好像面对事实证人一样动辄质疑专家证人的专业与个人品格，否则这种态度是会引起审理法官（或仲裁员）的厌恶，反而令盘问方自己失分。但如果在调查取证后取得有用信息可去丑化（impeach），当然不一样。问题会是如：

(1) 你是否在 5 年前曾因为发表不当言论被你的专业组织暂停专业资格一年？

(2) 你声称有作为专家证人出庭的丰富经验，有否被法院批评过？

显然问这种问题是有备而来，通过调查取证手上已有显示该专家证人被法院批评过的文件。

(3) 你是否了解专家证人对法院的责任？专家证人与专家顾问的区别是什么？

这种问题会是在交叉盘问中通过试探问题摸底，感觉是该专家证人不熟悉这些法律。

由于不少专家证人都是在专业上有地位的人士，所以很可能曾经在文章或会议上发表过与专家意见有关的言论，如果显示不了解 CPR 要求专家证人对法院的责任就会有麻烦。在英国的 Cala Homes (South) Ltd v. Alfred McAlpine Homes East Ltd (1995) EWHC 7 (Ch) 先例中，Goodall 先生作为建筑方面的专家证人接受盘问。在交叉盘问的过程中，Goodall 先生被问到他是否写过一篇名为“The Expert Witness: Partisan with a Conscience”的文章，其中包括了他认为专家证人在准备专家报告时正确与恰当的做法。文章的部分内容可节录如下："... the man who works the Three Card Trick[2] is not cheating, nor does he incur any moral opprobrium, when he uses his sleight of hand to deceive the eye of the innocent rustic and to deny him the information he needs for a correct appraisal of what has gone on. The rustic does not have to join in; but if he chooses to, he is 'fair game'. If by an analogous 'sleight of mind'[3] an expert witness is able to present the data that they seem to suggest an interpretation favourable to the side instructing him, that is, it seems to me, within the rules of our particular game, even if it means playing down or omitting some material consideration. 'Celatio veri' is, as the maxim has it, 'suggestio falsi'[4], and concealing what is true does indeed suggest what is false, but it is no more than a suggestion, just as the Three Card Trick was only a suggestion about the data, not an outright misrepresentation of them."

Goodall 先生承认他草拟本先例的专家报告时适用了文章中所说的原则与做法，这事实被对方当事人挑出来大肆攻击，而审理法官也是大力批评。法院认定他是以"枪手"的角度写的专家报告，最后没有给予他的专家证据分量。看来，这位专家证人的事业会因这篇文章而告终了。

类似的情况还可见 Anglo Group Plc v. Winther Brown & Co Ltd（2000）EWHC Technology 127 先例。

（4）你是否一直都主张这个专业观点？

盘问律师问这个问题一般是在背景调查时发现专家在几年前曾经发表过不同专业意见的文章，或是发现同一个专家在关联的诉讼中曾经提供过不同的专家意见。著名的加拿大国际仲裁员 Yvette Fortier QC 曾举了个例子说："I recall some years ago (long before the internet or Google) that an expert witness I was cross-examining had opined previously in an obscure scientific magazine the exact opposite of the thesis he was presenting that day to the court. At an appropriate moment, I confronted the witness with his earlier article. He squirmed and tried to explain the different context, etc., but his credibility was damaged and the judge gave no weight to his opinion."

有不少著名的专业人士会发表过大量文章，甚至不是他自己写的文章，只是他出名所以被人借用名字给文章"镀金"，但他顶多只是他看过内容或甚至没有细看，所谓"ghostwriting"。这种文章十分危险，其中某些就可能会与他在自己的专家报告中的观点相左。

---

〔2〕 这是指一个很常见的古老魔术，魔术师移动三张扑克牌，让观众猜哪张是特定的牌，这个把戏常在街头被用来骗钱。

〔3〕 这是一本从脑科学角度解密魔术如何欺骗大脑的著名书籍。

〔4〕 中文意思是"虚假的暗示"。

盘问律师先这样问“是否一直都主张这个专业观点”是为了把专家证人的后路封死,因为估计对这个问题专家证人肯定说“是”。接下来就可以追问专家证人这主张的专业意见是什么时候形成?如果有改变,什么时候改变与为什么改变?如果专家证人回答形成的时间早过发表文章的时间,之后一直没有改变过。盘问律师此时再把不同意见的文章找出来就可以达到丑化证人的目的。如果一开始就问为什么专家证人曾经发表过不同意见的文章就可能打草惊蛇,说因为那时的技术还没有发展到现在的水平、想法还不成熟等。

2. 针对专家证人的偏见(Bias)。“偏见”对事实证人并不重要,因为在商事诉讼/仲裁,一般事实证人都会与当事人有各种千丝百结的关系,但专家证人就不一样。一般来说,因为专家证人与案件结果的利益冲突不明显,加上普遍比较有地位与声望,又有对法院的超越性责任,所以除非盘问律师很有把握,否则是不会像盘问事实证人一样咄咄逼人。虽然审理法官(或仲裁员)或多或少对专家证人的偏向会有疑问,毕竟如果持的专业意见不是偏向客户(不论是原告或是被告),也不会被客户委任为专家证人。但在多方面保证独立性的机制下,也不会轻易认定该专家证人(特别是有一定专业地位)会在宣誓下刻意偏袒客户与误导法院。所以也是要在调查取证有了真凭实据后再动这方面脑筋。问题可以是:(1)你所属顾问公司的亚洲分公司是否长期在为你的客户服务?(2)你的收费安排是否在胜诉后才会有保证获得支付?(3)代表你客户的律师所是否与你十分熟悉,经常代不同客户委任你?(4)你与客户(或代表律师)是否认识多年的朋友?

3. 针对专家证人的资格(qualifications)。专家证人也与很多人一样,只看简历上的资格通常是令人肃然起敬。但如果己方专家在开庭前会面时发现对方专家证人的资格与水平和简历中不符,或是调查取证时发现有用的信息与证据,就可以在交叉盘问时在这方面做文章,质疑专家证人的资格、专业水平、经验等。问题可以是:(1)你的简历显示你近几年在大学教学,直接参与实务的经验已是六七年前的事,对否?(2)你的简历上的专业资格令人肃然起敬,但好像没有看到你在争议事实所涉及的科技或专业知识方面有特别的专长,如发表过文章/担任过公职/获过有关奖项/是专业学会会员?(3)你是否熟悉某位所著的某本书籍或文章?

显然,该书籍或文章是有关争议的科技或专业知识方面的著名或权威著作。被盘问的专家证人如果说不熟悉或甚至说没有看过,就会被丑化。如果说是熟悉,可继续交叉盘问有关内容与细节。

4. 针对专家报告。开庭审理前双方已经交换文书专家报告作为主证据,这与事实证人的文书证人证言一样是交叉盘问时问题的主要来源与攻击的主要目标。双方代表律师在己方专家顾问的协助下,会有充分时间准备与挑出毛病在交叉盘问时向对方的专家证人质疑或要求澄清。为了理解专业的回答并根据回答决定是否需要进一步追问,在交叉盘问时从旁协助盘问律师的律师(普通大律师或事务律师)会把座位让出来给己方的专家顾问或专家证人坐,以方便与盘问律师耳语。问题可以是:

(A)针对专家报告中的事实。(1)你的客户在很迟才把这几份文件给你,所以你在和我的客户会面评估他的伤情时(如人身伤害索赔的案件)没有机会和他澄清文件中的疑点,是吗?(2)你是否没有亲自与我的客户会面/去事故发生地实地考察/做有关的实验,而是让你的同事代替你做的?(3)你的专家意见的事实依据是什么?CPR要求在文书专家报告中写明专家证人所收到的重要指示(material instructions),基于什么事实/假设的事实给出的意见。如果报告内容对某些重要指示看来是含糊了事,估计刨根问底会对己方有利,就不能让对方专家证人蒙混过去。专家证人如果不记得基于的事实/假设事实,显然专家证据的分量就会大打折扣。之后可以进一步追问,如果基于己方主张的假设事实,专家证人给出的意见会不会不同?如果事实发生一两项的改变,意见会否不同?这可以测试专家证人的意见依赖的重点事实或考虑因素是什么。如果专家证人的证据是基于道听途说的"事实",或是给了某些考虑因素不应有的分量,或是一两项"事实"改变不应改变意见等,就可以在结案陈词中丑化专家证人,降低证据分量。这方面可见本书第四章之5.3段。

(B)针对专家报告中的专业依据与基础。(1)你是否知道存在某个行业标准?为什么没有采用该行业标准?(2)你的实验原理是否被同行评审(peer review)过?准确率是多少?再次强调盘问律师必须知道答案才能问这种问题,否则可能自取其辱,反而增加对方专家证人的可靠性。(3)是否使用了不可靠的方法论(methodology)[5]、理论或计算方式?是否还有其他的方法论、理论或计算方式?(4)你是否意识到这方面有你没有在专家报告中提到的最新理论或发现?

(C)丑化专家报告。(1)是否是你客户的代表律师帮助你完成了有关的报告?(这可能是在专家报告中发现了一些专家证人一般不会使用的词,如一些法律名词等。)(2)你的客户在很晚才委任你/你最近有很多公开讲座,是否有足够的时间进行调查与研究,完成这份专家报告?(3)你花了多少时间完成这个专家报告?

(D)专家团队拟定的报告。一份复杂的技术或财务专家报告的拟定通常是涉及一个多人组成的团队,出庭接受盘问的只是负责人,但报告中的各项分工往往不是他/她自己亲力亲为。除非出庭的专家证人的确实花大量时间全程参与并真正熟悉整份专家报告,否则可以通过交叉盘问该专家报告制作的流程、团队的成员、大家之间的合议、谁负责撰写与定稿等挑出毛病、内部矛盾或专家证人无法合理解释之处。

---

〔5〕"方法论"就是有关于"方法"的学问,主要是用来指导解决问题的系统或规律,包括怎样找出问题、分析问题、可以采用的解决问题的"工具"与技巧等。例如,针对法学或法律的方法论,就可以说是在解决特定问题或争议的过程中,可以用来帮助找出在特定法律框架下有关的原则或规则的知识或方法。适用法学方法论,首先是认定导致问题或争议的事实找出真正的争端是什么,这会涉及双方都已经同意或承认的事实。在认定事实之后,就可以通过对这些事实的定义和分类来找出需要认定的法律争端是什么,这也就依赖在不同法律框架下对法律争端的不同分析性归类(analytical classification)。例如,逐步分析首先这是属于民商事法律,下一步是合约法律关系,再下一步是合约解释,接下来是合约的默示条文,最后应当尽量给予每一个合约条文以意义与合理解释等。

可总结,交叉盘问的问题要根据不同案件的情况而定,这里举的例子只是九牛一毛,也受限于笔者总体是有限的经验。重点是称职的盘问律师可以通过交叉盘问向审理法官或仲裁员暴露出一些只看文书专家报告无法发现的问题,如对方专家证人并非真的专家、有偏见或是真的专家但在准备专家报告时有疏忽或懒散等,从而减低对他/她的专业意见的信心。

最后可提几个盘问律师的技巧或需要注意的事项:(1)尽量避免与对方专家证人争辩或停留在复杂的专业议题,因为这是对方的强项,盘问律师即使有自己的专家从旁协助,也难以招架与会失控。所以只提"诱导性问题"(leading question)对盘问专家更是重要,一旦失控,尽快阻止并转变话题,如留待稍后己方的专家证人(如果仍未作证)或文书结案陈词时去处理,如说:"I will leave that for our expert to deal with."(2)在国际仲裁中,交叉盘问的主要目的是说服仲裁庭成员。他们通常只懂法律而不懂案件涉及的方方面面的专业知识。所以盘问专家证人的不同之处是盘问律师必须设计一个能让仲裁庭成员很容易理解与掌握的做法,包括:设计问题要避开复杂的理论、公式、专有名词,尽量停留在可以向仲裁员说得明白的简短问题。毕竟没有必要全盘否定与丑化对方专家证人的意见证据,也做不到。(3)盘问律师/大律师事前的准备至关重要,这要花大量的时间与己方专家一对一学习、分析与研究对方专家报告的强弱、要回避或强调之处与/或可以攻击之处,并同时把有关的专业知识学到能够提出、听懂与跟得上是专业内行人才说得出与听得明白的问题与答案。对盘问律师而言,往往这比对法律或案件事实的学习、分析与研究要困难得多,特别是还要兼顾收费的压力。显然,如果盘问律师对某方面专业(如财务)有经验与知识(如很多大律师是合资格会计师或工程师转行学法律),就轻松得多。例如,在本书第四章之4.4段介绍的The "Spiliada"(1987) 1 Lloyd's Rep 1先例中,由于英国有曾处理过同类专业问题(受潮硫黄腐蚀船舶钢板)的大律师,有了这方面的专业知识,竟然成为英国法院拒绝让出管辖权给事发地点加拿大法院的主要理由。

1.4 专家证人面对交叉盘问的技巧

这方面与事实证人也是大同小异,在本书第三章之1.3.4段有详及,尽量不去重复。事实审理者(trier of facts)作为外行人从人性的角度也会倾向于相信专家证人作为专业人士的意见,所以有必要强调一个好的专家证人面对交叉盘问时应掌握的技巧。固然,技巧是可以学得到,如何在不同情况下面对不同的对手(对方盘问律师、对方专家证人与专家顾问、审理法官或仲裁庭成员等)运用得好,还得取决于专家证人的个人素质。

至关重要的是专家证人自己有充分准备,对自己的专家报告内容滚瓜烂熟,相信对方盘问律师(在对方专家证人或专家顾问协助下)怎么样查根问底也不会被难倒。这也包括对其他会受到对方盘问律师攻击的方面,如专家证人的专业资格、有关的工作经验、可能与客户当事人曾经发生过的关系等,都有准备如何有条理地回答,不会临场哑口无言或犹豫迟疑,令审理法官或仲裁员失去信心。

1. 专家证人必须说真实的意见，但如果有必要就应从善如流地让步。正如事实证人必须向法院说出事实真相，专家证人要说出他/她在深思熟虑后真实相信的专业意见。对专家证人而言，这是法律强加于作为一个专业人士在道德上应该有的责任。一般而言，只要专家证人是“真专家”，加上花了工夫与时间准备专家报告，这最后意见就是他/她所真实相信的，被选中作为专家证人只因为他/她的专业意见符合客户当事人主张的案件，这不涉及偏袒客户当事人。在这种“完美”的情况下，专家证人就不会被对方盘问律师与专家顾问丑化或问倒，也不会改变意见或观点。即使对方盘问律师故意要求专家证人重复一次复杂的回答，专家证人也完全没有问题与不会偏离。如果双方当事人的专家证人都是如此，这个结果就显示了有关的行业/专业内有两种（或以上）的不同看法，不存在谁更正确/真实。这就要留待审理法官或仲裁员根据专业以外其他因素作出取舍了。

如果不是上述的“完美”情况，例如专家证人确实在专家报告的意见中漏了某些事实（如未曾被客户当事人告知或没有收到指示），或被对方盘问律师挑出来对一些专业新发展不熟悉，不妨让步。这总比无理坚持或回避好得多，让审理法官或仲裁员失去信心应是更糟糕，因为所有其他方面的专家意见都会受到牵连。而如果做出让步的意见可能在整个案件中是影响不大，只是专家证人在专业方面不知道而已，也可能是客户的代表律师不一定会把享有特免权的资料全部告知专家证人，因为与专家证人的通讯有危险或可能被法院要求披露。专家证人也可以在让步时加上补充以化解不利，例如说相信这专业问题与专家意见的结论关系不大，或相信即使考虑了有关事实也不会改变专业意见等。

2. 专家证人只应在他/她真正的专业范围内发表意见。这里专家报告或在交叉盘问中会涉及或扩散去其他不是专家证人专长的专业。这样，不要充大头，因为在懂行的对方盘问律师与专家顾问可以打破砂锅问到底的情况下，是不可能蒙混过关的。这一般也不会是问题，因为已方当事人与代表律师在选择专家证人时是应该知道他/她的专长与局限。对方盘问律师的追问超出了专家证人自己熟悉的范畴（comfort zone），就可以坦率地回答如：“I do not believe I can answer that question. It is beyond my area of expertise.”这种表现会增加审理法官或仲裁员对专家证人的好感。要知道事实审理者实际上是“外行人”，整体感觉会很重要。如果专家证人超出自己的专长与局限回答问题提供意见，不仅仅是这部分回答不会有什么证明价值或分量可言，更是可能被认为不客观、有偏见，影响所有专家证据的分量。

3. 如果专家证人不知道问题的答案，就应该坦率地说“我不知道”。这没有什么奇怪，任何人士都会有这种情况，不会知道自己行业/专业每一样事情，不知道就说不知道。这也是对自己的专业知识与水平有信心，不知道一些很可能不影响大局的事情不代表自己不懂。问这些问题的对方盘问律师也可能是在玩手段，故意提出一些相信是专家证人不应该熟悉的问题，希望专家证人紧张或是为了面子不懂装懂而被追问下去犯错。

4. 专家证人不要夸大自己的意见,不要凭空估计或猜测。对方盘问律师在对方专家证人或专家顾问支援下是有备而来,夸大或凭空估计通常过不了关,只会带来进一步交叉盘问,通过一连串问题把自己丑化。在懂行人面前受到测试,只有真金才不怕火炼。

5. 专家证人要使用可接受的方法论、理论或计算方式。专家报告要显示是正确适用了可接受的方法论、理论或计算方式分析有关争议/争端后作出的意见。如果在有关领域有几种被认可的方法论,专家证人就应在专家报告时描述与分析为什么最后自己选择适用的方法论更恰当,这可见本书第四章之10.3段。在交叉盘问的过程中,对方盘问律师会攻击专家证人只是因为该方法论对客户当事人更有利才这样选择,另会攻击专家证人选择的方法论是不被接受,或是将两方专家证人的方法论作比较,证明自己代表的当事人的专家证人更可靠。专家证人对这些攻击都要心中有底与提前准备怎样有理有据地回应。

6. 专家证人在交叉盘问前要精心准备。这种准备专家证人在本书第二章之2.1段有关事实证人已有详尽介绍,不去重复。美国律师的模拟仲裁(mock arbitration)的确有优势,因为能让专家证人熟悉在开庭审理时对方盘问律师可能提出的各方面问题。有了这种准备专家证人在真正面对交叉盘问时,不仅不会感觉到紧张与慌乱,还会因为有了一次培训心里更有数与能更完善地回答。

而英国律师会受限,如《Bar Council Guidance one Witness Preparation》不允许大律师教唆证人(must not rehearse, practice or coach a witness in relation to his evidence),这也包括专家证人。

7. 在开庭前熟悉所有的事实与数据。这十分重要,如果专家证人自己对专家报告的有关事实与数据不熟悉,他/她的意见也就会失分甚至没有价值。但如果专家证人十分熟悉事实与数据,反而是对方盘问律师不太熟悉,在交叉盘问中专家证人可以丑化对方律师,如指出:"某方面意见基于的事实有一份文件确定,你不知道?"

对方盘问律师也会在交叉盘问中测试专家证人是否理解案件的有关事实,另也会问专家证人如果假设的事实有所不同,意见会否不同。专家证人应该对这种盘问技巧心中有底。

8. 专家证人做好前期工作可以预防95%的斗争。"预防胜于治疗"是大家都知道的大道理,也是真理。专家证人的"预防"就是自己是"真"专家,并花心思与时间把前期工作做好。把前期工作也就是拟定专家报告做好,对方在交叉盘问中就难以挑出毛病或疑点,只能草草问几个不需要问的问题交差了事。前期工作准备好也包括熟读与摸透对方专家证人的不同专家意见,知己知彼就可以知道盘问律师提出的问题背后的意思与目的。也会在对方盘问自己专家报告的漏洞与弱点的同时,指出对方专家证人同样有的漏洞作为回答的部分。

所以当事人不要为了省钱很晚才委任专家证人,必须给专家证人留足够的时间在限期前准备与拟定专家报告,做好前期准备工作。甚至在拟定文书请求/案件陈述时就委任专家证人,在他/她的帮助之下推进诉讼程序。

9. 专家证人不要与对方盘问律师争议/争辩,不应表现得傲慢、有敌意或居高临下,应保持沉着冷静。与盘问律师争辩会令事实审理者感到该专家证人并不独立,另是专家证人也会是有社会地位与专业资格的人士,失控与对方盘问律师争议/争辩会令人觉得有失身份。但这里要分清楚,不同意对方盘问律师并据理力争是完全可以也是应该的。但这种据理力争与失控的吵架式争辩有根本区别。总的态度是与对方盘问律师与专家证人探讨找出最准确的专业意见,只是不轻易偏离自己已经是深思熟虑后写在专家报告中的专业意见。

任何人在失去冷静与发火时是最容易讲错话。专家证人被法律要求独立与置身事外地提供专业意见,就更加没有理由失去冷静。盘问律师会故意设法刺激对方专家证人,令他失控失态或大力反驳,从而失分。

10. 专家证人不要太有抵抗性。每个人都会有弱点,如果被对方盘问律师击中,不妨坦言面对。一旦抗拒会给事实审理者带来更不好的感觉,好像专家证人犯了错,所以才需要抗拒。专家证人可以表现谦虚,但不需要因为持不同意见表示歉意。

11. 不要太快抢着回答,好像很有信心。这除了是显示对待自己的专业意见慎重外,也给己方代表律师时间提出反对,如与争议/争端无关(irrelevant)或可享有特免权。相反有经验的专家证人喜欢慢慢等上三五分钟才气定神闲地回答每一条问题,可转而让对方盘问律师感到焦虑。但时间要掌握好,不要让事实审理者觉得专家证人是回答不出或是回避。

12. 专家证人如果回答问题时被干扰,也应该说完他的答案。不要让盘问律师从中打断,要坚持说完。否则将来不一定有机会补救,因为专家证人在交叉盘问中只是回答问题,不可以事后再主动提出。而在盘问过程中专家证人与己方律师不能交流,己方律师如果没有专业人士的帮助,未必知道要在再盘问中提出有关问题,让专家证人有机会补充。

13. 如果问题有关某份文件,专家证人应要求看这份文件。如果涉及一份或某些文件(例如一年前的检验报告)的问题,专家证人不要凭记忆(即使认为是记得清楚内容)或对方盘问律师对文件的介绍(这会有断章取义的危险)就去回答。应该要求先看了开庭案卷中的文件后才去作答。

14. 专家证人要听清楚问题,如果不理解问题就说不理解,要求盘问律师解释。专家证人首先要听清楚问题,然后要理解问题在问什么,问题的潜台词是什么,最后再针对性作答。答非所问会令事实审理者失去信心,对专家证人是很致命的。如果专家证人不理解问题就说不理解,不要猜盘问律师的意思是什么,更不要建议与引导对方盘问律师向自己问一个更精确的问题。

15. 专家证人要准备好在对方盘问律师犯错时反击。对方盘问律师时常通过问他/她知道答案的诱导性问题(leading question)来控制事实审理者会得到的信息,只问出对他/她代表的当事人有利的信息,避过答案会是不利的问题。而好的专家证人就会随时准备好在对方盘问律师犯错问了一些开放性问题时,在回答中带出对对方不利的事实与解释。

这也是为什么有说法是如果有些高水平与经验丰富的专家证人只是因为时间不足无法充分调查研究等原因作出的专家报告含糊其词或拖泥带水,对盘问律师来说,可能不盘问该专家证人或者只简单盘问几个问题会更好。因为如果详细盘问该专家证人,该有水平的专家证人可能可以凭经验为专家报告中的缺陷作出补救,不如直接在结案陈词中攻击该专家的专家报告。

16. 专家证人应小心对方盘问律师诱导性问题的陷阱。好的专家证人应有能力识别出对方盘问律师诱导性问题的陷阱。例如在问题中的假设、描述、要点提炼等有真有假、有对有错,不能简单用"是"或"不是"回答。如果专家证人不是100%的同意,就应在回答时说明与解释,不能没有保留地回答"是"或"不是"。

对方盘问律师也可能在交叉盘问时威吓专家证人说其对一方有偏见或甚至是指责说谎。反正每一位盘问律师有他/她的不同手法与方向威吓、诱导、寻根问底地考验证人的证据。若不能令专家证人改变意见,达不到交叉盘问的目标,也会想办法削弱他的意见证据,例如说:"你虽有你的意见,但你不否认会有其他站得住脚的意见吧?"或说:"相信你也接受我方的医生意见,这毕竟是一些著名医生的看法?"有相当部分医生或其他专业人士不愿意公开得罪同行,故此会勉强退让,令对方大律师诡计得逞。

17. 专家证人不要主动提供对己方不利的信息。虽然专家证人在态度上要显示合作,客观找出最正确的专业意见提供给法院或仲裁庭,但必须记住交叉盘问是"质询"(interrogation),不是一个"会谈协商"(conversation)。所以,也无须主动提供没有被对方提问的其他可能对己方不利的意见或观点。这毕竟仍是一个对抗制诉讼,向法院讲真话之余,不代表要主动多说。

18. 除了回答的内容,专家证人的表现也很重要。虽然在本书第三章之1.3.5.2段提到了不要太重视事实证人的行为举止(demeanour),但专家证人的行为举止就相对重要一些,毕竟听的是意见而不是事实,更加需要信任。专家证人的回答内容是重要(有了庭审笔录表示法官或仲裁庭将来合议时会根据这些记录决定),但专家证人的自信、直率、身体语言与态度(例如太关注客户当事人的立场)也会起很大作用。信任专家证人即代表接受他/她的专业意见。

这也包括专家证人聆听问题时,眼睛直视对方盘问律师,回答时眼睛直视审理法官或仲裁员。尽量不看己方的代表律师,否则好像有求救的味道或以身体语言问己方律师我的回答是否符合你所希望?

没有经验的专家证人开庭作证时可能带了很多工具,例如一大堆书籍,希望能让法院看了留有好印象。虽然在民事诉讼中专家证人可以文件帮助回忆,但除非事前问过己方律师,否则最好不要这样做。因为这样做反而会给对方律师交叉盘问提供火药,也显示了专家证人对自己不自信,好像要带小抄才敢参加考试一样。

总结以上的技巧,有读者可能会困惑觉得似乎有自相矛盾之处,一方面要向法院(或仲裁庭)提供真正的专家意见,必须独立与不偏袒自己的客户当事人。但是另一方面,也要严防对方盘问律师与专家顾问,不能随便让步,这看来又好像是自己客户当事人的"枪手"。这要理解在对抗制诉讼下交叉盘问本质上是斗智游戏,对方盘问律师的目的并非与专家证人一起商讨试图找出事实真相,而是丑化或至少矮化专家证人与证据。所以专家证人哪怕是从维护自己的专业地位的角度,也不能不小心对方盘问律师对自己深思熟虑后作出的最后专业意见的攻击与否定。另外这还涉及职业道德的问题,客户当事人很可能是依赖了专家证人的意见,才选择开始诉讼或没有接受对方的和解。如果专家证人突然改变主意,就会令客户当事人很被动与很难补救。如果专家证人是在没有太好的理由的情况下改变主意,也显示了专家证人很可能在准备专家报告时有疏忽。在最高院的 Jones v. Kaney (2011) UKSC 13 先例废除了专家证人的豁免权后,客户当事人可以起诉专家证人要求赔偿,这也是专家证人必须抗拒对方盘问律师的攻击与丑化的另一个原因。所以,专家证人应该在有合理理由(如不同的假设事实)、在将来面对疏忽指控可以解释过去、自己也心服口服的情况下改变自己专业意见。

2. 专家证人会议

专家证人会议,可称为"expert witnesses conferencing",或"hot-tubbing",或"concurrent expert evidence",或"judge-led joint examination of experts"(简称"JJEE")。这种专家证人会议的做法最早是澳大利亚联邦法院发展起来的(英国法院与新加坡法院也在跟从)。这种做法也符合现在的趋势,专家证人对法院(或仲裁庭)负责,向法院(或仲裁庭)提供专业意见。专家证人会议可以减少对抗制诉讼下不可避免地会带来的敌意,同时也节省时间和金钱。

2.1 国际仲裁

这种在开庭审理时向专家证人提问(questioning)与调查取证(investigation)的做法于 21 世纪初在国际仲裁发展起来。据说国际仲裁最早详尽介绍这种做法的是一篇由瑞士仲裁员 Wolfgang Peter 先生刊登在《Arbitration International 2002》的文章,名为"Witness Conferencing Revisited"。

在国际仲裁中,更有说法是如果按照英美普通法的对抗制程序进行,传统做法是任由对方代表律师盘问专家证人,主要目的是丑化专家证人与矮化他们作出的专家报告。几乎可以肯定盘问律师不是想中肯地找出涉及专业知识的事实真相,不论这真相对他/她的客户是利是弊。所以专家证人在面对这种苛刻的盘问时是有点不好过,这也是有人提到一些专业地位崇高的专家拒绝做专家证人的原因,认为被盘问与质疑会带来对自己专业地位的侮辱。

这种做法对大陆法系背景的律师或仲裁员来说也是难以接受，因为法院的一贯做法是审理法官盘问专家证人，双方代表律师难以插嘴。虽然都是“盘问”专家证人，但问的问题本质上就很不一样。如果是由审理法官（或仲裁庭的首席）主导向专家证人提问，显然目的不是丑化任何一方的证人而只是为了调查取证，如希望在双方不同的专家意见中找出更正确的答案或澄清疑点。这样，对抗性与敌意会大幅度减少，更加不会令专家证人感觉到被侮辱。但如果双方当事人中一方或双方的代表律师是普通法与对抗制背景，又会觉得不是滋味了。因为他们被剥夺了盘问专家证人的机会，特别是他们会事前对专家证人与他们的专家报告做出仔细的调查，准备怎样盘问与问什么问题以达到丑化的目的。此外，普通法与对抗制背景的律师也更相信在双方有来有往的争辩下，事实真相可以越挖越深，道理越辩越明，而单凭审理法官或首席仲裁员主导调查取证是不会达到这种效果。

可以说为了协调这两种不同做法，国际仲裁开始采用“证人会议”（witness conference）的做法。这种做法主要是针对专家证人，虽然有说法是也可以适用在事实证人。简而言之，就是把对专家证人的盘问变成是以开会形式去讨论有关的议题。在双方的专家证人确认会说出真相与全部的真相后，就可以大家坐在一起让首席仲裁员主导（也可以变为专家证人自己主导）向专家证人提问，然后让双方的专家证人轮流做出回答与解释。任何的异议都必须解释原因，也要让对方回应同意或不同意（并说明原因）与/或增加内容。期间双方代表律师不能插嘴，更不能丑化专家证人，要留待首席仲裁员主导与大家参与的专家证人会议后才有机会。但往往届时已经没有必要去丑化对方的专家证人了，因为仲裁庭通过证人会议的调查取证，应是有了想法与取舍（无论是对是错），再为了影响仲裁庭而丑化专家证人也没有意义。

在笔者看来，这更接近大陆法系下询问制的做法。所以，如果双方代理律师都是来自普通法背景，他们之间同意的国际仲裁程序通常是不会包括专家证人会议，更不会包括所有事实证人的证人会议。而如果有喜欢证人会议做法的仲裁庭（如首席仲裁员是大陆法系背景），是要说服双方当事人同意去改变主意，才能采取专家证人会议的做法，否则会有违背双方当事人同意的仲裁程序的危险。当然，现在包括英国在内的普通法法院也开始逐渐推广专家证人的做法，普通法背景的代表律师的抗拒性可能也会随之降低。

专家证人会议的好处是：

1. 从心理方面更可能找出正确答案。有说法是人性会导致在对抗性的交叉盘问下，专家证人更有可能抗拒、主观地维护他/她原来在专家报告中的主张/看法与不肯让步。对专家证人而言在一个环境相对友好的会议中，特别是在他/她的同行（peer）面前，更有可能客观与专业地讨论、协调与有建设性地达成一个双方专家都接受的说法。这会是有严重利益冲突也不涉及专业操守的一些事实证人所欠缺的。笔者听闻有这种事实证人会议在中途因双方证人敌意太深而对抗（confrontational），迫使仲裁庭终止证人会议的情况。再加上很多争议的事实是没有协调或让步的空间，所以笔者对证人会议是否可以适当使用在事实证人替代交叉盘问是有疑问,虽然这种做法还是听到在发生。

2. 节省开庭时间并带来相应的节省诉讼费用的好处十分明显,有说法是可比传统通过交叉盘问的开庭取证(evidential hearing)节省高达2/3的时间。在“The International Arbitration Club”(Autumn 2007)中,瑞士仲裁员Pierre Karrer先生提到他在土耳其的一个仲裁案件,有14位讲英语(不需要翻译)的证人,通过证人会议的程序只需要三天时间开庭审理就可以完成取证。此外,如果双方当事人的代表律师同意以证人会议的程序替代交叉盘问,可以节省培训证人所需要花费的时间与费用。

3. 从更好地帮助仲裁员理解自己不熟悉的专业问题的角度来看,专家以传统的方式(先是原告的专家证人,后是被告的专家证人)接受盘问,应是比不上双方的专家证人,同时(concurrent)针对某一个问题各自说出他们的不同意见与观点进行对质,而仲裁庭在专家证人解释后可以对仍有疑点或不明白的地方追问,同时对质会比前后次序(sequential)的交叉盘问能够帮助仲裁员真正理解该专业问题与作出取舍。

4. 专家会议在现实中也可以非常灵活地进行,甚至可以和传统的交叉盘问结合在一起。虽然专家证人因在庭审时是帮助法院或仲裁庭从而无须像事实证人一样进行证人隔离,[6]但现实中也会有当事人认为后被盘问的专家相比于先被盘问的专家处于更有优势的地位,所以仍会要求进行一个专家会议让专家对质。该具体的做法是先通过交叉盘问对双方的专家以前后次序进行盘问,然后双方的律师根据盘问的情况找出双方专家最主要的分歧以及与争议最有关系的问题,再以专家会议的方式同时向两方的专家提问,让他们同时进行回答。无论如何操作,总之目标都是帮助仲裁庭更准确地理解专业问题。

要令一个专家证人会议程序顺利与成功进行,仲裁庭(特别是首席仲裁员)的准备工作就变得很重要。他们在开庭审理前大量阅读并全面掌握双方当事人的案件与争议的事实后,才会有自信主导一个专家证人会议,主动提出恰到好处、关键与真正能帮助理解事实真相的问题。这种接近询问制的做法是熟悉普通法对抗制的仲裁员感到陌生,例如笔者作为仲裁员一般在开庭前(也要看案件大小与提交文件多少)只是花1天(边裁)或2天(首席)不等时间阅读。重点是阅读文书请求、文书开庭陈词、事实与专家证人证言、主合约与主要争议的个别几份关键性的文件如保函等或是其他双方代表律师建议阅读的文件。有了对案件与双方争议的一个大概与粗略的理解,在开庭审理时就可以很快跟得上双方代表律师的开庭陈词与对对方证人的交叉盘问。反正不会在没有双方代表律师的解释与引领的情况下漫无目标地阅读更多的文件,否则也只会带来混乱与失去重点。相较于早期的诉讼,法官(或仲裁员)要在开庭前阅读更多文件。以前很长一段时间,英国法院诉讼是习惯要求审理法官是一张白纸前来开庭,然后让双方的代表律师在这一张白纸上通过开庭与结案陈词的雄

〔6〕 见本书第一章之6.6段。

辩与显示双方所有有关证据写字,填满了内容后才让法官作出决定。

但一旦采取证人会议的程序,要主动问问题与澄清疑点、找出事实真相的仲裁庭或首席,就需要熟读所有有关文件了。特别是要熟读专家证人的报告与其中提到与附上的文件,而且需要对有关专业有一定的理解,否则就难以主导一个证人会议。这与本章之1.3提到的盘问律师的准备程度几乎可以相提并论。

当然,专家证人会议也可让专家证人自己主导。如双方在开庭前的会面(meeting of the experts)尽量收窄双方的不同意见,然后作出一个共同声明/备忘录说明同意与不同意的观点。针对同意观点,就不必多加理会了。但对不同意的观点以列表(schedule)形式逐项列出,就可以在证人会议中作为议程(agenda)在专家证人主导下逐项针对。先是让每位专家证人说出不同意的理由与相互对质后,仲裁庭可进一步澄清。

2.2 澳大利亚与英国法院

澳大利亚联邦法院的Steven Rares大法官在2013年曾经发表一篇名为"Using the Hot Tubbing-How concurrent expert evidence aids understanding issues"的文章,[7]文中提到澳大利亚法院在Spika Trading Pty Ltd v. Royal Insurance Australia Ltd (1985) 3 ANZ Insurance Cases 60-663先例最早使用了这种专家证人会议的做法。这里可节录文章部分内容如下:

"29. A great advantage of concurrent evidence is that all the experts on the topic are together in the witness box at the one time, answering the one question on the same basis. Everyone is together on the same page. This is a world away from a traditional cross-examination of each expert in the various parties' cases, sometimes happening days, if not weeks, apart from a raft of other evidence having interposed. The judge is able, just as the lawyers, to understand the issue. The experts feel capable of explaining the matters to the judge and putting their points of view in a way in which they feel free to use their knowledge and experience. . . .

50. . . . Not all cases will suit the process. It may be that in patent cases, where the whole case resolves around conflicts within fields of expertise, concurrent evidence is not likely to assist a judge. . . . an assessor may prove a better alternative. But concurrent evidence allows advocates to focus on the critical differences, with the assistance of their respective experts in the box, and, at the same time to hammer home the strengths of their own, and the inadequacies in the other, expert's reasoning processes. In the end, concurrent evidence is generally likely to produce more ounces of merit which will be worth more to a judge than pounds of charisma or demeanour."

---

〔7〕 可在https://www.fedcourt.gov.au/digital-law-library/judges-speeches/justice-rares/rares-j-20131012下载。

澳大利亚新南威尔士州最高院的 Peter Garling 大法官在 2015 年 12 月 1 日在牛津法学院做的名为“Concurrent expert evidence-the New South Wales experience”的演讲中,分享了他之前作为大律师与后来作为法官参与专家证人会议的经验,并最后总结说:

“86. Trials have been shorter and less expensive. The long-standing issues of judicial concern about pseudo-expert opinions, and experts who are merely advocates for the party which retained them, have largely, but not entirely, disappeared. Complex expert issues are able to be identified and dealt with more effectively and with a greater understanding of them.

87. From my perspective, in my current role, it is a most worthwhile process which has resulted in better decision making, with less cost and expense, then the traditional adversarial system of taking expert evidence.”

英国法院之后跟上,在 2010 年 Jackson 大法官在对 CPR 生效 10 年的操作的检讨与改革(Jackson Reform)中,建议 CPR 引进专家证人会议作为审理法官针对专家证人的盘问程序的一种选择。这引发了 CPR PD 35 的其中一次修改,授权审理法官在适当的案件中命令专家证人会议,并在 2013 年 4 月 1 日生效。但之后这种程序被选择不多,因为法官与双方代表律师都不习惯且不喜欢。英国对抗制下培养的法官不习惯这种做法是可以理解,毕竟他们会要花费很多宝贵的司法时间(judicial time)在开庭审理前大量阅读与掌握有关的专业争议/争端。至于双方代表大律师不喜欢这种做法,是因为他们害怕会是被剥夺了盘问与丑化对方当事人专家证人的机会,而这是他们最喜欢、最习惯与最擅长的做法。

在 CPR PD 35 修改生效后,英国高院一个较近期使用专家证人会议的案件是与竞争法有关的 Streetmap EU Ltd v. Google Inc (2016) EWHC 253 (Ch)先例。此先例中,原告在 1997 年就开始提供在线免费地图服务“Streetmap”,而被告谷歌公司则是在 2005 年开始提供在线免费地图服务“谷歌地图”(Google Maps)。原告指出,谷歌搜索引擎现在附带“onebox”服务,会根据搜索的关键词,通过一定算法在搜索结果页面上附加一些模块。例如,搜索毛里求斯,除了会显示一般的搜索结果外,在页面右方或顶部还会有一个模块,在其中非常清晰与简单地写了一些对毛里求斯的介绍,毛里求斯人口、首都等基本信息,以及一个缩略的毛里求斯地图,而点击该地图就会被转到谷歌地图上有关毛里求斯的区域。这是非常方便的,一般人搜索后除非是想找特定服务商的地图,否则看到一张地图的缩略图摆在眼前都会点开而不会再在普通搜索结果中找其他链接。因此原告主张,被告滥用了自己在搜索引擎中的市场优势地位,突出与有偏向性地限制了免费在线地图服务的竞争。

此先例中,双方的经济学专家采用了专家证人会议的做法,Roth 大法官说这种方式大大缩短了开庭时间,也令双方专家证人的分歧更明显,但确实要求法官做更多准备:“Each side called one economic expert and the court used a so-called ‘hot-tub’ for the joint presentation and scrutiny of those experts' oral evidence. I believe that is the first time this has been done in a competition case in the UK, and it led to a constructive exchange which considerably shortened the time taken by the economic evidence at trial. However, I should mention that this process involves considerable preparation by the court and effectively requires (as in the present case) a transcript since the judge is unable to keep a proper note while leading the questioning. The two expert economists were Mr Craig Lonie for Streetmap and Mr Patrick Smith for Google.（这就是双方的经济学专家）Each is a partner in a leading economic consultancy and has frequently been involved in giving economic evidence in competition cases. Both have undoubted expertise in this field, but I found that each displayed a tendency to become an advocate for the party by which he was instructed. Much of their respective reports was concerned with presenting various different measurements of searches for online maps or online mapping websites, and analysing the results. The fundamental economic issues in the present case are not particularly complex, and on those the hot-tub process led to a significant measure of agreement that was helpful, although the two experts remained very divided on their interpretation of some of the data they presented."

除此以外，对其他专家，如信息技术、软件工程、电子地图方面的专家看来就没有采取专家证人会议的做法。

因为英国法院在 CPR PD 35 修改生效后仍然较少选择专家证人会议的做法，Civil Justice Council（简称 CJC）成立了一个工作小组（Working Group）调查原因与讨论如何改善。这个工作小组在 2016 年 8 月 1 日作出了报告。简而言之，工作小组的调查问卷中提出了一连串问题。这包括是否认同 Jackson 大法官所说的证人会议会带来的四方面的好处，包括：(1) 节省开庭审理的时间；(2) 节省诉讼的费用；(3) 改善/改良专家证据的质量，因为在友好的讨论下专家证人更加会愿意让步与更客观，这不像面对交叉盘问时带来的敌意；(4) 让审理法官更好理解双方的争议中涉及专业知识的事实。在收到的近 100 个回复中，大部分曾经有过专家证人会议做法经验的有关人士都认同(1)、(3)与(4)的好处。有点奇怪的是只有少数有经验人士认同(2)，但(2)应该与(1)同时成立，因为节省了开庭审理的时间也自然会节省诉讼费用。反正结论明确，专家证人会议的做法有好处与值得保留，应改进令更多适合的案件使用。

该工作小组在报告中提出的改进建议包括：

1. 建议将这种程序的名称改得更为贴切与明确，不叫"hot-tubbing"，改为"法官主导下一并盘问专家证人"（judge-led joint examination of experts 或简称"JJEE"）。

2. 需要提前教育审理法官有关专业知识，让他/她主导专家证人会议时游刃有余。例如委任一位中立顾问（neutral advisor）或当事人的专家先给审理法官授课（tutorial/teach-in）。见本书第四章之 3.6 段所介绍的 Kirin-Amgen Inc v. Hoochst Marion

Rousseau Ltd (2004) UKHL 46; Eli Lilly & Co v. Human Genome Sciences Inc (2010) EWCA Civ 33; Electromagnetic Geoservices ASA v. Petroleum Geo- Services ASA (2016) EWGC 881 (Pat)等先例。

3. 专家证人会议针对不同的案件可以多种不同形式(hybrid versions)进行。除了由审理法官主导的专家证人会议以外,也可以不是审理法官主导,而是让双方代表律师对每一个不同的争议/争端(有不少领域如工程合约的诉讼会涉及成百上千个不同的争议/争端)逐一处理。如第一个争议/争端先让双方专家证人发表了他们的专业意见后,才让双方律师问问题,之后再持续处理第二个争议/争端。这可称为"按次序背靠背取证"(sequential back-to-back evidence),也是"同步取证"(concurrent evidence)或专家证人会议的一种。另也可以是既有审理法官主导的专家证人会议,也有足够时间与安排之后传统的双方代表律师轮流交叉盘问专家证人的混合程序,或是先来一轮交叉盘问让审理法官更理解双方的问题所在与有什么需要更多的专家意见与协助。在 2016 年 11 月 19 日的 GAR Live Dubai 会议中,一位英国的建筑/工程专家证人 Joanne Prior 女士说:"I' ve seen it work best where there has been cross-examination of both the experts and the Tribunal has had some time to think about the issues that they haven' t managed to get to grips with."建议 CPR 的操作指引(Practice Direction 或 PD)要对不同做法与不同技巧有更详细说明。

4. 工作小组也提醒审理法院在走这些程序时要警觉有些情况是否适宜。例如,法官自己对有关的专业争议并不充分了解,没有把握主导,或是双方的专家证人在水平、资历、地位等方面并不对等,这样专家证人会议就会难以进行,因为两位专家证人很可能没有相互尊重(至少在专业上)、互信与共同语言(same page)。这些方面可节录部分报告内容,是工作小组草拟的一份将来给有关的法官与其他相关人士如代表律师的指引(guidance note),如下:

"**Criteria which may indicate whether judge-led joint expert examination is, or is not, appropriate:(是否适合使用专家证人会议程序的考虑)**

4. There is no restriction on the type of case, or the nature of expert evidence, for which the court may make a direction for judge-led joint expert examination (i. e., hot-tubbing). (对哪类案件或专家证据本质适合使用专家证人会议程序没有一定的局限)

5. The matters to which a judge or tribunal should have regard, when considering whether to make a direction for judge-led joint expert examination—and which relate to the nature of the expert evidence in the case—include (but are not necessarily limited to) the following:(法院考虑是否命令专家证人会议要看有关案件的专家证据的本质)

(1) whether or not the court considers that the judge's understanding of the expert issues will be assisted by receiving oral expert witness testimony at the same time, and/or by chairing a discussion between the experts, so as to give the judge a better appreciation

of the key issues of disagreement between them;(法院认为双方专家证人同步作证与/或审理法官主导专家证人的讨论,是否对审理法官理解双方专家证人有不同意见的主要争议/争端有帮助)

(2) whether or not the areas of experts' disagreement will likely be narrowed, or the list of disputed issues is likely to be reduced, by the process of hot-tubbing;(专家证人会议会否可收窄两位专家证人的争议清单中列出的争端)

(3) whether or not the expert evidence is insufficiently focused and/or whether the experts are not engaging with each other's views, in order to enable the judge to isolate the real issues of dispute; and hence, whether, in the absence of hot-tubbing, there is an appreciable risk that a disproportionate amount of time will be taken in identifying the relevant issues of disagreement and of receiving opinion evidence on them;(两位专家证人的专家证据是否没有相互针对,而是各讲各的,让审理法官无法确定两位专家证人真正的不同意见是什么? 这样,如果没有专家证人会议而是采取传统交叉盘问的做法,只是确定双方真正的专家争议/争端是什么就要花费大量的时间与金钱)

(4) whether or not the complexity of the expert evidence warrants that the court should lead examination of the expert witnesses either to assist the judge to reach a determination on detailed issues of disagreement, or alternatively, to achieve a 'high level' understanding of the disputed issues prior to expert evidence being adduced in the traditional manner; and(根据专家证据的复杂程度看是否要与传统的交叉盘问来混合使用?)

(5) whether or not the judge considers that he/she has, or can acquire via a teach-in, self-preparation or otherwise, a sufficient mastery of the subject-matter to lead the discussion.(审理法官是否相信他/她已经或通过学习可以对有关的专业课题有足够了解可主导专家证人会议)

6. The matters to which a judge or tribunal should have regard, when considering whether to make a direction for judge-led joint expert examination—and which relate to the logistics of such a process—include (but are not necessarily limited to) the following:(要注意的事情)

(1) whether or not the experts are from like, or sufficiently like, disciplines;(两位专家证人是否来自相同的专业领域)

(2) whether or not the levels of seniority, expertise, and/or qualifications of each of the experts are relatively-equivalent (and where no credibility issues arise-as to which, see paragraph 7);(两位专家证人在水平、资历、专业地位等方面是否基本相等,当事人也没有对他们或其中一位有诚信方面的质疑)

(3) whether or not any animosity exists among the experts, which may (should it exist) hamper the adducing of evidence;(两位专家证人之间是否曾经有敌意?)

(4) whether or not any imbalance between the number of experts called on behalf of the respective parties, could give rise to the perception or reality of an 'inequality of arms', and whether or not the sheer number of experts could give rise to problems of manageability;(如果双方当事人引入的专家证人在人数上不均等,就要考虑如何管理人数众多的专家证人会议与火力不均等的问题。[8] 举例说,原告只有一位专家证人,但被告在同一专业有3位,如何分配时间发言?是否每位都有机会发言与反驳?)

(5) whether or not a transcript is likely to be required for the judge's assistance, and if so, whether the parties' costs arrangements can facilitate the provision of a transcript;(庭审记录的考虑,因为审理法官如果要主导专家证人会议,就没时间再自己写笔记了)

(6) whether or not the judge is to be afforded sufficient pre-trial time in which to prepare to lead the joint expert examination; and(审理法官是否在开庭审理前有充分时间准备以主导专家证人会议)....

Criteria which may indicate whether judge-led joint expert examination is not appropriate:(不适合专家证人会议的案件)

7. Where one or more of the parties indicates that there will be a serious challenge to the competence, independence, and/or credibility of one or more of the experts, it will generally not be appropriate for the court to give a direction for concurrent expert evidence, including judge-led joint expert examination.(如果一方或双方当事人表示要质疑对方专家证人的可靠性与资格、独立性与/或可信度,就不适合使用专家证人会议的程序。这种质疑本质上是对抗性,所以以传统的对抗性交叉盘问来处理会更恰当)

8. However, in such circumstances, a court may consider it appropriate to give a 'hybrid direction' of the type described in paragraph 2(5) of this Guidance Note (e. g., by permitting the challenge to an expert's credibility to be dealt with via the traditional manner, and, if appropriate, for other issues to be dealt with concurrently).(当然仍会可以灵活处理,如针对质疑专家证人的部分以传统的交叉盘问处理,而剩下来的专业方面的争议/争端,仍是以专家证人会议程序处理)"

5. 另是针对在专家证人会议中要保证程序公正的指引是如下:

"**Informing the expert(有了决定与指令,尽快通知专家证人让他们可准备)**

13. When a direction for judge-led joint expert examination is given, then a copy of the relevant order for directions should be served upon the relevant experts forthwith, for their information.

---

[8] 见本书第五章之8段的介绍。

Procedural fairness(程序公正)

14. When considering the logistics of judge-led joint expert examination, the judge should have regard to the procedural fairness of the hearing, and in particular, to issues such as:

(1) whether equivalent questions are being addressed to each expert, and/or whether an equivalent opportunity to address the issues on the pre-set agenda has been afforded to each expert;(避免只问或主要问其中一位专家证人,尽量均等提问,也让他们对事先准备的议程提意见)

(2) whether counsel should be invited to address any cross-examination to the opposing expert witness at the conclusion of the judge-led questioning on each topic, or at the overall conclusion of the judge-led expert examination, or not at all;(是否允许双方当事人代表律师在专家证人会议结束前提问补充问题?一旦允许,总是难免会提出尖锐与有敌意的问题,但在专家证人会议结束前才提出应该也不会"坏事")

(3) alternating the order in which questions on the agenda are addressed to the experts, such that each expert has the opportunity to answer the question first, or second, as the case may be;(专家证人轮流先回答问题,如第一个问题原告专家证人先回答,下一个问题就轮到被告专家证人先回答)

(4) the physical layout of the courtroom, to ensure that the experts have equivalent stature in the courtroom, and an equivalent opportunity to address the judge;(在方方面面包括座位与发言的机会等,都令双方专家证人感受到审理法官的尊重)

(5) the desirability (if any) of opening statements on the part of each expert witness.(两位专家证人是否需要在开始时先各自发言介绍自己的意见与观点)"

6. 工作小组对改进专家证人会议将来要做的培训工作也提出了建议,这里不作进一步介绍。

看来,专家证人会议或同步取证的下一步就是看 CPR PD 35 para. 11 会作出怎样的修改与把这个程序进一步细化与改善。笔者估计其他普通法国家或地区与国际仲裁最后还是要参考英国法院的做法。

在 2014 年 11 月 7 日,Neuberger 勋爵在"Annual Bind Solon Expert Witness Conference"上的发言中说:"I also would join Sir Rupert Jackson in wondering whether the present system of consecutive cross-examination of expert witnesses is always the best way to go about testing the expert evidence. The formal cross-examination of 'witness 1', followed which he can hardly ever be recalled, followed by the formal cross-examination of 'witness 2' is fun for the advocates and can be good theatre, but the rather gladiatorial and artificial nature of the cross-examination process may not be the best way of arriving at the truth, although it sometimes can be, at least in some cases, I can see much for hot-tubbing or concurrent evidence as it is more respectably, if less evocatively, known. Under the chairmanship of the judge the lawyers and experts get round a table and discuss the evidence and their views on it. Of course, particularly in the light of what I said earlier, it would be wrong to form any sort of clear view that we should either avoid, or go over to, hot-tubbing generally, until we have gathered a statistically meaningful number of cases with hot-tubbing experts, . . . With such evidence it should be possible to assess the relative merits of the adversarial and hot tubbing systems."

加拿大、新加坡、新西兰法院也有使用专家证人会议方式的案例,而美国没有立法针对是否可以采用专家证人会议的形式,但《Federal Rules of Evidence》之 Rule 611 与 Rule 614 立法规定法院有权控制证人接受盘问的形式。虽然理论上美国法院可以使用专家证人会议方式取证,在一些地区法院也确实有过使用专家证人会议的案例,也有法官认为确实可以节约时间与帮助理解,但与其他普通法国家/地区相比,美国对使用专家证人会议的推动十分有限。这可能是因为美国更强调诉讼的对抗性与双方代表律师交叉盘问的权利,接受在专家证人方面也全面对抗与将专家证人"武器化"。

3. 证人的豁免权

3.1　根源及原因

对证人(早期是针对事实证人,但后来延伸至专家证人)的豁免权保护是 400 年前来自普通法[9]:见 Cutler v. Dixon (1585) 4 Co Rep 14; Dawkins v. Lord Rokeby (1872-3) LR 8 QB 255 先例,在 Darker v. Chief Constable of West Midlands (2001) 1 AC 435 贵族院先例中再次得到确认。该法律大原则的说法是:"no action lies against parties or witnesses for anything said or done, although falsely and maliciously and without any reasonable or probable cause, in the ordinary course of any proceeding in a court of justice."

Mansfield 勋爵在 R v. Skinner (1772) Lofft 54 先例中说:"neither party, witness, counsel, jury, nor judge, can be put to answer, civilly or criminally, for words spoken in office . . ."

证人有豁免权(immunity)是两方面的原因:

---

〔9〕也在所有其他普通法管辖的国家或地区获得承认,如美国。但美国在专家证人的豁免权方面有不同,不适用于当事人自己委任的专家证人:见 Provencher v. Buzzell-Plourde Associates, 711 A 2d 251 (NH, 1998); Dayton v. Miller, 984 P 2d 666 (Colo Ct App, 1999); McNall v. Frus, 784 NE 2d 238 (Ill App Ct, 2002); Marrogi v. Howard 805 So 2 d 1118, (LA, 2002)等先例。此外,在爱尔兰与苏格兰,证人也享有豁免权。

1. 让证人可以安心去自由与无惧地向法院提供证据寻找事实真相，而不必畏惧他/她在举证过程中因为讲的话或提供的证据对第三方、对方当事人或己方当事人造成不利，例如造成诽谤、疏忽或错误的证言导致一方“冤枉”败诉或不满而要报复等原因事后在另案被起诉。

这有不少著名说法，如 Darker v. Chief Constable of West Midlands 先例的“ensuring that witnesses give evidence freely and fearlessly”；Stanton v. Callaghan（2000）QB 75 先例的“in an atmosphere free from threats of suit from disappointed clients”；Roy v. Prior（1971）AC 470 贵族院先例的“persons who may be witnesses in other cases in the future will not be deterred from giving evidence for fear of being sued for what they say in court”。

2. 避免对同样证据与事实重复诉讼与审理（“to avoid multiplicity of actions in which the value or truth of their evidence would be tried over again”）：见 Roy v. Prior 贵族院先例。

其他还有不少大同小异的各种说法，部分案例可以总结如下：（1）Cutler v. Dixon 先例说：“if actions should be permitted in such cases, those who have just cause for complaint, would not dare to complain for fear of infinite vexation.”（2）在 Dawkins v. Lord Rokeby 先例中，Kelly CB 大法官说：“Upon all these authorities it may now be taken to be settled law, that no action lies against a witness upon evidence given before any court or tribunal constituted according to law.”（3）在 Munster v. Lamb（1883）11 QBD 588 先例中，Fry 大法官说：“to protect persons acting bona fide, who under a different rule would be liable, not perhaps to verdicts and judgments against them, but to the vexation of defending actions.”（4）在 Watson v. M'Ewan（1905）AC 480 贵族院先例中，Halsbury 勋爵说：“the conduct of legal procedure by courts of justice, with the necessity of compelling witnesses to attend, involves as one of the necessities of the administration of justice the immunity of witnesses from actions being brought against them in respect of evidence they have given.”（5）在 Marrinan v. Vibart（1963）1 QB 234 先例中，Salmon 大法官说：“The administration of justice would be greatly impeded if witnesses were to be in fear that any disgruntled or possibly impecunious persons against whom they gave evidence might subsequently involve them in costly litigation.”（6）在 Roy v. Prior 先例中，Morris 勋爵说：“If a witness give false evidence he may be prosecuted if the crime of perjury has been committed but a civil action for damages in respect of the words spoken will not lie.”（7）在 Darker v. Chief Constable of West Midlands 先例中，Auld 大法官说：“The whole point of the first public policy reason for the immunity is to encourage honest and well-meaning persons to assist justice even if dishonest and malicious persons may on occasion benefit from the immunity.”（8）在 Stanton v. Callaghan 先例中，Otton 大法官说：“is not granted primarily for the benefit of the individuals who seek it. They themselves are beneficiaries of the overarching public interest, which can be expressed as the need to ensure that the administration of justice is not impeded. This is the consideration which should be paramount."

另有原因是，对专家证人而言，很多时候是需要在个别行业内的顶尖人物出来做专家证人才有价值。所以有说法是不向他们提供豁免权的保护，就有危险他们拒绝出来做专家证人，反正他们一般是不愁生活/经济，所以没有必要加入这个危险的行业。而顶尖的专家在部分类别的争议（如家事法院）是供不应求的。这个原因也在一些先例有提到，例如，在 Stanton v. Callaghan 先例中，Chadwick 大法官有提到他本人不相信有这个危险："I find it difficult to believe that the pool of those who hold these moves out as ready to act as expert witnesses in civil cases, on terms as to remuneration which they must find acceptable, would dry up if expert witnesses could be held liable to those by whom they are instructed for failing to take proper care in reaching their opinions which they advance."

另在稍后介绍的 General Medical Council v. Meadow (2006) EWCA Civ 1390 先例中，也有提到 Meadow 教授这一位著名资深的儿科医生在案发后受到社会的大量批评，导致英国皇家儿科医学院成员拒绝或撤回做专家证人协助法院。这显然导致家事法院（Family Court）的危机，因有大量这种十分依赖医生专家证人协助的案件要处理，需要政府插手。上诉庭的 Thorpe 大法官说："The volume and the nature of the public criticism of Professor Meadow caused anxious concern to the President and Council of the Royal College of Paediatrics and Child Health. Members of the Royal College were either withdrawing from or declining to enter forensic[10] work, a vital ingredient of overall child protection services. Accordingly the Department of Health had convened a meeting in May 2004 bringing together representatives of the Royal College of Paediatrics, the chief medical officer, officials of the department, the President and myself as the chairman of the interdisciplinary committee."

另 Phillips 勋爵在 Jones v. Kaney (2011) UKSC 13 先例中说："... the other aspect of the chilling factor ... was the reluctance that an expert witness would have to give evidence that was contrary to his client's interest if there was a risk that this might lead his client to sue him.... It was important that experts should have the reassurance that, if they complied with this obligation to the possible disadvantage of their clients, they would not be at risk of being sued for failing to have regard to their clients' best interests."

---

[10] "Forensic"的定义是："belonging to, used to, or suitable to courts or judicature or to public discussion and debate."

3.2　证人豁免权是肯定与绝对的权利

证人豁免权的保护是一个绝对(absolute)的权利,所以受到保护的证人可以十分安心地举证,回答对方当事人代表律师的交叉盘问并合理同意对方在盘问中指出的问题而改变原先的说法等。正如在 Darker v. Chief Constable of West Midlands (2001) 1 AC 435 先例中,Clyde 勋爵说:“. . . once a situation has been identified as deserving of immunity it may readily be accepted that the immunity is in its quality absolute. . . . those principles should be of general application regardless of the particular form of the action; this, for example, whether the action is one of defamation or of negligence or, as in the present case, of conspiracy to injure and misfeasance in public office, the same principles should apply.”

在 Stanton v. Callaghan (2000) QB 75 先例中,Chadwick 大法官说到了 Woolf 勋爵改革与 CPR 是要求专家证人客观、独立、坦白、合理让步等,故更需要让专家证人可享有豁免权:“. . . in my view, the public interest in facilitating full and frank disclosure between experts before trial does require that each should be free to make proper concessions without fear that any departure from advice previously given to the party who has retained him will be seen as evidence of negligence.”

另是证人绝对豁免权才会带来肯定。正如 Hoffmann 勋爵在 Taylor v. Director of the SFO (1999) 2 AC 177 先例中说:“. . . the person must know at the time he speaks whether or not the immunity will attach.”

另 Clyde 勋爵在 Darker v. Chief Constable of West Midlands 先例中说:“. . . there has to be some degree of certainty about the existence of an immunity for it to be effective. The matter cannot be entirely left as one to be determined on each and every occasion. For the immunity of a witness to be effective it is necessary that the person concerned should know in advance with some certainty that what he or she says will be protected. So even although the matter may depend in any case upon a balancing of interests it ought to be possible to predict with some confidence whether or not an immunity will apply. The law has sought to achieve this by making it clear that the substance of the evidence presented to the court in judicial proceedings will be immune from attack.”

3.3　专家证人提供不诚实证据的后果

由于证人豁免权的绝对性,所以已经有先例明确了涉及不诚实或虚假的证据仍受到保护:见 Darker v. Chief Constable of West Midlands (2001) 1 AC 435 先例。

接下来在 Raiss v. Palmano (2001) PNLR 21 先例中,一位专家证人(是一位测量师)在他的专家报告中对他的资格/工作经验说谎,一审判决说:“The trial was disastrous for Mr Raiss. In cross-examination it became apparent that the defendant(作为 Raiss 先生的专家证人的 Palmano 先生)was not in fact on the Panel of Arbitrators for the RICS(英国御准测量师学会). He also admitted that he was not, and would not describe himself as, an expert in the Covent Garden area(争议是一个在该伦敦黄金地区房子的续租租金), the locality of the property under consideration. ”

这实是“自掘坟墓”,因为专家证人在专家报告中白纸黑字写一些很容易被对方在开庭审理前查出的谎言,就难免在交叉盘问被对方代表律师丑化,最终导致信誉扫地与把客户害惨。正如 Eady 大法官在此先例中说:“Mr Palmano had, as it were, set his own trap months before the hearing, and thereby provided the cross-examiner with telling material to undermine his credibility. ”

这自然导致 Palmano 先生不被审理法官信任,加上他在面对交叉盘问时表现差劲,导致他的客户当事人 Raiss 先生被迫撤诉。接下来,前客户 Raiss 先生作为原告向专家证人 Palmano 先生起诉索赔损失与浪费的诉讼费用。原告强调被告欺诈有别一般性专业疏忽或不称职(incompetence),不应享有豁免权。的确,该区分很有说服力,英国法律与西方文明下对法院撒谎是“弥天大罪”,这也是一审的判法。

但上诉后,Eady 大法官推翻了一审判决,认为专家证人的不诚实也应包括在绝对的豁免权内,并举了贵族院 Darker v. Chief Constable of the West Midlands 先例(这在一审时还来不及考虑)。不过 Eady 大法官也认为奇怪,豁免责任的权利/优待竟然适用于对法院说谎:“I have come to the conclusion that . . . allegation of dishonesty is not a justifiable basis for drawing the distinction. . . . **Although it may seem surprising as a matter of first impression, the immunity applies.** ”(加黑是笔者的强调)

但这也不表示专家证人有了这个绝对的豁免权就可以胡作非为。在有关专家证人对法院的责任的 The “Ikarian Reefer” (1993) 2 Lloyd’s Rep 68 著名先例中,Cresswell 大法官就说到,专家证人在举证时要诚实、善意与不能故意误导法院:“must give evidence honestly and in good faith and must not deliberately mislead the court. ”这之后也被引入了 CPR, CPR 明确专家证人在证据方面要向法院负责而不是向客户负责。这个立法责任把专家证人变为是法院的官员(Officers of the Court)之一,很大程度上与代表律师与出庭律师一样,甚至更加严格。正如在 Rondel v. Worsley (1969) 1 AC 191 先例中,Reid 勋爵说:“. . . as an officer of the court concerned in the administration of justice, he has an overriding duty to the court, to the standards of his profession, and to the public, which may and often does lead to a conflict with his client’s wishes or with what the courts thinks are his personal interests . . . ”

但专家证人只是给意见证据,不容易证明他/她(尤其是高水平的“超级证人”)的内心是否故意误导或欺骗法院,正如 Jessel 大法官早已在 Lord Abinger v. Ashton (1873 – 74) LR 17 Eq 358 先例中就说:“although the evidence is given on oath, in point of fact the person knows he cannot be indicted for perjury, because it is only evidence as to a matter of opinion. . . . ”

除非情况极端如虚假(false)意见被暴露,专家证人自己也难以合理相信(without an honest belief in their truth)。如果真能证明,后果也不是该专家证人会失去豁免权,而是会因为藐视法院(contempt of court)或伪证罪(perjury)被起诉。这个不容易成立的大原则的存在也历史悠久,早在 R v. Skinner (1772) Lofft 54 先例中,Mansfield 勋爵就说:"Neither party, witness, counsel or judge can be put to answer, civilly or criminally, for words spoken in office. If the words are opprobrious or irrelevant to the case, the court will take notice of them as contempt and examine on information. If anything of mala men's evil thoughts is found on such enquiry, it will be punished suitably."

另在 Henderson v. Broomhead (1859) 4 H & N 569 先例中,案情涉及证人向法院作出的誓章(affidavit)有诽谤与虚假的内容。Erle 大法官说:"An action will not lie for defamatory words spoken in the course of litigation which are relevant to the litigation ... The party may be punished for perjury. It is said that the civil remedy should be allowed for the purpose of indemnifying the party injured. But the balance of inconvenience is strong against such an action, witnesses would be subjected to peril."

另可节录 Morris 勋爵在 Roy v. Prior (1971) AC 470 先例中所说:"If a witness gave false evidence he may be prosecuted if the crime of perjury has been committed but a civil action for damages in respect of the words spoken will not lie."

此外,根据专家证人犯错的严重程度,还有其他相应的惩罚与/或制裁。稍后介绍的 General Medical Council v. Meadow (2006) EWCA Civ 1390 先例显示,对有专业资格的专家证人而言,即使在法院诉讼可享有豁免权,但这权利不延伸去他们所属的有关专业组织的纪律聆讯(disciplinary enquiry),故仍会受到惩罚或制裁。

另 Peter Smith 大法官在 Phillips v. Symes (No. 2) (2005) 1 WLR 2043 先例中说到了这方面法院可以作出的惩罚,如下:"If they(指专家证人)act in flagrant disregard of that duty, ... has a number of consequences. **First** they can be said, depending on the level of the dereliction of their duties, to be in contempt of court or may even be guilty of perjury. **Secondly**, in an appropriate case their costs could be disallowed either as between their client and another party to litigation, or even as between a client and themselves. **Thirdly**, they can be referred to an appropriate professional body by the court for disciplinary action. ..."(加黑是笔者的强调)

该先例虽然承认专家证人可享有绝对的豁免权,但是法院可以根据立法像对付严重疏忽或犯错的代表律师一样,要他们承担相关的诉讼费用,而不是像一般的费用命令让他们的客户承担。[11] 可节录 Phillips v. Symes (No. 2)先例的总结(summary)如下:"Notwithstanding the general principle of witness immunity from suit, the court has power under section 51 of the Supreme Court Act 1981 [替代的新立法是 Courts and Legal Services Act 1990, s. 4(1)] to make a costs order in appropriate circumstances

---

〔11〕 这方面可见本书第四章之 10.4.3 段。

against an expert witness who, by his evidence, causes significant expense to be incurred and does so in flagrant reckless disregard of his duties to the court as contained in CPR Part 35 and the supplemental practice direction. No further warning is required to be given to an expert that he might be liable for costs, . . . ”

可以说,今天专家证人如果犯错,特别是错在偏离 CPR Part 35 下专家证人对法院的法定责任,会与代表律师看齐,在证据方面作为法院的官员协助法院司法(administration of justice)负有同样的责任与违反的严重后果,其中包括要承担相关诉讼费用的沉重经济打击。律师要面对这种费用命令(Costs Order)已是历史悠久,早在 Myers v. Elman (1940) AC 282 先例中就说:“The underlying principle is that the court has a right and a duty to supervise the conduct of its solicitors, and visit with penalties any conduct of a solicitor which is of such a nature as to tend to defeat justice in the very cause in which he is engaged professionally, as was said by Abinger CB in Stephens v Hill (1842) 10 M & W 28 . The matter complained of need not be criminal. It need not involve speculation or dishonesty. A mere mistake or error of judgment is not generally sufficient, but a gross neglect or inaccuracy in a matter which it is a solicitor's duty to ascertain with accuracy may suffice. . . . The jurisdiction is not merely punitive but compensatory. The order is for payment of costs thrown away or lost because of the conduct complained of. It is frequently, as in this case, exercised in order to compensate the opposite party in the action. ”

虽然该判决是否正确仍有疑问,因为法院行使裁量权仍不应该与专家证人可享有绝对豁免权有冲突,但仍是有了没有被推翻或改变的先例。再说这方面也不再重要,因为专家证人豁免权在后来的 Jones v. Kaney (2011) UKSC 13 先例中有了重大的改变,容后介绍。

3.4 证人豁免权的范围

3.4.1 刑事与民事之间的差别

对证人保护不只局限在开庭审理的盘问,而会有所延伸,特别是在刑事案件中。如仍在考虑是否提出检控时,潜在证人提供的证据或调查过程中作出的陈述等:见 Evans v. London Hospital Medical College (University of London) (1981) 1 WLR 184; Taylor v. Director of the SFO (1999) 2 AC 177 等先例。在 Stanton v. Callaghan (2000) QB 75 上诉庭先例中,Chadwick 大法官有说:“There is, if I may say so, no difficulty in recognising the need for immunity in relation to the investigation and preparation of evidence in criminal proceedings-or in child abuse cases-in order to ensure that potential witnesses are not deterred from coming forward. ”

确实,刑事案件的举证责任重,很多事实证人也往往与犯罪案件没有利益关系,没有必要向警察提供证据与/或做证人,所以要提供更广泛的豁免权保护才能鼓励社会大众自愿前来提供新证据。民事/商事案件相对没有这种问题,由于举证责任只是根据平衡的可能性(balance of probabilities),所以很多案件涉及的直接有关的证人通常只会有部分需要出庭举证,他们也往往与相关当事人或多或少有利益关系。事实证人固然是如此,专家证人更是相关当事人花钱委任,是他/她的客户,商事案件也很少会通过法院下令传召(subpoena/witness summons)不情愿/不合作的事实证人,因为会带来严重不确定性的危险。

在 Darker v. Chief Constable of West Midlands (2001) 1 AC 435 先例中,警察开庭审理前(pre-trial)伪造证据用来起诉被告。事情败露后前被告民事起诉警察总长,但警察总长向法院申请撤销(strike-out)索赔请求，理由是证人的豁免权是绝对权利,而且可延伸去开庭前准备证据,即使是不真实的证据。这被上诉庭接受,但再上诉至贵族院被推翻,认为上诉庭判这个证人豁免权的绝对性范围走得太远，不能保护审理前制作虚假证据的行为。

在民事诉讼看来证人豁免权的保护就更是局限,不包括很多开庭审理前的工作与行动,如在调查取证中潜在证人(包括专家证人)所作出的陈述与意见,不论他/她将来是否会出庭作为证人。这就表示当事人委任的专家顾问不享有证人豁免权的保护。

3.4.2 法院抗拒延伸与扩大证人豁免权的范围以及局限在必要情况

法院一贯对延伸与扩大证人豁免权的保护十分抗拒,这完全可以理解,因为这并不公平,表示可享有豁免权保护的人士可以疏忽与犯错,无辜蒙受损害的受害人却没有救济。且这与一个更重要的公共政策(public interest/policy)起冲突,也就是每一位因其他人士的民事过错而蒙受损害的人士都可以受到法律的保护与救济("*no wrong should be without a remedy*"),也违反了联合国的保护人权公约《The Convention for the Protection for the Protection of Human Rights and Fundamental Freedom》之Article 6。特别是在专家证人[指"友好专家"(friendly expert),不是敌对专家或法院委任的独立专家]方面,因为他们收了客户的钱,在合约下有一个法律的责任要小心谨慎(duty of care)。而在侵权(tort)法下,在专家证人身上强加这个责任是不公平与不合理:见 Campari Industries Inc v. Dickman (1990) 2 AC 605; Jones v. Kaney (2011) UKSC 13 等先例。但因专家证人可享有豁免权,所以客户在他们有违反时也不能向他们索赔损失。这方面说法可举例如下:(1) 在 Roy v. Prior (1971) AC 470 先例中,Wilberforce 勋爵说:"whether immunity is necessary must be checked against a broad view of the public interest."(2)在新西兰的 Rees v. Sinclair (1974) 1 NZLR 180 先例中,McCarthy 大法官说:"the protection should not be given any wider application than is absolutely necessary in the interests of the administration of justice."(3)澳大利亚的 Mann v. O'Neill (1997) 71 ALJR 903 先例说:"the general rule is that the extension of absolute privilege is viewed with the most jealous suspicion, and resisted, unless its necessity is demonstrated."(4)在 Darker v. Chief Constable of West Midlands (2001) 1 AC 435 先例中,Cooke 与 Clyde 勋爵说:"the immunity is only conferred 'grudgingly' because the immunity may cut across the rights of others to a legal remedy and so runs counter to the policy that no wrong should be without a remedy."

3.4.3 开庭审理前的行为与证人的证据有不可分割的密切关系可享证人豁免权

对于开庭审理前会涉及证人(事实与专家)的行为,虽然起点不受到豁免权的保护(如专家证人很可能一早就已经参与作为专家顾问/影子专家),但仍会有个别行为证人可以享有豁免权。这是针对一些行为是与后来证人在开庭审理时的举证与接受盘问有不可分割的密切关系。可节录 Otton 大法官在 Stanton v. Callaghan (2000) QB 75 上诉庭先例中所说:"The immunity for pre-trial work is not indiscriminate. Not all work done prior to a hearing will be covered. It is a tailored immunity, and whether or not all immunity exists in respect of pre-hearing conduct rests on an assessment of whether the work in question can be said to be:'So intimately connected with the conduct of the case in court that it can fairly be said to be a preliminary decision affecting the way that cause is to be conducted when it comes to a hearing'."

另稍早前的 Saif Ali v. Sydney Mitchell & Co (1980) AC 198 贵族院先例中,多数意见也认同了一个新西兰的上诉庭案件 Rees v. Sinclair (1974) 1 NZLR 180 先例的相似说法:"Each piece of before-trial work should, however, be tested against the one rule; that the protection only exists where the particular work is so intimately connected with the conduct of the case in court that it can fairly be said to be a preliminary decision affecting the way that cause is to be conducted when it comes to a hearing. The protection should not be given any wider application than is absolutely necessary in the interest of the administration of justice,..."

另 Palmer v. Durnford Ford (1992) QB 483 先例也依从上述先例,说是与开庭审理向法院举证有主要与密切关系的工作才包括在内("*the work principally and proximately leading thereto*")。

总之,专家证人在开庭审理时可享有的豁免权可延伸到开庭审理前准备的专家报告,因它是专家证据的一部分。任何人包括客户都不能以专家报告去起诉专家证人疏忽与犯错,否则是回避证人在法院所讲的证言可享有的绝对豁免权(即不指控开庭讲错话,而只指控证人证言或专家报告有错)。法律仍未曾明确的情况是专家准备了专家报告但最终没有被用作专家证据(如双方达成庭外和解),但这样一份专家报告享有诉讼特免权,[12]所以很难想象除客户外的其他人士可以看到与利用这份文件。

3.4.3.1 事实证人与代表律师之间的提前查询可享证人豁免权

早在有关口头诽谤(slander)的 Watson v. M'Ewan (1905) AC 480 贵族院先例

〔12〕 见笔者的《证据法:国际规管与诉讼中的文件攻防》一书第十章的详细介绍。

中即已涉及在当事人代表律师在调查取证时,事实证人在双方之间的提前查询(preliminary examination)过程中所提供的事实真相是否可享有证人豁免权的问题。Halsbury 勋爵推翻了上诉庭的判决,认为豁免权应该包括这个开庭审理前的行为:"It appears to me that the privilege which surrounds the evidence actually given in a court of justice necessarily involves the same privilege in the case of making a statement to a solicitor and other persons who are engaged in the conduct of proceedings in courts of justice when what is intended to be stated in a court of justice is narrated to them ... If it were otherwise, ... to make actual witnesses responsible in the shape of an action against them for the evidence they have given, **the difficulty in the way of those who were bringing the action would have been removed at once by saying, 'I do not bring the action against you for what you said in the witness box, but I bring the action against you for what you told the solicitor you were about to say in the witness box.' If that could be done the object for which the privilege exists is gone, because then no witness could be called; no one would know whether what he was going to say was relevant to question in debate between the parties. A witness would only have to say, 'I shall not tell you anything; it may have an action brought against me tomorrow if I do; therefore I shall not give you any information at all.'** ... It may be that to some extent it seems to impose a hardship, but after all the hardship is not to be compared with that which would arise if it were impossible to administer justice, because people would be afraid to give their testimony."(加黑是笔者的强调)

3.4.3.2 准备替代主证据的证人证言/专家报告可享证人豁免权

证人豁免权能否延伸到保护证人在开庭审理前的用作替代主证据(evidence-in-chief)的文书陈述,对事实证人而言就是证人证言(witness statement),对专家证人而言就是专家报告(expert report)。这一点十分重要,因为证人(特别是专家证人)一贯被鼓励是为了事实真相在出庭审理时接受交叉盘问,应准备改变自己的立场。但如果专家证人改变立场,就表示较早前的专家报告有错误。如果后来被客户起诉索赔损失,该专家证人不能享有豁免权就麻烦大了。

可先介绍在 CPR 生效前的 Evans v. London Hospital Medical College (University of London) (1981) 1 WLR 184 先例,Drake 大法官把绝对的证人豁免权延伸至证人准备他/她的证人证言或报告,包括收集与考虑有关的材料中有疏忽或过错行为:"The immunity given to a witness or potential witness is because 'the administration of justice would be greatly impeded if witnesses were to be in fear that ... persons against whom they gave evidence might subsequently involve them in costly litigation ... If this object is to be achieved I think it essential that the immunity given to a witness should also extend to cover statements he makes prior to the issue of a writ or commencement of a prosecution, provided that the statement is made for the purpose of a possible action or prosecution and at a time when a possible action or prosecution is being considered."

接下来是在 Palmer v. Durnford Ford（1992）QB 483 先例中，Simon Tuckey 大法官说："... **immunity would only extend to what could fairly be said to be preliminary to his giving evidence in court** judges perhaps, by the principle purpose for which the work was done. So the production or approval of a report for the purpose of disclosure to the other side would be immune **but work done for the principal purpose of advising the client would not**. Each case would depend upon its own facts with the court concerned to protect the expert from liability for the evidence which he gave in court and the work principally and proximately leading thereto."（加黑是笔者的强调）

这段判词在后来有关的先例常被引用，如 Raiss v. Palmano（2001）PNLR 21 先例判作为专家证人在开庭审理前为客户所做的工作，只是一些与开庭审理向法院举证有主要与密切关系的工作才可享有豁免权。这显然也包括准备与拟定一份用来披露给对方当事人作为开庭审理时的主证据的专家报告，而其他的工作就要根据不同案情去逐项针对，看看最主要与密切的目的是否为了开庭的证据。

最后介绍 Stanton v. Callaghan（2000）QB 75 上诉庭先例。案件涉及被告（是专家）在较早协助原告向保险公司索赔时，作出的专家报告中犯了错，以致原告在和解中接受了保险公司一个较低的金额与错误的补救（修理房屋）办法。上诉庭判被告可以免责。Chadwick 大法官说："What, then, is the position in relation to expert reports? It seems to me that the following propositions are supported by authority binding in this court:-（**i**）an expert witness who gives evidence at a trial is immune from suit in respect of anything he says in court, and that immunity will extend to the contents of the report which he adopts as, or incorporates in, his evidence;（**ii**）where an expert witness gives evidence at a trial the immunity which he would enjoy in respect of that evidence is not to be circumvented by a suit based on the report itself and（**iii**）the immunity does not extend to protect an expert who has been retained to advise as to the merits of a party's claim in litigation from a suit by the party by whom he has been retained in respect of that advice, notwithstanding that it was in contemplation at the time when the advice was given that the expert would be a witness at the trial if that litigation were to proceed. ..."

3.4.3.3　专家证人给客户的意见/建议不享有证人豁免权

已经明确，在开庭审理前，潜在证人（包括专家证人）有关他们将来提供给法院证据的准备工作与行为是可以享有证人豁免权。这对事实证人一般不是问题，他们会参与一个诉讼通常只是为了证据方面的准备工作，除非证人是当事人自己。但对专家证人而言问题就会大得多，因为他们很可能一早参与并且会向客户提出各种不同的专业意见与建议，以帮助客户决定是否起诉或抗辩，如果起诉以什么理由与向谁提起诉讼索赔，是否与对方和解等。这些工作或行为与将来开庭审理向法院提供的专家意见证据往往不会有太大关系。这样在 Palmer v. Durnford Ford（1992）QB 483 先例下，法院就要考虑如何区分专家证人开庭审理前的工作与行为，哪些是涉及证据部分可以享有豁免权，哪些是给客户的专业意见/建议就不可以。看来，这是要根据每一个不同案件与案情个别考虑有关专家作出的意见或行为的主要原因是什么。Simon Tuckey 大法官说："In this case the expert was retained for reward by the plaintiffs to advise them. . . There is no English authority dealing with the position of an expert in circumstances such as those which exist in this case. Nor has this point been considered, as far as counsel have been able to discover, in any other common law jurisdiction . . . **I approach the matter by noting first that experts are usually liable to their clients for advice given in breach of their contractual duty of care and secondly that the immunity is based upon public policy and should therefore only be conferred where it is absolutely necessary to do so. Thus, prima facie the immunity should only be given where to deny it would mean that expert witnesses would be inhibited from giving truthful and fair evidence in court. Generally I do not think that liability for failure to give careful advice to his client should inhibit an expert from giving truthful and fair evidence in court .** . . I can see no good reason why an expert should not be liable for the advice which he gives to his client as to the merits of the claim, particularly if proceedings have not been started, . . . **The problem is where to draw the line** given that there is immunity for evidence given in court and it must extend to the preparation of such evidence to avoid the immunity being outflanked and rendered of little use. This problem was considered by the House of Lords in Saif Ali v. Sydney Mitchell & Co. [1980] A. C. 198 . . . In that case the House decided that the immunity extended to some **pre-trial work but only** where the particular work **was so intimately connected with the conduct of the case in court** that it could fairly be said to be a preliminary decision affecting the way that the case was to be conducted when it came to a hearing. **I think a similar approach could be adopted in the case of an expert. . . . So the production or approval of a report for the purposes of disclosure to the other side would be immune but work done for the principal purpose of advising the client would not.** . . . "（加黑是笔者的强调）

该判决被后来的 Bingham 大法官在 M（A Minor）v. Newham London Borough Council（1995）2 AC 633 上诉庭先例认同。

3.5 General Medical Council v. Meadow 先例

在 General Medical Council v. Meadow（2006）EWCA Civ 1390 先例中，Clark 夫妻的两个新生婴儿先后猝死（cot death 或"Sudden Infant Death Syndrome"，简称"SIDS"）。之后英国警察在听取了 Meadow 教授的专家意见报告后，起诉与控告妻子 Clark 女士（因为两个婴儿死亡时只有她在场）谋杀两个婴儿并且罪名成立。但

Clark 女士在后来的第二次上诉时才首次有机会全面审查专家意见中统计数字的可靠程度,之后发现专家意见有误并严重影响或误导了警察提起检控与陪审团的定罪,成功推翻原判。这已是 Clark 女士被判刑后的两三年,Clark 女士的父亲对该专家证人十分不满并向医学总会(General Medical Council,GMC)投诉。GMC 一个名为"Fitness to Practice Panel"(FPP)的专业小组的聆讯结果是认定该专家严重专业疏忽(serious professional misconduct)并且把他除名。这位 Meadow 教授是英国一位著名与资深(年龄是 73 岁)的儿科专科医生(paediatrician),对他来说这等同于在专业上判他死刑。所以,Meadow 教授向法院提出他在法院诉讼可享有证人豁免权,Clark 夫妻不能向他提起民事诉讼指控疏忽或犯错(几乎肯定可以胜诉)并索赔损失,证人豁免权也应该延伸去因此(证据上的疏忽与过错)带来的专业聆讯。

Meadow 教授在一审中被 Collins 大法官支持,FPP 的决定被撤销。但上诉庭判证人豁免权不能延伸至保护专业聆讯(虽然在严重专业疏忽方面,上诉庭多数是不认同 GMC 的认定)。

对 Meadow 教授的专家证据,问题不在医学方面,这是他作为一个儿科专家完全可以胜任。问题只出在他为了强调自己的结论所依赖的一些统计数据,而这也是最容易造成误导的。Meadow 教授并非一个统计学家,也不懂这方面的专业知识。但他在第一份证人证言中[这导致 Clark 女士受到羁押(committal)]就一个家庭中两个婴儿猝死的问题说:"Even when an infant dies suddenly and unexpectedly in early life and no cause is found at autopsy, and the reason for death is thought to be an unidentifiable natural cause SIDS, it is extremely rare for that to happen again within a family. For example, such a happening may occur 1:1,000 infants, therefore the chance of it happening twice within a family is 1:1 m. Neither of these two deaths can be classified as SIDS. **Each of the deaths was unusual and had the circumstances of a death caused by a parent**."(加黑是笔者的强调)

但该统计只适用在两个死亡是真正独立,不享有同样基因与环境(如在同一家庭)的情况。Auld 大法官说:"However, as only later identified on appeal, the conversion or squaring, in this passage of the odds of 1:1,000 deaths for one death to 1:1 m deaths is only valid if each of the deaths is truly independent of the other, that is without, at the very least, the shared genetic and environmental circumstances of the children being members of the same family. So squaring of this sort should only be considered valid where true independence of each event from the other has been established. ... To have any relevance to a case of two unexplained and seemingly natural infant deaths in the same family, it should have been based on an assumption of dependence between the two deaths, so as **to produce a greater risk, that is a significantly lower figure than that of the 1m resulting from the squaring exercise**. In short, the failure to assume such dependence invalidated the squaring exercise."(加黑是笔者的强调)

另在 Meadow 教授为了开庭审理作出的第二个专家报告中，更是根据一份名为 CESDI 的报告把统计概率降低为 7,300 万分之一。这几乎完全否定了 Clark 女士的婴儿是自然死亡的抗辩。该专家报告说："Since writing my report, I have read the reports of other medical experts. Apart from non-accidental injury, no likely specific medical cause of death has been proposed. Thus, it is suggested that the deaths of both children should be considered as examples of SIDS. The likelihood of SIDS rises with social circumstances. The most recent estimation of the incidence in England is that for a family in which the parents do not smoke, in which at least one has a waged income, and in which the mother is over the age of 26 years, the risk is 1 in 8,543 live births. **Thus the chance of two infant deaths within such a family being SIDS is 1 in 73m.**"（加黑是笔者的强调）

该统计也备受批评，并指 Meadow 教授只节录了 CESDI 报告的表格，但没有披露批注。Thorpe 大法官说："In the days immediately preceding the trial he submitted a supplemental witness statement in which he advanced an even more extreme calculation drawn from the CESDI study by Professor Fleming and others. He knew from the text of the article that simple squaring was not a reliable basis for the calculation of the probability of recurrence given that two infant deaths within the same family are not independent events. He, who had introduced the CESDI study to the case, allowed the bare table for the calculation of probability by squaring to go before the jury without the qualifications expressed in the accompanying text."

可以从这个苛刻的先例中更深刻理解在 CPR 下专家证人对法院的责任。上诉庭最后判 Meadow 教授的豁免权不能延伸到作为专家证人时疏忽或错误而导致的专业聆讯。

3.6 专家证人被剥夺证人豁免权的 Jones v. Kaney 重要贵族院先例

已经看到，不少先例是专家证人如果错误向法院提供专业意见，会带来的后果往往是极端严重。毕竟审理法官自己没有这方面的专业知识，所以才会批准当事人引入专家证据。而法官（或仲裁庭）自己不懂的情况之下，在常识（common sense）上一定会一面倒依赖与相信他/她接受的独立专家所提供的专家证据。而这个专业知识又对认定案件争议的事实是至关重要，这个案件将由专家证人的意见来决定命运。可参阅上一段介绍的 General Medical Council v. Meadow (2006) EWCA Civ 1390 先例。

像所有其他专业人士一样，专家证人也经常会疏忽犯错。专家证人的基本职责是去协助法院，CPR Rule 35.12 鼓励双方专家证人在开庭审理前商谈减少争议/争端或讲真话、畅所欲言，该让步就让步，客观接受对方专家证人的意见或观点。但接受对方意见或观点通常表示改变了他/她原来向客户给的意见或建议，这会带来客户或大或小的损失，至少是浪费了一些律师费用。但他/她与事实证人一样，可享有绝对的豁免权。本来出庭大律师(barristers/advocates)也享有同等地位,本段提到的个别案例实是涉及出庭大律师的同样的豁免权。但在 Hall v. Simons (2000) 3 WLR 543 与 Arthur JS Hall v. Simons (2002) 1 AC 615 等先例中,贵族院收回/剥夺了大律师的豁免权。虽然稍后在 Medcalf v. Marvell (2003) 1 AC 120 先例中,贵族院仍保留了出庭大律师在面对因他们在开庭审理时的发言与盘问导致的诽谤诉讼时的绝对豁免权。这样,大家从来没有去质疑过的专家证人应否享有豁免权的问题开始有了关注。

有不少看法是,在 Stanton v. Callaghan (2000) QB 75 上诉庭先例中,Chadwick 大法官说到了 Woolf 勋爵改革与 CPR 是要求专家证人客观、独立、坦率让步、不要坚持己见到底等,所以更需要让专家证人享有豁免权,才能让他们无后顾之忧去协助法院。再说,严重犯错的专家证人也已经有了不少严厉的惩罚或制裁,[13] 特别是 Phillips v. Symes (No. 2) (2005) 1 WLR 2043 先例。看来,这会是区别大律师再不可以享有豁免权的理由。但在 Jones v. Kaney (2011) UKSC 13 最高院先例中,该看法被否定,专家证人也被收回/剥夺了这个证人豁免权。

该先例的案情可见本书第四章之 14.3 段,原告向专家证人索赔因为她在专家证人会面后的共同声明/备忘录中错误认同对方专家证人意见而导致原告蒙受的损失。一审法院在被告的申请下,以专家证人可享有证人豁免权的大原则撤销(strike out)原告的索赔请求。但同时批准原告跳过上诉庭,直接去最高院(Supreme Court)上诉这个法律地位,因为要更改历史悠久的法律地位剥夺专家证人豁免权,只有最高院(或立法)才有权。

最高院的 7 位大法官以 5 比 2 的多数意见判收回与剥夺收取报酬与对客户有小心谨慎责任(duty of care)的专家证人享有的豁免权。多数意见也就是最后的判决认为,“每一个过错造成的损害都要有救济”(every wrongs should have a remedy)这一主要的大原则与公共政策能允许例外情况必须在重要性上是成比例(proportionate)的。而这个历史悠久的专家证人豁免权时至今日已经不成比例,如 Phillips 勋爵所说:“Such immunities must, therefore, be justified as having a legitimate aim and as being proportionate to that aim. A blanket immunity for experts is disproportionate. There is no evidence that it promotes justice.”

可简单介绍最高院对个别支持这个豁免权的原因的反驳:

1. 行业资深专家不愿意做专家证人?这不被接受,认为没有太强与有说服力的证据支持这个恐惧。相反,在剥夺大律师豁免权时也有这种说法,但事实证明这个恐惧后来并没有成真。再说,现在保险市场也有专家证人的责任保险(liability insur-

〔13〕 见本章之 3.3 段。

ance),[14]虽然并不是不同行业的每一位专家证人,特别是不属于专业组织的专家证人,都可以较容易安排责任保险。另也有好处,如专家证人失去豁免权的保护伞,会更谨慎向客户作出专家意见与建议。再说,这些专家在做其他本行专业的工作时并不享有豁免权。此外,资深的专家会是更恐惧他们的专业机构采取惩罚手段毁灭他们一生的信誉与专业成就,如 General Medical Council v. Meadow 先例。这已经明确了是不享有豁免权,怎会是收回或剥夺普通法的豁免权会造成他们有更大的恐惧导致不再肯做专家证人?

针对上述说法,可节录 Phillips 勋爵所说:"Why should the risk of being sued in relation to forensic services constitute a greater incentive to the provision of such services than does the risk of being sued in relation to any other form of professional service? Furthermore, . . . the supply of expert witnesses in other fields exceeds demand. . . . The case that immunity is necessary to prevent a chilling effect on the supply of expert witnesses is not made out."

另节录 Collins 勋爵所说:"The practical reality is that, if the removal of immunity would have any effect at all on the process of preparation and presentation of expert evidence . . . it would tend to ensure a greater degree of care in the preparation of the initial report or the joint report. It is almost certain to be one of those reports, rather than evidence in the witness box, which will be the focus of any attack, since it is very hard to envisage circumstances in which performance in the witness box could be the subject of even an arguable case."

2. 专家证人会否因失去豁免权保护而不再坦率与客观地协助法院?这虽然已是 CPR 强加的法定责任,但专家证人会否虽然在与对方专家证人会面商谈或开庭时的盘问时,因为听了对方的不同看法/说法后有不同想法与想让步,但因为与他们原来提供给客户的意见或建议有所偏离或相反,在失去豁免权的情况下害怕将来客户会追究,导致有疑虑而向法院讲违心话?

这也被最高院否定,理由同样是以同属法院的官员(officer of the court)的大律师被剥夺豁免权后这个担心并没有成真。Phillips 勋爵说:"There is here, I believe, a lesson to be learnt from the position of barristers. It was always believed that it was necessary that barristers should be immune from suit in order to ensure that they were not inhibited from performing their duty to the court. Yet removal of their immunity has not in my experience resulted in any diminution of the advocate's readiness to perform that du-

---

〔14〕 专家证人应投保的是专业责任赔偿保险(professional liability insurance)而不是商业综合责任保险(commercial general liability insurance)。据知,在 Jones v. Kaney (2011) UKSC 13 先例后,伦敦与国际保险市场也出现了专门针对专家证人豁免权的保险(expert witness professional indemnity insurance)。

ty. It would be quite wrong to perpetuate the immunity of expert witnesses out of mere conjecture that they will be reluctant to perform their duty to the court if they are not immune from suit for breach of duty."

3. 专家证人会否面对客户指控违反小心谨慎的责任并带来重复诉讼(multiplicity of suits)？最高院认为，只要是尽职的专家证人，并非真正疏忽与犯错而只是听了对方专家的意见后有了更多想法，不必恐惧。前客户不会兴师动众，再花钱委任律师与其他专家证人向前专家证人提起诉讼。当然，永远会有不合理的客户不面对现实，向前专家证人提起压迫/恶意诉讼(vexatious/malicious litigation)，但这种案件会很快被法院撤销。Phillips 勋爵说："A litigant in person who seeks to bring such a claim without professional support will be unable to plead a coherent case and will be susceptible to a strike out application. For these reasons I doubt whether removal of expert witness immunity will lead to a proliferation of vexatious claims. I am not aware that since Arthur JS Hall & Co v. Simon (2002) 1 AC 615, barristers have experienced a flood of such claims from disappointed litigants."

笔者可总结自己对这个先例的看法如下：

(1)有几个重要因素导致这个判决改变了几百年来的专家证人地位。这包括《Supply of Goods and Services Act 1982》之 section 13 的立法强加在提供服务人士与专家证人身上的要合理小心与有水平的责任(a duty to act with reasonable care and skill)，人权法更重视任何过错务必要赔偿受害人，CPR 令专家证人更像律师成为法院的官员等。但显然最重要的是相近的出庭大律师被剥夺了豁免权，而且并没有带来预期的影响，也就没理由放过专家证人与担心不良影响了。正如 Dyson 勋爵所说："Although the analogy between the advocate and the expert witness is not precise, it is sufficiently close ... In particular, like advocates, they are professional people who can be expected to want to comply with the rules and ethics of their profession. Experts can be in no doubt that their overriding duty is to the court. ... There is no reason to doubt that most experts are honest conscientious people who need no incentive to comply with their duty and the rules and ethics of their profession. There may be a few experts (as there may be a few advocates) who behave dishonourably. But that is no more compelling a reason for retaining the immunity for experts than it was for retaining it for advocates."

(2)注意，此先例只针对友好专家证人(friendly expert witness)，因为他们收费但后来提供的服务是违反小心谨慎的责任。但并不影响其他的证人如事实证人、法院委任的专家证人(主要是独任共同专家证人)或对方专家证人。当然此先例影响仍是很大，毕竟大部分专家证人(在国际仲裁是高达 90%)是当事人委任的友好专家证人。另是，可以看到豁免权在重视与强调人权法的大环境下在不断被"蚕食"。看来在国际仲裁中，收取费用但仍可以享有豁免权的只剩下仲裁员了。此应较安全，因为是被《Arbitration Act 1996》所赋予，不是法院在一个特殊案情的案例不满意仲裁员严重疏忽或犯错仍可躲在豁免权后面,令受害的当事人没有救济就可以改变的。但仍要小心,如果仲裁员犯错的情况频频,社会人心有了改变,议会仍是可能更改立法剥夺这立法豁免权(statutory immunity)。毕竟,仲裁员享有豁免权是不能与法官享有豁免权[见 Primrose v. Waterston (1902) 4 F 783 等先例]相提并论。

(3)对友好专家证人而言,失去豁免权也不见得致命。例如,抢手与供不应求的行业顶尖专家,他/她完全有谈判本钱要求提供服务的协议加上一条保护的免责条文(exemption clause),以合约豁免权(contractual immunity)弥补失去了的普通法豁免权。

(4)这方面的法律地位是与美国看齐,在 Collins 勋爵的判词中提道:"In the United States immunity was generally been applied to adverse and court-appointed experts: eg Provencher v. Buzzell-Plourde Associates (1998) 711 A 2d 251 (NH); Dayton v. Miller (1999) 984 P 2d 666 (Colo Ct App.); McNall v. Frus (2002) 784 NE 2d 238 (Ⅲ App Ct.)."

(5)中国有不少法律专家证人在伦敦、新加坡与香港特区的法院与仲裁庭出现,他们与其他方面的专家证人有同样的法定责任。这表示他们必须了解这方面的责任与法律地位,包括有超越性的责任去协助法院与仲裁庭真正了解中国法律地位,以及本小段所介绍的他们再也不能享有免于被诉的豁免权。

最后,在 Jones v. Kaney 先例后,有一些更近期先例显示,专家证人犯错并受到审理法官公开的批评表面看来可以让他们的客户向专家证人提起诉讼并索赔损失(如果有产生),而该专家再也不能以绝对豁免权作为抗辩或撤销索赔请求的理由。如在 Riva Properties Limited v. Foster Partners Limited (2017) EWHC 2574 (TCC)先例中,被告专家证人被审理法官批评"no intellectual justification whatsoever"、"wholly flawed ... verging on nonsense"。另在 X v. Y (Delay: Professional Conduct of Experts) (2019) EWHC B9 (Fam)先例中,一宗家庭案件中的一位儿科医生被双方当事人(一对夫妻)委任为共同专家证人,但因为私人原因一直拖延完成专家报告,错过法院在案件管理会议下令的期限。在 CPR 下,避免诉讼程序延迟是大原则之一,所以对期限十分严格。一旦错过交出专家报告的期限,即会面对费用或其他惩罚,甚至一方当事人的专家证人会被拒绝引入与依赖有关专家报告。如果发生这种情况,专家证人可能将面对惩罚或被客户起诉赔偿损失,如本书第四章之 10.4.3 段介绍的 Parent A v. Parent B and Others (2019) EWHC 406 (Fam)先例,判延误的专家证人要承担当事人应两次推迟开庭而产生的所有费用。

4. 衡量专家证据分量的重要性与困难

与其他所有证据一样,最后也是最重要的一步是审理法官、陪审员与/或仲裁庭成员的事实审理者(fact trier)到底会给予专家证据多少分量。毕竟民事诉讼中一方当事人要在事实争端中获胜,必须提供足够的证据满足平衡的可能性的举证标准(standard of proof),这需要综合包括专家证据在内的所有证据。

同时,非常重要的是,事实审理者是有司法责任或义务作出事实认定的。而事实认定如果实际上是必须依赖专家意见作出,事实审理者就也必须对专家意见作出认定而不能置之不理。在 Wilsher v. Essex AHA (1988) AC 1074 贵族院先例中,一审法院没有解决有冲突的专家意见,但案件中的关键性事实(此案件涉及的争端是医生对刚出生早产婴儿的诊治与看护是否有疏忽)必须依赖专家的判断,一路经过上诉庭与贵族院的审理后,贵族院的大法官们将该案件发回重审。[15]

相对来说,对事实证据认定犯错的机会是比较少的,因为对事实的认定不外是真或假,只要证据足够加上双方有称职的交叉盘问,对事实的认定不会有太大困难。但一涉及专家意见证据,就会困难重重,所以也经常导致被上一级法院推翻或发还重审。大道理是与所有证据一样,审理法官或仲裁员对于专家证据可以选择接受、拒绝或者是只接受部分内容,总的来说是全面审核证据并给予恰当的分量。真正的认定是在法官而非专家证人,不能让专家证人越俎代庖。[16]

而专家证据的特别之处在于,专家所具备的知识与经验是法官所不具有的,否则也不会需要接受专家证人的帮助。美国 Learned Hand 大法官在"Historical and Practical Considerations Regarding Expert Testimony"(1901) 15 Harvard LR 40 一文就说:"But how can the jury judge between two statements each founded upon an experience foreign in kind to their own? It is just because they are incompetent for such a task that the expert is necessary at all ... If you would get at the truth in such cases, it must be through someone competent to decide."

但往往此时引入的专家证据对于关键争端到底如何认定会是决定性的,不仔细衡量分量又难以作出事实认定。这些专家证据的分量如何衡量对于事实审理者而言肯定有困难,毕竟是"外行人"对"行内人"作出正确的取舍。例如,在 Thomson v. Christie Manson & Woods Ltd (2005) EWCA Civ 555 先例中,一个争端涉及拍卖会上的一件古董到底是属于18世纪法国国王路易十五世时期还是19世纪初期(这会使得该古董价格差别很大),审理的法官只能完全依赖专家证据的意见,并估计是在似懂非懂的状况下主要凭对专家证人的印象(impression)从几个专家意见中衡量出更有分量的进行事实认定。一审法官作出认定后案件被上诉到上诉庭,上诉庭的 May 大法官说:"The judge's factual conclusion that the vases were made in the 18th century was a composite amalgam of a large number of particular judgments where **an assessment of the weight and persuasiveness of each of the experts as witnesses was of critical**

---

〔15〕 有关发回重审的问题,可见本书第三章之3.1段。

〔16〕 有关"最后结论规则"(Ultimate Issue Rule),可见本书第四章之5.1段的介绍。

importance. The judge was obviously impressed with Mr Bourne, M. Moreira and Professor del Bufalo. He was not impressed with Mr Paterson for reasons which may readily be articulated. He was impressed with Dr Northover's experience and expertise, but less so with his logic and judgment."(提到的人名均为专家证人)(加黑部分是笔者的强调)

对专家证据的正确取舍还有很多其他困难,如本书第四章之3.4.4段已经提到了尤其是当事人委任的专家证人被认为是"枪手"(hired gun)的危险,双方当事人经过专家挑选(expert shopping)各自筛选出自己的专家证人,这些专家证据到底是否有真正很大的价值会存疑(skepticism)。会否选择任何一个专家意见都不是最好或正确的意见,毕竟意见不像事实只有真假,对一个复杂争议事实是可以有很多不同意见。普通法下的对抗制诉讼(adversarial litigation)虽然相比询问制(inquisitorial)是有它的优越之处,双方当事人自然会对己方案件扬长避短,而通过对抗就可以发现其中的问题,通过双方的争辩与质疑把争议的事实搞得更清楚,但针对专家证据,有对抗的双方当事人只是为了自己的案件与利益想尽办法误导事实审理者,而不是希望帮助事实审理者了解真相,最后胜诉的一方就是成功误导了事实审理者的一方。另是,专家证据很容易被"武器化",财雄势大的当事人委任一位或多位顶级与诉讼经验丰富的专家证人面对贫穷与对抗制诉讼经验不多的对方当事人,简直是以核弹对付石头的一场战争。即使是事实胜利者想公平审理仍是无能为力,因为必须根据证据(包括一面倒的专家意见证据)认定争议事实。

以上所讲(包括还有很多其他方面)都令衡量专家证据的分量更加困难。

4.1 需要在判决或裁决中给出理由

在本书第三章之3段已经详细介绍过,在判决或裁决中必须给出作决定的理由/足够理由,这是公平审理(fair trial)的要求。同样道理,这包括事实审理者如果选择支持某个专家的意见也应该给出理由,如果是衡量之下不给某个专家证据分量更是要给出理由说明。这正是Flannery v. Halifax Estate Agencies Ltd (t/a Colleys Professional Services) (2000) 1 WLR 377上诉庭先例中Henry大法官在针对公平审理必须给理由的评论中所说:"We make the following general comments on the duty to give reasons...(1)**The duty is a function of due process, and therefore of justice**. Its rationale has two principal aspects. The first is that fairness surely requires that the parties especially the losing party should be left in no doubt why they have won or lost. This is especially so since without reasons the losing party will not know ... whether the court has misdirected itself, and thus whether he may have an available appeal on the substance of the case. The second is that a requirement **to give reasons concentrates the mind**; if it is fulfilled, the resulting decision is much more likely to be soundly based on the evidence than if it is not. (**2**) The first of these aspects implies that **want of reasons may be a good self-standing ground of appeal**. Where because no reasons are given it is impossible to tell whether the judge has gone wrong on the law or the facts, the losing party would be altogether deprived of his chance of an appeal unless the court entertains an appeal based on the lack of reasons itself. (**3**) The extent of the duty, or rather the reach of what is required to fulfil it, depends on the subject matter. Where there is a straightforward factual dispute whose resolution depends simply on which witness is telling the truth about events which he claims to recall, it is likely to be enough for the judge (having, no doubt, summarised the evidence) to indicate simply that he believes X rather than Y; indeed there may be nothing else to say. But **where the dispute involves something in the nature of an intellectual exchange, with reasons and analysis advanced on either side, the judge must enter into the issues canvassed before him and explain why he prefers one case over the other. This is likely to apply particularly in litigation where as here there is disputed expert evidence**; but it is not necessarily limited to such cases. (**4**) This is not to suggest that there is one rule for cases concerning the witnesses truthfulness or recall of events, and another for cases where the issue depends on reasoning or analysis (with experts or otherwise). **The rule is the same: the judge must explain why he has reached his decision**. The question is always, what is required of the judge to do so; and that will differ from case to case. **Transparency should be the watchword**."(加黑部分是笔者的强调)

毕竟任何意见要能经得起考验最重要的就是其中的说理与理由,如果专家证据没有好的说理与理由分量就会减低,而根本没有说理纯粹是自说自话(bare *ipse dixit*)就不会有分量。Kennedy v. Cordia (Services) LLP (2016) UKSC 6 最高院先例就明确说:"An expert must explain the basis of his or her evidence when it is not personal observation or sensation; mere assertion or 'bare ipse dixit' carries little weight... If anything, the suggestion that an unsubstantiated ipse dixit carries little weight is understated; in our view such evidence is worthless."

事实审理者在判决或裁决中接受或反对专家证据的意见也应当给出原因,而且专家证据会花费很多时间与金钱,也应在判决或裁决中显示给予充分考虑。

4.1.1　法院如果没有给理由是违反自然公正(natural justice)

法院选择接受哪方的专家证据必须给出理由,这是自然公正大原则的要求。原因很多,只挑两三个介绍。一是因为当事人必须能够知道为何胜负,否则败诉方如何决定与根据什么理由寻求救济或赔钱了事?二是审理法官搞错方向与错判,但判决只有结果没有说理,需要作出监督的上诉庭与社会公众也无法觉察到底一审的决定是对是错与错在哪里。三是因为要给出足够判决的理由会迫使审理法官动脑筋,不能懒惰与草率地作出决定。

所以,如果一审判决没有给出对专家证据取舍的理由,就可以上诉推翻判决。至于什么才是足够的理由是要根据每次不同的案情而定。在一个简单的事实纠纷/争议中,审理法官可简单说我相信 X 先生不相信 Y 先生。这等于事实证人的取舍往往不必要在判决中给出理由或太多理由,虽然法官通常还是会在判决中多讲几句解释,如不被接受的事实证人讲话与某些当场文件的内容有不符,吞吞吐吐无法回答简单的交叉盘问并且前后矛盾等。但若是在专家证人/证据的交锋中,双方都有很多的理据/分析,法官就不能草草略过,而应分析每一个争端并给出为何他/她接受这个专家意见但不接受另一个专家意见的理由。

在解决有冲突的专家证据时,审理法官的地位是超然的。虽然审理法官或仲裁庭在自己需要帮助的专业问题上,一般不应该在专家给出的专业意见以外给出自己的另一套意见。但在让双方有机会对此作出充分评论与陈述的基础上,在判决中也有条理地写明合法理由支持这个决定,审理法官可以不接受或偏离来自鼎鼎大名的专家证人的意见证据,这仍然会是一个公平审判。

以上的介绍有大量先例的权威说法支持,接下来只挑选部分介绍。在 Eckersley v. Binnie (1988) 18 Con LR 1 先例中,Bingham 勋爵说:"In resolving conflicts of expert evidence, the judge remains the judge; **he is not obliged to accept evidence simply because it comes from an illustrious source**; he can take account of demonstrated partisanship and lack of objectivity. But, save where an expert is guilty of a deliberate attempt to mislead (as happens only very rarely), **a coherent reasoned opinion expressed by a suitably qualified expert should be the subject of a coherent reasoned rebuttal**, unless it can be discounted for other good reason."(加黑部分是笔者的强调)

也可见 M (Residence), Re (2002) EWCA Civ 1052 上诉庭先例中 Thorpe 大法官所说:"it seems to me that on the application of those principles to this case the judge was at liberty to depart from the opinion of the experts, **even if unanimous**... **it was incumbent upon him to explain his departure a good deal more fully**..."(加黑部分是笔者的强调)

另见 AB v. BG (2009) EWCA Civ 10 上诉庭先例中 Wall 大法官所说:"It is, of course, axiomatic that **judges are entitled to disagree with an expert witness**. But this proposition also has an equally obvious corollary. There must be material upon which the judge in question can safely found his or her disagreement, and he or she **must fully explain the reasons for rejecting the expert's evidence**."(加黑部分是笔者的强调)

如果专家证人提供的证据没有被质疑[这会发生在另一方当事人(通常是被告)缺席或某部分内容没有在交叉盘问提出质疑等],审理法官通常需要接受,因为他/她无法在判决中写出不同意的合理理由。如果由于有内部矛盾,如专家报告中前后矛盾,或被认定的事实与专家证人假设的事实有不同,就只应偏离有矛盾的部分并给出理由,但其他不受影响的部分仍需要客观对待与接受。这种情况不会太多,一般有诉讼经验与水平的专家证人在拟定专家报告时,很少会出现这种情况。在 Y and Another (Sri Lanka) v. Secretary of State for the Home Department (2009) EWCA Civ

362 上诉庭先例中，Sedley 大法官说："While no tribunal is bound simply to accept everything that such experts say because they have gone uncontradicted, it is well established that the tribunal must have, and must give, acceptable reasons for rejecting such evidence. **Where the reason is that the evidence of one expert witness is so internally contradictory as to be unreliable, the obligation remains to make an objective decision on the rest of the evidence.** Where the reason is that one expert has contradicted another, the judge may need to choose between them, but may not for that reason alone reject both."（加黑部分是笔者的强调）

众所周知，如果双方当事人对某争议事实达成一致意见，审理法官（或仲裁庭）一般必须接受为"真正事实"（true fact），不能自说自话质疑或要求提供更多证据。但针对专家意见证据，由于只是"意见"（opinion），可以在不同人的眼中有很多不同意见，并且会有改变，完全不像事实只有真假与客观存在。所以，即使双方当事人的专家证人达成了一致意见，审理法官仍然有裁量权不接受该一致意见，但更需要给出十分明确的理由。只要是给出了完全合理的理由，即使与两位专家证人的意见不同，也不会是违反自然公正。这与涉及仲裁的 Fox v. PG Wellfair（1981）2 Lloyd's Rep 514 先例剥夺了双方当事人的申辩机会，因此属于不良行为（misconduct）或严重不正常（serious irregularity）而被法院干预是不同的。

同一道理也适用于一位共同专家证人（Single Joint Expert 或 SJE）的意见或没有被质疑的当事人专家的意见。在 Coopers Payen Ltd v. Southampton Container Terminal Ltd（2003）EWCA Civ 1223 上诉庭先例中，Lightman 勋爵说："Where a single expert gives evidence on an issue of fact on which no direct evidence is called, for example as to valuation, then subject to the need to evaluate his evidence in the light of his answers in cross-examination his evidence is likely to prove compelling. Only in exceptional circumstances may the judge depart from it and then for a good reason which he must fully explain."

也可见在 Whiting v. First/Keolis Transpennine Ltd（2018）EWCA Civ 4 上诉庭先例中 Hickinbottom 大法官所说："where experts are agreed on a matter within their technical expertise, a judge will only rarely reject that evidence; and should not do so without applying considerable caution and giving adequate reasons."

很显然，审理法官或仲裁庭即使有不同意见，给出的理由也不要不自量力地试图在科学或专业知识上驳倒专家证人，而应针对给予专家证据恰当分量是应考虑其他因素。毕竟，法院判决的"司法意见"不单纯是局限在自然科学与专业范畴的专家意见。这正是 English v. Emery Reimbold & Strick Ltd（2002）EWCA Civ 605 上诉庭先例中 Phillips 大法官所说："This does not mean that the judgment should contain a passage which suggests that the Judge has applied the same, or even a superior, degree of expertise to that displayed by the witness. He should simply provide an explanation as to why he has accepted the evidence of one expert and rejected that of another. It may be that the evidence of one or the other accorded more satisfactorily with facts found by the Judge. It may be that the explanation of one was more inherently credible than that of the other. It may simply be that one was better qualified, or manifestly more objective, than the other. Whatever the explanation may be, it should be apparent from the judgment."

上述 Phillips 大法官所说,很重要的一点是,事实审理者如审理法官或仲裁员必须知道自己的局限与定位。无论是什么专家证人,也不可能在短短的开庭时间内教会事实审理者无数不同的尖端科技与专业知识,更不可能达到可以实质性评论专业理论与应用的水平。专家证据的意义只是通过专家证人让事实审理者对这方面的理论与应用足够熟悉与了解,达至足以作出司法认定与/或明智选择意见的程度。所以,判决或裁决的理由需要扬长避短,不要长篇大论"扮专家"针对双方专家证据或共同专家证人在专业意见的分析与评论。作出选择专家意见的理由(也必须提供,否则过不了上诉庭的一关)反而主要是配合社会科学方面,如潜在的可能性、专家证据是否有相互矛盾或不合逻辑、专家报告是否是粗制滥造、专家证人在交叉盘问无法回答提问、言行举止看来不独立、不是真专家等。

4.1.2 没有足够理由的严重后果:下令重审(retrial)

若一审判决没有理由或没有足够理由,后果会十分严重,会导致上诉庭下令重审。这样做不仅令一审法官十分丢脸,也令双方当事人浪费金钱与时间。在 Flannery v. Halifax Estate Agencies Ltd (2000) 1 All ER 373 先例中,上诉庭说既然审理法官聆听了双方的分析后接受了被告的专家证据,就有责任提供原因有条理说明为何拒绝原告的专家证据,否则只能把判决撤销(dismiss)并下令一审法院由另一位法官重审:"... since the judge heard reasoned analysis and accepted the defendant's expert evidence, he was under a duty to supply reasons in the form of a coherent rebuttal of the plaintiffs' expert evidence; and that his failure to do so justified setting aside his judgment and remitting the case for retrial."

另在 Sandry v. Jones (2000) 7 WLUK 114 先例中,被告已经承认了交通事故的责任,诉讼争议只是赔偿金额。其中一项是原告指他颈部受伤令他无法继续经营自己移动贩卖与送货服务的生意,导致"利润损失"(loss of profit)。被告的专家证人当然有异议,认为颈部的这些损伤不会导致这种严重后果。双方专家证人争得很细,但法官只在判决/判词中说:"... on a balance of probabilities the claimant has not satisfied me that the loss of profit claim has been proved so far as giving up the 'van' aspect of the business is concerned."这被上诉庭批评是十分不够,下令重审。

在 M – W (A Child), Re (2010) EWCA Civ 12 上诉庭先例中,Wall 大法官也批评一审法院没给足够的理由:"With all respect to the judge, I regard **this sentence as a wholly inadequate judicial response** to Dr. T(专家)... All the sentence is, I fear, is a simple expression of disagreement with Dr. T. There is no reasoning, and no analysis..."

Whatever the explanation the judge, as it seems to me, has indeed fallen into the trap against which he so carefully warned himself. For this reason alone, in my judgment, the judge's order cannot stand."(加黑部分是笔者的强调)

在同样的道理下,一审法院也不能漠视专家证据而导致对事实的认定有了偏差,否则同样会带来一审判决被推翻或改变的严重后果:见 B (Children) (Non-Accidental Injury: Compelling Medical Evidence), Re (2002) EWCA Civ 902 先例。

另是,一审法院当然可以对双方当事人提供的专家证据选择性"挑选樱桃"(cherry-picking),毕竟"事实"必须接受,但"意见"可以不接受或只接受部分。当然这样做,也要给足够甚至是更充分的理由,正如在 M (Residence), Re (2002) EWCA Civ 1052 先例中,Thorpe 大法官说:"... insofar as the judge was fully entitled to depart from the experts in relation to issues of ..., it was incumbent upon him to explain his departure a good deal more fully than he did ..."

以下可更详尽地介绍两个理由不够的先例。

4.1.2.1 理由不足够的先例之一:Devoran Joinery Co Ltd v. Perkins

在 Devoran Joinery Co Ltd v. Perkins (2003) EWCA Civ 1241 先例中,原告(Devoran Joinery Co Ltd)为被告(Perkin 先生)新建的别墅提供与安装窗户。其后,原告向被告索赔仍欠下的材料与工程费约 11,000 英镑,但被告反索赔六个方面的工程缺陷(defective work)带来的损失,共计约 26,000 英镑。

一审中,被告不同意委任一位共同专家,导致最后双方当事人各自委任自己的专家证人。其中,原告委任的是 Keyworth 先生,他是一位建筑师,但对这些工程有经验。被告委任的是 Bussey 先生,是一位特许测量师。

一审的 Cowell 法官接受了 Keyworth 先生的专家意见。这导致原告基本上成功抗拒了被告的反索赔,一审法院判被告只可获得 6,100 英镑的赔偿。被告于是上诉指称,一审法官没有给足够的理由针对这些专家证据并解释了为何拒绝接受 Bussey 先生的专家意见。

笔者只介绍其中最富争议的是有关上层睡房的窗台或飘窗(bed-room bay window),这被指称有严重缺陷导致冷空气可以吹进来。原告看来对责任没有什么争议,双方的争议主要是在如何补救,而这会严重影响损失的金额。Bussey 先生在他的专家报告中认为技术上没法修理缺陷,需要全部替换(replacement),费用会是 7,251 英镑。而 Keyworth 先生的专家报告中没有特别针对这方面是否无法修理,但有说修理费用是 1,250 英镑。在开庭审理中,原告代表大律师并没有向 Bussey 先生交叉盘问质疑(challenge)这个无法修理的说法。

一审法院更倾向于 Keyworth 先生的专家意见,判原告在这一项工程缺陷要赔偿的损失是 1,450 英镑。但一审法官没有解释为何拒绝 Bussey 先生的说法,只是自说自话假设如何修理:"As for the two experts, it is, as I say, regrettable that there was not a joint expert appointed, particularly in the case where the figures at stake are as they are in this case. Mr Keyworth is very much a joiner and is much more of an expert on these matters, I think, than Mr Bussey. He is older and more experienced as well. In my judgement, what is needed to put this matter right is (一审法官假设如何修理)..."

这一段判词被上诉庭严厉批评,Mance 大法官说:"**The trouble about this passage in the judge's judgment is that the judge was not, in fact, adopting or approving any evidence or recommendation which Mr Keyworth had made. Mr. Keyworth had simply not addressed the actual problem**, which is what to do if you cannot remove the sill or the corner post, and whether you could undertake a satisfactory repair in respect of the obvious gap between the two mitred ends of the sill without taking those steps(这是 Bussey 先生所说无法修理的原因). The judge was, in reality, developing his own theory..."(加黑部分是笔者的强调)

Mance 大法官也说到,一审法官如果不想接受 Bussey 先生没有被质疑的证言,最起码应要求原告的专家证人 Keyworth 先生回来(因为他的盘问时间上早于被告的 Bussey 先生)针对这方面的问题接受盘问:"In my opinion, the judge, on the material before him at least, was wrong in taking this course without at least recalling Mr Keyworth and hearing how he dealt with the problems (... cannot be repaired ...) and whether a satisfactory repair could be, in his view, achieved in their light in situ."毕竟 Keyworth 先生可能同意 Bussey 先生的看法与意见,即无法修理只能替换飘窗。在笔者看来,如果开庭时采用在本章之 2 段介绍的专家证人会议(hot-tubbing 或 expert witness conference)的做法而不是前后交叉盘问就不会有这种问题。

一审法官也被批评没有足够真正说得出的理由就接受原告专家证人的意见,但拒绝接受被告的专家证人:"A more general point ... is that the judge gave no real reasons for preferring Mr Keyworth to Mr Bussey as an expert, ..."

Mance 大法官最后判这一项工程缺陷的救济与损失要交给另一位不同的法官来重新审理,以决定是否可以在现场修理飘窗或需要移走后修理或甚至要完全替换一个新飘窗。这等于把一审判决部分撤销发还重审:"I do not consider that the judgment can stand in relation to the upper bay window, and with even greater reluctance, I find myself driven to a conclusion that there should be a retrial on the question of what course is appropriate in relation to that window, in particular, whether it is repair, either in situ or after removal, or replacement in whole ... In my opinion, the judge was clearly wrong to prefer Mr Keyworth in this area of the case. I have considered whether this conclusion means that we should order a retrial, or can and should simply substitute our own figure.... The upshot is that this appeal succeeds ... The judge's decision to award only Pds. 1,450 in respect of the upper bay window should be set aside.... and that issue should be remitted for retrial before a different judge, who will decide what course is appropriate in respect of that upper bay window...."

4.1.2.2　理由不足够的先例之二:Dyson v. Leeds City Council

在 Dyson v. Leeds City Council（2000）CP Rep 42 先例中,案情有关 Twohey 先生在被告占有的大楼里工作接触有毒石棉导致间皮瘤(mesothelioma)死亡,[17] Twohey 先生的遗嘱执行人作为原告向被告索赔。争议重点是被告作为大楼的占有者应该在哪一年警觉石棉危害并采取预防措施,原告的专家证人指是 20 世纪 50 年代,而被告的专家证人指是 20 世纪 70 年代。而法官的判词十分简短:"Both experts... agreed that knowledge of the dangers of asbestos came first to the manufacturers of asbestos, secondly to major users of it such as the Royal Navy, then handlers of it such as employers and heating engineers and their employers, then occupiers of premises where asbestos had been used for insulation or fire prevention purposes and finally the general public. I am bound to say that at the end of the day I found the evidence of Mr. O'Neill（被告的专家证人）more persuasive than that of Mr. Beauchamp(原告的专家证人)and that the time when a reasonable occupier would be aware of the need for steps to be taken to reduce the inhalation of asbestos dust would be the 1970s."

以上判决是说,双方专家证人同意石棉的危害应首先由生产商觉察,接着是英国海军等主要使用者,然后是石棉的操作者,再之后是用石棉作为隔热或防火之用的房屋的占有者,最后才是普通大众。审理法官认为被告专家证人比原告专家证人更有说服力。这里要注意,较早的一些事实是双方专家证人都同意的,根本不必审理法官动脑筋。至于双方不同意的部分,因为审理法官根本在判决/判词中没提理由,所以笔者也不知道审理法官认为被告专家证人更有说服力的依据是什么。总之只看判决完全看不出判决理由,所以难逃被上诉庭发回重审的结果。

4.2　事实审理者需要考虑的因素

事实审理者的审理法官(或仲裁庭)也无须评判专家提供的理论或应用是否确实完全正确,也无法做到这个程度。事实审理者只需要能够在法律下作出事实认定,判断是否满足举证标准(如民事诉讼中平衡的可能性)就已经足够。因此事实审理者未必是真正理解有关的专业知识,而是通过法律上可以纳入考虑、事实审理者自己也完全有能力考虑的因素,在全面的证据都一起看待的情况下衡量专家证据的分量。

这些因素也有不少,很重要的一些会是专家的理论或应用是否可靠(如不是有行业内的支持),专家报告是否经过深思熟虑,说理与理由是否有逻辑性(如推理链条完整与有力、没有前后矛盾等),专家具体采用的方法是否恰当与符合案件事实,调查是否完善挑不出什么毛病、是否独立、在科学上是否客观、是否没有偏见、专家在开庭中的表现是否让人信服等。

可以先简单节录 A County Council v. X Y & Z（2005）EWHC 31（Fam）先例中 Ryder 大法官提到衡量专家意见分量时,事实审理者需要考虑的内容:"... an exami-

---

〔17〕 关于石棉造成的大量人身伤亡案件,可见笔者的《损失赔偿与救济》一书第四章之 4.3.3 段与第八章。

nation of the reasons given for his opinions and . . . the extent to which they are supported by the evidence. . . . the internal consistency and logic of his evidence; his precision and accuracy of thought . . . the extent to which a witness has conceived an opinion and is reluctant to re-examine it in light of later evidence . . . whether or not a witness is biased or lacks independence. ”

也可见 Loveday v. Renton (1990) 1 MLR 1 先例中 Stuart-Smith 大法官所说:“In reaching my decision a number of processes have to be undertaken. **The mere expression of opinion or belief by a witness, however eminent... does not suffice**. The court has to evaluate the witness and the soundness of his opinion. **Most importantly** this involves **an examination of the reasons given for his opinions and the extent to which they are supported by the evidence**. The judge also has to decide what weight to attach to a witness's opinion by examining the **internal consistency** and **logic** of his evidence; **the care** with which he has considered the subject and presented **his evidence**; his **precision and accuracy of thought** as demonstrated by his answers; how he **responds to** searching and informed **cross-examination** and in particular the extent to which a witness faces up to and **accepts the logic of a proposition** put in cross-examination or is **prepared to concede** to points that are seen to be correct; the extent to which a witness has conceived an opinion and is reluctant to re-examine it in the light of **later evidence**, or demonstrates a **flexibility of mind** which may involve changing or modifying opinions previously held; whether or not a witness is **biased or lacks independence**. ”(加黑部分是笔者的强调)

本章后续段落准备介绍一些事实审理者在衡量专家证据分量时可以考虑的因素,包括对上一段节录的判决的解释。这方面常被引用的还有 The “Ikarian Reefer” (1993) 2 Lloyd's Rep 68 先例中 Cresswell 大法官所说,可以重复节录如下:[18]

“The duties and responsibilities of expert witnesses in civil cases including the following:

1. Expert evidence presented to the Court should be, and should be seen to be, the independent product of the expert uninfluenced as to form or content by the exigencies of litigation.

2. An expert witness should provide independent assistance to the Court by way of objective unbiased opinion in relation to matters within his expertise... An expert witness in the High Court should never assume the role of an advocate...(第1条与第2条是针对专家必须独立、客观无偏见地提供专家证据,这与专家证据分量的关系可见本章之11段。)

3. An expert witness should state the facts or assumption upon which his opinion is

---

〔18〕 此先例的案情可见本书第三章之1.3.5.5段,也可见第五章之4.2段。

based. He should not omit to consider material facts which could detract from his concluded opinion...(第3条针对的是专家证人必须陈述自己所依赖的事实或假设,专家证人所依赖的事实有错漏会影响分量:见本章之6段。类似的是第7条提到的专家证据所依赖的各类证据,都应当提供给对方当事人,让对方有机会作出调查。)

4. An expert witness should make it clear when a particular question or issue falls outside his expertise.(第4条是专家证人不应该超出自己的专业范围给意见,显然超出专业范围会影响专家是否独立、客观无偏见,本身也会是分量较低的:见本章之8段。)

5. If an expert's opinion is not properly researched because he considers that insufficient data is available, then this must be stated with an indication that the opinion is no more than a provisional one. In cases where any expert witness who has prepared a report could not assert that the report contained the truth, the whole truth and nothing but the truth with some qualification, that qualification should be stated in the report...(第5条针对的主要是专家证据中给出的结论并非肯定的最后结论,如还有一些其他前置条件等都应该明确在专家报告中写明。专家报告到底采用的是什么方法,以及通过说理部分解释清楚自己结论是如何得出是非常重要的,对于专业门外汉的事实审理者而言,审核与分析专家报告中采用的方法是否恰当、说理部分是否逻辑上经得起分析是衡量分量的一个重要因素,分别可见本章之5段与9段。)

6. If, after exchange of reports, an expert witness changes his view on material matter having read the other side's expert's report or for any other reason, such change of view should be communicated (through legal representatives) to the other side without delay and when appropriate to the Court.[第6条针对的是专家证人改变意见。专家证人改变意见完全可能有正当理由,如有新信息/证据或被对方当事人专家说服。但改变意见,尤其是临时改变意见会带来该专家是否对客户当事人的案件太过于热忱(excessive enthusiasm)的质疑:见 Baxter Healthcare Corp v. Abbott Laboratories (2007) EWHC 348 (Pat)先例,又或者是专家自己也并不确定自己的意见等质疑。这方面可见本章之12段的介绍。]

7. Where expert evidence refers to photographs, plans, calculations, analysis, measurements, survey reports or other similar documents, these must be provided to the opposite party at the same time as the exchange of reports."

事实审理者应该是根据司法标准作出认定,不能受到专家证人的看待问题的方法与意见的影响。在本书第四章之2段所讨论的司法的"头脑"与其他科学(尤其是自然科学)"头脑"的区别。例如,民事诉讼中根据平衡可能性综合认定事实,而专家证人会严格求证。在 Dingley v. Chief Constable of Strathclyde Police (2000) UKHL 14 贵族院先例中,Hope 勋爵说:"By immersing himself in every detail and by looking deeply into the minds of the experts, a judge may be seduced into a position where he applies to the expert evidence the standards which the expert himself will apply to the question whether a particular thesis has been proved or disproved—instead of assessing, as a judge must do, where the balance of probabilities lies on a review of the whole of the evidence."

4.3 综合衡量所有证据

专家证据仅仅是大量证据中的一环,在衡量专家证据分量时也不能只看专家证据,而是要所有证据结合在一起看待,看当事人主张的事实发生的可能性是否满足平衡的可能性(balance of probabilities)的标准。

正如 W v. Oldham MBC (2005) EWCA Civ 1247 上诉庭先例中 Wall 大法官这样说:"the expert evidence has to be carefully analysed, fitted into a factual matrix and measured against assessments of witness credibility."

在 Huntley v. Simmons (2010) EWCA Civ 54 上诉庭先例中,原告以自己在车祸中受到脑损伤为由向被告索赔人身伤害损失,一项争端是原告是否因此需要在将来一直有 24 小时看护而且没什么机会好转,有一份共同专家报告(joint expert report)持这个看法,但一审法官在判决赔偿金额时看来没有完全跟从,在法官有给出充分理由与其他事实证据可以配合的情况下,上诉庭没有反对一审法官行使裁量权认定事实。Waller 大法官说到专家证据也只不过是一项证据,必须在所有证据下全面衡量:"The evidence of experts is important evidence but it is nevertheless only evidence which the judge must assess with all other evidence. Ultimately issues of fact and assessment are for the judge."

"Judicial Assessment Of Expert Evidence"(2010) 10(1) JSIJ 33 一文很好地总结了四点:"First, expert evidence does not 'trump all other evidence'... Secondly, a judge must not consider expert evidence in a vacuum[19]. It should not therefore be 'artificially separated' from the rest of the evidence... Thirdly, where there is conflicting expert opinion, a judge should test it against the background of all the other evidence in the case which they accept in order to decide which expert evidence is to be preferred... Fourthly, a judge should consider all the evidence in the case, including that of the experts, before making any findings of fact, even provisional ones."

笔者可以再稍微详细一些解释以上四点。

1. 专家证据并不一定就比其他证据的分量更重,不能因为专家证据的科学背景

---

[19] 这个"真空"(vacuum)的说法 Yeung 大法官在更早的 Wang Din Shin v. Nina Kung (2004) HKEC 769 香港上诉庭先例中已经提到:"The judge was entitled and indeed bound to contribute his own knowledge, experience, and common sense to reach a conclusion, particularly in an inquisitorial hearing. In so doing, the judge must not consider expert evidence in a vacuum but within the context of the entirety of the evidence."

就上升到更高的地位。这正是 Woodhouse v. Britannic Assurance Plc（2004）UKEAT 0132_03_2901 先例中 Rimer 大法官的说法："Their evidence did not by itself trump all other evidence. It was merely part of the evidence of which the tribunal had to take account."

还可见 Armstrong v. First York（2005）EWCA Civ 277 上诉庭先例中 Brooke 大法官所说："... In my judgment there is no principle of law that an expert's evidence in an unusual field, doing his best, with his great experience, to reconstruct what happened to the parties based on the second-hand material he received in this case-must be dispositive of liability in such a case and that a judge must be compelled to find that, in his view, two palpably honest witnesses have come to court to deceive in order to obtain damages, in this case a small amount of damages, for a case they know to be a false one."

毕竟科学的精神就是认为永远存在未知和不确定的因素，即使是精密的自然科学也并不一定就是绝对的真理。完全可能是事实证人或其他证据的说法是真实的，专家意见有不同看法只是因为还存在没有被考虑到的变量。

在 Stewart v. Glaze（2009）EWHC 704（QB）先例中，原告在饮酒后原本与朋友坐在路边公交站座椅上，之后突然冲出马路，被驾车路过的被告撞伤后处在植物人状态，因此向被告索赔车祸造成的人身伤害。在责任上就有争议，要看被告是否已经尽到了驾驶者的合理应尽义务。双方都委任了事故重现专家（accident reconstruction expert）从理论上还原车祸现场，看当时被告的实际车速、原告的行动路线以及根据现场情况以及人的一般反应速度等，被告是否应该作出提前刹车等行为。在此先例中，高院的 Coulson 大法官就警示说，专家证据非常重要的作用是提供科学依据与理论，让法官可以解读呈上给自己的事实证据，如用来检测有关证据是否可以符合当事人的说法。尽管如此，也不能将这些专家事后给出的理论作为考虑案件的"公式"（formula），以根据这公式做计算的方式来认定事实，如不能事后根据手上的事实套用"公式"，在理论上严格计算到根据一般人的反应速度下应该在哪一分哪一秒刹车，被告此时没有刹车就一定有责任。Coulson 大法官说："There is no doubt that their expertise can sometimes be of considerable assistance to the court... But in the past, the courts have sometimes had cause to comment upon the accident reconstruction evidence exceeding its proper parameters, when the experts themselves have engaged in what was little more than an advocacy exercise with little or no expertise involved. In Liddell v Middleton（1996）P. I. Q. R P36, Stuart Smith LJ said: 'In such cases the function of the expert is to furnish the judge with the necessary scientific criteria and assistance based upon his special skill and experience not possessed by ordinary laymen to enable the judge to interpret the factual evidence of the marks on the road, the damage or whatever it may be.' ... **it is the primary factual evidence which is of the greatest importance in a**

case of this kind. The expert evidence comprises a useful way in which that factual evidence, and the inferences to be drawn from it, can be tested. **It is, however, very important to ensure that the expert evidence is not elevated into a fixed framework or formula**, against which the defendant's actions are then to be rigidly judged with a mathematical precision."(加黑部分是笔者的强调)

2. 专家意见实际上与事实证据是相辅相成的。专家意见需要基于事实给出,在本书第四章之5.3段也已经提到了事实基础规则(factual basis rule),这对专家意见的分量而言也是一个重要考虑因素。诉讼中往往涉及的是有争议的事实或者是假设。专家意见所基于的事实证据如果能够得到证实、认定,基于这个事实的专家意见也就更有证明价值。相反,如果基于的事实被证明根本是错误、与真正的事实不符,专家意见也就没有什么价值。换一个角度来说,则是专家意见如果条理清楚、很有说服力,在这专家意见下能够得到验证的事实也就会更可能是确实发生的。这正是 Frost v. Oldfield (2010) EWHC 279 (QB)先例中 McCombe 大法官所说[20]:"My findings in this case derive from an interaction of my views on the factual and the expert evidence taken together. In my judgment, the more persuasive elements of the factual evidence assist me in forming my views of the expert testimony and vice versa."

3. 当专家证人意见不一致时,谁的意见分量更重、更有说服力也要综合判断。在本章中,笔者会介绍一些在衡量专家证据分量时常考虑的因素,这些因素就可以用来对专家证据分高下的依据。

4. 事实审理者作出的任何对事实的认定,不能将事实证据与意见证据分开分别考虑,必须同时考虑所有证据。可见 Jakto Transport Ltd v. Hall (2005) EWCA Civ 1327 上诉庭先例中 Smith 大法官所说:"He(一审法官) should have considered all the evidence, including that of the expert . . . before making any findings of fact, even provisional ones."

4.3.1 有事实证据反驳的专家证据

当某争端只有专家意见而没有其他证据或互相之间有冲突的证据时,往往事实审理者就不得不依赖这专家根据知识与经验给出的意见,没有特殊情况不会拒绝专家意见。一个特殊情况就是专家意见没有说理与理由,纯粹是自说自话(bare *ipse dixit*):见本章之5段的介绍。

但是如果针对某争端,除了专家意见外还有其他有冲突的事实证据(如事实证人提供直接证据或可信的当场文件证据等)时,即使专家证据会由于涉及科学知识、

---

〔20〕 此先例中原告与被告均骑着摩托车在公路上相向行使时相撞,互相均向对方索赔损失。关键的事实争端是事故到底如何发生,是原告或被告越过道路中线逆向行驶又或者是双方都在自己道路上只是均过于靠近中线导致相撞? 然而事发的地点在一条观景山路上,也没有目击证人。因此法官只能基于事发现场的痕迹,以及专家证人对事故现场的重现,综合性考虑后认定是被告逆向行驶。

统计数据等看起来有很精密与可靠的基础,也不能因此偏信专家证据,在分量上给予优待。事实审理者应当在全面综合考虑之下给予各类证据恰当的分量,如事实证据还是专家意见更优质、更完整、更能说得通,完全有可能是偏向事实证据而不偏向专家的意见证据。

例如,对房屋估价的争议,双方就算有其他事实证据,如附近房屋的实际成交价格等,仍然是片面的,而且肯定是对该当事人自己有利的。此时专家证据可以从专业角度全面地分析估价。又如,涉及交通事故导致的人身伤害,固然可以有事故重现专家对事实如何发生提供意见,但如果有直接的目击证人或现场录像(行车记录仪或者是路边摄像头)等记录了完整的事实,该事实证据的分量看来就要比事故重现专家的意见更重。同样的道理,一宗沉船的重大事故,没有幸存者与其他证据(如录像带等文件证据或残骸/破损物等实物证据),就只能靠专家意见推理找出可能的事故原因。当然推断的原因都不可靠,也不需要在一系列不太会发生的可能性中硬找一个相对最可能的:见本书第七章之2.3段介绍的The "Popi M" (1985) 2 Lloyd's Rep 1贵族院先例。如果有幸存者、目击者与/或其他证据,但只是片面、不完整与可以有不同解读,专家意见证据就会帮得上忙,帮助达至51%的可能性以成为更可能与法律认定的原因与事实。最后是,如果有可信的幸存者、目击者与/或其他证据足够证明(在民事诉讼中,证明标准就是平衡的可能性)事故原因与事实,恐怕专家证据也要靠边站了。

这正是Coopers Payen Ltd v. Southampton Container Terminal Ltd(2003) EWCA Civ 1223上诉庭先例中Clarke大法官所说:"All depends upon the circumstances of the particular case. For example, **the joint expert may be the only witness on a particular topic, as for instance where the facts on which he expresses an opinion are agreed. In such circumstances it is difficult to envisage a case in which it would be appropriate to decide this case on the basis that the expert's opinion was wrong. More often, however, the expert's opinion will be only part of the evidence in the case.** For example the assumptions upon which the expert gave his opinion may prove to be incorrect by the time the judge has heard all the evidence of fact. In that event the opinion of the expert may no longer be relevant, although it is to be hoped that all relevant assumptions of fact will be put to the expert because the Court will or may otherwise be left without expert evidence on what may be a significant question in the case. However, **at the end of the trial the duty of the Court is to apply the burden of proof and to find the facts having regard to all the evidence in the case, which will or may include both evidence of fact and evidence of opinion which may interrelate.**"(加黑部分是笔者的强调)

在此先例中,Lightman大法官说:"There is no rule of law or practice in such a situation requiring the judge to favour or accept the evidence of the expert or the evidence of a witness of fact."

另见 Armstrong v. First York (2005) EWCA Civ 277 上诉庭先例。此先例中,被告(First York)公司的巴士撞上了原告驾驶的车辆,车辆本身损失很小,但原告索赔自己的人身伤害,指称自己的颈部和脊椎都因此受伤,并自己出庭提供证词。被告则主张车辆碰撞较为轻微,不可能产生原告所指称的伤害。双方委任了共同专家(joint expert),对车辆碰撞问题提供意见,根据该专家的意见车辆碰撞应不足以产生原告指称的伤害。一审法院经过开庭审理后认为原告是很可信(credible)与诚实的证人,证词也可靠(reliable)。同时一审法院也认为共同专家的专家意见很有逻辑与有条理,在自己看来是无懈可击(flawless)的。

这样,审理法官就面临需要在非常可信的证人提供的能与其他证据相配合的可靠证词,与逻辑与理由无懈可击的共同专家意见中挑选谁的证明价值更高。在这种情况下,一审法院认定应选择相信事实证人的证词,这就意味着专家意见中一定有缺陷,只是自己看不出来而已。上诉庭选择支持一审法院的看法,Brooke 大法官说从来没有说法是专家意见一定更好:"In my judgment **there is no principle of law that an expert's evidence** in an unusual field—doing his best, with his great experience, to reconstruct what happened to the parties based on the secondhand material he received in this case—**must be dispositive of liability** in such a case ..."(加黑部分是笔者的强调)

最后可节录《Expert Evidence: Law and Practice》(2020 年,第 5 版)一书之 12 - 007 段所说:"Evidence of opinion and fact has important differences. Neither has evidential precedence over the other in general terms, although in individual cases it may be obvious that the issues will be decided predominantly or exclusively by evidence of one kind or the other. Facts may outweigh opinions, either because an opinion is based on facts which are disproved, or because facts which are proved show the opinion itself to be erroneous. Conversely, the evidence of an expert witness may demonstrate conclusively that a particular version of the facts offered by a witness must be substantially wrong. **In the final analysis of course the facts are always predominant because they, not the opinions, are what a party must prove or disprove, and opinion ultimately has the sole purpose of making it possible to establish that a state of factual affairs has existed, exists or is likely to exist**, providing the court with the specialist framework within which to make such assessments."(加黑部分是笔者的强调)

笔者接下来挑选几个案件详尽介绍,希望读者更好掌握如何把事实证据与专家证据(这两类证据也经常会同时出现)结合在一起衡量或取舍,给予适当分量。

4.3.1.1 法院先例之一:Coopers Payen Ltd v. Southampton Container Terminal Ltd

在 Coopers Payen Ltd v. Southampton Container Terminal Ltd (2003) EWCA Civ

1223 上诉庭先例中，原告的货物经由被告安排的货车运输，但在经过 U 型弯时侧翻导致损失。被告提供事实证人给出证词说当时车辆是以非常缓慢、接近步行的速度行驶，因此侧翻并非被告的责任。双方的独任共同专家（joint expert）给出的意见中排除了多种其他可能理由，看来该车辆侧翻原因只可能是因为超速加上该弯道角度很大。这样就要在事实证人与专家意见中选择谁的分量更重了。一审法院认定事实证人可信、证词可靠，就判没有超速，但上诉庭推翻了一审判决。

针对如何衡量事实证人的证词与专家意见的分量问题，上一段已经提到了不能因为证据的类型就作出偏向。在此先例中，独任共同专家给出的专家意见显示其他会导致车辆侧翻的原因在此先例的案情下不太可能，而平衡可能性下车辆存在超速的情况导致侧翻完全说得过去。结合专家意见来看，如果一审法院偏向事实证人的说法即车速非常缓慢，就相当于判决中的结论导致的结果是车辆侧翻的原因完全得不到解释。在逻辑分析下应该接受专家证人的说法，至于事实证人虽然是可信，但事实证人可能是自己对速度的判断存在错误，因此未必可靠。一审法院的认定没有好好考虑专家意见。Lightman 大法官说："In my judgment in the circumstances of this case and on the evidence before her, the judge（一审法官） could only properly have chosen to accept the evidence of the expert. **There was by the close of the trial no surviving alternative explanation for the trailer toppling over other than it was travelling at an excessive speed. No other explanation was put forward by the defendants' counsel in his closing submission and the judge held that none was shown**. . . As it seems to me the error of the judge was to view the evidence of Mr Strange（事实证人） in isolation, and after holding that he was a credible witness to accept his evidence and on this basis to give a judgment for the defendant. **The fact that Mr Strange was a credible witness did not absolve the judge from the duty of evaluating his evidence critically and deciding the weight to be afforded to it in the context of the situation which prevailed, namely, that it was inconsistent with the clear view of the single expert and would leave the accident totally inexplicable.** If the judge had undertaken this exercise, she would have seen that Mr Strange's estimate of speed, though honest, could not have been correct. She must have preferred the evidence of Mr Krabbendam（共同专家证人） as to the speed at which the trailer was travelling and held that the defendants had not established that the damage was not attributable to their negligence. In a word she would have held that the trailer was travelling at an excessive speed."

4.3.1.2 法院先例之二：Whiting v. First/Keolis Transpennine Ltd

可与 Coopers Payen Ltd v. Southampton Container Terminal Ltd（2003）EWCA Civ 1223 上诉庭先例作对比的是 Whiting v. First/Keolis Transpennine Ltd（2018）EWCA Civ 4 上诉庭先例。

在 Whiting v. First/Keolis Transpennine Ltd 先例中，原告刚看完足球比赛、处在醉

醺醺的状态，坐火车到站下车后，又掉头回来掉入铁轨上两节火车车厢间的空隙，但火车照常开出，严重压伤他的下肢导致需要截肢。原告因此向负责管理火车、车站及火车员工的被告索赔人身伤害损失。火车有随车保安，每次到站都负责查看火车是否正常靠站，在乘客均已远离车门的安全距离后回到自己所在的车厢（当时保安在火车尾部的第6节车厢），并在车厢内示意驾驶员可以发车。原告方主张的事实是，原告下车后倚靠在距离火车几十米的车站墙边，后来晃晃悠悠（根据专家提供的正常步行速度计算会花费23秒时间）到达第4节与第5节车厢间隙并坠落，此时保安即使已经回到自己的第6节车厢也应当透过火车车窗看得到原告的动向，也应当即刻示警与阻止发车。被告主张的事实则是保安在回到自己的第6节车厢后，还看到原告仍然倚靠在墙边并没有移动的迹象，之后数秒时间火车就已经发车，原告不可能在这期间到达第4节与第5节车厢中间，只来得及移动到火车第3节与第4节之间并坠落，该位置保安在车厢内正常情况是看不到的，因此并没有疏忽。这样原告到底是在哪里坠落成为一项事实争端，该保安出庭提供证词陈述自己在回到车厢后还看到原告倚靠在墙边，与自己当日的行为与工作程序（如回到车厢后就会示意发车，几秒就会实际发车），这能证明被告的主张更有可能。而双方也有共同专家（包括医疗专家和工程学专家），通过分析原告所受的伤害以及火车底部的损伤、血迹、现场遗留痕迹等判断，原告更有可能坠落在第4与第5节车厢之间。一审法院认定保安可信，在仔细考虑与给出原因的情况下判原告在第3节与第4节之间坠落。案件被上诉后，上诉庭支持了一审法院的裁量权与判法。

与 Coopers Payen Ltd. v. Southampton Container Terminal Ltd 上诉庭先例不同的是，此先例中，一审法院实际上仔细考虑了专家意见并给出了详细的拒绝原因。得出的结论也完全说得过去，专家只是根据现场遗留痕迹在几种都可能发生的情况，挑出了可能性更大一种。而 Coopers Payen Ltd. v. Southampton Container Terminal Ltd 上诉庭先例实际上是只有车辆超速这一种有可能的情况，其他所有被提出的假设都不太可能发生。

而且在此先例中，专家证人的证据还有其他重大瑕疵被批评，包括保安在回到车厢时仍然看到原告倚靠墙边这个事实没有被专家证人加以考虑（或考虑了但没有在原因里说清楚）等。上诉庭的 Hickinbottom 大法官说："However, often, the issues that the court has to consider are broader than, or otherwise different from, those upon which the experts have opined. In particular, experts may proceed on assumptions as to facts which the court is required to determine... In that case (Coopers Payen Ltd. v. Southampton Container Terminal Ltd 上诉庭先例), the Court of Appeal overruled the trial judge because there was no rational explanation for the way the accident upon which the claim was founded could have happened on the trial judge's findings of fact... Neither those intermediary findings of fact nor the final conclusion were perverse, as being contrary to agreed expert evidence. None of the experts said that, in terms of their own discipline of medicine or engineering, it was impossible for the Appellant to have fallen between carriage 3 and 4. They simply said that, on the basis of the information with which they had been provided (notably the injuries the Appellant suffered and the train's undercarriage furniture) it was more likely than not that he fell between carriages 4 and 5. **That opinion was a matter which the judge was required to take into account in determining, on the basis of all the evidence before him, whether the Appellant had shown on the balance of probabilities that he had fallen there; but it did not, in itself, determine that issue. Their opinion may-and almost certainly would-have been different had they been asked to proceed on the assumption that the Appellant was at the wall when Mr Stitt**(保安)**looked down the platform, about 10 seconds prior to the train moving away...** In determining the issue of where the Appellant fell, the judge did not ignore the expert evidence. Rather, he clearly took it into account."(加黑部分是笔者的强调)

4.3.1.3　法院先例之三:Kingley Developments Limited v. Brudenell

对于事实审理者而言,最关键的还是找出事实真相。每一个案件都有不同的事实,也有不同的证据。也不用斤斤计较证据是什么类型,而是要看证据是否完整与优质。

在 Kingley Developments Limited v. Brudenell (2016) EWCA Civ 980 上诉庭先例中,原告主张被告(两位女士)已经在 2012 年 2 月签署的产权转让契约(TR1 格式合约)下同意转让某处不动产的产权给自己,并且自己已经付款给被告。而被告则主张自己从没有转让不动产的意愿,只是想要抵押不动产贷款(因此收到了前述付款)。关键的事实争端就是 TR1 上被告的签字是否为真实的。

被告方的事实证人是被告自己,但一审法院并不看好他们的证词,综合考虑全面事实与庭审表现之下,认定她们的证词不可靠,在多处都存在漏洞与问题,如一审法院的批评包括"*not accurate*""*implausible*""*highly unlikely*""*fantastic*""*incredible*""*her answers beggar belief*""*simply does not make sense*""*does not make any sense at all*"等。

而在 TR1 格式合约上除了双方签署外,还有律师见证要求。此先例对 TR1 见证的律师(Ruwala 先生)并不愿意出庭,也没有提供书面证人证言,而是被传召(witness summon)出庭作证。[21] 律师非常明确,在 2012 年 2 月 14 日于自己的办公室内亲眼见证了被告签署 TR1。在当庭听取了律师的证词以及交叉盘问的回答后,一审法院认为该事实证人是可信的,证词也是准确的。而且还有一些当场文件的佐证,例如被告代表律师 2012 年 2 月给 Ruwala 先生见证转让的感谢信:"...for being so helpful and confirming that you met the above two ladies and they signed the transfer in your

〔21〕　有关传召证人出庭作证可见本书第二章之 4 段。

presence."以及几天后 Ruwala 先生在信件中说:"As far as I recall, I confirm that on Tuesday, 14 February, I saw Ms Elcock and Ms Brudenell(这两位是被告), verified their identification by way of passports and witnessed their signatures. I attach copies of photographs of their passports, which their nephew has today provided to us."

一些其他当场文件也能对被告出售房产进行佐证,如在被告当时的房地产交易代表律师与被告之间的书信往来中,被告明确告知代表律师房产交易的收益应当存入自己的特定账号,并提供了账号的具体信息等。

从以上证据看来,互相之间可以佐证的当场文件与 Ruwala 先生的证词基本建立了一个较为完整与可靠的事实。但在此案件也委任了共同笔迹鉴定专家,对文件上的签名真伪进行鉴定,该专家的鉴定结果是在合约上签字处显示存在铅笔划下的印记,因此给出意见并非被告真实签署,而是根据被告其他签名描绘后伪造在 TR1 上的。显然这就是事实证据与(共同)专家证人意见完全相悖的情况。

一审法院指出,相比之下专家证据的分量较轻,并给出了很多原因。其中很重要的一点就是专家提供的证据中虽然找出在合约上有铅笔印记,看来在这方面如果没有相反专家证据对抗之下不应该轻易偏离。但是对于专家根据此印记,加上对比有争议签名与其他无争议签名,推断文件签字属于伪造,这就是专家更主观性的推断,分量相对要轻一些。而且专家对比签名所用的无争议签名都是复印件,但复印件很多细节都显示不出来(如落笔轻重等),因此专家方法与调查不够完善(见本章之 9 段)。全面考虑证据,Ruwala 先生有当场文件佐证的证词更可靠,因此只能拒绝专家对于这伪造签名的推断。该看法为上诉庭所支持。上诉庭的 Lewison 大法官说:"He(一审法官) thus concluded that if the expert were correct, then Mr Ruwala could not have been giving accurate evidence. He was faced with a sharp conflict and had to decide how to resolve it... he said: 'The only common ground between the parties is that the defendants signed something in front of Mr Ruwala; a document which they no longer have and cannot identify. There can be no doubt that the document which bears his signature and stamp is the TR1 and that is the document which he recollects having signed and stamped. His evidence, which I accept, is that he saw the defendants sign that. In those circumstances, I have no alternative but to put the expert evidence in its proper context and reject it.'... Given an eyewitness to an historic event on the one hand—the fact of signature of a document—and an expert opinion on the other I have no doubt at all that a trial judge is entitled to prefer the evidence of the eyewitness to the opinion of the expert. Moreover, the judge had found the evidence of the two defendants woefully lacking in credibility on a whole host of issues. There was no reason for him to have preferred their evidence about the critical facts over that of Mr Ruwala, even if the expert opinion supported their case. The judge in this case made a considered choice as between the direct eyewitness and the expert."

从上面所介绍的案件情况来看,有良好常识的都能看得出来什么证据更优质。作为被告的两位女士出庭作证,由于涉及自身利益,相对证词天然地不可信。Ruwala 先生由于本身是第三人并需要法院传召才会出庭举证,又是律师会更警觉向法院说谎的危险,也有当场文件佐证,没有什么理由不信任 Ruwala 先生的证词。对于专家意见而言,已经提到了这先例中专家意见的瑕疵与问题。这样对比之下,显然是 Ruwala 先生的证词更优质,实际上这并没有考虑证据类型的问题。

4.3.1.4　国际仲裁的问题

在国际商事仲裁案件中,如果事实证据(特别是当场文件)对一方当事人不利,需要想办法扭转乾坤,其中一个手法就是委任有分量的专家证人。通过他们断章取义地提供专家意见(实是"讲故事")就有机会可以扭转劣势。在 J (Child Abuse: Expert Evidence), Re (1990) FCR 193 先例中,Cazelet 大法官针对专家报告故意或疏忽漏掉重要事实而导致误导的专家意见说:"Expert witnesses are in a privileged position: indeed only experts are permitted to give an opinion in evidence. . . . The expert should not mislead by omissions. . ."

国际仲裁相比英国法院的诉讼(特别是因一审法院处理证据不当被上诉庭撤销的例子多不胜数),会更容易蒙混过去。这种手法可算是把专家意见证据"武器化"(weaponized)的一种典型。中国公司与律师不习惯对抗制诉讼,但这要小心,首先是中国公司不委任已方的专家证人,就等于没有反驳或质疑对方的专家证人,造成对方专家证人的意见"独大",仲裁庭非听取不可。虽然理论上可以不委任专家证人反驳,只靠代表律师根据事实证据反驳专家证人的意见,但现实中不容易成功。原因之一是专家意见是证据,仲裁庭不得不考虑,但律师的反驳只是陈述(submissions),仲裁庭完全可以不接受。原因之二是对方专家证人的意见在法律上被视为没有被反驳与质疑过(uncontroverted)。

另要小心的是,在这种情况下,为了不让对方的专家证据(专家报告)蒙混过关,就需要通过交叉盘问去质疑与测试。例如,让对方专家证人有机会解释专家报告中的问题,但专家证人无法做到或自己承认遗漏了部分当场与客观存在的文件证据没有一并考虑等。这就表示需要开庭审理了,千万不要以文件审理(documents-only),也不能草草了事,如只安排半天一天的开庭(除非案件十分简单,盘问与丑化对方专家证人需要的时间不多)。

对仲裁员来说,中国公司虽有证明价值很高的当场文件证据可反驳、矮化、质疑对方专家证据,但仅靠文书陈述威力不大与印象不深刻,无法与开庭审理的交叉盘问相比。再说,开庭审理的交叉盘问有逐字记录的庭审记录,如果仲裁庭在裁决书仍是接受被丑化的专家证人的意见,不分析与解释为何不接受有矛盾的中国公司强有力的当场事实文件证据,就是错判,甚至严重至违反公共政策:见本书第三章之 3.2.3 段介绍的 Z v. Y (2018) HKCFI 2342 先例。

以下介绍一个涉及船舶滞留责任的伦敦仲裁案件为例。该案件最终是中国船东

(原告)惨败,仲裁庭多数(笔者持异议)判是船东的责任使得运输的糖浆(molasses)温度太低,在寒冷的韩国卸港因此卸不下来或卸得很慢,这才导致了金额庞大的滞期费。

在租约中有一条要求船舶抵达卸港时温度不得高于105至115 ℉(华氏度),换算成摄氏度就是不得高于约40.6至46℃,但后来欧洲承租人的航次指令(voyage instructions)是温度应该限定在38至40摄氏度之间,这与租约条文的要求相当一致。

船东也提供与依赖了大量事实证据(当场文件证据)包括:(1)韩国著名的检验师(surveyors)公司在卸港出具的检验报告。当时已经开始卸货,但糖浆卸不下来或很慢,检验师就被船东代理人邀请到船上调查原因。该报告是当场文件,内容说船上油泵没有问题。检验师也从船上取了糖浆样本化验,化验报告作为附件附在检验报告中。检验师最后给出卸货缓慢的原因是糖浆的粘度太高导致("Cause of slow discharge rate of molasses: the cargo pump was found to be in order working condition. Analazed viscosity of molasses was found to be high. from the above circumstances, in our opinion the discharging rate should be slow.")。这是货物质量(quality)问题,与中国船东无关。粘度与温度是有关的,对于这类流体而言,粘度会随温度升高而减少。(2)船舶的航海日志与货物保温纪录(cargo heating record)显示了,在航次中,每天保温与测量温度的记录是在38至40摄氏度之间,完全遵照了承租人的航次指令。(3)船舶自澳大利亚装港开往韩国途中,曾有一个重要插曲。韩国收货人(应是FOB买方)直接以电文向船长要求在航次中把糖浆温度提高至48摄氏度,说是避免像以前其他船舶在卸货时发生的延误问题。这迫使船东(在船长告知后)以紧急电文向欧洲承租人查询,电文内容是:"You can remember that on 29th Oct Charterers insisted the cargoes temperature should be kept 38—40 degree C just as specified in voyage order. Now according to master's report, local receivers inform to heat cargo to 48 degree C to increase discharge rate. Charterers are appreciated urgently to advise confirmation."

但欧洲承租人以电文回答说加温到48摄氏度会影响糖浆质量,因此命令船长维持原来要求的温度,也就是38至40摄氏度之间。所有这些来往电文均有在仲裁中披露,承租人也不否定这些至关重要的证据,只避而不谈。

反过来,欧洲承租人什么事实证据都不提供,如收货人岸上的文件/记录,包括糖浆温度,与韩国FOB买方之间的来往电文等。只是通过代表律师委任英国一家著名检验师作为专家,提供一份专家报告,这是承租人的唯一证据。

承租人专家证人说到,从澳大利亚发出的糖浆粘度一般在40摄氏度时粘度在11,284厘司(粘度单位),这虽是高粘度的糖浆,但不算世界最高,圭亚那(Guyana)糖浆在40摄氏度时有高达40,000厘司的粘度,南非糖浆也会高达27,000厘司。而澳大利亚出口糖浆一般卸货没有大问题:"We are given to understand that discharge of the cargo does not present significant problems."

另说只要加温至大约40摄氏度左右就可以减少粘度到可接受程度,让糖浆可以流动并顺利卸下："adequate heating, to approximately 40℃, will reduce the viscosity to an acceptable level to allow the molasses to flow through the suction pipe to the pump."

笔者作为边裁对欧洲承租人的专家意见感觉上并不好，认为有十分明显的回避/误导之嫌与语焉不详，如：(1)圭亚那或南非的糖浆粘度更高又如何？可能它根本不通过海上运输出口，或是它加温至50℃以上才能卸。这一切没有证据更没有细节，连相似事实证据(similar facts evidence)都谈不上。[22] (2)说到澳大利亚糖浆一般没有大问题，该专家证人承认这是传闻(hearsay)，他的说法是"we are given to understand"。而且估计"传闻"来源是来自客户(欧洲承租人)，所以故意不提传闻来源。(3)专家证人所采用的其他措辞/文字，如"可接受程度"(an acceptable level)等都是十分灵活、可紧可松的名词。专家报告也只针对40摄氏度的糖浆，没有说明事发时客观环境(如当时十分寒冷的韩国卸港)会否有不同等。(4)专家证人针对的都是一般情况或大数据，而没有针对与结合本案件中的事实。

可以说，上述(与更多方面)在一个称职的交叉盘问的测试下，肯定是无所遁形。

笔者在船东的完整与明确的当场事实证据下有保留，但其余两位伦敦仲裁员却完全认为该著名的专家证人意见可靠与没有被船东质疑过，也不准备与笔者商谈，裁决书的原因几乎照抄专家报告，对船东的当场证据也只略过甚至不解释(如对笔者重要的韩国FOB买方的48摄氏度的要求，欧洲承租说这会影响质量等)。例如，节录裁决书主要一段："For their part, the charterers adduced positive evidence, in particular an expert's report, in support of their contention that there was nothing unusual about the cargo. We accept that evidence. The kinematics viscosity of this cargo was 90,277 cSt at 23℃. That equates to 11,284 cSt at 40℃. The expert's report showed that molasses from Guyana is known to have a viscosity at 40℃ of almost 40,000 cSt, and South African molasses often has a viscosity of 27,000 cSt at the same temperature. **None of this was contradicted by the Owners, and we are bound to accept it, and this to conclude that this cargo's viscosity was not exceptional.**"

有关是否有被反驳或质疑的专家证据与没有被质疑过的专家证据的不同对待，可见本章之4.3.3段介绍的Griffiths v. TUI UK Ltd (2020) EWHC 2268 (QB)先例。

4.3.2　有意见证据反驳与对抗的专家证据

专家意见证据冲突有几种不同情况：第一种情况是双方依据了不同的事实/假设事实。这情况不会多，因为在CPR下要披露所有重要指示(material instructions)，[23] 以及有双方专家证人会面(experts meeting)的做法，[24] 一般这种对事实/假设事实有不同认知而造成的对立都可商讨后清除。第二种情况是双方专家证人有真正的专业

---

〔22〕 见本书第九章之2.5段的介绍。

〔23〕 见本书第四章之11.5段。

〔24〕 见本书第四章之14段。

上歧见。第三种情况是在实际中发生最多的，就是一方甚至是双方专家证人都或多或少偏向自己的客户，夸大对一方当事人有利的意见。但专家证人理应客观、没有偏见地协助法院，这也是 CPR 希望能改变的“枪手”的不正确做法。专家证人的意见能偏向客户，但不讲假话，甚至仍然被视为客观与没有刻意偏见，原因是：(1)一开始专家证人就持有这个观点，否则他/她也不会被客户委任为专家证人。(2)高水平专家证人的表达技巧令外行的审理法官或仲裁员无法觉察有偏见或不客观。(3)代表对方当事人盘问的大律师与/或专家证人水平不高或没有好好准备，在交叉盘问的“斗智”游戏中表现差劲。

在 J (Child Abuse: Expert Evidence), Re (1990) FCR 193 先例中，Cazelet 大法官说到双方当事人的专家证人即使是各持“诚实”与“自以为客观”的不同专业意见，仍难免发生以上介绍的起冲突的情况：“Such experts must express only opinions which they genuinely hold and which are not biased in favour of one particular party. Opinions can, of course, differ and indeed quite frequently experts who have expressed their objective and honest opinion will differ, but such differences are usually within a legitimate area of disagreement. On occasions, and because they are acting on opposing sides, each may give his opinion from different basic facts. This is itself is likely to produce a divergence.”

因此，在这种相互对敌与质疑对方当事人专家证据的情况下，根据具体案件(如涉及本章中介绍的一些考虑因素)，审理法官或仲裁庭就需要衡量双方专家证据的分量，有以下情况：

1. 如果一方当事人专家证据的质量(如基于的事实与/或说理与理由等)比另一方更好，在比较下证明价值与分量就会更重，法官或仲裁庭对事实认定应在技术与专业方面偏向这一方专家证人。一般来说，只看专家报告往往双方专家证人的不同意见与立场都各有各道理，但经过称职律师的交叉盘问，哪方的专家证据含金量或分量更高就会变得明显。

2. 如果双方专家证据都经得起逻辑审核与分析，双方专家证人也都能在交叉盘问中过关，加上缺乏其他的事实证据佐证，事实审理者无法作出抉择，没有办法的办法可以依赖举证责任判在这个争端承担举证责任的一方没有履行自己的举证责任，这就可能导致该方当事人最终败诉。[25]

3. 如果双方的专家证据都经不起逻辑审核与分析，或是双方专家证人在交叉盘问中都过不了关，会导致两个或更多的专家证据被全部否定。在 Zanzibar Shipping v. Railroad Locomotive Engine, 533 F Supp 392 (SD Tex, 1982)美国先例中，涉及一艘在碰撞后沉没船舶的价值。一方的专家证人说是 2.1 万美元，另一方专家证人说是 3500 万美元。难怪法院会说：“This is not a shadow land, but the twilight zone.”

---

〔25〕 见本章之 4.3.4 段的介绍。

又如，在 Motor Grown Petroleum Ltd v. SJ Berwin & Co（2000）Lloyd's Rep PN 438 先例中，原告想建加油站，但申请被当地政府拒绝。原告就委托律师上诉，但依然被拒绝。原告指称正确做法应先对当地有关部门制定的城市规划提出反对（把加油站地点画入海岸与郊野），因此律师行为有疏忽，就向该律师索赔。此先例有 3 位专家证人，一位认为这样做有 75% 成功机会，另一位则认为无论反对城市规划是否能成功，加油站的申请仍难逃被拒绝的命运，还有一位专家则认为反对城市规划与申请加油站都不会成功。一审法院在考虑了案件事实后，自己核算/估计了一个 40% 的成功机会。上诉庭认为没有什么不妥，法院没必要一定选一个专家意见。上诉庭说："The importance of the expert evidence was that it identified the factors which would have been in place in the hypothetical planning appeal which would have followed a successful challenge to the local plan ... and that therefore once the facts are found it is a question of an assessment which is to be made, not by experts, but by the judge."

4.3.3　没有意见或事实证据反驳的专家证据

可以先重复节录 Coopers Payen Ltd v. Southampton Container Terminal Ltd（2003）EWCA Civ 1223 上诉庭先例中 Clarke 大法官所说如下："For example, the joint expert may be the only witness on a particular topic, as for instance where the facts on which he expresses an opinion are agreed. In such circumstances it is difficult to envisage a case in which it would be appropriate to decide this case on the basis that the expert's opinion was wrong."

以及 Lightman 大法官所说："Where a single expert gives evidence on an issue of fact on which no direct evidence is called, for example as to valuation, then subject to the need to evaluate his evidence in the light of his answers in cross-examination his evidence is likely to prove compelling. Only in exceptional circumstances may the judge depart from it and then for a good reason which he must fully explain."

也就是，针对某争端只有一位专家证人的意见证据时，除了需要经过交叉盘问的测试以外，该意见证据会是很有说服力、轻易不应该被事实审理者拒绝的。这种情况会发生在独任共同专家证人，也会发生在一方当事人（通常是被告）缺席（default），令原告提供的证据（包括专家证据）不被质疑。又或者虽然是一方当事人引入的专家证人但对方当事人在 CPR Rule 35 下向该专家提问获得回答后没有要求交叉盘问，不再质疑或丑化的情况。[26]

一般情况下，这种意见证据审理法官也没有太多理由拒绝，毕竟法官对有关的专业（专家证人的学习、知识或经验）而言是外行，会难以作出太多实质性的评论。而且由于在这争端上没有其他专家的意见证据对抗，无法权衡分量作出比较与取舍。这样，只要这唯一的一份专家证据有一点分量，往往也能够满足举证标准的。

〔26〕　见本书第四章之 13 段的介绍。

也会有一些极端的例外情况，主要就是专家的意见证据自己在分量出了问题。毕竟如果专家的意见证据根本没有分量，就显然无法在这个争端上满足举证标准。

影响专家意见分量最重要的因素可以说是专家的说理或理由，如果专家的意见中没有说理或理由，纯粹是在自说自话（bare *ipse dixit*）就会没有分量，这方面问题会在本章之5段介绍。而Kennedy v. Cordia（Services）LLP（2016）UKSC 6最高院先例中就说："An expert must explain the basis of his or her evidence when it is not personal observation or sensation; mere assertion or 'bare ipse dixit' carries little weight... If anything, the suggestion that an unsubstantiated ipse dixit carries little weight is understated; in our view such evidence is worthless."

但此最高院先例留下了一个疑问，即最高院的大法官们还肯定了Wessels大法官在Coopers（South Africa）（Pty）Ltd v. Deutsche Gesellschaft für Schädlingsbekämpfung mbH，1976（3）SA 352南非先例中所说："Except possibly where it is not controverted, an expert's bald statement of his opinion is not of any real assistance."这就对没有分量的专家意见证据给了一个例外，即无反对意见（not controverted）、没有其他意见或事实证据反驳，此时没有说理或理由是否也会有分量呢？

该问题就出现在Griffiths v. TUI UK Ltd（2020）EWHC 2268（QB）先例中。原告一家人向作为被告的旅行社购买了前往土耳其旅游的"食宿全包"套餐，但在到达土耳其游玩几天后，在8月4日开始肠胃不适，包括腹泻、腹绞痛等。8月7日，原告经导游介绍去城区找当地的医生开出了针对腹泻的药物。在吃了当地医生药物后原告的病症曾经有好转，但后来又复发。原告之后在土耳其入住当地医院并留下了粪便样本，医院的医生也检测了粪便样本中的病原体（pathogens）。原告回到英国后病症还持续了几个月，日渐消瘦、没有食欲而且痛苦不堪。原告向被告索赔人身伤害损失。

双方的一个重要争端就是因果关系（causation）的问题。[27] 原告要成功索赔需要能够证明自己生病是因为吃了行程中包含的、由被告负责的食物导致。原告主张自己整个行程中全程绝大部分都进食的是行程包含的食物（实际由当地酒店提供），只有2次吃了非行程包含的食物，一次是在旅程出发时在伯明翰机场，另一次则是8月7日在城区找医生开药时与家人一起找了一个餐厅吃饭（但当时原告自己由于生病胃口很差根本没吃什么）。

而且原告还针对此争端引入了一位微生物学家（microbiologist）Pennington教授的专家证据。Pennington教授分析了原告的症状，考虑了可能的感染源或病原体，尤其是可以对原告在土耳其粪便样本中的病原体的情况进行解读，在土耳其当地这种病原体的现状以及这种病原体传播肠胃炎的途径等提供证据。Pennington教授的意见是原告粪便样本中有多种病原体［最大量与最可能的一种是蓝氏贾第鞭毛虫/贾

〔27〕 因果关系的课题可见笔者的《损失赔偿与救济》一书第四章。

虫(Giardia)]都可能导致罹患肠胃炎(gastroenteritis),而一次进食中即使食物受到污染也几乎不可能包括这么多种病原体,看来是由于在土耳其(多次)进食了酒店被污染的食物导致。Pennington 教授在给出了专家报告以及在 CPR Rule 35 下回答了被告提出的问题后,没有被要求出庭接受交叉盘问,而且被告最后也没有专家证人。因此可以说对 Pennington 教授的专家证据,既没有事实证据,也没有意见证据反对。

一审法官(Truman 大法官)的判法是证明因果关系的举证责任(burden of proof)在原告,被告完全可以什么都不做也不用作出任何抗辩,只要原告未能满足举证责任,就仍然是被告胜诉。针对 Pennington 教授的专家意见,Truman 大法官说,因果关系显然是双方的重要争端,双方当事人的文书请求中也提到了多种不同的可能性,专家证人有责任解释与给出理由,为什么出发前在机场的一餐以及 8 月 7 日在当地餐厅的一餐与原告罹患肠胃炎无关或不太可能导致原告肠胃炎。然而,Pennington 教授在专家报告与回答中的说理与解释被批评有多种问题与不够。例如只是提供了有关病原体感染人之后的潜伏期(incubation periods)的信息,但这与排除肠胃炎与出发前在机场的一餐无关有不小的差距。又如没有解释原告在好转后重新出现病症到底是复发还是新感染的疾病(如果是复发在平衡的可能性下就会与 8 月 7 日在当地餐厅的一餐无关了)。Pennington 教授唯一提到的存在多种病原体致病、一般是多次进食导致,逻辑上完全无法解释为什么这行程外的两餐中不会进食了含有其中一些病原体的食物。因此,Truman 大法官认为 Pennington 教授专家证据的分量不够,没能帮助原告在平衡的可能性下证明自己的病症只是由于进食酒店提供的受污染的食物而与额外的两餐无关,因此负有举证责任的原告败诉。

这样原告就提出上诉,一个主要理由就是没有事实证据与意见证据反驳的专家意见,没有被一审的 Truman 大法官给予恰当的分量。高院的 Martin Spencer 大法官驳回了一审判决,判原告胜诉。

针对法院是否可以拒绝没有其他证据反驳的专家证据,Martin Spencer 大法官指出法院总是有权对证据分量进行衡量的。即使是没有其他证据反驳的专家证据也可以不给什么分量,没有给出任何理由、纯粹的自说自话就是明显的例子。但这只会是非常有限的情况,在 CPR 下,只有没有满足 CPR PD 35 要求的专家证据才会被这样拒绝,有关 CPR PD 35 对专家证据内容的要求已经在本书第四章之10.1 段介绍。可以节录 Martin Spencer 大法官所说如下:"In the absence of direct authority on the issue, I take the view that **a court would always be entitled to reject a report, even where uncontroverted, which was, literally, a bare ipse dixit**, for example if Professor Pennington had produced a one sentence report which simply stated: 'In my opinion, on the balance of probabilities(原告) acquired his gastric illnesses following the consumption of contaminated food or fluid from the hotel.' This would qualify within Clarke LJ's 'difficult to imagine' because, in these days of CPR Part 35 and the well-publicised duties of experts, it is difficult to imagine an expert producing such a report.

However, **what the court is not entitled to do, where an expert report is uncontroverted, is subject the report to the same kind of analysis and critique as if it was evaluating a controverted or contested report, where it had to decide the weight of the report in order to decide whether it was to be preferred to other**, controverting evidence such as an expert on the other side or competing factual evidence. **Once a report is truly uncontroverted, that role of the court falls away. All the court needs to do is decide whether the report fulfils certain minimum standards** which any expert report must satisfy if it is to be accepted at all... What are those minimum standards? In this regard, it is unnecessary to look further than the Practice Direction accompanying CPR Part 35. It is, in my judgment, of significance that the Practice Direction goes not just to the form, but also the content, of an expert's report. Despite this, it is no part of the Practice Direction that an expert, in providing a summary of the conclusions reached, must set out the reasons for those conclusions and it would be harsh indeed for a court to find that, despite the terms of the Practice Direction, **a report failed to meet the minimum standards required for the report to be accepted in evidence because it did not set out the reasoning leading to the conclusions. In my judgment, the law does not so require.** Of course, a failure to set out the reasoning might diminish the weight to be attached to the report but, as I have stated, **at this stage the weight to be attached to the report is not a consideration: that only arises once the report is controverted**. It may be that, had the Defendant served controverting evidence, Professor Pennington would have expanded upon his reasoning, for example in a meeting of experts, and such reasoning would have found its way into a joint statement. As it turned out, that step never became necessary because the evidence of Professor Pennington stood alone. **Nor did the Defendant seek to challenge the reasoning** that might have lain behind Professor Pennington's conclusions **by calling for him to be cross-examined**, as it had every right to do. In those circumstances, the court must assume that there is some reasoning which lies behind the conclusion which has been reached and summarised, and that this reasoning is not challenged."(加黑部分是笔者的强调)

正如 Martin Spencer 大法官所说,CPR PD 35 对专家证据中内容的要求是不高的。在此先例中,Pennington 教授的专家报告尽管在说理与原因上有不足之处,但仍然足以满足 CPR PD 35 的要求。说理与原因上的不足之处只是会影响证据的分量,但由于没有反对的事实或意见证据,Pennington 教授的意见证据分量即使有减少,在这个争端上也是唯一有分量的证据,能够超过平衡的可能性。如果是有反驳的事实或意见证据,看来 Pennington 教授就应该再继续多给出理由解释自己的意见,才会满足举证标准。

因此,在没有反驳的事实或意见证据的情况下,只有看来完全没有分量(如纯粹自说自话，完全没有说理与原因)，才会导致不存在有分量的证据证明，不能够满足举证标准。而此先例中 Pennington 教授的专家证据并非如此，如有多方面的检测、提供了潜伏期信息等，唯一的问题只是不够。可以再节录 Martin Spencer 大法官针对纯粹自说自话的专家证据才会没有分量的判词如下："This question does not strictly need to be answered given my ruling in relation to the first question: it is clear from that ruling that I take the view that **the court below was not entitled to reject the report because of its perceived deficiencies**. However, in any event, although I accept that there were serious deficiencies in Professor Pennington's report as identified by the learned judge which might well have caused the Professor serious embarrassment had the report been controverted, **it was not fair to characterise the opinion of the expert as bare ipse dixit**. In particular, the Professor identified the pathogen which, in his opinion, was causative of the Claimant's illness, he considered other potential causes which he excluded, he considered the incubation period, he considered the meals which the Claimant said he had eaten, and, on the back of that, he concluded that the hotel food and drink were to blame. It is true that he did not set out his full reasoning, nor explain how he was able to reach that conclusion when he could not exclude the possibility of there having been two infections, ... **In my judgment, Professor Pennington went a long way towards substantiating his opinion by his consideration of the matters referred to above and his opinion was not a bare ipse dixit** ..."(加黑部分是笔者的强调)

结合上一小段，可再次强调，如果对方当事人引入了专家证据，中方当事人也要引入相应的专家证人反驳与质疑。否则即使对方的专家报告理由不够充分(但不是完全自说自话)，审理法官也必须要接受这是唯一有一点分量的意见证据/专家报告，不能自己挑专家报告的毛病后去否定，也往往因为没有专业知识是做不到。而如果己方也提交了专家报告反驳与质疑，并通过交叉盘问丑化对方专家证人，就会影响对方专家报告的分量。这样，在审理法官或仲裁庭的权衡双方专家证据分量下，会令对方无法达到平衡的可能性的举证标准。即使因为各种原因不引入专家证据也必须在开庭时交叉盘问专家证人，指出专家报告中与文件证据(特别是证明价值应是很高的当场文件证据)的矛盾之处等。总之不能让对方当事人以这一份可能是劣质的专家证据，在没有被丑化与质疑下，蒙混过关。

4.3.4 难以衡量双方专家证据分量/优劣时可以依赖举证责任

不难想到，事实审理者会遇到双方专家证据有冲突，但是根据全面的案件材料与专家证据中的说理以及本章接下来的段落会介绍的各种有关专家证据分量的因素，仍然难以作出抉择的情况。这可能只针对某一个争端，也可能影响整个案件。此时事实审理者要避免针对技术或专业问题给出自己"外行人"的意见，也可以选择不用硬着头皮在没有充分解释理由的情况下偏向一方专家证人的意见，而可以依赖司法上认定事实的一个重要工具：举证责任(burden of proof)。

有关举证责任的课题以及重要的 The "Popi M" (1985) 2 Lloyd's Rep 1 贵族院先例已经在本书第七章之2.3 段有介绍,不在这里重复。简单而言,民事诉讼中如果确实无法在平衡的可能性下判断承担举证责任一方主张发生的"事实"可能性超过50%,在这个争端上就会判该方当事人败诉。

只多介绍 St George v. Home Office (2008) EWCA Civ 1068 先例。案情涉及原告长期吸毒酗酒,在入狱时已经告知监狱自己曾经有过戒断反应(withdraw seizures,这会导致癫痫、震颤等),但仍然被分配了牢房内的上铺,结果几天后就由于戒断反应从床铺摔下并撞伤头部,头部撞伤并不严重,但原告之后就进入了癫痫重积状态(status epilepticus),产生较严重的脑损伤。原告就此事故向负责监狱管理的被告索赔人身伤害损失。在因果关系上双方就有争端,原告主张如果不是自己从床上摔下不会发展到癫痫重积状态,而被告则主张会进入此状态纯粹是因为原告自己长期的吸毒酗酒导致,撞伤头部不会导致癫痫重积状态。

针对此争端双方也各自委任专家证人提供专家意见,一审法院认为原告的专家证人意见更出色与更自信,并判决如果仅仅是戒断反应不会发展到癫痫重积状态的地步,只有在蒙受额外的头部伤害时才会如此,所以原告胜诉。但由于这是"共同过错/疏忽"(contributory negligence)应当分摊责任,[28] 有此伤害与原告自己的长期生活方式密不可分,因此在具体损失上作出了15%的扣减。双方对一审法院的判法均不满意,都提起上诉。这里要讨论的内容是,被告上诉的主要理由是双方专家对于头部撞击伤害是否就会导致癫痫重积状态有分歧,一审法官没什么好的理由就偏向原告专家。

上诉庭指出,这针对的是审理法官如何行使裁量权的问题,除非一审法官是明显错误,否则不会推翻判决,也因此驳回了这方面的上诉。针对专家意见对一个重要争端有分歧时如何判断的问题,上诉庭说审理法官需要根据现有的材料(包括专家意见得出意见中所依赖的各类材料,如当事人提供的事实证据,专家自己调查、试验得到的结果,专家提供的专业理论与应用的权威说法等)与双方专家证人们的说理判断应偏向哪一方,如果确实无法根据材料与说理分辨出哪一个专家证人的说法更令人信服,审理法官最后仍然可以根据举证责任作出判断,而无需硬从两位专家证人的不同意见中挑一个。可以节录 Dyson 大法官所说如下:"I accept that, where there is a difference between experts on a fundamental point, it is the task of the court to justify its preference for one over the other by an analysis of the underlying material and of their reasoning. It is not sufficient, if there is no such material or reasoning, to accept the opinion of one expert rather than another simply on the grounds that he has given his evidence confidently. There may be cases where the court is unable to decide which opinion is the more persuasive. **Occasionally, where there are alternative explanations for an**

---

〔28〕 有关共同过错/疏忽的问题,可见笔者的《损失赔偿与救济》一书第八章。

injury but the court is unable to say on the balance of probabilities which is to be preferred, the claimant will fail on the grounds that he had failed to discharge the burden of proof."(加黑部分是笔者的强调)

4.4 小结

本章下文将会分类介绍与讨论一些审理法官或仲裁庭作为事实审理者衡量专家证据分量时会考虑的因素。这对于专家证人而言是重要的指引,要结合这些因素考虑如何在不同案情、不同专业理论与应用下,拟定一份对事实审理者有说服力、尽量滴水不漏、不容易被对方当事人挑出毛病的专家报告,以及要有准备经受得住交叉盘问的刁难。当事人的盘问律师也需要了解这方面,才能在准备交叉盘问时知道如何更好地迎合事实审理者的思路,帮助他们在作出决定时更容易找到合法理由支持己方当事人在科技或专业方面的主张。

5. 因素之一:专家证人的说理与理由

专家证人给意见时显然不是只给一个结论,而需要结合事实进行分析与说明,介绍自己为什么得出这样的意见。在做法上与道理上和本章之4.1段与本书第三章之3段介绍的判决或裁决中要给理由是一样的。而对于衡量专家证据的分量而言,说理与理由会是审理法官或仲裁庭衡量的最重要因素。专家证据的含金量就是要看说理与理由,并且是经得起交叉盘问的测试。

说理与理由应当向事实审理者展示专家得出最后意见的来龙去脉,完整地解释整个专家证据。主要内容就是说清楚专家证据的事实基础、专业知识基础,解释根据自己的知识、学习与经验如何应用专业知识到此案件的事实上,进行了哪些实际调查等工作,一步一步推理能排除哪些可能性、最后得出什么结论。

很显然,如果在逻辑审核与分析下,专家报告说理与理由中逻辑不当、经不起推敲与测试,证据价值就很低。但每一个案件都会有自己的案情,无法给出一个全面性的总结说会有哪些逻辑错误,这太过于千变万化。但一般而言,比较常见的会是考虑的事实不全面、有错误,专家证人所采用的专业基础不适合、不可靠,专家证人采用的方法、实际调查有漏洞,专家证人遗漏了一些可能性没有考虑与排除,专家证人在报告中的说法有内部的自相矛盾等。这些错误与缺陷在一个有水平的交叉盘问下都会被挑出来,无可躲避。

这方面可节录 Eli Lilly & Co v. Human Genome Sciences Inc (2010) EWCA Civ 33 上诉庭先例,[29] Jacob 大法官说:"At the hearing the evidence, both factual and ex-

〔29〕 Eli Lilly & Co v. Human Genome Sciences Inc (2011) UKSC 51 先例最后上诉到了最高院,最高院推翻了一审法院与上诉庭的判决,但理由与如何处理专家证据无关。

pert, is severely tested by the process of cross-examination-the asking of questions by a lawyer from the other side who will have been educated deeply in the art by his own party's expert. An expert's opinion, as such, is treated by the court as of little value. **His reasons for that opinion are what matter. Those reasons are apt to be probed without remorse before a tribunal which itself will have developed a good understanding of the technical subject-matter.** Because that is likely to happen, expert witnesses in England are less apt to 'stretch' things in favour of the party relying on them. They know their reputation is 'on the line.'"(加黑部分是笔者的强调)

5.1 专家证据中说理与理由的重要性

关于专家证据中的说理与理由的重要性,Jacob 大法官在 Routestone v. Minories Finance (1997) BCC 180 先例中也说得很明白:"What really matters in most cases is the reasons given for the opinion. As a practical matter a well constructed expert's report containing opinion evidence sets out the opinion and the reasons for it. If the reasons stand up the opinion does, if not, not."

在苏格兰的 Dingley v. Chief Constable of Strathclyde Police (No. 1), 1998 SC 548 先例中,Prosser 勋爵也说:"As with judicial or other opinions, what carries weight is the reasoning, not the conclusion."

可以用 Drake v. Thos Agnew & Sons Ltd (2002) EWHC 294 (QB)先例来进一步显示专家证人说理与理由的重要性。此先例中,原告以 150 万英镑的价格向被告购买了一幅 17 世纪著名画家安东尼·凡·戴克(Van Dyck)的作品,但事后的一项争端是这幅画作是真迹还是只是在凡·戴克监督下由学徒作画的作品。对于这类争端,事实审理者能依赖的只是鉴定专家的意见。但鉴定专家给出的意见完全能想得到很大程度上是要依赖特定专家自己对画作的"感受",到结论上只有是或否两种情况。而如果双方专家意见对立,对于认定事实不会有什么帮助。而在此先例中,显然双方专家证人都仍然尽可能地给出更多的说理与理由。由于英国肯伍德宫(Kenwood House)中有一副公认是凡·戴克真迹的作品,双方专家证人在专家报告中就比对两幅画作的内容、笔触、情绪、氛围等,解释自己为什么判断系争画作是否真迹,在庭审中更是让法官亲自前往肯伍德宫,将两幅画作挂在一起由专家证人当场分别给出自己结论的说理与理由。审理案件的 Buckley 大法官说自己是上了一堂凡·戴克作品的专题课("I was treated to a masterclass on van Dyck, these two paintings in particular")。Buckley 大法官也提到自己没有这方面的学习、知识与经验,即使是经过专家证人的帮助自己也是摸不着头脑,只能是分析专家证人的说理与理由,排除那些逻辑不自洽、推理链条不完整的专家证据,Buckley 大法官说:"A judge is not bound by expert opinion. A judge may presume to find that an expert's final opinion is based on illogical or even irrational reasoning and reject it."最后,Buckley 大法官结合了专家证人给出的说理与理由的过程,认为一方专家证人有更好的经验与知识,并因此作出认定。

专家证人说理与理由越是薄弱,没有很好地建立在所基于的事实与给出的意见之间的逻辑推理关系,专家证据的分量也就越轻。例如,Gorelik v. Holder, 339 Fed Appx 70 (2nd Cir, 2009)美国先例说:"The (一审法官) did not err, however, in giving little weight to that expert's testimony where he found the expert's reasoning speculative."而如果完全没有说理、变成纯粹的自说自话(bare *ipse dixit*)就没有分量,即使是没有反驳的事实或意见证据也是会被拒绝的:见本章之4.3.3段介绍的Griffiths v. TUI UK Ltd (2020) EWHC 2268 (QB)先例。

审理法官在判词中给出衡量专家证据分量时,一般也都会提及专家说理部分是否做得不错。例如,在A Local Authority v. S (2009) EWHC 2115 (Fam)先例中,King大法官说:"I found Dr. Al-Sarraj(专家证人) to be a very impressive witness. He was fair, measured and rigorous in his analysis. He is an exemplar of the process. He analysed the information available to him within his own speciality. He then put it together with the views of the experts in the other relevant specialities before reaching a conclusion."

5.2 逻辑不当以及经不起推敲的专家意见

不妨简单介绍Greenbank v. Pickles (2001) 1 EGLR 1先例。此先例中,一审法院错误衡量、依赖了不合逻辑的专家意见,被上诉庭改判。原告拥有一片土地的永久业权(free hold owner),在1980年开始与被告合伙种植土地,在1993年合伙关系解散,经法院命令原告应将土地租赁权转让给被告,对价是当时(1993年)土地租赁价值的10%,但双方之后对于土地租赁价值到底是多少产生争议。原告委任的专家证人(Baily先生)估值为12万英镑,被告的专家证人(Foster先生)则估值为2.35万英镑,可见分歧很大。一审法院的Altman大法官经过衡量后认定土地价值是10万英镑。被告认为一审法院衡量专家报告时不恰当地考虑了Baily先生的专家意见,因此上诉。

上诉庭的Peter Gibson大法官首先指出,上诉庭不会轻易干扰一审法院的裁量权,一审法院认定双方专家证据都符合逻辑(一审判词中说的是"brought to bear both a logical analysis and experience on the ground... within their own arguments and their own logic ... consistent and impressive"),但如果材料能够显示出Baily先生的专家意见中存在逻辑问题、并不理性,上诉庭完全可以改判。后来也确实认定Baily先生的专家意见中存在逻辑错误。例如,其中被批评的一点是,原告曾经在1996年出价9万英镑想向被告购回租赁权,但被告拒绝,这就被Baily先生纳入土地租赁价格的考虑中。这被Peter Gibson大法官批评不合逻辑,包括业主要收回土地会是出于很多原因(如没有出租给其他承租人即"交吉"的土地如果出售给第三人价格相比之下要高得多),业主愿意出钱回收的价格与市面上其他潜在承租人愿意出价承租的价格或土地租赁权的真正价值之间完全不是可作比较的对象等。综合了一系列涉及逻辑错误的问题,上诉庭最后改判了一审判法。可以节录部分Peter Gibson大法官所说如下:"The Judge was faced with valuations from two well-qualified valuers, Mr. Baily... and Mr. Foster...(原告代表大律师) submitted that the Judge was entitled to prefer the approach of Mr. Baily to Mr. Foster and that this court should not interfere with what was a finding of fact.(被告代表大律师)... submitted that Mr. Baily's analysis was illogical and not logically consistent. If that is right and it can be seen that Mr. Baily erred in his valuation, I see no reason why this court should not interfere with the Judge's conclusion... I have to say that (被告代表大律师) criticisms of Mr. Baily seem to me abundantly justified. I am at a loss to understand how the Judge when faced with evidence showing so confused, illogical and inconsistent an approach could think that Mr. Baily's valuation was to be preferred to that of Mr. Foster."

在本章之4.3.1.4段有关糖浆卸不下来或十分缓慢的伦敦仲裁案件中,有关专家证人没有针对与考虑很多案件中具体的关键事实(韩国检验报告的结论、货物保温记录与收货人要求对糖浆加温等),就根据泛泛的经验与传闻得出结论,也是另一种逻辑不恰当或欠缺逻辑的做法,只可惜中方船东没有去质疑与丑化。

5.3 医疗疏忽(与专业疏忽)案件中衡量专家意见分量的先例

涉及医疗疏忽的案件中很早就开始需要依赖专家证据,早在 Slater v. Baker & Stapleton (1767) 2 Wils KB 359 先例中就有用到医学方面的专家证明行业内标准到底如何。毕竟在这类案件中,事实审理者常常需要认定有关医生在当时采取的行为是否达到普遍的技术与勤勉的要求以及医生行为是否合理等,也因此作为"门外汉"的事实审理者几乎不可避免需要专家证据的帮助。在过去几百年的医疗疏忽案件中,有关衡量专家证据的案件也是层出不穷。笔者自己并非这类案件的专家,但这类案件中对于专家证据的衡量是很有指导意义的。

Bolam v. Friern Hospital Management Committee (1957) 1 WLR 582 先例给出了著名的 Bolam 考验,[30] 也就是涉案的医生的行为如果符合了行业负责机构(responsible body)要求就并非疏忽,即使是行业内实际上有其他(甚至可能是更多其他机构或主流看法)不同、更高的标准也是一样。McNair 大法官说:"I myself would prefer to put it this way, that he is not guilty of negligence if he has acted in accordance with a practice accepted as proper by a responsible body[31] of medical men skilled in that particular art.... Putting it the other way round, a man is not negligent, if he is acting in ac-

---

〔30〕 有关 Bolam 考验已经在本书第五章之3.3段有介绍。

〔31〕 针对到底是怎样的机构要求可以符合 Bolam 考验也有不少不同表达的措辞/文字。例如,刚刚节录的 McNair 大法官提到的是负责机构("responsible body"),稍后 McNair 大法官还提到合理称职机构:"a standard of practice recognised as proper by a competent reasonable body of opinion."在后来的 Maynard v. West Midlands RHA (1985) 1 WLR 685 贵族院先例中,Scarman 勋爵的说法则是受人尊敬的(respectable),类似的也有声名显著(reputable)或知名机构的说法。但总体可以看到,行业内知名机构已经足以符合要求,如有关专业(如心脏病学科)在当地的医学会等就符合此要求,而且并不要求是行业内主流机构。

cordance with such a practice, merely because there is a body of opinion who would take a contrary view. At the same time, that does not mean that a medical man can obstinately and pig-headedly carry on with some old technique if it has been proved to be contrary to what is really substantially the whole of informed medical opinion."

在 Bolam 考验下，即使双方专家证人各自持有不同意见，只要被告的专家证人能够显示被告做法足以符合一个行业内负责/合理称职/受人尊敬/声名显著机构的标准，就可以证明涉案医生并非疏忽了。这样的关键就在于，专家证人如何解释被告的做法是否满足标准。对此，审理法官完全是"门外汉"，可以说在结论上基本就只能依赖专家证人的说法。Bolam 考验因此受到一些质疑与评论，主要就是这会导致案件结果几乎变成专家证人而不是审理法官作事实认定。

之后在 Loveday v. Renton (1990) 1 MLR 1 先例中，一名医生给儿童打百日咳 (whooping cough) 的预防针后，儿童出现脑损伤，因此向医生索赔医疗疏忽损失。双方都各自委任了多名专家证人（此先例中一共涉及了 18 名专家证人）出庭作证。Stuart-Smith 大法官指出，在 Bolam 考验下，专家证人的意见并非结论性，法院完全可以选择是否接受一名专家证人的意见证据。在考虑是否接受的问题上，法院就应当衡量专家证据，尤其重要的是，事实审理者要审核与分析专家证据中的说理与理由，看专家证据是否能站得住脚。而此先例正是通过仔细审核与分析专家证据，认为一方当事人专家证人的说理与理由更为清楚、准确与有道理，而另一方的专家证人则说得晦涩难懂、无法理解，因此偏向了前者的专家证据。Stuart-Smith 大法官指出："In reaching my decision a number of processes have to be undertaken. The mere expression of opinion or belief by a witness, however eminent... does not suffice. The court has to evaluate the witness and the soundness of his opinion. **Most importantly** this involves an **examination of the** reasons given for his opinions and the extent to which they are **supported by the evidence**. The judge also has to decide what weight to attach to a witness's opinion by examining the **internal consistency and logic** of his evidence; the **care** with which he has considered the subject and presented his evidence; his **precision and accuracy of thought** as demonstrated by his answers; how he responds to **searching and informed cross-examination** and in particular the extent to which a witness **faces up to and accepts the logic of a proposition put in cross-examination** or is **prepared to concede to points that are seen to be correct**; the extent to which a witness has **conceived an opinion and is reluctant to re-examine it in the light of later evidence**, or demonstrates a **flexibility of mind** which may involve changing or modifying opinions previously held; whether or not a witness is **biased or lacks independence.**[32]"（加黑部分是笔者

〔32〕 这里还提到很多其他衡量专家证据的因素，如专家在交叉盘问中的反应、专家是否愿意合理更改自己的意见、专家是否客观与独立没有偏见等，这些会在本章接下来的段落中介绍。

的强调)

之后的 Bolitho v. City and Hackney Healthy Authority (1998) AC 232 贵族院先例更是明确指出,实际上 Bolam 考验应有两个步骤,首先是被告的做法是否符合有关行业负责机构的标准(这也就是原始的 Bolam 考验),如果答案是肯定的,还要继续看专家证人所提供的有关行业负责机构标准的说法是否经得起逻辑审核与分析。例如,没有针对一个重大的医疗风险。Browne-Wilkinson 勋爵强调审理法官若认定一位称职的医学专家证人真正相信而作出的意见为“不合理”,很少会是正确,简言之是作为“外行人”的法官没资格讲。在双方专家证人的意见均经得起逻辑的审核与分析时,再硬在两个意见中拣一个是错误做法。但遇到这种情况,法院应怎样办呢?答案应是依赖举证责任,[33] 而通常指称被告专业疏忽的原告承担举证责任。Browne-Wilkinson 勋爵说:“... in my view, the court is not bound to hold that a defendant doctor escapes liability for negligent treatment or diagnosis just because he leads evidence from a number of medical experts who are genuinely of opinion that the defendant's treatment or diagnosis accorded with sound medical practice... The use of these adjectives-responsible, reasonable and respectable-all show that **the court has to be satisfied that the exponents of the body of opinion relied upon can demonstrate that such opinion has a logical basis**. In particular in cases involving ..., the weighing of risks against benefits[34], the judge before accepting a body of opinion as being responsible, reasonable or respectable, will need to be satisfied that, **in forming their views, the experts have directed their minds to the question of comparative risks and benefits** and have reached a defensible conclusion on the matter. I emphasise that in my view it will very seldom be right for a judge to reach the conclusion that views genuinely held by a competent medical expert are unreasonable. The assessment of medical risks and benefits is a matter of clinical judgment which a judge would not normally be able to make without expert evidence. **It is only where a judge can be satisfied that the body of expert opinion cannot be logically supported at all that such opinion will not provide the benchmark by reference to which the defendant's conduct falls to be assessed.** ... in cases of diagnosis and treatment there are cases where, despite a body of professional opinion sanctioning the defendant's conduct, the defendant can properly be held liable for negligence. ... In my judgment that is because, in some cases, it cannot be demonstrated to the judge's satisfaction that **the body of opinion relied upon is reasonable or responsible.**”(加黑部分是笔者的强调)

经过 Bolitho v. City and Hackney Healthy Authority 贵族院先例补充后的“Bolam/

---

〔33〕 见本章之4.3.4段的介绍。

〔34〕 有关医学的行业标准很多时候涉及分析好处与相应风险。

Bolitho 考验”也得到后来诸多先例的认可。例如，在 Kingsberry v. Greater Manchester SHA（2005）EWHC 2253（QB）先例中，McKinnon 大法官说：“The legal framework is uncontroversial. . . . It is to be noted that the Bolitho approach to the assessment of **whether a body of opinion is a responsible one** by reference to whether it withstands logical analysis has become a commonplace within the assessment of whether or not a doctor's act or omission is or is not negligent . . . Those cases are illustrative of the circumstances where it is **said by a defendant that a practice exists reflecting a body of opinion at the material time** which is found to be negligent by the court on the basis that it **does not withstand logical analysis because there was a failure to guard against a relevant risk**. ”（加黑部分是笔者的强调）

另在 M v. Blackpool Victoria Hospital NHS Trust（2003）EWHC 1744（QB）先例中，Silber 大法官说：“It is common ground that the correct approach to a claim for negligence against a doctor. . . I will have to consider **first**, if there was a body of opinion which considered. . . was reasonable and, if so, **second**, whether that body of opinion was, in Lord Browne-Wilkinson's words‘reasonable and responsible’. ”（加黑部分是笔者的强调）

一些非医疗疏忽的专业疏忽（professional negligence）案件也可以参考与借鉴。[35] 在 Saif Ali v. Sydney Mitchell & Co（1980）AC 198 先例中，Diplock 勋爵就说：“No matter what profession it may be, the common law does not impose on those

---

〔35〕 哪些案件中可以适用 Bolam/Bolitho 考验并非本书针对的内容，不在此详细讨论。可以说针对的只是涉嫌疏忽的专业行为是否低于行业内称职的标准，如建筑师行业。在 JD Williams & Co Ltd v. Michael Hyde & Ass Ltd（2000）Lloyd's Rep PN 823 先例中，Sedley 勋爵说：“Had the Bolam standard been applied, the expert's evidence of common practice—which was not itself disbelieved—would have been enough to protect the architect. It could not even have been undermined by the admission that it would have been prudent to do otherwise. What led this court to uphold the decision below was that it found a straightforward breach of duty. This is not to say that the Bolam test is restricted to medical decisions. Plainly it is not. . . Equally plainly, however, it is not to every allegation of negligence that this test can be appropriately applied. If it were, the civil equivalent of the so-called Guinness defence would become a regular feature of negligence litigation. What then is the dividing line?. . . It seems to me that both tests are aspects of a single principle. The principle, broadly put, is that **professional negligence means falling below a proper standard of competence**. . . In most cases the court will arrive, commonly with the help of evidence from the particular profession, at its own judgment of what that standard is. But **in many（not all）cases where the profession itself embraces more than one tenable view of acceptable practice, competence will not be measurable by a single forensically determined standard；so that where there is more than one acceptable standard, competence has to be gauged by the lower or lowest of them**. ”（加黑部分是笔者的强调）而如果涉及的是其他争端，如是已经告知病人所有的风险，则会适用不同的测试，如 Montgomery v. Lanarkshire Health Board（2015）UKSC 11 最高院先例中的“合理人士测试标准”（合理人士站在病人的角度都会认为这风险对自己有重大影响）。

who practice it any liability for damage resulting from what in the result turn out to have been errors of judgment, unless the error was such as no reasonably well-informed and competent member of that profession could have made."

Nye Saunders & Partners v. Alan E Bristow（1987）37 BLR 92 先例将 Bolam 考验应用在有关建筑师是否疏忽的案件中，在 Bolitho v. City and Hackney Healthy Authority 贵族院先例后的 JD Williams & Co Ltd v. Michael Hyde & Ass Ltd（2000）Lloyd's Rep PN 823 上诉庭先例（也是有关建筑师疏忽）就适用了 Bolam/Bolitho 考验。

6. 因素之二：专家证据的事实基础

本章之 4.3 段与本书第四章之 5.3 段已经提到了事实基础规则（factual basis rule），专家意见必然是基于某些事实基础作出。可以再次节录 Mansfield 勋爵在 Folkes v. Chadd（1782）3 Doug 157 先例所说："the opinion of scientific men upon proven facts may be given by men of science within their own science."而且这也是让对方当事人有机会评论与反驳的一个因素。在 Bank of Credit and Commerce International SA v. Ali（No. 3）（1999）4 All ER 83 先例中，Lightman 大法官说，对方当事人与法官都有权知道专家报告是根据一些什么事实作出："the opposing party is entitled (as is the court) to know the factual premise on which an expert's report is based."

美国《Federal Rules of Evidence》之 Rule 702（b）专门针对了这个问题："A witness who is qualified as an expert by knowledge, skill, experience, training, or education may testify in the form of an opinion or otherwise if: ...（b）the testimony is based on sufficient facts or data; ..."

英国 CPR PD 35 paragraph 3.2 也有规定，在专家证据中必须明确说明的内容如下："...（2）give details of any literature or other material which has been relied on in making the report;（3）contain a statement setting out the substance of all facts and instructions which are material to the opinions expressed in the report or upon which those opinions are based; ..."

CPR PD 35 paragraph 3.3 还规定，专家证人必须作出的真实声明的措辞/文字是："I confirm that I have made clear which facts and matters referred to in this report are within my own knowledge and which are not. Those that are within my own knowledge I confirm to be true. The opinions I have expressed represent my true and complete professional opinions on the matters to which they refer."而针对此段，2020 年 10 月 1 日生效的新增内容更是加入了有关藐视法院的问题："In paragraph 3.3, at the end of the statement of truth insert 'I understand that proceedings for contempt of court may be brought against anyone who makes, or causes to be made, a false statement in a document verified by a statement of truth without an honest belief in its truth.'"

还可以先简单区分的是专家证据会依赖的事实可以有多种不同的分类方法，可见本书第四章之5.4段已经提到了的"假设问题规则"（Hypothetical Questions Rule），以及在5.5段提到的"传闻证据规则"（Hearsay Evidence Rule）。CPR中提到的两种不同类型的"事实"，在CPR PD 35 paragraph 3.2（2）中针对的是专家报告所依赖、引用的文献或其他材料或数据等，与理论或应用有关。这方面有不少都是专家证人从书本、文献中学到的传闻信息，在CPR PD 35 paragraph 3.2（3）中则主要是与此先例中发生的情况有关的事实。这方面会有无争议或已证明的事实，但往往也有很多甚至更多有争议、待证明的事实，此时专家证人只能假设（assume）情况是如何发生的并给出自己的相关意见，也就是假设问题。

无论是与理论或应用有关还是涉及本案件的事实，都会影响专家证据的证明价值。因为基于一个错误的事实是不会得出正确的结论的，而且也已经提到了事实与专家的意见应当相辅相成。

在美国的Datasphere, Inc v. Computer Horizons Corporation, Civil Action No 05－2717（SRC）（DNJ, 13 Jul, 2009）先例中，专家证人假设的事实如果没有证据确认其合理正确性，法院就有可能会认为专家的意见是无法接受的臆测（unreasonably speculative）。

因此在考虑是否采纳或接受专家证据的问题上，需要通过这些方面来看专家证据是否表面看来能向法院提供合理帮助。在最后审理时，由于已经通过争辩与开庭充分地全面审理，如可以仔细审核与分析专家所依赖、应用的文献或其他材料和数据，对一些有争议的事实已经可以作出认定，这更是衡量专家证据分量的一个重要因素。

另外则是本章多处都已经提到的，专家证人不能片面地考虑证据，应当全面考虑所有重要的事实才作出意见。在Van Oord UK Limited and SICIM Roadbridge Limited v. Allseas UK Limited（2015）EWHC 3074（TCC）先例中，原告的一名专家证人（Lester先生）在交叉盘问中被逼问出专家报告内容没有考虑被告的事实证人的证据，这是审理法官最后认定Lester先生专家证据不可靠、没有分量的一个原因。[36]

类似的是在Arksey v. Cambridge University Hospital NHS Foundation Trust（2019）EWHC 1276（QB）先例中，原告的专家证人（Sandeman先生）被发现专家报告的日期早于文书请求，显然的问题就是在专家报告中没有考虑对方当事人主张的重要事实（material facts）与接下来披露的证据，也不会考虑之后的证人证言的事实证据。后来原告提交了一份Sandeman先生的补充专家报告，但在这份补充专家报告中也显然没有考虑重要的证人证言中的内容。Sandeman先生的专家报告就被批评达不到合理、称职的水平，显然分量是很低的（"I regret to say that, in my judgment, Mr

〔36〕　在本章之11.4.3段还提到了Lester先生专家证据中的其他问题。

Sandeman's evidence fell far below the standard to be expected of a reasonable, competent expert witness."）。

6.1 基于事实不被证明或被证否导致专家证据失去价值

如果意见是基于无争议或已证明的事实，而且在意见中也已经全面考虑了所有应当考虑到的事实，就不会给专家证据的分量"扣分"。但如果专家证据基于的有争议的事实在开庭审理后并没有被事实审理者认定为真，或者是事实审理者发现有本应考虑到的事实没有被考虑，专家意见的证明价值也就会大大降低。这正是 R v. Turner（1975）QB 834 先例中 Lawton 大法官所说："Before the court can assess the value of an opinion it must know the facts upon which it has been based. If the expert has been misinformed about the facts or has taken irrelevant facts into consideration or has omitted to consider relevant ones, the opinion is likely to be valueless."

而专家意见基于的事实往往就会涉及有争议的事实，只有专家作出的假设（assumption）为真，也就是有关事实被认定为发生的可能性满足举证标准（民事诉讼中也就是平衡的可能性），专家证据才会有意义。这些事实根据其他证据已经可以作出认定，也能与专家证据一起互相印证、相辅相成地进行认定。而如果这些事实基础被认定是错误的，或没能满足举证标准，专家意见就同样没什么意义或意义不大，正如 David v. General Medical Council（2004）EWHC 2977（Admin）先例中 Stanley Burnton 大法官所说："An expert report is only as good as the assumptions on which it is based; and we have all seen cases in which, expectedly or unexpectedly, the factual assumptions made by an expert witness have proved wrong, and his opinion invalidated as a result."

例如，在 Joan Doreen Colville v. Verreries Pochet et Du Courval Societe Anonyme（1989）10 WLUK 341 上诉庭先例中，原告在商店内想要试用一款须后水（after shaving lotion），因此拿起柜台上装有该产品试用装的喷雾玻璃瓶，但试用时玻璃瓶炸裂、碎片扎伤原告眼睛并导致原告失明，原告即向玻璃瓶生产商索赔人身伤害损失。当时有商店店员清扫与收集了炸裂的玻璃瓶碎片，因此，原告委任专家检验与研究这些玻璃碎片。该专家证人根据其中几片玻璃的厚度分析出玻璃瓶本身厚度不均匀，在用力时就容易有一侧发生炸裂。但开庭审理交叉盘问后发现这几片玻璃可能根本不是涉案玻璃瓶上的，而是店员清扫时扫出的柜台底下的其他玻璃碎片。因此，Stuart-Smith 大法官判专家报告中针对这部分给出的意见显然没有分量。

又如在本章之 4.3.1.1 段已经介绍的 Coopers Payen Ltd v. Southampton Container Terminal Ltd（2003）EWCA Civ 1223 上诉庭先例中，专家证人分析车辆侧翻原因时，针对不同的原因各自都需要考虑一些假设，而如果有假设后来综合考虑之下不成立，根据该假设做出的意见就不会有分量。Clarke 大法官说："For example, **the assumptions upon which the expert gave his opinion may prove to be incorrect by the time the judge has heard all the evidence of fact. In that event the opinion of the expert**

may no longer be relevant, although it is to be hoped that all relevant assumptions of fact will be put to the expert because the court will or may otherwise be left without expert evidence on what may be a significant question in the case. However, at the end of the trial the duty of **the court is to apply the burden of proof and to find the facts having regard to all the evidence in the case, which will or may include both evidence of and to find fact and evidence of opinion which may interrelate**."（加黑部分是笔者的强调）

在有关"婴儿摇晃综合症"（baby shake syndrome）的 A Local Authority v. S（2009）EWHC 2115（Fam）的先例中，有一位医生根据医院的医疗报告，向法院转录与提交有关死亡婴儿的头部数据（如在几月几日头围多大等），但由于无心之失导致记录错了一个日期的头部数据。被告的专家报告就依赖了这个错误的数据并将之作为一个重要因素。King 大法官就批评说，如果头部情况确实是重要数据，则专家证人应该从原始数据（原始的医疗报告）着手，由于依赖的数据是错误的这部分专家证据就会没有意义，而且这显示专家证人不够严谨，甚至可能影响其他部分的专家证据分量。

6.2　基于假设一旦与其他事实有冲突就站不住脚

如果专家意见与无争议或已证明的事实的结合不够紧密，假设事实太多，甚至根本是主要靠猜测，又没有太多证据可以佐证其中的假设，证明效力就会很有疑问。毕竟假设越多候犯错机会也就越多，也显示出专家证人自己没有好好调查事实，在想当然的情况下给意见，太多假设就变成完全是专家自己在臆测事实真相。司法认定事实必须是要结合各类证据相互佐证认定一个有可能发生的情况，而不是在无穷无尽的可能性中找一种出来。尤其是在所有事实证据都不能与专家的说法相佐证时，专家证据的证明价值就更低了。

虽然有很多情况都需要假设，如在以前通讯困难的年代，船舶发生事故沉没在深海根本无从查起，但这种情况在今天的年代不会多，而且即使难查也不应纯凭假设，应该尽量找生还船员、救助船舶、当时天气的证据等。这种疏于调查事实就轻率发表意见，就算是日常生活中也有这样的危险。给出严肃的意见前应当尽量查证，尽可能多掌握事实，如果查证的事实不多就不会是一个严肃的意见。

在 George Abraham Vadakathu v. Jacob George（2009）SGHC 79 新加坡先例中，遗嘱人在 1957 年 18 岁时就已经罹患精神分裂（Schizophrenia），之后在 1998 年时订立了遗嘱并在 2006 年去世，双方对于在订立遗嘱时是否有行为能力、遗嘱人是否当时"症状缓解"（remission）产生争议。被告的医疗专家证人就被批评自己的意见完全基于假设，主要理由是凭借自己的经验与知识，推测遗嘱人有这么长时间的精神分裂会有怎样的精神状况，在这些状况下是很难有真正缓解的。专家证人的一些假设的状况还与案件中的一些证据无法配合。最后法院就认为这专家证据的分量很低，专家证人完全应当结合病人过去几十年的医疗报告等，更紧密结合事实给出意见。

Chan Sek Keong 大法官说:"Dr N(被告专家) simply dismissed all medical and non-medical evidence which was indicative of GG(遗嘱人) being in remission. Expert opinions should have a factual basis, and, if there are no facts, then they should at least be backed by medical case histories of a similar nature... his opinion, no doubt backed by his clinical experience and knowledge, was really based on the hypothetical case which he had constructed from the clinical notes to explain why he considered that GG did not have any testamentary capacity. The hypothesis itself was based on his version of the reconstructed facts which disregarded the actual evidence that contradicted the factual premises of his hypothetical case. For this and other reasons, I am unable to accept Dr N's opinion on GG's lack of testamentary capacity at the relevant time."

7. 因素之三:专家证据的专业基础

专家证据的关键内容是有关的专业理论或对该理论的实际应用,这些理论或应用会是来自专家自己进行过或其他人进行过(如来源于权威书籍、文献、刊物、论文等)的研究、实验与经验。

但专业理论与应用会包含很广泛的内容,它们的可靠程度也是有区别的,甚至有时候有很大区别。本书第五章之2.2段就介绍过很多被认为根本不可靠与无法证伪(falsifiability)的理论或应用,如 R v. Robb (1991) 93 Cr App R 161 先例中 Bingham 勋爵提到的星座学说(astrologer)、占卜学说(a soothsayer)、巫医(witch-doctor),又如 Kumho Tire Co v. Carmichael, 526 US 137 (1999)美国最高院先例中提到的招魂术(necromancy)等。在 R v. JET (1994) OJ No 3067 (Gen Div)加拿大先例中,Hill 大法官有著名说法,说专业理论可以是有严谨与精密推理过程的理科(如物理学、化学等),也有的理论根本是"垃圾科学"(junk science)[37] 或是虚无缥缈的"巫术":"... there is a continuum of reliability in matters of science from near certainty in physical sciences to the far end of the spectrum inhabited by junk science and opinion akin to sorcery or magic. Whether the technique could be demonstrably tested, the existence of peer review for the theory or technique, the existence of publication, the testing or validation employing control and error measurement, and some recognition or acceptance in the relevant scientific field all contribute to an assessment of the reliability of the opinion and hence its capacity to outweigh the prejudicial impact of imposing on the jury highly suspect opinion evidence masquerading as science..."

在 R v. J-LJ (2000) 2 SCR 600 加拿大最高院先例中,Binnie 大法官也说:"The

---

[37] 有关什么是垃圾科学,还可见本书第五章之2段。

dramatic growth in the frequency with which they have been called upon in recent years has led to ongoing debate about suitable controls on their participation, precautions to exclude 'junk science', and the need to preserve and protect the role of the trier of fact the judge or the jury."

因此,衡量专家证据分量或证明价值的一个重要方面,是专家证据中的理论或应用是否可靠。如果不能满足可靠性的要求,法院就试图避免这不可靠科学的风险(the perils of unreliable science):见 B (A Child), Re (2004) EWHC 411 (Fam)先例。本书第五章之2.2段就已经介绍过。由于这与证明价值有很大关联,也是事实审理者可分析专家证据的依据,因此在是否可采纳时就会是一个考虑因素。而即使被采纳,也会在开庭审理时由于被事实审理者觉得不可靠而失去证据的分量。美国先例中在这方面有不少指引,包括美国早期较严格的 Frye v. US, 293 F1013 (DC Cir 1923)先例中必须行业内普遍接受才能采纳的"广泛接受测试"(general acceptance test),后来《Federal Rules of Evidence》之 Rule 702 只要求理论与应用和案件争议有关联性与可靠。

这方面尤其重要的是在 Daubert v. Merrell Dow Pharmaceuticals, 509 US 579 (1993)与 Kumho Tire Co v. Carmichael, 526 US 137 (1999)美国最高院先例中给出较详细指引的,用来判断理论与应用是否可靠的"可靠基础测试"(reliable foundation test)。这不仅仅是对可采纳性问题的指引,在最后真正衡量证据分量时一样有非常大的参考价值。这会在本章之7.2段再作详细介绍。

加拿大这方面的权威先例是 R v. Mohan, 1994 CanLII 80 (SCC)先例,评判专家证据是否可采纳时要考虑的有四个问题:"Admission of expert evidence depends on the application of the following criteria: (a) relevance; (b) necessity in assisting the trier of fact; (c) the absence of any exclusionary rule; and (d) a properly qualified expert."但显然加拿大法院借鉴了美国做法,在 R v. Abbey, 2007 CanLII 1872 (ON SC)加拿大先例中,Archibald 大法官这样说:"... the analysis in Daubert v. Merrell Dow Pharmaceuticals, Inc., 509 U. S. 579 (1993). This level of analysis, called the 'reliable foundation' approach, is often applied to proposed expert evidence when the evidence is of a novel scientific practice or theory.... Widespread acceptance can be an important factor in ruling particular evidence admissible, and 'a known technique which has been able to attract only minimal support within the community,' ... may properly be viewed with skepticism."

英国法在可采纳性方面虽然没有美国这样详细的指引,会非常有弹性地根据每个案子的不同情况具体分析,[38]但是衡量证据分量时理论与应用的可靠性显然也是法院会注重的一个因素,有不少先例因为专业理论或应用不可靠而批评专家证据。

---

〔38〕 见本书第五章之2.2.2段的介绍。

如在 C（A Child）（Immunisation：Parental Rights），Re（2003）EWCA Civ 1148 上诉庭先例中，一位医疗专家给出了自己的意见与该意见所基于的文献，但文献中的理论知识与意见根本是矛盾的，该专家意见就被批评是“垃圾科学”。Sedley 大法官说：“Dr Donegan's（专家）report was based on no independent research, and most of the published papers cited by her in support of her views turned out either to support the contrary position or at least to give no support to her own. Not to mince words, the court below was presented with junk science.”

在之后的 Kent CC v. B（A Child）（2004）EWHC 411（Fam）英国先例中，Munby 大法官也提到说有时专家给出的意见未必完全是“垃圾科学”，但仍然要考虑到背后专业理论或应用不可靠，Munby 大法官说：“I am certainly not to be taken as suggesting, or even hinting, that the views espoused by Sir Roy Meadow, or by Dr Y（专家）in the present case, could ever properly be described as junk science, or anything remotely approaching it. But the Family Division is certainly not immune to the perils of unreliable science in the context of care proceedings.”

7.1　专家证人应提供材料显示理论或应用可靠

第一个问题就是，由于理论或应用涉及特别的技巧（skill），专家以外的普通人根本不了解，也难以知道有关的理论或应用是否真的可靠，因此最合适的是由专家证人自己来显示为什么是可靠的，如来自什么人的什么调查研究，行业内是如何看待，有关应用经过科学的分析会涉及的错误率（rate of error）如何等。这样事实审理者才能对专家意见中将该理论应用在特定事实中给出的意见的准确性与可靠性作出衡量。

已经多次提到，英国 CPR PD 35 paragraph 3.2 还明确规定了专家报告中应当写明所依赖的文献等材料，可以节录如下：“3.2 An expert's report must：...（2）give details of any literature or other material which has been relied on in making the report；...”在 CPR PD 35 中附上的《Guidance for the Instruction of Experts in Civil Claims 2014》之 para 56 也明确规定：“Where tests of a scientific or technical nature have been carried out, experts should state：（a）the methodology used；and（b）by whom the tests were undertaken and under whose supervision, summarising their respective qualifications and experience.”

这正是 Davie v. Edinburgh Magistrates, 1953 SC 34 苏格兰先例中 Cooper 勋爵所说：“Expert witnesses, however skilled or eminent, can give no more than evidence. They cannot usurp the functions of the jury or Judge sitting as a jury, any more than a technical assessor can substitute his advice for the judgment of the Court... **Their duty is to furnish the Judge or jury with the necessary scientific criteria for testing the accuracy of their conclusions, so as to enable the Judge or jury to form their own independent judgment by the application of these criteria to the facts proved in evidence.**”（加黑部分是笔者的强调）

在较近期的 McTear v. Imperial Tobacco Ltd（2005）CSOH 69 苏格兰先例中，Nimmo Smith 勋爵也说：“. . . **the reasoning of（一审法院）in that case was flawed in respect that he appeared to have accepted what the pursuer's medical witnesses（专家证人）said about a report. . . without himself applying any critical analysis** to the passages in that document which were relied upon.（一审法院）was not obliged to accept a passage referred to by one of the witnesses as the expression of reliable opinion, nor was he obliged to accept the witness's view that what was stated in the passage was correct:**（一审法院）was entitled and indeed bound to consider whether what was stated in it was convincing.** . . . the proper conclusion was that reliance could not be placed upon it in the context of that case. Among other reasons, one reason was that the authors of the report put forward. . . that research. . . **No detail was given regarding this research, and the result must be. . . that the basis upon which the conclusion of the report was based had not been established before the court.** This of course was a view expressed in relation to the evidence in that case, but I have quoted it because it is a clear demonstration of the application to that evidence of the general principles relating to the evidence of expert witnesses.”（加黑部分是笔者的强调）

最后可介绍 Various Claimants v. Sir Robert McAlpine（2016）EWHC 45（QB）先例。在该先例中，法院仔细审核与分析了一位专家证人在报告中所介绍的方法论，并认定该方法论并不可靠（“We are not satisfied that ‘there exists a recognised expertise governed by recognised standards and rules of conduct. . . in respect of the proposed methodology.’”），另有一位专家证人则没有介绍清楚自己所采用的方法论（“In our view . . . report does not comply with the requirements of either the PD or the Guidance. It does not set out properly the facts, the modelling or the methodology used. . .”），因此拒绝接受这两位专家证人的意见。

7.2 可靠基础测试：衡量专业理论或应用可靠性的指引

美国先例中建立的“可靠基础测试”主要是来自 Daubert v. Merrell Dow Pharmaceuticals, 509 US 579（1993）最高院先例中 Blackmun 大法官的说法，以及后来 Kumho Tire Co v. Carmichael, 526 US 137（1999）美国最高院先例的补充。美国《Federal Rules of Evidence》之 Rule 702（c）专门规定了理论或应用是否可靠的问题：“A witness who is qualified as an expert by knowledge, skill, experience, training, or education may testify in the form of an opinion or otherwise if: . . .（c）the testimony is the product of reliable principles and methods. . .”

在 Daubert v. Merrell Dow Pharmaceuticals 美国最高院先例中，被告药厂生产一种名为“Bendectin”的孕吐用药，原告指称因为服用此药导致出生的胎儿罹患严重生理缺陷（如肢体缩小或畸形）。对于此药物到底是否会导致胎儿问题产生争端，被告提出当时所有科学刊物上没有任何调查研究显示此药物会导致胎儿问题，原告的专家证人则提出了自己所进行的研究显示与胎儿问题有关。一个核心争端在于,原告的专家证人采用的是一种当时并未被普遍接受的在动物身上进行的活体试验法(*in vivo*)以及活体外(试管)试验法(*in vitro*)。一审法院与上诉庭均判由于这是未被普遍接受的做法,因此证明效力非常有限、分量很低,这也就是过去 Frye v. US, 293 F1013 (DC Cir 1923)先例中的广泛接受测试。最高院推翻了这样的判法,认为在《Federal Rules of Evidence》之 Rule 702 下,过去的广泛接受测试不再适用,是否被广泛接受只是一个考虑因素,应当根据案件的具体情况分析专家的理论或应用是否有关与可靠。至于应当考虑哪些因素,Blackmun 大法官给出的四方面指引可以节录如下:

"Ordinarily, **a key question to be answered in determining whether a theory or technique is scientific knowledge that will assist the trier of fact will be whether it can be (and has been) tested.** 'Scientific methodology today is based on generating hypotheses and testing them to see if they can be falsified; indeed, this methodology is what distinguishes science from other fields of human inquiry.' ... '(T)he statements constituting a scientific explanation must be capable of empirical test'; ... '(T)he criterion of the scientific status of a theory is its falsifiability, or refutability, or testability'.

Another pertinent consideration is whether the theory or technique has been subjected to peer review and publication. Publication (which is but one element of peer review) is not a sine qua non of admissibility; it does not necessarily correlate with reliability... and, in some instances, well-grounded but innovative theories will not have been published... Some propositions, moreover, are too particular, too new, or of too limited interest to be published. But submission to the scrutiny of the scientific community is a component of 'good science', in part because **it increases the likelihood that substantive flaws in methodology will be detected. ... The fact of publication (or lack thereof) in a peer reviewed journal thus will be a relevant, though not dispositive, consideration in assessing the scientific validity of a particular technique or methodology on which an opinion is premised.**

Additionally, **in the case of a particular scientific technique, the court ordinarily should consider the known or potential rate of error**, ... surveying studies of the error rate of spectrographic voice identification technique, **and the existence and maintenance of standards controlling the technique's operation**... noting professional organization's standard governing spectrographic analysis...

Finally, **'general acceptance' can yet have a bearing on the inquiry**. A 'reliability assessment does not require... it does permit, explicit identification of a relevant scientific community and an express determination of a particular degree of acceptance within that community.' ... Widespread acceptance can be an important factor in ruling particular evidence admissible, and 'a known technique which has been able to attract only minimal support within the community,' ... may properly be viewed with skepticism."[39]

以上段落中提到的四点内容包括:

1. 现代科学知识的建立一般都是提出假设后通过实验进行验证,科学理论必然是可证伪(falsifiability)、可反驳(refutability)、可验证(tested)的。如果一种学说在逻辑上无法找到办法证伪,都不属于严格意义上的现代科学理论。没法验证的理论或应用在司法认定中就被认为不可靠,在证明价值或分量上是较低的。类似说法还可见 R v. McIntosh (1997) CanLII 3862 (ON CA)加拿大先例中 Finlayson 大法官所说:"I would caution courts to scrutinize the nature of the subject-matter of the expert testimony. Any natural or unnatural phenomenon may become the subject of an investigation conducted according to the scientific method. The scientific method requires the formation of a hypothesis, the testing of the hypothesis using reliable methodology, the examination of the results (usually with statistical analysis) and the formation of a conclusion."

2. 有关理论或应用是否已经得到过同行评审(peer review)与有刊登出版的文献、论文等。事实审理者对于有关理论或应用根本是"门外汉",要事实审理者自己在专家提供的理论或应用中挑毛病也困难重重甚至无从找起。因此,如果理论或应用已广泛地被同行评审,如果有问题往往也会已经被找出来,行业内的其他专业人士是更能发现问题与瑕疵的。一般法院在衡量专业理论或应用时,同行评审都是重要的考虑因素。在本书第四章之 9.3 段介绍的英国近期有关碳排放交易欺诈、由 Andrew Ager 作为专家证人的案件中,Nicholas Lorrain-Smith 大法官批评 Andrew Ager 作为专家证人不合格的一个因素就是他的工作成果缺乏同行评审:"Andrew Ager is not an expert of suitable caliber. He had little or no understanding of the duties of an expert. He had no training and attended no courses. He has no academic qualifications. **His work has never been peer-reviewed.**"(加黑部分是笔者的强调)

有关同行评审方面的问题,还将在本章之 7.3 段作详细讨论。

3. 有关应用中已知或潜在的错误率需要考虑在内。例如,声纹(voiceprint)识别技术,在今天也得到很多认可与采用(如有的银行识别客户是否本人,其中一项验证

---

[39] 在后来的 Kumho Tire Co v. Carmichael, 526 US 137 (1999)美国最高院先例中,Breyer 大法官还简略地将之总结为四点:"Whether a 'theory or technique ... can be (and has been) tested; Whether it 'has been subjected to peer review and publication'; Whether, in respect to a particular technique, there is a high 'known or potential rate of error' and whether there are 'standards controlling the technique's operation'; and whether the theory or technique enjoys 'general acceptance' within a 'relevant scientific community."有说法是这方面判法在美国存在一定争议:见 G Edmonds and D Mercer, "Rebels Without a Cause?: Judges, Medical and Scientific Evidence and the Use of Causation" (Freckelton I and D Mendelson《Causation in Law and Medicine》[2002] 83)一文。但这大原则是非常有借鉴意义的。

方式就是声纹),但该应用本身就有一定程度的错误率,声纹验证就并不能保证完全正确。而很显然错误率越高,就越是相对不可靠。

除了应用本身以外,在实际执行过程中采用的方法是否完全按照程序进行也会影响证据的证明价值或分量。例如,本书第十章之6段介绍了问卷调查证据(survey evidence),除了调查问卷设计需要很完善(以特定方式筛选被调查问卷人、不能有引导性问题等)外,在实际操作上也必须跟从这个设计,最后问卷调查的结果才是真正有证明价值的。本章之9段还会再进行介绍。

4. 业界是否已经广泛接受这种专业知识的说法或其是否已经被广泛应用。例如,3G基站在按照规定建设后,业界普遍认为对周边居民而言完全是安全的,也已经有广泛的实践与应用,则该理论与应用就相对是可靠的:见本章之11.4.1段介绍的Petursson v. Hutchison 3G UK Ltd (No. 2) (2005) EWHC 920 (TCC)先例等。

但这四点也并非绝对。例如,在Saginaw Chippewa Indian Tribe of Michigan v. Granholm, 690 F Supp 2d 622 (ED Mich 2010)美国先例中,美国密歇根州的Saginaw、Swan Creek与Black River Band等多个齐佩瓦族(Chippewa)印第安人部落指称根据1855与1864年与政府的条约,密歇根州有大约138,330英亩的土地应属印第安人保留地(reservations),但密歇根州政府不同意,认为根据条约内容仅仅是允许印第安人在这土地上生活。因此,双方对于有关这早期的历史条约中的措辞/文字到底如何解释产生争议,也都各自委任多位历史学专家对这历史文件与背景等提供专家意见。很显然这些历史学专家证人给出的有关历史的意见就几乎可以说没什么办法予以测试,也不存在错误率的问题,但法院仍然接受与考虑了这些历史学家的专家证据。Thomas L Ludington大法官说:“... The Daubert factors are not particularly helpful in this case... There is no way to ‘test’ whether the experts’ testimony concerning the historical understanding of the treaties is correct. Nor is it possible to establish an ‘error rate’ for historical experts. Although publication, peer review, and general acceptance may be of some relevance to historical testimony, the parties briefs do not demonstrate that they are particularly helpful in this instance. Past publications on Indian history may indicate a particular expert is qualified to testify about Indian perception and understanding of events, but published research on the Saginaw, Swan Creek, and Black River Bands’ understanding of the 1855 and 1864 treaties apparently does not exist. Moreover, even the most cursory review of the submitted reports reveals there is no generally accepted conclusion concerning the Chippewas’ understanding of the treaties.”

Kumho Tire Company Ltd v. Carmichael美国最高院先例还指出,Daubert v. Merrell Dow Pharmaceuticals先例中的四点因素,无论是技术性(technical)还是只是特殊的(specialized)理论或应用都可适用,但绝不能生搬硬套,并非绝对的标准,仍要考虑案件的具体情况(这可以说与英国做法在原则上是一致的)。

7.3　同行评审与刊登出版的理论或应用

如果有关的理论或应用已经得到过广泛的同行评审，理论或应用在科学上的可靠性就相对较高，尤其是已经在刊物（尤其是权威刊物）上刊登出版。毕竟在出版前针对理论或应用就有深思熟虑并经过权威刊物自己的审查，而且在出版后会面临同行的仔细评审，如果其中有什么瑕疵、错漏等，会被同行们挑出来与被质疑。经过这样评审后的理论或应用由于较为可靠，就有说法是相比于“垃圾科学”（junk science），这些理论或应用可称为“良好的科学”（good science）。在 Chan Cheuk Chuen v. Pok Oi Hospital（2006）HKEC 1070 香港先例中，法院认可与肯定一方专家的一个重要理由就是该专家采用的理论有大量本地与国际社会的文献支持（“expert evidence, which is well supported by literature both locally and internationally”）。

而且专家在引用这些有刊登出版的理论时也有一些问题需要注意。例如不能只说对自己有利的观点，这会显示自己在给出专家意见候并不客观或有偏见，这会降低意见的分量。[40] 又如专家需要根据自己的知识与经验给出意见，不能只是提供刊登出版的理论给事实审理者，专家应当将理论或应用结合有关的案件事实，并给出自己的分析与说理。

需要注意的是，如果没有刊登出版，也并不意味着就一定会在分量上扣分。理由严谨充分、有想法与创意的理论完全有可能没有出版，这背后的原因可能是有关的知识领域过于尖端、狭窄，或者是研究很新才刚刚完成，又或者是研究结果涉及的利益不大，又或者纯粹是专家在实践中获得的经验暂时还没有刊登出版的想法等。例如，在 A Local Authority v. S（2009）EWHC 2115（Fam）先例中，涉及的是有关婴儿的医疗问题的专业意见，虽然有很多刊登出版的理论与说法，但往往真正有婴儿参与实验的是很少或几乎没有。King 大法官说此时专家自己的个人经验就很重要，即使没有刊登出版、同行评审，仍然会是可靠与有帮助的：“All the experts are in agreement that the literature relating to each element of the triad has its limitations both as to its extent, and, as more than one expert pointed out, the intrinsic impossibility of experimenting on babies. The trial bundle contained more than fifty research papers relating to various aspects of the medical issues raised during the course of this trial. The experts agree that often the evidence base upon which the papers rely is poor and in certain areas there are only a small number of studies. Time and again, **when giving evidence, experts spoke of their own experience. It seems to me that the experience of these eminent clinical experts, acquired by them day after day in practice, is highly relevant, particularly where there is a paucity of top quality research to assist the court**...”（加黑部分是笔者的强调）

---

〔40〕　针对专家是否客观的问题，会在本章之 11 段进一步介绍。

7.4 专家证人依赖的文献没有提交

专家证据会基于多种不同的事实,包括个人经验的事实,也包括传闻的事实。例如,专家证人过去看过的各类刊登出版的研究、报告、文献等。而这些内容也应当提交给法院:见英国 CPR PD 35 paragraph 3.2(2)。

在 Wardlaw v. Farrar (2003) EWCA Civ 1719 上诉庭先例中,Brooke 大法官还给出了英国后座法院(Queens Bench)在颁布有关专家证据命令时针对这方面问题的标准措辞/文字,并推荐这措辞/文字被广泛使用。有关部分可以节录如下:"Any unpublished literature upon which any expert witness proposes to rely shall be served at the same time as service of his statement together with a list of published literature and copies of any unpublished material. Any supplementary literature upon which any expert witness proposes to rely shall be notified to all other parties at least one month before trial. No expert witness shall rely upon any publications that have not been disclosed in accordance with this direction without leave of the trial judge on such terms as he deems fit... Parties to agree the trial bundle ... not less than 7 days before the hearing."

在一方专家证人提交了研究、报告、文献的内容后,一般也会有另一方专家证人指出其中不妥的地方,包括该内容不能代表行业内的看法,或者该内容实际并不支持对方专家证人的意见等。而在最后衡量专家证据分量时,这些内容对最后对认定事实越是重要就越会对之进行仔细与严谨地进行阅读与分析并与其他专家意见进行比对等。

在 Breeze v. Ahmed (2005) EWCA Civ 223 上诉庭先例中,原告向被告索赔医疗疏忽损失,指称原告曾经向被告诊所求诊,但被告未能作出恰当诊断与将原告送医院治疗,直到一周后原告才被送医,之后不治身亡。双方各自委任了专家证人,但无法达成一致的专家意见。被告专家证人在专家报告中并没有提及,而是直到开庭审理通过主盘问与交叉盘问才说有两份文献可以支持自己的意见,问题是这两份文献并没有提交给法院。一审法官在判决中认定被告专家证人在专家报告中已经总结前述文献的内容,实际是有研究论文支持,但原告专家证人则缺少类似出版刊物的支持,因此认为被告专家证人的意见分量更重、被告胜诉。原告提出上诉,并得到上诉庭支持将案件发回重审。[41]

上诉庭的 Bennett 大法官指出,前述文献应当一早就提交但被告专家证人并没有这样做。事实上,一审法院的认定很大程度上要依赖于前述文献对被告专家意见的支持,这种情况下应仔细阅读与分析文献是否支持被告专家证人,但一审法院根本没有看到文献原文,就给予这些文献如此的分量是错误的做法,而且这也剥夺了原告分析这两份文献的机会。可以节录 Bennett 大法官所说如下:"Neither Monica nor Rita (Monica 与 Rita 是这两份文献的代称) was produced on behalf of the Defendant. The

---

〔41〕 关于将案件发还重审,可见本书第三章之 3.1 段。

contents, as relayed by Dr Channer(被告专家证人) in his evidence to the judge, were unwittingly portrayed to the judge inaccurately and/or incompletely. We were taken by both Counsel to the papers. the judge placed more weight on literature referred to by the defence expert. The papers were highly technical and required careful reading and analysis, particularly so if they were to have the almost decisive effect upon the judge's mind as to which expert's evidence to prefer. The judge took on trust what the defendant's said were the important contents of the two papers, which, in turn, persuaded him to a very material extent to prefer his evidence to that of the plaintiff's expert. I accept(原告代表大律师) submission that the judge placed more weight on the 'literature' than he should have done in the unusual circumstances I have described. In the event the Claimant was deprived of the opportunity to show the judge that neither paper supported Dr Channer's evidence, which, it is arguable, the Claimant could have accomplished. In my judgment to leave the matter as it is, would, in the circumstances of this case, be unjust. . . ."

看来这个问题也不仅仅是专家证据的问题,还涉及程序公正(procedural fairness/due process),毕竟这是交叉盘问中才带出来的问题,应该是在时间允许的情况下,先提交文献内容,在原告专家证人吸收理解后(这可能只需要半天、一天的时间)再让专家证人重新回来处理这个问题,届时开庭审理可能还没有完结。如果时间不允许,由于审理法官自己看不明白文献内容,就应该披露文献内容后再进行一次开庭,抑或通过文书形式提交各自的陈述,反正就是要双方代表律师都能首肯的方案才行。

7.5　专业知识不断革新:即使有同行评审,也要仔细审核、分析与给恰当分量

如今会涉及的专业理论与应用越来越多,也有越来越多的专业理论与应用根本没有太多同行评审或者是刊登出版,甚至只有少数几个专家还分别持有不同意见。更是会发生的情况是,由于研究与发展的不断深入,过去被认可的专业理论与应用在后来发现其实并不正确。也因此在考虑专家意见时,虽然缺乏同行评审、刊登出版的专业知识需要严厉的审核与分析,但即使是有广泛的业界认可、有同行评审与刊登出版,审理法官仍然要仔细分析,不能给予过多的分量。专业知识对最后认定越是关键,越是要严谨与仔细。

例如,中世纪被广泛采用的放血疗法,根据不同的病症在不同的部位用各种办法(如用"柳叶刀",今天英国著名的医学权威期刊"柳叶刀"《The Lancet》就是来源于此)切割放血进行治疗。美国独立宣言上有签字的著名医生本杰明·拉什(Benjamin Rush)也是放血疗法的忠实支持者,在 1797 年有记者报道经过本杰明通过放血治疗医治的病人死亡率明显高于采用其他方法治疗的病人,本杰明就起诉记者诽谤并获得胜诉。但后来通过不断革新的实验与研究发现,放血的真正"疗效"其实反而是加速死亡。但该做法直到 19 世纪才逐渐被业界认可有害与逐步放弃。如果在今天再对该诽谤案件进行审判,结果很可能不同。

可见 R v. Holdsworth (Suzanne) (2008) EWCA Crim 971 先例中 Toulson 大法官所说:“Conclusions of medical experts on the cause of an injury or death necessarily involve a process of deduction, that is inferring conclusions from given facts based on other knowledge and experience. But particular caution is needed where the scientific knowledge of the process or processes involved is or may be incomplete. As knowledge increases, today's orthodoxy may become tomorrow's outdated learning. Special caution is also needed where expert opinion evidence is not just relied upon as additional material to support a prosecution but is fundamental to it.”

当然事实审理者也不能自己走到专业理论与应用革新的前面去,R v. Cannings (2004) EWCA Crim 1 先例则指出,虽然专业知识会不断革新,但在审理候不应该由于考虑到将来会有新发展推翻现有看法就拒绝专家证据:“Experts in many fields will acknowledge the possibility that later research may undermine the accepted wisdom of today. 'Never say never' is a phrase which we have heard in many different contexts from expert witnesses. That does not normally provide a basis for rejecting the expert evidence, or indeed for conjuring up fanciful doubts about the possible impact of later research.”

7.6 对最后事实认定起关键作用的专业理论或应用必须可靠

在 Bialkowski v. Banfield, 2011 BCSC 1045 加拿大先例中,原告想要引入有关“量化脑电波测量”(quantitative electroencephalograph analysis,简称“QEEG”)的专家证据,而被告则主张 QEEG 的可靠性是有疑问而拒绝。“脑电波测量”(electroencephalograph analysis,简称“EEG”)是已经在医学中成熟应用的技术,通过测量与记录脑电波的读数后,医生通过观测脑电波读数对病人作出诊断。QEEG 则是相对新的技术,主要是依赖电脑与有关的算法来判断脑电波读数,有说法是这可以更客观与全面找出一些医生观察会漏过的细节,并可以通过算法构建一个 3D 的大脑模型找出具体出现异常的位置。此先例中,法院经过综合衡量证据后判不接受 QEEG 作为证据,作出衡量的依据包括在美国有不少案件都涉及 QEEG 但也有争议是否应该接受。加拿大也曾有过先例拒绝接受 QEEG。QEEG 这种技术出现已经有一段时间,有大量的同行评审,但业界对于 QEEG 有不一致的看法,有相当部分都拒绝在临床中使用或完全依赖 QEEG。尤其是在此先例中涉及的脑部伤害、异常诊断中,业界有不少质疑认为 QEEG 会相对偏向于认定存在异常。QEEG 背后的理论非常专业与复杂,审理法官很难对其内容进行审核与分析,专家证人提供 QEEG 结果出来,这就已经像是最终结论了,但是专家证人应该仅仅提供专业理论与应用让法官判断。审理法官指出,越是接近最终结论的专业知识,就越是倾向于严厉地考虑是否接受。换言之,专家证据都是帮助法官了解专业理论与应用,会有其他证据来辅助决定,但如果是变成纯粹看专家证据的结果来决定事实,就要严厉对待了。也因此在对于 QEEG 可靠性存有疑虑的情况下,倾向于严厉地对待、不接受 QEEG,而采用相对更可靠的 EEG 技术。不妨部分节录法院的判词如下:

" I agree with counsel for the plaintiff that QEEG analysis is not new science. It has been in use for many years now and has been peer reviewed in many articles referred to by the plaintiff's counsel in her submissions. **There is no doubt it has been the subject of much peer review** in applications in several areas of neurology, psychiatry and neuropsychology. **The difficulty is the conclusions in the reviews are not consistent and many reject the use of QEEG** for any clinical purpose while others restrict the analysis to one of many methods used in clinical practice. Based on the evidence... it is my opinion QEEG analysis is novel science deserving of special scrutiny... It can be said QEEG has been tested, although the results are not consistent or generally accepted. QEEG has been subjected to considerable peer review and publication, **but there is significant conflict respecting the potential rate of error or the existence of standards of testing methodology**.

Serious conflict arises in the last category of whether QEEG has been generally accepted. As can be seen by the journal articles referred to above, there is much conflict on the appropriateness of QEEG analysis in the clinical practice of neurology. Some accept it as a generally useful tool, others for a limited or specific purpose such as epilepsy. **However, many scientists and clinicians... see QEEG as prone to significant error, unhelpful and potentially misleading, particularly so in the diagnosis of traumatic brain injury.**

Another serious problem with QEEG analysis is that it is potentially very powerful evidence and in this case, the opinion of(专家证人) as originally stated in his report, is very close to an opinion on the ultimate issue of whether the plaintiff had a traumatic brain injury. As Sopinka J. stated in R v. Mohan, 1994 CanLII 80 (SCC), (1994) 2 S. C. R. 9 ...; '**(t)he closer the evidence approaches an opinion on an ultimate issue, the stricter the application of this principle.**' ...

On the evidence presented in this case, **I find the QEEG evidence to be novel science and not sufficiently reliable for admission into evidence**... I conclude it will not assist the trier of fact. As science progresses this may change and the evidence may meet the test of reliability so as to be admissible at some point in the future.... the fact that expert evidence conflicts does not, by itself, make it inadmissible...

... however, it remains open for such evidence to be offered through an appropriate expert if and when it satisfies the evidentiary requirements of Canadian Courts. "(加黑部分是笔者的强调)

8. 因素之四:专家不应超出专业提供证据

8.1 超出自己学习、知识与经验的部分证据分量不大

专家证人提供专家证据的意义在于对有关科技或专业方面的理论与应用提供意见证据帮助法院作出事实认定。专家证人则必须是该特殊理论与应用方面的专家(peritus)。专家证人应该只是针对自己有学习、知识与经验的范畴提供意见证据,不需要也不应该对案件中的不同争端都提供意见。即使是为了理解具体案件中的有关不同争端,专家证人自己也阅读与调查了一些相关领域的研究报告,也不能改变该专家证人并非每一个不同类别的争端所属领域专家的现实。

所以,如果是专家证人在自己的专家报告中"越界",这些意见证据的分量显然是非常低的,而且很容易被对方盘问律师挑出来去丑化,这最容易发生在复杂专业的争端(multidisciplinary issue)中。

按理说专家证人对某些超出自己核心专业范畴(core expertise)的争端给意见,也只应影响该超出部分的证据的分量。剩下的确实属于专家证人专业范畴的意见证据,不应受到影响。但如果结合了其他人为因素,如被对方盘问律师丑化后该专家证人仍不知进退,导致事实审理者觉得专家证人不仅是不自量力而是不客观、有偏见的倾向,就可能会影响整个专家证据的分量。可见本章之 11 段的介绍。

可见 Kennedy v. Cordia (Services) LLP (2016) UKSC 6 最高院先例中所说:"... the judge's role in these terms:'[I]t is necessary to consider with care, in respect of **each of the expert witnesses, to what extent he was aware of** and observed his function. **I must decide what did or did not lie within his field of expertise, and not have regard to any expression of opinion on a matter which lay outwith that field.** ... It is not necessary in this appeal to determine how far **a court should have regard to published material put to or cited by a skilled witness which is not within his or her core expertise**. Much may depend on the nature of the expert's area of practice, which may or may not involve some working knowledge of related disciplines, and on the centrality of the published material to the matter which the court has to decide.'"(加黑部分是笔者的强调)

在 B (A Child) v. McDonald's Restaurants Ltd (2002) EWHC 490 (QB)先例中,涉及的是有 36 个原告的集体诉讼,指称自己在英国麦当劳餐厅用餐时被热饮烫伤因此向麦当劳索赔。原告方有一位关键的专家证人(Ives 先生),Ives 先生是一名机械工程师(mechanical engineer),在食品加工行业(food and allied processing industries)有多年经验,也是英国食品与科技协会(Institution of Food Science and Technology)的成员。Ives 先生的专家报告提及了很多方面,与这里讨论内容有关的是:(1)给出

意见说应当如何准备热茶和咖啡。(2)麦当劳餐厅提供热饮应该是什么温度与麦当劳餐厅应当采取的防止顾客烫伤的防护措施”。针对这应当提供的温度,Ives 先生还提到自己关于这个温度的意见是基于一份美国的研究报告。(3)麦当劳用于装热饮的杯子与杯盖的检测与衡量。

Ives 先生的专业是机械工程师,他可以对一些涉及机械工程的问题作证,如从麦当劳餐厅的机器中倒出的特定温度(因为会采用统一品牌类型的机器,而这些机器倒出的热饮都是在特定温度范围内)的热饮倒入餐厅提供的热饮杯后,从握持在手上到能够找到座位这段时间,温度会发生如何变化等。但 Ives 先生不是餐馆老板(restaurateur),因此对于餐饮行业内一般准备热饮的做法,以及餐厅应当提供如何温度的热饮不属于他的专业领域。虽然 Ives 先生提到了美国的一份研究报告,这不能改变 Ives 先生不是该专业领域专家的事实,需要真正的专家解释与解读。类似的是,Ives 先生虽然有食品包装的行业经验,但从没有涉及过杯子与杯盖的制造、供应与零售中的任何一环,因此对于杯子与杯盖应当如何也没有什么发言权。最后,Ives 先生的专家证据也被 Field 大法官认为没什么了不起(not impressive)。Field 大法官说:“Section (2)(给出意见说应当如何准备热茶和咖啡) arguably involved expert evidence, but Mr. Ives is an engineer and not a restaurateur... In sections (6) & (10) Mr. Ives' gave his view on the temperature at which McDonald's should have served their hot drinks having regard to consumer preferences. However, the temperature at which consumers prefer to drink hot drinks is not something which is within his expertise... Section (7)(杯子与杯盖的检测与衡量) is appropriate for expert evidence, but, although Mr. Ives has experience in the packaging industry generally, he has no experience in the manufacture, supply or retail use of cups and lids for hot drinks served in restaurants... Those matters on which he did give an expert opinion were in large measure outside his particular expertise... For these reasons〔42〕, I am bound to say that I did not find Mr. Ives an impressive witness.”

8.2　非“真”专家证人依赖的传闻证据的分量

上一段介绍的专家证人并非“真”专家的问题还会引发的其他问题是,会有案件同时涉及多个相关但不同类别的科技与专业的争端,委任每一个不同类别的专家证人也不可行或不现实,CPR 下法院也不一定批准。这样,只有一位专家证人去针对该争端。在他/她的专家报告中,针对一些不同类别的专业知识,鉴于只有一般知识,

〔42〕 除了专家给自己专业以外的意见,还涉及一些其他理由,如专家报告内大部分都并不需要特殊学习、知识与经验的专家证据而只是普通的事实证据。又如 Ives 先生给出的意见依赖的报告并不够可靠,Ives 先生并没有亲自测量杯子与杯盖等找出缺陷,而是间接分析麦当劳餐厅给出的杯子与杯盖的细节标准与制造方法等。这也显示出 Field 大法官在衡量该专家意见时经过了多方面因素的综合考虑。

就会在专家报告内更着重附上的自己所依赖的材料(如出版刊登的研究报告,其他人进行的检查、测量或测试结果等),或是其他在这些方面的“真”专家意见,然后对该争端作出综合的专家意见。问题是,审理法官或仲裁庭对于这些材料与/或附件的分量如何考虑?

首先是这显然不能改变该专家证人给出的意见超出了专业范畴。不能因为这些材料或其他专家意见看来有关与有用,就有不同看法,但这有几方面问题:(1)出庭的专家证人不是“真”专家,充其量是真正专家的代言人/发言人(spokesman/mouthpiece)。(2)对方盘问律师的交叉盘问中如果要针对这些作为附件的材料或其他专家意见提问,如想问这些附件所显示出的情况会否是片面的信息,是否是合理的测试或者是专家证人行业内的惯常做法等,问不出什么有意义的回答,即使专家证人有回答也由于不是“真”专家没有分量。(3)与/或附上的材料实际上是传闻证据(hearsay evidence),无法通过交叉盘问原作者也就是“真”专家测试。本章一开始与13.1段都有介绍通过交叉盘问对专家证据测试的重要性。(4)这种做法也会让一些想回避交叉盘问的当事人以此手法引入与向法院提供对己方有利与主要内容是依赖大量传闻证据的专家证据,而无须面对被丑化或被质疑的风险。

正常情况下,也难免有不少复杂与冗长专家报告中的部分内容与数据,实际上由专家证人的同事、助手、另一家公司或某大学的实验室帮忙进行了部分检查、测量或测试,在CPR下这都要求专家证人在报告中明确作出陈述。这些情况也很常见,尤其是涉及一些收集数据、资料等工作时,专家证人没有必要全部都亲力亲为,甚至由于欠缺条件必须假手他人。但这不代表他/她不用小心监督、理解这些资料与知悉是专家证人行业/专业内的常规做法。换言之,这些检查、测量或测试的做法仍然需要是专家证人的专业范畴内去认可,只不过是没有由专家证人自己亲自进行,这完全可以接受:见 Mondial Assistance (UK) Ltd v. Bridgewater Properties Ltd (2016) EWHC 3494 (Ch)先例。

但一旦这些实属传闻的检查、测量或测试超出了专家证人的专业范畴,专家就不应该对这些检查、测量或测试的正确性作证。因此简单地说,区分就是涉及的是“常规做法”(routine procedure/standard practice)还是专家证人假手他人的事情涉及有该专家证人不熟悉的技巧(skill)的理论或应用作判断。

常规做法如一个肺癌专家证人可以依赖另一个放射科同事对X光片的意见。还如行业内常用的什么软件或做法等,专家自己在行业内就常有使用的经验,也不必要另找专家出庭解释这些软件或做法背后非常规技术性的原理。但如果涉及依据有技巧的理论或应用作判断,就会超出专家证人的专业范畴,必须得另找“对口”的专家证人了。例如,涉及的是放射科医生给出的X光片与诊断是否错误,导致病人的肺癌被拖延最后无法救治,可以找肺癌方面的专家来提供证据说肺癌确实被延误,但是肺癌专家证人不能对X光片与诊断是否存在疏忽提供专家意见,不能仅仅是说自己依赖另一名放射科同事的意见,这得找放射科的专家来举证才行。

该问题在 Dura Automotive Systems of Indiana Inc v. CTS Corp, 285 F 3d 609（7th Cir, 2002）美国先例中有很清楚的解释。此先例的背景是在1981年于美国印第安纳州的一处向城市供水的地下水源中发现受到工业或化学品污染，美国国家环境环保局（EPA）花了12年清理完毕后向有关公司索赔。简单地说，地下水源会有一个所谓的截获区/捕集区（capture zone），也就是地下水源其实像是一个水盆，在这个区域内/水盆范围内的地下水都会流向该水源。因此在考虑向谁索赔时，主要就是看一家公司的工厂是否在这个截获区内，以及该工厂涉及的工业或化学品是否在污染水源中有发现。截获区的划定会受到多方面因素影响，包括土壤的疏松程度/孔隙率（porosity），从地下水源采水出来的速度等。水文地质学家（hydrogeologist）会设立数学模型（mathematical models），通过考虑不同变量来划定截获区的范围，用来预计在情况发生变化时候截获区会有如何的变化，但也能想到的是，如果涉及的是过去（12年前事发的前几十年）的情况，只要有足够多数量与足够准确的变量，也就能准确地找出过去的截获区范围。

此先例中，原告就在另案中被EPA索赔，EPA的专家划定的截获区内有原告的工厂，原告工厂也涉及与受污染水源中找出的污染物相符的化学品。原告就接着向此先例的被告索赔，主张被告工厂也涉及同样的化学品，而且根据自己的专家的说法被告工厂也在截获区内，所以被告应分摊部分责任（contributory negligence），对原告已经赔付的金额按比例予以补偿。原告唯一的专家证人（Valkenburg先生）是一位咨询公司（consulting firm）的水文地质学家，在做口供书（deposition）时Valkenburg先生承认自己虽然是水文地质学家，但专业范畴并不包括地下水流动的数学模型，自己报告内所依赖的数学模型实际是由咨询公司内其他同事所完成的。被告就马上申请简易判决（summary judgment），重要原因就是唯一的专家证据超出了Valkenburg先生的专业范畴，不会有分量，原告的索赔根本没有说得过去的基础。

原告因此想要额外提供其他同事的誓章（affidavit）来证明这些数学模型在此案件中案情的适用没有任何问题，所以Valkenburg先生的意见能站得住脚。但这遭到被告反对，主张这些誓章证据根本是专家证据，在《Federal Rules of Civil Evidence》之下针对提供专家证据有一系列程序要求。如，Section 26（a）（2）规定应在规定时间内告知法院与对方当事人以及提交专家报告，然而此时已经超过6个月了。一审法院支持了被告的看法，以申请与提交延迟为由撤销了这些誓章证据，并判Valkenburg先生的专家报告失去意义，因此给出了简易判决。原告提出上诉后，接受上诉的第七巡回庭需要考虑一审法院判这些誓章证据到底是专家证据，还是仅仅支持Valkenburg先生报告的一般补充证据。

多数意见的大法官判Valkenburg先生作为水文地质学家，有恰当的知识、学习或经验判断地下水源受到了什么污染，以及判断如果被告的工厂确实在截获区根据工厂地址地下水的流向、流量等判断有多少污染是被告工厂所导致。从誓章内容来看，如果是要确定目前的截获区范围，各类数据翔实与准确，采用Valkenburg先生同事用到的数学模型会是很"常规"的做法,就没什么问题。但是这个先例中的问题是要划定几十年前的截获区,有一些地方存在不确定性,需要不断调整(tinkering)数学模型。但涉及数学模型时的知识、学习或经验是 Valkenburg 先生并不具备,因此 Valkenburg 先生不能对被告工厂处在截获区内提供专家意见。而截获区不能划定、无法证明,〔43〕Valkenburg 先生的专家意见也就会没有分量,原告的索赔就根本没有什么有力证据支持,也因此支持了一审判法。其中,Posner 大法官说:

"**An expert witness is permitted to use assistants in formulating his expert opinion, and normally they need not themselves testify.** . . . the expert witness can be asked at his deposition whether he supervised them carefully and whether his relying on their assistance was standard practice in his field. . . .

Analysis becomes more complicated if the assistants aren't merely gofers or data gatherers but exercise professional judgment that is beyond the expert's ken. . . . Now it is common in technical fields for an expert to base an opinion in part on what a different expert believes on the basis of expert knowledge not possessed by the first expert; and it is apparent from the wording of Rule 703 that there is no general requirement that the other expert testify as well. The Committee Notes to the 1972 Proposed Rule 703 give the example of a physician who, though not an expert in radiology, relies for a diagnosis on an x-ray. We too do not 'believe that the leader of a clinical medical team must be qualified as an expert in every individual discipline encompassed by the team in order to testify as to the team's conclusions.'〔44〕 **But suppose the soundness of the underlying expert judgment is in issue.** . . . in In re James Wilson Associates, 965 F. 2d 160, 172 – 73 (7th Cir. 1992), where the issue was the state of repair of a building and 'the expert who had evaluated that state—the consulting engineer—was the one who should have testified. **The architect (the expert who did testify) could use what the engineer told him to offer an opinion** within the architect's domain of expertise, **but he could not testify for the purpose of vouching for the truth of what the engineer had told him—of becoming in short the engineer's spokesman**.'〔45〕. . .

. . . **A scientist, however well credentialed he may be, is not permitted to be the**

---

〔43〕 即使这是 Valkenburg 先生的假设前提,也会由于无法证明导致缺乏事实基础,一样没什么分量:见本章之 6 段。

〔44〕 这里举了一个例子,一般的治疗医师(physician)也许不是放射科(radiology)专家,但他完全可以依赖其他放射科医生对病人 X 光片的诊断,只要争议不涉及 X 光片本身。

〔45〕 在 James Wilson Associates, Re, 965 F 2d 160 (7th Cir, 1992)先例中,要评估一处不动产的修缮情况,实际在现场检验的是一位工程师(engineer),但作为专家证人出庭作证的是一位建筑师(architect),建筑师完全可以依赖工程师告诉自己的信息提供有关建筑专业上的专家证据,但是一旦争议涉及工程专业的内容是不能替工程师发声的,毕竟对方也不能在工程专业方面向建筑师交叉盘问。

mouthpiece of a scientist in a different specialty. That would not be responsible science. A theoretical economist, however able, would not be allowed to testify to the findings of an econometric study conducted by another economist if he lacked expertise in econometrics and the study raised questions that only an econometrician could answer. If it were apparent that the study was not cut and dried, **the author would have to testify; he could not hide behind the theoretician.**[46]

... It is apparent from these affidavits that **Valkenburg's assistants did not merely collect data for him to massage or apply concededly appropriate techniques in a concededly appropriate manner, or otherwise perform routine procedures, and that he himself lacks the necessary expertise to determine whether the techniques were appropriately chosen and applied.** ...”(加黑部分是笔者的强调)

9. 因素之五:专家证人的方法论、方法与实际调查工作是否完善

在 Daubert v. Merrell Dow Pharmaceuticals, 509 US 579 (1993)美国最高院先例中,Blackmun 大法官就提到了区分现代科学(science)与人类的其他探索(human inquiry)的重要区别是现代科学的方法论(methodology)。例如,疫苗研究背后有医学知识、统计学知识等的支持,有疫苗研究的方法论,在这些方法论、理论与应用的支持下,科学家/医学家会各自采用自己的方法研究疫苗,如分成一期、二期、三期的疫苗测试等。

但即使是有一个可靠的方法论,专家证据的可靠也必须基于实际采用的方法或实际调查的手段完善。也因此在衡量专家证据分量时,专家如何适用理论与应用、实际采用的方法也就理所当然是衡量专家证据分量的一个考虑因素。

美国《Federal Rules of Evidence》之 Rule 702(d)就有针对性规定:“A witness who is qualified as an expert by knowledge, skill, experience, training, or education may testify in the form of an opinion or otherwise if: ... (d) the expert has reliably applied the principles and methods to the facts of the case.”

也可见 McLean v. Seisel (2004) CanLII 9418 (ON CA)加拿大先例中 Gillese 大法官所说:“The trial judge is obliged both to determine the admissibility of expert evidence and to decide what weight is to be given to such evidence as is admitted. If the methodology that an expert employs is flawed or the opinion is based on ignoring certain

---

〔46〕 理论经济学家(theoretical economist)在没有相应的知识、学习经验的前提下,就不能对计量经济学研究(econometric study)提供专业意见,得找专业的计量经济学家(econometrician)。

facts or lack of a reliable foundation, these are matters that the trial judge must take into consideration in deciding which evidence to accept and what weight to accord it."

可以简单介绍一些先例如下:

1. 在 Korpach v. Klassen (2000) CanLII 19612 (SK PC)加拿大先例中,原告向被告索赔自己农田的农作物受到被告牲畜损坏造成的损失。双方都委任了专家证人提供农作物损失的起因与具体损失程度的专家意见。原告专家证人前往农田仔细调查了农田的情况,包括一码一码地衡量每一块农田(一共涉及了28块农田)的土地、点数农田内剩下的茎梗(stems)、豆荚(pods)、种子等的数量,一一点数几块没有受损农地上的农作物数量等,并且该专家证人有条理地阐述了自己这些调查与计算损失的方法。而被告专家证人则只是站在农地的栅栏附近进行观察,并给出总体的看法与意见。审理法官在听取了双方专家调查的方法后,认为原告专家的方法非常细致与有条理,相比之下也认为原告的专家证据分量更重。Halderman 大法官说:"I found Mr. Kapeller(原告专家证人) to be a most careful and professional observer, whose methodology regarding adjustment procedures was meticulous. He was an independent witness whose evidence is entitled to great weight... It was not suggested that Dr. Dynes (被告专家) was prohibited from going throughout the field. His visual observations, which were essentially a 'global' view without a 'hands and knees' look at actual damage throughout the field, must be accorded significantly less weight than the plot by plot count and the roaming of the field that Mr. Kapeller undertook...,I prefer the evidence of Mr. Kapeller, and I accept his specific crop-loss figures, and his estimate of crop yield."

2. 另一个例子是在 Doe v. Doe (2004) CanLII 34340 (ON SC)加拿大先例中,Morissette 大法官指出,一方的医生专家证人根本没有好好测试与诊断,而对方专家证人进行了大量的测试与保留了非常详细的会面记录等内容,他说:"Dr. Borins (专家证人) conducted no psychological testing, yet arrived at a diagnosis of post-traumatic stress disorder after only one consultation. She kept no notes of her session with the Plaintiff. By contrast, Dr. Wolfe(对方专家证人) did extensive testing and kept detailed notes."

3. 类似的还有 Posthumous v. Foubert (2009) MBQB 206 加拿大先例。此先例中,Menzies 大法官批评一位专家证人说他在给自己专家意见时方法上有诸多问题,包括最初的诊断只是依据提供给他的书面记录而没有与病人会面也没有进行身体检查,有些本应有帮助的检查都根本没有做。甚至是对病人进行实际检测前就已经准备好了专家报告,也没有对病人的询问或者检查留下什么书面记录,在综合考虑之下就认为专家意见几乎没有分量。可以节录部分 Menzies 大法官所说如下:"In evaluating Gerard's(该专家证人) technique of the initial diagnosis, the doctor relied on records provided to him without the benefit of an interview with the patient or a physical

exam. He professes little faith in diagnostic testing and failed to have the patient under go the few tests he believes could confirm the diagnosis such as a MRI or ERG. Gerard issued his report prior to any physical examination of the patient and had no notes of the interview and examination of the Plaintiff undertaken six weeks later. The evidence reveals a surprisingly inadequate technique followed by Gerard. With such a deficient methodology, it is difficult to assign much evidentiary reliability to Gerard's conclusions. In a controversial area of medicine, the unspoken premise of Gerard's evidence is that the court should trust his opinion because he is an expert. I am of the opinion Gerard has assumed the role of an advocate for the Plaintiff. . . . In the end analysis, the report and opinion of Dr. Gerard is worthy of little weight."

4. 这类案件还有很多,如在 Berendsen v. Ontario（2008）CanLII 1416（ON SC）加拿大先例中,Seppi 大法官批评一些专家证人的调查工作是有问题的,因此不会有分量,Seppi 大法官说:"Mr. Blackport's（专家证人）hydrogeological investigation is found to have been glaringly deficient, and his evidence is given little weight."还有另一名被批评专家证据没有分量的专家证人,Seppi 大法官列出一整个列表来显示调查中的问题与缺陷。

5. 在 Great Billion Enterprises Ltd. v. Chan Lin Ying（2003）HKEC 169 香港先例中,法院也判专家证人是否进行了良好与细致的调查工作也是影响专家证据分量的一个因素。Chu 大法官批评一位专家证人(测量师)给出的专家意见不可靠,重要原因就是从证据显示该专家证人根本没有好好调查,如该测量师声称前往有关的不动产进行了 45 分钟的实地调查,但事实上提供给该测量师的平面图与实体的情况根本不同,而测量师却没有发现等。可以节录 Chu 大法官所说如下:"In my judgment, Mr T. Kwan's(专家证人) evidence is, to say the least, unreliable. Although he said he had spent 45 minutes at the Property, his evidence does not suggest that he had made a thorough or proper inspection. Given his years of experience as a surveyor, it is surprising that he would not have doubted the correctness of the floor plan he had, having regard to the differences between the actual physical layout of the Shop and the Yard and the layout depicted on the floor plan. His explanation that because . . . the plaintiff required his report urgently, he had rendered his opinions without calling for or waiting for the building plans. . . . As an experienced surveyor, Mr T. Kwan must have appreciated the significance of the opinions that he was proffering. The cavalier approach adopted, among other things, must bring into doubt the inherent reliability of Mr T. Kwan as an expert witness."

6. 在 Generics（UK）Ltd v. H Lundbeck A/S（2007）EWHC 1040（Pat)先例中,Kitchen 大法官批评一位专家证人在调查中遗漏了很多本应当考虑的内容,但经过开庭审理与交叉盘问且该专家证人的表现令人满意,因此接受这只是无心之失,但无可避免地也显示出该专家证人在准备专家报告时不够小心谨慎。Kitchen 大法官说:"I accept his explanation that he overlooked these matters, but they reveal a certain lack of care in the preparation of his statement which I think must therefore be approached with caution..."

7. 如果专家证人采用的是惯常被认可的方法,在方法本身上看会相对更容易被接受。而如果采用的是比较特别、不一般的方法,这并不意味着得到的结论不可靠,毕竟每个案件的事实也会有所不同,但看来就要仔细分析看这方法本身是否可靠。Leung Yuk Lin v. Karson Oten Fan Karno (2009) HKEC 1137 香港先例涉及的是笔迹鉴定问题,Anthony To 大法官在衡量中虽然最终仍然是看有关做法是否可靠与完善,但提到被告专家证人的方法是与法院熟悉的经验与做法一致,而原告专家证人则采用了比较"奇怪"的做法。在对原告专家证人的做法进行仔细的分析与审核后,认为原告专家证人采用的做法影响了专家意见的可靠性:"His(被告专家证人) methodology and approach in examining signatures are familiar and consistent with those of the experts whom these courts have seen... I find DW4's(原告专家证人) presentation unimpressive and his methodology curious and out of line with prevailing practice of handwriting comparison which I am aware of... His methodology cast doubt on the reliability of his opinion... I consider DW4's ... methodology unscientific, unconventional and out of date."

从上述案件可以看到的警示是,一般人都以为要找出名、大牌的专家,毕竟如果双方当事人的专家证据难分高下,法院或仲裁庭就会考虑专家证人的资格与名声。[47] 但要小心的是部分出名、大牌的专家会特别繁忙,他们会时间不够或有其他更优先需要完成的工作。就算所采用的理论是很正确的,但如果很多实际调查工作没有进行或者不是自己完成,就有可能影响专家证据的分量。看来与找代表律师一样,既要水平高又要律师能够花时间在自己委托的案件上,针对专家证人而言,在这个问题上的困难是有过之而无不及。

10. 因素之六:专家的资历与名声

10.1 一般情况下专家的资历与名声与分量有关但并不关键

在本书第五章之4段已经介绍过专家证人的资历会是考虑是否采纳与接受专家证据时的一个因素,专家证人必须合资格与对口。在早期考虑是否采纳与接受的问题上,毕竟法院不会也没有机会审核与分析专家报告的内容,只能依赖有限的被提交的文件证据予以考虑。此时专家的资历就会是其中的一个考虑因素,如果专家的资

〔47〕 见本章之10段的介绍。

历不恰当，这会影响该人士到底是否是真专家（peritus）以及该证据是否被合理需要，并会导致不被接受为专家证人。但在商事案件中，导致不被采纳往往是较为极端的情况，发生的也不多，专家证人不是只看纸面的资格，他们完全可以从工作经验中获得了有关的技巧，这是从文件中看不出来或不能充分显示的。更多的情况是在最后审理、衡量专家证据分量时，通过交叉盘问的测试下显示出专家证人在有关方面的技术或专业知识不妥当，就会严重影响专家证据分量。

在 R v. Silverlock（1894）2 QB 766 先例中，Russell 勋爵说："It is true that the witness who is called upon to give evidence must be peritus; he must be skilled in doing so; but we cannot say he must have become peritus in the way of his business or in any definite way. The question is, is he peritus? Is he skilled? Has he an adequate knowledge? Looking at the matter practically, if a witness is not skilled the judge will... disregard his evidence."

同样的说法也可见其他普通法国家如在 R v. Bunnis（1964）50 WWR 442 加拿大先例。Tyrwitt-Drake 大法官提到，只要法院满意有关专家证人是拥有有关方面的技术或专业知识，不理会"真本领"是怎样取得、是否有博士学位或教授等职称，就可被视为真专家而采纳或批准："The test of expertness, so far as the law of evidence is concerned, is skill, and skill alone, in the field of which is sought to have the witness's opinion....I adopt, as a working definition of the term 'skilled person', one who has by training and practice, acquired a good knowledge of the science or art concerning which his opinion is sought.... It is not necessary, for a person to give opinion evidence of a question of human physiology, that he be a doctor of medicine."

而在最后开庭审理衡量专家证据分量时，要看专家证据是否可靠。在这个问题上，专家证人的资历与名声肯定有影响。这方面的例子很多，如 Huxley v. Elvicta Wood Engineering Ltd（2000）EWCA Civ 139 上诉庭先例，涉及的案情是原告指称自己在被告的工厂工作，长期暴露在木屑（wood dust）纷飞的环境，导致罹患癌症。原告的主要专家证人是一位执业多年的胸肺科医生（Seaton 教授）。他在 1962 年已成为合格医生，而被告的专家证人是在 1981 年才有医生资格，相关工作经验也少多了。除了其他一系列理由外，上诉庭的 Kennedy 大法官针对 Seaton 教授也提到资质问题说："Professor Seaton was a most impressive witness of great experience and authority..."

这显然是对法院的看法有影响的，否则在判决中也不会去提这一点。

也可节录在 Woolf 勋爵领导的民事诉讼改革（Civil Justice Reform 或简称"CJR"）的工作小组的最终报告（final report）《Access to Justice》中说："The traditional way of deciding contentious expert issues is for a judge to decide between two contrary views. This is not necessarily the best way of achieving a just result. The judge may not be sure that either side is right, especially if the issues are very technical or fall within an area in which he himself has no expertise. Nevertheless, he hopes to arrive at the right answer. **Whether consciously or not his decision may be influenced by factors such as the apparently greater authority of one side's expert, or the experts' relative fluency and persuasiveness in putting across their arguments.** "(加黑部分是笔者的强调)

但是衡量专家证据是否可靠更关键的是,通过仔细逻辑审核与分析判断双方当事人对抗的专家证据的内容,以及看开庭时交叉盘问中专家证人的表现,来判断谁的专家意见更有说服力与可依赖。如果仅仅是看哪一方专家证人的资历与名声更好,或是给予过度的分量,岂不是哪一方专家的名声更好就可以获胜,而根本不需要什么专家报告或交叉盘问了?如果是这样,就变成专家证人的资历对案件的争议事实作最终认定,这比篡夺(usurp)事实审理者的地位与职责更加离谱。

可见 R v. Cannings (2004) EWCA Crim 1 刑事先例。该先例中,一位专家证人是刚涉及丑闻的 Roy Meadow 教授,他提供专家意见的另一个刑事案件刚刚被推翻,[48]而且判词中对他的专家意见有不少批评。Rafferty 大法官就说:"Therefore the flawed evidence he (指 Roy Meadow 教授) gave at Sally Clark's trial(Roy Meadow 教授提供专家证据的另一案件) serves to undermine his high reputation and authority as a witness in the forensic process... even the most distinguished expert can be wrong, ..."

另可见 Telles v. South West Strategic Health Authority (2008) EWHC 292 (QB) 先例中 Saunders 大法官所说:"**His experience and expertise in this field is close to being unrivalled.** He was a Consultant Cardio-thoracic Surgeon at Great Ormond Street Hospital from 1971 to 1999. He was a pioneer in the operations that I have been considering. He has published widely on the subject and is Co-Editor of one of the standard text books on surgery for congenital heart defects.... Clearly his opinions must command a great deal of respect although **his distinguished career does not mean that his opinions must always be right. It is always necessary to examine the reasons behind any opinion.** "(加黑部分是笔者的强调)

如果太迷信专家证人的资历与名声就会有问题,如在 Vadakathu v. George (2009) SGHC 79 新加坡先例中,Chan Sek Keong 大法官就批评一审法院过于受专家资历影响,给予了专家证据不恰当的分量:"In the present case, the DJ(一审法院) was too deferential to Dr N's(专家证人) expertise and did not apply her mind sufficiently to the medical and non-medical evidence... She should have given more weight to the non-medical evidence."

因此,更符合公平审理的态度是审理法官或仲裁员如果经过审核与分析作为主证据的专家报告、听取与注意专家证人在开庭审理的交叉盘问中的表现后,在多方面客观考虑下倾向于一方专家证人的证据,此时该专家证人的资历与名声也比对方专

---

〔48〕 见本章之 3.5 段介绍的 General Medical Council v. Meadow (2006) EWCA Civ 1390 先例。

家证人更好,就可用来佐证专家证据更可靠。而如果该专家证人的资历并不如对方专家证人,也不应该因此就减轻该专家证据的分量。

10.2　无法通过分析双方专家证人的理由做判断才可以依赖专家资历与名声

由于专家证据经常会涉及特别的技巧,对于这些通常是科技或专业知识的技巧不熟悉的事实审理者,在仔细审核与分析了双方的报告、听取与注意专家在开庭中的表现后作判断仍然有困难,对于存在冲突的专家报告之间难以作出取舍。此时看来就只能根据专家的资历与名声来作出倾向性认定,虽然应该尽量避免。这正是 English v. Emery Reimbold & Strick Ltd (2002) EWCA Civ 605 上诉庭先例中 Phillips 大法官所说:"It is legitimate, where there is a direct conflict of expert evidence, for the Judge to prefer the evidence of one expert to the other simply on the ground that he was better qualified to give it, or was a more authoritative witness, if the Judge is unable to identify any more substantial reason for choosing between them. This should not often be the case. If this is the basis for the Judge's conclusion, he should make it plain."

这方面的例子之一就是本章之 5.1 段已经提到的 Drake v. Thos Agnew & Sons Ltd (2002) EWHC 294 (QB)先例。审理法官对于如何鉴别名画家安东尼·凡·戴克(Van Dyck)作品真假一窍不通,对于双方专家证人有冲突的意见,Buckley 大法官在衡量中就确实将一位专家证人的资历与名声更好纳入考虑,并且在判词中明确写明。可以再次节录部分 Buckley 大法官所说如下:"Sir Oliver's(一方专家证人) experience, knowledge and general expertise concerning van Dyck . . . are unrivalled. In the end I am satisfied that I should accept his evidence and conclude that 'the Painting' should not be attributed to van Dyck. In fairness to Mr. Agnew(另一方专家证人), to whom I am grateful for all his assistance, I should say that in reaching that conclusion I have been significantly influenced by the acknowledged greater expertise that Sir Oliver possesses in relation to these works. My decision is a legal one based upon the evidence and the circumstances of the experts that I have described."

11. 因素之七:专家证人客观与没有偏见

11.1　不客观和有偏见的两大类别

"客观"(objectivity)是一个比较广泛的措辞/文字,会有多种含义。在此针对的是两大类的不客观与有偏见:(1)专家证人偏袒客户或其中一方当事人,即所谓的"枪手"(hired gun);(2)专家证人对自己所持的科技与专业立场或观点有不恰当的坚持,即使这不是行业/专业的主流看法。这也是种偏见,可称为"科学偏见"(scientific prejudice)。本章稍后会详细介绍这两种不同的不容观与有偏见会带来的不同后果。

在此先介绍(或部分重复本书第五章之6段已有提及的内容)第一种。可以先简单重复节录本书多处提到的 The "Ikarian Reefer" (1993) 2 Lloyd's Rep 68 先例(此先例树立的原则也包括在 CPR 中)中 Cresswell 大法官所说如下:"1. Expert evidence presented to the Court should be, and should be seen to be, **the independent product of the expert** uninfluenced as to form or content by the exigencies of litigation ... 2. An expert witness should provide **independent assistance to the Court by way of objective unbiased opinion in relation to matters within his expertise...** An expert witness in the High Court should never assume the role of an advocate..."(加黑部分是笔者的强调)

在 CPR Rule 35 下,专家证人作为"法院的官员"(officer of the court)必须独立(independent)与客观地协助法院,而不能再作为当事人的"枪手"、效忠于当事人的利益,已是众所周知,也是政策上(policy)的问题。

这样,一旦被审理法官认定专家证人变成了当事人的"枪手"、没有效忠法院,就会对该专家证人完全失去信心。可以说,这类"不客观"是不合法与不被允许的,有关的专家证据可以被排除(exclude)。

第二种偏见是专家证人确实不偏不倚、客观给出意见,实际不是"枪手"的情况。本来,任何人士在提供意见时都很难说不掺杂个人主观看法,甚至是有些类别的专家意见更是必然包含自己的主观看法,如古董鉴定、笔迹鉴定等都是如此。但这种"不客观"仍然不代表专家证人不知道自己对法院的责任与给出意见时希望尽量减少依赖个人经验与主观喜好。例如,Quorum AS v. Schramm (2002) 2 All ER (Comm) 147 先例涉及一副被损毁的名画估值问题,Thomas 大法官就批评专家证人(估价师)掺杂了太多个人情感,如该专家证人个人特别喜欢这幅名画而导致估价过高。

除了个人经验或主观喜好,LU & LB, Re (2004) EWCA Civ 567 上诉庭先例还提到了另一种"科学客观"(scientific objectivity)或"科学偏见"(scientific prejudice)的问题。一些过于教条主义或经验主义(老资格)的专家证人,他们更有可能有科学偏见。因为科学不断在发展,今天正确的理论之后可能就变为错误,或是一些过去没有被接受的理论现在又变为正确。所以专家证人需要保持开放的态度,而部分专家证人可能过于执着而有科学偏见。Butler-Sloss 大法官说:"i) The cause of an injury or an episode that cannot be explained scientifically remains equivocal. ii) **Recurrence is not in itself probative.** iii) Particular caution is necessary in any case where the medical experts disagree, one opinion declining to exclude a reasonable possibility of natural cause. iv) **The court must always be on guard against the over-dogmatic expert, the expert whose reputation or amour propre is at stake, or the expert who has developed a scientific prejudice.** v) The judge in care proceedings must never forget that today's medical certainty may be discarded by the next generation of experts or that scientific research will throw light into corners that are at present dark."(加黑部分是笔者的

强调）

这种科学或专业客观/偏见，往往是专家证人知道自己对法院责任，自己已经是尽量客观，在道德上没有什么好批评的。但由于专家证人自己的学习或个人性格，导致对有关理论与应用不客观，或与多数同行有不同意见时过于执着。这也解释了很多现实情况，如有关的争议/争端在专业上已经有了非常稳定的主流看法/说法，但往往双方当事人都可以各自找到走极端的不同专家证人出庭作证。也有可能双方当事人委任的两位或更多的专家证人都有很高的专业地位、名声卓越，但他们之间的意见完全对立。即使一方当事人的专家证人持的意见偏离主流说法，也不表示他们的专家证据不可靠，真理完全可能掌握在少数人手中。英国著名哲学家罗素先生（Bertrand Russell）曾经很“不民主”地说：“The fact that an opinion has been widely held is no evidence whatever that it is not utterly absurd; indeed, in view of the silliness of the majority of mankind, a wide spread belief is more likely to be foolish than sensible.”在这种情况下，作为“外行人”的审理法官（或仲裁员）会更难判断实质意见的优劣，并在有关科技与专业方面给出有条理与说得过去的理由支持自己的选择。

双方专家证人各自坚持自己的专业意见与观点，这种潜在偏见（inherent/imputed bias）不容易对付。这也完全合法与在当事人自己委任专家证人的现实中无可避免会面对，与较早介绍的“枪手”的不客观是两码事。但在现实中，审理法官（或仲裁员）往往很难区分专家证人到底是坚持自己的专业意见与观点，还是在为己方当事人利益讼辩（advocate）。

11.2　两大类别偏见的不同后果

表面看来没有必要区分这两类不客观与偏见，反正审理法官（或仲裁员）认定专家证人不客观与有偏见，就会否定专家证据，不论是排除还是不给予分量。但如果能区分到底是哪种，对专家证据的处理与/或给予的分量就会有区别。如果是“枪手”的不客观与偏见，就尽量不应给予分量，因为太危险，甚至可以“简易排除”（summarily exclude）。

这方面有很多先例支持。在 Cala Homes（South）Ltd v. Alfred McAlpine Homes East Ltd（1995）EWHC 7（Ch）先例中，Laddie 大法官就说：“Of course the court will be aware that a party is likely to choose as its expert someone whose view is most sympathetic to its position. Subject to that caveat, the court is likely to assume that the expert witness is more interested in being honest and right that in ensuring than one side or another wins. . . . **An expert should not consider that it is his job to stand shoulder-to-shoulder through thick and thin with the side which is paying his bill**.”（加黑部分是笔者的强调）

另在 EXP v. Barker（2017）EWCA Civ 63 先例中，上诉庭的 Irwin 大法官说，虽然一审法院没有排除被告专家证人的报告只是给了很低的分量，但就算决定排除也是个恰当的决定，因为涉及第一类偏见过于危险：“He（一审的 Kenneth Parker 大法官) decided considered that the witness had so compromised his approach that the decision to admit his evidence was finely balanced, and that the weight to be accorded to his views must be considerably diminished. In my view he was fully entitled to take that view. **Indeed, had he decided to exclude Dr Molyneux's** (被告专家证人 Molyneux 医生) **evidence entirely, it would in my view have been a proper decision.** Our adversarial system depends heavily on the independence of expert witnesses, on the primacy of their duty to the Court over any other loyalty or obligation, and on the rigour with which experts make known any associations or loyalties which might give rise to a conflict. Dr Molyneux failed to do so here, despite an express direction to that effect. . . . "(加黑部分是笔者的强调)

还可见 JSI Shipping (S) Pte Ltd v. Teofoongwonglcloong (a firm) (2007) SGCA 40 新加坡上诉庭先例中 VK Rajah 大法官所说:"Whilst we recognise that a certain degree of partisan advocacy may be an inevitable consequence of adducing expert evidence in the gladiatorial context of an adversarial system, **we must emphatically reiterate that the court will not hesitate, in an appropriate case, to disregard or even draw an adverse inference against expert evidence that exceeds the judicially determined boundaries of** coherence, rationality and **impartiality**. When that happens, experts should note that the primary casualty will be their professional reputation. "(加黑部分是笔者的强调)

如果是第二类的科学与专业知识方面的不客观或偏见,就需要纳入考虑与分析,并给予适当的分量。因为专家证人虽然可能非常执着(或忠于)自己所坚持的学说,但是审理法官或仲裁庭在分析后会得出他/她所坚持的专业意见是正确的结论也并非罕见。

站在审理法官的角度,如果认定专家证人不客观与有偏见,无论原因是什么,后果都会影响专家证据的分量。通常涉及原因是利益冲突,这是较为容易发现的。而更容易出现问题的情况是有专业上的不客观或偏见,这里的"分水岭"(watershed)在于,专家证人可以为自己的意见与观点讼辨,但不能为当事人讼辨,否则就是第一类不客观与偏见了,但这不容易分辨,要根据不同的案情决定。

11.3 考虑是否客观和没有偏见的因素

专家证人是否客观、没有偏见,或是哪一种类别,显然要结合多方面情况看待,这方面的有关因素千变万化。代表律师在交叉盘问与结案陈词也会指出来帮助审理法官或仲裁庭。

节录 Qantas Airways Ltd, Re (2004) ACompT 9 澳大利亚先例中 Goldberg 大法官对如何判断专家证人不客观、有偏见的考虑因素如下:"The role of expert witnesses appearing before the Tribunal is to instruct on areas of specialist knowledge in a manner that is ultimately designed to inform rather than to advocate a particular view. Obviously, parties will call upon experts whose opinions support their view of the case. However, **it is not appropriate for an expert witness to act as an advocate for the instructing party at all costs, and professional witnesses should be willing to concede points which, whilst not advancing the case of the party engaging them, they believe to be open as a fair and reasonable assessment on the material before them**. The Tribunal will be assisted by expert witnesses who can **clearly explain the relevant issues and concepts and can pinpoint the differences between opinions in the profession and the reasons for such differences** so that an informed decision can be made as to which opinion should be accepted on the available evidence. The Tribunal **will not be assisted by experts who uncritically push a party line, avoid challenging questions, and seek to obscure the real issues in contention**. . . Generally, **whether an expert's opinion is confined to his or her area of expertise and whether experts state the factual basis upon which they have formed their opinion**, are useful considerations in determining at what point an expert witness ceases to be impartial and has moved beyond the bounds of legitimacy into advocating for a party. Another indicator is **the willingness of an expert to respond to questions whose answers may provide support for a view which is contrary to the interests of the party calling them.** "(加黑部分是笔者的强调)

另已在本章之7.2段简单介绍了案情的Saginaw Chippewa Indian Tribe of Michigan v. Granholm, 690 F Supp 2d 622 (ED Mich 2010)美国先例。需要判断的虽然是有关证据是否可采纳的问题,但法院也同样提到在衡量专家证据分量时针对专家证人是否客观的考虑因素说:"One measure of the value of an expert's opinion is whether **an objective and disinterested methodology was employed**. Objectivity can be measured by the expert's inclusion and discussion of **counter-arguments** and **contrary sources of information**. It can also be measured by exploration of potential biases the expert may hold. The most significant issue with the retained experts in this case is that each expert's association with a particular side of the argument creates **an inherent bias** that is difficult to overcome. The process of extracting conclusions from particular facts begins to look less like the objective analysis of a scholar and more like the persuasive argument of an advocate. . . "(加黑部分是笔者的强调)

针对不客观、有偏见,还可以节录United City Properties Ltd v. Tong (2010) BCSC 111 (CanLⅡ)加拿大先例中所引用的《McWilliams' Canadian Criminal Evidence》(Canada Law Book, 2009)一书中针对是否存在偏见问题可以考虑的因素给出的指引(虽然这指引针对的是可采纳性的问题,但在最后衡量分量时也同样适用)。这些因素有些(如第3、4、5、6、7项)只针对专家证人与当事人有利益关系是"枪手"的第一类不客观与偏见,也有很多因素会同时涉及这两大类不客观与偏见。可以节录该指引如下:"Several options are suggested for logically situating the impartiality screening in the overall expert qualification analysis:it could be subsumed into the discussion of the necessity or reliability criteria; it could be treated in the context of the trial judge's residual discretion to exclude overly prejudicial evidence; or, preferably, it could be elevated to become a fifth criterion for qualification of the expert witness. While the authors do not suggest a particular test, they do list 14 factors which might warrant consideration when ascertaining bias and impartiality. Those factors...:

(1) the nature of the stated expertise or special knowledge(专家证人的专业或特别知识的本质是什么,如有一些意见本就很依赖专家证人个人主观看法);

(2) statements publicly or in publications regarding the prosecution itself or evidencing philosophical hostility toward particular subjects(专家证人有没有其他公开对类似案件的评论或说法或其他证据显示专家证人实际上不客观或有偏见);

(3) a history of retainer exclusively or nearly so by the prosecution or the defence (专家证人是否长期被一方当事人独家委任,这变成专家证人像是当事人雇员一样);

(4) long association with one lawyer or party(与一方律师或当事人的长期事业上的关系);

(5) personal involvement or association with a party(与一方当事人的私人关系);

(6) whether a significant percentage of the expert's income is derived from court appearances(该专家证人收入是否有绝大部分与这次开庭表现有关);

(7) the size of the fee for work performed or a fee contingent on the result in the case(专家证人提供工作收取多少费用,是否是风险代理。有关这种风险代理收费,在英国 CPR 下当事人在申请法院批准引入专家证据时必须披露,如果是风险代理,也不大可能会被批准:见本书第五章之6.5段);

(8) lack of a report, a grossly incomplete report, modification or withdrawal of a report without reasonable explanation, a report replete with advocacy and argument(专家报告内容中是否说理与理由显然不够?是否有太多无法合理解释的修改?是否有大量的讼辩或争论?这虽然会与专家证人的不客观与偏见有关,但笔者相信这个因素会与专家证人的水平与素质成问题更有关);

(9) performance in other cases indicating lack of objectivity and impartiality(专家证人是否在其他案件中显示出有不客观、有偏见的情况);

(10) a history of successful attacks on the witness's evidence(是否曾经成功质疑该专家证人证据的不妥之处);

(11) unexplained differing opinions on near identical subject matter in various court appearances or reports(专家证人在其他被报道案件或对方当事人与其代表律师知悉的案件中有不同说法);

(12) departure from, as opposed to adherence to, any governing ethical guidelines,

codes or protocols respecting the expert witness's field of expertise（专家证人没有遵守行业/专业内的职业道德规范、准则或标准的要求）；

（13）inaccessibility prior to trial to the opposing party, follow through on instructions designed to achieve a desired result, shoddy experimental work, persistent failure to recognize other explanations or a range of opinion, lack of disclosure respecting the basis for the opinion or procedures undertaken, operating beyond the field of stated expertise, unstated assumptions, work or searches not performed reasonably related to the issue at hand, unsubstantiated opinions, improperly unqualified statements, unclear or no demarcation between fact and opinion, unauthorized breach of the spirit of a witness exclusion order; and[开庭审理前拒绝与对方当事人接触与不透明,没有按照法院的指示行事(如要求双方当事人专家证人会面收窄争端)达到想要的效果,实验等工作很差劲,非常固执地不愿意认可存在其他解释或说法,没有恰当披露自己意见或结论的基础(如采取的方法或程序),超出自己的专业范围提供意见,自己基于的假设事实没有恰当陈述,自己的结论应有限制条件但不说清楚,进行的工作离题、并没有恰当地针对有关的争端,分不清事实与意见,提供意见不说理由等]

（14）expressed conclusions or opinions which do not remotely relate to the available factual foundation or prevailing special knowledge.（专家证人提供的意见或结论并没有针对现有的事实或针对行业/专业内主流看法）"

很显然有各种各样的情况能够显示专家证人变成了"枪手"(不论是真枪手或是假枪手,后者实是对自己的专家意见执着,但表现不好)。反正一位有经验与顶级的专家证人都能够在坚持自己意见的情况下表现好,不让审理法官对他/她有"误解"或印象是(不论是哪一类别的)不客观与有偏见,这是至关重要的。

11.4　专家证人表现不客观与有偏见的先例

这方面有无数先例,可见该问题很普遍、很重要。首先在本小段随意挑选部分先例简单介绍。法院往往在开庭审理的交叉盘问中发现专家证人表现不客观与有偏见,甚至能分辨是哪一类偏见,而影响了最后专家证据分量。笔者会节录有关的发言或判词,并加上评语。接下来在11.4.1段至11.4.5段再对5个较近期先例的案情稍作介绍与分析,以让读者更好理解。

在 University of Warwick v. Sir Robert McAlpine（1988）42 BLR 1 先例中,Garland 大法官批评有部分专家自己走进竞技场(enter into the arena)为客户讼辩。这导致无可避免地反盘问攻击,如质问:"你收集证据与提出这些解释是因为你认为能帮助你客户的案件吗?"专家证人若回答"是",那么这专家证据也就完了。正确回答是:"我收集证据与提出这些解释是因为在我的专业知识范围,这才是正确意见。与客户的立场大部分有一致之处纯属巧合,若非如此我也不会被任命为专家证人,有机会去说出我心里话。"可以节录部分 Garland 大法官所说如下:"It appeared to me that some（but no means all）of the experts in this case tends to enter into the arena in order to advocate their client's case. This led to perfectly proper cross-examination on the basis: 'You have assembled evidence and advanced explanations which you consider most likely to assist your client's case.' It is much to be regretted that this had to be so. In their closing speeches counsel felt it necessary to challenge not only the reliability but also the credibility of experts with unadorned attacks on their veracity. To a large extent this could have been avoided if experts who had at various times expressed contrary or inconsistent views had dealt with this in their reports giving any necessary explanations..."

下一个介绍的是专家证人过于有对抗性与攻击性的 Inserco Ltd v. Honeywell Control Systems Ltd (unreported, CA, 1998)上诉庭先例。此先例中,Humphrey Lloyd 大法官给予一方的专家证人(Whitfield 先生)专家证据更重的分量,批评另一方的专家证人(Reynold 先生)并不独立,意见有偏袒,理由包括 Reynold 先生过于有攻击性。可见专家证人太喜欢争辩(argumentative)不是好事,尤其是要注意对方精明的盘问律师特别喜欢挑起这样的争辩。专家证人即使要争辩也要呈现出来是在心平气和地讨论学术问题。批评的原因也包括 Reynold 先生不直接、正面回答问题,还包括法院不认为 Reynold 先生收集所有证据并全面给出意见,只选择性地挑选一些事实作为自己意见的基础。[49] 这样就导致 Humphrey Lloyd 大法官对 Reynold 先生的意见有极大保留,不认为 Reynold 先生是真正独立客观、没有偏见。可以节录 Humphrey Lloyd 大法官所说如下:"I have to say that I found most of Mr Reynold's evidence on the points ultimately in difference between him and Mr Whitfield(对方专家证人) was affected by his apparent lack of independence and his frequent expressions of opinion in an argumentative and partisan manner. At times he seemed incapable of answering questions directly. I do not consider that at all stages he assembled all the relevant facts and expressed an opinion on them. From time to time he was unduly selective in his assembly of facts and accordingly I have treated what he said with considerable reservation, as I concluded that he ought never to have been called to give evidence as if he were a truly independent expert."

在 Qualcomm Incorporated v. Nokia Corporation (2008) EWHC 329 (Pat) 先例中,Floyd 大法官就批评原告的一个专家证人过于有对抗性(confrontational)与攻击性(aggressive)根本像是在做讼辩,是在对抗所有与自己不同的观点。Floyd 大法官说:"(有关专家)'s background undoubtedly qualified him well to give evidence on the issues... I have to say, however, that he adopted a somewhat **combative and argumentative approach to his evidence**. To a degree, this was clearly an aspect of his character which came through clearly during his time in the witness box. But, **whatever the reasons for it, it did seem to me that he was on occasions losing the objectivity which his**

---

[49] 见本章之 6 段。

position as an expert in this case required. On a number of occasions I felt he was rather more interested in the process of jousting with counsel, and scoring what he thought were points for his side, than in answering the technical questions put to him."（加黑部分是笔者的强调）

在 Frazer v. Haukioja（2008）CanLII 42207（ON SC）加拿大先例中，则是专家证人对有关事实采用了挑选樱桃（cherry picking）的做法，只挑对自己有利的事实，而闭口不提对自己不利的事实。这就与只挑对自己有利的行业内说法是一个道理，都会导致事实审理者对专家证人是否客观与没有偏见产生怀疑。此先例中，Moore 大法官说："**Cherry picking facts** that support a diagnosis that just happens to **support the cause of the client** that retained the expert and **failing to include the facts that hurt the cause**, whether those latter facts are capable of explanation and elimination in the course of the development of the expert's analysis and opinion or not smacks of partiality."（加黑部分是笔者的强调）

在 O'scolai v. Antrajenda（2008）ABQB 257（CanLII）加拿大先例中，专家证人并不是客观地作证提供有关自己检查与诊断到的病人情况，甚至不惜为了达到目的而否认自己当时的记录的正确性，这种看来是在迎合当事人主张的做法，实际上反而影响了证据的分量。DC Read 大法官说："I do not accept Ms. Applewhaite's（专家）opinion in this regard for several reasons... Secondly, in giving her evidence, Ms. Applewhaite appeared to be **more of an advocate for her patient than an objective expert**. At times she seemed more concerned about defending the genuineness of her patient's symptoms than simply testifying objectively about her own observations and findings. Ms. Applewhaite even went to the extent of denying the accuracy or completeness of her own notes and opinions and objective test results, where they contradicted what was now being reported..."（加黑部分是笔者的强调）

类似地还可见 Berendsen v. Ontario（2008）CanLII 1416（ON SC）加拿大先例中，Seppi 大法官指出，专家证人不同寻常地对抗、为自己的实验结果辩护，就会导致被认为失去客观性与减轻分量："...（专家证人）**unusually defensive** in his evidence about this water trial, and as a result, this evidence was **lacking scientific objectivity**."（加黑部分是笔者的强调）

或是 Taylor v. Liong（2008）BCSC 242（CanLII）加拿大先例中，Cullen 大法官批评原告专家证人过于强调自己理论的重要性，对行业内其他反对自己说法的理论都不屑一顾（dismissive），这就会影响该专家的客观性了。Cullen 大法官说："Dr. Poser（原告专家证人），who was the primary witness for the plaintiff, testified as an advocate for a theory that once had currency but has since been eroded by the advance of scientific studies and knowledge. I found in his evidence a tendency to overstate the implications of studies that he relied on, and to be unduly dismissive of those that undermined his theory. While **he has clearly achieved the status of a foremost expert in his field** of neurology, I find that **his commitment to his own theory of causation has to some extent impaired his objectivity and reliability as an expert witness**."(加黑部分是笔者的强调)

但即使专家证人说话特别富有激情或者是专家提供意见时特别热忱,如果实际上从专家报告等证据来看仍然是从客观的角度、有条有理地提供证据,就不会对证据的分量造成影响。在 Baxter Healthcare Corp v. Abbott Laboratories (2007) EWHC 348 (Pat)先例中,专家证人被对方大律师批评对于被告的案件太过于热忱(excessive enthusiasm)、有点过于积极,但最后实际看来该专家证据意见的结论仍是对原告有利。Pumfrey 大法官说:"A rather more serious attack was made on the quality of Professor Kilburn(被告专家证人)'s evidence... Mr Floyd QC (原告代表大律师)criticised him for possessing a degree of enthusiasm for(被告) case, which led him to attempt to correct an answer that he had given in cross-examination after considering the transcript overnight... **The complaint is that from time to time excessive enthusiasm took the edge off the high degree of objectivity expected of expert witnesses**. I think there may be something in this, but ultimately I do not think it matters. After all, as Mr Floyd accepts, the Professor did give answers that clearly favoured(原告)case. While accepting that a slight reservation might be appropriate, therefore, I am not conscious that it has affected the view I take of the issues as a whole."

以下还可以再多详细介绍几个有关先例与案情。

11.4.1 先例之一:Petursson v. Hutchison 3G UK Ltd (No. 2)

在 Petursson v. Hutchison 3G UK Ltd (No. 2) (2005) EWHC 920 (TCC)先例中,被告电信公司的3G手机信号基站距离原告住址较近,原告就起诉指称基站信号对身体有损害因此要求被告将基站迁走。因此针对基站是否真的影响身体健康,双方都委任了专家证人。针对电子通讯信号对人体影响的研究早在1940年就已经开始,并已经有了很多研究成果,也已经由独立的行业内专家工作小组建立了一套对住宅附近的基站的安全做法与指引[ICNIRP (International Commission on Non-Ionizing Radiation) Guidelines],各国也分别都跟从与有自己或宽松或更严格的立法或规章制度管理。并无争议的是涉案的基站完全符合这些安全要求(甚至是远远低于安全线)。原告专家证人(Hyland 博士)专门针对电子通讯信号对人体的潜在危害进行了6年多研究,他的学术观点是这些安全要求只关注了热量对人体的危害,但没有考虑到非致热效应(non-thermal effect)的影响,也因此对这些已在行业内建立的安全指引有根本上的重大质疑,可以说他的观点与学术界的说法有重大分歧。与本段内容有关的是:

1. 在质疑这些行业内安全指引时,Hyland 博士采取了"过火"的做法,如几乎是指责所有的研究机构作出类似指引根本是被金钱影响,在研究结果中不诚实、不独立,但却根本拿不出证据证明,这就被法院严厉批评说影响了 Hyland 博士的客观性。

2. 在学术界有不少对 Hyland 博士的理论与研究方法有漏洞与不严谨的批评,但在专家报告中 Hyland 博士没有向法院提及这些内容,这也显示出 Hyland 博士所给出的意见不够客观。

可以部分节录 Frances Kirkham 大法官所说如下:"Dr Hyland lacked balance and impartiality in relation to his evidence in this case. He did not adopt the objective approach which a court expects from an expert witness. Dr Hyland claimed that all the expert bodies (apart from the SSI (Sweden) and Zmirou (France) reviews as to which he had no evidence) lacked honesty, independence and were economical with the truth. This is a bold and startling contention. It would, for example, cast doubt on the integrity of Sir William Stewart[50] . . . who referred in the foreword to the report(IEGMP 报告) to 'the fierce independence' of the group he chaired. I have no hesitation in rejecting Dr Hyland's statement with respect to these eminent and expert bodies. Dr Hyland produced no evidence in support of his contention. His unjustified criticism of national and international groups reflects poorly upon himself and must be viewed in the light of his own partiality in giving evidence in this case. In his reports to this court, Dr Hyland failed to draw attention to the COST 281 Statement. That paper . . . goes on to express strong criticism of Dr Hyland's approach eg 'not based on generally accepted scientific rules. It is of dubious scientific nature and does not reflect the view of the majority of the accepted scientific experts in the field.' This indicates strong condemnation by peers as to his own objectivity and scientific rigour."

11.4.2　先例之二:A Local Authority v. S

A Local Authority v. S (2009) EWHC 2115 (Fam)先例涉及的是一名 3 个月大的婴儿死亡的青少年诉讼/看护程序(care proceedings)。原告主张因为是被告的母亲与婴儿独处时导致婴儿头部创伤/外伤(trauma)致死,这很可能是因为母亲"摇晃"婴儿造成的虐待性头部创伤或摇晃婴儿综合症(Shaken Baby Syndrome,或简称"SBS")。有不少医学专业的专家(看来是因为这类案件会涉及多种不同的医学专业)被委任对婴儿死亡原因,尤其是是否受到外伤致死提供专家证据。大部分专家证人的看法是婴儿有脑损伤(encephalopathy)、脑硬膜下血肿(subdural haemorrhage)与视网膜出血(retinal hemorrhage)的症状,从这三联临床表征(triad)可以推断婴儿受到外伤。而被告的两位专家证人(Squier 医生与 Cohen 医生)与其他专家证人持有不同意见,她们提出的假设是,心律不齐(heart arrhythmia)或气梗(choking)造成的缺氧(hypoxia)也完全可能导致三联临床表征出现,未必有外伤。

〔50〕 他是 ICNIRP 小组的领军人物,后来还作出了另一份有关研究报告"Independent Expert Group on Mobile Phones" (IEGMP) May 2000。

看来在行业内 Squier 医生与 Cohen 医生持有的是极个别与主流不同的看法。这未必就一定导致他们的专家证据不可靠,但是对于事实审理者而言,在 Squier 医生与 Cohen 医生非常坚持自己看法的情况下,就会显得他们有科学偏见的危险。King 大法官这样说:"These views are, undoubtedly, controversial. They go against the mainstream of current thinking and the analysis of the Court of Appeal in R v. Harris(这是一个有关同类医疗问题的案件,判这三联临床表征是由外伤引起)... I have to consider whether or not these experts have 'developed a scientific prejudice' or whether they are in the vanguard of research and learning."

而审理的 King 大法官也显然难以了解与掌握这些医学方面的技术性问题,如提到说 Cohen 医生在交叉盘问中的回答非常技术性很难跟得上:"... Put as best I can it would seem that the theory is that the dura is highly vascular and the hypoxia ruptures a transmembrane protein called Claudin – 5 causing bleeding. I feel unclear as to whether I have accurately recorded this hypothesis. It was touched on in Dr Cohen's report... her oral evidence in a way which was highly technical and difficult to follow."

但 King 大法官指出了自己考虑这方面问题时的几个因素:"Having read the careful submissions of the Local Authority and the children's guardian, it seems to me there are three areas which the court should consider in relation to each of Drs. Cohen and Squier in order to determine that issue namely:(i) Their use of research material;(ii) Their willingness to defer to the experts in another field and as part of that their acceptance of the importance of confining their respective opinion to their own expertise and;(iii) The importance in any forensic examination of factual accuracy and in this case, in particular:(a) head circumference;(b) matter in the airways and;(c) evidence of heart failure at post mortem."

可以分别针对这几个因素介绍 King 大法官是如何分析这方面问题的:

1. 专家证人依赖的研究报告是否有问题。King 大法官较为详细地分析了 Cohen 医生与 Squier 医生所依赖的研究材料。例如,针对 Cohen 医生所主要依赖的一篇实验研究报告,就包括看这篇报告于何时何地刊登,之后受到了行业内如何评价,以及对方专家证人对这篇论文本身是否是受行业内认可的评论。例如,Cohen 医生选择的实验对象被批评其实有问题,该实验的研究报告就会价值减低("It became clear in the course of her evidence that Dr. Cohen... had been selective in respect of the inclusion of children in the study. In other words... not all babies who matched the entry criteria were included in their study. This must inevitably undermine the value of the study.")。

另一方面,Squire 医生报告中的一些研究论文中的具体案件也被详细地进行了审核与分析。通过交叉盘问发现具体案件中死亡的婴儿实际上有被大力摇晃的事实,只是 Squire 医生不认为这属于"外伤",因此没有很好地提到这些很关键的事实。这也显示出专家过于激进,不够客观或有偏见甚至是牺牲了一位科学家应有的严谨。

King 大法官指出:“Dr Squier's view is a legitimate one and an appropriate line of research. All agree that much remains unknown about SBS and the triad. It is essential, however, that Dr. Squier and others engaged on such research **avoid becoming a zealots with the consequence that scientific rigour is lost or sacrificed**. These Courts rely on the professionalism and rigor of the experts who come before them. That means not only drawing the Court's attention to research that is contrary to their view, but that the experts are rigorous in the use they make of research papers. ... She should have, at the very least, drawn the court's attention to the fact that the cases in question were cases where the child had been shaken and that in one of them had been regarded as a case of non accidental injury resulting in the child being taken into care as a result of the incident. Dr. Bonshek(原告专家证人之一) referred to Dr. Squier's use of these articles as being ‘disingenuous’. I feel driven, with regret, to agree.”(加黑部分是笔者的强调)

2. 很多情况针对同一个“多专业争端”(multi-disciplinary issue)需要多种不同专业范畴的专家互相配合向法院提供意见,人身伤害等涉及医学专家的情况就是如此。前文中也已经提到了此先例中委任了很多种不同医学专业的专家。这就带来了 Cohen 医生与 Squier 医生是否在自己专业范畴内提供意见的质疑。正如 King 大法官所说:“Cases involving an allegation of shaking are, inevitably, and necessarily, multi-disciplinary in their approach. It is therefore crucial that each expert keeps within the bounds of their own expertise and works in a collaborative way with the other experts in order to see if a diagnosis/cause can be reached.[51] This means that each expert must defer to the expertise of others more qualified to comment on certain areas such deferral must be made not grudgingly or reluctantly, but in ready acknowledgment of the greater expertise and knowledge that the other specialists may have in relation to certain aspects of the case.”

Cohen 医生并非心脏科医生(cardiologist),但对不少心脏病方面问题发表了意见,之后又通过交叉盘问等显示出这说法并不恰当。在交叉盘问的最后 Cohen 医生也只能回答说:“We're speculating. We don't know.”

而 Squier 医生也是同样态度,在其他原告专家证人[如儿科医生(paediatrician)]的领域随便发表意见,也拒绝承认自己的做法有问题。King 大法官评论说:“Dr. Squier, I found to be very reluctant to defer to experts and where, in the witness box, she was driven to do so it was with the utmost reluctance...”

3. 在此先例中,King 大法官对一些所依赖的事实也不够准确作出批评。这包括本章之 6.1 段已经简单提到了 Cohen 医生与 Squier 医生依赖的根本是另一位转录医院医疗记录数据的医生无心转录错的事实,这表明她们给出专家报告时不够严谨,更

---

〔51〕 见本章之 8 段。

关注于建立有利于自己的事实。又如 Squier 医生说婴儿在救护人员到达现场时呼吸道(airway)发现有牛奶和呕吐物,但实际上救援人员的证据显示在当时是发现有一些粉色泡沫状痰(pink frothy sputum),但呼吸道是通畅的。因此 Squier 博士的说法就被批评为是有误导性。这看来更像是“编”故事,目的在于建立一个对自己说法有利的事实。

综合所有情况,King 大法官最后是认定 Cohen 医生与 Squier 医生确实有“科学偏见”,而不真正是客观独立地帮助法院。也能想得到最后在平衡的可能性下,King 大法官是认定婴儿死亡是由于外伤所导致。King 大法官说:“I do not doubt the commitment of Dr. Squier and Dr. Cohen to the advancement of the understanding of Shaken Baby Syndrome. As already indicated, I make no criticism and, indeed, it would be wrong to do so, of the fact that neither of them hold mainstream views. There is a significant fundamental difference between academic theories and hypotheses, on the one hand, and the rigorous forensic analysis which is required in care proceedings, on the other... **Dr. Squier and Dr. Cohen, I find** with regret, **have each fallen into that category of expert ... namely the expert who has developed a scientific prejudice**. As a consequence, I accept the submission of the Local Authority that Dr. Squier has permitted her convictions to lead her analysis.”

11.4.3 先例之三:Van Oord UK Limited and SICIM Roadbridge Limited v. Allseas UK Limited

在 Van Oord UK Limited and SICIM Roadbridge Limited v. Allseas UK Limited (2015) EWHC 3074 (TCC)先例中,原告的专家证人(Lester 先生)在交叉盘问中被发现专家报告中有多方面问题。包括:(1)完全采用原告主张的说法而没有自己亲自检查有关文件与事实。(2)只愿意完全基于原告主张的假设事实给出意见,不愿意作出任何让步,这样只要原告主张事实中有任何一点没有能够得到证明,Lester 先生的专家证据就会失去意义。(3)通过交叉盘问逼问出有相当部分内容根本是别人告诉 Lester 先生之后,让 Lester 先生记录在了专家报告内。专家报告被发现错漏百出,Lester 先生实际进行的工作也不够严谨等。看来也是在交叉盘问阶段受到太多煎熬,Lester 先生在接受交叉盘问中途短暂休息期间就离开法院,再也没有回来继续接受交叉盘问。最后审理法官根据这些多种因素认定 Lester 先生并不能独立、客观地提供证据,也没有给予他的专家证据什么分量。

11.4.4 先例之四:F, (A Minor), Re

F, (A Minor), Re (2016) EWHC 2149 (Fam)先例涉及的是家事看护程序。专家证人(Harper 医生)在专家报告中采用了双引号加上斜体字的方式描述了很多婴儿母亲说的话。这样的用法一般都是在引用他人的原话,专家报告中的这些内容也给人这样的感觉。但在盘问律师的逼问下,发现这些根本不是母亲的原话,是 Harper 医生自己的回忆与印象,只是采用了这种表达方式,这就被 Hayden 大法官批评根本是扭曲(distort)的。而且经过具体分析 Harper 医生的专家报告内容,认为虽然大部分都实际有证据支持,但 Harper 医生刻意操纵(manipulate)事实来让自己专家报告看起来更有说服力的做法是不能被接受的。Hayden 大法官说:"When pursued in cross examination it was revealed that extensive parts of the report which purport, by the conventional grammatical use of quotation marks, to be direct quotations from the Mother, are in fact nothing of the kind. They are a collection of recollections and impressions compressed into phrases created by Dr Harper and attributed to the Mother. They convey to the reader of the report only one impression, namely that they represent the authentic voice of Mother herself. The quotations are also italicised and drafted in full sentences in the idiom of the Mother rather than in the formal argot of psychology which characterises the remainder of the report. **Within the context of the evaluative exercise that the Court is involved in**, during care proceedings, **the accurately reported phrases and observations of the parties themselves are inevitably afforded much greater forensic weight than** e. g. **opinion evidence, hearsay or summary by a third party.** It is very likely that a Judge reading such 'quotations' in the report of an experienced expert witness will at least start with the strong presumption that they have been accurately and fairly recorded. It is, to my mind inconceivable that a witness of Dr Harper's experience, which I have taken care to set out in some detail above, would not have appreciated this. . . . The report is heavy with apparent reference to direct speech when, in truth, almost none of it is. **Thus, the material supporting the ultimate conclusion appears much stronger than it actually is**. Given the forensic experience of Dr Harper and his extremely impressive academic background I cannot accept that he would have failed to appreciate the profound consequences of such distorted reporting. . . **I do not consider that Dr Harper has developed a scientific prejudice nor that he is jealous to guard his amour-propre but** I do consider that **his disregard for the conventional principles of professional method and analysis displays a zealotry which he should recognise as a danger to him as a professional and, more importantly, to those who I believe he is otherwise genuinely motivated to help**. . ."(加黑部分是笔者的强调)

11.4.5　先例之五:EXP v. Barker

本书在第五章之 6.3 段介绍过案情的 EXP v. Barker (2017) EWCA Civ 63 上诉庭先例涉及的是医疗疏忽案件,被告专家证人(Molyneux 医生)被一审法官(Kenneth Parker 大法官)认定缺乏客观性与独立性,而且这案件中如此认定的一个原因是专家与当事人之间有利益关系,这是法院非常反感的不客观类别。虽然并没有因此排除对该证据完全不予采纳,但是最后在衡量分量时认为这是重要因素,并且最后判原告专家证人的说法更优胜,Kenneth Parker 大法官说:". . . I must bear powerfully in mind, when I assess the weight that I should give to the evidence, the reservations that I retain about Dr Molyneux's independence and objectivity in this case."

Kenneth Parker 大法官认定缺乏客观性与独立性的理由包括:

1. 在开庭审理前根据披露的文件材料等完全看不出被告与其专家证人之间有任何私人关系,但在交叉盘问中,才揭露出被告的专家证人与被告原来关系非常密切。这种非常密切的关系主要是专家证人曾经作为导师培训了被告多年,专家证人与被告有相当长时间在工作上合作紧密,专家证人还曾经为被告求职提供帮助。还有一些经过交叉盘问显示出来的细节,如在毫无防备的情景下,专家证人突然称呼被告为"Simon",而这只是被告的中间名(middle name),只有身边熟悉与亲近的人才这样称呼被告,一审法官说自己当时对这情况大吃一惊。又如一审法官强调说专家证人与被告曾经合著过一篇论文,但这篇论文没有在专家证人自己提供的出版论文列表中提及,专家证人还回答说自己也许与被告还有其他合著论文但已经记不清了。一审法官因此对专家证人的客观与独立性非常怀疑,这显然更像是"枪手"而不是独立专家证人。

2. 被告原本还有另一位专家证人(Byrne 先生),他的专家报告中提到了一份 Molyneux 医生有参与研究的报告,只是在临开庭前被告放弃让 Bryne 先生出庭提供证词。但问题是这份研究报告在行业内广受批评,有不少后续的出版刊物都指出这份研究报告的内容是错误的。然而,Molyneux 医生在交叉盘问中回答说自己看过 Bryne 先生的专家报告,但在明知这份报告内容有问题与会误导法院的情况下,并没有提出建议或评论,这也被法院认为是影响了 Molyneux 医生的客观性。

被告提出上诉,理由就包括 Molyneux 医生的专家证据被采纳但法官没有好好衡量其分量。该理由被上诉庭驳回,一审判法获得支持。

12. 因素之八:专家证人改变意见

在 The "Ikarian Reefer" (1993) 2 Lloyd's Rep 68 先例中,Cresswell 大法官就提到了专家改变意见的问题:"The duties and responsibilities of expert witnesses in civil cases including the following:... 6. If, after exchange of reports, an expert witness changes his view on material matter having read the other side's expert's report or for any other reason, such change of view should be communicated (through legal representatives) to the other side without delay and when appropriate to the Court."

从大原则或大精神的层面而言,即使对任何事情有了一个严谨意见,仍不能僵化到底,必须随着时间与情况作出改变或调整,最后的目的仍是有一个相对最正确或最好的意见。专家意见也不应例外,即使这是来自专业地位高的专家证人在深思熟虑后的慎重意见。对专家证据而言,至少有几种情况会是需要改变与调整原来的意见。一种是有了新信息与证据,显示了专家证人意见中假设的事实有错误或不完整;另一种经常出现的情况是双方当事人的两位专家证人在CPR要求的会面(experts' meeting)时通过商谈收窄了专业上的争议/争端。[52]

改变后的专家意见仍是一个意见,看任何意见的价值都离不开支持意见的原因与说理,这包括改变意见的理由。如果是及时与有合情合理的理由支持下作出改变/修改,会让审理法官认为专家证人是客观、独立与了解自己作为专家证人的职责,反而会得高分。

12.1 完全合理与应该作出改变的情况

本书第四章之15段也已经讨论过,专家改变意见未必是有不妥,会有一些非常说得通的原因让专家更改意见。

例如,改变是由于发现了新的信息。这可见Telles v. South West Strategic Health Authority (2008) EWHC 292 (QB)先例中Saunders大法官所说:"There is nothing intrinsically wrong with an expert changing his or her view on more reflection or on the basis of fresh information."

相反,在Novartis Grimbsy Ltd v. Cookson (2007) EWCA Civ 1261上诉庭先例中,专家证人在看到一些会影响结果的新信息出现后仍不愿意改变自己的专家报告就会在法院失分。Smith大法官提道:"The Recorder(一审法官) stated that he preferred the evidence of Mr Barnard to that of Professor Cartwright(这两位都是专家证人) and... set out his reasons in detail... Also, the Recorder was not impressed by the Professor's unwillingness to reconsider his opinion on causation in the light of the new information brought to his attention."

又如,专家证人看到对方专家证人的说法后,认为有地方可以让步或需要强调。在Joye v. Yeomans (1981) 2 All ER 21上诉庭先例中,Brandon大法官就说专家作出恰当的让步是有智慧的做法:"Sometimes an expert witness may refuse to make what a more wise witness would make, namely, proper concessions to the viewpoint of the other side."

在Alexander v. Midland Bank plc (1999) EWCA Civ 1918上诉庭先例中,上诉庭就指出,原告的专家证人(Mowatt医生)考虑周到、小心与认真,在恰当时愿意作出公平的让步,坦白他能够证明的局限,这也是聪明的做法。Stuart-smith大法官说:"Considerate, careful and conscientious as a witness, he was ready and fair in making concessions where he thought it right. He was realistic and frank ... about the limitation of what he could specifically prove, but plainly he was honest in his conviction when he said that after all his examinations and the considerations he had given the cases, it was common sense which for him clinched the argument in the claimants' favour."

在Stallwood v. David (2006) EWHC 2600 (QB)先例中Teare大法官说:"I must

---

[52] 关于专家在开庭前会面,可见本书第四章之14段。

therefore consider whether the Claimant can show a good reason to suppose that Mr Harris-Jones(专家证人) has modified the opinion expressed in his final report for reasons which cannot properly or fairly support it... **It is not unusual for opinions to alter after informed discussion between experts. Indeed the CPR contemplates that opinions may well change after such discussion. The fact that an expert changes his opinion is not a ground for suggesting that his revised opinion is or may have been unfounded or not based upon sound reasoning.**"(加黑部分是笔者的强调)

因此,在 Oakes v. Neininger (2008) EWHC 548 (QB)先例中,Akenhead 大法官就指出,在恰当考虑情况、与对方专家讨论后愿意更改或调整自己观点是专家的良好表现:"It is complained that he(专家证人) has changed his views in one or two instances; that seems to me in his case to be more of a merit: experts who are prepared to change and moderate their views particularly after discussions with the other experts are behaving properly."

12.2 改变会影响分量的情况

专家证人愿意改变或调整自己的意见也不代表是好事,会带来负面的后果,如说不出改变的原因,过于频密的改变等。而且需要改变意见往往是因为专家报告某些地方原因不够,或更关键的是某些地方写得不够准确等。这些都是专家证人在给出专家证据时不够严谨的征兆,没有合理原因解释的改变显然会导致对专家证据整体是否可靠产生质疑。以下介绍一些有关的案例。

在 Great North Eastern Railway Ltd v. Railcare Ltd (2003) EWHC 1608 (Comm)先例中,针对专家过于频繁修改自己的专家意见,Gross 大法官就提道:"a witness's evidence may contain too many changes of view, insufficiently reasoned, to permit a judge to place much reliance on it."

另在 Baldwin v. Dodds (2009) EWHC 3505 (QB)先例中,Wilkinson QC 大法官也说:"Mr Forster(专家证人), I regret to say, did not inspire confidence as an expert witness. He was repeatedly inaccurate and his failure to advance a coherent case from the outset cannot be excused... His description of ... operation technique was astonishing in the context of the case in which he was being asked to advise. He conceded that he had been completely wrong and he apologised. I found that his criticism of the failure to use X-ray as a protection against the risks of such an incident(这是专家证人修改自己的专家意见,添加了额外的理由支持自己的意见)... to be a late and wholly unconvincing attempt to bolster his overall argument."

还可见 BSkyB Ltd v. HP Enterprise Services UK Ltd (2010) EWHC 86 (TCC)先例中,一位专家证人不断修改自己的专家报告,甚至是在开庭审理中提供口头证据时还提出对自己专家报告很重要的新修改,此时修改时间上是太迟,也显示原本的专家证据不严谨,反而带来反效果。Ramsey 大法官就明确说自己在衡量分量时会把这些因素考虑在内："His(专家证人) evidence developed over time and it was only in the third Joint Memorandum that he set out his reliance on . . . and this differed from his first report. Also in oral evidence he provided new and important changes to the evidence which he had set out in his report. Whilst I accept that he was not accustomed to giving evidence, these aspects detracted from the weight that could be given to his expert evidence."

另一方面则是专家过于积极地改变自己的意见显得对于支持一方当事人主张太过于热忱(excessive enthusiasm),这可能会影响专家是否客观与无偏见的问题:见 Baxter Healthcare Corp v. Abbott Laboratories (2007) EWHC 348 (Pat)先例。

法院需要注意的是,专家证人愿意作出让步与更改完全可能是专家证人非常有信心、认为自己意见的核心看法很强势的表现,而未必是专家证人没有信心或示弱。两位专家证人会面后,专家证人也不太会是将所有意见都改变,而一般是对自己的意见或结论作修正与补充,或是在恰当的地方让步收窄争端。而改变了意见的部分,也会有两种不同情况:一种就是专家证人确实在如看到新信息、与对方专家证人会面后改变看法,自己的真实想法有变化;另一种则是专家证人知道自己意见未必能站得住脚,只是徒劳地抓"救命稻草"(vainly clutching at straws),发现任何有一丝可能对自己有利的都想要用来加强自己并不确定的意见或结论。这正是在 Transco Plc v. Griggs (2003) EWCA Civ 564 上诉庭先例中 Hale 大法官所说:"When faced with competing expert evidence, it is an important part of the judge's task to assess whose opinions are the more reliable. As the judge here implicitly acknowledged, willingness to change one's opinions in the light of discussion with others and the evidence as it develops may be a sign of strength rather than weakness. Both of these experts had changed their views to some extent. The judge who hears the experts give their evidence will be best placed to assess whether they genuinely hold the opinions they are now expressing or are vainly clutching at straws to bolster a case. This judge had absolutely no doubt about the conclusion reached."

至于能否正确决定什么时候应该让步改变,什么时候应该坚持,就取决于专家证人的水平了。

13. 因素之九:专家证人在开庭审理中的行为举止

13.1　交叉盘问专家证人的重要性

在英国法院的对抗制与 CPR Rule 35 下,引入专家证据的当事人有责任安排专家证人出庭接受交叉盘问,以测试该证人的主证据即专家报告。但在 Anderson v. Lyotiee (2008) EWHC 2790 (QB)先例中,一位共同被告没有自己委任专家证人,而是根据 CPR Rule 35.11 依赖另一位没有积极参与诉讼的被告所委任的专家证人的专家报告内容,所以没有人安排该专家证人出庭接受交叉盘问,等于是传闻证据(hearsay evidence)。[53] Foskett 大法官就说专家报告没经过交叉盘问的测试,会影响其分量:"His evidence has not been tested and, plainly I am unable to give it as much weight as might have been the case had he been called."

笔者认为交叉盘问对专家报告中的主证据(包括对方当事人的专家证人与/或共同专家证人)的重要性有:

1. 只有通过深入的交叉盘问,才会令该专家证人的主证据受到深层次的测试,正如《Phipson on Evidence》(2018 年,第 19 版)一书之 33 – 50 段所说:"It would be unjust for a party who does not have exclusive access to a witness to be unable to test his evidence by cross-examination."这方面可见 Joyce v. Yeomans (1981) 2 All ER 21; Maynard v. West Midlands RHA (1984) 1 WLR 634; Wilsher v. Essex AHA (1988) AC 1074; Wardlow v. Farrar (2003) EWCA Civ 1719 等先例。

2. 相比事实证据,专家证据对"外行"的审理法官(或仲裁员)来说更是复杂难明,不大可能凭自己阅读专家报告就能够透彻地掌握专家证据与发现其中的缺陷。只有通过全面与轮流的交叉盘问双方当事人的专家证人,才能把审理法官(或仲裁员)"教育"至作出一个严肃与有重要后果的判决/裁决。

对审理法官而言,会在交叉盘问后对技术性的有关争议/争端有更好的理解:见 Eli Lilly & Co v. Human Genome Sciences Inc (2010) EWCA Civ 33 上诉庭先例;感觉到要对有关专家意见证据小心对待:见 Club Travel 2000 Holdings Ltd v. Murfin (2008) All ER (D) 56 先例;或感觉到专家证人成功抗拒交叉盘问:见 McDermott v. Wallace (2005) 3 NZLR 661 新西兰先例;或不成功:见 Masood v. Zahoor (2008) EWHC 1034 先例等。

在 Eli Lilly & Co v. Human Genome Sciences Inc 先例中,上诉庭的 Jacob 大法官说:"At the hearing the evidence, both factual and expert, is severely tested by the process of cross-examination-the asking of questions by a lawyer from the other side who will have been educated deeply in the art by his own party's expert. An expert's opinion, as such, is treated by the court as of little value. **His reasons for that opinion are what matter. Those reasons are apt to be probed without remorse before a tribunal which itself will have developed a good understanding of the technical subject-matter.** Because that is likely to happen, expert witnesses in English are less apt to 'stretch' things in favour of the party relying on them. They know their reputation is 'on the line.'"(加黑部分是笔者的强调)

另在 R v. Bracewell (1979) 68 Cr App Rep 44 先例中,Ormrod 大法官说:"...

---

〔53〕 关于传闻证据,可见本书第八章之 3 段。

part of cross-examining counsel's duty to invite expert witnesses to consider alternative hypotheses and, after examining them in detail, to conclude by asking 'Can you exclude the possibility?' The available data may be inadequate to prove scientifically that the alternative hypothesis is false, so the scientific witness will answer 'No I cannot exclude it' though the effect of his evidence as a whole can be expressed in terms such as 'But for all practical purposes it is so unlikely that it can safely be ignored."

在 Wilsher v. Essex AHA 贵族院先例中,涉及的是医院在治疗与看护一名早产婴儿时是否存在医疗疏忽,导致婴儿罹患早产儿视网膜病变(retrolental fibroplasia,简称"RLF")等伤害的问题。双方委任的专家证人意见相悖,但在一审中法官虽然有判决双方胜负,但没有说明哪一方专家证人的意见更好。案件的判决结果一路被上诉,经过上诉庭后来到贵族院,但是在上诉庭与贵族院都不会再重新处理这些证据问题也不会针对专家证人开庭。贵族院的大法官们接受对于这复杂的医学问题无法仅仅根据专家报告与庭审记录作出决定,所以虽然并不情愿将这个案件发回重审,毕竟已经花费了如此多的时间、金钱与社会资源进行审理,但由于需要解决这相悖的专家证据,而听取开庭审理与交叉盘问专家证人是非常重要的,因此仍然只能下令重审。Bridge 勋爵是这样说的:".... I very well understand the anxiety of the majority to avoid the necessity for ordering a retrial if that was at all possible. But having accepted, as your Lordships and counsel have had to accept, that the **primary conflict of opinion between the experts** as to whether excessive oxygen in the first two days of life probably did cause or materially contribute to Martin's(婴儿) RLF **cannot be resolved by reading the transcript**, I doubt, with all respect, if the Court of Appeal were entitled to try to resolve the secondary conflict as to whether it could have done so. **Where expert witnesses are radically at issue about complex technical questions within their own field and are examined and cross-examined at length about their conflicting theories, I believe that the judge's advantage in seeing them and hearing them is scarcely less important than when he has to resolve some conflict of primary fact between lay witnesses in purely mundane matters.** So here, in the absence of relevant findings of fact by the judge, there was really no alternative to a retrial. At all events, the judge who retries the issue of causation should approach it with an entirely open mind uninfluenced by any view of the facts bearing upon causation expressed in the Court of Appeal."(加黑部分是笔者的强调)

另可介绍一个 Cala Homes (South) Ltd v. Alfred McAlpine Homes East Ltd (1995) EWHC 7 (Ch)先例。一位专家证人 Goodall 先生曾发表了一篇文章指专家证人要有务实的弹性(pragmatic flexibility),在专家报告中加上了对自己客户有利的资料/数字,对不利的则低调处理或略过,有关内容已经在本章之 1.3 段节录,不在这里重复。在交叉盘问中,就将这个文章的问题揭示出来,并且让 Goodall 先生承认此先例中专家报告的拟定也是采用了同样的态度。Laddie 大法官批评专家证人作出专家报告整个基础是错误的。专家证人不应认为是要与客户并肩作战,"务实的弹性"只是委婉说法,其实是选择性误导法院。一旦有了这"弹性",又没有在交叉盘问中被对方大律师发现这一点,法院被误导的机会就很大,会令法院远离事实真相了。专家证人作出一份选择性误导的专家报告后,在交叉盘问的初期也坚持这些意见。Goodall 先生也是如此,起初否认他的专家报告有偏袒,是代客户做"枪手"。但法官在交叉盘问后再看一遍这份 Goodall 先生的专家报告,心知肚明是为委任他的客户当事人讲话并避开了任何不利,不认为有任何对争端有实质帮助的内容。可以节录 Laddie 大法官所说如下:

"The whole basis of Mr Goodall's Approach to the drafting of an expert's report is wrong. The function of a court of law is to discover the truth relating to the issues before it ... That some witnesses of fact, driven by a desire to achieve a particular outcome to the litigation, feel it necessary to sacrifice the truth in pursuit of victory is a fact of life. **The court tries to discover it when it happens. But in the case of an expert witness the court is likely to lower its guard.** Of course the court will be aware that a party is likely to choose as its expert someone whose view is most sympathetic to its position. Subject to that caveat, the court is likely to assume that the expert witness is more interested in being honest and right that in ensuring than one side or another wins.

An expert should not consider that it is his job to stand shoulder-to-shoulder through thickand thin with the side which is paying his bill. 'Pragmatic flexibility' as used by Mr Goodall is a euphemism for 'misleading selectivity'. According to this approach the flexibility will give place to something closer to the true and balanced view of the expert only when he is being cross-examined and is faced with the possibility of being 'found out'. The reality, of course, will be somewhat different. **An expert who has committed himself in writing to a report which is selectively misleading may feel obliged to stick to the views he expressed there when he is being cross-examined. Most witnesses would not be prepared to admit at the beginning of cross-examination**, as Mr. Goodall effectively did, that he was approaching the drafting of his report as a partisan hired gun. The result is that the expert's report and then his oral evidence will be contaminated by his attempted sleight of mind. This deprives the evidence of much of its value.

I would like to think that in most cases cross-examination exposes the bias. Where there is no cross-examination, the court is clearly at much greater risk of being misled ..... In the light of the matters set out above, during the preparation of this judgment I re-read Mr Goodall's report on the understanding that it was drafted as a partisan tract with the objective of selling the defendant's case to the court and ignoring virtually everything which could harm that objective. I did not find it of significant assistance in deciding the issues."（加黑部分是笔者的强调）

13.2　专家证人面对交叉盘问的行为举止不重要的说法

有关交叉盘问中证人的行为举止（demeanour）不再有过去的重要性，本书已经在第三章之1.3.5.2段有介绍。

针对事实证人，已经反复强调不能太依赖证人的行为举止来判断与衡量证人可信度。例如，在较近期与重要的R［on the application of SS（Sri Lanka）］v. Secretary of State for the Home Department（2018）EWCA Civ 1391上诉庭先例中，法院认为如果完全只依赖行为举止判断输赢，属于没有给出合理理由的判决。但否定交叉盘问的证人的行为举止也不能走极端，针对一些事实证人可信度严重存疑的案件，即有关欺诈（fraud）与不诚实（dishonesty）的案件，他们的行为举止普遍被接受仍十分重要。但也有说法是证人的表现仍然有价值与意义，在可靠性上也可以考虑证人的行为举止。例如，在更近期的 Auliffe v. Ellis（2019）EWHC 427（QB）先例中，接受上诉的Baker大法官说："Demeanour in the witness box is indeed understood to be no general indicium of honesty. But that is not to say that judging issues of primary fact involves no element of reading witnesses as individuals, and one aspect of that is, or at least can be, evaluating the meaning or significance, if any, of variation in a witness's demeanour as between different topics or particular questions. Nor does treating demeanour as, in general, an unreliable guide to reliability mean that reading a written transcript is always, or even usually, as good as being at the trial."

相比于事实证人，专家证人的行为举止到底有多少意义，有不同说法。按理说绝大部分的专家证人应不会涉及欺诈、不诚实或严重的可信度问题，[54]因此从这个角度而言，可以说专家证人的行为举止更没有意义，而且专家证据关键的应该是专家报告内容的说理与原因。[55]专家证人在开庭时的行为举止，即使专家证人紧张、口齿不清、看起来坐立不安，理论上都不应该影响专家证据的分量。所以《Phipson on Evi-

---

〔54〕 虽然比较少见，但也有案件会涉及专家证人是否诚实的情况。如 Coetzee v. Mississauga Hospital（2005）CanLII 21679（ON SC）加拿大先例涉及的是医疗疏忽。原告有一名专家证人（Crosby医生）被发现说谎，虽然考虑了该专家证人的证据，但审理法院指出在该专家证人的可信度存疑时，一经与对方专家证人比较就变成证据没什么分量。MacKenzie 大法官说："The essential basis of the challenge was that Dr. Crosby was an admitted liar in terms of misleading the court that he had given evidence on behalf of defendant doctors as well as plaintiffs in medical malpractice cases... In medical malpractice actions involving the standard of care in diagnostic situations, the opinion evidence of the experts is of paramount importance. The trier should not be left with any concerns or reservations about the probity, i. e. honesty, of such expert before addressing the reliability of the expert's opinion evidence from a professional viewpoint. Reasonable and honest experts may reasonably differ. **Dishonesty by an expert witness in representing to the court** his impartiality and evenhandedness causes that expert to **stumble at the first hurdle and essentially be out of the race**."

〔55〕 见本章之5段。

dence》(2018 年,第 19 版)一书之 33 – 69 段说:"In general, the Court of Appeal will be unwilling to interfere with a finding by a trial judge whereby he preferred the evidence of one expert to another, notwithstanding that the demeanour of the expert witness is not so important for the purpose of assessing his credibility as it is in the case of a witness of fact."

在 Joyce v. Yeomans (1981) 2 All ER 21 先例中,上诉庭的 Waller 大法官说相比于事实证人,专家证人行为举止的价值更低:"The demeanour of a medical expert giving evidence is probably not so important as other witnesses of fact when the value of his evidence is being assessed..."

知悉今天也有诉讼是对方专家证人书面对提出的问题澄清后,[56] 如果答案与己方的专家证据对抗性不强,也没有重要的疑问,就不再要求对方专家证人出庭接受盘问了。

可见 Djedovic v. Gonzales, 441 F 3d 547 (7th Cir, 2006)美国先例中,Easterbrook 大法官否定专家证人开庭行为举止的重要性时所说:"As between oral testimony alone and a written report alone, the latter may be more helpful, because it facilitates review of the conclusions' logical and empirical force. **The effect of an expert's evidence depends on the quality of its reasoning and the scope of its data, not on the expert's bearing.** Good scholarly analysis does not become bad because a professor stutters or fidgets. That's why "**observable factors like demeanor and tone of voice are less important when it comes to expert witnesses**, whose reliability is supposed to be based on their expertise rather than on what they claim to have witnessed." Hamid v. Gonzales, 417 F. 3d 642, 646 (7th Cir. 2005). Judges often overestimate their ability to sift true from false testimony by assessing demeanor, which is a form of lie detector without the electrodes and graph paper. The comprehensiveness and logical consistency of testimony is far more valuable and can be evaluated on paper as well as, if not better than, through oral presentations....."(加黑部分是笔者的强调)

13.3 专家证人面对交叉盘问的行为举止是重要的不同说法

在 Joyce v. Yeomans (1981) 2 All ER 21 先例中,上诉庭的 Brandon 大法官则特别指出,专家证人行为举止对于衡量专家证人是否客观、没有偏见等是有帮助的:"In my judgment, even when dealing with expert witnesses, a Trial Judge has an advantage over an Appellate Court in assessing the value, the reliability and impressiveness of the evidence given by experts called on either side... **There are various aspects of such evidence in respect of which the Trial Judge can get the 'feeling' of a case in a way in which an Appellate Court, reading the transcript, cannot. Sometimes expert witnes-**

---

[56] 见本书第四章之 13 段的介绍。

ses display signs of partisanship in a witness box or lack of objectivity. This may or may not be obvious from the transcript, yet it may be quite plain to the Trial Judge. **Sometimes an expert witness may refuse to make what a more wise witness would make, namely, proper concessions to the viewpoint of the other side.** Here again this may or may not be apparent to the Trial Judge. **I mention only two aspects of the matter, but there are others... I think he(一审法官) has certain advantages—not perhaps so great as those applicable where witnesses are witnesses of fact—but nevertheless significant advantages which an Appellate Court ought not to ignore.**"(加黑部分是笔者的强调)

也因此从不少有关专家证据先例的判词中,都可以看到审理法官在考虑专家证据重量时点评专家证人行为举止的问题。其中经常见到的说法是对一方当事人的专家证人有"好印象"(impressed),而对另一方即是"印象不好"(not impressed),显然如果没有开庭审理与交叉盘问,大家有过互动(engaged)是不可能只凭文书专家报告说得出这种话的。印象的好坏不外是通过观察专家证人在面对交叉盘问的表现得出,如是否独立、无偏见、客观、表达能力强、自信等。

例如,在 Rohm & Haas Co v. Collag Ltd (2001) FSR 426 先例中,审理法官对于被告委任的专家证人(Knowles 先生)有好评,在一些其他因素的基础上(如专家报告内部逻辑自洽、前后一致、开庭审理中回答交叉盘问的问题时表现很好等),还明确称赞 Knowles 先生的表现好,是一位想尽力协助法院多于客户的专家证人:"(Knowles 先生的专家报告) internally consistent, as well as being consistent with the evidence as a whole ...... his demeanor in the witness box and the way in which he dealt with the questions put to him did nothing to displace my impression that he was a witness who was doing his best to help the court rather than his client."

另外,"Judicial Assessment Of Expert Evidence"(2010) 10(1) JSIJ 33 一文提道:"Redmayne, Expert Evidence and Criminal Justice (Oxford University Press, 2001), p. 110 summarises research which suggests that as expert evidence becomes more complicated, jurors shift their focus and rely on peripheral indicia of reliability such as the expert's qualifications or demeanour."

事实上这也是针对专家证据的难处,因为对于技术性的专家报告内容,事实审理者(审理法官或陪审员)也是外行。照理说是应该重视主要的因素,如逻辑性分析专家证据的说理与原因,但往往越不懂的人越容易受到一些次要原因的影响,包括本章之10段已经介绍的专家证人的资历以及专家证人给自己留下了怎样的印象的影响等。

笔者也相信,国际商业诉讼或仲裁通常会涉及较复杂的科学或专业知识,开庭审理的交叉盘问对审理法官或仲裁庭会很有帮助。通过与专家证人的互动与观察他们的行为举止,也更能让作为"外行人"的事实审理者对双方当事人对立的专家意见作出更有信心与可靠的抉择/取舍。

第七章 举证责任与标准

1. 举 证 责 任

在产生争议时，显然事实认定是很重要的，但事实真相到底如何往往并不明确，各方当事人也会各执一词、争执不下。在罗马法时代，公断人(adjudicator)可以不用对案件事实作出决定，如果认为无法得到清楚的认定，就可以作出事实不清(*non liquet*)的决定，交由其他公断人审理。但是在今天的争议解决中，无论案件有多么复杂、案情有再多疑虑，法院或仲裁庭都有义务或责任对案件作出判决或裁决。

因此今天双方当事人/诉讼方均有举证责任(burden of proof)来帮助法院或仲裁庭，对他们主张的事实(asserted facts)提出/提供证明。通常所说的举证责任，在定义上常有不同说法与名称，但一般而言主要会涉及两个方面的不同类别：[1]

1. 一个是严格意义上的举证责任，或可称"法定举证责任"(legal burden of proof)，[2]也就是哪一方当事人(原告与被告)法律上负有证明争议事实的责任。如果该事实没能被证明，不利后果就要由该方当事人承担。这包括双方当事人都有提出证明而导致在该争议事实变了是模棱两可，而双方举证都不够达到举证标准(standard of proof)时，法院或仲裁庭就会在不得已的情况下根据法定举证责任判承担该责任的当事人在这个事实争端上败诉。例如，甲方主张与乙方已经达成协议，但乙方反对指称没有协议，双方各执一词，如果又没什么证据证明，甲方举证达不到举证标准，就会认定甲方的主张没有成功证明。

2. 另一个是广泛意义上的举证责任，可称为"提出证据责任"(evidential burden of proof)。[3] 严格来说，这并不是负担/责任(burden)或义务(obligation)，而只是双

---

〔1〕 著名的 Thayer 的《Preliminary Treatise on Evidence at the Common Law》一书中就提到举证责任有两方面的理解，一方面是："The peculiar duty of him who has the risk of any given proposition on which parties are at issue who will lose the case if he does not make this proposition out, when all has been said and done."，这也就是法定举证责任。另一方面则是："The duty of going forward in argument or in producing evidence, whether at the beginning of a case, or at any later moment throughout the trial or discussion."，这看来就会包括提出证据责任。

〔2〕 也被称为"the burden of proof on the pleadings""persuasive burden""probating burden""the burden of going forward"等。

〔3〕 也被称为"production burden"等。

方当事人(特别是被告)应当为他们提出的争议/争端(issues)提供证据,否则该争端不会被考虑。此类别与法定举证责任有很大的不同,如不少说法是提出证据并非“责任”或是义务;也有说法是提出证据是经常在双方当事人之间转移(shifting),加强自己提出的证据或反驳对方提出的证据,不像法律定下来的法定举证责任是从一开始到诉讼终结都不会改变或转移。

接下来的段节会对以上的简介作进一步的详论,但主要针对民商事诉讼,提及刑事案件只是为了更清楚解释与说明有关问题。

在此可节录新加坡上诉庭的 Britestone Pte Ltd v. Smith & Associates Far East Ltd (2007) 4 SLR(R) 855 先例与上述简介同样的说法,如下:“The term ‘burden of proof’ is more properly used with reference to the obligation to prove. There are in fact **two kinds of burden** in relation to the adduction of evidence. **The first, designated the legal burden of proof**, is, properly speaking, a burden of proof, for it describes the obligation to persuade the trier of fact that, in view of the evidence, the fact in dispute exists. **This obligation never shifts in respect of any fact**, and only ‘shifts’ in a matter of loose terminology when a legal presumption operates. **The second is a burden of proof only loosely speaking**, for it falls short of an obligation to prove that a particular fact exists. It is **more accurately designated the evidential burden to produce evidence** since, whenever it operates, the failure to adduce some evidence, whether in propounding or rebutting, will mean a failure to engage the question of the existence of a particular fact or to keep this question alive. As such, **this burden can and will shift**.”(加黑部分是笔者的强调)

另《Cross & Tapper on Evidence》(2018 年,第 13 版)一书之 125 页给予的定义是:“An ‘evidential burden’ is not a burden of proof. It determines whether an issue should be left to the trier of fact, while the ‘persuasive burden’ determines how the issue should be decided.”

2. 法定举证责任

英国法中的法定证明责任/举证责任,是根据法律要求,负有说服事实审理者(trier of fact)认定自己所主张的事实的责任。事实审理者在今天的民商事争议中就是法院或仲裁庭,在刑事案件中则仍然是陪审团(jury)。法定举证责任(legal burden of proof)也被称为说服(persuasive)责任。在民商事诉讼或仲裁,一般是由当事人对自己(主要是文书请求/案件陈述中)主张的事实承担举证责任,因此,也有将法定举证责任解释为“根据文书请求的举证责任”(burden of proof on the pleadings)的说法。这是严格意义上的“举证责任”。

《Cross & Tapper on Evidence》(2018 年,第 13 版)之 124 页给予的定义是:"The persuasive burden is the obligation of a party to meet the requirement that a fact in issue be proved (or disproved) either by a preponderance of the evidence or beyond reasonable doubt, as the case may be."

《Phipson on Evidence》(2018 年,第 19 版)一书之 6-02 段给予的定义是:"... the obligation imposed on a party by a rule of law to prove (or disprove) a fact in issue to the requisite standard of proof."

法定举证责任在为人熟知的刑事案件(criminal cases)是在"无罪推定"(presumption of innocence)的大前提下,提出指控与主张犯罪的检控方(prosecution)应证明被告有罪的每一个环节的相关事实,而被告可以什么都不举证,只去质疑这些证据,务求挑出疑点。检控方的举证标准(standard of proof)需要达到"排除一切合理怀疑"(beyond reasonable doubt)的程度。但刑事案件也有例外的立法改变法定举证责任[如英国的《Prevention of Corruption Act 1916》或香港《防止贿赂条例》(201 章)之 Section 24[4]]。这方面问题可见本章之 7.1 段的介绍。

法定举证责任在与本书读者有密切关系的民商事案件(civil/commercial cases)中的大原则是"谁主张,谁举证"(The proof lies upon him who affirms, not upon him who denies)。在这里先节录 Joseph Constantine Line v. Imperial Smelting Corporation (1942) AC 154 贵族院先例中 Maugham 勋爵所说:"I think the burden of proof in any particular case depends on the circumstances under which the claim arises. In general, the rule which applies is ei qui affirma non ei qui negat incumbent probatio. It is an ancient rule founded on considerations of good sense and it should not be departed from without strong reasons."

在不同案件下,法定举证责任会由谁(原告或被告)承担是主要取决于三大方面:(1) 实体法的规则(rules of substantive law);(2) 方便规则(rules of convenience);(3) 文书请求/案件陈述(pleadings/statements of case)中的主张。不论是普通法还是立法规定的法定举证责任,重要的考虑都是谁会拥有证据与更方便举证,以及其他方面的公共政策。

所以,不同类别的民商事争议会有不同,甚至会有立法去改变"谁主张,谁举证"的一般原则,另规定谁承担法定举证责任与针对什么方面,可见本章之 4.3 段的介绍。例如,1924 年《海牙规则》是强制要求承运人(carrier)承担对开航时船舶适航的法定举证责任,即使适航问题没有被主张或者顶多是货方主张适航问题,可见本章之 4.3.4 段与本书第十章之 2.4 段。

---

〔4〕 该条规定:"举证责任在对被控犯本条例所订罪行的人进行的法律程序中,以具有合法权限或合理辩解为免责辩护的举证责任在于被控人。"

2.1　未履行法定举证责任的后果

早在 Wakelin v. L & SW Railway（1886）12 App Cas 41 贵族院先例中，Halsbury 勋爵就说，若负有举证责任的一方当事人没能证明有关事实的存在，该方就会败诉："That is the fact to be proved. If that fact is not proved the plaintiff fails, and if in the absence of direct proof the circumstances which are established are equally consistent with the allegation of the plaintiff as with the denial of the defendants, the plaintiff fails, for the very simple reason that the plaintiff is bound to establish the affirmative of the proposition... I am not certain that it will not be found that the question of onus of proof and of what onus of proof the plaintiff undertook, with which the Court of Appeal has dealt so much at large, is not rather a question of subtlety of language than a question of law."

在较近期的 B（Children）（Sexual Abuse: Standard of Proof），Re（2008）UKHL 35 贵族院先例中，Hoffmann 勋爵对此也有很好的解释："If a legal rule requires a fact to be proved（a 'fact in issue'）, a judge or jury must decide whether or not it happened. There is no room for a finding that it might have happened. The law operates a binary system in which the only values are 0 and 1. The fact either happened or it did not. If the tribunal is left in doubt, the doubt is resolved by a rule that one party or the other carries the burden of proof. If the party who bears the burden of proof fails to discharge it, a value of 0 is returned and the fact is treated as not having happened. If he does discharge it, a value of 1 is returned and the fact is treated as having happened."

刑事诉讼会看检控方的举证是否达到排除一切合理怀疑（beyond reasonable doubt）的举证标准（standard of proof），如果没能达到这举证标准，或者说除了可以认定事实真相是嫌疑人/被告无罪外，也允许对事实真相到底如何存有疑虑，而此时在无罪推定（presumption of innocence）大原则下判嫌疑人/被告不可以被定罪（convicted）。

在民商事诉讼中，平等民事主体之间就非得分出胜负高下了。一般情况下双方当事人也都会提出证据对事实进行举证。民商事诉讼中，当事人的举证标准是平衡的可能性（balance of probabilities），也就是能够证明超过 50% 的可能性为真。但并不是说一方证据比另一方更可信就足够，如不能是一方有 40% 可信而另一方有 35% 可信，就认定 40% 可信的事实为真：见 The"Popi M"（1985）2 Lloyd's Rep 1 先例（此先例会在本章之 2.3 段详细介绍）。也可见 Sienkiewicz v. Greif（UK）Ltd（2011）UKSC 10 最高院先例中 Mance 大法官所说："... there will be continuing good sense in the House of Lords' reminder to fact-finders in Rhesa Shipping Co SA v Edmunds（the 'Popi M'）（1985）1 WLR 948 that it is not their duty to reach conclusions of fact, one way or the other, in every case. There are cases where, as a matter of justice and policy, a court should say that the evidence adduced（whatever its type）is too weak to prove anything to an appropriate standard, so that the claim should fail."

此时法院或仲裁庭也没必要在这两个都不太可能的选项中硬挑一个作出认定为“事实真相”,而是可以判决或裁决承担法定举证责任的一方没有履行该责任因此在这个问题上败诉。当事人主张的事实,在判决或裁决中除了可以分成证明成立(proved)、证明不成立(disproved)外,还可以有未能证明(not proved),从而依赖法定举证责任来判断这第三种结果:见 The“Popi M”先例等。

2.2　法院或仲裁庭一般不愿意依赖法定举证责任

过去的事实,或者是确实发生、客观存在,或者是没有发生。对法院或仲裁庭而言,一般也可以尽量根据现有的证据,综合全盘考虑作出认定。审理法官或仲裁员较不愿意依赖技术性的谁承担举证责任来判谁败诉。这样做表明,对于无法掌握案情的事实,只能“推卸责任”怪罪承担举证责任的一方。在 The“Popi M”(1985) 2 Lloyd's Rep 1 先例中,Brandon 勋爵就说:“No judge likes to decide cases on burden of proof if he can legitimately avoid having to do so.”

Stephens v. Cannon (2005) EWCA Civ 222 先例说,要依赖举证责任而不认定事实是一种很极端的做法。一审法院根本没办法根据平衡的可能性认定事实,只能依赖举证责任。一审法院必须在判决理由中明确说明这一点,让当事人知道为什么会有这个结果,也便于上诉庭监督。Wilson 大法官说:“(a) The situation in which the court finds itself before it can despatch a disputed issue **by resort to the burden of proof has to be exceptional**. (b) Nevertheless the issue does not have to be of any particular type. A legitimate state of agnosticism can logically arise following enquiry into any type of disputed issue. . . . (c) **The exceptional situation which entitles the court to resort to the burden of proof is that, notwithstanding that it has striven to do so, it cannot reasonably make a finding in relation to a disputed issue**. (d) A court which resorts to the burden of proof must ensure that others can discern that it has striven to make a finding in relation to a disputed issue and can understand the reasons why it has concluded that it cannot do so. The parties must be able to discern the court's endeavour and to understand its reasons in order to be able to perceive why they have won and lost. **An appellate court must** also be able to do so because otherwise it will not be able to **accept that the court below was in the exceptional situation of being entitled to resort to the burden of proof**. (e) In a few cases the fact of the endeavour and the reasons for the conclusion will readily be inferred from the circumstances and so there will be no need for the court to demonstrate the endeavour and to explain the reasons in any detail in its judgment. In most cases, however, a more detailed demonstration and explanation in judgment will be necessary.”(加黑部分是笔者的强调)

在 B (Children) (Sexual Abuse: Standard of Proof), Re (2008) UKHL 35 先例中,Hale 女伯爵更是明确说对事实作出认定是法官应尽的责任或义务,一般不轻易依赖举证责任。事实上,如果太多法官犹豫不决就推卸到举证责任,不作事实认定,就会导致大量案件会没有真正的结果，司法公正会受到很大损害。可以节录 Hale 女伯爵所说如下：

"My Lords, **if the judiciary in this country regularly found themselves in this state of mind, our civil and family justice systems would rapidly grind to a halt.** In this country we do not require documentary proof. We rely heavily on oral evidence, especially from those who were present when the alleged events took place. Day after day, up and down the country, on issues large and small, judges are making up their minds whom to believe. **They are guided by many things, including the inherent probabilities, any contemporaneous documentation or records, any circumstantial evidence tending to support one account rather than the other, and their overall impression of the characters and motivations of the witnesses. The task is a difficult one. It must be performed without prejudice and preconceived ideas. But it is the task which we are paid to perform to the best of our ability.**

In our legal system, if a judge finds it more likely than not that something did take place, then it is treated as having taken place. If he finds it more likely than not that it did not take place, then it is treated as not having taken place. He is not allowed to sit on the fence. He has to find for one side or the other. Sometimes the burden of proof will come to his rescue: the party with the burden of showing that something took place will not have satisfied him that it did. But generally speaking a judge is able to make up his mind where the truth lies without needing to rely upon the burden of proof."（加黑部分是笔者的强调）

2.3　不得不依赖法定举证责任判断的著名先例 The "Popi M"

在一些极端情况下，法院或仲裁庭对于事实到底如何仍然存在疑虑，没有任何一方主张的事实足以认定为真。最著名的就是 Rhesa Shipping Co SA v. Edmunds (The "Popi M") (1985) 2 Lloyd's Rep 1 贵族院先例。

The "Popi M"先例涉及的是"Popi M"轮在风平浪静的情况下于大海中沉没，而且沉船地点水深到无法去"Popi M"轮沉没的残骸上调查（潜水员作业一般只到约 60 米深，但海洋最少要 200 米以上才算深水，地中海的深水处可达 5,000 米，世界上海洋平均深度是约 3,500 米）。这种情况下，船舶的保险人难免要怀疑可能是船东故意凿沉（scuttle）船舶骗保，又或者是船舶消耗与磨损（wear and tear）等导致破裂而沉没，这两种情况保险人都不承担理赔的责任。但问题是无法实际调查船舶情况，无论怎么怀疑都始终是臆测（speculation），并没有证据。船东要索赔也面临缺乏证据的问题，因为船舶保险的保单下保险人承保的是列名风险（named perils），船东要举证是其中一项列名的风险导致船舶沉没才能获得保险赔偿。

此先例中有一些非常有限的证据。从生还船员处所了解到说法是，当时一声巨响，船舶震动，船尾机房船底出现一大洞，海水迅速涌入，根本无法挽救，船舶迅速沉没。从这描述中可知,很显然不是火灾,当时也没有其他船舶,因此不会是船舶碰撞,因此船东主张的事实是:(1)船舶碰上了浮木等物体;(2)苏联潜水艇浮上水面时碰撞了船舶,因此属于海上风险(peril of the sea)这种列名风险。保险人则以船舶消耗与磨损为由拒绝理赔,这是船舶本身的原因所造成,不是保险承保的列名风险。

但从技术上来看,即使是有海上浮木等物体,由于船舶是前进的,造成的水流会把浮木往外推出而不会往内吸入,因此不可能碰撞船尾。而船舶的消耗与磨损则一般不会造成这种严重与突然的破裂,在技术上也站不住脚。

这样就只剩下船东主张被频频在地中海水域活动的苏联潜水艇碰撞了,但无法凭技术分析证明。船东还煞有其事地写信给苏联的海军司令部,询问当时当地(地中海、阿尔及利亚附近海域)是否有潜水艇,是否与不明物体碰撞等,但苏联海军司令部并未理睬。船舶被上升的潜水艇碰撞的事件是时有发生的,曾经就发生过美国潜水艇在夏威夷附近急速上升撞沉日本渔船的事件。但是这可能性大吗?看来并不见得。"Popi M"轮上的船员无论在事故前后都没有人看到有潜水艇浮起(如看不到潜望镜),但照理发生严重碰撞事故后受损的潜水艇也应该浮出水面才对。而且"Popi M"轮沉没后船员落水,即使是处于冷战期间,潜水艇也不会为了机密而罔顾这些民用船舶上的人命。因此,"Popi M"轮是由于与苏联潜水艇碰撞而沉没的可能性是肯定达不到民事诉讼中超过50%的举证标准的。

高院的Bingham大法官采用了排除法(上诉庭也跟从了这个判法),也就是排除了不可能(impossible)的选项后,剩下的选项无论看起来多么离奇古怪都是真相,在此先例中也就是剩下的潜水艇理论了,判保险人败诉。该判决在贵族院被推翻。贵族院判决中对这个排除法是这样描述的:"... the late Sir Arthur Conan Doyle in his book 'The Sign of Four', describes his hero, Mr. Sherlock Holmes, as saying to the latter's friend, Dr. Watson[5]: 'how often have I said to you that, **when you have eliminated the impossible, whatever remains, however improbable, must be the truth**?' It is, no doubt, on the basis of this well known but unjudicial dictum that Mr. Justice Bingham(此先例中高院一审判决的大法官)decided to accept the shipowners' submarine theory..."(加黑部分是笔者的强调)

但是这个福尔摩斯式的排除法被贵族院否定。Brandon勋爵就明确指出并不是一定要在当事人给出的事实主张、各个选项之间作出选择。如果存在疑虑(也就会是当事人的举证没能达到举证标准),完全可以不作选择,而是根据法定举证责任来作出判决。可以节录Brandon勋爵所说如下:

"In my view there are three reasons why it is inappropriate to apply the dictum of Mr. Sherlock Holmes, to which I have just referred, to the process of fact-finding which

---

[5] 亚瑟·柯南道尔爵士(Sir Arthur Conan Doyle)是福尔摩斯系列小说的作者,《四个签名》(The Sign of Four)是该系列中的一篇,华生医生(Dr. Watson)是小说中福尔摩斯的助手。

a judge of first instance has to perform at the conclusion of a case of the kind here concerned.

The first reason is one which I have already sought to emphasis as being of great importance, namely, that**the judge is not bound always to make a finding one way or the other with regard to the facts averred by the parties. He has open to him the third alternative of saying that the party on whom the burden of proof lies in relation to any averment made by him has failed to discharge that burden.** No judge likes to decide cases on burden of proof if he can legitimately avoid having to do so. **There are cases, however, in which, owing to the unsatisfactory state of the evidence or otherwise, deciding on the burden of proof is the only just course for him to take.**〔6〕

The second reason is that the dictum can only apply when all relevant facts are known, so that all possible explanations, except a single extremely improbable one, can properly be eliminated. That state of affairs does not exist in the present case: to take but one example, the ship sank in such deep water that a diver's examination of the nature of the aperture, which might well have thrown light on its cause, could not be carried out.〔7〕

The third reason is that the legal concept of proof of a case on a balance of probabilities must be applied with common sense. It requires a judge of first instance, before he finds that a particular event occurred, to be satisfied on the evidence that it is more likely to have occurred than not. **If such a judge concludes**, on a whole series of cogent grounds, **that the occurrence of an event is extremely improbable, a finding by him that it is nevertheless more likely to have occurred than not, does not accord with common sense.** This is especially so when it is open to the judge to say simply that the evidence leaves him in doubt whether the event occurred or not, and that the party on whom the burden of proving that the event occurred lies has therefore failed to discharge such burden.〔8〕

In my opinion Mr. Justice Bingham adopted an erroneous approach to this case by regarding himself as compelled to choose between two theories, both of which he regarded as extremely improbable, or one of which he regarded as extremely improbable and

---

〔6〕 法院或仲裁庭未必要从当事人主张的多种不同事实中选择一个。

〔7〕 毕竟用排除法的前提必须能够明确了解全部的事实与所有的可能性，但在现实世界这几乎是没有可能的。此先例就显然缺乏大量的事实，根本无法在船舶沉没的残骸上进行调查，更加不应该采用排除法。

〔8〕 常识(common sense)与逻辑(logic)是在事实认定中的大原则，对事实的认定都需要在这两者的基础上作出。很显然，如果经过排除后，最后剩下的一个选项仍然不太可能发生，此时仍然硬着头皮把这个选项认定作为事实是违背常识的做法。

the other of which he regarded as virtually impossible. He should have borne in mind, and considered carefully in his judgment, **the third alternative which was open to him, namely, that the evidence left him in doubt as to the cause of the aperture in the ship's hull, and that, in these circumstances, the shipowners had failed to discharge the burden of proof which was on them.**"(加黑部分是笔者的强调)

该重要的贵族院先例在很多后来的判例中被跟从。例如,George v. Home Office (2008) EWCA Civ 1068 先例说:"Occasionally, where there are alternative explanations for an injury but the court is unable to say on the balance of probabilities which is to be preferred, the claimant will fail on the grounds that he had failed to discharge the burden of proof."

另外,笔者时不时会遇到一些争议,争议金额不大,为了省钱省事,当事人在作出主张后就会要求仲裁员根据文件作出审理。例如,一方当事人(原告)主张双方曾经达成一致,被告承认欠下债务。被告则主张这完全不是事实,自己从没欠下债务,也没有承认过。但双方都只有主张,没有证据,只有一些不关键、没有说服力的文件。作为仲裁员,在双方没什么证据或者是证据有重大缺陷时是难以认定事实真相的,即使该举证标准只是平衡的可能性也是一样。这显然是不令人满意的,一般就是提出这个主张因此承担举证责任的原告败诉。如果原告或其代表律师机灵,对该问题有所警觉,就会提交额外的证据,如一份誓章证据(affidavit evidence),该证据就会影响平衡可能性,让天平偏向原告。但如果被告也类似地交出誓章证据反驳,此时笔者作为仲裁员一般会要求开庭审理,通过全面掌握口头证据帮助了解事实才认定。

2.4 可以使用排除法加强其他可能主张的可能性

著名的 The"Popi M"(1985) 2 Lloyd's Rep 1 贵族院先例的判法在之后被广泛跟从与得到确认,但仍有不少与举证责任有关的案件被诉至上诉庭甚至贵族院/最高院。在 The"Popi M"涉及的是几种都不太可能(improbable)的理论/选项,即使排除掉一个不太可能的理论/选项,也不会使得其他理论/选项变得可能发生。但如果在一些理论/选项中,根据常识与逻辑排除掉部分理论/选项,而剩下的是根据全面证据(一般是环境证据)来看有可能发生(probable)的理论/选项,这剩下的理论/选项的可能性是会提高的。当然最后还是要看平衡可能性,即理论/选项可能性是否超过50%。

在 Kiani v. Land Rover Ltd (2006) EWCA Civ 880 上诉庭先例中,Kiani 先生在陆虎(Land Rover)于英国索利哈尔的一间工厂从事清洁工作,但某晚有工厂员工发现在工厂底层的一个装有冷冻液的储存舱舱盖处于打开状态(该舱盖本应在一般情况下关闭),而 Kiani 先生在该储存舱中死亡。之后警方的调查报告显示,Kiani 先生是快速沉入储存舱中吸入大量舱内液体导致窒息死亡,而身上并无其他伤痕。死者的家人以死者的名义起诉被告,指称被告未能履行义务保证安全的工作环境,导致原告意外掉入储存舱中而死。被告则主张原告没能证明是意外,反而主张死者是自杀而死。双方都同意主要有这两种可能性,但各执一词。

正常情况下,员工在工厂中不会前往该底层位置,而是在储存舱舱盖上方1米多的平台上行走。平台上距该储存舱最近的出口是在储存舱南面,并有一架梯子连接储存舱与平台。储存舱的舱盖平时都是关闭状态,并有数根金属锁链连接在储存舱上,但当天发现时舱盖被置于储存舱的北面,有锁链横在储存舱的开口。如果Kiani先生真的是在查看储存舱的情况时不小心坠落,那多半会在过程中擦碰平台或锁链等,身上就一定会留下伤痕,加上只要往下或横向拉扯锁链就会把舱盖拉到关闭的位置,因此与其说是坠落更可能是Kiani先生小心地找了个空位、采用跳水的方式扎猛子入水。而自杀的说法也有自己的问题,尤其是一审高院认定了舱盖是被他人在当天早上打开的,因此要说Kiani先生在工作中途突然看到地上有一个装有液体的储存舱,也不清楚该舱内液体的深度及到底是什么液体,就贸然决定用这个自杀看来是不太可能的(not probable),因此一审法院判Kiani先生是意外掉入。

显然遇到的问题就是,自杀的确是不太可能,但意外掉落的说法则需要有种种匪夷所思的巧合。上诉庭是支持了一审的判法,可以节录Waller大法官所说如下:"... **I do not myself think it is false logic to reason where only two possibilities are under consideration, both of which seem unlikely, if one seems much less likely than the other the less likely can be discounted thus making the first likely to happen on the balance of probabilities**... In my view therefore the recorder(一审法官) was entitled to take the view that suicide was 'less than probable'. If the only evidence before the recorder had established that an accident was 'impossible', I would accept that the recorder would either have had to decide that the 'less than probable' had happened or hold that the claimant had failed to prove his case. But the evidence did not go so far as to say that an accident was impossible 'whatever the facts'. The recorder took the view on the evidence before him... that there was a way in which Mr Kiani could have accidentally fallen into the tank when going over to have a look, and overbalancing whilst trying to see into the tank."(加黑部分是笔者的强调)

以上节录段落是在说,排除了自杀选项后,是意外的可能就会大得多了。需要注意的是,这与The"Popi M"先例中的排除法是有区别的。因为从整体上来看,意外坠落和自杀身亡本就是诸多可能性中最可能发生的两种情况。很关键的是,意外坠落虽然涉及多方面的巧合,但并非不可能发生,而且"意外"本身就表明肯定包含或多或少的巧合。因此一审认定自杀实际上不太可能发生,而排除自杀的可能,就使得意外坠落的可能性增大,能够满足举证标准了。

这也是不承担举证责任一方也需要举证的意义所在。毕竟不承担举证责任,即使没有举证也不会有什么后果,法院仍然是看承担举证一方所主张的事实是否能够达到举证标准。但是不承担举证责任一方主张的事实如果能够有足够强有力的证据支持,就可以打击、对抗承担举证一方主张的事实的可能性。

这方面还可见 Ide v. ATB Sales (2008) EWCA Civ 424 上诉庭先例。在该先例中,上诉庭的判法就是有几种可能发生的理论/选项时,各自来看无法满足平衡可能性的举证标准,如果能够通过常识与逻辑排除掉几种,剩下的那一种在全面证据下仍然能得到支持、可能发生的理论/选项,就会是足以满足举证标准的。Thomas 大法官还提到说,如果能够确认只有三种理论/选项,对比这三种理论/选项中最可能的一种就会被认定为事实。可以节录 Thomas 大法官所说如下:"As a matter of common sense it will usually be safe for a judge to conclude, where there are two competing theories before him neither of which is improbable, that having rejected one it is logical to accept the other as being the cause on the balance of probabilities. It was accepted in the course of argument on behalf of the appellant that, as a matter of principle, if there were only three possible causes of an event, then it was permissible for a judge to approach the matter by analysing each of those causes. If he ranked those causes in terms of probability and concluded that one was more probable than the others, then provided those were the only three possible causes, he was **entitled to conclude that the one he considered most probable, was the probable cause of the event provided it was not improbable**."(加黑部分是笔者的强调)

很显然,要能够列举一件事情发生的所有可能性是做不到的,这是由于今天的技术水平仍然不够(如 The "Popi M"先例中无法派遣人员去深海调查沉没船舶的状况),这也是 The "Popi M"先例中不允许从不太可能(improbable)的诸多选项中硬要挑选一个认定为事实的理由之一。但如果一件事情看来多半就只有某几个选项是可能导致的(当然还会有其他的选项,但那些选项不是说一定不可能,只是可能性微乎其微),如三个选项各自可能性粗略地假设为 49%、25%、25%,在这几个选项中能够排除两个 25% 可能性的选项,剩下的选项的发生的可能性就会提高。但无论如何最终仍然是像 The "Popi M"先例的判法一样,要看承担举证责任一方主张的事实是否已经满足举证标准。

这也就能够理解在 Fosse Motor Engineers v. Conde Nast (2008) EWHC 2037 (TCC)先例中表面看来有所不同的判法了。此先例中,对火灾起因存在疑问,诉讼双方总共提出了五种不同的起因理论作为选项,Akenhead 大法官将这情况形容说是像侦探小说一样要看到底是谁干的("The case has some features of a 'whodunit' and certainly what 'done it'")。Akenhead 大法官指出,不能仅仅将这些选项排序看谁可能性最高就将之认定为事实,最后的判断仍然是要看最后留下的那个选项是否真的满足举证标准。可以节录 Akenhead 大法官所说如下:"What is not acceptable, at the very least in a case like the current one, is to identify that there are, say, (as here) five possible causes, rank them each in percentage terms as possibilities and then select the possibility with the highest percentage as the probable cause. **The only circumstances in which it would be legitimate would be if the highest ranked cause was the one which**

on all the evidence the judge was satisfied was the probable cause of the incident or loss in question... I consider that it is dangerous and generally a fruitless occupation to seek to rank possibilities or probabilities in percentage terms in any event. If there are five possibilities of which four are remote or extremely improbable, that conclusion may go to support a judge's finding that the remaining 'possibility' is in fact the probable cause or explanation for the event in question."（加黑部分是笔者的强调）

在 Nulty v. Milton Keynes Borough Council（2013）EWCA Civ 15 先例中，火灾发生只有两种起因，一个是电路上的突发电弧引致起火，另一个就是电工随意丢弃的烟头引致起火。一审的 Edwards-Stuart 大法官就判根据前述节录的 Walker 大法官的判法，认为在排除了突然电弧起火后，电工随意丢弃烟头的可能性就能够达到举证标准："... it might be regarded as unlikely that an experienced electrical engineer, who had in the past been a part-time fireman, would choose to smoke in a building to which he knew a no-smoking policy applied and then discard the cigarette end-albeit one that he thought he had stubbed out-into flammable waste lying on the floor. But if the only other possible causes of this fire are very much less likely, as I find they are, then in law the discarded cigarette becomes the probable cause of the first fire. As Waller LJ observed in the passage that I have emphasised above（本段前文节录的 Walker 大法官说法中的加黑部分）, this process of reasoning is not false logic..."

上诉庭也同意了这个判法。可见 Toulson 大法官所说如下："A case based on circumstantial evidence depends for its cogency on the combination of relevant circumstances and the likelihood or unlikelihood of coincidence. A party advancing it argues that the circumstances can only or most probably be accounted for by the explanation which it suggests. Consideration of such a case necessarily involves looking at the whole picture, including what gaps there are in the evidence, whether the individual factors relied upon are in themselves properly established, what factors may point away from the suggested explanation and what other explanation might fit the circumstances. As Lord Mance observed in Datec Electronics Holdings Limited v UPS Limited〔9〕... So, at the end of any such systematic analysis, **the court has to stand back and ask itself the ultimate question whether it is satisfied that the suggested explanation is more likely than not to be true. The elimination of other possibilities as more implausible may well lead to that conclusion, but that will be a conclusion of fact: there is no rule of law that it must do so**. I do not read any of the statements in any of the other authorities to which we were referred as intending to suggest otherwise."（加黑部分是笔者的强调）

刚刚介绍的 Kiani v. Land Rover Ltd 先例、Ide v. ATB Sales 先例、Fosse Motor En-

〔9〕 Datec Electronics Holdings Limited v. UPS Limited（2007）UKHL 23 贵族院的先例。

gineers v. Conde Nast 先例与 Nulty v. Milton Keynes Borough Council 先例等的判法，之后也得到后续先例的认可。例如，在 Graves v. Brouwer（2015）EWCA Civ 595 上诉庭先例中，Tomlinson 大法官评价说："I regard that passage as containing a sound guide to safe decision making."又如，在 Cooper v. Thameside（2016）EWHC 1248（TCC）先例中，Carr 大法官说："It is therefore common ground between the parties in principle that in a competing theories case：（a）The court is entitled to engage in a systematic analysis of competing theories and eliminate one in favour of the other；（b）That，in itself，may lead to the conclusion that the preferred theory is more likely than not to be true；but（c）The court must always then stand back and ask itself **the ultimate question as to whether or not the preferred explanation is more likely than not to be true.**"（加黑部分是笔者的强调）

2.5 针对未能履行法定举证责任的明示条文

本章前文已经介绍了普通法下不少情况中当事人主张不同事实的先例。例如，介绍了涉及火灾的案件，火灾的起因就很重要。毕竟火灾起因会是违约、产品质量问题（如防火设备的质量或安装不过关），某些人士的疏忽、过失（如装修工人乱丢烟头），甚至会是严重到刑事犯罪（如第三人纵火、故意毁坏财物，或是自己点火骗保）等，故在针对特定人士索赔时，就必须得认定火灾起因。

保险案件也是一样，必须得找出事故起因，才知道是否是保险人承保的风险从而应当理赔。但事故的起因不总是有证据来证明的，这方面也已经介绍了著名的 The "Popi M"（1985）2 Lloyd's Rep 1 先例，而在普通法下，允许通过明示条文来对这个地位作出更改，在实在有困难认定事故起因时，以特定比例分摊损失。

在保险行业中这类条文也很常见，尤其是在涉及有长期关系的保险人时。例如，货物索赔分摊协议（inter-club agreement），这是在保赔协会之间的做法，一般都被并入租约，调整船东和承租人的关系，如条文会约定除了一些有明确证据证明应属于一方的责任时，其他情况就都是双方平摊，省得花费大量的诉讼费用，审理法官或仲裁员最后可能根据证据支持一方主张勉强超过平衡可能性，或者就是根据 The "Popi M"先例的判法认定没有满足举证责任。该条文如下："All other cargo claims whatsoever（including claims for delay to cargo）：50% Charterers 50% Owners. Unless there is clear and irrefutable evidence that the claim arose out of the act or neglect of the one or the other（including their servants or sub-contractors）in which case that party shall then bear 100% of the claim."

也有一般的所谓"50/50 条文"，约定在无法确定到底是谁的责任时，双方对半平分。例如，在 European Group Ltd v. Chartis Insurance UK Ltd（2012）EWHC 1245（QB）先例中，[10]一家名为 Lakeside 的公司在英国伯克郡（Berkshire）附近一个名为

〔10〕 此先例还被上诉到上诉庭[（2013）EWCA Civ 224]，但针对的不是 50/50 条文的问题。

科恩布鲁克(Colnbrook)的地方建设一个回收工厂。为了建造一些废气节能器(economizer),需要将废气节能器的部件从罗马尼亚经过公路运输与/或海运运抵工厂。工厂分别向作为保险人的原告与被告投保。简单而言,原告承保的是有关部件运抵工厂安装后的损毁风险等,被告承保的是从罗马尼亚出发运抵工厂这段运输中的损毁风险,但不保内在风险(inherent vice)。这两个保险的保单中都加入了50/50条文,被告的保单中的条文是这样写的:"... after proper investigation it is not possible to ascertain whether the cause of such Damage happened prior to termination of the marine venture or subsequently' (as per the 50/50 clause in the EAR policy[原告保单]) or 'where it is not possible to establish if the loss or damage was caused before or after arrival of the goods at job site or store or place'"在判决中则这样描述:"... in the event it was not possible to ascertain whether the cause of damage to the insured's property occurred before or after the arrival of the property at the Lakeside Facility, the EAR Insurers(原告)and the Marine Insurers(被告) would each contribute 50% of the Insured's properly adjusted claim."

但在安装完成几个月后,发现有管道破损漏气,因此产生了维修等各类费用。这些费用看来要不是应由原告赔偿要不就是由被告赔偿。经过调查发现,管道破损的原因是共振导致,原告就主张是在运输途中(主要是公路运输)包装不足导致震动,被告则主张是在工厂安装后,管道周围的紊乱气流所致。原告在向工厂作出无损害赔付(460万英镑)后,要求被告赔偿其中的368万英镑。法院首先根据各类证据(包括专家证据)排除了被告的主张。针对原告的主张,一审的Popplewell大法官根据案件证据认定确有可能是公路运输中有震动,因此原告胜诉,也没有必要再依赖50/50条文。上诉庭[(2013) EWCA Civ 224]也支持了Popplewell大法官的这个判法。而针对保单中的50/50条文,Popplewell大法官确认了这条文的有效性,并解释说:"These clauses would be applicable if: (1) there was such uncertainty that it is not possible to reach any conclusion as to when the damage occurred; or (2) one theory is so improbable that even if the other theory is ruled out, it cannot as a matter of common sense be described as more likely than not to have occurred."

也就是只有无法确定到底是什么原因造成损失,哪一方主张的事实都不太可能,无法满足举证标准时,才可以适用这50/50条文来分摊损失了,这就避免了在出现事实真相确实调查不清时不确定的诉讼风险了。

3. 提出证据责任

提出证据责任(evidential burden),也被称为双方当事人/诉讼方提供或引入证据责任(burden of producing/adducing evidence),指的是需要提出证据以使得主张的有关争议/争端(issue)得以被事实审理者(trier of fact)考虑。严格来说，一方当事人对不是他所主张的事实并没有"义务"或"责任"作出证明或提供证据，只是为了驳倒承担法定举证责任的对方提供的证据而提供证据。提出证据责任则会随着诉讼推进而转移。在诉讼中，一般原则是承担法定举证责任的一方同时承担提出证据责任。例如，原告对于自己文书请求中主张的事实同时承担法定举证责任与提出证据责任，但在原告提供了自己索赔请求中有关的重要事实(relevant material facts)的证据后，有说法是提交证据的责任就转移(shift)给被告，被告可以提出证据否定(negate)、反驳(rebut)、减弱(weaken)或丑化(discredit)原告的证据。如果被告没有提交证据，就可以认为原告在这个举证的对抗中获得胜利。此时只要法院或仲裁庭可以认定原告也已经满足了法定举证责任，原告就胜诉。而如果被告提供了足够的证据，提交证据责任又会转移回原告，看原告如何出招。这也解释了为什么原告对自己主张的事实有法定举证责任，但被告仍然要调查取证，因为在原告提供证据后，被告有提出证据责任，否则就可能败诉。

《Phipson on Evidence》(2018 年，第 19 版)一书之 6 - 02 段给予的定义是："It obliges the party on whom the burden rests to adduce sufficient evidence for the issue to go before the tribunal of fact."

另可见 Sheldrake v. DPP, Attorney General's Reference (No. 4 of 2002), Re (2004) UKHL 43 先例中 Bingham 勋爵所说："An evidential burden is not a burden of proof. It is a burden of raising, on the evidence in the case, an issue as to the matter in question fit for consideration by the tribunal of fact. If an issue is properly raised, it is for the prosecutor to prove, beyond reasonable doubt, that that ground of exoneration does not avail the defendant."

3.1 刑事案件之 R v. Acott (Brian Gordon)先例

提出证据责任的说法在刑事案件中比较重要与明显。例如，在 R v. Acott (Brian Gordon) (1997) UKHL 5 贵族院先例中，被告被指控谋杀(murder)他的母亲，被告的抗辩是母亲自己从楼梯摔下受伤死亡，但这与死者的死因报告不符，死因报告显示死者身体多处受到暴力攻击。其他的证据也显示被告在失业后搬去与母亲共住，并在经济上完全依赖酗酒的母亲。在审理法官的引导下，陪审团只去考虑被告是否谋杀罪名成立，并最后被认定谋杀。这导致被告上诉，指称审理法官没有引导陪审团同时考虑自己受到激怒(provocation)而杀人，并非谋杀。这在交叉盘问中有提出过，检控方的代表大律师曾向被告盘问有否受到母亲的对待而受到激怒，但被告否认并强调双方关系良好。如果受到足够程度的激怒(什么才构成是"激怒"在《Homicide Act 1957》的立法有定义)，就不属于谋杀，而是非预谋的过失杀人(manslaughter)。在上诉庭，上诉被拒绝(dismiss)，认为没有任何有关激怒的直接证据，该问题成为不了一个应引导陪审团认定的争端："In our judgment, having considered the authorities, before a judge is required by the statue to leave the issue of provocation to the jury, there must be some evidence of provocation in its active sense, . . . Such evidence will, in the vast majority of cases, be direct. . . . If it were otherwise, the jury would have no material upon which they could make the objective judgment. . . without the slightest inkling of what the provocation was, would be impossible . . ."

这上诉庭的决定也受到贵族院的支持。Steyn 勋爵说到在交叉盘问中检控方曾向被告提出过激怒,而被告否认,这不构成证据:"Counsel for the appellant(被告)argued that the Crown made provocation an issue by putting to him in cross-examination that he attacked his mother as a result of a loss of self control. . . The appellant throughout denied these suggestions. . . **The cross-examination produced no evidence of provoking conduct or of a loss of control**. In deciding what issues must be left to the jury a judge must be guided by the state of evidence. Suggestions in cross-examination cannot by themselves raise an issue of provocation where the evidence . . . reveals no issue."(加黑部分是笔者的强调)

该先例表明了提出证据责任的重要性。检控方固然需要提供证据并满足法定举证责任的排除一切合理怀疑的刑事案件举证标准,被告如果希望某问题成为陪审团应考虑的争端,如对谋杀指控的激怒、自卫杀人(self-defence)、精神错乱(insanity)等抗辩,也必须提供表面与足够的证据。在该问题成为争端之后,法定举证责任仍然是检控方承担,检控方要在刑事举证标准下证明被告没有受到激怒或并非自卫。毕竟重要的是陪审团需要有证据,考虑证据并给予恰当分量的情况下认定事实,不能单凭感觉(gut-feeling)、直觉(instinct)或是臆测(speculation)。

3.2　民商事案件

但在民商事诉讼,特别是读者或笔者熟悉的国际商事诉讼(或仲裁)中,这方面的问题根本不重要。首先是这种案件对有关的争议/争端(这会在文书请求/案件陈述中确定与显示)证据很多,没有文件证据也往往有口头证据。问题往往也不在多或少的数量,更重要的是证据的质量。例如,没有优质的当场文件证据,只有说服力不大的口头证据。或是当场文件的内容是什么或是证人在交叉盘问的表现与可信度等都影响证据的分量。反正是要压倒对方当事人提供的证据,才能在平衡的可能性(balance of probabilities)下胜出。

民商事诉讼一般已经不涉及陪审团,因此"提出证据责任"在这方面的作用不再重要。提出证据责任说法的产生主要来自由陪审团认定事实的做法,当事人之间的一个或多个事实争端(factual issue)要被交给陪审团来认定,必须根据争端的不同先提交一定的证据才行。否则根本没有证据时法院不应该让陪审团来考虑这个争端。一旦这个问题确实成为争端,至少也要或多或少的证据证明有一点可能性。

现在涉及陪审团的一般只是刑事案件,英国在民商事案件中早就不再采用陪审团认定事实的做法,因此民商事案件中不必特意区分出或甚至不再理会这"提出证据责任"了。例如,在 Brady (Inspector of Taxes) v. Group Lotus Car Cos Plc (1987) 2

All ER 674 先例中，Browne-Wilkinson 大法官就说："In my experience, every time the phrase 'evidential burden' is used it leads to error, particularly when the tribunal in question consists of laymen; for myself I think it could well be done without."

在民商事案件中，一般只有在双方当事人都无法提供证据，或者是难以认定案件事实时［如 The "Popi M"（1985）2 Lloyd's Rep 1 先例］才需要区分当事人承担的到底是法定举证责任还是提出证据责任，因为承担了法定举证责任的一方会败诉。但是在民商事诉讼中，难以认定案件事实的情况本就相对少。只要不是一方缺席，否则双方都会提出证据，重点在于哪一方的证据全面来看更有力，唯一要注意的是，双方应当都有充分的机会提交自己的证据。

除非是一方缺席否则双方当事人一般也都会提出当事人证据。《Cross & Tapper on Evidence》（2018 年，第 13 版）一书之 128 页说："The Concept of the evidential burden is the product of trial by jury and the possibility of withdrawing an issue from that body. Unlike the concept of the persuasive burden, it is not a logical necessity of litigation about questions of fact: 'If it were to be said of any issue, that it was not covered by an evidential burden, the only effect would be to remove the judge's filtering power in respect of that issue.'"

3.3　当事人/诉讼方是否有责任或义务提出证据

主张提出证据责任不是责任或义务最明显的例子也是可举刑事案件，确实有很多严重的刑事案件被告只是静待检控方对提出的指控举证到满足排除一切合理怀疑的举证标准，自己根本不提出任何证据，也没有这个"责任"或义务，反而是通过质疑原告提供的证据，如交叉盘问检控方的证人试图丑化或制造疑点。在 R v. Gill（1963）47 Cr App R 166 先例中，Edmund Davies 大法官说："The accused either by cross-examination of the prosecution witnesses or by evidence called on his behalf or by a combination of the two, must place before the court such material as makes (the defence) a live issue fit and proper to be left to the jury...."

另《Phipson on Evidence》（2018 年，第 19 版）一书之 6－03 段说："Where a party has an evidential burden, it may be satisfied either by adducing evidence himself, or by eliciting evidence from the witnesses of his adversary."

当然被告一般都会是使出浑身解数压倒对方，双管齐下，通过调查取证既要提出自己的证据，也要攻击对方的证据。

因此，过去不少先例都对提出证据责任被称为"责任"有质疑。早在 Jayasena v. R（1970）AC 618 先例中 Delvin 勋爵就说："... it is misleading to call it a burden of proof, whether described as legal or evidential or by any other adjective, when it can be discharged by production of evidence that falls short of proof."

另在 Sheldrake v. DPP, Attorney General's Reference (No. 4 of 2002), Re (2004) UKHL 43 先例中，Bingham 勋爵也这样说："An evidential burden is not a burden of proof. It is a burden of raising, on the evidence in the case, an issue as to the matter in question fit for consideration by the tribunal of fact."

也有先例中说不需要斤斤计较到底是不是责任,反正可以确定的是要让事实审理者去认定争议的事实必须提供证据。在 Sheldrake v. DPP 先例于高院的审理[(2003) EWHC 273 (Admin)]中,Clarke 大法官说:"It is . . . sensible to continue to use it (evidential burden) provided that it is recognised that all that is required to discharge the burden is to identify evidence raising the issue."

3.4　提出证据责任是否会在当事人之间转移

另一个说法是法定举证责任是法律规定,不会转移(shift),但提出证据责任是会转移。转移的说法在刑事案件比较明显,但不少被报道的案例中也确实有提出证据责任在两位当事人之间转移的说法。如在 Abrath v. NE Rly (1883) 11 QBD 440 上诉庭先例中,Bowen 大法官说:"Whenever litigation exists, somebody must go on with it; the plaintiff is the first to begin; if he does nothing, he fails; if he makes a prima facie case, and nothing is done to answer it, the defendant fails. The test, therefore, as to the burden of proof or onus of proof, whichever term is used, is simply this: to ask oneself which party will be successful if no evidence is given, or **no more evidence is given than has been given at a particular point of the case, for it is obvious that as the controversy involved in the litigation travels on, the parties from moment to moment may reach points at which the onus shifts**, and at which the tribunal will have to say that if the case stops there, it must be decided in a particular manner."(加黑部分是笔者的强调)

但在今天的商事诉讼或仲裁案件中,在启动后直到开庭审理所走的证据程序,双方当事人都提供证据(不论是相互披露的文件证据[11]或是相互交换事实证人的证人证言[12]),看不出有什么实质的转移。双方当事人固然希望自己的证据的质量与完整性比对方更优越与更有说服力,但一般不会知道对方会提供证据的质量与完整性,也不会警觉提出证据的"责任"已经转移到了自己。

到了开庭审理,程序上是先由原告提供证据,特别是口头证据。接下来是被告提供证据反驳与对抗。这看来是程序上次序的转移,但双方能引入与提供给审理法官或仲裁庭的证据在所有牌摊开在桌面上(cards open on table)的透明大原则下,不存在开庭审理时再引入新证据。所以除了要遵守程序上的次序,也不存在真正的提出证据的转移去反驳对方提供的证据。

所以,所谓提出证据责任的转移在民商事诉讼只是理论,或审理法官/仲裁庭在考虑双方证据时的想当然并会在判决或裁决书中提及,反正没有什么实质影响。

---

〔11〕　见笔者的《证据法:国际规管与诉讼中的文件攻防》一书第七章。

〔12〕　见本书第二章之1段。

3.5 法定举证责任与提出证据责任的区别

法定举证责任与提出证据责任是不同的,这也已经在较早内容多处提及,在此只简单总结一下区别:

1. 法定举证责任是法定的,不会随着诉讼的推进而转移(shift)。例如,“谁主张,谁举证”,自始至终都是如此,BHP Billiton Petroleum Ltd v. Dalmine SpA(2003)EW-CA Civ 170 上诉庭先例就说:“The burden of proof is fixed at the beginning of the trial by the state of the pleadings, and it is settled as a question of law, remaining unchanged throughout the trial exactly where the pleadings place it, and never shifting.”

另也不会随着不同案情的合理或不合理而转移:见稍后介绍的 Milan Nigeria Ltd v. Angeliki Maritime Co (2011) EWHC 892 (Comm)先例。

2. 没有履行(discharge)法定举证责任,所主张的事实就不会被认可,对需要承担法定举证责任的原告(也会是被告)而言这就是败诉的结果,甚至没有证据就会提早遭到被告向法院申请撤销。

但提出证据责任严格来说并不真正有什么“责任”(burden),这方面内容已经详及。承担提出证据责任的当事人即使没有提出证据,也未必就此败诉。例如,原告无法为向被告提出的指控与索赔而主张的事实提供满足法定举证责任的足够证据,这就代表被告完全可以不为主张的抗辩事实提出什么证据。又或是,原告主张索赔的证据在质量上有缺陷,如文件内容写得不清楚,可以有几个不同解释。这样,被告只是攻击原告的证据,通过向原告证人交叉盘问降低原告证人的可信度等,就已经足够让审理法官或仲裁庭认为原告提供的证据未能满足平衡的可能性的举证标准,也就是其主张的事实更可能为真,可见本章之 7.2 段的详细介绍。

3. 法定举证责任需要当事人提供正面证据(positive evidence)证明自己主张的待证事实,而且在文书请求中所有的重要有关事实(relevant material facts)都要证明。而提出证据责任不代表需要提供正面证据,只要能够否定、反驳、减弱或丑化对方证据即可。

4. 一般法院或仲裁庭会在诉讼/仲裁程序中充分给予双方当事人提交证据的机会,否则会被视为违反自然公正(natural justice)。谁在这个举证过程中做得比对方好就有更大的胜诉可能。而相对来说,法定举证责任在一开始的文书请求中就已经定下,不存在是否给机会的问题。

5. 在今天英国法下必须区分法定举证责任与提出证据责任还因为英国《Human Rights Act 1998》立法引入的《欧洲人权公约》(ECHR)之 Article 6 中的无罪推定。Article 6(2)规定:“everyone charged with a criminal offence shall be presumed innocent until proved guilty according to law.”类似条文也可见《Human Rights Act 1998》之 Article 3。在这些国际公约或立法条文下,刑事罪名的举证责任从总体上来说必须由检控方承担,否则就会违反前述人权法。

《Phipson on Evidence》(2018 年,第 19 版)一书之 6 – 35 段这样介绍:“The Convention does not prohibit rules which transfer to the defence the burden of proving or disproving an element of the offence, or rebuttable presumption of law or fact, as long as the overall burden of establishing guilt remains with the prosecution."

这导致了今天在英国法下,尤其是刑事案件中,需要严格区分法定举证责任与提出证据责任。如果刑事罪名有普通法或立法规定(如稍后会提到的香港特区的《防止贿赂条例》)是由嫌疑人"举证",就要审核。如果是法定举证责任,就违反了前述人权法,所以应将其解释为仅仅是要求嫌疑人有提出证据责任。这方面主要针对的都是刑事犯罪问题,与民事案件关系不大,因此也不准备详细介绍。

4. 法定举证责任由谁承担

4.1 谁主张谁举证与理据

民商事案件中"谁主张,谁举证"的拉丁文说法是"*affirmant incumbit probatio*"。在中国法中,也有类似的条文,例如,《民事诉讼法》第 64 条第 1 款规定:"当事人对自己提出的主张,有责任提供证据"。[13]

该大原则是有悠久历史与良好理据的,除非有特别好的理由,否则不会偏离(如通过立法的手段)。这些理据有很多,例如,证有不证无,这可见本章之下一段的介绍。又如这是不鼓励无谓诉讼,提起诉讼并作出指控或主张事实的原告自己必须先要有一定的证据可以满足法定举证责任才敢启动,否则只会很快被撤销并要承担诉讼费用。这也是保证减少扰民,否则动辄被其他人士作出自己认为是莫名其妙的指控或无中生有的主张,就要面对并花费财力调查取证,在成功证无后才能脱身。所以"谁主张,谁举证"的说法在绝大部分的民商事诉讼已经是定论。可以重复节录 Joseph Constantine Line v. Imperial Smelting Corporation (1942) AC 154 贵族院先例中 Maugham 勋爵所说:"In general the rule which applies is ei qui affirmat non ei qui negat incumbit probatio (proof rests on he who affirms not he who denies). It is an ancient rule founded on considerations of good sense and should not be departed from without strong reasons."

而看双方当事人主张的事实到底是什么,就主要是看当事人的文书请求/案件陈述(pleadings/statements of case)了。文书请求中需要说清楚自己主张的重要事实(material fact),是为了通知对方当事人自己索赔或抗辩依赖的事实,双方当事人在文书请求后接下来的时间与走的程序,应当针对这些显示了双方各自有不同主张的

---

〔13〕 中国法下由于采用"询问制"(inquisitorial system),还存在法官举证。例如,《民事诉讼法》第 64 条第 2 款规定:"当事人及其诉讼代理人因客观原因不能自行收集的证据,或者人民法院认为审理案件需要的证据,人民法院应当调查收集。"

事实调查取证,并准备为开庭审理提供证据。因此原告、被告的律师在草拟文书请求时就需要将举证责任的问题考虑在内。原告就不要陈述不必要主张的不重要或甚至是无关的事实,或主张没有足够证据去满足法定举证责任的事实。而被告在抗辩时不需要否认每一个原告主张的事实,否则都会给自己带来不必要的举证责任。[14] 如果当事人将来有了新证据支持对己方有利的主张,完全可以申请修改自己的文书请求(amendment to pleadings)。正如 The "Vergina" (2001) 2 Lloyd's Rep 719 先例中 Aikens 大法官所说:"The claimants obviously have to plead the facts that it wishes to prove, but **there is and cannot be any suggestion that it has to plead and prove facts that it does not need in order to establish its case**. Here there is a claim under a hull and machinery policy. It is at least in the arena of argument that the claimants have to prove that an identified insured peril in the policy would have been the proximate cause of the loss or damage to the vessel if salvage services had not been rendered, but the assured had become liable to pay for those services, and thereby incurred loss. So to my mind, on that basis, the claimant must plead and prove facts which satisfy the Court that such an insured peril would have been the proximate cause of the loss but for the undertaking of the salvage services and the liability thereby incurred."(加黑部分是笔者的强调)

因此,在文书请求/案件陈述的程序走完后,就可以整理事实清单(list of facts),[15] 列出原告与被告各自主张的关键或重要事实。但这些事实清单中的每一项事实也并非都需要一一证实,典型的例子就是一方当事人所主张的事实已经被对方在文书请求中承认(admit)。由于再也没有争议,就可以不再需要证明。有关这方面问题见本章之 5.1 段的介绍。

4.2 证有不证无以及证明案件中不可或缺的部分

刚刚节录的 Joseph Constantine Line v. Imperial Smelting Corporation (1942) AC 154 贵族院先例中,Maugham 大法官提到主张肯定性(affirmative)事实的一方有法定举证责任。这也是可以理解的,毕竟相较于证明否定性(negative)的事实,证明肯定性的事实有办法得多,也有经典的"证有不证无"或拉丁文"*Ei qui affirmat non ei qui negat incumbit probatio*"的说法。

哲学家伯特兰·罗素(Bertrand Russell)先生在 1952 年发表的"Is There a God"一文[刊登在"The Collected Papers of Bertrand Russell" Vol. 11 (1997)]中,针对谁要证明上帝是否存在举例:"Many orthodox people speak as though it were the business of sceptics to disprove received dogmas rather than of dogmatists to prove them. This is, of

[14] 当然也要小心,原告不能遗漏应当主张而没有主张的事实(原告要胜诉不能缺少的事实),被告不能遗漏应否认但没有否认的事实。有关文书请求的这方面问题可见笔者《证据法:国际规管与诉讼中的文件攻防》一书第七章之 6 段。

[15] 这也是准备诉讼的"作战计划"(war plan)的基础,关于"作战计划"可见本书第一章之 3.2.1 段。

course a mistake, if I were to suggest that between the Earth and Mars there is a China teapot revolving about the sun in an elliptical orbit, nobody would be able to disprove my assertion provided I were careful to add that the teapot is too small to be revealed even by our most powerful telescopes. But if I were to go on to say that, since my assertion cannot be disproved, it is intolerable presumption on the part of human reason to doubt it, I should rightly be thought to be talking nonsense."

但什么是"肯定性"事实至少在表面上来看是会产生疑问的,毕竟通过措辞/文字上的改变至少会在表面上在肯定性与否定性之间互相转换。例如,在古老的 Soward v. Leggatt (1836) 173 ER 269 先例中 Abinger 勋爵就说过:"In many cases, a party, by a little difference in the drawing of his pleadings, might make it either affirmative or negative, as he pleased. The plaintiff here says, 'You did not repair'; he might have said, 'You let the house become dilapidated.'"此先例中原告主张被告违约/毁约(repudiatory breach),〔16〕没有对一处住宅进行维修,而文书请求中主张的是"被告没有维修住宅",这看来是否定性的事实就该由被告提供证据自己已经进行过维修。但如果措辞/文字进行改变,变成"被告任由住宅逐渐破损",就可以争辩这是陈述住宅破损状况的肯定性事实从而应由原告提供证据了。

因此,更明确与肯定的看法仍然是看在文书请求中主张的事实是否属于当事人主张案件的重要或不可或缺的部分。在 Low v. Burrows (1835) 111 ER 187 先例中,汇票(bill of exchange)的出票人(drawer)或经背书转让后的持有人要求承兑人(acceptor)支付遭到拒绝,因此作为原告开始诉讼,作为被告的承兑人的一个抗辩理由是主张该汇票的出票没有对价,原告在答辩中则主张是有对价的。表面看来,被告的抗辩中主张否定性事实(没有对价),原告则主张肯定性事实(有对价),但这不是在汇票法律关系中考虑谁应承担举证责任的决定性因素。根据该先例与稍后的 Mills v. Barber (1836) 150 ER 500 先例,法律已经明确推定(presumption)〔17〕汇票有效(也就是存在对价),也就是要作为被告的承兑人承担证明汇票不存在对价的法定举证责任。不久后的英国立法《Bills of Exchange Act 1882》Section 30 中对此问题更是有明确的立法规定,也即法律推定汇票上所有签字的人士都认为汇票是拥有对价与有效的,主张汇票没有对价的一方负有举证责任,除非出现欺诈、胁迫或非法等抗辩,法定举证责任才会"转移"给原告,该条文可节录如下:"**Presumption of value and good faith.** (1) Every party whose signature appears on a bill is prima facie deemed to have become a party thereto for value. (2) Every holder of a bill is prima facie deemed to be a holder in due course; but if in an action on a bill it is admitted or proved that the acceptance, issue, or subsequent negotiation of the bill is affected with fraud, duress, or

---

〔16〕 有关违约/毁约,可见笔者的《合约的履行、弃权与禁反言》一书第一章。

〔17〕 关于法律推定,可见本章之 6 段的介绍。

force and fear, or illegality, the burden of proof is shifted, unless and until the holder proves that, subsequent to the alleged fraud or illegality, value has in good faith been given for the bill."

在 Abrath v. NE Rly (1883) 11 QBD 440 上诉庭先例中,Bowen 大法官说:"If the assertion of a negative is an essential part of the plaintiff's case, the proof of the assertion still rests upon the plaintiff."

《Phipson on Evidence》(2018 年,第 19 版)一书之 6 – 06 段针对这个问题总结说要看在文书请求中主张的事实是否属于当事人主张的案件重要或不可或缺的部分,不论主张本身是肯定性还是否定性。判定一种测试是否重要的办法就是,如果该主张被撤销会导致一方当事人败诉,该方当事人就要承担法定举证责任。有关段节可节录如下:"The true meaning of the rule is that where a given allegation, whether affirmative or negative, forms an essential part of a party's case, the proof of such allegation rests on him. An alternative test, in this connection, is to strike out of the record the particular allegation in question, the onus lying upon the party who would fail if such a course were pursued."

4.3 民事案件中谁承担法定举证责任的例子

有一些情况中,主张事实的当事人手中并没有什么证据,满足不了法定举证责任(legal burden of proof)。即使通过诉前或审前披露的各种不同手段,[18] 但由于主张事实的本质,也会导致该方当事人无法成功证明。因此法律(不论是立法或普通法)作出改变去规定由对方当事人举证。例如,《Employment Rights Act 1996》之 Section 98 针对不公平解雇(unfair dismissal),由于对于被解雇的雇员而言,要证明雇主是否真的有歧视(discrimination)、不公平地解雇了自己是不容易的,因为雇主到底以什么原因解雇可能只有雇主自己知道。因此法定举证责任被法律改变为由雇主承担,由雇主来证明自己的解雇决定是公平的,这方面还可见 Kuzel v. Roche Products Limited (2008) EWCA Civ 380 上诉庭先例等。因此,在每一个不同本质或类别的案件中,举证责任虽然要根据当事人主张的事实不同而分配给不同当事人,另一方面,一般情况下,各种类别的案件都有一些普通法或立法规定由谁承担法定举证责任。

在中国法下也是同样道理。例如,《公司法》第 63 条规定:"一人有限责任公司的股东不能证明公司财产独立于股东自己的财产的,应当对公司债务承担连带责任。"《消费者权益保护法》第 23 条第 3 款规定:"经营者提供的机动车、计算机、电视机、电冰箱、空调器、洗衣机等耐用商品或者装饰装修等服务,消费者自接受商品或者服务之日起六个月内发现瑕疵,发生争议的,由经营者承担有关瑕疵的举证责任。"《劳动争议调解仲裁法》第 6 条规定:"发生劳动争议,当事人对自己提出的主张,有责任提供证据。与争议事项有关的证据属于用人单位掌握管理的,用人单位应当提

---

〔18〕 见笔者的《证据法:国际规管与诉讼中的文件攻防》一书第二章至第六章有详细介绍。

供；用人单位不提供的，应当承担不利后果。”

此外还有很多，如高空坠物案件中物业所有权人与管理人要承担自己没有过错的举证责任，医疗疏忽案件中医疗机构要对不存在因果关系、自己没有过错承担举证责任等。

《Phipson on Evidence》（2018年，第19版）一书之6－08段对英国法下一些常见民商事案件中谁承担法定举证责任进行了很多列举。笔者可以在此挑其中一部分内容介绍。[19]

4.3.1　合约的违约/毁约（contractual breach/repudiation）

在违约/毁约的案件中，首先原告在文书请求中肯定会提到原告与被告之间有一个有效合约，证明有效合约存在的举证责任就由原告承担。可能这很容易，因为会有一份经双方签署的完整合约作为直接证据（direct evidence）。[20] 原告甚至能够证明双方已经履行了或长或短的时间，就更明确双方有合约关系。但也会有不同的困难案件，如需要在漫长的谈判中根据很多是口头的谈话成立一份有效合约，包括要证明存在要约（offer）、接受（acceptance）、约因/对价（consideration）、双方建立合约关系的意图等达成合约的要件。如果双方是商业关系，如为了货物买卖而走在一起，法律上有一个假设就是商业人士是有订立法律合约关系的意图（presumption that commercial parties intend to create legal relationships），而如果没有这个意图就应该明示。这样主张双方已通过口头达成合约较容易，因为约因/对价与订约意图都不成问题。但如果双方没有这种假设的关系，在双方对是否口头成立了合约（如和解协议或补偿协议）各执一词的情况下，法院或仲裁庭难以作出取舍从而判主张达成合约的一方当事人达不到平衡的可能性的举证标准的机会大增。但如果该当事人小心，在口头

---

〔19〕 还有一些其他内容包括：“（f） malicious prosecution：the claimant must not only prove that the defendant prosecuted him unsuccessfully, but also absence of reasonable and probable cause. （g） false imprisonment：proof of the existence of reasonable cause is on the defendant since arrest, unlike prosecution, is prima facie a tort and demands justification...（k） inquisitorial jurisdiction：where a court is exercising an inquisitorial jurisdiction, neither party bears a burden of proof. For example, the rule applies where a court is entertaining a claim for judicial review brought by an illegal entrant seeking local authority care. （l） criminal conduct：there is no requirement that the criminal standard of proof must be applied to proof of criminal conduct in civil recovery proceedings. The ordinary civil standard of proof applies....（p） Planning appeals：where a person appeals against a planning determination under Town and Country Planning Act 1990 s. 208, they have the burden of proof to make out the grounds of their appeal. （q） citizenship：the burden of proving entitlement to citizenship or a right of abode rests with the person claiming such status...（s） revocation of a taxi driver's licence：the burden appears to lie with the party seeking revocation, rather than it being for the taxi driver to demonstrate his or her fitness to practice; however, there is some uncertainty in the law.”

〔20〕 直接证据就是直接证明关键性事实的证据。有关什么是直接证据，可见本书第八章之1.1.3.4段。

成立合约时多发一封电邮或微信确认，或是向第三人（如律师）留下证据，[21]就比对方只凭口头证据否认合约的存在多了其他证据（当然也要看证据的质量，也就是是什么内容），而很可能将有合约关系的可能性提升到超出50%，也因此满足了民事诉讼的法定举证责任而胜诉。

其次，原告主张被告存在违约/毁约言行，就要对主张的违约/毁约的主要事实（material facts）进行举证。例如，在某一天被告威胁说："你若不在一星期内确认比合约价格多支付50万美元，我这卖家是不会把这票货物付运给你的，你不知道市场大涨了吗？"或被告说："我们还没签字，所以合约不成立，我不会履行。"甚至只是简单粗暴地说："我不干了，不想和你合作。"这些属于很愚蠢的拒绝履行合约的言行，原告有很好的直接证据证明被告违约/毁约，律师也往往会劝被告直接承认责任，因为根本赖不掉。而如果被告的言行比较隐蔽、模棱两可、用字也比较小心，要满足法定举证责任就会有困难。这方面可见笔者的《合约的履行、弃权与禁反言》一书第一章的详细介绍。

最后，原告主张违约/毁约导致自己蒙受了损失，也要对损失的方方面面进行举证。这方面可见笔者的《损失赔偿与救济》一书。

而对于被告来说，今天不能在文书请求（pleadings）中以纯否认（bare denial）作为抗辩，而必须陈述否认的理由与支持否认的正面事实/说法（positive fact/case），否则会被视为没有回应指称的有关事实。这方面可见笔者《证据法：国际规管与诉讼中的文件攻防》一书第七章之6.1段。当然被告也可以选择只是不承认（not admitted）原告主张的事实，这样被告一般也就没有什么法定的举证责任了。被告当然也可以提出证据否定、反驳、减弱或丑化原告的证据。例如，原告指称自己参与了某次口头谈判，被告可以提出证据显示原告的说法前后不一、与其他事实存在冲突等。只要将原告主张事实的可能性降低到举证标准以下，就会导致原告无法在这个事实问题上胜诉。

但即使是被告自己也会有各类对事实的主张。例如，抗辩与主张原告主张的事实并非全部的事实，或者是与真正的事实有偏差，或主张合约有误述（misrepresentation）、非法（illegality）或错误（mistake）等的严重缺陷而不成立或从来未成立，就需要在文书请求中对原告主张的合约关系否认外，对被告自己这些主张的事实给出详情（particulars）并且承担法定举证责任。很显然，如果被告完全履行了自己的法定举证责任，如达到了民事案件中51%可能性的举证标准，原告就肯定是未能履行自己主张有合约关系的法定举证责任，原告也因此会败诉。但需要注意的是，在这种类型的抗辩中，即使被告主张的事实不被接受，没有达到51%可能性，也并不意味着原告履行了自己的举证责任，毕竟原告主张的事实也可能没能证明达到51%的可能性。如

〔21〕 如本书第一章之2.3段介绍的Janan George Harb v. HRH Prince Abdul Aziz Bin Fahd Bin Abdul Aziz (2016) EWCA Civ 556先例。

果对于双方主张的事实都存在疑虑,未必一定要挑选一种,这在本章之2.3段已有介绍,不妨再次节录 Rhesa Shipping Co SA v. Edmunds (The "Popi M") (1985) 2 Lloyd's Rep 1 贵族院先例中 Brandon 勋爵所说:"This is especially so when it is open to the judge to say simply that the evidence leaves him in doubt whether the event occurred or not, and that the party on whom the burden of proving that the event occurred lies has therefore failed to discharge such burden."

被告还会有其他抗辩,主要是针对损失方面。

本段前文中虽然对各种不同情况下具体谁承担法定举证责任进行了细微的区分,但正如已经多次强调的,在实际的诉讼中,往往针对重要的争议,当事人都会想尽办法提交证据,审理法官或仲裁员是在权衡双方各自证据的分量(weight)后行使裁量权进行认定,只有在特殊情况下,如没有证据或者是双方的证据分量都不够时,才会不得已根据谁要承担法定举证责任进行判断与认定。

4.3.2　侵权(tort)

"侵权"(tort)是英国私法的"法律责任或义务"(law of obligation)的其中一大类[其余两大类是"合约或承诺"(contract)与"复原"(restitution)]。侵权针对民事过错(civil wrongs),过错又可分为故意(intentional)、严格(strict)与疏忽(negligence)。这些法律责任通过普通法/案例法与立法强加在自然人与法人身上。

4.3.2.1　侵权的主要类别

故意侵权主要有:殴打/伤人(battery)与类似的侵犯人身,如袭击(assault);非法监禁(false imprisonment),如非法禁锢、非法拘留、阻挠或妨碍他人的行动与自由;故意造成精神创伤(outrage 或 intentional infliction of mental distress),如被告言行(如猥亵举动、凌辱、骚扰、假信息等)严重不当并导致原告蒙受重大精神(不必是身体上)压迫;侵犯原告土地(trespass to land);侵犯原告财物(trespass to chattels),如把不属于自己的动产变卖、私吞利益、非法扣留等;非法侵占(conversion),如被告转卖或拒绝退还原告的财物/动产等。这些行为在触犯了刑法外,也可以通过民事诉讼的侵权让受害的原告向侵权的被告索赔损失。由于刑事案件有排除一切合理怀疑(beyond reasonable doubt)的法定举证责任,检控方(prosecutor)不能成功将被告定罪,但后来的侵权案件因民事诉讼较低的法定举证责任,可以让受害人本人或遗属胜诉向被告成功索赔金钱的损失。1994年美国十分轰动的足球明星辛普森(O. J. Simpson)杀妻案就是一个典型的例子。

"严格责任"针对的侵权类别是英国议会(Parliament)认为依赖普通法是不足够、不全面或是太慢,所以干脆立法针对,往往是针对食品安全、健康、环境、社会安全与公共设施等方面,如《Nuclear Installations Act 1965》《The Merchant Shipping (Prevention of Oil Pollution) Regulations 2019》《The Patents Act 1977》等。"走出去"的中国公司最需要关心的是严格的产品责任,欧盟在这方面有《EU Directive 85/374/EEC on liability for defective products (Product Liability Directive)》立法,英国也有本土化

的《Consumer Protection Act 1987》立法。

“疏忽侵权”是社会上最重要、最多与最常见的诉讼,特别是英国在 19、20 世纪随着工业与社会的发展而出现了大量不同类别的疏忽侵权案例。主张与指控被告有疏忽,要证明四方面的要件(elements),包括:(1) 被告对原告有小心谨慎的责任(duty of care);(2) 被告违反这个责任(breach of duty);(3) 直接导致原告的损害/伤害(causation);(4) 造成了什么损害/伤害(damages/injury)。

4.3.2.2 原告受害人需要证明疏忽侵权的要件

4.3.2.2.1 要件之一:小心谨慎的责任(duty of care)

原告首先有法定举证责任(legal burden of proof)证明被告对原告有一个“小心谨慎的责任”。Donoghue v. Stevenson (1932) AC 562 贵族院先例就说要合理小心谨慎避免可以合理预见到有可能会伤害到“邻居”的行为或遗漏,“邻居”则是指会在邻近与直接受到这种行为或遗漏影响或伤害的人士:“... take reasonable care to avoid acts or omissions which you can reasonably foresee would be likely to injure your neighbour ... (i. e.) persons who are so closely and directly affected by my act that I ought reasonably to have them in contemplation as being so affected when I am directing my mind to the acts or omissions which are called into question.”

在 Anns v. Merton London Borough Council (1978) AC 728 先例中,贵族院针对是否存在小心谨慎的责任设立了两步的考验:“First one has to ask whether, as between the alleged wrongdoer and the person who has suffered damage there is a sufficient relationship of proximity or neighbourhood such that, in the reasonable contemplation of the former, carelessness on his part may be likely to cause damage to the latter-in which case a prima facie duty of care arises. Secondly, if the first question is answered affirmatively, it is necessary to consider whether there are any considerations which ought to negative, or to reduce or limit the scope of the duty or the class of person to whom it is owed or the damages to which a breach of it may give rise.”

接下来,Caparo Industries Plc v. Dickman (1990) 2 AC 605 贵族院先例进一步给了小心谨慎的责任的权威定义。Bridge 勋爵说:“In addition to the **foreseeability of damage**, necessary ingredients in any situation giving rise to a duty of care are that there should exists between the party owing the duty and the party to whom it is owed a relationship characterised by the law as one of ‘**proximity**’ or ‘**neighbourhood**’ and that the situation should be one in which the court considers it **fair**, **just and reasonable** that the law should impose a given scope upon the one party for the benefit of the other.”(加黑是笔者对三个方面考验的强调)

其中,前两个方面损失是否可预见与邻近是每个案件事实不同的问题,第三个强加这个责任是否公平合理则是政策的考虑,所以,随着环境与政策改变,小心谨慎的责任的范围还会不断改变。

4.3.2.2.2 要件之二:被告对原告违反了小心谨慎的责任(breach of duty of care)

原告接下来是证明被告违反了小心谨慎责任。这里会涉及两个方面:(1)先是厘定这小心谨慎责任的标准,这是以合理人士(reasonable person)的标准为准,也就是客观(objective)标准。例如,医疗疏忽案件就会以其他合理的医生在面对同样情况时会怎么样小心谨慎处理为标准。换言之,针对专业人士的小心谨慎标准,法律是留给这些专业自己根据业内人士的意见确立:见 Bolam v. Frivern Hospital Management Committee (1957) 1 WLR 582 先例。[22] 这方面是法律问题(issue of law)。(2)接下来是被告涉案的特定行为或遗漏是否对原告违反了这个被法律确立的小心谨慎责任?这要看每一个不同案件的证据以显示发生了什么行为或遗漏。这是原告要证明的事实问题(issue of fact),只是有些情况原告可以依赖如“事情不言自明”(*res ipsa loquitur* 或 the fact speaks for itself)等的推定帮助证明。

4.3.2.2.3 要件之三:因果关系(causation)

原告再接下来是主张与证明被告违反这个小心谨慎责任的行为或遗漏或疏忽“导致”(caused)原告蒙受了损害或伤害。这不是易事,因为疏忽经常在发生(如长途驾驶车辆时短暂不留心或超速),往往对任何其他人不造成损害。而造成事故中的损害或伤害也不一定与该疏忽行为有直接关系或是唯一的原因(如事故时路人心脏病发作,或本来是小伤害但因为延误送医、医疗失当、其他感染等变了严重伤害或死亡等)。特别是疏忽行为作为起因(cause)与最终的损害或伤害(final effect)之间时隔漫长时,造成更大困难的是经常会有中间突发事件(intervening events)打断两者之间的关系链。这里涉及原告或受害人有法定举证责任满足因果关系(causation)的“要不是”(but-for)测试,而涉及侵权更是特别困难,被批评是法院经常为了政策(policy)而需要偏离大原则(principle)。这些常见的政策考虑的因素包括:无辜受到伤害的原告(特别是自然人)不应是救济无门;避免放开诉讼的泄洪闸(floodgates of litigation);谁承担与安排对风险导致损失的保险是更现实与方便,如雇主或雇员,对商品/产品缺陷的风险是生产商或消费者,对船舶漏油的污染风险是船东或沿海民众等。

又如有漫长潜伏期的石棉(asbestos)中毒,在十几年后间皮瘤(mesothelioma)才发病,需要法院放宽或偏离因果关系的证明才能让可怜的原告受害人索赔成功:见 Fairchild v. Glenhaven Funeral Homes (2003) 1 AC 32 贵族院先例与立法《Compensation Act 2006》。该课题可见笔者《损失赔偿与救济》一书第二章之4.3.3段。本小段只说,在 Fairchild v. Glenhaven Funeral Homes 先例中,Nicholls 勋爵说:“... sufficiently weighty reasons to justify depriving the defendant of the protection (of the ‘but for’) test.”参与 Fairchild v. Glenhaven Funeral Homes 先例判决的 Hoffmann 勋爵在

〔22〕 关于“Bolam 考验”的详细介绍,可见本书第五章之3.3段与第六章之5.3段。

2015 年的“Constitutionalism and Private law”(Cambridge Freshfields Law Lecture)的发言也说道:“... the House in Fairchild created a special exception to the ‘but for’ principle which could not be justified by reference to any general principle and depended on a distinction which had no rational factual or legal justification.”

在 Zurich Insurance PLC UK Branch v. International Energy Group Ltd (2016) AC 599 先例中,Hodge 勋爵称之为“the Fairchild enclave”:“a special rule of causation to do justice to the victims of wrongful exposure to asbestos fibres who have contracted mesothelioma as a result.”

这种为了政策而偏离普通法的因果关系大原则还有其他例子,如 Chester v. Afshar (2004) UKHL 41 贵族院先例。Steyn 勋爵代表多数意见说为了让原告受害人能够获得赔偿,需要偏离传统的因果关系大原则:“a narrowband modest departure from traditional causation principles ... in accord with one of the most basic aspirations of the law, namely to right wrongs. Moreover, the decision ... reflects the reasonable expectations of the public in contemporary society.”

所以因果关系作为侵权的最重要的大原则已经不是一个绝对的大原则,而是要向政策让步(the most fundamental principles of tort law, causation, is now no longer an absolute principle at all, but must yield to policy)。Toulson 勋爵在 Michael v. Chief Constable of South Wales Police (2015) UKSC 2 最高院先例中说:“The development of the law of negligence has been by an incremental process rather than giant steps. The established method of the court involves examining the decided cases to see how far the law has gone and where it has refrained from going. From that analysis it looks to see whether there is an argument by analogy for extending liability to a new situation, or whether an earlier limitation is no longer logically or socially justifiable. In doing so it pays regards to the need for overall coherence. Often there will be a mixture of policy considerations to take into account.”

4.3.2.2.4 要件之四:蒙受的损失(damages/injury)

原告证明疏忽侵权所导致的损失类别可以很广,包括医疗费用与其他侵权导致的使费、财产损失、利润或收入损失(loss of earning),以及伤害在审理后会持续(如原告作为侵权事故受害人残疾)的情况下,将来的医疗与经济损失、失去乐趣损失(loss of amenity)与痛苦/受折磨(pain and suffering)等。这些损失的核算(measure of damages)只是赔偿性(compensatory),不允许惩罚性(punitive):见 Krakj v. McGrath (1986) 1 All ER 54 先例。

所有的损失也需要证明,作为受害人的原告有法定举证责任,并需要达到平衡的可能性标准。被告通常是通过质疑原告对每一类别的损失提供的证据与计算办法,企图将可能性减低至 50% 以下而可以少赔。

显然部分类别的损失证明要靠估计,但原告仍需要提供证据以满足法定举证责任,典型的例子是将来的医疗与经济损失,由于是将来仍未发生的事情,原告不会有发票或收据等的证据可以提供。这样,就只能靠专家意见证据了。但这毕竟是“意见”,只能是预测,所以真正损失是高是低或是赔多赔少也难以知道。正如 Scarman 勋爵在 Lim v. Camden & Islington Health Authority (1980) AC 174 先例中所说:“There is really only one certainty: the future will prove the award to be either too high or too low.”

本质上,侵权与合约的损失赔偿在大原则上是一致的,所以笔者的《损失赔偿与救济》一书的内容虽然主要是针对商业合约,但也适用于侵权。它们之间难免有一定的差异,该书第一章之 9 段与第二章之 15.4 段等处有提出一些方面的不相同之处。例如:

1. 双方都有或多或少的疏忽就可分摊责任与损失的《The Law Reform (Contributory Negligence) Act 1945》立法只适用于侵权但不适用于合约关系,这在《损失赔偿与救济》一书第八章之 2 段有详论。

2. 纯经济损失(pure economic loss),也就是只在金钱上损失但不涉及实质损失(physical loss)如人身伤亡或财产损坏,这在商业合约关系下计算损失时再正常不过。但在侵权案件中,法院就谨慎得多,担心疏忽侵权如果允许纯经济损失索赔会打开“泄洪闸”(floodgate),并引起大量的“二线受害人”(secondary victims)的索赔。当然,允许“一线受害人”(primary victims)在蒙受实质损失之余同时索赔经济损失没有这个担心,所以在交通意外事故中受伤的原告除了可以向疏忽的驾驶员(与背后的第三人保险公司)索赔医疗费用外,还要赔偿他在受伤期间的收入损失的经济损失。

但总有例外,可索赔纯经济损失的侵权是双方有特殊关系(special relationship)如诚信关系(fiduciary relationship),与侵权方对受害方提供特殊技能的意见或服务并负有合理小心谨慎的责任与保密的责任等,不论双方是否有合约关系或只是侵权关系,如著名的 Hadley Byrne & Co Ltd v. Heller & Partners Ltd (1963) 1 Lloyd's Rep 485 贵族院先例。纯经济损失也出现在某些类别的侵权如针对名誉损失的诽谤(defamation)与主要针对保护正常商贸活动不受到不恰当干扰的各类别经济侵权(economic torts)中,如串谋(conspiracy)、诱导他人毁约(induce breach of contract)、威胁(intimidation)、侵犯知识产权(IP rights/infringement of trademarks、passing off、copyright、patent)、垄断与违反竞争(antitrust/competition law)等。这些课题在笔者的《禁令》一书第二章有介绍。

3. 机会损失(loss of chance)在笔者的《损失赔偿与救济》一书第六章有详及。关于侵权导致的将来机会损失,早在涉及交通意外事故的 Davies v. Taylor (1974) AC 207 贵族院先例中,Reid 勋爵已说:“when the question is ... whether a certain event did or did not happen-then the court must decide one way or the other. There is no question of chance or probability. Either it did or it did not happen. But the standard of civil proof is

a balance of probability. . . . You can prove that a past event happened, but you cannot prove that a future event happen and I do not think that the law is so foolish as to suppose that you can. All that you can do is to evaluate the chance. Sometimes it is virtually 100 per cent; sometimes virtually nil. But often it is somewhere in between. And if it is somewhere in between I do not see much difference between a probability of 51 per cent or a probability of 49 per cent."

所以在 Langford v. Hebran (2001) EWCA Civ 361 先例中,一个交通意外事故案件适用了机会损失来核算(evaluate)原告受害人作为一个业余但计划很快转职业的自由搏击选手,因伤带来的对将来收入的影响。

但在 Gregg v. Scott (2005) UKHL 2 贵族院先例中,案情涉及医疗疏忽,被贵族院 3:2 的多数意见判不适用机会损失。这方面在笔者的《损失赔偿与救济》一书第六章之 6 段有详细介绍,不去重复。该例外的判决也难免涉及政策问题,如打开"泄洪闸"会导致英国国家医疗服务体系(National Health Service)作为被告经济上负担不了等。

4. 损失类别的遥远性(remoteness of damages)在侵权会比较宽松,包括一些非金钱上的损失类别如痛苦、受难与失去舒适生活(pain, suffering and loss of amenities)、精神压力与心理创伤(mental distress and psychiatric injury)、名誉损失(loss of reputation)等。

精神压力或心理创伤(distress/psychiatric injury)的损失,因为各种政策原因如害怕打开诉讼"泄洪闸"、夸大索赔金额与欺诈的潜在危险、证明困难与昂贵(专家证人)等原因,早期虽然也有一些先例,如 Dulieu v. White (1901) 2 KB 669 先例允许,但总体受到法院的抗拒。但近期的侵权案件已普遍接受,如 McLoughlin v. O'Brian (1983) 1 AC 410; Page v. Smith (1996) AC 155; Young v. Charles Church (Southern LTD) (1997) 39 BMLR 146; Vernon v. Bosley (1997) PIQR P326; McLoughlin v. Jones (2001) EWCA Civ 1743 等先例。

针对索赔心理创伤但不会同时有实质损害或伤害的二线受害人,McLoughlin v. O'Brian 先例早有针对。一宗疏忽驾驶的交通意外导致原告在知悉她的丈夫与 3 名子女受伤/死亡后受惊与心理创伤的损失赔偿。在一审与上诉庭认为虽然这种对受害人的亲人的损失是可以合理预见,但法律已明确驾驶员小心谨慎的责任只针对直接受影响的一线受害人,而不是身在两里以外的原告,也无法满足"邻近"的要求。但原告再上诉去贵族院获得成功,认为最好是通过议会立法,但不影响普通法/案例法随着时代改变而发展去主持社会上的公平合理。Scarman 勋爵也说到,上诉庭担心的法律肯定性与防止打开"泄洪闸"对商业合约的法律要重视,但对人身伤亡的疏忽侵权的法律就不一定太重要:

"The real risk to the common law is not its movement to cover new situations and new knowledge but lest it should stand still, halted by a conservative judicial approach. . . , there would be a danger of the law becoming irrelevant to the consideration, and inept in its treatment, of modern social problems. Justice would be defeated. The common law has, however, avoided this catastrophe by the flexibility given it by generations of judges. **Flexibility carries with it, of course, certain risks, notably a degree of uncertainty in the law and the 'floodgates' risk** which so impressed the Court of Appeal in the present case.

The importance to be attached to certainty and the size of the 'floodgates' risk vary from one branch of the law to another. What is required of the **law in its approach to a commercial transaction will be very different from the approach appropriate to problems of tortious liability for personal injuries.**"(加黑部分是笔者的强调)

之后,Alcock v. Chief Constable of South Yorkshire Police (1992) 1 AC 310 贵族院先例有进一步针对受到精神创伤的二线受害人与邻近的问题。1989 年 4 月 15 日,英国著名的 Hillsborough 足球场因为保留给 Liverpool 球迷的看台人数过多造成事故并导致 95 名观众死亡与超过 400 人受伤需要送医。由于该场比赛是英格兰足总杯(FA Cup)的半决赛,电视直播让数以百万的广大英国甚至是全球的电视观众也马上亲眼看到这次惨剧,所以特别轰动。事故后,先有 16 位的原告向已经承认疏忽责任的被告(负责那场球赛人流管制、秩序与安全的警察当局)提起诉讼,索赔他们蒙受的心理创伤损失。他们是二线受害人,都与意外死亡人士有关系,甚至是父母、兄弟或配偶。他们小部分在球场,大部分在电视上亲眼看到意外的发生,也有人是事后才被告知。一审法院判 16 位中的 10 位原告胜诉,他们都与死者是至亲关系,并亲眼在现场或电视直播上目睹惨剧。但这被上诉庭推翻,最后贵族院也支持了上诉庭的判决,认为除了一位原告,其他原告通过电视直播目睹惨剧不足以"邻近"(proximate)。过去法律对邻近的要求是在现场,后来 McLoughlin v. O'Brian 先例放宽至两里外的妻子,但光看电视就实在太遥远(remote),并且也有专家证据显示,现场目睹与看电视的效果是不一样的。显然,贵族院也关心"泄洪闸",因为有好几百万的电视观众,这大门一开就不得了。

至于另一位在场的原告 Brian Harrison 先生,出了事故还花了几个小时寻找他的兄弟,并被告知死亡。贵族院也判不足以邻近,这看来不是在距离,而是在时间上与关系上进行评判。在关系上,特别是要考虑"真爱"(love and affection),成年兄弟关系比不上未婚妻(fiancée)。Keith 勋爵说:"The quality of brotherly love is well known to differ widely . . . . I assume that Mr. Harrison's relationship with his brothers was not an abnormal one. His claim was not presented upon the basis that there was such a close and intimate relationship between them, as gave rise to that very special bond of affection which would make his shock-induced psychiatric illness reasonably foreseeable by the defendant. Accordingly, the judge did not carry out the requisite close scrutiny of their relationship. Thus there was no evidence to establish the necessary proximity which would make his claim reasonably foreseeable . . . ”

最后贵族院的总结是:“. . . in order to establish a claim in respect of psychiatric illness resulting from shock it was necessary to show not only that such injury was reasonably foreseeable, but also that the relationship between the plaintiff and the defendant was sufficiently proximate; **that the class of persons to whom a duty of care was owed as being sufficiently proximate was not limited by reference to particular relationships such as husband and wife or parent and child, but was based on ties of love and affection, the closeness of which would need to be proved in each case**; that remoter relationships would require careful scrutiny; and that a plaintiff also had to show propinquity in time and space to the accident or its immediate aftermath . . . that in the cases of the plaintiffs who had been present at the football match **the mere fact of the relationship shown was insufficient to give rise to a duty of care; that the viewing of the disaster on television could not be said to be equivalent to being within sight and hearing of the event or its immediate aftermath; and that, accordingly, the plaintiffs' claims failed.** ”(加黑部分是笔者的强调)

4.3.2.3 被告侵权人的抗辩

被告作为侵权人(tortfeasor)也有抗辩,其中涉及疏忽侵权如交通意外等的一个常见抗辩是原告自己也有部分疏忽导致最后造成的损害或伤害。被告对此主张也有法定举证责任,并且如果满足举证标准,法院会根据《Law Reform (Contributory Negligence) Act 1945》调整被告应赔偿的损失金额。[23] 该调整会高达100%:见 James v. IMI Kynoch (1985) ICR 155 先例。该先例判工人因公受伤100%是自己的愚蠢与疏忽,所以雇主虽然有《Factories Act 1961》的立法责任去提供安全工作环境,但仍成功抗辩并驳回了工人的索赔。

另外的有限抗辩之一是原告作为受害人自愿冒险所蒙受的损害或伤害(拉丁文是 *Volenti non fit infuria*,英文是“to the willing, no injury is done”)。典型的情况是,被告有提前警告或公开通知(public notice)有危险,但原告不去理会而蒙受损害或伤害。例如,参加一些危险运动的观众如赛车或冰上曲棍球(ice hockey),在门票与其他通知上已经有了主办方的警告,主办方如果后来受到侵权的损失索赔就可以此说法作为抗辩。“家有恶犬”的招牌也有同样作用,以防止侵犯人(trespasser)非法进入土地并被恶犬咬伤后以占用人责任(occupier's liability)索赔损失。占用人的小心谨慎责任在《Occupier's Liability Act 1984》之 section 1(4)中的规定是:“Where, by virtue of this section, an occupier of premises owes a duty to another in respect of such a risk, the duty is to take such care as is reasonable in all the circumstances of the case to see that he does not suffer injury on the premises by reason of the danger concerned.”

---

〔23〕 有关分摊责任的问题,可见笔者的《损失赔偿与救济》一书第八章之2.3段。

有限抗辩之二是原告蒙受损害或伤害是由于他自己非法的行动(拉丁文是 *Ex turpi causa non oritur actio*,英文是"no right of action arises from a despicable cause")。这样,一个盗贼非法进入土地受伤就不会有救济了。但可以合理预见,侵犯人进入土地的例外是有《Occupier's Liability Act 1984》的立法规定,其中 Section (3)是说:"An occupier of premises owes a duty to another (not being his visitor) in respect of such risk ... (a) he is aware of the danger or has reasonable grounds to believe that it exists; (b) he knows or has reasonable grounds to believe that the other is in the vicinity of the danger concerned ... (in either case, whether the other has lawful authority for being in that vicinity or not); and (c) the risk is one against which, in all the circumstances of the case, he may reasonably be expected to offer the other some protection."

4.3.2.4　不同侵权案件种类的简介

可简单介绍几种不同侵权案件的种类、各自的责任与需要的证明,例如:(1)道路安全(road safety):交通意外事故是经常发生的侵权案件。驾驶员显然对路人、乘客与拥有/占有马路边上的财产等的人士均有一个小心谨慎的责任。为了保证驾驶员有经济能力赔偿疏忽驾驶导致的事故对路人、乘客或其他财产造成伤害/损害,也通过立法《Road Traffic Act 1988》强制车辆投保,否则会犯刑法与被严惩。(2)雇主对雇员责任(workplace safety):这是加在雇主身上的小心谨慎的责任。Wilson and Clyde Coal Ltd v. English (1938) AC 57 先例说是雇主要提供:一是称职员工(competent staff);二是足够的材料(adequate material);三是适当的工作体系,包括监督,如设计预防措施、提供指示等(a proper system of work, including supervision, i. e. devising precautions; giving instructions, etc);四是安全的工作场所(a safe place of work)。

至于同样针对保护雇员的立法,早在1844年已有《Factories Act》,至今的版本是《Factories Act 1961》。另在《The Employers Liability (Defective Equipment) Act 1969》中,雇主要就其他人士如生产商、供应商错误提供有缺陷的设备对雇员负责。为承担对雇员的责任,多数英国的雇主/公司在《Employers' Liability (Compulsory Insurance) Act 1969》下要强制投保,以保证出了事故有金钱赔偿。

雇主当然也要为雇员在授权工作有紧密关系(closely connected)的错误行为对其他人士(也包括其他雇员)造成的损害/伤害负责,可见 WM Morrison Supermarkets Plc v. Various Claimants (2020) UKSC 12 最高院先例等。(1)占用人责任(occupiers' liability):这是所在土地/物业占用人如商店(shopkeeper)、家居(home owner)或公共场地/政府部门(public authority)等,如果允许或邀请其他人士进入他们的土地,就必须有一个最低小心谨慎的责任去保障他们的安全。这是通过《Occupier's Liability Acts 1957》与《Occupier's Liability Acts 1984》确立的。有关的著名先例可见 Cooke v. Midland Great Western Railway of Ireland (1909) AC 229; Roles v. Nathan (1963) 1 WLR 1117; Tomlinson v. Congleton Borough Council (2003) UKHL 47 等。

(2)违反保密责任(breach of confidentiality):商业有很多机密,法律对一些重要的商业或其他关系,即使没有合约明示约定也会有默示的保密责任。一旦违反,就可以违反保密责任的侵权起诉,最常见的就是雇佣关系与提供专业服务(如银行、医生、律师等)的关系等。对国际商事仲裁熟悉的读者也肯定知道机密是仲裁的重要卖点,因为很多诉讼/仲裁为了胜诉是无可避免要全面披露最隐蔽的商业机密。虽然英国法律是默示承认仲裁的机密[见 Ali Shipping v. Shipyard Trogir (1998) 1 Lloyd's Rep 643 先例],但仍有不少法律认可的例外,加上参与仲裁的人士众多会有意或无意违反保密责任的情况,所以也难以百分百保护机密,只是在程度上较高。

参与一个国际仲裁的人士会有双方当事人(它们会是商业上的竞争对手)与法律团队成员,仲裁庭成员(与他们的助手、仲裁庭秘书),仲裁机构与其他第三人,如专家证人、事实证人、庭审记录员、翻译员等。他们都是潜在的违反仲裁机密性的人士,虽然在现实中最有可能违反的是当事人自己。不少违反保密责任的情况也会是无心之失,但后果仍是影响希望保护机密的一方当事人。

这违反了合约关系,主要是在双方当事人之间会有保护机密的明示或默示条文,例如双方的仲裁协议。但有不少只有侵权关系,例如,一方当事人的专家证人或事实证人泄露对方当事人的商业机密,而他们之间没有合约关系。这样,会带来其他的复杂问题,如有关侵权行为的适用法[通常是发生地点,但可见 Four Seasons Holdings Incorporated v. Brownlie (2017) UKSC 80 最高院先例],而针对什么是机密需要保护,不同国家的法律也不相同。例如,澳大利亚、美国或瑞典等国家法律就不像英国,不大愿意承认仲裁保护机密的责任。笔者近期就涉及一方当事人的代表律师在法律刊物中披露一个重要的"初步争端"(preliminary issue)在法院最后胜诉,被对方当事人指称违反仲裁机密性并向仲裁庭申请救济。其中一个争端是被指称违反机密性的行为是否代表客户当事人,在仲裁程序外的言行也谈不上有默示或表见授权(implied/ostensible authority)。所以对仲裁庭的管辖权或权限而言,能否延伸至律师?或是这只能有侵权关系,是需要败诉方以侵权在适格法院(competent court)向该律师事务所寻求破坏机密的救济了。

至于是什么救济(remedy),不论是违反合约还是侵权关系,不外是禁令(injunction)与/或金钱损失(damages)。但绝大多数的救济仍是禁令,不论是中间或最后禁令,要求违反保密责任的被告停止与撤回泄露的机密信息与文件。这种救济的申请要尽快,否则法院就会拒绝作出这种衡平法救济(equitable remedy)。再说一旦延误,机密的信息就会流传而变了进入公有领域(public domain)而无须保护了。至于赔偿金钱损失的救济,由于计算与证明困难(如因果关系),现实中很少发生。

4.3.3 托管(bailment)

托管关系(bailment)下的货损、货差或货物侵占(conversion)案件,是典型的法定举证责任大原则的例外。作为原告的委托人或寄托人(bailor)承担托管关系存在的法定举证责任,作为被告的受托人或受寄人(bailee)承担自己在托管期间没有疏忽

(或过错)的法定举证责任。

托管是经常发生的法律关系,一般是委托人把货物交出给受托人保管。有的托管是有偿的,如仓储保管、租用汽车等;也有无偿托管,如把书籍或汽车免费给朋友使用;甚至还会有非自愿(involuntary)托管,如有雨伞遗留在了餐厅。托管也会与其他法律关系同时产生,典型的例子就是货物运输合约关系,根据货物运输合约将货物交由船舶、飞机或货代托运,也是托管的一种。

在托管期间,受托人有以恰当手段保管托管物的义务。在 Morris v. CW Martin & Sons Ltd (1966) 1 QB 716 先例中,Salmon 大法官说:"The primary duties of the bailee at common law were to take proper care of the chattel bailed and to refrain from converting it."

但问题是,常发生委托时货物状况良好,但受托期满交还时货物损坏或短缺的情况。在这种情况下,如果受托人不合作,如一概推说什么都不知道,委托人/货方就很难知道在托管期间到底发生了什么。之后委托人/货方如果要主张受托人没有履行小心照顾的义务导致货物受损,并以此为由提出索赔,在索赔请求中就很难对这些托管期间的重要事实给出什么详情或主张是什么事实(显然是受托人有疏忽/过错导致货损在托管期受损的事实)造成货损货差。此时如果主张的事实与法定举证责任也是由货方承担,就几乎肯定是无法启动诉讼与/或败诉了,这既不实际也不公平。因此,托管关系中对货损货差问题,根据过往先例的判法,也无论是有偿(往往是有托管合约)还是无偿托管,都由受托人对自己在托管过程中履行了托管的义务(或者是货物的损失与自己托管无关)承担法定举证责任。

正如在 J Spurling Ltd v. Bradshaw (1956) 1 WLR 461 先例中 Denning 勋爵说:"... A bailor, by pleading and presenting his case properly, can always put on the bailee the burden of proof. In the case of non-delivery, for instance, all he need plead is the contract and a failure to deliver on demand. That puts on the bailee the burden of proving either loss without his fault (which, of course, would be a complete answer at common law) or, if it was due to his fault, it was fault from which he is excused by the exempting clause."

另在 Levison v. Patent Carpet Cleaning (1977) 3 All ER 498 先例中,Denning 勋爵说:"I am clearly of the opinion that, in a contract of bailment, when a bailee seeks to escape liability on the ground that he was not negligent or limitation clause, then he must show what happened to the goods. He must prove all the circumstances known to him in which the loss or damage occurred. ..."

还可以见权威的 The “Sansei Maru” (1979) 1 Lloyd’s Rep 11 枢密院先例[24]中 Salmon 勋爵所说:“The undisputed facts of the present case already recited in this judgment establish that the defendants were clearly bailees for reward. However this may be, in their Lordships’ view the onus is always upon the bailee, whether he be a bailee for reward or a gratuitous bailee, to prove that the loss of and goods bailed to him was not caused by any fault of his or of any of his servants or agents to whom he entrusted the goods for safe keeping. Accordingly the onus of proving that the loss of the goods deposited with the defendant for safe custody was not caused by the negligence or misconduct of their servants in the course of their employment, without any doubt, lies on the defendants.”

4.3.4 海上货物运输(carriage of goods by sea)

海上货物运输,既有付运关系,也同时有托管关系,一般也有合约(装船提单与租船合约)的关系,属于有偿托管(bailment for reward)。而这种“托运”合约,也难免有承运人的船方与托运人的货方分别需要承担的责任、免责等约定。这些责任与免责的分摊已经在 1924 年《海牙规则》等国际公约与有关国家立法作了强制规定。此外,还根据公共政策、方便规则(rules of convenience)等作了强制规定。其中,很大程度参照了托管关系的法定举证责任,如有海上风险免责条文的提单合约下付运的货物有货损货差,货方承担证明提单合约存在以及货损货差发生在托运期间的法定举证责任,船方则对货损货差是由托运期间发生的可免责的海上风险等导致承担法定举证责任。与托管无关的船舶在启航前必须是适航(seaworthy at the commencement of the voyage)的首要责任是强加给承运人/船东的法定举证责任等。这在笔者《提单与其他付运单证》(2016 年)一书第五章之 9 段到 15 段有详细介绍。

Milan Nigeria Ltd v. Angeliki Maritime Co (2011) EWHC 892 (Comm)先例涉及经常在海上运输发生的货损货差。一船大米从曼谷运往尼日利亚拉各斯(Lagos),但大米抵达后发觉短卸与部分受潮损坏。货方(Milan)向船东(Angeliki)提出损失索赔,但在伦敦仲裁,仲裁庭判货方对货损有举证责任,在裁决书中说:“We are of the view that the Hague Rules do give the Respondents(承运人/船东) some protection. However, we are not persuaded that they assist them fully to defeat the claim for caked bags. We take the view that the Claimants(货方) must take some responsibility for the cargo damage. **The Claimants were aware that this age and type of vessel was unlikely to be mechanically ventilated** and that the Master(船长) was only able to ventilate the cargo on an ad hoc basis when conditions allowed. . . . To this extent, we accept that the

---

〔24〕 此先例中,货物在马来西亚港口卸下后交给港口当局托管,但之后货主提取货物后发现货物短少。枢密院判此类托管关系中应由受托人(港口当局)证明货物在自己托管期间自己履行了小心照顾的义务。

Master, although not perfect, since he failed to keep precise records, was not entirely to blame for the poor ventilation that occurred during the voyage. Even then, it is difficult to assess whether the cause of the caking could be laid at the door of the Master's failures, or circumstances beyond his control (where the Claimants bear the burden).... On balance, having considered all the evidence available to us, **we conclude that the Claimants must accept a larger share of responsibility given their failure to discharge the burden placed upon them** ... We therefore find on the basis of the evidence available to us, that **the Claimants' have not discharged the burden of showing that the Respondents were completely responsible for the caking of the cargo** ..."(加黑部分是笔者的强调)

该裁决理由看来很有问题,笔者可挑少数几方面简单介绍:(1)与权威说法不一致,如《Scrutton on Charter Parties》《Voyage Charters》等权威书籍。另也有不少有关先例,如 Gosse Millerd v. Canadian Government Merchant Marine (1929) AC 223 贵族院先例中 Sumner 勋爵所说:"As the cargo in question was shipped in good order and condition and was delivered damaged, in a manner which was preventable and ought not to have been allowed to occur, there was sufficient evidence of a breach by the carrier of his obligation under (1924 年《海牙规则》) to shift to him the onus of bringing the cause of damage specifically within (《海牙规则》之免责条文) so as to obtain the relief for which it provides."(2)可用托管人/受托人(bailie/bailee)的关系来分析,如果货物在受托期间失去或损坏,只有受托人可以预防、避免、减轻损失与调查取证。如果要托管人承担法定举证责任是不公平、不现实的。(3)此裁决书的理由有问题,它扯上了个别案件案情的合理与否(仲裁庭自己看法),但从来没有一个说法是法定举证责任会转来转去,根据不同的案件案情合理或不合理而定。这会带来很大的混乱与不肯定。

所以货方根据《Arbitration Act 1996》之 Section 69 上诉法院,"举证责任争端"(burden of proof issue)的判法被仲裁庭推翻。事实上,代表船东的大律师也不得不承认仲裁庭判错。但抗辩理由是裁决的最后结果是正确,加上仲裁庭成员不是律师(是船舶经纪人),对这方面的法律不应苛求。法院的 Gloster 大法官推翻并把裁决书发还重审说:"On my analysis of the reasoning in the Award, the Tribunal clearly adopted the wrong approach to the burden of proof. It expressly, and on a number of occasions, identified the burden of proof of establishing the cause(s) of the damage as being placed on Milan, and it held that Milan was liable for such damage as it had failed to establish was due to Owners' defaults. This is clear from the underlined passages in ... the Award, which I have quoted above. In these paragraphs the Tribunal, for example, specifically referred to '(Milan's) failure to discharge the burden placed upon them ...' and the fact that '(Milan has) not discharged the burden of showing that the Respondents were completely responsible for the caking of the cargo'. In my judgment, the Tribunal's approach in this respect was wrong and not in accordance with the authorities."

4.3.5 海事保险(marine insurance)

在海上保险合约中,如果保险人承保的是除外风险(excepted perils)外的一切险(all risks),[25]或者说是"承保加除外"(cover subject to exceptions),保险人要拒赔就要承担法定举证责任证明事故是由于除外风险导致。如果证明不了,一切险的保险人就需要赔偿给被保险人:见 Gaunt v. British & Foreign Marine Insurance Co Ltd (1921) 26 Com Cas 247 先例。

而如果保险人承保的只是列名风险(named perils),或者说是"有限度承保"(qualified cover),证明事故是由列名风险导致的法定举证责任由被保险人承担。该区分还可见 Munro, Brice & Co v. War Risks Association (1918) 2 KB 78 先例。这实际上也是与谁主张谁举证的大原则是一致的。

一般而言,对于海上运输中的货物风险,保险人愿意承担一切险,这是考虑到货物交了给承运人(船东)后,货方就完全失控了。发生了货损货差往往与保险人一样难以举证。但一旦出现事故,则无论是货方还是保险人都会积极派人调查,希望找出事故原因。例如,运输煤炭、鱼粉等货物时保单中将自燃列为除外风险。一旦发生货物火灾的事故后,保险人就会积极调查事故原因看是否属于自燃的除外风险导致后,才会决定是否要赔付。而对于货方来说,并不是承担法定举证责任,只是以防万一保险人拒赔,但理由并不充分。

对于船舶而言,保险人不愿意承保一切险,如一般船壳险(hull insurance)只承保列名风险。伦敦保险市场会对部分船东在市场下跌时的道德风险(moral hazard)看来是不安心的,过往凿沉船舶(scuttling)以骗取保险费的案件也时有所闻,[26]因此一旦发生事故船东要承担法定举证责任证明是由列名的风险导致,不能证明就会败诉,而不允许以天方夜谭的借口来推搪[如遇上水怪或碰上苏联潜水艇:见 The "Popi M" (1985) 2 Lloyd's Rep 1]先例。

毕竟在这类船舶事故中,船东通常应对事故或意外有举证能力,但保险人对于船舶上到底发生了什么是很难证明的。船东通常对事故或意外有举证能力,但保险人对于船舶上到底发生了什么是很难证明的。在 The "Olympia" (1924) 19 Lloyd's Rep 255 先例中,Birkenhead 勋爵就说:"It may be a difficult matter to define precisely in a case of this kind what is that defendants (保险人) must show in order to discharge the onus.... of establishing that the ship was fraudulently stranded. It is not possible to

---

[25] 保险人承保的是欺诈、除外风险以外的所有风险。

[26] 凿船是较常见的做法,还会有其他各类手段,如冲滩搁浅:见 The "Zinovia" (1984) 2 Lloyd's Rep 264 先例;纵火:见 The "Ikarian Reefer" (1993) 2 Lloyd's Rep 68 先例等。

point to any one single circumstance and say that that single circumstance makes it plain that the ship was scuttled. It must never be forgotten that in this class of case almost every source of evidence is available to the plaintiffs（船东）, almost every source of evidence can be closed by the plaintiffs, and almost every source of evidence can be influenced by the plaintiffs.”

因此英国法下为了保障保险人有好几种做法：

1. 英国法院已经有了很久的历史，也就是在英国的高院规则 RSC Order 72, rule 10[27]下允许提早披露，即不必等到双方当事人在文书请求后才相互披露文件，而是允许承保海险的保险人[主要是劳合社的承保小组（syndicate）]在收到受保人的索赔请求之后向法院提出申请，要求原告提前披露相关索赔的所有文件与资料，并在查看后再递交抗辩书：见 Boulton v. Houlder Bros（1904）1 KB 784；The “Sageorge”（1974）1 Lloyd's Rep 369 等先例。现在则不需要法院这样的协助。一方面是通讯发达、前往全球各地调查取证都比较容易；另一方面则是在保单中也会有合约规定，如《International Hull Clauses》（01/11/03）标准格式中关于对意外事故的赔付部分有一条名为“Duties of the Assured”的非常全面的条文要作为受保人的船东在保险人要求下披露相关的所有文件与资料，这方面可见笔者《证据法：国际规管与诉讼仲裁中的文件攻防战》一书第六章之 7 段。

2. 如果船舶事故沉没时天气良好，法院可根据“事情不言自明”（*res ipsa loquitur*）推定船舶不适航。Brett 大法官在 Anderson v. Morice（1874）LR 10 CP 58 先例中就说：“In the absence of any other evidence as to the condition of the ship, the fact of her sinking in smooth water without any apparent cause would create an irresistible presumption of unseaworthiness.”有关事情不言自明，还可见本章之 6.2 段的介绍。

3. 但是针对凿船的意外，上面两种办法仍然无法保护保险人。毕竟凿船有关的问题不会写明在船舶文件中，也没办法像适航一样适用事情不言自明。而在凿船案件中，除非有确凿证据，否则保险人不会轻易主张是凿船，毕竟无法满足举证到超过 50% 的要求，尤其是凿船这种涉及欺诈案件会是本来发生的内在可能性就更低。由于对事故发生是由于列名风险的举证责任由被保险人承担，因此保险人会只是列举各类证据丑化被保险人主张的事实，让法官产生疑虑，使得被保险人主张事实发生的可能性无法超过 50% 就成功抗辩。本章之 2.3 段介绍的 The “Popi M”（1985）2 Lloyd's Rep 1 先例就是这样的情况。

---

[27] RSC Order 72, rule 10 规定：“（1）Where in an action in the commercial list relating to a marine insurance policy an application for an order ... is made by the insurer, then, ... the Court, if satisfied that the circumstances of the case are such that it is necessary or expedition to do so, may make an order, ... for the production of such documents ...（2）An order under this rule may be made on such terms, if any, as to staying proceedings in the action or otherwise, as the Court thinks fit...”

由于这类案件一般不会有直接证据(direct evidence)可对主要论点(principal proposition)或主张成功举证。例如,一份来自船东的传真指示船员何时何处去凿沉船舶,证实了该传真的真实性、准确性,就成功证实了凿沉船舶的主张事实。至于The“Michael”(1979)1 Lloyd's Rep 55 先例中倒戈相向的船员肯为保险人作证指控船东曾收买他,指令他去凿沉船舶,这种证词虽然是直接证据,但为钱卖命没有任何原则的证人一般不被法院信任,他们也很容易在交叉盘问被船东的大律师丑化。故此保险人必须要有更多环境证据(circumstantial evidence)去证实相关事实,希望能足以推断(infer)凿沉船舶的主要论点。这表示这类案件要查根问底,十分全面地对付。全面交叉盘问一些主要证人尤其重要,例如向船东交叉盘问该船舶与整个船队的经营状态、他个人与公司经济情况、与贷款银行的关系等。这对船东而言也很苦恼,因为越是“心里有鬼”,就越怕查根问底,怕多问就容易露出破绽。所以这类案件十分昂贵,动辄开庭二三十天。法院也愿意这样做,接受更全面的披露与交叉盘问以找出真相。正如 Birkenhead 勋爵在 The“Olympia”先例中所说:“As I conceive it, the duty of a Court of Law, investigating such matters, is that it must examine the story taken as a whole. It may be that the result of such an examination will make it plain that there exist six or seven or eight circumstances of cumulative suspicion, any one of which, taken alone, would not justify the court in fixing so grave and criminal a stigma upon plaintiffs as that of fraudulently stranding a vessel. We have, therefore, to inquire in this, as in other cases of the same kind. Do circumstances exist, individually, perhaps, not of decisive consequence, but in their cumulative effect establishing beyond reasonable doubt that the vessel was dishonestly stranded.”

保险人的抗辩主要分成两个方面:(1)要反驳、丑化、减弱船东主张事实发生的可能性,如船东一般的主张是海上风险(peril of the sea)如大风浪导致船舶沉没,此时保险人就可以搜集事故地附近的天气报告,仔细比较与检查航海日志等,之后在开庭时就可以根据这些资料盘问船长。例如,问:“十级风到底风速是多少?”,“为什么航海日志没有备注当时船舶有大幅度前后左右摆动(pitching & rolling)?”,“当时的船速为何好像没有受影响?”等。因为法定举证责任在船东,因此只要能够降低船东主张事实的可能性就足以胜诉。(2)还可以主张船东欺诈与不诚实地故意凿船或破坏,但对该事实主张的法定举证责任由保险人自己承担:见 The“Milasan”(2000)2 Lloyd's Rep 458 先例;The“Atlantik Confidence”(2016)2 Lloyd's Rep 525 先例与 Suez Fortune Investments Ltd v. Talbot Underwriting Ltd (2019) EWHC 2599 (Comm) 先例等。因此没有确凿与直接证据时不应轻易主张,只有在调查后掌握了重要事实才会以此主张抗辩。这要求在文书请求中说明重要事实,如船东怎样收买了哪个船员,而后者怎样行动去破坏船舶等。这些重要证据的来源会是参与不轨行为的船员倒戈相向:见 The“Zinovia”(1984)2 Lloyd's Rep 264 与 The“Michael”(1979)I Lloyd's Rep 55 先例等。也会有保险人掌握了船东指示船长破坏船舶的证据:见 The

"Italian Express"(1992)2 Lloyd's Rep 216 先例等。

在出现船员倒戈相向后,船东发现再难以否认船舶是遭受人为的破坏才会沉没,就可能修改文书请求,主张船员的叛变(barratry,叛变一般是是保单中的列名风险之一)导致船舶事故。但要注意区分的是,英国目前法律地位是船东的举证责任,而涉及船东是否有参与即是否船东欺诈凿船的举证责任是由保险人承担。要船东证明自己没有参与船员凿船,这一证否行为是过于困难的,也不能仅参与出庭并凭一句话说"我船东是好人,是老实人,没有参与去凿沉或破坏船舶"就算是作出了证明。例如,在 The "Atlantik Confidence"先例中,Teare 大法官说:"... need not be fatal to (保险人)case so long as, after examining all of the evidence, the court is able to infer that the vessel was scuttled on the instructions of (船东). In deciding whether the court is able to draw such inference the court must keep well in mind that it is possible, especially where the evidence is limited, that the case may be one where(保险人)is unable to establish its case with the result that the cause of the loss remains in doubt and the court is unable to make a finding as to the cause of the loss..."

4.3.6 破产(bankruptcy)

破产(bankruptcy)或清盘(winding up)是一种作为债务人(debtor)的法人或自然人在无法偿还债务给债权人(creditors)的情况下的"集体救济"(class remedy)与"一并执行债务"(collective enforcement of debts),是通过法院强制把债务人的财产转让给法院委任的独立信托人(清盘人)处理,例如,通过变卖财产、追偿欠款等手段,并在把这笔钱在首先支付优先债权人(如银行的有担保债务等)后,再按比例分摊给一般债权人。正如 Snowden 大法官在 Maud v. Aabar Block Sarl (2016) EWHC 2175 (Ch)先例中所说:"The purpose of collective processing is for the property of an individual who is unable to pay his debts to be realised under the control of independent trustee, and, after payment of any debts or liabilities having priority, for the remaining money's to be distributed pari passu(即按比例) to the debtor's unsecured creditors. The ordinary rights of action of individual creditors against the debtor are curtailed accordingly."

笔者无意也无法多探讨这个复杂的课题,只针对与举证责任有关的部分内容。债权人在未获清偿一笔债务(如法院判决或仲裁裁决债务)时,即可向法院申请把债务人强制破产。只要存在无争议的债务到期未清偿,就可以有破产推定(presumption),债权人可以获得法院颁布/作出破产命令(Bankruptcy Order)。但该破产命令会受到其他有关人士反对,其他债权人会认为不符合他们的利益,并向法院申请撤销(annul)破产命令。这样,法院就必须在"集体救济"的原则下平衡所有债权人的利益考虑是否撤销破产命令。正如在 Crigglestone Coal Co Ltd, Re (1906) 2 Ch 327 先例中,Buckley 大法官说:"... the order which the petitioner seeks not an order for his benefit, but an order for the benefit of a class of which he is a member. The right ex debito justitiae[28] is not his individual right, but his representative right, if a majority of the class are opposed to his view, and consider that they have a better chance of getting payment by abstaining from seizing the assets, then upon general grounds and ..., the court gives effect to such right as the majority of the class desire to exercise. ... it is a matter upon which the majority of the unsecured creditors are entitled to prevail, but on which the debtor has no voice."

在千变万化的例子中，笔者（杨良宜）只介绍在20世纪80年代中期，航运不景气导致很多香港船公司资不抵债，无法清还债务而面临破产，紧急与多家（会多达三四十家）融资银行商讨重组债务并达成挽救公司的协议。参与的银行显然是相信或希望如果重组成功对作为债权人的他们而言，是相比把船公司申请破产（死亡）更好的选择。但在重组与挽救的谈判期间困难重重，也常会面临失败或谈不下去。其中一种困难是有个别债权人不耐烦等待，或是想取巧，自己向法院申请将船公司破产。这样，会给希望重组成功的船公司与谈判的银行带来压力。他们的一种做法是优先支付掉该笔债务，但这会诱惑很多仍在等待的债权人采取同样做法；另一种做法是向法院提出申请撤销破产命令。理由会是提供重组的计划与进度等的证明去说服法院这对所有或大部分的债权人是比破产清盘在极差的市场下变卖资产等更好的“集体救济”，与/或有可能在合理时间清偿债务，与/或申请破产的个别债权人是别有用心（ulterior motive）等。

会否成功说服法院就涉及个别案件的不同案情与证据的强弱。如在 Amalgamated Properties of Rhodesia (1913) Ltd, Re (1917) 2 Ch 115 先例中，Sargant 大法官说：“The petitioner（向法院申请破产的债权人）, as judgment creditors for this very large sum, are prima facie entitled ex debito justitiae to a winding up order, and it seems to me to be impossible to displace that prima facie position without the very strongest proof that the petition is being improperly made is for some ulterior motive."

在法定举证责任方面，有说法是反对破产的债务人与其他债权人需要通过提供证据显示个别债权人申请破产命令根本是别有用心，该申请破产的债权人就要承担证明与显示为什么破产命令是保护多数债权人利益最优救济的法定举证责任。但在 Maud v. Aabar Block Sarl 先例中，上诉庭看来不认同这个说法，认为还是应该整体考虑案情。该先例债务人 Maud 先生拥有一家荷兰公司 Ramblas 其中50%的股份，另一位 Quinlan 先生拥有该公司另外50%的股份。Ramblas 的西班牙分公司 Marme 拥有马德里一个非常值钱的被称为“金融城”的综合体里的大量房产，估值高达数十亿欧元。但 Marme 为了购买该房产欠了大笔债务（包括两位股东的个人债务与担保），经济出现困难，最终申请破产。该房产将被拍卖，Maud 先生联合了其他债权人、银行

---

〔28〕 英文是“arising as a matter of right”，即在法律上应得到的法律救济的权利，法院没有裁量权，而必须依法判准的法律补救方法。

等组成联盟投标。本先例的原告也就是债权人Aabar Block Sarl对Maud先生的个人债务获得了胜诉判决,并以此向法院申请Maud先生破产。如果Maud先生破产,根据Ramblas的公司章程,他就必须将股份卖给其他股东,而Aabar Block Sarl已经与Quinlan先生订立了股份买卖合约。Maud先生与其他债权人反对强制破产命令,其中一个理由是Aabar Block Sarl申请强制破产命令是别有用心,主要是为了控制Ramblas与破坏联盟投标。

上诉庭的Snowden大法官说,破产集体救济的性质决定了如果申请人单纯是为了自己的利益而要其他债权人受损,申请属于滥用程序(abuse of process)。但申请人有其他目的,或者说别有用心,并不代表就一定到滥用程序的地步。但即使没有到滥用程序的地步,申请人的其他目的或别有用心被债务人或其他债权人反对,法院就要综合考虑债权人集体的利益时有关。Snowden大法官说:"I cannot accept the Petitioning Creditors' submission that once it is determined that a bankruptcy petition is not an abuse of process, the motives or objectives of the petitioning creditor in seeking a bankruptcy order are necessarily irrelevant. They may, depending on the particular circumstances, be relevant if the petition is opposed by other creditors and the court is required to conduct an evaluation of the class interest."

Snowden大法官拒绝了一审法官举证责任转移的说法,说在决定是否作出强制破产命令时应考虑的问题是:"... in my view the facts of this case illustrate how the 'shifting burden' analysis adopted by the Registrar carries a real risk that the court will conflate, or simply not address, a number of distinct questions. Those questions are **first**, whether a petitioner with an undisputed debt is abusing the process of the court in seeking a bankruptcy order or a winding-up order for a purpose which is contrary or alien to the nature of the class remedy that he is purporting to invoke ...; **secondly** whether, if a petition which is not an abuse of process is opposed by other creditors, the court should grant or refuse a bankruptcy order or winding-up order in the interests of the class having evaluated the weight to be attached to the views of all of the various creditors in the class ...; and **thirdly** whether the court might, in the exercise of its case management powers, in any event adjourn the petition if it is persuaded that there is a reasonable prospect of payment of the petition debt in a reasonable time ..."

反对与想要撤销破产命令也会来自债务人,他们有法定举证责任向法院证明自己并未破产等,如证明自己并没有资不抵债。可节录Paulin v. Paulin (2010) 1 WLR 1057上诉庭先例的判词:"the court had a discretion under section 282(1) of the Insolvency Act 1986 to annul a bankruptcy order if, on the date on which that order had been made, he had been able to meet his liabilities when they were due; that, although on an application to annul a bankruptcy order the onus of proof lay on the applicant, where the bankruptcy order had been made on the debtor's petition and the applicant established that the debtor's assets exceeded his liabilities, the evidential onus shifted to the debtor to establish that he was nevertheless unable to pay his debts, since the existence of insolvency in such circumstances called for an explanation for which the relevant evidence was likely to be more accessible to the debtor than to the applicant; that a debtor made bankrupt on his own petition who was shown both to have made a substantially dishonest statement of affairs and on the date of presentation to have held assets which substantially exceeded his liabilities would find it hard to resist annulment on the basis that he was nevertheless unable to pay his debts ... "

4.3.7 知识产权(intellectual property)

知识产权是一个很大的课题，本段只是抽出专利(patent)与仿冒经营(passing off)举例。专利保护的主要是新颖的新产品(product)或生产方法(process)或外观设计(industrial design)等。英国《Patent Act 1977》[29]之 Section 1 规定："A patent may be granted only for an invention in respect of which the following conditions are satisfied, that is to say— (a) the invention is new; (b) it involves an inventive step; (c) it is capable of industrial application."

专利案件一般都会涉及昂贵的专家证据，一些涉及尖端科学技术的案件更是如此。今天在世界范围内也有大量的专利纠纷案件，诉讼费用昂贵。但考虑到不少专利价值连城、涉案的索赔金额也往往很大，因此当事人也愿意与值得在全世界打官司。

4.3.7.1 主张专利无效的案件

有关专利问题的一类常见的案件是主张专利权人(patentee)的专利无效，申请撤销他人专利。理由就包括主张专利没有新颖性(novelty)，没有显而易见(obviousness)的创新发明，或专利在科学本质上或者是专利披露的内容不够充分(insufficiency)，[30]导致行业内的有关人士即使知悉该专利内容也无法根据该专利进行生产

[29] 英国涉及专利问题的立法，除了《Patent Act 1977》外，还有一些国际公约如《The European Patent Convention 1973》《WIPO Paris Convention for the Protection of Industrial Property 1883》(Paris Convention)《WTO Agreement on Trade-Related Aspects of Intellectual Property Rights 1994》(TRIPS)。

[30] 在 Warner-Lambert Co LLC v. Generics (UK) Ltd (t/a Mylan) (2018) UKSC 56 英国最高院先例中，针对是否充分的问题，Sumption 勋爵说："Elementary as it is, it is worth reminding oneself at the outset of the juridical basis on which patents are granted, sometimes called the 'patent bargain'. The inventor obtains a monopoly in return for disclosing the invention and dedicating it to the public for use after the monopoly has expired. The point was succinctly made by Lord Mansfield in Liardet v Johnson (1778), quoted in Hulme, 'On the History of Patent Law', (1902) 18 LQR 280, 285: The condition of giving encouragement is this: that you must specify upon record your invention in such a way as shall teach an artist, when your term is out, to make it-and to make it as well by your directions: for then at the end of the term, the public shall have benefit of it. The inventor has the benefit during the term, and the public have the benefit after ... "

等。申请撤销他人专利的案件中,法定举证责任由主张他人专利无效的申请人承担。

新颖性问题有时涉及申请人主张自己有优先权(legal priority)的情况。简单而言,优先权是指申请人已经提出专利申请,为了防止其他人士在本国/地区或其他国家/地区抢先注册,保护最早申请的人士有一段时期的申请优先权。这种情况下,在原告提供了表面证据推断确实有优先权时,虽然此时主要由专利权人提出证据反驳,但法定举证责任仍然是申请撤销、主张自己有优先权的原告承担。在 Actavis Group PTC EHF v. ICOS Corp (2016) EWHC 1955 (Pat)先例中,Birss 大法官说:"The legal burden of proof lies on the party attacking validity... However, if sufficient evidence is available to support an inference that legal priority exists, an evidential burden will have shifted to the patentee to call evidence to rebut that inference."

4.3.7.2 专利侵权纠纷、仿冒经营等

现在还有很多专利侵权纠纷案件。这类案件中,一般专利权人或独家授权人(exclusive licensee)主张侵权人实施侵犯专利的行为,专利权人/独家授权人就要对此主张承担法定举证责任,证明有关产品或生产方法的专利权确实属于自己,专利权人还承担举证责任证明侵权人实施了属于侵犯专利权的行为。

侵犯专利权的侵权行为,在英国法下可见《Patent Act 1977》之 Section 60 的规定。包括直接侵权,如生产、提供受专利权保护的产品,或采用、提供受专利权保护的生产方法,或虽然并不是完全一模一样但只是形式上的变化实质内容与效果仍然一样等。[31] 也包括间接侵权(在知道或应当知道有关产品或生产方式属于侵权的情况下,销售侵权产品或提供关键部件帮助生产等[32])。还包括普通法下的共同侵权(contributory infringement),如帮助直接或间接侵权人实施侵权行为,或者是教唆、引诱他人实施侵权行为。中国也有《专利法》第 11 条规定:"发明和实用新型专利权被授予后,除本法另有规定的以外,任何单位或者个人未经专利权人许可,都不得实施其专利,即不得为生产经营目的制造、使用、许诺销售、销售、进口其专利产品,或者使用其专利方法以及使用、许诺销售、销售、进口依照该专利方法直接获得的产品。外观设计专利权被授予后,任何单位或者个人未经专利权人许可,都不得实施其专利,即不得为生产经营目的制造、许诺销售、销售、进口其外观设计专利产品。"

对于侵权人是否确实实施了侵权行为,专利权人的调查取证有时会有困难。例

---

〔31〕 可见 Actavis UK Limited v. Eli Lilly and Company (2017) UKSC 48 最高院先例。

〔32〕 可见《Patent Act 1977》之 Section 60(2):"... a person (other than the proprietor of the patent) also infringes a patent for an invention if, while the patent is in force and without the consent of the proprietor, he supplies or offers to supply in the United Kingdom a person other than a licensee or other person entitled to work the invention with any of the means, relating to an essential element of the invention, for putting the invention into effect when he knows, or it is obvious to a reasonable person in the circumstances, that those means are suitable for putting, and are intended to put, the invention into effect in the United Kingdom."

如,对生产某种产品的方法有专利,后来发现侵权人生产出类似产品,如果产品本身就是新型的(市面上没有出现过),或者是专利生产的方法使得产品特别可辨识,[33]此时还可以依赖侵权人提供了相同产品这个事实,根据“事情不言自明”(*res ipsa loquitur* 或 the fact speaks for itself)推定侵权人侵权。但如果只是采用了新方法,要证明侵权人的生产方法是否侵权,对于专利权人而言会做不到或非常困难,例如专利权人不会被允许去侵权人的厂房调查取证。因此对于这类情况,有特别的举证责任倒置(reverse burden of proof)的规定,要求侵权人承担举证责任证明自己采用的是不同方法。《Patent Act 1977》之 Section 100 规定:“**Burden of proof in certain cases.** (1) If the invention for which a patent is granted is a process for obtaining a new product, the same product produced by a person other than the proprietor of the patent or a licensee of his shall, unless the contrary is proved, be taken in any proceedings to have been obtained by that process. (2) In considering whether a party has discharged the burden imposed upon him by this section, the court shall not require him to disclose any manufacturing or commercial secrets if it appears to the court that it would be unreasonable to do so.”

4.3.7.3 仿冒经营

至于仿冒经营,原告有举证责任要证明侵权必须符合所谓是“holy trinity”(圣经中的三位一体)的三个要件。这三个要件在著名的 Reckitt & Colman Products Ltd v. Borden Inc (No. 3) (1990) RPC 341 先例(该先例常被称为“Jif Lemon case”)中,上诉庭的 Oliver 大法官说是:(1)原告有声誉(goodwill or reputation);(2)被告误述与造成混淆(misrepresentation/confusion);(3)令原告蒙受损害(damage)。前两个要件都涉及公众的思想状态或“民意”的证据,这方面在本书第十章之 6.2 段有详细介绍,这里不再重复。

4.3.8 建筑合约(construction/project contract)

在争议内容较为繁杂的案件中,如大型建筑工程案件中针对一个工程延误或工程质量问题的索赔,会有成百上千项的细节上的争端。这种大型建筑工程虽然有仔细的成本、工程进度与完工日期的预算/预期,但很少会顺利按照预算/预期完工。这是因为工程的进行难免受到很多因素影响,如意外事故、工程项目变更(variation)、不可抗力与其他数不清千变万化的情况(部分会是承建商自己的过错所造成)等。

---

[33] 可见 Magnesium Elektron Ltd v. Molycorp Chemicals & Oxides (Europe) Ltd (2015) EWHC 3596 (Pat)先例。作为原告的专利权人对一种产品(“zirconium-cerium-based mixed oxides”)的生产方式有专利,主张一家美国公司及其多家子公司侵权。但是该美国公司已经在美国申请破产保护/破产重整,无法推动对该美国公司的诉讼,因此原告特别想要针对尚有资产的、在中国实际生产产品的子公司。原告提供了专家证据显示自己受专利保护的生产方式生产出来的产品会有特别的特征,像是指纹一样可辨识,没有其他生产方法会导致类似特征,而中国子公司生产出来的同类产品也有同样的特征。这就足够表面推定中国子公司侵权了。

承建商通过激烈的竞争取得的这个建筑工程往往利润不多,承受不起这种影响,所以只能向雇主提出索赔,承建商就靠索赔成功赚取利润,但雇主也会对承建商索赔或反索赔,如工程延误、工程缺陷等。

由于大型建筑工程的争议繁杂、争议项目很多,所以对这种诉讼(或仲裁)需要有更高效率的案件管理,因此带出被称为"Scott Schedule"的做法,用来帮助确认到底是有哪些争端需要做出认定。简单而言是双方都在同一份文件上非常简洁地(brevity)对自己的案件进行陈述,这份文件是以表格(table)的方式在原告与被告之间传递。先由原告(但也会是被告)逐项列出自己主张的每一项细节的争端,并逐项列出自己要索赔或自己预计补救工程需要花费的金钱,接着由被告逐项列出自己的回复,以及自己对补救工作预计的花费。

另外,由于建筑工程案件中往往涉及专家证人(据悉在大型案件,仅是专家证人收取的费用会高达总诉讼费用的30%~60%之巨),因此一般还会有一列让专家(会是原告专家、被告专家或独任专家)针对每一个争端给出自己的评论或意见,最后一列则是留给法官认定使用。英国政府网站上给出了一个 Scott Schedule 的范例,可以节录如下:[34](见下表)

Scott Schedule 范例表

No.	Alleged Defect	Claimant's Cost Estimate	Defendant's Response	Defendant's Cost Estimate	Reserved for Judge's Use
1	The bath is not level-the water does not run out	£ 150	It slopes slightly towards the plug as it must	£ 25	
2	The power shower electrics are not earthed	£ 300	I did not do the electrical work	£ 75	
3	Tiles have been damaged around the foot of the basin. The bathroom has to be retiled	£ 1,000	I did crack a few tiles which are out of sight but can be easily replaced	£ 100	

通过这样的做法,当事人与法院都不再需要在文书请求中前后"摸索",到底需要认定哪些争端一目了然,专家证人的评论或意见也会非常有针对性。这样的做法在繁杂的争议,如建筑工程争议,或者是知识产权争议等中都有应用,并有助于省下大量的时间与金钱。

英国科技与建筑法院的指引《The Technology and Construction Court Guide》(第

〔34〕 https://www.justice.gov.uk/courts/procedure-rules/civil/standard-directions/general/scott-schedule-note.

2 版)之 5.6 段专门针对了“Scott Schedule”,可以节录该段如下:

“It can sometimes be appropriate for elements of the claim, or any additional (Part 20) claim, to be set out by way of a Scott Schedule (ie. by a table, often in landscape format, in which the Claimant's case on liability and quantum is set out item by item in the first few columns and the Defendant's response is set out in the adjacent columns). For example, claims involving a final account or numerous alleged defects or items of disrepair, may be best formulated in this way, which then allows for a detailed response from the defendant. Sometimes, even where all the damage has been caused by one event, such as a fire, it can be helpful for the individual items of loss and damage to be set out in a Scott Schedule. **The secret of an effective Scott Schedule lies in the information that is to be provided and its brevity: excessive repetition is to be avoided.** This is defined by the column headings. The judge may give directions for the relevant column headings for any Schedule ordered by the court. It is important that the defendant's responses to any such Schedule are as detailed as possible. Each party's entries on a Scott Schedule should be supported by a statement of truth.

Nevertheless, before any order is made or agreement is reached for the preparation of a Scott Schedule, both the parties and the court should consider whether this course (a) will genuinely lead to a saving of cost and time or (b) will lead to a wastage of costs and effort (because the Scott Schedule will simply be duplicating earlier schedules, pleadings or expert reports). A Scott Schedule should only be ordered by the court, or agreed by the parties, in those cases where it is appropriate and proportionate.

When a Scott Schedule is ordered by the court or agreed by the parties, the format must always be specified. The parties must co-operate in the physical task of preparation. Electronictransfer between the parties of their respective entries in the columns will enable a clear and user-friendly Scott Schedule to be prepared, for the benefit of all involved in the trial.”(加黑部分是笔者的强调)

在建筑工程案件中,今天的标准合约中常会约定“审裁”(adjudication)的争议解决方式。英国《The Housing Grants, Construction and Regeneration Act 1996》将审裁作为一种在建筑工程案件中明确为解决争议的途径,即使合约没有约定,当事人也可以申请审裁。专家裁决/公断会较快(28 天内)完成,结果也有暂时约束力(temporary finality),可以向法院要求强制执行,之后在诉讼或仲裁作最后调整。这主要是因为建筑工程案件争议会很繁杂,要获得最后的判决或裁决会花费很长时间与费用,因此先快速与临时得到一个结果对双方都有好处,如缓解承建商的现金流(cashflow)压力,也能使得建筑工程继续进行。同时,不影响双方也可以稍后挑战该审裁的决定,进行法院诉讼获得判决,或是根据合约约定进行仲裁获得裁决,或者是双方自行达成和解,此时审裁结果就会自动失效。

这方面曾经有疑问,在审裁后进行法院诉讼或仲裁挑战审裁的结果时,有暂时约束力的审裁结果是否影响举证责任的承担?换言之,到底是按原本争议中的法定举证责任("谁主张,谁举证"),还是由审裁下败诉一方承担法定举证责任证明事实与审裁结果不同?

过去的保守看法是应当作审裁,最初争议中双方各自的法定举证责任可见 City Inn Ltd v. Shepherd Construction Ltd (2002) SLT 781 苏格兰先例,还可见 CFW Architects (A Firm) v. Cowlin Construction Ltd (2006) EWHC 6 (TCC)先例等。在 Walker Construction (UK) Ltd v. Quayside Homes Ltd (2014) EWCA Civ 93 上诉庭先例中,Gloster 大法官提出的说法是,在已经有审裁结果后,一方当事人通过法院诉讼或仲裁挑战该结果,法定举证责任应由挑战结果的那一方当事人承担。建筑工程案件中的此问题看来仍然并不肯定,有待后续先例的进一步澄清。

4.3.9 其他

法定举证责任的问题会出现在各类不同的法律关系与千奇百怪的个别情况(individual situation)中。法院会在"谁主张,谁举证"的大原则下,加上考虑谁比较方便获取或掌握证据[本章之 2 段提到的"方便规则"(rules of convenience)]等,来决定在个别不同情况下谁承担法定举证责任这个法律问题。

4.3.9.1 情况之一:提起诉讼有否公司授权的举证责任

如在 Zoya Ltd v. Ahmed (t/a Property Mart) (2016) EWHC 1981 (Ch)先例中,一位 John Haastrup 先生自称是原告(一家利比里亚公司)的唯一股东与唯一董事,并以原告的名义起诉被告欠下的债务未偿还。被告主张原告公司的股权应属于第三人,John Haastrup 先生无权以原告公司的名义委任代表律师起诉自己,看来这点如果能够得到确认,被告就可以申请简易判决撤销原告的索赔请求了。双方对于举证责任到底由谁承担产生争端,法院指出如果被告主张特定个人无权以公司名义起诉,则承担相应的举证责任。审理此案的 William Trower QC 大法官说:"A company, whether English or Liberian, can of course only act through its agents. The agents who will normally be authorised to give instructions for the conduct of litigation on its behalf will be its directors, and the agents who will be authorised to implement those instructions will be its solicitors. In this case John Haastrup claims to be the only director authorised to give instructions on behalf of Zoya(原告), and Alpha Rocks(原告代表律师) represent that they are solicitors authorised to conduct this litigation on its behalf... In my view, it is well established that, in this kind of case, it is not normally open to a defendant to raise want of authority as a defence to the action... the burden of proof on the question of authority being one that falls on Mr Ahmed(被告). The solicitors who issue process in the name of a company warrant that they are authorised to do so, and the court proceeds on that basis unless the contrary is shown to be the case... the present case is one in which the court is entitled to assume that proceedings in the name of Zoya are properly authorised unless Mr Ahmed establishes that they are not, and to that extent the burden of proof is on him. How easy it is for Mr Ahmed to discharge that burden will depend on all the circumstances of the case."

4.3.9.2 情况之二：损失计算应否考虑税务的举证责任

另多举一个例子是有关索赔损失的计算(damages/quantum)，这是明确由提起索赔的原告承担法定举证责任，毕竟有关的信息与证据(包括通过专家意见证据估计将来损失)只有原告才拥有或能获取。这里可针对税务(tax)简单介绍。原告索赔损失胜诉后取回的金额可以是很大一笔金钱，但通常不理会税务的问题。在原告的索赔请求/索赔陈述(statement of claim)中，一般都会有每一项损失的详情并加上利息，但不会自动扣减可能会有的税务好处，而抗辩的被告会提出原告没有合理减损等的主张，但很少会提出税务的问题。但早在 British Transport Commission v. Gourley (1956) AC 185 贵族院先例中，即已确立胜诉的损失金额要扣减税务，这方面并不是"遥远"(remote)可以不去理会/扣减。[35] 可节录《McGregor on Damages》(2014 年，第 19 版)一书之 17－002 段："Until the decision in British Transport Commission v. Gourley, the English courts had not reduced awards of damages on the ground that the amount, for the loss of which the damages represented compensation, would have been diminished in the claimant's hands by the incidence of taxation. But in this case the House of Lords held that, in an action for damages, for personal injuries tortiously inflicted, the calculation of the claimant's damages in respect of his loss of earnings, both past and prospective at the time of trial, must take into account the tax which would have been payable upon them. The early cases to the contrary were overruled."

但税务的复杂性人所共知，国际商事诉讼/仲裁更是涉及全球的税务。计算损失的金额时，也往往会同时涉及金钱损失(pecuniary loss)与非金钱损失(non-pecuniary loss)，后者如精神压力或创伤、名誉损失等是不会涉及税务。即使是资本财产(capital asset)的毁灭或损坏的赔偿，也往往不涉及税务。涉及税务是金钱的损失如利润(loss of profit)、收入(loss of earning)，这包括过去与将来的损失，可能是主要的损失。税务的复杂还远不止如此，如在 Finley v. Connell Associates (2002) Lloyd's Rep PN 62 先例中，判胜诉的公司正在清盘，所以不存在胜诉赔偿金额的税务问题。这表示在每一个不同案件中，都会有不同的情况，因为胜诉方涉及各种避税的安排等。

British Transport Commission v. Gourley 先例适用的充分必要条件是：(1)损失在产生时如果能够获得支付是需要纳税的；(2)根据损失判决或裁决应支付的赔偿金额无须纳税。因为只有在这种情况下，原告成功索赔的金额才算是"赚"了税务的差额，在损失只是为了补偿(compensatory)的大原则下，才需要把赚的税务吐出来。《McGregor on Damages》(2014 年，第 19 版)一书之 17－015 段这样介绍："At their

---

〔35〕 这方面可见笔者的《损失赔偿与救济》一书第五章之 11 段。

simplest the two factors can be stated as: (1) the amount of the loss compensated would have been subject to tax (2) the damages would not be subject to tax."

条件(2)要求赔偿金额无须纳税带来的一个问题是,如果[对部分的金钱损失(pecuniary loss)]仍然需要缴税,只是税率与损失的税率不同,是否仍然可以适用 British Transport Commission v. Gourley 先例? 毕竟从道理上来说,只要这两者税率不同,就理应在损失赔偿上将这问题考虑进去。因此有说法就是对条件(2)应当作出调整为只要是判决或裁决应支付赔偿金额的纳税标准与损失本身的纳税标准不同,而且要视乎税率是变高还是变低恰当对赔偿金额作出调整。《McGregor on Damages》(2014 年,第 19 版)之 17－016 段这样给出这个偏离后的条件(2):"the damages would be subject to a different level of tax"。

早期有先例判不允许这样偏离:见 Julien Praet et Cie v. HG Poland (1962) 1 Lloyd's Rep 566 先例与 Parsons v. BNM Laboratories (1964) 1 QB 95 上诉庭先例等。而这样做看来也主要是在实践与理论之间的权宜之计(expediency),因为税务事宜复杂与耗时,法院也拿不准,实际的税务差别往往要审理后才能明确。在 Parsons v. BNM Laboratories 上诉庭先例中,Harman 大法官说:". . . it is better, where the Crown (英国政府) has taken a hand and actually taxed the damages in the recipient's hands, to leave the two taxes to set themselves off one against the other. There may be some roughness in this justice but it does at least make an end of the matter. . . On the whole, therefore, I would incline to the view that, as seems to be the practice in commercial loss of profit cases, no account should be taken of tax at either end. This may be a matter largely dictated by expediency but it strikes me as preferable in an imperfect world to an over-assiduous search after perfection."

Pearson 大法官则说,虽然偏离但可能完美公正(perfect justice),并给出了五个反对偏离的理由:"(1) It was not supported by any authority except Stuart v Glentaggart. (2) That the further calculations and arguments required would tend to **increase the length and expense of trial** and that was an important consideration because the assessment of damages was an everyday matter. (3) The data required for assessing, or estimating with a reasonable degree of accuracy, the amount of the tax on the damages **might not be available for a substantial time after** the wrongful dismissal, and in such a case either a quick and inaccurate estimate of the tax on the damages would have to be made or the trial of the action for wrongful dismissal would have to be postponed. He said that postponement of a trial is in many cases inimical to justice, because it tends to impair the witnesses' recollection of the events. (4) In some cases the amount of the tax on the damages would be decided as between the plaintiff and the defendant in the absence of the Inland Revenue(税局) which might cause difficulty for the Inland Revenue. (5) It was no part of the normal functions of a court of law to increase the amount of an award of damages so as to protect the plaintiff at the expense of the defendant against the incidence of taxation which the legislature has thought fit to impose."

然而这样的判法是会造成一些荒诞的后果的。一般税法都会针对税务类型（如个人所得税）订立最低纳税标准，这样如果胜诉方收到赔偿金额比此纳税标准少一点就可以适用 British Transport Commission v. Gourley 先例，而赔偿金额高一点就不能适用，这是离奇的做法。在 Shove v. Downs Surgical Plc（1984）ICR 532 先例中 Sheen 大法官就说："It seems to me that if, in assessing the plaintiff's actual loss, his liability to pay taxes is something which the law does not regard as too remote, then by parity of reasoning, his liability to pay tax should not be regarded as too remote when assessing the sum of money which it is necessary for the court to award to compensate him for his loss."

Amstrad Plc v. Seagate Technology Inc（1998）86 BLR 34 先例的情况是原告索赔 1989 年到 1990 年间销售 5 万台电脑的利润损失。1989 年税率应是 34%，1990 年的税率是 35%，但在此案件进行判决时对于原告能获得损失的税率是 33%。虽然在税率上是很少的差异，但是由于涉案金额巨大，导致对原告而言这 1% 的税率差会导致实际多"赚"近 100 万英镑。因此，Humphrey Lloyd 大法官判应当允许偏离 British Transport Commission v. Gourley 先例的条件（2），说逻辑（logic）与公正（justice）的结果不应被权宜之计与实用主义（pragmatism）超越。

BSkyB Ltd v. HP Enterprise Services UK Ltd（2010）EWHC 862（TCC）先例也有类似的情况，虽然税率相差只有 1% 左右，但是由于涉案金额的问题会导致实际有非常大差别，因此在最后赔偿金额上应当将税率变化考虑在内。

但这显然并不绝对，最后仍然要看具体案件的情况，会有特殊情况仍然要屈服于权宜之计与实用主义。例如 Deeny v. Gooda Walker（1995）STC 439 先例是有3,000 名自然人原告的集体诉讼，问题是看来有一些自然人在当年由于收入高所以税率也很高，但是在赔偿时收入没高，应纳税的税率较低，然而在这么多原告的集体诉讼中，审理法院拒绝对每一个自然人原告的税务情况进行分别衡量。《McGregor on Damages》（2014 年，第 19 版）之 17－020 段就评论这个案件说："The case may therefore be considered somewhat special but there is no doubt that here logic and justice took second place to expediency and pragmatism."

所以除非有更权威的先例，否则这方面还不肯定。尤其是现在国际商业赔偿金额往往是天文数字，可能仅此一项败诉方就可以大大扣减赔偿金额与/或可以作为审前和解谈判的一个筹码。所以，中国公司在国际仲裁中有必要熟悉这个课题以减少赔偿。

另外则是在赔偿时的税率完全可能不是变低，而是会变得比在损失当时的税率更高，从道理上来说应该调高赔偿金额，才能让原告真正回复到应有的地位。《McGregor on Damages》（2014 年，第 19 版）一书之 17－023 段这样说："If then, as considered above, the courts are prepared to reduce the damages when they are subject to less tax, it should follow that, if the damages will bear more, rather than less, tax than the amount lost, for which damages are being given, would have borne, the amount awarded should be appropriately increased... If the courts are prepared, as they should be, to increase damages in such cases, they become illustrations of Gourley in reverse."

本段想针对的问题就是 British Transport Commission v. Gourley 先例适用的两个条件应由哪一方承担举证责任。例如,会否是抗辩的被告,正如被告如果主张原告没有合理减损是有举证责任,[36]所以主张税务的扣减也是同样道理? 在 Stoke on Trent City Council v. Wood Mitchell & Co Ltd (1980) 1 WLR 254 上诉庭先例中,条件(2)的举证责任应该由被告承担,被告没能证明税务部门将来会如何对赔偿给原告的金额核算征税,就会导致在赔偿金额上不考虑税务问题。Roskill 大法官说:"Since the purpose of decisions ... was to secure that a successful plaintiff or claimant did not get more by way of damages or compensation than would have been received by him in the absence of his injuries ... in question, as the case might be, it seems somewhat strange that the principle underlying those decisions should be able to be invoked by the acquiring authority(被告)in order to produce the result that the claimants, in the absence of any assurance from the Inland Revenue that no attempt would be made to levy tax upon this sum, stood in peril of receiving considerably less than that which they would have received had their capacity to earn .... In such circumstances the more natural course, which would avoid any risk of injustice, would be for the claimants to receive the full sum, leaving the question of liability to tax, if any, to be adjusted thereafter between the claimants and the Inland Revenue.... it is clear beyond peradventure that the sum in question would not be taxable in the hands of the claimants. If that is clear, then it would be wrong to require the acquiring authority to compensate the claimants beyond the amount of the loss which the claimants would in truth suffer. **But if it is not, then it seems to us unjust that in a doubtful situation the acquiring authority can get the benefit of a reduced payment while leaving the claimants exposed to the risks we have mentioned.** Considerations of abstract justice might be thought to suggest that the claimants should receive the full sum and then in due course account to the Inland Revenue for any tax properly chargeable upon that amount."(加黑部分是笔者的强调)

在 Finley v. Connell Associates 先例中,Ousley 大法官则是较明确认同 Stoke on Trent City Council v. Wood Mitchell & Co Ltd 先例的判法并指出这两个条件举证责任一般都由被告承担:"I take the view that it is for the Defendants to show that both factors are satisfied so as to bring the rule in Gourley into play because it is the Defendants

---

〔36〕 这方面可见笔者的《损失赔偿与救济》一书第五章之7段。

that seeks an exception to the normal rule in relation to the incidence of taxation on damages. In Stoke-on-Trent City Council v. Wood Mitchell & Co. . . . the onus on the Defendants in relation to the second factor was expressed in strong terms: the rule in Gourley's case could only be applied if it was clear beyond peradventure that the sum received by the Claimant would not be taxable."

如果是原告主张现在税率升高因此应该提高赔偿金额，British Transport Commission v. Gourley 先例适用的条件满足的举证责任就理应由原告自己承担。

被告虽然可以证明当时与现在的一般税率问题，但不会有信息与证据证明原告具体应该缴纳多少税，这需要原告结合自己的其他收入、各类免税额度等进行计算。因此，在被告证明 British Transport Commission v. Gourley 先例适用的条件得到满足后，具体应当扣减多少金额的一些必要证据应当由原告承担。这也表示被告在面对金额巨大的索赔时，可以在相互披露阶段（mutual disclosure/ discovery of documents）要求原告披露所有与计算缴税金额有关的证据。[37]

《McGregor on Damages》（2014 年，第 19 版）一书之 17－059 段说："Onus for the computation on the tax to be deducted where Gourley applies would seem to present less difficulty. It could well be said that here the onus should be on the claimant on the basis that it is he rather than the defendant who has the knowledge and information necessary for the assessment of the amount to be deducted in respect of tax and that the court, with no material for assessing the proper amount of the deduction, would be in difficulty in arriving at an appropriate amount. . . . the defendant is entitled to details of the claimant's tax position in a case where the Gourley rule applies, it still seems sensible that it should be for the claimant to produce the necessary material for the court; material concerning his other income, his tax allowances, his financial plans for the future."

4.3.9.3　其他侵权类别

本章前文只是有限地介绍了一部分民商事案件中会涉及的举证责任问题，还有大量的各种不同法律关系与类型的案件中的举证责任没有介绍。例如，英国法下政府公共机构（public authorities）的侵权，有关人权（human rights）被侵犯，或者是有关平权问题、反歧视（discrimination），或者是保护隐私（privacy）、个人信息（data protection），有关保护消费者（consumers protection）等案件中的举证责任。而在各类型案件中，在"谁主张，谁举证"的大原则下，也时有举证责任倒置的普通法或立法规定。这些案件往往与中国公司、国际民商事案件的关系不大，因此不准备详细介绍。

4.4　合约的明示条文

合约当事人在订立合约时有广泛的订约自由，完全可以对谁承担举证责任进行

---

〔37〕 关于相互披露，可见笔者的《证据法：国际规管与诉讼中的文件攻防》一书第七章。

约定,除非改变法律对举证责任的规定被立法禁止,[38]否则这种约定是有效的。也有很多合约会这样约定,常见的例子就是托管合约或保险合约。

社会上大量涉及消费者合约,由于本质上订约自由并不真正存在,一般消费者(consumers)面对商家(business)都没有机会与能力去主宰他们的“合约命运”(contractual fate),所以很早就有了立法限制订约自由(其实只是商家的自由)。在一连串的立法(如《Consumer Credit Act 1974》《Unfair Contract Terms Act 1977》《Consumer Rights Act 2015》等),主要针对的是消费合约中的一些可算是“免责条文”(exemption clause/exclusion clause)的条文。条文本身可以有各种写法与不同针对,它可以是对应承担实质责任与/或赔偿金额的豁免或减轻、极短的索赔通知时限、缩短必须提起诉讼的时效、仲裁条文(阻止消费者向法院主张权力)等。在香港特区早年法律改革委员会所发表的《Report on the Control of Exemption Clauses》中,考虑跟从英国的《Unfair Contract Terms Act 1977》立法以保护消费者,并带来后来的《Control of Exemption Clauses Ordinance 1989》的立法,内容中对不利消费者的免责条文给出的例子之一为:“terms altering the onus of proof or providing that one matter is conclusive evidence of another.”

有了立法保护消费者不代表国际商业合约有受到任何保护。所以,这些国际商业合约还是有完全(除了不得违反公共政策外)的订约自由。所以精明与/或强势的一方订约方可以通过清楚无误的明示条文,把在普通法下原属自己的法定举证责任去转移给对方。

例如,在 Levy v. Assicurazioni Generali (1940) 67 Lloyd's Rep 174 先例中,保单中有这样的条文:“In any action, suit or other proceeding, where the company alleges that by reason of the provision of this condition any loss or damage is not covered by this insurance, the burden of proving that such loss or damage is covered shall be upon the insured.”

又如本章之 4.3.4 段已经提到了 1924 年的《海牙规则》将提单合约中船舶在开航前必须适航(seaworthy at the commencement of the voyage)的法定举证责任强加给承运人/船东承担,而在租约中虽然没有此公约或立法去强制规定与适用,但租约的当事人(货方与船方)会通过一条广泛被使用的“首要条文”(clause paramount)的明示条文将《海牙规则》(包括这个举证责任)约定搬进租约,船东在租约下也承担同样的举证责任。这方面可见笔者《提单与其他付运单证》(2016 年)一书第五章之 5 段。

甚至在订约自由下,有时也在合约中明示将某些证据作为最终(final)、结论性(conclusive)证据。例如,在货物买卖合约中约定将装港或卸港的检验报告作为最终与结论性证据。照理说任何证据都会可以被挑毛病、丑化,或以其他证据予以反驳,

---

[38] 例如,在 1924 年的《海牙规则》及有关立法下,不能减轻承运人应当承担的责任。《海牙规则》之 Article III R. 1 中对于适航问题,承运人对于自己已经恪尽职责使得船舶在开航前适航有举证责任。

但在最终、结论性证据的明示条文下，只要是写得足够清楚，仍然会以合约订约方的约定为准。虽然这并不合理，但是商人为了肯定性，会以务实的心态约定这样的条文。这方面问题以及著名的 Toepfer v. Continental Grain Co (1974) 1 Lloyd's Rep 11 先例在笔者(杨大明)的《国际货物买卖》(2011)年一书第四章之 8.2.5 段有详细介绍。

还会有一些其他的情况，如通过在合约中约定议定赔偿(liquidated damages)的条文，这样就无须对实际损失的情况进行举证，而只要索赔议定赔偿就已经足够，在广泛的意义下也属于这种条文。

5. 不需要证明的事实

前文中已经提到，双方当事人主张什么事实，尤其是经过文书请求提出后，会较为清楚，可以整理出一张事实清单列出各自主张的重要事实。一般而言，对于属于自己主张的重要事实都会需要予以证明，但是也有一些情况，是不需要对主张事实作出证明的。

5.1 自认/承认的事实(admitted fact)

最典型的不需要证明的事实就是在文书请求(pleadings)[39]或要求承认事实通知(notice to admit facts)[40]中已经承认的事实(admitted facts)。当事人的承认涉及多方面问题，也不仅仅是针对事实，还会针对法律或者是法律与事实的混合，如对方主张依赖在争议的事实中会适用某先例或立法，己方也承认对方的看法是正确的。但是针对法律部分的承认毕竟只是当事人自己的意见(opinion)，[41]因此即使是法律方面承认分量也十分有限，不像事实方面的承认会对审理法官或仲裁庭有约束力。

但也有当事人之间是愿意互相承认对方主张的事实的。毕竟在每一个主张的事实上都扯皮没有必要，只会徒然惹来法院或仲裁庭的反感与浪费诉讼费用。例如，在违约/毁约中，原告会先主张双方之间存在合约关系，如果被告明知互相手中都有证明显示明确有合约的存在，如有双方签字的书面合约，也已经履行了一段时间，有大量的书信往来，被告要否认合约存在是显然不明智的。被告如果真的认为自己没有违约/毁约，或者反而是原告违约/毁约，则应该直截了当即承认合约的存在，就谁违约/毁约的问题进行抗辩。

---

[39] 有关文书请求，可见笔者的《证据法：国际规管与诉讼中的文件攻防》一书第七章之 6 段。

[40] 有关要求承认事实通知，可见笔者的《证据法：国际规管与诉讼中的文件攻防》一书第七章之 10.2 段。

[41] 有关意见与事实的区分，可见本书第九章之 1.1 段的介绍。

但首先区分的是两种不同的承认。[42] 一种是针对诉讼,目的就是在诉讼中无须证明而作出的承认,这种承认也被称为对证明的弃权(waiver of proof)。这类承认一旦作出后如果要反悔撤回就会有特别的问题,这些问题将会在下一段介绍。

而另一种承认则是并非在诉讼中对证明弃权,例如没有诉讼或可能诉讼时随口所说。这种承认并不是无须证明的事实,但可以将对方"承认"作为对其不利的证据提交给法院。这些承认是该事实存在的表面证据(*prima facie* evidence),但不是结论性证据(conclusive evidence),因此审理法官或仲裁庭需要衡量这些承认的分量(weight)后再作出认定。而且由于这类承认实际上是一方当事人自己或者是证人听到对方当事人作出的陈述,实际上是传闻证据(hearsay evidence),民事诉讼中即使是传闻证据也不再有可采纳性(admissibility)的问题,但是这类传闻证据的分量如何衡量需要特别考虑。有关传闻证据的问题会在本书第八章之3段再介绍,包括衡量分量的问题。在这里针对承认,很显然要结合当时的情况进行判断,如一个人喝醉时的承认显然分量就不会重:见 R v. Hedges (1909) 3 Cr App R 262 先例。

作出承认的一方也不一定是向另一方所作出。如果是与第三人的谈话中对有关事实作出了承认,甚至是在自言自语的情况下承认但被另一方或者第三人听到,都是可以被采纳作为证据的。

另一方面则是承认也不一定是当事人自己所作出的。例如,律师等人士在民商事诉讼中一般都有当事人的授权(没有明示授权也有默示授权),能够在诉讼中作出(对当事人不利的)承认。[43] 因此诉讼中律师如果是在与对方的书信往来中承认说自己的当事人并没有什么抗辩,就可以适用简易判决。

5.1.1 诉讼中作出的正式承认

自认/承认也会有几种不同的形式。英国法下,CPR Rule 14 对承认的问题作出规定。该法案 Rule 14.1 规定:"A party may admit the truth of the whole or any part of another party's case."在诉讼开始后,任何一方当事人都可以用书面的方式承认另一方全部或部分的事实主张。这承认可以是在文书请求(pleadings)中的承认,也可以是其他方式的书面承认。[44]

---

〔42〕 也有说法是将民事诉讼中在文书请求中的承认以及刑事诉讼中在法院里的承认称为正式的承认(formal admission),而将法院以外(out of court)的承认称为非正式的承认(informal admission)。

〔43〕 刑事案件中,律师要代表嫌疑人/被告认罪(confession)会需要嫌疑人/被告的特别授权。

〔44〕 CPR Rule 14.1(2)规定:"The party may do this(承认) by giving notice in writing (such as in a statement of case or by letter)."

今天最明确不过的就是在文书请求[45]中对事实[46]的承认。在抗辩书(statement of defense)或者是答辩书(statement of reply)中,明示(expressly)承认索赔请求或抗辩书中某一段有关什么事实的主张。需要小心的是,在 CPR 下,如果在抗辩中没有针对对方主张的事实,会被视为承认,见 CPR Rule 16.5(5):"... a defendant who fails to deal with an allegation shall be taken to admit that allegation." 有关什么是在文书请求中的承认(admit)、否认(deny)与不承认(not admitted)的问题已经在笔者《证据法:国际规管与诉讼中的文件攻防》一书第七章之6段有详细介绍,不在这里重复。

在国际仲裁中,大部分经过普通法训练的都会是这样的心态。笔者常见到参与国际仲裁的中国律师没有这样的态度与做法,各说各话,不针对对方的主张。[47] 如果是遗漏了对方的主张没有针对,没有清楚陈述自己的立场,一般都会被认为是在这个主张上"放弃抵抗"。今天这个心态看来也应该有所改变。2020 年 5 月 1 日生效的最高人民法院《关于民事诉讼证据的若干规定》第 3 条规定:"在诉讼过程中,一方当事人陈述的于己不利的事实,或者对于己不利的事实明确表示承认的,另一方当事人无需举证证明。在证据交换、询问、调查过程中,或者在起诉状、答辩状、代理词等书面材料中,当事人明确承认于己不利的事实的,适用前款规定。"第 4 条规定:"一方当事人对于另一方当事人主张的于己不利的事实既不承认也不否认,经审判人员说明并询问后,其仍然不明确表示肯定或者否定的,视为对该事实的承认。"

在文书请求中,如果是被告已经承认了事实,也就不需要对这个事实主张进行证明了,这个事实问题也不再是争端(issue)。但是有时一方当事人仍然会偏离文书请求中的事实争端,对这个已经"承认"的事实提供证据。此时如果这个偏离不会带来什么损害,也无须回应什么。但如果该偏离会带来损害,如被告要提交的证据实际上证明目的根本是要推翻抗辩中的承认,原告就可以坚持除非被告修改文书陈述,否则这些证据不应当被考虑。在 Loveridge v. Healey (2004) EWCA Civ 173 先例中,Phillips 大法官就说:"It is on the basis of the pleadings that the parties decide what evidence they will need to place before the court and what preparations are necessary before the trial.

---

[45] 在过去,文书请求曾经被视为大律师给的建议,因此除非当事人自己也作出宣誓、签署否则不被采纳作为当事人在诉讼中承认的效果。但是今天 CPR 下的文书请求会需要当事人作出真实声明(statement of truth),因此不再有此问题。

[46] 如果是在文书请求中也提到了法律问题,由于今天 CPR 下的文书请求针对的只是事实问题,因此即使对法律问题有承认,也不能认为当事人在这个法律问题上达成共识。

[47] 甚至中国法律背景的仲裁员在合议时也会持如此态度。如果只有一位中国法律背景的仲裁员,这常会导致他/她只能作出少数意见,不知道怎样说服其他两位仲裁员。如果有两位中国法律背景的仲裁员,这可能导致仲裁庭内各自陈述了三个不同意见(甚至没有给太多理由),但不针对其他仲裁员提出不同意见的理由逐点说明认同与否、评论、说理、反驳与/或纠正(如指出看漏一些证据),大家难以很快沟通与说服其他仲裁员。

Where one party advances a case that is inconsistent with his pleadings, it often happens that the other party takes no point on this. **Where the departure from the pleadings causes no prejudice**, or where for some other reason **it is obvious that the court, if asked, will give permission to amend the pleading**, **the other party may be sensible to take no pleading point.** Where, **however**, **departure from a pleading will cause prejudice**, it is in the interests of justice that **the other party should be entitled to insist that this is not permitted unless the pleading is appropriately amended.** That then introduces, in its proper context, the issue of whether or not the party in question should be permitted to advance a case which has not hitherto been pleaded."（加黑部分是笔者的强调）

诉讼中的承认还有其他的方式，例如在 CPR Rule 18 下或其他各类书面要求中回应要求更多信息（request for further information）[48]，因为今天这类书面回应往往会伴随一份真实声明（statement of truth），在这些文书中的承认是有同样效力的。又如一方当事人通知对方当事人承认事实（notice to admit facts），对方当事人作为回应书面承认，也与在文书请求等中的承认有同样效果。

5.1.2　对正式承认的撤回

一般会允许当事人修改文书请求（amendment to pleadings），只要能够承担因此给对方造成的额外费用。但如果允许修改会带来金钱无法补救的损害时，如随着时间的逝去有关证据已经流失，或者另一方当事人的地位已经改变（如没有及时向第三人要求补偿的索赔）等，[49] 此时会拒绝当事人修改。修改文书请求可见笔者《证据法：国际规管与诉讼中的文件攻防》一书第七章之 10.4 段。但是撤回正式承认（withdrawal of formal admission）在本质上是更严重的，撤回对重要事实的承认往往有更大的后果，有时会类似于提起一个新案件（run a new case）。而且正式承认往往比较严肃与谨慎，通常已经有称职的律师参与，是在调查取证与深思熟虑后的承认，因此法院对这种出尔反尔的做法更严格。尤其是 CPR PD 14 para. 7.2 之后明确加上了撤回承认的多项要求，成功申请撤回不是这么容易的，与一般的文书请求的修改是两码事。本章稍后会介绍几个有关的先例。

今天在 CPR Rule 14.1(5) 专门针对撤回承认有规定，要求必须先得到法院的批准才可以："The permission of the court is required to amend or withdraw an admission."CPR Rule 14.1A(3) 还针对了特定的 3 种诉前议定书（pre-action protocol）程序

---

〔48〕 有关要求更多信息，可见笔者的《证据法：国际规管与诉讼中的文件攻防》一书第七章之 10.1 段。

〔49〕 这类损失可以参考本章之 5.1.3 段介绍的 Walley v. Stoke on Trent City Council (2006) EWCA Civ 1137 上诉庭先例，节录的 Smith 大法官的说法中分析了该案件中的各方面损害。

中的诉前承认（pre-action admission），[50]这几种特定的诉前的承认同样适用 CPR Rule 14.1(5)的撤回规定。

5.1.2.1　批准对正式承认撤回申请的先例：Braybrook v. Basildon & Thurrock University NHS Trust

问题是法院该如何行使这个是否批准撤回的裁量权呢？双方会有哪些可能的损害需要被纳入考虑？Braybrook v. Basildon & Thurrock University NHS Trust（2004）EWHC 3352 QB 先例就涉及这个问题。此先例中，原告的丈夫罹患脑膜炎住进被告的医院治疗，但看来是由于被告医院的治疗存在问题导致6个月后死亡，在诉讼中医院一开始通过律师写信愿意承认责任，包括："（死者）would have . . . made a full or virtually full recovery. If he had made a full recovery he would most probably have been left with some minor memory problems and forgetfulness. It is further admitted that on balance he would have been able to overcome these problems. . . "

双方开始的主要争端也是有关赔偿金额的问题，原告就指出应考虑被告恢复后的工作与升职直到退休，被告的这个承认看来也认可这一点。但是之后通过医疗专家报告等显示出死者实际上除了脑膜炎以外还有其他身体问题，会影响之后的升职甚至是影响是否能够继续工作。被告就要求撤回/修改这个承认并根据 CPR Rule 14.1(5)向法院提出申请。

Sumner 大法官经过对过去先例的梳理后，针对裁量权行使总结了如下原则：

"From these cases and the CPR I draw the following principles.

1. In exercising its discretion the court will consider all the circumstances of the case and seek to give effect to the overriding objective.[51]

2. Amongst the matters to be considered will be：（a）the reasons and justification for the application which must be made in good faith[52]；(b) the balance of prejudice to the parties[53]；（c）whether any party has been the author of any prejudice they may suffer[54]；(d) the prospects of success of any issue arising from the withdrawal of an admis-

---

〔50〕 这里的诉前承认仅仅针对了三种诉前议定书（pre-action protocol）程序["（a）the pre-action protocol for personal injury claims；（b）the pre-action protocol for the resolution of clinical disputes；or（c）the pre-action protocol for disease and illness claims"]中的承认，而其他类型的诉前承认就不适用此条文的规定了。有关诉前议定书，可见笔者的《证据法：国际规管与诉讼中的文件攻防》一书第二章之2.2段。有关诉前承认的问题，可见本章稍后的介绍。

〔51〕 现在 CPR 下的超越性的主要目的是处理案件要公正（justly）与费用成比例（at proportionate cost）。在法院行使裁量权时，这显然是大原则与需要进行考虑的内容。

〔52〕 撤回承认、修改文书请求的申请必须是善意的，这包括是原因与理据都能站得住脚。非善意导致不允许撤回的例子可见本章之5.1.2.3段介绍的 Co-operative Group Ltd v. Carillion JM Ltd（2014）EWHC 837（TCC）先例。

〔53〕 要权衡双方各自会受到的损害。

〔54〕 要考虑到是否有的损害实际上是该方当事人自己所导致。

sion[55];(e) the public interest[56], in avoiding where possible satellite litigation, disproportionate use of court resources and the impact of any strategic manoeuvring.[57]

3. The nearer any application is to a final hearing the less chance of success it will have even if the party making the application can establish clear prejudice. This may be decisive if the application is shortly before the hearing."

这判法也有后续先例的认可,例如在 Sowerby v. Charlton (2005) EWCA Civ 1610 先例中上诉庭的 Brooke 大法官说:"the unreported judgment of Sumner J in Braybrook v Basildon & Thurrock University NHS Trust (7th October 2004) appears to us to offer valuable guidance ... on the way in which a court should exercise its discretion when determining whether or not to permit the withdrawal of an admission that was made after an action was commenced."

5.1.2.2　CPR PD 14 para. 7.2 对申请撤回正式承认的规定

2006 年 CPR 修订时将这问题纳入考虑,CPR PD 14 para. 7.2 列出了类似的清单如下:"In deciding whether to give permission for an admission to be withdrawn, the court will have regard to all the circumstances of the case, including—(a) the grounds upon which the applicant seeks to withdraw the admission including whether or not new evidence has come to light which was not available at the time the admission was made; (b) the conduct of the parties, including any conduct which led the party making the admission to do so; (c) the prejudice that may be caused to any person if the admission is withdrawn; (d) the prejudice that may be caused to any person if the application is refused; (e) the stage in the proceedings at which the application to withdraw is made, in particular in relation to the date or period fixed for trial; (f) the prospects of success (if the admission is withdrawn) of the claim or part of the claim in relation to which the admission was made; and (g) the interests of the administration of justice."

在 Woodland v. Stopford (2011) EWCA Civ 266 上诉庭先例中,Ward 大法官对 CPR PD 14 para. 7.2 中列出的需要考虑的事实进行了原则性的阐述,并解释说这些

---

[55] 如果允许撤回承认,对方主张成功的可能性到底如何。如果即使撤回承认,对方主张仍会成功,就不允许撤回。典型的例子就是承认了欠下的债务,要撤回承认但要抗辩、主张的理由并不能对抗债务的索赔,无论是否允许撤回都改变不了债务索赔成功的后果,此时就不会允许撤回。

[56] 其他的公共利益。需要考虑每个案件不同的案情。

[57] 这些需要考虑的事实各自的分量并不存在排名先后的问题,法院也不会机械化地衡量,而是在每个案件中综合考虑全面的事实:见 Joiner v. Finover Capital (2006) EWHC 3641 (Ch) 先例。Patten 大法官在该先例中说:"Although I agree with Sumner J that the list set out in his judgment is likely to contain most if not all of the relevant factors to be considered, the weight to be given to any one or more of those factors will clearly vary from case to case depending on the particular facts of the individual case in question."

事实各自的分量需要结合各个案件进行考虑,而不是说某些事实就一定有决定性影响。例如,有的案件中,由于当事人没有任何新证据、毫无理由地要求撤回承认就不被允许:见 American Reliable Insurance Company v. Willis Ltd (2008) EWHC 2677 (Comm)先例,但这并不是说所有案件中没有新证据就不能撤回承认。节录 Ward 大法官所说如下:"... paragraph 7.2 of Part 14 of the Practice Direction lists the specific factors the court must take into account in addition to the need to have regard to all the circumstances of the case. These factors are not listed in any hierarchical sense nor is it to be implied in the Practice Direction that any one factor has greater weight than another. A judge dealing with a case like this must have regard to each and every one of them, give each and every one of them due weight, take account of all the circumstances of the case and, balancing the weight given to those matters, strike the balance with a view to achieving the overriding objective. Cases will vary infinitely and the weight to be given to the relevant factors will inevitably vary from case to case. Sometimes the lack of new evidence and the lack of explanation may be the important considerations; in others prejudice to one side or the other will provide a clear answer and in all the interests of justice will sway the balance. It would be wrong for this court to circumscribe the manner of the exercise of this discretion or to give any more guidance than is trite, namely, carry out the task set by the Practice Direction, weigh each of the identified factors as well as all the other circumstances of the case and strike a balance with due regard to the overriding objective."

Ward 大法官也提到了必须结合 CPR 下的超越性的主要目的(overriding objective)来看待。CPR 下的超越性的主要目的以前是处理案件要公正(justly),在 2013 年经过修改后加上了要在费用上成比例(at proportionate cost),这也包括要避免拖延地处理争议,法院要在案件管理的权力下更有力地管理程序。因此通过案件管理会议处理了程序的时间与金钱预算问题后,要再撤回与作改动就会牵一发而动全身。在 Berg v. Blackburn Rovers Football Club & Athletic Plc (2013) EWHC 1070 (Ch)先例中,作为大法官的 Pelling QC 就说,在 CPR 的 2013 年修改后,对于 CPR PD 14 para. 7.2 的考虑特别强调了成比例的问题:"On 1st April 2013, the Overriding Objective was radically amended. It now places emphasis not merely on the need to deal with cases justly but to do so at proportionate cost, expeditiously, to enforce compliance with the Rules and orders and to allot to each case an appropriate share of the Court's resources. This amendment of the overriding objective is likely to have a significant impact on the approach to be adopted to applications of this kind, which will now be approached by courts much more rigorously than perhaps has been the practice in the past, particularly where formal admissions are made on behalf of parties represented by experienced and specialist professional advisors."

5.1.2.3　何谓善意撤回承认的先例：Co-operative Group Ltd v. Carillion JM Ltd

在 Co-operative Group Ltd v. Carillion JM Ltd（2014）EWHC 837（TCC）先例中，原告委任被告作为一个超市地盘的承建商，被告也委任了分承建商（名为 Pennine Vibropiling Ltd，简称 Pennine），由 Pennine 负责对地面的稳定加固工作。事后原告主张地面加固工程存在问题，向被告索赔。被告也相应地向 Pennine 索赔或要求补偿。在原告与被告之间的诉讼中，被告在抗辩中对部分事实作出了承认，尤其是承认了 Pennine 的工作在多方面（如设计、计算等）存在不妥。但是被告后来与 Pennine 达成和解，Pennine 愿意补偿所有因此承建项目对被告带来的损失，并且由 Pennine 实际接手被告对原告的抗辩。Pennine 可能就此承建项目并与其他第三人开展诉讼，因此在原告与被告的诉讼中，Pennine 就（以被告的名义）申请撤回被告之前作出的承认。

法院最后不允许撤回，并给出了很多理由。例如，法院指出好几处承认如果撤回，会造成抗辩的内容难以理解，或可能导致自相矛盾。此时允许更改，需要额外的大量时间与金钱重新调查取证，甚至需要找专家证人对有关内容出具报告等。又如，庭审已经预定在 8～9 周之后，可能会受影响。还有一个重要的理由是 Pennine 以被告的名义作出的申请并非善意。Akenhead 大法官说："It is a requirement (and an understandable requirement) that an application to withdraw or modify an admission must be with the leave of the court and in practice the application must be made in good faith by the party which is actually making the application. I raised in argument that question in the context of whether this application was being made by the Defendant in good faith in circumstances in which the reality is that Pennine . . . is seeking to run a new case (that is new to the Defendant) which reflects Pennine's as opposed to the Defendant's own position. . . . Of course, I accept that in a professional sense both Counsel and solicitors now acting for the Defendant are not in any way acting in bad faith or unprofessionally by making this application. That however is not the issue; the issue is whether this Defendant is acting in good faith by going so substantially against the admissions which it made in its Defence. Such admissions were originally made. . . on the express advice of its expert, the respected Dr Pugh（被告原本的专家证人）; they were considered admissions supported by a Statement of Truth. . . . I am therefore not satisfied that this is an application made by this Defendant in good faith. Again, I am not implying criticism of the Defendant because I doubt that it itself even knows of the precise wording of the amendments."

5.1.2.4　满足 CPR PD 14 para. 7.2 要求的 Moore v. Worcestershire Acute Hospitals NHS Trust 先例

Moore v. Worcestershire Acute Hospitals NHS Trust（2015）EWHC 1070（QB）先例就详细地逐条考虑了 CPR PD 14 para. 7.2 中的内容。在此先例中，原告在 7 岁时身体不适并多次前往医院治疗，但均没得到妥当的诊治，后来发现是感染了腐蹄病/坏死杆菌（Fusobacterium necrophorum），并且已经从咽喉的感染一路扩散到了左臂并造成严重的身体损害。原告的主张是自己在前两次去医院接受的检查并不足以因此造成这损害。而被告看来一开始对自己的专家出具的报告存在误解,因此作出承认(包括是自己未履行医疗的义务以及因果关系等)。[58] 在案件早期进行费用上的案件管理等阶段,被告就提出申请要求撤回承认。经过被告解释,法院同意被告撤回自己的承认。结合 CPR PD 14 paragraph 7.2,法院行使裁量权的原因可以简单介绍如下:

1. 针对 7.2(a)有关申请撤销的理由,法院认定被告的承认确实是源于被告对自己专家报告的误读,这与 Woodland v. Stopford (2011) EWCA Civ 266 先例中策略性理由先承认后撤回的做法是不同的。显然这与 Co-operative Group Ltd v. Carillion JM Ltd (2014) EWHC 837 (TCC)先例中由于被告抗辩被第三人接管、第三人是为了自己的利益要求撤销,也是不一样的。

2. 针对 7.2(b)有关当事人的行为,此先例中原告是没有过错的,是被告误读了自己专家报告,并不存在故意。

3. 针对 7.2(c)有关撤回承认当事人会受到的损害,原告针对几个方面都提出了自己会受到损害,但 Bidder 大法官认为原告虽然会有损害,但并不属于严重与不可挽回(“*hard and irreparable prejudice*”),在判决中对这方面的权衡可以简单介绍如下:

(1)原告主张由于被告的承认,自己没有委任、获取有关的专家报告就开始了诉讼,今天再要去找专家就会受到不少限制。但法院指出,原告本身也是在事件发生后 3 年才向被告发出索赔函(letter of claim),假设在当时一收到通知书被告就明确不承认,与诉讼中被告撤回承认后再委任专家证人,看来并没有关键影响。而且从原告的索赔请求来看,本就是已经与一些专家合作。而尽管原告主张专家证人的选择十分受限,但看来并没有提出什么证据予以证明。

(2)原告提出在被告承认后,自己就没有再找事实证人调查取证,现在再要获取证人证言等会有不利。但原告没有给出什么具体详情(particulars),不能凭空臆测(speculation)。

(3)原告提出自己会受到的另一种损害,是由于被告承认,自己本可以向法院作出一些申请或针对有关问题作出简易判决。无论是什么申请显然都会有后果,如冻结令会冻结被申请人的资产,或者是披露命令下当事人要披露与提交文件等。还没有申请,撤回承认后就困难得多,这显然是对原告的损害,是需要在权衡时考虑在内的。

(4)原告还提出了已经没有诉讼资金了,现在如果允许被告撤回,就需要紧急筹措资金,这对原告来说是十分困难的。Bidder 大法官的看法是这对原告来说确实是

---

〔58〕 此先例中,被告是在诉前的书信往来中作出的承认。有关诉前的承认问题,见本章之 5.1.3 段的介绍。

一种损害，但在被告有真实抗辩理由的情况下，如果没有作出过承认，这些诉讼资金本就是无论如何都要花费的。

（5）有关诉讼费用，原告提出在被告承认后，原告已经委任的损失金额计算专家所花的一笔很可观的费用就浪费了。Bidder 大法官判这些费用由被告承担，这方面就基本用金钱弥补，并不会有什么损害。

（6）更重要的是，此先例中撤回承认的申请是在诉讼的早期。尤其是正处在对诉讼费用问题进行案件管理的阶段，此时允许被告撤回承认，能让诉讼双方与法院对后续案件的程序与诉讼费用有更好的预计，也符合今天成比例超越性的主要目的要求。一个反面例子就是已经进入诉讼的后期，如只在最后计算损失金额时被告才提出要撤回对于责任的承认等，这就会造成严重损害了。

4. 针对 7.2（d）有关不允许撤回承认当事人会受到的损害，显然最主要的就是被告会损失自己真实抗辩的机会。

5. 针对 7.2（e）有关申请撤回的时间，刚刚已经提到此先例中还处于诉讼的非常早期，因此并不会有太大问题，尤其是不会影响到如已经定下的开庭日期等重要时间点。

6. 针对 7.2（f）有关申请撤回的一方可能胜诉的机会，在此先例中显然要作出预测过早，毕竟还不知道被告会是如何抗辩等，但是至少根据有限的医疗报告是能看到胜诉希望的。

7. 针对 7.2（g）有关促进司法公正，Bidder 大法官指出不能轻易允许撤回承认，要让有真实抗辩的被告有抗辩的机会都是促进司法公正，但是在这个先例中允许撤回承认只是会造成一些轻微的延误与一些费用。因此在超越性的主要目的下，权衡之下也会是允许撤回。

5.1.2.5　不满足 CPR PD 14 para. 7.2 要求的 Cavell v. Transport for London 先例

作为对比可见 Cavell v. Transport for London（2015）EWHC 2283（QB）先例。此先例中，原告（Cavell 先生）2011 年 10 月骑自行车时摔下导致背部受伤，原告主张道路有瑕疵造成自己摔下，因此找负责维护道路的被告要求赔偿。

2012 年，原告就向被告发送多封信函，并附上了 2012 年 9 月拍摄的道路照片等。在收到原告信函后，被告委任了在这类案件中非常有经验的律师事务所（Gallagher Bassett）。一开始被告否认责任，主要依赖的是该道路的维护报告显示该道路有定期检验而且并无任何瑕疵。原告完全不能接受这个说法，并发送了 2013 年 7 月再次拍摄的照片，显示直到该时道路上的瑕疵仍未修复，这表明检验报告要不是并没有真正实地检验，要不就是不够。在原告不知情的情况下，2013 年 11 月被告修理了该段道路，进行修理的员工对该段道路的描述是在道路中有坑洼/坑洞。然而经过原告再三催促被告都只推脱说，由于缺乏当场的证据因此很难真正衡量案件情况。原告就正式委任律师事务所并发送律师信给被告，被告马上承认了自己的责任：“*Please note liability will not be an issue, subject to causation.*"接下来被告也支付了原告的医疗费、杂费等费用，但在诉讼中被告想要撤回承认。被告提出要撤回有两个主要原因，但都被法院驳回：

第一个原因是自己在责任方面是有真正抗辩的，依赖的理据主要是并没有当场(2011 年 10 月)文件显示当时道路是否有瑕疵等。[59] William Davis 大法官就指出，对当时的情况原告会有口头证据，虽然相比于被告的书面维修报告而言，维修报告一般分量会更重，但此先例中直到 2013 年 11 月这段道路都是有"坑洼"的，因此这份维修报告显然有问题，分量就大大下降了。从 2012 年 9 月的照片中以及从被告自己修理道路员工的说法来看，这道路上确实是有坑洼。

第二个原因是被告主张如果道路确有瑕疵，实际最终会是由于自己委任的负责检验与维修的建造商承担责任，但如果不允许自己撤回承认，最后在面对建造商的追偿时就会有问题了。William Davis 大法官也不同意这个说法，毕竟在与第三人的诉讼中，道路是否有瑕疵无论如何都要在该案件中举证与满足举证标准，在此先例中如何认定只是此先例中审理法官根据手上现有证据得出的意见，另案审理法官不必要受约束，尤其是在另案中还有更多的新证据新信息时。

至于被告主张自己原本的承认纯粹是错误，也没有被法院接受。即便是被告自己的主张显然是有经验律师帮助，是在深思熟虑后作出的决定，此时没有任何新证据就要反口，也不会被轻易接受。William Davis 大法官说：[60]

"Since the grounds relied on by the Defendant have no substance the application must fail. In fact it goes further than that. This is a case in which it is said that the admission was made in error. No explanation at all is offered as to how this error was made. The firm which made the error is hugely experienced in the type of claim involved here. An initial denial of liability was followed by a lengthy review of the decision by the firm with at least one senior member of staff being involved. The firm consulted the Defendant in the course of that review. Whilst the review was in train the repair of November 2013 was carried out. All of the external evidence suggests a careful consideration of the available material and a reasoned decision based on that material. I have been provided with no evidence whatsoever to undermine that proposition. In those circumstances the total lack of any explanation coupled with the lack of any new evidence-or at least no new evidence which might support the pleaded Defence-is of very considerable significance. They are

---

〔59〕 还有其他理据，如主张原告在咨询医生时没有提到道路上的"瑕疵"问题。但从证据上来看，在摔倒当时有路人救援原告时，原告就已经向他们提到过由于道路不平导致摔倒。不在此详细介绍。

〔60〕 在刚刚介绍的 Berg v. Blackburn Rovers Football Club & Athletic Plc (2013) EWHC 1070 (Ch)先例中，作为大法官的 Pelling QC 也提到 CPR 下费用成比例的超越性的主要目的之下，在要求撤回承认时，要考虑到这承认是有经验与水平的律师帮助之下，经过调查取证与深思熟虑之下的承认。

the ‘important considerations’ in this instance (to use the language of Woodland).

The final consideration within the list set out in the Practice Direction is the ‘interests of the administration of justice.’ It cannot be in those interests to permit the withdrawal of an admission made after mature reflection of a claim by highly competent professional advisors when there is not a scintilla of evidence to suggest that the admission was not properly made. Were it to be otherwise civil litigation on any sensible basis would be impossible.”

5.1.3　诉讼前的非正式承认

除了在诉讼中作出承认以外,在诉讼外当事人也会不同场合或情况下承认对方的事实主张。例如,当时的书信往来中一方当事人有承认某些事实等。然而除了上一段介绍的 CPR Rule 14 的一些条文,今天已经有明确先例判针对的只是诉讼中的承认,不适用于诉前作出的承认。可见 Sowerby v. Charlton (2005) EWCA Civ 1610 上诉庭先例中 Brooke 大法官所说:“This new regulatory scheme has been so carefully crafted that in our judgment the rule-makers cannot have intended a pre-action admission of liability to be embraced by the words ‘A party may admit the truth of the whole or any part of another party’s case’ in CPR 14.1. In the same way as an admission of guilt to a police officer cannot in itself be equated with an admission of guilt when a charge is brought in court (so as to dispense with the need for the charge to be put formally to the defendant in court), an admission of liability before an action is brought cannot be equated with an admission of ‘the truth of the whole or any part of another party’s case’. That party’s ‘case’ will not have been formulated until the claim form or the particulars of claim are prepared... and it would not ordinarily be meaningful to describe someone as a party until legal proceedings have been commenced. It would have been very easy for the rule-makers to have made it clear that admissions of liability made before an action was started were also included in the language of CPR 14.1, and the simplicity of the procedures for admissions leading to judgments on money claims that are set out in CPR 14.4 to 14.7 would be made very much more complicated if an admission that might give rise to a judgment being entered as of right could also be gleaned from possibly fast-moving pre-action correspondence about an accumulating debt.”

这个说法也得到了 Walley v. Stoke on Trent City Council (2006) EWCA Civ 1137 上诉庭先例等的认可。在这个说法下,诉前的承认并不能被依赖用来申请法院直接作出简易判决,最多只能是被提交作为证据证明对方曾经这样承认过。而且作出承认的一方也无须申请法院允许,可以自由地撤回自己作出的承认。而且在涉及对方当事人承认时还往往会涉及禁反言(estoppel)的问题,这会在本章稍后之 5.3 段介绍。

也正因为 Sowerby v. Charlton 先例的判法,之后 CPR 作出了修改,增加了 Rule

14. 1A。Rule 14. 1A 中实际针对了三种类型的诉前议定书(pre-action protocol)程序中作出的承认。[61] CPR PD 14 para 1. 1(2)这样说:"Rule 14. 1A makes provision about admissions made before commencement of a claim. It applies only to admissions made... in proceedings to which one of the following pre-action protocols apply—(a) the pre-action protocol for personal injury claims; (b) the pre-action protocol for the resolution of clinical disputes; or (c) the pre-action protocol for disease and illness claims"因此,一旦属于这三种类型,就会与诉讼中的承认同样对待,想要撤回就必须先获得法院的批准。

但是这三种类型的诉前议定书程序毕竟是有限的,针对的是医疗疏忽、人身伤亡案件等。商业案件与这三种类型一般没有关系,因此诉前的承认可以任意撤回,不需要提前获得批准(在没有开始诉讼时也谈不上获得谁的批准问题)。但除了根据 Rule 14 以外,不允许对方撤回承认还可以根据 CPR Rule 3. 4(2)主张允许撤回承认属于滥用司法程序或妨碍正当程序:"The court may strike out a statement of case if it appears to the court... (b) that the statement of case is an abuse of the court's process or is otherwise likely to obstruct the just disposal of the proceedings..."这正是刚刚提到的 Walley v. Stoke on Trent City Council 上诉庭先例中的情况。

在 Walley v. Stoke on Trent City Council 先例中,原告 Walley 先生是受聘于当地政府的清洁工,一次从垃圾车上下车时,看来是被车上的垃圾袋绊倒摔下,导致膝盖受伤。在咨询律师后,主张在政府安排的垃圾车中,会有垃圾袋要摆放在脚下,导致清洁工被绊倒,因此要求当地政府赔偿,当地政府将此问题交给自己的损失理算师(adjuster)处理,而一名有权代表政府的理算师在 2003 年 6 月 13 日对政府的责任作出了承认,他说:"*... liability would not be in issue in this case...*"但看来之后几个月该理算师的工作被认为不令人满意,并将他辞退,2004 年 5 月 12 日,政府委任的律师要求撤回前述对责任的承认。原告因此提出诉讼索赔,被告的抗辩是原告是自己掉下垃圾车,但原告就以被告曾经承认责任为由,要求撤销被告的抗辩,理由就是这属于滥用司法程序或妨碍正当程序。

上诉庭的 Smith 大法官指出,要根据滥用司法程序或妨碍司法公正不允许撤回承认或是要撤销被告的抗辩,必须能够显示被告的行为涉及恶意;而要以妨碍正当程

[61] 诉前议定书的问题,可见笔者的《证据法:国际规管与诉讼中的文件攻防》一书第二章之 2. 2 段的详细介绍。

序作为理由,原告必须显示自己受到了会影响公平审判的损害。[62] 在此先例中,被告的撤回并非恶意也达不到妨碍正当程序的地步。可以节录部分 Smith 大法官所说如下:

“I agree that, **for a claimant to show that the withdrawal of an admission would amount to an abuse of the process of the court, it will usually be necessary to show that the defendant has acted in bad faith**. That could not be said here. There was before the court a statement from the solicitor for the Council providing a full explanation of why it had been decided to withdraw the admission made earlier by Mr Yates(实际作出承认的理算师). The loss adjusters who employed Mr Yates had concluded that he was incompetent and had made a thoroughly bad decision. The history suggested that the loss adjusters did not manage their staff as well as they should, but it could not be said that they had acted in bad faith.

I also accept that, **in order to show that the withdrawal of a pre-action admission is likely to obstruct the just disposal of the case, it will usually be necessary for the claimant to show that he will suffer some prejudice which will affect the fairness of the trial**. Examples of this kind of prejudice were discussed during the hearing. In the light of an admission, the claimant might agree to the destruction of an item of real evidence; he might agree that an expert's inspection is not necessary and it might no longer be possible for one to take place. Witnesses might have died or lost contact. The possibilities are legion. Funding difficulties might also give rise to real prejudice, if the evidence were to show that the claimant had changed his position in reliance on the pre-action admission. However, in this case, there was no evidence that that was the case. Such evidence should have been put in at the outset, as it would have been relevant whether the judges below were exercising a general discretion under Part 14 or were applying the more restricted test under CPR rule 3.4. Speaking for myself, I would be prepared to take judicial notice of the fact that after the event insurance is more expensive when entered into after a pleaded denial of liability than if taken out at an early stage. However, after the event insurance is available to claimants without the need to pay the premium in advance. Accordingly, I do not think that any effect on the funding of the withdrawal of the admission would be likely to obstruct the fair disposal of the case. There remains Mr Walley's

---

〔62〕 在 CPR 前的先例中,撤销诉前承认也会需要对双方的损害进行衡量。例如,在 Gale v. Superdrug (1996) 1 WLR 1089 先例中,被告在诉前承认了责任,但是看来与原告一直没能正式和解,因此原告迫不得已在索赔时效即将届满前提起诉讼。然而被告在诉讼开始后抗辩否认自己的责任,原告就想要申请撤销。上诉庭指出,这种情况下应当权衡原告会受到的损害(prejudice)与被告撤回自己承认的权利,如果原告未能证明自己会真正受到什么损害,就不会撤销被告的抗辩,这其中法院有较为宽松的裁量权。

disappointment. I do not underestimate the severity of this; the loss of an admission of full liability must create a sense of uncertainty, turmoil, even despair. However, I do not think that those feelings could ever be said to obstruct the just disposal of the case. ”(加黑部分是笔者的强调)

在之后看来也有上诉庭先例对此先例作出肯定与跟从。例如,在 White v. Greensand Homes Ltd (2007) EWCA Civ 643 上诉庭先例中,原告是某不动产的家居保险人(household insurer),第一被告则是该不动产的建造商与开发商,第二被告则是第一被告委任的工程师,有关不动产在 2000 年 7 月完工。后来发现不动产可能是在建造时地基打造存在瑕疵,导致不动产受损。原告一方面是根据《Defective Premises Act 1972》主张被告作为工程师没有履行该立法下的义务,另一方面则是主张被告有普通法下的疏忽侵权。

2005 年 11 月,原告在诉前先向第二被告发出索赔函(letter of claim)。但在 2006 年 1 月第二被告的回复,以及后来在诉讼中于 2006 年 10 月第二被告的抗辩书中,都没有抗辩或否认自己的确设计了这个不动产项目的工程。然而几个月后,第二被告主张自己发觉这个工程实际上是第三人设计的,因此要撤回自己诉前的承认以及修改文书请求。法院认定第二被告抗辩实际是由第三人负责对工程的设计确实有一个可争辩的案件(arguable case),诉前承认是错误作出。但需要考虑的是,是否可以允许撤回第二被告的承认呢?

针对 2006 年 1 月的回复,上诉庭的 Chadwick 大法官首先指出,由于此先例中涉及的是诉前承认,又并非 CPR Rule 14.1A 所针对的特定三种诉前议定书,因此第二被告实际上可以随意撤回自己的承认不需要提前获得法院许可。Chadwick 大法官说:“It(指代 CPR Rule 14.1A) would have no application in proceedings such as the present. The importance of the new rule, in the present context, is that it provides confirmation that, in cases which do not fall within the specified classes, **permission to withdraw an admission made in pre-action correspondence—even when made in response to a letter of claim under a pre-action protocol—is not required.** As the editors of the current edition of Civil Procedure observe (at Note 14.1.9) any application to challenge the withdrawal of pre-action admissions—say, by a pleading which contradicts those admissions—‘would have to be made in accordance with guidance given by Smith LJ in Stoke on Trent City Council v John Whalley (sic) (2006) EWCA Civ 1137’”(加黑部分是笔者的强调)

而在 White v. Greensand Homes Ltd 先例中,是原告申请不允许撤回,要求撤销被告抗辩,这就需要对撤回承认与不撤回承认分别对双方造成的损害进行权衡。而从一审法院与上诉庭的不同衡量办法中也可以看到这方面的困难与不稳定。

一审法院的权衡是,如果不允许撤回承认,对第二被告的损害很显然无法给出一个本可争辩与重要的抗辩,而且如果诉讼继续进行下去可能会是在错误的事实背景上进行的。而如果允许撤回承认,对原告也会造成严重的损害。此先例中很关键的问题是,由于第二被告在诉前的承认,原告一直在针对第二被告开始诉讼,并没有针对可能是实际设计工程的第三人。后来第三人已经破产解散,而且在被告要撤回承认时,已经错过了《Defective Premises Act 1972》下针对第三人的索赔时效(场地在2000年7月完工,该立法下一般的6年索赔时效则会在2006年7月届满)。[63] 一审法官还指出,现在这种不幸的情况看来根本是由于第二被告自己所造成的,[64] 而且在原告主张被告专业疏忽的情况下,被告有这样的错误行为完全是让人大跌眼镜的,因此一审法官权衡之下偏向原告。

但是上诉庭的衡量是偏向第二被告的。与一审法官衡量不同的是,上诉庭认为,虽然诉前的承认导致错过《Defective Premises Act 1972》下针对第三人的索赔时效,但是针对第三人还可以用普通法下的疏忽侵权提出索赔,时效会是根据《Limitation Act 1980》之 Section 14A 从知道或应当知道真正被告(也就是此先例中第三人)之日起算的3年。这是法院诉讼与希望将仲裁条文解释为"一站式"解决所有有关争议仲裁的不同:见 Fiona Trust & Holding Corp v. Privalov (2007) UKHL 40 先例。而且并不知道第三人是否曾经投保保险,因此不能说针对第三人(公司已经解散)的索赔没有意义。虽然在《Defective Premises Act 1972》下原告的索赔对原告而言更适合,但疏忽侵权索赔仍然是一条可以获得救济的途径。对于第二被告而言,如果不允许撤回承认、修改抗辩,就完全没有办法救济,这是个完全错误的诉讼。可节录 Chadwick 大法官的说法如下:"For my part, I would hold that, in weighing the prejudice which will be suffered by each party if the admission is (or is not) withdrawn, the balance falls firmly in favour of BSF(第二被告). To refuse to allow the admission to be withdrawn exposes BSF to a trial on liability which may proceed on a wholly false basis—that is to say, that BSF was responsible for the design of the foundations of the property. To deny BSF the opportunity to dispute that issue—in circumstances where there are plainly grounds on which the case which BSF wishes to advance could be supported—would pose a serious risk of unfairness. On the other hand, to allow the admission to be withdrawn exposes the claimants to the possibility that, if they fail to establish liability against BSF, they will not be able to pursue a claim under the 1972 Act against (第三人). But, as I have explained, there is no reason to think that the claimants would not be able to pursue claims in negligence...; and there is no reason to think that those claims

---

〔63〕 在此先例中,诉前的承认是在2006年1月(此时尚在索赔时效内),而诉讼中抗辩书中的承认是在2006年10月(此时一般索赔时效已经届满)。如果只考虑抗辩书中的承认,那么无论是否撤回,对针对第三人的索赔时效而言都意义不大。但正因为此先例中还存在诉前的承认,法院才需要考虑这项损害与作出衡量。

〔64〕 上诉庭解读说,这个原因是一审法官作出权衡决定的关键性因素。

[and, in particular, the claim against（第三人）] have any value. There is no evidence that（第三人）was, or was likely to be, insured under a relevant policy. Further, although I accept that proceedings under the 1972 Act may be more attractive to a claimant than proceedings at common law, I am not persuaded that, in the circumstances of this case, the outcome would be likely to differ whichever claim were pursued."

不妨简单小结，对于不适用 CPR Rule 14.1 的诉前承认，在法院程序中根据 CPR Rule 3.4(2)仍然可能由于两种原因（恶意与影响公平审判的损害），导致不允许撤回承认与/或要撤销与这承认说法不同的抗辩。但是相比于 CPR Rule 14.1 针对的对正式承认的撤回，撤回诉前承认要容易得多，也不需要获得法院的批准。而如果是反对撤回，就需举证证明存在恶意或影响公平审判。审理法官对双方损害的衡量也存在一定程度的不肯定，案件就很依赖双方律师的陈词，以及特定法官对案件的看法了。

5.2 司法认知/司法通知

除了承认以外，另一类不需要予以证明的就是司法认知/司法通知（judicial notice）的事实。这来自古老的谚语说法"*Manifesta non indigent probatione*"（显而易见的事实无需举证）。英国法律对"司法认知"的定义可节录 Sumner 勋爵在 Commonwealth Shipping Representative v. P&O Branch Services（1923）AC 191 贵族院先例中所说："(judicial notice) involves that, at the stage when evidence of material facts can be properly received, certain facts may be deemed to be established, although not proved by sworn testimony, or by the production, out of the proper custody, of documents, which speaks for themselves. Judicial notice refers to facts, which a judge can be called upon to receive and to act upon, either from his general knowledge of them, or from inquiries to be made by himself for his own information from sources to which it is proper for him to refer."

可以先介绍一个 1858 年的有趣案件以便理解。当年有一宗被告/嫌疑人涉嫌在 1857 年 8 月 29 日谋杀的案件，而被告/嫌疑人的律师是后来的美国总统亚伯拉罕·林肯（Abraham Lincoln）。针对嫌疑人的犯罪行为，有一个关键证人指称在死者被杀的当晚清楚地看到是嫌疑人杀了死者。林肯作为律师在交叉盘问中就询问该证人，你是几点看到的？距离嫌疑人和死者多远？为什么在深夜在这个距离上都能一清二楚？证人的回应则是自己是当晚午夜前不久，距离有大概 40 多米，但是由于当晚月亮非常明亮因此可以断定绝对没有看错。在法庭休庭一段时间后再次开庭，林肯就向陪审团展示了一本在当地刚刚新买的年鉴（almanac），并申请法院对这有公信力也完全不会有争议的年鉴作出司法认知。需要拿出这个年鉴是因为，年鉴显示，1857 年 8 月 29 日晚上根本是上弦月，而且在当日午夜才刚刚在月升时间，等月亮升到高空怎么也要几小时以后了。因此在午夜前月光是非常微弱的，不可能在 40 多米外看清发生了什么事情，更谈不上是要看清是谁杀了人，换言之证人根本是在撒谎。在这铁证面前，证人后来也承认了是自己撒谎，嫌疑人无罪释放。

而在这个案件中，如果不是因为对年鉴可以作出司法认知，林肯要想主张当晚月亮并不够明亮，就要先提出有关的主张并作出证明，这就要提交各类文件证据甚至是要找专家证据证明当晚到底月相是怎么样的，针对证人则要根据证据进行交叉盘问以冀减低证人的可信度，或者是逼迫证人自己撤回说法。但是通过对当地新版年鉴的司法认知，就完全不需要前述做法，这可以说是走了一条捷径。

重要的是，司法认知是对所有争议事实/事情（facts/matters）都需要举证的例外（exception），一般情况下证据证明事实都必须是在文书请求中已经陈述的事实，但是司法认知所针对的事实即使没有提前提出，也完全可以在很后期的阶段甚至是在庭审的盘问中提出：见 Brandao v. Barnett（1846）74 LQR 59 先例。

显然，一旦法院决定对某事实或事情作出司法认知，双方当事人再也不需要在开庭审理时提出任何有关的证据（主要会是专家证据）。如在 McQuaker v. Goddard（1940）1 KB 687 上诉庭先例中，原告在动物园被骆驼咬伤，涉及"骆驼"是属于野生动物（wild animal）或是饲养动物（domestic animal）之争，因为被告（动物园）的立法责任不同。一审法官在被告的两位专家证人作证下接受有关事实的司法认知（骆驼不是野生动物的事实），并撤销陪审团（jury），不需要他们通过证据认定有关事实。该做法被上诉庭支持，其中 Clauson 大法官说："The judge takes judicial notice of the ordinary course of nature, and in this particular case of the ordinary course of nature in regard to the position of camels among other animals. The reason why the evidence was given was for the assistance of the judge in forming his view as to what the ordinary course of nature in this regard in fact is, a matter of which he is supposed to have complete knowledge. The point is best explained by . . . the late Justice Stephen's, 'Digest of the Law of Evidence' . . . as follows: 'No evidence of any fact of which the Court will take judicial notice need be given by the party alleging its existence; but the judge, upon being called upon to take judicial notice thereof, may, if he is unacquainted with such fact, refer to any person or to any document or book of reference for his satisfaction in relation thereto, or may refuse to take judicial notice thereof unless and until the party calling upon him to take notice produces any such document or book of reference.' . . ."

显然，需要把司法认知的门槛设高，否则有审理法官（或仲裁员）随意对大量争议的事实/事情"想当然"的危险，不必当事人举证，大家省钱省事，但这违反给当事人一个公平审理（Fair Trial）的大原则。这方面在下一小段探讨。

5.2.1　构成司法认知的要件

只有在如下不同情况下，法院才会行使裁量权作出司法认知。一种就是针对著名的事实/事情，法院自己就可以作出判断与确信。另一种则同样是著名的事实/事情，法院虽然不能自己确信，但是在向可靠人士（包括要求司法认知的当事人提供的专家证人）查询后就可以确信。

这方面可节录《Expert Evidence: Law & Practice》(2020 年,第 5 版)之 1-042 段所说:"... It will be seen that while matters which lie within the common law knowledge of the finder of fact may be admitted in particular proceedings by the taking of judicial notice, matters normally the subject of expert evidence may be judicially noticed: (1) Where there is a reliable source of indisputable accuracy; (2) Where the fact in question is so notorious as to be indisputable; or 3) Where the doctrine of precedent permits the court to conclude that proof of a matter in previous proceedings has established it beyond doubt."

英国法院可以自己作出司法认知,当然这样做前应告知双方当事人让反对的一方有机会质疑。而如果是希望法院作出司法认知的当事人就需要向法院证明有关事实或事情是如此著名,以致合理人士都不会质疑该事实的真实性,又或者是有完全可靠的途径查询马上就能获知准确的事实真相。可见 Scott v. The Attorney General (Bahamas) (2017) UKPC 15 枢密院先例中 Kerr 勋爵所说:"Moreover, the party seeking judicial notice of a fact 'has the burden of convincing the judge (a) that the matter is so notorious as not to be the subject of dispute among reasonable men, or (b) the matter is capable of immediate accurate demonstration by resort to readily accessible sources of indisputable accuracy'..."

1975 年美国的《Federal Rule of Evidence》Section 201 也专门规定了司法认知的问题,可以节录 Section 201(b)如下:"**Kinds of Facts That May Be Judicially Noticed.** The court may judicially notice a fact that is not subject to reasonable dispute because it: (1) is generally known within the trial court's territorial jurisdiction; or (2) can be accurately and readily determined from sources whose accuracy cannot reasonably be questioned."

另可节录 Commonwealth v. Marzynski, 149 Mass 68 (1889)先例中 Knowlton 大法官所说:"Some facts are so obvious and familiar that the law takes notice of them.... The court has judicial knowledge of the meaning of common words, and may well rule that guns and pistols are not drugs or medicines, and may exclude the opinion of witnesses who offer to testify that they are...."

从过往司法认知的有关先例中来看,非常关键的显然是有关事实是否被广泛知悉,该事实是否可以根据特定证据被确实证明则是另一回事,因此是否可以作出司法认知要根据当时的情况予以判断。

今天各类通讯工具的发达使得信息传播越来越容易,这会使得对更多的事实可以作出司法认知了。但过去其他国家之间爆发战争,可能就不会有司法认知:见 Dolder v. Huntingfield (1805) 11 Ves 283 先例。

其他同样重要的考虑包括:

1. 被要求作出司法认知的事实/事情是否有关案件中争议的重点或只是次要?

显然越是争议重点,法院就越不愿意作出司法认定。例如,在 McTear v. Imperial Tobacco Ltd (2005) CSOH 69 先例中,法院拒绝对"吸烟导致肺癌"的"事实"作出司法认知,因为这是重点或核心争议。但会有例外:见 Read v. Bishop of Lincoln (1892) AC 644; Konstantinidis v. World Tankers Corp Inc (The "World Harmony") (1965) 1 Lloyd's Rep 244 等先例。

2. 信息来源的可靠性(the reliability of the sources consulted)或法院对有关事实/事情真实性的信心程度(the degree of confidence that the fact or matter is true)。

3. 如果不作出司法认知,证明有关的事实/事情估计需要花费的金钱(主要是委任专家证人,但也会涉及事实证人)与证明的困难程度(The expense and relative difficulty of proving the fact or matter by ordinary evidence)。

4. 同案件其他的证据对有关事实/事情是否有不同说法(The extent to which other evidence in the case points towards or against the fact or matter)。

5. 有关事实/事情是否在文书请求/案件陈述中已有争议(whether the fact or matter has been disputed in the pleadings/statement of case)。如果有,就表示双方当事人会提出与引入证据。在 Cornelius v. Banque Franco-Serbe (1941) 2 All ER 728 先例中,虽然"在 1940 年 5 月 10 日纳粹德国侵略荷兰"的事实/事情是双方当事人争议的重点,但由于在文书请求中没有争议(虽然也谈不上有承认),所以法院对此事实/事情作出司法认知。

6. 作出或不作出司法认知会否对任何一方当事人造成不利?(The likely prejudice to the parties of taking or not taking judicial notice)。例如,在 R v. Sunderland (1987) 35 DLR (4th) 338 加拿大先例中,法院拒绝对纳粹德国在"二战"时曾对犹太人大屠杀(Holocaust)的事实/事情作出司法认知,因为对被告的抗辩与计划的交叉盘问会造成不利。最后令原告需要引入两位证人证明大屠杀事件,一位是集中营幸存的事实证人,另一位是著名的"二战"历史学者作为专家证人。

7. 要求司法认知是否太晚?如在 Commonwealth Shipping Representative v. P&O Branch Services (1923) AC 191 贵族院先例中,当事人没有在仲裁中提出。之后上诉去了法院才提出要求,被法院视为太晚:"*the opportunity for introducing new evidence had passed.*"

5.2.2　司法认知在民事诉讼的例子

简单介绍一些在民事诉讼中会碰到的司法认知:

1. 成文立法与案例。对英格兰法院而言就主要是指英格兰的成文立法与案例,也就是当事人不必要为法律存在的事实举证。对于法律的内容,法院也可以自己作出判断(当然法院也可以作出询问与要求当事人提交文书陈述)。司法认知针对事实问题,与法律问题没有关系。

2. 一些著名的公共程序(procedure),如议会程序或法院程序。

3. 各类习惯/惯例(custom)。这包括根据司法判决已经明确的习惯,如提单是一份物权凭证(document of title),正因为提单是可以司法认知的习惯所以提单被称为不必证明的物权凭证(document of title without proof)。[65] 也会有一些可以作出司法认知的习惯,如高院登记在册的一些事实。有关商业上习惯做法的课题,在笔者的《合约的解释:规则与应用》一书第七章之5段有详论。看来,对习惯做法的要求与司法认知也十分接近,都需要某些事实/事情是著名(notorious)与肯定(certain)的。但看来作用与适用很不一样,例如,在商业案件中,习惯做法会被默示(imply)而导致一份合约被改变。正如 Produce Oil Brokers Ltd v. Olympia Oil and Cake Ltd (1917) 1 KB 320 先例所说:"The contract construed without the custom will be different from what it is if construed with the custom, and in that sense every admission of custom varies the written contract."但司法认知的作用只是为了让法院不需要证明就能接受事实/事情,否则一个简单的案件也要花费大量时间金钱去调查取证与开庭审理,这无疑会造成巨大的司法资源的浪费。

4. 政治事件。世界上有影响力的政治事件都可以作出司法认知,包括各国领导人的姓名与身份、新主权国家的成立、战争等,这不包括其他国家的内部宪制或者是经济政策等。而如果法院对这些事实/事情不能确定,就可以向外交部查询,外交部给出的信息就是结论性证据(conclusive evidence)。

5. 领土与地理分界。这些事实/事情也可能是经由法院询问外交部等可信赖的部门后作出,外交部给出的信息一样会是结论性证据。

6. 官方宪报(gazettes)、印章(seal)或签字(signature)。一般各类官方宪报一经出版就是可以作出司法认知的,当事人只要能够提供一份完整的宪报交给法院就已经足够。有不少正式的官方印章或签字也可以作出司法认知,如英国国王的私人印章(privy signet)的签章,又如《Senior Courts Act 1981》之 Section 132 段规定:"Every document purporting to be sealed or stamped with the seal or stamp of the (Senior Courts) or of any office of the (Senior Courts) shall be received in evidence in all parts of the United Kingdom without further proof."

7. 其他著名的事实/事情(notorious facts/matters)。

在英国法院也有不少古老先例,如针对的是度量衡的单位:见 Hockin v. Cooke (1791) 4 TR 314 先例;英国存在从事高等教育的牛津大学和剑桥大学:见 Oxford Poor Rate Case, Re (1857) 8 E&B 184 先例;某个日期是星期几:见 Hanson v. Shackleton (1836) 4 Dowl 48 先例等。

另可见 H (A Child), Re (2014) EWCA Civ 989 先例。有关法院命令保护的某儿童是否可以被送去非海牙公约签约国的海外(英国法院的判决、命令未必可以被有效执行),因此法院需要考虑该海外的法院是否也会有权对儿童作出类似的保护

---

[65] 见 Lickbarrow v. Mason (1787) 2 TR 63 与 Sanders v. MaClean (1883) 11 QBD 327 等先例。笔者的《提单与其他付运单证》(2016 年)一书第二章之 2.2 段有介绍。

措施等问题，这就不仅仅是事实认定而更是司法礼让（judicial comity）问题了，上诉庭作出司法认知，说高院法官是完全有能力处理这样的案件的："Although such cases involve fact finding, they are often more about issues of comity, the effectiveness of diplomatic or consular assistance in the foreign jurisdiction and the relevance of the facts alleged to the risk, including issues of political and religious conflict. These issues call for the experience of a judge of the High Court and occasionally expert advice in an exceptional case. The issue before this court was not whether expert evidence on the question of risk, consequences or safeguards was necessary. The advantage of a judge of the High Court hearing an application of this kind will be that expert evidence is less likely to be necessary. **High Court judges have a good understanding of international cases and are more likely to be able to take judicial notice of international circumstances in an appropriate case.**"（加黑部分是笔者的强调）

还可见 Heron Bros Ltd v. Central Bedfordshire Council（2015）EWHC 604（TCC）先例中，Edwards-Stuart 大法官作出司法认知，说一般平邮的信件未必能够在第二天送到："I take judicial notice of the fact that a letter sent by first class post does not invariably arrive on the following day."

美国这方面先例也有不少。如 Jacob v. Flint & PMR Co（1895）105 Mich 450 先例指出，一般正常的精明人士是不会从运行中的火车上跳车的。又如 United States v. Bello, 194 F 3d 18（1st Cir, 1999）先例指出，地理信息一般都是没有争议的。

国际商业案件也可能对未必是一般人士都清楚只是特定行业才能知道的事实作出司法认知。例如，Port Sudan Cotton Co v. Govindaswamy Chettiar & Sons（1977）1 Lloyd's Rep 166 先例判令："The buyers complain that the board found that it was well known in the international cotton trade that the Sudan State Cotton Marketing Authorities would be likely to give preferences to bids on behalf of Indian interests within the Indo Sudan trade agreement when there was no evidence to support such a finding. **The short answer to this is that the board is a trade tribunal which is fully entitled to take judicial notice of such matters.**"（加黑部分是笔者的强调）

又如 Amin Rasheed Shipping Corp v. Kuwait Insurance Co（1984）AC 50 贵族院先例。案情涉及船舶保险，船东是一家利比里亚公司，向科威特公司投保，使用的是海事保险中常见的劳合社的 SG 保单格式。之后船东作为原告在英国起诉保险人科威特公司，因为保单中没有管辖权与适用法条文，所以产生了适用法的争议，被告声称应该适用科威特法。最后法院判应该适用英国法，因为英国法律针对该格式已经有一套完整的解释，这是科威特法没有的。在该先例中，Diplock 勋爵说可以作出司法认知 SG 保单是在世界范围被保险市场广泛采用的格式，[66] 言下之意是世界上保险合同采用 SG 格式都应该让英国法院按照英国法审理。Diplock 勋爵说："There was evidence, and **even in the absence of evidence your Lordships could I think take judicial notice of the fact**, that the Standard Form of English Marine Policy together with the appropriate Institute Clauses attached, was widely used on insurance markets in many countries of the world, other than those countries of the Commonwealth that have enacted or inherited statutes of their own in the same terms as the Marine Insurance Act 1906."（加黑部分是笔者的强调）

5.2.3　较早前判例认定的事实/事情不能作为司法认知

英国法院通过审理并且已经被认定的事实/事情，并不能在其他案件中作为司法认知从而不再需要证明。出于公平审理的大原则的考虑，较早前判例认定的事实不能作为司法认知，这方面在本书第九章之 1.3 段有详细介绍，这里尽量不重复。

在 Jankowski v. Poland (2016) EWHC 3792 (Admin) 先例中，原告在波兰被指控醉酒驾驶后来判刑，但是在缓刑期间逃出波兰，因此波兰作出针对原告的通缉令，而原告身处英国境内。问题就是，根据英国与波兰之间的引渡条例，英国是否应当将原告引渡到波兰呢？有关引渡条例的条文不在此过多介绍，可以说如果原告该行为在英国也达到犯罪标准，就应当被引渡，而焦点争议就是原告在当时是否达到英国的醉驾标准：每 100 毫升血液中有 80 毫克酒精。案发时波兰对原告的检查报告显示，原告当时体内酒精浓度是 2.5‰。经过询问，波兰有关当局的解释是在检验样本中有 2.5‰的酒精（"2.5‰ of alcohol was found in the submitted sample"），但没有进一步解释。波兰方就主张这意味着每 1 升血液中有 2.5‰的酒精，换算下来也就是每 100 毫升血液有 250 毫克酒精，这大大超过英国的标准。而原告的说法则是原检查报告中并没有给出这 2.5‰到底是与什么对比得出，计量单位又是多少。

该问题显然是由于波兰的有关当局没有明确解释这数字意义所造成的。早前曾有另一个 Grabowski v. Regional Court of Wloclawek, Poland (2014) EWHC 3602 (Admin) 先例。该先例中也有类似的波兰检查报告，波兰有关当局给出过详细的解答说该先例中的 1.7‰意味着每 100 毫升血液中有 170 毫克酒精。在 Jankowski v. Poland 先例中，一审法官看来就要根据 Grabowski v. Regional Court of Wloclawek, Poland 先例中对事实的认定作出司法认知，判酒精含量确实超标了。但是该判法上

---

〔66〕 1779 年，劳合社保险人把针对船舶与货物风险的保单合并为 SG 保单，之后该保单格式被使用了近两百年，而且在英国《Marine Insurance Act 1906》被列为"First Schedule"，可以说地位崇高。但联合国贸易发展委员会（UNCTAD）于 1975 年发表的报告中对 SG 保单有十分尖锐的批评，并建议联合国拟定新的保单作为替代。英国保险公司为了快 UNCTAD 一步，于 1982 年拟定了一份名为"MAR Form (Lloyd's Marine Policy)"的新的海上保险保单，完全替代劳合社的 SG 保单。关于海上船舶与货物保险，可见笔者（杨良宜）的《海上货物保险》以及与同汪鹏南教授合著的《英国海上保险条款详论》。

诉后被高院否定。高院的 Simon 大法官强调,一个案件中被证明的事实不能作为另一个案件中的司法认知,节录部分判词如下:"While I can see why the district judge relied on the evidence given in Grabowski to fill in the gaps . . . in this case, I am quite clear that it was impermissible to do so. As the district judge observed, the matter could have been made clear by a simple statement from the Judicial Authority(波兰有关当局) as to the meaning of the figures. . . In my view, the matter not only could have been made clear by evidence, it should have been made clear by evidence from the Judicial Authority. The Judicial Authority was given the opportunity to clarify the significance of the figures . . . and failed to do so. **In the absence of such clarifying evidence, I do not accept that findings of fact in one case can legitimately be read across to another case as was done here. On the contrary, there is high judicial authority that the circumstance that a fact has been proved in one case does not enable the court to take judicial notice of it in another case. . .**"(加黑部分是笔者的强调)

针对外国(英国以外)法律的争议与解释,众所周知,英国法律视为事实问题(issue of fact)。所以要通过证人(外国法专家证人)提供证据,然后帮助审理法官(或仲裁庭)对有关外国法的决定去作出判决/裁决。由于这是事实的认定(finding of fact),所以即使仲裁庭的认定有错,也不存在救济。这不像是仲裁庭把英国法律解释错了,可在《Arbitration Act 1996》之 section 69 下向法院上诉要求对这法律的裁定(holding of law)作出救济,所以审理法官(或仲裁员)不得以较早前认定的外国法律地位与解释作为司法认知。这早在 Lazard Brothers & Co v. Midland Bank (1933) AC 289 贵族院先例中即有明确,Wright 勋爵就说在其他案件中证明的外国法不能被作为普遍的司法认知用在所有案件中:"The question, therefore, is whether by Soviet law the Industrial Bank was at the date of the issue of the writ in this action, that is on October 27, 1930, an existing juristic person. What the Russian Soviet law is in that respect is a question of fact, of which **the English Court cannot take judicial cognizance, even though the foreign law has already been proved before it in another case**."(加黑部分是笔者的强调)

但该普通法地位在《Civil Evidence Act 1972》之 section 4(2)有了改变:[67]

"**Evidence of foreign law**

. . .(2) Where any question as to the law of any country or territory outside the United Kingdom, or of any part of the United Kingdom other than England and Wales,

---

〔67〕 其他判决对事实的认定不能采纳是完全可以理解,毕竟每个案件的事实都有所不同。但笔者相信外国法律虽然也是对事实的认定,但相比之下肯定得多,只要外国立法不改变,就不会有什么变化。即使有英国先例中对外国法律可能错判或反对方质疑,也有机会可以外国法专家证据说服审理法官(或仲裁庭)不去作出司法认知并予以纠正。

with respect to any matter has been determined (whether before or after the passing of this Act) in any such proceedings ..., then in any civil proceedings ...— (a) **any finding made or decision given on that question in the first-mentioned proceedings shall, if reported or recorded in citable form, be admissible in evidence for the purpose of proving the law of that country, territory** or part with respect to that matter; and (b) **if that finding or decision, as so reported or recorded, is adduced for that purpose, the law of that country, territory or part with respect to that matter shall be taken to be in accordance with that finding or decision unless the contrary is proved:**

Provided that paragraph (b) above shall not apply in the case of a finding or decision which conflicts with another finding or decision on the same question adduced by virtue of this subsection in the same proceedings."

这方面可见 JSC "Aeroflot-Russian Airlines" v. Leeds and others (2017) EWHC 150 (Ch)先例。该先例的案情涉及俄罗斯法律,原告准备提交专家报告,但第三与第五被告没有任何专家证据,只是根据《Civil Evidence Act 1972》之 Section 4(2)申请提交 Andrew Smith 大法官在 Fiona Trust & Holding Corp v. Privalov (2010) EWHC 3199 (Comm)先例中对俄罗斯法律的决定作为证据。这等于要求法院对 Andrew Smith 大法官的判决作出司法认知。Warren 大法官在该先例详细分析了 Section 4(2)与 Section 4(5)对可采纳的对外国法律的决定的要求,并判只要是结论性而非临时性的决定,即使是附带意见(obiter),也可采纳。因为篇幅原因,本章不对此详细介绍,只节录 Warren 大法官分析为什么可采纳有关的决定时所说:

"In my judgment, this conclusion gives proper effect to the policy which I derive from the wording of the Civil Evidence Act. I suggest that, putting it at a high general level, **one of the purposes of section 4(2) is to enable a person in a subsequent case to rely on the reasoned conclusions of a judge in an earlier case without the need to commission fresh expert evidence.** Although there is a presumption under section 4(2)(b) that, where a finding or decision as to foreign law is adduced in evidence, that law is in accordance with the finding or decision, that is only a presumption. **It is open to challenge**, as the closing words of paragraph (b) ("unless the contrary is proved") demonstrate.

Where a judge has given careful consideration to the question of foreign law, and has given reasons for reaching the decision or finding, I can see no reason in principle why it should make any difference to admissibility whether those conclusions were necessary to the ultimate decision or not. What is important here is not simply the conclusion reached as to foreign law but the reasoning leading to the decision or finding. **A party seeking to rebut the presumption will adduce expert evidence to demonstrate why the**

decision or finding is wrong. If the judge's reasoning in reaching the decision or finding of foreign law is less thorough than it might have been because it was not necessary to the ultimate conclusion, then that weakness will be exposed by the expert evidence."(加黑部分是笔者的强调)

香港特区的《Civil Evidence Ordinance》(Cap 8)之 section 59(2)也有同样的规定。香港法院这些年来对内地法律方方面面认定的判决肯定不少,在适当的案件(包括仲裁案件)当事人可以考虑搜索过去的相关判决,找出对自己有利的判决要求引入作为证据与作出司法认知。

5.2.4 网络平台信息与司法认知

又如在今天各类网络平台上,有非常多各种各样的信息,如微博等,任何人都会在这些平台上发布信息,无论是身边的亲朋好友,在读的学校、工作的公司,甚至是国家机构,都会在这些平台上发布正式的信息。例如,在 2019 年年末,最高人民法院在微信公众号上发布了司法解释、最高人民法院的意见等文件。

在 Monroe v. Katie (2017) EWHC 433 (QB)先例中,Warby 大法官就指出,Twitter 提供网上的新媒体平台服务,在平台上可以公开发布推文,这已经人尽皆知、不会有质疑,是不需要证明的事实/事情。但 Twitter 到底如何运作,包括订阅(follow)/关注、点赞(like)、时间线(timeline)是什么含义、有什么作用等,[68]这些不是人尽皆知的事实就仍然需要证明。Warby 大法官说:"Twitter is an online news and social networking service, which is widely used and very well known. It allows people using the Twitter website or a mobile device app to post and interact with messages of not more than 140 characters, called 'tweets'. This much is common knowledge. But Twitter is still a relatively new medium, and not everyone knows all the details of how it works. Where something is not a matter of common knowledge a Judge is not entitled to bring his or her own knowledge to bear. The facts normally have to be proved."

在美国已经有一些先例针对 Twitter 上经过认证为本人账号(verified account)/官方账号(official account)发出的推文(tweets),认为可以作出司法认知。尤其是来自政府部门的账号,对于这些账号公布的信息较少有质疑,也有办法准确查证。最后还是要针对特定正式推文内容看是否人尽皆知,合理人士不会质疑该事实的真实性,又或者是有完全可靠的途径查询马上就能确认准确。

在 Christa McAuliffe Intermediate Sch Pto Inc v. de Blasio, 364 F Supp 3d 253 (SDNY 2019)先例中,纽约市长 Bill de Blasio 在自己的官方 Twitter 帐号下发推文,陈述了一些当地学校入学的数据,这就被法院认为为司法认知:"The statements were 'tweeted' by the Mayor on his official account, under his name. The fact that he made

〔68〕 在此先例中,双方针对这些并非人尽皆知,但是并没什么争议的事实达成一致意见并列出了详细的列表。

the statements thus ‘can be accurately and readily determined’ from a source ‘whose accuracy cannot reasonably be questioned.’”但如果是对谁发布的推文有疑问，则显然不能作出司法认知。

5.2.5 小结

尽管本段前文介绍了诸多法院作出司法认知的先例，但司法认知仍然是所有事实/事情都必须证明的例外情况。可以再次强调，只有在有关事实/事情人尽皆知，合理人士都不会质疑该事实/事情的真实性，又或者是有完全可靠的途径查询马上就能获知准确的事实/事情真相的情况下，才会有司法认知，是否作出司法认知是法官的裁量权。

另外，对于司法认知的事实/事情，在明确不过、有结论性证据的情况下一般也不会有问题。而如果任何一方当事人对这事实/事情有质疑，提出自己对这事实/事情的主张，对这事实/事情到底如何有争议/争端，与其他事实/事情一样也是可以提供证据予以证明或反驳的。

因此，滥用司法认知，随意地申请司法认知甚至因此就事前不调查取证留下证据，显然是不可取的。在一些先例中就有很明确的申请司法认知被拒绝的情况。如 Dosoruth v. The State of Mauritius (2004) UKPC 51 枢密院先例就拒绝司法认知毛里求斯所有的银行在周六下午都不开门（认为这主张的事实并不著名或属于公共知识，也并非没有合理争议），又如本段早前提到的 Scott v. Attorney General (Bahamas) (2017) UKPC 15 先例中法院拒绝司法认知在巴哈马的生活成本就会高过英格兰等。

5.3 禁反言

有关禁反言(estoppels)的课题已经在笔者的《合约的履行、弃权与禁反言》一书中有详论，在此无意重复其中内容。

禁反言有很多种不同的类型，这些类型也无法一概而论。近几十年来的发展对禁反言的理论也有较大的冲击。各种类型的禁反言互相之间也有重叠交叉，有些类型禁反言之间也很难说有明确的分界线予以区分。

这里可简单地将禁反言分成普通法禁反言(legal estoppels)与衡平法禁反言(equitable estoppels)。这是因为普通法禁反言(legal estoppels)的效果会是阻止一方当事人否认某些特定的事实，法院可以根据该“事实”决定当事人之间的权利与义务如何以及相应的救济手段。例如，有关普通法禁反言中的言行禁反言(estoppels *in pais*)的 Pickard v. Sears (1837) 6 Ad & El 469 先例中说：“Where one by his word or conduct willfully causes another to believe the existence of a certain state of things and induces him to act on that belief so as to alter his own previous position, the former is concluded from averring against the latter a different state of things as existing at the same time.”

提单上记录的事实就是结论性，构成陈述性禁反言（普通法禁反言的一种），任何一方当事人都不能引入证据证明提单上的记载有误。

普通法禁反言因此与证据问题会有较多的联系,传统说法下也有判决将普通法禁反言作为证据规则(rule of evidence)看待:见 Avon County Council v. Howlett(1983)1 WLR 605 上诉庭先例与 National Westminster Bank v. Somer International Ltd(2001)EWCA Civ 970 上诉庭先例。但该说法是有争议的,毕竟即使是普通法禁反言也会对当事人的实体权利义务直接或间接产生影响,而且普通法禁反言背后的公共政策看来也是更针对当事人的实体权利义务,而对证据本身没什么影响。

相比之下,衡平法禁反言更是只会针对当事人的实体权利与义务。例如,产权人禁反言(proprietary estoppel)针对的是产权人的有关财产性权利;又如,承诺性禁反言(promissory estoppel)针对的是即使因为承诺没有对价等因素所以在普通法下不可被执行与获得救济,也会由于显失公平在衡平法下给予救济。衡平法禁反言也一般与证据问题没有关系。《Phipson on Evidence》(2018 年,第 19 版)一书之5 - 34 段就针对普通法禁反言与衡平法禁反言的问题说:"That difference is that the effect of recognizing a legal estoppel is that a party is prevented from contradicting a particular fact so that the rights and remedies of the parties are then decided on the basis of that uncontradicted fact, whereas the effect of recognizing an equitable estoppel is a matter for the discretion of the court."

禁反言的适用有自己的特别之处。例如禁反言可能是暂停性(suspensive)可以通过合理通知回到原本的地位,又如禁反言仅仅会适用在当事人之间,而如果是在一方当事人与第三人之间,则当事人也不受到禁反言的约束等。

一些国家与地区在立法中也将证据法上的禁反言纳入考虑。例如在新加坡的《Evidence Act》(Cap 97, 1997)之 Section 117 规定:"When one person has by his declaration, act or omission intentionally caused or permitted another person to believe a thing to be true and to act upon such belief, otherwise than but for that belief he would have acted, neither he nor his representative in interest shall be allowed in any suit or proceeding between himself and such person or his representative in interest to deny the truth of that thing."

6. 推　　定

推定(presumption)的说法是对法定举证责任制度的重要补充。但在某些前置事实存在的情况下,可以推定有一些额外事实的存在。

6.1　法律推定与事实推定

推定常常被粗略地分为法律推定(presumption of law)与事实推定(presumption of fact)。

法律推定是根据法律的规定(force of law)，一旦发生某类一致的事实或情况，就可以对事实进行推定。法律推定还可以进一步分为可反驳(rebuttable)的与结论性的(conclusive)。

如果是可反驳的法律推定，虽然推定事实存在，但允许提出证据反驳。针对刑事案件，一个例子就是著名的无罪推定(presumption of innocence)，〔69〕法定举证责任完全由检控方承担。法定举证责任也可能是由否定该事实存在的人士承担，如对失踪的自然人推定死亡(presumption of death)，在英国法下自然人失踪7年或以上就可以向高院申请推定该自然人死亡，这才能接下来把该自然人的财产作为遗产分摊、保险公司理赔等。但如果有一位或多位其他有关人士(如失踪者的配偶或个别子女、亲属)不同意，就有法定举证责任提出该失踪者还活着的证据。

英国法下可反驳的法律推定情况有不少，除了本段提到的无罪推定与推定死亡以外，还包括不少其他情况。可以再多举其中几个例子，如推定自然人心智健全/精神正常(sanity)：见 Imperial Loan Co v. Stone (1892) 1 QB 599 与 Park v. Park (1954) P 112 先例等。婚姻期间子女推定为婚生子女(legitimate child)：见《Family Law Reform Act 1969》之 Section 26 与 S v. S (1972) AC 24 贵族院先例以及近期的 B (A Child) (Parentage: Knowledge of Proceedings), Re (2003) EWCA Civ 1842 先例等。在财产继承问题上如果多人死亡时间难以确定先后，推定年长的先死亡：见《Law of Property Act 1925》之 Section 184(中国法下也有推定死亡顺序的规定)。在 TC Coombs & Co v. IRC (1991) 2 AC 283 先例中，贵族院再次强调政府机构的工作人员在立法下的行政行为应被假设为符合权限，除非有证据反驳。

这种可反驳的法律推定在商业合约也有很多，《合约的解释：规则与应用》一书第四章有多处提到，如假设商业人士是有订立法律合约关系的意图，假设订约方不能从自己的错误行为中获利，假设合法，假设订约方不会约定一些不可能做到的事情，假设订约方不会约定多余的内容等。

结论性的法律推定更是一旦法律推定就被认定存在不容反驳，但这类结论性的法律推定是比较少的，而结论性法律推定的例子可见《Sex Offence Act 2003》之 Section 76。如果(涉嫌强奸的)侵犯人存在欺诈或者是假冒他人与被侵犯人性交，会可以得出结论推定被侵犯人没有同意性交。可见 R v. Jheeta (2007) EWCA Crim 1699 先例。该条文可节录如下："If in proceedings for an offence to which this section applies it is proved that the defendant did the relevant act and that any of the circumstances specified in subsection (2) existed, **it is to be conclusively presumed**— (a) that the complainant did not consent to the relevant act, and (b) that the defendant did not believe that the complainant consented to the relevant act."(加黑部分是笔者的强调)

---

〔69〕 严格来说，无罪推定是否属于这里所说的"推定"是有疑问的，毕竟无罪推定并不根据事实进行推定，只不过是对法定举证责任的分摊(allocation)。

根据事实推定则是在每一个特定案件中根据某些已经认定的事实(如已经承认或双方没有异议的事实),凭常识与逻辑(common sense and logic)推理可以得到的结果。也因此在每一个案件中都会有不同的事实,也会带来大量不同的事实推定。稍后在本章之6.2段的"事情不言自明",就是对各种不同的事实或情况作出推定,并会举例说明。也可以想到的是,根据事实推定都是可反驳的推定。在有相反证据的情况下,推定当然是站不住脚的。而且根据事实推定也只不过是法官或仲裁员对事实的推理或"想当然",难免有很大的裁量权空间,如果是结论性也未免太霸道与太危险。

例如,在 Gill v. RSPCA (2010) EWCA Civ 1430 先例中,Neuberger 勋爵说如果律师在准备好遗嘱后向立遗嘱的人士读出遗嘱内容,可以推定遗嘱内容代表了订立遗嘱的人士当时的想法:"As a matter of common sense and authority, the fact that a will has been properly executed, after being prepared by a solicitor and read over to the testatrix, raises a very strong presumption that it represents the testatrix's intentions at the relevant time, namely the moment she executes the will."

另是对船舶适航的事实推定,如在风平浪静的海面船舶沉没,就有很大机会推定船舶不适航。早在 Anderson v. Morice (1874) LR 10 CP 58 先例中,Brett 大法官就说:"In the absence of any other evidence as to the condition of the ship, the fact of her sinking in smooth water without any apparent cause would create an irresistible presumption of unseaworthiness."

《Redfern and Hunter on International Arbitration》(2015 年,第 6 版)一书之 6.85 段中举了一个仲裁案件。如果某地在某日的天气属于需要认定的事实,当事人只要提供某个权威、大家一般都认可的报纸上对该地、该日的天气状况的陈述,而对方又没有相反的、足够有力的证据予以反驳,仲裁庭就足以作出认定,并不需要当事人委任专门的气象、地理专家给出什么专家报告详细论证。

当然必须指出的是,以上对法律推定和事实推定的区分是为了便于理解各类不同推定。但很多时候要严格区分某个特定的推定到底属于哪类并不容易,也没有太大必要,甚至有时候作出的推定会同时根据法律与事实作出。《Phipson on Evidence》(2018 年,第 19 版)一书之 6-19 段说:"In practice, however, these distinctions are by no means easy to apply; and the line of demarcation, even when visible, is often overlooked. A presumption which is regarded by some judges and text writers as one of law is treated by others as one of fact, or of mixed law and fact; indeed, the same judges have not infrequently placed the same presumption in different categories at different times."

6.2 事情不言自明

6.2.1 需要事情不言自明帮助证明有困难的当事人

"事情不言自明"(*res ipsa loquitur* 或 the fact speaks for itself)是指一些莫名其妙的事故发生,而事故发生本就已说明有很大可能性或可以推定(presume)存在疏忽或过失。可以先节录 Kennedy 大法官在 Russell v. L & S W Ry (1908) 24 TLR 548 先例中的权威说法/定义如下:"The meaning, as I understand, of that phrase... (res ipsa loquitur)... is this, that there is, in the circumstances of the particular case, some evidence which, viewed not as a matter of conjecture, but of reasonable argument, makes it more probable that there was some negligence, upon the facts as shown and undisputed, than that the occurrence took place without negligence.[70] The res speaks because the facts stand unexplained, and therefore the natural and reasonable, not conjectural, inference from the facts shows that what has happened is reasonable to be attributed to some act of negligence on the part of somebody; that is, some want of reasonable care under the circumstances.[71] Res ipsa loquitur does not mean, as I understand it, that merely because at the end of a journey a horse is found hurt, or somebody is hurt in the streets, the mere fact that he is hurt implies negligence. That is absurd. It means that the circumstances are, so to speak, eloquent of the negligence of somebody who brought about the state of things which is complained of.[72]"

在 Smith v. Fordyce (2013) EWCA Civ 320 上诉庭先例中,原告乘坐被告驾驶的车辆期间,车辆突然失控出车祸导致原告受伤。原告就提出索赔,主张被告有疏忽或过失,被告则抗辩是路面有黑冰(black ice)导致车辆侧滑失控。上诉庭指出,虽然这是原告主张的事实,但是作为驾驶汽车的被告有义务保证车况与安全驾驶,这种在公路上突然发生交通事故是可以表面上推断是被告有疏忽或过失。应由被告先承担提出证据责任证明自己并没有过失,来反驳这个事情不言自明的推定。[73] 上诉庭对事情不言自明的说法进行了权威性的小结,[74]可以节录如下:"The doctrine expressed in the maxim res ipsa loquitur is **a rule of evidence based on fairness and common sense**. It should not be applied mechanistically but in a way which reflects its underlying purpose. **The maxim encapsulates the principle that in order for a claimant to show that an event was caused by the negligence of the defendant, he need not necessarily**

---

[70] "事情不言自明"是指根据已经明确与无争议的事实,能够说明(不能揣测而是要合理推断)更可能涉及疏忽。

[71] 事情为什么发生并没有得到解释,才需要事情"自己说"。因此,不能无端揣测而是需要进行合理推断,根据现有事实进行合理推断事情的发生是涉及了某些人的疏忽,或者是没有履行应尽的合理注意义务。

[72] 因此,仅仅因为骑马一段时间后马匹受伤或者是行人在道路上行走时受伤这件事情就推断有人疏忽,这显然并不是根据事实进行的合理推断,受伤可能是很多原因造成,不一定是有人疏忽。还必须有其他的情况出现,如行人受伤是被路边大厦高空坠落的花瓶砸中。

[73] 在此先例中,被告提出反驳的包括当时车辆没有超速,路面的黑冰几乎很难被看到也无法合理预见,所以被告在这个事故并没有疏忽,这被法院认定是足以成功反驳事情不言自明的推定。

[74] 该总结还在之后的 David T Morrison & Co Ltd v. ICL Plastics Ltd (2014) UKSC 48 最高院先例中得到 Hodge 勋爵的认可。

be able to show precisely how it happened. He may be able to point to a combination of facts which are sufficient, without more, to give rise to a proper inference that the defendant was negligent. **A car going off the road is an obvious example.** A driver owes a duty to keep his vehicle under proper control. Unexplained failure to do so will justify the inference that the incident was the driver's fault. In the words of the Latin tag, the matter speaks for itself. In such circumstances the burden rests on the defendant to establish facts from which it is no longer proper for the court to draw the initial inference. To show merely that the car skidded is not sufficient, because a car should not go into a skid without a good explanation."(加黑部分是笔者的强调)

因此,在涉及疏忽/过失的案件中,不言自明是常被用到与重要的一个说法。根据事情不言自明,很多时候作为受害人的原告就省去了很多举证的麻烦。

另在海事保险案件中,这已经在本章之4.3.5段提及。毕竟保险人对于船舶沉没的原因、是否涉及船东凿船等是很难有什么证据证明的。此时就允许根据事情不言自明作出推定,如在风平浪静的海面船舶沉没,就有很大概率推定船舶不适航。早在 Anderson v. Morice (1874) LR 10 CP 58 先例中 Brett 大法官就说:"In the absence of any other evidence as to the condition of the ship, the fact of her sinking in smooth water without any apparent cause would create an irresistible presumption of unseaworthiness."

另外,如果一艘船舶在停泊或抛锚时被移动中的船舶碰撞,又或是岸上的财产或设施被移动中的船舶碰坏,也都可以不言自明推断是移动中的船舶疏忽。在 The "Wakas" and The "Woolviston" (1952) 2 Lloyd's Rep 272 先例中,Willmer 大法官说:"It is admitted that the two barges belonging to the defendants . . . did in fact come in contact with the gantry and cofferdam; and it is further admitted that in consequence of that contact damage was inflicted on the gantry and cofferdam. . . . there is nothing of any significance in the weather conditions. It was fine and clear, there was no material wind, and the tide, . . . was a normal neap tide. . . In those circumstances it is conceded on behalf of the defendants that the maxim Res ipsa loquitur applies. Mr Finlay(被告代表大律师). . . has accepted the burden of showing a reasonable explanation as to how the damage may have occurred, an explanation which is at least as consistent with the absence of negligence as with negligence having taken place. It becomes necessary, therefore, to examine the explanation which has in fact been offered on behalf of the defendants as to how the casualty become to occur."

6.2.2　构成事情不言自明的三个要件

刚刚已经提到了"事情不言自明"不能仅仅靠揣测,而需要根据已有的事实进行合理推断(infer)。因此一般认为构成事情不言自明,需要满足以下三个要件:

1. 原告需要提出证据显示确实发生了没有解释清楚的事故。显然如果原告通过调查取证完全可以举证解释事故发生的原因,是没理由让承担法定举证责任的原告不举证的。在 Barkway v. South Wales Transport (1950) 1 All ER 392 先例中,Porter 大法官就说:"The doctrine of res ipsa loquitur is dependent on the absence of explanation, and, although it is the duty of the defendants, if they desire to protect themselves, to give an adequate explanation of the cause of the accident, yet, if the facts are sufficiently known, the question ceases to be one where the facts speak for themselves, and the solution is to be found by determining whether,... on the facts as established, negligence is to be inferred or not."

2. 原告需要证明如果不涉及人为疏忽,则该事故一般不应发生。典型的例子就是高空坠物(一些室内本不会掉落的物体)伤及行人,著名的 Scott v. London and St. Katherine Docks (1865) 3 H & C 596 先例就是有一袋糖从天而降砸伤了 Scott 先生,法院判令,如果没有人为疏忽,一般是不会发生这样的事情的。

3. 根据事实情况来看这疏忽很可能来自被告而非其他人士,如高空坠物是被告阳台上的物体(如花盆)或住所的窗户等。

6.2.3 "事情不言自明"是将提出证据责任转移给被告

曾经对于事情不言自明的后果到底如何,是有不同看法的。有的判决认为事情不言自明会使得法定举证责任由被告承担,这方面可见 Woods v. Duncan (1946) AC 401;Colvilles Ltd v. Devine (1969) 2 All ER 53 先例等。

但是已经介绍过,如今先例已经确定了这"谁主张,谁举证"的民事诉讼的法定举证责任大原则不轻易改变。即事情不言自明的说法并不导致法定举证责任由被告承担,而仍然是由主张事实存在的原告承担法定举证责任。但是原告在证明了本章上一段提到的三个要件后,就可以依赖事情不言自明的说法推定被告存在疏忽,这就将提出证据责任转移(shift)给了被告,不需要再进一步举证被告到底具体是如何疏忽。有关先例可见 Ng Chun Pui v. Lee Chuen Tat (1988) RTR 298 枢密院先例。此先例中,Griffiths 勋爵说:"It was misleading to talk of the burden of proof shifting to the defendant in a case where res ipsa loquitur applied. In any action for negligence the burden of proof rests throughout on the claimant. In an appropriate case the claimant will establish a prima facie case by relying on the fact of the accident. If the defendant adduces no evidence, there will be nothing to rebut the inference of negligence and the claimant's case will have been proved. But if the defendant does adduce evidence, that evidence must be evaluated to see if it is still reasonable to draw the inference of negligence from the mere fact of the accident."

以上是说,在侵权之诉的案件中,原告仍然对自己主张的事实(如被告疏忽)承担法定举证责任。只不过是根据案件的情况,可以对被告疏忽的事实作出推定。有提出证据责任的被告如果没有提出能反驳的证据,就会在这个推定的事实问题败诉。而如果被告提出了反驳的证据证明出的事情不涉及他/她的疏忽,就要整体来看证据是否对被告存在疏忽的推定造成足够的质疑导致提出证据责任回归给原告。但无论如何最后都会是全面地考虑原告主张的事实,且只有达到举证标准(民事案件中也就是50%可能性)才能胜诉。

另可见 David T Morrison & Co Ltd v. ICL Plastics Ltd (2014) UKSC 48 最高院先例中 Reed 勋爵所说:"The principle belongs to the law of evidence, and refers to circumstances from the establishment of which an inference of negligence can be drawn, so as to **shift the evidential burden of proof** to a defender."(加黑部分是笔者的强调)

7. 证 明 标 准

前文中已经介绍了未能履行法定举证责任会导致败诉的结果,什么才是履行了这个法定举证责任呢?自然就是要能够满足所谓的证明标准(standard of proof)。在 B (Children) (Sexual Abuse: Standard of Proof), Re (2008) UKHL 35 贵族院先例中,Hoffmann 勋爵这样定义证明标准:"the degree of persuasion which the tribunal must feel before it decides that the fact in issue did happen."

因此也很显然,英国法下在案件类型不同时会有不同的举证标准,最明显的就是普通法下刑事案件中的举证标准是要排除一切合理怀疑(beyond all reasonable doubts),而民事案件举证标准是"平衡的可能性"(balance of probabilities),[75]或"更可能为真"(more likely than not 或 more probable than not):见 Denning 大法官在 Miller v. Minister of Pensions (1947) 2 All ER 372 先例中所说,而美国常称为"证据优势"(preponderance of the evidence)。以下段落也将把刑事案件与民事案件分开对待。

虽然每个案件的案情有所不同,所以很难以一个准确的百分比数字作为标准。但为了更好表达两种举证标准的差异,可以说"排除所有合理怀疑"是要求事实真相的可信度达到80%以上。这也表示,在一些严重的案件中,检控方要证明达到90%才能满足排除所有合理怀疑的举证标准。而"平衡的可能性"就要超过50%了。

英国法律只有这两种举证标准,不会因为指控或主张的严重性而有所改变。但美国的民事诉讼有一个"清楚与信服证据"(clear and convincing evidence)的较高举证,标准会造成混淆。这在 B (Children) (Sexual Abuse: Standard of Proof), Re 先例中有澄清,Hale 女伯爵说:"... Neither the seriousness of the allegation nor the seriousness of the consequences should make any difference to the standard of proof to be applied in the determining the facts. The inherent probabilities are simply something to be

---

〔75〕 大陆法系国家没有明确的举证标准的说法,而是每个案件都需要说服法官,因此有说法是,德国等国家在刑事、民事案件中实际采用的是同样的举证标准。

taken into account, where relevant, in deciding where the truth lies. . . . there is no logical or necessary connection between seriousness and probability. Some seriously harmful behavior, such as murder, is sufficiently rare to be inherently improbable in most circumstances. Even then there are circumstances, such as a body with its throat cut and no weapon to hand, where it is not at all improbable. Other serious harmful behaviour, such as alcohol or drug abuse, is regrettably all too common and not at all improbable. Nor are serious allegations made in a vacuum. Consider the famous example of the animal seen in Regent's Park. If it is seen outside the zoo on a stretch of greensward regularly used for walking dogs, then of course it is more likely to be a dog than a lion. If it is seen in the zoo next to the lions' enclosure when the door is open, then it may well be more likely to be a lion than a dog."

Hale女伯爵的例子是刑事的谋杀或酗酒/吸毒,前者严重与罕见,后者较常见,所以前者的指控更需要更优质的证据以满足刑事的举证标准。而在民商事的例子是欺诈/欺骗(fraud/deceit)相比疏忽(negligence)或过错(wrongful)的主张,前者在国际商事的法治环境下很少会发生,也难以证明商人的内心有欺诈/欺骗的意图。但是疏忽或犯错(错多错少都是犯错,一般的救济也就是赔偿损失的后果完全是一样)经常会发生,可能性大得多。所以,前者需要更优质的证据才能满足,虽然举证标准仍是民事的"平衡的可能性"。本章之7.2.1.2段会对这个问题有详细介绍。

有说法是一些大陆法系国家并没有明确的举证标准,而只有法官衡量证据。如Michele Taruffo的"Rethinking the Standards of Proof"(2003) 51 Am J Comp L 659一文说:". . . France, Italy and Spain, there simply are no fixed standards of proof, since the evaluation of proofs is left to the free discretion of the judge."也可见刊登于《Written Evidence and Discovery in International Arbitration》(2009, ICC Publishing)的Vera Van Hooutte的"Adverse Inferences in International Arbitration"一文所说:"most legal systems rely on the principle of free assessment of the evidence by their national judges."还可见Michael J Bond的"The standard of proof in international commercial arbitration"(刊登于ARBITRATION, 77:3, August 2011)一文等。因此,大陆法系下,只是在个别案件中看提出的证据能否说服法官行使裁量权作出认定,也即"*intime conviction*"(确信无疑,或法文"*Avez-vous une intime conviction*")(要注意不能将大陆法系下的"确信无疑"与普通法下的排除一切合理怀疑混淆,毕竟"确信无疑"不是普通法下所说的严格举证标准),或是自由心证(free evaluation of proof/inner conviction,德文"*freie Beweiswürdigung*"),法官如果无法"确信无疑"仍有疑虑(doubt),就会根据举证责任作出认定与判决。当然确信无疑或自由心证并非无边无际地行使裁量权,例如法国或德国通过立法方式对各类证据的证明效力或分量(weight)有排序。但尽管有这些不同,以笔者(杨良宜)处理国际仲裁的经验来看,在实际应用中(尤其是民商事案件中),看来并不会存在显著的差异,毕竟即使是平衡的可能性最后也是法官来

认定谁超过51%，这实际上也是在自由心证。

7.1 刑事案件的举证标准

刑事案件的著名说法是，检控方要指控嫌疑人/被告罪名成立的举证标准必须能够排除一切合理怀疑。[76] 这方面可见 Woolmington v. DPP（1935）AC 462 先例中 Sankey 勋爵的著名说法如下：“Throughout the web of the English Criminal Law one golden thread is always to be seen, that it is the duty of the prosecution to prove the prisoner's guilt subject to what I have already said as to the defence of insanity and subject also to an statutory exception.[77] If, at the end of and on the whole of the case, there is reasonable doubt, created by the evidence given by either the prosecution or the prisoner, as to whether the prisoner killed the deceased with a malicious intention, the prosecution has not made out the case and the prisoner is entitled to an acquittal.[78] No matter what the charge or where the trial, the principle that the prosecution must prove the guilt of the prisoner is part of the common law of England and no attempt to whittle it down can be entertained.”

尽管刑事案件中绝大多数情况下举证责任都由检控方承担，但也有极少数情况在权衡下通过立法让嫌疑人承担举证责任。例如，英国《Prevention of Crime Act 1953》之 Section 1(1)在公共场所持有攻击性武器的嫌疑人/被告要自证有法律授权或合法理由，香港特区《防止贿赂条例》（第201章）之 Section 24，要嫌疑人/被告承担抗辩自己金钱来源正当并非贪污的举证责任，嫌疑人要解释金钱来源自证清白等。这种可称为“明示法定举证责任倒置”（express reverse onus legal burden of proof）通常是在立法中写明：“... *the burden whereof shall be on the accused.*”

在追缴刑事犯罪所得的民事程序（Civil Recovery of Proceeds of Crime）中，证明标准应只是民事标准。在《Proceeds of Crime Act 2002》之 Section 241(3)明示规定判断有关所得是否来自不法行为（unlawful）应在平衡可能性下判断：“The court or sheriff must decide on a balance of probabilities whether it is proved (a) that any matters al-

---

〔76〕 如果是认定构成罪名以外的其他相关事实，看来就未必有这么高的举证标准。《Phipson on Evidence》（2018年，第19版）一书之6-55段说：“The standard of proof applicable to fact-finding in respect of collateral issues has frequently gone unexamined by the courts. For example, there is no case law about the degree of certainty a judge must have to determine that a witness is hostile, that a witness claiming to be an expert is adequately qualified; that the maker of a hearsay statement is identified; that a defendant has given a false impression or attacked another person's character; that a defendant has waived legal professional privilege by disclosing that his solicitor advised him to remain silent; or that counsel has imputed a witness with fabricating evidence.”

〔77〕 由检控方承担对嫌疑人犯罪的法定举证责任，除非是嫌疑人提出精神状态抗辩或立法将举证责任倒置的例外。

〔78〕 如果提交的证据（也无论是检控方提交的证据还是嫌疑人/被告提供的证据）显示有任何的合理疑点，利益都归于嫌疑人/被告，这就导致检控方举证失败，被告无罪。

leged to constitute unlawful conduct have occurred, or (b) that any person intended to use any in unlawful conduct."这方面还可见 Serious Organised Crime Agency v. Gale (2011) UKSC 49 最高院先例。这是为了更容易追缴犯罪所得，因此通过立法将举证标准降低为与民事举证标准一致。

对于嫌疑人/被告的抗辩或法定举证责任倒置的部分，嫌疑人/被告的举证责任需要合理、成比例与不得太苛刻，以免冲击无罪推定大原则与人权法，所以并不需要达到排除一切合理怀疑的举证标准，反而是与民事诉讼中的举证标准（超过50%可能性）是类似的：见 Cooper v. Slade (1858) 6 HL Cas 746；R v. Sodeman (1936) 2 All ER 1138；R v. Carr-Briant (1943) KB 607；R v. Webster (2010) EWCA Crim 2819 等先例。在较早年代的 R v. Carr-Briant (1943) KB 607 先例中，Humphreys 大法官说："In our judgment where, either by statute or at common law, some matter is presumed against the accused person 'unless the contrary is proved', the jury should be directed that it is for them to decide whether the contrary is proved; that the burden of proof required is less than that required at the hands of the prosecution in proving the case beyond a reasonable doubt, and that the burden may be discharged by evidence satisfying the jury of the probability of that which the accused is called upon to establish."

7.1.1 合理怀疑与确信

至于什么是合理怀疑（reasonable doubt），看来是不容易确切定义的。过去也有先例中因为审理法官给陪审团的指引中对合理怀疑的解释不恰当导致定罪被上诉庭推翻：见 R v. Gray (1973) 58 Cr App R 1 先例与 R v. Stafford (1968) 53 Cr App R 1 先例等。因此法院一贯避免尝试解释什么是合理怀疑。本书并不主要针对刑事犯罪，因此不准备对此过多详细介绍，但可以简单节录一个常被用来向陪审团指引的来自 Walters v. R (1969) 2 AC 26 先例的说法如下："A reasonable doubt is that quality or kind of doubt which when you are dealing with matters of importance in your own affairs you allow to influence you one way or another."

该说法在近期也有不少先例采用：见 R v. Folley (2013) EWCA Crim 396 先例与 McDonald (James Scott) v. HM Advocate (2010) HCJAC 95 先例等。

也因此不少先例采用的说法是要能让陪审团"确信"嫌疑人有罪（"*the jury should be sure*"）：见 R v. Kritz (1950) 1 KB 82；R v. Summers (1952) 1 All ER 1059 先例等。这与排除一切合理怀疑的意义是相同的，只不过更容易让陪审团理解，不像排除一切合理怀疑一样反而让陪审团产生疑问，近期先例可见 R v. Majid (Abdul) (2009) EWCA Crim 2563 先例等。

7.1.2 排除一切合理怀疑或确信并非完全肯定

无论是排除一切合理怀疑，还是要能够确信有罪，都并不表示完全肯定（certainty）。一方面是绝对真相是无法真正证明的；另一方面是检控方的举证也不需要面面俱到把所有的可能性都排除（这也办不到），只要排除现实可能的情况。

早在 Miller v. Minister of Pensions（1947）2 All ER 372 先例中，Denning 大法官就说："It need not reach certainty, but it must carry a high degree of probability. Proof beyond reasonable doubt does not mean proof beyond the shadow of a doubt[79]... If the evidence is so strong against a man as to leave only a remote possibility in his favour which can be dismissed with the sentence 'of course it is possible', the case is proved beyond reasonable doubt, but nothing short of that will suffice."[80]

7.2　民事的举证责任与所需标准

7.2.1　概然性权衡/平衡的可能性

一贯以来，普通法下民事案件的举证标准都是"概然性平衡/平衡的可能性"（balance of probabilities），或者是"更可能为真"（"*more probable than not*"）。这是 Denning 勋爵（但当时还是大法官）在 Miller v. Minister of Pensions（1947）2 All ER 372 先例中的著名说法："If the evidence is such that the tribunal can say: 'We think it more probable than not', the burden is discharged, but if the probabilities are equal, it is not."

美国法下也有类似说法。著名的 Addington v. Texas, 441 US 418（1979）先例说："society has a minimal concern with the outcome of such private suits... burden of proof is a mere **preponderance of the evidence**. The litigants thus share the risk of error in roughly equal fashion."（加黑部分是笔者的强调）因此有时称民事案件中的证明标准为"证据优势"（"*preponderance of the evidence*"）。

需要注意的是，Denning 勋爵所说的"更可能为真"是需要小心区分的，并不是说一方给出的证据的可能性要比另一方更高，而是从事实的真实性上来说一方主张事实为真的可能性要超过 50%。可见 Davies v. Taylor（1974）AC 207 贵族院先例中 Simon 勋爵所说："the concept of proof on a balance of probabilities, which can be restated as the burden of showing odds of at least 51 to 49 that such-and-such has taken place or will do so."

在较近期的 B（Children）（Sexual Abuse: Standard of Proof）, Re（2008）UKHL 35 贵族院先例中，Hoffmann 勋爵说："If a legal rule requires a fact to be proved（a 'fact in issue'）, a judge or jury must decide whether or not it happened. There is no room for a finding that it might have happened. The law operates a binary system in which the only values are 0 and 1. The fact either happened or it did not. If the tribunal is left in doubt, the doubt is resolved by a rule that one party or the other carries the burden

---

〔79〕只需要很高的可能性，而并不要求完全肯定。排除合理怀疑不表示要排除所有其他的可能性。

〔80〕只要是证据分量足够有说服力，即使被告仍然有一个过于遥远、仅仅存在可能性（mere possibility）的疑问，法院可安心地置之不理并说"当然会有可能"（这就是反讽的说法，也就是仅仅存在可能性，现实是很难发生的），就达到了排除一切合理怀疑的证明标准。

of proof. If the party who bears the burden of proof fails to discharge it, a value of 0 is returned and the fact is treated as not having happened. If he does discharge it, a value of 1 is returned and the fact is treated as having happened."

看来相比于刑事案件中的排除一切合理怀疑，民事案件中的举证标准要低得多。毕竟刑事案件中的嫌疑人/被告一旦被定罪，需要承担的刑事责任会非常严重。民事案件败诉的后果一般也就是金钱赔偿。而且民事案件中的对抗双方是平等的主体，但刑事案件中是由政府检控机关对抗公民，不存在胜负的问题，只是嫌疑人是否被定罪，因此以很高的举证标准来要求政府。

在香港特区，也有类似的证券及期货事务监察委员会（Securities and Futures Commission, SFC）。《证据法：国际规管与诉讼中的文件攻防》一书第二章之2.1段已经提到，正是因为安然事件等造成的巨大影响，加上法定举证责任造成的追责困难等主要原因，才导致英美通过立法成立规管机构（regulatory bodies）与加强规管，并很快延伸到方方面面。

7.2.1.1 平衡的可能性与可能性的数学计算

刚刚已经提到了 Davies v. Taylor（1974）AC 207 先例中对平衡的可能性是至少51%的描述。一般而言，在商业案件中，较少会是直接根据数学计算来看是否达到51%。毕竟很多时候事情较为复杂，再加上即使是过去的事实也会有不清楚的地方，这就很难完全精准地以数学方式来计算出一个百分比，而要靠法官或仲裁员根据全盘的事实与证据，用常识与逻辑作出判断与认定。[81] 毕竟即使无法认定，也是可以根据谁承担法定举证责任来进行判决或裁决的。

但也有极少数案件中看来用到了数学计算的判断。例如，在 The "Brimnes"（1974）2 Lloyd's Rep 241 先例中，承租人延迟支付租金，此时又恰逢运费市场上涨，希腊船东就趁机想要撤船、终止租约。实际上承租人已经多次延迟支付租金，而1970年4月的一期租金应当最迟在1970年4月1日支付，但看来承租人的支付又有一小段时间的延迟，船东是在差不多时间已经通过电传（telex）方式向承租人发送了撤船通知。问题是假设这次很有限的延迟支付租金并未构成违约/毁约，[82] 船东在

---

〔81〕 在 B（Children）（Sexual Abuse: Standard of Proof），Re（2008）UKHL 35 贵族院先例中，Hale 女伯爵就说："They are guided by many things, including the inherent probabilities, any contemporaneous documentation or records, any circumstantial evidence tending to support one account rather than the other, and their overall impression of the characters and motivations of the witnesses."

〔82〕 期租合约中最普遍使用的纽约土产格式（NYPE）第5条文明示承租人必须准时支付租金，一旦延误船东有撤船的选择权（option）的规定。此条文是为了保护船东免受承租人拖欠租金的困扰。但精明、狡猾的船东看到租船人租金迟延了10分钟就行使选择权，自己可以在上涨的市场中多赚一些。英国法对"准时"的定义会是严格解释，即使只是晚了10分钟，也是未能准时支付租金，因此船东行使选择权没有任何问题。但如果并非采用 NYPE 或类似条文，一般情况下英国法下对于延误支付租金并不认为是违反了条件条文。有关内容可见笔者（杨大明）《期租合约》一书第18章。

收到租金后的撤船就变成是船东拒绝履行合约了。因此,到底是船东先发送撤船通知,还是租金先支付,就成了此先例中的一个事实争端。虽然难以认定具体的时间点,但看来船东发送撤船通知的电传到承租人是在伦敦时间 4 月 2 日下午 17:30 到 18:00 之间,而支付租金的时间是在同一日下午 17:37 到 18:37 之间。一审法院就综合其他证据等认定撤船通知的发送时间是在大约 17:45,而租金支付的时间则大约是在 18:07。在上诉庭看来是支持了一审法院在这方面对事实的认定。其中,Megaw 大法官认为,即使是不从这些时间段中硬是认定一个时间点,仅凭时间段看来也可以依赖数学方式计算可能性,并会在平衡的可能性上得出相同结论:"... the learned Judge（一审法官）was right in so holding. I should not quarrel with his method of defining the time of payment... But I think there is another, possibly preferable, approach, which in this case leads to the same result... The probable time of payment was... between 1737 to 1837 London time. The range of time within which the notice of withdrawal was given is from 1730 to before 1800. If it were wrong to select any particular point of time, for example, the mean, within either of these ranges as being the probable particular point of time, and if one were then to look at the probability as to which event preceded the other by taking each of the two time ranges as a whole, the balance of probability would be strongly in favor of the notice of withdrawal having preceded, rather than having come after, the time of the payment."

可以简单解释一下这里的数学计算,也就是从 17:30 到 18:37 一共有 67 分钟,如果:(1)撤船通知在 17:30 至 17:37 之间,这肯定是租金支付晚于撤船通知,一共是 7 分钟,约占整个 67 分钟的 10%;(2)租金支付在 18:00 到 18:37 之间,这也肯定是租金支付晚于撤船通知,一共是 37 分钟时间,约占整个 67 分钟的 55%;(3)租金支付在 17:37 到 18:00 之间,这就难以判断具体时间点,一共是 23 分钟时间,约占整个 67 分钟的 34%。前述(1)与(2)加起来占据所有时间的比例是超出 50%,如果平衡可能性仅仅只能根据这数字来判断,是可以满足平衡的可能性的,即可以认定租金支付晚于撤船通知。

但是从这个先例中也可以看出为什么一般不太会出现以纯粹数据计算作为平衡的可能性的判断。如果可以根据现有证据进一步缩小两个事件发生的时间段,就可能有很大不同。而且前述的数据计算实际上纯粹是以某段时间占据总时间的比例计算,这并非真正考虑了事情发生的可能性。尤其是对于这类过去的事实(past events/past facts),法院一般都是可以作出认定的,如像一审法官一样找出一个特定的时间点。即使实在困难,无法找出这个谁先谁后的时间点,两边的证据都达不到更有可能为真("*more probable than not*")的标准,那也是根据法定举证责任在谁,就判该方未能满足举证责任来进行判断为好,可见本章之 2.3 段介绍的 The"Popi M"(1985) 2 Lloyd's Rep 1 贵族院先例。

7.2.1.2　类刑事后果的民事案件与内在可能性的探讨

民事案件中会有很多情况涉及刑事问题，商业中主张（allege）对方欺诈（如凿船骗保）与/或制作虚假文件等情况更是屡见不鲜。也有一些比一般违约/毁约或疏忽（或过错）更严厉的主张，如指称对方轻率鲁莽（reckless）等。

英国法过去有不少先例判令，越是严厉的主张，就会需要越高标准的可能性。[83]在美国法下甚至在平衡的可能性、排除合理怀疑以外，还为欺诈等案件设立了另一种举证标准：[84]清楚与令人信服（clear and convincing）。可见 Addington v. Texas, 441 US 418（1979）美国最高院先例："The intermediate standard, which usually employs some combination of the words 'clear,' 'cogent,' 'unequivocal,' and 'convincing,' is less commonly used, but nonetheless 'is no stranger to the civil law... involving allegations of fraud or some other quasi-criminal wrongdoing by the defendant. The interests at stake in those cases are deemed to be more substantial than mere loss of money and some jurisdictions accordingly reduce the risk to the defendant of having his reputation tarnished erroneously by increasing the plaintiff's burden of proof. Similarly, this Court has used the 'clear, unequivocal and convincing' standard of proof to protect particularly important individual interests in various civil cases."

但是今天在英国，该说法在 B（Children）（Sexual Abuse: Standard of Proof）, Re（2008）UKHL 35 贵族院先例中得到澄清。在 B（Children）（Sexual Abuse: Standard of Proof）, Re 先例中，Hoffmann 勋爵首先区分了两种不同的涉及严厉主张的民事案件类型，并认为需要区分对待。可以先节录 Hoffmann 勋爵的有关说法如下："Some confusion has however been caused by dicta which suggest that the standard of proof may vary with the gravity of the misconduct alleged or even the seriousness of the consequences for the person concerned. The cases in which such statements have been made fall into three categories. First, there are cases in which **the court has for one purpose classified the proceedings as civil** (for example, for the purposes of article 6 of the European Convention) **but nevertheless** thought that, **because of the serious consequences of the proceedings, the criminal standard of proof or something like it should be applied**. Secondly, there are cases in which it has been observed that **when some event is inherently improbable, strong evidence may be needed to persuade a tribunal that it more probably happened than not**. Thirdly, there are cases in which judges are simply

〔83〕 如较古老的 Bater v. Bater（1951）P 35；Hornal v. Neuberger Products Ltd（1957）1 QB 247 先例等。在较近期 B v. Chief Constable of Avon and Somerset Constabulary（2001）1 WLR 340；Gough v. Chief Constable of the Derbyshire Constabulary（2002）QB 1213；R（on the application of McCann）v. Manchester Crown Court（2003）1 AC 787 等先例。

〔84〕 美国法下适用清楚与令人信服这个举证标准的案件，主要是民事案件中涉及欺诈，又或者是有关遗嘱有效性等的案件。

confused about whether they are talking about the standard of proof or about the role of inherent probabilities in deciding whether the burden of proving a fact to a given standard has been discharged."(加黑部分是笔者的强调)

Hoffmann 勋爵将这个课题下的各类民事案件分成两种:

1. 第一类案件是虽然因为种种原因被定义为民事案件,但由于有严重后果,如会限制公民人身权利等,造成的影响也不会只局限在民事诉讼的双方当事人,因此实际适用刑事案件的举证标准。例如,B v. Chief Constable of Avon and Somerset Constabulary (2001) 1 WLR 340 先例涉及的是性犯罪限制命令(Sex Offender Order),作出命令限制有性犯罪记录人士的部分人身与自由活动。又如在 R (on the application of McCann) v. Manchester Crown Court (2003) 1 AC 787 先例中,涉及的是反社会行为限制命令(Anti-social Behaviour Order)。这类案件在英国法下被定义为民事案件,但过往先例都认为举证标准会非常高,像是刑事案件的举证标准一样,也因此过去有不少争议。Hoffmann 勋爵就建议与澄清并非这类案件中的民事举证标准被拔高,而是完全适用刑事案件的举证标准:"I agree with the observation . . . that clarity would be greatly enhanced if the courts said simply that although the proceedings were civil, the nature of the particular issue involved made it appropriate to apply the criminal standard."

这类案件中,如今与商业人士也很有关系的就是民事藐视法院(civil contempt of court)的案件,民事藐视法院案件的举证标准就是与刑事案件一样要排除合理怀疑:见 Bramblevale, Re (1970) Ch 128, A (A child) (Abduction: Contempt), Re (2008) EWCA Civ 1138 先例等。

2. 第二类案件则是主张的事实内在/固有可能性(inherent probability)较低,或者说是从主张的事实看来本就不太可能发生,属于内在不太可能(inherent improbable)的事实时,要能够满足 51%平衡的可能性的标准就需要更有说服力的证据。民事案件中无论是什么主张,都是综合当事人提交的证据后,看主张的事实是否有超过 51%可能发生。如果主张的事实发生的内在可能性高,就更容易达到平衡的可能性的举证标准,如果内在可能性低,达到举证标准就更困难。

所谓的内在可能性在 H (Minors) (Sexual Abuse: Standard of Proof), Re (1996) AC 563 贵族院先例中曾经提到过,可以节录该先例中 Nicholls 勋爵所说如下:"**The balance of probability standard means that a court is satisfied an event occurred if the court considers that, on the evidence, the occurrence of the event was more likely than not.** When assessing the probabilities the court will have in mind as a factor, to whatever extent is appropriate in the particular case, that the more serious the allegation the less likely it is that the event occurred and, hence, the stronger should be the evidence before the court concludes that the allegation is established on the balance of probability. **Fraud is usually less likely than negligence. Deliberate physical injury is**

usually less likely than accidental physical injury. ... Built into the preponderance of probability standard is a generous degree of flexibility in respect of the seriousness of the allegation. Although the result is much the same, this does not mean that where a serious allegation is in issue the standard of proof required is higher. It means only that the inherent probability or improbability of an event is itself a matter to be taken into account when weighing the probabilities and deciding whether, on balance, the event occurred. **The more improbable the event, the stronger must be the evidence that it did occur before, on the balance of probability, its occurrence will be established**."(加黑部分是笔者的强调)

Nicholls 勋爵的说法就是是否内在不可能发生要看案件的具体情况,但是越严厉的主张一般而言相比之下就越不可能,也就需要更有说服力的证据。Nicholls 勋爵还提到了几个例子,例如,相比于疏忽而言欺诈的确可能性较低,相比于过失造成人身伤害而言故意造成人身伤害的可能性较低。[85] 这正如 Dellow's Will Trusts, Re (1964) 1 WLR 451 先例中的著名说法:"The more serious the allegation the more cogent is the evidence required to overcome the unlikelihood of what is alleged and thus to prove it."这也能解释 Hornal v. Neuberger Products Ltd (1957) 1 QB 247 上诉庭先例中,机床租售合约下的买方主张卖方在销售过程中有欺诈性误述(fraudulent misrepresentation)就被认为需要提出更多与更优质的证据,可见该先例中 Morris 大法官所说:"Though no court and no jury would give less careful attention to issues lacking gravity than to those marked by it, the very elements of gravity become a part of the whole range of circumstances which have to be weighed in the scale when deciding as to the balance of probabilities."

但 Nicholls 勋爵的说法在今天还需要结合 B (Children) (Sexual Abuse: Standard of Proof)先例中的澄清一并看待。B (Children) (Sexual Abuse: Standard of Proof) 先例指出,一个主张的内在可能性不能仅仅看主张的是什么,而是要根据每个案件的案情与证据不同进行判断。可以节录 Hoffmann 勋爵所说如下:"Lord Nicholls was not laying down any rule of law. There is **only one rule of law, namely that the occurrence of the fact in issue must be proved to have been more probable than not. Common sense, not law, requires that in deciding this question, regard should be had, to whatever extent appropriate, to inherent probabilities**. If a child alleges sexual abuse by a parent, it is common sense to start with the assumption that most parents do not abuse their children. But this assumption may be swiftly dispelled by other compelling evidence of the relationship between parent and child or parent and other children. **It would be absurd to suggest that the tribunal must in all cases assume that serious**

---

[85] 一般而言英国法下,从疏忽(negligence)、轻率鲁莽(reckless)到故意(intend)有递进等级。

conduct is unlikely to have occurred. In many cases, the other evidence will show that it was all too likely. If, for example, it is clear that a child was assaulted by one or other of two people, it would make no sense to start one's reasoning by saying that assaulting children is a serious matter and therefore neither of them is likely to have done so. The fact is that one of them did and the question for the tribunal is simply whether it is more probable that one rather than the other was the perpetrator."(加黑部分是笔者的强调)

而 Hale 女伯爵则指出,内在可能性只应该与案情与证据结合在一起,而不是看这个主张本身是否属于严厉主张:"As to the seriousness of the allegation, there is no logical or necessary connection between seriousness and probability. Some seriously harmful behavior, such as murder, is sufficiently rare to be inherently improbable in most circumstances. Even then there are circumstances, such as a body with its throat cut and no weapon to hand, where it is not at all improbable. Other seriously harmful behavior, such as alcohol or drug abuse, is regrettably all too common and not at all improbable. Nor are serious allegations made in a vacuum. Consider the famous example of the animal seen in Regent's Park. If it is seen outside the zoo on a stretch of greensward regularly used for walking dogs, then of course it is more likely to be a dog than a lion. If it is seen in the zoo next to the lions' enclosure when the door is open, then it may well be more likely to be a lion than a dog."

上述 Hoffmann 勋爵与 Hale 女伯爵的说法是可以理解的,因为主张的事实是否严厉、后果是否严重,严格来说与事实是否发生并不存在真正意义上的联系。换言之,即使是严厉主张,在特定案件根据具体案情与证据内在可能性也未必就一定较低。反过来说即使是不严厉的主张,内在可能性也一样会是较低的,这要结合具体情况与证据对案件根据常识与逻辑作出判断。Hale 女伯爵看来是借鉴了 Secretary of State for the Home Department v. Rehman (2001) UKHL 47 贵族院先例中 Hoffmann 勋爵所说:"It would need more cogent evidence to satisfy (a judge) that the creature seen walking in Regent's Park was more likely than not to have been a lioness than to be satisfied to the same standard of probability that it was an Alsatian."

另外的例子还有谋杀,如果受害人被割喉,而有目击证人看到嫌疑人在受害人旁边手里拿着滴血的刀,那就很难说嫌疑人谋杀了受害人的内在可能性不高。又如主张子女被父母虐待,如果父母与子女关系恶劣,甚至父母还有虐待子女的前科,显然这个主张就不会存在内在可能性较低。类似可以想到,如果 A 公司惯用欺诈的手法与他人签订合约谋取不正当利益,并已经有部分案件中被公开判决,B 公司发觉自己也是相同的欺诈手法的受害者,如果 B 公司主张 A 公司对自己也有欺诈,该主张的内在可能性就并不一定较低了。

可以节录《Phipson on Evidence》(2018 年,第 19 版)一书之 6-58 段对本段上述

内容的小结:"B[86] draws a clear distinction between the class of quasi-criminal civil proceedings where the seriousness of the consequences for the individual concerned has been found to require the imposition of what is sometimes referred to as a heightened standard, and other civil proceedings where the ordinary civil standard applies. Under the ordinary civil standard if an act or event alleged is inherently improbable it may require the court to look more critically or more anxiously at the evidence to satisfy itself to the requisite standard, however all reference to a sliding scale standard, or to varying degrees of probability, is now to be regarded as wrong: the civil standard is finite and unvarying."

以前有一些可能性的尺度会由于案件的不同而可以随意波动的说法在今天就不再正确,民事案件中,除非是实质属于刑事案件或有立法明示,否则对事实认定唯一的举证标准就是平衡的可能性。例如,在中间付款(interim payment)的申请中,申请方向法院申请要求命令被申请方在最后审理前先支付部分款项时,法院由于会关心如果最后被告胜诉会要求原告退款,因此,有说法是原告会有较高的举证责任。[87]但在 H (Minors), Re 与 B (Children) (Sexual Abuse: Standard of Proof), Re 先例后,都不应是偏离平衡的可能性的理由了。也因此在有关中间付款的 Revenue and Customs Commissioners v. GKN Group (2012) EWCA Civ 57 上诉庭先例中,Aikens 大法官判令:"An Interim Payment order is one that is obtained in civil proceedings. Whatever conditions have to be satisfied must be to the usual standard of proof in civil proceedings unless there is an express indication in a statute or rule of court to the contrary. Here there is none. Therefore the claimant has to satisfy the court that the requisite conditions have been fulfilled to the civil standard, which is upon the balance of probabilities. Since the House of Lords' decision in Re H it is well established that there is only one civil standard of proof on a balance of probabilities. In the case of an application for an Interim Payment order under CPR Pt 25.7(1)(c), of course, the claimant has to satisfy the court on a balance of probabilities about an event that has not, in fact, occurred; that is, that if the claim went to trial, he would obtain judgment (and for a substantial amount of money)."

仲裁中也有类似做法,笔者在《仲裁法:从开庭审理到裁决书的作出与执行》一书第六章之3.4.1.5段已经提到,如果一笔金钱明确欠下,甚至被告曾经承认欠下一笔钱,仲裁庭是可以作出一个中间裁决书(partial award),以利原告可以凭这份裁决

---

[86] 这是指 B (Children) (Sexual Abuse: Standard of Proof), Re (2008) UKHL 35 贵族院先例。

[87] 如 Gibbons v. Wall, The Times, 24 February 1988 上诉庭先例中就对中间付款程序说:"it towards the top end of the flexible scale."本书上一版本也就此问题说:"例如在责任方面,原告要证明会胜诉,而且说法是举证比真正审理的51%可能性更高。"

书马上强制执行：见 The"Kostas Melas"（1981）1 Lloyd's Rep 18 先例。这与诉讼中的中间付款命令一样，要证明在最后的裁决书中获得的金额会大于中间支付的金额，这里的举证标准也是平衡的可能性。

另在一些并非法院案件而是各类规管机构或纪律委员会的案件中，除非是有立法明示，否则也会根据 H（Minors），Re 与 B（Children）（Sexual Abuse：Standard of Proof），Re 先例适用划一的民事案件事实认定的举证标准：见 R（on the application of N）v. Mental Health Review Tribunal（Northern Region）（2005）EWHC 587（Admin）先例与 AM v. Partnerships in Care Ltd（2015）UKUT 659（AAC）先例等。

7.2.1.3　应减少不必要的欺诈/欺骗或其他严重的指控或主张

除非证据已经可以明确，以及属于确有必要的情形（如保险人需要以被保险人欺诈为由拒赔），否则不必要也无须提出严厉主张，毕竟这可能导致自己需要提交更多与更优质的证据。不少案件明明只是普通的违约/毁约案件或侵权案件，只需要举证对方违约/毁约或疏忽已足够胜诉，不需要证明对方的意图或到底有什么不良企图。

有些当事人会意气用事或硬要扯上对方道德有问题，[88] 误以为丑化对方就能增加自己胜算，胡乱主张对方欺诈等。但这样，这些主张事实可能就被法院或仲裁庭认为属于本就内在可能性较低，而需要更多、更优质的证据才能满足举证标准。

虽然，从案件的本质与证据看来只是一般的违约/毁约民事诉讼案件，所以仅凭严厉主张不代表固有/内在可能性（inherent/inner probabilities）是较低。对欺诈/欺骗的主张不容易证明的先例已经是多不胜数，可列举或重复如下：

（1）在 Bater v. Bater（1951）P 35 先例中，Denning 大法官说："... So also in civil cases, the case may be proved by a preponderance of probability but there may be degrees of probability within that standard. The degree depends on the subject-matter. A civil court, when considering **a charge of fraud, will naturally require for itself a higher degree of probability than that which it would require when asking if negligence is established**. It does not adopt so high a degree as a criminal court, even when it is considering a charge of a criminal nature; but still it does require a degree of probability which is commensurate with the occasion. ..."（加黑部分是笔者的强调）

（2）Hornal v. Neuberger Products Ltd（1957）1 QB 247 上诉庭先例说："This is not to say that inferences of this serious nature should be lightly made. The circumstantial evidence must be so compelling and convincing that bearing in mind the high standard of proof one is nevertheless satisfied that an inference of fraud is justified."

---

〔88〕　笔者遇到过涉及大量这类仲裁案件。例如，有一宗合资制药的仲裁案件，原本是合约违约争议，但律师在文书请求中长篇大论指责对方"不造福人类"。这些内容对于案件来说是完全无关的，毕竟是否违约要看合约条文、具体事实，与道德感情无关。

(3)在 Dellow's Will Trusts, Re (1964) 1 WLR 451 先例中,Ungoed-Thomas 大法官说:"The more serious the allegation the more cogent is the evidence required to overcome the unlikelihood of what is alleged and thus to prove it."

(4)在本章已多处提及的著名 H (Minors) (Sexual Abuse: Standard of Proof), Re (1996) AC 563 贵族院先例,Nicholls 勋爵说:"Fraud is usually less likely than negligence..... The more improbable the event, the stronger must be the evidence that it did occur before, on the balance of probability, it's occurrence will be established."

(5)所有其他普通法管辖(common law jurisdictions)也是同样的判法。新加坡法院的 Kon Yin Tong v. Leo's Boon Cher (2011) SGHC 228 先例说:"It is generally recognised, ... that in order to make a finding of fraud, the court requires a greater degree of proof than it would when coming to a finding on issues of fact that do not involve fraud."

7.2.2 将来事实与假想事实只能衡量可能性

一般的常识应接受过去事实(past events)要么是发生过,要么是没发生过。因此在一般只涉及双方当事人的民事诉讼中,对双方提供的证据可以根据平衡的可能性的大原则作出认定,该认定虽然是根据平衡的可能性,决定也只会是非黑即白,但两种"事实"例外。首先是对将来的事实(future event)而言,由于谁都说不准将来会发生什么,因此没法像过去的事实一样进行认定,而只能评估(evaluate)或衡量(assess)将来该事实发生的可能性。

Davies v. Taylor (1974) AC 207 贵族院先例中 Reid 勋爵给出的著名说法本章已多处提及,仍可重复节录如下:"When the question is whether a certain thing is or is not true-whether a certain event did or did not happen-then the court must decide one way or the other. There is no question of chance or probability. Either it did or it did not happen. But the standard of civil proof is a balance of probabilities. If the evidence shows a balance in favour of it having happened then it is proved that it did in fact happen.... **You can prove that a past event happened, but you cannot prove that a future event will happen and I do not think that the law is so foolish as to suppose that you can. All that you can do is to evaluate the chance.** Sometimes it is virtually 100 per cent.: sometimes virtually nil. But often it is somewhere in between, and if it is somewhere in between I do not see much difference between a probability of 51 per cent, and a probability of 49 per cent."(加黑部分是笔者的强调)

对于涉及争议的过去事实,法院或仲裁庭是必须作出认定的,不允许"骑墙"。但对于会有很多变数的将来事实,法院或仲裁庭就并不需要也不能作出认定,只要通过预测去评估与衡量出一项事实发生的可能性并将这个可能性考虑在后续的其他方面的判决或裁决中。特别是在损失的计算中,毕竟可以调整去赔多赔少,不像责任方面只能有一个说法。

另一种情况则是假想事实(hypothetical events),或者也被称为反事实(counter-factual)。这是假想如果在过去发生了特定情况(如被告没有疏忽行为)会发生什么后果,并与已经发生的情况(即被告有疏忽行为)所引起的真正后果进行比较。这样看来大原则/大精神与合约违约的损失赔偿一样,就是让受害方回复到原本的地位的“复原或赔偿大原则”(*restitutio in integrum* 或 compensatory principle)。

举一个简单例子,医生 B 的疏忽导致病人 A 死亡或只有 2 年寿命;假想 B 没有这疏忽,A 根本不会有事或还能再活 8 年。这样,向 B 索赔与需要评估与衡量的损失就是死亡或 8 年的寿命缩短的损失了。但复杂一点加入不知名第三人的变数,律师 B 的疏忽导致客户 A 的索赔错过了时效。假想没有 B 的疏忽,A 的索赔就可以推进下去,但推进下去就可以打保票能把所有主张的损失成功取回吗?可以说是稍微有头脑或特别有诉讼经验的人士都知道是不可能,变数太多,另也要看是什么损失、有什么证据等。这样假想的事实要进一步考虑如果 B 没有疏忽,把诉讼推进下去会成功取回多少损失。

上述例子对被告 B 的疏忽行为与原告 A 损失之间的因果关系(causation)进行了“要不是”测试(but for test),并假设被告的行为如果有所不同,会否原告就没有损失或只会有部分的损失,此时就要对假想的过去事实适用平衡的可能性进行判断。

但若假想的是将来事实,特别会涉及第三人的决定或行为(如被告律师没有疏忽是否第三人的审理法官或仲裁庭就会判原告完全胜诉或 50% 胜诉?雇主会否给原告升职加薪与加多少?),就会与所有其他的将来事实一样只能够通过预测去评估与衡量损失了。即使是假想的过去事实,涉及第三人变数时,也同样有这个困难,因此出于政策上的考虑,在索赔机会损失(loss of chance)时,涉及第三人的变数也不要求在平衡的可能性下证明,而只要显示有真实与实质的机会,这将在本章之 7.2.2.2 段介绍。

但有困难也不代表可以没有任何证据就要求法院或仲裁庭对将来或假想的事实自由与随意臆测。一般的说法是,原告仍需要对将来与/或假想事实提供一定证据(包括是专家意见)让法院或仲裁庭在评估与衡量时可合理肯定(reasonably certain)会有这些损失,或甚至不提肯定不肯定,而合理推断(reasonably infer)有这些损失会发生,但这与平衡的可能性的举证责任没有关系。

在这里可以先节录 Gregg v. Scott (2005) UKHL 2 贵族院先例中 Nicholls 勋爵所说如下:

“This sharp distinction between **past events and future possibilities** is open to criticism. Whether an event occurred in the past can be every bit as uncertain as whether an event is likely to occur in the future. But by and large this established distinction works well enough. **It has a comfortable simplicity which accords with everyday experience of the difference between knowing what happened in the past and forecasting what may happen in the future**.

In practice the distinction is least satisfactory when applied to hypothetical events (what would have happened had the wrong not been committed). The theory underpinning**the all-or-nothing approach to proof of past facts appears to be that a past fact either happened or it did not** and the law should proceed on the same footing. But the underlying certainty, that a past fact happened or it did not, is absent from hypothetical facts. **By definition hypothetical events did not happen in the past, nor will they happen in the future**. They are based on false assumptions. The defendant's wrong precluded them from ever materialising."(加黑部分是笔者的强调)

7.2.2.1 将来或假想事实对损失金额的计算与证明

在一般民事案件中的责任(liability)问题上,一概采用平衡的可能性的判断标准。即使涉及的过去事实需要假想,例如,要假想如果没有遗漏(omission)是否仍会造成同样的损失,仍是要采用平衡的可能性去认定与责任有关的事实。这显然会导致非黑即白的结果,但针对责任问题也有必要,而在损失(damages)问题上就会复杂一些。

对损失的证明一般可以分成两个部分:一个是在被认定了违约或疏忽的责任后需要证明损失存在的事实(fact of damages)并且该损失是由违约或疏忽所导致,另一个则是损失的具体金额(quantum of damages):见 Senate Electrical v. STC (1999) 2 Lloyd's Rep 423 上诉庭先例。第一部分主要是涉及因果关系(causation),而第二部分涉及计算(quantification)。

对于损失存在的事实而言,一般也适用平衡的可能性的判断标准。例如,在一宗违约/毁约的商业合约案件或导致受伤并直接造成残疾的交通事故中,证明损失/损伤的事实并满足51%的可能性是不会有太大问题。但原告作为无辜方或受害方如果只能证明损失(如上述例子的利润/收入损失或伤害与残疾的损失)存在的事实,但在第二部分无法计算与证明损失的具体金额,就可能只会获得名义损失/象征性损失赔偿(nominal damage)。[89]

很多情况下,原告应是可以计算与证明损失金额的。例如,租赁合约被承租人违约/毁约,出租人在过去一个月本可以收取但被欠下的租金应是明确的。按违约/毁约一天的市场价格计算[90]将来租赁合约余下期限的损失也是很明确的,毕竟对违约那一天的市场价格这个存在的事实是可以提供证据(市场报告、专家证人等)根据平衡的可能性作出认定的,可以简单算出具体的损失金额。对已经产生了或过去的损失也一般都可以根据平衡的可能性进行证明与认定,有关证据如:租赁合约、收据、修理单、银行汇款单与分合约等,这必须要证明到51%的标准:见 Sykee v. Midland Bank Executor and Trustee Co Ltd (1971) 1 QB 113 先例。

---

〔89〕 这在笔者的《损失赔偿与救济》一书第一章之8段有详细介绍。

〔90〕 有关市场价格规则(Market Rule),可见笔者的《损失赔偿与救济》一书第十三章等的详细介绍。

但很多时候，毫无疑问原告确实蒙受损失，只是难以计算。例如，人身伤害造成残疾，这些损失的事实是十分容易证明的，毕竟这是已经发生了的事实，因此可以作出认定。但是要计算与证明人身伤害对受害人所造成的一辈子的影响，对这些将来的事实（future events）以金钱量化（这包括将来的估计医疗费用、护理费用、收入损失等）就只能评估与衡量了。如果在法律要求下因为具体损失计算无法在平衡的可能性下证明就判被告不用赔偿任何损失，则显然不公平。

针对这个涉及将来损失计算与证明，无可避免会有很多无法预计的变数的问题。法院的做法是根据证据尽可能地（"*do the best it can*"）评估或衡量出一个合理的金额，可见 Biggin v. Permanite (1951) 1 KB 422 先例中 Devlin 大法官所说："Where precise evidence is obtainable, the court naturally expects to have it... where it is not the court must do the best it can."

即对于要索赔的原告而言，虽然仍要证明损失的金额，但是原告只需要给出足够证据让法院或仲裁庭有合理的肯定性（reasonable certainty）、可以合理推断（reasonable inference）出将来损失的金额。节录《McGregor on Damages》（2014 年，第 19 版）一书之 10－001 到 10－002 段如下："A claimant claiming damages must prove his case. To justify an award of substantial damages he **must satisfy the court both as to the fact of damages and as to its amount.** If he satisfies the court on neither, his action will fail, or at the most he will be awarded nominal damages where a right has been infringed. If the fact of damage is shown but no evidence is given as to the amount so that it is virtually impossible to assess damages, this will generally only an award of nominal damages... On the other hand, where it is clear that some substantial loss has been incurred, the fact that an assessment is difficult because of the nature of the damage is no reason for awarding no damage or merely nominal damage... Indeed if absolute certainty were required as to the precise amount of loss that the claimant had suffered, no damages would be recovered at all in the great number of cases. This is particularly true since so **much of damages claimed are in respect of prospective, and therefore necessarily contingent, loss**... Generally, therefore, although it remains true to say that 'difficult of proof does not dispense with the necessity of proof', the standard demanded can seldom be that of certainty. Even if it is said that the damage must be proved with reasonable certainty, the world 'reasonable' is really the controlling one, and **the standard of proof only demands evidence from which the existence of damage can be reasonably inferred and which provides adequate data for calculating its amount.**"（加黑部分是笔者的强调）

这也就能够理解 Mallett v. McMonagle (1970) AC 166 先例中 Diplock 勋爵的著名说法了："The role of the court in making an assessment of damages which depends upon its view as to what will be and what would have been is to be contrasted with its ordinary function in civil actions of determining what was. In determining **what did happen in the past a court decides on the balance of probabilities**. Anything that is more probable than not it treats as certain. But in assessing damages which depend upon its view as to **what will happen in the future or would have happened in the future** if something had not happened in the past, **the court must make an estimate as to what are the chances that a particular thing will or would have happened and reflect those chances, whether they are more or less than even, in the amount of damages it awards**."（加黑部分是笔者的强调）

根本无法证明而只能评估与衡量损失金额的一个典型的例子就是 Davies v. Taylor（1974）AC 207 先例。受害人在交通事故中死亡，受害人妻子提出索赔。但是实际上妻子与丈夫（死者）已经分居，而且已经开始办理离婚手续，而如果确实离婚，丈夫就不需要赡养妻子，计算死亡赔偿就会减少很大一部分。因此，对于是会真正离婚还是可能和解就产生争议。该案件中责任问题是较为清楚的，也就是被告造成原告人身伤害并死亡。被告行为和损失的因果关系上也没问题，也就是受害人对妻子的赡养费需要被告予以赔偿。但问题是，具体计算上这个赡养费要支付多长时间呢？如果是要按照假想情况下不会离婚来计算，就要比会离婚、最多只是计算到离婚前的费用要高得多了。

一审法院就提供的信息与证据（如受害人妻子）认为可能和解但机会达不到51%，根据平衡的可能性判未能证明这部分金钱赔偿的计算。后来一路上诉到贵族院，推翻了这个判法。Reid 勋爵说对将来发生的事情最多也只能根据现有的信息与证据进行评估……。

贵族院的 Simon 勋爵明确说此时并不适用平衡的可能性来证明，而是要看事情会发生的可能性："But this is one of those cases where a balance of probabilities is not the correct test. If the appellant showed any **substantial**（**i. e. not merely fanciful**）**possibility** of a resumption of cohabitation, she was entitled to compensation for being deprived of that possibility."（加黑部分是笔者的强调）也就是只要显示有实质可能性不离婚，就可以获得赔偿。只不过是根据这可能性的高低从中进行或多或少的扣减。

著名的 Allied Maples Group Ltd v. Simmons & Simmons（1995）1 WLR 1602 上诉庭先例更是明确指出，在损失计算的问题上，会涉及将来或假想事实是不适用平衡的可能性："**Questions of quantification of the plaintiff's loss**, however, may depend upon future uncertain events. For example, whether and to what extent he will suffer osteoarthritis（骨关节炎）, whether he will continue to earn at the same rate until retirement, whether, but for the accident, he might have been promoted. **It is trite law that these questions are not decided on a balance of probability, but rather on the court's assessment, often expressed in percentage terms, of the risk eventuating or the prospect of promotion**, which it should be noted depends in part at least on the hypothetical acts of a third party, namely the plaintiff's employer."(加黑部分是笔者的强调)

这也是能理解的,因为如果要对将来的"事实"以平衡的可能性为举证责任标准,就要证明将来未知因素的发生(如本要升职加薪,或者是可以健康工作到60岁或生存至70岁等)超过51%,否则就是对将来损失计算与证明失败,令无辜方/受害方什么都得不到。但对于无辜方/受害方而言,将来的变数太多,更好可以由法院评估与衡量,若法院的推断认为陈述的情况发生的概率只有20%,那完全可以只允许按这20%进行赔偿,这相比非黑即白的结果对无辜方/受害方(甚至是双方当事人)就会公道得多。可以说,Davies v. Taylor 贵族院先例已经明确,在计算将来损失(future loss or damage)时不需要证明损失发生的概率高于51%,只需要证明有实质可能性发生。这非常重要,因为计算与证明损失几乎可以说是每个案件都要处理的争议,而其中大多数损失都是将来的损失。

在较近期的 Wellesley Partners LLP v. Withers LLP (2015) EWCA Civ 1146 上诉庭先例中,原告是专注于投资银行领域猎头的有限合伙公司,在2008年间由于有投资者(一间在巴林的名为 Addax 的银行)打算注资,以500万美金的投资换取25%的合伙收益。原告为此委任了被告律师(Withers LLP)针对这次注资修改原来的有限合伙协议。在最后达成的协议中,有条文允许 Addax 在协议达成后41个月内,有选择权可以撤资一半但要减少收益。而在协议达成后12个月,Addax 也确实撤资,导致原告与 Addax 之间产生诉讼与争议。而且由于 Addax 的撤资,原告没能完成本预备完成的业务扩张,而且还导致了原告其中一个合伙人大量的时间损失。而与被告有关的是,原告指称自己曾经明确指示被告合伙协议中的这 Addax 的选择权必须是在协议达成42个月后才可以行使,但由于被告的职业疏忽未能在新合伙协议中恰当地写明此条文。高院一审也认定了被告确实有此职业疏忽,问题就是具体损失到底应该怎么计算?特别是未能完成的业务扩张,损失金额看来根本无从证明。针对这个问题,Floyd 大法官就说,在计算损失金额的问题上,并不需要跟认定事实一样根据平衡的可能性进行证明。只要向法院能够显示某项事实有实质可能性发生,法院就可以将这个事件发生的机会/概率在计算损失时纳入考虑:"The assessment or quantification of damages is an exercise which is different in nature from establishing whether any fact did or did not occur, or even whether any event would, in some hypothetical situation, have occurred. One does not, for example, expect a party to show that the particular sum which he claims as general damages is more likely than not to be the precise damage which he has suffered... the assessment of damages may be dependent on the court's view as to whether particular events would have occurred or will occur. Those chances are to be taken account of in the assessment of damages."

又如,在 Experience Hendrix LLC v. Times Newspaper Ltd (2010) EWHC 1986 (Ch)先例中,著名的摇滚明星吉米·亨德里克斯(Jimi Hendrix)及其乐队在1969年于伦敦开办了演唱会。2006年时,被告将演唱会上的10首歌曲制作成 CD,作为赠品,附赠于某一期杂志出售。原告则主张自己才是这几首歌曲的版权人,并且正在打算将此次演唱会的音乐制作成影片与发售 DVD 等,因此原告指称被告侵犯版权与要赔偿损失。在责任上法院认定被告确实侵犯版权,但在损失上看来就很困难了。因为原告要制作的电影甚至连发售日期都遥遥无期,怎么计算票房、去除营销等成本后的实际利润,甚至是之后的 DVD 销售、授权给电视电台播放等的收入?毫不奇怪的是,双方各自的预测也是天差地别。法院最后从证据中找出了几个稍有关系的(包括原告与第三人签订的有关电影的宣发合约、第三人向原告发出过的有关 DVD 等权益的要约),并以之大概地对原告的损失进行了评估,并没有理会到底有没有证据满足这个损失的平衡的可能性。

又如在 IRT Oil and Gas Ltd v. Fiber Optic Systems Technology (Canada) Inc (2009) EWHC 3041 (QB)先例中,原告公司是被告公司产品在非洲的独家代理,换取对被告在非洲的所有销售抽取一定比例的分成。但合约履行的中途因被告违约/毁约而终止,因此原告要向被告索赔损失。问题一样是对于合约剩下的时间中,被告产品在非洲到底销售如何是很难作出判断的。例如,如果亏本,原告岂不是并不存在真正损失?Tugendhat 大法官尽可能地根据现有证据进行推断,包括这些产品在世界其他范围都有不菲的销售业绩,并评估与衡量出一个在非洲可能获得利润的可能性与金额。

7.2.2.2 机会损失的因果关系涉及第三人变数时不适用平衡的可能性

有关机会损失原则(doctrine of loss of chance)的问题在笔者的《损失赔偿与救济》一书第六章有详细介绍。

另可以节录《McGregor on Damages》(2014 年,第 19 版)一书之 10 - 047 段的说法如下:"The circumstances in which the law is prepared to recognize the loss of a chance as itself an identifiable head of loss, as itself constituting compensatable damage, are when the provision of the chance is the object of the duty that has been breached. This comes out clearly in Chaplin v. Hicks itself when Fletcher Moulton LJ emphasized that 'the very object and scope of the contract were to give the plaintiff the chance of being selected a prize winner'. An alternative formulation is that it can be said that the essence of the breach of duty is that it deprives the claimant of the chance or opportunity of securing a favourable outcome."

以下先简单介绍一些有关的原则,以便理解:

1. 本章前一段中已经提到了一些将来损失不能根据平衡的可能性的举证标准,这将来的损失也有不少在本质上是机会的损失,如在人身伤亡案件中,受害人将来会赚取的利润、将来会升职加薪等。在计算损失时会只要求对这些将来机会进行评估与衡量,以计算最后损失的具体金额。即使涉及变数,原告往往也可以提供一些信息与证据,最后审理法官或仲裁员就可以根据这些证据对将来损失作出评估与衡量。

2. 本小段针对的"机会损失"类别涉及第三种最难掌握的变数,也就是知名或不知名第三人会怎样决定或行动，而这变数会决定最后的损失。这种损失类别只适用在违反或侵犯主要是剥夺了无辜方/受害方取得好结果的机会的案件。这样，刚提到的人身伤亡虽然也涉及将来的机会但通常不属于这种机会损失类别［见 Gregg v. Scott（2005）UKHL 2 贵族院先例］，只是对将来损失多少的评估与衡量。机会损失的类别是为了针对因果关系（causation），再也不要求这方面要满足平衡的可能性的举证责任。在 Allied Maples Group Ltd v. Simmons & Simmons（1995）1 WLR 1602 先例中，原告主张，在并购过程中，被告律师对于被并购集团公司旗下众多子公司的或有债务的法律意见疏忽与没有在并购条文给予足够保护，导致在并购后自己蒙受了损失。但假设被告确实给出了建议，原告是否仍然会有此损失仍依赖于两个变数：（1）原告自己的变数，会精明地在谈判中向被收购集团提出保护的条文；（2）被收购集团同意（有条件同意或部分同意）这些条文。这是第三人的变数，没有证据。如果这两个变数无法同时达成，也就是无论有没有律师的疏忽都与原告的损失没有关系或因果关系不成立。该先例中，原告自己的变数仍要满足平衡的可能性或证明自己采取这样行为的可能性大于51%，而变数（2）再不需要满足平衡的可能性的举证标准，法院只需要评估与衡量被收购集团是否有真正（real）与实质（substantial）而不只是臆测（speculative）的机会同意，在最后衡量损失时可以是30%、40%不等。

3. 因为一旦涉及第三人将来的变数，要满足违约或侵权最后造成的损失的因果关系会变得十分困难，特别在没有任何证据的情况下。第三人根本不知名，想要找谁也无从找起，谈不上找某位第三人做证人或是传召其出庭作证。众所周知，第三人的行为也容易打断因果关系链（chain of causation），[91] 所以满足不了对因果关系的平衡的可能性的举证责任。

4. 机会损失原则的说法是把有价值的机会看成“权利动产”（chose in action），由于被告行为导致丧失这权利动产即机会的失去，就已经建立了因果关系。至于损失的具体金额是多少，也就是机会的价值，则是计算损失金额（quantification）的问题。即使难以确切计算金额也没关系，法院可以根据现有的信息与证据进行合理推断，作出评估与衡量，甚至只给予10%或20%索赔的损失金额。

5. 对于机会是真实、实质，还是只是存在可能性（mere possibility）纯粹属于臆测，可见笔者的《损失赔偿与救济》一书第六章的详细介绍。Davies v. Taylor（1974）AC 207 先例也说道：“To my mind the issue and **the sole issue is whether that chance or probability was substantial. If it was it must be evaluated. If it was a mere possibility it must be ignored**. Many different words could be and have been used to indicate the dividing line. I can think of none better than **'substantial,' on the one hand, or 'speculative' on the other**. It must be left to the good sense of the tribunal to decide on broad lines, without regard to legal niceties, but on a consideration of all the facts in proper

〔91〕 第三人行为打断因果关系链在笔者的《损失赔偿与救济》一书第四章之8段有详细介绍。

perspective."(加黑部分是笔者的强调)

也可见 Allied Maples Group Ltd v. Simmons & Simmons 先例中 Stuart-Smith 大法官所说:"But, in my judgment, the plaintiff **must prove as a matter of causation that he has a real or substantial chance as opposed to a speculative one. If he succeeds in doing so, the evaluation of the chance is part of the assessment of quantum of damage**, the range lying somewhere between something that just qualifies as real or substantial on the one hand and near certainty on the other. I do not think that it is helpful to seek to lay down in percentage terms what the lower and upper ends of the bracket should be."(加黑部分是笔者的强调)

在以上原则下,就可以理解第一个适用机会损失的 Chaplin v. Hicks (1911) 2 KB 786 先例了。显然,被告的违约行为剥夺了原告获得选美比赛冠军的机会,这是该合约的主要目的。另在并购交易中疏忽遗漏了重要的法律意见导致客户交易完成后蒙受损失的 Allied Maples Group Ltd v. Simmons & Simmons 先例后,适用机会损失的案件增加了很多。常见的就是律师职业疏忽案件,如错过上诉期限,或错过索赔时效:见 Kitchen v. Royal Air Force Association (1958) 1 WLR 563 先例等。还有很多其他类型的案件,例如,银行的疏忽导致丧失了与第三人交易赚取利润的机会:见 Jackson v. Royal Bank of Scotland (2005) UKHL 3 贵族院先例等;欺诈性误述引诱原告购买某公司股权导致原告丧失购买第三人公司股权的机会:见 4 Eng Ltd v. Harper (2009) Ch 91 先例等。曾经有先例判人身伤害案件不适用机会损失原则:见 Hoston v. East Berkshire Area Health Authority (1987) AC 750 与 Gregg v. Scott 先例等。[92] 但今天已经有先例判在石棉中毒的人身伤害案件中,在某接触石棉的工厂工作过,可以被认为是增加了患上间皮瘤(mesothelioma)的机会,作为特殊情况可以适用机会损失原则:见 Barker v. Corus (UK) Ltd (2006) 2 AC 572 先例。但这仅仅是针对石棉中毒系列案件,是出于政策的考虑。Walker 勋爵说:"Such an extension would lead to great uncertainty in a large number of clinical negligence cases. The principle must in my view be restricted to mesothelioma induced by inhalation of asbestos fibres, and other conditions having the same distinctive aetiology and prognosi."

今天最常适用机会损失原则的是律师职业疏忽案件。往往是由于律师未能给出恰当的建议或没能履行特定行为等,导致客户错过了向第三人索赔的索赔时效,或是错过了上诉期限,又或者是没能根据指示在合约中加上或排除特定条文等。客户要证明律师的职业疏忽给自己带来损失,需要假想没有律师的疏忽会是怎样,并与实际的事实进行对比。此时如果要客户证明没有律师疏忽,自己会及时提出索赔并在与第三人的诉讼中全面胜诉等,则是不实际的。在向第三人的诉讼中有各种各样的变数,特别是不知名第三人的变数,对于客户与律师来说这些变数都是很难预测的。这

〔92〕 有关详细介绍可见笔者的《损失赔偿与救济》一书第六章之6段。

包括对方律师水平的高低，第三人的被告会有什么额外的抗辩理由与证据，诉讼过程中的情况等根本无从得知。更不用说从索赔时效届满到已拖延了很久才采取法律行动，可能证据已经流失，有些本可以找到的证人再无从找到，情况也已经与可以向第三人索赔时不一样了。而最重要的是，审理法官或仲裁庭会怎样决定？因此适用机会损失原则，原告只要证明是律师的疏忽行为导致自己丧失了这个在索赔时效内索赔的"机会"。对涉及自己的变数（如会否推进诉讼），原告需要在平衡的可能性下作出证明会发生。而对来自第三人的变数则不需要考虑平衡的可能性的问题，只需要证明存在一个真正与实质而不只是臆测的机会会发生，就满足了因果关系。至于变数导致的具体发生机会是多少，则是在计算损失金额时考虑，如到底成功的机会是80%还是10%，并计算出相应的损失金额。当然如果只有10%的胜算，也可能被认为是臆测的机会，而不是真正的机会，这取决于法院的裁量权。

7.2.2.3 如果第三人出庭举证是否就适用平衡的可能性的举证标准

对于第三人而言，即使是知名并可以出庭作证或提供证据，也不应影响因果关系上不适用平衡的可能性，而只要衡量是否有真实与实质的机会。虽然在 Stone Heritage Developments Ltd v. Davis Blank Furniss (2007) EWCA Civ 765 先例的一审（该一审判决未报道）中，由于第三人出庭与提交证据，Hodge 大法官就对于涉及第三人的变数也采用了平衡的可能性进行判断，但该案件实际上认定被告不存在疏忽，因此本就不需要就第三人的问题作出推断，上诉庭也没有在第三人的问题上作出决定。但在稍后的 Tom Hoskins Plc v. EMW Law (2010) EWHC 479 (Ch)先例中，Floyd 大法官不同意 Hodge 大法官的说法，说应该根据索赔损失的本质是否涉及知名或不知名的第三人来判断是否适用机会损失原则，一旦适用在举证标准上就有特别对待，而并非取决于是否找出知名或不知名第三人出庭作证："The loss of a chance principle is not, as it seems to me, simply a judicial tool to aid with difficult questions of causation or assessment of damages. The principle has a very significant effect on both the recoverability of and assessment of damages. In principle, therefore, its application ought to depend on the nature of the loss claimed rather than the evidence which happens to be called."

在近期的 McGill v. The Sports and Entertainment Media Group (2016) EWCA Civ 1063 上诉庭先例中，原告（McGill 先生）是持牌足球经纪人（football agent），他与球员麦肯（McCann）达成口头协议，独家代理麦肯从阿斯顿维拉（Aston Villa）到博尔顿漫游者（Bolton Wanderers，简称 BM）的转会。但是就在转会将要完成前，另一个足球经纪人也就是被告（Sports and Entertainment Media Group，简称 SEM）说服麦肯让自己作为经纪人代理并完成了转会。原告就指称自己因此损失了30万英镑的转会佣金，向麦肯索赔违约损失，此诉讼以5万英镑和解。之后，原告又以 BM 与 SEM 诱导(induce)麦肯违约等理由索赔损失。[93] 高院对事实的认定是原告与麦肯之间确实存在口头经纪合约,SEM也确实诱导麦肯违约。但是根据足联(football association)的规章规定,所有这类经纪合约都必须以特定格式订立书面合约。而由于原告没能在平衡的可能性下证明,如果SEM没有诱导违约就会与麦肯及时签订该特定格式的书面合约,因此高院认为无论如何原告都无法根据足联协议获得转会佣金,原告由于未能证明此因果关系而败诉。但上诉庭认为这是不正确的,这个丧失的机会不仅仅是原告自己的行为,而且还涉及了知名第三人(麦肯)的行为,因此不能根据平衡的可能性推断,而只需要证明这机会是真实与实质的,就已经完成了对因果关系的证明。

而且这还有其他方面的顾虑。例如,如果第三人出庭作证导致在因果关系上需要适用平衡的可能性,那最后衡量损失问题时是否也一样要么全部赔偿,要么完全不需要赔偿?这样,会否在原告能够引入强而有力的第三人证据时(甚至通过法院传召),企图满足平衡的可能性去取回全部损失而不是机会损失的40%、49%或51%不等的损失?而且在笔者看来,这还会带来其他不肯定的问题,如在会有大量变数的情况下,其中一部分变数有第三人提供证据,但剩余部分没有,举证标准是不是要区别对待呢?又如,第三人的证据毕竟不像是诉讼中的当事人,会要求全面披露与提供证据,这是否适合采用平衡的可能性呢?虽然Floyd大法官认为这取决于案件的本质而不取决于第三人是否能够出庭作证,原告引入强而有力的第三人证据仍不会取回全部损失,而是根据审理法官的裁量权评估与衡量的51%、60%或80%不等的损失,但Tom Hoskins Plc v. EMW Law只是高院先例,难说是法律已有了定论。

最后,笔者感到疑惑的可见《McGregor on Damages》(2014年,第19版)一书之10-064指出的关于一致不再适用平衡的可能性的说法:"In any event, Judge Hodges's(Stone Heritage Developments Ltd v. Davis Blank Furniss先例中作出判决的大法官) rationale is considered to be misconceived. In this whole area we are dealing with loss of chance and this is so whether the chance lost is or is not dependent on the actions of a third party. There should be no difference between the various cases. No doubt where a third party's acts are in issue and the third party is called upon to give evidence, this will assist the court in determining the strength, or the weakness, of the chance, which might lead to total recovery or a nil recovery, but there is no need for the court to apply the balance of probabilities test so as to have to decree a total, or else a nil, recovery with uncertain, despite the third party's evidence, of how he would have acted. Moreover, it would be unfortunate if decisions should turn on the availability or otherwise of witnesses which would generally fortuitous and could be tactically arranged."

---

〔93〕 本章之4.3.2.2.4段提到的"诱导他人毁约"(induce breach of contract)是侵权行为(tortious act)。

7.2.2.4 重要先例的权威说法

在明确机会损失原则的 Allied Maples Group Ltd v. Simmons & Simmons（1995）1 WLR 1602 先例中，Stuart-Smith 大法官说：

"（1）What has to be proved **to establish a causal link between the negligence of the defendants and the loss sustained by the plaintiffs** depends in the first instance on whether **the negligence consists of some positive act or misfeasance**, or an omission or non-feasance. In the former case, **the question of causation is one of historical fact.** The court has **to determine on the balance of probability** whether the defendant's act, for example the careless driving, caused the plaintiff's loss consisting of his broken leg. Once established on balance of probability, that fact is taken as true and the plaintiff recovers his damage in full. There is no discount because the judge considers that the balance is only just tipped in favour of the plaintiff; and the plaintiff gets nothing if he fails to establish that it is more likely than not that the accident resulted in the injury.

（2）If the defendant's **negligence consists of an omission**, for example to provide proper equipment, given proper instructions or advice, causation depends, **not upon a question of historical fact, but on the answer to the hypothetical question, what would the plaintiff have done** if the equipment had been provided or the instruction or advice given? This can only be a matter of inference to be determined from all the circumstances... **Although the question is a hypothetical one**, it is well established that **the plaintiff must prove on balance of probability** that he would have taken action to obtain the benefit or avoid the risk.

（3）In many cases **the plaintiff's loss depends on the hypothetical action of a third party**, either in addition to action by the plaintiff, as in this case, or independently of it. In such a case, does the plaintiff have to prove on balance of probability... that the third party would have acted so as to confer the benefit or avoid the risk to the plaintiff, or can **the plaintiff succeed provided he shows that he had a substantial chance rather than a speculative one, the evaluation of the substantial chance being a question of quantification of damages**? Although there is not a great deal of authority, and none in the Court of Appeal, relating to solicitors failing to give advice which is directly in point, I have no doubt that... the second alternative is correct."（加黑部分是笔者的强调）

还可见 Gregg v. Scott（2005）UKHL 2 贵族院先例中 Hoffmann 勋爵所说如下："The fact that one cannot prove as a matter of necessary causation that someone would have done something is no reason why one should not prove that he was more likely than not to have done it. So, for example, the law distinguishes between cases in which the outcome depends upon what the claimant himself［McWilliams v Sir William Arrol & Co

(1962) 1 WLR 295[94]] or someone for whom the defendant is responsible [Bolitho v City and Hackney Health Authority (1998) AC 232[95]] would have done, and cases in which it depends upon what some third party would have done. **In the first class of cases the claimant must prove on a balance of probability that he or the defendant would have acted so as to produce a favourable outcome. In the latter class, he may recover for loss of the chance that the third party would have so acted**. This apparently arbitrary distinction obviously rests on grounds of policy. In addition, most of the cases in which there has been recovery for loss of a chance have involved financial loss, where the chance can itself plausibly **be characterised as an item of property, like a lottery ticket**."(加黑部分是笔者的强调)

另可见 Wellesley Partners LLP v. Withers LLP (2015) EWCA Civ 1146 上诉庭先例[96]中 Floyd 大法官所说:"Questions of assessment of damage, however, have to be distinguished from questions of causation. These issues are discussed at length in the decision of this court in Allied Maples. As the court there explained, in the context of causation, some hypothetical questions ("what would have happened if ...") do fall to be decided on the balance of probabilities. Thus... where the **breach of a duty consists of an omission**, for example to provide safety equipment, and **the question is what the claimant himself would have done had the breach of duty not occurred**-a question of causation—**the claimant has to prove the matter on the balance of probabilities**. He does not get a percentage award if he falls just short of the threshold, and he does not suffer a discount if he passes it. Stuart-Smith LJ went on to explain that in many cases **the causation of the claimant's loss may depend on the hypothetical action of a third party**, either in addition to the claimant himself or independently of him. In those cases **the court does not demand that the claimant establish his case of causation on the bal-**

---

[94] 这个早期的贵族院先例涉及的是被告未能给某雇员提供安全带,雇员在工作中就出事故死亡,雇员的妻子因此起诉被告。法院根据证据推断即使是被告提供了安全带,雇员也很可能不会带,也就是死亡无法避免,没能建立被告行为与雇员死亡之间的因果关系。

[95] 这与 Gregg v. Scott (2005) UKHL 2 先例一样都是医疗疏忽案件,原告起诉被告(医院)医治病人时没有及时关照病人的情况导致病人严重脑损伤。法院根据平衡的可能性认定与推断的事实是,即使被告的雇员(医生)及时查看病人情况,当时也不会采取特定能够救治病人的医疗手段,而且根据医疗报告等证据,当时不采取这医疗手段也并不属于疏忽。

[96] 此上诉庭先例的重要性在于,合约的违约/毁约造成损失与侵权造成损失,对于因果关系的判断标准是不同的。例如,合约的违约/毁约需要看在订约时双方是否能够合理预料(reasonable contemplation),而侵权则是在侵权行为时是否会合理预见(reasonable foreseeability)。而在这类机会损失案件中也常会遇到同时存在合约与侵权诉因的情况,此时会采用更狭窄的合约下损失遥远性、因果关系的判断标准。这并非本书重点,有兴趣的读者可见笔者《损失的赔偿与救济》一书第三章与 Hadley v. Baxendale (1854) 9 Ex 341 先例等。

ance of probabilities... All the claimant has to show in such cases is that the chance is a real or substantial one. Having done so **he must still show, on the balance of probabilities that the defendant's act has caused the loss of the chance**... Once the claimant has shown on the balance of probabilities that he has lost the relevant chance, the valuation of the chance is a question for the quantification or assessment of damages."(加黑部分是笔者的强调)

另可以节录 Perry v. Relays Solicitors (2019) UKSC 5 最高院先例中 Briggs 勋爵所说:"**But none of this means that the common law has simply abandoned the basic requirement that a claim in negligence requires proof that loss has been caused by the breach of duty**, still less erected as a self-standing principle that it is always wrong in a professional negligence claim to investigate, with all the adversarial rigour of a trial, facts relevant to the claim that the client has been caused loss by the breach, which it is fair that the client should have to prove. For present purposes the courts have developed a clear and common-sense dividing line between those matters which the client must prove, and those which may better be assessed upon the basis of the evaluation of a lost chance. To the extent (if at all) that the question **whether the client would have been better off depends upon what the client would have done** upon receipt of competent advice, this **must be proved by the claimant upon the balance of probabilities. To the extent that the supposed beneficial outcome depends upon what others would have done, this depends upon a loss of chance evaluation.**"(加黑部分是笔者的强调)

7.2.2.5 因果关系涉及原告或被告变数仍适用平衡的可能性

上述节录的 Allied Maples Group Ltd v. Simmons & Simmons (1995) 1 WLR 1602 先例、Wellesley Partners LLP v. Withers LLP (2015) EWCA Civ 1146 先例与 Perry v. Relays Solicitors (2019) UKSC 5 最高院先例都区分了原告自己的行为与涉及第三人的行为的情况,即如果是涉及原告自己的行为,仍要满足平衡的可能性的举证标准。

Perry v. Raleys Solicitors 最高院先例涉及英国国家煤炭局(National Coal Board,一间国有公司)有不少矿工雇员从事地下采矿工作后患上振动白指病(vibration white finger)。这种病症是由于过度使用震动工具所引起的,会导致握力下降以及在日常由于各种原因手指发白与震颤。有很多矿工都罹患此病症,并之后在诉讼中成功证明当时的英国国家煤炭局应采取合理措施保护矿工雇员限制对震动工具的使用但没有采取,因而有过失。[97] 之后英国贸工部(Department for Trade and Industry)继受(assume)了国家煤炭局这方面的责任,并设立了一个专门的计划对罹患这个病症的矿工雇员进行赔偿。赔偿分成一般性赔偿和特殊赔偿。一般性赔偿需要赔偿的矿工雇员接受医疗检查确认罹患病症。特殊赔偿还需要进一步填写调查问卷等说清楚

[97] Armstrong v. British Coal Corp (1998) EWCA Civ 1359 上诉庭先例。

在职时从事了什么工作与患病后特定六项工作（包括园艺、擦玻璃、DIY、装修、洗车、车辆维修）由于此病无法完成。特殊赔偿的审核是较为宽松的，一般医疗检查后属于严重病患就推定符合资格。

此先例中的原告（Perry 先生）就曾经是一名矿工雇员，委托了被告（Raleys 律师事务所）帮助自己获取赔偿。原告也经过医疗检查确实罹患了严重的振动白指病，但是被告只帮助原告获得了一般赔偿，而没有申索特殊赔偿。因此之后原告以被告存在职业疏忽为由提出索赔，主张自己一直有从事特定的六项工作，但患病后就无法独立完成需要子女与妻子的帮助，但被告没有给出恰当的建议让自己丧失了申索特殊赔偿的机会，因此要求被告赔偿 1.7 万多英镑的损失。在庭审前，被告承认（admit）了自己的责任。一个重要抗辩就是自己的疏忽与原告的损失因果关系不成立，理由包括即使自己没有疏忽，原告当时从事该特定六项工作没有问题，因此根本无法提出一个诚实的索赔（honest claim），本来就无法获得特殊赔偿。贵族院指出，对于原告自己是否能有诚实索赔的问题，属于原告自己的变数，因此原告必须能够在平衡的可能性上予以证明。原告也提出了一些证据，如亲友给出证人证言等。被告也有提供证据，包括当时原告的医疗检查报告，以及原告后来还从事这些活动（钓鱼、园艺等）并无障碍的照片等。一审法院指出，从证据上来看，原告在当时的医疗报告中没有向医生提出自己有关方面的问题，而且还可以从事这些活动，在出庭接受交叉盘问时原告也无法给出合理的解释，因此一审法院在因果关系上判原告败诉，该判法也得到了贵族院的尊重与支持。

虽然上一段节录的权威说法没有针对性，但如果是涉及被告的行为的变数（这看来是极少数情况），也类似于原告的行为，一样要求在平衡的可能性上予以证明。毕竟被告也是诉讼当事人，就跟原告证明自己行为一样，被告也应当证明自己的行为。

正如《McGregor on Damages》（2014 年，第 19 版）一书之 10 - 061 段所说："This approach is supported by taking into account the position of defendants who like claimants are subject to the balance of probabilities rule; **the parties to an action are not entitled to fall back on chance when it comes to ascertaining what they would or would not have done**. It is true that nothing is said in Allied Maples about the defendant's position but this is probably because the defendant's conduct has little to do with loss of chance; one is not really concerned with what the defendant would or would not have done in the aftermath of the commission of a wrong. Still, loss of a chance apart, a defendant's actions must pass the balance of probability test..."（加黑部分是笔者的强调）

8. 国际仲裁中的举证责任与标准

在国际仲裁中，根据证据去认定争议的事实显然与法院诉讼一样，占有举足轻重的地位。《Redfern and Hunter on International Arbitration》（2015 年，第 6 版）一书之 6.75 段就说有 60% 到 70% 的仲裁案件都主要是根据事实认定作出的裁决："... it is reasonable to assume that the eventual outcomes in the majority of international arbitrations (perhaps 60 – 70 per cent) usually turn on the facts rather than on the application of the relevant principles of law."

本章之 1 段已经介绍了审理法官有义务或责任对案件作出审理与认定事实。仲裁员也是一样的，无论是多复杂、多扑朔迷离的案件，一旦属于被提交裁决的争议事实，仲裁员即不能以案情不清楚为由，就遗漏这些争议事实不作出决定。但是在国际仲裁会议或有关学术文章中较少见有关举证责任与标准的探讨。Gary Born 的《International Commercial Arbitration》（2014 年，第 2 版）一书之 1856 页说："There is little authority on the allocation of burden of proof in arbitral context."

8.1 举证责任与标准是程序法还是实体法

在国际仲裁中，举证责任与标准到底应该如何判断，首先要面对的就是适用法（applicable law）的问题。如果是实体问题（substantive issue）就要适用争议（如合约）的适用法，如果是程序问题（procedural issue）就会适用仲裁地法。

但是对此问题很难有一致的回答。不同国家的法律对于这问题的看待会是有所不同的。例如，对英国法或美国法而言，无论是举证责任的分配、推定还是举证标准，都会被作为实体问题来看待。但是也有其他国家，如在中国法下，证据规则问题就会被作为程序问题看待。

有说法是，举证责任可以归为程序问题看待。毕竟涉及举证责任时已经在当事人之间的争议解决过程中，如果争议解决是在英国法院，法院肯定会适用英国证据法。伦敦仲裁也是同样道理，因此采用当事人约定的仲裁地证据法会有很好的肯定性，而且举证责任也会与一些仲裁程序有密切关系，如仲裁庭是否要行使裁量权在中间程序中给出一些命令等。

今天的国际仲裁也一般不受仲裁地的证据规则（rules of evidence）或法律的约束，唯一的禁令是不要违反自然公正（natural justice）或程序公正（due process）。而仲裁地的监督法院（supervising court）肯定不会认为自己的一套证据法不符合自然公正，也表示仲裁庭依据仲裁地的证据法处理问题会更安全。

英国曾经的说法是仲裁员受英国的证据法/证据规则约束，这显然包括法定举证责任（legal burden of proof）与举证标准（standard of proof）。Mustill & Boyd 的《Commercial Arbitration》（1989 年，第 2 版）一书之 352 页说："It is widely believed that an arbitrator, merely because he is an arbitrator, is empowered to act on evidence which would not be strictly admissible in Court of Law. This is not so. Arbitrators are bound by the law of England, and the Rules regarding admissibility of evidence are part of that law. . . . ”

另在 R v. Deputy Industrial Injuries Commissioner, ex p Moore (1965) 1 QB 456 上诉庭先例中, Diplock 大法官说:“These technical rules of evidence, however, form no part of the rules of natural justice. The requirement that a person exercising quasi-judicial functions(这显然包括仲裁员)must base his decision on evidence means no more than it must be based upon material which tends logically to show the existence or non-existence of facts relevant to the issue to be determined, or to show the likelihood or unlikelihood of the occurrence of some future event the occurrence of which would be relevant. It means that he must not spin a coin or consult an astrologer, but he may take into account any material which, as a matter of reason, has some probative value in the sense mentioned above. If it is capable of having any probative value, the weight to be attached to it is a matter for the person to whom Parliament has entrusted the responsibility of deciding the issue. The supervisory jurisdiction of the High Court does not entitle it to usurp this responsibility and to substitute its own view for his. ”

但针对今天的国际仲裁,以上的法院约束已经放开:见 Steyn 勋爵在 1993 Freshfields Arbitration Lecture, “England’s Response to the Model Law of Arbitration. ”的发言。英国《Arbitration Act 1996》之 Section 34 说:“(1) It shall be for the tribunal to decide all procedural and evidential matters, subject to the right of the parties to agree any matter. (2) Procedural and evidential matters include. . . (f) whether to apply strict rules of evidence (or any other rules) as to the admissibility, relevance or weight of any material (oral, written or other) sought to be tendered on any matters of fact or opinion, and the time, manner and form in which such material should be exchanged and presented. . . ”

但举证标准与责任是程序法的说法会带来的问题之一是,双方当事人或仲裁庭/仲裁机构如 ICC 选择仲裁地(arbitrator seat)时,不会把举证责任与标准纳入考虑。另一个问题是,国际商业仲裁的实体法很多是英国法或其他有限国家的法律,仲裁地则可能是世界各地。国际仲裁的仲裁员可能接受不同仲裁地的仲裁的委任,要熟悉这些不同仲裁地的举证标准与责任会带来很大困难。

也有说法是要将举证责任作为实体问题看待。这是由于举证责任涉及需要提供什么证据、需要证明些什么事实等事项,在合约争议中这些都与当事人在合约下的权利与义务紧密联系在一起,应当与合约的适用法划一地对待。尤其是很多时候涉及的问题与实体法律的联系过于紧密,如果单独要将举证责任抽出来看待是很难的,如推定(presumptions)、对证据分量(weight)的衡量等,都很难脱离一整套的实体法规则单独存在。这也是欧盟1980罗马第一条例《1980 EC Convention on the Law Applicable to Contractual Obligations》的规定，见 Article 14："**Burden of proof**：1. **The law governing the contract** under this Convention **applies to the extent that it contains**, in the law of contract, **rules which raise presumptions of law or determine the burden of proof**. 2. A contract or an act intended to have legal effect may be proved by any mode of proof recognized by the law of the forum or by any of the laws referred to in Article 9 under which that contract or act is formally valid, provided that such mode of proof can be administered by the forum."（加黑部分是笔者的强调）

还有一种看法是不应该划一看待所有的举证责任问题，毕竟举证责任是个很大的课题。可以同时考虑实体法与程序法，根据具体的特定情况灵活地采取适合案件的做法。Gary Born 的《International Commercial Arbitration》（2014年，第2版）一书之1858页就说："The better view is that the tribunal should allocate the burden of proof in the light of its assessment of the applicable substantive law and procedures adopted in the arbitration. In so doing, the tribunal need not apply the burden of proof rules of any specific jurisdiction, but can instead fashion specialized rules in light of the particular substantive issues and procedures at issue in a specific instance."

但至少在目前看来，这方面问题仍然并没有统一与主导的看法，毕竟很多时候在仲裁中并不需要通过明示适用哪套或如何的举证责任制度来进行裁决。该问题也不严重，稍后会提到对举证责任与标准，所有国家的法律或看法差别不大。另是，国际商事仲裁的双方当事人代表律师都会提供大量证据，仲裁庭要面对的是比较这些证据的优劣、全面性与说服力等根据常识与逻辑认定事实，极少会涉及法定举证责任与标准的问题，但不是没有。例如，在一个缺席案件中，被告不参与，但原告对他的部分主张事实只是"讲故事"，在笔者的追问下也没有提供口头证据，少数文件证据内容也是模棱两可甚至显示了与原告的主张相反的事实。这导致笔者罕有的在被告缺席的情况下裁定原告败诉，因为满足不了法定举证责任，并提到了 The "Popi M"（1985）2 Lloyd's Rep 1 先例。

以下段节还将针对国际仲裁中具体的举证责任问题，尤其是举证责任的分配、推定、与举证标准进行简单介绍。

8.2　举证责任

在国际仲裁中，如果双方当事人都各自提供自己所依赖的证据，仲裁庭也会根据双方证据的分量予以裁决，作出决定时不需要理会举证责任由谁承担。仲裁庭自己不会调查取证，一方面是为了保持中立，另一方面也是在现实中无法做到。但在仲裁程序中会尽量允许当事人提供有关证据，不轻易把证据拒之门外。

"谁主张，谁举证"（以及证有不证无）的大原则基本上可以说放之四海皆准，也符合常识与逻辑，被大家广泛接受。《Redfern and Hunter on International Arbitration》（2015年，第6版）一书之6.84段这样说："The general accepted answer is that the 'burden of proof' of any particular factual allegation is upon that party which makes the allegation."换言之,就是某项主张如果不被仲裁庭接受,该方当事人就会败诉,该方当事人就要对主张的这项事实承担举证责任。

《UNCITRAL Arbitration Rules》之 Article 27(1)就此规定:"Each party shall have the burden of proving the facts relied on to support its claim or defence."

Article 27(3)赋予仲裁庭要求当事人提交证据的权力:"At any time during the arbitral proceedings the arbitral tribunal may require the parties to produce documents, exhibits or other evidence within such a period of time as the arbitral tribunal shall determine."

ICDR 的《International Dispute Resolution Procedures》(2009 年)之 Article 19(1)也有规定:"Each party shall have the burden of proving the facts relied on to support its claim or defense."但在 2014 年版中删除了此条文,可能是认为这个放之四海而皆准的道理没有必要针对。

在投资仲裁案件中,也会适用前述的大原则。例如,Asian Agricultural Products Ltd v. Sri Lanka, ICSID Case No ARB/87/3, Award dated 27 June 1990 中说:"... there exists a general principle of law placing the burden of proof upon the claimant..."在 Salini Costruttori SpA and Italstrade SpA v. Jordan, ICSID Case No ARB/02/13, Award dated 31 January 2006 中说:"a well-established principle of law that it is for a claimant to prove the facts on which it relies in support of his claim..."

还可见 Azurix v. Argentina, ICSID Case No ARB/01/12, Decision on the Application for Annulment of the Argentine dated of 1 September 2009 中所说:"... the general principle in ICSID proceedings, and in international adjudication generally, to be that 'who asserts must prove', and that in order to do so, the party which asserts must itself obtain and present the necessary evidence in order to prove what it asserts."

同样,一方未能履行自己的举证责任,在仲裁庭看来事实仍然不足以认定时,就会判该方当事人在这个争端上败诉,这就与本章之 2.3 段介绍的 The"Popi M"(1985) 2 Lloyd's Rep 1 贵族院先例判法一样了。例如,Plama Consortium Limited v. Republic of Bulgaria, ICSID Case No ARB/03/24, Award dated 27 August 2008 说:"Given this conflicting evidence, the Arbitral Tribunal is unable to form any firm view as to what really transpired. The burden of proof being on Claimant, the Tribunal cannot, therefore, rule in its favor concerning these allegations..."

8.3 推定与举证标准

举证责任在国际仲裁中一般没什么问题,但推定(presumption)就没那么简单。本章之 6 段已经介绍过,英国法下的推定包括各类根据法律的推定以及根据事实的推定。很显然各个国家会有自己有关推定的不同的法律规定。

举证标准也是一样。本章之 7.2.1.2 段已经介绍了,各个国家的法律在举证标准上都会有差异。例如，英国在今天已经划一地在民事案件中采用平衡可能性(balance of probabilities)的标准(当然这要结合事情发生的内在可能性)，但美国仍然会对于欺诈、不诚实等案件采用清楚与令人信服(clear and convincing)的相比平衡可能性更严格的标准，而在法国、德国等大陆法国家甚至没有举证标准的概念。[98]

因此，今天有关国际仲裁的立法与规则采取的办法避开了有关推定或举证标准的问题，赋予仲裁庭决定证据是否可采纳(admissibility)、关联性(relevance)、重要性与分量(materiality and weight)的权力。

例如，《UNCITRAL Model Law》(2006)之 Article 19(2)规定："power conferred upon the arbitral tribunal includes the power to determine the admissibility, relevance, materiality and weight of any evidence."另在《UNCITRAL Arbitration Rules》(2010)之 Article 27(4)也是同样的规则："The arbitral tribunal shall determine the admissibility, relevance, materiality and weight of the evidence offered."

有关投资仲裁的《ICSID Arbitration Rules》(2006)之 Article 34(1)说："Tribunal shall be the judge of the admissibility of any evidence adduced and of its probative value."还有其他仲裁规则不一一节录，如 ICC Rules 之 Article 25(1)等。

这就会给予仲裁员很大的裁量权衡量证据的分量。因此针事实推定而言，仲裁员是依赖常识(common sense)与逻辑(logic)进行推断。

但这些条文中都没有明确说到举证标准。这就类似于自由心证(free evaluation of proof/inner conviction)的做法，仲裁庭可以根据案件情况，自由对证据的分量进行衡量。[99] 但归根结底仍然是要看哪一方证据的分量更重、主张足够可信与能够说服仲裁员，仲裁员就可以认定该主张为事实。因此尽管有不同的形式与表象，但实际的效果是类似的，也就是要通过自己有更强、更优质的证据来说服法官或仲裁庭。这也很难说到什么程度就已经足够"说服"仲裁员，但显而易见的绝对不需要达到100%肯定。

UNIDROIT(the International Institute for the Unification of Private Law)与美国法律协会(American Law Institute)拟定的通用民事规则(《ALI / UNIDROIT Principles of Transnational Civil Procedure》)对举证标准这样规定："21.2　Facts are considered proven when the court is **reasonably convinced** of their truth...

P－21B The standard of 'reasonably convinced' is in substance that applied in most

[98] Michael J Bond 的"The standard of proof in international commercial arbitration"一文(刊登于 ARBITRATION, 77:3, August 2011)写道："When discussing this [standard of proof] in Central Europe recently, the lawyers there looked entirely blank. There was no such distinction; the term 'standard of proof' had no resonance..."

[99] 当然，尽管无论是英国法、美国法还是法国法、德国法都给予了审理法官这方面的裁量权，但这不是无边无际的自由。这包括在英国法、美国法下平衡的可能性作为举证标准以及大量先例设立的准则，法国法或德国法中大量针对证据效力问题的立法条文等。

legal systems. The standard in the United States and some other countries is 'preponderance of the evidence' but functionally that is essentially the same."(加黑部分是笔者的强调)

正如 Gary Born 的《International Commercial Arbitration》(2014 年,第 2 版)一书之 1856 页说:"In general, although there is little discussion of the issue, the burden of proof appears to be (or assumed to be) a 'balance of probabilities' or 'more likely than not' standard..."《Redfern and Hunter on International Arbitration》(2015 年,第 6 版)一书之 6.85 段所说:"The degree of proof that must be achieved in practice before an international arbitral tribunal is not capable of precise definition, but it may be safely assumed that it is close to the test of the 'balance of probability' (that is, 'more likely than not')."

在以上大原则以外,从 ICSID 与 ICC 规则下需要公开(transparency)的投资仲裁中可以看到,还经常涉及以下两方面的争议。(1)贪污受贿。但通常涉及贪污受贿的人士行为都十分隐蔽,不容易留下证据。作为投资仲裁的原告也往往是间接做出贪污受贿的行为,如找多重中间人出面,很难找出"幕后真凶"。(2)损失计算,因为投资仲裁索赔的损失除了金额庞大外,绝大部分是将来损失(future losses),纯粹是要靠估计/臆测。可以说,在这两方面的证据都会很欠缺、隐蔽与不太肯定。本小段会针对这些投资仲裁的举证标准展开分析。

1. 投资仲裁案件会涉及严厉的主张,常见的如被告(国家或地区政府)主张的贪污受贿(corruption and bribery),但也会涉及非法洗钱(money laundering)、有组织犯罪(organised crime)、资助恐怖行为(financing terrorism)等。这方面除了证据难找外,还有一个问题是严厉的主张是否要满足较高的举证标准?英国法下这方面的立场已在本章之 7.2.1.2 段介绍。

在投资仲裁中,针对这方面的说法有些不一致,有的裁决中认为对于采取恶意等这类严厉主张要有更高的举证标准:见 Ioan Micula, Viorel Micula and others v. Romania (Ⅱ), ICSID Case No. ARB/14/29, Award dated 5 March 2020 等。有的裁决中采用美国法下清楚与令人信服(clear and convincing)的更严格举证标准:见 EDF (Services) Ltd v. Romania, ICSID Case No ARB/05/13, Award dated 8 October 2009, Waguih Elie George Siag and Clorinda Vecchi v. Arab Republic of Egypt, ICSID Case No ARB/05/15, Award dated 1 June 2009 等。节录 Lao Holdings v. Lao People's Democratic Republic (Ⅰ), ICSID Case No ARB(AF)/12/6 案件,在 2019 年 8 月 6 日作出的裁决书中的说法:

"**The Tribunal acknowledges the difficulty of proving corruption as well as the importance of exposing corruption where it exists. In the nature of the offence, the person offering the bribe and the person accepting it will take care to cover their tracks.** Nevertheless, given the seriousness of the charge, and the severity of the consequences to the individuals concerned, **procedural fairness requires that there be proof rather than conjecture**. The standard of 'probabilities' requires the trier of fact to stand back and make an overall assessment. The requirement of 'clear and convincing' evidence puts the focus more closely on the building blocks of the evidence to ensure a rigorous testing.

In the Tribunal's view there need not be "clear and convincing evidence" of every element of every allegation of corruption, but such 'clear and convincing evidence' as exists must point clearly to corruption. An assessment must therefore be made of which elements of the alleged act of corruption have been established by clear and convincing evidence, and which elements are left to reasonable inference, and on the whole whether the alleged act of **corruption is established to a standard higher than the balance of probabilities but less than the criminal standard of beyond reasonable doubt**, although of course proof beyond a reasonable doubt would be conclusive. This approach reflects the general proposition that **the graver the charge, the more confidence there must be in the evidence relied on**."(加黑部分是笔者的强调)

也有认为即使是严厉主张也不应当偏离平衡的可能性的裁决:见 Union Fenoisa Gas, S. A. v. Arab Republic of Egypt, ICSID Case No ARB/14/4 案件。在此案件中,2018 年 8 月 31 日作出的裁决书说:"although these allegations amount to serious criminal misconduct, the Tribunal considers that the standard of proof remains 'the balance of probabilities'."

但无论这个说法到底如何表述,从实质上来看,都是需要有足够证据说服仲裁庭,正如 Niko Resources (Bangladesh) Ltd v. Bangladesh Petroleum Exploration & Production Company Limited and Bangladesh Oil Gas and Mineral Corporation, ICSID Case No ARB/10/11 and No ARB/10/18 案件所说:"... in the end the question is whether the tribunals are persuaded that... were procured by corruption or not..."

2. 在损失问题上,若涉及将来或假想事实,应与一般举证标准没有不同,这与本章之 7.2.2 段介绍的情况在原则上是一致的。但从仲裁结果看,将来损失会被宽松对待,至于给出的理由,笔者对表面的言行,特别是装饰过的裁决书用字不太重视。更重视的是今天的投资仲裁大部分是由第三方基金资助向发展中国家提出的,而这些第三方基金迟早会在委任仲裁员方面产生影响力甚至形成垄断性地位。

这方面案件的判法有很多,例如,Técnicas Medioambientales Tecmed SA v. Mexico, ICSID Case No ARB(AF)/00/2 先例在 2003 年 5 月 29 日作出的裁决书中说:"any difficulty in determining the compensation does not prevent the assessment of such compensation where the existence of damage is certain" Southern Pacific Properties (Middle East) Ltd. v. Egypt, ICSID Case No ARB/84/3 先例在 1992 年 5 月 20 日作出的裁决书中说:"... it is well-settled that the fact that damages cannot be assessed with certainty is no reason not to award damages when a loss had been incurred' "

Crystallex International Corp v. Bolivarian Republic of Venezuela, ICSID Case No ARB(AF)/11/2 先例在 2016 年 4 月 4 日作出的裁决书中明确指出，要求证明损失发生的事实，但是在将来损失的具体金额上则只要求是合理确信（reasonable confidence），可以节录部分裁决如下："First, the fact (i. e., the existence) of the damage needs to be proven with certainty. In that sense, there is no reason to apply any different standard of proof than that which is applied to any other issue of merits (e. g., liability). Second, once the fact of damage has been established, a claimant should not be required to prove its exact quantification with the same degree of certainty. This is because **any future damage is inherently difficult to prove. As the tribunal in Lemire v. Ukraine observed, '(o)nce causation has been established, and it has been proven that the in bonis party has indeed suffered a loss, less certainty is required in proof of the actual amount of damages**; for this latter determination Claimant only needs to provide a basis upon which the Tribunal can, with reasonable confidence, estimate the extent of the loss.' "（加黑部分是笔者的强调）

Watkings Holdings S. à. r. l. and others v. Kingdom of Spain, ICSID Case No ARB/15/44 在 2020 年 1 月 21 日作出的裁决书中也有一样的判法："Proving the **amount of damages is a notoriously difficult task and it cannot be right that, once liability has been established, the Claimants should be deprived of compensation caused by a State's wrongful acts**. Other tribunals have come to similar conclusions. In light of the above, the Tribunal's considers that the Claimants must prove the existence of the fact of damage with sufficient certainty and then provide a reasonable basis for the Tribunal to determine the amount of loss. The Tribunal considers this a fair outcome considering that any difficulty that the Claimants may face in proving the amount of loss will have flowed from the Respondent's wrongdoing."（加黑部分是笔者的强调）

8.4　不利推断

8.4.1　定义与作用

不利推断（adverse inference）是普通法下的证据法规则，在国际仲裁中非常重要也经常被提到，与本章之 6 段介绍的推定（presumption）接近。权威的《Black's Law Dictionary》（2009 年，第 9 版）对不利推断的定义是："a detrimental conclusion drawn by the fact-finder from a party's failure to produce evidence that is within the party's control."

英国最早被报道的 Armory v. Delamirie (1722) 93 ER 664 (KB) 先例是有关计算非法占用宝石的赔偿金额，法院在引导陪审团时说："Unless the defendant did produce the jewel, and shew it not to be of the finest water, they **should presume the strongest against him**, and make the value of the best jewels the measure of their damages."（加黑部分是笔者的强调）

这表示即使宝石只是中等质量，陪审团也可以推定为最好的质量作为计算赔偿金额的标准，除非被告可以提供宝石并检验质量。

对于不利推断的定义与作用还有其他说法，一个没有被普遍接受的是转移了举证责任（shifting of burden of proof）。Simon Greenberg 与 Felix Lautenschlager 发表在《ICC International Court of Arbitration Bulletin》（Vol. 22/Number 2 - 2011）的文章中提到，一个 ICC 仲裁裁决书中写道："The burden of proof may shift to the responding party to rebut that prima facie evidence, when the party carrying the burden of proof furnishes prima facie evidence sufficient to raise a presumption that what is claimed is true."

但正如在本章之 3.5 段提到的，法定举证责任不会转移，即使是本章之 6.2 段介绍的"事情不言自明"（*Res ipsa loquitur*）也只是将提出证据的责任转移而不影响法定举证责任。这和一方当事人提供表面证据，然后提出证据责任转移到另一方也没有关系。因为如果另一方没有提供证据反驳，另一方在证据上败诉，则无须作出不利推断。

另一个说法是，如果一个本来没有任何证据证明一个事实，只能是怀疑或臆测，不利推断下可以产生新的间接证据（indirect evidence）/环境证据。例如，在一个多批货物的买卖合约中，买方收到的货物都转交给集团下的工厂或转卖给分买方。后来收到部分投诉指称货物质量有潜在缺陷。买方在对卖方在第 8 次交付的货物进行首次测试，才发觉有严重缺陷。这样，买方显然怀疑（也是合理的怀疑）以前交付的货物都有问题，但没有任何证据（文件或口头）。卖方在以前的多次付运前都曾经做过检验并肯定会有检验报告，这些文件对显示以前交付的货物是否有问题是直接或重要证据，但卖方拒绝披露又没有太好的解释理由。在这种情况下，买方就因为欠缺了关键的一环而无法主张与证明货物在前几次交付时就有缺陷，只能证明第 8 次交付有缺陷。但是卖方在没有很好的理由下拒绝提供这些检验报告就成了一份间接证据可支持买方本来没有证据只有怀疑的货物有缺陷的主张，而且会胜诉。当然，这作为间接证据是可反驳的，例如卖方之后又提供了直接证据（检验报告甚至做检验的检验员作为事实证人）证明以前 7 次交付的货物没有缺陷。

从以上的例子看来，不利推断也有说法是在证据有漏洞或缺口时去"填洞"（fill a gap in evidence）。或是说，正确的不利推断不是加强（strengthen）或重申（reaffirm）对某些主张事实已经提供但可能不是优质证据（如口头证据），而是对欠缺证据的替代（substitute）。另是从这个角度去看，不利推断更正确的说法类似于与"推定"（presumption）一样的证据规则，并不是诉讼程序中对当事人拒绝提供与披露证据的一种惩罚（sanction）。

8.4.2 不利推断对拒绝提供证据的当事人的阻吓作用

除了上述所讲的如不利推断可作为间接证据填补漏洞，不利推断也会给拒绝提供证据的当事人带来阻吓与压力。可先节录美国法院的 Laura Zubulake v. UBS Warburg, 220 FRD 212 (SDNY 2003)先例所说:"An adverse inference instruction often ends litigation ... The in terrorem effect of an adverse inference is obvious. When a jury is instructed that it may 'infer that the party who destroyed potentially relevant evidence did so out of a realisation that the (evidence was) unfavourable', the party suffering this instruction will be hard-pressed to prevail on the merits."

这给拒绝提供证据的一方当事人带来的阻吓与压力有几个方面。首先是被事实审理者警告就代表将来的结果会有很大的不肯定与任凭事实审理者的摆布。这不肯定包括不利推断的范围或程度。不利推断只应针对与被拒绝提供的证据有关的争议事实,不应该延伸去其他的争议/争端。这特别会发生在法院的陪审团,他们一旦接受当事人是故意拒绝提供证据,看来想隐瞒事实,就会对该当事人的整个案件都不相信,虽然其他的争议/争端是与被拒绝提供的证据无关。所以面对不利推断的命令,受影响的当事人为了避免面对这种不肯定与可能严重的后果会试图和解,不再诉讼下去。

美国法律允许惩罚性赔偿(punitive damages),所以有适用不利推断与陪审团认为应该对该当事人刻意不披露作出惩罚性赔偿的先例:如 Smith v. Sliver Smith & Frampton/Vail Associates Real Estate LLC, No 6-cv-02206-JLK (D Colo filed Mar 9, 2009);Coleman (Parent) Holdings Inc v. Morgan Stanley & Co Inc, 2005 WL 679071 (Fla Cir Ct, 1 Mar 2005)等案例。在后一个案例中,摩根士丹利涉嫌隐瞒与毁灭证据、向法院多次声明已经完整披露但事后不断有新的文件被发掘。法院作出不利推断命令,并允许原告在开庭审理时争辩应作出惩罚性赔偿:"argue that(摩根士丹利) concealment of its role in the transaction is evidence of its malice or evil intent, going to the issue of punitive damages."该案在陪审团面前成功,对摩根士丹利作出 8.5 亿美元的惩罚性赔偿。

当然惩罚性赔偿不适用在英国,而且即使是美国仲裁,风险也相对比法院低得多,毕竟美国如纽约仲裁庭成员也常会有其他国家人士、裁决书要去美国以外国家执行并会把惩罚性赔偿视为违反公共政策等。但基于美国仲裁的这种危险,大家也更好理解笔者的《仲裁法:从 1996 年英国仲裁法到国际商务仲裁》一书第一章之 1.11 段提到去美国仲裁要在仲裁条文明示排除惩罚性赔偿的做法的重要性。

8.4.3 对国际仲裁的重要性

不利推断对国际仲裁十分重要,因为仲裁庭不像法院,没有对不提供证据又没有合理解释的当事人作出很多有力惩罚的权力。此外,在法院诉讼中,当事人的代表律师是法院的官员(officer of the court),有责任保证诚实披露证据,[100]但对仲裁庭则没有这种责任。仲裁庭对不提供文件的当事人只有两种惩罚:(1)不利推断;与/或(2)通过费用命令惩罚不提供文件的当事人承担浪费的费用。

---

[100] 见笔者的《证据法:国际规管与诉讼中的文件攻防》第七章之 4 段。

但第2点几乎没有什么意义，首先浪费的费用不会很多，在仲裁中花费了大量金钱的当事人不会在乎。其次，在仲裁结束时才会计算费用的问题，所以对较早期发生的不披露的情况没有帮助。也就是说只有第1点的惩罚有一定意义，能让不披露的当事人承受一定的压力而改变主意。

这也是为什么在绝大多数重要的仲裁规则、指引中都包括了仲裁庭有作出不利推断的权力。如《IBA Rules on the Taking of Evidence in International Arbitration》（2010年）之Article 9（5）与9（6）。前者针对文件证据，这也是最常见的拒绝提供或披露导致需要作出不利推断。后者针对其他证据，主要是拒绝提供事实证人的口头证据，但也可以是事实证人拒绝回答问题，[101]或是在面对对方要求信息（information requests）/澄清（clarification）[102]时拒绝回答，或拒绝执行仲裁庭作出的检验命令。[103]可节录有关规定如下：

"5. If a Party fails without satisfactory explanation to produce any Document requested in a Request to Produce to which it has not objected in due time or fails to produce any Document ordered to be produced by the Arbitral Tribunal, the Arbitral Tribunal may infer that such document would be adverse to the interests of that Party.

6. If a Party fails without satisfactory explanation to make available any other relevant evidence, including testimony, sought by one Party to which the Party to whom the request was addressed has not objected in due time or fails to make available any evidence, including testimony, ordered by the Arbitral Tribunal to be produced, the Arbitral Tribunal may infer that such evidence would be adverse to the interests of that Party."

在《IBA Guidelines on Party Representation in International Arbitration》（2013年）之Article 26（b）说："If the Arbitral Tribunal, after giving the Parties notice and a reasonable opportunity to be heard, finds that a Party Representative has committed Misconduct, the Arbitral Tribunal, as appropriate, may ... draw appropriate inferences in assessing the evidence relied upon ... the Party Representative ..."

在《ICSID Rules of Procedure for Arbitration Proceedings》（2006年）之r. 34（3）规定："The parties shall cooperate with the Tribunal in the production of the evidence ... The Tribunal shall take formal note of the failure of a party to comply with its obligations

[101] 见本书第八章之1.1.3.4.4.1段。

[102] 见笔者的《证据法：国际规管与诉讼中的文件攻防》第七章之10.1段。

[103] 见笔者的《证据法：国际规管与诉讼中的文件攻防》第五章。例如，笔者（杨良宜）在一个伦敦海事仲裁，涉事船舶在澳大利亚装港被当局与承租人指称船舱不清洁被拒绝装散粮，但船长与船东委任的当地检验师否认这是事实。双方僵持了好几天后，该船舶突然开航，不久后承租人知悉是前往上海修船。承租人希望船舶抵达上海后派独立检验师上船全面检查，以免修船后证据失去，但船东拒绝。仲裁庭在考虑申请后下令船东必须提供检验机会与容许检查的范围，否则将作出不利推断。船东屈服，双方在上海检查后不久达成和解，无须推进仲裁。

under this paragraph and of any reasons given for such failure."

在《UNCITRAL Notes on Organizing Arbitral Proceedings》(2016 年)之 51 段说："51. The arbitral tribunal may wish to establish time-limits for the production of documents. The parties might be reminded that, if the requested party duly invited to produce documentary evidence fails to do so within the established period of time, without showing sufficient cause for such failure, the arbitral tribunal is free to draw its conclusions from the failure and may make the award on the evidence before it."

8.4.4　不适用不利推断的例子

在仲裁现实中，仲裁庭也常会面对不利推断的申请。有很多情况是仲裁庭不在仲裁程序或裁决书中针对或尽量避免，但这在现实中会带来不利之处。因为上一段已经提到不利推断是仲裁庭对拒绝提供与/或披露证据的当事人有阻吓力的唯一手段。所以如果仲裁员普遍在恰当情况下仍不敢行使这个权力，会令仲裁对这方面的"无能"与阻吓力进一步受到不良影响。此外，如果应当作出不利推断但没有这样做，也会有危险会被不满意的申请方以违反自然公正(Natural Justice)为由向监督法院寻求救济，如撤销裁决书：见新加坡的 Dongwoo Mann + Hummel Co Ltd v. Mann + Hummel GmbH（2008）SGHC 67 先例。

另可见加拿大上诉庭的 United Mexican States v. Feldman Karpa（2005）OJ No 16 先例，案情是有关是否撤销投资仲裁的裁决书，败诉方墨西哥申请撤销的理由是判它败诉的多数仲裁庭成员错误作出不利推断。这不被加拿大法院接受，认为多数仲裁庭成员作出的不利推断没有不妥。

总而言之，因为错误或不恰当适用不利推断而违反自然公正或程序公正的案件绝少听到。这可能有几方面原因，如仲裁员一般避免以不利推断的理由去认定事实。笔者相信不少仲裁员对何谓"不利推断"只有一个十分粗略的概念，也不清楚在什么情况下适用才是正确。毕竟当事人 A 不提供 B 合理要求披露的文件或信息，会有很多其他合法与真实的理由。例如，A 确实没有证据存在或已因为事故而遗失，只是 B 不相信。中国公司就经常遇到这种情况，经常因为欠缺文件证据而败诉。精明的仲裁员一般也不会在裁决书以作出不利推断的理由判中国公司败诉，因为比较危险也不一定在该情况下是适用。另一个原因是，没有好理由拒绝提供与披露证据的 A 本身的案件就很弱，就算是不适用不利推断，仲裁庭也可以其他理由认定与裁定 A 败诉或至少在拒绝披露的证据针对的争端败诉。毕竟，仲裁庭是"证据的主人"(master of evidence)，对证据有十分广泛的权力。在是否适用不利推断并不影响败局的情况下，根据《Arbitration Act 1996》之 Section 68 向法院要求救济是不会成功的。因为即使是"严重不正常"(serious irregularity)，仍必须造成"重大不公正"(substantial injustice)。如果左是败诉，右也是败诉，就没有重大不公正了。

但虽然案件不多，错误适用不利推断在理论上仍会对裁决书有影响，如美国 William Park 教授在"A Fair Fight: Professional Guidelines in International Arbitration", 30 Arb Int'l 409（2014）一文中所说："Adverse inferences remain theoretically possible, but pose a serious risk to award enforcement due to the possibility that they will appear to the recognition forum as a breach of due process."

接下来不妨先举例子显示何谓不应该或不正确适用不利推断的情况：

1. 原告 A 主张被告 B 欠他 1 万人民币，并附上有关证据如欠条或本票（promissory note）以及证人证言说明还债日期已届但 B 没有清还。B 的抗辩是已归还，但没有提供任何证据（文件或口头）。这样，B 肯定败诉。但这不是有关不利推断，是 B 对他的抗辩没有提供证据与没有对他主张的事实（已归还）满足"谁主张，谁举证"的法定举证责任（legal burden of proof）。

2. 类似的情况下，A 主张 B 在还债日期只归还了 5000 元人民币，尚欠 5000 元，并以证人证言的口头证据支持这个主张。但被告抗辩是已经归还了 9000 元人民币，并提供了一份证人证言支持这个主张。这样，如果双方再没有其他证据，仲裁庭就会通过对比这两份有直接矛盾的口头证据的内容与/或交叉盘问等，决定相信谁。又或是，A 在口头证据声称曾经签发了只有 5000 元的收据给 B，但没有留下副本或副本在搬房子时失去。B 没有披露不论是 5000 元或主张 9000 元的收据，也没有说出什么合情合理的理由。这样，仲裁庭判 B 败诉仍欠 5000 元人民币也是与不利推断无关。这只是对双方提供的仅有的证据（口头证据）给予不同的分量（weight of evidence）而已。这里也不存在双方提供的证据有一个漏洞要填补。

8.4.5　Dongwoo Mann + Hummel Co Ltd v. Mann + Hummel GmbH 先例介绍

进一步介绍不利推断，可先介绍 Dongwoo Mann + Hummel Co Ltd v. Mann + Hummel GmbH（2008）SGHC 67 先例，这是近年来少见的针对不利推断的案例。案情涉及汽车零件的技术转让，Dongwoo Mann + Hummel Co Ltd（简称 Dongwoo）声称，Mann + Hummel GmbH（简称 M + H）没有履行在商标与授权协议下的责任，并终止合约。在仲裁中，作为被告的 Dongwoo 要求 M + H 披露一类技术文件，这种技术文件的数量一般都很大。M + H 一开始拒绝披露这些文件，理由是可能违反其对作为第三人的客户的保密责任，除非仲裁庭作出披露命令。仲裁庭认为这些文件对决定 M + H 是否违反在商标与授权协议下对 Dongwoo 的责任的争议有关与重要，所以在限定了范围后附条件作出了披露命令。[104] 之后 M + H 给仲裁庭发邮件申请仲裁庭重新考虑披露命令，并将有关文件与和客户的保密条文作为附件。Dongwoo 收到的邮件只有 M + H 的申请但没有附件，即 M + H 分别给仲裁庭与 Dongwoo 发送了邮件。这也可以理解，如果将附件也抄送给 Dongwoo 让 Dongwoo 看见文件内容，M + H 的申请就没有了意义。Dongwoo 反对 M + H 的做法并要求仲裁庭对 M + H 拒绝披露文件作出不利推断。仲裁庭同意 Dongwoo，认为 M + H 应该根据仲裁庭的披露

---

〔104〕　关于对文件机密性的保护，可见笔者的《证据法：国际规管与诉讼中的文件攻防》一书第四章之 1.7.7 段。

命令披露这些文件,但是没有决定是否作出不利推断,只是允许 Dongwoo 对此稍后作出陈述与争辩。之后 M + H 披露了部分但不是全部的文件。仲裁庭在对实质争议开庭审理后作出了 M + H 胜诉的裁决,其中包括判如果 M + H 确实对第三人有保密责任,有合理理由不向 Dongwoo 披露文件。而 M + H 提供了足够证据证明其对第三人有保密责任,所以仲裁庭决定不对 M + H 拒绝披露文件的行为作出不利推断。

Dongwoo 向法院申请撤销裁决书,其中一个理由就是仲裁庭违反自然公正。但新加坡高院驳回了 Dongwoo 的申请,Chan Seng Onn 大法官说:"**a deliberate refusal to comply with a discovery order is not per se a contravention of public policy because the adversarial procedure in arbitration admitted of the possible sanction of an adverse inference being drawn against the party that did not produce the document in question in compliance with an order**... This is not a case where M + H had dishonestly sought to hide damning evidence."

Chan Seng Onn 大法官还说:"if, after hearing full arguments from both parties, the tribunal **decided wrongly that it was not appropriate to draw any adverse inference, that would be a mere error of fact-finding and/or of law, which could not be a ground for setting aside the award** ... Just because the tribunal had rules against Dongwoo on that question did not mean that the losing side (ie, Dongwoo) was thus unable to present its case on this issue. If losing on an issue would ordinarily mean that the party concerned was not able to present its case on this issue, then it would be a remarkable distortion of logic. It would also follow that in all arbitration cases, where one side must necessarily lose, a situation would be invariably created for setting aside because the losing party must have been unable to present its case and hence, its lost for that reason. That cannot be right."(加黑部分是笔者的强调)

8.4.6 成功申请不利推断的要件

Jeremy K. Sharpe 律师与仲裁员的"Drawing Adverse Inferences from the Non-production of Evidence, 22 Arb. Int'l 549 (2006)"一文,在参阅与总结了美国—伊朗求偿法庭(Iran-United States Claims Tribunal)的大量案件后,[105]得出在程序与实质两方面作出不利推断要满足的五个先决条件,可节录如下:"1) The party seeking the adverse inference must produce all available evidence corroborating the inference sought; 2) The requested evidence must be accessible to the inference opponent; 3) The inference sought must be reasonable, consistent with facts in the record and logically related to the

---

[105] 美国—伊朗求偿法庭是根据 1981 年 1 月 19 日《阿尔及尔共识》设立的国际仲裁法庭。该求偿法庭设于荷兰海牙,采用的是 1980 年的《联合国示范规则》(UNCITRAL Arbitration Rule)。仲裁庭设有 9 名仲裁员,伊朗任命 3 名,美国任命 3 名,其余 3 名由前述 6 名仲裁员任命。截至 1982 年 1 月 19 日,仲裁庭收到约 4,700 起美国公民的求偿起诉。

likely nature of the evidence withheld; 4) The party seeking the adverse inference must produce prima facie evidence; and 5) The inference opponent must know, or have reason to know, of its obligation to produce evidence rebutting the adverse inference sought."

根据上述五个对不利推断的申请要满足的要件可理解与扩大解释为：

1. 申请人需要提供与披露与不利推断针对的事实有关的所有证据。这有几方面的重要性，包括：(1)仲裁庭才能更好理解这个申请；(2)仲裁庭可以判断有关事实是否已经有足够证据，没有需要填补的漏洞或缺口，无须作出不利推断；(3)申请人要求对方当事人提供与披露的证据表面看来会否重要，能否从其他渠道获取等。

2. 一般向仲裁庭申请不利推断会发生在相互披露文件(mutual disclosure of documents)与交换雷德芬表格(Redfern Schedule)阶段，[106]虽然在程序的进行或开庭审理都可以发生。通过走 Redfern Schedule 的程序，需要确立拒绝提供/披露的当事人确实是拥有、占有或控制这份/这些有关的文件，申请人无法从其他渠道取得此文件等。如果对方的回答是没有这些文件，给的原因是完全不合理(这通常很少发生，除非是对方当事人自己不懂、又没有法律代表或委任很差劲的法律代表)，仲裁庭就会在申请人要求下作出命令与最后命令(final/peremptory order)，并警告如果仍不披露，即作出不利推断。

但通常声称没有有关文件或拒绝披露的当事人总会有表面看来合情合理的原因，像 Dongwoo Mann + Hummel Co Ltd v. Mann + Hummel GmbH (2008) SGHC 67 先例的 M + H 公司更是进一步提供证据支持拒绝披露的原因。这样仲裁庭就不肯定当事人是否拥有有关文件，与/或当事人看似合理的拒绝原因。这时仲裁庭面对这种常见的申请，会以有主动权与伸缩性的最后命令要求披露，否则"会考虑"(will consider)或"可能"(may)作出不利推断。这不解决眼前的问题，不能逼出有关文件(在国际仲裁的现实也不可能做到)，只是留待考虑与拟定裁决书时根据所有证据决定。也很可能最终发觉在裁决书中对有关事实的认定不适用不利推断，毕竟适用的情况并不是这么广。更可能是已提供与披露的证据(口头与文件)已足够让仲裁庭作出对争议事实的推断(infer)并根据平衡的可能性作出认定。

但仲裁庭说要考虑几个问题：首先是双方已经披露的文件(与知道的事实证人可提供的口头证据)是否足够，特别是针对有关的事实。如果已经是有，只是不确定是否足够，不利推断就不是去"填洞"，可能更恰当的是拒绝下令。如 Simon Greenberg 与 Felix Lautenschlager 发表在《ICC International Court of Arbitration Bulletin》(Vol. 22/Number 2 – 2011)的文章中提到一个 ICC 裁决书的例子："The Arbitral Tribunal finds that the evidence produced in this case has been sufficient to determine the facts relevant to the issues in dispute. The existence of a decisive or extremely relevant document not produced ... which could eventually alter the Tribunal's findings or change

---

〔106〕 见笔者的《证据法：国际规管与诉讼中的文件攻防》第七章之9.8段。

the outcome of the case is, in the Arbitral Tribunal's view, highly unlikely."

3. 已经提到每个案件的案情与有关证据都不同，作出不利推断要合理与符合逻辑。

4. 这应是要求申请人显示一个适合作出不利推断命令的表面案件或情况。如本章之8.4.2段介绍的船舶保险加保费，就要有文件支持劳合社或其他保险公司的回扣做法、船东在租约陈述的保险安排（如果有）、索赔的发票记载的内容等，显示很有可能船东享有回扣，但不知详情与幅度。该证据申请人无法合理获取，只有对方船东才有，可填补这个证据的漏洞与缺口。

5. 对方当事人是唯一可以解开疑团的人士，毕竟在目前可以在正常仲裁程序向对方获取的情况下，很难满足"必须"（necessary）的要求，让尽量不想干预第三人的法院作出第三方披露令（Norwich Pharmacal Order）要求劳合社或保险公司提供证据。[107] 仲裁庭也会给予提供证据的机会与警告不提供的后果，对于对方当事人而言只要提供了证据，也就不会有不利推断。

最后可多加一些要件，如没有当事人提出申请，仲裁庭就不要自己贸然提出。另是，作出不利推断的决定前必须允许双方当事人争辩与陈述各自的立场，也要让拒绝披露方有机会改变主意。如果没有在程序中作出警告，在最后审理与裁决时就不能作这样的不利推断。另要在有必要时警告拒绝披露方将来不得在没有获得批准（leave）的情况下主动披露，这会把程序搞乱，如在开庭审理的最后一天把原先拒绝披露的文件披露出来。要先申请批准，就可以让仲裁庭主导。如果披露的证据十分重要，会对开庭审理的结果有影响，拒绝也会令该当事人在裁决书作出后可能有一个会被法院接受的寻求救济或抗拒执行的理由，就会以其他惩罚如费用作为替代等。毕竟太晚披露、打乱程序，会造成延长或再次开庭，给时间与机会让无辜方调查取证后回应或反驳，引发押后结案陈词（closing submissions）的不便与费用等。

[107] 关于第三方披露令，可见笔者的《证据法：国际规管与诉讼中的文件攻防》一书第二章之4段。

第八章　证据采纳规则之一

1. 证据的可采纳性

处于争议中的当事人会想尽一切办法帮助自己占上风，找出对自己有利的一切证据，挖出对方的所有“黑料”。在生活中就常常见到争论的双方各自列举证据（片面的证据），争论可以一直持续、扩展甚至最后离题千里。在诉讼中无法接受这样没完没了的争论，这不仅仅会白白消耗时间与费用、浪费法院的公共资源，更有可能由于证据不受节制导致注意力分散，从而令为了找出事实真相的公平正义、公正审理（fair trial）也一并受损。[1]

需要控制在诉讼中会接受的证据，另一个重要原因是有一些证据会在“一般人”的心目中占有不恰当的分量。“一般人”是指没有学过证据法，没有审案经验，比较感情用事，重情轻法与不能训练自己就事论事考虑问题。这与受过证据法训练的认知思维（cognitive thinker）不同，可称为是感情思维（affective thinker），一切从感情出发，会对某些看法先入为主，拒绝任何不协调自己看法的消息或证据，而这恰恰就是组成陪审团（jury）的成员。

早期所有案件审理都由陪审团作为事实审理者（trier of fact）认定事实，而陪审团成员不是律师或没有受过法律培训，恰恰是上述提到的普通人，所以不被信任可以准确衡量这些特定类型证据的分量。因此有必要先让法院与审理法官作为“守门员”（gate-keeper），用证据的可采纳性来过滤证据，避免将这些坏处多过好处的证据交给陪审团考虑。

在诉讼中会接受的证据有限制也是一贯的做法。早在美国 Thayer 的《APreliminary Treatise On Evidence》（1898 年）一书中，就提到当时已经确立的两个原则：（1）只有满足相关性（relevance）要求的证据才可以被接受作为诉讼中的证据；（2）除非被证据规则排除，否则所有满足相关性要求的证据都可以被接受作为证据。可以节录部分内容如下：“The two leading principles should be brought into conspicuous re-

---

〔1〕 英国在 CPR 下特别强调费用成比例（at proportionate costs）与公平（just）这两个首要原则。

lief, (1) that nothing is to be received which is not logically probative[2] of some matter requiring to be proved; and (2) that everything which is thus probative should come in, unless a clear ground of policy or law excludes it."[3]

对于证据是否可以在诉讼中被接受,常会涉及的是证据的可采纳性(admissibility)。[4] 证据可采纳性的基础就是有关联性的证据都可以被采纳。这个基础上的例外,是传统做法中针对特定类型的证据予以排除,可称为对证据的排除规则(exclusionary rule)。例如,刑事案件中的传闻证据规则(rules against hearsay evidence),主要是因为这些证据会误导陪审团、造成陪审团的不理解与疑惑。

除此以外,也有一些证据虽然有关联性也不会被排除规则所排除,但是本身证明价值(probative value)不够,缺乏重要性(materiality),相比之下带来的坏处(分散注意力、增加额外争端与令诉讼费用太高)多过好处(找出事实真相),就会在裁量权下被排除不被接受。广泛地说可采纳性有时也会包括重要性的原则在内。

今日的民商事诉讼一般不涉及陪审团问题,一审的法官自己作为事实审理者,认定事实与作出判决。在这样的做法下很多过去针对"一般人"会错误衡量证据分量的坏处就不再存在。尤其是对特定类型的证据予以排除的证据排除规则,在今天民商事诉讼中有很大的空间。例如,英国过去严格的传闻证据规则在《Civil Evidence Act 1995》下已经完全放开可采纳性的问题,因此大趋势是尽量采纳有关联性的证据,之后在案件管理(case management)中由法院行使裁量权根据重要性排除与控制证据。

而在国际商业仲裁中,英国普通法已经对仲裁员"网开一面",因为不少仲裁员

---

[2] 这里提到的是逻辑上的相关性(logical relevance/probative),指的是常识(common sense)下根据经验与案件事实判断有关证据会不会使得特定事实更可能,是为了对比与显示这相关性并不是源于法律规定,而是来源于对事实的判断,Thayer 在后文中也提道:"*it is an affair of logic and not of law.*"然而不少日常生活中会被认为属于有关的文件,仍然会基于各种政策(policy)或是基于方便(convenience)的理由不被法院采纳作为证据。《Phipson on Evidence》(2017 年,第 19 版)一书之 7-06 段说:"Thus, it is suggested that concerns about convenience and policy are better thought of as factors to be considered in deciding admissibility and not relevance."

[3] 见该书第 530 页。该书第 266 页也提道:"Observe, at this point, one or two fundamental conceptions. There is a principle... which forbids receiving anything irrelevant, not logically probative... There is another precept which should be laid down as preliminary, in stating the law of evidence; namely, that unless excluded by some rule or principle of law, all that is logically probative is admissible."

[4] 对于这些理论概念的归类与定义上,法律界不同人士也有不同看法或说法,但万变不离其宗。例如,《A Digest of the Law of Evidence》(1886 年)一书中看来就将诉讼中是否可以接受的证据全部都归类到关联性下。也有不少是在证据的可被接受性(receivability)下分出证据的关联性、重要性、可采纳性等。需要注意的是,虽然会采取不同的归类与定义方法,但介绍这些内容的重点在于采取这些做法背后的道理以及在实践中的应用。在本书中,笔者将主要采用权威的《Phipson on Evidence》(2018 年,第 19 版)一书的说法,把"关联性"包括在"可采纳性"内,而"重要性"则被视为法院案件管理的权力部分。

是商业人士(commercial men),不一定有正规的证据法教育与培训。英国《Arbitration Act 1996》之 Section 34 更是立法明示规定法院严格的证据规则不适用在商业仲裁:"(1) It shall be for the tribunal to decide all procedural and evidential matters, subject to the right of the parties to agree any matter. (2) Procedural and evidential matters include—. . . (f) whether to apply strict rules of evidence (or any other rules) as to the **admissibility, relevance or weight of any material (oral, written or other) sought to be tendered on any matters of fact or opinion**, and the time, manner and form in which such material should be exchanged and presented;. . . "(加黑部分是笔者的强调)

因此,除非仲裁双方当事人特别同意仲裁程序要以法院诉讼规则进行(笔者曾经在香港遇到过三四次这种笔者认为不明智的情况,有一次甚至代表双方的均是内地律师),仲裁庭与双方代表律师就不必担心证据是否可采纳的问题,只需要考虑到证据可采纳性背后衡量证据分量时需要特别考虑的原因,与在自然公正的大背景下给予证据恰当的分量。

《IBA Rules on the Taking of Evidence in International Arbitration》之 Article 9.2 中也有规定:

"1. The Arbitral Tribunal shall determine the **admissibility, relevance, materiality and weight of evidence**.

2. The Arbitral Tribunal shall, at the request of a Party or on its own motion, exclude from evidence or production any Document, statement, oral testimony or inspection for any of the following reasons: (a) lack of sufficient relevance to the case or materiality to its outcome; (b) legal impediment or privilege under the legal or ethical rules determined by the Arbitral Tribunal to be applicable; (c) unreasonable burden to produce the requested evidence; (d) loss or destruction of the Document that has been shown with reasonable likelihood to have occurred; (e) grounds of commercial or technical confidentiality that the Arbitral Tribunal determines to be compelling; (f) grounds of special political or institutional sensitivity (including evidence that has been classified as secret by a government or a public international institution) that the Arbitral Tribunal determines to be compelling; or (g) considerations of procedural economy, proportionality, fairness or equality of the Parties that the Arbitral Tribunal determines to be compelling. "(加黑部分是笔者的强调)

而刑事诉讼中仍由陪审团认定事实,因此证据可采纳性的问题仍然相对重要。另外会有超越性地位的人权公约,例如,《欧洲人权公约》(European Convention on Human Rights,简称"ECHR")也有一些证据排除规则,Article 3 就明确说明通过严刑(torture)或非人道对待(inhuman treatment)取得的证据不能被采纳(inadmissible)。可以说,证据法或证据规则仍在快速发展。

民商事案件对证据的放松不代表参加国际仲裁的人士可以不熟悉这套证据规则

与背后的理念,而且这些理念往往牵涉自然公正(natural justice)与程序公正(due process)的,因此也必须有所认识与了解,特别是仲裁员有了理解才会在证据的可采纳性、关联性、重要性与分量方面作出相对正确的裁量权决定。

1.1 大原则:有关联证据都可以被采纳

正如前一段已经提到的,证据是否可以被采纳的起点就是看是否有关联性(relevance)。正如《Cross & Tapper on Evidence》(2012 年,第 12 版)一书之 66 页所说:"The main general rule governing the entire subject is that all evidence that is sufficiently relevant to an issue before the court is admissible and all that is irrelevant, or insufficiently relevant, should be excluded."

美国《Federal Rules of Evidence》之 Section 402 中也有明确规定:"Relevant evidence is admissible unless any of the following provides otherwise: the United States Constitution; a federal statute; these rules; or other rules prescribed by the Supreme Court. Irrelevant evidence is not admissible."

关联性也就是证据可采纳性的"大门",一份缺乏关联性的证据根本不会被接受作为证据。因此,在文件披露中,自己不必披露无关的证据,对方也不能要求披露无关的证据。事实证人或专家证人不能在证人证言(witness statement)或专家报告(expert report)中包含与争端(issue)无关的内容,否则就会被对方要求法院(或仲裁庭)命令删除。即使没有被命令删除,在庭审中也会阻止事实证人或专家证人提供无关的证词。

1.1.1 关联性是根据经验作出推理

排除没有关联性的证据与证据的排除规则有很多不同。有不少书籍中都提到,关联性实际上是根据经验(experience)归纳推理(inductive),即用总结出的一套经验来判断事实 A 与事实 B 有关联性。并可以反过来演绎推理(deductive),即用三段论(syllogism)的方式验证确实可以从事实 A 推断(infer)出事实 B。[5] 这样从证据直接显示的事实推断到有争端的事实,能够成立的就认为证据与事实争端有关联性。但证据排除规则就不是根据经验,而是根据法律规定作出的排除。

《Cross & Tapper on Evidence》(2018 年,第 13 版)一书之 74 页说:"The Former(关联性)is a concept arrived at inductively from experience, and its applicability can be tested deductively by the construction of a syllogism. It is not primarily dependent on rules of law. The admissibility of evidence, on the other hand, depends first on the concept of relevancy of a sufficiently high degree, and second, on the fact that the evidence tendered does not infringe any of the exclusionary rules that may be applicable to it."

这也是为什么判断证据关联性时,并没有标准的规则与做法。毕竟这不是凭空的判断,而是根据经验针对事实争端作出的判断。但经验背后显然有事实审理者的

---

[5] 有关根据证据进行推断及三段论的问题,可见本章之 1.1.3.3 段的介绍。

常识(common sense),而且也需要有相应的逻辑(logic)能力。事实可以很复杂与千变万化,一个案件中的情况与原因很难全盘复制到另一个案件中。

1.1.2 对关联性的定义

著名的对关联性的定义之一可见《A Digest of the Law of Evidence》(1886 年)一书第 4 页:"The word 'relevant' means that any two facts to which it is applied are so related to each other that according to the common course of events one **either** taken by itself or in connection with other facts proves **or** renders probable the past, present, or future existence or non-existence of the other."这定义还在较近期的 R v. Nethercott (2002) EWCA Crim 3535 等先例中被采纳。

根据这定义的措辞/文字,如加黑的"*either... or*",是否有关联性是一个非此即彼的问题,只有会与不会令事实争端"更可能/更不可能"这两个选项。虽然也常说一个证据更有关联(more relevant),或者是说一份证据缺乏足够关联性(sufficient relevance),但这实际上针对的是证据的说服力(cogency)、证明价值(probative value)或分量(weight)。例如,在 Vernon v. Bosley (1994) PIQR P337 先例中,Hoffmann 大法官说:"The degree of relevance needed for admissibility is not some fixed point on a scale, but will vary according to the nature of the evidence and in particular the inconvenience, expense, delay or oppression which would attend its reception... although a judge has no discretion to exclude admissible evidence, his ruling on admissibility may involve a balancing of the degree of relevance of the evidence against other considerations which is in practice indistinguishable from the exercise of a discretion."

节录内容中提到的"关联性的程度"(degree of relevance)等措辞/文字就是指证据的说服力、证明价值或分量。相比于证据会带来的不便、费用、延误与对当事人造成的压迫,使得衡量之下可以不采纳该证据,这也就是稍后要讨论的证据的重要性(materiality)。

总之,关联性就是根据经验进行理性推理,会不会使得争议的事实更可能发生。也可见 R v. Kilbourne (1973) AC 729 先例中 Simon 勋爵所说:"Evidence is relevant if it is logically probative or disprobative of some matter which requires proof ... relevant (i. e. logically probative or disprobative) evidence is evidence which makes the matter which requires proof more or less probable."

可以再多节录一些国家的立法中对关联性的定义以加强理解。例如,美国《Federal Rules on Evidence》之 Section 401 规定:"... it has a tendency to make a fact more or less probable than it would be without the evidence..."

又例如,澳大利亚《Evidence Act 1995》之 Section 55(1)规定:"The evidence that is relevant in a proceeding is evidence that, if it were accepted, could rationally affect (directly or indirectly) the assessment of the probability of the existence of a fact in issue in the proceeding."

1.1.3 如何判断关联性:“证明”的要素

这也带来一个重要的课题,就是如何判断一份证据是否与待证的事实有关联性。这就需要了解通常所说的举证/证明(proof)背后运作的原理与要素。这也不仅仅是关联性的问题,因为还会涉及证明效力,以及衡量证据的分量的问题。

诉讼中的举证/证明是向事实审理者(法院、陪审团、仲裁庭)针对特定事实或论点(proposition)的真实性或准确性进行展示或者说服。举证/证明顾名思义,需要依赖各类证据,如口头证词(testimony)、文件证据(documentary evidence)、实物证据(real evidence)等。

这只是对一些证据的类型进行举例。事实上对各种证据如何分类与定义并没有一个放之四海皆准的说法,正如《Phipson on Evidence》(2017 年,第 19 版)一书之 1 – 12 段所说:“The subject of evidence is not one which lends itself readily either to definitions or divisions. Few of its terms have acquired settled or unambiguous meanings, and no two writers adopt the same classification.”

本书的主要证据类型有在第一至第三章介绍的“口头证据”、第四至第六章介绍的“专家证据”、笔者的《证据法:国际规管与诉讼中的证据攻防》一书第五章介绍的“实物证据”与第七章介绍的“文件证据”。

1.1.3.1 诉讼中会涉及的事实

在讨论诉讼中会涉及的事实,即有关联性的事实时,可以根据以下角度分为三类:

1. 实质性事实(principal fact),即根据有关法律,索赔或抗辩能够成功的必要事实。例如,民商事诉讼案件的违约/毁约(repudiatory breach),[6] 涉及的实质性事实包括是否存在有效的合约关系,被指称违约/毁约的被告是否的确有违约/毁约的言行,作为无辜方的原告是否有清楚无误接受(accept)违约/毁约的言行,因此蒙受损失以及损失多少等。前述每一项还可以再细分,如有效合约关系包括当事人之间是否存在合法有效的要约、承诺、对价、达成合约的意图。在这些主张的事实中,被告可能对部分并没有争议,也同意存在有效合约,自己存在违约/毁约行为,但是对部分其他的主张有反对意见,如不同意原告有清楚接受违约/毁约,原告主张的损失类别与金额严重夸大等。这些有争议的实质性事实就需要法院或仲裁庭作出认定,这也就是下一段要针对的系争事实/事实争端(fact in issue)。[7]

2. 证据性事实(evidentiary fact),又称之为事实性论点(evidentiary proposition),指的是在案件中的证据。这些证据本身并非实质性事实,但是根据这些证据进行推

[6] 见笔者的《合约的履行、弃权与禁反言》一书第一章。

[7] 将有争议的实质性事实定义为系争事实/事实争端,采取的是著名的《The Indian Evidence Act, with an Introduction on the Principles of Judicial Evidence》(1872 年)一书之 28 页给出的定义。今天不少主要权威书籍看来也都采取这样的说法。

断(infer),就可以起到对实质性事实直接或间接(也就是要再进一步推断)证实或证否的作用。经过推断得出的事实可被称为推断性事实(inferred fact)。由于证据性事实或推断性事实对有争端的事实的可能性会产生影响,因此也会被称为与争端有关的事实(facts relevant to the issue)。

3. 另一种事实则与争端没什么关系,而是会影响证据可采纳性(admissibility)或证据的分量(weight),或者是一些其他背景事实。例如,涉及传闻(hearsay)证据时,实际陈述人不出庭的原因是因为已经死亡;又如一份文件由于火灾已经损毁,有关火灾发生的事实;或者是影响证人是否适格(competent)的情况,如在 R v. Yacoob (1981) 72 Cr App R 313 先例中,检控方的一个证人被指称是嫌疑人/被告的妻子因此作为证人不适格,双方就对于该证人与嫌疑人/被告之间是否存在有效的婚姻关系提交证据。

不妨举例来介绍以上这三种事实。在一个刑事谋杀案件中,嫌疑人 X 被指控在某地点枪杀了被害人。X 的抗辩是自己不在场,在案发时身处有一定距离的其他地方,并不是自己杀的人。证人 Y 作证说见到嫌疑人 X 拿枪指着被害人而且枪口还在冒烟。证人 Z 则作证说证人 Y 与嫌疑人 X 有仇而且已经多次诬陷嫌疑人 X。在这个例子中:

(1)涉及 X 是否谋杀,要根据谋杀罪的构成要件是哪些,判断哪些是实质性事实。这会包括 X 有故意杀人的意图,以及 X 实施了故意杀人的行为等。例如,X 拔枪、开枪杀害被害人,甚至上前补枪确认被害人死亡等。

(2)X 用枪指着被害人而且枪口还在冒烟是证据性事实。可以从中推断是 X 对着受害人开了一枪,这则是推断性事实。根据这个推断性事实继续推断,可以认定是 X 实施了故意杀人的行为这个实质性事实。

又如,如果现场遗留的杀人凶器(手枪)上有 X 的指纹,X 当天穿的衣服溅上了死者的血迹,有证人听到一声枪响后看见 X 从被害人死亡地点匆忙逃离等,这些都是证据性事实。这些事实都只能进行推断,甚至是多重推断,以及与其他事实相结合进行推断,从而对判断实质性事实是否确实发生的可能性产生影响。例如,从凶器上检测出 X 的指纹推断 X 曾经持有过这把手枪,而如果没有其他人的指纹,很可能就是 X 用枪射击了被害人,从而认定 X 实施了故意杀人的行为。

(3)证人 Y 与 X 一直有仇,甚至已经多次故意诬陷 X,这会是其他事实。因为根据这事实看来 Y 证言的可信度是要大打折扣的。这同时也会是证据性事实,因为从中可以推断 Y 没有说真话,继而推断 X 说自己不在现场是有可能的,间接地增强 X 说法的可信度。

又如,发货人将大宗货物付运上船,但是在卸港发现货物受损,就在提单合约下向船东索赔货损货差损失。船东的抗辩是货损货差是自己可以免责的海上风险(peril of the sea)导致,如由于大风浪导致海水浸湿货物。双方也派遣检验员(surveyor)检验货物受损情况。此时:(1)涉及海上运输中的货损货差,有关的实质性事实包括当事人之间有有效的海上运输合约,货损货差发生在海上运输期间等,而船东主张海上风险免责,这就使得是否确实是大风浪导致海水浸湿货物也成为实质性事实。可以想到如果货方有后续主张,例如,由于大风浪浸湿货物也是由于船东的疏忽,是否有这些疏忽行为也成为实质性事实。[8] (2)针对是否确实海上风险(大风浪)导致货物受损的实质性事实,就也会涉及很多证据性事实。例如,提单上如果显示的是货物装船时表面状况良好,在卸港的证据显示卸下时货物已经浸湿,这可以推断出货物是在海上运输期间受损。又如,检验员出具的检验报告上显示货物是因为盐水还是淡水受损的事实等。从这些事实中可以进行推断货物是否确实是由于海上的大风浪而产生损失。(3)其他针对证据的证据。例如,用证据显示提单没有授权下被签发并且表述装船货物表面状况良好不正确,检验员检验过程中的采样不恰当等。

1.1.3.2　如何找出系争事实/事实争端

从上一段的介绍就可以注意到,除非是有关证据可采纳性等的其他事实,否则无论是实质性事实(principal fact)、证据性事实(evidential fact)与推断性事实(inferred fact),针对的都是与事实争端(fact in issue)之间的关联性。

当事人之间会有不少有争议的事实(disputed fact)。但为了胜诉,其中哪些事实会需要获得法院或仲裁庭的认定,就是当事人之间的“事实争端”。很显然,当事人的事实争端会因为每一个案件涉及的法律关系不同而千变万化。因为会涉及一个法律关系下,哪些事实需要法院或仲裁庭作出认定。

导致这个问题更复杂的是某些法律关系中可以不予考虑特定事实。例如,一般不熟悉英国证据法的人士从表面看来有关的证据其实是根本无关的;又如,口头证据规则(Parol Evidence Rule)下的证据,可见本书第九章之4段;此外,不熟悉实体法的人士,也无从判断哪些特定事实是法律关系(如合约的违约/毁约或者是侵权)下必须认定的事实。

争端不仅仅是最重要的几项主要争端,每一个主要争端也会有间接有关的分项、细化的分争端。《Phipson on Evidence》(2017年,第19版)一书之2-01段这样描述对争端的定义:“The question of what is ‘an issue’ is itself a difficult one, but the main issues in the case may be viewed as the apex of a pyramid, the base of which consists of the sub-issues most indirectly relevant to the main issue.”

在民商事诉讼中,什么是争端,最主要的就是看当事人的文书请求/案件陈述(pleadings 或 statements of case),即看索赔请求(statement of claim)、抗辩书(statement of defence)与答辩书(statement of reply)等文件。一般做法是当事人需要在文书请求中陈述己方主张的案件重要事实(material fact),在看到对方所有指控/主张(allege)的事实时,可以分别作出三种不同的回应:(1)对事实予以承认(admit),对

---

〔8〕 有关海上货物运输中的货损货差谁举证的问题,可见笔者的《提单与其他付运单证》一书。

这个事实也就没有争端。(2)对事实予以否认(deny),此时需要同时陈述否认的理由,而且如果是主张不同的事实则需要说清楚自己一方的事实是如何。(3)对事实不予承认(not admit),而是要求对方对其主张的事实予以证明。

因此,各方当事人在文书请求中都可以提出某项争端,也可以根据双方交换的文书请求找出哪一些是有争议的重要事实。但如果是承认或者是没有理会或反驳(rebut)对方主张的事实,就会被视为没有争端。这样也就不能对文书请求中的这些内容要求信息(information request)或澄清(clarification)。[9]也不能要求采纳以及要求披露仅仅与这些事实有关的证据。这也是为什么当事人在文书请求中不能各自讲自己的故事,而不点对点逐一回应对方指控的事实。

如果从披露的文件或其他的渠道如向第三人的调查取证,发现原本的文书请求没有包括一些本应包括的争端。为了进一步要求对这争端的披露与证据采纳,就会马上向法院(或仲裁庭)申请修改文书请求(amendment of pleadings)。接下来就一样要对方作出在前文中提到的3种回应,并根据回应确定修改之后的争端。

在文书请求已经提交后,是否允许修改文书请求是法院的裁量权。大原则是在程序中尽量宽松容许修改,因为这涉及自然公正的大原则,让当事人有机会充分表述他们的案件(present their case),尽量让法院根据双方当事人最后认为最正确与准确的请求与重要事实作出审理。一般而言,如果修改文书请求带来的损害(主要是修改所引起的额外处理的费用)可以用金钱弥补,即使是多次修改也会被法院允许:见 Binks v. Securicor Omega Express Ltd (2003) EWCA Civ 993 等先例。但如果会有真正无法用金钱弥补的损害(例如因为延误修改导致失去本来有的证据),法院也会罕见地拒绝:见 P and O Nedlloyd BV v. Arab Metal (The "UB Tiger") (2006) EWCA Civ 1300 等先例。越是临近庭审时一方当事人申请修改,法院就会越是仔细地审查到底要改哪些内容与更严格地作出决定,因为更有可能造成无法弥补的金钱损害与延误程序。但归根结底,CPR 下法院行使裁量权,在今天更是要结合公正与费用成比例后综合全盘事实作出决定。

而如果在文书请求中当事人没有提出争端,在之后的庭审阶段就不会被允许提出新争端:见 Lombard North Central Plc v. Automobile World (UK) Ltd (2010) EWCA Civ 20 上诉庭先例与 Scicluna v. Zippy Stitch Ltd (2018) EWCA Civ 1320 先例。有关这方面内容还可见笔者的《证据法:国际规管与诉讼中的文件攻防》一书第七章之6.4段。

在国际仲裁中常见到中国律师只对自己的事实作出主张,不回应对方文书请求中的内容,但是即使在中国法下,最高人民法院于2019年公布、2020年5月开始施行的《关于民事诉讼证据的若干规定》(法释〔2019〕19号)第4条也规定:"一方当事人对于另一方当事人主张的于己不利的事实既不承认也不否认,经审判人员说明并询

〔9〕 见笔者的《证据法:国际规管与诉讼中的文件攻防》一书第七章之10.1段。

问后,其仍然不明确表示肯定或者否定的,视为对该事实的承认。”

这是与国际做法接轨的尝试,在这样的立法下,也就不能是当事人在文书请求中各自讲各自的故事,而是必须逐个回应对方提出的事实主张与说明自己的立场,这样也有利于凸显与明确当事人之间到底在哪些事实上存在争端。

1.1.3.3 事实的推断:三段论

本章前文中已经多次提到了从一个事实到另一个事实的推断(inference)。常被用来验证为什么事实A可以直接或间接证明事实B,或者说是从事实A可以推断事实B的,是逻辑思维上所谓的三段论(syllogism)。美国Scalia大法官等的《Making Your Case: The Art of Persuading Judges》(2008年)一书中就说,任何想要说服审理法官的律师都需要“think syllogistically”。

三段论是演绎(deductive)推理,是从一系列陈述、前提(premises)推理得到结论(conclusion)的过程,根据一般归纳性的“大前提”(major premise),加上针对特定情况的“小前提”(minor premise)得出结论。

在对事实的推断中,如从事实A推断到事实B,就会是审理法官或仲裁员根据经验(experience)归纳得到的一般规律作为大前提,加上在案件中的事实A作为小前提,能得到事实B确实发生的结论。在适用法律时也会采用同样的思维方式,只是会将大前提换成根据法律的规定。

例如,在刑事谋杀案中,证人看到嫌疑人X拿着手枪对着受害人而且手枪枪口正在冒烟,从中推断X开枪射击了受害人。这里的三段论推断是:(1)大前提:一般情况下,某人拿着枪口还冒烟的手枪对着另一人,是刚刚对着另一人开枪;(2)小前提:在本案中,X拿着枪口还冒烟的手枪对着受害人;(3)结论:X刚刚对着受害人开枪。类似地,接下来可以继续推断:(1)大前提:一般情况下,某人对着另一人开枪,某人实施的是杀人行为;(2)小前提:X对着受害人开枪;(3)结论:X杀人。

例如,海上运输合约下的货损货差索赔案件,船东依赖海上风险(大风浪导致海水浸湿货物)为由请求免责,而从检验员的检验报告来看货物上没有海水残留成分痕迹,从中可以推断不属于海上风险(大风浪)造成货损。这里的三段论推断可以是:(1)大前提:一般情况下,海上风浪导致海水浸湿货物会在货物表面留下海水残留成分;(2)小前提:在本案中,受损的货物上没有海水残留成分(如有包装的货物表面完全没有盐水痕迹或者是无包装的货物不存在结块等情况);(3)结论:货损货差不是由于海上风浪令海水浸湿货物导致。

三段论的特点是,如果大前提、小前提、论证过程(将小前提带入大前提的过程)都完整与正确,就理应得出必然正确的结论。但无论是大前提中的归纳性概括与总结不恰当、有错漏、以偏概全,还是小前提中证据性事实不全面、不正确,又或者是大前提与小前提并不能恰当地配合,都会导致不正确的结论,[10]也就是常说的“进的若

〔10〕 逻辑谬误(fallacies)也是一个复杂的课题,但并非本书重点,也不在此详细介绍。

是垃圾,出的也只会是垃圾”(garbage in, garbage out)。

在现实的事实推断过程中,不会有完美的三段论推理,[11]往往都有可以攻击的薄弱环节。证据的证明价值(probative value)会有高有低,就是因为有的证据推断到实质性事实(principal fact)的过程中逻辑谬误较少,证据就会有较高的证明价值;而如果一个证据推断到实质性事实的过程中错漏百出,证据的证明价值就会较低。

刚刚说到大前提依赖的是通过经验进行的归纳,也就是事实审理者,如法官或仲裁员根据自己的常识与知识作出的归纳。在进行推断时,事实审理者往往不会按照三段论这样的步骤一步一步得出结论,但一样会下意识地采用自己的常识与知识。因此,即使面对同一个证据性事实,没有偏私与偏见、都有称职水平的不同背景的事实审理者,会由于常识、知识的不同,推断出完全不同的结论。

而针对大前提,当事人也可以提供证据。在刚刚提到的刑事案件例子中,就可以找弹道专家作为专家证人根据枪械温度、弹道的角度,结合身高差的影响、手枪型号的射击精准度等,给出更明确的大前提,以更明确地推断出是 X 射击了受害人,或者并非 X 射击了受害人。当然也可以双方都委任专家证人提供不同的意见要互相比对看谁的说法更可信,也要接受交叉盘问的考验等。在民商事案件中就是找专家证人证明货物的外包装被海水浸湿后一定会在表面留下结晶或盐水渍,或者是散装货物被海水浸泡就一定会结块,或者是即使是货物表面有海水痕迹,也未必就一定是免责的海上大风浪所引起,如在航行过程中舱盖没有盖严等(这也就会涉及其他的实质性事实证明这不是海上大风浪所导致)。

而小前提,即案件中的证据性事实或推断性事实,就更是完全依赖证据了。对这些事实的验证方法包括要求证人出庭提供口头证据、接受交叉盘问,也包括一方打击另一方证据的可信度等。

1.1.3.4 从证据到事实:直接证据、间接证据或环境证据

考虑证据对事实的证明过程,可以笼统地分为直接证据(direct evidence)与间接证据(indirect evidence)/环境证据(circumstantial evidence)。

直接证据就是通过证据本身就可以直接地显示某个事实。例如,通过一份双方签字的合约直接显示双方之间有一份合约,或者是证人提供口头证据说对方当事人明确表示不会再继续履约直接显示对方的违约/毁约。以前几段的例子来介绍,刑事谋杀案件中 Y 说亲眼看到 X 开枪射击了受害人直接显示 X 开枪射击受害人的事实。

---

〔11〕 事实认定中,大前提会涉及根据经验作出的归纳。而这尽管是科学的归纳,也是有局限性的。著名的说法就是哲学家伯特兰·罗素提出的“罗素的火鸡”(Russell's Turkey)。火鸡饲养场里火鸡注意到早上 9 点有人准时投喂食物,火鸡也没有着急给结论而是慢慢观察,发现无论是什么季节、什么天气、什么日子,各种各样的情况下每天早上 9 点都准时投喂,因此火鸡根据自己的经验得出结论说每天早上 9 点都会有人投喂食物。结果在下一年圣诞节前一天早上 9 点,主人没来投喂食物而是把火鸡做成了食物。火鸡已经很小心翼翼地考虑了很多情况下根据经验作出了归纳,但这归纳仍然是错误的。

在海上货物运输货损货差的案件中,装在集装箱的货物掉入大海,船东以海上风险作为免责抗辩,船长/船员提供证言说在某天某时海上风浪是在该航程中未遇过得大,亲眼看见一个巨浪打在该装运时捆绑好的集装箱上,集装箱被卷走掉进大海。这些直接证据只要被采信,就是事实。

而间接证据或环境证据,是要根据证据本身显示的事实进行推断(infer),或多重推断后才能得到要针对的事实,也是要结合多个不同的环境证据才能推断出的事实。例如,杀死了受害人的手枪上检测出了 X 的指纹,又如 X 当天穿的衣服溅上了死者的血迹,从中经过一系列推断显示 X 开枪射击了受害人,又如,海上运输中货物受损,经过检测发现货物上没有海水残留痕迹,从中推断并不是大风浪导致货物受损。

由于是通过推断显示事实,因此环境证据是非常多种多样的。美国的 Wigmore 对环境证据采用了一种分成三类的分类方式:(1)展望式(prospecting);(2)附随式(concomitant);(3)回顾式(retrospectant)。简而言之,展望式证据是指争议事实发生前的证据,附随式证据是指争议事实当场(contemporaneous)或者是非常邻近(approximate)时间的证据,而回顾式证据是指争议事实发生后的证据。

美国 Wigmore 的《The Science of Judicial Proof》一书以法官坐在轮椅上为比喻,他想走出前面的"疑惑之门",而每一环境证据可供正确方向的推断等于是把轮椅往前推一步。这一步步推下去直至用完了所有的环境证据,法官此时衡量自己是在门外还是仍在门内。另一个比喻是一幅拼图(jigsaw puzzle),每一块的环境证据是每一小块的拼图。每一小块在颜色与形状都必须配合 (internally consistent)整幅图画,但它只是一小块,本身十分片面。在 R v. Exall (1986) 4 F & F 922 先例中,Pollock CB 大法官给予另一比喻,指出每一环境证据等同一条麻绳的一根索子(cord)。索子愈多,麻绳愈粗,最终能承担极重的分量认定一个重要争端,他说:"It has been said that circumstantial evidence is to be considered as a chain, and each piece of evidence as a link in the chain, but that is not so, for then, if any one link break, the chain will fall. It is more like the case of a rope comprised of several cords. One strand of the cord might be insufficient to sustain the weight, but three strands together may be of sufficient strength. Thus it may be in circumstantial evidence there may be a combination of circumstances, no one of which would raise a reasonable conviction or more than a mere suspicion; but the three taken together may create a conclusion of guilt with as much certainty as human affairs can require or admit of. "

1.1.3.4.1　直接证据、间接证据或环境证据的分量

无论是直接证据还是间接证据或环境证据,实际上都涉及推断。第一步就是推断证据本身所显示的事实是真实的。例如,一份证人证言中陈述的事实要被认定为真实,该证人不能主观不诚实,不能存在认知(perception)的错误(如看错、记错了事实),证人的叙述不能存在歧义、模糊等。这些则可以通过开庭审理时的交叉盘问进行考验。

第二步，如果证人证言是直接证据，证人证言为真实也就是待证事实为真。而如果证人证言是间接证据/环境证据，就要再进行推断，并验证这进一步推断过程中三段论的准确性。

回到证人证言的例子上，作为直接证据时可以较容易通过交叉盘问证人来确认证词的可信度/可靠性。但作为间接证据时由于还涉及进一步的后续推断，交叉盘问就无法确认后续推断中的问题。而且对于间接证据/环境证据而言，推断链条越长，出问题的可能性也就越高，也越能有机会找到证据反驳其中任一推断的大前提、小前提。在 R v. Teper（1953）AC 480 先例中，Normand 大法官说："Circumstantial evidence may sometimes be conclusive, but it must be narrowly examined, if only because evidence of this kind may be fabricated to cast suspicion on another . . . It is also necessary before drawing the inference of the accused guilt from circumstantial evidence to be sure that there are no other co-exist circumstances which would weaken or destroy the evidence."

但归根结底，一份证据的分量不能仅仅因为是直接证据还是间接证据就作出判断。也无论是直接证据还是间接证据，而要看具体证据的内容进行判断。例如，直接证据是一个案发时已经喝到酩酊大醉的人的证言说看到是 X 开枪杀害被害人，但环境证据包括枪上有第三人的指纹、在该第三人身上的衣服还溅有被害人的血迹。又如，直接证据是船长作证说亲眼看到与感受到从未见过的大风浪，但环境证据是事后检验员检测发现货物上完全没有盐水残留痕迹。在客观与常识的角度下看，这些环境证据的分量是完全可以超过直接证据的。

有个有趣的例子。笔者（杨良宜）听说美国律师在向陪审团展示环境证据时，为了显示这些环境证据的重要性，就先以鲁滨孙漂流记的故事作为引子，鲁滨孙漂流荒岛多年后在沙滩发现了不属于自己的足迹，这就是环境证据证明有其他人来到岛上，而且是强而有力的证据。美国律师这样说："This reminds me of my father reading Robinson Crusoe to me when I was a little boy. Remember, when Robinson Crusoe was on the island for such a long time alone. One morning he went down to the beach and there was a footprint on the sand. He was so overcome with emotion, he fainted. And why did he faint? Did he see a man? He woke to find Friday[12] standing beside him, who was to be his friend on the island, but he did not see Friday. Did he see a foot? No. He saw a footprint. That is, he saw marks in the sand, the kind of marks that are made by a human foot. He saw circumstantial evidence. But it was true, it was valid, it was compelling, as it would be to all of you. We live with it in our lives, so let's look at the facts of this case for those tracks which prove the truths."

---

〔12〕 星期五（Friday）是罗宾逊漂流记中的人物。

1.1.3.4.2 环境证据之一:展望式(prospecting)证据

这是指过去的行为(act)、思想状态(state of mind)或情况(state of affairs)可去辩解(justify)与支持(support)推断有关时候的真实思想状态或情况。换言之,过去的环境令现在的行为、思想状态或情况变得更有可能(more probable)。

这类证据包括有连续性(continuance)的事实。例如,一个人年轻力壮推断在一段时间内不应该由于自然原因猝死。在高速公路上行驶的车辆在某个测速点处于超速状态,在500米后发生车祸时也可能仍然处于超速。这些事实也有时被作为事实的推定(presumption of fact)看待,[13]称为是对连续性的推断。但归根结底仍然是要用常识与逻辑的问题来判断关联性与分量,例如虽然属于有连续性的事实,但相隔太久或者是根本处于不同的背景等。

与连续性的事实类似的是有关习惯(habit)或日常做法的证据,见 Joy v. Phillips, Mills & Co Ltd (1916) 1 KB 849 先例。此先例中,一名马夫死在马厩,死因是被马匹踢死,原告就以工作时间死亡为由向马主索赔。被告就提出证据,证明该马夫有一个不良习惯,常常喜欢戏弄马匹,因此事故实际上是马夫非因工作自己逗弄马匹导致。值得注意的是,证明一个人的"习惯"很多时候并不容易,这在笔者的《合约的解释:规则与应用》一书之第七章之5段有过详论。

举例说,如果可以通过证据显示被登记在公司的发信记录中的信件,都会当天特定时间寄出,因此如果一封信件被这样登记这封信件就会根据惯常做法被寄出,但这不是收件人确实收到信件的证明。例如,在涉及是否"马上通知"的争端时[如保险案件中需要马上通知(held cover)的义务:见 The "Litsion Pride" (1985) 1 Lloyd's Rep 437 先例],只是显示受保人寄出信件的环境证据,远远比不上信函上的邮戳的证据等。[14]

美国《Federal Evidence Rule》之 Section 406 还专门针对这类证据作出规定:"Evidence of the habit of a person or of the routine practice of an organization, whether corroborated or not and regardless of the presence of eyewitnesses, is relevant to prove that the conduct of the person or organization on a particular occasion was in conformity with the habit or routine practice."

另一类也较为常见的环境证据是有关人士知悉/知道(knowledge)进行某项行为的知识或能力(capacity)的证据。很容易理解的例子就是,如果涉及用某些日常获取的化学品制造毒药后投毒,该人士就非得具有相关的化学、毒药知识不可。同样道理的还有复杂的金融欺诈等。这类证据会是有关人士有这些知识、能力,如该人士持有化学方向的高等教育学位,该人士本身有特许金融分析师(CFA)的专业资格;也会是有关人士根本没有相关知识、能力的证据,如该人士是半文盲,从来没有金融知识

---

〔13〕 有关推定的问题,可见本书第七章之6段。

〔14〕 当然今天有各类即时通讯手段,这个有关信函的例子在国际商业中看来会是已经过时了。

也不涉及这个行业等。

当然最常见的展望式证据就是有关动机/意图(motive)与计划(plan)的证据。例如,妻子被谋杀,丈夫在早前就自称是鳏夫,与年轻女子有染,这就是对丈夫谋杀的主观意图的环境证据。或者是妻子投保有大额保险,丈夫是受益人,这也是丈夫谋杀的意图的环境证据。又如,X 被怀疑是恐怖分子,从 X 的住所中搜查出炸弹的蓝图与/或零件,这就是 X 计划施行恐怖袭击行动的环境证据。

在民商事诉讼中,这类证据也是非常多见的。例如,货物买卖的卖方、海上运输的船东不履行合约、违约/毁约,或者是船舶建造中的船东/买方推三阻四以各种理由找船舶的毛病不接收船舶,买方、租家或船厂提交的证据表明货物市场、运费市场或者是船舶价值发生剧烈变动,环境证据可以用来推断对方的行为纯粹是为了赚钱(或避免巨大亏损)。但这不是有关什么违约/毁约行为的证据,充其量是在并非黑白分明的情况下,让审理法官或仲裁员更倾向于推断行为的真实意图是什么。

以前曾经有大量的保险公司主张船东凿船(scuttle)骗保的案件,由于这个严重主张的内在可能性本身较低,[15]因此需要大量与更全面的优质证据来作出证明。这些证据中就会涉及很多各种环境证据,如有关的运费市场、船东自己的经济状况等用来显示船东的意图,以及有船东(或其亲戚)委任潜水员等来显示船东的计划等。不妨再举 The "Michael" (1979) 1 Lloyd's Rep 55 先例来帮助理解。

在该先例中,"Michael"轮在装载货物前往南美洲的中途遇到坏天气船舶进水在深海沉没,船东向保险人要求理赔,但是保险人以怀疑是船东故意凿船等理由拒绝理赔,因此产生争议。照理说大海上遇到坏天气,不太会是故意凿船(毕竟这种情况下凿船,船员逃生机会较低,但船东是要假手个别船员去进行凿船行为)。但是此先例中保险人拒绝理赔、产生怀疑的重要原因是,"Michael"轮在遇到机房进水事故后,曾经遇到路过的拖轮施救,拖轮已经将拖缆搭上了"Michael"轮开始拖带去最近的安全港口,但是中途缆绳因不明原因(这很可能是人为)松开,"Michael"轮也稍后沉没。

由于"Michael"轮沉没位置很深,无法从船舶本身找到什么破坏的证据。但是由于船员全部幸存,因此还可以先从船员进行调查取证,以了解船舶事故沉没的经过与可能的原因。无巧不成书的是,保险公司的代表律师在接受委任后第一时间赶去事故现场,在船员获救上岸的港口认出了有一个来自希腊的二管轮(Komiseris 先生)曾经是一年前该律师参与的另一艘涉嫌凿船骗保的 The "Gold Sky"案件中"Gold Sky"轮上的船员,因此代表律师很熟悉 Komiseris 先生,而 Komiseris 先生就是在 The "Gold Sky"案件中被指凿船的船员。显然代表律师肯定会告知保险人这些有关情况,知道了这些情况的保险人肯定是不愿意赔付的,也因此引发诉讼。

在此先例中,Komiseris 先生还曾私下联系保险人说只要给一定的好处,甚至愿

---

[15] 有关欺诈、欺骗或不诚实等主张,会是内在可能性较低导致需要更多、更优质证据的问题,可见本书第七章之 7.2.1.2 段。

意自己做“污点证人”指认是船东让自己凿船。之后 Komiseris 先生也被法院认定是一个专门凿船的疯子,就是他在大风大浪中把“Michael”轮凿沉,[16]然后希望从中找机会牟利。带来的问题就是,到底是船东有计划凿船,还是船东并无计划而纯粹是船员(Komiseris 先生)自己凿船的背叛行为(barratry of crew)呢,如果是前者,保险人就可以拒赔,而后者属于承保风险保险人应当赔偿。

针对船东到底有没有意图或计划没有直接证据,所以就有大量的环境证据被提交,用来推断船东有意图或没有意图的可能性到底有多高。可以简单介绍其中一些环境证据:保险人依赖披露出来的船东与银行之间的账目信息,显示船东资金并不充裕,甚至曾经有两次债务重整[“The insurers naturally relied on the state of accounts with(银行) as one of the main suggested motives for a plot to scuttle the ‘Michael’”];“Michael”轮的市场价值在 40 万美金左右,但保额是 60 万美金;而船东证明银行从没有催债或意图催债;船东自己虽然在航运市场营运状况不佳,但是在其他行业中有不少生意经营得很好,船东的家族也非常富有,不存在资金紧张的问题;船东(两兄弟)刚刚打入航运市场,雄心勃勃想要在航运市场开辟一番事业,非常重视自己的名誉。

综合考虑这些环境证据能够显示的推断事实,Kerr 大法官认为,在平衡的可能性下,没能证明船东有凿船的动机/意图或计划:“Nevertheless, if one were to draw up a balance sheet of Mr. Pierrakos'(船东) financial involvement in the vessel at the time... I think that he would have been better off financially by cutting his losses, obtaining the USD 600,000... and then using the balance for the purchase of another vessel such as a tanker. It follows that if one starts from the premise that Mr. Pierrakos in fact arranged for Komiseris to scuttle the ship, the overall financial result of a scuttling could provide the motive. However, this premise would of course beg the crucial question. There are many considerations, at least equally cogent, which on a balance of probability neutralize this inference or point in the opposite direction... Given Mr. Pierrakos' overall financial position, the material benefits of scuttling the vessel as against the risks involved would have been no more than marginal... and above all, from the point of view of the business of ship-owning and ship-managing, which Mr. Pierrakos was only just beginning to build up, and from the point of view of his reputation in the financial and insurance markets, the last thing which he would have wanted at this stage was a total loss ... the conclusion

---

〔16〕 此先例中,法院判保险人应当赔偿,让伦敦的保险市场非常不满,因为 Komiseris 先生这种刚刚凿沉了一艘船舶、声名狼藉的人士,在短短一年后怎么会又被雇佣上船?因此之后的船舶保险条文要求船舶损毁不是由于被保险人、船东或经理人没能恪尽职责(due diligence)所导致的,船员背叛也受此条制约。这样同样的案情在新条文下看,就可能由于船东根本不应该雇佣 Komiseris 先生这样的船员,导致没能恪尽职责,因此保险人会胜诉。有关这保单问题,可见笔者与汪鹏南教授的《英国海上保险条款详论》一书。

would be that on the balance of probabilities it was at least as likely as not that Mr. Pierrakos never felt that he was faced with any crisis, and that the thought of scuttling the vessel never crossed his mind at all."

1.1.3.4.3　环境证据之二:附随式(concomitant)证据

随附式证据是争议事实的当场(contemporaneous)或者是非常邻近(approximate)时间的证据,可以推断案发时真实行为、思想状态或情况。这类证据往往由于时间上的当场性,有较高的分量。这也很容易理解,因为这类证据不涉及有关人士记忆上的偏差,也不会有事后(如在委任律师后)对事实的主观与不自觉的扭曲。

一种最常涉及的随附式证据就是常被称为"*Res Gestae*"的证据。拉丁文"Res gestae"的中文简单翻译可以是"发生的事情",英文简单翻译可以是"something deliberately undertaken or done"。在 Rattern v. R (1972) AC 378 枢密院先例中,Wilberforce 勋爵这样描述这类证据:"The expression 'res gestae', like many Latin phrases, is often used to cover situations insufficiently analysed in clear English terms. In the context of the law of evidence it may be used in at least three different ways: 1. When a situation of fact (e. g. a killing) is being considered, the question may arise when does the situation begin and when does it end. It may be arbitrary and artificial to confine the evidence to the firing of the gun or the insertion of the knife, without knowing in a broader sense, what was happening...2. The evidence may be concerned with spoken words as such (apart from the truth of what they convey). The words are then themselves the res gestae or part of the res gestae, i. e., are the relevant facts or part of them...3. A hearsay statement is made either by the victim of an attack or by a bystander-indicating directly or indirectly the identity of the attacker."

"Res Gestae"本身看来就是一个概念非常模糊的词义,甚至也因此有不少歧义,今天也有趋势是尽量避免用这个简单的拉丁文词汇来解释本身多元的概念。在这里主要是要针对涉及环境证据的部分,不妨简单介绍 Ratten v. R 先例。此先例中,嫌疑人/被告被指控枪击谋杀自己的妻子,嫌疑人/被告抗辩是枪支走火。证据显示,被告的父亲在当天下午 1 点 09 分打电话给被告,谈话持续了 3 分钟,当时被告的父亲还听到死者在背景中的说话声。当天下午 1 点 15 分,从被告与死者家中有一个电话拨出到当地的电话接线生服务(local operator),电话中听到一个女性惊惶与带着哭腔的声音说:"求求帮我找警察('Get me the police please.')。"而在下午 1 点 20 分警察打电话去被告与死者家中时,死者已经被枪杀。因此前两个电话能否被作为证据提供就很重要了,1 点 09 分的电话可以证明死者在当时仍在世,而更关键的是,从 1 点 15 分的电话(这与死者死亡时间只有几分钟之差)中死者着急求救的行为可以推断可能是生命已经受到威胁,这就不是简单地说枪支走火可以解释的了。Wilberforce 勋爵解释说这些证据都应该被采纳,虽然这不是对被告开枪这类直接的现场证据,但是这些紧邻事情发生时间点的事情可以使得事实审理者更了解到底发生了什么,而且这类当时的证据往往伪造的机会相对要小一些。另外,被告指出,电话接线员对电话中女性的陈述作证是传闻证据因此不应当采纳,而检控方则说这类“*Res Gestae*”证据应可被采纳作为传闻证据的例外。Wilberforce 勋爵说:“The possibility of concoction, or fabrication, where it exists, is an entirely valid reason for exclusion, and is probably the real test which judges in fact apply. In their Lordships' opinion this should be recognised and applied directly as the relevant test: the test should be not the uncertain one whether the making of the statement was in some sense part of the event or transaction. This may often be difficult to establish: such external matters as the time which elapses between the events and the speaking of the words (or vice versa) and differences in location being relevant factors but not, taken by themselves, decisive criteria. As regards statements made after the event it must be for the Judge, by preliminary ruling, to satisfy himself that the statement was so clearly made in circumstances of spontaneity or involvement in the event that the possibility of concoction can be disregarded. Conversely, if he considers that the statement was made by way of narrative of a detached prior event so that the speaker was so disengaged from it as to be able to construct or adapt his account, he should exclude it ...... **But if the drama, leading up to the climax, has commenced and assumed such intensity and pressure that the utterance can safely be regarded as a true reflection of what was unrolling or actually happening, it ought to be received.**”(加黑部分是笔者的强调)

民商事案件也会涉及类似的证据。例如,在 The “Schwalke”(1859) Swab 521 先例中,引水员(pilot)在事故时的惊呼(exclamation)等。在 Mersey Docks Board v. Liverpool Gas Co, The Times, 13 August 1975 先例中,疏忽导致火灾时的惊呼:“Oh my God, the stage is on fire. I did it. I'm a ruined man.”

另一种随附式证据是表明有关人士是否有机会(opportunity)的证据。例如,谋杀案件中,有附近人士指认嫌疑人当时在现场出现过,也会是在其他地方,如 2 小时车程外的酒吧中的酒保指认曾经当时遇到嫌疑人买酒、为嫌疑人提供不在场证明(alibi)等。[17]

还有一类随附式证据,是在考虑某个行为是否符合客观标准(objective standard)(如是否存在过失)时,可以用证据来显示类似情况下对比(compare)其他人会怎么做。这常常会涉及一些专业行业或领域的做法。例如,在 G & K Ladenbau (UK) Ltd v. Crawley and de Reya (1978) 1 WLR 266 先例中,律师对于地产交易中的一些惯常做法提供证据。又如,在 Banque Keyser Ullmann SA v. Skandia (UK) Insurance Co Ltd (1990) 1 QB 665 先例中,保险人在获悉经纪人(broker)可能欺瞒被保险人/委托

---

〔17〕 英国刑事诉讼中,如果嫌疑人/被告抗辩有不在场证明,必须在抗辩请求中提供详情,以及要提供有关证人名字与地址、如何联络该证人等信息。

人时的普遍做法等。

还有一类也会被归为随附式证据的是采样(sample)的证据。例如,从10吨货物中采样2公斤的货物进行检验,根据检验结果推断整批货物的情况等。民商事案件中,基于这类证据的重要性,一定要主动出击并保存这些随附式证据,笔者在《证据法:国际规管与诉讼中的文件攻防》一书第五章就详细介绍了保存实物证据的做法,获取这些证据后如果显示不利就可以考虑庭外和解。

1.1.3.4.4 环境证据之三:回顾式(retrospectant)证据

所谓的回顾式证据主要是有关事件之后的行为、思想状态或情况。与本章之1.1.3.4.2段提到的汽车超速情况类似,如果在高速公路上在某地拍到特定车辆严重超速,不仅仅可以用来推断500米后汽车可能仍然超速(这就是展望式证据),也可以用来推断500米前汽车也可能处在超速状态(这就是回顾式证据)。类似的是酒驾测试,如在被警察拦下带去做血液酒精含量测试,这是在实际驾驶之后几个小时,但是此时体内酒精含量仍然超标,就可推断是酒驾的非常有力的证据。例如,Gumbley v. Cunningham (1989) AC 281先例就允许通过4个小时后的血液酒精含量来推断驾驶时是否酒驾。回顾式证据中也有很多类型,以下段落主要介绍沉默(silence)与说谎(lie)。

1.1.3.4.4.1 沉默(silence)

如果是有对A不利的指控/主张或证据被对方提出,但A不及时作出足够的回应或解释(explain)自己的行为或立场,或者是拒绝提供证词(testify),A的沉默看来会加强指控方的指控,也难免被作为推断对A不利的环境证据。即使是延误的回应也会被视为有计划与可能延误对方对A解释的调查取证等。

面对指控有权保持沉默(right to silence)基本上只在刑事案件,虽然也有不少立法针对例外情况。在涉及商业欺诈的R v. Director of Serious Fraud Office, ex p Smith (1993) AC 1贵族院先例中,Mustill勋爵把沉默权力分为六类:

"... '**the right of silence.**' This expression arouses strong but unfocused feelings. In truth it does not denote any single right, but rather refers to a disparate group of immunities, which differ in nature, origin, incidence and importance, and also as to the extent to which they have already been encroached upon by statute. Amongst these may be identified: (1) A general immunity, possessed by all persons and bodies, from being compelled on pain of punishment to answer questions posed by other persons or bodies. (2) A general immunity, possessed by all persons and bodies, from being compelled on pain of punishment to answer questions the answers to which may incriminate them. (3) A specific immunity, possessed by all persons under suspicion of criminal responsibility whilst being interviewed by police officers or others in similar positions of authority, from being compelled on pain of punishment to answer questions of any kind. (4) A specific immunity, possessed by accused persons undergoing trial, from being compelled to give evidence, and from being compelled to answer questions put to them in the dock. (5) A specific immunity, possessed by persons who have been charged with a criminal offence, from having questions material to the offence addressed to them by police officers or persons in a similar position of authority. (6) A specific immunity (at least in certain circumstances, which it is unnecessary to explore), possessed by accused persons undergoing trial, from having adverse comment made on any failure (a) to answer questions before the trial, or (b) to give evidence at the trial.

Each of these immunities is of great importance, but the fact that they are all important and that they are all concerned with the protection of citizens against the abuse of powers by those investigating crimes makes it easy to assume that they are all different ways of expressing the same principle, whereas in fact they are not."

本书主要针对的民商事案件不涉及当事人有沉默的权力,即使是与刑事案件涉及同样案情与事实,涉事的当事人也不能以证据会被用在刑事案件为由避免在民事诉讼提供证据:见 Jefferson Ltd. v. Bletcha (1979) 1 WLR 898; Secretary of State for Trade and Industry v. Crane (No. 2) (2001) 2 BCLC 222 等先例。涉事的当事人顶多是在民事诉讼中以"自证其罪特免权"(self-incrimination privilege)作为拒绝披露部分文件或信息的盾牌,或申请法院暂停民事诉讼(stay the proceedings)等待刑事案件先解决。

在民事案件中,沉默会出现在有关事件发生后不久。通常面对一个被认为不正确事实的指称,该人士会回应说明与解释指称不正确。从国际商业主流的角度来看,如果面对指控或指称,有必要纠正与给出合理解释,不会也不应该缄口不言,而是要马上(或者是合理的尽可能早的时间)指出来。因此,即使是迟延作出解释或回应,也会被认为是很可疑的。

但可惜经常会有保持沉默的情况出现,那么这种沉默是否会被视为一种回顾式证据间接证明沉默方当时承认或接受指称的事实?

在一般情况下不至于,因为面对不认同的指控或指称不纠正并保持沉默的背后原因可以很多。可节录《Cross & Tapper on Evidence》(2018 年,第 13 版)一书之 39 页的例子(笔者可随口再多举 10 个不同例子的沉默):"However, people react to charges in different ways so all inferences from silence should be cautious. The silent party may have been confused or surprised; he may have considered the allegation to be unworthy of an answer; or he may have wished to conceal matters concerning himself or others that are irrelevant to the case before the court. He may also have wished to have legal advice about speaking, or if he has received legal advice not to speak, to act upon it. This suggests that, before a person's silence is taken to count against him, the circumstances must have been such that an explanation was called for, and there must have been no apparent reason, apart from a consciousness of guilt, for its absence."

沉默的分量到底有多少，需要结合全部的背景事实来看待，而不能仅仅因为有沉默就一定作出不利推断。

在商业社会，经常发生的是对来电或来信的不正确指控不理睬、不回应与保持沉默。笔者遇到过很多中国公司在面对外国公司明确指控或指称时没有回应、保持沉默。例如，外方发来电文书面确认双方在早前的谈判会议中已达成合约或确认中方在早前的和谈中拒绝履行合约，[18] 中国公司决定不作出回应。将来如果产生诉讼，面对外方当场文件证据，中方的沉默就会有被视为间接证据/环境证据，从而对中国公司作出不利推断的危险。

可节录古老的 Wiedemann v. Walpole (1891) 2 QB 534 上诉庭先例。案情涉及被告(男士)没有回复原告(女士)的信函，信函内容指称被告承诺娶她为妻。原告声称不回应该信函就可作为满足当时立法要求的证据。Esther 勋爵说："Now there are cases-**business and mercantile cases-in which the Courts have taken notice that, in the ordinary course of business, if one man of business states in a letter to another that he has agreed to do certain things, the person who receives that letter must answer it if he means to dispute the fact that he did so agree**. So, where merchants are in dispute one with the other in the course of carrying on some business **negotiations, and one writes to the other, 'but you promised me that you would do this or that,' if the other does not answer the letter, but proceeds with the negotiations, he must be taken to admit the truth of the statement**. But such cases as those are wholly unlike the case of a letter charging a man with some offence or meanness. Is it the ordinary habit of mankind, of which the Courts will take notice, to answer such letters; and must it be taken, according to the ordinary practice of mankind, that if a man does not answer he admits the truth of the charge made against him? If it were so, **life would be unbearable. A man might day by day write such letters, which, if they were not answered, would be brought forward as evidence of the truth of the charges made in them.** The ordinary and wise practice is not to answer them-to take no notice of them. **Unless it is made out to be the ordinary practice of mankind to answer**, I cannot see that not answering is any evidence that the person who receives such letters admits the truth of the statements contained in them. I have, therefore, no doubt that the mere fact of not answering a letter stating that the person to whom it is written has made a promise of marriage, is no evidence whatever of an admission that he did make the promise, and therefore no evidence in corroboration of the promise. I do not say there may not be circumstances, occurring in a correspondence between a man and woman, which would or might make the omission to answer one letter in the correspondence some evidence of an

---

〔18〕 见笔者的《合约的履行、弃权与禁反言》一书第一章之 3 段提到的有关中国药厂的香港仲裁案件。

admission of the truth of the statements contained in that letter. There might be cases in which the Court thought that, having regard to the nature of the correspondence and the circumstances of it, the not answering one letter in that correspondence did amount to evidence of an admission; but this is not one of those cases."(加黑部分是笔者的强调)

一般地,外国公司一旦在文书上(电文、信函、通知、微信、QQ或其他文件)指称中国公司认为是不正确的信息或事实,中国公司都应回复与解释自己的立场并留下证据。另一个角度是,不要凭对方没有回复就表示同意去提起诉讼。可以说对方不回复与保持沉默是合理的话,这根本证明不了任何事情。即使对方应回复,可构成间接证据,对方也容易反驳(rebut)去解释不回应的理由,如误以为是垃圾邮件。

另一种有关事件后的保持沉默并造成不利的推断是涉及诉讼或仲裁,如不加理会、不参与、不抗辩与/或拒绝提供证据/证词。这包括当事人参与诉讼或仲裁但不积极,自己作为主要甚至唯一的事实证人拒绝提供证词、拒绝出庭接受盘问;对当事人有利的证人拒绝出庭接受盘问;证人出庭作证接受交叉盘问时,拒绝回答一个清楚明了并且证人应该知道答案的问题等。这会造成更严重的后果与法院/仲裁庭对沉默方的不利推断(adverse inference)。[19] 在 Boyle v. Wiseman (1855) 10 Exch 647 先例中,Alderson B 大法官就提到,在面对指控的证据时,被指控人士完全可以提供证词否认,但不否认时就是"gives colour to the evidence against him"。

今天的民商事诉讼与刑事案件中不同,是不允许当事人沉默的。R v. IRC, *ex p* TC Coombs (1991) 2 AC 283 贵族院先例针对民商事诉讼中被指控一方沉默可以作出的推断给出了如下权威说法:"In our legal system generally, the silence of one party in face of the other party's evidence may convert that evidence into proof in relation to matters which are, or are likely to be, within the knowledge of the silent party and about which that party could be expected to give evidence, Thus depending on the circumstances, a prima facie case may become a strong or even an overwhelming case. But, if the silent party's failure to give evidence (or to give the necessary evidence) can be credibly explained, even if not entirely justified, the effect of his silence in favour of the other party, may be either reduced or nullified."

在近期的 Great Future International Ltd v. Sealand Housing Corp (2004) EWHC 124 (Ch)先例中,Lewison 大法官也简单提到说:"At common law adverse inferences can be drawn from silence in civil proceedings..."

首先必须是一方当事人已经提供了一些证据,这些证据表面/初步证明的案件事实(*prima facie* case)使得可以期待被指控人提供证据予以反驳。如果此时被指控人沉默,也无法给出讲得过去的理由,本只是初步证明的事实就可能会变成强有力的案件(strong case)甚至是压倒性的案件(overwhelming case)。

---

〔19〕 关于这种不利推断,可见本书第七章之 8.4 段的介绍。

1.1.3.4.4.2 谎言(lie)

面对对方提供的证据,如果用谎言作为回应更要不得。相比于沉默,说谎反而看起来像是知道自己有错而想用谎言掩饰(cover up)。常识也是面对指控时,要开口回应,但绝对不能说谎。在民事诉讼中,如果白纸黑字留下说谎证据,事后调查出来,就会在法院面前完全失信。[20] 在开庭盘问中也千万别说谎,律师在交叉盘问(cross-examination)中的一大戒条就是永远不问自己不知道答案的问题,因此证人一说谎就会马上被发现,并被丑化(impeach)。对审理法官或仲裁员而言也不知道证言中哪些真哪些假,在对所有证据都有疑问时,这个诉讼很可能就一败涂地,因此己方律师在准备证人过程中会反复强调要证人说实话。[21]

刑事诉讼案件中,有关说谎这类证据,可见 Broadhurst v. R (1964) AC 441 枢密院先例中 Devlin 勋爵所说:"It is very important that a jury should be carefully directed upon the effect of a conclusion, if they reach it, that the accused is lying. There is a natural tendency for a jury to think that if an accused is lying, it must be because he is guilty, and accordingly to convict him without more ado. It is the duty of the judge to make it clear to them that this is not so. Save in one respect, a case in which an accused gives untruthful evidence is no different from one in which he gives no evidence at all. In either case the burden remains on the prosecution to prove the guilt of the accused. But if upon the proved facts two inferences may be drawn about the accused's conduct or state of mind, his untruthfulness is a factor which the jury can properly take into account as strengthening the inference of guilt. What strength it adds depends, of course, on all the circumstances and especially on whether there are reasons other than guilt that might account for untruthfulness."

也就是说,嫌疑人/被告说谎与嫌疑人/被告确实犯罪是两回事,不能混为一谈,不能让陪审团以为嫌疑人/被告说谎就意味着是有罪的。经常有嫌疑人/被告因为不了解法律而完全没有必要地说谎。但是如果根据已经证明的事实来看可能作出两种不同的推断,嫌疑人/被告的说谎会导致对自己更不利的推断。

刑事案件中,涉及严重犯罪的举证标准是排除一切合理怀疑(beyond reasonable doubt),这是非常严格的,有任何怀疑都不能满足举证标准。而即使是嫌疑人/被告说谎,也可能有其他理由,如为了保护第三人等,因此仅仅是说谎并不足以排除所有怀疑,只能说是在有其他证据证明的情况下,说谎可以增加确实犯罪的可能性。但是在民商事诉讼中就不同了,毕竟民商事诉讼的举证标准仅仅是平衡的可能性(balance of probabilities)。

---

[20] 在本书第三章之 1.3.3.12 段提到,如果证人在一个重要方面不可信,就可以说服审理法官或仲裁员推断其他方面也不可信,正如拉丁文的"*falsus in uno, falsus in alterius*"。

[21] 见本书第二章之 2 段。

关于说谎还要区分:(1)说谎是否故意(the lie was deliberate);(2)说谎有关一项重要争端(the lie relates to a material issue);(3)说谎意图是想去掩饰自己的错或是其他原因。可见 R v. Lucas (1981) QB 720 与 R v. Goodway (1994) 98 Cr App R 396 先例等。

以上刑事的指引也可借用在民商事诉讼。这表示证人即使说谎,也不是简单地否定他的全部证言。毕竟民商事诉讼中的事实证人的水平也并不见得高,也完全可能在一些细枝末节毫无必要地说谎,但在关键事实上的证据与当场文件配合是可信的。但问题是,在对抗制的情况下,如果证人说谎并且被丑化会给审理法官或仲裁员留下不好的印象,将不自觉地减轻了证据的分量。

1.1.4　与部分争端有关联性与部分争端没有关联性

刑事诉讼对这个问题需要严格区分。例如,有一群人作为共同被告被指控犯下某个罪行,其中有一个 A 在庭外认罪(out of court confession)。显然 A 在庭外认罪的事实对 A 的犯罪行为属于可以采纳的证据,但一般而言不能用来证明其他没有认罪的共同被告作出了犯罪行为:见 R v. Rhodes (1959) 44 Cr App R 23,R v. Hayter (2005) UKHL 6 先例等。然而陪审团很容易想当然,这就会对其他共同被告不公平。此时虽然这些证据被采纳,但法官仍要额外指示陪审团不应该在其他共同被告是否犯罪的问题上考虑这个证据的效果。美国《Federal Rules of Evidence》之 Rule 105 也有规定:"If the court admits evidence that is admissible against a party or for a purpose—but not against another party or for another purpose—the court, on timely request, must restrict the evidence to its proper scope and instruct the jury accordingly."显然这样的指示到底有多少作用,没有受过法律训练的陪审团成员是否可以很好地区分是有不少疑问的,但也没有其他更好的办法。

民商事诉讼特别是商业争议,与该课题没有太多关系。顶多是说,在国际商事仲裁中,复杂的案件经常为了简化与可行把争议/争端分开处理。例如,先处理管辖权争议(jurisdictional challenge),接下来的第一个初步争议(preliminary issue)是适用法,再下一个是某重要条文如"时效条文"(time bar clause)的解释,再下去是责任(liability)、损失计算(measure of damages)与最后的诉讼费用(costs)。而证据(文件与口头)也只局限在是要处理的争议/争端,才会达到简化处理与节省诉讼费用的目的。

1.1.5　无关联性的证据也可被采纳的例外

虽然大原则是只有证据有关联性才会被采纳,但也有例外,有一些即使与案件争端(或主要争端)没有关联性的证据也可以被采纳。但这些例外一方面都是少数的情况,另一方面都是不太重要。主要包括:

1. 叙述性证据(narrative evidence)。严格意义上来说未必增加了待证事实可能性,但可以向事实审理者展示,用来填补故事中的空当,这些证据也可以被采纳。该说法主要来自《Phipson on Evidence》(2017 年,第 19 版)一书之 7 - 10 段。该书还举了一个很好的例子,说如果是指控嫌疑人/被告在商场中谋杀了被害人,证人可以作证说嫌疑人在有关的时间点上确实为了购物(例如要买一件T恤)而前往该商场,虽然购物的目的与嫌疑人是否杀害了被害人看来会是没什么关系,谈不上有什么证明价值,但是这些证据仍然会被接受。民商事诉讼(尤其是商事诉讼)中有非常多这类证据,例如,合约争议中会提出证据显示当事人是如何建立关系、合约前的往来等,这些内容会是与案件争端(如一方的违约/毁约行为)没什么关系,但是一般都会被接受、不会有争论是否有关的问题,因为它们都有"叙述性关联"(narrative relevance)。

在 Rogers v. Hoyle (2013) EWHC 1409 (QB)先例中,[22] Leggatt 大法官也提到这类叙述性证据:"the report contains a narrative history of the flight and a description of surrounding circumstances such as the local weather conditions at the time of the flight. Much of this description is unlikely to be controversial or indeed controvertible. It may, however, be useful in filling gaps in the story which a party is presenting to the court and thus has 'narrative relevance'..."

Old Chief v. United States (1997) 519 US 172 美国最高院先例也提到这类证据可以给当事人主张的案件事实"润色"("*colourful story with descriptive richness*")。《Phipson on Evidence》(2017年,第19版)一书之7-10段也提到这类证据可以被采纳的其他理由,包括这些叙述性证据有利于避免由事实审理者(如陪审团)臆测背后的原因:"... it was the sort of evidence that a jury might expect to hear, and that in such circumstances a jury might draw an unjustified negative inference if its expectation was not fulfilled. Clearly, it is also the case that sometime a gap in a story must be filled by neutral evidence in order to prevent speculation by the fact-finder."

2. 有关其他证据可采纳性的证据。这类证据包括,证人的宣誓等是否符合形式要求;用证据显示实际陈述人已经去世,因此只能采用生前签署的文书或者是第三人的转述等传闻证据;主张某文件证据已经在火灾中遗失,用证据显示这场火灾等。这些证据本与案件的实质争端没有关联性,但仍然可以提交与被采纳。当然如果其他证据的可采纳性等变成争端时,这些证据就与这个附带争端有关联性。

3. 附条件的采纳(conditional admission)。在诉讼中证据可能并不是一下子就一清二楚的,尤其是涉及事实证人出庭作证时,证人接受盘问结束前,都可能会存在变数。而有一些证据显示的事实到底有没有关联性需要与其他事实结合看待。这方面一个常常被提及的例子是,在指控某嫌疑人犯罪时,有关被害人曾经找嫌疑人对峙、质问嫌疑人为什么犯罪,如果在回答中嫌疑人确实认罪或部分认罪,那这事实就是显然有关联性的。但是如果嫌疑人当时是矢口否认,事实看来就没什么关联性。对嫌疑人的犯罪事实要严格证明,嫌疑人本就是否认了犯罪,与此时不认罪的被告的地位是一样的,当时的否认并不会增加什么可能性。因此在认定嫌疑人当时作出什么回

〔22〕 见本书第九章之1.4.1段的详细介绍。

应之前,无法准确判断关联性。此时法院会附条件地采纳证据,如果条件成立,则就可以正式采纳与对证据进行衡量,但如果条件不成立就不应该再考虑该证据。

民商事案件中这类情况也不少,但由于在民商事案件中可采纳的证据本就更广泛,审理法官或仲裁员也有裁量权,因此在这方面也不太计较,文件证据更是如此。但由于国际商事案件争议所涉及的文件太多,所以今天也注重缩减。[23]

1.2 证据的重要性

前文中已经提到,关联性本身会是一个比较宽泛的概念,是依赖经验作出推理,很多时候两个不同事实之间多少都会有一点联系,这就已经足够跨过关联性的大门了。

但为了不被意义不大的证据分散注意力、造成时间延误与费用浪费等,即使是在民商事诉讼中,也会基于一份证据缺乏重要性(materiality)的理由排除证据。早在Hollingham v. Head (1858) 27 LJCP 241 先例中就说:"It may be often difficult to decide upon the admissibility of evidence, where it is offered for the purpose of establishing probability, but to be admissible, it must at least afford a reasonable inference as to the principle matter in dispute."

美国《Federal Rule of Evidence》之 Section 403 对这方面的规定很明确:"The court may exclude relevant evidence if its probative value is substantially outweighed by a danger of one or more of the following: unfair prejudice[24], confusing the issues[25], misleading the jury[26], undue delay, wasting time, or needlessly presenting cumulative evidence."

《Phipson on Evidence》(2017 年,第 19 版)一书之 7 - 07 段也说:"In deciding whether to exclude relevant evidence because of concerns such as distraction, unnecessary

---

〔23〕 可见笔者的《证据法:国际规管与诉讼中的文件攻防》一书第七章之 7 段。

〔24〕 不公正的损害(unfair prejudice)并不是简单地说对一方有损害就可以满足,毕竟证据常对一方有损害、不利,而是说在证据处理方面对一方有损害、不利或不公正。该损害针对的一种情况是,证据本身会不恰当地导致产生对一方当事人的偏见或极端情绪。例如,在 United States v. Fawley, 137 F 3d 458 (7th Cir 1998) 先例中,被告被指控作伪证,因为在另案针对被告雇主窝藏大量来自墨西哥的非法移民打黑工的案件中否认对有关情况知情。诉讼中的一份证据就是墨西哥工人的居住环境十分恶劣、根本不适合人类居住,法院就认为这可能对陪审团造成对被告不利的偏见,因此要与这证据的证明价值进行权衡。另一种情况是证据本身可以作出很多不同的推断,就像本章上一段介绍的,有多名共同被告时,其中一名被告在庭外认罪,该证据对该名被告确实犯罪有证明价值,但对其他被告而言不应采纳,因为会带来偏见(还要指示陪审团即使看到也不应该考虑)。

〔25〕 主要针对的是一些可能会带来更多疑问的证据,这些证据要澄清会需要额外的证人与大量时间等,反而带来了一些并不重要的次要争端,这些次要争端会转移注意力与造成混乱。

〔26〕 这主要涉及一些陪审团难以准确衡量分量的证据(如传闻证据或者是专家证据等),或者是一些需要准确理解背景事实才能衡量的证据。

delay or repetition[27], the weight or probative value of the evidence is an important factor... English civil courts achieved similar results by taking of evidence having to attain a sufficient weight before it will be admitted in the face of such concern."

1.2.1 证据的分量与证明价值

一份证据的重要性在于这份证据能对事实的认定或否定作出什么帮助,这也就涉及了证据的分量(weight)或证明价值(probative value)的问题。[28]

证据的分量或证明价值,可以说是看从证据推断事实争端过程中三段论逻辑与正确程度的强弱。本章之1.1.3.3段已经简单介绍。在有关事实认定的三段论中,大前提是来自于对经验的归纳,小前提是案件中的证据或推断性事实(inferred fact)。这并不涉及法律,因此衡量证据的分量只是事实问题而与法律问题无关。而与之不同的是,证据的可采纳性就是个法律问题,由审理法官根据证据法决定。例如法院认定某些证据是非法取得,所以不予采纳。但如果允许决定事实问题的陪审团成员考虑,这些证据就会有极高的分量。《Cross & Tapper on Evidence》(2018年,第13版)一书之75页说:"Questions concerning the admissibility of evidence must be distinguished from those relating to its weight. The former is a matter of law for the judge (although it may sometimes depend upon a preliminary finding of fact by him); the weight of evidence, on the other hand, is a question of fact, although, in cases tried with a jury, the summing-up frequently contains observations on the cogency of certain matters, and the judge can always withdraw an issue from the jury because the proponent has not adduced sufficient evidence in support of his claim. The distinction between admissibility and weight does not require further elaboration, but it is not clear-cut. The weight of evidence may affect its admissibility, as this is to some extent dependent on the degree of relevancy of the matter under consideration."

在刑事诉讼中,证据分量最关键的就是在考虑实质问题时,综合当事人提出的所有证据的分量是否足够满足举证标准(standard of proof)。这是陪审团的职责,也是审理法官替代不了的。但法官在考虑证据是否可采纳,是否会由于各种上小段提及的原因被排除时,也需要考虑证据可能的分量。

如何分析与衡量证据分量没有明确的硬性规定,而是要根据每个案件的具体情况与谁是事实审理者来判断,可见本章之1.1.3.3段介绍的所罗门王(King Soloman)的著名事迹。在R v. Madhub Chunder (1874) 21 WR Cr 13先例中,Birch大法

---

〔27〕 这也很好理解,证明价值并不高的证据会花费太多的时间与精力,在权衡之下也会被排除。

〔28〕 有关证据的分量的含义也有不少不同说法。例如,证据的分量这个措辞/文字会可以描述证据的三个不同的方面:每一项单个证据的证明价值(probative value);有关某项争端的证据加起来是否足以满足举证标准;证据对证明整体事实完整程度的帮助等。但是本段主要针对的是证据的证明价值问题。有关举证责任与标准的问题,可见本书第七章。

官说："For weighing evidence and drawing inferences from it, there can be no canon. Each case presents its own peculiarities and in each common sense and shrewdness must be brought to bear upon the facts elicited."

这非常容易理解，毕竟在证据推断到实质性事实的过程中，无论是根据不同经验(experience)事实审理者总结归纳出的大前提，还是案件中有关证据性事实的小前提都千变万化，推断的强弱会受到太多这些因素的影响而可能天差地别。

因此，常识(common sense)与逻辑(logic)仍然是重要的着力点。〔29〕其中还包括成熟思维(mature thinking)、了解人性(human nature)、有分析头脑(analytical mind)、客观(objective)、不偏袒(unbiased)、不受主观感情影响以及心思敏捷(如在大律师去精心反盘问时跟得上与马上觉察有问题之处)，甚至还会涉及充分掌握证据法背后的原理知识与善于运用(如排除支离破碎、简单与表面看事情的说法/想法，"宁可信其有，不可信其无"等)。充分了解所有证据，全盘考虑事实，包括十分复杂、艰深与枯燥的专家意见证据。

证据的分量也会跟随时代而变化与发展。例如，传统做法中非常重视证人提供口头证据，但今天民商事诉讼中有大量文件证据(包括电子文件证据)，而且这些文件证据的分量会高过口头证据。又如传统做法非但要靠口头证据，还要强调证人的宣誓(oath)与需要观察证人的行为举止(demeanour)，但今天宣誓的宗教的约束力就已经大大减少，因此这些做法不再有过去的重要性。至于行为举止的重要性也随着心理学等的发展重要性不断减低。〔30〕

此外节录《Phipson on Evidence》(2017 年，第 19 版)一书之 7-17 段在提到陪审团时法院常会给出的有关衡量证据分量的指示："In determining such questions, however, valuable aid is provided by the judge's directions to the jury〔31〕 on points such as the following: who has the burden of proof〔32〕; what presumptions apply〔33〕; what risks there are in putting weight on certain types of evidence and when supporting evidence should be looked for〔34〕; for what purposes particular evidence is admissible and against

---

〔29〕 在 Lord Advocate v. Blantyre (1879) 4 App Cas 770 先例中，Blackburn 勋爵说："The weight of evidence depends on rules of common sense."

〔30〕 见本书第三章之 1.3.5.2 段。

〔31〕 证据分量是事实问题，因此在涉及陪审团时事实问题是由陪审团判断，法官只是对法律问题作出判断。当然今天民商事诉讼中已经基本不涉及陪审团的问题了。

〔32〕 举证责任的问题，可见本书第七章。

〔33〕 对事实的推定(presumption)可见本书第七章之 6 段。

〔34〕 涉及的是佐证(corroboration)。在刑事案件中，如对于严重刑事犯罪(如抢劫、强奸等)，法院不轻易凭共犯/同谋者(accomplice)、"污点证人"或受害人的一面之词定罪，法院会要求控方有其他佐证才会定罪。在民商事诉讼中，虽然没有这种说法，但不同证据之间能互相加强、辅助，互相之间没有矛盾完全说得通，总是更有说服力的。而在交叉盘问去丑化对方事实证人，挑出证人的回答与以前的文件或陈述不一致(inconsistent)是惯常手法，等于无法"互补"。

which parties[35]; and to what extent the evidence could not be tested in ordinary ways, for instance because of it is hearsay[36]."

1.2.2 判断重要性时只是初步衡量以及倾向于先接受证据留待最后衡量

上一段已经提到了证据的分量是事实问题,所以在传统做法中是交给陪审团来衡量,法官不能越俎代庖。因此,过去的做法主要都是依赖证据排除规则,也不用审理法官衡量证据的分量,只需要考虑证据是否属于特定类型。但如今,民商事诉讼一般不涉及陪审团,事实与法律问题都由法官审理与判决,因此可以在这方面给法官更大的裁量权,允许法官考虑证据的证明价值后,行使裁量权判断是否应该排除证据。例如,针对非法证据,在满足了关联性的情况下法院就已经可以采纳该证据,若在看了证据内容后发现很关键,就不会排除该证据。[37]

但证据的分量到底如何,需要经过开庭审理,了解全面案件与证据后才能作出准确衡量。正如 Clarke v. O'Keefe (2000) 80 P & CR 126 先例中 Peter Gibson 大法官所说:"It was said, as long ago as 1969, by no less an authority than Megarry J., in Neilson v. Poole (1969) 20 P & CR 909.., that the then modern tendency was towards admitting evidence in boundary disputes and assessing the weight of that evidence rather than excluding it. That tendency has, in my experience, not diminished in the intervening years."

但如果什么垃圾证据都先采纳并事后仔细考虑也不行,毕竟诉讼拖太长、太昂贵,与今天英国 CPR 下诉讼费用成比例(at proportionate costs)的大原则也是相悖的。甚至在有些方面,如昂贵的专家证据,仍然有非常严格的限制,有关批准专家证据的问题,可见本书第四章。

今天英国民商事诉讼在 CPR 下法院已经对证据有广泛的裁量权,可排除本来属于可采纳范围的证据,CPR Rule 31.2 规定:"(1) The court may control the evidence by giving directions as to (a) the issues on which it requires evidence; (b) the nature of the evidence which it requires to decide those issues; and (c) the way in which the evidence is to be placed before the court. (2) The court may use its power under this rule to exclude evidence that would otherwise be admissible..."

至于在仲裁中,仲裁庭更是仲裁程序与证据的主人(master of arbitral proceeding and evidential matters),本就不受到严格的证据规则的制约,有裁量权处理各类证据,当然还是要注意背后更关键的自然公正(natural justice)与成比例的大原则。

---

〔35〕 这也就是本章之 1.1.4 段介绍的,证据被采纳会是只与部分争端有关联性,不能在其他争端中考虑。部分嫌疑人/被告的认罪不能被用来针对其他被告等。

〔36〕 有关传闻证据(hearsay evidence)的问题以及衡量分量的特殊考虑,见本章之 3.6 段。

〔37〕 非法证据的排除,可见本书第九章之 3 段与《证据法:国际规管与诉讼中的文件攻防》一书第五章之 2.2.2 段。

1.3 证据排除规则

上一段介绍的重要性(materiality)主要是今天法院在行使裁量权将证据的坏处与证明价值进行比较,所有证据都会有重要性的问题。而证据排除规则(exclusion rules)是针对特定类型的证据,是某些类别证据的天然缺陷,因此需要排除。

在 R v. Bond (1906) 2 KB 389 先例中,Darling 大法官说:"our law... undoubtedly excludes evidence of many matters which anyone in his own daily affairs of moment would regard as important in coming to a decision."也因此有一些证据虽然会可以通过关联性测试,但是也会被排除。

因此有一些证据虽然会可以通过关联性测试,也会被排除。这类规则有很多,一般常包括以下类型:(1)传闻(hearsay)。但今天英国法下传闻证据在民事诉讼中已经不再作为此类例外,完全放开对传闻证据的采纳。有关传闻证据规则(rule against hearsay)可见本章之3段。(2)意见(opinion)。涉及事实证人根据事实推断(inference)得到的结论都是意见,这与事实本身是不同的。有关这方面可见本书第九章之1.1段的介绍。同时,意见一般会由于没有关联性也本不会属于可采纳的证据。意见还有一些重要的例外,主要是专家意见(expert opinion)是可采纳的,见本书第四至六章。(3)品格(character)证据与相似事实证据(similar fact evidence)。这方面可见本书第九章之2段。

这类排除还会包括很多其他情况,例如,非法取得的证据(illegally obtained evidence)在衡量下可能会被排除等。[38] 这些例外会是由于一般人性下会有不恰当与过分的影响(如品格证据),或是证据本身可靠程度很难保证(如传闻),或涉及公共政策。

今天一般民商事诉讼中不涉及陪审团,由法官(或仲裁员)来衡量证据,这些特定类型证据会带来的坏处大大降低,主要针对的只是会带来时间与金钱上的额外花费问题,以及特定情况下会造成对一方当事人不恰当的损害(如过分压迫、导致偏见等)不公平的问题。因此,今天的证据排除规则有很大空间,最明显的例子就是传闻证据规则。过去非常严格地排除传闻证据,但是《Civil Evidence Act 1968》就已经对特定情况中的传闻证据开了口子,《Civil Evidence Act 1995》更是基本完全放开了对传闻证据的限制。

1.4 CPR 下法院对控制与排除证据有广泛的裁量权

今天民商事案件不再强调证据是否可采纳,在不断放松证据排除规则,这也是与今天民商事案件中法院有更大的对证据的裁量权相配合的。

例如,在 CPR Rule 32.2(3)下,法院有裁量权可以作出命令限制可被采纳的证据,主要是要针对哪些争端,需要哪些证人,证人证言的内容长度等:"(3) The court may give directions—(a) identifying or limiting the issues to which factual evidence may

〔38〕 见本书第九章之3段。

be directed; (b) identifying the witnesses who may be called or whose evidence may be read; or (c) limiting the length or format of witness statements."

而且以前民商事案件中如果某个证据可采纳,法院是没有裁量权予以排除的,但是今天在 CPR Rule 32.1(2)下,法院有较广泛的裁量权排除即使是本来可采纳的证据。可以再次节录 Rule 32.1:"(1) The court may control the evidence by giving directions as to (a) the issues on which it requires evidence; (b) the nature of the evidence which it requires to decide those issues; and (c) the way in which the evidence is to be placed before the court. (2) **The court may use its power under this rule to exclude evidence that would otherwise be admissible**..."(加黑部分是笔者的强调)

毕竟证据采纳规则是针对特定类别证据的硬性规定,CPR 下的做法则是尽量不这样硬性限制引入证据,而是在法院衡量证据后,在案件管理中排除证据。

CPR Rule 32.1(2)在并没有列出排除证据需要具体考虑的内容,毕竟证据会带来的坏处与好处会在每个案件中结合事实与千变万化,但显然需要考虑到今天民商事诉讼 CPR 下的首要目的:公正与费用成比例。

一般而言,在民商事诉讼中,只有在特别例外的情况下法院才会行使这 CPR 下的裁量权。在 Polanski v. Condé Nast Publications Ltd (2005) UKHL 10 先例中,原告著名导演罗曼·波兰斯基(Roman Polanski)指称作为被告的杂志社以书面/永久形式诽谤(libel)自己,并提出诉讼与索赔。原告由于涉嫌性侵,在 1978 年从美国潜逃到欧洲,自此被美国政府通缉。在此诉讼中,住在法国的原告虽然要提供证词,但是由于担心前往英国开庭会被引渡、遣送回美国受审,因此拒绝前往英国开庭,并提出在与美国没有同样引渡协议的法国通过视频的方式参与庭审接受交叉盘问。上诉庭判不允许原告以这种方式参与开庭,因此不出庭的证人的证词就只是传闻证据(hearsay evidence),被法院行使 CPR 下的裁量权排除了。但贵族院以多数意见改判,多数大法官一方面允许原告在法国参与开庭,一方面针对这法院在 CPR 下的裁量权,也指出不能仅仅因为证人无法出庭就一定会排除证词,排除证据的裁量权只有在例外情况下才应行使。可见贵族院的 Nicholls 勋爵所说:"I agree with the Court of Appeal that the court's case management powers under CPR 32.1 are wide enough to enable the court to make the orders ... But I do question whether in the present case... the court would have been 'bound' to make an order excluding Mr Polanski's statements from evidence if he did not present himself in court for cross-examination. **Such an exclusionary order should not be made automatically** in respect of the non-attendance of a party or other witness for cross-examination. **Such an order should be made only if, exceptionally, justice so requires.** The overriding objective of the CPR is to enable the court to deal with cases justly. The principle underlying the Civil Evidence Act 1995 is that in general **the preferable course is to admit hearsay evidence, and let the court attach to the evidence whatever weight may be appropriate, rather than exclude it**

altogether. This applies to jury trials as well as trials by judge alone..."(加黑部分是笔者的强调)

还可见 National Crime Agency v. Amir Azan (2014) EWHC 4742 (QB)先例中 Walker 大法官所说:"It is not in doubt that the court has power under CPR 32.1 to shut out evidence. What, however, as it seems to me is clear from the passages cited from the speech of Lord Nicholls in Polanski v Condé Nast Publications Limited, is that an exclusionary order should be made only if, exceptionally, justice so requires."

正面的因素,就如本章之1.2段提到证据重要性时已经介绍过的,有关证据的证明价值(probative value)越高就越不会被排除。甚至可以说如果某证据的证明价值足够高,对于公平解决争议至关重要,则即使肯定会带来诉讼费用的增加、诉讼时间的拖长甚至是其他危害,都仍然会被采纳。例如,在 Jones v. University of Warwick (2003) EWCA Civ 151 先例中,原告指称自己在上班时受伤,导致右手手腕永久性残疾。被告的保险人派遣私人调查员调查原告的伤情到底如何,私人调查员就伪装成市场调查人员前往原告家中并安装了隐藏摄像头,拍下了原告的日常起居状况,看来是从录下的视频内容可以清楚看到原告手腕对日常生活没有造成任何影响。该调查取证的做法显然违反了公民隐私权(privacy right),在英国属于违反了欧洲人权公约(European Convention on Human Rights,或简称"ECHR")之 Article 8。但是一审与上诉庭均支持采纳这证据,理由主要就是该证据带来的好处明显地多过坏处。调查取证的手段侵权、违法确实是必须考虑的因素之一,但是隐藏摄像头拍摄的视频证明价值很高,而且如果被排除,还会有很多额外的坏处。例如,双方都要重新找医疗专家,医疗专家还不能通过视频内容来看原告手腕的恢复情况很容易误诊,没法恰当地盘问原告等。在上诉庭,Woolf 大法官说:"The court must try to give effect to what are here the **two conflicting public interests.**[39] The weight to be attached to each will vary according to the circumstances. The significance of the evidence will differ as will the gravity of the breach of Article 8, according to the facts of the particular case. The decision will depend on all the circumstances. Here, the court cannot ignore the reality of the situation. This is not a case where the conduct of the defendant's insurers is so outrageous that the defence should be struck out. The case, therefore, has to be tried. It would be artificial and undesirable for the actual evidence, which is relevant and admissible, not to be placed before the judge who has the task of trying the case. We accept... that **to exclude the use of the evidence would create a wholly undesirable situation.** Fresh medical experts would have to be instructed on both sides. Evidence which is relevant would have to be concealed from them, perhaps resulting in a misdiagnosis; and it would not be

---

[39] 也就是要平衡保护隐私权的公共政策与通过诉讼找出事实真相的公共政策。根据具体案情来看到底哪一个更优先。

possible to cross-examine the claimant appropriately."(加黑部分是笔者的强调)

但反过来看,如果是证据的证明价值没能显示出来,那法院也就有理由与应当作出限制了。例如,在O' Brien v. Chief Constable of South Wales (2005) UKHL 26贵族院先例、JP Morgan Chase Bank v. Springwell Navigation Corp (2005) EWCA Civ 1602上诉庭先例(可见本书第九章之2.5.2.4段的介绍)中,排除有关证据的理由之一就包括这一点。

说到底这就是根据每一个案件的案情作出权衡(balance)。在以前还需要审理法官与陪审团分工时的民商事案件,法官只根据证据规则排除证据是无法作出的。但如今在民商事案件中放松可采纳性,由法官"一手包办",故考虑是否接受证据与衡量证据分量,就可以由法官来进行平衡了。

1.5 会被采纳的证据类型

本章开头已经提到,对证明事实的证据如何分类与定义并没有一个放之四海而皆准的说法,往往从不同的角度来看也可以有不同的分类。正如《Phipson on Evidence》(2017年,第19版)一书之1-12段所说:"The subject of evidence is not one which lends itself readily either to definitions or divisions. Few of its terms have acquired settled or unambiguous meanings, and no two writers adopt the same classification."

也可以对几种常见的证据类型进行简单介绍。普通法传统下,最重要的证据就是证人当庭(in court)提供的证词(testimony)。传统做法非常强调证人当庭给出口头证据(oral evidence),即使是文书证据、物证等内容,也需要经过当庭交由证人确认与提供口头证据的证词后才予以采信。这是由于过去有大量文盲,也没有今天这么多文件,即使是一份文件,也要文件的作者出庭确认,如确实是自己所写等。有大量的证据规则,如有关宣誓(oath)、证人的适格(competency)、盘问与交叉盘问(cross-examination)等,都是用来尽可能地确认当庭口头证据的真实性与可靠性。如今,民商事案件情况已经有较大改变,而刑事案件仍然相对接近传统做法、重视口头证据。民商事案件也有书面提供的证词,如口供书(deposition)、证人证言(witness statement)等。

证词用来证明陈述内容为真,要求证人只能对自己有个人认知(personal knowledge)的事实作证,否则就会是传闻证据(hearsay evidence)。但专家证人依赖自己专业知识对专业问题提供意见时,显然有不少知识不是来自自己五感的认知,而是依赖于书本、专业领域或其他专家的知识等。[40]

简单而言,传闻证据指的是某人在庭外(out of court)所说的话,这是没有经过宣誓确认真实以及接受交叉盘问的陈述。英国普通法非常重视交叉盘问,认为可以借此确认证词的真假以及全面性。例如,A转述自己听到来自X在庭外所说的话,而X未出庭接受交叉盘问。另一种情况则是A自己所说,但并非在当前法院程序中作

---

〔40〕 这方面可见本书第四章之5.5段的介绍。

出。过去普通法下有严格的传闻证据不可采纳(inadmissible)的规则，不允许被采纳作为证据。但今天民商事诉讼中基本不再以传闻证据为理由不采纳证据，只是会在证据的分量(weight)上给予特别的考虑。

一份文件(document)如果被用作文书证据(依赖文件中陈述的内容)，过去的做法是属于证词的一部分。但在今天这类证据的重要性越来越高。尤其是今天一些国际业务，主要通讯都是通过电子邮件等文件方式进行，审理法官或仲裁员在查阅这些当场文件时，就像是实际在看当时当事人之间到底是如何进行交流的，并不像以前一样依赖证人的证词了。

另一种是实物证据/物证(real evidence)，可见笔者的《证据法：国际规管与诉讼中的文件攻防》一书第五章的详细介绍。实物证据的特点在于不需要依赖证人对证据的陈述，而是由审理法官或仲裁员直接根据物体本身给出自己的看法、意见。这类证据包括不同类型。最容易想到的就是一个物体，例如，一把被用作杀人凶器的匕首。当然有不少物体并不方便移动，或者是不方便在法院上呈上，因此审理法官或仲裁员会前往现场勘查(view)，这也一样是法官或仲裁员根据自己认知所获。[41] 又如，一个人的外貌。如果有目击证人说晚上看到某个高个子用右手把刀捅进被害人的胸口，但嫌疑人是个矮个子、身患残疾右手截肢，看来就不太像是真凶。这类证据也包括证人在法院作证时的行为举止(demeanour)，证人的行为举止虽然对于争议事实本身而言并不会直接证明什么，但是涉及审理法官或仲裁庭衡量证人可信度时(这也就间接地影响证人证词的分量以及会影响根据这些证词作出的推断)，这些证据就会被纳入考虑，这些证据也是法官或仲裁庭根据自己的所见所闻自己作出判断的。

今天对信息的记录非常多样化，有众多的载体/媒介(medium)。例如，可以将记录在纸张文件中的陈述，看作是以文件形式记录的证词；用录像机拍摄物体的破损情况，是以视频方式记录的实物证据；电子文件，则是以电子数据形式记录的各种文字、视频、图片等信息。

最后可节录《Phipson on Evidence》(2017年，第19版)一书之11-05段针对今天英国诉讼在CPR下可以采纳的证据的形式如下："Evidence may be admitted under the CPR in any of the following form: (1) Statements contained in statements of case and application notices that are verified by a statement of truth;[42] (2) By the admission of

---

〔41〕 这类司法检验(judicial inspection)，可见笔者的《证据法：国际规管与诉讼中的文件攻防》一书第五章之7.5段。

〔42〕 CPR PD 32 paragraph 1.3 规定："Statements of case and application notices may also be used as evidence provided that their contents have been verified by a statement of truth."文书请求只被视为当事人对事实的陈述(讲故事)而并非证据，国际仲裁中常被称为是索赔请求(claim submissions)、抗辩书(defence submissions)等。但是今天在CPR下有了真实声明(statement of truth)，就可以依赖文书请求/案件陈述或者是中间程序申请中对事实的陈述作为证据之一。

facts saving the need for them to be proved;[43] (3) In witness statements and expert reports[44]; (4) Witness summaries;[45] (5) Affidavit;[46] (6) Documentary and real evidence produced for trial;[47] (7) Oral testimony transmitted by video link or other means;[48] (8) By virtue of a hearsay notice;[49] (9) In the form of plans, photographs and models;[50] and (10) By the oral testimony of witnesses at trial."[51]

---

〔43〕 这是有关承认(admission)的事实不需要再证明的问题,这方面的介绍包括 CPR Rule 32.18 下通知要求承认事实(notice to admit facts),可见笔者的《证据法:国际规管与诉讼中的文件攻防》一书第七章之10.2段。

〔44〕 证人证言(witness statements)可见本书第二章之1段,在 CPR 中的条文可见 Rule 32.4 与 Rule 32.5。专家报告(expert reports)可见本书第四章之10段,在 CPR 中的条文可见 Rule 32.8。

〔45〕 有关证人纲要(witness summaries),可见本书第二章之3段。主要是在当事人想要找第三人出庭作证但被拒绝,考虑采取强制手段如传召证人出庭。但由于现在所有牌摊开在桌面上的原则,要让对方知道该证人将会针对的事实,所以需要提供这份文件。

〔46〕 誓章(affidavit)证据可见本书第一章之4段的介绍。在 CPR 中可见 Rule 32.15,以及在 PD 32, paragraphs 2 到 16 的详细介绍。经法院命令或批准,可以采用誓章的方式提供证据。一般情况下,作出誓章的宣誓证人(deponent)也不需要出庭接受交叉盘问。但是在特别情况下,如两个人的誓章内容存在冲突的情况,就会要宣誓证人出庭接受交叉盘问:见 Western Broadcasting Services v. Seaga (2007) UKPC 19 枢密院先例。针对中间程序命令,过去的做法是有关事实证据必须以誓章方式提交,但是今天在 CPR 下允许与要求用书面证人证言(witness statements)的方式提交,也允许采用申请或者是文书请求中的事实加上一份真实声明(statement of truth)并视为证据的一部分,见 CPR PD 32 paragraph 1.3。

〔47〕 为了庭审中使用的目的,文件证据会被编制在开庭案卷(hearing bundle),有关这方面可见 CPR PD 32 paragraph 27.1 与 27.2,也可见本书第一章之6.13段的介绍。

〔48〕 证人可以通过视频的方式远程提供(或者是以后有其他更新更好的方式也是一样)口头证词,CPR Rule 32.3 规定:"The court may allow a witness to give evidence through a video link or by other means."但这是法院的裁量权。

〔49〕 传闻证据(hearsay evidence)今天在民商事诉讼中都可以被采纳作为证据。但是如果提交重要的传闻证据时先通知了对方当事人,让对方有机会查实,将提升证据的分量。这方面的问题可见本章之3.5.2段。

〔50〕 一般很多计划、照片与模型证据会是附在证人证言或者是专家报告中的,也会有证人或专家予以解释,此时在提交证人证言或专家报告时就应当通知对方。而如果没有附在证人证言或者专家报告中,那除非是提前获得法院批准以及给予通知,否则是不会被接受的。这方面可见 CPR Rule 33.6 与《证据法:国际规管与诉讼中的文件攻防》一书第五章之10段。

〔51〕 这也就是证人在庭审中口头提供证据,也就是通过交叉盘问对较早期作为主证据的证人证言作出测试。

2. 最佳证据规则

这个课题看来可能与中国内地仲裁的“质证”的习惯与强制做法有关。[52] 质证是开庭审理的第一步,双方当事人要出示每一份文件的正本(original document)看对方有否反对。

这将要求提供正本文件,否则不被法院(或仲裁庭)采纳(admission)作为证据的做法英国法院也曾经有过,被称为是“最佳证据规则”(Best Evidence Rule)。Harwicke 勋爵早在 18 世纪的 Omychund v. Barker (1745) 26 ER 15 先例中就说除非是最佳证据否则法院不采纳:“The judges and the sages of the law have laid down that there is but one general rule of evidence, the best that the nature of the case will allow.”

在那个年代,这个规则的合理性完全可以理解与接受。那个年代要制作一份正本文件的副本(copy),只能是通过手写/手抄,所以漏写与/或错写的机会很大,这样就导致法院要求正本文件作为最佳证据呈堂,而副本作为“次等证据”(Secondary Evidence)只要是有更佳或最佳证据的存在就不被采纳了。如在 Gay v. United States, 118 F 2d 160 (7th Circuit, 1941) 美国先例中,Major 大法官说:“Complaint is also made of the admission of the testimony of Doctor Lyon's interpretation of an X-ray of plaintiff's chest, without producing the X-ray plate. This testimony was not the best evidence and was erroneously admitted.”

但证据规则与法律规定也需要与时俱进。今天的文件副本制作是通过复印(photocopy),一般准确性不是问题,无需看正文才能肯定内容没有遗漏。至于会否伪造或其他不诚实行为,简单的答案是副本可以发生,但正本一样可以发生,所以不要想歪。

Denning 勋爵在 Garton v. Hunter (1969) 2 QB 37 上诉庭先例中说:“... the old rule that a party must produce the best evidence that the nature of the case will allow, and that any less good evidence is to be excluded. That old rule has gone by the board long ago. The only remaining instance of it that I know is that if an original document is available in your hands, you must produce it. You cannot give secondary evidence by producing a copy. Nowadays we do not confine ourselves to the best evidence. We admit all relevant evidence. The goodness or badness of it goes only to weight, and not to admissibility.”

Masquerade Music Ltd v. Springsteen (2001) EWCA Civ 563 上诉庭先例也明确说这个最佳证据规则早已过时,已不再存在。著名流行歌手 Bruce Springsteen 向

---

〔52〕 在本书第一章之 6.14 段也有提及。

Masquerade 唱片公司起诉，指称其生产、出口与供应的 CD 中有他在 1970 年的歌，侵犯了他的版权。法院判 Bruce Springsteen 胜诉，并对 Masquerade 作出不准再侵犯版权的禁令。法院下一步要核算因为侵犯版权而已经产生了的损失。这需要一些以前的合伙人早在 1972 年作出的对有关歌曲版权的转让（assignment）证明，而根据《Copyright Act 1956》立法之 section 36（2），这必须是文书且应经合伙人签署。但由于年代已久，这份立法规定的文件再也找不到了。结果只能让一位当时协助转让的律师与其中一位的前合伙人证明发生过这一转让。这显然不是最佳证据，但在一审中被接受，法院认为 Bruce Springsteen 已经作出了合理搜查（reasonable search），但仍找不到正本的转让文件，因此只能接受次等证据了。

败诉的 Masquerade 开始上诉，理由是法院不应该采纳这次等证据，Bruce Springsteen 也没有证明已经尽力搜查但仍找不到这份转让文件。但上诉被驳回，上诉庭的 Parker 大法官明确说明最佳证据规则已经不存在，而重要的是法院在考虑判决时，根据每个案件的不同情况给予有关证据不同的分量。例如，若法院接受的一份重要/关键内容的正本文件（针对内容而言是最佳证据）已经是历史悠久，并且文件因为期间发生过重大意外等失去或销毁，就可以通过其他次等的证据证明该文件的内容，这就包括副本文件。[53] 相反，如果法院认定正本文件存在，合理搜索下也可以找到（甚至已经找到），而当事人不交出或提供，反而以其他次等证据替代（包括副本或曾经看过文件内容的人士作出一份誓章）试图证明该正本文件的内容，法院在极端的情况下就会因为不相信这些次等文件而完全不给予分量。在这两个极端情况之间，会有很多各种各样的情况，往往是不同程度的问题。这样，就要由个别审理案件的法官（或仲裁庭）给予每一个案件不同程度的分量了。

Parker 大法官说："In my judgment, the time has now come when it can be said with confidence that the best evidence rule, long on its deathbed, has finally expired. In every case where a party seeks to adduce secondary evidence of the contents of a document, it is a matter for the court to decide, in the light of all the circumstances of the case, what (if any) weight to attach to that evidence. Where the party seeking to adduce the secondary evidence could readily produce the document, it may be expected that (absent some special circumstances) the court will decline to admit the secondary evidence on the ground that it is worthless. At the other extreme, where the party seeking to adduce the secondary evidence genuinely cannot produce the document, it may be expected that (absent some special circumstances) the court will admit the secondary evidence and attach such weight to it as it considers appropriate in all the circumstances. In cases falling between those two extremes, it is for the court to make a judgment as to whether in all

〔53〕 笔者的《证据法：国际规管与诉讼中的证据攻防》一书第十一章之 4 段提到，早期在特免权（privilege）方面也是这种做法与说法，虽然这方面的"漏洞"已经被填补。

the circumstances any weight should be attached to the secondary evidence. Thus, the 'admissibility' of secondary evidence of the contents of documents is, in my judgment, entirely dependent upon whether or not any weight is to be attached to that evidence. And whether or not any weight is to be attached to such secondary evidence is a matter for the court to decide, taking into account all the circumstances of the particular case."

美国的《联邦证据法》(Federal Rules of Evidence)之 Rules 1001 - 1008 也有同样的规定。可节录部分有针对性的判决。首先是纽约上诉庭的 Titone 大法官在 Schozer v. William Penn Life Insurance, 84 NY 2d 639 (1994)先例中所说：

"The ... best evidence rule simply requires the production of an original writing where its contents are in dispute and sought to be proven. At its genesis, the rule was primarily designed to guard against mistakes in copying or transcribing the original writing. Giving the technological advancements in copying, in modern day practice the rule serves mainly to protect against fraud, perjury and inaccuracies which derive from faulty memory.

Under a long-recognized exception to the best evidence rule, secondary evidence of the contents of an unproduced original may be admitted upon threshold factual findings by the trial court that the proponent of the substitute has sufficiently explained the unavailability of the primary evidence."

另在 Clement v. Nacol, 542 SW 2d 265 (1976)的德州上诉庭先例中，Brewster 大法官说："A written instrument is itself the best evidence of its contents. The general rule is that if the original writing is not produced or its non-production accounted for, secondary evidence of its contents is not admissible... Where inquiry is being made as to the contents of a material document, the only competent evidence of such contents is the document itself, unless the document be first shown to be unavailable as being lost or destroyed or absent from the jurisdiction without fault on the part of the person offering the evidence, or as being in the adversary's possession where he has been notified to produce it, or as being a part of the public records, in all which cases other evidence may be resorted to... The rule is dispensed with in cases where the exact terms of a document are only collaterally involved in the litigation, and also where the admission of the adversary himself ..., as to the terms of the document, are offered."

虽然最佳证据规则不再存在，但不代表当事人可以不重视针对每一个有争议的事实(disputed fact)，特别是自己主张(assert)的，并从中找到最佳证据。因为如果只提供次等证据，会存在法院在不同的情况下对该证据的分量作出不同考虑的危险。

在国际商事仲裁中，即使存在或部分存在原件，仲裁庭甚至当事人的代表律师也通常是以文件副本处理案件，所以更加不理会最佳证据规则的说法。只是在双方当事人对某份文件的内容有争议时，仲裁庭才需要一方提供原件的最佳证据。

一直以来,最佳证据规则都是针对纸质文件(paper documents)。在存在大量电子文件的今天,这个证据规则又有了新课题。毕竟电子文件的本质只是数据形式的信息,不像纸质文件一样是直接可以认知,而是借助软件帮助显示出来。就像是对待胶卷照相的黑白底片/负片(negative)一样,严格来说负片是照片的原始信息/原件,但冲洗出来的照片根据法律的切实做法是等同于原件。而针对电子文件的切实做法就是,只要能够准确反映信息,可以让人看到(或听到)信息的内容,无论是什么形式,如电子文件本身、截屏或打印出来的版本,都可算作是原件或以前所说的最佳证据。例如,美国《Federal Rules of Evidence》之 Rule 1001(d)对电子文件的"原件"的定义是:"... For electronically stored information, 'original' means any printout—or other output readable by sight—if it accurately reflects the information. An 'original' of a photograph includes the negative or a print from it."

但如果涉及对电子文件内容的争议,显然外界其他因素介入得越少的版本就越可靠,在内容上能更准确反映电子文件信息内容,就是最佳证据。如以手机直接显示的聊天记录相比打印出来的版本更可靠,即时打印出的网页相较使用软件后台恢复的网页更可靠等。毕竟外界因素介入的这个过程中有几率出错,而最佳证据规则的目的是保证法院采纳的证据的准确性。当然,具体哪个版本才是最佳证据要根据每个案件的案情具体分析。

3. 传 闻 证 据

普通法下的传闻证据(hearsay evidence)规则早在 18 世纪就已有发展,并一度有非常重要的地位,曾经是本章之 1.3 段介绍的证据排除规则(exclusionary rule)中最重要与最广泛的一种。简单而言是在法院以外(out of court),并非当庭在宣誓下通过盘问提供的口头证据的语言、文书或行为方式的陈述(statement),[54] 不能被采纳为证据证明所陈述的事实或意见。但要强调的是,传闻证据规则主要考虑的是陪审员(Jury)的情况,所以不适用于中国。而中国的公司即使在英国有诉讼/仲裁,往往也只涉及民商事不涉及刑事。继《Civil Evidence Act 1995》后,民商事诉讼已经不再排除传闻证据,所以传闻证据规则与读者的关系不大。笔者只是为了让读者尽量对英国证据法有一个全面的了解,才在此进行介绍。

可以先介绍 The "Italia Express" (1992) 2 Lloyd's Rep 216 先例来表明传闻证据的重要性。1988 年 3 月 24 日"Italia Express"轮在希腊的港口由于不明原因发生爆炸导致沉没,船东向保险人索赔全损但被保险人拒绝。保险人的理由是,船舶是船东

---

〔54〕 陈述(statement)是今天英国立法下普遍采用的措辞/文字,见《Civil Evidence Act 1995》之 Section 2(1)(a)等。这些立法条文可见本章下一段的介绍。

自己弄沉的("*casting the vessel away*")。而保险人依赖的证据是几份录音带,记录了一群人士(包括船东的表弟与一名潜水员等其他人士)讨论如何在船舶底部安放炸药把船舶弄沉,但据称船东表弟的这项计划并没有成功,因为当时船舶旁边停靠了另一艘警卫非常森严的船舶导致难以下手。但是5个星期以后,船东在没有表弟帮手的情况下成功弄沉船舶。这几份录音带正是来源于船东的表弟,表弟要求作为"污点证人"出庭指证自己的表兄,并以此获取一笔金钱,但被希腊法院禁止出国而无法出庭。这些录音带证据最后被法院排除,保险人在没有其他证据的情况下只能凭空臆测,最后只好赔付给船东。当然,英国今天在《Civil Evidence Act 1995》立法下,可能不会再是这样的判法。

至于刑事案件的例子可见 Hollington v. F Hewthorn & Co Ltd (1943) KB 587 上诉庭先例。该先例只是一件常见的两车碰撞交通事故,事故中原告车辆的驾驶员是原告的儿子,他在碰撞后受重伤并在稍后死亡。但原告向被告索赔损失(儿子的死亡与车辆的毁坏等)时,由于原告的儿子死亡无法再出庭作证并接受交叉盘问,所以他死前向警察作出的证言成为传闻证据而不被采纳。另一份更重要与在该先例被针对的证据是被告曾经被地方法院(Magistrate Court)判在该交通事故中疏忽驾驶并被刑事处分与惩罚。但在该先例中,一审与上诉庭均判地方法院的判决与原告儿子生前的证言不被采纳,原告指控被告疏忽的索赔也因为没有证据而败诉。该判法不令人满意,所以《Civil Evidence Act 1968》在 Section 11 明确推翻了 Hollington 先例,允许较早前的刑事判决作为后来民事诉讼的有关证据。这将在本书第九章之1.3.2段介绍。

3.1 对传闻证据规则的定义

更准确地说,传闻证据规则实际上是排除传闻证据的规则(the rule against the hearsay evidence)。

R v. Sharp (1988) 1 WLR 7 贵族院先例与 R v. Kearley (1992) 2 AC 228 贵族院先例都认可《Cross & Tapper on Evidence》(1995年,第8版)给出的对传闻证据的描述:"an assertion other than one made by a person while giving oral evidence in the proceedings as evidence of any fact asserted."

《Phipson on Evidence》(2017年,第19版)一书之28-06段就这样评论说:"The hearsay rule is about 'statements', 'declarations', sentences', 'utterances', 'representations', or 'assertions' that, if factual, are true or false. The term 'assertion' is ... like 'representation', implies that the declarant intended those to whom the communication was addressed to infer the stated matter. ..."

还可见 Ali v. State, 314 Md 295 (1988) 美国先例对普通法下传闻证据的定义:"Hearsay is generally defined as a statement, other than one made by the declarant while testifying at the trial or hearing, offered in evidence to prove the truth of the matter asserted. Thus, when a statement is offered for some purpose other than to prove the truth of the matter asserted therein, it is not hearsay."

英国《Civil Evidence Act 1995》之 Section 2 (1)(a)中给出的定义则是:"a statement made otherwise than by a person while giving oral evidence the proceedings which is intended as evidence of the matter stated."其他立法中也有类似定义,如《Criminal Justice Act 2003》之 Section 114 等。CPR Rule 33.1(a)也采用了同样的定义。

Auld 勋爵对英国法院刑事诉讼回顾的报告《Review of the Criminal Courts of England and Wales: Report (2001)》第 11 章这样描述传闻证据规则:"It is **an exclusionary rule of evidence**, albeit subject to a number of wide statutory and common law exceptions... At its most basic, **the rule confines a witness to giving evidence orally and only about matters of which he has direct or personal knowledge. It excludes four main categories of evidence**: first, that which I have just considered, an earlier statement of a witness proffered in support of his oral evidence; second, written, tape-recorded or filmed evidence proffered as a substitute for oral evidence; third, an oral account by a witness of what someone else told him; and fourth, reliance on a written record to prove a disputed fact."(加黑部分是笔者的强调)

这里提到了四类主要被排除的证据类型:第一类是在法院以外(没有在本案件中接受过交叉盘问的)陈述也属于传闻证据;第二类是用文字、录音、录像证据替代口头证据,不出庭接受盘问;第三类是转述他人作出的陈述;第四类是单纯用文件证据来证明一个有争议的事实。

也可以更简单地将传闻证据总结为两类:第一类是指在法院以外的陈述,证人不出庭接受盘问;第二类是指证人虽然出庭,但陈述的并非证人亲身经历可以给出直接证据的内容,并且只有这类证据被用来证明陈述内容真实性时才会被排除。《Cross & Tapper on Evidence》(2018 年,第 13 版)一书之 563 页说:"A full version of that adopted in this book should therefore read 'any statement other than one made by a person while giving oral evidence in the proceedings is inadmissible as evidence of any fact or opinion stated."

还可见《Phipson on Evidence》(2017 年,第 9 版)一书之 28 - 02 段:"The word (hearsay) implies that a witness is prevented from reporting a communication heard outside the courtroom but this is not the case. Hearsay is defined not only by the nature of the evidence (an out-of-court statement), but, importantly, also by the use to which it is put. To be excluded as hearsay, the out-of-court statement adduced for this purpose is hearsay is prima facie inadmissible..."

接下来的段落主要针对普通法下哪些证据会被传闻证据规则排除进行介绍。传闻证据规则还会涉及大量的例外情况,这些例外在今天英国的刑事诉讼中有立法《Criminal Justice Act 2003》之 Section 118。民商事诉讼中已经通过立法《Civil Evidence Act 1995》不再根据传闻证据规则排除证据,只是对传闻证据规则适用的证据有特别对待,同时有一部分立法例外不适用这些特别对待,可见本章之3.5.5段。Section 1 明确规定“In civil proceedings evidence shall not be excluded on the ground that it is hearsay.”

3.2 传闻证据的缺点

18世纪就已经将传闻证据区分开来作为不可采纳的证据,但看来有很多不同的理由与解释。近年来,著名的小结可见 Teper v. R (1952) AC 480 枢密院先例中 Normand 勋爵得到后续诸多先例支持的说法:[55]“It is not the best evidence and it is not delivered on oath. The truthfulness and accuracy of the person whose words are spoken to by another witness cannot be tested by cross-examination, and the light which his demeanor would throw on his testimony is lost.”

笔者就基于这个说法讨论以下内容。

3.2.1 传闻证据并非最佳证据

一个传统理由是说传闻证据并非最佳证据(best evidence)。毕竟从传闻证据本身就可以看到其并不是最“源头”的证据,如果能提供原始证据肯定是最理想的情况。

但传统做法非常注重证词的趋势在今天的民商事诉讼中已经有所变化。在今天的民商事诉讼中,传闻的文书证据甚至可能比证人口头证词的证明效力更好,典型的例子就是 Myers v. DPP (1965) AC 1001 贵族院先例,车厂生产记录里记录的车辆上的各类零件信息虽然是传闻(这会是听实际组装汽车的工人报备后由负责记录的工人写下的记录),但是5年、10年前实际组装汽车的工人可能根本找不回来,即使找回来他们也未必记得这么多年前组装的大量零件中的一个,因此该口头证据是比不上车厂生产记录这个当场文件的。在 Myers v. DPP 先例中,Reid 勋爵就说:“The whole development of the exceptions to **the hearsay rule is based on the determination of certain classes of evidence as admissible or inadmissible and not on the apparent credibility of particular evidence tendered**. No matter how cogent particular evidence may seem to be, unless it comes within a class which is admissible, it is excluded. Half a dozen witnesses may offer to prove that they heard two men of high character who cannot now be found discussing in detail the fact now in issue and agree on a credible account of it, but that evidence would not be admitted although it might be by far the best evidence available.”(加黑部分是笔者的强调)

难怪英国法律委员会(Legal Commission)的报告“Evidence in Criminal Proceed-

---

〔55〕 这些后续先例包括 R v. Kearley (1992) 2 AC 228 贵族院先例,R v. Blastland (1986) AC 41 贵族院先例等。该说法在英国法律委员会(Legal Commission)的报告“Evidence in Criminal Proceedings: Hearsay and Related Topics”(Legal Commission No. 245)中也被用来作为讨论传闻证据弱点的出发点。

ings: Hearsay and Related Topics"(Legal Commission No. 245)中也指出,不能"一刀切"排除传闻证据,可以节录该报告3.4段如下:"Our provisional conclusion in the consultation paper-that some hearsay evidence is the best evidence and some is not, and that, where it is, **the rule operates irrationally to prevent its admission-** was supported by the vast majority of those who responded on this issue. We now adopt it as our final conclusion."

3.2.2 传闻/多重传闻的危险

排除传闻证据的另一个理由是传闻本身就有不可靠的地方,这也被称为是传闻的危险(hearsay dangers)。

实际陈述人可能说话时不诚实(dishonest),但由于实际陈述人不出庭,经过"传闻"之后很难光凭转述人的说法识别出这是谎言。而且也不仅仅是实际陈述人的恶意,还会是转述人的恶意。对转述人而言,相比于编造一个完整、天衣无缝的自己的谎言,编造一个来自别人的"传闻"要容易得多。也可能是实际陈述人并没有要陈述事实的意图,纯粹是在吹牛。

实际陈述人可能对事实的认知并不准确(misperception)。虽然实际陈述人确实目击了事实,但是可能并没能目击全部的事实,目击的角度并不好、只目击了后半程事实、目击过程时不时有东西遮挡视线/噪音影响听觉,甚至是实际陈述人本身是色盲分不清红色和绿色,也可能由于各种影响而导致记忆出现误差(false memory)。

实际陈述人可能陈述内容采用的措辞/文字不恰当,可能是实际陈述人自己疏忽大意说错了话,也可能是由于所说的话本身就存在歧义、模糊不清。这会导致"传闻"本身就有问题。如果作为陈述"源头"(source)的陈述人出庭接受称职律师的交叉盘问,大部分上述问题与缺陷都可以被发现或暴露出来,但一旦是传闻就没有这个机会。

此外,转述人在转述传闻时,基本不太会一字不差地全文复述传闻内容(也可能存在实际陈述人口齿不清或转述人自己听错了话的危险),一旦经过转述人先理解与记忆实际陈述人陈述的内容,又会多上一重转述人曲解了传闻内容的危险,这也被称为是多重传闻("*multiple hearsay*"或"*compound hearsay*")。针对多重传闻,《Civil Evidence Act 1968》(已被《Civil Evidence Act 1995》取代)虽然已经部分放开民商事诉讼中的传闻证据可采纳性问题,但只是一手传闻可采纳(特别是要说明传闻的来源),二手或更多手的传闻必须满足特定要求才可以。1968年立法的Section 4规定具体的要求是:(1)文件或记录是由一位身负责任(acting under a duty)的人作出的;(2)提供资料的人对这事实有个人认知(personal knowledge)。对于什么是身负责任的人,Section 4 (3) 也给了极广泛的定义,可以是商业、专业或其他职业人士。一些例子是警察报告(该报告上亦只是其他人士告诉警察的事实)、医生或护士报告、工厂检验(factory inspector)报告等。显然这是为了防止出现太不可靠的多重传闻,而这些要求在1995年的立法即已被删除。

虽然民商事诉讼特别是商事仲裁对传闻证据在可采纳性上已经放开,但仲裁员还是需要了解传闻证据背后的危险,才能在个别不同案件依赖传闻证据去认定或否定争议事实时掌握好轻重。

3.2.3　实际陈述人并非在宣誓状态下作出陈述

普通法国家的证人出庭作证时,要先进行庄严宣誓(take oath),再给出证词。宣誓的做法,是相信神会惩罚那些宣誓但说谎的人。然而在今天看来,宗教的约束力已经大大减少了。在 R v. Hayes (1977) 1 WLR 234 上诉庭先例中,Bridges 大法官就说:"It is unrealistic not to recognise that, in the present state of society, amongst the adult population the divine sanction of an oath is probably not generally recognized."

但庄严宣誓等正式程序,往往会给证人造成一定压力,证人可能会因此更注重自己证词的准确性。在 R v. Rowley (2012) EWCA Crim 1434 上诉庭先例中,Moore-Bick 大法官就指出证人在庄严宣誓情况下给出的证词甚至可能与非宣誓情况下给出的说法有所不同:"Hearsay evidence may often be reliable, but it suffers from three principal drawbacks. The first is that the statements relied on can be proved without **the need for the maker to stand up in court and repeat them under oath**. As everyone knows, witnesses do not always give evidence entirely in accordance with their written statements, or, in the case of previous oral statements, in accordance with what they previously said. There may be many reasons for that, not only impaired recollection but **a heightened awareness of the importance of accuracy and of careful consideration of the way they express themselves**."(加黑部分是笔者的强调)

这并不能说是宣誓本身所起到的作用,实际上是由于公开与严肃的场合所导致的,更可能的原因还会是由于在法院作证时有伪证罪(perjury)的潜在阻吓力。证人一方律师也应在准备证人时重复警告要说真话,[56]明智的证人应清楚对方大律师在交叉盘问前已经对自己的证人证言"摸底",因此会更小心谨慎地提供证词。

但仅凭宣誓这理由也难解释为什么要坚持严格排除所有的传闻证据。例如,证人引述过去另一个诉讼程序中他案证人的说法,也一贯被视为传闻证据:见 R v. Eriswell (1970) 3 TR 707,Haines v. Guthrie (1884) 13 QBD 818 等先例,但他案证人在另一个诉讼中提供的说法是有宣誓的。因此,《Phipson on Evidence》(2017 年,第 19 版)一书之 28－10 段说:"While there is obvious truth in this, Wigmore pointed out that this cannot explain why sworn testimony given in former proceedings is considered to be hearsay evidence."[57]

3.2.4　事实审理者无法看到实际陈述人的行为举止

事实审理者无法看到实际陈述人的行为举止(*demeanour*),就无法以此来判断

---

〔56〕 关于准备证人,可见本书第二章之 2 段。

〔57〕 指的是 Wigmore 的《Evidence in Trials at Common Law》(Chadbourn Rev, Vol. 5)之 1367 段的说法。

陈述内容的可信度。这与证词的区分在于,证词针对的是证人所说的内容,而行为举止针对的是证人说话的状态。在 Clarke v. Edinburgh & District Tramways Co Ltd (1919) SC (HL) 35 贵族院先例中,Shaw 勋爵说:“witnesses . . . may have in their demeanour, in their manner, in their hesitation, in the nuance of their expressions, in even the turns of the eyelid, left an impression upon the man who saw and heard them which can never be reproduced in the printed page.”

但本书第三章之 1.3.5.2 段已经提到,今天的说法是不应太过重视证人的行为举止。对没有受过法律(证据法)训练的陪审团成员来说,凭传闻决定是否相信根本没有见过也不会见得到的实际陈述人的陈述,或决定相信的程度并不现实。

1997 年英国法律委员会(Legal Commission)的报告“Evidence in Criminal Proceedings: Hearsay and Related Topics”(Legal Commission No. 245)之 3.10 段就总结说,虽然仍然有小部分说法认为证人的行为举止不可忽视,但是今天的主流看法以及心理学研究都显示对陌生人(证人)的行为举止观察对于准确地认定事实来说帮助不大。加上在民商事诉讼中也没有陪审团的做法,审理法官会更能科学地分析传闻证据,反正不再重视看不到实际陈述人的行为举止的缺点。类似说法也可见较近期的 R [on the application of SS (Sri Lanka)] v. Secretary of State for the Home Department (2018) EWCA Civ 1391 上诉庭先例等,这些在本书第三章之 1.3.5.2 段有详细介绍,不在这里重复。

3.2.5　缺乏对实际陈述人交叉盘问的机会

在今天看来,传闻证据规则仍然存在的最重要的理由是实际陈述人没有接受交叉盘问(cross-examination)。交叉盘问是普通法非常引以为傲的用以寻求事实真相、找出更准确事实的关键手段。早在《The History of the Common Law of England》(1739 年,第 3 版)一书中就说交叉盘问可以“*beats and boults out the truth*”,美国 Wigmore 的《Evidence in Trials at Common Law》(Chadbourn Rev. Vol. 5)一书之 1367 段也说,交叉盘问是用来找出真相的最伟大的法律发明(“*the greatest legal engine ever invented for the discovery of truth*”),另说:“. . . cross examination, not trial by jury, is the great and permanent contribution of the Anglo-American system of law to improved methods of trial procedure.”

今天尽管也有不少对于交叉盘问真正效果的疑虑,[58] 但是在普通法系统中仍然被法律界广泛认可有关键的作用。在 R v. Horncastle (2009) UKSC 14 最高院先例中,Phillips 勋爵就说:“. . . the weight to be given to such evidence(传闻证据) was less easy to appraise than that of evidence delivered by a witness face to face with the defendant and subject to testing by cross-examination.”

[58]　尤其是在国际仲裁中,交叉盘问更多是一场斗智游戏,而非找出事实真相的手段。这方面可见本书第三章之 1.3.6 段。

也可见 R v. Rowley（2012）EWCA Crim 1434 上诉庭先例中 Moore-Bick 大法官所说："... most importantly, there is no opportunity to test the evidence by cross-examination, to probe its weaknesses and to diminish its impact."

3.2.6 传闻证据的分量衡量不易

从本章前几段就能看到，传闻证据需要在缺乏实际陈述人宣誓的庄严环境、看不到实际陈述人的言行举止又缺乏交叉盘问的情况下，来检验实际陈述人是否会说谎、回避，是否本就看错了事实、记错了事实、说错了事实，此时如何综合全盘事实（如实际陈述人为什么没有出庭？有关的证词或陈述是实际陈述人相隔事件实际发生后多久作出的？）对陈述内容的分量予以酌情减低或不减低或只是部分接受，是需要技巧与经验的。

将这些证据的分量交给由一般人组成的陪审团来决定，是否能恰当衡量就有很大的疑问，这也是排除传闻证据的重要理由。Normand 勋爵在 Teper v. R（1952）AC 480 先例与 Bridge 勋爵在 R v. Blastland（1986）AC 41 先例中有类似说法："The rationale of excluding hearsay as inadmissible, rooted as it is in the system of trial by jury, is a recognition of the great difficulty, even more acute for a jury than for a trained judicial mind, of assessing what, if any, weight can properly be given to a statement by a person whom the jury may not have seen or heard and which has not been subject to any test of reliability by cross-examination ...."

在 R v. Horncastle（2009）UKSC 14 最高院先例中，Phillips 勋爵也说："... The admissibility of some categories of evidence was excluded because, although the evidence was probative, it was thought that the jury could not be trusted not to give the evidence more weight than it deserved. Its probative value was outweighed by its potentially prejudicial effect."

这也就能够理解为什么今天在不需要陪审团的民商事诉讼中，已经可以完全采纳传闻证据。毕竟传闻证据也会有自己的分量，在有经验与水平的审理法官可以相对准确衡量时，就不应该将其排除在门外。反而更重要的是衡量证据的可靠性与分量，例如，有关传闻是否由于多重传闻（multiple hearsay）或传闻的来源不可信而导致分量降低等。

3.2.7 对质的权利

这说法与刚提到的缺乏对实际陈述人的交叉盘问机会接近，涉及的一个传统说法是，公平正义要求被指控的人士有权直面指控人。在 Crawford v. Washington, 541 US 36（2004）美国最高院先例中，Scalia 大法官这样阐述这个传统说法："The right to confront one's accusers is a concept that dates back to Roman times... The founding generation's immediate source of the concept, however, was the common law. English common law has long differed from continental civil law in regard to the manner in which witnesses give testimony in criminal trials. The common-law tradition is one of live testimony in court subject to adversarial testing, while the civil law condones examination in private by judicial officers. . . . ”

可以看到,对质权实际上主要针对的是刑事案件,证人(如目击证人)在法院以外对检控方(或其他人士,如警察)作出的对嫌疑人/被告不利的陈述。由于法院以外的环境会与在法院经庄严宣誓后作证的环境不同,而且在法院还要接受交叉盘问的对质,这样证人的证词很可能会有所不同,所以这对刑事案件的嫌疑人来说是非常重要的。而民商事案件虽然也会涉及对质,但不会提升到属于当事人的权利。

美国宪法第六修正案赋予嫌疑人/被告与指证自己的证人对质的权利:“In all criminal prosecutions, the accused shall enjoy the right to a speedy and public trial, by an impartial jury of the State and district. . . and to be informed of the nature and cause of the accusation; **to be confronted with the witnesses against him**. . . ”(加黑部分就是对质权)

Chambers v. Mississippi (1973) 410 US 284 最高院先例指出,嫌疑人/被告有权交叉盘问该证人。这类立法还有新西兰《Bill of Rights Act 1990》之 Section 25,另可见《European Convention on Human Rights》之 Article 6 等。

3.3　哪些属于传闻证据规则要排除的对象

英国的民商事诉讼在《Civil Evidence Act 1995》后已不再有传闻证据是否可采纳的问题,即使是刑事诉讼也有《Criminal Justice Act 2003》中改革后的相关规定,因此今天英国的传闻证据规则主要是根据立法规定。本章后文仍然会介绍一些普通法下过去的先例,以便理解立法规定的意义,了解背后的原理以在衡量证据分量时有所帮助。

3.3.1　哪些内容属于“传闻”

传统英国法要求必须由证人出庭提供证据,而且只能提供自己有直接接触或者是亲自知道的事情(包括事实或意见),或者说是要有个人认知(personal knowledge)。传闻证据不仅仅是针对事实也针对意见(opinion),包括事实证人以意见表达的证据与专家的意见证据,有关专家报告的传闻证据问题可见本书第四章之5.5段。《Civil Evidence Act 1995》之 Section 13 或《Criminal Justice Act 2003》之 Section 115(2),都避免了采用“事实”(fact)这个措辞/文字,而是采用了“事情”(matter)的说法。《Phipson on Evidence》(2017 年,第 19 版)一书之 28－05 段也说:“It is uncontroversial that the hearsay rule extends to statements of opinions as well as fact.”

平时常见的传闻证据,主要是在实际陈述人不出庭提供口头证据与接受交叉盘问,或出庭的证人在提供口头证据时转述实际陈述人的说法,但实际陈述人并不出庭。

在今天的民商事诉讼中虽然不会仅仅因为是传闻就不被采纳,但传闻的问题会影响有关证据的分量,甚至是由于传闻证据的分量不足,因此根据成比例(proportionality)原则不予采纳。

3.3.1.1　庭外陈述(语言、文书或行为)

这里要强调的重点是这些事情是在庭外(out of court,即并非当是当庭提供的口头证据)的陈述(statement)或指称/宣称(assertion),无论是证人自己还是第三人作出的都是传闻。例如,《Civil Evidence Act 1995》之 Section 6.1 特别规定:"Subject as follows, the provisions of this Act as to hearsay evidence in civil proceedings apply equally (but with any necessary modifications) in relation to a previous statement made by a person called as a witness in the proceedings." 这里提到的一些例外包括证人要加强现在的说法的可信度,证明自己并非临时编造了一个说法,而是一直就是同一个说法。[59]

这些事情也不仅仅是口头所说的话语,以其他任何方式作出的陈述,无论是文字、图片、图标,甚至是行为、动作,都会被视作传闻。例如,在 R v. Chandrasekera (1937) AC 220 先例中,被害人被割喉,因此无法发声说话,但是意识仍然清醒,并且可以轻微点头等。现场警方对受害人以及邻居等人进行询问,看来是在邻居的帮助下发现嫌疑人的可疑之处,就直接询问被害人是否是嫌疑人作出的割喉行为,被害人点头示意。之后被害人被送去医院后,由于喉部受伤导致的窒息不治身亡,因此无法作为证人出庭作证。对于被害人点头示意的行为是否属于传闻证据而不被采纳产生争议。法院判该被害人对提问的点头示意等行为本身可以作为证据被采纳,也就是在场的警员可以作证描述自己看到的被害人的动作是什么,但是该警员对这个行为是什么含义的理解涉及的是个人的意见,就应当被排除。公平审理下对点头这个事实作出推断并给出认定是陪审团的工作。

又如容器表面上的标签、印记等。如果是对容器中所装物质的内容、性质、重量以及物质的所有权、来源地、目的地等的描述,这也是"传闻"。在 Patel v. Comptroller of Customs (1966) AC 356 枢密院先例中,贸易商从新加坡进口袋装芫荽籽到斐济,在进口申报时,贸易商申报货物的原产地是印度,但在对货物的检验中发现了 5 包货物外包装写着贸易商的商号,而内包装实际上写着产于摩洛哥,因此贸易商被指控作出虚假陈述的刑事起诉。英国枢密院指出,内包装上所写的文字如果是想被用来证明货物实际产于摩洛哥就属于使用传闻证据,应被排除。类似判法还可见 Comptroller of Customs v. Western Electric (1966) AC 367 枢密院先例。

从中也可以看到,为什么在民商事诉讼中,大量传闻证据都被排除不被采纳。如果 Patel v. Comptroller of Customs 先例的案情套用在商事案件,则是买方指称卖方的

---

[59]　可见 Section 6(2):"(2) A party who has called or intends to call a person as a witness in civil proceedings may not in those proceedings adduce evidence of a previous statement made by that person, except (a) with the leave of the court, or (b) for the purpose of rebutting a suggestion that his evidence has been fabricated. This shall not be construed as preventing a witness statement (that is, a written statement of oral evidence which a party to the proceedings intends to lead) from being adopted by a witness in giving evidence or treated as his evidence."

货物原产地有误述(不少不同原产地的同样商品会有不同的价格),因为部分货物的标签显示是另一个原产地,在平衡的可能性的举证责任下,有此证据买方胜算很高。但一旦被判为传闻证据不被采纳,买方就什么证据都没了。因此,早在《Evidence Act 1938》就开始着手在民商事诉讼中改革传闻证据规则,并在《Civil Evidence Act 1968》有了较大的放松,《Civil Evidence Act 1995》更是完全放开了传闻证据,见本章之3.4段的介绍。

3.3.1.2 只针对涉及人为的陈述

从本章前文中介绍的传闻危险中可以看到,传闻证据主要的危害是涉及自然人的转述,而自然人可以出庭接受盘问尽可能排除这些危害。因此如果不涉及人为干预(human intervention)就不属于传闻。《Phipson on Evidence》(2017年,第19版)一书之28-07段提到的一个例子就是,证人听到看门犬在狂吠警示有来访者并非传闻,狗也无法出庭接受盘问,但如果是证人听到另一个自然人说有人来访这就是传闻了。

从本章之3.1段介绍的诸多对传闻证据规则的定义中也可以看到,针对的都是人(by a person)的陈述。例如,可以再次节录《Civil Evidence Act 1995》之Section 2(1)(a)给出的定义:"a statement made otherwise than by a person while giving oral evidence the proceedings which is intended as evidence of the matter stated."还可节录《Criminal Justice Act 2003》之Section 115(2)的规定:"A statement is any representation of fact or opinion made by a person by whatever means; and it includes a representation made in a sketch, photofit or other pictorial form."

今天开始有大量机械或电子系统处理的信息,这些信息需要人为(会是涉及大量的不同人士,而且事后也未必能一一找回这些人士)输入、记录、输出,也可能是由机械或电子系统自动检测与输入、自动记录、自动输出的。问题是,转述这些电子系统处理的信息是否属于传闻证据呢?

有说法是这取决于是否涉及人为干预,如果不涉及人为干预,只要机械与电子系统的准确性、完整性等能得到确认,就与传统的物证(real evidence)有类似对待。例如,路边的测速仪,雷达/GPS定位记录,或者是各类仪器检验自动得出的报告等,这些机械或电子系统自动记录下当时发生的情况,让审理法官或仲裁员查看后可以自己作出推断。这些报告并非由人作出的陈述,也没有"人"可以出庭接受盘问。例如,在The "Sapporo Maru" and The "Statue of Liberty" (1968) 1 WLR 739先例中,两艘船舶碰撞,船舶上雷达的影像记录就被判与传闻证据规则无关是可被采纳的。而一旦涉及任何直接或间接的人为干预,则若该人士不出庭作证,电脑中的表格就应属于传闻证据。但分水岭并不容易划分。毕竟不论是机械还是电子系统,都难免或多或少涉及对设备的使用(如开关、校准、维护等),例如,X光检测涉及人为将物体按使用办法放入设备等。

因此有说法是,真正的区分点在于记录的是人的说法或想法,或者是由人制作的记录,才是传闻。节录《Expert Evidence: Law & Practice》(2020年,第5版)之11-004段所说:“The true common law rule is that statements made in documents created by a machine (whether with or without human input) will not be hearsay statements (if relied upon for the truth of their contents) unless they record human speech or thought, or represent a record created by a human (in contrast to a transaction created by a human)”

当然归根结底主要还是要确保证据的可靠性可以保障。已经提到民商事案件中不再将传闻证据作为不可采纳的证据,最多只是影响分量,因此很多涉及机械或电子系统的文件,如银行电子系统中的记录,无论是否是传闻证据或是否可属于传闻证据的例外,在分量上若没有特别原因也不会有什么疑问。今天的刑事案件中适用《Criminal Justice Act 2003》,该法案在Section 129专门针对这类机械或电子系统的“陈述”,并指出,在涉及人为提供信息时,需要在确认该信息准确性后才可以采纳:“Representations other than by a person (1) Where a representation of any fact—(a) is made otherwise than by a person, but (b) depends for its accuracy on information supplied (directly or indirectly) by a person, the representation is not admissible in criminal proceedings as evidence of the fact unless it is proved that the information was accurate. (2) Subsection (1) does not affect the operation of the presumption that a mechanical device has been properly set or calibrated.”

3.3.2 用作“传闻”用途

语言、文书或行为也是发生的事实,因此听到该语言或看到该行为的证人,完全可以对自己有个人认知的亲身听到或看到的事实作证。如果这个事实本身与案件有关联性,可以作为证据采纳。如果这个事实本身与案件没有关联性,而是语言、文书或行为的内容真实性与案件有关,就会被用作传闻用途。例如,A走在路上碰到B抓住他,哭着说:“救救我,我男友要杀我。”如果是为了证明B当时精神很紧张,感觉自己受到了生命威胁,A可以出庭作证。因为A对于B当时说话的语气、状态有自己的个人认知,而且B当时的语气、状态可以证明B精神是否紧张,无须追究B说话的内容是真是假。而如果B的精神是否紧张与案件的事实争端无关,例如B被害已经是1年后的事情,A的证据会由于没有关联性(irrelevance)而不被采纳。但如果想证明B的男友要杀B,就会涉及B说话内容的真实性问题,就属于传闻用途,会被传闻证据规则排除而不被采纳。

Rattern v. R (1972) AC 378先例就是类似的情况,具体案情可见本章之1.1.3.4.3段。Wilberforce勋爵有过著名的说法如下:“The mere fact that evidence of a witness includes evidence as to words spoken by another person who is not called, is no objection to its admissibility. Words spoken are facts just as much as any other action by a human being. If the speaking of the words is a relevant fact, a witness may give evidence that they were spoken. **A question of hearsay only arises when the words spoken are relied on ‘testimonially,’ i. e., as establishing some fact narrated by the words.**”(加黑部

分是笔者的强调)

另可见较近期的 Stoddard v. Statement of Maryland, 850 A 2d 406 (2004)先例中 Moylan 大法官提到的一个著名例子:"The classic classroom teaser posits a witness who testifies that he spoke by telephone with his brother in London, who said, 'It is raining in London.' To the professor's query as to whether that brotherly utterance is hearsay, the only intelligent answer is 'I don't have the foggiest.' It depends on the purpose for which the statement is offered. If it is offered to prove that at a given time it was raining in London, it is, of course, hearsay. If it is offered to prove that at a given time the brother was alive and able to speak, it is, with equal certainty, non-hearsay. The first purpose needs the brother to be shown to be trustworthy. The second purpose is indifferent to trustworthiness, and the hearsay rule is only designed to guarantee trustworthiness."

以上的例子是说哥哥与在伦敦的弟弟打越洋电话,弟弟说:"伦敦现在下雨。"这是否属于传闻证据要看引入证据的目的是什么。如果哥哥出庭作证是为了证明伦敦当时在下雨,属于传闻证据。而如果是为了证明当时弟弟还在世与可以交谈,则不属于传闻证据。因为前者要显示弟弟的可信度,而后者要显示的是哥哥的可信度,这与通过交叉盘问了解其他事实证人的可信度没有区别。传闻证据规则的目的是保证证据的可信度/可靠性。

3.3.2.1　将陈述用作传闻用途与非传闻用途的例子

从中也可以看出,即使面对的是"传闻",是否会被传闻证据规则排除也要看依赖这个证据的证明目的/待证事实到底是什么。如果是在陈述事实就与待证事实有关,也就并非传闻用途。但若涉及陈述中内容是否真实,就属于传闻用途。

常见的非传闻用途是有关具有法律效力的事实。这是因为有时一个事实与其他事实结合就能够产生法律关系(legal relationship)或法律效果(legal effect),这些法律关系或效果的产生不依赖于该事实中的陈述是否真实,只是客观角度看待有关的语言、文书或行为。《Phipson on Evidence》(2017 年,第 19 版)一书之 28 – 23 段介绍了三个例子:"(1) in a contract action, words of offer and acceptance; (2) in a defamation action, the allegedly defamatory utterance; (3) out-of-court statements used to establish reputation."

典型的例子就是涉及合约关系的要约(offer)与接受(acceptance)。A 向 B 说一段话,B 主张这段话构成要约,无论是 A、B,还是听到了 A 与 B 说话的第三人 C,都可以就 A 在庭外所说的这段话作证。这段话是否构成要约,要以合理客观的角度看待,这也是法律问题。至于 A 当时说话时是否认真严肃、态度或语气如何,也都是听到这段陈述的 B 与 C 可以提供证据的。如果套用上一段 Moylan 大法官的例子,B 与C 提供证据说 A 当时以这样的语气说了这段话。A 是否真的说了这段话,要测试的是 B 与 C 的可信度,与 A 说这段话的主观想法是不是真的无关,没有本章之 3.2.2 段的传闻危险问题,所以不属于传闻用途。

又如,在 Johnson v. Hansen, 201 NW 322 (Min, 1924)美国先例中,承租人租赁一个农场,租金是农场生产作物的一半。在农场中存储农作物的仓库分为两个一模一样的隔间,曾经有人听到承租人对出租人(农场主)说:那边那个隔间里的是属于你的一半。这就是划归通知(appropriation notice),[60]听到说话的人可以对自己听到的内容作证,并非传闻用途。

3.3.2.2 普通法下的技术性区分

从本章前文中的介绍已经可以看出什么时候是传闻用途有很多细微区别,而且有的证据表面看来有很高的证明价值(probating value),但又不能归类于传闻证据的例外情况。

在证据被用作直接证据(direct evidence),语言、文书或行为的陈述(statement)中明示或默示的内容直接显示待证事实,这是相对容易判断的,本章前两段介绍的例子都是直接证据。但如果是根据陈述作推断(infer),用作间接证据或环境证据(circumstantial evidence),就会带来复杂与麻烦的问题,在这个推断中到底依赖的只是陈述本身,还是涉及陈述内容(content)的真实性?因为前者并非传闻证据,而后者属于传闻证据会被排除。

《Phipson on Evidence》(2017 年,第 19 版)一书之 28 - 32 段提到了古老的 Manchester Brewery v. Coombs (1900) 82 LT 347 先例。此先例中,原告向被告(酒吧老板)供应各类酒精饮品等,被告指称啤酒等质量不合格而拒绝付款。Farwell 大法官采纳的证据包括被告说自己收到不少顾客投诉啤酒质量。虽然被告收到与转述的顾客投诉的内容会被传闻证据规则排除,但是被告可以依赖自己有认知的事实出庭作证。从该事实中就足够推断出背景事实是有普遍存在的啤酒质量问题。该背景事实与事实争端有关(relevant),因此是可以采纳的。

另可见 Wright v. Doe d Tatham (1837) 7 Ad & E 313 先例中 Parke B 大法官所说。某艘游艇开航后因不明原因在深海沉没之后推定全损,关于船舶是否适航属于事实争端(fact in issue)。有证人看到船长带着家人坐游艇出游,船长在开航前还在船的四周转了几圈。船长如果不关心船舶情况的话也不会兜几个圈,之后还继续带着家人登船出游。船长的理由或信念与船舶是否真正适航有关联性,对事实争端有证明价值,毕竟只要继续举证船长有经验、有水平与称职,在平衡的可能性下船长的信念正确,就推断船舶应当属于适航。但问题是船长行为本身是否就足以推断船长的理由或信念,如果是,就这个推断就不是传闻用途。

过去的先例,如 Wright v. Doe d Tatham 先例与 R v. Kearley (1992) 2 AC 228,都是将船长的理由或信念解释为船长通过行为作出的陈述内容,毕竟这涉及船长的真实想法,而沉船之后死亡的船长无法出庭作证,也因此被传闻证据规则排除。但在没有其他证据(船舶在深海沉没、潜水员也无法前往取证)的情况下,是否仍然必须排

---

〔60〕 有关划归通知,可见笔者的《国际货物买卖》一书第二章之 12 段。

除这些仅剩的证据呢？

今天英国刑事诉讼案件中虽然对传闻证据的采纳问题仍然有限制，但《Criminal Justice Act 2003》，尤其是 Section 115(3)(a)规定，只有在实际陈述人意图让他人相信某些事实的情况下，该陈述才是传闻证据，这对问题是有了一定的澄清，很多时候就可以依赖实际陈述人是否有意图让别人相信陈述的事实来进行判断。美国《Federal Rule of Evidence》之 Section 801 也有类似规定，如 Section 801(a)定义"陈述"是："Statement means a person's oral assertion, written assertion, or nonverbal conduct, **if the person intended it as an assertion.**"(加黑部分是笔者的强调) Section 801(c)对"传闻"的定义是："Hearsay means a statement that... a party offers in evidence **to prove the truth of the matter asserted in the statement.**"(加黑部分是笔者的强调)《Advisory Committee Notes to the Federal Rules of Evidence》还将此额外解释说是不包括"... all evidence of conduct, verbal or nonverbal, not intended as an assertion."

在今天的民商事诉讼中，由于《Civil Evidence Act 1995》之 Section 1 明确规定不根据传闻证据规则不采纳证据，因此这些过去在普通法下比较复杂与容易带来疑惑的先例变得不再重要，本书也不打算继续介绍过去这些复杂的普通法先例。

3.3.3　小结

传闻证据是一个很大的课题。有着漫长的历史与很多先例，本身对于哪些情况属于传闻证据也有较为技术性的规定。今天在刑事案件中，传闻证据仍然非常重要，因为在涉及陪审团审理事实的情况下，仍然有必要先对能采纳的证据根据传闻证据规则进行过滤。但今天的民商事诉讼，尤其是英国在《Civil Evidence Act 1995》后放开了传闻证据的可采纳性，过去的普通法地位只会影响有关证据是否需要遵守该立法中的特定程序(如需要提前给予传闻证据的通知等，见本章之 3.5.2 段)，以及在衡量证据的分量时予以考虑。

在国际仲裁中，一般也不会不采纳传闻证据，除非在衡量之下认为坏处多过好处，但排除的理由也不能只是因为是传闻证据，而是根据其他理由如因为这些多重传闻证据的证明价值较低与/或不重要(immaterial)、费用上不成比例(disproportionate)等。例如，在 LJL 33rd Street Associates LLC v. Pitcairn Properties Inc, No. 11 – 5425 (2d Cir 2013)美国先例中，仲裁庭就排除了一些传闻证据。上诉庭说仲裁员完全可以排除这些证据，尤其是完全可以获取非传闻的证据[61]["especially when (a) the evidence could be presented without reliance on hearsay and (b) its hearsay nature is unfairly prejudicial to the adversary"]。

这方面还可见《Phipson on Evidence》(2017 年，第 19 版)之 28 – 55 段："Many arbitration agreement expressly or impliedly exclude the operation of the hearsay rule. It is probable that even where the hearsay rule is not applicable as a matter of statute or prac-

〔61〕 美国法下的不公正的损害(unfair prejudice)，可见本章之 1.2 段的介绍。

tice, the exigencies of natural justice require the tribunals to maintain some restriction on the evidence receive and use in their deliberations."

自然公正的基本大原则都会要求仲裁庭能恰当地在程序中对传闻证据有一定的限制以及在最后合议与审理中衡量这些证据的分量,因此无论传闻证据规则是否适用仲裁员都需要了解传闻证据规则。

3.4 传闻证据规则的改革

正如前文所介绍,传闻证据规则本身较为复杂,又有很多技术性的内容。尤其是在不少情况中,由于严格的传闻证据规则导致本来证明价值很高的证据会被拒之门外,也有不少先例中法官批评传闻证据规则过于技术性与严格。例如,Myers v. DPP (1965) AC 1001 贵族院先例中 Reid 勋爵就说:"This is a highly technical point, but the law regarding hearsay evidence is technical, and I would say absurdly technical."

在 Myers v. DPP 贵族院先例中,检控方指控嫌疑人/被告将一些废弃车辆的车牌、车辆登记信息换给被盗窃的赃车,从而将赃车伪装成一般二手车出售。实际上更改车辆的制造信息是不容易的,一辆汽车有很多零部件都有各自的制造编号/序列号,在汽车组装时会记录与登记这些重要零部件的序列号,因此只要将车辆零部件的序列号与组装记录一对照,就能知道这辆车是否是登记的车辆。检控方找到了车厂的生产记录,并让保管记录的工人出庭作证。然而嫌疑人/被告则指出这是传闻证据,因为只有真正组装汽车的工人才是实际陈述人,保管记录的工人也只是听了别人的陈述。很显然这些证据的证明价值很高,而且可信度也不会有问题,但就是因为技术性的传闻证据规则而被排除。这问题上诉到贵族院,都仍然认为适用传闻证据规则。

在此先例中,尤其重要的是,明确表示这些技术性与严格的传闻证据规则经常因为适用在个别不同案件的情况并造成不公平而被上诉至贵族院希望设立规则的例外情况,但法院的权力有限,与其在不同案件片面针对根深蒂固的规则带来的越来越复杂的问题,不如由立法规定全面的例外或修改传闻证据规则。此先例直接导致了后来《Criminal Evidence Act 1965》立法将这类贸易、商业记录规定为例外,不适用传闻证据规则。可以节录 Myers v. DPP 贵族院先例中,Reid 勋爵所作出的呼吁如下:"The common law must be developed to meet changing economic conditions and habits of thought, and I would not be deterred by expressions of opinion in this House in old cases. But there are limits to what we can or should do. If we are to extend the law it must be by the development and application of fundamental principles. We cannot introduce arbitrary conditions or limitations: that must be left to legislation. And if we do in effect change the law, we ought in my opinion only to do that in cases where our decision will produce some finality or certainty. If we disregard technicalities in this case and seek to apply principle and common sense, there are a number of other parts of the existing law of hearsay susceptible of similar treatment, and we shall probably have a series of appeals in cases where the existing technical limitations produce an unjust result. If we are to give a wide interpretation to our judicial functions questions of policy cannot be wholly excluded, and it seems to me to be against public policy to produce uncertainty. The only satisfactory solution is by legislation following on a wide survey of the whole field, and I think that such a survey is overdue. A policy of make do and mend is no longer adequate. The most powerful argument of those who support the strict doctrine of precedent is that if it is relaxed judges will be tempted to encroach on the proper field of the legislature..."

历史悠久的传闻证据规则在今天不少地方都不够合乎时宜。《Cross & Tapper on Evidence》(2018 年,第 13 版)一书之 567 页就这样说:"the rule developed alongside that of the newer form of trial by jury, and was concerned to prevent its being undermined by the introduction of evidence that could not easily be tested by cross-examination in open court. Both of these justifications are now much weaker than once they were. The overwhelming majority of trials is now conducted without a jury, and a more literate and technologically advanced society provides, and depends upon, more reliable methods of keeping track of what has happened than can possibly be provided by the unassisted recollection of witnesses, even though exposed to cross-examination by an opponent... The business of reform thus sought to prevent the rule from causing unnecessary difficulty, while at the same time preserving its efficiency."

实际上,针对传闻证据规则,英国民商事诉讼中早在《Evidence Act 1938》就开始着手改革,经过后来的《Civil Evidence Act 1968》开始逐步放松,今天在《Civil Evidence Act 1995》中已经完全放开了对传闻证据规则的限制,不再以传闻证据规则不排除证据。《Civil Evidence Act 1995》之 Section 1 规定:"In civil proceedings evidence shall not be excluded on the ground that it is hearsay." 毕竟今天民商事案件也不再采用陪审团的做法,由审理法官衡量证据的分量作出事实认定。而且今天口头证据的功能也不再有过去做法中的重要性,要求实际陈述人宣誓出庭提供口头证据、接受交叉盘问的做法也已经没必要。

在今天民商事诉讼的环境下,可采纳性上不再是一刀切,即以证据的分量去针对这个问题。另是对传闻证据的质疑责任也加在当事人的身上,例如要求引入传闻证据的当事人提前给传闻证据通知,让对方当事人可去向"源头"(source)调查,也可以了解情况后认为有必要,要求盘问实际陈述人,以及实际陈述人如果没有恰当理由无法出庭接受盘问就会影响证据的分量等。

在刑事案件中,由于仍然采取陪审团制度,而且刑事案件一旦把嫌疑人/被告错误定罪就会有严重后果,因此没有采取类似民商事诉讼一样大刀阔斧的改革。只是由于各类现实的困境,立法给出了一系列的例外(exceptions),如 Myers v. DPP 贵族院先例之后有关商业记录的例外。最新的改革是《Criminal Justice Act 2003》。只简单介绍 R v. Horncastle (2009) UKSC 14 最高院先例中,Phillips 勋爵在判词的 30 到 40 段归纳与总结的立法针对传闻证据规则尤其是例外的规定。在此只节录 31 段的总结如下:"Hearsay is not made generally admissible by this statutory code. The scheme of the code is as follows: (i) It preserves certain specified common law categories of admissible evidence [ss. 114(1)(b) and 118]. (ii) It makes specific provision for a limited number of categories of hearsay where there is special reason to make it admissible [ss. 114(1)(a) and (c), 116 – 117, 119 – 120 and 127 – 129]. (iii) It provides for a limited residual power to admit hearsay if the interests of justice require it [s. 114(1)(d) and 114(2)]. (iv) It establishes special stipulations to which hearsay evidence is subject (ss. 121 – 126)."

不少国家或地区对传闻证据规则都在进行各种改革。例如,今天美国一般而言仍然不采纳传闻证据,但是以立法的形式在《Federal Rules of Evidence》中明确规定了大量的例外,如公共记录等:见 Rule 803 与 Rule 804。该立法条文较详细,有兴趣的读者可以自己查阅。[62] 又如,加拿大没有跟从 Myers v. DPP 先例中必须由立法改革的态度,而是用一系列先例说明传闻证据要看证据的可靠性(reliability)与必要性(necessity):见 R v. Khelawon (2006) SCC 57 加拿大最高院先例等。

3.5　当今民商事诉讼中的传闻证据规则

上一段已经介绍了英国《Civil Evidence Act 1995》之 Section 1 已经规定了民商事诉讼中不得以传闻证据的理由不采纳证据,但是仍然想要克服传闻证据的传闻危险(hearsay dangers),因此下文将讨论在该立法下要如何应对这些传闻危险,尤其是如何对传闻证据的分量进行衡量。

当然,1996 年《Arbitration Act》之 Section 34(2)(f)已经明示不适用证据规则(evidence rule),仲裁庭/仲裁员是程序与证据问题的主人(Master of procedural and evidential matters)。

3.5.1　传闻证据被采纳带来的变化

需要注意的是,CPR 下的一项超越性主要原则(Overriding Principle)是必须在费用上成比例(at proportionate costs),因此一份传闻证据虽然理论上完全可以被采纳,但由于实际陈述人没有恰当理由不出庭提供口头证据、涉及的是多重传闻等,可能会导致传闻证据的分量非常低,则出于费用成比例的考虑,法院是可以根据重要性拒绝采纳传闻证据的。

一个变化是原本以前有很多证据需要根据司法认知/司法通知(judicial notice),如一本万年历中记录的月象等事实。但一项事实能成为司法通知会有一些要求与困难,如要没什么争议、审理法官也愿意作出司法认知等。而今天由于传闻证据可采

---

〔62〕 Rule 803 可见:https://www. rulesofevidence. org/article – viii/rule – 803/ >, Rule 804 可见: < https://www. rulesofevidence. org/article – viii/rule – 804/。

纳,往往是可以自然地提供这本万年历作为传闻证据,对方也一般会承认(admit)有关事实。正如 District Court in Litomerice, Czech Republic v. Miroslav Kolman (2017) EWHC 302 (Admin)先例中 Blake 大法官所说:"Historically the doctrine of judicial notice has been employed to supplement the law and save time where there are obvious facts incapable of dispute. There are strict limits to its reach and in the modern world when evidence is required on an uncontroversial topic it is usually supplied by the making of **admission or receiving documentary hearsay rather than making use of the principle of judicial notice after investigation.**"(加黑部分是笔者的强调)

还有一个变化,即英国诉讼中在 CPR 下对于接受专家报告的意见证据有一系列要求,这已经在本书第四章有详细介绍,如果想要提交专家报告作为证据,必须先申请并获得法院批准。放开传闻证据规则后,可以采用传闻证据的形式提交调查报告等,特别是在法院拒绝批准接受作为专家报告的情况下。但以传闻证据形式提交的这类意见证据,可能代价高昂,审理法院对这类证据的重视程度是要大打折扣的。毕竟法院对待意见证据是本质上抗拒的,只有按照被批准的专家报告要求提交的证据,并通过交叉盘问(cross-examination)或专家证人会议(witness conferencing)的考验(testing)才会有更好与应享有的分量。这方面问题可见本书第四章之 7.3 段的介绍。

另一个变化是虽然放开了传闻证据的采纳性,但并不意味着随意用传闻证据替代口头证据。CPR Rule 32.2(1)(a)就规定,庭审(trial)中证人的证据一般都必须是以公开开庭中的口头证据形式提供:"The general rule is that any fact which needs to be proved by the evidence of witnesses is to be proved... at trial, by their oral evidence given in public..."

而且毕竟针对同一事实,一方当事人提供的是传闻证据,另一方则是有证人出庭作证,即使出庭的证人表现不尽人意,审理法官也可能偏向于可以出庭接受交叉盘问的证据。

在 The "Ferdinand Retzlaff" (1972) 2 Lloyd's Rep 120 先例(有关此先例的详细内容还可见本章之 3.6.2 段)中,针对的虽然是《Civil Evidence Act 1968》中放宽传闻证据可采纳性的问题,但在今天针对这个问题的态度仍没有明显变化。Brandon 大法官警示过立法并不意味着在诉讼中可以减低口头证人证言的重要性,可以节录 Brandon 大法官所说如下:"My view is quite simply that matters of this importance, in a case of this kind, should be proved by oral evidence, and that letters(此先例被提交的传闻证据) obtained at the time and in the way that these were obtained should have little weight attached to[63]... I cannot think that the Civil Evidence Act, 1968, was intend-

〔63〕 在此先例中,Brandon 大法官认为有关的传闻证据没什么分量。还可见本章之 3.6.3 段介绍的 Welsh v. Stokes (2007) EWCA Civ 796 先例。

ed, in general, to change the long established system by which seriously disputed central issues in civil cases are tried on oral evidence, given on oath and capable of being tested by cross-examination, and to substitute for it a system of trial on unsworn document brought into existence by parties to the proceedings post litem mortam〔64〕, and I do not think the Act should be used, or rather abused, so as to produce such a result."

类似说法还可见 The "Kilmun" (1988) 2 Lloyd's Rep 1 先例,Leggatt 大法官说虽然用书面证言完全替代口头证据是很方便的做法,但这并不是令人满意的解决事实争议的方式("it is obvious that it is not a satisfactory way of resolving disputed issues of fact")。

还可见 Polanski v. Conde Nast Publications Ltd (2005) UKHL 10 贵族院先例中 Hale 勋爵所说:"It might be grossly unjust to the other party, even contrary to his right to a fair trial under article 6 of the European Convention on Human Rights to decide a claim principally on the untested evidence of a party who has not been subject to cross-examination of any sort."

最后节录《Phipson on Evidence》(2017 年,第 19 版)一书之 29 – 16 段所说:"The Act is not intended to provide a substitute for oral evidence. The basic principle under which the courts operate is that evidence is given orally with cross-examination of witnesses, and the admission of hearsay evidence is, and should be the exception to the rule. Caution should be exercised before tendering important evidence through hearsay statements. Hearsay evidence is better used where the evidence is peripheral or relatively uncontroversial."这说法也可见 Miller v. Associated Newspapers Ltd (2012) EWHC 3721 (QB)先例。

现在的环境越来越强调文件证据的重要性,在国际商事仲裁中甚至会以文书审理替代开庭审理。但文件证据本质上是传闻证据,已经多次强调英国法院或是普通法背景的仲裁员十分重视交叉盘问。如果双方当事人同意以文件审理,这倒是无妨,大家提供与披露的证据均是传闻证据。但如果一方当事人以为有了文件证据就万事大吉,在对方有事实证人出庭接受盘问的情况下不准备口头证据应对,就有可能被对方当事人反败为胜。而如果仲裁庭拒绝一方当事人的口头证据,则有可能被败诉方挑战裁决书:见 CBP v. CBS (2020) SGHC 23 先例。

3.5.2 通知对方当事人

3.5.2.1 口头证据中的传闻:在提交证人证言时的通知

立法中的一个重要保护措施就是,除非有法院规则或立法予以豁免,或当事人之

---

〔64〕 诉讼开始后(*post litem mortam*),为了诉讼作出但没有经过宣誓与交叉盘问的文件,不能用来替代在关键事实争议上由证人出庭经宣誓以及交叉盘问过的口头证言。

间达成一致意见，[65]否则要提交传闻证据就应当通知对方当事人，让对方当事人可以有机会针对该传闻证据调查取证，例如查找证据的“源头”。《Civil Evidence Act 1995》之 Section 2(1)规定：“(1) A party proposing to adduce hearsay evidence in civil proceedings shall, subject to the following provisions of this section, give to the other party or parties to the proceedings (a) such notice (if any) of that fact, and (b) on request, such particulars of or relating to the evidence, as is reasonable and practicable in the circumstances for the purpose of enabling him or them to deal with any matters arising from its being hearsay.”

该法令还规定，即使没有给予恰当的通知，[66]也不导致证据不被采纳，而是由法院行使裁量权处理(如给予费用上的惩罚)，包括影响对于证据分量的考虑。这可见 Section 2(4)：“A failure to comply with subsection (1), or with rules under subsection (2)(b), does not affect the admissibility of the evidence but may be taken into account by the court (a) in considering the exercise of its powers with respect to the course of proceedings and costs, and (b) as a matter adversely affecting the weight to be given to the evidence in accordance with section 4.”

很明显，对所有的传闻证据都给出通知很花费时间与精力的昂贵工作。例如，律师在收到客户的大量文件后，要仔细看看内容中是否有传闻证据。如果涉及的是传闻，还要寻找实际陈述人是谁。如果虽然是传闻，但是证明目的可能不涉及传闻内容是否真实，此时可能更好的做法仍是通知对方，以免由于这问题导致在程序中受到惩罚(如费用惩罚)，或者导致证据的分量受到质疑。而在《Civil Evidence Act 1995》下，即使没给通知，也仍然要采纳证据，从而大大降低了律师的压力。毕竟对于重要的证据而言，如果是传闻证据，一般称职律师也都能够把这些证据挑出来。遗漏了的一般是不重要的证据(在国际商事案件中，这些证据的数量非常庞大)，缺少了这些证据整个事实的完整性就会有缺陷，但今天这也不再是问题了。在事实争议不大，或者是有关事实争议并不重要时，双方在代表律师的帮助下也会达成一致意见。

《Civil Evidence Act 1995》也赋予了法院针对通知的问题订立规则的权力，CPR 中也对传闻证据有所规定。主要是分成两部分内容，一部分是针对证人证言(witness statement)，一部分则是针对证人证言以外的传闻证据。

参加诉讼的当事人在诉讼过程中针对需要认定的争端，都可以提交证人对有关事实作出的证人证言(witness statement)。CPR Rule 32.4(1)规定：“A witness state-

---

〔65〕 这方面可见《Civil Evidence Act 1995》之 Section 2(2)与 Section 2(3)。

〔66〕 在过去的《Civil Evidence Act 1968》下，曾经有 Ford v. Lewis (1971) 1 WLR 623 先例，涉及一方当事人故意没有给予通知，但一审法院采纳作为证据，但在上诉庭被判错误并下令重审，认为在采纳这样的证据的情况下，法官无法恰当地行使裁量权。在今天不再有是否可采纳的问题，但看来在证据的分量上是会受到质疑的。

ment is a written statement signed by a person which contains the evidence which that person would be allowed to give orally."

而在庭审(trial)阶段，针对提供证词的证人的大原则是都应当参与公开开庭提供口头证据(oral evidence)。CPR Rule 32.2(1)这样规定："The general rule is that any fact which needs to be proved by the evidence of witnesses is to be proved (a) at trial, by their oral evidence given in public..."

因此，如果提交了证人证言的当事人最后想要依赖该证人证言，除非法院命令同意豁免证人出庭，否则有关证人必须出庭提供口头证据，或者就是将这个证人证言作为传闻证据看待。CPR Rule 32.5(1)规定："If (a) a party has served a witness statement; and (b) he wishes to rely at trial on the evidence of the witness who made the statement, he must call the witness to give oral evidence unless the court orders otherwise or he puts the statement in as hearsay evidence."

如果提交了证人证言的当事人既没有让证人出庭作证也没有主动将该证人证言作为传闻证据，对方当事人则可以向法院申请将该证据作为传闻证据。可见 CPR Rule 32.5(5)："(5) If a party who has served a witness statement does not (a) call the witness to give evidence at trial; or (b) put the witness statement in as hearsay evidence, any other party may put the witness statement in as hearsay evidence."

CPR Rule 33 专门针对证人证言中的传闻证据与作为传闻证据的证人证言。如果证人证言中的内容涉及传闻证据，就应该通知对方当事人。因为根据 CPR 的规定，证人证言中必须写明传闻的来源，所以也不奇怪 Rule 33.2(1) 规定这种情况下向对方当事人提交证人证言时，就认为已经满足了《Civil Evidence Act 1995》下的通知义务。而如果是被批准的证人在提交或相互交换证人证言时，因为情况发生变化无法作为证人出庭，Rule 33.2(2)就规定必须告知对方当事人这个事实，以及为什么不作为证人出庭。这也不需要是很正式的通知，可以以各种非正式(informal)的形式作出，只要明确写明该证人不会出庭以及原因，如通过电子邮件说证人需要离境或突然身患重疾无法出庭等。如果当事人给出的理由是证人突然改变心意拒绝出庭，对方当事人就可以调查到底是什么原因导致证人改变心意，如果情况合适，甚至可以考虑向法院申请要求传召该证人出庭(witness summons)。[67] 可以节录 Rule 33.2(1)与(2)如下："(1) Where a party intends to rely on hearsay evidence at trial and either (a) that evidence is to be given by a witness giving oral evidence; or (b) that evidence is contained in a witness statement of a person who is not being called to give oral evidence; that party complies with section 2(1)(a) of the Civil Evidence Act 1995 serving a witness statement on the other parties in accordance with the court's order. (2) Where paragraph (1)(b) applies, the party intending to rely on the hearsay evi-

---

〔67〕 见本书第二章之4段。

dence must, when he serves the witness statement (a) inform the other parties that the witness is not being called to give oral evidence; and (b) give the reason why the witness will not be called."

而针对证人证言以外证据(主要是文件证据)中传闻证据的规定则可见 CPR Rule 33.2(3),规定是类似的,需要通知自己将依赖传闻证据,以及告知不将实际陈述人作为证人出庭的原因:"(3) In all other cases where a party intends to rely on hearsay evidence at trial, that party complies with section 2(1)(a) of the Civil Evidence Act 1995 by serving a notice on the other parties which (a) identifies the hearsay evidence; (b) states that the party serving the notice proposes to rely on the hearsay evidence at trial; and (c) gives the reason why the witness will not be called.

而至于给予通知的时间点,CPR Rule 33.2(4)也明确提到了最迟也要与提交证人证言同时给予,或者是在提供包含该传闻证据的文件给对方时给予。而在这个问题上,法院也可以行使《Civil Evidence Act 1995》下的裁量权,根据案件情况恰当作出命令延长给予通知的时间等,例如,允许最迟到开庭前6周或者是允许在证人证言提交后2周内等。在此节录 CPR Rule 33.2(4)如下:"(4) The party proposing to rely on the hearsay evidence must (a) serve the notice no later than the latest date for serving witness statements; and (b) if the hearsay evidence is to be in a document, supply a copy to any party who requests him to do so."

CPR Rule 33.3 还列出了几项不需要给予通知的传闻证据的情况,包括庭审(trial,这会是针对实质争议,双方各自提交证据,包括口头证据等的开庭审理)以外的其他一般开庭(如针对一些程序问题、临时命令等的开庭),本质是传闻证据(因为不出庭接受盘问)的誓章/誓词或证人证言,遗嘱继承(probate)案件中死者的陈述。尤其 Rule 33.3(c)规定,在 CPR 的操作指引(Practice Direction)中也同样可以排除《Civil Evidence Act 1995》下的通知义务,但是至少目前看来还没有这样的操作指引。

面对传闻证据不调查摸底、寻找源头与查证是十分危险的,因为不确定实际陈述人是否可靠也不确定证人在转述的过程中有没有错误。本书第二章之1.4段就提到,根据 CPR PD 32 paragraph 18.2,证人证言中必须写明传闻证据的来源。如果证人证言中没有写明来源,可以在 CPR Rule 18.1 下要求更多信息(request further information)。[68] 如果对方还是拒绝提供,显然这个传闻证据的分量会受到严重影响,甚至没有分量。

而与读者有更密切关系的国际商事仲裁也是同样的道理。虽然仲裁不用遵循严格的证据规则,也很少采用要求信息的做法,但是如果在交换证人证言后发现对方的证人证言中有传闻证据,甚至传闻证据十分重要,就有必要要求对方提供来源。如果对方拒绝,或者在交叉盘问中带出了传闻证据但是拒绝回答关于传闻证据来源的问

---

〔68〕 见笔者的《证据法:国际规管与诉讼中的证据攻防》一书第七章之10.1段。

题,就有必要在结案陈词(closing submissions)中向仲裁庭指出,要求仲裁庭不要给予该传闻证据任何分量。

3.5.2.2 没有提前通知的后果

可以看到,CPR 里面给出了较为明确的通知时间节点,放在提交证人证言的阶段,主要是在这时已经可以考虑是否真正需要在案件中依赖传闻证据,也只有需要依赖传闻证据时,才需要让对方考虑是否要针对性作出应对。但问题是,如果一方当事人确实没有在此时间点之前给予通知,甚至是例如 Ford v. Lewis (1971) 1 WLR 623 先例中故意不给通知的情况,到底在 CPR 下能有什么后果呢?

本章之 3.5.1 段提到的法院不批准专家意见证据转以传闻证据提交不会有太大用处。换另一种情况,就是《Civil Evidence Act 1995》之 Section 2(4)明确规定没有按时给予传闻通知不影响证据采纳。而在 CPR 下,法院会对诉讼程序中发生的所有延误都采取"零容忍"的态度,如果不遵守时限提交证人证言就可能被法院行使广泛的案件管理权力排除。[69] 这岂不是法院可以排除正常的证人证言,但无法排除传闻证据?《Phipson on Evidence》(2017 年,第 19 版)一书之 29 - 15 段还提到了,进一步的思考是,如果口头证据确因各种原因被排除,能否干脆作为传闻证据提交:"The court has power under CPR to exclude witness statements or debar a party from leading oral evidence from some or all its witnesses because of a failure to comply with the rules. Does the Act have the effect that the court can debar oral evidence but not hearsay evidence? Thus, once debarred from calling oral evidence, can a party lead hearsay evidence to the same effect?"

看来法院可以采取的有限措施,一个是要求没有及时给予通知的一方承担浪费的费用,但金钱上的"惩罚"在个别案件中的真正作用可能很有限。而为了让对方当事人有时间针对传闻证据调查与做准备,法院还可以延期开庭,但是延期开庭可能在 CPR 下属于费用上不成比例因此不恰当的行为,甚至有时候对方当事人也不希望开庭延期。当然一般说法是可以在衡量分量时把这个因素纳入考虑,但做法上不容易,因为实际上往往只有两种选项:接受或不接受该传闻证据。另也会有各种各样的情况,如延误通知不影响有关传闻证据,因为不存在对方当事人的调查与回应。《Civil Evidence Act 1995》之 Section 4(2)(f)还明确规定,任何妨碍恰当衡量传闻证据的行为都要在衡量时纳入考虑。但法院如何对延误给予通知本身在衡量上给予"惩罚"呢?《Phipson on Evidence》(2017 年,第 19 版)一书之 29 - 15 段就说:"In many cases it will be easier to pay lip service to the provisions as to weight than to apply them in practice."

针对前文介绍的《Phipson on Evidence》一书提出的疑问,看来曾经有过先例判令,由于没有遵守法院命令太迟提交传闻通知,导致法院在广泛的案件管理权力下决

---

〔69〕 这可见本书第二章之 1.6 段。

定排除这些本可采纳的证据。此种广泛的案件管理权力是来源于本章已经多处提到的 CPR Rule 32. 1:"(2) The court may use its power under this rule to exclude evidence that would otherwise be admissible."另外错过时间点会导致惩罚的情况,法院在行使裁量权时看来也会参照 CPR Rule 3. 9 的要求,在此简单节录该条文如下:"**Relief from Sanctions** On an application for relief from any sanction imposed for a failure to comply with any rule, practice direction or court order, the court will consider all the circumstances of the case, so as to enable it to deal justly with the application, including the need—(a) for litigation to be conducted efficiently and at proportionate cost; and (b) to enforce compliance with rules, practice directions and orders. (2) An application for relief must be supported by evidence."

这种判法可见 Intervet UK Limited v. Merial & Others (2010) EWHC 294 (Pat)先例,案情有关专利侵权纠纷。笔者可以想到,在这类案件中,即使是在庭审中也会由于案件的推进而带出新问题,如要提供更多的技术性文件,这类文件会是传闻证据。此先例中,被告就在开庭中想要提交两类传闻证据并分别申请递交两份传闻通知,看来是要用传闻证据的形式替代证人证言与/或专家报告,此时递交传闻通知的时间显然早已届满。Arnold 大法官就说,虽然延误给通知不必然导致证据不可采纳,但会影响法院如何行使案件管理权力,包括因为未能遵守时间规定而导致不妥,这就会排除传闻证据。可以节录 Arnold 大法官所说如下:"Failure to give notice in due time does not of itself mean that the hearsay evidence in question is inadmissible, but it is relevant to (i) the court's exercise of its case management powers and (ii) the weight to be given to the evidence. So far as (i) is concerned, CPR r. 32. 1 gives the court a discretion to exclude admissible evidence. That discretion may properly be exercised to refuse to admit hearsay evidence where there is a failure to comply with the specified time limit."

Arnold 大法官衡量了该案件中多方面的具体情况,例如被告是否早已知道这些传闻证据有关,应该一早提交,也早有机会给予通知,采纳传闻证据是否会导致一方申请推迟庭审,以及接受与不接受这些证据对双方各自的好处与坏处等。最后针对两份不同针对的传闻通知与证据这样判:(1)实际陈述人是来自被告方的传闻证据,判不允许递交延迟的传闻通知与排除这些传闻证据,并说即使是接受了这些证据也不会有任何分量。主要原因会是这些证据令原告丧失交叉盘问实际陈述人、寻找与提供其他证据反驳的机会等。(2)而实际陈述人是来自原告方人士的传闻证据,判允许传闻通知与接受证据。主要原因包括原告自己也没有申请延期以便去找该人士作为证人出庭作证提供一手证据。但这份证据由于涉及一些专利的技术性内容而该证人不出庭作证,也没有其他专家对其中问题作出解释,再加上这还是传闻证据,因此也不会有太多分量。

这样的判法实际上就是尽管有《Civil Evidence Act 1995》之 Section 2(4)的规定,但不影响审理法院行使在 CPR Rule 32. 1 下的广泛权力,毕竟该条文明确规定可以排除本可采纳的证据。虽然这里具体案情上牵涉到了有关传闻通知,但排除的理由实际上仍然是证据的重要性不够。例如由于延误传闻通知导致没法交叉盘问考验该证据可靠性,这会导致证据的证明价值(probative value)不高,也会导致给丧失交叉盘问机会一方不公平的损害等。

Intervet UK Limited v. Merial & Others 先例的判法看来也被接受。例如,在较近期的 EC Medica Group UK Ltd v. Dearnley-Davison (2018) EWHC 1952 (Ch)先例中,在开庭前一天原告说自己一方有两个证人都无法参加开庭,因此申请递交传闻通知将这两个证人的证人证言作为传闻证据提供。而此先例中,双方当事人都同意根据 Intervet UK Limited v. Merial & Others 先例的判法,审理法院应有权力决定是否采纳这些证据,作为审理法官的 Kelyn Bacon QC 说:"It is common ground that the court has a discretion to refuse to admit hearsay evidence... I therefore heard submissions at the outset of the trial as to whether the hearsay evidence of these two witnesses should be admitted."

而具体到这两个证人而言法院是这样判的:(1)一名证人是第三人公司的雇员,不参加开庭的理由是该第三人公司人事问题,临时被安排必须进行某项工作。而看来很重要的原告提出该证人的证人证言内容并不关键,大部分内容看来被告也没有什么争议,因此判可以对这些没什么争议的内容依赖该证人的证人证言作为传闻证据。(2)另一名证人不参加开庭的理由则是自己在几周前手指受伤,而开庭时仍然在医生建议休息的时间内。这理由显然不太容易让人接受,毕竟手指受伤表面看来不应当对出庭作证有什么影响。而且几周前医生就已经给出建议,不应该到临近开庭这么晚的时间才提出,而看来更关键的则是该证人的证词中涉及非常有争议性的内容。也因此判拒绝该延误的传闻通知,也排除了该证人的证人证言。

3.5.2.3 文件证据中的传闻:双方同意的开庭案卷中是否需要额外通知

另外,由于在诉讼中双方会使用一套双方同意的开庭案卷(agreed hearing bundle),根据 CPR PD 32 paragraph 27.2 的规定,[70] 如果对同意用于庭审的文件有反对或异议应当及时提出,否则将视为双方当事人对文件真实性没有异议,以及可以采纳这些文件证明其中的陈述。即根据这操作指引的规定,当事人达成同意用于庭审的文件就会是已经完成了对文件的传闻通知的效果。

在 Charnock v. Rowan (2012) EWCA Civ 2 上诉庭先例中,第一被告驾驶轿车撞上巴士(事故并不严重),巴士上的 14 名乘客声称自己受伤并作为原告索赔。第二被告(第一被告的第三人责任保险人)发觉在此轻微的碰撞事故下,所有被告的医疗报告显示的是一模一样的创伤情况。因此保险人产生怀疑,开始调查取证并获得了

---

〔70〕 该条文可以节录如下:"27.2 All documents contained in bundles which have been agreed for use at a hearing shall be admissible at that hearing as evidence of their contents, unless (1) the court orders otherwise; or (2) a party gives written notice of objection to the admissibility of particular documents."

原告们最初见医生时医生的记录,当时记录的原告们向医生描述的病情有不少与此诉讼中原告们指称的创伤有出入。在庭审中,被告方代表大律师交叉盘问了多名原告并向他们展示前述医生的记录,这看来就是用来打击与丑化原告们证人的可信度了。这里的问题是医生所记录的原告们当时的陈述是传闻,因此应当提前通知。但是虽然提交了医生记录,也被所有当事人同意加入开庭案卷,但被告方并没有提前通知说该记录中有传闻证据,因此被质疑。一审法官在判词中就提到说对于这些没有事先给通知的传闻证据,在分量的衡量上会大打折扣,一审法官最后判原告们的证词是可信的,也判被告败诉。

保险人上诉提出,根据 CPR PD 32 paragraph 27.2 双方同意用于庭审的文件后没有反对或异议,就不需要再行通知,该说法被上诉庭的 Stephen Sedley 大法官接受。同意文件加入开庭案卷时,双方律师都应该仔细查阅文件并一一找当事人与证人查证,找出其中有问题的证据并提出反对或者是予以纠正。但是上诉庭并没有对一审判决改判,给出的另一个理由是,此先例中被告没有在文书请求(pleadings)中清楚对这方面的争端作出请求,因此有关这方面争端的证据(也无论是否传闻证据)本就与争议/争端无关而不应当被接受,所以没有严重不公正的地方。可节录 Stephen Sedley 大法官所说如下:

"It is the insurers' case that there was no procedural defect in the preparation or presentation of their case... It was properly adduced because it **formed part of an agreed bundle** which, by virtue of CPR 32 PD 27.2, not only operates-**subject to notice of objection or to a contrary order of the court-as an admission of the authenticity of the documents in the bundle but makes them admissible as evidence of the truth of their contents**. From that point, subject to any want of proper pleadings, it is for the claimants' lawyers to take instructions on any apparent discrepancy revealed by the documents and thus capable of being a topic of cross-examination. This being so,(保险人的代表大律师) submits, no question of ambush or want of notice arises...

Section 2(1) of the 1995 Act goes on to require such prior notice of intention to adduce hearsay evidence 'as is reasonable and practicable in the circumstances for the purpose of enabling (the other party or parties) to deal with any matters arising from its being hearsay'. Section 2(3) makes provision for the notice requirement to be waived. It is,... This is now done by CPR 33.3, which inter alia waives the need for notice where a practice direction so provides. This, it would seem, gives 32 PD 27 the force, or at least the support, of law...

It may be said that this reverses the notice requirement set out in s. 2(1). It can equally be said that the effect is to treat the agreement of a bundle as the requisite notice, leaving it to the objecting party to serve what is in substance a document-specific counter-notice. But (原告方的代表大律师) contends that more is needed for the admission of such hearsay than simply agreement of a court bundle.

. . . It may be that, at least in essentially straightforward litigation like the present, the answer to his problem lies in ensuring that the opposing case is properly pleaded, if need be by amendment following disclosure. . . **From that point the obligation will lie on each party's lawyers to go through the agreed documents with the client or witness and take instructions on any discrepant evidence, albeit hearsay, relevant to the pleaded issues.** But a party which has failed to plead its case with sufficient clarity may well find itself barred from adducing any evidence, hearsay or not, in support of an unpleaded contention. "(加黑部分是笔者的强调)

另在较早前的 Sunley v. Gowland White (2003) EWCA Civ 240 上诉庭先例中,也是同样看法。但在 First Subsea Ltd v Balltec Ltd (2013) EWHC 1033 (Pat)先例中,Norris 大法官认为,在很多情况下,开庭案卷中如此大量的文件不事前向对方当事人作出特定的传闻通知并不公平,而 CPR 的超越性目的是公平审理(fair trial),所以有不同判法:

"It seems to me that PD 32 para 27. 2 has to be read in the context of the Civil Procedure Rules as a whole. Whatever the Practice Direction may literally say, there is no doubt that the Civil Procedure Rules contain, in CPR 33. 2 and following, express reference to the requirements of the Civil Evidence Act as to the adduction of hearsay evidence. Those provisions are there for a purpose I would be reluctant to read paragraph 27. 2 as completely overriding those other provisions of the CPR, and indeed the statute itself. I accept that there are two expressions of view in the Court of Appeal that it might have that effect in the circumstances of the cases before the court. But for present purposes it seems to me that the guidance which is provided by CPR PD 32 paragraph 27. 2 falls to be applied in each individual case by reference to the CPR as a whole, to the existence of the evidential requirements of the Civil Evidence Act, and in particular to the overriding objective. **It seems to me that it would not be 'just' in many cases to rely upon paragraph 27. 2 as relieving a party seeking to use it of the obligation of giving fair and proper notice of the matter that is in issue and the evidence that will be used to prove it.**

In the instant case, I would not have been content (if this point had been **raised without notice in closing**) to have permitted BSW to **use a statement in an agreed document in a large trial bundle as the evidence to prove an unparticularised allegation in the statement of case**. I think that parties who rely on paragraph 27. 2 for **the adduction of evidence of an issue central to the establishment of liability are likely to find that the court will view such conduct as not acceptable**, and I would not have done so in this case. . . . "(加黑部分是笔者的强调)

归根结底还是根据案情看是否公平。这判法也被后来的 Crowley Property Investment Ltd v. Oxford Karting Ltd（2018）EWHC 2824（Ch）先例跟从。此先例原告很晚（在结案陈词时）才真正说清楚自己很依赖开庭案卷中的一些实属传闻的文书证据，被批评会造成不公平与不被允许：

"There was no dispute as to the authenticity of the documents relied on by Cowley, but there had been no agreement that the documents could be treated as evidence of the facts ... Although Practice Direction 32 paragraph 27.2 provided that documents contained in bundles agreed for use at a hearing were admissible as evidence of their contents, that was subject to an order to the contrary. In exercising its discretion as to whether to make an order to the contrary, the court should be guided by the overriding objective. In this case, given **the way the case was pleaded, the late abandonment of a substantial part of the claim and the late notification that Cowley was not calling any witness evidence, Oxford was entitled to know that Cowley was seeking to rely upon the documents in the bundle** before Oxford made its election as to whether to call evidence. **Cowley had not identified the documents it relied upon until counsel's written closing submissions**, after Oxford had made its election. Accordingly, **as a matter of fairness, Cowley should not be permitted to rely upon those documents at that late stage.**

It followed that Cowley had no evidence to prove its case, and accordingly the claim should be dismissed."（加黑部分是笔者的强调）

3.5.2.4　国际仲裁

类似法院诉讼，国际商事仲裁中也会遇见不同情况。在国际商事仲裁中，很多案件非常复杂、争议金额也很大，通常有几十个双方当事人同意的开庭案卷，以确保在开庭审理时大家看的都是同一份文件。也有说法是，这些文件在无特定异议的情况下被加入开庭案卷，就是接受了文件的真实性，不得在开庭审理时对文件提出质疑，双方只能争辩其内容与解释。虽然称职代表律师在双方相互披露文件后就应该查阅所有这些有关的文件，[71]如果对方文件内容有传闻证据（如来自代理公司对一个关键争议事实的重要陈述），就应该多方面考虑。如该传闻证据是否对己方不利、对方会否依赖、是否需要交叉盘问对方代理公司的负责人与盘问的准备、是否需要要求对方提供有关代理公司消息来源等进一步信息以供调查等。但面对数量如此巨大的文件，要求代表律师一份份仔细阅读确认也十分劳民伤财，难怪律师收费低不了，但至少与关键争议事实十分重要的包含传闻证据的文件，应该被察觉与有充分准备。然而，仍会有情况是，一方当事人在开庭审理在即，甚至在开庭中途披露有传闻证据内容的文件，并作出依赖。虽然该当事人也可能是无辜，因为刚刚才拿到新文件，或是证人在交叉盘问中的回答令原本不需要的文件变为需要披露等。

---

〔71〕　见笔者的《证据法：国际规管与诉讼中的证据攻防》一书第七章。

还可能发生的情况是在交叉盘问阶段带出了新的传闻证据,或是发现证人证言中的某些陈述实际属于传闻证据。例如,证人证言中证人陈述的事情,根据交叉盘问发现实际上证人下属的雇员或代理人才有亲身经验,证人也是从他们那里听来的。这种传闻证据未必重要,但如果是对争议事实重要,盘问方就可能要求排除这传闻证据。

面对以上的情况,另一方当事人通常会反对,声称是突袭与不公平,没有时间调查与应对。对方当事人就会要求仲裁庭拒绝采纳证据,或是从庭审记录中删除,或是押后重新开庭(并以费用惩罚突袭的披露方),或是不给予分量。

国际商事仲裁中传闻通知的做法很少见,但因为国际商事仲裁不用遵从证据规则,所以应该可以更有弹性地处理这方面的问题。但对当事人来说,如果要依赖十分重要的传闻证据,特别是对方当事人会注意不到或没有机会考验的(如有关实际陈述人不会出庭接受交叉盘问),会否更安全作出传闻通知?仲裁庭在决定时可以考虑传闻证据的重要性,对方当事人是否还有机会调查取证或是交叉盘问实际陈述人等。如果从总体的公平合理考虑不应该采纳该传闻证据,就可以参考法院的做法行使裁量权排除该证据、押后开庭或不给予分量等。

3.5.3　收到传闻通知后对方当事人的应对

在收到通知得知对方当事人要提供传闻证据时应该怎么办呢?首先当然是可以要求通知方提供更详细的资料。传闻通知的内容往往不会详尽或明确到面面俱到(这当然也会是传闻通知方故意而为之),例如船舶搁浅导致装载的货物受损,在船东与货方(及其保险人)的诉讼中,船东通知货方会提交一份船长在事故后向公司给出的书面陈述,以及该陈述的内容是什么,但船长不会出庭作证。如果货方认为这份陈述很重要,就要进一步调查与行动。包括要求船东提供更多有关此传闻证据的信息,例如,什么时候的陈述,是谁实际草拟与最后确认,当时是在船上还是在岸上等。通过这些信息可以与其他证据如航海日志进行比对,又或者是作为准备用以盘问其他证人。这还包括要求船东提供船长的个人资料,如姓名、国籍、住址,以及船长的行踪等信息,这之后的可能行动就是向法院申请要求船东让船长作为证人出庭作证,毕竟由于船长常常不在境内,也就是不在英国法院管辖范围以内,将船长传召到庭(Subpoena 或今天 CPR 下称为"Witness Summons")是很困难的。[72]

要陈述人出庭作证,是因为传闻证据的一个重要弊端,就是实际陈述人并不会出庭接受交叉盘问。因此在一方当事人通知对方当事人要提交传闻证据后,很重要的就是对方当事人如果希望,可以向法院申请要求引入传闻证据的当事人安排实际陈述人针对这段"传闻"的证词接受盘问。《Civil Evidence Act 1995》之 Section 3 就明确规定了对方当事人可以向法院作出申请:"Rules of court may provide that where a party to civil proceedings adduces hearsay evidence of a statement made by a person and

---

〔72〕 有关传召证人的问题,可见本书第二章之4段。

does not call that person as a witness, any other party to the proceedings may, with the leave of the court, call that person as a witness and cross-examine him on the statement as if he had been called by the first-mentioned party and as if the hearsay statement were his evidence in chief."

在 CPR 下则有更详细的时间规定,Rule 33.4 规定应当在收到通知后 14 天内提出申请:"(1) Where a party—(a) proposes to rely on hearsay evidence; and (b) does not propose to call the person who made the original statement to give oral evidence, the court may, on the application of any other party, permit that party to call the maker of the statement to be cross-examined on the contents of the statement. (2) An application for permission to cross-examine under this rule must be made not more than 14 days after the day on which a notice of intention to rely on the hearsay evidence was served on the applicant."

需要注意的是,这里的交叉盘问不能是任意问题,而只能是针对传闻证据中实际陈述人所陈述的内容,这与一般证人的交叉盘问是有一定区别的。[73] 在 Douglas v. Hello! Ltd (No. 5) (2003) EWCA Civ 332 先例中,上诉庭的 Woolf 勋爵就说:"It is significant to note that **there are limits to the power of the court under Part 33.4: it is to allow the maker of the statement to be cross-examined as to its contents**. That provision does not enable (大律师) to cross-examine the (实际陈述人) when (实际陈述人) is called as to matters that do not arise out of the statement. **Reference to the 'contents' of the statement confines it to matters dealt with in the statement. But a reasonable approach has to be adopted to determine what are the contents of the statement for that purpose.** The trial judge has a considerable discretion over the extent of the cross-examination. If he considers that the cross-examination is going beyond proper bounds, then his powers to control evidence enable him to limit the evidence in an appropriate manner. The judge can be relied upon to see that no unreasonable use is made of the powers of cross-examination."(加黑部分是笔者的强调)

在决定是否提出申请时,会考虑的因素是:(1) 是否确定出庭的证人提供的证据中已经包括了有关的传闻信息。(2) 提供传闻信息人士不出庭举证是否有好的理由? 这与能否成功申请有密切关系。(3) 如果该人士在外国,可否接受如 CPR Rule 32.3 的视频连线的做法。(4) 传闻证据是否涉及案件重要争议/争端,值不值得申请。(5) 整体看质疑传闻证据的通知是否合理,否则会有需要承担费用的考虑(adverse costs order)。

---

〔73〕 本书第三章之 1.3.3.8 段已经提到,盘问律师对事实证人的提问不局限在文书证人证言的内容,而是可以盘问任何证人知道或合理应该知道的有关事实。

对方当事人即使没有申请交叉盘问实际陈述人,并不意味着就接受了这些传闻证据的真实性与准确性。但《Phipson on Evidence》(2017 年,第 19 版)一书之 29 – 07 段说,经过恰当通知对方当事人并不申请交叉盘问,可能在衡量证据的分量时被认为至少不太抗拒这个传闻证据:"In some circumstances, the fact that despite timeous notice being given no right was exercised may be relied on as relevant to weight."

在调查取证时,理想的做法当然是可以让证人答应万一有需要时就要出庭作证,只有证人有恰当理由确实无法出庭或者是没有相关必要时,才单纯以传闻证据的形式举证。证人确有恰当理由不出庭的情况,例如,证人已经死亡或现在身体或心理上存在问题导致无法出庭提供口头证据;已经尽力寻找仍然没找到是谁作出的陈述,如 Teper v. R (1952) AC 480 枢密院先例;证人已经无法合理回忆早先陈述的有关事实等。这种情况下,无法出庭的证人就仅仅提交书面的证词,该证词会是誓章(affidavit)或誓词(affirmation)或证人证言,或者是由可以出庭的其他人提供传闻证据。过去还有一些其他的例子,如证人身处海外,难以安排前来出庭提供口头证据等,但今天这类情况已经不太可以作为理由了,一方面是交通更方便,而且还有远程视频连线等手段。[74]

3.5.3.1 实际陈述人仍然拒不出庭的后果:Polanski v. Conde Nast Publications Ltd 先例

前述节录的立法与 CPR 条文中并没有提到如果法院认为实际陈述人应当出庭,但要依赖传闻证据的当事人拒不履行的后果。但看来可能导致法院根据 CPR Rule 32.1(2)赋予的广泛权力完全排除该传闻证据。

在本章之 1.4 段提到过的 Polanski v. Conde Nast Publications Ltd (2003) EWCA Civ 1573 上诉庭先例中,著名导演罗曼·波兰斯基(Roman Polanski)作为原告起诉被告诽谤,原告因 1977 年涉嫌性侵女童,在司法程序进行到一半时逃回法国,并被美国通缉,因此原告拒绝前往英国出庭提供口头证言,因为一旦前往英国境内就可能被引渡回美国受审,而如果原告不出庭,就只能提供他的传闻证据了。原告也根据 CPR 32.3("may allow a witness to give evidence through a video link or by other means")申请要求通过视频连线的方式提供口头证据、[75] 接受交叉盘问。上诉庭判此案中不接受以视频连线方式提供口头证据。

在这里主要就是由于法院接受被告申请要求原告出庭,但不接受以视频连线方式出庭,而原告又不愿意前往英国境内出庭,这导致法院判不允许原告依赖这传闻证据。上诉庭的 Simon Brown 大法官指出在 CPR 下完全有此权力:"Under CPR Part

---

[74] 这类情况不少。例如,Access Bank Plc v. Erastus Bankole Oladipo Akingbola (2012) EWHC 2148 (Comm) 先例就提到经过双方当事人的同意,尼日利亚被告及其证人就在尼日利亚参加视频连线参与开庭。

[75] 有关视频连线提供口头证据的问题,在本书第一章之 6.16 段有详细介绍。

33.4, when one party has served notice that hearsay evidence is to be given through a statement and that that party does not intend to call the maker of the statement to give oral evidence, then **the court may permit another party to call the maker of the statement for the purpose of cross examining him. This is a significant power because it enables a court, on the application of a party, to require evidence adduced by the other party to be properly tested rather than simply having to consider the weight to be attached to a written statement, particularly where the evidence in that statement is of importance in the trial**... If the court considers in all the circumstances that the person outside the jurisdiction should attend and be cross-examined at court in person(上诉庭判不允许采用视频连线的方式让证人出庭作证), but the party intending to call him refuses to arrange for him to come to London, then the ordinary consequences of a refusal to obey an order of the court should follow. In such a case, the consequence would ordinarily be that the party would not be entitled to rely upon that evidence in any form."(加黑部分是笔者的强调)

该案件上诉到贵族院后,在 Polanski v. Conde Nast Publications Ltd (2005) UKHL 10 贵族院先例中判可以采用视频连线的方式让罗曼·波兰斯基作证,也推翻了上诉庭判决。但是针对法院以证人不出庭为由不允许当事人依赖传闻证据的说法,Nicholls 勋爵在附带意见(obiter)中同意法院有这样的权力,但是警示这样的权力不是只要证人不出庭就会行使,而是需要结合案情看确实符合公平正义:"I agree with the Court of Appeal that the court's case management powers under CPR 32.1 are wide enough to enable the court to make the orders indicated by the Court of Appeal in this passage... **Such an exclusionary order should not be made automatically in respect of the non-attendance of a party or other witness for cross-examination. Such an order should be made only if, exceptionally, justice so requires.** The overriding objective of the CPR is to enable the court to deal with cases justly. The principle underlying the Civil Evidence Act 1995 is that in general the preferable course is to admit hearsay evidence, and let the court attach to the evidence whatever weight may be appropriate, rather than exclude it altogether."(加黑部分是笔者的强调)

在国际仲裁中,也可以申请交叉盘问实际陈述人以考验对方提供并依赖的传闻证据。如对方讲明证人不出庭但仍是依赖文书证人证言,也可以向仲裁庭申请对方必须安排该证人出庭的。虽然仲裁庭没有类似英国法院的强势案件管理权力,只要对方拒绝找实际陈述人出庭接受交叉盘问就排除该证据,但是仲裁庭仍有裁量权可以因此给该传闻证据很低或是不给分量。

3.5.3.2 谁依赖传闻证据就是谁的证人:Douglas v. Hello! Ltd (No.5)先例

基于 CPR 下将所有牌摊开在桌面上(all cards open on table)的大原则,所有证人都必须要提前准备证人证言(即使没有证人证言,也会有证人纲要等)。但即使是准备与提交了证人证言，在最后对实质问题的审理即庭审阶段，准备与提交了该证人证言的当事人未必就会真的要依赖该证人证言，即没有安排（call）该证人出庭提供口头证据，也没有补上一份（一般情况下传闻通知是与证人证言一并提交）申请将证人证言作为传闻证据依赖。这是因为基于案件的进展该证人证言要针对的事实争端已不再重要，更会是由于担心实际陈述人的陈述不令人满意，甚至可能会是证人变为恶意（hostile）持相反意见，因此干脆不依赖该证人避免风险。这样在实质审理中这份证人证言也就不需要被考虑。

在以前是不允许一方当事人依赖对方提交但没有依赖的证人证言的，但如今CPR Rule 32.5(5)明确规定是可以依赖前述证人证言作为传闻证据的，该条文可以再次节录如下："(5) If a party who has served a witness statement does not—(a) call the witness to give evidence at trial; or (b) put the witness statement in as hearsay evidence, any other party may put the witness statement in as hearsay evidence."

这就带来一个疑问，一方当事人不打算依赖自己准备的证人证言，但是对方当事人想要依赖该证人证言作为传闻证据时应当如何处理呢？这正是Douglas v. Hello! Ltd (No. 5) (2003) EWCA Civ 332先例中发生的情况。

Douglas v. Hello! Ltd(No. 5)先例的背景事实，是好莱坞明星迈克尔·道格拉斯（Michael Douglas）与凯瑟琳·泽塔琼斯（Catherine Zeta-Jones）在2000年结婚时，与出版著名杂志《OK!》的杂志社达成独家拍摄协议，由《OK!》杂志社独家拍摄所有婚礼照片，但之后《OK!》杂志社要刊登与使用这些照片需要提前获得迈克尔·道格拉斯先生的批准。为了确保独家拍摄，在婚礼（有250人出席）上非常严格地不允许任何出席人士携带可以拍摄的设备入场，也因此对这明星婚礼的独家拍摄权在当时价值100万英镑之巨。但谁知还是有摄影师设法入场并偷偷拍下照片，并将照片销售给了另一家《Hello!》杂志社。因此迈克尔·道格拉斯先生与《OK!》杂志社开始了一系列针对《Hello!》杂志社及其母公司与董事（第一到第三被告），以及作为《Hello!》杂志社中介（他们联系该偷拍的摄影师）的第四到第五被告等人士的诉讼，包括申请禁令禁止传播、公开，起诉侵权等。

而此先例针对的问题是，《Hello!》杂志社在有关期间的一位照片编辑Sue Neal女士在当时实际经手了从摄影师手中购买偷拍照片，也因此可以想到对于很多事实而言，Neal女士的证词会有关联性与重要性。第四与第五被告曾经找Neal女士获取了（第一版）证人证言，之后原告也找Neal女士获得了（第二版）证人证言，但是都没有依赖Neal女士的证词，没有要求她出庭提供口头证据，也没有将证人证言作为传闻证据。这背后的原因归根结底看来都是他们无法信任Neal女士出庭提供口头证据能让人满意或者是对自己有利，因为对于第四与第五被告而言，由于Neal女士早已经从杂志社离职并与杂志社闹翻，而对于原告而言虽然准备了证人证言但后来发现有不妥之处，毕竟她属于对方的证人。

而在此先例中，代表不同利益的第一到第三被告的大律师（Price先生）在开庭陈词时向审理法官申请将这两个版本的证人证言都作为传闻证据予以采纳与考虑。这样，本来不想依赖的原告（第四与第五被告也会是同一想法）就需要申请法院命令第一到第三被告安排 Neal 女士出庭接受原告的交叉盘问。可以想到既然第一到第三被告希望依赖 Neal 女士的证人证言，说明内容肯定是对其有利，所以原告必须通过交叉盘问丑化 Neal 女士的证词。

这里的问题是，制作 Neal 女士的证人证言的是原告与第四和第五被告，如果他们安排 Neal 女士出庭，是不能向自己的证人进行交叉盘问的。[76] 但在此先例情况被搞乱了，一审法院与上诉庭都判原告有权交叉盘问。上诉庭的 Woolf 勋爵说：(1)今天 CPR 的意图与趋势都是不希望用非常技术性的规定来进行诉讼。一般情况下也确实是如果准备与提交了证人证言就应当是想要依赖该证人证言（至少在当时而言应该是这样，之后当然会由于各种不同原因而改变主意与策略），而不仅仅是为了技术性的目的。对于证人证言而言，如果没有被依赖，该“证人”也是不应被允许出庭接受交叉盘问的。(2)在此先例中，原告并不依赖 Neal 女士的证人证言。根据 CPR Rule 32.5(5)，提交了证人证言的一方当事人最后没有依赖该证人证言，即又没有让该证人出庭接受交叉盘问，又没有将证人证言作为传闻证据提交并作出通知，对方当事人在觉得有利的情况下，可以将该证人证言作为传闻证据依赖，因此是第一到第三被告依赖了 Neal 女士的证人证言作为传闻证据。(3)而 CPR Rule 33.4 写得非常清楚，谁依赖了传闻证据，对方就有权交叉盘问实际陈述人。根据此先例中的事实，也就是虽然原告与 Neal 女士制作了第二版证人证言，但是实际上是第一到第三被告依赖了该证人证言，因此原告才是有权交叉盘问的当事人，可以要求 Neal 女士出庭并对她进行交叉盘问。

一般法院不会允许只依赖对方提交但不再依赖的证人证言中的部分内容，这显然有断章取义、挑选“樱桃”之嫌。要依赖就必须依赖完整与全部的证人证言。部分依赖就不能适用 CPR Rule 32.5，也会被法院排除不接受。Property Alliance Group Ltd v. The Royal Bank of Scotland Plc (2018) EWCA Civ 355 上诉庭先例中就说：“In our view, CPR 32.5 is not applicable where a party wishes to put in only part of a witness statement. The rule itself refers to ‘the witness statement’ being admitted, not merely some of it. Further, it makes sense that a party wanting to rely on something said in a statement should have to place all of the statement before the Court. A Court asked to attach significance to a passage from a statement should have before it the totality of what the witness said.”

3.5.4　可以提交有关实际陈述人是否适格及其可信度的证据

显然实际陈述人在作出陈述时必须主体资格适格（competent），例如不能当时身体或精神上有疾病导致根本没有能力理解或作出表达。但这是极端情况，更实际的

---

〔76〕 见本书第三章之 4 段的介绍。

是实际陈述人的可信度,因为这涉及衡量证据的分量。

在正常情况下证人提交了证人证言,一定会出庭作证。届时对方当事人的代表律师可以通过交叉盘问来质疑证人的可信度,也允许提供证据打击可信度,例如,该证人对一件事情的说法出尔反尔、反复不定等,该证人也完全有机会通过他/她的回答强化自己的可信度。这种情况下审理法官(或仲裁庭)就比较容易决定到底应该给该事实证人的证词多少分量。

针对文书的证人证言,如果对方当事人没有申请要求该证人出庭接受交叉盘问,或该证人有恰当理由不出庭接受交叉盘问,就并不存在真正的"证人",而"证人"方的当事人仍把提交了的证人证言作为传闻证据依赖。这样,审理法官就无法知道与感受到该"证人"的可信度,进而更难根据文书的证人证言中所讲的"故事"掌握轻重。

因此,在立法中额外允许提交各类证据来显示不准备出庭的传闻证据的实际陈述人的可信度问题,这样就不存在实际陈述人(或转述人)可信度的证据能否被采纳的质疑(毕竟这会与案件争端无关),且在做法上也会与针对证人可信度的证据类似对待。另外,针对传闻证据与一般证人的可信度证据还会有所不同的是,传闻证据中的可信度问题会是不仅仅针对实际陈述人,而是会包括传闻中任何一位转述人,如对方当事人证明该"证人"曾经在其他场合有过与证人证言中不同的说法,或者证人证言说从媒体上的某文章看来的消息,媒体的可信度(是正规媒体还是自媒体)与该文章的信息来源(是来自当事人还是属于多重传闻)的可信度就十分重要。

节录有关的《Civil Evidence Act 1995》之 Section 5(2)条文如下:"Where in civil proceedings hearsay evidence is adduced and the maker of the original statement, or of any statement relied upon to prove another statement, is not called as a witness (a) evidence which if he had been so called would be admissible for the purpose of attacking or supporting his credibility as a witness is admissible for that purpose in the proceedings; and (b) evidence tending to prove that, whether before or after he made the statement, he made any other statement inconsistent with it is admissible for the purpose of showing that he had contradicted himself. Provided that evidence may not be given of any matter of which, if he had been called as a witness and had denied that matter in cross-examination, evidence could not have been adduced by the cross-examining party."

CPR Rule 33.5 也有规定,对方必须在收到传闻通知后 14 日内通知要提交这类可信度证据,让"证人"方可以有所准备。该条文可以节录如下:"(1) Where a party (a) proposes to rely on hearsay evidence; but (b) does not propose to call the person who made the original statement to give oral evidence; and (c) another party wishes to call evidence to attack the credibility of the person who made the statement, the party who so wishes must give notice of his intention to the party who proposes to give the hearsay statement in evidence. (2) A party must give notice under paragraph (1) not more than 14 days after the day on which a hearsay notice relating to the hearsay evidence was served on him."

3.5.5 立法下传闻证据的例外

今天已经有《Civil Evidence Act 1995》立法，该立法不再限制传闻证据可采纳性，只是要给传闻通知(hearsay notice)。此外该立法还规定了一些例外，在这些例外的情况下，有关证据应与一般证据一样对待，不适用 CPR 下有关传闻证据的规定，如不需要给传闻通知等。这部分主要是在 Section 7，其中主要针对了两类内容：一类是公共文件(public documents)，另一类则是有关声誉(reputation)。

有关公开文件的是 Section 7(2)："The common law rules effectively preserved by section 9(1) and (2)(b) to (d) of the Civil Evidence Act 1968, that is, any rule of law whereby in civil proceedings (a) published works dealing with matters of a public nature (for example, histories, scientific works, dictionaries and maps) are admissible as evidence of facts of a public nature stated in them[77], (b) public documents (for example, public registers, and returns made under public authority with respect to matters of public interest) are admissible as evidence of facts stated in them[78], or (c) records (for example, the records of certain courts, treaties, Crown grants, pardons and commissions)[79] are admissible as evidence of facts stated in them, shall continue to have effect."

与声誉有关的证据往往是由证人出庭对一批人士都会说的话或者是做法作证，可见《Cross & Tapper on Evidence》(2018 年，第 13 版)一书之 605 页所说："Reputation is established by a witness' evidence concerning the sayings and doings of a plurality of people."例如，涉及当事人(或证人)品格问题时，如果可以找到公开文件(如欺诈的犯罪记录)，会是很好与很有力的证据，刚刚已经提到这是传闻证据的例外。有时则会找声誉证人作证说同一个行业内都知道该当事人(或证人)的声誉如何，如大家都知道该人士惯常撒谎。但一般并不允许声誉证人对行业内其他人士具体所说的话或者行为作证，例如，不能作证说曾经在某活动上，行业内其他人士公开表示该当事

---

〔77〕 这是关于历史、科学成果、字典、地图等这类公共性质的证据，就属于传闻证据规则的例外。早在 Read v. Bishop of Lincoln (1892) AC 644 先例中 Halsbury 勋爵就说："Where it is important to ascertain ancient facts of a public nature, the law does permit historical works to be referred to."

〔78〕 这是指公共文件，主要是各类政府部门记录的文件，如出生、死亡登记，婚姻状况登记等。在 Irish Society v. Bishop of Derry (1846) 12 Cl & Fin 641 先例中，Parke B 大法官解释说："In public documents, made for the information of the Crown, or all the King's subjects who may require the information they contain, the entry by a public officer is presumed to be true when it is made, and it is for that reason receivable in all cases, whether the officer or his successor may be concerned in such cases or not."一般而言，无论是国内还是国外的公共文件都同样对待：见 Lyell v. Kennedy (1889) 14 App Cas 437 先例。

〔79〕 各类记录(records)，如法院的记录等都被作为例外。

人（或证人）是个骗子。仅仅针对声誉而言，技术上可以说并不涉及传闻证据规则（毕竟声誉证人自己也是一批人士中的一个，是对自己有认知的事实作证），但往往会有质疑的是声誉证人毕竟在代表一批人作陈述。也因此立法中在 Section 7(3)中干脆将这声誉本身视为事实，而不是代表他人的陈述："Where any such rule applies, reputation or family tradition shall be treated for the purposes of this Act as a fact and not as a statement or multiplicity of statements about the matter in question."

但要注意的是这类证据，在民事诉讼中主要会是与诽谤（defamation）等侵权案件（声誉会关系到责任、损失）或者是家事（family）案件有关。在此只简单节录 Section 7(3)的其他部分如下："The common law rules effectively preserved by section 9 (3) and (4) of the Civil Evidence Act 1968, that is, any rule of law whereby in civil proceedings:(a) evidence of a person's reputation is admissible for the purpose of proving his good or bad character[80], or (b) evidence of reputation or family tradition is admissible (i) for the purpose of proving or disproving pedigree or the existence of a marriage,[81] or (ii) for the purpose of proving or disproving the existence of any public or general right or of identifying any person or thing, shall continue to have effect in so far as they authorise the court to treat such evidence as proving or disproving that matter."[82]

3.5.6　商业记录与文件存档

本身可信度较高的文件证据由于涉及传闻而导致不被采纳的问题，早在本章之 3.4 段介绍的 Myers v. DPP (1965) AC 1001 贵族院先例后就已经得到重视，并很快有了立法修改将商业记录（business record）等文件立法规定为可采纳。

今天针对文件存档的另一项问题，则是过去这类证据需要有关人士（如文件存档的保管人）出庭提供口头证据。但是今天的各类商业存档，尤其是在大型企业中的各类存档，大部分都要应用各类科技手段，也往往无法找出一个人可以对所有的存档都提供口头证据。而且更重要的是，今天有对文件的大量复制，尤其是电子存档可能制作了非常多的副本。因此，在《Civil Evidence Act 1995》之 Section 8 规定文件中的陈述可以被作为证据提交，也只需要提交该文件，或者是原文件不再存在的情况下

---

[80]　某人的声誉会与其品格有关。品格证据（character evidence）可见本书第九章之 2 段的介绍。

[81]　有关家族谱系（pedigree）的证据，如，有关是否属于婚生子女（legitimate offspring），或者是有关子女之间谁先出生等事实。

[82]　《Cross & Tapper on Evidence》（2018 年，第 13 版）一书之 606 到 607 页介绍这里的公共（public）或一般（general）权利时说："A public right is one affecting the entire population, such as a claim to tools on a public highway, a right of ferry, or the right to treat part of a river bank as a public landing place... A general right is one that affects a class of persons, such as the inhabitants of a particular district, the tenants of a manor, or the owners of certain plots of land. Examples are rights of common, the rights of corporation, and a custom of mining in a particular district..."

可以提交让法院能够满意真实性的副本。可以节录 Section 8 如下:“(1) Where a statement contained in a document is admissible as evidence in civil proceedings, it may be proved (a) by the production of that document, or (b) whether or not that document is still in existence, by the production of a copy of that document or of the material part of it, authenticated in such manner as the court may approve. (2) It is immaterial for this purpose how many removes there are between a copy and the original.”

Section 8 针对的是文件中的各类陈述,而针对文件本身,Section 9 也规定,商业记录或者是公共机构(public authority)的记录可以单独作为证据提交(不需要知道这些记录事实的人士的口头证人证言等),见 Section 9(1):“A document which is shown to form part of the records[83] of a business[84] or public authority[85] may be received in evidence in civil proceedings without further proof.”

但是这类记录提交的同时需要附上一份签署的证明,Section 9(2)这样规定:“A document shall be taken to form part of the records of a business or public authority if there is produced to the court a certificate to that effect signed by an officer[86] of the business or authority to which the records belong. ....”

如果是要显示在相关记录中没有有关记载,则可以提交负责人(officer)作出的誓章/誓词,见 Section 9(3):“(3) The absence of an entry in the records of a business or public authority may be proved in civil proceedings by affidavit of an officer of the business or authority to which the records belong.”

---

[83] Section 9(4)定义的记录(record)是任何形式的记录:“*records in whatever form.*”这是非常广泛的定义,而过去《Civil Evidence Act 1968》下对记录的定义是很狭窄的:“records which a historian would regard as original or primary sources, that is documents which either give effect to a transaction itself or which contain a contemporaneous register of information supplied by those with direct knowledge of the facts.”因此过去的一些案例在《Civil Evidence Act 1995》下就未必适用。例如,在 Savings & Investment Bank Ltd v. Gasco Investment BV (1984) 1 All ER 296 先例中,商务部委任的调查员针对一间公司的事务和所有权情况调查得出的报告就并非记录,因为在该记录中仅仅是节选了部分收集的资料而且掺杂了调查员自己对事实认定的意见等。而在《Civil Evidence Act 1995》下,这就可能被采纳了。

[84] 对经营/商业(business)的定义可见 Section 9(4):“includes any activity regularly carried on over a period of time, whether for profit or not, by any body (whether corporate or not) or by an individual.”任何主体(无论是企业还是个人或其他主体)也包括非营利机构。

[85] 对公共机构(public authority)的定义是:“includes any public or statutory undertaking, any government department and any person holding office under Her Majesty.”该广泛的定义使得法院的判决书等也会属于公共机构的记录。

[86] Section 9(4)对负责人(officer)的定义是:“any person occupying a responsible position in relation to the relevant activities of the business or public authority or in relation to its records.”例如,企业中的商业记录或者是公共机构中的记录,不能是随便任何一个企业或政府当局的职员都可以出具证明,而应是一个有职责的人士。

另外,立法之 Section 9(5)还赋予法院裁量权,可以决定此条文是否适用:“The court may, having regard to the circumstances of the case, direct that all or any of the above provisions of this section do not apply in relation to a particular document or record, or description of documents or records.”

背后的原因主要是,虽然对于公共机构的记录而言,能够被直接接受是容易理解的,但看来对于商业记录而言,可信度到底有多高则很容易让人产生怀疑。另外,还会发生一些其他不同情况,所以给法院裁量权可以免除证明。

3.6 衡量传闻证据的分量

对证据的分量进行衡量是认定事实的法官(或仲裁员)的裁量权,在英国法下一审法官行使这类裁量权即使被上诉也不会被上诉庭否定,因此也称为“无约束的裁量权”(unfettered discretion)。所以作为事实审理者的一审法官责任重大,一定要了解传闻证据的危险性与如何恰当衡量分量。以下对这方面问题进行介绍。

3.6.1 《Civil Evidence Act 1995》之 Section 4 列出需要考虑的事实

《Civil Evidence Act 1995》并没有对法院衡量传闻证据的分量作出什么改变,但是立法之 Section 4 列出了一些常会重点考虑的事实。在立法中这样规定也是为了在今天可以全部采纳传闻证据后,法院会对传闻证据的可靠性更警觉,也是为了防止当事人钻空子,例如,纯粹用传闻证据来代替不放心的证人出庭作证,或是通过只提交传闻证据的方式来隐藏特定证人,或是用传闻证据陈述经不起考验的假信息等。

不妨先节录《Civil Evidence Act 1995》之 Section 4:“4 Considerations relevant to weighing of hearsay evidence. (1) In estimating the weight (if any) to be given to hearsay evidence in civil proceedings the court shall have regard to any circumstances from which any inference can reasonably be drawn as to the reliability or otherwise of the evidence. (2) Regard may be had, in particular, to the following: (a) whether it would have been reasonable and practicable for the party by whom the evidence was adduced to have produced the maker of the original statement as a witness; (b) whether the original statement was made contemporaneously with the occurrence or existence of the matters stated; (c) whether the evidence involves multiple hearsay; (d) whether any person involved had any motive to conceal or misrepresent matters; (e) whether the original statement was an edited account, or was made in collaboration with another or for a particular purpose; (f) whether the circumstances in which the evidence is adduced as hearsay are such as to suggest an attempt to prevent proper evaluation of its weight.”

以上 Section 4 提到要考虑的因素有:

1. 在衡量分量时,需要考虑任何可以推断有关证据是否可靠的事实,包括本章前文中提到的没有或者延迟给予对方有关传闻证据通知的情况。在 The “Milasan” (2000) 2 Lloyd's Rep 458 先例中,一艘游艇(yacht)沉没后船东向保险人要求理赔全损,但保险人怀疑船舶是被凿沉用来骗取保险赔付因此拒赔,保险人提供的其中一项证据是船东前妻说船东曾经向她承认凿船骗保。依赖第三人(船东前妻)转述的一方当事人(原告的船东)曾经的陈述内容为真证明确实是船东凿船骗保,这就是传闻证据了。Aikens 大法官明确说要根据《Civil Evidence Act 1995》之 Section 4(1)来考虑如何衡量,最后决定不给这个传闻证据分量,理由包括前妻跟船东关系根本破裂,前妻在诉讼中明确说自己不喜欢、不信任船东,是前妻主动找到保险人爆料提供船东的认罪陈述,前妻说船东和大副用希腊语和阿拉伯语讨论,但其实船东几乎不会说希腊语等都显示了前妻不可信,这个传闻证据不可靠。

2. 针对的是当事人找实际陈述人作为证人是否合理与可操作。例如,虽然在本章之 3.5.3 段已经提到现在因为交通方便与视频连线等技术手段的帮助,证人在海外(overseas)一般已经不被接受为不出庭的恰当理由,但《Civil Evidence Act 1968》是将证人在海外视为不出庭接受交叉盘问的恰当理由。如果针对有关事实可以选择另一位在英国境内可以出庭的证人,而当事人偏去找一位不会出庭的证人,且看来没有合理解释,有机会被法院推断该陈述的可信度/可靠性有疑问。Rasool v. West Midlands Passenger Transport Executive (1974) 3 All ER 638 先例就说:"... the weight to be attached to the statement to be admitted in evidence remains a matter for the court. In the circumstances postulated in the examples I gave, where the whereabouts abroad of an important witness in a substantial case are known or can be readily ascertained, but **the party relying on the evidence nevertheless adopts a method of adducing it which does not permit of cross-examination, no doubt the court will pay little attention to it**."(加黑部分是笔者的强调)

但对方当事人如果没有申请盘问实际陈述人,就不太会作出这样的推断。如果给出的是恰当理由,例如,因为证人已经死亡,只留下一份有关事实当时的书面陈述,显然该传闻证据的分量就相对不会有什么扣分,因此当事人应该尽可能解释与提供证据证明为什么有关证人无法出庭。在 Moat Housing Group South Ltd v. Harris (2006) QB 606 上诉庭先例中,Brooke 大法官就说:"While nobody would wish to return to the days before the Civil Evidence Act 1995 came into force, when efforts to admit hearsay evidence were beset by complicated procedural rules, the experience of this case should provide a salutary warning for the future that more attention should be paid by claimants in this type of case to the need to state by convincing direct evidence why it was not reasonable and practicable to produce the original maker of the statement as a witness. If the statement involves multiple hearsay, the route by which the original statement came to the attention of the person attesting to it should be identified as far as practicable."

当事人亦应当说明与证明自己已经花费时间与精力找实际陈述人作为证人但没有成功。在 Serious Organised Crime Agency v. Hakki Yaman Namli (2013) EWHC 1200 (QB)先例中,案情是涉及全球性商业犯罪/欺诈与洗黑钱。案情复杂与涉及很多其他的民事与刑事诉讼,包括3位英国律师因为参与犯罪行为而面对刑事诉讼与纪律处分(disciplinary action)。原告作为英国政府的犯罪调查机构在此先例是以民事诉讼向被告(土耳其的骗子)追讨部分赃款,提交给法院的8类证据中的第三类是7位受骗的受害人的证言。这是受害人在早前针对3位英国律师的刑事诉讼中提交的证人证言,虽然该刑事诉讼因技术性问题结果没有成功定罪。原告虽然想办法要求他们出庭,但估计受害人是在外国,反正他们都拒绝出庭甚至根本不理睬原告的信函。这样,原告就只能把这些证言作为传闻证据提交给法院。在庭审开始时,原告代表律师要求提供有关原告已经尽力寻找该受害人出庭作证但不果的有关证据,显然这是为了加强这些传闻证据的分量,但被告代表律师反对。法院指出这些证据应当尽早提供,如在提交证人证言时就一并通知对方当事人以利对方有时间对此传闻证据作出查验。Males 大法官说:"... witness statements provided for the purpose of other proceedings by alleged victims of the alleged frauds. These include investors who claimed to be victims of the English frauds, and who gave witness statements for the purpose of the proposed prosecution of the solicitors before that prosecution collapsed. These statements provide some evidence as to the nature of the transactions concerned, but none of the witnesses who gave the statements was called to give live evidence. In the course of his opening, Mr Michael Beloff QC for SOCA (原告 Serious Organised Crime Agency) indicated that **SOCA proposed to adduce evidence as to what efforts had been made to call these witnesses**, but in response to Mr Andrew Trollope QC's objection **I ruled that if such evidence was to be given as part of SOCA's case, it ought to have been provided at the same time as any other witness evidence relied on by SOCA**, **so that any appropriate checks could be made in due time**, **that it was too late for such additional evidence to be given after the trial had begun**, and that if SOCA wished to adduce such evidence it should first write to the defendants' solicitors, setting out what that evidence would be. In the event SOCA did write, identifying seven potential witnesses (including four alleged victims) with whom it had sought to make contact. Some of these had responded, while others had ignored (or possibly had not even received) SOCA's approach, but none of them was prepared to give evidence."(加黑部分是笔者的强调)

3. 有关陈述是否在陈述中的事情发生当时或差不多的时间所作出也很容易理解,越是靠近事件实际发生的当时,陈述的准确性就会相对较高。如果是隔了很长时间的回忆,例如,3个月、5个月之后,准确性就要差得多了。这方面也可见本章之1.1.3.4.3段。在 Morris v. Stratford upon Avon Rural DC (1973) 1 WLR 1059 先例中,对事实的陈述是在事件发生后9个月才制作,Megaw 大法官就说这会对该陈述的分量造成影响:"... it is right that careful consideration should always be given... to matters such as those that were stressed before us by counsel for the plaintiff, for exam-

ple, that the statement... was not closely contemporary with the time of the accident but were taken nine months later. Those are matters which of course go to weight."

4. 是否是多重传闻(multiple hearsay)。在本章之3.2.2段已经提到,传闻证据的一个重要缺陷就是容易(由于各种原因)出现偏差,越是多重的传闻偏差往往越大。

5. "传闻"中的各个环节,是否有任何一环(这会包括实际陈述人,听到陈述后转述"传闻"的人士,以及多重传闻中的任何一环等)中的人士有私心,或者是居心不良故意乱说的情况。在稍早提到的The "Milasan"先例中,对船东抱有恨意的前妻的主动爆料,就没有被给予分量。又如 Serious Organised Crime Agency v. Hakki Yaman Namli 先例中涉及一些欺诈性交易的受害人,Males 大法官就考虑了这些实际陈述人可能本身会非常贪婪、容易上当受骗,他们已经提供的一些文件可能存在问题的事实,如果他们出庭接受交叉盘问,会有"很多裂缝"可以利用与挖掘:"... they were by their own accounts both greedy and gullible, and they were involved at least to some extent in the production of documents of (to say the least) a highly questionable nature. There would have been... 'a rich seam' of cross examination material in the case of such witnesses."

6. 原始陈述作出时目的是什么也会需要被考虑。这也很容易理解,如果原陈述本就是其他法院程序中经过交叉盘问的证人证言,可信度看来就会高一些,但如果该陈述是有一些人为特定目的制作的陈述,可信度就较低。

7. 当事人采取的任何导致无法恰当衡量传闻证据的行为,看来就会有不利的推断。例如,没有及时给予传闻证据通知或者是故意不给通知。

当然 Section 4 中都是比较泛泛地介绍如何衡量传闻证据分量要考虑的因素,如何衡量证据十分依赖每个案件的具体情况,需要针对性的分析,很难有一套准则。在 Moat Housing Group South Ltd v. Harris 上诉庭先例中,房屋的租户被业主申请禁令驱逐出房屋以及不得再骚扰房屋里的其他邻居,理由是租户及其家人的反社会行为、骚扰左邻右舍。而业主提供的证据,有大量都是传闻证据,包括匿名的其他邻居给出的陈述,以及一些出庭提供口头证据的邻居也提到了听到的传闻。上诉庭就指出,在考虑传闻证据的分量时,要尽可能地根据 Section 4 的规定考虑有关事实。但此先例中,虽然一审法院的法官对有关 Section 4 的内容没有仔细逐项考虑,但有经验的审理法官对这些传闻证据的衡量仍然被认为恰当行使了裁量权。Brooke 大法官说:"It would also be desirable for judges to remind themselves in their judgments that they are taking into account the section 4(2) criteria... so far as they are relevant. However, although the judge's attention to details of this kind was sparse, we do not consider that we ought to conclude that this very experienced judge failed to apply the appropriate principles when considering what weight, if any, to attach to hearsay evidence."

Section 4 中列出的各种因素当然都很重要,但并不是决定性的(determinative)。实际在衡量传闻证据分量时要考虑的因素远远不止这些,还是要靠懂得证据规则、判断力强与有社会经验的审理法官(或仲裁员)根据不同案件的事实,从总体考虑衡量传闻证据的分量。其实在日常生活中也是如此,我们每个人每天都面对大量的传闻。知道传闻的危险后,在决定是否采信有关传闻时,就要在考虑不同的因素后作出更好的判断,例如,是否是多重传闻、实际陈述人是否有私心、陈述的目的是什么等。在后文中,不妨简单介绍几个先例中对传闻证据的衡量。

3.6.2 先例之一:The "Ferdinand Retzlaff"

在 The "Ferdinand Retzlaff" (1972) 2 Lloyd's Rep 120 先例中,两船在英伦海峡发生碰撞,原告与被告对碰撞的责任六四开(原告的"Cape Nelson"轮或简称"CN"承担 60% 责任、被告的"Ferdinand Retzlaff"轮或简称"FR"承担 40% 责任)。[87] 本先例的争议是有关 CN 损失的计算。CN 是从西非前往德国 Nordenham 卸货的中途发生碰撞,它原本的航行计划是再完成一次同样约 3 周的航次后,就安排去英国 North Shields 的 Smith's Dock 船厂进行第一次 4 年的特检(Special Survey),估计为期约 10 天,4 天在干坞。但碰撞后反正要修理船舶才是适航与能保证船舶/船员安全,CN 就有三个选择。第一个选择是在 Nordenham 卸货后在附近进行暂时修理,再多完成一次航次后才按照安排去 North Shields 借用特检的时间一并永久修理碰撞损坏。第二个选择是干脆提前去 Smith's Dock 船厂进行特检,并同时全部修妥船舶碰撞所造成的损坏,而特检也可借用这永久修理的时间完成。第三个选择是在 Nordenham 卸货后在附近进行永久修理。CN 船东最终选择了第二个做法。但是 CN 船东能向 FR 船东索赔 40% 的损失只是碰撞造成的后果,这主要包括修理费用与修理时间的损失。此先例对 CN 修理费用双方没有太多争议,争议是后者。CN 船东是索赔在 North Shields 停留的 21 天,而需时短的特检与需要更长时间的修理碰撞损坏同时进行,等于只是借用了碰撞修理的时间,并没有导致修理时间延长,所以不需要考虑给 CN 船东带来的好处。FR 船东自然反对,因为选择另一种修理(即在 Nordenham 暂时修理,3 周后安排特检时一并永久修理碰撞损坏),就反过来变成是借用 CN 船东本来是无可避免要花的时间了。或者如果 CN 船东选择在德国永久修理,也不需要这么长的时间。一审判 CN 船东在 North Shields 永久修理不合理,应该在 Nordenham 卸完货在德国永久修理,因此需要认定假想船舶在德国永久修理需要大概花费多少时间。[88] FR 船东提交的唯一证据是代表律师向德国 Weser 港的船厂询问对碰撞永久修理的估价与估计修理时间的书信往来,信中船厂报的时间是 6 天,一审法官在加上 2 天的进船厂与准备时间后,把 CN 船东索赔的 21 天扣减至 8 天。CN 船东上诉,

---

〔87〕 责任分摊根据的是 1952 年在布鲁塞尔订立的《International Convention on Certain Rules concerning Civil Jurisdiction in Matters of Collision》国际公约,英国立法就是《Supreme Court Act 1981》。原则和做法与英国的疏忽所导致的事故可分摊责任与损失的立法《Law Reform (Contributory Negligence) Act 1945》一致。这方面课题在笔者(杨良宜)的《海事法》(1999 年)一书第七章有详论。

〔88〕 针对这种"假想事实"(hypothetical events)或"反事实"(counter-factual)的评估(evaluate)与衡量(assess),可见本书第七章之 7.2.2 段的介绍。

Brandon 大法官认为 CN 船东的做法是合理减损(mitigation of damages)的做法与安排,但在决定损失时仍要与在德国进行永久修理对比。Brandon 大法官认为时间应提高至 13 天,不是一审的 8 天,更不是唯一证据 Weser 船厂估计的 6 天。理由是该传闻证据不可信,所以分量很低。Brandon 大法官甚至认为 Weser 船厂是根据假想事实(hypothetical fact)去估计这 6 天,所以本质上是意见证据。而除了专家证据的例外,意见证据不被采纳。[89] 但鉴于一审法官没有考虑不采纳该证据,所以上诉排除会导致案件要发还一审法院重审(retrial),劳民伤财也不是当事人的要求,所以维持采纳,但证据分量就很低了。Brandon 大法官对该传闻证据或意见的考虑是这样的:

"In the present case there are, in my view, a number of circumstances to which regard should be had in judging the weight to be attached to the statements in the letters. First, the letter were written in response to letters from representatives of the defendants' insurers, which made it clear that answers to the questions raised were to be given without obligation and were to be used solely for the purpose of contesting the plaintiffs' allegedly unjustified claim.[90] Second, the questions to which answers were given in the letters related to what might have happened, but did not happen, five years earlier. The statements in the letters, therefore, related to hypothetical facts only, and were about as contemporaneous with the existence of those facts (if hypothetical facts can have an existence) as they could have been.[91] Third, as I said when discussing admissibility, it was not shown to what extent, if at all, the writers or writer of the letters could speak from their or his own knowledge about the matters concerned.[92] Fourth, the only material furnished to A – G Weser for the purpose of answering the questions was the repair account from Smith's Dock(实际修理的船厂)....[93]

---

〔89〕 见本书第九章之 1 段。

〔90〕 该信件是被告(保险人)律师与 Weser 船厂之间的信件,而且律师明确说船厂不需要对报价承担义务,也不会对船厂带来什么后果。当然船厂也知道不会有这笔生意,因为碰撞损坏已经是修妥。表示这信件作出的 6 天修理估计只是"友好的协助",真正接了工程就很可能做不到。有关这种不会需要面对交叉盘问的文件作出的意图考虑在《Civil Evidence Act 1995》中见 Section 4(2)(e)。

〔91〕 该信件中的陈述是在碰撞与修理发生后 5 年才作出的,显然并非当场陈述。而在 5 年后是很难再回头估计如果在 5 年前修理,当时是否能找到足够的工人、材料,会否因为与其他工作撞期而要延长工期等,所以信件中 6 天只是作出的最乐观的估计。有关当场文件的考虑在《Civil Evidence Act 1995》中见 Section 4(2)(b)。

〔92〕 这传闻证据的各类详细情况都不明朗。例如,信件的作者(们)到底是否自己就是实际陈述人,资格如何(专家证人就肯定清楚),是否背后另有船舶测量师/检验师、工程师,信件内容根本是多重传闻,有关多重传闻在《Civil Evidence Act 1995》中见 Section 4(2)(c) 。

〔93〕 信件中的陈述依赖的是在 North Shields 实际修理船舶的 Smith's 船厂提供的部分资料。而这些资料本身也不够全面,缺乏不少细节,可想而知,根据这些资料作出的意见(估计的 6 天修理)也就更加不准确了。

Apart from these matters, it is necessary, in the case of any unsworn statement put in evidence under sec 2 of the Act of 1968 the maker of which is not called, to take account of the fact that the evidence is unsworn and cannot be tested by cross examination. The latter point is, in my view, particularly important where the evidence relates, as here, to hypothetical rather than actual facts.

... My view is quite simply that matters of this importance, in a case of this kind, should be proved by oral evidence, and that letters obtained at the time and in the way that these were obtained should have little weight attached to them."

此先例适用的是《Civil Evidence Act 1968》立法,但是可以看到 Brandon 大法官考虑的多项事实情况,例如,否属于多重传闻、信件作出时的目的或意图、是否属于当场文件等,今天都已经在《Civil Evidence Act 1995》之 Section 4 中明确列出。

而且非常重要的是,此先例中并没有很好地解释为什么在这份证据实际上成为证明核心事实争议的证据后,被告没有寻找有关的证人出庭提供口头证据,看来也没有给出有力的理由解释为什么无法找证人出庭作证。可以想到,在信件作出时所陈述的状态与出庭提供口头证据时的状态完全不一样,不再是信件中那样随便陈述什么内容也不会有后果了。

在笔者看来,这种争议更恰当的是假设的 CN 独自修理会要多久时间的意见应是通过委任专家证人去提供专家意见证据,只把 Weser 船厂与/或其他附近船厂的报价与估计修理时间作为专家报告的附件。这样,就可大幅度避免本先例的批评。否则,如果一审遇上的是与 Brandon 大法官有同样想法的审理法官,就会干脆不采纳该唯一的传闻与意见证据,等于更是没有证据支持自己的主张了。

3.6.3 先例之二:Welsh v. Stokes 先例

在 Welsh v. Stokes (2007) EWCA Civ 796 上诉庭先例中,原告是一名 17 岁的少女,在骑一匹 9 岁的、并无任何不良记录的老马时摔落,头部受到重创而且对于事故的情况完全失去记忆。事后原告向被告(马主)要求索赔,但是双方对于原告到底是如何摔落的事实产生争议。

意外发生时在现场附近有两辆摩托车,其中一辆摩托车的骑手(Wragg 先生)并没有看到事发的情况,但他说另一辆摩托车的骑手(不知道是谁、也没有留在现场)告诉他看到了事故发生经过。说是当时少女试图让老马前进,但老马并不愿意反而后退并最后抬起前蹄仰起导致少女摔落。虽然 Wragg 先生前后几次的说法有一些不同,而且陈述的是本质上无法调查与/或对质的传闻(不知是谁的另一名骑手的说法),但一审法官根据《Civil Evidence Act 1995》之 Section 4 里列出的细节,逐项分析后认为仍然应当给予该传闻分量。虽然双方当事人都委任了马匹方面的专家解释马匹的习性与行为(包括被告的马匹专家 Mackie 先生认为 Wragg 先生提供的传闻实际上是可能的),然而在没有其他事实证据的情况下,一审法官仍然根据该传闻证据认定了关键的事实,就是少女要求老马前行但老马不愿意,少女无法控制马匹的状态导致自己摔落。因此在这一点上，原告败诉。[94]

在上诉庭，原告提出，在只有传闻证据的情况下，无法对质、考验或被告可以调查后反驳的传闻证据是应该不给予分量的，尤其是不足以仅依赖这种传闻证据对核心事实争议/争端进行认定。因为就像此先例中的传闻证据一样会有众多疑点让人不满意但不会有答案，如原告无法确认实际陈述人（无名而且下落不明的摩托车骑手）现场目击是否看得清楚，是看到了事故发生的全过程还是只看到一小段，陈述的是否完全是事实，或是其实该骑手与事故发生有关系（如突然引擎轰鸣导致马匹受惊，并非马匹自己的特征或习性导致意外）等。

上诉庭支持了一审法官的判法，一方面是指出审理法官完全可以根据《Civil Evidence Act 1995》之 Section 4 逐项考虑列表中的事实情况；另一方面就是即使只有传闻证据作为孤证，也不是不可以依赖以认定关键事实。

在此先例中，无论是原告还是被告都实际上没有事实证据，只能依赖 Wragg 先生提供的传闻。虽然确实被告无法对传闻内容的详情进行调查、考验与/或对质，凭此传闻证据认定对被告不利的事实是不公平，但如果不给该传闻证据分量让原告败诉也是不公平的。尤其在此先例中，被告的专家证人也提到说 Wragg 先生提供的传闻中的内容，从说法本身来看是站得住脚的。看来这专家意见对最后权衡作为孤证的传闻证据的分量有很大的帮助。

如果对关键事实的证据只有传闻证据，法院也确实需要考虑能拥有的所有材料后作出额外小心的衡量，但不能仅仅因为只有孤证的传闻证据，就不给予分量。

可以节录上诉庭的 Dyson 大法官所说如下："Even if the hearsay evidence were the only evidence on which the claim was based, I would not accept that this was necessarily a reason for giving it no weight. It would depend on all the circumstances. I accept that there will be cases where it is so unfair to hold a defendant liable solely on the basis of hearsay evidence that a court should place little or no weight on the evidence. Consideration of the factors stated in section 4(2) will point the way, but will not necessarily be determinative.... **The decision what weight (if any) to give to hearsay evidence involves an exercise of judgment.** The court has to reach a conclusion as to its reliability as best it can on all the available material. Where a case depends entirely on hearsay evidence, the court will be particularly careful before concluding that it can be given any weight. But there is no rule of law which prohibits a court from giving weight to hearsay evidence merely because it is uncorroborated and cannot be tested or contradicted by the

---

〔94〕 但在责任方面原告仍然胜诉，因为在英国根据《Animal Act 1971》之 Section 2，动物主人对动物造成他人的伤害有严格责任（strict liability）。即使是非危险动物如马匹或猫狗，如果它们有潜伏的危险特征（包据主人不知道的危险特征），也要承担立法强加的严格责任。

opposing party. I do not consider that the statements in the authorities[95] relied on by Miss Rodway(被告的代表大律师)in her skeleton argument support such an extreme proposition."(加黑部分是笔者的强调)

3.6.4 先例之三:Janan George Harb v. HRH Prince Abdul Aziz Bin Fahd Bin Abdul Aziz 先例

Janan George Harb v. HRH Prince Abdul Aziz Bin Fahd Bin Abdul Aziz (2016) EWCA Civ 556 上诉庭先例已在本书第一章之2.3段有详及,在此不重复案情,只局限在法院对传闻证据的分量考虑。此先例中,双方的关键事实争议是有否在伦敦 Dorchester 酒店大堂口头达成过协议。这种事实争议是"罗生门",也只有双方当事人才能提供直接证据与接受交叉盘问的考验,其他有关人士包括原告律师、被告秘书都只能提供间接证据/环境证据。

被告在提供书面证人证言的同时通知了原告自己不会出庭作证,理由是现任沙特国王萨勒曼(King Salman)不允许他就已逝的国王法赫德的私人生活接受盘问。被告在第二份书面陈述中,还附上了一封沙特驻英国大使馆转递的沙特外交部致法院的信函,明确说沙特政府不允许王室成员前往法院提供口头证人证言,以及沙特王室法院禁止被告这样做。但一审法院仍然作出命令要求被告出庭提供口头证人证言,被告律师申请撤销该命令也被否定,也完全能想到被告最后并不出席,也就是说被告的文书证人证言变成了一份传闻证据。一审法官说虽然不会因此惩罚被告,但是在考虑被告证言时会给予"应当"的分量。最后一审法官衡量双方证据后判原告胜诉。针对被告,一审法官在判词中认定该做法是为了逃避出庭提供证言以及接受交叉盘问,因此相比于原告的证据而言,不会给被告的文书证人证言分量:"... the inexorable conclusion is that I should give little or no weight to the untested hearsay statements of the Defendant."

但上诉庭认为此为错判。一审法官面对被告提供的沙特外交部说一般沙特法律中不允许王室出庭的信件,以他遇到过王室成员出庭作证的个人经验以偏概全,因此认定被告不出庭是为了逃避口头证言和接受盘问的考验。上诉庭说,如果被告不出庭真是这种目的,对被告的传闻证据不给予分量是可以理解的。但是此先例的信件实际上明确说到了萨勒曼国王与沙特王室法院明确不允许被告出庭作证,而在一审法官在判词中没有很好地解释为什么在这个看来会是可以接受的恰当理由(proper reason)下,仍然作出了不给予被告的文书证人证言分量的认定。可以节录 Moore-Bick 大法官所说如下:"The significance of all this is not far to seek. If a judge has reason to think that a witness is unwilling to face cross-examination because he has no confidence that his evidence will stand up to scrutiny, it is only a matter of common sense that

〔95〕 这些先例包括 The "Ferdinand Retzlaff" (1972) 2 Lloyd's Rep 120, The "Kilmun" (1988) 2 Lloyd's Rep 1 与 Polanski v. Conde Nast Publications Ltd (2005) UKHL 10 等。

he should give very little, if any, weight to what that person has said in his statement. Since the judge appears to have come to the conclusion that the Prince failed to attend for that very reason, it seems highly likely that it adversely affected his view of his evidence."

根据上述这些理由,上诉庭将案件发回重审(retrial)。[96] 从这一点也能看到如果和此先例类似,案件没有什么其他证据,确实只能依赖口头证据,出庭接受交叉盘问就十分重要。但如果只能以文书证人证言向法院提供传闻证据,就必须向法院(或仲裁员)解释清楚与提供证据证明实际陈述人不能出庭提供口头证据是有恰当理由的。而一旦是这理由让法官(或仲裁员)无法信服,就很可能该作为传闻证据的证人证言被认为没分量,法官(或仲裁员)也完全有理由与可以这么做。当然,在必须作出有充分理由的判决或裁决书(reasoned judgment/reasoned award)的要求下,法官或仲裁员也需要对该无法出庭的解释与证据是不恰当与无法令人信服说明理由。例如,El Naschie v. Macmillan Publishers Ltd (2012) EWHC 1809 (QB)先例中,一名德国证人拒绝出庭,理由包括法院程序全部是英文的,这对自己有劣势,但该证人之前的书信往来都是用英文写的,法院对该证人的书面证言就会有扣分。

[96] 见本书第六章之4.1.2段。

第九章　证据采纳规则之二

1. 意 见 证 据

1.1 “事实”与“意见”的区分

事实(fact)与意见(opinion)的区分在本书第四章之1段就已经提到。这两者看似很容易区分(distinction),例如一个人会问“这是谁的意见”但不会问“这是谁的事实”。这里可见到一个区分是“意见”属于个别人士主观(subjective)对某些事实的看法/想法,即使他/她尽量客观(objective),而他/她的“意见”也会成为法院的判决(judgment)或仲裁庭的裁决书(award)。但“事实”就是已经存在与发生了的事实,不存在谁拥有,如果有争议只是这个“事实”的存在与否,或是真是假(true/false)。这需要有足够说服力的证据证明双方诉讼方/当事人各自不同的主张事实(assertion)以让法院/仲裁庭认定与作出最后的“意见”。

只有法院(或仲裁庭)才有权对一些争议事实给出最后与有约束力的“意见”也表示任何其他人士(包括审理案件中的事实证人)都不能对有关事实给出意见。例如,在一个交通事故的案件中,事实证人在举证时说“我闻到司机身上有酒味”是没有问题的,但加上“明显是醉酒驾驶”就不对了,因为这涉及对事实的意见与判断。如果其他人士(如其他法院较早前的判决)对有关争议的事实曾经做出过最后意见,这种文件也会不被采纳(inadmissible)作为审理后来其他相关案件的证据。因为这些案件也必须有一个公平审理(fair trial),即在对抗制诉讼(adversarial litigation)下允许双方诉讼方(通常只是一方,但也可能双方均没有参与较早前其他法院的诉讼)进行斗争(包括不同的调查取证、辩论、战术、谈判等),并期望最后的判决,也就是审理法院对争议事实的意见是对自己一方有利。

唯一例外的情况就是有关的争议事实涉及专业知识,法院在专家协助下才能理解这些事实并作出正确的最后意见。这样,就会批准诉讼方引入专家证人提供意见证据以协助法院。[1] 但即使在这种情况下,也会把专家的意见局限在某些专业知识,不会让专家证人乱给意见,替代法官作出认定或决定。如果这种情况出现在文书

---

〔1〕 有关专家证人的意见必须针对专业知识或特殊经验的问题,以及哪些是 CPR 下可采纳与会被批准的专家证据,可见本书第五章。

的专家报告(Expert Report)中,就会有不被采纳(部分或全部内容)的危险。如果出现在开庭审理的盘问,就会有该专家证人意见被法院(或仲裁庭)全盘否定与不采信的危险。

但不同的现实情况有太多灰色地带,区分"事实"与"意见"会有困难,这在诉讼中就会带来昂贵的争议。

在网络上可以找到一些说法,例如:"**A fact** is a statement that can be proven true. **An opinion** expresses someone's belief, feeling, view, idea, or judgment about something or someone."或是:"**Facts** are statements that can be shown to be true or can be proved, or something that really happened. You can look up facts in an encyclopaedia or other reference, or see them for yourself. For example, it is a fact that broccoli is good for you (you can look this up in books about healthy diets). **Opinions** express how a person feels about something-opinions do not have to be based upon logical reasoning. For example, it is an opinion that broccoli tastes good (or bad)."又或是:"**Fact**: statement of actuality or occurrence. A fact is based on direct evidence, actual experience, or observation. **Opinion**: statement of belief or feeling. It shows one's feelings about a subject. Solid opinions, while based on facts, are someone's views on a subject and not facts themselves."

看来,以上这些说法的重心是"事实"可以证明(provability),是真正存在或发生过的,但"意见"就会是抽象(abstract)与无法证明,甚至无法对为什么会有这个意见给出解释。

现实中,社会上出了一件事,每位人士都会有他/她不同的意见,主流意见能够比较一致就已经算是有了共识。所以,证明意见的对错十分困难甚至不可能,除非发表意见的人自己承认错误,其他人能做的只是相信或不相信(believe or not believe)这个意见与相信到什么程度。

但还会有很多说不清的例子,例如今天不会有人质疑地球是围绕着太阳公转,法院在诉讼中也不会要求对这个众所皆知的"事实"提供证据,而视为司法认知(judicial notice)。[2] 显然,无数权威的天文与其他书籍对这个"事实"有明确说明,但应该是没有直接证据(direct evidence)或是有人见到过(包括航天员)。可以说,这只是众多天文学家从很多的事实与数据中推算出来的。但这样,会否在本质上与地球是围绕着太阳公转的说法实为一个"意见"?

1.2 事实证人与专家证人区分的困难

上一段提到事实与意见不好区分,也提到了在法院诉讼中,审理的法官必须自己对案件的所有争议/争端(无论是事实还是法律)作出一个全面的意见,也就是最后的判决,唯一能够接受第三人的意见只有被采纳的专家证据。例如,一宗交通事故中

〔2〕 关于司法认知,可见本书第七章之5.2段。

指控汽车转弯时开得太快。在法院的审理中,大家的分工就是事实证人根据他/她的直觉(看到与感受到)证明汽车当时开得太快的事实,这种案件一般很难想象会需要专家证据,因为路人都有相关的经验与知识。但如果有特殊的事实情况出现,例如当时的环境、路面与/或天气十分特殊与罕见,法官想要有专业知识协助他/她作决定,就会需要当时不在场与对事实没有直觉的专家证人协助法院,对在此特殊与罕见情况这汽车是否开得太快的指控作出专业意见。最后是由审理的法官作出对事实的认定,也就是该汽车驾驶员是否有疏忽(negligence),在这种情况下开得太快。他们之间各有各的角色,不能跨越。事实证人只是针对事实;专家证人只是给出专业意见,而不能是法律意见;审理法官只是对于对事实与法律作出最后判决。该分工与严格区分在诉讼是十分重要,因为当事人/诉讼方想引入专家意见证据,必须先获得法院的批准。CPR Rule 35.4(1)说:“No party may call on an expert or put in evidence an expert’s report without the court’s permission.”但针对事实证人,只要是与争议事实有关,一般当事人/诉讼方去引入证人是不会有问题的。

如果证明汽车开得太快的证据是一些录像,这无疑是事实证据。但如果证明是来自旁观者的证人,说是汽车开得太快,这会更像他/她个人对所看见的事实凭一般常识、经验或感觉所作出的意见。可以说,如果不允许事实证人说出个人对事实的意见,是无法表达所见到的事实的。同样的道理也会适用在很多经常听到的对答,如描述一个人的年龄,事实证人即使是见过这一位人士,也不会知道他实际的年龄,所以在举证时会说“他看来很老”(“he looks old”)的意见,否则就没法表达或描述这事实了。更多同样例子是“他好像神志不清”“他看来喝醉酒 ”等的意见。

为了让事实证人可以将他/她只能以个人意见表达的看到、听到、感受到的有关事实作为证据,香港的《Evidence Ordinance》(Cap 8)之 Section 58 规定[有关两种意见证据,其中(2)针对事实证人的意见]:“(1) Subject to any rules, where a person is called as a witness in any civil proceedings, his opinion on any relevant matter on which he is qualified to give expert evidence shall be admissible in evidence. (2) Where a person is called as a witness in any civil proceedings a statement of opinion by him on any relevant matter on which he is not qualified to give expert evidence, if made as a way of conveying relevant facts personally perceived by him, is admissible as evidence of what he perceived. (3) In this section, ‘relevant matter’ includes an issue in the proceedings in question.”

美国也是把证据分开,事实证人只能讲事实。在分工上是事实证人提供资料然后法官或陪审团去推断(inference)/演绎(made deduction),从中会有专家证人协助技术问题,但什么是事实与什么是意见并不好分开,正如美国著名的 Hand 大法官在 Central Railroad Co. v. Monaham (1926) 11 F. 2d. 212 案例中所说:“Every judge of experience in the trial of causes has again and again seen the whole story garbled, because of an insistence upon a form with which the witness cannot comply, since like most men, he is unaware of the extent to which inference enters into his perception. He is telling the facts in the only way he knows how, and the result of nagging and checking him is often to choke him altogether, which is, indeed, usually its purpose."

以上是说有经验的法官经常看见整个故事被扭曲,因为坚持要证人以其无法依从的形式提供证据。像大部分人一样,证人理解的事实中,无法觉察哪里推断与掺杂了意见。例如,"我看见这么破烂的船舶,开出大海十分危险",或是"今天天气真冷,明天也暖不了",而这两个例子的后半句话,都不是事实证人应该讲的,法院有兴趣知道的只是前半句的事实。

美国《Federal Rules of Evidence》之 Rule 701 规定:"If a witness is not testifying as an expert, testimony in the form of an opinion is limited to one that is: (a) rationally based on the witness's perception; (b) helpful to clearly understanding the witness's testimony or to determining a fact in issue; and (c) not based on scientific, technical, or other specialized knowledge within the scope of Rule 702 (Testimony by Expert Witnesses)."

而现实千变万化,会令区分事实证人与专家证人变得更加困难。例如,在刚介绍的指称汽车开得太快且当时的情况是特殊与罕见的例子中,在当场见到与感受到的事实证人碰巧就是一个研究恶劣天气驾驶的顶尖专家。这样,他/她在作为事实证人的同时也表达了其根据专业知识认为车辆是否开得太快的意见。这样,他/她到底算是事实证人或是专家证人?毕竟这两个身份需要严格区分,如后者需要法院批准才可引入。

这方面的争议,也会在诉讼中出现。在香港的 Koninklijke Philips Electronics NV v. Wealth Full Technology Ltd (2002) 3 HKCFI 82 先例中,汤家骅大法官说:"The mere fact that factual evidence is given by someone with expertise in a particular discipline does not transform that evidence into expert or opinion evidence although sometimes the line between factual and opinion evidence may not be immediately apparent. For example, an explanation as to how a computer works may be purely descriptive and factual although it may require some expert training on the part of the person giving that explanation. On the other hand, evidence as to the quality of the work of a computer may be a matter of expert opinion."

可以更详细地介绍较近期的 Kirkman v. Euro Exide Corp (CMP Batteries Ltd) (2007) EWCA Civ 66 上诉庭先例,以显示区分事实证人与专家证人的困难。该先例的案情有关向雇主索赔因公受伤的损失。原告(Kirkman 先生)在工作中发生事故而导致右膝盖受伤,并要动手术,但在动手术的期间感染了一种罕见的 MRSA 病毒,最终要右腿截肢。

双方诉讼方对责任没有争议,被告(雇主)已经承认责任。争议只在于损失的计算,因为原告的右膝盖本来就有严重问题,一直在一位 Banks 医生处诊疗。双方的争议是是否就算没有这个工伤事故,原告也难免动这个手术。而如果真的是这个情况,在因果关系(causation)[3]上作为被告的雇主就可以少赔很大一笔钱,因为直接导致原告不幸感染而最终需要截肢的手术并非工伤事故。

原告本来想请 Banks 医生作为专家证人,但后来改变主意委任了另一位医生作为专家证人。由于双方曾经同意,法院在案件管理会议(CMC)也作出了命令,只允许双方各自委任一位专家证人,所以原告把 Banks 医生改为事实证人,证明原告在接受他诊疗的一段时间内所发生的事情。

Banks 医生的文书证人证言中提到,2001 年 10 月,如果作为病人的原告没有遇上事故,他不会建议动这个手术。这一段内容就带来了争议,被告指称假想(hypothetical)的情况并非事实,并包含专家意见,不可被采纳,一审法院判采纳与否应留待审理法官开庭审理时决定。这导致原告上诉到上诉庭。

上诉庭同意应该尽快决定证人证言的部分内容是否被采纳,不应该留待至开庭审理时才决定。至于 Banks 医生在证人证言中的这一段话是专家意见或只是针对事实,上诉庭认为是后者。这里带来混乱的原因是 Banks 医生本人是专业人士,即使针对医疗过程中的事实,也难免涉及专业知识。如果是根据原告原本的病情这个事实,要看行业内称职的医生会给出什么建议,这就涉及意见,因为需要医生从原告的病情结合其医疗知识与经验作推断。但此先例中要提供的证据是作为原告治疗医生的 Banks 医生会给什么建议,而不是一般的与原告没有关系的其他医生会给什么建议。这显然必须是 Banks 医生根据自己的认知看假想情况发生会给什么建议,这种情况下,Banks 医生提供自己真实会给出的建议,就是在提供事实而非意见。毕竟任何个人认知(perception)背后都包括个人的想法与推断,就像是本章前文中介绍的有关车速的例子一样,路人要提供车辆行驶的情况,就必须结合自己的经验推断这辆车的速度,不可能没有任何个人判断,而回到此先例中的情况只不过就是 Banks 医生的个人经验包括了一定的医学知识。当然如果 Banks 医生在会真实提供的建议上进一步推断任何内容,如攻击雇主专家证人的意见,试图证明自己的建议才是正确的,就属于 Banks 医生的意见而并非需要 Banks 医生提供的事实了。又或者是 Banks 医生并不是假想当时的情况说自己会给什么建议,而是像一般医生一样站在事后的角度作判断,这也并不是法院所需要 Banks 医生提供的事实,而只是 Banks 医生的意见了。

而且针对 Banks 医生提供的有关自己会给出什么建议的事实,需要考验的主要就是 Banks 医生是否讲了真话,是否针对的是假想事实,当时自己会如何考虑。精明的对方代表律师通过交叉盘问等手段希望达到的目的就是显示证人的证词无法通过考验,以丑化证人与降低证词可信度。例如,在交叉盘问中 Banks 医生如果说漏了嘴,说考虑了原告身体状况的某项事实是在事后才发现的,证词内容就变成意见,也就不会被法院接受了。

---

〔3〕 关于因果关系,可见笔者的《损失赔偿与救济》一书第四章的详细介绍。

可以从以下两方面的类比来区分这里的事实与意见：

1. 可以类比一个专业人士的专家意见。例如，另一名作为专家的医生可以说，根据现有的证据与自己的知识与经验，可以推断原告当时原本的膝盖问题已经到需要做手术的地步。如果自己是医生，无论是否有工伤，都要建议原告做手术。但这与案件中有争端的因果关系可以说没什么关联性，因为实际给建议的只是Banks医生，而Banks医生可能高明、具备称职水平持有同样建议，也可能水平很差、不称职给出错误建议。但与案件争端有关的只是Banks医生的建议，即使Banks医生的建议完全错误，也只能说是没有办法，因为这就是事情发生时Banks先生会具有的真实想法或给出的建议。

2. 还可以类比一个不是专业人士的事实证人的证人证言。例如，原告的雇主（被告）在证人证言中说："如果原告没有这件工伤事故并导致伤残，我作为雇主会给原告升职与加工资。"这也是假想事实下给出的看法，但由于内容中不涉及专业知识，所以没有人会指控这样的内容属于专家意见。但本质上这与Banks医生在证人证言所说的话是一样的，雇主的想法就是所提供的事实，在此基础上不需要雇主再作推断，对这事实雇主是有个人认知的。这也可以通过交叉盘问丑化，如问"当时市场行情不好，你辞了三分之一员工，为什么会给他升职加薪？"或是"你在这封邮件中说他工作出了大纰漏，要他主动辞职，你怎么解释？"等，以显示事实证人不可信。

可以节录Smith大法官在Kirkman v. Euro Exide Corp（CMP Batteries Ltd）先例中所说："... the statement that if the claimant had presented himself in October 2001 and had not recently had an accident he, Mr Banks, would not have advised the claimant to undergo a ligament reconstruction. **In my view, that is clearly a statement of fact**. He is there saying what he would have done in a set of circumstances which did not in fact happen. True, in saying that, Mr. Banks is relying upon his knowledge and his experience as a professional person. But he is not expressing an expert opinion. ... Mr Bank's position is quite different. He is the doctor who would in fact have advised the claimant. He is saying what he would have advised the claimant to do. He is not saying that that advice would have been correct, or that most competent surgeons would have given that advice, or that an unidentified surgeon to whom the claimant presented would have given similar advice. **He is speaking only for himself. He might, if cross-examined, be able to justify his advice as good and correct**. In doing so he would almost certainly have to express expert opinion. On the other hand, it might be possible for the defendant to attack his advice as bad or incorrect, but the correctness of his advice or whether it accorded with received medical wisdom is not in issue; the only issue is what he would have advised. **His evidence** as to that might be challenged, ... His answer **could quite properly be: 'Well, that may be so, but right or wrong that's what I would in fact have advised**.' The other way in which one can be satisfied that this evidence of fact is to compare it . . . with **the evidence of the employer, who states that if his employee (the claimant) had not been injured, he (the employer) would have promoted him to a more senior position within, say, two years. No-one would suggest that such evidence is inadmissible.; no-one would suggest that it is expert evidence**, . . . ”(加黑部分是笔者的强调)

1.3　较早前判决、裁决或其他司法认定的事实在他案可否采纳

有关法院是否采纳(admit)证据,有一条著名的证据规则是“在较早前法院判决、裁判庭或聆讯庭对事实的司法认定(judicial findings),在后来的审理中不被采纳为证据”(The rule that findings of courts, tribunals and inquires inadmissible in subsequent proceedings)。

该证据规则涉及一个重要方面,就是审理的法院有责任根据双方在对抗制诉讼下提供的证据作出对事实的认定,也就是一审法院自己的意见,而不是其他人士对这些事实证据的意见。所以,意见证据一般不被采纳。事实证人只能提供他/她直接与一手(无论是亲自见到、听到、做过)的事实证据,而不能对这些证据发表意见与作出结论(如说“我亲眼看到并显示对方某人是严重疏忽”),因为这是审理法院(或仲裁庭)的职责。正如在近期的 Rogers v. Hoyle (2013) EWHC 1409 (QB)先例,Leggatt 大法官说:“As a general rule, evidence that a person holds an opinion on a relevant matter is not admissible to prove that the opinion is true. A reason often given for this rule is that opinion evidence is irrelevant. But the admissibility of an opinion does not depend simply on whether it is likely to be reliable and therefore logically probative. The main justification for excluding opinion evidence lies not in its irrelevance but in the nature of the judicial role.”

主要与可说是唯一的例外是专家证人,这在本书第四至六章已经有详细介绍。最后在考虑所有的证据后,法院(或仲裁庭)会根据民事诉讼的平衡的可能性(balance of probabilities)认定事实。[4] 虽然只有51%的可能是真正发生的事实,但仍可因为法律认定而被视为真正的事实。在本质上,这也只是一审法院的法官(或仲裁庭)作出的个人意见。可以说,同样的证据(口头、文件与专家意见)由另一个专业水平与操守一致的法官(或仲裁庭)审理,就完全有可能得出不同的意见与结论。虽然他们之间的不同意见不会相差太远,但在民商事诉讼,不少案件中谁对谁错是在灰色地带,51%与49%的认定差异足以反败为胜或反胜为败。

1.3.1　专家意见与司法意见的区分

同样是对争议事实证据的个人意见,专家意见与司法意见之间的重大区分是众所周知,如司法意见才是结论性,可以强制执行。在 Land Securities v. Westminster City Council (1993) 1 WLR 286 先例中,法院也列明了很多其他的区分。该先例涉

〔4〕 关于平衡的可能性的举证标准,可见本书第七章之7.2.1段。

及房屋租金仲裁(rent review arbitration),仲裁庭要认定租客要支付的合理市场价格。显然,该独任仲裁员本身也是这方面的专业人士或专家,带来的争议是该仲裁庭作出的"裁决书"到底是真正与终局的"仲裁员"(arbitrator)意见或只是一份"专家评估员"(expert valuer)的意见。Hoffmann 大法官说:"Mr Clark(仲裁员)is no doubt an expert valuer but I do not think he gave his award in that capacity. An arbitrator is obliged to act solely on the evidence adduced by the parties. Mr Clark may, by reason of his expertise, have known about matters which cast doubt on points which went unchallenged in the arbitration. If he had been acting as an expert he would have been able to take this knowledge into account. As an arbitrator he would not."

但也会有难以区分专家意见与司法意见的情况。例如,在英国的海事法院(Admiralty Court),在上百年来对海难(ship wreck)或船舶碰撞(collisions of ships)等海事案件中,一审法官是与法院委任的顾问专家(Nautical Assessors,通常是资深的船长)一并开庭审理。对事实的认定与判决由法官作出,但参考了顾问专家的意见,并不是或纯是根据双方诉讼方提供的证据作出。[5] 这样,有说法是这种判决在后来的其他民事诉讼中应可被用作专家意见证据,帮助审理法官。正如高院的 Leggatt 大法官在 Rogers v. Hoyle (2013) EWHC 1409 (QB)先例中所说:"The line between judicial findings and expert opinions is not a bright one. One type of case which fall into a grey area is where the court is assisted by assessors. In such a case it is the judge and not the assessors who makes the decision, but in so far as the judge is assisted in the decision making process by assessors who have special skill and experience, the decision is not based on the evidence in the case alone. This accounts for the difficulty felt by Delvin and Steyn JJ as regards the application of the rule in Hollington v. F Hewthorn & Co Ltd (1943) KB 587 to the findings of a wreck inquiry or formal investigation in which the commissioner sits with nautical assessors. Because the decision is ultimately that of the commissioner alone, it is no doubt strictly correct-as Delvin J observed in Waddle v. Wallsend Shipping Co Ltd (1952) 2 Lloyd's Rep 105 – that the findings are not admissible in later civil proceedings. But because the commissioner is assisted by skilled assessors, the findings have a value comparable to the opinions of an expert. That explains the desire of Delvin J and Steyn J for a statutory provision to enable the judge hearing a later civil action to make evidential use of the findings of inquiry."

1.3.2　较早前的司法意见可否被采纳的疑问

这方面的疑问已经存在很久,也就是以前的判决所认定的同样事实(similar facts)是否可被采纳。如果可以,是把它作为结论,像在同一个案件中上诉庭对一审法院(或法院对仲裁庭)认定的事实一样,不容许就事实认定是否错误上诉?或只是

---

〔5〕 关于海事法院委任顾问专家的做法,可见本书第四章之 3.1.2 段。

好像专家意见一样对待，可接受或不接受？而如果是后者，还会带来如果接受，应给予这份意见证据（即以前的司法认定）多少分量（weight）的问题。

这往往不涉及“一事不再审”（*res judicata*）[包括争端的禁反言（issue estoppel）]，[6]因为当事人通常不一样。例如，在商业诉讼/仲裁经常会有的补偿（indemnity）或分摊（contribution）案件中，B在较早前与A的诉讼中败诉，之后向C要求补偿或分摊，虽然仍是涉及与较早前的诉讼同样的争议事实（disputed facts），但该较早前诉讼所认定的“真正”事实在B与C的诉讼不构成一事不再审。毕竟，除了当事人不同外，提供给法院（或仲裁庭）的证据也可能不一样。例如，口头证据或证人证言就通常不一样，更不用说会有可以否定较早前诉讼的司法认定的事实的新证据。

正如较早时Hoffmann勋爵在Land Securities v. Westminster City Council (1993) 1 WLR 286先例中所说：“An arbitrator is obliged to act solely on the evidence adduced by the parties.”在对抗制诉讼下，法官或仲裁员只能以当事人提交的证据作出判决，无论证据是否全面。

1.3.2.1　Hollington v. F Hewthorn & Co Ltd先例

Hollington v. F Hewthorn & Co Ltd (1943) KB 587上诉庭先例是一个重要与富争议的先例，带来了之后的立法改变与延伸至今的困难。它只是一件常见的两车碰撞的交通事故，事故中原告车辆的驾驶员是原告的儿子，他在碰撞后受重伤并在稍后死亡。原告向被告索赔损失（儿子的死亡与车辆的毁坏等），需要指控与证明是被告疏忽驾驶，在证据上就有了困难。其中一份文件是原告的儿子在死亡前曾向警察作出的一份证言（statement），但由于死亡无法再出庭作证并接受交叉盘问，所以成为传闻证据（hearsay evidence）而不被采纳。另一份更重要与在该先例被针对的证据是被告曾经被地方法院（Magistrate Court）判在该交通事故中疏忽驾驶并被刑事处分与惩罚。

按理说，在刑事诉讼有更高的举证责任的情况下仍被认定疏忽的事实与定罪，[7]就没有理由在稍后的民事诉讼（原告向被告索赔损失）不被采纳作为证据，甚至是作为结论性证据。但在该先例中，一审与上诉庭均判地方法院的判决与原告儿子生前的证言不被采纳。原告指控被告疏忽的索赔也因为没有证据而败诉。

上诉庭法院给的支持一审判决的理由可节录如下：“It frequently happens that a bystander has a complete and full view of an accident. It is beyond question that, while he may inform the court of everything that he saw, he may not express any opinion on whether either or both of the parties were negligent. The reason commonly assigned is that this is the precise question the court has to decide, but in truth, it is because his opinion is not relevant. Any fact that he can prove is relevant, but his opinion is not. The well

---

〔6〕　这可见笔者的《合约的履行、弃权与禁反言》一书第九章的详细介绍。

〔7〕　见本书第七章之7.1段。

recognized exception is the case of scientific or expert witnesses depends on considerations which, for present purposes, are immaterial. So, **on the trial of the issue in the civil court, the opinion of the criminal court is equally irrelevant.**"（加黑部分是笔者的强调）

这个上诉庭判决被普遍视为很不令人满意。例如，在 Hunter v. Chief Constable of the West Midlands（1980）QB 283 先例中，Denning 勋爵说："Beyond doubt（Hollington 先例）was wrongly decided."该先例上诉到贵族院，Diplock 勋爵也说："（Hollington 先例）is generally considered to have been wrongly decided."

在近期的 Rogers v. Hoyle（2014）EWCA Civ 257 先例中，Leggatt 大法官提到该 Hollington 先例在表面看来是可笑的（if that proposition is taken at face value, it is absurd）。

"可笑"的原因很简单，不论是刑事或民事诉讼，最终目的是找出争议事实的真相。如果这相关事实已经在较早的刑事诉讼中被司法认定，虽然在本质上仍是一个对争议事实的"意见"，但这与一般自然人作为旁观者（observer）或无关但在场的第三人（bystander）所作出的"私人意见"（private individual's opinion）根本是两码事，不应视为对陪审团（jury）认定事实争议带来的坏处多过好处而不采纳。

毕竟，在刑事案件中，陪审团会在全面审理与经过审理法官正确的指引后，全盘考虑所有证据并给予适当的分量，并作出最后意见与司法认定的判决。而且，刑事案件对检控方要求的举证责任也比民事诉讼高得多。即使不是严重的犯罪如杀人放火，举证责任仍是比民事诉讼举证责任高得多。

为了改变 Hollington 先例这种不令人满意的法律地位，《Civil Evidence Act 1968》在 Section 11 明确推翻了 Hollington 先例，允许较早前的刑事判决作为后来民事诉讼的有关证据："**Convictions, etc. as evidence in civil proceedings** 11.（1）**In any civil proceedings the fact that a person has been convicted of an offence by or before any court in the United Kingdom or of a service offence（anywhere）shall . . . be admissible in evidence for the purpose of proving, where to do so is relevant to any issue in those proceedings, that he committed that offence**, whether he was so convicted upon a plea of guilty or otherwise and whether or not he is a party to the civil proceedings; but no conviction other than a subsisting one shall be admissible in evidence by virtue of this section.（2）In any civil proceedings in which by virtue of this section a person is proved to have been convicted of an offence by or before any court in the United Kingdom or of a service offence—（a）**he shall be taken to have committed that offence unless the contrary is proved**; and（b）without prejudice to the reception of any other admissible evidence for the purpose of identifying the facts on which the conviction was based, the contents of any document which is admissible as evidence of the conviction, and the contents of the information, complaint, indictment or charge-sheet on which the person in question was convicted, shall be admissible in evidence for that purpose. . . ."(加黑部分是笔者的强调)

可以想到,这份刑事判决的证据有极高的分量,如果不出现在较早前审理刑事案件时没有考虑过的新证据,想改变已经经过司法认定的事实是无望的。正如在 Brinks v. Abu-Selah (1995) 1 WLR 1478 先例中,价值高达2,700万英镑的黄金在伦敦的希思罗机场被抢劫。之后参与抢劫、接赃与协助洗钱的人士纷纷被捕并被刑事起诉与定罪。失去这批黄金的托管人(bailee)以及他的保险公司向多位被告提起民事诉讼,企图追回部分黄金被变卖后获得的赃款。部分已经刑事定罪的被告仍提出抗辩,但法院以这属于滥用司法程序(abuse of process)为由作出了简易判决(summary judgment)。Jacob 大法官说:"To relitigate the matter now they need to show at least that new evidence not called at the criminal trial will be called at the civil trial. Such evidence must not only be new but must 'entirely change the aspect of the case'. That is so is apparent from Hunter v. Chief Constable of the West Midlands Police (1982) AC 529, where convicted criminals were not permitted to relitigate matters determined against them in criminal proceedings. . . In the case of RSC Order 14 therefore, a defendant cannot show that there is an issue which ought to be tried if he has lost that issue in a criminal trial and is simply seeking its relitigation on essentially the same evidence. His defence would be an abuse of process."

之后,RSC Order 38, rule 25 明确允许了在有关证人身亡而无法再被盘问的情况下,该证人生前给出的传闻证据,也就是有关证人的证言可被采纳。而由于现在《Civil Evidence Act 1995》已经废除了传闻证据规则,因此新的民事诉讼规则 CPR 下没有立法条文针对。

但以上的立法改变只针对了较早前的刑事案件的司法认定,并没有改变较早前的民事诉讼的司法认定可否在后来的诉讼中被采纳的问题。这样,Hollington 先例的规则仍适用,因为虽然对它不满意或感到可笑,但从来没有直接被贵族院或最高院推翻。《Civil Evidence Act 1968》的法律改革委员会(Law Reform Committee)说:"As we have already pointed out, in civil proceedings the parties have complete liberty of choice as to how to conduct their respective cases and what material to place before the court. The thoroughness with which their case is prepared may depend on the amount at stake in the action. We do not think it just that a party to the second action who was not a party to the first should be prejudiced by the way the party to the first action conducted his own case, or that a party to both actions, whose case was inadequately prepared or presented in the first action, should not be allowed to avail himself of the opportunity to improve on it in the second."

很多时候确实也有这种情况,商事案件涉及的当事人与代表律师不同,处理的方式也很可能不同。即使是针对同一个的争议事实,若当事人保存的文件的完整性不同，事实证人在交叉盘问中的表现也不可同日而语。尤其是涉及长期合约，虽然针对的是同样的争议，但是可能之前代表律师水平差，不知道有其他可以争辩的理据，或是之前的争议金额太小，不值得花费时间精力寻找证据等。总之，在这些不同情况下，采纳之前的民事诉讼的判决中的事实认定作为证据不符合公平审理的大原则。

1.3.2.2　对 Hollington 先例的判决理由的分析

仔细与进一步分析这个 Hollington v. F Hewthorn & Co Ltd（1943）KB 587 上诉庭先例的判决，读者会接受它的背后有很有说服力的理由。

对争议事实与双方诉讼方提供的证据作出解读/推断（inference），也就是对更有可能发生的事实去作出最后意见与认定，这是审理法院的职责，涉及一个公平审理（Fair Trial）的至高无上的大原则，绝对是不能让其他人士越俎代庖。这也是事实证人给意见证据不能被接受与被视为无关（irrelevant）的原因，而以前的法院判决［除非这认定涉及了顾问专家的解读与意见，如较早前谈到的海事法院（Admiralty Court）审理的诉船案件（*In rem* action）］、裁判庭或聆讯庭对事实的认定，也因同样的道理而在 Hollington 先例被认为不能采纳。正如 Leggatt 大法官在 Rogers v. Hoyle（2014）EWCA Civ 257 先例中所说："... the true justification for the rule in Hollington v. F Hewthorn & Co Ltd., as I see it, is not that the opinion of an earlier court is irrelevant but lies in the requirements for a fair trial."

或者后来的民事诉讼中可否只把较早前其他法院针对同样争议事实作出的民事判决视为证据之一，也就是可被采纳的证据，审理只是考虑相比其他大量证据给予的分量。但这带来了另一个问题，就是这个司法认定的"意见"有多少分量？

对一般的陪审团成员（members of the Jury）而言（民事诉讼也会涉及，特别是在早期的英国法院），较早前法院判决作出的司法认定的事实恐怕是有极大甚至是结论性的证据分量。这有几方面的原因。例如，对一般不懂法律的陪审团成员来说，较早的法院判决一般是有至高无上的权威性，要他们重新客观考虑与权衡所有其他证据，并因此可能要对较早的司法认定作出改变，是难以想象的冒犯。另是一般人士也有思维上的惰性，即既然已经有了权威性的认定，也就省了动脑筋去考虑提供的证据，出庭证人的主证据（evidence-in-chief）、交叉盘问（cross-examination）与再盘问（re-examination）都只是走过场。这样，这个民事诉讼怎算得上是一个公平审理？为了节省诉讼费用，不如干脆在有了较早前的司法认定的情况下，不管是对是错，就不再在之后对相关事实但不同当事人/诉讼方的案件进行审理，以第一次司法认定的"事实"为准。

所以有以上（及其他这里不详谈）的问题，这份文件（以前判决）被视为证据让陪审团参阅与考虑对真正事实的认定会带来的坏处比好处更大，所以干脆排除，不可采纳。

而即使是懂法律（特别是证据法）的审理法官，多少也对决定应给予证据的分量认定有困难。要给予恰当的分量，审理法院仍必须重新把较早前作出判决的事实证据(factual evidence)审理一遍,看看自己作出对有关证据(通常还会有更多的新证据)的推断与最后意见是否与较早前的判决一致,不一致也无妨。

这方面的问题可节录 Hollington v. F Hewthorn & Co Ltd 先例,Goddard 大法官所说如下:"It is admitted that the conviction is in no sense an estoppel, but only evidence to which the court or a jury can attached such weight as they think proper, but it is obvious **that once the defendant challenges the propriety of the conviction of the court, on the subsequent trial, would have to retry the criminal case to find out what weight ought to be attached to the result.**"(加黑部分是笔者的强调)

另在 Calyon v. Michailaidis (2009) UKPC 34 先例中, Rodger 勋爵说:"the essential reasoning is compelling: unless the second court goes into the facts for itself, it cannot actually tell what weight it should properly attach to the previous decision which means that the previous decision itself cannot be relied upon."

上诉庭的 Leggatt 大法官在 Rogers v. Hoyle 先例中说:"In the case of judgments in previous civil proceedings, ... once it is recognised that the opinion of a civil court on a question of fact is not as a matter of principle entitled to be treated as authoritative other than as between the parties to the proceedings. (Different considerations apply to criminal convictions, which can be seen as more nearly resembling judgements in rem.) ... **The responsibility of a judge to make his or her own independent assessment of the evidence entails that weight ought not to be attached to conclusions reached by another judge-all the more so where the party to whose interests the conclusions are adverse was not a party to the earlier proceedings....**"(加黑部分是笔者的强调)

Hollington 先例带来的证据规则,对前后案件均是民事诉讼或裁判的情况而言,法律地位(settled law)看来已有定论。这也在不少的近期先例中有涉及。例如,(只举少数先例)在 Conlon v. Simms (2006) EWCA Civ 1749 先例中,上诉庭判 Hollington 先例适用,所以较早前的一个律师操守裁判庭(Solicitor's Disciplinary Tribunal)作出的认定(认定律师存在不诚实行为)不能在之后的民事诉讼中被采纳作为证据。另在 Calyon v. Michailaidis 先例中,案情涉及较早前希腊法院的判决认定原告是有关争议艺术品的所有人。在之后的直布罗陀法院的民事诉讼中,被告声称他不是希腊诉讼的当事人,抗拒原告主张的所有权(ownership)。但直布罗陀法院认为希腊法院的司法认定是结论性的(conclusive),判被告败诉。被告最终上诉至英国枢密院(Privy Council),枢密院推翻了判决,判希腊法院对艺术品所有权所作出的司法认定不应被采纳为证据。

1.4 公开询问或聆讯报告是否可以被采纳

今天有大量的公开询问(public inquiries),如果在 Hollington v. F Hewthorn & Co Ltd (1943) KB 587 先例所确立的原则下,公开询问的结果(通常是一份报告)不能在之后的民事诉讼中被采纳为证据,会影响很大。因为公开询问/聆讯的报告中如果认定了某有关方在一件特定事故中有过错或疏忽,受害方往往需要以此作为依据向过错方或疏忽方提起民事诉讼,索赔损失。如果该报告不能被采纳作为证据,受害方还要重新进行一轮劳民伤财的调查取证,带来很大的不肯定性,这显然是十分可惜的。

1.4.1 针对空难事故调查报告可否被采纳的 Rogers v. Hoyle 先例

较近期的 Rogers v. Hoyle (2014) EWCA Civ 257 先例就涉及公开询问的问题。该先例案情是在一起空难中死亡的乘客 Rogers 先生的遗孀与遗产执行人向被指控存在疏忽的飞机驾驶员 Scott Holye 先生索赔损失。Rogers 先生的遗孀与遗产执行人指控的依据是英国交通部(Department for Transport)在《Civil Aviation (Investigation of Air Accidents and Incidents) Regulations 1996》立法下成立的空难调查机构(Air Accidents Investigation Branch,简称 AAIB)在空难事故后作出的调查报告(简称 AAIB 报告)。原告试图以 AAIB 报告的内容作为传闻证据支持对被告疏忽的指控。被告抗拒该 AAIB 报告的披露,理由是在 Hollington 先例的规则下该 AAIB 报告不应被采纳。

AAIB 在调查空难事故后作出的报告经常被使用在后来的民事诉讼中,毕竟权威性的报告对法院认定造成空难的事实真相很有帮助。如果不被采纳为证据也太浪费资源了(可以想象到这个调查与报告会花费不少)。如果后来的民事诉讼中法官对同样的证据作出了不同的推断(inference)与对事实的认定(findings of facts),结果与 AAIB 报告中提到的事实认定相互矛盾,这对公众来讲显然不是好事。

但 Hollington 先例已经有了定论的法律地位,难以跨越。加上一份文件的本质是否可被采纳为证据是法律问题,并非法院可以行使裁量权决定。

过往的一些同类先例中不存在这个争议,因为双方当事人/诉讼方都不提出异议甚至同意可把 AAIB 调查报告作为证据提交给法院,而法院也视为十分有用与重要的证据。在 Lambson Aviation (t/a Knight Air Scheduled Services) v. Embraer Empresa Brasileira de Aeronautica SA (2001) 10 WLUK 308 先例中,Tomlinson 大法官很大程度上依赖于 AAIB 报告去作出判决,并提到 AAIB 在这个领域有极高的专业素养(*expertise in this field is of course very considerable*)。

在 Bristow Helicopters Ltd v. Sikorsky Aircraft Corpn (2004) 2 Lloyd's Rep 150 先例中,案情涉及一架直升机在英国的领海坠毁,被告向法院申请中止(stay)英国法院程序,让出管辖权给美国。英国法院的 Morison 大法官拒绝该中止申请,其中的一个理由是法官认为该案件更适合由英国法院审理,因为 AAIB 的调查报告是由英国作出的:"the report of the AAIB which is likely to feature largely in the litigation is to be published in England."看来,双方当事人没有对 AAIB 报告是否在法律上可被采纳为证据有争议,并都假设其是可以作为证据的。

另在 Budden v. Police Aviation Services Ltd (2005) PIQR P362 先例中,案情涉及一架直升机坠毁并导致乘客死亡的事件。该案关键的争议事实是事故是否是由直升机的机械问题所引起的。双方当事人同意提供 AAIB 调查报告作为证据,但各自可以引进其他事实证人与专家证人去否定 AAIB 报告中部分对自己不利的内容与结论。Douglas Brown 大法官在判决中大量依赖 AAIB 报告,并与双方提供的证据进行比较与佐证。

1.4.2　对各种事故作出询问或调查的报告可否被采纳的先例

1.4.2.1　先例之一:Bird v. Keep 先例

在 Bird v. Keep (1918) 2 KB 692 先例中,死因裁判庭(Coroner's Jury)作出报告的结论是一名死亡工人是因为烟雾窒息而死。在后来死亡工人的遗孀向雇主提起索赔的民事诉讼中,双方对该死因裁判庭的报告是否可被采纳为证据有争议。而对死亡工人进行解剖并在死因裁判庭作供的医生也已经去世,不可能在这个后来的民事诉讼中出庭作证。

在上诉庭中,Swinfen Eady MR 大法官说:"I am of opinion that the result of an investigation conducted by the coroner, however valuable for certain purposes, cannot in law be treated as prima facie evidence against any person of the facts found by the jury."

但由于一审法院作出的判决也认定死亡工人是因为烟雾窒息而死,所以这个死因裁判庭的报告是否应该被法院采纳为证据变得不重要,法院没有进一步针对。

1.4.2.2　先例之二:Waddle v. Wallsend Shipping Co Ltd 先例

Waddle v. Wallsend Shipping Co Ltd (1952) 2 Lloyd's Rep 105 先例是一个海事案件,原告是一个在沉船海难事故中身亡的船员的遗孀,被告是船公司。原告指控被告的船舶不适航(seaworthy)而导致她丈夫的死亡。之前英国政府已经成立了一个对海难事故进行调查的小组,包括政府调查沉船专员(wreck commissioner)、两位船舶工程师(naval architects)与一位作为顾问专家(assessors)的船长,对海难事故进行调查并作出一份报告。但在该案件中,法院判这份调查报告不被采纳为证据。Devlin 大法官说:"Frequent references have been made during the course of the trial before me to the evidence given at the inquiry. The report was not been tendered and I have not been told what conclusion was reached about the cause of the loss. I think this is strictly correct; **the report is not admissible and the parties are entitled to have the matter considered and determined afresh.**"(加黑部分是笔者的强调)

但 Devlin 大法官也担心将来判决结果与调查报告的结论不一致,这就会令人十分不满意:"it will not be very satisfactory if I arrive at a different result from that reached by a very experienced commissioner assisted by skilled assessors."

所以 Devlin 大法官建议说:"the competent authorities might consider whether the useful purposes that wreck inquiries serve would not be increased if the report was made available to any court which had to determine the cause of the loss. It is not necessary that the findings of fact made in the report should be treated as binding. The opinion of the commissioner based on the facts he finds has at least as high a value as that of an expert based on the facts which he assumes to be proved; and it has the advantage of being quite independent of either side."

同样的建议也在多年后的 The "European Gateway" (1987) QB 208 先例被 Steyn 大法官重复说:"What is needed is a statutory provision enabling a judge hearing the (later) action to make such evidential use of the report as a whole as he thinks fit."

但法律(立法与普通法)一直没有改变 Hollington 先例定下的针对这方面的证据规则。

1.4.2.3 先例之三:Three Rivers District Council v. Bank of England (No.3)先例

Three Rivers District Council v. Bank of England (No.3) (2003) 2 AC 1 先例是涉及英格兰银行与 BCCI 倒闭事件的一系列先例中的一个。笔者在《证据法:国际规管与诉讼中的文件攻防》一书中多次提到该系列的案件,特别是在针对"法律意见特免权"(legal advice privilege)的第九章中。本先例涉及调查 BCCI 倒闭事件的 Bingham 大法官领导的独立询问(名为"Bingham Inquiry")的报告可否被采纳作为诉讼的证据。法院最终判不被采纳,贵族院的 Steyn 勋爵说虽然该报告是由一名受人尊重的大法官作出,但较早前判决、裁决或其他程序认定的事实不能在后来的诉讼被采纳是已经有了定论的法律原则(by settled principles of law)。

1.4.3 Rogers v. Hoyle 上诉庭先例带来的改变

以上介绍的先例解释了为何有 Rogers v. Hoyle (2014) EWCA Civ 257 先例有关 AAIB 调查报告是否可被采纳之争。在 Rogers v. Hoyle 先例中,上诉庭的一致判决是 AAIB 报告可被采纳作为后来民事诉讼的证据,主要原因是报告涉及专业知识。显然,报告也有不少涉及事实的证据,并被 AAIB 作出解读与给出意见,这部分内容是法律不容许采纳作为证据的,但也有不少内容是涉及 AAIB 拥有的专业知识与专家意见,正如一审[(2013) EWHC 1409 (QB)]的 Leggatt 大法官说:

"All this evidence is of obvious relevance . . . it would remain so even if the claimants' representatives were able to identify all the eyewitnesses and call them to testify at the trial . . . **Oral testimony can be tested by cross-examination**, but the **statements made to the investigating inspectors have the advantage of immediacy** and for that reason could be thought **more reliable than recollection at a trial which may not take place until several years after the accident**.

As well as such factual evidence, the AAIB report**contains evidence of opinions of experts** on technical matters. The AAIB use in house and third party experts in fields which include aeronautical engineering, wreckage analysis, meterology, pathology, analysis of flight data, and the piloting of aircraft. The opinions of such experts are incorporated in the report."(加黑部分是笔者的强调)

1.4.3.1 区分 AAIB 调查报告中哪些内容可被采纳作为证据与法院在 CPR 下的裁量权

AAIB 报告中涉及部分专家意见可以被视为诉讼方想引入专家意见证据,而法院对引入专家意见证据是有裁量权。虽然 CPR Part 35 中对"专家证人"的定义(definition)是"被委任在诉讼中向法院提供证据的专家"(an expert who has been instructed to give or prepare evidence for the purpose of court),而 AAIB 的调查报告显然不被包括在该定义中,但 Rogers v. Hoyle (2014) EWCA Civ 257 先例一审[(2013) EWHC 1409 (QB)]的 Leggatt 大法官认为 CPR Rule 32.1 明示了法院很大的裁量权以控制法院想要与想排除的证据。可节录该立法条文内容如下:"(1) The Court may control the evidence by giving directions as to—(a) the issues on which it requires evidence; (b) the nature of the evidence which it requires to decide those issues; and (c) the way in which the evidence is to be placed before the court. (2) The court may use its power under this rule to exclude evidence that would otherwise be admissible."

这表示,根据 CPR Rule 32.1,法院可以行使裁量权采纳 AAIB 调查报告作为证据。显然,AAIB 报告中纯粹是事实认定的部分在公平审理的大原则下不应被采纳,这不是法院裁量权可以超越的法律地位。将来审理的法官可以不加理会并自己根据双方诉讼方提供的其他证据对事实作出认定/决定,正如 Thomas 大法官在 Secretary of State for Business, Enterprise and Regulatory Reform v. Aaron (2009) Bus LR 809 先例中所说:"It is my experience that many experts report views on matters on which it is for the court to make its decision and not for an expert to express a view. No modern or sensible management of a case requires putting the parties to the expense of excision; **a judge simply ignores that which is inadmissible**."(加黑部分是笔者的强调)

而 AAIB 调查报告中涉及专业知识/专家意见的部分,例如,分析造成空难的原因,审理法官就可以参阅与考虑,并给予适当的分量。这与对待双方诉讼方的专家证人提供的专家意见一样,甚至会更好,因为不存在当事人的专家证人是"枪手"(hired gun)的危险。

上诉庭的 Clarke 大法官也说到不必不成比例(disproportionate)地增加工作量,先行将 AAIB 调查报告的内容作出区分,删除不可采纳部分。这样做不仅会带来大量的工作,还会产生争议与延误。更好的办法就是让审理的法官自己决定。

1.4.3.2 传闻证据的问题

AAIB 调查报告中有提到部分专家的名字,理论上是可以在开庭审理时把他们传召(*Subpoena*/Witness Summons)到法院接受盘问。但也有不少专业知识或意见没有提到专家的名字,这是 AAIB 多位专家共同商谈后的共识。这样会涉及传闻证据的问题。

以前在民事诉讼中传闻证据不被采纳,但在《Civil Evidence Act 1968》后就逐步放宽,《Civil Evidence Act 1995》后全面取消了对在民事诉讼中采纳传闻证据的限制。Leggatt 大法官对以前为什么坚持要接受盘问与现在为什么一些传闻证据比直接证据更重要的原因的解释可节录如下:"The hearsay rule was developed in an age when comparatively little information was written down or otherwise recorded and the best evidence of disputed facts was generally the evidence of eyewitnesses stating their recollection of events in court. A statement made out of court, if tendered as evidence of its truth, had the disadvantages that it was not first hand and could not be tested in cross-examination. However, in the modern age when vast amounts of information are recorded, the best evidence of relevant events in most civil cases is hearsay evidence. Notes, memoranda, transcripts, photographs, e-mails, text messages and many other forms of recording provide contemporaneous or more nearly contemporaneous and generally more reliable evidence than the recollections of witnesses testifying in court, often several years after the events in question."

所以,AAIB 调查报告涉及的传闻证据已经不存在是否可被采纳的问题。可以说,以前的一些先例如 Bird v. Keep（1918）2 KB 692 在今天也会有不同判法。

1.4.3.3 上诉庭判 AAIB 调查报告可被采纳的判词

Rogers v. Hoyle（2014）EWCA Civ 257 先例一审[（2013）EWHC 1409（QB）]的 Leggatt 大法官的判词可节录如下：

"It is not necessary to hope for legislative intervention, however, where the findings are those of an expert investigator and not a judge. None of the authorities ... concerned such findings and, ... I consider that the rule in the Hollington case does not apply to them. AAIB inspectors do not act as judges whose role is limited to evaluating evidence put before them. As well as the evidence of others, **the inspectors are able to take into account their own first hand observations, their own technical knowledge, and their own experience（as well as the collective experience of the AAIB）gained from other accident investigations. Those characteristics give the opinions of the AAIB a value for a court** seeking to determine the cause of an air accident which could not and should not in principle be accorded to the opinions of another judge.

This is not to say that all the findings in the AAIB report are of equal significance. To the extent that they reflect or may be taken from their nature to reflect matters of expertise, the court will accord them weight. **To the extent that they consist of inferences drawn from factual evidence which involve no special expertise and which the court is equally well qualified to draw, the court will not accord weight** to the findings over and above the evidence on which they are based.

In this regard the AAIB report is similar, as it seems to me, to many experts' reports commissioned by parties to litigation. It is common to find in such reports（particularly from experts in certain disciplines）some statements of opinion based on an evaluation of factual evidence of a kind which does not deploy any expert knowledge and which the court is as well placed to make as the author in the report. Such evidence is not helpful and is not evidence to which the court will have regard. It seems to me preferable, however, to treat this as a question of weight rather than admissibility, particularly since thereis no clear point at which an expert's specialised knowledge and experience ceases to inform and give some added value to the expert's opinions. It is a matter of degree. The more the opinions of the expert are based on special knowledge, the greater (other things being equal) the weight to be accorded to those opinions.

Even if some opinions expressed in an expert's report are regarded as inadmissible rather than as simply not entitled to any weight, there is nothing to be gained by seeking to exclude or excise them. Such as exercise is unnecessary and disproportionate especially when such statements are intertwined with others which reflect genuine expertise and**there is no clear dividing line between them. In such circumstances, the proper course is for the whole document to be before the court and for the judge at trial to take account of the report only to the extent that it reflects expertise and to disregard it in so far as it does not.** . . . .

I therefore conclude that the whole of the AAIB report is admissible as evidence in these proceedings, with it being a matter for the trial judge to make such use of the report as he or she thinks fit. **Even if I concluded that the AAIB report contains some inadmissible material, I would not have thought it sensible to engage in an exercise of editing out parts of the report**. Even on that view, the whole report should be before the court, with the judge at trial taking into account what is admissible and ignoring the remainder."(加黑部分是笔者的强调)

对上述节录的Leggatt大法官的判决的解释可见本章1.4.3.1段,这里不再重复。上诉庭[(2014) EWCA Civ 257]也确认了Leggatt大法官的以上判决。在笔者看来,这样的判法最大的好处是如果审理法官可以看到整份报告而不是编辑涂黑后的版本,除了个别非常极端的情况外,是会在保证公平审理的大前提下尽量不让自己对事实的认定与调查报告的结果矛盾,避免浪费资源,在公众面前闹笑话。

1.5 香港特区的相关案例:Capital Century Textile Company Limited v. Li Dianxiao & Cong Bo Wai 先例

在此简单介绍Capital Century Textile Company Limited v. Li Dianxiao & Cong Bo Wai (2018) HKCFI 729先例,毕竟案情涉及内地判决与香港特区的问题。[8] 该先例的争议之一就是在Hollington v. F Hewthorn & Co Ltd (1943) KB 587与Rogers v. Hoyle (2014) EWCA Civ 257等先例下,可否采纳内地法院的判决。

在该先例中,简单的案情涉及原告主张拥有被告名下的4处物业的"实际权益"(beneficial interest),第一被告只是原告的受托人(trustee),另第二被告在一处物业只是在"推定信托"(constructive trust)下拥有。显然,被告否认原告的主张。该先例的

[8] 如Sun Tian Gang v. Hong Kong & China Gas (Jilin) Ltd (2016) HKEC 2128先例。

实质争议还涉及第一被告是否作为一家北京公司的信托人拥有原告的所有股份，挪用原告的资金为自己购买物业的争议。有关贪污受贿与追踪（tracing）资产在这里不作进一步针对，读者可见本书第十章之 2.7 段的详细介绍。

第一被告李殿孝先生于 2010 年 9 月 19 日在北京市第二中级人民法院（以下简称北京法院）因贪污被定罪而判 15 年有期徒刑，导致第一被告数次致信香港法院要求中止（stay）程序押后审理，直到他重归自由能够抗辩或有效抗辩。

此先例其中一个争议是北京法院对李殿孝先生的判决能否在香港特区法院的有关信托争议的民事诉讼被全部或部分采纳（admissible）。

黄国瑛大法官首先明确了过去的判决能否采纳是与每个案件的案情很有关系（fact sensitive）。在该先例中，北京法院对第一被告的定罪并不涉及原告或有关的物业，所以北京法院的判决与支持判决的理由和原告与被告之间的争议完全无关，不应采纳。但北京法院的判决中还包括对事实证据的总结（其中部分证据与本先例的争议有关），这部分内容是否可以采纳？黄国瑛大法官根据 Rogers v. Hoyle 先例一审［（2013）EWHC 1409（QB）］认为可以，因为判决中提到的文件证据或证人证言的内容不会令本先例审理法官受他人的意见影响，也就是不影响有一个公平审理。判词有关部分可节录如下：

"In short, the exclusion of the factual findings and conclusions of an earlier court or tribunal from subsequent proceedings serves to ensure a fair trial, not in any general sense as suggested by Mr Tsang（第二被告代表大律师）, but in the specific sense that the judge appointed to hear and determine the subsequent case makes his own decision on the evidence and submissions presented to him, without being influenced by the opinion of an earlier adjudicator.

Such concern however does not exist in relation to the evidence referred to in an earlier judgment such as the contents of documents or the evidence of witnesses. In Rogers v Hoyle, the statements or reported statements of fact in the AAIB report, even those unattributed, were admitted as not falling foul of the Hollington rule at all. See also JSC BTA Bank v Mukhtar Ablyazov (2017) EWHC 2906 (Comm) at (26) - (28) (per Sir Ross Cranston)."

最后黄国瑛大法官说，与 Rogers v. Hoyle 先例的做法一样，无须提前决定到底哪些是可采纳的部分与哪些不是，审理法官可以看整份判决，排除不可采纳的部分：

"To conclude, I rule the PRC Judgment admissible but only for the statements or reported statements therein of the factual evidence before the PRC Court that is relevant to the issues in this case. Beyond this, I do not think it is necessary for me to carry out an immediate editing exercise to precisely identify paragraph by paragraph or even sentence by sentence what comes within or without this ruling. As the trial judge, I shall see the whole of the PRC Judgment and leave out of account any part of it that is inadmissible.

Leggatt J adopted the same approach in Roger v Hoyle ... ”

1.6 相关问题对国际仲裁的影响

1.6.1 仲裁员面对较早前其他法院、仲裁庭或公开询问报告认定的事实应有的态度

仲裁看来不受这方面的影响,仲裁员也不必关心证据法中对证据是否可以被采纳的严格规定。英国《Arbitration Act 1996》之 Section 34(f)说明仲裁庭有权决定是否适用法院的严格证据规则与是否采纳一些特定证据:“It shall be for the tribunal to decide all procedural and evidential matters, subject to the right of the parties to agree any matter: ....(f) **whether to apply strict rules of evidence** (or any other rules) as to the **admissibility**, relevance or weight of any material (oral, written or other) sought to be tendered on any matters of **fact** or **opinion**, and the time, manner and form in which such material should be exchanged and presented. ”(加黑部分是笔者的强调)

但这不代表一位称职与尽责的仲裁员可以不知道这方面问题的来龙去脉。例如,在国际仲裁中,常会有当事人援引一些其他法院对某些争议事实(如对方当事人或其他有关人士曾经有疏忽甚至贪污受贿)的认定与判决,援引判决的目的在于说服仲裁庭采纳与遵从。仲裁庭就算采纳作为证据,也应该明白他/她自己有责任给双方当事人一个公平审理(fair trial)的机会,使之能够作出自己的独立(independent)意见,即在全面与客观地考虑双方提供的证据后作出认定。如果仲裁庭认定的有关事实与较早前其他法院的判决不一致也没有关系。毕竟,仲裁庭也不会知道较早的其他法院诉讼程序处理得是否恰当、提供的证据是否完整/足够、判决的准确程度如何等。而对当事人/代理律师而言,也不要以为向仲裁庭提供一份其他法院的判决,就会对这一方面争议的事实胜券在握,而不必再调查取证,这是错误的想法。

同样的道理也适用在仲裁之前的公开询问,比如发生了重大海上事故,就经常会有近岸的国家的有关机构对事故进行调查并且会作出完整的报告。该报告内容会对接下来启动的仲裁很有帮助,仲裁庭没有理由不采纳,特别是即使在严格的证据规则下,Rogers v. Hoyle (2014) EWCA Civ 257 上诉庭先例也已经确立了英国法院可以采纳该种证据。但仲裁庭在适用时仍要警觉,如对不涉及专业知识的事实,仲裁庭就不要依赖报告对这些“事实”的看法、解读、意见与认定。毕竟,仲裁庭一个至高无上的责任就是给双方当事人一个公平审理的机会与由仲裁庭自己独立思考和最后作出决定。

1.6.2 Halliburton v. Chubb 最高院先例的来龙去脉及带来的影响

上一段已经提到公平审理就是要保证在任何一个案件中,仲裁庭都会给双方当事人提供证据的机会并根据这些证据给出独立意见与认定事实真相。如果仲裁庭在审理一个案件之前已经在想法上受到“污染”或是接受了在严格证据法下不应被采纳的证据(如针对同一争议事实的另一个判决/裁决),这不是好事。

这样,同一位仲裁员在因同一事件而引起的不同案件中被重复委任(multiple appointment/overlapping),会否带来这种危险? 英国最高院(Supreme Court)在近期的

Halliburton v. Chubb（2020）UKSC 48 先例针对了重复委任的问题，但主要是针对仲裁员会否有偏见（bias）与是否需要披露（disclosure）方面，对本段课题的 Hillingdon v. F Hewthorn & Co Ltd（1943）KB 581 与 Rogers v. Hoyle（2014）EWCA Civ 257 等先例带来的问题没有针对。但显然会有关系，在同一事件的重复委任，在后一个审理，很难相信该仲裁员不会受到前一个审理与最后裁决的"污染"，虽然在后一个审理涉及一方是不同的当事人，并常会提供并不完全相同的证据与不同代表律师的不同争辩。这样，后一个审理会否有违反公平审理大原则的危险？

首先解释为什么有重复委任同一位仲裁员的问题。很多涉及合约链（chain contracts）的商业活动中出现，特别是国际货物买卖、保险与海商/海事的租船合约。举例说，A 把货物以 FOB 卖给 B，B 再以 CIF 或 CFR 转卖给 C，之后 C 再以 CIF 转卖给 D，一直到了 H（举例）才停止转卖，而 H 也就是在卸港向船舶提货的最后买方。这一连串的合约价格都会不一样，但其他的有关条文根本上都是"背靠背"。所以出了争议，有很多责任方面（如货物质量问题）都会是尽量一并审理才会有一致的结论，也节省了诉讼费用。法院可以通过加进第三方（joinder），把所有有关人士加进来一并一次过审理，作出一个判决。也就是 H 与 G 的争议（有关 H 作为原告指控 G 的卖方交付的货物质量有问题/货不对板，或装船提单有误述等），G 作为被告就会向法院申请把 F 加进同一诉讼，这会一直延伸到最终把 A 作为这批货物的原卖方，也是将供应方加进在同一诉讼。而面对 H 的指控（如货不对板或提单误述），也只是 A 会有证据可支持抗辩。而不论判决是什么结果，也会只是 H 索赔成功或 A 抗辩成功。合约链中间的当事人/诉讼方 B、C、D、E、F 与 G 都不会受影响。但仲裁由于管辖权来自双方的协议，所以 H 向 G 启动仲裁，指控货不对板或提单误述，是无法在另有仲裁协议的情况下把 F 或其他第三方如 A 或 B 加进来该仲裁。这样，在合约链下，每个不同的合约需要独立审理，除多花费诉讼费用外，有很大危险是，不同的仲裁庭成员会作出不一致的裁决而闹出笑话：见 Focke & Co Ltd v. Thomas Robinson，Sons & Co Ltd（1935）52 Lloyd's Rep 334；Focke & Co Ltd v. Hecht & Co（1938）60 Lloyd's Rep 135；The "Vimeira"（1984）2 Lloyd's Rep 66 等先例。

例如，H 向 G 的货不对板指控与索赔成功后，G 向 F 的同样索赔或要求补偿（recourse）也成功了。但接下来的 F 向 E 的仲裁要求补偿却败诉，该仲裁庭判没有足够证据显示货不对板。换言之，在同样的争议事实下，有不同或完全相反的认定。

所以，国际商业仲裁想以各种办法针对这个可以说是相比法院诉讼的重要缺陷，如不少仲裁机构的规则允许在某些条件下命令不同合约下的相关仲裁合并（consolidation）或加进第三方，而国际货物买卖与海商/海事的仲裁经常被使用与认同的做法就是，每一个合约链下的不同合约都委任同一位仲裁庭成员，这也带来大量重复被委任的现实做法。由于不少英国先例是来自海事/海商的仲裁案件，所以有不少先例也显示了这种惯常做法，也没有过反对：见 The "Stargas"（1994）1 Lloyd's Rep 412；The "Mass Glory"（2002）2 Lloyd's Rep 244；Lincoln National Life Insurance Co v.

Sun Life Assurance Co of Canada (2004) EWHC 343 (Comm)等先例。

好处十分明了。同一位仲裁员在第一个合约的仲裁(如保险合约)认定的事实是保险公司有赔偿责任,同一位仲裁员在第二个合约的仲裁(再保合约)就不大可能去认定不同的事实(除非不同的当事人提供了很重要的新证据与有不同争辩),判再保险人(reinsurers)没有赔偿/补偿责任。

如果合约链的每一份合约都约定独任仲裁员(sole arbitrator),而且也委任了同一位仲裁员,显然最理想。但即使有关仲裁条文是要求仲裁庭有3位仲裁员,任由各自当事人委任自己的仲裁员,以及两位当事人委任仲裁员私下协商委任的首席仲裁员,很大可能会导致成员不尽相同。但只要夹在当中的当事人刻意委任第一个仲裁中的仲裁庭成员之一作为他/她在第二个仲裁中委任的仲裁员,就会有更大的机会对争议事实有同样的认定的裁决结果。

除了上述的重要原因,还有其他方面的原因。例如,涉及国际货物买卖与海事争议的仲裁案件的数量直到今天仍然名列前茅,而受到行业信任的仲裁员与律师数量相对有限,所以非要重复委任不可。这与国际一般商事仲裁(general commercial arbitration)的情况不同。

但这种看来是十分明智的做法有一个在公平审理上的严重问题——同一位仲裁员在第一个仲裁审理与作出裁决后,再去审理第二个仲裁就难免受到"污染"。该"污染"相比采纳较早前其他法院、裁判庭与公共询问对相关争议事实作出的意见与认定有过之而无不及,因为该仲裁员更难将已经深入脑海的早前对争议事实的认定清除。即使是第二个仲裁涉及不同证据(但不至于明确到可肯定第一个仲裁认定的事实错误)与不同的当事人(通常是被告),"受污染"的仲裁员仍有很大可能只是走过场,对争议事实作出与第一个仲裁同样的认定。这显然对没有参与第一个仲裁的新当事人即被告不公平,谈不上有一个独立的公平审理。毕竟,可能是第一个仲裁在程序或证据上没有处理好才会败诉与需要补偿。

重复委任导致富争议的最高院 Halliburton v. Chubb 先例。案情涉及2010年美国墨西哥湾的"深海地平线"(Deepwater Horizon)钻油平台发生爆炸(blow-out),造成历史性严重油污事故,带来一连串的民事与刑事诉讼。这个先例涉及 Halliburton 作为向钻油平台提供服务的一家公司在美国路易斯安那法院被裁定与钻油平台的管理人(Operator)BP石油公司、所有人/钻油平台船东(Owner)Transocean,一并因为共同疏忽而承担赔偿责任。虽然 Halliburton 只承担3%的赔偿责任,但涉及的金额已高达11亿美元。之后 Halliburton 向它的多家责任保险公司提起诉讼,要求赔偿。其中一家保险公司是 Chubb,涉及赔偿的份额是1亿美元。Chubb 拒赔,所以 Halliburton 提起这个仲裁。

在 Halliburton 针对 Chubb 提起的仲裁中,因为双方不能同意首席人选,最终法院委任了著名的御用大律师 Ken Rokison QC 为首席仲裁员。但随后在 Halliburton 不知情的情况下,Chubb 在另一个针对 Transocean 的同类案件中委任了 Ken Rokison

QC为边裁。这后来被Halliburton知悉后大为不满并导致这个诉讼,企图赶走Ken Rokison QC。

该先例带来几个争端(issues),如:(1)法律是否允许或认同重复委任?国际仲裁最热门地点的伦敦,针对重复委任有两种完全不同的做法与看法。所以很多著名国际仲裁机构都申请加入(intervene)诉讼,以便作为法庭之友(*Amicus curiae*/Friend of the Court)提供对立的意见与证据。这包括巴黎的国际商会仲裁院(ICC Court of International Arbitration)、伦敦国际仲裁院(London Court of International Arbitration或简称LCIA)与英国特许仲裁员协会(Chartered Institute of Arbitrators)。它们都各自委任了律师团队,包括著名的御用大律师,且都不认同仲裁员可被重复委任,认为这是国际仲裁不会接受的做法。但伦敦海事仲裁委员会(London Maritime Arbitrators Association,简称LMAA)与谷物与饲料贸易协会(Grain & Feed Trade Association,简称GAFTA)则持相反意见,也各自委任了律师团队试图说服最高院允许被重复委任对国际仲裁是至关重要。(2)可以想见,在同类案件重复委任可以避免矛盾判决/裁决。英国法院也是这种做法。如在一宗重大事故带来无数的相关诉讼案件中,法院会干脆指定一位法官专职管理/审理同类案件。例如,在20世纪90年代中期,英国劳合社(Lloyd's)的保险人因为大量来自美国的石棉(asbestos)损害再保险(reinsurance)赔付而严重亏损,导致大量有关劳合社的重要先例,就指定Saville大法官(后来的Saville勋爵)一并管理与审理。这方面的做法在笔者的《损失赔偿与救济》一书第八章之11.5段与《合约履行、弃权与禁反言》一书第九章之8.6.3段均有详述。(3)法院与仲裁有一个显著的不同,就是法院无偿,但仲裁员是收取费用的,显然被重复委任会带来对委任方的潜在好感。(4)大力主张与支持重复委任的LMAA在2019年12月11日最高院还没有作出判决之前也作出了通告,解释为什么在海事仲裁以及商品买卖仲裁很难做得到要求仲裁员像一般国际商事仲裁一样在被委任时自动披露。可部分节录如下:

"**Overlapping issues and disclosure** In ad hoc maritime arbitration, there is widespread use of the commencement of arbitration and simultaneous appointments of arbitrators to stop time running for short (e. g. 12 months) limitation purposes. This may have a knock on effect on the disclosure which an arbitrator may be able to make at this stage based on his or her knowledge of the issues in the case. In many cases therefore an arbitrator appointed in ad hoc proceedings, may not know at the time of accepting an appointment exactly who the parties are (They may often be single purpose shipowning companies whose beneficial ownership is obscure or may simply be described as cargo interests whose precise identity only becomes apparent after the arbitration has got under way) or the nature of the issues in dispute. If an arbitrator were subsequently to face a challenge based for example on the IBA Guidelines because he or she was appointed in an earlier reference with the same parties or with overlapping issues and had not made disclosure when accepting the later appointment, the arbitrator may not actually know enough about the earlier reference even when the later appointment is made to be in a position to disclose overlapping parties or overlapping issues. This may well not be for want of any diligence on the part of the arbitrator, but because of the way in which the mere appointment of an arbitrator is of greater significance in maritime arbitrations. It is perhaps a matter of preferring speed and efficiency and, an arrangement which is widely accepted in the maritime business over a prescriptive regime for disclosure. In fact in the maritime and commodities fields there is a high incidence of appointments in arbitrations with overlapping issues, in particular involving chains of charter parties or sale contracts. The LMAA Terms recognise this and make provision for tribunals to make orders for concurrent conduct of the related arbitrations. Consequently, there is also a high number of arbitrations with multiple appointments of the same arbitrators. It has indeed long been a feature of LMAA arbitrations that the same arbitrator is appointed to deal with connected or overlapping cases. It is considered by parties to reduce the likelihood of inconsistent decisions, save costs and speed up the resolution of disputes involving overlapping factual situations which frequently arise. "

英国最高院主要针对的是仲裁员在重复委任下的偏见与"司法公正必须可被看见"(Justice must be seem to be done)或英国《Arbitration Act 1996》之 section 24(a)可以赶走仲裁员的"*justifiable doubts as to his impartiality*"方面的问题,并判仲裁员在接受重复委任时对不知情的非委任方是有法定的披露责任(legal duty of disclosure)。除非习惯做法(customary practice)上是接受重复委任不会影响仲裁员的公正与当事人一般也不要求与不预期披露,如 LMAA 与 GAFTA 的仲裁。但一般商事仲裁并涉及像 ICC 或 LCIA 对重复委任不鼓励与被视为可能影响仲裁员公正形象的机构仲裁,就有法定责任需要披露。本先例涉及的 Bermuda Form 的仲裁[9]也是同样地位,Ken Rokison QC 有法定责任向双方当事人(主要是 Halliburton)披露接受 Chubb 对 Transocean 同类仲裁的重复委任。

但披露的法定责任也有不少现实中的问题,如假设 Ken Rokison QC 确实向 Halliburton 披露了,可以想到 Halliburton 肯定会反对。其实 Halliburton 在较早前法院委任 Ken Rokison QC 为首席仲裁员时就已经反对,但不成功。如果在不久后有了 Ken

[9] 20 世纪 80 年代,由于美国法院解释保单覆盖的责任范围超出保险人预期,令保险人蒙受了巨额损失(尤其是石棉与污染导致的人身伤害),因此,美国保险公司在伦敦再保意外责任保险[casualty (liability) insurance]越来越困难。为了满足美国公司的需求,保险公司在百慕大成立了新的保险公司与使用特殊的标准格式保单,这些标准格式保单被统称为"Bermuda Form"。Bermuda Form 规定适用法是美国纽约州的法律,但争议解决方式是伦敦仲裁。关于 Bermuda Form 的更多介绍,可见 Richard Jacobs QC, Lorelie S. Masters, Paul Stanley 的《Liability insurance in international arbitration: the Bermuda Form》(第 2 版,2011 年)一书。

Rokison QC 披露重复委任的机会,估计反对的结果仍是 Ken Rokison QC 需要辞退首席仲裁员的职务或不接受重复委任。问题是 Halliburton 反对的原因不是 Ken Rokison QC 的公正,而是因为希望在 Bermuda Form 的适用法是美国纽约州法的情况下委任美国律师做首席仲裁员。所以,这与法律因为公正与否形象的原因而需要披露没有关系。

另是,即使承认 GAFTA 或 LMAA 仲裁的习惯做法下可以接受重复委任与无需披露(因为当事人可以预期),但笔者见过不少在同一笔交易的国际货物买卖或租船的合约链中,A 与 B 约定 GAFTA 仲裁,但 B 与 C 另约定临时(*ad hoc*)仲裁,C 与 D 又另约定 LCIA 仲裁等。这样,同一位仲裁员如果多次被重复委任,会否在披露方面要予以不同对待?

又或是在香港特区或新加坡,海事仲裁一般与 LMAA 做法接近(如 HKMAG 仲裁),也接受重复委任与无须披露。但在 Halliburton v. Chubb 最高院先例的影响下,是像 LMAA 一样例外,还是像国际一般商事仲裁一样需要披露?毕竟让香港法院接受是习惯做法并不容易。

最后,对于重复委任是否会带来 Hollington v. F Hewthorn & Co Ltd 与 Rogers v. Holye 等先例提到的问题,也没有答案。虽然笔者相信只要不吹毛求疵,问题应不太大。因为在惯常有 3 位仲裁员的国际仲裁中,一位被重复委任的仲裁员不可能令后一个委任的审理变成不公平审理。

2. 品　格　证　据

品格证据(character evidence)主要与英国刑事诉讼有密切关系,但这不是本书针对的重点,所以简单略过。毕竟品格证据与民商事案件也有一定的关系,特别是可以属于品格证据的"相似事实证据"(similar fact evidence)。

过去普通法或英国立法对什么是品格证据看来都没有很明确的定义。[10] 曾经也有富争议的 R v. Rowton (1865) Le & Ca 520 先例将针对个别自然人品质(quality)

---

〔10〕 今天英国在《Criminal Justice Act 2003》之 Section 98 有对不良品格(bad character)的定义,可以节录如下:"References in this Chapter to evidence of a person's 'bad character' are to evidence of, or of a disposition towards, misconduct on his part, other than evidence which— (a) has to do with the alleged facts of the offence with which the defendant is charged, or (b) is evidence of misconduct in connection with the investigation or prosecution of that offence." 另可节录美国加利福尼亚州的《Evidence Code》之 Section 1101(a)对品格证据的规定:"... evidence of **a person's character or a trait of his or her character** (**whether in the form of an opinion, evidence of reputation, or evidence of specific instances of his or her conduct**) is inadmissible when offered to prove his or her conduct on a specified occasion."(加黑部分是对品格证据的定义)

的品格(character)仅限制在第三人如何看待该人士的声誉(reputation)上,而不包括他/她的具体行为(act 或 disposition)。但这不再重要,今天的说法并不会有这样的限制,[11]品格证据从宽泛的角度来看既可以包括声誉,也可以包括具体行为。可以节录《Phipson on Evidence》(2017 年,第 19 版)一书之 17 – 01 段对品格证据:"The word 'character' means in law, either a person's reputation, whether in general or in some particular respect (for example for truthfulness or sexual morality), or his disposition to conduct himself in some way or other (for example to commit burglaries or give money to the needy). The law has sometimes taken character to mean reputation only, sometimes disposition only, and sometimes both."

相比于一般证据,很容易可以想到品格证据本身有缺陷。首先是用证据推断(infer)一个人的品格如何本就是有危险的,如用邻居的证言来证明被告品格到底如何的推断本就薄弱。首先是邻居所见的都是片面的,例如被告在外人面前可能是个好好先生,但其实关上门经常家暴。此外即使被告是一个确实一贯诚实的人,也不能说就一定不会说谎。而且品格证据更会带来损害(prejudice)(尤其是在涉及刑事案件与陪审团时),如品格证据显示一个人长期有暴力倾向、曾经有各种性犯罪等,难免有带来不公正(unfair)与偏见(bias)的风险。可以说这种推断在逻辑上是很难说得通的,套用到本书第八章之 1.1.3.3 段介绍的三段论(syllogism),会是大前提是有不良品格的人士更容易犯罪,小前提是被告/嫌疑人有不良品格,从这个大前提和小前提推断到被告/嫌疑人更容易犯罪。但在这个推断的过程中,是否不良品格更容易犯罪就要打上问号,从品格证据要推断到被告/嫌疑人有不良品格更要打上问号,因此推断的过程有很多地方留有怀疑,很难满足刑事的排除一切合理怀疑(reasonable doubt)的举证标准。良好品格证据也是类似的情况,大前提是有良好品格的人士不太可能犯下严重罪行,小前提是被告/嫌疑人有良好品格,推出结论是被告/嫌疑人不太可能犯下这个严重罪行,但这离证明被告/嫌疑人是无辜还有很大距离。

在刑事案件中,是否犯罪更是要看被告/嫌疑人的行为是否满足了犯罪的构成要件,而不应该根据这些品格证据作出认定。例如被告/嫌疑人曾经有盗窃罪的定罪记录,并不意味着就一定会再次犯罪,法院就需要排除这种品格证据会带来对被告/嫌疑人的不公正。

但即使完全排除品格证据,也不代表陪审团就不会考虑被告/嫌疑人的品格。陪审团在决定是否相信证人(包括被告/嫌疑人)时,觉得证人的品格如何将是一个考虑因素甚至是一个重要考虑因素。如果不引入品格证据,陪审团可能会受一些更不科学的偏见或刻板印象影响,如被告/嫌疑人的长相、衣着、口音、发型、工作性质与职位、家庭情况、教育水平、种族、是否有吸引力、看起来态度如何等。甚至仅仅是被告被检控这一点已经可能造成不良影响,例如没有受过法律训练的陪审团成员可能想:

---

[11] 这个改变的原因在本章之 2.3.3 段有进一步解释。

"肯定是做错事了才会被起诉,否则为什么警察不抓别人抓你呢?"所以可以说相比于无罪推定,陪审团成员受偏见与刻板印象影响反而会是有罪推定。这时,良好品格证据(甚至只是没有犯罪记录的证据)就可能成为被告/嫌疑人抗辩的有力武器。

所以不如引入品格证据,让审理法官给陪审团详细的指引以给予恰当的分量,会更科学。例如,被指控谋杀的被告/嫌疑人提供自己的良好品格证据后,检控方提供该被告/嫌疑人十年前的犯罪记录(如小偷小摸)进行反驳,这样就要考虑到这个犯罪记录已经是十年前的或以前的犯罪记录与现在被控的罪名毫不相干等。这方面可节录《Clerk & Lindsey on Torts》(2010 年,第 12 版)一书之 22 - 242 段:"It is recognised that a person may have a good reputation in relation to certain matters and a bad reputation in relation to other. As the law stands, it would not be inconceivable for Hitler to allege that his bad reputation should not mitigate an allegation that he was unfaithful to Eva Braun, bearing in mind that he did not have a reputation for sexual misconduct."

这种允许被告/嫌疑人引入良好品格证据的做法已经有超过 300 年的历史。在澳大利亚 Melbourne v. The Queen (1999) 198 CLR 1 先例中,Kirby 大法官说人性(包括陪审团成员)都会倾向于相信人的行为会前后一致,所以采纳品格证据更科学针对应是更好:"It was on that footing, rather than on the bases of principle, logic and consistency, that Wigmore thought the better course was to admit evidence of good character."

品格证据也很容易断章取义,一方会尽量美化,另一方会尽量质疑。因为自然人过去的言行很难从始至终完全一致,如果允许针对自然人过去一生,从中任意挑拣一部分对其不利的任何言行,一方面坏处就是这一部分言行会是并不代表该自然人的真正想法,另一方面则是允许这样挑选证据进入诉讼之中,就要允许自然人对这些逐个的言行举证进行反驳,也就会给案件带来不必要的新争端,变成了很多个卫星诉讼(satellite litigation)或者是"案中案"(trial within a trial)。

在商事案件中,这种根据过去的声誉或特定行为来证明会有一致倾向(propensity)的品格证据通常就因为与双方的争议/争端无关或不重要而不会被采纳。最常见的商事争议是违约/毁约(repudiatory breach),这与被指控是违约方的当事人的品格没有关系。只要证据证明有关言行在合约条文的解释下是违约,违约方的品格好坏就与合约严格责任下的违约毫无关系。违约的后果就是赔偿所导致的金钱损失,把受害方放回合约被履行的经济地位,不会因为违约方的品格好坏可调整损失赔偿的高低。

刑事与民商事案件的本质不同。前者往往要证明被告/嫌疑人的主观想法(subjectivity)或来自他们内心的犯罪意图,如有心(advertent)的不诚实(dishonesty),但后者通常只要以较低的举证责任标准(standard of burden of proof)证明被告犯错如疏忽(negligence)的侵权行为业已足够。"疏忽"或甚至是"严重疏忽"(gross negligence)是无心行为(inadvertent conduct),与被告的主观想法没有关系,纯粹是客观去看有关的证据认定的事实中有否疏忽。所以与被告的良好品格或不良品格通常没有关系,也与争议/争端无关(irrelevance)。

当然这只是一般情况,民商事案件也经常会涉及与刑事案件难以区分的不诚实、欺骗/欺诈(deceit/fraud),这方面在本书第十章会详论,所以不在此重复。反正是这类民商事案件涉及当事人的主观想法,被告的良好品格的环境证据(circumstantial evidence)就可能有关了。例如,在本书第八章之 1.1.3.4.2 段介绍的 The "Michael" (1979) 1 Lloyd's Rep 55 先例中,案情涉及保险人指控船东不诚实凿船(scuttling),就难免扯上船东的意图(motive)、在航运与银行的声誉等的良好品格证据了。

另品格证据也有一些在民商事的争议/争端中有足够重要性,并涉及当事人的主观想法,如诽谤(defamation)或版权(copyright)的侵权案件等,也会考虑接受这类证据,这方面会稍后在本章介绍。

2.1 良好品格证据与不良品格证据

在考虑品格证据时,首先可以区分良好品格证据(good character)与不良品格证据(bad character)。针对品格证据的可采纳性规则很多针对的都只是不良品格证据,因为相比于良好品格证据,不良品格证据会带来的危害要更明显与更大,在下文中也将分开介绍。因为不良品格证据的危害更大,因此英国今天针对刑事诉讼案件的立法《Criminal Justice Act 2003》在 Part 11 Chapter 1 也专门作出针对,包括什么时候才能提供被告/嫌疑人不良品格证据。如在被告/嫌疑人先自己提供良好品格证据后,检控方才可以用来反驳,这也是 R v. Rowton (1865) Le & Ca 520 先例所针对的情况等。

而在决定是否允许检控方以不良品格证据反驳被告/嫌疑人的良好品格证据时,法院会更严格。Martin B 大法官在 R v. Rowton 先例里举了一个例子,如果被控盗窃的被告坚持要提供良好品格证据,检控方能否以过去的犯罪记录反驳?能否让警察出庭接受盘问,说被告是个惯偷,他已经逮捕了被告十几次?Martin B 大法官说这样陪审团关注的就是被告是个贼的证据,而不是他这次到底有没有盗窃的证据。

2.2 品格证据的两个不同用途

在本书第八章之 1 段已经介绍过,证据被采纳的基础是证据必须与案件的争议/争端有关联性(relevance)。品格证据可以用在两个方面,正如在 R v. Aziz (1996) 1 AC 41 贵族院先例中 Steyn 勋爵所说:"... (1) A direction as to the relevance of his good character to a **defendant's credibility is to be given where he has testified** or made pre-trial answers or statements. (2) A direction as to the relevance of his good character to **the likelihood of his having committed the offence** charged is to be given, whether or not he has testified, or made pre-trial answers or statements."(加黑部分是笔者的强调)

第一个用途是与案件本身的事实争端(disputed issue)有关联性,一般是支持被告/嫌疑人对被指控的犯罪(如暴力伤人或欺诈)有倾向(propensity to the alleged crime)。例如,著作权侵权案件中被告(侵权人)过去是否惯常"剽窃"他人作品与被告是否故意侵权有关。又如,今天大量的有关不诚实、欺诈/欺骗案件,如在船舶沉没向保险人索赔时,事实争端涉及船东是否凿船、有凿船意图时,船东是否过去也有过涉嫌凿船行为的案件就有关联性。这会是需要针对每一个案件中的具体事实与争端看待。如果并非要证明存在一致倾向,品格证据并不存在什么危害,也一般都会被接受,如民事诉讼中的诽谤(defamation)案件中原告(被诽谤人)的声誉(reputation)会与责任与损失有关。

第二个用途是在开庭审理的交叉盘问(cross-examination)质疑证人的可信度(credibility)。当事人引入某证人[无论是当事人自己(如果在刑事案件选择出庭自辩的被告)还是非当事人证人]提供证据时,向法院默示了他/她所回答交叉盘问所提供的证据是可信的。所以对方当事人质疑该证人的可信度时就会自动成为一个争端。作为另一个方面,品格证据因为与这个争端有关联性而被法院采纳。

例如,在刑事案件中,检控方引入的证人通常有涉案的警察,而被告/嫌疑人会提供品格/相似事实证据(文件或口头证人)去显示该警察不可信,如在其他案件曾经以暴力或不当压力逼供等,并在交叉盘问针对。这也可被称为"诚实性规则"(veracity rule)。

2.3 用途之一:与争端有关的品格证据

2.3.1 刑事案件中可以根据良好品格推定

在刑事案件中,被告/嫌疑人一般都可以提交有关自己的良好品格证据作为自辩,如最常见的是被告/嫌疑人没有犯罪的记录。这符合基本人性,也因为在刑事案件中,一般人士(如陪审团成员)认为一个人如果有良好品格可以推定(presumption)其多半不会从事犯罪行为,因此良好品格证据与被告/嫌疑人是否犯罪的争端有关。《Expert Evidence: Law & Practice》(2020 年,第 5 版)一书之 15-006 段说:"The general rule at common law is that a defendant of good character is permitted to adduce evidence (usually non-expert evidence) of their good character to lay the foundation for the argument that they had no propensity to commit the offence charged: see R v. Stannard (1837) C&P 673; R v. Rowton (1865) Le. & Ca. 520; R v. Aziz (1996) AC 41 (HL)."

在 R v. Rowton (1865) Le & Ca 520 先例中,Cockburn 大法官说:"The allowing evidence of good character has arisen from the fairness of our laws, and is an anomalous exception to the general rule."

但本章之 2 段一开始讲过,这种良好品格证据到底有多少分量,甚至有没有分量是存疑的。在香港特区的 HKSAR v. Tang Siu Man (1997-1998) 1 HKCFAR 107 先例中,烈显伦大法官就说:"judges would, where appropriate, direct the jury regarding the relevance of good character to credibility and propensity: that is, tipping the scales slightly in favour of believing the defendant's story and questioning whether he (or she) might be the sort of person who would commit the offence charged. This, in effect, is nothing more than common sense writ large."

另在澳大利亚 Melbourne v. The Queen (1999) 198 CLR 1 先例中,McHugh 大法官说:"The basis for the rule for admitting evidence of good character is not logic but the 'policy and humanity' of the common law."

在 Prizeflex Ltd v. Revenue & Customs Commissioners (2016) UKUT 436 (TCC) 先例中,案情涉及欧盟增值税骗税,Morgan 大法官说:"For HMRC ... submitted that: (1) in ordinary civil litigation, good character evidence is not admissible because it is not relevant; (2) in criminal proceedings ... where proof of subjective dishonesty is required, good character evidence is admissible as relevant to the issue of dishonesty.... Although we were not addressed in any detail on the role of good character evidence in criminal cases, we have considered ... the recent decision in R v. Hunter (2016) 2 All ER 1021 ... from our reading of that decision, it does not appear to us that in criminal cases good character directions are confined to cases of subjective dishonesty, or even cases of dishonesty generally."

而针对不良品格证据,在《Expert Evidence: Law & Practice》(2020 年,第 5 版)一书之 15 - 008 段说,在刑事案件中,为了保障被告/嫌疑人能接受公平审理,检控方想引入不良品格证据困难得多。要引入被告/嫌疑人不良品格证据至少要通过"七道大门"之一:"The admission of evidence of bad character is a complicated subject ... The criminal law has been reformed by statute. In general terms it can be said that the defendant has a 'shield' against bad character evidence. Before bad character evidence may be admitted..., it must pass through at least one of the seven gateways...."

根据《Criminal Justice Act 2003》之 section 101(1)的规定,这"七道大门"是:(1)双方同意(agreement);(2)由被告/嫌疑人自己引入(adduced by defendant);(3)是重要的解释性证据(important explanatory evidence);(4)证据与被告/嫌疑人和检控方之间的重要争端有关(evidence relevant to an important matter in issue between the defendant and prosecution);(5)证据对共同被告之间的重要争端有很高的证明价值(evidence with substantive probative value in relation to important matter between co-defendants);(6)证据可以用来纠正被告/嫌疑人带来的错误印象(evidence which corrects any false impression given by defendant);(7)被告攻击了其他人士的品格(where the defendant has made an attack on another person's character)。

Section 102 至 106 对这"七道大门"有进一步解释,这里不再节录。无论是在针对被告/嫌疑人是否犯罪的争端问题上,还是在被告/嫌疑人作为证人时的可信度问题上都会适用(这还可见本章之 2.4.3 段)。简单举例,第七点针对的是被告/嫌疑人提出良好品格证据时,检控方并不认同可以提供被告的不良品格证据以正视听。《Phipson on Evidence》(2017 年,第 19 版)一书之 20 - 02 段说:"... thought the Act does give a shield against credibility based attacks on the accused's character, it is smaller and less robust than its predecessor. The obvious credibility gateways are (f), permitting evidence 'to correct a false impression given by the defendant', and (g), permitting it when 'the defendant has made an attack on another person's character'."

2.3.2 民商事案件中一般不采纳良好品格证据

在民商事诉讼中,由于不涉及刑事案件的"推定"(presumption),即有良好品格人士一般不会有犯罪意图,所以不适用。例如,被告品格良好与被告是否确实有违约/毁约行为或疏忽驾驶的侵权行为没有关系。因此被告的良好品格与事实争端一般没有关联性(irrelevant),也不会采纳。即使在一个民商事争议涉及部分争端会与一方当事人的良好品格或声誉没有关系,也有权威说法是对这种证据不予采纳。

这方面的权威解释是 Attorney-General v. Radloff (1854) 10 Ex 84 先例中 Martin 勋爵所说:"In criminal cases evidence of the good character of the accused is most properly and with good reason admissible in evidence, because there is a fair and just presumption that a person of good character would not commit a crime; but in civil cases such evidence is with equal good reason not admitted, because no presumption would fairly arise, in the very great proportion of such cases, from the good character of the defendant, that he did not commit the breach of contract or of civil duty alleged against him."

另《Phipson on Evidence》(2017 年,第 19 版)一书之 18 - 23 段也说:"There is clear, uncontroverted authority establishing that, even where relevant to some fact in issue, the good character of a party to a civil action may not be adduced."

该说法也在不少较近期的民商事诉讼先例中得到确认。例如,在 Stokors SA v. IG Market Ltd (2012) EWHC 2504 (Comm)先例中,Teare 大法官说:"In my judgment, the court, certainly a court of first instance, must follow the established practice set out in Phipson and other text books with regard to civil proceedings which is that evidence of character and general reputation for honesty is not admissible."

类似说法还可见 Prizeflex Ltd v. Revenue & Customs Commissioners (2016) UKUT 436 (TCC)先例等。

2.3.3 与争端有关的不良品格证据:民事诽谤(defamation)

在民商事案件中,与事实争端(disputed issue)有关的不良品格证据常出现在诽谤(defamation)案件。

原告向被告提起诽谤诉讼,并证明被告曾经作出过诽谤性言论(如在报刊的文章),被告的抗辩主要有三方面:(1)有理可据(justification);(2)特免权(privilege);(3)公允评论(fair comment)。

其中,第二点的特免权与不良品格证据没有关系,针对是例如在开庭审理被盘问的证人难免提到某位有关人士会有诽谤言论,也可扩展至法官、仲裁员、代表律师等。

这种诽谤的言论也难免出现在其他公共事务,如议会的讨论等。只简单节录《Clerk & Lindsey on Torts》(2010 年,第 12 版)一书之 22 - 86 与 22 - 87 段:

"**Privilege generally.** The rationale behind the defence of privilege is the recognition that in certain circumstances persons should be free to speak their mind (and others to report on what they say) without fear of being sued, even if what they publish is false and defamatory. . . .

Principle of absolute privilege. Absolute privilege is given by law to statements which are judicial, parliamentary, or official. Litigation and public business cannot be carried on without the character of individuals being constantly called in question and to permit a legal remedy to a person who is injured by such statements would endanger freedom of communication in matters where it is vitally necessary. Accordingly, where an occasion is covered by absolute privilege, the law protects those who act in the honest discharge of their legal right or duty, . . . "

除了"绝对特免权"(absolute privilege)外,另有"有限制的特免权"(qualified privilege)。有限制的特免权大致可分为三类:(1)陈述人有合法责任或利益(legitimate duty or interest)作出陈述与被陈述人有合法责任或利益接收陈述。(2)媒体对涉及公共利益的事情发表评论。(3)《Defamation Act 1996》规定的特定报告。相比绝对特免权,即使被告能证明属于有限制的特免权的情况,只要原告能证明被告有真正的恶意(malice),仍可成功证明诽谤。

第三点"公允评论"的起点是任何人士都有权对公共事情提出自己的说法,只要是公平与诚实。在 Silkin v. Beaver brook Newspapers Ltd (1958) 1 WLR 743 先例中,Diplock 大法官在引导陪审团说:"the right of the public, which means you and me, and the newspaper editor, and the man who, . . . would be on the Chatham omnibus, to express their views honestly and fearlessly on matters of public interest, even though that involves strong criticism of the conduct of public people."

在香港特区终审法院的 Tse Wai Chun Paul v. Albert Cheng (2001) EMLR 31 先例中,Nicholls 勋爵说,抗辩"公允评论"的四个要件是:(1)只能是一个说法或评论,但不是事实陈述(The statement must be comment and not fact);(2)这个说法或评论必须有足够的真实事实依据(The comment must have a sufficient factual basis, that is, the comment must be based on facts which are themselves sufficiently true);(3)这个说法或评论必须客观看来公允(The comment must be objectively "fair", i. e, it must be an opinion which an honest person could hold);(4)这个说法或评论的主题必须涉及公共事情(The subject matter of the comment must be of public interest)。

回到(1)的"有理可据"的主要抗辩,可节录《Clerk & Lindsey on Torts》(2010 年,第 12 版)一书之 22 - 73 段说:"**Justification.** It is a complete defence to an action for defamation for the defendant to plead justification, that is, that the statement is true. The burden of proof is on the defendant. ..."

显然上述的三种抗辩,除了"绝对特免权"外,都与不良品格证据没有关系,特别是主要的"有理可据"的抗辩。例如,被告(诽谤人)公开说或评论原告(被诽谤人)是个骗子,在责任即被告是否诽谤上,原告的不良品格证据就很有关。原告如果确实有诈骗罪的刑事定罪记录(这会是一生的记录),被告也就不是诽谤而是在陈述事实了。至于具体是哪些不良品格证据有关,显然要看具体的案件中提出的是什么指控。

而品格证据也与诽谤带来的损失计算十分有关,因为即使责任胜诉,原告的损失要看原告的声誉(reputation)等受到了多少贬损,这会涉及被诽谤人原本的声誉如何与"减损"(mitigation)。这方面可节录《Clerk & Lindsey on Torts》(2010 年,第 12 版)一书之 22 - 237 段:"**Mitigation of damages.** In the general law of tort and contract the term mitigation of damages is understood to refer to the duty on the part of the claimant to take reasonable steps to minimise the loss arising from the unlawful act. In defamation it has a wider meaning and is generally used to refer to any matter which reduces the damages from what might otherwise be appropriate. The following matters are commonly relied on in mitigation of damages: (1) partial justification; (2) directly relevant background context; (3) conduct of the claimant; (4) evidence of the claimant's bad reputation; (5) the making of an apology or offer of amends; (6) evidence showing that publication by the defendant was without malice; (7) evidence that the claimant has already recovered damages for substantially the same libel."

上述的各项减损事项,部分与不良品格证据没有关系,如广为人知的第五点,即诽谤人很快向受到诽谤伤害人士公开道歉是减损的一种。其他好几个事项与品格证据有关,如:(1)"部分有理可据"(partial justification)就显然有关。如果不良品格证据能帮助证明部分言论有理可据,在此基础上,剩下的部分对声誉造成的影响显然相对小。(2)"直接有关的背景/语境"(directly relevant background context)指一些与诽谤直接有关的背景事实,但不足以构成有理可据或部分有理可据。原告的不良品格证据可能没有关系,但是在考虑减损时是否可采纳是取决于法官案件管理的裁量权。(3)顾名思义肯定是与原告的不良品格证据有关,但要注意这里关注的并非原告事实上是一个好人还是坏人,而是他/她的声誉如何。如果原告毫无声誉可言,就很难说被告的诽谤会再对他的声誉造成什么贬损。

过去有判法是只能提交有关声誉的证据,而不能提交特定不当行为(specific misconduct)的证据:见 Scott v. Sampson (1882) 8 QBD 491 先例与 Speidel v. Plato Films Ltd (1961) AC 1090 贵族院先例等。看来对于原告在有关时间的声誉,原告显然应当也是可以抗辩的。但对于不当行为而言,原告无法对自己一生中做过的任何行为都准备证据抗辩,因此不能允许被告随便把什么事情都提出来。正如 Denning 勋爵所说:"... may be prepared with general evidence in support of character, though he cannot be supposed to be prepared with evidence to justify his conduct through life...

Thus, if the libel imputes theft, the relevant sector is his character for honesty, not his character as a motorist. And so forth."

该先例中,Simonds 勋爵也说这造成的另一个后果是,由于提出了太多"事实",导致在一个诽谤案件中要审理与认定太多不同方面与不同类型的事实争端,变成"案中案"(trials within a trial)就会大大拖长诉讼。这也是为什么本章之 2 段提到一开始严格限制在声誉的证据,但之后这个限制被逐步放松。

首先哪些证据是只针对声誉,而哪些是包括了不当行为,这种区分并非黑白分明的,也因此后来有先例判可以采纳在有关期间内、特定生活阶段(sector of life)的犯罪记录作为不良品格的证据,针对这些犯罪记录也不用区分到底是声誉还是特定行为。毕竟犯罪记录可以说虽然是被诽谤人的不当行为,但也会影响被诽谤人的声誉。而且由于犯罪记录是公开的记录,对其中的内容也没什么可质疑的(不能说是法院错判),不太会产生额外的争端或"案中案"。在 Goody v. Odhams Press Ltd (1967) 1 QB 333 先例中,Denning 勋爵说:"I think that previous convictions are admissible. They stand in a class by themselves. They are the raw material upon which bad reputation is built up. They have taken place in open court. They are matters of public knowledge. They are accepted by people generally as giving the best guide to his reputation and standing. They must of course be relevant, in this sense, that they must be **convictions in the relevant sector of his life and have taken place within a relevant period such as to affect his current reputation**. But being relevant, **they are admissible. They are very different from previous instances of misconduct**, for those have not been tried out or resulted in convictions or come before a court of law. To introduce those **might lead to endless disputes**. Whereas previous convictions are virtually indisputable... Damages for libel are given for injury to character and reputation: and what better guide can there be to his character and reputation than his previous convictions?"(加黑部分是笔者的强调)

在 CPR 下,法院有广泛案件管理特别是控制证据的权力。在 Burstein v. Times Newspapers (2001) 1 WLR 579 先例中,May 大法官更放宽了一点,判可以采纳与所主张诽谤的事实背景直接有关的被诽谤人的不当行为:"... particular facts directly relevant to the context in which a defamatory publication came to be made."

另可以简单节录 Turner v. News Group Newspapers Ltd (2006) EWCA Civ 540 先例中 Keene 大法官对这方面的分析如下:"My analysis of these lines of authority leads me to conclude that the principle in Scott v. Sampson and its endorsement in Speidel v. Plato Films Ltd were in large part based upon concern about the risks of 'trials within a trial', a concern which as May LJ observed in Burstein v. Times Newspapers Ltd **the court is now better equipped to deal with than in the past because of its case management powers**; that the principle has never been absolute; that one of the major exceptions to it, before and since that case, has been in respect of **evidence of particular acts of misconduct by the claimant put before the jury in support of a plea of justification or fair comment** which has then failed; and that insofar as a rational basis can be found for that major exception, it would seem to **lie in the direct relevance such evidence is likely to have to the subject matter of the defamatory words.**"（加黑部分是笔者的强调）

这方面类似的说法还可见 Warren v. Random House Group Ltd（2008）EWCA Civ 834 先例以及 Lisle-Mainwaring v. Associated Newspapers Ltd（2017）EWHC 543（QB）先例。在后一先例中，Parkes 大法官说："Burstein v. Times Newspapers Ltd particulars should be limited to directly relevant background context which is relevant to the claimant's reputation in the relevant sector of his or her life."

2.4 用途之二：与证人可信度有关的品格证据

普通法下，无论是刑事案件还是民商事案件，可信度（credibility）问题都只针对出庭接受交叉盘问（cross-examination）的证人与其证据/证言，因此如果有关人士根本不是证人，要用关于该人士的不良品格证据来打击该人士可信度的话就显然不会也不应该被采纳：见 R v. Butterwasser（1948）1 KB 4 先例。在 R v. Butterwasser 先例中，检控方指控被告/嫌疑人故意伤人，并找"受害人"作为证人出庭作证，被告/嫌疑人则抗辩与主张实际上是"受害人"先动的手，并提供了有关"受害人"定罪记录的证据以显示"受害人"的暴力倾向。问题在于被告/嫌疑人自己并没有作为证人出庭，但看来是为了让检控方通过打击被告/嫌疑人可信度的方式反驳其前述主张，因此一审法院仍然允许检控方提交了有关被告/嫌疑人的不良品格证据，陪审团也判被告/嫌疑人罪名成立。但在上诉庭指出被告/嫌疑人并非证人，此时有关其可信度的问题并不应该被一审法官采纳，最后撤销了一审判被告/嫌疑人有罪的判决。

在英国对抗制诉讼中，不论刑事或民事诉讼，丑化（impeach）证人的方式通常都是通过交叉盘问，法律也宽松对待以容许盘问方可以实现这个目的。盘问方可以在交叉盘问中用引导性问题（leading question），针对证人过去说法不同的陈述进行提问（previous inconsistent statement），针对证人过去的定罪记录（convictions）与可能存在的偏袒（bias）等进行提问以及在证人否认时提出证据反证等。在国际商事诉讼与仲裁中，用定罪记录的品格证据去直接质疑证人可信度的情况不多，有关如何在民商事诉讼与国际仲裁中丑化证人，本书第三章之 1.3 段即有详细介绍。

2.4.1 不得以不良品格证据丑化/贬低当事人自己的证人

当事人自己一方的证人会默示被当事人自己主张为可信，一般情况下当事人也不愿意贬低自己证人的可信度，这与不能交叉盘问自己的证人是同样的道理，[12] 无

---

〔12〕 这可见本书第三章之 4.2 段。

论这证人是自己向法院申请传召[13]还是将其他诉讼当事人的证人的书面证人证言作为传闻证据依赖[14]。

在古老的 Ewer v. Ambrose（1825）3 B&C 746 先例中，Holryod 大法官说："it is undoubtedly true, that if a party calls a witness to prove a fact, he cannot, when he finds the witness proves the contrary, give general evidence to shew that that witness is not to be believed on his oath, but he may shew by other evidence that he is mistaken as to the fact which he is called to prove."

甚至有特殊的案件中一方当事人传召另一方当事人作为证人，也一样不允许用不良品格证据来丑化：见 Scott v. Sampson（1882）8 QBD 491 先例。[15]

但如果涉及的是敌意证人（hostile witness），则不影响可以提交不良品格证据打击证人的可信度。有关敌意证人的问题可见本书第三章之 4 段。

英国的立法下，《Civil Evidence Act 1995》之 Section 6（3）针对这方面有规定："Where in the case of civil proceedings section 3, 4 or 5 of the Criminal Procedure Act 1865 applies, which make provision as to...（a）how far a witness may be discredited by the party producing him."也就是说，在民商事诉讼中也适用《Criminal Procedure Act 1865》之 Section 3："A party producing a witness shall not be allowed to impeach his credit by general evidence of bad character; but he may, in case the witness shall in the opinion of the judge prove adverse, contradict him by other evidence, or, by leave of the judge, prove that he has made at other times a statement inconsistent with his present testimony."

2.4.2　不得以良好品格证据提升当事人自己证人可信度

有说法是只有在对方提出不良品格证据质疑证人时，己方才可以提交良好品格证据提升证人可信度以作出回应与反驳，否则是不采纳证人的良好品格证据的。该原则可见 R v. Turner（1975）QB 834 先例中 Lawton 大法官所说："In general evidence can be called to impugn the credibility of witnesses but not led in chief to bolster it up."

这方面问题只是简单节录《Phipson on Evidence》（2017 年，第 19 版）一书之 18－24 段所说如下："...it is not unknown for evidence of the good character of witnesses to be adduced and even relied upon as affecting credibility...On the civil side, it has been the **claimant who has benefited**, **from time to time**, from the **lax practice**, **whether by reference to his own good character**, **or that of his witnesses.** In none of these cases, criminal or civil, was it argued that the adducing of evidence of the good character of

---

[13] 传召证人可见本书第二章之 4 段。

[14] 见本书第八章之 3.5.3.2 段。

[15] 这是涉及书面诽谤（libel）的案件，非常特别的是被告传召原告作为证人。

witnesses, as relevant to their credibility, **was contrary to principal, so it may well be unsafe to place reliance upon them**."(加黑部分是笔者的强调)

另外,无论是刑事案件还是民商事案件中,都有一些可接受的做法会增加证人的"印象分",或者是从侧面显示证人的可信度。这包括证人开庭时的穿着打扮、证人的身份、地位与言行等:见 Meek v. Fleming (1961) 2 QB 366 先例中 Pearce 大法官所说如下:"It is clear that... reasonably considered that the defendant's rank and status were relevant on credibility in a case where there was oath against oath, and where there was a question of the defendant's conduct in the course of duty."

这是证人通过自己的表现与品质去提升事实审理者(法官、陪审团或仲裁员)对他/她的可信度,与面对交叉盘问时诚恳与表现上佳,与提升可信度道理一样。

2.4.3　以不良品格证据质疑对方证人的可信度

针对对方证人可信度的问题,与己方证人可信度有不同对待。由于本书不针对刑事诉讼,只简单介绍今天英国刑事诉讼中,有《Criminal Justice Act 2003》立法专门针对不良品格证据的问题,对于被告/嫌疑人的不良品格证据只有特定例外才可以被接受,[16]要丑化(impeach)作为证人的被告/嫌疑人与质疑他/她的可信度时也是一样。这些例外包括要反驳被告/嫌疑人通过良好品格证据显示的不正确的印象等,检控方才能在交叉盘问中用被告/嫌疑人的刑事犯罪的定罪记录质疑其可信度。但是针对并非被告/嫌疑人的其他证人(non-defendant witness),是可以该证人的刑事定罪记录质疑可信度与丑化证人的。[17]

本书想针对的国际商事诉讼或仲裁在做法上有所不同。首先,这些国际商事案件通常有大量的文件,并且是今天视为有更高证据价值的当场文件(contemporaneous document)证据。这些客观存在的文件证据(objective evidence)通过双方当事人的披露与各自调查取证(包括向第三人通过各种法律手段获取),是不利的一方当事人难以否定或扭曲的。正是所谓的"the document speaks for itself",导致事实证人的口头证据重要性降低。

在国际商事诉讼或仲裁中,质疑对方证人的可信度通常与证人的不良品格没有太大关系,除非是在本章2段已被提到的涉及不诚实(dishonest)、欺诈/欺骗(fraud/deceit)或诽谤(defamation)等的民商事案件。所以,一般不会有盘问律师以证人的犯

---

〔16〕 这方面可见本章之2.3.1段提到的《Criminal Justice Act 2003》之 Section 101 的规定。

〔17〕 这方面在《Criminal Justice Act 2003》之 Section 100 规定:"(1) In criminal proceedings evidence of the bad character of a person other than the defendant is admissible if and only if— (a) it is important explanatory evidence, (b) it has substantial probative value in relation to a matter which— (i) is a matter in issue in the proceedings, and (ii) is of substantial importance in the context of the case as a whole, or (c) all parties to the proceedings agree to the evidence being admissible... (4) Except where subsection (1)(c) applies, evidence of the bad character of a person other than the defendant must not be given without leave of the court."

罪记录去丑化他/她。国际仲裁一般的丑化证人仍是通过开庭前的调查取证、在准备工作时盘问律师仔细分析对方证人的书面证人证言(witness statement)与/或在己方专家协助下对方专家证人的专家报告(expert report)等,然后通过交叉盘问以打击对方证人提供的事实证据或专家意见的可信度与可靠性。这些方面在本书已有颇为详尽的介绍,其中包括在第三章之1.3段针对事实证人的交叉盘问与第六章之1段的专家证人出庭接受交叉盘问。

2.4.4 证人诚实性规则下的附带事项与终结性规则

在案件的审理和对证人的交叉盘问(cross-examination)中,如果需要丑化(impeach)与/或质疑(challenge)证人可信度所针对的是附带事项(collateral issue),就会试图引入"附带证据"(collateral evidence),这会否被采纳是审理法官的裁量权。如果附带事项与案件的实质争议/争端只是有很勉强与微妙的联系(a collateral issue is an issue regarding a matter which is tenuously connected to the merits of the case),就会更难被法官批准了。

该规则主要是为了防止有太多不必要的争端被拖入诉讼而导致诉讼的中心争议/争端(central issues)会被边缘化与令事实审理者(特别是陪审团)分心。如 Phillips 勋爵在 O'Brien v. Chief Constable of South Wales Police (2005) UKHL 26 贵族院先例中所说:"its admission is likely to create side issues which will unbalance the trial and make it harder to see the wood from the trees."此外,也为了防止以与诉讼案件本身关系不大的附带争端逼问证人会对证人造成不当压力。

看来,审理法官会否批准主要是看附带事项与附带证据与案件的实质争议/争端的关系密切程度。毕竟,开庭审理是为了寻找出双方当事人实质争议/争端的事实真相,所以关系密切就显然应该批准采纳(admit)。但相反,关系不大而主要是为了去丑化或质疑证人,就没有必要去把审理的目的与方向带偏。

举例说,在一宗交通事故,有关事故如何发生存在争端。一方当事人找到一名在现场的证人并通过法院传召出庭提供证词与接受交叉盘问。在盘问有关该证人为什么当时会在现场就会是附带事项,毕竟与事故如何发生没有关系。这样如果证人在交叉盘问中回答说自己当时是前往某银行办理业务的路上,盘问律师就不能试图提供证据证明当天证人根本没有前往该银行(如根本不是步行距离)或者是没有在该银行的业务办理预约等的证据进行反驳,以显示证人不可信。

但相反的例子可见 R v. Shaw (1888) 16 Cox CC 503 先例。被告被指控与起诉偷窃大麦,检控方主要的证人是被告的学徒。被告代表大律师在交叉盘问该学徒:"你是否曾经偷过被告的东西并在被惩罚时曾说会报仇?"证人对两个指控都否认,这导致被告大律师申请法院引入这方面的"附带证据"。这被 Lawrence 大法官批准,因为被告是否有罪的认定与该证人所提供的证据关系密切与重要。总而言之,在各种各样的案情中是属于附带争端或是与主要争议有密切关系,主要是由审理法官根据常识判断。

最后节录这方面的权威说法。早在 Harris v. Tippett (1811) 2 Camp 637 先例中，Lawrence 大法官就说："Had this been a matter in issue, I would have allowed you to call witnesses to contradict what the last witness has sworn; but it is entirely collateral, and you must take his answer. I will permit questions to be put to a witness as to any improper conduct of which he may have been guilty, for the purpose of trying his credit; but, when these questions are irrelevant to issue on the record, you cannot call other witnesses to contradict the answers he gives. No witness can be prepared to support his character as to particular facts, and such collateral inquiries would lead to endless confusion."

在 R v. Edwards (1991) 1 WLR 207 上诉庭先例中，Lane 勋爵说："The distinction between the issue in the case and matters collateral to the issue is often difficult to draw, but it is of considerable importance. Where cross-examination is directed at collateral issues such as the credibility of the witness, as a rule the answers of the witness are final and evidence to contradict them will not be permitted: see Lawrence J in Harris v. Tippett ... The rule is necessary to confine the ambit of a trial within proper limits and to prevent the true issue from becoming submerged in a welter of detail."

另有"附带事项终结性规则"(collateral finality rule)的说法。也就是在交叉盘问中针对证人的可信度时带出的附带事项，证人的回答就是最终(final)，一般即不再允许提交或引入其他证据(包括证人口头证据)反驳。但这"最终"是针对其他反驳证据，并不代表盘问律师不可以质疑这证人的回答与进一步向他/她盘问，而事实审理者如审理法官或仲裁庭成员也完全可以不相信该证人的回答。

2.4.5　民商事案件中附带事项终结性规则的例外

涉及民商事案件的诉讼有不同的做法。有说法是在今天 CPR 下法院有更大的案件管理权力，在一些交叉盘问带出来的附带事项与案件本身十分有关系，就应当予以放松，可以之后对证人的回应进行反驳。《Cross & Tapper on Evidence》(2018 年，第 13 版)一书之 368 页说："... in civil proceedings in other jurisdictions... a more liberal approach to rebuttal has been adopted, and it is submitted that, in the light of the increased case management powers of the judge under the Civil Procedure Rules, a similar liberality may be expected here, and rebuttal allowed when the issue is central and does not raise the spectre of prolonged, and expensive, ventilation."

另可节录《Phipson on Evidence》(2017 年，第 19 版)一书之 12－14 段说："In any event there are three recognized exceptions to the rule: (1) where a witness has been convicted of a crime; (2) previous inconsistent statements; and (3) evidence to show the witness is biased in favour of the party calling him."

也就是有关证人曾经被定罪的记录(这是不良品格)，曾经作出的不同说法的陈述(前后矛盾)，以及显示证人会偏袒一方当事人(不可信)的证据，在交叉盘问

(cross-examination)中证人否认存在这些事实之后,仍然可以拿出这些通常是开庭审理前通过调查取证(因为提前交换了文书主证据)获得的文件证据,去丑化(impeach)证人与打击证人的可信度,并会在结案陈词(closing submissions)重复强调。

2.5 相似事实证据

这里要针对的相似事实证据(similar fact evidence),顾名思义就是相似的事实或行为,并会与商事案件有更多的关系。由于这类证据常被认为是为了证明相似事实之间发生的倾向(propensity)是一致的,与本段前文中介绍的品格证据的作用类似,甚至可以说就是品格证据中的具体行为(disposition),所以一并在此进行介绍。

相似事实证据常常被排除、不被接受作为证据主要是因为带来的坏处多于好处,道理与较早前的良好或不良品格证据接近,被告以前的行为不能用来证明在当前案件中被指控的行为。可见 Thorpe v. Chief Constable of Greater Manchester Police (1989) 1 WLR 665 先例中 Neil 大法官所说:"Evidence of 'similar fact' is relevant both in criminal and in civil cases to rebut defences such as accident or coincidence or sometimes to prove a system of conduct. Such evidence is not admissible, however, merely to show that the party concerned has a disposition to commit the conduct alleged."

但看不同情况,如果相似事实证据会是很有帮助或有很高的证据价值(probating value),就可以被法院采纳。正如 Bingham 勋爵在 O'Brien v. Chief Constable of South Wales Police (2005) UKHL 26 贵族院先例中所说:"That evidence of what happened on an earlier occasion may make the occurrence of what happened in the occasion in question more or less probable can scarcely be denied. If an accident investigator, insurance assessor, a doctor or a consulting engineer were called in to ascertain the cause of a disputed recent event, any of them would as a matter of course, inquire into the background history so far as it appeared to be relevant. And if those engaged in the recent event had in the past been involved in events of an apparently similar character, attention would be paid to those earlier events as perhaps throwing light on and helping to explain the event which is the subject of the current inquiry. To regard evidence of such earlier events as potentially probative is a process of thought which an entirely rational, objective and fair-minded person might, depending on the facts, follow. If such a person would, or might, attach importance such as this, it would require good reasons to deny a judicial decision-maker the opportunity to consider it. . . ."

而民商事诉讼中也会涉及相似事实证据,如著作权/版权(copyright)侵权中提交这类证据就很常见。这看来会涉及有关人士的作品或被指称侵权是基于恶意(bad faith)还是纯粹由于巧合时,往往没有直接的证据,就只能找相似事实的证据来显示有关人士根本是"惯犯"。毕竟一两次可能是巧合,五次十次就更可能是故意侵权了,这就与刑事案件中看被告/嫌疑人犯罪意图的原理类似了。在 Mood Music Publishing Co Ltd v. De Wolfe Ltd（1976）1 All ER 763 上诉庭先例中，被告向电视节目提供音乐，但被原告指称侵犯了自己的版权，原告就想提交被告在其他场合提供的音乐曾经侵犯过他人版权的证据。Denning 勋爵在此先例中判定，由于需要针对的一项争端是被告到底是真的侵权，还是属于如有雷同纯属巧合（coincidence），因此找出被告过去侵犯他人版权的行为可以证明被告是更有可能侵权，而不仅仅是巧合。Denning 勋爵说："The criminal courts have been very careful not to admit such evidence unless its probative value is so strong that it should be received in the interest of justice; and its admission will not operate unfairly to the accused. In civil cases the courts will admit evidence of similar facts if it is logically probative, that is if it is logically relevant in determining the matter which is in issue, provided that it is not oppressive or unfair on the other side and also that the other side has fair notice of it and is able to deal with it."

另在 Sheeran v. Chokri（2019）EWHC 3584（Ch）先例中，被告指称原告（英国歌手 Ed Sheeran）的著名歌曲（歌名为 Perfect）抄袭了自己的作品，在文书请求中就提到了 Ed Sheeran 过去多次的歌曲抄袭事件。在 Trump International Limited v. DTTM Operations LLC（2019）EWHC 769（Ch）先例中，Carr 大法官就说："These principles will no doubt be familiar to intellectual property practitioners. In relation to allegations of copyright infringement, it is necessary to decide, as a matter of fact, whether copying has occurred. As with claims of bad faith, direct evidence of copying is rarely available. In this context, it is well established that similar fact evidence may be admissible."

还可见《Copinger and Skone James on Copyright》（2019 年，第 17 版）一书之 392 至 393 段所说："**Direct evidence of copying is rarely available and reliance frequently has to be placed on inference drawn from circumstantial evidence**... Thus, where the issue in a copyright case is whether the similarity between the claimant's work and the defendant's work is due to copying or is a coincidence, it is relevant to know that the defendant has produced works which bear a close resemblance to works other than the work in question which are the subject of copyright. **Whereas similarity between two works might be mere coincidence in one case, it is unlikely that there could be coincidental similarity in, say, four cases.** The probative force of several resemblances together is much better than one alone. It does not matter in such cases that the claimant has not alleged that infringement of copyright has occurred in the other cases. It is sufficient to allege that copying has occurred."（加黑部分是笔者的强调）

2.5.1　刑事案件中相似事实证据证明价值高于带来损害的平衡与例外

在刑事案件中，由于被告/嫌疑人的相似犯罪记录可以推断嫌疑人有犯罪的倾向（propensity），在关联性的角度来看，证明嫌疑人的犯罪意图和行为多多少少都扯得上一些关系，因此一般都能跨过关联性的门槛。只是一般而言这些证据会因为带来的坏处在权衡之下多过证明价值而不被采纳。但如果在特定案件中证明价值很高

(如“惊人相似”的说法),超过了可能会对被告/嫌疑人带来偏见的坏处,就会被采纳。可简单节录这方面有关的说法,如在 R v. Kilbourne (1973) AC 729 先例中,Simon 勋爵说:“... evidence which would point so strongly to his guilt that only an ultra-cautious jury, if they accepted it as true, would acquit in face of it.”

另 Salmon 勋爵在 Boardman v. DPP (1975) AC 421 贵族院先例中提出了“惊人相似”(striking similar)的测试/说法:“It has never ... been doubted that if the crime charged is committed in a uniquely or strikingly similar manner to other crimes committed by the accused the manner in which the other crimes were committed may be evidence upon which a jury could reasonably conclude that the accused was guilty of the crime charged. **The similarity would have to be so unique or striking that common sense makes it inexplicable on the basis of coincidence.**”(加黑部分是笔者的强调)

在 DPP v. P (1991) 2 AC 447 贵族院先例中,Mackay 勋爵则说:“... I would deduce the essential feature of evidence which is to be admitted is that its probative force in support of the allegation that an accused person committed a crime is sufficiently great to make it just to admit the evidence, notwithstanding that it is prejudicial to the accused in tending to show that he was guilty of another crime...”

最后可以节录 O' Brien v. Chief Constable of South Wales Police (2005) UKHL 26 贵族院先例中 Phillips 大法官对这部分刑事先例与立法的小结:“The test of admissibility of similar facts against a defendant in criminal proceedings, ... requires an enhanced relevance or substantial probative value because, if the evidence is not cogent, the prejudice that it will cause to the defendant may render the proceedings unfair. The test of admissibility builds in protection for the defendant in the interests of justice. It leads to the exclusion of evidence which is relevant on the ground that it is not sufficiently probative. ...”

2.5.2 民商事案件中的相似事实证据

与刑事案件中已有《Criminal Justice Act 2003》规定不同,民商事案件中由于没有立法的规定,需要遵循普通法先例。虽然在民事案件中是否可采纳最重要的是宽松的关联性要求,但也要注意拒绝引入相似事实证据的理由。相似事实证据会带来的一个坏处就是会扰乱庭审对主要争端(principal issue)的注意力。但有说法是,由于现在民商事诉讼中是由受过训练的法官而不是陪审团认定事实,所以这方面的危险较小。此外,相似事实证据还会导致当事人在附带争端(collateral issue)上花费过多不必要的时间和金钱。

在今天民事诉讼中,针对相似事实证据,主要采取 O' Brien v. Chief Constable of South Wales Police (2005) UKHL 26 贵族院先例的“两阶段测试”(two-stage test),即首先是判断相似事实证据到底有没有关联性(relevance),毕竟很多情况中这类证据会是与案件争端本身谈不上有关联,是不应该采纳的。其次是行使案件管理的裁量权,看是否应该采纳相似证据,如相似事实是否时间接近、性质是否独特、是否足够相似很难用巧合解释、客观变数是多是少等因素,因为都会影响相似证据的证明价值(probative value)。此外还要考虑与权衡相比带来的坏处[如对当事人造成压迫与不公正,因为每一个相似事实都是另一个"附带争端"(collateral issue)而带来不成比例的时间与费用等],相似事实证据是否在证明价值仍具有"相当优势"(considerable margin)。

2.5.2.1 民商事案件中的相似事实证据:中间程序

民商事案件中可以在任何阶段涉及相似事实证据,中间程序(interlocutory proceedings)的申请中涉及相似事实时也可以采用这个测试。《Cross & Tapper on Evidence》(2018 年,第 13 版)一书之 335 页说:"The issue may arise, however, not at the stage of admissibility at trial, but at the stage of amendment of pleadings to allow allegations of similar conduct in the past, when the judge clearly has a discretion to weigh factors such as the difficulty of proof that such an amendment might create against the probative force of the allegation in the statement of claim is likely to be of critical importance."

例如,在 Claverton Holdings Ltd v. Barclays Bank Plc (2015) EWHC 3603 (Comm)先例中,涉及的是文件的特定披露(special disclosure)。[18] 原告向被告购买了利率交换/掉期(interest rate swap),但看来此投资失败蒙受损失。原告即指称被告负责与原告接触的雇员(Bulloch 先生与 Challis 先生)有误述(misrepresentation),[19] 而且雇员针对该投资产品是否适合原告投资所提供的意见与建议有疏忽,因此要求取消(rescission)自己的利率交换合约,或者是要求被告赔偿损失。

原告指出,英国金融行为监管局(Financial Conduct Authority,简称 FCA)曾经调查被告销售的同类金融投资产品,发现了 2,896 宗需要纠正,而其中一定有相当大量产品的销售涉及 Bulloch 先生与 Challis 先生。原告也确实找到了另外两宗涉及 Bulloch 先生与 Challis 先生的类似疏忽的诉讼。

因此,在双方已经完成标准披露(standard disclosure)[20] 后,原告根据 CPRRule 31.12 申请特定披露,要求被告披露所有与此先例中所指称的情况类似的不当销售(mis-selling)中的有关文件。而且原告是考虑到了稍后会在本章之 2.5.2.4 段介绍的 JP Morgan Chase Bank v. Springwell Navigation Corp (2005) EWHC 383 (Comm)先例,对自己的披露要求进行限制。只针对涉及 Bulloch 先生与 Challis 先生,以及限

---

〔18〕 见笔者的《证据法:国际规管与诉讼中的文件攻防》一书第七章之 9.9 段。

〔19〕 见本书第十章之 5.7.2 段与笔者《合约的履行、弃权与禁反言》一书第五章之 1.1 段。为了避免订约前的陈述与建议构成误述并带来昂贵的争议,这类合约中也常有一条完整合约条文(Entire Agreement Clause),这在笔者的《合约的解释:规则与应用》一书第十三章之 2 段有详细介绍。

〔20〕 见笔者的《证据法:国际规管与诉讼中的文件攻防》一书第七章之 7 段。

制在FCA、金融申诉服务机构(Financial Ombudsman Service,简称FOS)、法院程序(court process)或者是纪律处分程序(disciplinary process)中作出承认,或有对被告不利认定的情况。这看来因为如果是有承认,或者是已经对事实有认定,也就不必重新将事实真相到底如何提出作为争端,这是为了避免被告以卫星诉讼(satellite litigation)或者是所申请的披露证明的内容并无实质根据为由反对披露。

但在此先例中,法院认定原告的披露申请属于钓鱼取证/摸索证明(fishing expedition),[21]而且仍然是弊端/坏处太多,如这样的披露需要花费被告银行非常多时间与金钱,要分析在其他案件中哪些是与此先例中类似的主张,还要分析是否真正作出了承认或者FCA、FOS或法院作出了认定等,也就是Bulloch先生与Challis先生在其他案件中是否疏忽已经是终局的事实。Phillips大法官判令这会是完全不成比例("*wholly disproportionate*")的做法,也因此同样拒绝了披露。

这类争议对仲裁员来说并不陌生,笔者在仲裁生涯中也曾遇过不少这类的披露要求。例如,在伦敦的一个海事仲裁案中,笔者代表船东成功地抗拒了承租人的大量文件披露要求。案情是在期租租约订立后至实际交船的1~2个月期间,看来由于市场下跌因此承租人没有接船,这也是很常见的。承租人在文书请求中挑剔的借口是船舶未处于租约要求的交船状态。毕竟纽约土产(NYPE)标准期租格式对交船状态要求是苛刻的,要求绝对适航与适货("Vessel on her delivery to be ready to receive cargo with clean-swept holds and tight, staunch, strong and in every way fitted for the service"),因此也容易挑出问题来。但是否属于事实/真相,如哪个或哪些船舱不适货,承租人实际上也不清楚,只不过是拿来用作借口。针对这种没有详情的抗辩请求,笔者若代表船东就会申请要求进一步与更好的详情(further and better particulars),迫使承租人说出是哪里不妥,且之后改不了口。同时船东自己也得有针对性地查清不适航或不适货的原因是什么,如主机不妥还是吊车失灵。通常承租人如果没有事先准备调查取证,就会含糊地指船舱没有清洁到可以装载散装粮食(因为十分苛刻、易出毛病)。但这指称承租人也是全凭臆测并没有证据,谈不上有什么详情,只是指望通过披露投机性调查取证以及刁难船东。总之拖到披露阶段后,承租人就会要求披露大量文件,如以往10个航次中清洁船舱或备妥装货的资料、每个装港的事实记录、检验报告、以及有关期间的航海日志(可能长达1~2年)等。至于这些文件是否真正有关联性,有什么证明价值实际上承租人也心里没底。仔细一想也能想到这些文件就算披露出来的也证明价值很低或不会有,以往10个航次所装货物会是完全不同的,但即使都是装载散粮,不同装港对船舱清洁的要求也不尽相同,每个航次的清舱时间与天气情况(往往会是船员在空放的航次中进行工作)也不一样,还会有很多其他因素,如船东对船舱的维修保养发生在不同时间、肯花的钱也不同等。因此,过去的航次中即使是有5个航次顺利地装散粮,另外5个航次遇上麻烦,这些所

[21] 见笔者的《证据法:国际规管与诉讼中的文件攻防》一书第七章之10.1.4.3段。

谓的相似事实也说明不了什么问题,与争议航次没有关系。

笔者作为仲裁员也经常遇见这类所谓的相似事实的文件披露请求,但往往会拒绝这类申请,因为:(1)属于钓鱼取证/摸索证明,并没有明确是怎样的相似事实而是希望从披露的文件中找出相似事实。(2)这种依赖船东过去也会这样做的事实显示船东有一致倾向(propensity),这次也会这么做的证据,因为客观变数太多证明价值不高甚至无关。作为对比,可以如机器出现机械故障,就会找机器的故障历史来找出其故障的真正原因是什么。这并没有依赖一致倾向进行证明,也没有太多客观变数,有很高的证明价值。(3)与花费的时间与金钱相比完全不成比例。

但如果是比较少有的共同仲裁员特别是首席坚持要披露,笔者也只能妥协。Claverton Holdings Ltd v. Barclays Bank Plc 先例已经明确支持可以拒绝这类披露请求,当事人的代表律师面对对方当事人以这类文件披露请求的刁难时,可以该先例为由抗拒。

2.5.2.2　有关先例之一:Metropolitan Asylum District Managers v. Hill 先例

Metropolitan Asylum District Managers v. Hill (No. 2) (1882) 47 LT 29 贵族院先例就涉及这个问题,该先例原告(土地所有人)起诉土地附近的专门治疗天花(small-pox)的医院,指称医院带来滋扰(nuisance)。原告想要提交的证据,包括有关其他天花医院的统计数据,该数据显示,在有天花医院的区域,其他人士染上天花的概率会更高。此先例中,贵族院的多数意见判定,只要这些数据能够显示出天花医院会对附近区域产生影响,就都可以被采纳。但持少数意见的 O' Hagan 勋爵与 Blackburn 勋爵都持审慎的态度,尤其是提到应当考虑和衡量带来不必要附带争端的坏处。Watson 勋爵也提到说:"Still, there appears to me to be **an appreciable distinction between evidence having a direct relation to the principal question in dispute and evidence relating to collateral facts**, which will, if established, tend to elucidate that question. It is the right of the party tendering it to have evidence of the former kind admitted, irrespective of its amount or weight, these remaining for consideration when his case is closed; but **I am not prepared to hold that he has the same absolute right when he tenders evidence of facts collateral to the main issue. In order to entitle him to give such evidence, he must, in the first instance, satisfy the court that the collateral fact which he proposes to prove will, when established, be capable of affording a reasonable presumption or inference as to the matter in dispute**; and I am disposed to hold that he is also bound to satisfy the court that the evidence which he is prepared to adduce will be reasonably conclusive, and will not raise a difficult and doubtful controversy of precisely the same kind as that which the jury have to determine. It appears to me that it might lead to unfortunate results **if the court had not the power to reject evidence of collateral fact which does not satisfy both of the conditions** which I have endeavoured to indicate. If it be the right of **a litigant to offer just as much or as little testimony as he thinks fit**

in support of an alleged collateral fact, which would admittedly be useful if proved, then it must be his right to submit to the jury any number of issues precisely similar to that which they are empanelled to try, and to support these by proof far more unsatisfactory than the evidence bearing directly upon the leading issue."(加黑部分是笔者的强调)

2.5.2.3　有关先例之二:O'Brien v. Chief Constable of South Wales 先例中的两阶段测试

由于过去相似事实证据是否可以采纳、如何考虑没有明确的规则,甚至有说法是这方面的法律相当神秘(shrouded in mystery)。O' Brien v. Chief Constable of South Wales Police (2005) UKHL 26 贵族院先例对民商事诉讼中如何考虑相似事实证据给了一个明确的两阶段测试标准,即在第一阶段是规则性测试只排除掉显然无关的证据。这样主要的任务就是在第二阶段由审理法官行使裁量权,看证据是否有足够高的证明价值了。

在 O' Brien v. Chief Constable of South Wales Police 先例中,有个报摊老板在1988 年被杀害,原告(O' Brien 先生)以及其他两个共同被告(Hall 先生与 Sherwood 先生)被指控犯下了谋杀罪行。O' Brien 先生与 Sherwood 先生都抗辩没有杀人,但 Hall 先生作证说其他两个人真正实施杀人行为时自己在把风,最后 O' Brien 先生被以谋杀罪定罪与被判终身监禁。后来英国刑事案件审查委员会(Criminal Cases Review Commission)〔22〕重新将这个案件交给上诉庭审查,在审查中 Hall 先生改口说自己先前的证词根本是谎言,这导致在 2000 年 O' Brien 先生原本的定罪被撤销。但此时 O' Brien 先生已经在监狱里无端服刑 11 年,因此,作为原告向被告(警察当局)提起诉讼,索赔自己这 11 年牢狱之灾的损失,所以虽然这个案件有很强的刑事色彩,但本质是一个民事案件。

除了一般损失以外,O' Brien 先生还指称当时调查案件的警员(Lewis 与 Carsley)对自己(以及对 Hall 先生)施加了过分的压迫(oppressive),包括霸凌、虐待、超长时间的审问等,以及引诱自己与其他被告(尤其是 Hall 先生)作出不可靠与不真实的认罪/承认,而目的是故意构陷自己,因此自己可以额外获得加重性赔偿/加大赔偿(aggravated damages)与/或惩罚性损失(punitive damages)/示范性赔偿(examplary damages)。〔23〕 这样,有关的警员是否确实有这些行为就成为了事实争端。

---

〔22〕 这是英国根据《Criminal Appeal Act 1995》立法设立的机构,目的是负责调查英国审判不公/判决失当(miscarriages of justice)的案件,并将这些案件重新审查。

〔23〕 一般情况下,英国法下的损失赔偿不会包括加大赔偿(aggravated damages)与惩罚性赔偿(punitive damages)。但涉及这些对受害人的无形伤害,包括是恶意起诉、政府部门人士过分压迫等,是可以索赔加大赔偿或惩罚性赔偿的。有关加大赔偿与惩罚性赔偿等内容,可见笔者的《损失赔偿与救济》一书第一章之 5 段与 6 段。

O' Brien 先生想要依赖的相似事实证据,包括在 1983 年的"R v. Griffiths"案件(该案件中嫌疑人没有被定罪),以及 1990 年的"R v. Ali"案件(嫌疑人在一审被定罪但之后在上诉庭被推翻)中。这两个案件都涉及警员(其中包括 Lewis)对嫌疑人或证人有霸凌、虐待、超长时间审问等过分压迫。这些显示警局特别是 Lewis 警员有不当行为倾向的相似事实证据是否可以在民事索赔中被采纳的问题,一路上诉到贵族院。贵族院的 Bingham 勋爵给出的两阶段测试是:

1. 首先是必须满足一般的关联性测试。针对相似事实证据,Bingham 勋爵解释说这些证据由于涉及背景事实等问题,是比较容易有逻辑上的关联性的。这看来也是因为在是否有逻辑关联性因此可采纳的问题上法官没什么裁量权,不愿意过于严苛地以关联性问题限制证据,今天的趋势也是更倾向于留待让审理法官衡量证据分量。看来只有明显相似事实与案件争端逻辑上无关的情况才会在第一步测试中就被排除。可以节录 Bingham 勋爵所说如下:"**Any evidence, to be admissible, must be relevant**. Contested trials last long enough as it is without spending time on evidence which is irrelevant and cannot affect the outcome. Relevance must, and can only, be judged by reference to the issue which the court (whether judge or jury) is called upon to decide... **That evidence of what happened on an earlier occasion may make the occurrence of what happened on the occasion in question more or less probable can scarcely be denied.** ...And if those engaged in the recent event had in the past been involved in events of an apparently similar character, attention would be paid to those earlier events as perhaps throwing light on and helping to explain the event which is the subject of the current inquiry. To regard evidence of such earlier events as potentially probative is a process of thought which an entirely rational, objective and fair-minded person might, depending on the facts, follow. If such a person would, or might, attach importance to evidence such as this, it would require good reasons to deny a judicial decision-maker the opportunity to consider it.... **Thus in a civil case such as this the question of admissibility turns, and turns only, on whether the evidence which it is sought to adduce, assuming it (provisionally) to be true**... If so, the evidence is legally admissible. That is the first stage of the inquiry."(加黑部分是笔者的强调)

2. 案件管理测试(case management test)。实际上也就是在相似事实证据会带来的证明价值与坏处之间衡量。这在每个不同案件都不一样,需要法院作出衡量。主要是看相似事实证据是什么证据,如 Lewis 警员 10 年前的一次家暴就很难与本案对待 O' Brien 先生有逻辑的关联性或有任何证明价值,而引入相似事实证据会带来的坏处或不公正损害(unfair prejudice)则有:(1)引入的附带事项(collateral issue)令事实审理者分心,特别是对陪审团而言;(2)对另一方当事人造成"江山易改,本性难移"的印象的损害;(3)引入相似事实证据难免会令诉讼更昂贵与花时间,如另一方当事人也被迫引入"不相似事实证据"作出"对冲"。所以只有在相似事实证据的实质证明价值相比坏处具有“相当优势”(considerable margin)时,这类证据才被采纳。但考虑到法院至高无上的责任是找出事实真相,所以可断言只要是相似事实证据不仅是逻辑性有关,而且有极高的证明价值,法院肯定会采纳,其他可能带来的坏处都要靠边站了。

Bingham 勋爵对这些好处与坏处尽量系统性地给出了一些指引,可以节录 Bingham 勋爵所说如下:

“The second stage of the inquiry requires the case management judge or the trial judge to make what will often be a **very difficult and** sometimes a **finely balanced judgment: whether evidence or some of it (and if so which parts of it), which ex hypothesi is legally admissible, should be admitted.** For the party seeking admission, the argument will always be that justice requires the evidence to be admitted; if it is excluded, a wrong result may be reached. . . . The strength of the argument for admitting the evidence will always depend primarily on the judge's assessment of the potential significance of the evidence, assuming it to be true, in the context of the case as a whole.

While the argument against admitting evidence found to be legally admissible will necessarily depend on the particular case, some objections are likely to recur. **First, it is likely to be said that admission of the evidence will distort the trial and distract the attention of the decision-maker by focusing attention on issues collateral to the issue to be decided.** This is an argument which has long exercised the courts . . . and it is often a potent argument, particularly where trial is by jury. **Secondly**, and again particularly when the trial is by jury, **it will be necessary to weigh the potential probative value of the evidence against its potential for causing unfair prejudice: unless the former is judged to outweigh the latter by a considerable margin, the evidence is likely to be excluded.**[24] **Thirdly**, stress will be laid on the burden which admission would lay on the resisting party: **the burden in time, cost and personnel resources**, very considerable in a case such as this, of giving disclosure; the lengthening of the trial, with the increased cost and stress inevitably involved; the potential prejudice to witnesses called upon to recall matters long closed, or thought to be closed; the loss of documentation; the fading of recollections[25] . . . . In deciding whether evidence in a given case should be admitted the judge's overriding purpose will be to promote the ends of justice. **But the**

---

〔24〕 这也就是要衡量带来的不公正的损害(unfair prejudice)。有关不公正的损害,可见本书第八章之1.2段。

〔25〕 抗拒采纳证据一方可以向法院显示自己要相对地披露文件证明,会需要花费什么额外的时间、金钱与精力,以及由于要考虑相似事实证据会对庭审带来多少时间上的延长与多少额外费用,这些会对自己造成怎样的压迫。如果相似事实是很久以前发生或者早已被认为是完结的事情,证人的记忆是否已经模糊、文件是否已经遗失等。

judge must always bear in mind that justice requires not only that the right answer be given but also that it be achieved by a trial process which is fair to all parties.”(加黑部分是笔者的强调)

需要注意的是,此先例中的相似事实包括1983年的“R v. Griffiths”案件,这是在有关事件(O' Brien先生及其他共同被告讯问等)发生之前,也包括1990年的“R v. Ali”案件,这是在有关事件发生之后。但无论是过往(past)经历还是后来(subsequent)的经历都属于相似事实证据。

还值得注意的是,在判断相似事实的证明价值时,都是以先假设指称的相似事实内容的真实性可以得到认定为前提的。毕竟在这个阶段还没有真正认定什么事实,如果采纳的相似事实并不全面或者尚有争议,另一方当事人还可以提交相应反驳的证据。对这些相似事实的认定可能会带来更严重的时间、金钱、精力上的花费。所以要避免产生困难与同样非常可疑的同类争端(“not raise a difficult and doubtful controversy of the same kind”),不允许“案中案”(trial within a trial)。

针对第二阶段行使案件管理的裁量权,需要注意的是Bingham勋爵明确说除非证据价值具有相当优势,否则不会采纳相似事实证据。这第二阶段的衡量还可见Hegazy v. Commissioner of Police for the Metropolis (2014) EWHC 235 (QB)先例。在该先例中,David Eady大法官说:“At this second stage, a number of factors will usually need to be considered. Since all depends upon the facts of the individual case, it is not possible to set out an exhaustive list. Such factors may include, however, the probative value of the material in relation to the issues on which it is to be admitted, having regard to its overall importance in the case as a whole, and also having regard to any prejudice occasioned to any other party. It is accepted that if the evidence gives rise to unfair prejudice, then its probative value will have to outweigh that prejudice ‘by a considerable margin’ in order to justify its admittance... Also, it will often be appropriate to weigh that value against any corresponding increase in the complexity or scope of the trial. It may be that the answer will be different, depending on whether there is to be trial by judge or by jury. A judge is likely to be able to put prejudice more readily to one side and, more significantly, to save time by reading material out of court.”

2.5.2.4 有关先例之三:JP Morgan Chase Bank v. Springwell Navigation Corporation先例

JP Morgan Chase Bank v. Springwell Navigation Corp (2005) EWHC 383 (Comm)先例中涉及的是申请撤销(strike out)部分文书请求。[26] 此先例的背景是,希腊最古老的航运家族之一(Polemis家族)通过一家公司(Springwell Navigation

〔26〕 该先例的相关先例在笔者的《合约的履行、弃权与禁反言》一书第八章之3.1.3段也有介绍,但针对的重点是完整合约条文与不依赖条文能否构成合约性禁反言。

Corporation,简称 Springwell)来持有自己在航运行业中获得的利润并用来投资。Springwell 在 1996 到 1998 年间购买了银行[大通曼哈顿银行(Chase Manhattan Bank),今天已经变为了摩根大通(JP Morgan Chase Bank)]的一些针对俄罗斯的投资产品。这主要是因为俄罗斯当时开始开放外资进入,吸引了大量的投资者。银行新开发了基于俄罗斯短期国库券(GKOs)表现水平的"银行债券"[GKO-linked (S Account) Notes]。购买与持有这些"银行债券"的人士,会获得银行转让以俄罗斯卢布为结算的 GKOs 以及相关的远期外汇互换(forward foreign exchange)下的风险和收益。问题是在 1997 到 1998 年俄罗斯陷入金融危机,俄罗斯政府更是宣布中止兑付到期日(maturing date)在 1999 年底之前的所有 GKOs,并且限制俄罗斯卢布兑美元,俄罗斯卢布兑美元的汇率急速下跌。显然这样针对"银行债券"的投资就会蒙受巨额亏损。Springwell 即在美国纽约南区法院起诉银行,包括指称银行提供根本不适合 Springwell 的投资建议以及误述、违反诚信义务、存在疏忽等,导致自己直接损失接近 2 亿美元,再算上其他间接损失,总索赔大约是 5.6 亿美元。银行以"不方便审理法院"(*forum non conveniens*)为由成功中止美国法院的诉讼,并自己作为原告在英国法院提起诉讼要求宣告(declaration)Springwell 的指称毫无根据与错误。银行的主张是自己只不过是作为投资产品的销售,双方之间是独立的公平交易(at arms' length)的关系,Springwell 应该盈亏自负,自己并不是在提供投资建议(investment advice)。

此先例主要针对的问题是银行申请撤销(strike out)Springwell 文书请求中涉及相似事实证据的部分。有关部分是 Springwell 指称银行与自己沟通的主要是通过 Justin Atkinson 先生,Justin Atkinson 先生也因此与 Polemis 家族建立起友谊,并被介绍给了很多其他希腊著名的航运家族(包括 Kollakis 家族、Kedros 家族、Afentakis 家族以及 Diamantides 家族等)。但这些希腊的航运家族都并不了解金融投资方面的知识,因此全都是靠 Justin Atkinson 先生的投资建议,银行还将所有的希腊家族客户都作为同一个类别并称为"the Hellenic group"。虽然 Springwell 也并不具体清楚地知道其他家族的投资组合,但是 Justin Atkinson 先生倾向("*a general tenor*")于鼓励与建议投资俄罗斯相关金融产品,因此这些希腊家族客户都纷纷投资了有关俄罗斯的债券并蒙受损失。[27] Springwell 提出之后会提交与依赖证据显示 Justin Atkinson 先生与其他希腊家族客户之间的书信往来,用来显示 Justin Atkinson 先生这个提供建议的倾向(propensity)。

高院的 Gloster 大法官判应当撤销,而且不得提交这些相似事实证据。当时 O'Brien v. Chief Constable of South Wales Police 先例还只打到上诉庭[(2003) EWCA Civ 1085],但是在上诉庭的判决中已经提出了后来得到贵族院先例[(2005)

---

〔27〕 Diamantides 家族用来投资的公司 Pollux Holdings Limited 也在纽约以类似的案由起诉了银行,并同样被银行以不方便法院的理由转移到了英国诉讼。

UKHL 26]确认与重述的两步骤测试。Gloster 大法官也采用了这样的办法进行判断。

首先是针对这些证据的关联性问题。有关 Springwell 购买银行投资产品的交易中，Justin Atkinson 先生到底是什么角色，应该看 Springwell 与 Justin Atkinson 先生以及与银行的书信往来或其他对话记录（是电话录音），其他希腊家族与银行之间如何与本案争端没有关系。例如未必就与 Springwell 与银行有相同的合约，与银行的关系也不尽相同。各个家族之间也会有不同的投资目标与愿意承担的风险，对新兴市场（俄罗斯债券）的想法也会不同。各个家族对于投资的精明程度也不同。因此 Justin Atkinson 先生是否鼓励与建议其他家族投资俄罗斯债券产品，与 Springwell 与银行之间的争议没关系。Gloster 大法官说："In my judgment, **the facts and circumstances of the other Greek families** and the intricacies of their commercial relationship with Chase are **unlikely**, in the circumstances of this case, **to be logically probative** of whether or not such a relationship existed between Springwell and Chase. In order to identify the nature or character of a commercial relationship, it is necessary to look at the relevant contractual documents defining that relationship. If it is alleged, as it appears to be here, that its true nature cannot be found merely in the written documents governing that relationship, it may become necessary to look at what was actually said and done beyond the framework of the written contractual documents. **The fact that, in relation to one or more of the other Greek families, Chase may, in the light of what it said or did, have been acting in an advisory capacity, or may have given advice on one or more occasions, simply does not lead to the conclusion that such was the case in relation to Springwell**. To ascertain Springwell's relationship with Chase it will be necessary to look at what was said and done between them. Of course if, and so far as, there may be any Chase documents which suggest that advice was indeed being given to Springwell and other members of the Hellenic group, those will be discloseable. Thus, for example, a board minute or memorandum that makes it clear that the nature of the relationship between all members of the Hellenic group and Chase effectively imposes an advisory role on Chase would be admissible because it related to Springwell. Such a document would be required **to be disclosed notwithstanding the exclusion of similar fact evidence relating to the Greek families**."（加黑部分是笔者的强调）

接下来 Gloster 大法官还指出，即使这些相似事实证据能有关联性，证明价值也会是很微弱的。而一旦允许采纳这些相似事实证据，就不可避免要调查其他希腊家族与银行之间的合约关系，以及其他希腊家族的投资倾向、愿意承担什么样的风险等，包括非常大量的银行与其他希腊家族之间的书信往来、录音等，再将之与 Springwell 与银行之间的类似文件进行对比。这也不仅仅涉及文件证据与增加大量的披露（更不用说会面对其他希腊家族的反对，可能导致卫星诉讼），也可能会要找多名证人,增加需要认定的事实,延长开庭时间等。Gloster 大法官判在案件管理的裁量权下也不应该将这些证据放进来:“In the exercise of my discretion I also take into account the fact that there is a considerable wealth of material already available viz the recordings of telephone conversations. In my judgment, **if the Greek families' evidence were admitted, the trial would not be dealt with expeditiously and fairly**, nor would the available court resources be usefully employed in what would necessarily be **a satellite inquiry with** no, or at least very limited, probative utility. The importance of the case and the amount of money involved are matters which of course I have taken into account in reaching my conclusions. But even the nature and size of these, and the respective financial strengths of both parties, cannot justify what in my judgment would **most likely turn out to be a dubious use of time**.”(加黑部分是笔者的强调)

之后 Springwell 上诉,上诉庭[(2005) EWCA Civ 1602]认为 Gloster 大法官在第一步关联性的测试中过于严格,但同意 Gloster 大法官在第二步测试的认定,最后支持了一审判决。

2.5.2.5 有关先例之四:Mitchell v. News Group Newspapers Ltd 先例

Mitchell v. News Group Newspapers Ltd (2014) EWHC 3590 (QB)先例的案情在本书第四章之 7.2 段已有详及,在此只针对“相似事实证据”(similar fact evidence)。警察(Rowland 先生)与 New Group 报刊(NGN)提交的证据包括 17 项 Mitchell 先生作为英国政府高官蛮横与粗鲁对待警察的类似事件(Previous similar instances of the Defendant behaving in a high handed and rude manner towards police officers)。这些事件主要涉及威斯敏斯特宫与唐宁街首相府看守的警察,时间跨越 2005 年 11 月到 2012 年 9 月,并且每个类似事件都有相应的证人证言支持。

Mitchell 先生申请排除这些相似事实证据,理由是:“(i) is inadmissible; alternatively (ii) is excluded under CPR 32.1 as similar fact evidence, the probative value of which is outweighed by its potential for causing unfair prejudice and places a disproportionate burden on Mr Mitchell and raises collateral issues which are disputed and difficult or impossible to resolve.”

首先针对关联性的问题,双方争议的一个关键事实就是 Mitchell 先生是否辱骂警察 Rowland 先生,双方对此有完全不同的说法。Rowland 先生与 NGN 提供的证据显示了 Mitchell 先生对警察持续的对抗与粗鲁的行为。假设这些证据是真的,Mitchell 先生就倾向(propensity)于在争议当天有类似的反应,令 Rowland 先生与 NGN 的说法相比 Mitchell 先生的说法更有可能是真相,也就是满足了关联性的要求。

针对行使案件管理裁量权决定是否采纳剩下的相似事实证据,Mitchell 先生说这会对他造成潜在的不公平,因为他已经不记得大部分事件而无法反驳,而且这些相似事实的证明价值并不能超越会对 Mitchell 先生造成的损害。此外,Mitchell 先生还声称提供这些相似事实证据的证人缺乏可信度。

但 Warby 大法官不接受 Mitchell 先生的说法,认为有关的证据都应该被采纳。在这个阶段考虑证人的可信度不恰当,应该留待审理法官在开庭审理后决定证据的分量。此外,有关的相似事实证据范围都很狭窄,不会在开庭时占用太多时间,采纳这些相似事实证据也不会对 Mitchell 先生造成任何损害。Mitchell 先生可以通过文件证据考验这些相似事实证据,也可以要求审理法官在衡量证据时考虑时间的流逝,以及对 Mitchell 先生考验这些证据造成的影响。更重要的是,Mitchell 先生可以依赖他已经获得与提交的证人证言,证明他平时对他人包括警察非常礼貌与尊重,等于以良好品格证据对抗不良品格证据。

最后,Warby 大法官判除了 17 项中有 6 项的证明价值太低,可能是因为时间相隔太久或证人证言内容含糊不清等,其余都被采纳。

3. 非法获得证据

有关非法获得证据(illegally obtained evidence)是否会在法院诉讼被采纳的课题已经在《证据法:国际规管与诉讼中的证据攻防》,也就是本书上册第五章之 2.2.2 段有简单介绍,在此较为详尽地探讨这个课题。

作为起点,可以重复大原则是"所有合乎逻辑并有证明价值的证据,都应被法院采纳"(The starting point is the principle that all logically probative evidence is admissible)。在英国普通法下,刑事诉讼或民事诉讼对此也没有原则上的区别。诉讼方/当事人在对抗制诉讼(adversarial litigation)下以怎样的方法(包括合法或非法)获得这些证据一般也不影响它是否被采纳。

3.1 刑事案件

虽然以前非法获得的证据在英国的刑事案件中是不可被采纳,但现在已经有了改变。例如,在枢密院的 Kuruma, Son of Kaniu v. R (1955) AC 197 先例中,Goddard 勋爵说:". . . the test to be applied in considering whether evidence is admissible is whether it is relevant to the matters in issue. If it is, it is admissible and the court is not concerned with how the evidence was obtained."

在另一个刑事案例(涉及拥有假币)的 R v. Sang (1980) AC 402 先例中,Diplock 勋爵说:"Save with regard to admissions and confessions and generally with regard to evidence obtained from the accused after commission of the offence, he has no discretion to refuse to admit relevant admissible evidence on the ground that it was obtained by improper or unfair means. The court is not concerned with how it was obtained."

在 Morgans v. Director of Public Prosecutions (2001) 1 AC 315 刑事先例中,案情涉及违反《Telecommunications Act 1984》不恰当使用电讯系统,贵族院的 Hope 勋爵也说:"As a general rule evidence is admissible irrespective of the means used to obtain that evidence：R v. Sang（1980）AC 402.”

当然，以上大原则也有千变万化的细节。《Police and Criminal Evidence Act 1984》的立法已明确了非法获得证据是在刑事诉讼考虑是否采纳的因素之一，并取决于法院的裁量权，有关的 Section 78 可节录如下：“**Exclusion of unfair evidence.** （1）In any proceedings the court may refuse to allow evidence on which the prosecution proposes to rely to be given if it appears to the court that, having regard to all the circumstances, including the circumstances in which the evidence was obtained, the admission of the evidence would have such an adverse effect on the fairness of the proceedings that the court ought not to admit it.”

在美国，由于宪法第四修正案（Fourth Amendment of US Constitution）明文禁止不合理搜查与扣押（unreasonable searches and seizures），所以非法获得证据通常不能使用在刑事案件中。这个所谓的“排除规则”（Exclusionary Rule）也不适用于民事案件，这与英国法院的做法差不多。2017 年 10 月 17 日发表在国际律师协会（International Bar Association）《International Litigation Newsletter》上的“The fruit from a poisoned tree—use of unlawfully obtained evidence”一文有说：

“While in the US the exclusionary rule in the criminal context is well settled, the ‘reach of the exclusionary rule into civil proceedings, however, remains somewhat uncertain’（US v $37,780 in US Currency, 920 F2d 159, 163（2d Cir 1990）. Indeed, while the US Supreme Court has not held so definitively, there is trial-level federal court authority concluding that ‘the Fourth Amendment's exclusionary rule does not apply in civil actions other than civil forfeiture proceedings’（Mejia v City of New York, 119 F Supp 2d 232, 254 n27（EDNY 2000））. These cases reason that because the rationale behind the exclusionary rule in the US is to deter police from obtaining evidence illegally, that deterrence goal is met by applying the rule in the criminal context, rendering it unnecessary to exclude relevant evidence in the civil context（see, eg, US v Janis, 428 US 433, 454（1976）：‘In short, we conclude that exclusion from federal civil proceedings of evidence unlawfully seized by a state criminal enforcement officer has not been shown to have a sufficient likelihood of deterring the conduct of the state police so that it outweighs the societal costs imposed by the exclusion. This Court, therefore, is not justified in so extending the exclusionary rule’.）；Mejia, 119 F Supp 2d at 254 n27（‘the deterrent purposes of the exclusionary rule have already been satisfied by the exclusion of the evidence from Mr Mejia's criminal trial’）. However, there is ‘well-established’ US authority, including US Supreme Court precedent that the exclusionary rule **does apply** in civil forfeiture cases. See, for example, In re 650 Fifth Ave and Related Properties, 830 F3d 66, 98（2d Cir 2016）.

Thus, while the exclusionary rule generally does not apply in US civil proceedings given its criminal context origins and deterrence goals, the precise extent to which the exclusionary rule applies in civil proceedings continues to evolve."（加黑部分是原文的强调）

另俄罗斯看来对非法获得的证据一概不被采纳是在国际上最为严格。宪法《Constitution of the Russian Federation 1993》之 Article 50 说："in administering justice it shall not be allowed to use evidence received by violating the federal law." 法国也是同样地位。

3.2　非法获得认罪/认错证据的例外

此外，正如 Diplock 勋爵在 R v. Sang（1980）AC 402 先例中所说，针对通过严刑逼供（torture）或不恰当压力获取/获得的认罪/认错证据（confession/admission evidence）有不同的规则。这也已有《欧洲人权公约》（European Convention on Human Rights）之 Article 3 针对，一般这种证据在刑事或民事诉讼都不会被采纳。正如 Hope 勋爵在 Morgans v. Director of Public Prosecutions（2001）1 AC 315 先例中所说："The question whether or not an offence was committed in the course of obtaining evidence . . . is, in the absence of a statutory provision to the contrary, irrelevant to the admissibility of that evidence. Special rules apply to admissions and confession and to evidence obtained from the defendant after the commission of the offence that amounts to a confession. . . ."

通过严刑逼供获取口供或认罪的粗暴手段非法获得证据与一般偷偷摸摸破坏个人隐私非法取得的证据相比，在非法程度的严重性上不能同日而语。所以在与法院必须采纳所有有关证据以找出争议事实真相的公共政策权衡后，不得鼓励或默示允许这种严重的非法行为。此外，这类证据的可靠性（reliability）也有严重的问题，一般自然人都不会在严刑迫供下仍坚持心里的真话。

以下可介绍一个有关先例。针对严刑逼供的民商事诉讼案件不多，但 A v. Secretary of State for the Home Department（No. 2）（2005）UKHL 71 贵族院先例即有针对。案情有关原告申请英国居留被作为被告的内务部（简称 SSHD）拒绝，理由是怀疑原告是恐怖分子，认为他会对英国国家安全构成威胁。根据英国《The Anti-terrorism, Crime and Security Act 2001》，被拒的原告有权上诉到一个名为"Special Immigration Appeals Commission"（简称 SIAC）的机构。该先例的核心争议是 SIAC 在面对申请人的上诉时能否采纳在外国严刑逼供产生的证据（英国没有涉入其中）？SIAC与上诉庭的看法是在证据涉及严刑逼供获得时会影响最后证据的分量，但仍然可以采纳，因此采纳并考虑了有关证据。但该看法最终在贵族院被否定，贵族院将案件发还重审（remit）。

贵族院的 Hope 勋爵（其他多数同意）说："... SIAC should not admit the evidence if it concludes on a balance of probabilities that it was obtained by torture. In other words, if SIAC is left in doubt as whether the evidence was obtained in this way, it should admit it. But it must bear its doubt in mind when it is evaluating the evidence ..."

判决的结果是,如果法院考虑了有关证据后根据举证责任(burden of proof),也就是平衡的可能性(balance of probabilities)认定是否涉及严刑逼供,如果根据平衡的可能性认定"可能"比"不可能"更可信,就可说法律认定(legally finds)了有严刑逼供的事实。相反,如果认定"不可能"比"可能"更可信,也就是法律认定没有过严刑逼供的事实,则法律认定的事实与道德认为的事实真相或真正的事实真相是两码事。

但贵族院的少数意见(Bingham、Nicholls 与 Hoffmann 勋爵)认为,要声称被严刑逼供的申请人证明根据平衡的可能性涉及严刑逼供是不现实,只要法院认为有一个真正的危险(real risk)证据是通过严刑逼供获得的,就不应采纳。

至于在严刑或不恰当压力下获得的认罪/认错证据不可靠,应是没有什么异议。Bingham 勋爵说:"The principles of the common law, standing alone, in my opinion compel the exclusion of third party torture evidence as unreliable, unfair, offensive to ordinary standard of humanity and decency and incompatible with the principles which should animate a tribunal seeking to administer justice. But the principles of the common law do not stand alone. Effect must be given to the European Convention (on Human Rights), which itself takes account of the all but universal consensus embodied in the (International Convention against Torture)..."

另 Carswell 勋爵也说:"The unreliability of such evidence is notorious: in most cases one cannot tell whether correct information has been wrung out of the victim of torture ... or whether, as is frequently suspected, the victim has told the torturers what they want to hear in the hope of relieving his suffering."

上诉庭的 Neuberger 大法官也有说:"... for the purposes of civil proceedings ... the most important aspect of any so-called confession must be its reliability. Torture or oppression critically affect reliability. ..."

3.3 必须通过隐秘方法才能获取证据

在今天高科技与电子通讯发达的环境下,非法获得证据不仅发生得更加频密,手段也变得复杂。今天窃听、偷录(录音/录像)、入侵电子设备等已是司空见惯。虽然手段改变,但本质上仍是非法应没有异议,只是在程度上有差异。这里的"非法"是指严重侵犯了人权/隐私权与违反了为其提供保护的相关立法/国际公约,如《Data Control Act 2018》与《Human Rights Act 1998》等。

但针对怀疑并防止严重犯罪(prevention of serious crime)或威胁国家安全(national security)的犯罪,通常调查取证唯一的途径就是窃听/监听、入侵电子设备等隐秘(covert)方法。在《Interception of Communication Act 1985》之 Section 1(2)立法下,这种做法只在两种情况下是合法。这些有关条文可部分节录如下:"**Section** 1 (1) Subject to the following provisions of this section, a person who intentionally intercepts a communication in the course of its transmission by post or by means of a public telecommunication system shall be guilty of an offence and liable—(a) on summary conviction, to a fine not exceeding the statutory maximum; (b) on conviction on indictment, to imprisonment for a term not exceeding two years or to a fine or to both. (2) A person shall not be guilty of an offence under this section if—(a) the communication is intercepted in obedience to a warrant issued by the Secretary of State . . . , or (b) that person has reasonable grounds for believing that the person to whom, or the person by whom, the communication is sent has consented to the interception. (3) . . . ”

显然,能够合法窃听或监听的两个情况(国务院给予一个手令与/或有合理理由相信被监听人士不会反对)只会适用在刑事案件,很少会发生在民商事案件,所以被报道的有关重要先例都是刑事案件,包括窃听/监听所获得的证据可否被采纳,如:R v. Preston (1994) 2 AC 130; R v. Effik (1995) 1 AC 309; R v. Rasool (1997) 1 WLR 1092; R v. Owen (1999) 1 WLR 949; Morgans v. Director of Public Prosecutions (2001) 1 AC 315 等先例。由于本书不针对刑事案件,所以不去进一步探讨。

而民商事案件也有类同的情况,即必须通过隐秘方法才能获取证据。例如,《仲裁法:国际规管与诉讼中的证据攻防》一书第五章之2.2.2段提到的大量人身伤害案件(如交通事故、工伤、医疗疏忽等),受伤的原告常会夸大自己的伤残以获取更高的金钱赔偿,这就迫使真正要掏钱赔偿的责任保险公司委任私家侦探去向原告调查,而过程中很多时候会采取非法手段,看看他是否真卧病在床,没有去跑步、游泳或在自己的房子内自由走动等。原告向法院提起与推进诉讼往往是因为保险公司掌握了原告夸大伤残的证据而拒赔。看来,不少法官在判词中理解或同情保险公司的“非法”调查取证手法,毕竟是原告贪婪夸大伤残才迫使保险公司要采取这唯一的一种下策。

3.4　在不鼓励非法获得证据与法院应采纳所有有关证据以找出事实真相的公共政策之间的平衡

这种通过窃听、偷录、入侵设备非法获得的证据看来是没有任何一个说法是在法院不被采纳。毕竟,这些非法证据对双方争议事实会有很高与很有关的证明价值,而通过双方提供的证据去认定事实真相是民事诉讼的真谛与本意,也是一个至高无上的公共政策。所以是否采纳作为证据是法院的裁量权,可以说如果非法证据对有关的争议/争端是十分有关(highly relevant)与有很高证明价值的,被采纳的机会就很高了:见 Memory Corp v. Sidhu (2000) 1 WLR 1443(申请冻结令); Jones v. University of Warwick (2003) EWCA Civ 151(工伤索赔); XXX v. YYY (2004) EWCA Civ 231(劳务纠纷); Fiona Trust & Holding Corp v. Privalov (2007) EWHC 39 (Comm)(申请冻结令); Imerman v. Tchenguiz (2010) EWCA Civ 908(夫妻争产); Agents' Mutual v. Gascoigne Halman (2017) CAT 5 等先例。

笔者看到被报道的非法获取证据部分不被采纳的主要是 ITC Film Distributors Ltd v. Video Exchange Ltd (1982) Ch 431 先例,原告是电影制作与发行公司,声称被告侵犯了版权。原告成功申请到了搜查令（Anton Piller Orders）。[28] 原告之后向法院申请认定被告没有遵守向法院作出的担保（undertaking）是藐视法院（contempt of court），被告则向法院申请认定原告不正当申请与执行了搜查令。首次开庭只针对了部分争辩，剩下的部分将推迟到第二次开庭。在第一次开庭结束后，被告用诡计骗来了一些原告带到法院的文件，并在第二次开庭提供的誓章（affidavit）中将部分文件作为附件。原告向法院申请禁止被告使用这些文件。法院在两个不同的公共利益中作出了权衡，一方面是法院审理需要通过所有有关证据以找出真相的公共利益，而另一方面是诉讼方在将文件带进法院时不应担心文件会被对方骗走与不当使用的公共利益，认为司法管理（administration of justice）要求这些文件不应被采纳，再加上被告在法院区域内非法获得证据的行为很可能属于藐视法院，所以最终法院判被告不能依赖没有作为誓章附件的原告文件。但针对作为誓章中的附件的文件，由于法官已经看过部分，原告也没有在开庭前要求排除文件反而在交叉盘问时引用了文件，此时再排除文件证据不予采纳已经不太现实，所以判被告只可以在这个诉讼中使用这些文件。

CPR 已有考虑《欧洲人权公约》的规定，CPR Rule 32.1（2）规定，法院对控制证据的裁量权也包括根据"非法"获取证据的严重性与程度决定是否排除（exclude）本来可以被采纳的证据。2017 年 10 月 17 日发表在国际律师协会（International Bar Association）《International Litigation Newsletter》上的"The fruit from a poisoned tree—use of unlawfully obtained evidence"一文有说："CPR, r 32.1（2） gives the courts of England and Wales discretion to exclude evidence that would otherwise be admissible. This includes evidence that has been obtained illegally. In exercising its discretion, the court weighs up the public interest in discouraging improper conduct against the public interest in arriving at a true and just determination."

另该文也说只要对案件有关与有帮助，英国法院基本不会排除非法获得的证据："The review of the case law post the introduction of the CPR shows that the courts in England and Wales almost always consider that justice is better achieved by putting all relevant material before the judge."

3.5 保护信息/数据的重要性

可以说 CPR 的规定与普通法地位没有什么区别，仍是宽松对待非法获取证据的采纳与使用。今天的信息主要是以电子数据的形式存储，对电子数据的保护主要依靠普通法的机密（breach of confidence）与针对性立法。英国主要立法之一《Computer Misuse Act 1990》section 1 说："A person is guilty of an offence if—（a） he causes a computer to perform any function with intent to secure access to any program or data held in any computer, or to enable any such access to be secured; （b） the access he intends

[28] 在笔者的《仲裁法：国际规管与诉讼中的证据攻防》一书第二章之 3 段有针对搜查令的详细介绍。

to secure, or to enable to be secured, is unauthorised; and (c) he knows at the time when he causes the computer to perform the function that that is the case."

另一有关立法是《Data Protection Act 2018》之 section 170(1)规定:"(1) It is an offence for a person knowingly or recklessly—(a) to obtain or disclose personal data without the consent of the controller, (b) to procure the disclosure of personal data to another person without the consent of the controller, or (c) after obtaining personal data, to retain it without the consent of the person who was the controller in relation to the personal data when it was obtained."

同时 section 170(2)与 section 170(3)也规定了一些可以抗辩的情况:"(2) It is a defence for a person charged with an offence under subsection (1) to prove that the obtaining, disclosing, procuring or retaining— (a) was necessary for the purposes of preventing or detecting crime, (b) was required or authorised by an enactment, by a rule of law or by the order of a court or tribunal, or (c) in the particular circumstances, was justified as being in the public interest. (3) It is also a defence for a person charged with an offence under subsection (1) to prove that—(a) the person acted in the reasonable belief that the person had a legal right to do the obtaining, disclosing, procuring or retaining, (b) the person acted in the reasonable belief that the person would have had the consent of the controller if the controller had known about the obtaining, disclosing, procuring or retaining and the circumstances of it, or ..."

总之,在英国普通法十分宽待(相比其他国家)非法获取证据的采纳与使用的情况下,中国公司在涉及诉讼或国际仲裁时,要小心保护自己的信息,防止被他人非法盗取或骗取。这当然也包括保护电子数据不被黑客手段或者是自己不小心的情况下被盗取或骗取。这些信息如果是被别人获取后用在其他情况,在获悉情况后尚可以通过尽早申请禁令等手段阻止信息的进一步传播与使用。但是在诉讼中这些信息被对方当事人获取后,很难仅仅因为以对方用不恰当手段获取为理由阻止对方当事人依赖这些信息作为证据。

保护自己信息的方法,如必须了解自己哪些信息是敏感特别需要保护,然后针对这些敏感信息的存储与备份要放在安全的位置(如不与外部联网的服务器、禁止在私人设备上处理公司信息等),做好对这些敏感信息存储的加密,加强公司内部信息管理(如越是敏感的信息越是较少人可以获取),完善对敏感信息的删除管理(如定期删除,对纸质、CD 等文件要彻底打碎,对加密的敏感信息要彻底删除,包括删除解密的密匙等)等。另外今天针对个人信息保护还有假名化(pseudonymisation)等办法。

3.6　非法获得证据与法院是否采纳的纲要

可介绍一些从有关先例得出的原则,如下:

1. 法律对证据是否被采纳(admissibility)的最重要测试(principle test)就是有关

证据的关联性(relevance)与公平(fairness)。法院一般也会在开庭审理之前处理是否采纳证据的争议。如果留待开庭审理时让审理法官决定,带来的危险是审理法官或刑事案件的陪审团在看/听了有关证据(文件或口头)后,再排除脑袋里已经有了的印象(*de bene esse*),就会是不可靠了。

2. 有关联性的证据是不会只因为是非法与不恰当获得而不被采纳与被排除(exclude),否则就违反了《欧洲人权公约》(ECHR)。在 L v. K (2013) EWHC 1735 (Fam)先例中,法院指出针对冻结令的申请,[29]即使申请人以非法方式获得了信息并想将这些信息加入誓章/誓词,法院是可以采纳这些信息的,但是在誓章/誓词中需要作出全面与坦率的陈述,记录申请人获得信息的非法方式(如通过盗窃获得的信息)。

3. 更重要的考虑是公平,要对双方公平才是一个公平审理(Fair Trial)。一般非法获得的证据是不会影响公平审理,但某些严重非法/违法获得的证据,有可能影响公平审理:见 Arrow Nominees Inc v. Blackledge (2000) EWCA Civ 200 先例(有关非法毁灭证据)。

4. 另是为了公平审理,面对非法证据的诉讼方可要求对方披露有关非法获得证据的文件与信息,毕竟有可能从中找到质疑非法获得证据的地方。注意这些文件与信息是为了诉讼的调查取证,本来可以享有"诉讼特免权"(litigation privilege),但由于涉嫌非法,所以会被剥夺这个权利:[30]见 Dubai Aluminium Co Ltd v. Al-Alawi (1999) 1 WLR 1964; Kuwait Airways Corp v. Iraqi Airways Co (No. 6) (2005) EWHC 535 (Comm) 等先例。

在 Dubai Aluminium Co Ltd v. Al-Alawi 先例中,原告的私家侦探违反了《Data Protection Act 1984》与瑞士的银行保密法非法获得证据。被告申请披露所有有关此行动的文件(背后原因不清楚,可能是为了防止"挑选樱桃"或准备向原告或有关人士提起民事或刑事诉讼),但原告以诉讼特免权拒绝披露。法院判特免权不适用:"It seems to me that if investigative agents employed by solicitors for the purpose of litigation were permitted to breach the provisions of such statutes or to indulge in fraud or impersonation without any consequence at all for the conduct of litigation, then the courts would be going far to sanction such conduct. Of course, there is always the sanction of prosecutions or civil suits, and those must always remain a primary sanction for any breach of the criminal or civil law. But it seems to me that **criminal or fraudulent conduct for the purposes of acquiring evidence in or for litigation cannot properly escape**

---

〔29〕 关于申请冻结令时非法获得的信息的披露,可见笔者的《证据法:国际规管与诉讼仲裁中的证据攻防》一书第二章之 1.7.1.4 段的详细介绍。

〔30〕 可参阅笔者的《证据法:国际规管与诉讼中的证据攻防》一书第十一章之 1.2 段介绍的"罪行原则"(Iniquity Principle)。

the consequence that any documents generated by or reporting on such conduct, and which are relevant to the issues in the case, **are discoverable and fall outside the legitimate area of legal professional privilege**”(加黑部分是笔者的强调)

5. 除了不能依赖诉讼特免权抗拒披露外,看来也难以依赖“自证其罪特免权”(self-incrimination privilege)[31] 作为抗拒披露的理由。在 Imerman v. Tchenguiz (2010) EWCA Civ 908 先例中,案情涉及夫妻在申请离婚期间,妻子为了打听丈夫的财产情况,与防止丈夫转移财产以避免在离婚时平分,通过她的兄弟与丈夫共享同一办公地点之利,偷偷从丈夫的电脑复印了共 11 个文件夹的文件,并在整理如排除享有特免权文件后,仍装了 7 个文件夹。丈夫发现后申请禁令,禁止妻子使用这些文件并要求妻子交还这些文件,而妻子则以自证其罪特免权抗拒披露她有什么文件与交还。Neuberger 勋爵说:“Although there may be cases where a wife will be entitled to plead the privilege so as not to have to disclose how she acquired the documents, it does not necessarily follow, and typically will not follow, that she can similarly avoid having to disclose the fact that she has such documents.”也就是说,在自证其罪特免权下,妻子可以不说出她是怎样获得的文件,但不能否认拥有文件的事实,所以仍要交还。

6. 据悉在刑事诉讼中,政府的检控方(prosecutor)不愿意依赖窃听/监听等隐秘手法获得的证据,因为披露会令侦察调查手法与线人(informers)曝光,更不想这些隐秘人士出庭接受盘问,所以只以此手法获取情报后再针对性进行调查取证。

7. 也是为了公平审理,法院不容许突袭(ambush)。这会是很晚才披露非法获得的证据,让对方诉讼方没有时间准备如何应对。[32] 例如,在 O'Leary v. Tunnelcraft Ltd (2009) EWHC 3438 (QB)有关人身伤亡的先例中,被告对原告的稳秘录像与照片(covert surveillance file and photos)就因为距离开庭审理时间太近才披露,被视为突袭而不被采纳。但窃听、偷录或黑客等不法行为获得的证据往往是拖到最后一分钟才披露,以确保不会走漏风声与错过重要信息。在 Douglas v. O'Neill (2011) EWHC 601 (QB)先例中,虽然稳秘录像是在证人证言交出后才披露,也被判不算是突袭而被采纳。

8. 为了不鼓励非法行为,即使是法院采纳了证据,也仍会想办法惩罚提供非法获得的证据的诉讼方。例如,对这方面作出费用惩罚:见 Jones v. University of Warwick (2003) EWCA Civ 151; Imerman v. Tchenguiz 等先例。法院也要尽量不鼓励非法行为的调查取证。例如,在 Jones v. University of Warwick 先例中,案情涉及非法获得证据的被告偷偷潜入原告的家中安装摄像头偷拍原告的行动。上诉庭的 Woolf 勋爵虽

---

〔31〕 可参阅笔者的《证据法:国际规管与诉讼中的证据攻防》一书第十三章之 10 段。

〔32〕 今天的 CPR 要求双方诉讼方开庭前就把所有底牌摊开在桌面上(all cards on the table),让双方都有时间针对对方的案件进行准备。关于这方面可见笔者的《证据法:国际规管与诉讼中的证据攻防》一书第一章之 2.2.4 段。

然采纳了有关证据,因为显然证据对认定事实真相十分有关,但被告要支付所有有关证据是否可被采纳的争议产生的诉讼费用,作为不鼓励非法行为的象征。

9. 法院也会在采纳证据的同时加上条件。如 Agents' Mutual v. Gascoigne Halman (2017) CAT 5 先例涉及竞争上诉裁判庭(Competition Appeal Tribunal),双方的争议是,有关 Gascoigne Halman 在开庭审理途中才披露的隐秘录音(covert audio files)与根据录音内容制作的笔录(transcripts)是否可被采纳。偷录发生在北爱尔兰,有可能涉及非法行为。但由于披露时间很晚,双方没有机会调查,只能假设是非法获得的证据。

虽然竞争法下该裁判庭与仲裁庭一样,不受到严格的证据规则(strict evidence rule)约束,重点不在有关证据是否采纳,而是在于给予多少分量(weight)。但既然双方有了争议,还是要作出一个决定。该裁判庭十分详尽地针对了录音与笔录的各种问题,如与争议有关(但不是十分重要/有关)、非法、太晚提交、证据本身有很多严重缺陷(如不知道是怎样获取的隐秘录音、录音是否完整与按照时间排序、笔录似乎与录音对不上、没法让 Agents' Mutual 代表律师盘问偷录与被偷录的人士)等,最后决定给 Gascoigne Halman 两个选择:(1) 这些可能非法获得的证据不被采纳;(2) 证据可被采纳,但条件是 Gascoigne Halman 不得再修补被批评的严重缺陷,也不得事后质疑 Agents' Mutual 没有举证否定这些证据(因为太迟才交,时间上来不及)。这样也表示这些证据即使被采纳,将来法院在决定是否采信与给予多少分量时,恐怕也不乐观了。

10. 非法获得的证据即使被采纳,在法院(或仲裁庭)给予分量时,也要小心不少这些证据在可靠/可信程度上会有疑问。例如,上述例子会显示曾经有过修改、不全面等的危险。又例如,在一个简单的谈话中,非法偷录的人士(如一位有备而来的私家侦探)会诱导(induce)不知情的对方讲一些过火或不当的话,不一定只会是"套出"真话这么简单。在 Singh v. Singh (2016) EWHC 1432 先例中, David Cooke 大法官有说:"In this case however I have the direct evidence of the recordings made by the claimant. It is true to say that these must be approached with some caution, as there is always a risk that where one party knows a conversation is being recorded but the other does not the content may be manipulated with a view to drawing the party who is unaware into some statement that can be taken out of context. But there can be great value in what is said in such circumstances, where the parties plainly know the truth of the matters they are discussing and are talking (at least on one side) freely about them."

3.7 代表律师

律师要小心有不少法律法规规定了被视为违约/非法的行为,并可能带来刑事责任。如《Regulation of Investigatory Powers Act 2000》不容许窃取或窃听第三人的电邮或电话;《Data Protection Act 2018》不容许怂恿他人披露隐私,如收买调查取证对象的公司雇员在没有雇主同意的情况下泄露该公司的机密资料等。

英国诉讼在这方面对当事人的代表律师(事务律师与诉讼大律师)有更大影响。例如,根据律师操守守则(《Solicitors Code of Conduct》),英国业务律师(solicitors)有责任:(1) 支持法治与司法(uphold the rule of law and the proper administration of justice);(2) 正直行为、刚正不阿(act with integrity);(3) 行为要让公众对律师提供的法律服务有信心(behave in a way that maintains the trust the public places in you and in the provision of legal services)。

英国大律师公会在2004 年1 月也发布了名为"Guidance on Illegally Obtained Evidence in Civil And Family Proceedings"的指引(最近一次对其内容的审核是在2020年9 月)。[33]

这样,涉及非法的调查取证会违反上述的守则。一旦被暴露,会导致有关律师与律师事务所被法院公开批评,也会带来对专业声誉的打击。该律师资格因此有可能被撤销(struck off),该律师甚至会因犯罪行为而被司法部检控(prosecution)。所以有资格的律师要特别小心,应避免参与这种非法调查取证的行为。

虽然英国律师在国际仲裁在这方面的压力会比在英国法院低得多,但仍是要小心。毕竟,律师协会或大律师公会对律师的专业操守是不区分法院诉讼或国际仲裁的。相信英国律师会假手私家侦探调查取证,而自己不参与或过问,这就类似于部分西方公司在发展中国家通过代理人行贿。

3.8 国际仲裁

国际仲裁虽然没有有关的证据(relevant evidence)能否被采纳(admissibility)的问题,重点只是在于该证据的分量(weight),但面对非法获得的证据时有其他问题。例如,仲裁地点的不同或仲裁庭成员的不同背景,会否影响对非法获取证据的看法?如虽然国际仲裁不受证据法约束,但巴黎ICC 仲裁中法国仲裁员与伦敦仲裁英国仲裁员对这个问题的态度就很有可能不同。

另相比于法院诉讼,国际仲裁在这个问题上会有一些比较微妙的区别,会更多涉及双方当事人在仲裁中的"善意责任"(duty of good faith)的说法。例如,国际仲裁中普遍适用的国际律师协会的取证规则《IBA Rules on the Taking of Evidence in International Arbitration》在前言第三部分(Third Preamble)说:"The taking of evidence shall be conducted on the principles that each Party shall act in good faith ..."这样,如果一方当事人采取非法手段(如盗窃或黑客入侵)获取对方的文件,就很难说是善意仲裁。从稍后介绍的投资仲裁案件也可以看出,这是仲裁庭的一个重要考虑。而英国法院的诉讼是对抗制(adversarial system)不存在善意的说法,只要求合法进行诉讼程序。

此外,仲裁庭需要公平地推进仲裁程序。如英国《Arbitration Act 1996》之 Sec-

---

[33] 有兴趣的读者可在 https://www.barcouncilethics.co.uk/wp-content/uploads/2017/10/Evidence-obtained-illegally-in-civil-and-family-proceedings-2.pdf 下载。

tion 33 的大精神/大原则这样要求仲裁庭:“The tribunal shall . . . act fairly and impartially as between the parties . . . ”这样,仲裁庭采纳与批准非法获得证据也会导致另一方当事人不满,认为在程序上对他/她不公平公正(procedural fairness),令他/她因为没有不择手段调查取证而导致证据方面失利。但如果仲裁庭拒绝采纳非法获得证据,则又会导致被拒绝的当事人提出违反另一个大精神/大原则质疑:“The tribunal shall . . . (give) each party a reasonable opportunity of putting his case . . . ”反正仲裁庭是左右为难,都有可能违反自然公正(Natural Justice)。

国际仲裁机构的仲裁规则中也没有针对这个课题,《联合国仲裁示范法》(UNCITRAL Model Law)与《联合国仲裁规则》(UNCITRAL Arbitration Rules)的条文中也同样没有包括。相反,只是给了仲裁庭广泛的裁量权决定证据是否可以被采纳。2021 年版的《IBA 证据规则》加上了一条规定,仲裁庭可以(may)在当事人要求下或自己主动排除(exclude)非法获得的证据。

由于仲裁的机密性(confidentiality)以及对其他争议没有约束性(binding),特别是在中间程序(interim proceedings)处理的问题,更加不会透露给外面无关的第三方。所以仲裁庭之间无法相互参照在各种不同的情况下应怎么样行使裁量权,因此在不同的案件之间会有很多偏差与不肯定,但这在部分被报道与公开的投资仲裁(Investment Arbitration)案件可以见到。

3.8.1 Methanex Corp v. USA 北美贸业协议(NAFTA)投资仲裁

这个仲裁案件是由加拿大的 Methanex 公司向美国政府提出投资索赔。Methanex 主要生产甲醇(methanol),用于 MTBE[甲基叔丁基醚,一种无色透明、粘度低的可挥发性液体,主要用在汽油添加剂(gasoline additive)]的生产。

但在 1999 年 3 月,美国加利福尼亚州命令禁止使用 MTBE,并必须在 2002 年年底全面禁止。Methanex 随即向美国政府启动投资仲裁,指控该立法涉及不公平、不透明、舞弊等行为。但最终仲裁庭判指控不成立,有关禁令是公平透明、科学与整个过程符合正当程序等。

该案件涉及美国政府向仲裁庭申请不采纳部分 Methanex 公司通过潜入(trespass)一些有关人士/美国政府说客(Lobbying Organisation)的办公室这一非法行为盗取的文件。这些文件都是个人机密通讯与信息,部分还可享有特免权。仲裁庭判这些文件不可被采纳,其中给了不少原因,特别是《UNCITRAL Arbitration Rules》所要求的当事人善意进行仲裁。可部分节录如下:

“—Each party owed a duty ‘to conduct themselves in good faith during these arbitration proceedings and **to respect the equality of arms** between them, the principles of ‘equal treatment’ and procedural fairness also being required by Article 15(1) of the UNCITRAL Rules’.

—The evidence demonstrated ‘at least a reckless indifference by Methanex as to whether civil trespass was committed by its collection-agents.’

—'... the evidence should beyond any reasonable doubt that Methanex unlawfully committed multiple acts of trespass over many months ...'

—In relation to documents gathered before the commencement of the arbitration: the documents had been obtained unlawfully and admission of that evidence would have been 'in violation of a general duty of good faith imposed by the UNCITRAL Rules and, indeed, incumbent on all who participate in international arbitration, without which it cannot operate.'

—In relation to**documents gathered after the commencement of the arbitration: the documents had been obtained unlawfully and admission of that evidence would have been 'in violation of it general duty of good faith**, and moreover, that Methanex's conduct, committed during these arbitration proceedings, offended basic principles of justice and fairness required in every international arbitration'."(加黑部分是笔者的强调)

3.8.2 Libananco Holdings v. Turkey ICSID Case No. ARB/06/08 投资仲裁

这个投资仲裁案件涉及投资方作为原告向仲裁庭申请要求被告土耳其政府披露它秘密监听与截取原告代表律师与潜在证人的通讯,并指出这样的做法是违反了法律业务特免权,也干扰了原告为它的案件做准备如调查取证。原告申请如下:"... recently has learned of Turkish court orders requested and obtained by (Turkey) in 2007 and 2008, expressly to conduct intercepts of emails and MSN instant messages not only sent by and to persons associated with Claimant, but also approximately 1,000 privileged, private and confidential emails sent by, to and between Claimant's counsel or record in connection with this arbitration over the past years."

面对明显与有根据的指控,土耳其也接受了这个非法获得证据的事实,但声称政府监听原告律师等人与截取通讯的真正目的是怀疑他们在洗钱(money laundering),而土耳其作为一个主权国家是有这方面的责任进行调查并防止犯罪。

最后仲裁庭作出了一连串的决定,强调双方当事人在一个仲裁中是需要在行为上公平合理、基本上程序公平、尊重仲裁机密性与特免权等,也必须善意。另仲裁庭也有一个潜在的管辖权保证它处理的仲裁中,双方当事人遵守这个责任与操守,这个大原则适用于所有的国际仲裁。如下:"Among the principles affected are: basic procedural fairness, respect for confidentiality and legal privilege ...; the right of parties both to seek advice and to advance their respective cases freely and without interference; and no doubt others as well ... It requires no further recital by the Tribunal to establish either that these are indeed fundamental principles, or why they are.... parties have an obligation to arbitrate fairly and good faith and that an arbitral tribunal has the inherent jurisdiction to ensure that this obligation is complied with; this principle applies in all arbitration ..."

仲裁庭接下来作出了一些命令/指令（Orders / Directions），包括土耳其不容许截取或记录/录音原告与其他土耳其人士（如是一些潜在的证人）与这个仲裁案件有关的电邮与任何通讯。而如果已经有了这种记录就不能使用且必须立即销毁，一些享有特免权的特别机密的文件，在这个仲裁中不被采纳等。仲裁庭的命令/指令可节录如下：

"—（土耳其）must not intercept or record communications between legal counsel for the Claimant on the one hand and representatives of the Claimant and other persons in Turkey on the other hand.

—All emails（including attachments）and communications intercepted . . . which in any way relate to this arbitration . . . be destroyed.

—All privileged documents and information which have been tendered or disclosed to the Tribunal in connection with the Claimant's application . . . will be excluded from the evidence to be received in this arbitration.

—The Tribunal recognizes that the Respondent may in the legitimate exercise of its sovereign powers conduct investigations into suspected criminal activities in Turkey. The Respondent must, however, ensure that no information or documents coming to the knowledge or onto the possession of its criminal investigation authorities shall be made available to any person having any role in the defence of this arbitration."

3.8.3　Caratube v. Kazakhstan ICSID Case No. ARB/08/12 投资仲裁

Caratube v. Kazakhstan, ICSID Case No. ARB/08/12 投资仲裁案件涉及投资方美国公司 Caratube 作为原告依据美国与哈萨克斯坦的双边协议（Bilateral Investment Treaty，简称 BIT）提起仲裁，指控哈萨克斯坦政府违反了一个能源采探与生产协议。原告声称在关系闹翻前的 5 年，双方合作愉快，原告也因此大量增加当地投资，但之后双方关系突然变坏，原告指称被告政府的首长曾经告诉原告有关协议已经被终止。哈萨克斯坦政府作为被告的抗辩是它一直合法行事。

在投资仲裁期间，原告指称被告的国家安全部门［Kazakhstan's Committee of National Security（KNB）］多次去它的办公室搜查与取走文件、案卷、电脑硬盘等资料，要求仲裁庭下令被告在 5 日内归还。仲裁庭考虑到被告作出了如下担保，决定没有必要采取进一步措施：

"in view of the particular importance of procedural equality between the parties in an arbitration proceeding and that all parties can use and rely on the same evidence, the Tribunal notes with pleasure that, during the hearing, considerable progress and agreement could be reached [on preservation of, and access to the seized document].

In particular . . . in response to the respective questions by the Tribunal, Respondent has agreed that

· all documents taken by Respondent shall be preserved by Respondent;

· Respondent will grant to representatives of Claimant access to all documents of to which Claimant requests access;

· the Representatives of Claimant may copy any such document;

· Representatives of Claimant may take such copies out of Kazakhstan to London.

The Tribunal understands that the term 'documents' used during this discussion at the hearing of the Request numbered (c) includes files, computer disks and other material taken from Claimant's offices by representatives of Respondent so that the undertakings by Respondent summarized above also refer to these other materials.

The Tribunal confirms these undertakings by Respondent, and in view of them, the Tribunal does not consider it necessary to issue any further recommendations for provisional measures in this regard."

该投资仲裁案件也涉及原告想依赖一些维基解密(WikiLeaks)上刊登的哈萨克斯坦政府文件,这些文件是通过入侵哈萨克斯坦政府的电脑系统盗取的。但仲裁庭同意这些文件证据可以被采纳,毕竟这不是原告而是第三方非法窃取。涉及这方面WikiLeaks类别的争议的投资仲裁案件还有不少,如:Opic Karimum Corp v. Venezuela, ICSID Case No. ARB/10/14; Kilic v. Turkmenistan, ICSID Case No, ARB/10/1。

4. 合约订立前的谈判证据/口头证据

最后针对证据可否被采纳(admissibility)的课题,可简短介绍对合约解释的争议,经常会有一方诉讼方想披露有关双方谈判的证据(多数是文件,但也有可能是口头证据)来帮助理解双方的订约意图(contractual intention)。但这些所谓的"口头证据"(parol evidence)[34]已有悠久的历史,不被采纳。简而言之,不被采纳的原因是被视为与解释合约条文确定双方在订约时的意图(contractual intention)无关(irrelevance)。由于笔者在《合约的解释:规则与应用》一书第六章之2段已详细介绍了这个"口头证据规则"(parol evidence rule),或更准确地说"谈判除外规则"(negotiation exclusion rule或prior negotiation rule)[35]与背后的原因,所以不在此重复。

英国法律下是客观解释双方合约,这样就与接受双方谈判的主观证据并加以考虑有直接冲突。双方谈判表达往往是主观想法,而最后双方的妥协或退让会是一念之间,不一定记录在案。虽然也有说法是谈判证据不能用来协助解释合约,但可以接受作为谈判时双方都知道的背景/语境(如有关合约的共同商业目的)的证据间接协

---

〔34〕 虽然被翻译为"口头证据",但是并不单指平时所说的口头证据(oral evidence),还包括所有非正式(informal)的证据,即包括谈判中的文件证据。

〔35〕 见笔者的《合约的解释:规则与应用》一书第六章之2.5.1段。

助解释合约或帮助找出合约双方的目的。另口头证据规则也有很多例外可被法院或仲裁庭采纳为证据,这都在笔者的书中另有详及。

在此只节录在贵族院的 Chartbrook Ltd and another v Persimmon Homes Ltd and another (2009) UKHL 38 先例,Hoffmann 勋爵再次强调与清楚解释为何谈判证据与解释合约条文的争议无关与原因:

"The rule that pre-contractual negotiations are inadmissible was clearly reaffirmed by this House in Prenn v Simmonds (1971) 1 WLR 1381, 1384 where Lord Wilberforce said that earlier authorities 'contain little to encourage, and much to discourage, evidence of negotiation or of the parties' subjective intentions'. It is clear that the rule of inadmissibility has been established for a very long time. . . .

To allow evidence of pre-contractual negotiations to be used in aid of construction would therefore require the House to depart from a long and consistent line of authority, . . .

In Prenn v Simmonds (1971) 1 WLR 1381, Lord Wilberforce said by way of justification of the rule: 'The reason for not admitting evidence of these exchanges is not a technical one or even mainly one of convenience, (though the attempt to admit it did greatly prolong the case and add to its expense). It is simply that such evidence is unhelpful. By the nature of things, wherenegotiations are difficult, the parties' positions, with each passing letter, are changing and until the final agreement, though converging, still divergent. It is only the final document which records a consensus. If the previous documents use different expressions, how does construction of those expressions, itself a doubtful process, help on the construction of the contractual words? If the same expressions are used, nothing is gained by looking back: indeed, something may be lost since the relevant surrounding circumstances may be different. And at this stage there is no consensus of the parties to appeal to. It may be said that previous documents may be looked at to explain the aims of the parties. In a limited sense this is true: the commercial, or business object, of the transaction, objectively ascertained, may be a surrounding fact. . . . And if it can be shown that one interpretation completely frustrates that object, to the extent of rendering the contract futile, that may be a strong argument for an alternative interpretation, if that can reasonably be found. But beyond that it may be difficult to go: it may be a matter of degree, or of judgment, how far one interpretation, or another, gives effect to a common intention: the parties, indeed, may be pursuing that intention with differing emphasis, and hoping to achieve it to an extent which may differ, and in different ways. The words used may, and often do, represent a formula which means different things to each side, yet may be accepted because that is the only way to get 'agreement' and in the hope that disputes will not arise. The only course then can be to try to ascertain the 'natural' meaning. Far more, and indeed totally, dangerous is it to admit evidence of one party's objective-even if this is known to the other party. However strongly pursued this may be, the other party may only be willing to give it partial recognition, and in a world of give and take, men often have to be satisfied with less than they want. So, again, it would be a matter of speculation how far the common intention was that the particular objective should be realised'."

第十章　思想状态的证明

1. 概　　述

英国法以前一直将思想状态(state of mind)视为不能证明,说是“魔鬼也不会知道人的脑袋在想什么”。但在著名针对欺诈性误述(fraudulent misrepresentation)的 Edgington v. Fitzmaurice (1885) 29 Ch D 459 先例后有了改变,Bowen 大法官说:“the state of a man's mind is as much a fact as the state of his digestion... A misrepresentation as to the state of a man's mind is, therefore, a misstatement of fact...”

现在英国法认为,某人过去的思想状态是可以用证据证明与让事实审理者(trier of fact)作出认定的事实,而不少刑事或民事案件都会涉及有关思想状态的事实争端。思想状态会有多种不同的类型,本章主要针对的民商事案件中,每一种不同的法律关系(这要看实体法,主要是立法规定、普通法地位与/或合约的约定)对于被告的思想状态也有不同形式与程度的要求。

在此笔者只打算在以下段落中分段简单介绍一些民商事案件中会涉及的思想状态(有不少会有重叠),以及这些思想状态需要哪些证据来证明的问题。

对思想状态作出证明(proof of state of mind)的证据,直接证据(direct evidence)可以说只能是该人士自己提供证词。但要知道某人心里到底是如何想,不是一件容易的事情。而且这些人士往往是有关案件中做错了事情的侵权人或者是违约方,因此他们自己的说法是否可靠是有很大疑问的。此外,无论这些人士是否确实心里有鬼,也难以测试(test)他们的证词的可靠性,除非是他/她在交叉盘问(cross-examination)中被对方盘问律师一连串的问题逼得承认。

因此,一般对思想状态的证明主要依赖的是各种间接或环境证据(indirect or circumstantial evidence),包括该人士在有关时间前后的言行、陈述,发生的事件以及各种方方面面会有影响的证据。要在这些证据的基础上再进行推断有关人士在当时的思想状态到底如何。本书第八章之 1.1.3.4.2 段也已经简单提到了一部分这类证据,例如,在 The“Michael” (1979) 1 Lloyd's Rep 55 先例中,要证明船东是否有凿船骗保的动机(motive),就通过船东的公司运营与资金等状况、船东在航运领域是否雄心勃勃、计划良好的远景等环境证据后,认定船东没有凿船动机。

本章下文将分别针对不同类型的思想状态再作详细介绍。

2. 知 情

法律关系要求知情(knowledge)可先举一个相对简单的例子,就是保险法要求受保人(assured)在投保时必须向保险公司(insurer)披露所有知情的有实质重要性的事情,否则保险公司可以拒赔[可见笔者《海上货物保险》(2010年)一书第二章之4至7段]。这在《Marine Insurance Act 1906》[1]之Section 18规定:"... the assured must disclose to the insurer, before the contract is concluded, every material circumstance which is known to the assured, and the assured is deemed to know every circumstance which, in the ordinary course of business, ought to be known by him. If the assured fails to make such disclosure, the insurer may avoid the contract."

另Section 18(3)(b)说明是保险公司知情或可推断应知情的事情,受保人就不必披露(省得啰唆):"In the absence of inquiry the following circumstances need not be disclosed, namely: ...(b) Any circumstance which is known or presumed to be known to the insurer. The insurer is presumed to know matters of common notoriety or knowledge, and matters which an insurer in the ordinary course of his business, as such, ought to know."

2.1 Baden先例中的五种不同程度的知情

知情(knowledge)惯常可以分成真正知情(actual knowledge)、应当知情与推定知情(constructive knowledge)。

在案情有关"推定信托"(constructive trust)的Baden v. Societe Generale pour Favoriser le Developpment du Commerce et de l'Industrie en France SA (1993) 1 WLR 509先例中,背景是20世纪60年代的著名金融家伯纳德·康菲尔德(Bernard Cornfeld)先生通过海外投资者服务(Investors Overseas Services,简称IOS)销售与管理"互惠基金"(mutual fund)等大获成功,据说曾经一度管理超过25亿美元的巨额资产(assets)。但在1970年开始业绩不佳出现亏损,之后管理层多人涉嫌金融诈骗、挪用公司资产,导致IOS金融帝国的崩溃。此先例中的原告就是IOS在世界各地的四家专门投资基金的基金公司(Fund of Funds),由于它们都已经破产,所以都是由破产清算人(liquidator)起诉。被告则是一家法国银行(Societe Generale,简称SG)。起诉的原因是原告主张自己有一笔资金由信托人(简称BCB)管理并存放在被告银行中,但指称BCB某董事涉嫌挪用公司资产,违背自己对BCB的诚信义务(fiduciary duty)指示被告转出这笔资金到了其他地方,最后这笔钱不知所踪或难以追回。因此原告就希望向被告索赔,主要的理由是SG对转出的这笔钱涉嫌BCB董事挪用公司资产

[1] 英国保险这些年来只有1906年的立法,近年才有了《Insurance Act 2015》。

的情况知情,在衡平法下会认定公司与银行之间有推定信托,银行对这笔金钱的流失承担衡平法(equity law)责任。这样,争端的一项焦点就在于,SG 到底对违反诚信义务的情况知情到什么程度,而这程度是否足以在衡平法下寻求这类救济呢?该案件就把“知情”更仔细地从最显然的真正知情,到应当知情,再到可以认定为推定知情,按程度高低排列为以下五种:(1)真正知情(actual knowledge/positive knowledge)。(2)视而不见(wilfully shutting one's eyes to the obvious)。(3)蓄意与鲁莽不去查问,而其他诚实与合理人士[假想的人士是一般马路上的行人(the man in the street)或公共巴士上的乘客(the man on the Clapham omnibus),往往也就是审理法官自己]会在同样情况下去查问(wilfully and recklessly failing to make such inquiries as an honest and reasonable man would make)。在此情况下仍然有当事人主观上(subjectively)的蓄意与鲁莽,同时有客观上(objectively)其他诚实与合理人士会查问的标准。[2](4)无论是否蓄意与鲁莽,是其他诚实与合理人士在同样情况下会认为已经显示出不对劲的事实真相(knowledge of circumstances which would indicate the facts to an honest and reasonable man)。与第 3 种情况相比,这种知情无须考虑有关当事人或被告主观上是否有蓄意或鲁莽,如被告是愚蠢与/或后知后觉,纯粹只是根据法院客观认定一般其他诚实与合理人士在同样情况下会怎么样反应。(5)无论是否蓄意与鲁莽,其他诚实与合理人士在同样情况下会去查问(knowledge of circumstances which would put an honest and reasonable man on inquiry)。与第 4 种情况相比,这更进一步,是客观站在诚实与合理人士的角度来看,虽然在该情况下看不出事实真相不对劲,但已有足够疑点让该人士觉得应当去查问。

Peter Gibson 大法官在能够认定 SG 对当时在银行账户中的金钱对受害方的原告承担衡平法责任应当知情时这样说:“The knowledge must be actual knowledge or knowledge which it would have obtained but for shutting its eyes to the obvious or wilfully and recklessly refraining from making such inquiries as the reasonable banker would have made from the circumstances known to S. G. or would have obtained from inquiries which the reasonable banker would have made, the onus being on the plaintiffs to establish that S. G. possessed that knowledge.”

Harstedt Pty Ltd v. Tomanek (2018) VSCA 84 澳大利亚上诉庭先例对以上的五种不同程度的知情有以下解释:“Each of the first two categories speaks for itself. The third category ‘involves such a calculated abstention from inquiry as would disentitle the third party to rely upon lack of actual knowledge of the trustee's or fiduciary's wrongdoing’. The fourth category is ‘designed to prevent a third party setting up his or her own ‘moral obtuseness’ as the reason for not recognising an impropriety that would have been apparent to an ordinary person’. The fifth category derives from the doctrine of bona fide

---

〔2〕 关于主观与客观的测试标准,可见本章之 5 段的介绍。

purchaser for value without notice."

2.2 需要区分真正知情与推定知情的原因

上述"Baden 知情"的第 1 到第 3 种程度可被归类为真正知情,而第 4 到第 5 种程度则可被归类为推定知情(constructive knowledge)。会有疑问的是,认定知情与否就已经足够麻烦,何必再分得这么细?而且它们之间会重叠,更是难以区分。笔者先不解释真正知情为什么要分类[主要的区分是在另一类的视而不见的知情(blind-eye knowledge)]。

一般而言,如果对事实真相有第 1 到第 3 种程度的知情就往往会被认为有"注意到"(notice),[3]通常也即并非善意(*bona fide*)了。在一般的商业活动中,追究一方当事人是否属于程度 1 至 3 的真正知情已经足够,一般不进一步考虑推定的情况。

例如,针对货物买卖,有不少先例判"注意到"不包括"推定注意到"(constructive notice):见 Manchester Trust v. Furness (1895) 2 QB 539 先例与 Westdeutsche Landesbank Girozentrale v. Islington LBC (1996) AC 669 先例等。《Benjamin's Sales of Goods》(2014 年,第 9 版)一书之 7－047 段说:"It is submitted that, in the context of the Factors Act 1889 and of the Sale of Goods Act 1979, **'notice' of a fact prima facie means actual knowledge of that fact**. But, as was pointed out by Lord Tenterden in Evans v. Trueman: 'A person may have knowledge of a fact either by direct communication, or by being aware of the circumstances which must lead a reasonable man applying his mind to them, and judging from them, to the conclusion that the fact is so. Knowledge acquired in either of these way is enough, I think, to exclude a party from the benefit of the provisions of this statute: a slight suspicion, I think, will not.' In Navulshaw v. Brownrigg Lord St Leonards LC approved this statement but added that the final words of the statement appeared to be laid down a little too much at large: **mere suspicion should not amount to notice. It is, however, established that suspicion in the mind of a person, and the means of knowledge in his power wilfully disregarded, would amount to notice**. But the main problem is the extent to which the courts will adopt an objective approach to the question of notice, e. g. Lord Tenterden's reference to a 'reasonable man'. **The doctrine of constructive notice does not normally apply to commercial transactions and there is no general duty on the buyer of goods in an ordinary commercial transaction to make inquiries as to the right of the seller to dispose of the goods.**"(加黑部分是笔者的强调)

举与国际货物买卖与航运关系密切的提单的例子,英国《Bills of Lading Act 1855》针对并保护提单"善意持有人"(*bona fide* holder)的 Section 3 规定:"Every **bill**

[3] 有关没有注意到并支付了价值的善意取得人(bona fide purchaser without notice)的问题,会在本章后文中介绍。在这里针对某人士是否"知情"或"注意到"的主观思想状态是类似的。

of lading in the hands of a consignee or endorsee for valuable consideration, representing goods to have been shipped on board a vessel, shall be conclusive evidence of such shipment as against the master ... signing the same, notwithstanding that such goods or some part thereof may not have been so shipped, unless such holder of the bill of lading shall have had **actual notice** at the time of receiving the same that the goods had not been in fact laden on board; ..."(加黑部分是笔者的强调)

但如果提单的持有人(通常是船上货物的买方)是"真正注意到"(但不要求推定知情,买方没有查问的责任),立法的保护就不适用了。这方面《提单与其他付运单证》(2016年)一书第六章之2.7.2.1段已有详论,包括The "Johnstown" (1928) 32 Lloyd's Rep 218先例明确善意买方即使有怀疑,也没有去查问以明确事实(即提单对装船货物的描述的真实性)的责任,即没有推定知情的责任。

但国际社会变得越加复杂,光是真正知情或接近的知情就不足以保护在今天国际社会越来越多的一些无辜受害方了。这主要涉及今天频密发生的复杂与千变万化的商业/非商业欺诈、盗窃或贪污受贿等案件与经常一并发生的洗钱(money laundering),[4]因为骗子拿到钱后第一件事就是把钱改头换面,以隐藏与蒙混过关。在精明的骗子与他们的同谋(accomplice)与/或"不诚实协助方"(这会包括亲朋好友、银行雇员与/或不同专业人士)的刻意操作下,一般都不会留下自证其罪(self-incrimination)的文件证据或痕迹。东窗事发后,骗子往往不知所踪,而无法失踪的同谋或协助方则往往装聋作哑。所以第4到第5种程度的推定知情是否在个别不同的案件可以被视为注意到就变得十分重要。因为即使通过"追回与追踪资产"(asset following and tracing)查出并确定(identify)被偷走的部分或全部资产/金钱是在这些第三人的名下或手中,仍要考虑下一步能否向该第三人通过普通法与/或衡平法救济把偷走的资产/金钱取回。这些衡平法救济包括以第三人"不诚实知情帮助"(dishonest assistance)或"知情接收"(knowing receipt)为由向第三人提起"诉人诉讼"(personal claim)甚至向其主张"财产权"(proprietary right)。能否向该第三人取回这些资产/金钱,甚至索赔所有因欺诈所蒙受的损失,就很依赖该第三人对有关的欺诈的知情程

---

[4] Nicholls勋爵在Mercedes Benz AG v. Leiduck (1996) AC 284先例中说:"A person operating internationally cannot so easily defeat the judicial process. There is not a black hole into which a defendant can escape out of sight and become unreachable."这种情况在今天的环境下(国与国之间没有外汇管制、电子汇款方便、自然人很容易在世界上流动、大量方便旗国家的皮包公司等),骗子可以在国际上"大展拳脚",任何国家法律都管不到。骗子可以带着他偷来/抢来/骗来/贪污受贿得来的贼脏走进一个黑洞,变了无影无踪。英国法律在1980年代发展了"全球冻结令"(Worldwide Freezing Injunction),也在发展与完善其他方面的法律去封死这个"黑洞",例如,"民事搜查令"(Search Orders)、"第三方披露令"(Norwich Pharmacal Orders)、主要目标是针对洗钱与银行的《Proceeds of Crime Act 2002》与《Money Laundering Regulations 2007》立法、剥夺涉及犯罪与欺诈的"法律业务特免权"(legal professional privilege)的"罪行原则"(iniquity principle),与本段针对的"追踪资产"(asset tracing)与"推定信托"(constructive trust)等。这方面法律仍在快速发展。

度。但已经说过,即使是在民事诉讼的平衡的可能性(balance of probabilities)的举证标准下,也很难有足够证据证明这些第三人知情,甚至是不诚实知情。所以,就有了Baden 知情的第4 和第5 种程度的推定知情。

在 Baden v. Societe Generale pour Favoriser le Developpment du Commerce et de l' Industrie en France SA (1993) 1 WLR 509 先例中,Peter Gibson 大法官这样说:"The good sense of **the general rule in relation to ordinary commercial transactions, where there is no time or opportunity to make inquiries, is obvious**. But it would be very surprising if the law today was that the mere fact that a transaction was a commercial transaction was sufficient to prevent any duty of inquiry ever arising whatever the circumstances, particularly so many years after the confluence of the separate streams of equity and common law. Mr. Leckie (被告代表大律师) accepts that cases . . . are illustrative of the principle that **the courts will not readily import a duty to inquire in the case of a commercial transaction**, but he does not seek, in my view rightly, **to argue that a duty to inquire can never arise in a commercial transaction**."(加黑部分是笔者的强调)

上述节录最后加黑句正适用于国际欺诈案件中的第三人,不再停留于 Baden 知情的第1 到第3 种程度,而另强加了推定知情的法律责任。毕竟,推定知情在衡平法一直存在。例如,前后对一个特定的财产有同一个产权(title),一般是前一个权利优先于后一个权利,只要后一个权利的产生是知情或推定知情。这种例子多不胜数,如对船舶的立法抵押权(mortgage),[5]抵押权需要在船旗国登记,第一个抵押优先,第二个(subordinate mortgages)应去查明并愿意低于第一个抵押:见 Cheah Theam Swee v. Equiticorp Finance Group Ltd (1992) 1 AC 472 等先例。

可以节录 Barclays Bank Plc v. O'Brien (1994) 1 AC 180 先例中 Browne-Wilkinson 勋爵所说如下:"**The doctrine of notice** lies at the heart of equity. Given that there are two innocent parties, each enjoying rights, **the earlier right prevails against the later right if the acquirer of the later right knows of the earlier right (actual notice) or would have discovered it had he taken proper steps (constructive notice).** In particular, if the party asserting that he takes free of the earlier rights of another knows of certain facts which put him on inquiry as to the possible existence of the rights of that other and he fails to make such inquiry or take such other steps as are reasonable to verify whether such earlier right does or does not exist, he will have constructive notice of the earlier right and take subject to it."(加黑部分是笔者的强调)

这方面稍后在追踪/追回资产与推定信托等课题会详尽介绍。接下来先按次序逐项介绍 Baden 知情的五类不同知情。

---

〔5〕 这方面在笔者(杨良宜)的《船舶融资与抵押》(2003 年)一书第五章有详论。

2.3 Baden 知情之 1:真正知情

首先针对证明"真正知情"(actual knowledge),可根据环境证据与事实推定(infer)有关人士应该知情。例如,他/她拥有文件就可假设应对文件内容知情,更不说跟进做了一些事情。在 R v. A Ltd (2016) EWCA Crim 1469 先例中,[6]上诉庭接受一份电邮抄本给了一位有关人士就可以证明他/她知道电邮的内容与信息。这种情况笔者也常遇到,在交叉盘问时证人对某件事情说不知情,而对方盘问律师会在开庭案卷中挑出一份清楚记录了问及的事情的文件并显示抄本给了证人,要求证人解释。该证人如果没有在开庭前把这些文件熟读与有充分准备,[7]就经常会吓一跳。

签署一份合约就表明对合约内容知情,这也是合情合理的推断,毕竟签下一份昂贵的商业合约可能"把命也签掉"(sign your life away)。即使不识字的人也应该听了可靠的解释后才签。

另外,双方以往的交易/交往的证据可被采纳用于证明对相关做法的知情。[8]众所周知的大事(notoriety fact)也可被推断知情。正如在较早前介绍的英国《Marine Insurance Act 1906》立法之 Section 18(3)(b) 或《Insurance Act 2015》之 Section 5(3)的披露责任下,保险公司是推定(presumed)知情:"The insurer is presumed to know matters of common notoriety or knowledge, and matters which an insurer in the ordinary course of his business, as such, ought to know."

虽然推断有关人士真正知情确实有判错危险,因为自然人的知识、警觉性、认知程度等方面都有差异,但民商事诉讼只是根据一般合理人士的标准与平衡的可能性(balance of probabilities)判断,并不严格在每一个不同案件找出事实的真相,也不会找得到。

2.4 Baden 知情之 2:视而不见

针对证明"视而不见"(blind-eye knowledge)的知情,可先介绍两种与这种知情有关的不同情况。首先是合约关系。例如,航运程租(voyage charter)标准格式合约 1994 年金康租约(GENCON charter-party)[9]第 2 条文规定:"**Owners' Responsibility Clause**[10] The Owners are to be responsible for loss of or damage to the goods or for delay in delivery of the goods **only** in case the loss, damage or delay has been **caused by the personal want of due diligence on the part of the Owners** or their Manager to make the Vessel in all respects seaworthy and to secure that she is properly manned, equipped

---

[6] 法院判令,在针对公司的刑事诉讼中,公司的主导意志(directing mind)制作的文件可采纳,无论该人士(在该先例就是没有被起诉的董事)是否本人也被一同起诉。但因为这不属于本书主要针对的内容,因此不进一步详细介绍。

[7] 关于准备证人,可见本书第二章之 2 段。

[8] 这方面课题可见笔者的《合约的解释:规则与应用》一书第七章之 5 段。

[9] 在国内航运界很广泛使用的金康租约的新修订版将在 2021 年推出。

[10] 此条文由于被视为过度保护船东,所以被笑称为"Owners' Non-responsibility Clause"。

and supplied, or by **the personal act or default of the Owners** or their Manager. . . . ”(加黑部分是笔者的强调)

该条最主要针对的是船东在法律上必须保证船舶适航(seaworthiness)问题,也就是船舶在开航时在方方面面的准备(船员、水密、机器动力、供应、装备、设备等)是否都可以让有关航次在可预见会遇上的风险与天气(坏天气)安全完成?如果不是,该船舶就是不适航。这样,船舶在航次中遇上任何意外事故如船舶碰撞或搁浅触礁,都会与船舶开航时不适航有关系,令船东对意外事故造成的货物损失赔偿(可能是十分昂贵,全损索赔的总数甚至比船价更高)。在较早年代(一两百年前),海难事故频频发生,航运是风险极高的行业。加上通讯困难,船舶在外(指不在船东所在地,当年通常是在欧洲)船东很难监管船舶,一切都要下放给船长,包括对船舶适航的重任。例如,开航前保证有足够船员,油水粮草的配备齐全,任何船舶本身与机械设备有不妥立即安排维修好才开航等。所以,船东纷纷动脑筋在海上运输合约(这可以是提单或租约)中加上明示条文以超越法律对船舶适航的默示地位。这种明示条文有各种写法,其中一种船东自认为是十分合理与公道的“妥协”就是上述节录的条文。

对上述条文的解释可见 The “Brabant” (1965) 2 Lloyd’s Rep 546 先例。在该先例中,McNair 大法官说:“. . . The first sentence, as a whole, confines the area of responsibility to a personal want of diligence on the part of the owners or their manager, and to other personal acts or omissions or defaults on their part. The area of responsibility thus defined is the whole area of responsibility, as is shown by the word ‘only’, and, for any default which falls outside it, the owners are not to be responsible, in the sense that they are not to be liable for loss or damage or delay resulting from such default. ”[11]

这表示船东只对他个人或船舶管理人亲自有参与的犯错负责。如果船东个人管不到,就不对船舶不适航负责。例如,通常是把船舶适航的工作下放给船长,如果船长犯错导致船舶不适航,在明示条文下,船东就无须负责货物的损失。早期的航运规律主要是船舶从船东所在的欧洲去中国、日本、印度等地(voyage out),再从这些地方回到欧洲(voyage home)。在船东看来,出发的这一程,因为能管到,所以可以对船舶适航负更多责任。但回程,由于当时通讯不便,船东根本管不到外国出发港口的事情,所以不对船舶适航负责合情合理。

早年船东认为合理与公道的做法,在货方看来绝不合理与公道,最终 1924 年的《海牙规则》(Hague Rules)[12] 以国际公约的形式让代表船东利益的国家(英国与其他欧洲国家)与代表货方利益的国家(美国)达成妥协。船舶的适航责任变成了船

---

[11]　这方面在笔者(杨良宜)的《程租合约》(1997 年)一书第四章之 6 段有详论。

[12]　这方面在笔者(杨良宜/杨大明)的《提单与其他付运单证》(2016 年)一书第五章之 13 段有详论。

东/承运人在船舶开航前要"恪尽职责使船舶适航"(exercise of due diligence to make the ship seaworthy)。针对这立法条文已在 The "Muncaster Castle" (1961) AC 807 贵族院先例明确了适航是船东"不可以下放的责任"(non-delegable duty)。换言之,船长对船舶在开航前的适航工作犯错,即使船东自己不知情也控制不了,法律上仍要负责。因为适航责任是船东个人的,不能下放给船长。

但《海牙规则》与其立法只规范装船提单,不理会另一种海上运输合约的租约,后者仍享有没有受立法干扰的订约自由(freedom of contract)。所以,较早前介绍的金康租约与它的第 2 条文对船东在英国法律下严苛的适航责任大幅度减免仍在今天的航运市场被普遍适用,但该条文的可笑之处是,船东个人或船舶管理人越不参与船舶的适航问题,就对船长或其他仆人或代理人如验船师(surveyor)、供应商、修理厂等犯的错越没有责任。这样,对船东或船舶管理人最安全的做法就是什么都不管。所以法律为了避免这种可笑的情况,将视而不见也视为应当知情(blind-eye knowledge)。

另举一个例子是船舶保险,也涉及船舶的适航问题。在通常长达 12 个月的船舶保险中,保险公司需要防止作为受保人的船东让船舶在不适航的情况下开航,否则会大大增加出事的风险。但不能像《海牙规则》去苛刻强加适航责任在船东的身上,毕竟保险是在尽量大的范围承保船舶的风险,即使是船长、船员或任何其他人对船舶造成损害也是承保范围内。而且,船舶适航与否的面太广,所以即使是船东的疏忽(包括是最严重的疏忽)让船舶不适航开航,也不应该拒赔,否则海上保险就作用不大了。所以,权衡轻重后只切割船东个人知情或参与(privy to)让船舶在不适航的情况下开航并带来的意外事故,即涉及船东受保人不良的"思想状态"(state of mind),保险公司才可以拒赔。《Marine Insurance Act 1906》之 section 39(5)规定:"In a time policy there is no implied warranty that the ship shall be seaworthy at any stage of the adventure, but where, **with the privity of the assured, the ship is sent to sea in an unseaworthy state**, the insurer is not liable for any loss attributable to unseaworthiness."(加黑部分是笔者的强调)

针对这立法条文的解释可见 The "Eurysthenes" (1976) 2 Lloyd's Rep 171 先例。案情涉及保险公司根据该立法条文向船东拒赔,Denning 勋爵提到船东对船舶在不适航情况下开航的"知情"可以有两种:一是真正知情,二是视而不见。Denning 勋爵说:"To disentitle the shipowner, he must, I think, have knowledge not only of the facts constituting the unseaworthiness, but also knowledge that those facts rendered the ship unseaworthy, that is, not reasonably fit to encounter the ordinary perils of the sea. And, when I speak of knowledge, **I mean not only positive knowledge, but also the sort of knowledge in the phrase 'turning a blind eye'.** If a man, suspicious of the truth, turns a blind eye to it, and refrain from inquiry-**so that he should not know it for certain**-then he is to be regarded as knowing the truth. Thus, **'turning a blind eye' is far more**

blameworthy than mere negligence. Negligence in not knowing the truth is not equivalent to knowledge of it."(加黑部分是笔者的强调)

Geoffrey Lane 大法官同意说:"I add the word'believed'to cover the man who deliberately turns a blind eye to what he believes to be true in order to **avoid obtaining certain knowledge of the truth**."(加黑部分是笔者的强调)

Roskill 大法官也说:"If the facts amounting to unseaworthiness are there staring the assured in the face so that he must, had he thought of it, have realized their implication upon the seaworthiness of his ship, he cannot escape from being held privy to that unseaworthiness by blindly or blandly ignoring those facts or by refraining from asking relevant questions regarding them **in the hope that by his lack of inquiry he will not know for certain that which any inquiry must have made plain beyond possibility of doubt.**"(加黑部分是笔者的强调)

从上述加黑部分可知,视而不见的原因是"不想知道真相"的自欺欺人。如果视而不见是有其他原因,如船东查问不容易、会耽误时间、甚至是涉及严重疏忽,仍不属于视而不见可让保险公司拒赔。另是,船东是否不想知道真相是一个"主观测试"(subject test),这更是令保险公司难以成功证明了。接下来将会借 The "Star Sea"(2001)1 Lloyd's Rep 389 贵族院先例进一步澄清与权威性确立何谓视而不见的知情。

The "Star Sea"先例涉及该船舶因航次中机舱发生火灾最终导致"推定全损"(constructive total loss)。在一审法院,被认定的事实包括两方面:(1)机舱气闸(dampers)因欠缺维修保养而漏气,导致不是气密而令二氧化碳灭火丧失部分成效。(2)船长对机舱火灾如何灭火没有培训。机舱灭火一般是通过二氧化碳灭火系统,要有效灭火就必须:尽快行动以免火情扩散;把系统所储备的 4 个二氧化碳气罐全部一下子释放,以保证有足够的二氧化碳占据机舱空间;机舱气密。但"Star Sea 轮"船长是起火后 2 个小时才启动灭火系统,并只释放了 2 个气罐的二氧化碳,所以最后灭不了火,导致船舶全损。

对于这两个不适航的事实认定,在普通法的绝对适航下船东肯定要负责。提高到 1924 年《海牙规则》"恪尽职责使船舶适航"(due diligence)的层次,船东仍过不了关,因为船长犯错也是船东的错。但再高一个层次到船东本人是"知情或参与",就看不出来了。

The "Star Sea"先例还有其他的枝节,就是船东与船舶管理人拥有的船队共有 40 多艘船舶,其中有两艘在过去两年也曾经发生同样的意外事故。先是一艘"Centaurus 轮"在美国靠泊时机舱起火,船长一直等待岸上消防员救火,在 15 小时后才释放二氧化碳。显然,船舶也是推定全损。另一艘是"Kastora 轮",是在海上机舱起火,也造成船舶全损。船东后来把一直雇佣的韩国船长改为在"Star Sea 轮"的希腊船长,但没有进一步查看到底该希腊船长是否熟悉船舶火灾时灭火的步骤与系统。这被法院批评是"完全不足够的行动"。

在此背景下,上诉庭推翻一审判决,认为船东对这不适航有视而不见的知情,但这判决再被贵族院推翻,理由将在接下来分析。

贵族院认为证明视而不见的知情有三个步骤,这包括:(1)至少对事实真相(可能影响船舶适航是船东很不想知情)有了一个怀疑;(2)刻意决定不查问这事实真相;(3)不查问的原因是因为不想对该事实真相知情。

针对第一个步骤,Scott 勋爵进一步解释怎样算是应有"怀疑":"... suspicion is a word that can be used to describe a state-of-mind that may, at one extreme, be no more than a vague feeling of unease and, at the other extreme, reflect a firm belief in the existence of the relevant facts. In my opinion, in order for there to be blind-eye knowledge, **the suspicion must be firmly grounded and targeted on specific facts. The deliberate decision must be a decision to avoid obtaining confirmation of facts in whose existence the individual has good reason to believe.** To allow blind-eye knowledge to be constituted by a decision not to enquire into an untargeted or speculative suspicion would be to allow negligence, albeit gross, to be the basis of a finding of probity. That, in my opinion, is not warranted by S. 39(5)."(加黑部分是笔者的强调)

这是说"怀疑"在思想状态而言可以有两个极端。一个极端就是感觉到不舒服,漫无目标的担心。而另一个极端是肯定相信某些不妥的事实存在,如肯定在船舶没有预付修理费用的情况下不会修理好第一舱盖的严重漏水,相信船舶开航出海就会出问题。所以要明确何谓"怀疑"。Scott 勋爵认为"视而不见"只应局限在后者的一些有根有据的怀疑,而且必须有特定目标,如查问供应给船舶的最新的海图有否在开航前已经收到,或是对船舶第一舱盖的漏水情况有否修妥等。

第二个步骤不必多讲。至于第三个步骤,Hobhouse 勋爵说要看船东不查问的原因到底是什么。如果是因为懒惰或是严重疏忽或是误以为没有问题,不足以构成视而不见,因为必须是船东知道事实但因为不想面对事实真相而不查问。Hobhouse 勋爵说:"... perhaps the most helpful guide is to be found in what was said by Roskill LJ and Geoffrey Lane LJ about the reason for refraining from inquiry—'in the hope that by his lack of inquiry he will not know for certain'—'in order to avoid obtaining certain knowledge of the truth'. It is probable that Lord Denning MR was saying the same thing when he used the phrase 'so that he should not know it for certain'. The illuminating question therefore becomes '**why did he not inquire?**'. **If the judge is satisfied that it was because he did not want to know for certain, then a finding of privity should be made. If, on the other hand, he did not enquire because he was too lazy or he was grossly negligent or believed that there was nothing wrong, then privity has not been made out.** An ambiguity has arisen from the use by Roskill LJ of the phrase 'had he thought of it'. This suggests that **the test may be objective. If so, that is not correct.**

The test is subjective: Did the assured have direct knowledge of the unseaworthiness or an actual state of mind which the law treats as equivalent to such knowledge?”（加黑部分是笔者的强调）

上诉庭认为船东是否不想知道真相的事实是以一个“客观测试”（objective test）认定，所以推翻了一审法院的判决。贵族院认为这不正确，应该以主观测试。[13] Hobhouse 勋爵说：“... evidence may provide support for making an inference that a person had a certain state of mind but may also be consistent with different states of mind. Thus the inadequate response to the previous casualties was evidence consistent with a number of states of mind of those concerned with the management of the fleet and does not without more establish that there was privity in relation to any individual vessel.”

从本先例的证据来看，船东在两年的时间内出了两次这么严重的事故（机舱火灾并导致船舶全损），就不该也一般不会闭着眼睛在“Star Sea 轮”换了船长后不查问他是否有灭火的经验或培训等。客观来看，不这样做是十分严重的疏忽/犯错，对有水平与负责的船舶管理人来说也有点不可思议。但这是客观测试，因客观看不只是“Star Sea 轮”，船队其他 40 艘船舶也应去查问，进而把所有船长培训好，把有损坏的气闸都维修保养好以保证气密等。确实有水平与负责的一流（first class）船东或船舶管理人都会这样做，只是需要点时间。但如果没有做或没有尽快做，会否只是疏忽，甚至是严重疏忽？并不至于是“知情与参与”导致保险失效，真正出了这方面的意外事故保险公司也可拒赔？

再进一步探讨，一家大的船公司与/或船舶管理人（如中国远洋/COSCO）同时会有几百艘船舶在管理，因为不适航导致发生的大小意外事故每天都在发生。如果发生过，甚至已经数次之多，会导致在整个船队的任何一艘船舶上再度发生被视为中国远洋对有关的不适航视而不见、知情与参与，令保险公司可以合法拒赔，这些大船公司不如省下保费不投保。因为以这些公司的规模，必定各种情况都发生过，对大多现实会发生的不适航不去补救（但补救了就不会出事故）都会视而不见。毕竟，再度发生但不应该发生完全可以是船东或船舶管理人的疏忽，甚至是严重疏忽的不为所导致，而这在保险公司承保的范围内。所以贵族院进一步收紧，判定是主观测试，也就是“Star Sea 轮”的船东的视而不见必须只针对该船舶。这也表示保险公司针对将来的“知情与参与”必须更特定。

2.5　Baden 知情之 3：蓄意与鲁莽不去查问

程度 3 的知情相比真正知情与视而不见的主观测试（subjective test），最明显的区分就是加上了客观测试（objective test）。在 Baden v. Societe Generale pour Favoriser le Developpment du Commerce et de l’Industrie en France SA (1993) 1 WLR 509 先例中，Peter Gibson 大法官提到这类知情时说：“Type (iii) knowledge imports in part an

---

〔13〕　关于主观与客观的测试标准，可见本章之 5 段的介绍。

objective test in that the inquiries which were wilfully and recklessly omitted must be those which the honest and reasonable man would have made. There are other authorities which support the view that **a wholly objective test is appropriate in determining whether knowledge is to be imputed to the alleged constructive trustee**."(加黑部分是笔者的强调)

不妨以与中国公司有关的 Sino Iron Pty Ltd v. Worldwide Wagering Pty Ltd (2017) VSC 101 澳大利亚先例为例。此先例中,原告是中信泰富矿业在澳大利亚设立的采矿公司,有一笔应向第三人清偿的债务。2016 年 5 月 30 日,一名骗子接触原告自称代表该第三人债权人,并要求原告将欠款支付到特定的银行账户,原告即向该账户支付了 200 多万澳元。但该银行账户属于一家体育博彩公司(Worldwide Wagering Pty Ltd),与第三人债权人没有任何关系。

实际上该体育博彩公司在不久之前就已经牵涉过一起类似的欺诈案件,该案件也是有一笔通过欺诈获得的金钱被存入博彩公司账户后,一名博彩公司的客户(一名赌徒)宣称这是自己的金钱,博彩公司即将这笔金钱划拨给该客户使用并在博彩/赌博中挥霍一空。

此先例中,作为共同被告的博彩公司的独任董事(Hill 先生)与总经理(O'Connell 先生)在发现账户中再次出现这种不明来源的大额金钱汇款后,也马上向警方报告了情况。然而在当时,有一位 Andrew Sigalla 先生在博彩公司开户,并宣称自己带来的是"大客户",有 200 多万澳元的金额会汇入博彩公司账户,在 5 月 31 日更是宣称自己的同事已经将汇款打到博彩公司账户,并通过电子邮件提供了汇款的具体金额等信息。在与 Sigalla 先生会面后,Hill 先生与 O'Connell 先生告诉警方这笔钱看来确实是来自一个"大客户",并截取了一部分 Sigalla 先生的电邮交给警方(但没有显示出发送电邮的地址,也没有显示"大客户"Sigalla 先生的全名等信息),对此警方回复说:"If your office is satisfied that Andrew is the owner, then we don't need any further involvement with those funds or a requirement for them to be frozen."

这样,Hill 先生与 O'Connell 先生当即在 6 月 1 日将这笔金钱划拨给 Sigalla 先生博彩使用,这笔钱很快就被 Sigalla 先生挥霍得所剩无几。6 月 7 日,银行发现这账户中金钱的异常变动质疑是欺诈,才使得案件真相逐渐浮出水面。中信泰富发现自己被骗之后,除了要找骗子追回金钱(但毕竟账户中的金钱已经所剩无几,骗子也根本再也找不到),还在澳大利亚法律下以被告知情为由要求被告承担责任。

在判决中,Hargrave 大法官认定的是,在 6 月 1 日这笔汇款被划拨给 Sigalla 先生用以赌博之前,一个诚实与合理人士站在 Hill 先生与 O'Connell 先生的位置上,应该想到这汇款很可能有问题并作出查问。例如,根据银行的汇款单或询问银行,以找出付款人/汇款人的真实姓名后,向原告询问:"这笔钱是否是你们要汇款给我司,用于我司客户体育博彩?"被告虽然不是没有查问,但客观看来远远不够,被判蓄意与鲁莽,没有作出合理与诚实人士应会作出的查问,这样被告(包括博彩公司、Hill 先生与

O' Connell 先生)在澳大利亚法律下就要对中信泰富承担相应责任了。Hargrave 大法官说:"The inquiries they made were so manifestly inadequate in all the circumstances that something must have caused them to take the risk and credit Mr Sigalla's betting account on the basis of the flimsiest of information... The failure to make the requisite inquiries signifies both wilfulness and recklessness. In my opinion, those conditions of mind were motivated by the desire to keep Mr Sigalla on side in the hope that he would assist them to grow the Pinnaclebet(被告博彩公司的品牌) business..."

2.6 Baden 知情之 4 与 5:推定知情

程度 4 与程度 5 的知情,就是有关人士确实不知情,只是根据法律可以被推定存在知情(constructive notice)。与前三种知情最显然的区别就是,这两种知情中根本不考虑有关人士主观到底如何想。

程度 4 与程度 5 的区分主要是来自 Selangor United Rubber Estates Ltd v. Cradock and Others (No. 3) (1968) 1 WLR 1555 先例的判法。Selangor United Rubber Estates Ltd v. Cradock and Others (No. 3)先例涉及公司董事不当挪用(misapply)公司资金,一共包括两笔交易:

1. 第一笔交易中,董事以借贷的名义将公司资金转给第三人后,再由第三人将资金借贷给另一名 Cradock 先生用以购买公司的股份,这些操作都是在 District Bank Ltd 某分行进行。虽然实际经手的银行负责人被认定因为对这类交易没有经验等原因,并不清楚这笔钱是被用来购买公司股份的,没有蓄意或鲁莽,这就不应属于程度 3 的知情。但如果以诚实与合理的银行家的标准客观判断,应该能够发现背后存在挪用公司资金购买公司自己股份的猫腻,因此 District Bank Ltd 被认为推定知情,而这看来应属程度 4 的知情。

2. 第二笔交易则是名义上是 Cradock 先生向公司偿还借贷,实际上仍然是董事挪用公司资金,将钱款"周转"到第三人公司、Cradock 先生后,再让 Cradock 先生用这笔钱还款,而这些操作都是在 Bank of Nova Scotia 某分行的账户中操作。Bank of Nova Scotia 经手的负责人也有随口查问这操作的目的,在被告知说这是公司的内部操作,实际各个账户中的金钱数目也没变后就没有多问。这种说法虽然有蹊跷,但表面看来会只是有疑问的情况,就属于程度 5 的知情。但此先例中,Bank of Nova Scotia 已经作出查问,并被法院认为以诚实与合理银行家的标准来看已足够。最后在此先例不认定 Bank of Nova Scotia 推定知情。

在 Selangor United Rubber Estates Ltd v. Cradock and Others (No. 3)先例这样判后,后续先例对于 Baden 知情的程度 4 足以构成知情接收问题不大,毕竟要求诚实与合理人士站在被告角度来看,足以对欺诈或挪用信托资产的情况知情,这是较为清楚的标准,排除了被告主观看法的影响在衡量之下也符合公共利益。这正是 Consul Development Pty Ltd v. DPC Estates Pty Ltd (1975) HCA 8 澳大利亚先例中,Gibbs 大法官所说:"... it does not seem to me to be necessary to prove that a stranger who participated in a breach of trust or fiduciary duty with knowledge of all the circumstances did so actually knowing that what he was doing was improper. It would not be just that a person who had full knowledge of all the facts could escape liability because his own moral obtuseness prevented him from **recognising an impropriety that would have been apparent to an ordinary man**."(加黑部分是笔者的强调)

但是对于程度5则有一些疑问,因为根据每一个案件的不同案情,第三人需要在什么情况下查问、查问到什么程度与查什么,轻重不好掌握。特别是国际商事欺诈总会涉及银行,它们是干业务的,一般都把客户视为善意与诚实的。问题是银行又如何知道什么才是真相,什么时候才能肯定地履行了自己应该进行的查问?接下来的先例应有更明确的指引。

在 Baden v. Societe Generale pour Favoriser le Developpment du Commerce et de l' Industrie en France SA (1993) 1 WLR 509 先例中,Peter Gibson 大法官说,必须是根据查问之后知道很可能存在违反诚信义务/信托义务的行为,如果是查问后得到了说得过去的解释或者从诚实与合理人士角度来看不再需要进一步查问,就不会被认定与国际欺诈的受害方存在推定信托的关系:"It is plainly right that a person with **Nelsonian knowledge**[14] **or type (iii) knowledge should be treated as having knowledge for the purpose of constructive trusteeship**. It seems to me, ..., that there is **a sufficient line of authorities to justify treating a person with type (iv) or type (v) knowledge as having knowledge for that purpose**. It is little short of common sense that a person who actually knows all the circumstances from which the honest and reasonable man would have knowledge of the relevant facts should also be treated as having knowledge of the facts. **The dividing line between Nelsonian and type (iv) knowledge may often be difficult to discern**. If **an objective test is appropriate to let in type (iv) knowledge**, it would be illogical not to apply a similar objective test in circumstances where the honest and reasonable man would be put on inquiry (**type (v) knowledge**). But in my judgment **the court should not be astute to impute knowledge where no actual knowledge exists**. In particular, it is **only in exceptional circumstances that the court should impute type (v) knowledge to an agent like a bank acting honestly on the instructions of its principal but alleged to have provided knowing assistance in a dishonest and**

---

[14] 该说法来源于著名的英国将军霍雷肖·纳尔逊(Horatio Nelson)的轶事,他曾在海上打败了拿破仑。纳尔逊将军曾经在战场上受伤导致右眼永久失明,而在1801年的哥本哈根战役中,英国海军与丹麦/挪威海军在哥本哈根附近交战,舰队总司令下令撤退并升起信号旗将此命令传达给舰队,但作为舰队副司令的纳尔逊将军没有执行也不想执行,反而将望远镜放在自己已经失明的右眼上,说"我什么信号都没看见"(I really do not see the signal),也有说法是"我根本没看见任何船"(I see no ships)。这也是为什么今天英国法下对此说法虽然不再以纳尔逊的名字命名,但仍然称之为"turn a blind eye",也就是本章之2.4段所讲的"视而不见"。

fraudulent design. It is not every inquiry that might be made that the court will treat the agent as having been under a duty to make inquiry even though the omitted inquiry would, if made, have led to the agent having knowledge of the facts. If an explanation is offered, **the presumption of honesty is strong** and the court will not require the agent to be hypercritical in examining that explanation... There are thus limits to what inquiries the banker is under a duty to make. **The banker cannot be expected to play the detective.**[15]... In my judgment therefore, **a bank, when put on inquiry, remains under a duty not to comply with its customer's instructions either if it acquires knowledge of the intended misapplication of moneys which it holds** or whilst it is pursuing its inquiries it ceases to be under such duty when it receives information, whether in answer to its inquiries or from another source, that the honest and reasonable banker would accept without further inquiry."(加黑部分是笔者的强调)

后续先例也是类似看法,即使是程度5也可以推定知情,但都往往会加上假设有查问能够知道很可能(probably)存在违反诚信义务/信托义务的行为的要求。例如,在Macmillan Inc v. Bishopsgate Investment Trust plc (No 3) (1995) 1 WLR 978先例中,原告拥有一家公司的股份,并交给被告作为信托人(trustee)持有。而原告的大股东(也是被告的实际控制人Robert Maxwell先生)为了自己的利益(获取贷款),将这些股份抵押给贷款银行作为担保,原告起诉被告与多家贷款银行。[16] 针对接受这些股份作为担保的贷款银行的索赔,对于银行接受这些股份抵押时是否"注意到"(notice)在股份上原告也有权益,原告非常仔细地在与银行有关的文件、书信往来中找出银行有可能知情的蛛丝马迹,但Millett大法官说:"Worse still, Macmillan attempted to establish constructive notice on the part of each of the defendants by a meticulous and detailed examination of every document, letter, record or minute to see whether it threw any light on the true ownership of the Berlitz shares(信托资产) which a careful reader—with instant recall of the whole of the contents of his files—ought to have detected. That is not the proper approach. **Account officers are not detectives**. Unless and until they are alerted to the possibility of wrongdoing, they proceed, and are entitled to proceed, on the assumption that they are dealing with honest men. **In order to establish constructive notice it is necessary to prove that the facts known to the defendant made it impera-**

---

〔15〕"银行不是侦探"这句话在很多判决中出现,作用是警惕不要把过高的查明责任加在银行身上。只是在有很明显的疑点,多数其他银行同业也会进一步查问的情况下,被告银行不查问才会视为有推定知情。国际欺诈(international fraud)绝大多数情况都涉及巨额金钱,一定要存放在银行,所以受害方追踪资产总会有部分流失到某银行某人名下的账户,导致经常把银行卷进来作为被告对该账户的金钱主张衡平法权利。

〔16〕Robert Maxwell先生控股的两间上市公司与Bank of Credit and Commerce International的丑闻在笔者的《证据法:国际规管与诉讼中的文件攻防》一书第一章之2.1段与3段有简单介绍。

tive for him to seek an explanation, because in the absence of an explanation it was obvious that the transaction was probably improper. ”(加黑部分是笔者的强调)

在 Armstrong DLW GmbH v. Winnington Networks Ltd (2012) EWHC 10 (Ch)先例中,作为大法官审理案件的 Stephen Morris QC 认可《Lewin on Trusts》(2007 年,第18 版)一书之 41 - 131 段与 42 - 58 段的如下说法:“... the purchaser may be fixed with notice, in the absence of actual knowledge, only where in the particular commercial context involved he has failed to draw inferences which ought reasonably to have been drawn in that context or has been put on inquiry by knowledge of suspicious circumstances indicative of wrongdoing on the part of the transferor, but has failed to make inquiries that are reasonable in the circumstances.... One view is that in the context of commercial transactions knowledge within types (1) to (3) of the Baden classification is requisite; the alternative view is that, while types (4) and (5) knowledge are sufficient, the inferences which should be drawn and the inquiries which should be made must be considered in the particular context involved and it is only if in that particular context the inquiries in question ought reasonably to be made that the defendant may be fixed with knowledge ... Even if types (4) and (5) **knowledge suffice in the commercial context, this may be only where the facts actually known to the defendant point to the probability (as distinct from the possibility) of a breach of trust and where the defendant has been guilty of commercially unacceptable conduct in the particular context involved**. ”(加黑部分是笔者的强调)

接着 Stephen Morris QC 大法官总结说,程度 4 到 5 必须是站在其他诚实合理人士的角度看出的或查问得到的结果是很可能涉及违反信托义务或欺诈。可以节录部分 Stephen Morris QC 大法官所说如下:“In my judgment, the position, in a commercial context, can be summarised as follows:(1)Baden types (1) to (3) knowledge on the part of a defendant render receipt of trust property ‘unconscionable’. It is not necessary to show that the defendant realised that the transaction was ‘obviously’ or ‘probably’ in breach of trust or fraudulent; the possibility of impropriety or the claimant's interest is sufficient. (2) Further Baden types (4) and (5) knowledge also render receipt ‘unconscionable’ but only if, on the facts actually known to this defendant, a reasonable person would either have appreciated that the transfer was probably in breach of trust or would have made inquiries or sought advice which would have revealed the probability of the breach of trust. ”

2.7 国际欺骗/欺诈、盗窃、贪污受贿与洗钱的应对

这种犯罪行为一直存在(本章之 2.2 段有简单介绍),但随着近几十年国际社会的改变,这种国际犯罪行为一下子爆发,不可收拾。这种国际犯罪的手法千变万化,包括大部分是国际买卖的欺诈(如假提单、假信用证、卖假货/次货与其他的欺诈性

误述等)、贪污受贿(如雇员对公司或官员对国家违反诚信)、应付账款欺诈(accounts payable fraud)、财务报表欺诈(financial statement fraud)、庞式骗局(Ponzi schemes/Pyramid schemes)、预付款欺诈(advance fee fraud)、中间人(如经纪人、律师等)挪用、侵占财产(asset misappropriation/conversion)、数据盗窃(data theft)、绑架赎金(kidnap & ransom)等。为了简单,笔者接下来以"国际欺诈"(international fraud)一词概括。

2.7.1 受害方怎么办

如果在国际上被骗或被偷的是一笔小钱,更好的选择会是自认倒霉。但如果是大笔金钱如上亿或10亿以上美元(这种案件全球有不少,其中很多涉及苏联国家包括俄罗斯,[17]),国际欺诈的受害方(可以是自然人、公司或是国家)就将面对艰难的选择:

1. 自认倒霉(自然人或公司),或找一个借口与/或"替罪羊"混过去(国家),但对身在外国的骗子(甚至不知道是谁,因为名义上骗钱的是一家皮包公司的法人)就鞭长莫及。

2. 积极采取行动把被骗的资产(包括所有的动产与不动产,如现金、债券、房产等)在全球取回,能取回多少就取回多少。这也是正面的态度,包括不轻易放过骗子与防止在被骗的情况下不吭声而引来更多的国际骗子,但必须合法。国际商业欺诈通过刑法不管用,主要原因是:(1)采取主动的权利往往不是在受害方的国家而是骗子(如果能查出来)所在的国家,这些国家的有关机关即使愿意调查,但受经费预算所限,不会深入帮助受害方去全球追踪与取回被骗资产;(2)刑事举证责任(standard of proof)太高(这在隐蔽与复杂的国际商业欺诈很难满足)等。其他如国与国之间引渡、"红色通缉令"或"猎狐行动",在政治上或操作上都困难重重与耗时。在国际欺诈案件中,受害人针对骗子"诉人"(personal claim/in personam)往往没有太大意义。

所以受害方剩下唯一与更优越的选择就是尽快委任有经验与有能力的律师去动员与推动全球资产追踪/追回(asset tracing/following)。换言之,受害方不是"诉人"而是"诉物"(in rem),也就是针对资产采取行动,主要是向第三人主张自己在资产上的财产性权益(proprietary interests),以及要求第三人承担责任。被偷走的资产无论怎样流失,它的价值通常仍在甚至往往增值。当然整个资产追踪/追回的行动费用高昂,特别是在受害方动得慢与/或国际骗子是"老手"导致资产追踪特别困难的情况下。这种可能需要动员数百国际专业人才的行动往往是即使能完全成功取回偷走的资产,也要分一半给律师团队(主导律师与在全球采取各个不同法律行动的律师)与支援诉讼服务的专才。如果失败或只成功取回少量被偷走的资产,受害方可是"赔了夫人又折兵"了。

有水平与有能力的国际欺诈受害方与他们的律师试图取回被骗的资产不外乎是

---

〔17〕 苏联解体后,俄罗斯与很多东欧国家的资产就是通过各种国际欺诈大量流失,并产生很多著名先例,如国际仲裁著名的 Fiona Trust & Holding Corp v. Privalov (2007) UKHL 40 先例。

四部曲:(1)追踪(tracing);(2)追回(following);(3)主张财产权(proprietary claim);(4)推定信托(constructive trust)。

2.7.2 追踪/追回资产(asset tracing/following)

在通过调查取证成功追踪/追回并成功确定(identify)目标资产[所有的动产与不动产,如骗子的妻子以骗子骗或贪污回来的钱购买的英国或新西兰的房产,或是在某银行账户中的一大笔钱,或如 Foskett v. McKeown (2001) 1 AC 102 贵族院先例的保险赔付等]后,采取民事法律行动向被告把资产/新资产追踪或追回会是根据普通法或是以更优越的"衡平法追踪资产"(equitable tracing)。

该复杂的课题虽然对中国公司十分重要,但不是本书主要针对的,所以这里只作简单介绍。有兴趣的读者可参阅有关书籍如:Robert Hunter 主编的《Asset Tracing and Recovery Review》(2020 年,第 8 版)。内容包括 30 多个国家或地区如英国、美国、加拿大、瑞士、比利时、西班牙、葡萄牙、荷兰、意大利、直布罗陀、德国、爱尔兰、墨西哥、卢森堡、韩国、日本、印度、英属维京群岛(BVI)、多米尼加共和国、巴西、阿根廷、巴哈马、澳大利亚等有关法律与做法。另可参阅 Lionel D. Smith 的《The Law of Tracing》(Clarendon Press Oxford 1997)等。

2.7.2. 受害方对骗子与/或第三人的诉因或法律行动

被告可能有两类人士:

1. 骗子(fraudster)自己。受害方对他们采取法律行动是针对个人(personal claim)。诉因包括:(1)侵权的欺骗(tort of deceit):见 Derry v. Peek (1889) 14 App Cas 337 贵族院先例。(2)违反信托(breach of trust):见 Bairstow v. Queen's Moat House Plc (2001) EWCA Civ 712 等先例。(3)违反诚信义务(breach of fiduciary duty):见 Bristol & West Building Society v. Mothew (1998) Ch 1; Ross River Ltd. v. Cambridge City FC (2008) 1 All ER 1004; FHR European Ventures LLP v. Cedar Capital Partners LLC (2014) UKSC 45 等先例。(4)复原(restitution):见笔者的《合约的履行、弃权与禁反言》一书第五章之 4 段。

但骗子经常不值得以昂贵的民事诉讼去对付,所以在国际欺诈案件,笔者在接下来的内容更着重对付拥有流失资产/新资产的第三人。

2. 接收偷来资产的第三人(third party)。他们会是骗子的亲友、银行、专业人士、接收或购买了贼赃的买方等。他们会无辜也会是同谋(accomplice)或为了丰厚的报酬而有意/无意装作看不见的第三人参与其中。受害方对他们采取法律行动通常不是为了追究个人的责任,而是主张财产的权利(proprietary claim)。诉因(这些诉因之间也会有重叠)包括:(1)复原,如包括不当得利(unjust enrichment);(2)侵占(conversion),以维护自己的合法产权(legal title)。

例如,B 骗了/偷了 A 的财产(是实体的动产)后出售给了 C,A 直接向 C 以普通法的侵占取回该财产。这种买方通过欺骗(如以空头支票支付货款)或欺诈性误述(fraudulent misrepresentation)导致受害方如卖方根据买卖合约把货物转交给了骗子买方的情况,买方获得的是"可使无效的主权/产权"(voidable title)。卖方需要尽快把转交了的产权转回来(revests)。这可令骗子买方无法转卖该批货物的产权,因为他们自己也不再拥有产权。英国法下有"取得无权处分之物无法取得所有权"(*nemo dat quod non habet*)的说法,或称"*Nemo Dat* 规则"。在货物买卖中就是买方一般不能获得比卖方更好的产权或更简单说卖方自己对有关财物没有产权,买方也不会从卖方获得产权。正如 Rimer 大法官在 Shalson v. Russo (2003) EWHC 1637 (Ch)先例中所说:"... a thief ordinarily acquires no property in what he steals and cannot give a title to it even to a good faith purchaser: both the thief and the purchaser are vulnerable to claims by the true owner to recover his property. If the thief has no title in the property, I cannot see how he can become a trustee of it for the true owner: the owner retains the legal and beneficial title."

但如果作为受害方的卖方没来得及把货物主权/产权转回来,骗子就已经将货物转卖,就会发生英国《Sale of Goods Act 1979》之 Section 23 的情况:"When the seller of goods has a voidable title to them, **but his title has not been avoided at the time of the sale**, the buyer acquires a good title to the goods, provided he buys them **in good faith and without notice** of the seller's defect of title."(加黑部分是笔者的强调)

这方面笔者在(杨大明)《国际货物买卖》(2011 年)一书第七章之 3.10.2 段之"Nemo dat 例外情况之二:可令无效的主权"已有详论,另可参阅笔者的《提单与其他付运单证》(2016 年)一书第二章之 1.2.1.2 段的介绍。

此外,在《Sale of Goods Act 1979》立法不适用的非货物买卖的欺诈中,不存在有合法产权的转交或转回来,受害方对这些货物一直拥有产权。这样,即使是这些货物已被转给第三人,受害方也一样可以以侵占向第三人主张此财产性权利。

侵占只有在受害方不对货物(或资产)拥有合法产权或不占有的情况下,如只有信托关系[如本章之 2.10 段介绍的"信托收据"(trust receipt)]只有衡平法的财产性权益(equitable proprietary interest),才不能以普通法的侵占向第三人主张要求拿回这些货物:见 MCC Proceeds Inc v. Lehman Brothers International (Europe) (1998) 4 All ER 675 先例。

3. 串谋(conspiracy),特别是骗子的同谋:见 Esso Petroleum Co Ltd v. Kingswood Motors (Addlestine) Ltd (1974) QB 142; Lonrho Plc v. Al-Fayed (No. 1) (1992) 1 AC 488; Kuwait Oil Tankers SAK v. Al Baden (2000) 2 All ER (Comm) 271 等先例。

4. 诱导他人违约(inducing a breach of contract):见 Emerald Construction Co Ltd v. Lowthian (1966) 1 WLR 691; Prudential Assurance v. Lorenz (1971) 11 KIR 78; The "Kalingrad" and The "Nadezhda Krupskaya" (1997) 2 Lloyd's Rep 35 等先例。

5. 疏忽侵权(tort of negligence):见 Hadley Byrne & Co Ltd v. Heller & Partners Ltd (1963) 1 Lloyd's Rep 485; Ikumene v. Leona (1993) 9 PN 181; Barclays Bank Plc v.

Quincecare Ltd（1992）4 All ER 363;[18] HSBC Bank Plc v. 5th Avenue Partners Ltd（2009）EWCA Civ 296; Niro Battery Manufacturing Co v. Milestone Trading Ltd（No. 1）（2003）EWCA Civ 1446; Commissioners of Customs and Excuse v. Barclays Bank Plc（2006）UKHL 28 等先例。

6. 知情接收(knowing receipt):见 El Ajou v. Dollar Land Holdings（1994）1 All ER 685;Bank of Credit and Commerce International（Overseas）Ltd v. Akindele（2001）Ch 437;Charter Plc v. City Index Ltd（2007）EWCA Civ 1382 等先例。

7. 不诚实知情协助(dishonest assistance):见 Royal Brunei Airlines v. Tan（1995）2 AC 378;Twinsectra Ltd v. Yardley（2002）UKHL 12;Barlow Clowes International Ltd（In Liquidation）v. Eurotrust International Ltd（2005）UKPC 37 等先例。

2.7.2.2 资产追踪与追回的区别

"追踪"(tracing)与"追回"(following)的区别是,前者针对的是被偷资产的价值(value),无论资产是否有了本质上的改变,如偷了的金钱去购买了房产(新资产)或偷了的汽车非法出售后变了是一笔金钱(新资产),并且是第三人拥有新资产的合法产权(title)与所有权(ownership)。这样,作为受害方的原告实是向第三人主张自己对资产/新资产价值的衡平利益,并在向法院提供证据后才会有衡平法救济。在 Foskett v. McKeown（2001）1 AC 102 贵族院先例中,Millett 勋爵说:"**Tracing is those neither a claim nor a remedy. It is merely the process by which the claimant demonstrates what has happened to his property**. Identifies its proceeds and the persons who have handled or received them, and justifies his claim that the proceeds can be regarded as representing his property. Tracing is also distinct from claiming. **It identifies the traceable proceeds for the original assets as the subject matter of his claim. But it does not**

[18] 该先例确立了银行对客户的小心谨慎责任,如果有怀疑应在查问后再执行汇款的指示,Steyn 大法官说:"The law should not impose too burdensome an obligation on bankers, which hampers the effective transacting of banking business unnecessarily. On the other hand, the law should guard against the facilitation of fraud, and exact a reasonable standard of care in order to combat fraud and to protect bank customers and innocent third parties. To hold that a bank is only liable when it has displayed a lack of probity would be much too restrictive an approach. On the other hand, to impose liability whenever speculation might suggest dishonesty would impose wholly impractical standards on bankers. In my judgment the sensible compromise, which strikes a fair balance between competing considerations, is simply to say that a banker must refrain from executing an order if and for so long as the banker is 'put on inquiry' in the sense that he has reasonable grounds (although not necessarily proof) for believing that the order is an attempt to misappropriate funds of the company. And the external standard of the likely perception of the ordinary prudent banker is the governing one."(加黑部分是笔者的强调)在《Paget's Law of Banking》(2018 年,第 15 版)一书之 22.52 段针对这个"Quincecare duty"说:"When executing the customer's instruction to make a funds transfer the bank acts as its customer's agent. Acting as agent the bank owes the customer a duty to observe reasonable care and skill in and about executing the customer's orders. The duty arises both at common law and under statute."

affect or establish his claim."(加黑部分是笔者的强调)

Millett 勋爵也说:"We speak of tracing one asset into another, but this . . . is inaccurate. The original asset still exists in the hands of the new owner, or it may have become untraceable. The claimant claims the new asset because it was acquired in whole or part with the original asset. **What he traces therefore is not the physical asset itself but the value inherent in it.**"(加黑部分是笔者的强调)

在同一先例中,Steyn 勋爵说:"(Tracing) is a process of identifying assets; it belongs to the law of evidence. It tells nothing about legal or equitable rights to the assets traced."

另在 Shalson v. Russo (2003) EWHC 1637 (Ch)先例中,Rimer 大法官说:"... the process by which a claimant seeks to show that an interest he had in an asset has become represented by an interest in a different asset."

在 OJSC Oil Co Yugraneft v. Abramovich (2008) EWHC 2613 (Comm)先例中,Christopher Clarke 大法官说:"In order to be able successfully to trace property it is necessary for the claimant **firstly** to identify property of his which has been unlawfully taken from him ('a proprietary base'); **Secondly**, that the property has been used to acquire some other new identifiable property. The new property may then have been used to acquire another identifiable asset ('a series of transactional links'). **Thirdly**, the chain of substitutes must be unbroken."

至于"追回"资产针对的是原资产本身(上述的金钱或汽车),本质上没有改变,改变的只是后来的占有人。例如,偷车的 A 可以转卖给 B,B 再给 C、C 再给 D 等。正如上一段已经提到英国法下有 *Nemo Dat* 规则,在货物买卖中就是卖方自己对有关财物没有产权,买方也不会从卖方获得产权,典型的情况是买了贼赃。受害方的救济是相对简单的主张财产权(proprietary claim),以证明他/她是该资产的合法主人,占有资产但没有产权的第三人难以抗拒侵占(conversion)受害方财物的诉因。

但这一般只是小偷小摸的情况,国际复杂欺诈案件一般都是追踪资产,而不是追回。追踪资产涉及原资产已经是改头换面,如被偷的汽车卖给第三人的钱被存放在银行,受害方针对这笔金钱就是"追踪","追回"只是针对汽车。而追踪并确立有关的新资产后,考虑的救济会较复杂。Millett 勋爵在 Foskett v. McKeown 先例中说:"Where one asset is exchanged for another, a claimant can elect whether to follow the original asset into the hands of the new owner **or** to trace its value into the new asset in the hands of the same owner . . . , what the claimant traces is not the physical asset itself but the value inherent in it."

首先,显然不能对已经改头换面的新资产主张产权,因为已经是在第三人的名下。但通过追踪资产就有可能主张对新资产的衡平法权利[包括"衡平法产权"(equitable title)]。这是主张新资产是以他/她的原资产购买,申请法院以衡平法救济或不当得利命令新资产的利益或产权归受害方。另是受害方也可以主张对新资产的“衡平法留置”(equitable lien),这相当于对新资产有“抵押权”(mortgage right)或“质押权”(equitable charge)。后者会特别出现在有其他人对新资产有利益混合(mixed interest)的情况,例如,Foskett v. McKeown 先例就涉及第三人也支付了部分保费。

2.7.2.3 追踪资产的调查取证手段

追踪资产是证据法,因为要满足 Christopher Clarke 大法官在 OJSC Oil Co Yugraneft v. Abramovich (2008) EWHC 2613 (Comm)先例提到的三方面证明。国际复杂欺诈(international complex fraud)需要尽快与昂贵的全球调查取证、收集散布在全球的证据与信息,有许多笔者在《证据法:国际规管与诉讼中的文件攻防》一书中谈到的证据进攻方法都用得上。例如,第二章之 3 段的“搜查令”(Anton Piller Order)、4 段的“第三方披露令”(Norwich Pharmacal Order),第三章的“资产披露令”(Asset Disclosure Order)等。此外,通常被偷走的资产会靠泊(与找到协助洗钱把资产改头换面)在全球金融中心,如伦敦、纽约、新加坡、香港特区等普通法管辖地。全球调查取证也少不了本书第四章所谈及的支援诉讼服务(litigation support services),它们会通过各种合法、不合法或是“擦边球”的手段去收集证据与信息。在本书许多介绍的案例中都可以看出它们的影子,如本书第九章之 3.6 段的 Dubai Aluminium Co Ltd v. Al-Alawi (1999) 1 WLR 1964 先例(违反瑞士的银行的保密法)、本书第四章之 4.1 段的 AA v. Persons Unknown and Others, Re Bitcoin (2019) EWHC 3556 (Comm)先例(追踪比特币流向)等。

这种做法显然非常昂贵,好像诉讼或国际仲裁一样,越早行动相对越省钱,衡平法救济越早申请也越会获得法院支持,毕竟法院也知道越晚作出救济,资产流失就越严重,法院命令有效的可能性也越低。

2.8 衡平法资产追踪与衡平法救济

在确定(identify)了被偷走并且已经是被骗子改头换面的新资产后,可通过普通法或衡平法救济(这区分在《Judicature Act 1873》立法合并后已经没有太大实质意义)取回被偷的资产或新资产。纯普通法财产性索赔(proprietary claim)的救济有较大的局限,包括不适用在被偷走的资产在改头换面的过程中混合了其他人士的资产,或涉及银行结算(banks clearing system)与电子支付(electronic bank payments)的资产。而衡平法救济的弹性就大多了,并且有更多的好处。鉴于国际欺诈往往都会涉及银行结算或电子支付,为了隐蔽也常常故意混入其他人士的资产,所以在实践操作中绝大多数都是衡平法追踪资产(equitable tracing)。

在衡平法的推定信托(constructive trust)下向第三人取回新资产,要受到衡平法救济(equitable remedies)大原则的约束,如作为受害方的原告自己手脚干净(clean hands)、没有怠慢(laches)、不会对第三人被告造成不恰当困难(undue hardship)等。

另为了公平合理,拥有目标资产(不动产或金钱等)的第三人作为被告也可以自己是无辜与不知情去合法抗拒的,如:(1)针对受害方主张的是维护财产性权利,以自己是不知情与支付合理价格的善意买方(*bona fide* purchaser for value without notice)抗辩:见 Trustee of FC Jones and Son (a firm) v. Jones (1996) EWCA Civ 1324 先例;(2)针对受害方主张自己是知情接收(knowing receipt),以自己对错误不知情抗辩:见 Westdeutsche Landesbank Girozentrale v. Islington LBC (1996) AC 669 先例;(3)以改变地位(change of position)〔19〕抗辩:见 Lipkin Gorman v. Karpnale (1991) 2 AC 548 先例。在 Lipkin Gorman v. Karpnale 先例中,Goff 勋爵说:"Where an innocent defendant's position is so changed that he will suffer an injustice if called upon to repay or to repay in full, the injustice of requiring him so to repay outweighs the injustice of denying the plaintiff restitution."

但这些抗辩都涉及被告作为推定信托下的受托人是否知情或在接收与使用前是否应该查问有关资产来源。由于 Baden 知情中的真正知情通常不会在这种情况发生,所以推定知情(constructive knowledge)就变得重要了。毕竟,衡平法是想区分善意与不知情也合情合理不需要查问(除非是吃饱了没事干)的第三人,但不让假装不知情的第三人"不当得利"(unjust enrichment)。

现在一般人士与银行打交道如开户或大笔金钱的进出变得很麻烦,银行总是问东问西,问题一大堆。看来除了与英美等国的严厉监管/规管(如巨额罚款)有关外,本章提到的在普通法判例与立法下银行要承担更多查问的责任也很有关系。推定知情的 Baden 知情之第 4 种和第 5 种程度,由于是由审理法官客观在每一个不同的案件认定什么是足够的查问,令银行主观认为对可疑的客户或交易的查问已经足够并不保险。所以,少问不如多问,希望在将来法院的客观测试下,也挑不出毛病。但多问也可能带来更大的困境,在 Bank of Scotland v A Ltd & Ors (2001) EWCA Civ 52 先例,银行在调查后发现客户账户可疑,通知严重欺诈调查署(Serious Fraud Office,简称 SFO)并了解到 SFO 已经开始调查。这时面对客户的转账指示,如果听从,将来可能面对第三人以推定信托要求银行赔偿。如果不听从,必须向客户解释原因,但是这样就可能涉及对 SFO 的调查向客户泄密,这也涉嫌构成刑事犯罪。于是,银行向法院申请宣告应该怎样行事,并获得了法院帮助,以禁令禁止银行从该客户的账户中作出任何支付。但该禁令之后被撤销,上诉庭认为银行不应该获得一个禁止自己的禁令,并且该禁令并不能解决银行的困难,因为它只能告诉客户其在禁令下无法作出支付,但不能解释为什么会有这个禁令。其他银行或各类人士(如需要支付金钱给客户的律师等专业人士)也会面临同样的困境,因篇幅问题,不在此一一举例。

衡平法救济下的衡平法追踪资产有一个要求或局限,就是只适用于受害方与骗子之间存在一个"信托关系"(trust relationship)的情况:见 In Re Diplock (1948) Ch 465 上诉庭先例。但该信托关系在后来的 Chase Manhattan Bank v. Israel-British Bank (London) Ltd (1981) Ch 105 先例(原告银行错误电汇 200 万美元给被告银行的一

〔19〕 笔者的《合约的履行、弃权与禁反言》一书第五章之 4 段有针对改变地位的详细介绍。

个账户,该账户持有人后来破产,原告只能以被告是委托人持有该笔钱要求取回)与 Westdeutsche Landesbank Girozentrale v. Islington LBC (1996) AC 669 先例中有了扩大。在大部分的欺诈或盗窃案件,也确实存在这种关系。

例如,在 Baden v. Societe Generale pour Favoriser le Developpment du Commerce et de l' Industrie en France SA (1993) 1 WLR 509 先例中,基金管理人/公司董事挪用公款,但他们对公司与股东有诚信责任(fiduciary duty),所以如果他们非法把公司资产偷走并转交给了第三人(可以是交给知情的妻子、子女或其他亲友,也可以是其他不知情人士如把偷的金钱存放银行或购买不动产后再转卖给善意或知情的第三人买方等),该第三人就会与受害方公司、股东/投资者产生"推定信托"的关系。因为这些被偷走的资产属于欺诈受害方的原告,实际权益所有权(beneficial ownership)或利益(interest)从来没有合法转让。所以,被偷走并转交给第三人,只是延伸信托关系,令第三人也成为这些资产的受托人。但由于从来没有明示的安排或被受害方委托过,所以只根据这些事实推定信托关系。第三人变成了受害方资产的"受托人"(trustee),也不能私下处理这些"受托资产"(trust property)与损害"信托受益人"(beneficiary)的利益行事,并需要交还/交出受托的资产与赚取的利润(account for the profit):见 Attorney General for Hong Kong v. Reid (1994) 1 AC 324 先例。

早在 Barnes v. Addy (1873 – 74) LR 9 Ch App 244 先例中,Selborne 勋爵就提到了推定信托的说法:"Now in this case we have to deal with certain persons who are trustees, and with certain other persons who are not trustees. That is a distinction to be borne in mind throughout the case. Those who create a trust clothe the trustee with a legal power and control over the trust property, imposing on him a corresponding responsibility. **That responsibility may no doubt be extended in equity to others who are not properly trustees**, if they are found either making themselves trustees de son tort[20], or actually participating in any fraudulent conduct of the trustee to the injury of the cestui que trust.[21] But, on the other hand, **strangers are not to be made constructive trustees merely because they act as the agents of trustees in transactions** within their legal powers, transactions, perhaps of which a Court of Equity may disapprove, **unless those agents receive and become chargeable with some part of the trust property, or unless they assist with knowledge in a dishonest and fraudulent design on the part of the trustees.**"(加黑是笔者的强调)

以上加黑部分是说信托责任可以延伸至一些并非受托人的人士。这些"陌生人"不会仅仅因为是受托人在交易中的代理人(最常见的就是银行,如根据受托人指

---

〔20〕 拉丁文是指"无权受托人",即无权信托处理他人的资产但却干预信托事务者 。

〔21〕 拉丁文是指"the one for whom is trust",或 "Someone who possesses equitable rights in the property",即"信托资产受益人"(beneficiary)。

示汇钱)就成为推定信托的受托人,除非他们接收了全部或部分信托资产或知情协助了受托人的不诚实/欺诈行为。

但衡平法救济也要考虑对第三人的利益作出保护,毕竟第三人有可能完全不知情与善意。例如,购买被受托人违反信托出售的受托资产的善意买家,所以需要第三人对欺诈或资产来路不明或多或少知情。但知情程度高至真正知情或类似的知情是不现实,也证明不了。所以就带来了 Baden 知情之第 4 种与第 5 种程度的推定知情,让审理法官客观从其他诚实与合理人士的角度与尺度看,作为被告的第三人是否应该怀疑并查问与查问到什么程度。例如,第三人突然从小客户那里收到一笔巨额汇款或珠宝要求保管。这就要比证明第三人真正知情(包括视而不见知情)容易多了,对第三人(如银行)警觉性的要求不能疏忽(更不必说是严重疏忽):见 The "Star Sea" (2001) 1 Lloyd's Rep 389 贵族院先例。

希望在上述的粗略解释下,读者可理解在 Baden v. Societe Generale pour Favoriser le Developpment du Commerce et de l' Industrie en France SA 先例中 Peter Gibson 大法官所说如下:"One logical basis for allowing, as relevant to **constructive trusteeship types of constructive knowledge**, would be to allow only those types **arising from circumstances in which the conscience of the alleged constructive trustee was affected**. This would accord with the equitable basis of constructive trusteeship. Thus if a person shuts his eyes to the obvious, or if he wilfully and recklessly fails to make obvious inquiries, that person is guilty of unconscionable behaviour such that **a court of equity might wish to impute to him the knowledge that he would have gained by opening his eyes or making the obvious inquiries.** To extend the categories of knowledge relevant for the purposes of constructive trusteeship beyond actual knowledge to Nelsonian knowledge, as well as to type (iii) knowledge but no further, . . . It is not difficult to conceive of circumstances in which a constructive trusteeship would be imposed by the court **even though there was no dishonesty on the part of the alleged constructive trustee**, ..." (加黑部分是笔者的强调)

2.9 贪污受贿受害方对赃款的财产性权益

如果是骗子从受害方手中骗走了资产,而受害方对这些资产本是有产权(title)或财产性权益(proprietary interest)的,受害方也顺理成章可以根据自己的财产性权益继续追踪、追回资产,包括在资产已经改头换面到了第三人手中时,除非第三人是不知情与支付合理价格的善意买方(*bona fide* purchaser for value without notice),否则衡平法下可以继续要求维护自己对资产/新资产的财产性权益。

但如果受害方原本对资产没有产权或权益,也不涉及信托(trust),例如,对受害方承担诚信义务(fiduciary duty)的人士,如公司高管、雇员、代理人或是代表律师等违背自己的诚信义务(也统称为是"骗子"),收受贿赂(bribe)或秘密佣金(secret commission),或者因违背诚信义务而获得的其他利益等。显然受害方对这些"好处"

或赃款从来没有过产权或合法权益,此时受害方固然可以以违背诚信义务为由针对骗子提起个人索赔(personal claim)要求普通法的赔偿性损失(compensatory loss or damages)或更宽松的索赔衡平法损失(equitable compensation),[22] 例如可以要求交还赚取的利润(account for profit)等。在 Sinclair Investments (UK) Ltd v. Versailles Trade Finance Ltd (2011) EWCA Civ 347 先例中,Neuberger 勋爵有解释说:"... In cases where a fiduciary takes for himself an asset which, if he chose to take, he was under a duty to take for the beneficiary, it is easy to see why the asset should be treated as the property of the beneficiary. However, a bribe paid to a fiduciary could not possibly be said to be an asset which the fiduciary was under a duty to take for the beneficiary. There can thus be said to be a fundamental distinction between (i) a fiduciary enriching himself by depriving a claimant of an asset and (ii) a fiduciary enriching himself by doing a wrong to the claimant."

但是这些贿赂、秘密佣金或其他利益,在衡平法下是否也可以法律默示一个信托或推定信托,并认定违背诚信义务的人士作为信托受托人(trustee)代持,而受害方则对这些资产有财产性权益?这是因为有了财产性权益才可以继续向很可能是无辜的第三人(如银行)追踪或追回这些资产。

在 FHR European Ventures LLP v. Cedar Capital Partners LLC (2014) UKSC 45 最高院先例中,Neuberger 勋爵这样说:"... whether a bribe or secret commission received by an agent is held by the agent on trust for his principal, or whether the principal merely has a claim for equitable compensation in a sum equal to the value of the bribe or commission. The answer to this rather technical sounding question, which has produced **inconsistent judicial decisions over the past 200 years**, as well as a great deal of more recent academic controversy, is important in practical terms. **If the bribe or commission is held on trust, the principal has a proprietary claim to it, whereas if the principal merely has a claim for equitable compensation, the claim is not proprietary.** The distinction is significant for two main reasons. **First**, if the agent becomes insolvent, a proprietary claim would effectively give the principal priority over the agent's unsecured creditors, whereas the principal would rank pari passu, ie equally, with other unsecured creditors if he only has a claim for compensation. **Secondly**, if the principal has a proprietary claim to the bribe or commission, he can trace and follow it in equity, whereas

---

[22] 在 Sinclair Investments (UK) Ltd v. Versailles Trade Finance Ltd (2011) EWCA Civ 347 先例中,衡平法赔偿与一般普通法赔偿这样说:"... although it is subject to limiting principles, equitable compensation is a more flexible concept than common law damages. Kirby J in the High Court of Australia put it this way in Maguire v Makaronis (1997) 188 CLR 449, 496: '(Equitable) remedies will be fashioned according to the exigencies of the particular case so as to do what is 'practically just' as between the parties. The fiduciary must not be 'robbed'; nor must the beneficiary be unjustly enriched.'"

(unless we develop the law of equitable tracing beyond its current boundaries) a principal with a right only to equitable compensation would have no such equitable right to trace or follow."(加黑部分是笔者的强调)

2.9.1 衡平法赔偿与财产性权益的公共政策的衡量

在这个"诉人"与"诉物"(主张财产权)的问题上,英国法在过去的一两百年间有很大的争议,见 Tyrrell v. Bank of London (1862) 10 HL Cas 26 贵族院先例,The Metropolitan Bank v. Heiron (1880) 5 Ch D 319 先例与 Lister & Co v. Stubbs (1890) 45 Ch D 1 先例等。在 Lister & Co v. Stubbs 先例中,作为原告雇员的被告在工作期间收受秘密佣金,并同样用来购置了好几处不动产。上诉庭判原告只能向被告索赔诉人的衡平法赔偿,而没有这些不动产的财产性权益。

这里涉及对公共政策的衡量,认为不应该广泛赋予这类违反诚信义务案件的受害方以财产性索赔的权利,这会导致受害方可能无端发一笔横财(不动产因为各种原因升值),而更重要的是影响了其他被告债权人(包括优先债权人如银行)的利益,因为他们在被告破产倒闭时就分摊不到这些特定资产了。从大局看,在很有限的资源(scarce resources)下,这种自己没有眼光去信赖没有诚信雇员的受害方并不比优先债权人或骗子的其他一般债权人更值得保护。在 Westdeutsche Landesbank Girozentrale v. Islington LBC (1996) AC 669 最高院先例中,Browne-Wilkinson 勋爵这样说:"conferring on the plaintiff a right to recover property from, or at the expense of (for example) the lender whose debt is secured by a floating charge and all other parties who have purchased an equitable interest only ……"

熟悉海商法的人士对这种公开政策上的矛盾并不陌生。历史悠久与早已有国际公约(当今是《Convention on Maritime Liens and Mortgages 1993》)的"船舶优先权"(maritime lien)就是"财产性权益",主张权益的受害方或索赔方采取的法律行动是"诉物"(*in rem*),不是"诉人"(*in personam*),但优先权经常会损害无辜第三人的利益,包括:(1)贷款的银行虽然是有抵押债权人(通过对船舶的立法抵押权),但排在船舶优先权后:见 The "Halcyon Isle" (1980) 2 Lloyd's Rep 325 贵族院先例等。(2)不知道也难去调查船舶有否机密优先权的无辜买方:见 The "Father Thames" (1978) 2 Lloyd's Rep 364 等先例。(3)船公司倒闭清盘也不影响船舶优先权:见 Aro Co Ltd, Re (1980) 1 All ER 1067 上诉庭先例等。

所以,传统享有船舶优先权的人士如船舶造成人命与/或财产损害的受害方,或提供海上救助等由于船舶普及的保险安排(财产险与责任险),已经不再需要优先权的保护。公共政策下更需要保护的是受影响的无辜第三人,如贷款银行或清盘的一般债权人。所以,英国法院讲明不会开放让更多类别的海事索赔提升为财产性权益的船舶优先权,这是公共政策。

但如今,越来越多贪污受贿等违背诚信义务的欺诈案件并受到国际密切关注,如《United Nations Convention against Corruption 2003》国际公约与英国《Bribery Act

2010》,因此,给予受害方财产性权益的保护与可能影响无辜第三人公共政策之间的平衡看来需要重新考虑。接下来笔者会分析这方面的法律与改变。

2.9.2 诚信义务下受托人的责任与违背带来的衡平法赔偿

有此类诚信义务(fiduciary duty)的情况会有很多种,如 Lister & Co v. Stubbs (1890) 45 Ch D 1 先例中的雇主与雇员,Attorney General for Hong Kong v. Reid (1994) 1 AC 324 枢密院先例中的政府与公务员,Sinclair Investments (UK) Ltd v. Versailles Trade Finance Ltd (2011) EWCA Civ 347 先例中的公司与董事等。

承担诚信义务的人士不应违背诚信义务使自己获利,而一旦以这种方式得到利益,应当将利益返还给作为受害方的雇主、政府、公司或其他委托人等。衡平法下的一般规则是,利用自己受托人(fiduciary)地位获得的利益,实际权益所有人(beneficial owner)应归属于受害方,或者说会认定受托人像信托受托人(trustee)一样代持这笔资产。显然这样的法律地位就是为了帮助受害人可以有财产性权益以便追踪/追回资产。

对于该一般规则,在 FHR European Ventures LLP v. Cedar Capital Partners LLC (2014) UKSC 45 最高院先例中,Neuberger 勋爵说:"**The principal's right to seek an account undoubtedly gives him a right to equitable compensation in respect of the bribe or secret commission**, which is the quantum of that bribe or commission (subject to any permissible deduction in favour of the agent-eg for expenses incurred). That is because where an agent acquires a benefit in breach of his fiduciary duty, the relief accorded by equity is, . . . , 'primarily restitutionary or restorative rather than compensatory'. The agent's duty to account for the bribe or secret commission represents a personal remedy for the principal against the agent. However, the centrally relevant point for present purposes is that, at least in some cases where an agent acquires a benefit which came to his notice as a result of his fiduciary position, or pursuant to an opportunity which results from his fiduciary position, the equitable rule . . . is that he is to be treated as having acquired the benefit on behalf of his principal, so that it is beneficially owned by the principal. In such cases, **the principal has a proprietary remedy in addition to his personal remedy against the agent, and the principal can elect between the two remedies**."(加黑部分是笔者的强调)

Sinclair Investments (UK) Ltd v. Versailles Trade Finance Ltd 先例针对公司与董事之间的关系,以及有关什么时候算是违背了诚信义务,说:

"**Although company directors are not strictly speaking trustees, they are in a closely analogous position because of the fiduciary duties which they owe to the company**. . . . In particular they are treated as trustees as respects the assets of the company which come into their hands or under their control. . . Similarly, a person entrusted with another person's money for a specific purpose has fiduciary duties to the other person in respect of the use to which those monies are put.

The distinguishing obligation of a fiduciary is the obligation of loyalty, which has several features: (i) a fiduciary must act in good faith; (ii) he must not make an unauthorised profit out of his trust; (iii) he must not place himself in a position where his duty and his interest may conflict; (iv) he may not act for his own benefit or the benefit of a third person without the informed consent of his principal . . .

. . . In accordance with features (ii) and (iii), if a director of a company makes an unauthorised profit by the use of his position as a director, he is liable to account for that profit to the company, whether or not he acted in good faith . . . . "(加黑部分是笔者的强调)

2.9.3 反对贪污受贿受害方可另享有财产性权益:Sinclair Investments (UK) Ltd v. Versailles Trade Finance Ltd 先例

古老的 Tyrrell v. Bank of London (1862) 10 HL Cas 26 贵族院先例,The Metropolitan Bank v. Heiron (1880) 5 Ch D 319 先例与 Lister & Co v. Stubbs 先例等,早已明确了作为贪污受贿受害方的原告只能向被告骗子索赔诉人的衡平法赔偿(equitable compensation),而没有对这些不动产的财产性权利权益(proprietary interest)。这背后的道理也已经在本章之 2.9.1 段有详及,不重复。只在本段多介绍一个仍基于如上立场的上诉庭先例,明确只有在受害方本对有关被骗走的资产有合法产权(title)时,才可以有财产性权益去追踪资产并向第三人主张衡平法权益取回。

该 Sinclair Investments (UK) Ltd v. Versailles Trade Finance Ltd (2011) EWCA Civ 347 上诉庭先例的背景涉及曾经在伦敦交易所上市的贸易金融公司 Versailles Group Plc(简称 VGP)爆出的庞式骗局(Ponzi schemes)丑闻。简单而言,VGP 的主要股东、董事 Carl Cushnie 先生与公司负责金融的 Frederick Clough 先生通过另一间公司(Trading Partners Ltd,简称 TPL)找到贸易商/投资人(此先例的原告也是其中一个投资人)融资,TPL 的承诺是这些资金将被用作货物贸易,并定期向投资者返利,而一时没能这样用的资金则会被作为信托资金,由自己作为信托受托人存放在银行。但在 Cushnie 先生等的控制下,这些资金被进一步转信托给 VGP 的子公司(Versailles Trade Finance Limited,简称 VTFL),由 VTFL 作为信托受托人实际管理。但这笔资金从未真正被用作货物贸易用途,到了 VTFL 手上后,一部分被用来向投资者支付高昂的回报(16% 年利率),一部分干脆被 Clough 先生侵吞,还有很大部分被用来在 VGP 的各个子公司之间流转以虚增 VGP 的营业额与/或资产(据说是虚增总数超过 50 亿英镑),这使得 VGP 的股价在 20 世纪 90 年代急速升高。1999 年 11 月,Cushnie 先生以 2,869 万英镑的价格出售了一部分股票,股票收益中有部分被分给了 VGP、Clough 先生、部分投资人,也有部分被用来偿还向各个银行的贷款。

1999 年,英国贸易与工业部(Department of Trade and Industry,简称 DTI)因为公司运营问题开始调查 VGP,1999 年 12 月公司股票被暂停交易,2000 年 1 月英国的严重欺诈调查署(Serious Fraud Office,简称 SFO)也开始针对 VGP 展开调查。作为公司债权人的几家银行(包括 National Westminster Bank Plc, Royal Bank of Scotland plc 与 Barclays Bank PLC)委任普华永道调查 VGP。这一系列事件导致 VGP 金融帝国的崩溃。2000 年 1 月 20 日,银行委任普华永道为 VGP(以及 VTFL 等)的破产财产管理人(receiver),而 VTFL 控制的资金剩余部分被破产财产管理人陆续分配给了几个银行。TPL 也在 2000 年 7 月进入破产清算。之后几年间逐渐挖出了这个庞氏骗局的真相,Cushnie 先生与 Clough 先生则因为欺骗/欺诈投资人(骗他们说资金会被用于货物贸易)以及将资金实际用于虚增 VGP 的营业额与/或资产,在 2004 年被处以 6 年有期徒刑。

回到此先例的法律问题。TPL(实是背后的清算人,责任是尽力把应收回的金钱追回来后分摊给 TPL 的债权人)的一项主张是,Cushnie 先生作为董事向 TPL 负有诚信义务,但 Cushnie 先生违背诚信义务将信托资金挪作他用,主要就是用作欺诈虚增 VGP 的营业额与/或资产,并通过股票变现的方式获利 2,869 万英镑。所以这笔金钱在衡平法下应推定是违背诚信义务的 Cushnie 先生代 TPL 持有,流失后 TPL 还会继续对能够追踪到的资金的去向(包括接收部分金钱的 VGP、银行等)有财产性权益,除非这些接收资金的第三人是善意取得人/善意买方(*bona fide* purchaser without notice)。被告的抗辩则是 Cushnie 先生虽然确实对 TPL 违背诚信义务,但只不过是对 TPL 承担个人的赔偿责任。即使是针对 Cushnie 先生胜诉也不过是能获得普通债权,而 Cushnie 先生当时并未破产,如何支配自己的财产是 Cushnie 先生自己的裁量。

很显然,TPL 能够获得的救济到底只是针对个人的衡平法赔偿,还是有对信托资产的财产性权益很重要。如果只是针对正在坐牢与违反诚信义务的 Cushnie 先生的衡平法赔偿,一方面是要在诉讼中胜诉获得判决债务(这应该不难),接下来还要与其他债权人分享 Cushnie 先生可能已经所剩不多的资产,最后 TPL 真正能拿回来多少钱谁也不知道。而如果对 Cushnie 先生将股票变现获得的资金(2,869 万英镑巨款)有财产性权益,就可以继续追回或追踪这笔资金后续的其他去向、收益,TPL 真正能拿回金钱的机会就要高得多了。

但在此先例中,Neuberger 勋爵提出,一般信托中受托人主动选择代信托人持有资产,因此信托人或受益人对资产仍然有衡平法权益。而在推定信托的情况中,违反诚信义务的人士被推定为信托受托人,但有关资产原本与政府、公司、委托人是没什么关系的。

Neuberger 勋爵最后给出的标准是:只有有关受害方本就对资产有产权,或者违反诚信义务获取的资产是本属于受害方获利的机会,受害方才会有财产性权益。这部分说法也可以节录如下:"... In my view, Lewison J(一审大法官) was right to reject TPL's proprietary claim to the proceeds of sale of the Shares. It is true that the decisions in Reid (1994) 1 AC 324... go the other way. However, there is a consistent line of reasoned decisions of this court (two of which were decided within the last ten years) stretching back into the late 19th century, and one decision of the House of Lords 150 years ago, which appear to **establish that a beneficiary of a fiduciary's duties cannot claim a proprietary interest, but is entitled to an equitable account**, in respect of any money or asset acquired by a fiduciary in breach of his duties to the beneficiary, **unless the asset or money is or has been beneficially the property of the beneficiary or the trustee acquired the asset or money by taking advantage of an opportunity or right which was properly that of the beneficiary.**"(加黑部分是笔者的强调)

2.9.4　政府对公务员收受的贿赂有财产性权益：Attorney General for Hong Kong v. Reid 枢密院先例

另一不同立场的先例与背后原理，首先可介绍 Attorney General for Hong Kong v. Reid (1994) 1 AC 324 枢密院先例。此先例中的被告胡礼达(Charles Warwick Reid)是新西兰公民，在20世纪70年代到香港，并加入当时的律政署(即今天的律政司)，担任副刑事检控专员(Deputy Crown Prosecutor)，后来还升任署理刑事检控专员(Acting Director of Public Prosecutions)的重要岗位。

由于被发现收受贿赂并在刑事检控问题上给予一些特定当事人优待，胡礼达被廉政公署拘捕与展开调查。胡礼达在香港获得保释，但以假护照潜逃到菲律宾马尼拉。之后菲律宾政府以其使用假护照入境为由逮捕他，将他驱逐出境，胡礼达被递解回香港。1990年，被香港法院以违反香港《防止贿赂条例》定罪，判处有期徒刑8年，并需向政府赔付或返还其已经被证实的收受的超过1,240万港币的贿赂。

但胡礼达没有作出任何赔付或返还。香港政府查到并主张胡礼达在新西兰有三处不动产都是用贿赂的金钱所购买，有两处在胡礼达与其妻子名下，有一处则是在胡礼达的律师名下。香港政府已经在新西兰对这三处不动产作出异议登记(caveat)，导致这些不动产不得随意出售而流失资产。但在申请更新或延期异议登记时，被告(这些不动产的登记所有人，即胡礼达及其妻子，以及胡礼达的律师)主张香港政府对这些不动产没有任何权益。上诉到枢密院的关键争端就是贿赂的资产是否可以适用推定信托(constructive trust)，因此香港政府有针对资产的衡平法权益，可以通过衡平法追踪到以这些资产购买的不动产，再主张自己对这些不动产的权益。

并无争议的是，胡礼达作为政府公务员对政府有诚信义务(fiduciary duty)，而收受贿赂显然是违背诚信义务的行为，政府可以针对受贿的公务员索赔衡平法赔偿(equitable compensation)。

但在 Attorney General for Hong Kong v. Reid 枢密院先例(针对的实际上是新西兰案件)中，英国枢密院认为违背诚信义务收受贿赂、秘密佣金，除了违背诚信义务的衡平法索赔外，同时也会推定是作为受托人代持这笔资产。换言之，在衡平法同时有这两方面的救济，政府(或公司)既可以追踪或追回这笔金钱及其收益/利润(这三处不动产买入后价值急涨)，也可以通过衡平法赔偿的方式针对受托人要求同样的赔偿。

不妨先节录 Templeman 勋爵针对贿赂问题对公共利益的影响,以及因此法律希望作出保护给出如下说法:

"**Bribery is an evil practice which threatens the foundations of any civilised society. In particular, bribery of policemen and prosecutors brings the administration of justice into disrepute.** Where bribes are accepted by a trustee, servant, agent or other fiduciary, loss and damage are caused to the beneficiaries, master or principal whose interests have been betrayed. **The amount of loss or damage resulting from the acceptance of a bribe may or may not be quantifiable.** In the present case the amount of harm caused to the administration of justice in Hong Kong by Mr. Reid in return for bribes cannot be quantified.

When a bribe is offered and accepted in money or in kind, **the money or property constituting the bribe belongs in law to the recipient.** Money paid to the false fiduciary (与上一句的"recipient"都是指收受贿赂、秘密佣金的公务员、雇员或代理人) belongs to him. The legal estate in freehold property conveyed to the false fiduciary by way of bribe vests in him. Equity however which acts in personam insists that **it is unconscionable for a fiduciary to obtain and retain a benefit in breach of duty.** The provider of a bribe cannot recover it because he committed a criminal offence when he paid the bribe. The false fiduciary who received the bribe in breach of duty **must pay and account for the bribe to the person to whom that duty was owed**. In the present case, as soon as Mr. Reid received a bribe in breach of the duties he owed to the Government of Hong Kong, he became a debtor in equity to the Crown for the amount of that bribe. So much is admitted. But if the bribe consists of property which increases in value or if a cash bribe is invested advantageously, the false fiduciary will receive a benefit from his breach of duty unless he is **accountable not only for the original amount or value of the bribe but also for the increased value of the property representing the bribe**. ... As soon as the bribe was received, whether in cash or in kind, **the false fiduciary held the bribe on a constructive trust for the person injured**. ...."(加黑部分是笔者的强调)

2.9.5 最终确定贪污受贿受害方有财产性权益:FHR European Ventures LLP v. Cedar Capital Partners LLC 最高院先例

Attorney General for Hong Kong v. Reid (1994) 1 AC 324 枢密院先例的判法在英国法下还得到了 FHR European Ventures LLP v. Cedar Capital Partners LLC (2014) UKSC 45 最高院先例的支持与肯定。在此先例中,原告(费尔蒙酒店集团,Fairmont Hotels & Resorts)以超过 2.11 亿欧元的价格收购了摩纳哥的一间酒店(Monte Carlo Grand Hotel),被告则在此交易中作为原告的代理人。被告暗中与被收购的酒店达成秘密佣金协议,在完成交易后收到了酒店的 1000 万欧元的秘密佣金。东窗事发后,原告即要求赔偿或返还这笔金钱。

最高院审理案件的7位大法官较少见地给出了一致看法,认为收受贿赂或秘密佣金,应当是推定像信托受托人一样代委托人持有,让委托人或受益人对信托资产有一个衡平法财产性权益(equitable proprietary interests)。而同样是审理此案件的Neuberger勋爵看来有了不同看法,在针对这个基于政策上的考量,也就是两种不同判法都各自有自己的道理,认为关键是看公共政策(这是会随着时间改变)及其在实践中是否切实可行:"..., as a matter of pure legal authority. There can clearly be different views as to what requirements have to be satisfied before a proprietary interest is created. More broadly, it is fair to say that the concept of equitable proprietary rights is in some respects somewhat paradoxical. Equity, unlike the common law, classically acts in personam ...; yet equity is far more ready to accord proprietary claims than common law. Further, two general rules which law students learn early on are that common law legal rights prevail over equitable rights, and that where there are competing equitable rights the first in time prevails; yet, given that equity is far more ready to recognise proprietary rights than common law, **the effect of having an equitable right is often to give priority over common law claims-sometimes even those which may have preceded the equitable right.** Given that equity developed at least in part to mitigate the rigours of the common law, this is perhaps scarcely surprising. However, it underlines the point that it would be unrealistic to expect complete consistency from the cases over the past 300 years. It is therefore appropriate to turn to the arguments based on principle and practicality."

Neuberger勋爵给出了详细的理由与说法。实践上来看很重要的就是,只要违背诚信义务获得利益,一致允许受害方有财产性权益是简单、方便与肯定的做法。简单节录部分所说如下:"The respondents' formulation of the Rule has the merit of simplicity: **any benefit acquired by an agent as a result of his agency and in breach of his fiduciary duty is held on trust for the principal.** On the other hand, the appellant's position is more likely to result in uncertainty. ... Clarity and simplicity are highly desirable qualities in the law. Subtle distinctions are sometimes inevitable, but in the present case, as mentioned above, there is no plainly right answer, and, accordingly, in the absence of any other good reason, it would seem right to opt for the simple answer."

在这样的做法下,在案件中也就不需要根据Sinclair Investments (UK) Ltd v. Versailles Trade Finance Ltd (2011) EWCA Civ 347先例中的判法,针对被骗走的资产刨根问底调查受害方是否本就对资产有产权,或者是本属于受害方获利的机会。

而且Neuberger勋爵还认可了Attorney General for Hong Kong v. Reid枢密院先例中Templeman勋爵对于这背后公共政策的解读,有关内容已经在本章上一段节录不再重复。今天尤其要关注因为贪污受贿、秘密佣金引起的严重问题。可以节录这部分说法如下:"**Wider policy considerations also support the respondents' case that**

bribes and secret commissions received by an agent should be treated as the property of his principal, rather than merely giving rise to a claim for equitable compensation. As Lord Templeman said giving the decision of the Privy Council in Attorney General for Hong Kong v Reid (1994) 1 AC 324, ..., 'bribery is an evil practice which threatens the foundations of any civilised society'. Secret commissions are also objectionable as they inevitably tend to undermine trust in the commercial world. That has always been true, but concern about bribery and corruption generally has never been greater than it is now-see for instance, internationally, the OECD Convention on Combating Bribery of Foreign Public Officials in International Business Transactions 1999 and the United Nations Convention against Corruption 2003, and, nationally, the Bribery Acts 2010 and 2012. Accordingly, one would expect the law to be particularly stringent in relation to a claim against an agent who has received a bribe or secret commission."

2.10 推定信托

较早段节已经多次提到推定信托(constructive trust),并提到衡平法追踪资产只适用在受害方与骗子之间的信托关系或类似信托关系。而作为受托人(trustee)的骗子违反信托关系将信托资产(trust property)转交给第三人,法律可以根据有关人士的行为与意图作出默示,把信托关系与责任延伸去让受害方与第三人之间也有一个推定信托的法律关系,把骗子与第三人都当作为受托人,对信托人(trustor)与/或受益人(beneficiary)需要承担法律强加的责任,主要是交还/赔偿受害方对有关资产的财产性权益(proprietary interest)。另针对贪污受贿,由于资产(赃款)是直接支付给作为受害方代理人(agent)或仆人(servant)的骗子(违反了诚信义务),导致受害方与骗子之间不会有明示或默示的信托关系,所以法律在他们之间强加了推定信托关系:见 Attorney General for Hong Kong v. Reid (1994) 1 AC 324 枢密院先例。

"信托"一般是指资产所有人把资产委托他人(受托人)信托保管,以利通常是第三人的受益人。调整信托关系的法律主要是衡平法(law of equity),这可以从历史的渊源看出,也就是对普通法院对财产争议(property disputes)僵化处理不满意。在11、12 世纪时,不少参军的人士把自己土地的产权(title)转给了他们信任的亲友,以便在自己出征时土地有人照顾。但打完战回老家,就难免有亲友为了利益翻脸无情,拒绝归还土地的法定权益或产权(legal interest/title)。但当时的普通法法院只关心合法产权所有人,不承认其他人对土地权益的主张。这些退伍军人只能向英王求助,并导致大法官法院(Chancery Court)的成立,确立衡平法以补充普通法的不足。古代的衡平法院今天主要审理地产、信托、破产、遗产、税务、合伙、公司与专利等案件。

在处理退伍军人的案件时,如果让土地合法产权所有人持有土地会不公平(inequitable),大法官法院就有裁量权去宣告基于良知(good conscience)与公平(equity)真正的土地产权所有人应是另一位人士,他就是"*cestui que use*"或"衡平法所有人"(owner in equity),持有的是"衡平法产权"(equitable title)或"衡平法权益"(equitable interest)。正如本章之2.9.5段节录的Neuberger勋爵的判决中已经提到,衡平法的发展是为了补救普通法不令人满意的情况,衡平法产权/利益通常优先。

这就是信托法(trust law)[23]的开始,也就是在一个信托中,“受托财产”(trust property)(如一笔金钱)的所有权被分开。由信托人(trustee)持有该特定资产或该笔金钱,拥有合法或法定产权(legal title)。由信托受益人(beneficiary)对该资产或金钱持有衡平法产权(equitable title)或“实际权益”(beneficial interest),可以主张对该资产或金钱的“财产权权益”(proprietary interest)。

直至今天,信托在现代社会已经无处不在。例如:(1)“单元信托”(unit trust),根据信托契约向小额投资人收集资金后投资在证券的组织。(2)富有家庭的家庭信托(family trust),父母成立信托,受益人为他们的子女后代。(3)慈善信托(charitable trust)。(4)退休金信托(pension trust)。(5)破产财产管理人、清算人(trustee in bankruptcy)。(6)公共信托(public trust)。(7)信托收据(trust receipt),这在笔者《提单与其他付运单证》(2016年)一书第二章之1.2.3.2段有提及,指国际买卖中,没有钱赎单的买方书面同意以受托人的身份代银行处理与保管货物,并代收转售货物所得的货价,以借取正本提单向船舶提取货物。这样做的好处是,如果买方不支付货价或破产,银行可以向第三人追回这笔货物,而不仅仅是买方的债权人之一,因为产权并没有转移给买方。(8)其他。

作为受托人有重大的法律责任,但对信托资产的权力也很大。这些责任包括:(1)必须恪尽职守保护信托资产(manage the trust's affairs with reasonable care and skill)。(2)善意为受益人的利益服务(act in good faith in the best interests of the beneficiaries)。(3)必须回避利益冲突(avoid anything possibility of a conflict of interest)。(4)不得靠信托资产为自己谋利,如收取秘密佣金或接受第三人好处是严重违反诚信责任。(5)按照信托契约明示规定的信托办事/安排。

上述例子是明示信托(express trust),涉及想成立一个信托的人士(settlor)去设计与构思他们的意图,如受托资产的用途、谁是受益人等。但衡平法下法院也会根据情况去默示一个信托,这可称为是“衡平法信托”(equitable trust)。法院会认定有一个衡平法信托是基于“良心”(conscience)。另一种类似也是法院默示与强加的信托就是“推定信托”(constructive trust),除了基于良心外,还基于让资产/新资产的法定所有权人享有实际权益是“违背良心”(unconscionable)。可以简单节录Westdeutsche Landesbank Girozentrale v. Islington LBC (1996) AC 669贵族院先例中Goff勋爵针

〔23〕 有关信托法与复原(law of restitution)方面的法律都是很复杂的课题,但与本书重点无关,在本章中只是简单地介绍一些说法与先例。有关这些方面的书籍也有很多,有兴趣的读者可以参考的权威书籍,针对信托方面可见《Underhill and Hayton Law of Trusts and Trustees》(2018年,第19版)、《Lewin on Trusts》(2020年,第20版)等,针对复原方面则可见Andrew Burrows的《The Law of Restitution》(2011年,第3版)、《Goff & Jones: The Law of Unjust Enrichment》(2016年,第9版)等。

对这方面的总结如下:

"The Relevant Principles of Trust Law

(i) Equity operates on the conscience of the owner of the legal interest. In the case of a trust, the conscience of the legal owner requires him to carry out the purposes for which the property was vested in him (express or implied trust) or which the law imposes on him by reason of his unconscionable conduct (constructive trust).

(ii) Since**the equitable jurisdiction to enforce trusts depends upon the conscience of the holder of the legal interest being affected, he cannot be a trustee of the property if and so long as he is ignorant of the facts alleged to affect his conscience**, i. e. until he is aware that he is intended to hold the property for the benefit of others in the case of an express or implied trust, or, in the case of a constructive trust, of the factors which are alleged to affect his conscience.

(iii) In order to establish a trust there must be**identifiable trust property**. The only apparent exception to this rule is a constructive trust imposed on a person who dishonestly assists in a breach of trust who may come under fiduciary duties even if he does not receive identifiable trust property.

(iv)**Once a trust is established**, as from the date of its establishment **the beneficiary has, in equity, a proprietary interest in the trust property**, which proprietary interest will be **enforceable in equity against any subsequent holder of the property (whether the original property or substituted property into which it can be traced)** other than a purchaser for value of the legal interest without notice."(加黑部分是笔者的强调)

而针对推定信托,除了本章之2.8段已经节录的Barnes v. Addy (1873 – 74) LR 9 Ch App 244先例中Selborne勋爵的说法,在Williams v. Central Bank of Nigeria (2014) UKSC 10最高院先例中,Sumption勋爵还总结说:"It is clear that **Lord Selborne regarded as a constructive trustee any person who was not an express trustee but might be made liable in equity to account for the trust assets as if he was**. The problem is that in this all-embracing sense the phrase 'constructive trust' refers to two different things to which very different legal considerations apply. **The first comprises persons who have lawfully assumed fiduciary obligations in relation to trust property, but without a formal appointment**. They may be trustees de son tort, who without having been properly appointed, assume to act in the administration of the trusts as if they had been; or trustees under trusts implied from the common intention to be inferred from the conduct of the parties, but never formally created as such. These people can conveniently be called **de facto trustees**. They intended to act as trustees, if only as a matter of objective construction of their acts. **They are true trustees**, and if the assets are not applied in accordance with the trust, equity will enforce the obligations that they have assumed by virtue of their status exactly as if they had been appointed by deed. Others, such as company directors, are by virtue of their status fiduciaries with very similar obligations. **In its second meaning, the phrase 'constructive trustee' refers to something else. It comprises persons who never assumed and never intended to assume the status of a trustee, whether formally or informally**, but have exposed themselves to equitable remedies by virtue of **their participation in the unlawful misapplication of trust assets**. Either they have **dishonestly assisted in a misapplication of the funds by the trustee, or they have received trust assets knowing that the transfer to them was a breach of trust. In either case, they may be required by equity to account as if they were trustees or fiduciaries, although they are not**. These can conveniently be called **cases of ancillary liability**."(加黑部分是笔者的强调)

也就是说,推定信托可以分成两大类别:第一类不是严格信托(trust)但十分接近,即本就作为受托人行事只是没有正式委任的人士,如公司董事去管理与处置公司资产,一旦涉及他们违反对公司股东的诚信义务(fiduciary duty),在向他们寻求救济时,就将他们归为正式受托人一样看待。

另一类则针对实际上是陌生人(strangers)的第三人,包括:(1)不诚实地帮助(dishonest assist)/知情帮助(knowing assist)他人违背信托义务挪用信托资产,如帮助洗钱。(2)对违反信托义务的情况知情或应该有怀疑但不查问,这会构成知情接收(knowing receipt)信托资产。例如,骗子把欺诈行为骗取的一大笔异常的金钱存入银行账户,或者是骗取的货物以不可思议的低价转售给第三人买方后,从银行或第三人买方知情或推定知情开始即属此类。

这类人士从没想要作为受托人管理资产,但是在他人违反信托义务挪用信托资产后,在上述两种情况下,衡平法给予欺诈的受害方作为信托受益人针对不诚实帮助或知情接收人士救济,也就是推定信托的关系。由于受害方与第三人不相识,一般不存在合约(contract)与侵权(tort)的关系与诉因,只能对第三人合法拥有与已经是改头换面的资产/新资产以推定信托的诉因起诉。

这第二类推定信托在今天的商业案件中,常常会涉及欺诈等行为后的洗钱。例如,在本章之2.5段介绍的Sino Iron Pty Ltd v. Worldwide Wagering Pty Ltd (2017) VSC 101澳大利亚先例中,作为受害人的原告被骗子骗走资产后存入被告的银行账户,被告从知情/应当知情或推定知情这笔金钱有问题后,就开始承担类似信托人的义务,要对之后这笔金钱的流失承担衡平法责任了。

显然在第二类推定信托中,无论是不诚实帮助还是知情接收,都要求第三人对挪用(这包括是欺诈、不诚实等手段得来)的信托资产的情况有一定程度的知情,问题是这应当到什么程度呢?在分析该问题时,Baden知情就是一个很好的判断标准,即看公共政策之下需要对信托受益人或资产的实际所有人的衡平法权利保护到什么程度。这里需要平衡考虑各类公共政策,包括打击欺诈与洗钱等不法活动,帮助追讨因为不法的欺诈、不诚实行为导致的损失,保护无辜、毫不知情的第三人,以及保障商业社会的正常与顺畅运转等。[24]

2.11 知情帮助与从犯责任

第三人知情帮助与知情接收(knowingly receipt)可以说是推定信托下的两个分支。与知情接收不同,知情帮助(dishonest assistance)的第三人属于骗子的同谋(accomplice)。不论知情帮助的第三人是否有接收资产(通常有),都要对受害方承担个人责任,这属于骗子违反信托责任的补充责任/从犯责任(accessory liability)。在 Royal Brunei Airlines v. Tan (1995) 2 AC 378 枢密院先例中,Nicholls 勋爵说:"In the conventional shorthand, the first of these two circumstances in which third parties (non-trustees) may become **liable to account in equity is 'knowing receipt'**, as distinct from the second, where **liability arises from 'knowing assistance'**. Stated even more shortly, the first limb of Lord Selborne L. C. 's formulation is concerned with the liability of a person as a recipient of trust property or its traceable proceeds. The second limb is concerned with what, for want of a better compendious description, can be called the liability of an accessory to a trustee's breach of trust. **Liability as an accessory is not dependent upon receipt of trust property. It arises even though no trust property has reached the hands of the accessory**. It is a form of secondary liability in the sense that it only arises where there has been a breach of trust."(加黑部分是笔者的强调)

英国法下,针对知情帮助已经不再以知情为判断标准,而要求必须涉及不诚实(dishonest)。[25] 不诚实的测试(test)不是第三人自己是否知道他/她的行为是错误,而是法院客观(objective)的认定:见 Royal Brunei Airlines v. Tan;Clydesdale v. Workman (2013) EWHC B38 (Ch)等先例,因此追究 Baden 知情也不再重要。通常会出现第三人(会包括银行雇员或专业人士)协助洗钱,企图把有关资产改头换面不让受害方或有关当局查到的情况。

当然,这需要更高的举证标准:见 Abou-Rahman v. Abacha (2006) EWCA Civ 1492 先例。但如果能够证明作为被告的第三人是这种知情,原告作为欺诈的受害方可以向该第三人索赔他们因此欺诈蒙受的所有损失,也可以要求归还赚取的利润(account for profit):见 Attorney General for Hong Kong v. Reid (1994) 1 AC 324;

---

[24] 在 Sanders v. MaClean (1883) 11 QBD 327 先例中,Bowen 大法官说:"But the practice of merchants, it is never superfluous to remark, is not based on the supposition of possible frauds. The object of mercantile usages is to prevent the risk of insolvency, not of fraud; and any one who attempts to follow and understand the law merchant will soon find himself lost if he begins by assuming that merchants conduct their business on the basis of attempting to insure themselves against fraudulent dealing. The contrary is the case. Credit, not distrust, is the basis of commercial dealings ..."

[25] 有关不诚实的思想状态,可见稍后本章之 5.1 段的介绍。

Twinsectra Ltd v. Yardley (2002) UKHL 12; Novoship (UK) Ltd and others v. Nijitin and others (2014) EWCA Civ 908 等先例。

在 Royal Brunei Airlines v. Tan 枢密院先例中,原告是文莱皇家航空,原告委托一家旅行社(简称 Borneo Leisure)作为其在马来西亚沙巴与砂拉越地区航空客运、货运的订舱代理人,收到客户支付的金钱后先作为信托人代持。在实际操作中,这笔钱被放在旅行社的现金账户而不是独立账户。此先例中的被告则是旅行社的执行董事与主要股东。原告主张被告在知情与允许的情况下将账户中代持的金钱用于旅行社的经营用途等。之后,旅行社未能根据委托合约按期向原告付款,原告即终止委托合约。但后来旅行社破产,原告要追回这些信托的金钱就向被告个人索赔,理由就是被告知情帮助或参与了此违反信托义务的行为。如果是自然人被告作为第三人接收并拥有受害方原告的资产,原告可以依赖自己对资产中的衡平法权益或产权,直接向被告提出财产性索赔(proprietary claim),而注意到(notice)这笔资产涉嫌违反诚信义务/信托义务的被告就需要承担责任,不能以自己是没注意到的善意买方/取得人(*bona fide* purchaser without notice)为由抗辩。但此先例的资产被用于旅行社经营,被告并没有接收并拥有这些资产,因此受害方原告主张的是被告协助挪用资产(会是不知道资产流失到了哪里,或到了不知情的善意取得人手中),根据法律推定被告要承担类似信托受托人的义务,原告就可以针对违反此义务即作为旅行社董事与主要股东导致或放任资产被挪用的被告提出个人索赔(personal claim),要求被告承担从犯责任。这样要在被告没有拥有资产时"凭空"推定这个信托受托人义务给被告,仅仅是知情或推定知情并不够。

在该先例中,Nicholls 勋爵先排除了两种极端标准:(1)第三人没有责任:只要第三人没有接收资产,就不会仅仅因为协助受托人违反信托责任的行为而要承担从犯责任;(2)第三人有严格责任:只要第三人协助了信托人违反信托责任的行为就要承担从犯责任,无论他/她是否知情或有理由怀疑。

Group Seven Limited v. Notable Services LLP (2019) EWCA Civ 614 上诉庭先例总结了 Nicholls 勋爵在 Royal Brunei Airlines v. Tan 先例的说法:"**A conclusion could not be reached 'on the nature of the breach of trust which may trigger accessory liability** without at the same time considering the other ingredients including, in particular, **the state of mind of the third party**.' He (Nicholls 勋爵) then considered, and **rejected, the extreme positions that** (**a**) a third party who does not receive trust property ought never to be liable directly to the beneficiaries merely because he assisted the trustee to commit a breach of trust or procured him to do so, **and** (**b**) that there should be strict liability, extending even to the case where a third party deals with a trustee without knowing, or having any reason to suspect, that he is a trustee, or to the case where the third party knows that he is dealing with a trustee, but has no reason to know or suspect that the transaction in question is inconsistent with the terms of the trust."

最后,Nicholls 勋爵在 Royal Brunei Airlines v. Tan 先例中总结说,产生知情帮助这种从犯责任的额外条件是被告的参与有“不诚实”,至于第三人是否知情与程度就不再重要了:“Drawing the threads together, their Lordships’ overall conclusion is that **dishonesty is a necessary ingredient of accessory liability**. It is also a sufficient ingredient. A liability in equity to make good resulting loss attaches to a person who dishonestly procures or assists in a breach of trust or fiduciary obligation. It is not necessary that, in addition the trustee or fiduciary was acting dishonestly, **although this will usually be so where the third party who is assisting him is acting dishonestly**. ‘Knowingly’ is better avoided as a defining ingredient of the principle, and **in the context of this principle the Baden scale of knowledge is best forgotten**.”(加黑部分是笔者的强调)

其他普通法国家或地区也有先例针对这个问题,例如澳大利亚法院认可前四种程度的知情会构成知情帮助:见 Consul Development Pty Ltd v. DPC Estates Pty Ltd (1975) HCA 8 先例;Farah Constructions Pty Ltd v. Say-Dee Pty Ltd (2007) HCA 22 先例与 Harstedt Pty Ltd v. Tomanek (2018) VSCA 84 先例等。但由于本书篇幅关系,这里就不再展开介绍。

2.12 知情接收

与不诚实的知情帮助(dishonest assistance)不同,被告若只是知情(或有理由怀疑),作为欺诈受害方的原告就只可以追回被告接收到的资产。

2.12.1 成立的要件

这种对第三人的诉因是要证明原告与第三人有一个推定信托(constructive trust)关系,包括:(1) 受害方的资产是由于“骗子”违背诚信义务或信托义务挪用,而被告接收的资产是从受害方的原资产追踪到的资产;(2) 被告把资产视为己有(beneficial receipt),如银行把接收的金钱作为客户的超支(overdraft)对冲,但不包括只作为代理人把接收的金钱按照客户指示转汇;(3) 第三人不把这资产归还受害方是不合情理/违背良心(unconscionable)。而在第 3 种情况下,如果第三人对欺诈知情或推定知情[这通常只是法院客观看第三人应当查问,并会因此了解或觉察很可能(probably)涉及违背诚信义务或信托义务挪用资产,也就是 Baden 知情的第 4 种和第 5 种程度],就不合情理了。

针对知情接收(knowing receipt),什么时候构成知情接收的权威先例是 El Ajou v. Dollar Land Holdings (1994) 1 All ER 685 先例。在该先例中,Hoffmann 大法官说:“(作为受害方的原告)must show, first, a disposal of his assets in breach of fiduciary duty; secondly, the beneficial receipt by the defendant(作为被告的第三人) of assets which are traceable as representing the assets of(原告), and thirdly, knowledge on the part of the defendant that the assets received are traceable to a breach of fiduciary duty.”

在 Bank of Credit and Commerce International (Overseas) Ltd v. Akindele (2001)

Ch 437 上诉庭先例中，Nourse 大法官说："All that is necessary is that the recipient's state of knowledge should be such as to make it unconscionable for him to retain the benefit of the receipt."

原告要向被告取回资产，就需要证明被告有查问的责任但没有这样做，不让被告归还资产是不合情理/违背良心的。

2.12.2　第三人知情的程度

过去针对知情接收中的知情到底要到什么程度有一些不同看法。Grimaldi v. Chameleon Mining NL（No 2）（2012）FCAFC 6 澳大利亚先例对英国法或普通法地位进行过如下总结："... there were **two distinct lines of cases on recipient liability**. One expressed the view that cases typically falling within categories（iv）and（v）（Baden 知情的第 4 种和第 5 种程度）would not suffice for liability：see eg Re Montagu's Settlement Trusts at 285；Eagle Trust plc v SBC Securities Ltd（1992）4 All ER 488 at 509；Cowan de Groot Properties Ltd v Eagle Trust plc（1992）4 All ER 700 ... What has been called **the third party's 'want of probity' needed to be shown**. The other line, which Millett J's observations in Agip（Africa）Ltd v Jackson ... typify, founded the knowing receipt liability on protection of 'rights of priority in relation to property'. Hence would accommodate **constructive notice, ie categories（iv）and（v）, as a basis for liability**：see also Westpac Banking Corporation v Savin（1985）2 NZLR 41."（加黑部分是笔者的强调）

实际上，在 Bank of Credit and Commerce International（Overseas）Ltd v. Akindele 先例中，Nourse 大法官也提出了不再像 Baden 知情一样对知情接收中的"知情"进行详细区分，而只是像知情协助中今天采用"不诚实"（dishonest）作为判断标准一样，在知情接收中设立不合情理/违背良心（unconscionable）作为一个独立的判断标准，不用再考虑 Baden 知情了。Nourse 大法官说："... I have come to the view that, just as there is now a single test of dishonesty for knowing assistance, so ought there to be a single test of knowledge for knowing receipt. The recipient's state of knowledge must be such as to make it unconscionable for him to retain the benefit of the receipt. A test in that form, though it cannot, ... avoid difficulties of application, ought to avoid those of definition and allocation to which the previous categorisations have led. Moreover, **it should better enable the courts to give common sense decisions in the commercial context in which claims in knowing receipt are now frequently made**."（加黑部分是笔者的强调）

但在分析具体知情程度时，采用 Baden 知情来进行区分仍然是非常有帮助的做法。例如，在 Armstrong DLW GmbH v. Winnington Networks Ltd（2012）EWHC 10（Ch）先例中，被告公司有经营对欧盟排放权配额（European Union Allowances，简称

EUAs)的交易,[26]而原告虽然在登记机构中控制着持有 EUAs 的账户,但并不经营 EUAs 的交易。此先例中的问题是,原告看来中了骗子的"钓鱼邮件骗局"(Phishing Email Scams)导致账户信息泄露,骗子以第三人(Zen 公司)的名义向被告以 267,645 英镑的价格出售了 21,000 EUAs,被告在收到这些 EUAs 后,也确实向 Zen 公司支付了相应价款,并且被告在当天也已经将这些 EUAs 以 272,500 英镑的价格销售与从账户中转出给了其他第三人。原告向被告索赔的一项基础就是这些 EUAs 是由于欺诈或盗窃被转走,因此原告仍然有衡平法产权。而被告在与 Zen 公司的交易中尽职调查存在漏洞,本应当发现 Zen 公司是骗子公司,转出 21,000 EUAs 的账户根本不是由 Zen 公司控制等,因此应属于知情接收。

双方当事人都仍然采用甚至是完全根据五种程度的 Baden 知情进行分析与陈述,看被告是否违背良心。作为大法官审理案件的 Stephen Morris QC 也是在此基础上给出了判决与分析,有关判词本章之 2.6 段已经节录,这里就不再重复。

Stephen Morris QC 大法官给出自己的总结,指出知情接收中违背良心的判断标准也是程度 1 到程度 3 的知情都足够,在程度 3 中也是需要证明当事人有蓄意与鲁莽加上诚实合理人士会查问的标准即可,不需要经过查问得到很可能涉嫌违反信托义务或欺诈的结果。而程度 4 到 5 虽然也会构成违背良心,但必须是站在其他诚实合理人士的角度看出的或查问得到的结果很可能涉及违反信托义务或欺诈。这与善意取得人是否有"注意到"的争端中看知情的程度要求是类似的,可以节录部分 Stephen Morris QC 大法官所说如下:"... the Baden classification of knowledge is still useful in distinguishing different types of knowledge for the purpose of determining what kind of knowledge makes it unconscionable for the defendant to retain the trust property....

2.13 知道接收资产会有麻烦或索赔与知道涉及财产性权益的区别

本章之 2.9.3 段介绍了涉及庞式骗局(Ponzi schemes)丑闻的 Sinclair Investments (UK) Ltd v. Versailles Trade Finance Ltd (2011) EWCA Civ 347 先例。骗子 Carl Cushnie 先生将诈骗手段获取的 2,869 万英镑的一部分用来偿还自己向几间银行(National Westminster Bank Plc, Royal Bank of Scotland 与 Barclays Bank Plc)欠下的债务,时间分别是 2000 年 2 月、2001 年 1 月与 2 月。

但此先例中,在 1999 年英国贸易与工业部针对 VGP 的调查开始后,银行有收到不少有关信息,还委任了普华永道针对 VGP 调查与成为 VGP 的破产财产管理人。因此这几家银行已注意到或应当注意到 Cushnie 先生的金钱很可能有不妥之处,但什么不妥则仍在调查。

骗局的受害方向银行主张自己针对这笔金钱有财产性权益,而银行的一个抗辩

---

〔26〕 EUAs 是完全电子化的,对 EUAs 的交易就是在欧洲各国各自的登记机构中从卖方账户划出到买方账户。

就是没有注意到资产上还有其他人士的权益并且已经支付了价值的善意取得人（*bona fide* purchaser without notice of a pre-existing equitable interest）。Cushnie 先生是偿还自己的贷款，因此争端的关键就在于银行是否“注意到”。

Neuberger 勋爵首先指出，要区分收到金钱的银行知道受害方对自己的客户（此先例中就是 Cushnie 先生）有索赔（claim）与有麻烦，与知道受害方对客户这笔金钱有衡平法权益。只有在后者的情况下，也就是银行在收钱时注意到或推定注意到受害方对这笔金钱有衡平法权益时，面对受害方的索赔才需要承担责任。

在认定时，就是根据被告或银行的具体情况进行推断。如银行只知道有针对 Cushnie 先生的一般民事索赔的麻烦，没理由觉得会涉及财产性权益，这就不应该影响银行可以正常接收 Cushnie 先生的还款。只有是根据被告的知识或能力结合当时的情况，第三人如银行能够知道自己手中这笔金钱会有欺诈问题并因此会涉及财产性权益问题或应该查问，才会被推定为注意到。

而如果主张根据推定信托向银行索赔，银行以自己对违背信托/诚信义务挪用资产的情况不知情抗辩，则要区分银行知道受害方有索赔与资金确实是违背信托/诚信义务挪用的地位也应是类似的。[27] 在针对推定信托的 Carl Zeiss Stiftung v. Herbert Smith & Co（1969）2 Ch 276 先例中，Danckwerts 大法官说：“In my view, knowledge of a claim being made against the solicitor's client by the other party is not sufficient to amount to notice of a trust or notice of misapplication of the moneys...（被告）were under no duty ... in such a complex matter either to make enquiries or to attempt to assess the result.”

回到此先例中的情况，由于认定在银行收到金钱支付时，还只有针对 VGP 等人士的索赔或主张，Cushnie 先生的欺诈行为还没有被真正揭露出来，在银行参与的会议与有关的书信往来中也没有证据能够显示曾经涉及针对 Cushnie 先生这笔金钱会有其他人的财产性权益的内容。这样在一审与上诉庭均判即使受害方对这笔金钱有财产性权益，银行也没有注意到，因此可以对抗受害方的财产性索赔。

---

〔27〕 此先例中，Neuberger 勋爵说：“It is also true that different standards may be appropriate for assessing what constitutes knowledge or notice in knowing receipt, constructive trust, and notice cases ... However, all such cases ultimately involve the question whether a recipient of money to which another person has a proprietary claim can properly retain the money, in the face of a claim by the other person, given what the recipient knew or ought to have appreciated at the time he received the money. Even if different standards are appropriate to those different equitable claims (as to which I express no view), it would be surprising if a wholly different approach was taken when assessing whether the recipient of the money should be assumed to appreciate the legal consequences of the facts he knows or ought to know. It seems to me that the question whether one attributes to the recipient of the money knowledge of the legal consequences of the facts that he knows should be determined by reference to the same standard as is applicable to the facts...”

2.14 公司法人的知情

针对公司法人作为一个虚构出来的"人"如何知情,《Phipson on Evidence》(2017年,第19版)一书之16-07段说:"A limited company can only know of things through its agents or servants, and in the absence of evidence of delegation, but depending on the context, **usually only the knowledge of the board of directors will be imputed to it.** It is not an invariable rule that the relevant knowledge is that of the board of directors. **The knowledge of individual officers or managers may suffice in certain contexts**, as it is now recognised that it is a question of construction. In this regard the following statement from a judgement of Lord Hoffmann (Meridian Global Funds Management Asia Ltd v. Securities Commission (1995) 2 AC 500)... should always be borne in mind: 'The rule of attribution appropriate to a particular situation (for example, the nature and level of conduct or knowledge which will be regard as satisfying a requirement in a statute that a company should have done or known something) is in truth no more than a matter of interpretation or construction of the relevant substantive rule, according to its language, content and policy.'

The question whethera **company can 'forget' knowledge** that would once have been attributed to it is a matter that has not been conclusively settled. In Sinclair Investments (UK) Ltd v. Versailles Trade Finance Ltd (2011) EWCA Civ 347, Lord Neuberger MR expressed the opinion that 'there is a valid congruence between the position of an individual, who has genuinely forgotten and that of a company whose management has changed.'"

《证据法:国际规管与诉讼中的文件攻防》一书第一章之1段就提到,公司法人与自然人不同,没有办法自己参与任何商业活动,所有行为都要通过所谓的公司代理人(agent)实施。法人自己也是没有记忆的,公司的记忆是文件记录与公司代理人作为自然人的记忆。

如果将公司法人比作一个人体,它有大脑与神经中枢控制自己的行为,也有手脚听从大脑与神经中枢的指令与使用工具。一般来说,只有公司董事局的董事知情才属于公司的知情。因为董事属于公司的大脑与神经中枢,代表了主导意志(directing mind and will)与控制公司如何行动。看来这与《证据法:国际规管与诉讼中的文件攻防》一书第九章之3.3.1段提到的诉讼特免权下谁属于"客户"是同样的考验。但这个标准当然也不是一成不变的,如果公司的普通雇员,也就是"手脚"被授权,也可以代表公司知情。至于公司知情是否可以"遗忘"还没有明确的说法,目前看来公司管理人员改变导致公司"遗忘"应该与自然人的遗忘居于同样地位。

在本章之2.9.3段介绍的Sinclair Investments (UK) Ltd v. Versailles Trade Finance Ltd (2011) EWCA Civ 347先例中,骗子Carl Cushnie先生用诈骗手段获取的2,869万英镑中有一部分被分给了自己控制用于骗局的公司(VGP)及其子公司。

受害方主张自己对这笔金钱的财产性权益，面对着VGP及其子公司是否可以依赖没注意到或不知情的善意取得人（*bona fide* purchaser without notice）的抗辩。照理说VGP本就是庞氏骗局中的一个参与者，谈不上是善意，也不会注意不到，但问题是法人是没有自己的真正"想法"的，所有想法都来自控制公司的人士。而此先例中，控制公司的是银行委任的破产财产管理人（receiver），而根据事实认定接收金钱时，破产财产管理人并不会注意到受害方会对这笔金钱有财产性权益，所以受害方最终索赔失败。

3. 意 图

一般来说，如果能证明一个人知道他/她的行为可能导致某个特定结果（certain consequences），就可以作为证据进一步推测他/她作出这个行为的目的就是为了这个结果。动机（motive）的证据、显示倾向（propensity）的证据（如不良品格证据、相似事实证据[28]）、有关人士在事件后的行为等都可能与证明意图（intention）有关。

3.1 涉及意图的侵权行为

很多争议会涉及意图，如故意侵权。侵权大致可分为疏忽侵权（negligence tort）与故意侵权（intentional tort）。前者保护一些一般性的利益，而后者针对特定利益，后者相比前者可以索赔的损失一般更多与更广。

故意侵权包括袭击（assault）、殴打（battery）、囚禁（false imprisonment）、侵占（conversion）、侵入土地（trespass to land）等，这些与商事诉讼关系不大。但欺诈性误述（fraudulent misrepresentation，将在本章稍后详细介绍）、商业欺诈（commercial fraud）、侵权干扰合约权利（interference with contract）[29]、侵权干扰商业关系（interference with commercial relation）[30]等就与商事争议有关。这些侵权要求侵权人是故意作出侵权行为，否则不会保护这类经济利益，以防过度干预市场竞争。

疏忽侵权与故意侵权最大的区别就是被侵权人必须额外证明侵权人的意图，即侵权人故意（with intent）作出了侵权行为。虽然这个意图不需要侵权人故意想要对被侵权人造成特定的损害，只要知道自己的行为会造成一定后果就已经足够。

3.2 涉及意图的违约行为

在英国法下，大部分涉及合约争议的商事诉讼或仲裁，无须证明违约方的意图，

---

〔28〕 见本书第九章之2段。

〔29〕 侵权人明知第三人与被侵权人的合约关系，通过敲诈勒索、威胁、不正当影响等手段，说服第三人在与被侵权人的合约中违约或影响第三人在合约下履约的能力。

〔30〕 侵权人故意阻止第三人与被侵权人建立或保持商业关系，且侵权人明知如果不是他/她的行为，第三人与被侵权人很可能建立或保持商业关系。

因为大部分情况下合约承诺是严格责任(strict liability)。[31] 只要证明对方违约/毁约(repudiatory breach),不必扯上对方是有意(advertent)或无意(inadvertent)。[32] 这涉及对方当事人在违约时内心的想法,所以不容易证明,需要更多与更优质的证据才能满足平衡的可能性的举证责任。在一般的正常商业活动中,最常见的是简式合约(simple contracts)。这种合约中,一般的疏忽或犯错就已经是违约,允许受害方向违约方索赔所有违约带来的损失,所以没有必要小题大做,指控与证明违约方不诚实,毕竟举证会困难得多,但索赔损失的结果还是一样。

问题是在订约自由(freedom of contract)的大原则下,难免会有合约加入条文豁免了其中一方或双方的一般疏忽或犯错,但绝少见到会有条文无条件豁免其中一方刻意不诚实、欺诈或犯错的情况,这是典型的"一面倒"的不公平合约。即使有这种极端的"一面倒"条文,该条文在法律上的有效性也有疑问,因为豁免不诚实欺诈违反了公共政策(public policy)。

商业合约常见的免责条文(exclusion clause)[33] 只会约定免除在合约履行中违约责任(这种或轻微或严重违约的情况经常在复杂的国际商事合约出现,如工程合约,因为承建商作出大量不同的合约承诺是严格责任),或减低对违约带来的损失的赔偿责任(如排除利润损失等),但会进一步在条文中约定除非违约方故意作出某些行为,如加上严重疏忽(gross negligence)、蓄意不当行为(wilful misconduct)、故意的错误行为(intentional wrong 或 deliberate default)、鲁莽不良行为(reckless misconduct)等措辞,令免责不适用。这类条文很多,因为合约履行的过程中会涉及很多无意的疏忽,在谈判中双方可以达成妥协,免除部分责任,但故意犯错就不值得原谅了。这也带来了很多争议,笔者接下来对上述的措辞简单介绍,并探讨需要证明违约方在违约时有怎样的思想状态。

3.2.1 严重疏忽(gross negligence)

"疏忽"的定义可节录英国保护消费者的立法《Unfair Contract Terms Act 1977》之 section 1(1)如下:"'negligence' means the breach— (a) of any obligation, arising from the express or implied terms of a contract, to take reasonable care or exercise reasonable skill in the performance of the contract; (b) of any common law duty to take reasonable care or exercise reasonable skill (but not any stricter duty) ..."

从以上节录的条文可以看到,对于疏忽并没有任何关于思想状态(state of mind)的要求。疏忽是"勤勉"(diligence)的反义词。

3.2.1.1 英国普通法不区分一般疏忽与严重疏忽

严重疏忽来自罗马法的"*crassa negligentia*",在英国普通法下不被认为与一般疏

---

〔31〕 见笔者的《合约的履行、弃权与禁反言》第二章之 2 段。

〔32〕 见笔者的《合约的履行、弃权与禁反言》第一章之 3.6 段。

〔33〕 关于免责条文,可见笔者的《合约的解释:规则与应用》第十二章之 1 段。

忽(negligence simpliciter 或 ordinary negligence)有什么区别,而违反小心谨慎责任(duty of care)或没有尽合理服务水平(duty of reasonable skill)的违约或侵权也不因程度高低而有所不同。所以不区分疏忽的程度,也不会有实质意义,因为在合约或侵权案件中,赔偿损失的计算都不会因为疏忽的严重或不严重而有所调整。这方面的权威说法或先例有不少,可部分节录如下:

1. 在 Wilson v. Brett (1843) 152 ER 737 先例中,Rolfe B 大法官说:"... gross negligence can be said to be no more than negligence with a vituperative epithet; and the determination of fixed standards for different types of care is not a technique now used by English law."也就是说,在 Rolfe B 大法官看来,严重疏忽就是疏忽的一个辱骂性的绰号罢了,实际是同一回事。

2. 接下来在 Pentecost v. London District Auditor (1951) 2 KB 759 上诉庭先例中,Goddard 勋爵说:"The use of the expression 'gross negligence' is always misleading.... the words 'gross negligence' should never be used in connexion with any matter to which the common law relates, and for this reason: negligence is breach of duty. If there is a duty and there has been a breach of it which causes loss, it matters not whether it is a venial breach or a serious one: a breach of a legal duty in any degree which causes loss is actionable."

3. 在 Armitage v. Nurse (1997) EWCA Civ 1279 上诉庭先例中,案情涉及信托的受益人指称受托人违反信托责任,Millett 大法官说:"It would be very surprising if our law drew the line between liability for ordinary negligence and liability for gross negligence. In this respect English law differs from civil law systems, for it has always drawn a sharp distinction between negligence, however gross, on the one hand and fraud, bad faith and wilful misconduct on the other ... we regard the difference between negligence and gross negligence as merely one of degree ... civilian systems draw the line in a different place. The doctrine is culpa late dolo aequiparatur (gross negligence is equal to fraud); and although the maxim itself is not Roman the principle is classical. There is no room for the maxim in the common law."

4. 在更近期的 Tradigrain SA v. Intertek Testing Services (2007) EWCA Civ 154 先例中,该先例的实体法是德国法,法院针对严重疏忽说:"has never been accepted by English civil law as a concept distinct from simple negligence."

3.2.1.2　合约解释需要作出区分

但英国法院近期针对合约方面有了改变,原因是"严重疏忽"的措辞频频在商业合约出现,往往是在免责条文中明示不包括严重疏忽。在 JP Morgan Chase Bank v. Springwell Navigation Corp (2008) EWHC 1793 (Comm)先例中,Gloster 大法官解释说:"Experience would suggest that the term 'gross negligence' derives from United States commercial contracts, rather than English ones."

在美国法下,一般疏忽与严重疏忽有差别,后者可带来惩罚性赔偿(punitive damages),而这在英国法下是不允许的。[34] Larson, Aaron (21 December 2016), "Negligence and Tort Law", Expert Law 一文说,美国法下证明严重疏忽除了要证明有关行为或不为构成一般疏忽外,另要加上鲁莽与不关心他人的利益:"Under United States law, proof of gross negligence involves proving all of the elements of an ordinary negligence action, plus the additional element that the defendant acted in reckless disregard of, or with a lack of substantial concern for, the rights of others."简单举个例子,大部分交通事故都涉及驾驶员的一般疏忽,但如果醉驾或在学校门口或行人众多的道路高速行车,就是严重疏忽了。

继续讨论商业合约条文中明示区分"疏忽"与"严重疏忽",如前者可以免责但后者不得免责,双方当事人有了争议就有必要根据他们的订约意图客观分析并给予一个合理的解释,而不能像英国普通法一样把两种疏忽视为一致,不去区分。毕竟整体解释合约必须给每一个文字一定解释,不得把"严重"(gross)视为多余的内容。

可以一些先例为例。先是 The "Ardent" (1997) 2 Lloyd's Rep 547 先例,案情涉及一个在开曼群岛注册的基金(本先例的第一原告 Red Sea Tankers Ltd),募集了约 8,000 万美元准备在二手的油轮市场投资或投机,在市场低迷时买入,等待市场上涨时出售。这种投资/投机需要有航运的专业人士协助,包括把适当的目标油轮在市场上买进卖出,以及技术人士对目标油轮进行检查与买进后维修保养等。这导致原告与提供这些专业服务的被告签了两份名为"Commercial advisory agreement"(简称 CAA)与"Technical advisory agreement"(简称 TAA)的合约。CAA 与 TAA 都有补偿条文与免责条文去保障被告在提供专业服务中的疏忽与犯错,除非是严重疏忽、蓄意不当行为(wilful misconduct)、欺诈(fraud)与恶意(bad-faith),可节录如下:

"2. The Corporation will .. indemnify and hold harmless the Commercial Advisor and its officers, directors . . . from any . . . claim . . . which . . . arise out of, relate to or are in connection with the performance of its duties . . . **except for** any indemnified damages that are found . . . to have resulted from the **bad faith**, **gross negligence or wilful misconduct** of . . . the person seeking indemnification.

7.9 Neither the Commercial Advisor nor its officers directors . . . shall be liable . . . to the Corporation for any losses, claims . . . suffered . . . by the Corporation . . . arising

---

〔34〕 虽然英国也有接近美国惩罚性赔偿的"加大损失"(exemplary or aggravated damages)可适用在侵权与立法的情况,如 Rookes v. Bernard (1964) AC 1129 贵族院先例中提到的三种情况之一是:"... with a cynical disregard for a plaintiff's rights has calculated that the money to be made out of his wrongdoing will probably exceed the damages at risk, . . . in which the defendant is seeking to gain at the expense of the plaintiff some object . . . which he either could not obtain at all or not obtained except at a price greater than he wants to put down."这种想占受害方便宜的侵权主要发生在报刊杂志的诽谤诉讼,但不是严重疏忽(gross negligence)。可参阅笔者的《损失赔偿与救济》一书第一章之 5 段与 6 段。

out of, relating to or in connection with any action taken within the scope of duties of the Commercial Advisor under this Agreement or omitted to be taken ... **except ... Damages resulting from acts or omissions of the Commercial Advisor which (a) were the result of gross negligence, (b) constituted wilful misconduct (c) constituted fraud or (d) constituted bad faith ...**"(加黑部分是笔者的强调)

但结果投资或投机失败,以原告亏大本收场。这样,原告向被告提出索赔,指控被告在买入4艘油轮时价钱太高、没有好好检查导致买进后以高昂的代价维修保养等,是严重疏忽与/或蓄意不当行为。

针对CAA与TAA有关条文的解释,Mance大法官说:"Viewing the particular words of the present contracts, four concepts are separately identified. They may overlap (e.g. in the case of wilful misconduct and fraud), but the draughtsman has recognized a distinction, ... between acts or omissions resulting from gross negligence and acts or omissions constituting wilful misconduct, fraud and bad faith. Whether one looks to the authorities decided and the principles identified in the context of New York public policy ... the concepts of **'gross negligence' amounting to reckless disregard, without any necessary implication of consciousness of the high degree of risk or the likely consequences of the conduct on the part of the person acting or omitting to act.**

If the matter is viewed according to purely English principles of construction, I would reach the **same conclusion**. 'Gross' negligence is clearly intended to represent something more fundamental than failure to exercise proper skill and/or care constituting negligence. But, **as a matter of ordinary language and general impression, the concept of gross negligence seems to me capable of embracing not only conduct undertaken with actual appreciation of risks involved, but also serious disregard of or indifference to an obvious risk.** The difference in the way in which the concepts in clauses 7.9 ... are expressed appears to me entirely consistent with the phrase receiving its ordinary meaning and embracing both situations."(加黑部分是笔者的强调)

Mance大法官是说,根据美国纽约公共政策(因为CAA与TAA的明示适用法是纽约州法),严重疏忽是等同鲁莽漠视(reckless disregard)有关的行为或不为可能带来的明显风险或后果。而纯粹根据英国合约法下的解释规则,也会得出同一个意思。

但也有批评说判词有内部矛盾,这在本章3.2.3段有关鲁莽的课题将有介绍。笔者也觉得这样解释"严重疏忽"导致在意思上太接近"蓄意不当行为"(这在本章之3.2.2段会介绍)没有必要,因为CAA与TAA也包括蓄意不当行为,所以完全不影响判决的结果。太接近的后果就是导致重叠,而Mance大法官正是一开始就指出订约方明确区分4种行为或不为(严重疏忽、蓄意不当行为、欺诈与恶意),所以应尽量不重叠解释。如果按照英国普通法的解释,严重疏忽与一般疏忽一样,不涉及违约方的思想状态。虽然在他的判词中,Mance大法官也表达知道这一点:"... without any necessary implication of consciousness of ..."但站在整体解释合约的角度,如果配合CAA与TAA适用纽约法一并解释,也就可以理解了。正如笔者见过多次订约方写作"故意严重疏忽"(intentional gross negligence),解释起来就完全无法避开违约方的"意图"了。

另在JP Morgan Chase Bank v. Springwell Navigation Corp (2008) EWHC 1793 (Comm)先例中(此先例的背景案情已在本书第九章之2.5.2.4段有介绍),在此只节录Gloster大法官针对严重疏忽的解释:"In entering into or taking or refraining from taking any action with respect to, any Transaction, Chase shall be responsible for exercising only that degree of care which it exercises in relation to the administration of similar transactions for its own account, provided that Chase shall not be liable to the Holder with respect to anything Chase may do or refrain from doing with respect to this Note or any Transaction in the absence of the **gross negligence or willful misconduct of** Chase. ... Chase shall not be responsible for the actions or misconduct of any party directly or indirectly involved with any Transaction (**other than the gross negligence or willful misconduct of Chase or its affiliates**), and the Holder agrees not to hold Chase liable or otherwise responsible for any loss, cost, expense, claim or liability arising therefrom. ..."(加黑部分是笔者的强调)

3.2.1.3 构成严重疏忽的要素

严重疏忽有以下要素:

1. 有关行为或不为在本质上严重,会导致高度风险(high degree of risk)。

2. 在采取该行为或不为时应该知道有此风险,但仍不去理会或忽视该明知的风险(a blatant disregard of or indifference to an obvious/known risk)。

3. 无须证明违约方在思想状态上是意识到(conscious)或故意(deliberate)不加理会或忽视明知的风险。已经提到Denning勋爵在The "Eurysthenes" (1976) 2 Lloyd's Rep 171先例中说:"... Negligence in not knowing the truth is not equivalent to knowledge of it."也提到Millett大法官在Armitage v. Nurse (1997) EWCA Civ 1279上诉庭先例中说英国法一直把疏忽(即使是严重)与欺诈、恶意与蓄意不当行为区分开:"English law differs from civil law systems, for it has always drawn a sharp distinction between negligence, however gross, on the one hand and fraud, bad faith and wilful misconduct on the other."

所以测试行为或不为是否疏忽,只要假设其他合理(与有同等认知的事实背景与知识)的第三人(假设的第三人通常是审理法官自己,除非涉及专业知识才需要专家证人的帮助[35])在被告的位置是否会作考虑或是不理会或忽视有关风险,作为比较。当然如果违约方被证明是意识到,疏忽就更可能被认定是严重疏忽,甚至是更上

---

〔35〕 见本书第五章之3.2段与3.3段。

一层次的蓄意不当行为。

4. 有关的疏忽行为或不为会带来的潜在后果(potential consequences)是否严重?显然,潜在后果越严重,特定的疏忽就越有可能是严重疏忽。

5. 潜在后果会发生的概率如何?显然,若潜在后果严重加上发生概率高,该疏忽行为也就极可能是严重疏忽了。

6. 同样的疏忽与带来的后果是否发生过?如果是,这就是重复的错误行为,没有吸取该疏忽的教训更有可能成为严重疏忽。

7. 对有关的疏忽是否有过充分与完善的警告与/或预防手册/通知等。

8. 如果疏忽的潜在风险十分明显,但违约方无法合理解释为什么仍做出行为或不为,就有极大可能会被认定为严重疏忽了。

9. 由于英国普通法不区分一般疏忽与严重疏忽,所以在 2017 年 9 月 15 日 James Pickavance 与 James Bowling 在伦敦 Society of Construction Law 发表的名为"Exclusions from Immunity: Gross Negligence and Wilful Misconduct"的发言中有建议合约如果有明示条文针对严重疏忽,如在免责条文或补偿条文等,不妨给严重疏忽一个明示的定义,措辞可以是:"'Gross negligence' means an error which is a serious error in all the circumstances, and in particular where an action or inaction is undertaken with an objective appreciation of the high degree of risk of action or inaction as the case may be, and which action or inaction the reasonably competent professional in the (contractor's) position would consider to be a blatant disregard of or indifference to the risk, and where the likelihood of the harm occurring is material and/or the consequences of the error are significant."

在英国普通法下,刑事疏忽要求与合理标准的小心谨慎(reasonable standard of care)有很大偏差,比侵权法下的疏忽标准高得多。

3.2.2 蓄意不当行为(wilful misconduct)

与严重疏忽可以不涉及违约方的思想状态不同,蓄意不当行为在字义上的解释就清楚显示与违约方在违约时的思想状态有关,是自主与有意(deliberate)。"蓄意"一词不代表对错,但加上"不当行为"就代表有问题了。正如在 Young & Harston's Contract, Re (1885) 31 Ch D 167 上诉庭先例中,Bowen 大法官说"蓄意"是:"generally, as used in courts of law, implies nothing blameable, but merely that the person of whose action or default the expression is used, is a free agent, and that what has been done arises from the spontaneous action of his will. It amounts to nothing more than this, that **he knows what he is doing, and intends to do what he is doing, and is a free agent**."(加黑部分是笔者的强调)

所以,判断蓄意不当行为需要根据间接/环境证据证明,至于证明什么可先看法律对这个措辞的定义。在 Lewis v. Great Western Railway Co (1877) 3 QBD 195 上诉庭先例中,案情涉及原告通过火车运送奶酪,因为承运人不当打包货物,奶酪撞碎成了小块。承运商的运费分为两种:一种是在较高的运费下承运商承担一般责任,而在较低的运费下除非承运商有蓄意不当行为,否则风险由货主承担。另一种是原告选择的是较低的运费,所以双方的争议是承运人不当打包货物是否属于蓄意不当行为。上诉庭最后判不当打包货物不属于蓄意不当行为。

在该先例中,Cotton 大法官说:"... **wilful misconduct is something entirely different from negligence, and far beyond it, whether the negligence be culpable, or gross, or however denominated**. There must be the doing of something which the person doing it knows will cause risk or injury, or the doing of an unusual thing with reference to the matter in hand, either in spite of warning or without care, regardless whether it will or will not cause injury to the goods carried ..."(加黑部分是笔者的强调)

在同一先例中,Brett 大法官也说:"... where the term **wilful misconduct is put as something different from and excluding negligence of every kind**, it seems to me that it must mean the doing of something, or the omitting to do something, which is wrong to do or to omit, where the person who is guilty of the act or the omission knows that ... and it involves the knowledge of the person that the thing which he is doing is wrong ... also ... if it is brought to his notice that what he is doing, or omitting to do, may seriously endanger the things which are to be sent, and he wilfully persists in doing that against which is warned, careless whether he may be doing damage or not, then I think he is doing a wrong thing, and ... as he does it intentionally, he is guilty of wilful misconduct.... **wilful misconduct ... import(s) a knowledge of the wrong on the part of the person who is supposed to be guilty of the act or omission**."(加黑部分是笔者的强调)

Gloster 大法官在 JP Morgan Chase Bank v. Springwell Navigation Corporation (2008) EWHC 1793 先例中说:"It was common ground that 'wilful misconduct' involved a knowingly wrongful action or failure to act, or acting (or failing to act) 'with reckless carelessness, not caring what the results of the carelessness may be'."

蓄意不当行为看来有以下要素:(1)该不当行为是侵权方或违约方的故意行为或不为,是有意决定(advertent decision)这样做。(2)侵权方或违约方不需要明确知道他的做法会带来的后果,只要是他鲁莽地不理会到底会否造成损害(reckless as to whether harm will occur),也就是他预见到这种做法会有造成损害的可能,但还是这样做(foresees the loss is one of a range of possible outcomes and carry on anyway)。(3)如果被告的行为在一般人士看来明显愚蠢(foolhardy),法院可以推断(infer)这是蓄意不当行为。Cotton 大法官在 Lewis v. Great Western Railway Co 先例中举了一个例子:"It was asked by counsel in argument would it not be wilful misconduct ... to put a horse into an open truck? Certainly it would, because every one must be aware that putting a horse into an open track, out of which he could jump, would, in all probability, lead to the consequence that as soon as the train started the horse would try to jump out and be seriously injured."(4) 所以,严重疏忽与蓄意不当行为针对不同,但也相互影响。例如,疏忽严重到一个地步可足够认定是蓄意不当行为与/或鲁莽。Denman 勋爵在 Goodman v. Harvey (1836) 4 A&E 870 先例中说:"Gross negligence may be evidence of mala fides, but is not the same thing."(5) 在被通知或预先警告的情况下,如果被告不改变他一贯的做法,就会有机会把过去的疏忽行为,从可以不涉及有意的思想状态的疏忽变为有意的思想状态,即蓄意不当行为。

3.2.3　鲁莽(recklessness)

鲁莽涉及的是行为或不为的人士(actor)并非故意要对其他人士(包括受害方)造成不良后果,但明知可能(may)造成该不良后果仍冒险为或不为。而相比之下,疏忽是根本不考虑行为人的思想状态,即使涉及严重疏忽也不要求违约方思想状态上是意识到(conscious)。

因此鲁莽可以说是"意图"(intentionally)做出错误行为。而行为人的思想状态会同时涉及认定行为人真实的主观想法到底是什么(subjective test),与通过合理人士站在行为人的角度会有什么样的想法来作出客观(objective test)认定。

要构成鲁莽的要件包括:(1)行为人明知有造成不良后果的风险仍然执意采取行为或不为;(2)冒这个险是不合理的行为;(3)潜在不良后果发生的风险比一般疏忽更大;(4)行为人知道或有理由相信会对其他人士造成影响与带来不良后果。

鲁莽涉及行为人的主观想法最明显是可以与经济欺骗/欺诈(economic fraud)联系在一起,因为在被经常引用的著名的 Derry v. Peek (1889) 14 App Cas 337 贵族院先例中,Herschell 勋爵对"fraud"的解释是:"I think the authorities establish the following propositions: First, in order to sustain an action of deceit, there must be proof of fraud, and nothing short of that will suffice. Secondly, fraud is proved when it is shown that a false representation has been made (1) knowingly, or (2) without belief in its truth, or (3) **recklessly, careless whether it be true or false.** Although I have treated the second and third as distinct cases, I think the third is but an instance of the second, for one who makes a statement under such circumstances can have no real belief in the truth of what he states. To prevent a false statement from being fraudulent, there must, I think, always be an honest belief in its truth...."(加黑部分是笔者的强调)

本章之 3.2.1.2 段已经提到,虽然英国普通法下不区分疏忽与严重疏忽,但在解释合约时就必须给出解释,此时鲁莽的用法有时与严重疏忽有近似或重叠:见 Mance 大法官在 The "Ardent" (1997) 2 Lloyd's Rep 547 先例中涉及"鲁莽漠视"(reckless disregard)的说法。而美国法下证明,严重疏忽除了要证明有关行为或不为构成一般疏忽外,另要加上鲁莽与不关心他人的利益。2017 年 9 月 15 日 James Pickavance 与 James Bowling 在伦敦 Society of Construction Law 发表的名为"Exclusions from Immunity: Gross Negligence and Wilful Misconduct"的发言针对 The "Ardent"先例说:

"We confess that we have some difficulty with the reference to 'reckless disregard' in this context. . . . **There is thus some tension between the judge's use of the term 'recklessness'-at least if it was meant in that conventional sense-and the remaining parts of his judgment, which say that such a state of mind does not need to be deliberate or conscious**. We suggest that the judge's use of the term 'reckless' in this context may be shorthand for the tribunal drawing the inference that the risk of harm was so obvious to a reasonably competent and skilled person could not help but foresee it as blatantly obvious, and so the decision to proceed would be **so foolhardy as to justify a finding of recklessness which could be equiparated with gross negligence**. That would be consistent, we suggest, with the similar approach taken in Great Scottish & Western v. British Railways Board, unreported, Court of Appeal, 10th February 2000."(加黑部分是笔者的强调)

4. 善意与恶意

笔者在《合约的解释:规则与应用》一书第九章一开始就提到了英国合约法的默示地位一般并不要求善意,除了合伙人、保险、投标、行使裁量权等特定行业或情况。该书第九章之后也详细针对了合约明示约定善意的情况,这里不再重复,只简单节录《Phipson on Evidence》(2017 年,第 19 版)一书之 16 - 13 段针对怎样证明善意(good faith)或恶意(bad faith)时所言:

"The term 'bad faith' has a variety of meanings in different contexts: see Melton Medes Ltd v. Securities and Investments Board (1995) Ch. 137 at 147 per Lightman J.

Whatever its meaning in the context, however, a party's good faith in performing an act may generally be inferred from any facts which would justify performing it. In such cases the state of his knowledge, or the advice, however erroneous, that he received; or the information, whether true or false, on which he acted, may often be relevant. So, to show the bona fides of a party's belief as to any matter, it is admissible to show the state of his knowledge, and that he had reasonable grounds for such belief, or that it was shared by community or even individuals similarly situated to himself; while the absence of reasonable grounds of belief in the existence of a fact (e. g. means of knowing the opposite) is evidence of want of honest belief."

而对于明示善意条文应采用主观测试还是客观测试,在 The "Product Star" (1993) 1 Lloyd's Rep 397 先例中,Leggatt 大法官说:"In my judgment, the authorities show that not only must the discretion be exercised **honestly** and in good faith, but, having regard to the provisions of the contract by which it is conferred, it must not be exer-

cised arbitrarily, capriciously and unreasonably."（加黑部分是笔者的强调）

显然，是否诚实行使裁量权是一个主观测试，而是否武断、任性、不合理是一个客观理性的测试。虽然该先例针对的是行使裁量权是否善意的测试，但合约中的明示善意条文也应是一样，是主观诚实（subjective honesty）与客观理性（objective rationality）的结合。

针对客观测试，主要是从审理法官自己的角度来看，并不需要引入证人证言与进行交叉盘问，除非涉及专业知识和经验，可能要依赖专家证据的帮助。而针对主观测试，虽然无法真正找出一个人的脑袋里在想什么，但是可以通过各种证据推断一个人的思想状态。例如，根据对方当事人的证人证言通过交叉盘问逼出自己想要的答案。又或者是他知情的情况、收到的建议、行动依赖的信息（无论对错）、为什么有合理理由相信、大众是否会与他有类似的想法/做法等的证据。争议双方的相互关系与环境在决定是否善意/恶意时也很重要。例如，对方是否有智力障碍、喝醉、文盲、承受压迫或恐惧，或双方关系是否是儿童与监护人、病人与医生等。

关于客观测试与主观测试，可见下一段的介绍。

5. 不诚实、欺骗或欺诈

今天的民事/商事争议经常会涉及不诚实、欺骗与欺诈的指控。在国际商业社会，不诚实（dishonesty）、欺骗（deceit）与欺诈（fraud）司空见惯。这种不当行为通常是一方当事人向另一方作出虚假的表述（statement）以说服另一方或只是去加强另一方的信心，就足以构成"欺诈性误述"（fraudulent misrepresentation）。[36] 由于商业关系都是合约关系，所以欺诈性误述通常发生在"诱导"（induce）一个合约订立时。诱导的要求也并不高，只要不诚实的表述会起到鼓励与让受害方安心订约就足够构成欺诈性误述。接下来分析如何认定不诚实、欺骗与欺诈这严重指称的事实。

这是十分严重的指控，[37] 所以要求提出的当事人必须在程序开始的文书请求（pleadings）中表明该指控与主张的相关重要事实（material facts），[38] 否则不准在开

〔36〕 见本章之5.7.2段、笔者的《合约的履行、弃权与禁反言》一书第五章之1.1段与《国际商务游戏规则——英国合约法》一书第五章的介绍。

〔37〕 该严重的指控也可以香港特区的香港联合交易所有限公司证券上市规则为例。根据上市规则第13.51（2）条的规定，董事每年需要就若干问题作答复，其中包括："阁下是否曾被法庭或仲裁机构判定阁下因不诚实行为而须承担任何欺诈、违反责任或其他不当行为的民事责任？（Have you been adjudged by a Court or arbitral body civilly liable for any fraud, breach of duty or other misconduct by you involving dishonesty?）"

〔38〕 这方面课题可见笔者的《证据法：国际规管与诉讼中的文件攻防》一书第七章之6.1段的详细介绍。

庭审理时提出。这显然是为了对被指控的一方公平，可充分准备对此严重指控的反驳。在 Armitage v. Nurse（1997）EWCA Civ 1279 上诉庭先例中，Millett 大法官说："Fraud must be distinctly alleged and as distinctly proved."

另在 JSC Bank of Moscow v. Kekhman（2015）EWHC 3073（Comm）先例中，Flaux 大法官针对怎样才算对欺骗/欺诈有一个有效的请求说，不需要文书请求中主张的重要事实只能以欺骗/欺诈解释，只需要可推断出有更大的可能是不诚实："The claimant does not have to plead primary facts which are only consistent with dishonesty. The correct test is whether or not, on the basis of the primary facts pleaded, an inference of dishonesty is more likely than one of innocence or negligence."

例如，主张的事实是"货物在 3 月 17 日装船"与"之后船长签发装船提单，日期为 3 月 15 日"，这就可以推断可能发生了欺诈性的倒签提单。

这类的"虚假表述"(false statement)可重复节录英国的 Derry v. Peek（1889）14 App Cas 337 贵族院先例。在该先例中，Herschell 勋爵说："... fraud is proved when it is shown that a false representation has been made：（1）knowingly；or（2）without belief in its truth；or（3）recklessly，careless whether it be true or false."

错误表述(wrong statement)当然不一定是不诚实，也可以是无心之失(inadvertent carelessness)或纯疏忽，如只是转述别人对他/她的表述。看来，分别是在错误方(wrong-doer)是否对表述的真实性或正确性是真诚相信(honestly believe)。正如《Chitty on Contracts》(2015 年，第 32 版)之 7－048 段所说："... however negligent a person may be，he cannot be liable for fraud，provided that his belief is honest；mere carelessness is not sufficient，although gross carelessness may justify an inference that he was not honest."

如果错误方明确知道是错误或虚假，那显然就是虚假陈述/表述，也要承担责任。但即使错误方并不明确知道是错误或虚假，只要心里不是真诚相信陈述/表述真实性，如鲁莽(reckless)与不顾后果地不管真假执意将之作为自己的陈述/表述，就足够属于不诚实或欺诈言行。所以不要求错误方的意图(intention)或动机(motive)不诚实：见 Gabriel v. Little（2013）EWCA Civ 1513；Morrell v. Stewart（2015）EWHC 962(Ch)等先例。

英国民事法律对这方面的测试(test)应是客观标准(objective standard)还是被告与被指控不诚实的一方的主观标准(subjective standard)，或是两者都要考虑的混合(mixed standard)，有不同的说法，这在之后的段节会探讨，在证据方面十分重要。例如客观标准，就是以其他诚实与合理人士的标准，假想的人士是一般马路上的行人(the man in the street)或公共巴士上乘客(the man on the Clapham omnibus)，往往也就是审理法官(或仲裁庭)自己判断什么是诚实的标准，再看有关案件认定的事实是否达到该客观标准。

但如果是主观标准，也就是被指称不诚实的被告的脑袋里当时在想什么，这就与刑事案件差不多,通常以间接或环境证据(indirect/circumstantial evidence)证明不诚实。但除了举证标准不一样外,因为不涉及自证其罪特免权的问题,还可以在交叉盘问时(cross-examination)向被怀疑不诚实的被告或其他证人查根问底,根据不同案情问"你当时为什么这样做""你知不知道这样做会有什么问题""你能否解释为什么你不去先问问"等。这种做法不少案例均有介绍,如稍后介绍的 Twinsectra Ltd v. Yardley (2002) UKHL 12 贵族院先例。但相比之下,当然还是客观测试更容易证明、肯定与可预测。

5.1　诚实与否是客观或主观的标准与测试

现代欺骗(deceit)/欺诈(fraud)侵权的说法最早从古老的 Pasley v. Freeman (1789) 3 TR 51 先例发展而来。在该先例中,被告明知事实并非如此但仍对原告作出第三人信誉良好的陈述(representation)。原告根据被告的陈述提高了第三人的信用额,并蒙受损失。被告明知作出的陈述虚假,或不顾后果与鲁莽(reckless)地不理会是真是假,并且希望原告依赖该陈述,原告最后确实依赖了该陈述并蒙受损失,被告要承担责任。

涉及不诚实(dishonesty)、欺骗或欺诈等的民事或刑事案件多不胜数。民商事案件中的不诚实指控不少,涉及国内的案件更是经常会遇到有这种指控。显然,只是疏忽(negligence)或不小心(careless)并不是不诚实,它们之间的区分看来是错误方(wrong-doer)是有心(advertent)或无意(inadvertent)。一个十分简单的例子就是下雨天在餐馆吃饭后发觉放在门口的雨伞被第三人取走。该不知名的第三人犯了错是无可置疑,但很可能只是疏忽或不小心,错以为雨伞是自己的,不存在是不诚实行为或盗窃。但如果该第三人的犯错是有心,例如他自己忘了带雨伞所以顺手牵羊,就是不诚实的行为。虽然在现实中因为雨伞价钱很便宜,所以一般不会追究。看来不诚实的指控与错误方的主观(subjective)看法、标准与认知是有密切关系。但民事诉讼的有关法律对"不诚实"的定义与考量,是以一个客观(objective)的看法与标准衡量。即审理法官客观看是否"在一般合理或诚实人士看来是不诚实"(the ordinary standard of reasonable or honest people)。权威的说法是 Nicholls 勋爵在 Royal Brunei Airlines v. Tan (1995) 2 AC 378 先例中所说:". . . in the context of the accessory liability principle acting dishonestly, or a lack of probity, which is synonymous, means simply not acting as an honest person would in the circumstances. **This is an objective standard**. At first sign this may seem surprising. Honesty has a connotation of subjectivity, as distinct from the objectivity of negligence. Honesty, indeed, does have a strong subjective element in that it is a description of a type of conduct assessed in the light of what a person actually knew at the time, as distinct from what a reasonable person would have known or appreciated. Further, **honesty and its counterpart dishonesty are most concerned with advertent conduct, not inadvertent conduct. Carelessness is not dishonesty. Thus for the most part dishonesty is to be equated with conscious impropriety.**

However, these subjective characteristics of honesty do not mean that individuals are free to act their own standard of honesty in particular circumstances. **The standard of what constitutes honest conduct is not subjective. Honesty is not an optional scale, with higher or lower values according to the moral standards of each individual**. If a person knowingly appropriates another's property, he will not escape a finding of dishonesty simply because he sees nothing wrong in such behaviour."(加黑部分是笔者的强调)

但纯客观标准有一个很大的说不通之处,就是"不诚实、欺骗与/或欺诈",甚至是鲁莽(reckless)或蓄意(wilful),在文字上就是与有关人士的主观思想状态有直接关系,怎会只以客观测试?毕竟,欺骗/欺诈既可以是民事,也可以是刑事,所以应该尽量以同样的标准测试。

以下的段节会进一步分析这方面法律的发展与最后的定论。

5.2 主观标准与测试的弊端

但以纯主观标准测试也有很大问题,如主观看法不容易确定,更重要的是以错误方的主观看法去衡量会带来对什么才是"不诚实言行"的不肯定。因为人与人之间的主观看法会有很大的差别,这样衡量也对部分人士不公平与对部分人士太宽容。Nicholls 勋爵在 Royal Brunei Airlines v. Tan (1995) 2 AC 378 先例中说:". . . when called upon to decide whether a person was acting honestly, a court will look at all the circumstances known to the third party(涉嫌不诚实协助的第三人,见本章之2. 11 段的介绍) at the time . . . The court will also have regard to personal attributes of the third party such as his experience and intelligence, and the reason why he acted as he did."

例如,不少外贸公司在早期经常有倒签提单(back-date bill of lading)的行为,笔者(杨良宜)曾经在仲裁案件遇到过有关人士在作为证人被盘问时,被问及为什么倒签提单,就理直气壮地说常有这种做法,不认为有问题。虽然笔者不怀疑他讲的是真话,但不可能以他/她的主观想法作为测试标准,所以在裁决中还是会认定倒签提单是一个不诚实的行为。在 R v. Ghosh (1982) QB 1053 先例这一刑事诉讼中,[39] Lane 勋爵举了侠盗罗宾汉(Robin Hood)的例子。虽然他认为自己偷抢的行为是劫富济贫,但英国法律还是认为这些是不诚实行为。

Christopher Slade 大法官在 Walker v. Stones (2001) QB 902 先例中也有类似的说法:"A person may in some cases act dishonestly, according to the ordinary use of language, even though he genuinely believes that his action is morally justified. The pen-

---

〔39〕 在 R v. Ghosh (1982) QB 1053 先例中判定刑事的不诚实要满足两个步骤的测试(two-stage test):(1)一般合理诚实人士的客观标准下会将有关言行视为不诚实(the conduct in question must be dishonest by the standards of ordinary, reasonable and honest individuals);(2)被告主观知道他们的言行在客观标准下并不诚实(the accused must have realised their conduct was dishonest by those standards)。

niless thief, for example, who picks the pocket of the multi-millionaire is dishonest even though he genuinely considers the theft is morally justified as a fair redistribution of wealth and that he is not therefore being dishonest. ”

在商业上以主观标准也确实是会导致错误方或被告理壮气直地说我不是不诚实，因为在有关的行业或市场，大家都在做我在做的事。正如 Morgan 大法官在 David Hugh Carr v. Formation Group Plc (2018) EWHC 3116 (Ch)先例中说：“... do not allow a person to say: ‘I am not dishonest because there is an established practice in the relevant market to do what I have done.’”

既然纯客观与纯主观标准都有问题,那么是否应在个别案件中与不同的案情下,考虑错误方或被告的经验与智慧等方面的个人品质,然后才以客观的标准决定是否在有关事件不诚实。而即使错误方个人认为没有问题,但如果对有关行为诚实与否的客观标准是要高得多,就代表仍要判错误方有不诚实的行为。这会在以下的段节分析。

5.3 客观标准与主观标准要一并考虑的 Twinsectra Ltd v. Yardley 先例

在 Twinsectra Ltd v. Yardley (2002) UKHL 12 贵族院先例中,多数意见认为不诚实的测试是要主观与客观一并考虑与一并满足。Hutton 勋爵首先说可以有三种判断标准,纯主观、纯客观与主观客观混合:“Whilst in discussing the term ‘dishonesty’ the courts often draw a distinction between subjective dishonesty and objective dishonesty, there are three possible standards which can be applied to determine whether a person has acted dishonestly. There is **a purely subjective standard**, whereby a person is only regarded as dishonest if he transgresses his own standard of honesty, even if that standard is contrary to that of reasonable and honest people. This has been termed **the ‘Robin Hood test’ and has been rejected by the courts**. ... **Secondly**, there is a purely objective standard whereby a person acts dishonestly if his conduct is dishonest by the ordinary standards of reasonable and honest people, even if he does not realise this. **Thirdly, there is a standard which combines an objective test and a subjective test**, and which requires that before there can be a finding of dishonesty it must be established that **the defendant's conduct was dishonest by the ordinary standards of reasonable and honest people and that he himself realised that by those standards his conduct was dishonest.** I will term this ‘the combined test’ ....”(加黑部分是笔者的强调)

Hutton 勋爵偏离了较早前 Nicholls 勋爵在 Royal Brunei Airlines v. Tan (1995) 2 AC 378 先例的著名说法,认为应该主观标准与客观标准一并考虑:“It would be open to your Lordships to depart from the principle stated by Lord Nicholls ... Therefore I consider that the courts should continue to apply that test and that your Lordships should state that dishonesty **requires knowledge by the defendant that what he was doing would be regarded as dishonest by honest people**, although he should not escape a finding of dishonesty because he sets his own standard of honesty and does not regard as dishonest what he knows would offend the normally accepted standards of honest conduct."(加黑部分是笔者的强调)

有说法是,Hutton 勋爵以上的判决要求被指称不诚实的被告不仅要在一般人士客观看来是不诚实,主观上也要知道他/她的言行在一般人士的标准下是不诚实,所以是主观与客观测试混合(mixed test)。显然,这个主观想法也很难证明。但英国枢密院的 Barlow Clowes International Ltd (In Liquidation) v. Eurotrust International Ltd (2005) UKPC 37 先例解释说,实际上 Twinsectra Ltd v. Yardley 先例依然只是客观测试,并没有偏离 Royal Brunei Airlines v. Tan 先例的判决。在 Twinsectra Ltd v. Yardley 先例中,无论是一审法院的交叉盘问还是贵族院的判决,都没有针对被告是否知道一般人士的标准到底是什么。Hutton 勋爵并不是说被指称不诚实的被告要知道他/她在一般人士的标准下属于不诚实,而是说他/她对事实的了解或信念(knowledge or belief of the transaction)令他/她的言行在一般人士的标准下属于不诚实。也就是先通过各类环境证据与证人的口头证据认定当时被指称不诚实的被告对事实的了解或信念(这是他/她的主观思想地位)到底是什么。然后是在一般人士看来,对事实有这样的了解或信念的人士作出这样的言行是否不诚实。所以虽然 Hutton 勋爵说这是主观客观的混合测试,但本质仍是客观测试。

以较早前提到的倒签提单为例,有关人士作为证人(真正签发的船长或授权签发的承运人)只要在间接或环境证据与/或交叉盘问证明对事实的了解与信念,包括货物在 3 月 17 日装船,但之后签发的提单是写作 3 月 15 日装船。而证人在交叉盘问中无法合理解释这不符点的原因,例如,笔误并且事后发觉后曾更改但不果等。又或是证人实话实说,说是发货人(shipper)要求这样做并提供了保函(letter of indemnity),或船长作为证人说他收了红包。再追问下去,该证人也会明确承认知道发货人需要这一份装船日期不正确的提单的作用是在信用证下结汇,否则就拿不到货价的钱了。这些都是证人对当时事实的了解或信念,这需要认定,因为有可能是证人不是这样了解或信念,如因为其他原因被误导了。反正是无须进一步认定证人知道这样做在一般人看来是欺骗/欺诈银行与收货人/买方,毕竟证人对国际贸易网络并不了解。接着看这个倒签提单的行为是否属于不诚实就要客观测试。

Hoffmann 勋爵在 Barlow Clowes Ltd v. Eurotrust Ltd 先例中说:"Although a dishonest state of mind is a subjective mental state, the standard by which the law determines whether it is honest is objective. If by ordinary standards a defendant's mental state would be characterised as dishonest, it is irrelevant that the defendant judges by different standards. ... Their Lordships accept that there is an element of ambiguity in these remarks which may encourage a belief, expressed in some academic writing, that Twinsectra had departed from the law as previously understood and invited inquiry not merely into the defendant's mental state about the nature of the transaction in which he was participating but also into his views about generally acceptable standards of honesty. But they do not consider that this is what Lord Hutton meant. **The reference to ' what he knows would offend normally accepted standards of honest conduct' meant only that his knowledge of the transaction had to be such as to tender his participation contrary to normally acceptable standards of honest conduct. It did not require that he should have had reflections about what those acceptable standards were.** . . . Their Lordships therefore reject（被告代表大律师）submission that the judge failed to apply the principles of liability for dishonest assistance which had been laid down in the Twinsectra case. **In their opinion they were no different from the principles stated in Royal Brunei Airlines Sdn Bhd v Tan**（1995）2 AC 378 which were correctly summarised by the judge."（加黑部分是笔者的强调）

可以说，Barlow Clowes Ltd v. Eurotrust Ltd 先例明确了在民商事诉讼中，针对不诚实的指控，只需要使用客观标准衡量。

5.4　明确是客观标准与无须理会被告主观标准的 Ivey v. Genting Casinos 最高院先例

在 Ivey v. Genting Casinos（UK）Ltd（2017）UKSC 67 先例中，案情涉及 Ivey 先生是一位专业赌徒，他在 2012 年 8 月的两天在马来西亚的云顶高地赌场以一种名为"edge sorting"的读牌手法赢了 770 万英镑，但赌场拒绝支付，认为这种手法等同欺诈，是不诚实行为。此案例是民事诉讼，但根据《Gambling Act 2005》也可以是刑事案件。所以，刑事也应是同样的法律测试。虽然继 Barlow Clowes Ltd v. Eurotrust Ltd（2006）1 WLR 1476 先例后，已经明确民事诉讼认定是否诚实是 Royal Brunei Airlines v. Tan（1995）2 AC 378 先例的客观标准，但直至此先例，刑事诉讼仍是 R v. Ghosh（1982）QB 1053 先例的两个步骤的测试（two-stage test），其中包括被告主观知道他/她的言行被视为低于诚实的客观标准。最高院在审查与考虑了所有有关重要先例后明确与民事诉讼的测试标准一致，应是客观标准与无须理会被告主观标准："**Dishonesty is by no means confined to the criminal law. Civil actions may also frequently raise the question whether an action was honest or dishonest. . . . Successive cases at the highest level have decided that the test of dishonesty is objective**. After some hesitation in Twinsectra Ltd v. Yardley, the law is settled on the objective test set out by Lord Nicholls in Royal Brunei Airlines Sdn Bhd v. Tan . . . : see Barlow Clowes International Ltd v. Eurotrust International Ltd . . . , Abou-Rahmah v. Abacha . . . and Starglade Properties Ltd v. Nash. . . . The test now clearly established was explained thus in the Barlow Clowes case . . . : **When dishonesty is in question the fact-finding tribunal must first ascertain（subjectively）the actual state of the individual's knowledge or belief as to the facts.** The reasonableness or otherwise of his belief is a matter of evidence（often in practice determinative）going to whether he held the belief, but it is not an additional requirement that his belief must be reasonable; the question is whether it is genuinely held. **When once his actual state of mind as to knowledge or beliefs as to facts is established, the question whether his conduct was honest or dishonest it is to be determined by the fact-finder by applying the (objective) standards of ordinary decent people.** There is no requirement that the defendant must appreciate that what he has done is, by those standards, dishonest."(加黑部分是笔者的强调)

Hughes 勋爵也说："There is no reason why the law should excuse those who make a mistake about what contemporary standards of honesty are, whether in the context of insurance claims, high finance, market manipulation or tax evasion."

5.5　在客观标准下涉及商业不诚实案件时是否一并考虑行业/市场做法

但客观标准也有另一个问题，就是是否需要对什么是"一般合理或诚实人士认为是不诚实言行"举证，以及这种证据能否被采纳(admissible)，特别是专家证据(expert evidence)。可以说，一般人士的想法不涉及任何专业知识，审理法官不会需要也不应该被任何第三人(专家证人)的看法以协助的名义影响。审理法官应根据有关案件的事实衡量社会上的一般人士会对是否诚实的言行有怎样的判断，并作出最后的认定与判决。

但在商事争议，特别是涉及商事欺诈(commercial frauds)时，"客观与一般人士"的标准与分寸就不好掌控了。因为有关的言行诚实与否会涉及个别行业的做法(market practice)，应是包括审理法官在内的一般人士，在没有专家协助的情况下难以理解。当然，如果有关案件只是涉及一些公开资料，例如相关的规管机构(Regulatory body)已经有清楚的条例与指引，只要把这些文件加上双方代表律师的争辩交出给法院已是足够，无须额外的专家证人。毕竟审理法官不会比一般的商业人士更难理解这些条例与指引的内容。例如，有条文说，该行业的会员不可以收取回扣或必须向潜在买方说明，否则将被视为不诚实行为而被该规管机构谴责或制裁。正如 Morgan 大法官在 David Hugh Carr v. Formation Group Plc (2018) EWHC 3116 (Ch)先例中说："It is argued that the court would be assisted in assessing the honesty of a defendant by being informed about the behaviour of the market in the relevant industry at the time and about the regulatory position at that time. I can deal with the regulatory position first. I consider that it is not necessary to have an expert to give opinion evidence about the regulatory position. If the regulatory position is relevant, then that can be established at the trial by adducing the relevant documentary material. If there is a dispute about the regulatory position, then it is likely to be as to the interpretation of that material. It may or may not be relevant to consider whether there were different interpretations of that material and, if so, the parties can make legal submissions as to the correct interpretation. However, none of those possibilities makes it appropriate to have expert evidence as to that material."

5.6 复杂行业/市场做法提供证据(包括专家证据)是否应被采纳

至于审理法官确实需要相关专业知识才能理解的复杂行业做法,看来就需要专家证人的帮助了。但问题是在考虑什么是客观标准时,是否要一并考虑有关行业的做法?

在 Secretary of State for Justice v. Topland Group Plc (2011) EWHC 983 (QB)先例中,案情涉及地产租赁,原告是租客,指称被告(一家地产物业公司)行贿与有不诚实行为。在租金调整(rent review)与租赁合约更新的谈判时,被告以"介绍费"的名义支付了一笔金钱作为佣金给原告的代理人,实是试图合谋欺诈原告。而被告的抗辩说这是行业/市场习惯做法,也是原告应该知道的行为。原告随后申请法院撤销(struck-out)被告的抗辩,[40]理由是显示了被告没有合理抗辩的理由(disclose no reasonable grounds for defending the claim),抗辩是浪费法院资源(an abuse of the process of the court)。

King 大法官说将抗辩(或索赔)简易(summarily)撤销,需要抗辩在法律上肯定站不住脚,而如果法律地位仍不肯定或仍在发展就不应撤销。King 大法官说:"I accept that such application should succeed only in a plain case where the Court is certain that the pleaded facts or matters at which the application is directed even if they be established at trial, do not disclose any legally recognisable defence. I further accept that if the relevant area of law is subject to any uncertainty and can be said to be in a state of development, it is in principle desirable that the actual facts be found at trial so that any further development can be based on actual and not hypothetical facts. Furthermore, no statement of case should be struck out if it raises a serious live issue of fact that can only properly be determined by hearing oral evidence."

King 大法官认为,一般人士对诚实与否的客观标准是否要将行业或市场的标准一并考虑,还没有一个明确的法律定论。所以,以撤销抗辩处理并不适合,更适合的是留待将来全面审理时,让审理法官根据认定的事实仔细考虑这一问题,甚至是进一步上诉去确定。他说:"I further agree with the submission of Mr Beazley(被告的代表大律师)that this is not an area where the law can be said to be completely settled and the precise role of the existence of a market practice, and of the knowledge of and reliance on such practice in consideration of whether a person has acted dishonestly requires careful reflection by the trial judge, once the actual facts have been established, and may be the subject of appeal."

之后在 R v. Hayes (2015) EWCA Crim 1944 先例中,案情有关被告(Tom Hayes 先生)在 2006 至 2010 年在瑞银与花旗银行的日本分行任职交易员(trader)期间,操

---

〔40〕 关于撤销抗辩,可见笔者的《证据法:国际规管与诉讼中的文件攻防》一书第六章之 4 段的详细介绍。

纵日元的伦敦银行同业拆借利率(Yen London Interbank Offered Rate 或 Yen LIBOR)为银行谋利并间接为自己谋利(发奖金)。被告面对英国政府的刑事指控败诉,一审被判 14 年监禁。被告提起上诉,其中一个主要原因是一审法官错误判行业做法与 R v. Ghosh (1982) QB 1053 先例下的第一个客观测试无关,不予采纳。有关证据包括:当时他的行为是银行之间的普遍做法;大量的银行同业,包括交易员、经纪人与客户都不觉得有什么不合法;被告当时的行为从来没有受到雇佣银行的谴责甚至受到鼓励;被告在他进入银行工作就没有受过 LIBOR 怎样操作才是合法与正当的培训;银行也没有对他有过任何监管等。在上诉庭(刑事)的判决中,Thomas 勋爵说:"Not only is there is no authority for the proposition that objective standards of honesty are to be set by a market, but such a principle would gravely affect the proper conduct of business. The history of the markets have shown that, from time to time, markets adopt patterns of behaviour which are dishonest by the standards of honest and reasonable people; in such cases, the market has simply abandoned ordinary standards of honesty. Each of the members of this court has seen such cases and the damage caused when a market determines its own standards of honesty in this way. Therefore to depart from the view that standards of honesty are determined by the standards of ordinary reasonable and honest people is not only unsupported by authority, but would undermine the maintenance of ordinary standards of honesty and integrity that are essential to the conduct of business and markets. . . . "

所以在 R. v. Hayes 先例中,被告申请在客观测试下为行业或市场标准提供证据被拒绝,法院认为不应采纳。让行业或市场做法影响一般人士认定的"诚实"的客观标准,不仅没有先例支持,也不符合订立这个客观标准认定是否诚实的目的。

在之后的 David Hugh Carr v. Formation Group Plc (2018) EWHC 3116 (Ch) 先例中,原告是 17 名职业足球运动员,他们通过代理人(第七被告)介绍委任了一家资产管理公司(第三被告)。原告之后作出多项投资,但看来投资并不成功。被投资方向第三被告支付了佣金,这笔佣金是合法的也是原告知悉的。但之后原告查出第三被告在背后偷偷将这笔佣金分摊给了第七被告,这是原告不知道的。第三被告与第七被告的公司在案发时业已清盘倒闭,所以原告根据欺诈的侵权(tort of deceit)提起诉讼,将有关公司背后的人士一并起诉,导致有七名被告之多,指称他们是串谋(conspiracy)的共同侵权人(joint tortfeasors)。

在案件管理会议(CMC)上,被告提出要求法院允许委任专家证人。理由是第四与第五被告(自然人)认为在他们的行业,分摊佣金并且不向雇主披露是正常与合理做法,当时政府也没有在这方面的规管,所以想提供专家证据证明这个事实:"The Claimants plead dishonesty. The expert evidence will go to the market practice and regulatory requirements relating to the disclosure of shared commission and therefore to the key element of whether or not the Defendants acted with any dishonest intent."

Morgan 大法官判针对被告不诚实的指控，不采纳行业做法的专家证据，说："It would seem to follow from the above［指一些早前的先例包括已经提到的 Royal Brunei Airlines v. Tan（1995）2 AC 378；R. v. Hayes 等］that the suggested expert evidence as to market practice is not admissible in relation to any argument as to the appropriate objective standard as to honesty, which is assessed by reference to the standards of honest and reasonable people and determined by the court, nor is it admissible in relation to any question as to whether a defendant has failed to comply with that standard. . . ."

Morgan 大法官认为，以前的先例已明确了诚实与否的言行是以客观标准为准，也就是法院在个别不同案情的案件决定在普通人士看来是否诚实，而不是不同行业的标准与被告有否不遵守该行业或市场的标准。

5.7　民商事诉讼涉及不诚实指控的例子

已经提到过，涉及不诚实的案件很多，笔者不妨简单举一些民商事案件为例。在较早前的 Royal Brunei Airlines v. Tan（1995）2 AC 378 先例中，案情涉及作为公司董事的被告不诚实地帮助公司挪用了原告的信托资产。另在 Starglade Properties v. Roland Nash（2010）EWCA Civ 1314 先例中，案情涉及清盘公司的董事对公司财产/资金有诚信义务（fiduciary duty），不诚实地优先支付了部分债权人（an insolvent company's director's holding money in trust made dishonest preference over others）。虽然本书不针对刑事案件，但今天有不少刑事案件还是会涉及商业活动，如税务问题（逃税）、操纵市场、上市公司假账［如香港特区的 Chan Fat Chu Raymond v. HKSAR（2009）12 HKCFAR 775 先例］等。

以下会额外介绍两类常在民商事诉讼出现不诚实指控的争议。

5.7.1　诉讼时效（time bar）

一种经常遇到的不诚实争议有关时效。虽然英国针对合约与侵权的立法时效一般长达事发也就是有了诉因（cause of action）后的 6 年，但仍有不少错过时效而失去索赔权利的情况。一种情况是，对方（侵权方或违约方）刻意隐瞒（deliberate concealment）部分或全部的有关事实（relevant fact）导致受害方不知道或不肯定自己索赔的权利或诉因，或无法启动诉讼以保护时效。英国立法对这方面有作出救济，这种涉及不诚实与欺诈的案件在受害方发觉或合理可以发觉被隐瞒的事实时才开始起算时效。可节录《Limitation Act 1980》之 section 32 如下："（1）Subject to . . . , where in the case of any action for which a period of limitation is prescribed by this Act, either—（a）the action is based upon the fraud of the defendant; or（b）any fact relevant to the plaintiff's right of action has been deliberately concealed from him by the defendant; or（c）the action is for relief from the consequences of a mistake; the period of limitation shall not begin to run until the plaintiff has discovered the fraud, concealment or mistake（as the case may be）or could with reasonable diligence have discovered it."

被刻意隐瞒的有关事实是指一些受害方一旦被隐瞒就没有足够资料或信息启动

诉讼的事实,而且:(1)被告必须知道侵犯了原告受害方的权利(不论是侵权或合约),否则也不存在"刻意"隐瞒。(2)"刻意"也必须是被告的主动行为(positive act)隐瞒或收起(withholding)有关事实。

针对该立法条文,贵族院的 Browne-Wilkinson 勋爵在 Arcadia Group Brands Ltd Inc Sheldon v. RHM Outhwaite (Underwriting Agencies) Ltd (1996) AC 102 先例中说:"Section 32 of the Act of 1980 is not ambiguous. On the plain meaning of the words any deliberate concealment of relevant facts falls within section 32(1)(b) with the consequence that, in applying the statutory time limits, time does not begin to run until the concealment is discovered."

这方面的先例很多,也很容易想到。例如,律师(或其他专业人士)在向客户提供服务时有错漏,自己也知道,但不会自动坦白告知,反正民事诉讼也不存在坦白从宽的情况。即使客户感觉有问题,如在一个原本胜诉机会高的诉讼或仲裁中莫名败诉,也很容易被犯错律师误导或隐瞒过去。若很久之后客户才在机缘巧合下发觉律师犯错(即延误不是因为客户自己犹疑不决,不及时提起诉讼),但已经错过了时效,就需要 Section 32 的协助了。最后介绍少数较近期的先例,见:Arcadia Group Brands Ltd Inc Sheldon v. RHM Outhwaite (Underwriting Agencies) Ltd; Kotonou & Anor v. Reeves & Anor (2015) EWHC 4301 (Ch); Kimathi v. Foreign and Commonwealth Office (2018) EWHC 1169 (QB)等先例。

5.7.2 欺诈性误述(fraudulent misrepresentation)

笔者的《合约的履行、弃权与禁反言》一书第五章之 1.1 段与《国际商务游戏规则——英国合约法》一书第五章曾介绍有关"误述"(misrepresentation)这一与商业活动有密切关系的重要课题,不去重复。误述导致合约本身存在缺陷,所以受害方/无辜方可以取消合约。这也不受误述严重程度影响,毕竟中间的分界线很难划分。在《Misrepresentation Act 1967》后,错误或虚假言行可区分为三种不同的误述:无辜误述(innocent misrepresentation)、疏忽误述(negligent misrepresentation)与欺诈性误述(fraudulent misrepresentation)。欺诈性误述显然属于不诚实或欺诈。可节录《Chitty on Contracts》(2015 年,第 32 版)一书之 7-001 段所说:"**Preliminary.** The modern law relating to misrepresentation is a somewhat complex amalgam of rules of common law, equity and (since the coming into force of the Misrepresentation Act 1967) statute law. It is also complicated by the fact that misrepresentation may constitute an actionable tort in certain circumstances, as well as providing grounds for relief in the law of contract. Prior to the enactment of the Misrepresentation Act 1967, the position broadly speaking was that a misrepresentation which induced a person to enter into a contract[41] gave the representee the right to rescind the contract, subject to certain conditions, but generally gave him no right to damages unless the misrepresentation was fraudulent, ... Since the coming into force of the Misrepresentation Act the representee who entered a contract as the result of a misrepresentation will always be able to claim damages for negligent misrepresentation in circumstances in which he could have recovered damages had the misrepresentation been fraudulent. **In addition the Act gives the court a discretion to refuse to permit a representee to rescind a contract, but to award him damages in lieu of rescission**, if the misrepresentation is negligent or wholly innocent; but it **leaves the representee with an absolute right to rescind where the misrepresentation is fraudulent.** ...”(加黑部分是笔者的强调)

1967 年立法下多了一种疏忽误述,与立法前的欺诈性误述一样,受害方/无辜方除了可以选择取消(rescind)因误述诱导订立的合约外,还可以索赔欺诈或疏忽误述所带来的损失。但两者的区别是:在 1967 年立法下,法院(或仲裁庭)有裁量权可以在认为适合情况下否决无辜或疏忽误述的取消合约权利,并以损失赔偿代替取消合约。这样立法的本意是,在一些轻微的无辜或疏忽误述中,能导致的损失不一定会太多,相比无辜方可以借机去取消一个不利合约的权利就不成比例了。在 William Sindall Plc v. Cambridgeshire CC (1994) 1 WLR 1016 上诉庭先例中,Evans 大法官说:“The starting point for the application of the sub-section is the situation where a plaintiff has established. Right to rescind the contract on grounds of innocent misrepresentation: its objection is to ameliorate for the innocent misrepresentor the harsh consequences of rescission for a wholly innocent ... misrepresentor, in a case where it is fairer to uphold the contract and award damages against him.”

所以在法院行使裁量权否决取消合约权利并以损失赔偿代替时,轻微的误述不会导致太高的金钱赔偿。但这也带来另一个疑问,就是无辜方一旦发觉误述(无辜或疏忽)就马上取消合约,毕竟如果拖太久可能会构成弃权(waiver)。接下来处理诉讼需要时间,如果最后法院(或仲裁庭)虽然认为误述相对轻微,但当时合约已经被取消,还能否选择以金钱赔偿误述带来有限的损失去替代取消合约。在 The “Lucy” (1983) 1 Lloyd’s Rep 188 先例中,Mustill 大法官说:“there are some formidable difficulties in the practical application of this discretion to a case where the court is not asked

---

[41] 针对欺诈性误述存在误述方是希望诱导订立合约的事实推定,误述方要承担反驳的举证责任,但这个事实推定很难反驳。BC Nederlandse Industrie Van Eidprodukten v. Rembrandt Enterorises Inc (2020) QB 551 先例说:“there is an evidential presumption of fact (not law) that a represented will have been induced by a fraudulent misrepresentation intended to cause him to enter the contract and that the inference will be ‘very difficult to rebut’...”

to order rescission as a direct and immediate remedy, but is invited to validate a rescission which has already been effected as a measure of self-help."

该困难在南澳大利亚的立法《Misrepresentation Act 1972》之 section 7(5)有刻意针对,在同样条文多加了一句说:"where a contract has been rescinded but is subsequently declared to be subsisting under section (3), the respective rights and liabilities of the contracting parties will be determined in all respects as if the contract had never been rescinded."

这一点疑问在近期 SK Shipping Plc v. Capital VLCC 3 Corp (2020) EWHC 3448 (Comm) 先例中有了说法,也就是如果误述无辜方一发觉就马上取消合约,但在后来的诉讼被审理法官(或仲裁庭)认为在《Misrepresentation Act 1967》下应以损失赔偿替代,带来的结果是无辜方只会赔偿有限的金钱损失,但较早前取消合约变为违约/毁约(repudiation)而要赔偿误述方可能是巨大的损失(包括市场损失、利润损失等)。看来,很可能是无辜或疏忽的误述本质上也不像太严重,误述无辜方在取消或确认(affirm)合约就要小心,除非能够像 The "Lucy" 先例一样与误述方达成"无损害"(without prejudice)协议等待法院或仲裁庭的判决或裁决。

但上述顾虑不影响欺诈性误述可以取消合约与宽松对待一切损失索赔。在阻吓越来越多的民事欺诈案件的公共政策(public policy)下,欺诈性误述的损失计算(measure of damages)会刻意放宽与弹性对待受害方因欺诈所蒙受的直接(direct)与间接损失(indirect / consequential damages),不管是否可以合理预见或损失是否直接、自然因违约或错误导致,务求受害方能够取回该交易的所有损失。可再节录《Chitty on Contracts》(2015 年,第 32 版)一书之 7-057 段:"In Smith New Court Securities Ltd v. Scrimgeour Vickers (Asset Management) Ltd (1997) AC 254, Lord Browne-Wilkinson described Doyle v. Olby (Ironmongers) Ltd as restating the law correctly. He stated the principles applicable in assessing damages where a party has been induced by a fraudulent misrepresentation to buy property as follows: (1) The defendant is bound to make reparation for all the damage directly flowing from the transaction; (2) Although such damage need not have been foreseeable, it must have been directly caused by the transaction; (3) In assessing such damage, the plaintiff is entitled to recover by way of damages the full price paid by him, ...; (4) As a general rule, the benefits received by him include the market value of the property acquired at the date of the transaction[42]; but such general rule is not to be inflexibly applied where to do so would prevent him obtaining full compensation for the wrong suffered; (5) Although the circumstances in which the general rule should not apply cannot be comprehensively stated, it will normally not apply where either (a) the misrepresentation has continued to operate

〔42〕 有关违约/毁约一天计算损失,可见笔者的《损失赔偿与救济》一书第十三章。

after the date of the acquisition of the asset so as to induce the plaintiff to retain the asset or (b) the circumstances of the case are such that the plaintiff is, by reason of the fraud, locked into the property; (6) In addition, the plaintiff is entitled to recover consequential losses caused by the transaction; (7)..."

上述节录的《Chitty on Contracts》(2015年,第32版)一书提到,Denning 勋爵在 Doyle v. Olby (Ironmongers) Ltd (1969) 2 QB 158 上诉庭先例(贵族院的 Browne-Wilkinson 勋爵在之后的先例也认同)中说:

"On principle the distinction seems to be this: in contract, the defendant has made a promise and broken it. The object of damages is to put the plaintiff in as good a position, as far as money can do it, as if the promise had been performed. In fraud, the defendant has been guilty of a deliberate wrong by inducing the plaintiff to act to his detriment. The object of damages is to compensate the plaintiff for all the loss he has suffered, so far, again, as money can do it. **In contract, the damages are limited to what may reasonably be supposed to have been in the contemplation of the parties. In fraud, they are not so limited. The defendant is bound to make reparation for all the actual damages directly flowing from the fraudulent inducement**. The person who has been defrauded is entitled to say: ' would not have entered into this bargain at all but for your representation. Owing to your fraud, I have not only lost all the money I paid you, but, what is more, I have been put to a large amount of extra expense as well and suffered this or that extra damages. '

All such damages can be recovered: and it does not lie in the mouth of the fraudulent person to say that they could not reasonably have been foreseen. For instance, in this very case Mr. Doyle has not only lost the money which he paid for the business, which he would never have done if there had been no fraud: he put all that money in and lost it; but also **he has been put to expense and loss in trying to run a business which has turned out to be a disaster for him**. He is entitled to damages for all his loss, ... There is **nothing to be taken off in mitigation**: for there is nothing more that he could have done to reduce his loss. He did all that he could reasonably be expected to do."(加黑部分是笔者的强调)

在 Doyle v. Olby (Ironmongers) Ltd 先例中,案情是原告(Doyle 先生)收购被告的业务,期间被告对自己过去的业务作出虚假陈述。这样卖方在明知不正确或鲁莽(reckless)不理会真假的情况下作出陈述,并被潜在买方依赖或部分依赖(重复说可能只是让对方安心)完成收购。显然今天的大型公司或业务收购,潜在买方不会只凭卖方的陈述决定是否收购,而是会自己花钱委任专业人士(律师、会计师等)进行尽职调查(due diligence search)。但即使如此,仍会发生卖方在尽职调查中作出瞒骗或欺诈性误述的情况。

当然 Doyle v. Olby (Ironmongers) Ltd 先例中这种小买卖,就不会有尽职调查的程序。这样,原告的买方在收购被告业务后发觉上当,但下不了决心拖拖拉拉营运了3年才把业务低价出售,这导致原告以欺诈性误述向被告提起诉讼索赔损失。在一审法院,虽然在责任方面胜诉(即判被告虚假陈述),但赔偿是以违约(breach of contract)的损失计算,即估算该业务如果没有误述的差价,最后得出的金额将很低。于是原告上诉,上诉庭同意原告欺诈的损失计算不能与违约的损失计算一致,而是应赔付受害方原告所有因欺诈带来的损失(damages for whatever sum he has lost by the fraud),不管是否是可预见的间接损失(consequential damages for fraud are not limited to what was foreseeable),也就是原告再营运了3年与之后低价出售的损失也可以包括在内。这令原告成功索赔的金额比一审多了3到4倍。

在上述节录的《Chitty on Contracts》(2015年,第32版)一书另提到的 Smith New Court Securities Ltd v. Citibank NA (1997) AC 254 贵族院先例中,Steyn 勋爵说明,在公共政策下,对欺诈性误述的损失计算为阻吓越来越多的民事欺诈案件刻意放宽:"That brings me to the question **whether there is a justification for differentiating between the extent of liability for civil wrongs depending on policy on where in the sliding scale from strict liability to intentional wrongdoing the particular civil wrong fits in**. It may be said that logical symmetry and a policy of not punishing intentional wrongdoers by civil remedies favour a uniform rule. On the other hand, **it is a rational and defensible strategy to impose wider liability on an intentional wrongdoer.** ... an innocent plaintiff may, not without reason, call on a morally reprehensible defendant to pay the whole of the loss he caused. The exclusion of heads of loss in the law of negligence, which reflects considerations of legal policy, does not necessarily avail the intentional wrongdoer. **Such a policy of imposing more stringent remedies on an intentional wrongdoer serves two purposes. First it serves a deterrent purpose in discouraging fraud.** ... and in the battle against fraud civil remedies can play a useful and beneficial role. **Secondly, as between the fraudster and the innocent party, moral considerations militate in favour of requiring the fraudster to bear the risk of misfortunes directly caused by his fraud.** I make no apology for referring to moral considerations. The law and morality are inextricably interwoven. To a large extent the law is simply formulated and declared morality. And, ... the very notion of deceit with its overtones of wickedness is drawn from the moral world. "(加黑部分是笔者的强调)

最后是 Wishing Star Ltd v. Jurong Town Corp (2008) 2 SLR 909 新加坡先例。V. K. Rajah 大法官说道,在各种各样的欺诈案件中,骗子的手段无所不用并会造成稀奇古怪与意想不到的损失。V. K. Rajah 大法官说:"In assessing damages for fraud, a mechanical approach is to be eschewed in favour of flexibility. The multi-faceted dimensions of fraud require pragmatism and malleability from the court in fashioning the appropriate remedy. Creative accounting may require creative remedies."

斯诈案件的损失计算对受害方有利不仅是在欺诈性误述上,而是在所有类型的欺诈案件,如公司董事不诚实违反信托责任的 Bairstow v. Queen's Moat House Plc (2001) EWCA Civ 712 先例。这是公共政策去惩罚欺诈方,在英国法下已经比美国法好得多了,因为美国可能存在天文数字的"惩罚性赔偿"(punitive damages)。

本章一开始提到的 Edgington v. Fitzmaurice (1885) 29 Ch D 459 上诉庭先例的名言,正是针对欺诈性误述,案情涉及被告公司公开邀请认购债券的说明中声称是意图将募得的金钱用在改建公司大楼、买马与车辆以发展公司业务上。但后来这些金钱被用在还债,这导致法院判公司董事对欺骗侵权(tort of deceit)负责。在该先例前,普遍认为一个人的思想状态无法证明,特别是对将来意图的表述(statement of future intention)。因为完全可以是因将来情况有了改变而需要变动,不代表在表述时脑袋里是想骗投资者。但该先例判对思想状态的陈述是对事实的陈述,可以通过环境证据被证明。上诉庭的 Bowen 大法官说:"This is an action for deceit, in which the plaintiff complains that he was induced to take certain debentures by the misrepresentations of the defendants, and that he sustained damage thereby ... A mere suggestion of possible purposes to which a portion of the money might be applied would not have formed a basis for an action of deceit. There must be a misstatement of an existing fact: **but the state of a man's mind is as much a fact as the state of his digestion**... A misrepresentation as to the state of a man's mind is, therefore, a misstatement of fact..."(加黑部分是笔者的强调)

6. 市场调研/问卷调查证据

今天会遇到的一类证据是进行市场调研(market research)/问卷调查证据(survey evidence),目的是证明"公众的思想状态"(public state of mind)。一般而言,由有经验与声誉的市场调研公司设计、着手实行与处理的问卷调查报告是会被法院接受作为证据的。

可以先节录《Phipson on Evidence》(2018 年,第 19 版)一书之 34 - 43 段对这类证据的描述:"It is generally established at common law that the results of a properly designed and conducted market research survey are admissible as evidence to prove a public state of mind on a specific question or that a designed opinion is held by the public or a class thereof, on the basis of a statistically representative sample."

问卷调查证据的证明价值主要是来自其背后的统计学(statistics science)知识。统计学涉及对数据的收集、展示与分析,是需要特殊的专业技巧与知识的,因此最恰当的一般做法是作为专家证据(expert evidence)提交给法院。有关专家也不仅仅是专攻统计学的专家,还会是熟练应用统计学方法、知悉统计学知识的人士,如流行病学专家(epidemiologist)或法医学家(forensic scientist)等。本书第六章之 3.5 段介绍过 General Medical Council v. Meadow (2006) EWCA Civ 1390 先例中的医学专家 Meadow 教授提供的意见被认为涉及统计学知识,因此不应由不熟悉统计学知识与原理的 Meadow 教授提供,提出的部分也不会有证据分量。

而针对统计学知识需要指出的是,虽然背后的知识会是严谨与科学的数学计算,但要注意不能因此就给予这类证据过重的分量。无论是在数据的收集还是在展示、分析上,都涉及人为因素,而在涉及这些人为因素时,就需要额外小心谨慎对待了。因此,对于这类证据,要了解其可靠性(reliability)与代表性(representative)就必须充分披露与显示出有关数据收集、展示与分析的过程与内容。例如,有足够数量的样本(sample),在问卷调查过程中选择样本的方式是合理与恰当的,在问卷调查中并不是通过诱导性问题(leading question)来片面地获得对自己有利的回答,在将问卷调查结果提交给法院或仲裁庭时不能从中断章取义,或者说是以“挑选樱桃”(cherry-picking)的方式只挑一部分出来,也应当援引被问卷调查人士/受访人(interviewee)的原话而不能试图自己总结等。

问卷调查证据也不是随便在什么案件中都会被接受,一般只能用来针对涉及公众或者是特定人群中对某项事物的想法或意见的情况。

6.1　涉及统计数据时才适合采用问卷调查证据

问卷调查的优势,或者说为什么需要采取问卷调查的方式,往往是因为涉及统计数据的情况。例如,大到预测美国大选结果、英国脱欧结果,小到推出产品口味的选择,都要进行问卷调查。本章针对的只是商业诉讼中引入问卷调查证据的情况,例如,中国公司也越来越多面对专利(patent)、版权(copyright)与仿冒经营(passing-off)这类诉讼,需要证明对某些产品的公众的思想状态。在这种争议下,问卷调查证据相比于选择性找个别有代表性的证人在证明价值与费用上都会有优势与更大可信度。不妨简单节录《Phipson on Evidence》(2018 年,第 19 版)一书之 34–47 段针对有代表性的证人作为专家证人的弊端:“In establishing the state of mind of the general public, **survey evidence has two distinct advantages over the evidence of individual witnesses: higher probative value and lower costs.** In an intellectual property case, a common type of case in which survey evidence is relied upon, the parties might call three types of witness: (a) trade witnesses; (b) consumers or members of the public; (c) entrapment witnesses. All three types of witness are unsatisfactory as evidential sources. Neither party will have difficulty in calling an effectively unlimited number of witnesses who can testify for or against them in this manner. As with the practice of ‘expert shopping’, parties are unlikely to have difficulty in identifying and calling only those witnesses who will testify favourably, nor any difficulty in finding an almost endless supply of such witnesses. Not only would the calling of individual witnesses add little value to the possibility of accurately determining facts, it would also add considerably to costs."(加黑部分是笔者的强调)

这方面也可见 Ritz Hotel Ltd v. Charles of the Ritz Ltd (1988) 15 NSWLR 158 先例中 McLelland 大法官的小结:"There is a substantial preponderance of authority in support of the proposition that survey evidence, and expert evidence in relation thereto, are admissible to prove the state of mind of the public or a section of the public on some particular matter, when that is an issue."

6.2　仿冒经营案件需要证明的要件主要包括公众的思想状态

知识产权案件,尤其是商标(trademark)争议中常会涉及统计数据,如仿冒经营(passing off)的案件。仿冒经营可见笔者《禁令》(2000 年)一书第二章之 3.2.4.1.2 段的介绍。简单而言,传统的仿冒经营指的主要是一方仿冒成另一方提供的产品或服务,如采用类似的名字或标志导致仿冒与误导。如笔者在《证据法:国际规管与诉讼中的文件攻防》一书第五章之 7.5.1 段介绍的涉及伦敦旅游巴士的 London General Omnibus Company v. Lavell (1901) 1 Ch 135 先例等。在这类案件中,主要目的是平衡双方当事人的利益。一方面,要保护原告可能是多年经营后得之不易的商誉与大众信赖不被借用、盗用;另一方面,不要令新加入的合法竞争者"窒息",毕竟合法的公平竞争是值得鼓励的。而能够作出平衡,就必须要有公众或专家证据的帮助,法院才能决定谁是更值得保护。

要构成仿冒经营的侵权,必须符合所谓"holy trinity"(三位一体)的三个要件。在著名的 Reckitt & Colman Products Ltd v. Borden Inc (No. 3) (1990) RPC 341 先例(该先例常被称为"Jif Lemon case")中,上诉庭的 Oliver 大法官说:(1)原告有声誉(goodwill or reputation);(2)被告误述与造成混淆(misrepresentation/confusion);(3)令原告蒙受损害(damage)。前两个要件都涉及公众的思想状态或"民意"的证据。可节录 Oliver 大法官的判决如下:"**First**, (原告) must establish a GOODWILL OR REPUTATION attached to the goods or services which he supplies in the mind of the purchasing public by association with the identifying 'get-up' (whether it consists simply of a brand name or a trade description, or the individual features of labelling or packaging) under which his particular goods are offered to the public, such that the get-up is recognised by the public as distinctive specifically of the (原告的) goods or services. **Second**, he must demonstrate a MISREPRESENTATION (whether or not intentional) leading or likely to lead the public to believe that goods or services offered by him are the goods or services of the (原告). Whether the public is aware of the (原告的) identity as the manufacturer or supplier of the goods and services is immaterial, as long as they are identified with a particular source which is in fact the (原告). For example if the public is accustomed to rely upon a particular brand name in purchasing goods of a particular description, it matters not at all that there is little or no public awareness of the identity of the proprietor of the brand name. **Third**, he must demonstrate that he suffers, or in a quia timet[43] action, that he is likely to suffer DAMAGE by reason of the erroneous belief engendered by the defendant's misrepresentation that the source of the defendant's goods or services is the same as the source of those offered by the (原告)."

也会有另一种被称为"延伸仿冒经营"(extended passing off)的案件。主要是一方对产品或服务的描述与产品或服务不符合,影响恰当符合该描述的产品或服务提供方的利益。例如,在 J Bollinger SA v. Costa Brava Wine Co Ltd (No. 3) (1960) Ch 262 与 J Bollinger SA v. Costa Brava Wine Co Ltd (No. 4) (1961) 1 WLR 277 等先例中,西班牙公司生产起泡酒精饮品命名为西班牙香槟("Spanish champagne"),法国公司就提起诉讼主张"香槟"酒只能是法国香槟地区(Champagne)特定酒庄生产的特定起泡酒精饮品,因此新产品称为西班牙香槟会属于仿冒香槟酒与会误导公众。这类案件还有很多,例如,Vine Products Ltd v. Mackenzie & Co Ltd (1969) RPC 1 先例中的雪利酒(sherry,西班牙语"Jerez")判只能是西班牙 Jerez 地区生产的某类酒精饮品;John Walker & Sons Ltd v. Henry Ost & Co Ltd (1970) 1 WLR 917 先例中的苏格兰威士忌(Scotch whisky);HP Bulmer Ltd v. J Bollinger SA (1978) RPC 79 先例中的"champagne cider" 与 "champagne perry";Taittinger v. Allbev Ltd (1993) FSR 641 先例中的"elderflower champagne";Scotch Whisky Association v. Glen Kella Distillers Ltd (1997) ETMR 470 先例中的"white whisky";Chocosuisse Union des Fabricants Suisse de Chocolat v. Cadbury Ltd (1999) RPC 826 先例中的瑞士巧克力(Swiss chocolate)等。

在 Erven Warnink BV v. J Townend & Sons Ltd (1979) AC 731 贵族院先例中,原告是一家著名的在英国销售荷兰蛋黄酒(advocaat)的公司,被告用实际上并非蛋黄酒的配方生产的酒精饮品命名为"KEELING's OLD ENGLISH ADVOCAAT"出售,因此原告起诉被告仿冒经营。案件一路上诉到贵族院,贵族院的 Diplock 勋爵对延伸仿冒经营的诉因这样陈述:"(1) a misrepresentation, (2) made by a trader in the course of trade, (3) to prospective customers of his or ultimate consumers of goods and services supplied by him, (4) which is calculated to injure the business or goodwill of another trader (in the sense that this is a reasonably foreseeable consequence) and (5) which causes actual damage to the business or goodwill of the trader by whom the action is brought or (in a quia timet action) will probably do so."

延伸仿冒经营要证明被仿冒的商标或是某些产品或服务的名称(如瑞士巧克力)有显著性(distinctiveness)、已经获得了一定的商誉(goodwill)、声誉(reputation)

---

[43] 英文是"because he fears",指因害怕某种伤害会发生,请求法院判准禁令,以阻止发生。如果申请人能证明伤害的事一旦发生,一切损失就无法挽救,法院便会判准禁令。一般出现这种仿冒经营的情况,原告就会向法院申请禁令阻止被告继续仿冒经营。

是否被影响等。

6.2.1 “相当比例公众”测试

在仿冒经营中常采用相当比例公众(“*substantial proportion of the public*”)的测试,即原告证明有相当比例的公众会采取一定的想法。例如,针对“香槟酒”是否有显著性、在公众中是否有商誉与声誉问题,只要有相当比例的公众认为香槟有显著性、商誉与声誉,只有法国香槟地区生产的才是真正的香槟酒,就已经足够,即使仍有不少人持不同观点(如只要是特定做法的酿酒就是香槟)也不影响。相当比例公众测试的问题可见:Neutrogena Corporation v. Golden Ltd (1996) RPC 473 先例与 Chocosuisse Union des Fabricants Suisse de Chocolat v. Cadbury Ltd (1999) RPC 826 先例等。

在 Neutrogena Corporation v. Golden Ltd 先例中,原告是“Neutrogena”(露得清)商标的所有权人,被告的产品用“Neutralia”的名字被起诉仿冒经营。在一审中 Jacob 大法官说:“It is not a defence to passing off that many of a defendant's sales do not cause deception or confusion. There is passing off even if most of the people are not fooled most of the time but enough are for enough of the time. By ‘enough’ I mean a substantial number of the plaintiff's customers or potential customers deceived for there to be a real effect on the plaintiff's trade or goodwill. In this case (where most of these are probably not confused) **the crucial question is whether or not the plaintiffs have established a sufficient degree of confusion and deception to take the case above a de minimis level**. For there are always some people who are confused and even when products and names are well-differentiated, mistakes do occur... the plaintiffs have managed to adduce what I find to be convincing evidence that there is deception and confusion and that this is above a trivial level, even though most people are not deceived.”(加黑部分是笔者的强调)

案件被上诉到上诉庭,上诉庭虽然对一些措辞/文字不完全满意(如说是要避免“*above a de minimis level*”或者是“*above a trivial level*”等),但基本上支持了 Jacob 大法官给出的测试标准。

另在 Chocosuisse Union des Fabricants Suisse de Chocolat v. Cadbury Ltd 先例中,案情是吉百利(Cadbury)公司生产的一款巧克力名为“Swiss Chalet”,但是并非在瑞士生产,因此被瑞士的巧克力生产协会起诉商标侵权。一审的 Laddie 大法官依照了 Neutrogena Corporation v. Golden Ltd 先例中的判法,认为关键是看是否有一定数量的公众(“*among a substantial number of the public*”)会分不清这两者,因此即使有一些人是可以完全明白吉百利的“Swiss Chalet”并不是指瑞士生产的瑞士巧克力也不影响这会构成商标侵权、仿冒经营。Laddie 大法官(这判法也得到了上诉庭的支持)说:“I have come to the conclusion that a substantial number of members of the public who regard Swiss chocolate as the name for a group of products of repute will be confused into thinking that Swiss Chalet is a member of that group by reason of the use of the name Swiss Chalet. It is likely that the number who think that will be smaller than the number for whom there will be no confusion but, in my view, it is still likely to be a substantial number."

很容易理解的是,相当比例公众涉及的就是统计学数据问题,这种情况下就适合采用问卷调查证据。在 Interflora v. Marks Spencer (No. 1) (2012) EWCA Civ 1501 上诉庭先例中,Lewison 大法官就说:"In cases where acquired distinctiveness of a mark is in issue a survey may accurately identify that proportion of the relevant public which recognises the mark as a badge of trade origin. It will then be for the fact finding tribunal, with the aid of such a survey, to decide whether a significant proportion of the relevant public identify goods as originating from a particular undertaking because of the mark."

也可见 Zee Entertainment Enterprises v. Zeebox (2014) EWCA Civ 82 先例中 Floyd 大法官所说:"First, a survey could, for example, provide reassurance for a judge that his or her view was not idiosyncratic. Secondly, it could ensure that the judge is aware of the views of the relevant public, in the present case, watchers of the appellant's channel and users of apps, tablets and smartphones. Thirdly, this was particularly so where linguistic or cultural factors to come into play."

6.2.2 "一般消费者"测试

作为对比则可见侵犯注册商标(trademark infringement)案件中常涉及的一般消费者("average consumer")测试。Interflora v. Marks & Spencer (No. 1) (2012) EWCA Civ 1501 上诉庭先例就涉及一个"合理了解有关情况与有观察力的互联网用户"(the reasonably well-informed and reasonably observant internet user)作为测试标准。这方面还可以简单节录该先例中 Lewison 大法官所说:"Thus 'the reasonably well-informed and reasonably observant internet user' enters the pantheon of characters who inhabit the world of intellectual property alongside his fellows: the average consumer (trade marks), the informed user (registered designs) and the uninventive person skilled in the art (patents)."

这里只针对商标的一般消费者测试,如一般消费者会不会受骗或混淆:见 Lloyd Schuhfabrik Meyer v. Klijsen Handel Case C-342/97 (1999) IP & T 欧洲法院(European Court of Justice)先例与 Specsavers International Healthcare Ltd v. Asda Stores Ltd (2012) EWCA Civ 24 上诉庭先例等。对于会否造成消费者混淆,在后者先例中,Kitchin 大法官说:"In my judgment the general position is now clear. In assessing the likelihood of confusion arising from ... the court must consider the matter from the perspective of the average consumer of the goods or services in question and must take into account all the circumstances of that use that are likely to operate in that average consumer's mind in considering ... and the impression it is likely to make on him. ..."

“一般消费者”测试就像是合理人士[reasonable man,一般马路上的行人(the man in the street)或公共巴士上乘客(the man on the Clapham omnibus)]测试一样,并不涉及统计数据,有一个真正的一般消费者就已经足够,因此实际上未必需要问卷调查证据。Unilever v. Johnson Wax (1989) FSR 145 先例中,有关日常清洁用品原告与被告分别有“LIFEGUARD”品牌与“LIFEBUOY”品牌,对于这些品牌的措辞/文字、造型设计等是否会混淆,Whitford 大法官指出自己就可以作出测试与认定,不需要花费额外的时间或金钱找问卷调查证据或者是个别受访人出庭作为事实证人。

这方面问题还可见 Comic Enterprise Ltd v. Twentieth Century Fox Film Corp (2016) EWCA Civ 41 上诉庭先例〔44〕中 Kitchin 大法官所说:“i)... **the average consumer is a hypothetical person** or, as he has been called, a legal construct; he is a person who has been created to strike the right balance between the various competing interests including, on the one hand, the need to protect consumers and, on the other hand, the promotion of free trade in an openly competitive market, and also to provide a standard, defined in EU law, which national courts may then apply; ii) **the average consumer is not a statistical test**; the national court must exercise its own judgment in accordance with the principle of proportionality and the principles explained by the Court of Justice to determine the perceptions of the average consumer in any given case in the light of all the circumstances; the test provides the court with a perspective from which to assess the particular question it has to decide; iii) **in a case involving ordinary goods and services, the court may be able to put itself in the position of the average consumer without requiring evidence from consumers, still less expert evidence or a consumer survey.** In such a case, the judge can make up his or her own mind about the particular issue he or she has to decide in the absence of evidence and using his or her own common sense and experience of the world. **A judge may nevertheless decide that it is necessary to have recourse to an expert's opinion or a survey for the purpose of assisting the court to come to a conclusion as to whether there is a likelihood of deception.**”(加黑部分是笔者的强调)

6.2.3　不批准专家证据或市场调查证据的案件

上一段节录的 Comic Enterprise Ltd v. Twentieth Century Fox Film Corp (2016) EWCA Civ 41 上诉庭先例的判决就明确说一般消费者测试并不需要依赖统计学数

---

〔44〕 此先例中的原告是一家英国公司,一开始专营脱口秀表演,后来则开办夜店等娱乐场所,在 2001 年就已经注册并使用“the Glee Club”为商标以及单独采用“glee”进行推广,原告的经营非常成功,在 2008 年两家夜店的营业额已经超过 240 万英镑。被告则是美国的 Fox 影视娱乐公司,在 2009 年推出电视剧《欢乐合唱团》(Glee)并获得成功,该电视剧也同步在英国推出并广受欢迎,多次获得艾美奖(Emmy Awards)与金球奖(Golden Globe awards)等奖项。原告主要主张被告对“Glee”的使用构成对注册商标的侵权以及仿冒经营。

据。如果针对的是一般产品与服务,会用到这类产品与服务的审理法官自己就可以作为一般消费者,像一般合理人士测试一样,凭借自己的做人常识与经验作出判断与认定,不会批准引入专家意见。相反如果是特别的、一般人士也不会接触的产品、行业或服务,往往审理法官也无法自己作为一般消费者进行认定,这时就倾向于采纳专家证人或者是针对性的市场调查证据。也会有审理法官对某些产品会有自己的习性(idiosyncrasy)的担心,所以不能代表一个真正的一般消费者,一个有足够代表性的问卷调查总会有帮助。在 CPR Rule 35.4 下是否批准引入这类证据是法院的权力与裁量权,本书第四章之 7 段已有详及。

也有一些先例中提到,法院会否采纳(admit)专家证据与/或市场调查证据的区分是案件涉及的是常见与普通的消费产品,或非常昂贵的设计师品牌奢侈品。在 United Biscuits (UK) Ltd v. Asda Stores Ltd (1997) RPC 513 先例中,Robert Walker 大法官说:"Judicial first impression is of some importance, especially where the goods in question are familiar and inexpensive [as opposed to the sort of specialised designer label goods with which Sir Nicolas Browne-Wilkinson V – C was concerned in Guccio Gucci v Paolo Gucci (1991) FSR 89 ...]"

在近期著名的 Interflora v. Marks & Spencer (No. 1) (2012) EWCA Civ 1501 上诉庭先例中,"Interflora"是原告的注册商标。Interflora 是最早开始于英国的鲜花配送网络,在全国有超过 1,800 间鲜花铺都属于该配送网络,客户无论是在任何一间店铺或通过电话或网络下订单,都可以享受该鲜花快递的便利(可以由距离目的地最近的鲜花铺配送鲜花)。Interflora 的业务也发展得越来越好,在英国与整个欧盟都是有很好声誉的著名商标,有很多公司与企业,包括超市如乐购(Tesco)等都加入了联名合作。玛莎(Marks & Spencer)虽然也一直有销售鲜花,但从没有加入 Interflora 配送网络。Interflora 在英国与欧盟都有注册商标"Interflora"。

玛莎针对关键词"Interflora"(及其变体)购买了谷歌的关键词广告服务(Google AdWords Service)。谷歌的关键词广告服务,简单而言是想要投放广告的商家,可以向谷歌竞价购买针对某些关键词(keywords)的广告。经谷歌搜索引擎输入某些搜索词得到的反馈页面中,除了自然/原始搜索结果外,如果搜索词与关键词有关,还会显示投放广告商家的网页链接与显示广告商家的广告词,这些链接被称为是有赞助的链接(sponsored links),实际上也就是广告。这些有赞助的链接一般而言会有与自然搜索结果稍有不同的背景颜色,而且会标注"Sponsored Links"或者是"Ads"等措辞/文字。玛莎在过去也投放谷歌关键词广告,在 2008 年以前主要是针对"flowers"等通用/不受商标或专利保护(generic)的措辞/文字。看来是因为 2008 年 5 月以前谷歌的政策都是只要收到商标所有权人的通知就不会允许商标名被作为广告关键词销售。但是 2008 年时谷歌英国改变政策,不再一律禁止商标名中的措辞/文字被作为关键词。这带来的问题就是,会有商家对竞争对手的商标竞价购买投放广告,这样用户如果搜索竞争对手的商标,在搜索结果中就不仅仅会出现竞争对手的网页链接,也会同时出现自己的网页链接(尽管会显示为有赞助的链接)。也因此在 2008 年,玛莎就对“interflora”以及该词语的各种变体都竞价投放广告。后果就是在谷歌上搜索“interflora”(以及各种变体)时,不仅仅会显示 Interflora 的网页链接,也会显示玛莎的网页与广告词,据说这为玛莎带来了大量的生意与收入,因此原告起诉玛莎商标侵权。

事实争议之一就是商标“Interflora”指向的是,Interflora 的鲜花销售网络这个功能是否因为玛莎投放的广告而受损？法院认定要看“合理了解有关情况与有观察力的互联网用户”(“*the reasonably well-informed and reasonably observant internet user*”)会否因为这广告投放而混淆:“That function is adversely affected if the advertisement does not enable reasonably well-informed and reasonably observant internet users, or enables them only with difficulty, to ascertain whether the goods or services referred to by the advertisement originate from the proprietor of the trade mark or an undertaking economically connected to it or, on the contrary, originate from a third party. . . ”

针对“合理了解有关情况与有观察力的互联网用户”是否会混淆,法院判令审理法官自己也可以满足要求,可以自己作出认定,节录上诉庭的 Lewison 大法官所说如下:“In my judgment the results thrown up by search engines on the internet fall within the general description of ordinary consumer services in relation to which the judge can make up his or her own mind without the need either for expert evidence or the evidence of consumers. In my judgment, therefore evidence from real internet users is not essential to establish Interflora's case.”

需要指出的是,在今天这属于审理法官的裁量权问题,法官同样也可以选择依赖专家意见。在 Wagamama Ltd v. City Centre Restaurants Plc (1995) FSR 713 先例中,Laddie 大法官说:“A judge brings to the assessment of marks his own, perhaps idiosyncratic, pronunciation and view or understanding of them. Although the issue of infringement is one eventually for the judge alone, in assessing the marks he must bear in mind the impact the marks make or are likely to make on the minds of those persons who are likely to be customers for goods or services under the marks. Not all customers are the same. It is therefore sometimes of assistance for the court to hear evidence from witnesses who will help him to assess the variety of ways in which members of the target market will pronounce the marks and what, to them, will be the visual or phonetic impact of the marks. When considering infringement it is also necessary to bear in mind the possible impact of imperfect recollection on the part of members of the target market.”

这也并不是看有关测试的名称到底是什么,还是要在原则上看有关问题是否需要花费时间与金钱在统计学数据下看公众的意见,这时法官不会倾向于仅凭借自己的个人意见作出认定。在 Dalgety Spillers Foods Ltd v. Food Brokers Ltd (1994) FSR 504 先例中,Blackburne 大法官所说如下:“Whether in any case such evidence will be admissible will depend upon a variety of factors which it is neither possible nor desirable to define. Broadly, the test in such cases must be whether the experience which a judge must be taken to possess as an ordinary shopper or consumer will enable him, just as well as any other, to assess the likelihood of confusion. If it will, then the evidence will not be admissible. If, for whatever reason, it will not, then such evidence will be admissible."

还可见 Esure Insurance Ltd v. Direct Line Insurance Plc (2008) EWCA Civ 842 先例中 Arden 大法官所说:"The services sold by the parties were identical and were of a kind familiar to members of the public. In those circumstances, I see no reason why the hearing officer should not have decided the issue of similarity on his own in the absence of evidence apart from the marks themselves and evidence as to the goods or services to which they were . . . ."

6.3 其他涉及问卷调查证据的案件

不仅仅是知识产权案件,任何涉及统计数据的案件都可能会涉及问卷调查证据。

例如,针对公众认知的现状以及反不正当竞争法(competition)的 Arnotts Ltd v. Trade Practices Commission (1990) FCA 473 澳大利亚先例,涉及几间公司的合并是否违反了反不正当竞争法的问题。被告主张原告的收购、并购行为会导致其在澳大利亚"饼干市场"有垄断地位,原告则希望通过一些市场研究、问卷调查来显示所谓的"饼干"还有很多其他的产品,因此在收购、并购之后自己并没有达到垄断地位。判词中就提到这类证据相较于传统证据的好处:"Scientifically designed samples and polls, meeting the tests of necessity and trustworthiness, are useful adjuncts to conventional methods of proof and may, under certain circumstances, contribute materially to shortening the trial of the protracted case."

又如在 R (on the application of Friends of Antique Cultural Treasures Ltd) v. Secretary of State for Environment, Food and Rural Affairs (2020) EWCA Civ 649 先例中,英国准备立法《Ivory Act 2018》禁止绝大部分的国内或进口象牙买卖,在正式通过前进行影响评估,原告(艺术品与古董商人)要反对此立法的通过,并进行市场问卷调查与提交报告作为证据,法院也要考虑这些证据。

除了针对公众"目前"(current)的思想状态(也是本段主要针对的情况),如果想证明"过去"(previous public state of mind)或是"将来"(future public state of mind)的公众思想状态,会面对不同的困难与涉及不同做法。以下可节录《Phipson on Evidence》(2018 年,第 19 版)一书之 34 - 49 段对针对"过去公众的思想状态"的这类证据的描述:

"The general guide to survey evidence given above concerns surveys to establish the current state of mind of a population with no direct interest in the outcome of that survey. Situations may arise in which the parties wish to establish the state of mind of the population at some previous point in time, and where the population does have an interest. There are specific, significant methodological issues that arise in relation to such surveys.

Such a situation may arise, for example, in relation to establishing whether customers were aware of the nature of a product, which they still own, when they originally purchased it. In Legal and General Assurance Society Ltd v. The Financial Services Authority (2005) F. S. M. T. 11, the Financial Services and Markets Tribunal considered an appeal by Legal and General ('L&G') against a decision by the Financial Services Authority ('FSA'), following an investigation, to impose a penalty for alleged regulatory breaches in relation to the mis-selling of low-cost with-profits endowment mortgage policies.

But agreement between the FSA and L&G, a professional services firm had assisted with a 'past business review' of a sample of 250 randomly selected customers, who had been sold with-profits mortgage policies, and whom L&G considered to have been 'low risk'. The sample were sent a questionnaire, agreed between the FSA and L&G, which sought to establish whether the policy holders had understood the nature of the risk associated with their policies when they took them out. Of the 250, 152 replied, and of these 104 indicated that they had not understood the nature of the risk, or did not now recollect understanding. Following telephone interviews, the professional services firm produced a report, identifying 60 of the 250 cases as being ones where redress was payable. . . ."

这里提到的是,针对过去公众的认知问题的 Legal and General Assurance Society Ltd v. The Financial Service Authority (2005) FSMT 11 先例,英国金融服务监管局(Financial Service Authority,简称 FSA,该机构后来已被分拆为 Financial Conduct Authority 与 Prudential Regulation Authority)是当时英国监管金融产品的规管机构。FSA 认定原告过去销售金融借贷产品的过程中不合规,将产品提供给不恰当以及可能没有偿还能力的客户,也没有让客户清楚认识有关产品背后的风险等,要规管与加以惩罚。由于对这些指称事实的争议,在双方同意之下对过往客户进行问卷调查,其中一个问题是客户购买有关产品时是否清楚背后的风险。另一个困难是相当部分的受访人会涉及利益冲突,例如,受访人自己有不佳经历。这就要审理法官去加以考虑,给予恰当证据分量。

接着,《Phipson on Evidence》(2018 年,第 19 版)一书之 34 - 50 段对针对"将来公众的思想状态"的这类证据说:"For sound reasons, such as the development of a commercial product or of political policy, an organization may conduct a survey to understand how people intent to act in the future, either assuming that a present situation continues (for example, how people intend to vote in an election) or that there is some change (for example, how people would act if the rate of inflation were to increase or decrease). Such surveys provide us with perhaps one of the best means of looking at likely future action; however, as psephology teaches us, people do not always act as they say they will; this is all the more true where people are asked how they would act in artificial hypothetical scenarios. This unreliability affects significantly the weight that can properly be accrued to evidence of this type."

针对预测(predict)将来会对消费者的影响以及涉及规管可见 Everything Everywhere Ltd v. Competition Commission (2013) EWCA Civ 154 先例。此先例涉及的是,在不同电信服务提供商的电话号码之间,互通需要额外服务(wholesale mobile voice call termination),对此一般电信服务商会收取一笔服务费用(mobile termination rates)。为了不妨碍竞争等原因,在《Communications Act 2003》下该费用受到英国通讯管理局(The Office of Communications,简称 OfCom)的规管,OfCom 需要考虑最终消费者的权益。因此,经过问卷调查看定价更改会对消费者造成的影响后,OfCom 决定改变过去的定价规则,但新的定价规则会使得电信服务提供商的收入受到巨大影响(在收入上会减少超过2亿英镑)。英国的一些电信服务巨头(Everything Everywhere 或简称"EE"与 Vodafone)就提出反对,要求维持定价规则的现状等。一项核心理由就是改变定价规则并不会更有利于消费者,OfCom 的问卷调查并不恰当,EE 与 Vodafone 各自也进行了问卷调查与提交了问卷调查报告证据。

这里的问卷调查涉及预测将来的情况,会被视为证据分量不高。受访人回答的是"假设性问题"(hypothetical questions),因为有关事实仍未发生。这样,已经有很可靠与普遍接受的说法,就是受访人对虚拟的假设性情况,通常都不是太认真回答,也往往不会"遵守诺言"将来按照回答做。《Phipson on Evidence》(2018 年,第29版)一书之 34 - 50 段这样评论:"On the substantive law side, the question before OfCom, of the likely effect on end-users, was an empirical one (albeit in the future tense) rather than a normative one (of how a legally constructed user ought to respond), and as such the question allowed properly of survey evidence; although properly collected survey evidence may be of value in determining the question, it is not essential to have this evidence in order to determine the question; **there is uncertainty as to the weight that should properly be placed on survey evidence of opinions as to future action**, and that in turn creates uncertainty for those preparing and deciding similar case in future. . . . **It is submitted, however, that evidence of how an individual, or set of individuals, say they will act in response to a hypothetical event, at least without full and informed consideration, should be accorded very little weight; further, weighing probative weight up against the necessary expenditure of court and party resources, it may be proportionate not to admit such evidence.**"(加黑部分是笔者的强调)

6.4 问卷调查证据是否可被批准与接受

6.4.1 传闻证据(hearsay evidence)

接受问卷调查的人士/受访人(interviewee)作出陈述(在其中提供事实与/或意

见),这些受访人的陈述会被作为问卷调查报告证据(这会是专家报告)的附件提交,而不会找所有受访人都出庭作为证人提供证词。因此,问卷调查证据首先面临的问题是会否属于传闻证据。[45]

显然,将所有可以联系到的受访人都作为证人出庭作证是不现实的,另问卷调查会是以前进行并非针对有关案件:见 Reckitt & Colman Products Ltd v. Borden Inc (No. 2) (1987) FSR 407 先例。即使是在早期案件中问卷调查的样本(受访人)有限,如 A Baily & Co v. Clark Son & Morland (1938) AC 557 先例中总共收到的回复只有 83 个,也未能找他们所有人都给出证词,仅仅是提交了 11 个人的誓章(affidavit)。在今天问卷调查的样本更会是轻易成千上万,毕竟相对而言样本越大,得出的结论越准确,而且今天科技与通讯等方式发达,也更容易进行问卷调查与获得回复。因此在有大量样本的情况下,更不可能让每一个受访人都提供证词。

也有做法是从被问卷调查的样本中,找一部分人士出庭作为证人。但问题是,问卷调查中受访人是街头随机挑选,但是在被作为事实证人时难免经过当事人精挑细选。只提供回答对自己有利的受访人,而不提供回答对自己不利的受访人。该依赖就既不能代表问卷调查中的所有受访人,更会由于数量不够而无法代表公众。这就会导致这些事实证人证词的证明价值小到可以忽略不计了。更有做法是,问卷调查报告本身都不作为证据提供,而仅仅是提供部分受访人的回复作为证据,将这些少量的受访人作为事实证人,将这些受访人的回复作为传闻证据。

也可从一些先例中看出第三人的陈述根本不能算作是"传闻",但《Phipson on Evidence》(2018 年,第 19 版)一书之 28 – 51 段不认可:"... As a general rule this is not correct; opinion survey evidence (like factual survey evidence) is hearsay, albeit admissible because of the statement of mind hearsay exception[46].... the more orthodox view is that the survey evidence is hearsay if the party adducing the evidence relies on the fact that (接受问卷调查人的意见) actually held the opinions that they said they held."

美国法下看来曾经有不同做法,认同这类陈述并非传闻,因为出庭作证的采访人作为证人完全可以作证说自己听到受访人说了什么。《Phipson on Evidence》(2018 年,第 19 版)一书之 34 – 43 段提到说:"An early alternative view, taken by courts in the United States, is that survey evidence is not hearsay, and thus is admissible, because the witness introducing the survey evidence swears that it is a fact that such answers were given, and not to the truth or value of the answers."

---

〔45〕 什么是传闻证据,可见本书第八章之 3 段的介绍。

〔46〕 实际陈述人思想状态曾经是传闻证据的例外(exception)。在古老的 Sugden v. St Lenoards (1876) LR 1 PD 154 先例中,Mellish 大法官说:"Wherever it is material to prove the state of a person's mind, or what was passing in it, and what were his intentions, there you may prove what he said, because that is the only means by which you can find out what his intentions are."

也就是说，这些转述的受访人陈述应属传闻，但是仍然会予以采纳。但为什么允许采纳的理由有不同的解释。在 Ritz Hotel Ltd v. Charles of the Ritz Ltd (1988) 15 NSWLR 158 澳大利亚先例中，McLelland 大法官就说："There is a substantial preponderance of authority in support of the proposition that **survey evidence, and expert evidence in relation thereto, are admissible** to prove the state of mind of the public or a section of the public on some particular matter, when that is an issue. However two distinct bases emerge from the cases in justification of the admissibility of such evidence. **The first is that although out-of-court statements by persons interviewed in the course of a survey as to their impressions or opinions are of a hearsay nature**, the admission of such statements as evidence of the existence of those impressions or opinions falls within a recognised exception to the hearsay rule. **On this approach, the primary evidence is that of the individual responses of those interviewed, interpretative expert evidence being subsidiary**. The **second basis is that such statements are to be treated not as hearsay**, but as original data providing a foundation for expert evidence as to the state of public opinion on the matter in question. **On this approach, the primary evidence is that of the expert, and evidence of the individual responses is subsidiary**."（加黑部分是笔者的强调）

上述节录内容提到一种解释——受访人回复可以作为传闻证据的例外。而第二种解释就是将收集的受访人的回复作为专家报告（expert report）中的原始数据看待，实际要依赖的是问卷调查报告中"专家"对这些原始数据的处理与分析。这就像是做实验（experiment）一样，进行社会实验的采访人（interviewer）出庭作为专家证人对自己所做的社会试验提供专家证据。例如，在 Pontiac Marina Private Ltd v. CDL Hotels International Ltd (1998) FSR 839 新加坡上诉庭先例中[47]法官说："We do not see any objection to the survey evidence adduced on behalf of the respondents. That evidence was admitted to show the opinion of certain members of the public that the two words, 'Millenia' and 'Millennium', are similar visually and phonetically. It was to show that such belief or opinion exists among a certain number of people; it was not admitted to prove the truth or merits of such belief or opinion so held."

在 O2 Holdings Ltd v. Hutchison 3G Ltd (2006) EWHC 601 (Ch) 先例中，Lewison 大法官也说："In the present case... what has been carried out in the exercise I have described（有关的问卷调查）is an experiment. It is an experiment in the sense that stim-

---

〔47〕 此先例原告是著名的千禧（"Millennium"）酒店集团，在 1994 年想将其在新加坡的几家四星级酒店全部改名"Millennium"。被告在 1992 年就在新加坡开发一些地产项目，包括"Millenia Tower"，酒店"The Ritz-Carlton, Millenia Singapore"，以及一家商场"Millenia Walk"等，并在注意到原告改名等行为后，在 1995 年申请注册"Millennium"商标，双方也因此产生争议。

uli have been applied to subjects under controlled conditions and their reactions have been observed. . . This is, in effect, an experiment. This is not a question of members of the public who have spontaneously reacted either to seeing the claimants' advertising material in actual use or the defendant's allegedly offending advertisement in actual use. They have been given particular questions and shown particular things and their responses have been recorded."

无论如何,可以看到,在过去先例中,问卷调查证据作为传闻证据的例外或是以专家证据提交,用来证明公众的思想状态时都是会被采纳的。而今天在英国《Civil Evidence Act 1995》下,更是没有证据的可采纳性(admissibility)问题了。但由于这些陈述会属于传闻,因此需要根据本书第八章之 3.5.2 段介绍的《Civil Evidence Act 1995》之 Section 2 提前给对方传闻通知,而且这些受访人的回复实际上都是传闻,在最后衡量证据分量时也会成为一个考虑因素。

最后的总结可节录《Expert Evidence: Law & Practice》(2020 年,第 5 版)一书之 18－008 段所说:"There has been some controversy about whether or not the result of such surveys, when adduced other than by calling all the (usually numerous) participants in the survey to give evidence, is hearsay, whether admissible or otherwise. The weight of authority appears to be in favour of the view that it is not hearsay, although this has been questioned. . . . Since 1995 the issue has been largely academic since, in civil proceedings, the hearsay nature of the survey evidence, like all other hearsay evidence, goes to weight rather than to admissibility. There is no doubt, however, that whatever their evidential status, such surveys are admissible, and the question which they arises is as to the safeguards which should be insisted upon before such evidence is permitted to be adduced in court, or having been adduced, attributed some weight."

6.4.2　意见证据(opinion evidence)

问卷调查证据一般的做法,是由专门进行问卷调查的公司在完成问卷调查、出具报告后,由负责该问卷调查的人士出庭,也就是由市场调研人(market researcher)/采访人(interviewer)作为"专家证人"(expert witness)。专家证人可以向法院或仲裁庭解释有关问卷调查是否符合法律的要求与是否有真实价值,例如,如何筛选出接受问卷调查的人士,为什么这样筛选出的人士可以代表有关地区的公众,以及调查问卷中的问题的设计是怎样的,为什么这些问题可以系统性地带来合理、显示公众事实或意见的结果等。

即使这些专家证人实际上只是将问卷调查的原始数据结果提交,未必谈得上有什么"意见",没有给自己的分析与推断也是一样对待。《Phipson on Evidence》(2018 年,第 19 版)一书之 34－43 段节录了 Reckitt & Colman Products Ltd v. Borden Inc (No. 2) (1987) FSR 407 先例中的说法:"It does not matter that this witness does not express an opinion, and he or she is not simply, 'as it were, the reporting head of a computer into which the raw data produced for the purposes of the survey has been fed'."

因此,可以将问卷调查类比成一个实验(experiment),做实验的采访人出庭为自己所做的社会实验提供专家证据。而如果是以这种专家证据的方式提交问卷调查证据,也就会适用专家证据的一系列规则,尤其是除非获得法院批准,否则是不得提交这类专家证据的:见 CPR Rule 35.4(1),有关专家证据的批准与接受可见本书第四章之7段。

而针对问卷调查证据法院在裁量权下会如何考虑的问题,早在 Imperial Group plc v. Philip Morris Ltd (1984) RPC 293 先例中就给出过著名的"Whitford 指引",必须是恰当设计、实行与处理的问卷调查证据才有真正的证明价值。在 Interflora v. Marks & Spencer (No.1)先例的一审[(2012) EWHC 1722 (Ch)]中,Arnold 大法官给出了详细的指引。这方面问题将在本章稍后进行详细介绍。

6.4.3 先导问卷调查(pilot survey)

问卷调查证据为了有更好的证明价值,就要找到更合适的问卷调查方法与更多的样本,这是需要花费大量时间与精力的。因此一般做法都会先进行小规模的问卷调查试水,观察与测试特定的筛选样本的方法、提什么样的问题与能得到的反馈。

"先导问卷调查"(pilot survey)是当事人自己可以进行,无须法院批准。Lewison 大法官在 Interflora v. Marks & Spencer (No.2) (2013) EWCA Civ 319 先例中说:"(i) A party may conduct a true pilot survey without permission, but at its own risk as to costs; (ii) no further survey may be conducted or adduced in evidence without the court's permission; (iii) no party may adduce evidence from respondents to any survey without the court's permission..."

例如,在 Zee Entertainment Enterprises v. Zeebox (2014) EWCA Civ 82 先例中,原告是一家源自印度的电视媒体公司,在英国也经营了多个 Zee TV 的电视台。被告则是一个软件开发公司,在 2011 年推出了 Zeebox 手机应用,主要是提供看电视的同时进行社交等的服务。原告主要指称,被告"Zeebox"的名称以及在手机应用标志上简写的"Z",构成仿冒经营,因此提起诉讼。为了此诉讼,原告委任了独立市场调查公司,分别在 2011 年与 2013 年进行了两次先导问卷调查,首次是在伦敦,而第二次是在伯明翰、莱卡斯特、曼彻斯特等地,都是在街头找路人进行采访(interview)。两次先导问卷调查一共有 60 个受访人(interviewee),如果被允许进行后续正式的问卷调查,预计会有 500 个受访人。在获得先导问卷调查的结果后,就可以向法院提交该结果,并将其作为考虑正式问卷调查的证明价值的因素之一,以申请批准进行更大规模的正式问卷调查作为专家证据提交。

但是先导问卷调查本身是否可被接受就会有疑问了。尤其是先导问卷调查会由于样本太少不足以代表公众的思想,没有证明价值根本不可接受(是否作为专家证据接受是由法院把关),或者是因为有各种疑虑(如精心挑选地对自己有利的受访人)因此被排除。

在 Interflora v. Marks & Spencer（No. 1）（2012）EWCA Civ 1501 上诉庭先例中，Interflora 仅仅进行了先导问卷调查，该先导问卷调查由于样本(即受访人)很少因此被认为没有什么统计学上的证明价值，不足以代表公众的思想状态。在有关先导问卷调查的详情被披露与提供给法院与对方当事人后，Interflora 想要从中挑选一部分受访人出来作为事实证人，也就被批评意义不大，无法代表此先例中针对的合理了解有关情况的理性与有观察力的互联网用户（"*the reasonably well-informed and reasonably observant internet user*"）。

上诉庭的 Lewison 大法官说："...that the selected witnesses are not（or at least cannot be shown to be）a fair sample of the class of reasonably well-informed and reasonably observant internet users, with the consequence that there is no ground for any extrapolation on a statistical basis, or on the basis of any mathematical or logical probability, of the views of the selected witnesses as representing the effect of the M & S advertisement on the hypothetical reasonably well-informed and reasonably observant internet user. If evidence of this kind cannot form the basis for extrapolation on the basis of any mathematical or logical probability leading to a conclusion about the effect of M & S's advertisement on the hypothetical reasonably well-informed and reasonably observant internet user, then in the absence of special circumstances it cannot be useful. And if it cannot be useful, it should not be allowed to distract the focus of the trial even if it is technically admissible."

6.4.4　证人搜集程序(witness collection exercise)

挑选在问卷调查过程中被采访的受访人作为代表性的事实证人(factual witness)被称为"证人搜集程序"。"证人搜集程序"会有许多不同的做法，如目的是用来佐证(collaboration)问卷调查报告(相等于专家报告)与采访人作为专家证人提供的专家证据，又如有时候是想要在没有提交问卷调查报告作为专家证据的情况下单独作为事实证据。以下会介绍哪些才是会被接受的做法。

已经谈到，在 CPR 下要被作为专家证据提交，需要一系列申请的程序与前置要求、条件，问卷调查证据会需要披露大量甚至比一般专家证据更多的信息。例如，解释问卷调查的做法(如怎样确定样本/受访人、问卷的问题、采访地域、时间段等)，如何进行，为什么该报告的数据可以代表公众等。因此有时看来是为了避免，甚至是为了绕过这些麻烦，或者是问卷调查报告的结果本身对自己并不特别有利，因此选择不依赖问卷调查报告，而只是用问卷调查/先导问卷调查的形式找到回答对自己有利的一部分受访人，然后提交这些受访人的证词。换言之，是借着问卷调查的名义，实际上在搜集对自己有利的证人，然后安排他们出庭作证或以誓章(affidavit)证据的形式提供他们的证词。也有说法是将这类证人的筛选与挑选专家（expert shopping）[48]进行类比。

首先介绍在 Whirlpool Corp v. Kenwood Ltd（2009）EWCA Civ 753 上诉庭先例。在该先例中，原告（Whirlpool）有一款经典的电动立式厨房搅拌机，而被告（Kenwood）出了一款竞品也采用了同样的外形设计，因此原告就指称被告侵权。原告只是采用证人搜集程序的做法找了 23 个证人，但是并没有提交问卷调查报告作为专家证据。Lloyd 大法官将后者称为是"问卷调查证人"（survey witness）而且认为他们只能代表自己的意见，看来是认为证明价值不高："They were simply witnesses each of whom was said to be of the relevant type of consumer, whose evidence was put forward for what it was worth on an individual basis. I will refer to them as survey witnesses, in order to distinguish them from other witnesses, but without any implication that they are, or were put forward as being, in any way representative of opinions other than their own."

这些证人证言的证明价值不高也可以理解，因为如果没有问卷调查报告作为专家证据，法院就无法通过交叉盘问知道这些证人是如何挑选出来的。当事人筛选只对自己有利的证人，对法院没有什么意义。

不妨简单多介绍几个同样法院不满意的较早先例：

1. 没有披露有关问卷调查详情的 Ritz Hotel Ltd v. Charles of the Ritz Ltd（1988）15 NSWLR 158 先例，只是挑出了 152 个受访人的回复想要作为证据提交，McLelland 大法官就批评说这样就根本是没有统计学数据支持、无法代表公众："... no ground in the evidence for any extrapolation on a statistical basis, or on the basis of any mathematical or logical probability, of the views of the 'public' witnesses (or any selection from them) as representing the views of the relevant class of the Australian public or a significant section of that class."

2. Daimlerchrysler AG v. Alavi（2001）RPC 42 先例也是进行了问卷调查但是没有依赖该结果，而只是找部分受访人作为事实证人。[49] Pumfrey 大法官在相当比例公众测试下考虑了这些受访人提供的证词，但总结说这些证人的证词没能证明有混淆消费者的存在。挑选的受访人没有代表性，所以在一般消费者测试下就判这些证词会是根本没什么意义。Pumfrey 大法官说："In my judgment, Mr Anderson's（受访人）thought processes, and those of Mrs Beaumont（受访人）, were not those which are relevant to a customer for the claimant's goods. They are not shown to be in any way

〔48〕 见本书第四章之 3.4.3 段的介绍。

〔49〕 此先例原告是著名的戴姆勒公司，其梅赛德斯奔驰系列商标也会写作"MERC"。被告是伦敦卡纳比街（Carnaby Street）一家始创于 1967 年的"merc"品牌男装。原告起诉被告的商标涉及商标侵权与/或仿冒经营。

characteristic of the public, and are plainly, it seems to me, deductive. In my view, the possibilities of such spillover are very slight. I do not think the evidence can justify a finding that there is a likelihood of confusion between the defendant's mark and the U. K. Clothing Marks."

《Phipson on Evidence》(2018 年,第 19 版)一书之 34-43 段还提出,如果问卷调查证据本身并没有(作为专家证据)被依赖,个别受访人的证据也不应该被采纳:"In particular, this means that the witness cannot be called without the permission of the court, under r. 35.4(1). Without evidence of the person undertaking the survey, to describe how the survey was carried out, then the results cannot be explained, and so neither the results of the survey, not the testimony of any survey respondents who might be called as witness, can be admitted."

3. 另举一个被法院接受与认同的 Reckitt & Colman Products Ltd v. Borden Inc (No.3) (1990) RPC 341 先例。[50] 与本段要讨论的问题有关的是,在有提交问卷调查报告与采访人出庭作证的情况下,依赖了问卷调查中的受访人(消费者)出庭作为事实证人。这些"问卷调查证人"是来自不同层次与背景的人士,显示是一个对样本的合理挑选。这些受访人/消费者的名字也事先提供给了对方当事人(原告与被告都有提供问卷调查证人),并让对方事先与证人会面,双方对此也没有什么异议等。法院愿意接受与考虑这些可视为代表公众的个体消费者的证据,这也是对问卷调查报告这份专家证据的佐证。贵族院认可的一审判决中 Walton 大法官的判决可节录如下:"But in the present case firstly, both sides have presented such evidence. Second, the plaintiff tendered for examination by the defendants the whole segment of witnesses, starting with the professional organisers of their surveys, through the persons who conducted their interviews down to a fair sample, so far as it was possible for the court to judge, of the persons who had been interviewed. These persons ranged from fairly humble housewives, doubtless noted for their kind hearts and passion for Jif lemon juice with pancakes, but with no other great claim to fame, to some extremely intelligent shoppers, who, immediately they were put on notice that there might be some doubt as to the product they had purchased, did not require very long to appreciate the exact position of things. Third, the plaintiff supplied the defendants with the names of their, or at any rate, some of their, potential witnesses, and the defendants did indeed, in the interlocu-

---

[50] 在此先例中,原告有一种名为 Jif 的浓缩柠檬汁产品,1965 年就开始在英国市场上出售,该产品外包装是类似柠檬形状与颜色的塑料瓶,在瓶颈位置会写上"JIF"的字样。被告是在美国的公司,在美国市场上出售一种名为 ReaLemon 的浓缩柠檬汁产品,也采用柠檬形状与颜色的塑料瓶外包装,但瓶颈上的字样有所不同。在英国市场上,被告销售的柠檬汁原是普通的塑料瓶包装,但在 1985 年开始出售柠檬形状与颜色外包装的柠檬汁。原告就以此起诉被告仿冒经营,并且一路上诉到贵族院,最后获得贵族院支持与作出禁令,禁止被告以这种包装在英国出售柠檬汁。

tory stages of the first action, interview them. They did not interview any of such potential witnesses in relation to the second action. As a result of the interviews that were carried out, there was no complaint whatsoever as to the views of those witnesses having been misrepresented, or exaggerated, in the slightest."

4. 另在 Lego Systems A/S v. Lego M Lemelstrich Ltd (1983) FSR 155 先例中提交了问卷调查报告作为专家证据的同时,找个别受访人作为事实证人,这种做法也被认可为能够间接地代表公众。此先例涉及的是仿冒经营,因此也会涉及是否有相当比例的公众混淆问题。原告提交问卷调查证据证明其商标有家喻户晓的地位,而且同时找了几个认为能代表会存在混淆的受访人作为事实证人出庭。Falconer 大法官就指出,这里的事实证人是代表问卷调查中认为会混淆的受访人,也就可以间接代表公众,允许与接受找这些事实证人出庭作证。Falconer 大法官说:"I accept that they did not in themselves constitute a representative sample of the whole adult population—but clearly they did constitute in themselves a substantial part of the whole representative sample of the survey and were, therefore... representative of a very substantial number of persons, members of the public."

5. 最后,在 Julius Sämaan Ltd v. Tetrosyl Ltd (2006) EWHC 529 (Ch)先例中,审理法官在一般消费者测试把自己作为一般消费者,根据自己的经验与常识作出认定后,也考虑了证人搜集程序找出的个别受访人的证词(特别该证词的提交也没有被质疑或反对),以佐证法官自己的认定。此先例中争议的是原告某个车内香氛是树形外包装,而被告类似包装的竞品是否商标侵权与/或仿冒经营。对于这类一般的消费产品,Kitchin 大法官认为自己适合给出意见认定是否会有混淆,但也考虑了经过证人搜集程序找出的个别受访人证人给出的证词,认为这些证词可以佐证与加强自己的看法。Kitchin 大法官说:"... **it is also important that the court is given the full picture of any witness gathering exercise so that the court can assess whether the witnesses actually called truly reflect the views of the average consumer**. In the present case I have not been given a complete picture because I have no evidence as to how the respondents or locations were selected. However, it is fair to say that all the questionnaires have been disclosed and I have been able to make an assessment of the respondents upon whom the claimants have chosen to rely from the cross examination... I have considered all of the evidence of the respondents who came to court. I must be cautious in drawing conclusions from them for all the reasons I have given. They were, however, **all witnesses who gave their evidence carefully and fairly and do, in my judgment, give me some idea of the way that the average consumer would perceive the products in issue. I believe they support my impression** that there is a real likelihood that the average consumer would, on seeing the Christmas Tree product, think that it is another product in the Magic Tree range or a Christmas version of the Tree products with which he or

she is familiar."(加黑部分是笔者的强调)

6.5　法院对问卷调查证据的指引:真实价值测试与费用成比例测试

正是由于必须是恰当设计、实行与处理的问卷调查证据才真正有意义,才能足以证明价值在费用上成比例(proportionality),[51]因此法院对于如何提交与依赖问卷调查证据给出了一些指引。

在 Interflora v. Marks Spencer (No. 1) (2012) EWCA Civ 1501 上诉庭先例中,Lewison 大法官说:"I consider that, even if the evidence is technically admissible, the judge should not let it in unless (a) satisfied that it would be valuable and (b) that the likely utility of the evidence justifies the costs involved."

也就是,即使问卷调查证据技术上来说能够满足关联性的要求,但在今天案件管理(case management)下一般仍然不会被法院批准,除非能够显示有关证据有证明价值,而且费用上成比例。

Lewison 大法官在 Interflora v. Marks & Spencer (No. 2) (2013) EWCA Civ 319 先例中再次强调:"With the benefit of hindsight, perhaps I did not make my message clear enough in Interflora 1. Let me say it again, but more loudly. **A judge should not let in evidence of this kind** unless the party seeking to call that evidence satisfies him (a) that it is likely to be of **REAL value**; and (b) **that the likely value of the evidence justifies the cost**."(加黑部分是笔者的强调)

在此先例还可见 Robin Jacob 大法官所说:"This decision does not mean that the days of survey evidence are over. It is possible to conduct fair surveys and they may indeed lead to witnesses of value. And that may turn a case—some of the Jif lemon witnesses were of that character. But if the survey amounts to no more than scratching around for something and produces so little as this one has, then there is every good reason in common sense and procedural economy for excluding it along with any resultant witnesses."

而在 A & E Television Networks LLC v. Discovery Communications Europe Ltd (2011) EWHC 1038 (Ch)先例中,Mann 大法官就有给出过一些具体的指引。在后来的 Interflora v. Marks & Spencer (No. 1)先例的一审[(2012) EWHC 1722 (Ch)][52]中,Arnold 大法官对此指引还有更详细的阐述,可见节录如下:

"i) So far as a party is going to seek to put expert evidence before the court, the court is exercising its power to control the amount and nature of expert evidence in order

[51] 见本书第五章之5段。

[52] 此先例的判决在上诉庭被推翻:见 Interflora v. Marks & Spencer (No. 1) (2012) EWCA Civ 1501 先例,但是 Arnold 大法官给出的这部分指引看来并没有受到质疑,且在《Phipson on Evidence》(2018年,第19版)一书之34-43段被引用。

to make sure the expert evidence is proper evidence, admissible, and proportionate.

ii) So far as a party seeks to put in the actual answers to questions, the court is ensuring the evidence is admissible and probative.

iii) So far as the court is controlling the calling of live witnesses obtained as a result of some form of survey evidence (so-called witness collection exercises) it is again ensuring that the evidence is admissible and probative. In particular, it is acting to prevent a party seeking to call a witness whose evidence is going to be tainted to an unacceptable degree by the mechanism under which it is collected (an inappropriate question).

iv) In so doing, the court is ensuring that costs are not wasted and are proportionate. It is wrong for costs to be wasted in conducting hopeless surveys, for the other party to have to waste costs dealing with that evidence, and for court time to be wasted in dealing with it at trial.

v) When a court is acting in this capacity it must bear in mind that it is acting at someremove from the trial. If it disallows a survey it is concluding, short of a trial, that evidence which one party wishes to adduce should not be allowed in because it will be of no or insufficient value. In embarking on that exercise it must acknowledge that there will be cases in which it is not wholly clear that the evidence in question will be valueless. In those circumstances the right course may be not to bar the evidence or survey at the interim stage, but to allow it and to have more informed argument at the trial (or conceivably at another interim stage, provided that that is a cost-effective way of going about the matter)."

6.6　中间程序对问卷调查是否有真实价值的考虑

上一小段已经说到 Lewison 大法官在 Interflora v. Marks & Spencer (No. 2) (2013) EWCA Civ 319 先例谈及，是否采纳与接受问卷调查的专家证据的考虑之一是有否"证明价值"(probative value)或"REAL value"。需要注意的是，法院在决定是否要接受这类证据时，一般是在中间程序中，证据的真正证明价值是难以像庭审中经过详细的书面陈述与开庭的交叉盘问后得到澄清的。因此也只有在有关证据明显没有什么证明价值或是不需要有关证据时才会早早不接受。如果是有疑问、模棱两可的情况，就更好是不在中间程序中简单地排除问卷调查证据，而是在有机会、有更多信息与了解后才在后续中间程序中予以排除或者是在庭审中衡量之下不给予什么分量。Arnold 大法官在 Interflora v. Marks & Spencer (No. 1) (2012) EWHC 1722 (Ch)先例中作出的指引的最后部分已经提及。

另在本章之 6.4.3 段介绍的 Zee Entertainment Enterprises v. Zeebox (2014) EWCA Civ 82 先例中，一审的 Birss 大法官考虑了先导问卷调查的内容以及双方对于针对正式问卷调查会花费的金钱后，判不允许继续进行正式问卷调查。上诉庭的 Floyd 大法官认可一审法院的判法，说：

“**I do not think that the real value test is intended to invite the court to evaluate the likely outcome of the case at the interim stage. This would be a dangerous exercise.** Suppose that the judge, at the interim stage, thinks that the case will probably succeed and refuses permission to conduct a proper survey, but the evidence adduced at the trial shows the case to be a marginal one and the claimant fails. The claimant would have a legitimate sense of grievance if his properly conducted survey had been excluded at the interim stage. I do not think that the passage relied from the judgment of Lewison LJ in Interflora supports the proposition that, in general, the apparent strength of the case is relevant. He was merely suggesting that a party who cannot prove their case by any other means would have a stronger case for the omission of a properly conducted survey.

In my judgment, **although the real value test compounded in the Interflora cases does not make it necessary to scrutinise the strength of the claimant's case, it does require the judge to scrutinise the value of the survey as evidence.**”(加黑部分是笔者的强调)

6.6.1　中间程序中对费用与价值利弊是否成比例的考虑

在费用问题上,一般而言很容易想到的是要额外进行调查取证、由对方当事人进行反驳以及在庭审中考虑与交叉盘问有关证据,如果最后这些证据根本没什么意义或证明价值不高,这些就都是对时间与金钱的浪费。可见 Enterprise Holdings v. Europcar Group UK (2014) EWHC 2498 (Ch)先例。该先例的原告(Enterprise)与被告(Europcar)都是著名的提供租车服务的公司,他们的商标上都强调与设计了最开头的字母“E”。原告是在 1994 年左右就作出如此设计,而被告是在 2012 年才开始进行如此设计。原告就指称被告仿冒经营(passing off),因此想采用问卷调查证据来证明原告商标的设计有显著性(distinctiveness)。

该先例在大原则上与前述节录内容中是一致的,也就是先要说明有一个恰当设计、有经验公司实行与处理的问卷调查是对法院有帮助,其次是会带来的证明价值与费用成比例。可见此先例中 Morgan 大法官所说:

“I consider that whether the survey in question relates to distinctiveness or confusion, the court must consider whether it is likely that the survey will be held at trial to be a valid survey. If the court considers that the survey is unlikely to meet that requirement then, as a robust gatekeeper, the court must rule that such a survey may not be admitted at the trial. This may not be an easy question for the court, particularly where the court has a conflict of expert evidence on the validity of the survey. There is no suggestion that the court should allow cross-examination of the competing experts and the court will have to do the best it can to decide, on the documents alone, the likelihood of the survey being held valid at a trial.

The second part of the test in Interflora 1 is to ask whether the cost of the survey is justified by reference to the likely benefit from the survey. It may have been assumed in Interflora 1 that most surveys would not pass the ‘likely to be of value’ test so that robust gatekeeping at the interlocutory stage would save the parties the expense of the matter being considered at a trial. Of course, if that assumption is not appropriate in a particular case, because the gatekeeping judge nonetheless allows a party to rely on a survey at a trial, then the interlocutory stage will increase the costs of the litigation. Further, it seems to have been assumed that the cost of the gatekeeping function would be comparatively modest by comparison with the cost of dealing with survey evidence at the trial. That will not always be so.”

在此先例中,双方都给出了针对问卷调查证据的费用预算。对于实质争议的庭审,如果可以依赖问卷调查,原告这方面需要的额外费用是117,000英镑(原告预计的诉讼总费用是1,080,000英镑),而被告的预算中针对原告问卷调查的费用会是99,000英镑(被告预计的诉讼总费用是615,000英镑),总计216,000英镑。中间程序费用上原告与被告针对这个问题已经花费了215,000英镑的费用(原告106,000英镑,被告109,000英镑)。因此在费用问题上,如果法院选择不接受问卷调查证据,费用也就到此为止是已经花费的215,000英镑,而如果法院选择接受问卷调查证据就要再花费额外的216,000英镑。Morgan大法官提出,如果在本身有疑虑的情况下,在中间程序中不“针尖对麦芒”,直接允许问卷调查证据,实际上要花费的只是最后的216,000英镑(这其实跟争辩是否应当接受问卷调查证据花费的费用差不多)。

最后,在此先例中,Morgan大法官判令需要看是否有一定比例的公众认可,也就是仅凭法官的经验与常识无法作出认定,因此问卷调查证据有一定的证明价值(虽然在此阶段无法作出衡量),这就通过了真实价值测试(real value test)。而在费用是否成比例的问题上,Morgan大法官认为这里实际上主要考虑的是反对一方的费用问题,而被告为了省去自己99,000英镑的费用已经在中间程序中花费了109,000英镑,还明确说一旦判决对自己不利会上诉(与需要进一步花费),也因此在被告自己都愿意花这些钱且问卷调查的费用本身在双方的总诉讼费用中的占比也很有限的情况下,也能通过费用成比例的测试。可以节录Morgan大法官所说如下:“Approaching the cost/benefit test on the basis that it is designed to protect the party opposing the admission of survey evidence, I comment that Europcar has already spent £ 109,000 in seeking to protect itself against the possibility that it will incur an estimated cost at trial of £ 99,000. That casts doubt on the extent of Europcar’s concern as to the cost of survey evidence. . . . I have already held that survey evidence is likely to be of real value in this case. Europcar regards £ 109,000 (and indeed the further costs of an appeal) as proper expenditure on the question whether such evidence should be admitted at the trial. I have referred to both sides’ estimated costs for the trial. Judged against the background of these figures, I consider that the cost of the survey evidence should not prevent Enterprise relying upon such evidence which I have held is likely to be of real value at the trial."

6.6.2 中间程序中没有反对问卷调查的做法仍可以在实质审理中提出

即使当事人在中间程序没有提出反对意见,指出有关的问卷调查证据的做法有不恰当之处,也不影响当事人在之后的庭审中指出该问题。在 Diageo North America Inc v. Intercontinental Brands (ICB) (2010) EWHC 17 (Ch)先例中,被告先进行了先导问卷调查(pilot survey),然后向法院申请批准进行正式问卷调查,在试图找原告同意时,原告只是说认为这问卷调查意义不大但没有提出反对与批评问卷调查中有哪些问题需要改进等。事后到了庭审阶段,原告批评说问卷调查在做法上存在多方面问题,如受访人的筛选不恰当、设计的问题不合适等。

被告就提出原告应当被禁反言(estoppel),[53]不能在庭审阶段再提出这些批评。但这被 Arnold 大法官否定,理由是在中间程序中原告的回应并没有任何陈述或承诺说不会在庭审中提出反对,所以言行上构成不了陈述性或承诺性禁反言。但 Arnold 大法官也指出今天这类对做法上的批评应当在决定如何进行正式问卷调查时就尽早提出,太晚才提出会导致费用上的浪费且改变不了问卷调查的做法:"That said, I think it would have been more helpful if these criticisms had been articulated at that stage. One of the main reasons for requiring parties to seek permission to carry out a survey is so that consideration can be given to the probative value and cost of the evidence before the bulk of the money is spent. That objective may be defeated if the opposing party saves its criticisms for trial, since then it is too late to modify the survey in response."

6.7 真实价值测试:什么才是恰当设计、实行与处理的问卷调查

刚刚已经介绍了不是随便什么问卷调查证据都会被接受,一般而言必须是由有经验与声誉的市场调研公司设计、着手实行与处理的问卷调查证据。

6.7.1 Whitford 指引

英国对这方面的指引来自 Imperial Group plc v. Philip Morris Ltd (1984) RPC 293 先例中,Whitford 大法官给出的一系列指引(也被称为"Whitford 指引")。英国知识产权局(United Kingdom Intellectual Property Office)甚至在自己的指引中也说只会接受遵从了 Whitford 指引的问卷调查证据。

《Phipson on Evidence》(2018 年,第 19 版)一书之 34 - 44 段对 Whitford 指引进行了简单小结,节录如下:

"(1) The way in which the interviewees are selected must be established as being done by a method such that a relevant cross-section of the public is interviewed. (挑选受访人的做法必须使其能代表有关的公众各界。)

(2) The Survey must be of a size sufficient to produce statistically relevant results. (首先就是,问卷调查的样本数量需要足够多,相对而言样本越是大量看来就会有越

[53] 见笔者的《合约的履行、弃权与禁反言》一书第三至第六章。

高的证明价值。但这要看问卷调查针对的目的,有时样本数量要足够多才能代表公众,有时样本的质量会比数量更重要。例如,在特定情况下,可能只需要对十几位狭窄行业的业内人士进行问卷调查就已经足够与有代表性。)

(3) The survey must be conducted fairly.(问卷调查整体上必须公平。)

(4) Where a number of a surveys have been carried out, the fullest possible disclosure must be given of: (i) exactly how many surveys have been carried out; (ii) exactly how those surveys were conducted; and (iii) the totality of the number of persons involved.(问卷调查很重要的是不能任由当事人自己对其中的内容挑挑拣拣,只选择对自己有利的部分而排除对自己不利的部分,因此需要最全面地披露问卷调查的具体情况。这包括具体做过几次问卷调查,如何进行的问卷调查,完成了多少份调查问卷等。)

(5) The totality of all answers given to all surveys should be disclosed and made available to the defendants.(对调查问卷的所有问题的所有回答都要披露。)

(6) The questions must not be leading nor should they lead the person answering into a field of speculation he would never have embarked upon had the question not been put.(与对待证人一样,甚至是由于这些受访人不会出庭,因此所提出的问题不能是诱导性问题,也不应是假设性的问题,导致受访人要臆测答案。)

(7) The exact answers given must be disclosed, and not some sort of abbreviation or digest of the exact answer.(提交的受访人的陈述必须是原文逐字逐句重复,不能进行节录或者是自己总结。这也是尽量呈现受访的原意,而避免传闻的风险可见本书第八章之3.2.2段。)

(8) The instructions given to persons carrying out the interviews should be disclosed.(给采访人的指示必须披露,这与给专家证人的指示必须披露道理一样。)

(9) Where answers have been coded for analysis, the coding instructions must be given.(如果涉及数字化编码以收集与分析信息,如何进行编码的指示也必须披露。)"

在Interflora v. Marks & Spencer (No.2) (2013) EWCA Civ 319上诉庭先例中,Lewison大法官给出过类似的小结,尤其是后来还针对性地说:"Evidence that is not useful should not be allowed to distract the focus of a trial, even if it is technically admissible... The value of the evidence is severely diminished if not eliminated by a failure to follow the Whitford Guidelines."

《Expert Evidence: Law & Practice》(第5版,2020年)一书之18-009段根据Imperial Group Plc v. Philip Morris Ltd, Customglass Boats Ltd v. Salt house Brothers Ltd (1976) RPC 589与Scott Ltd v. Nice-Pak Products Ltd (1988) FSR 125等先例确定了九个特定要求(有许多与"Whitford指引"重叠)如下:

"(i) **Sample selection** – The way in which the interviewees are selected must be established as being done by a method such that a relevant cross-section of the public is interviewed. There must be evidence that the answers were drawn from a true cross-section of that class of the public or trade whose impression or opinion is relevant to the matter in issue.

（ii）**Sample size-The sample must be**：Of a size which is sufficient to produce some relevant result viewed on a statistical basis.

（iii）**Fairness and good-faith** – The survey must be conducted fairly within the limits necessarily imposed by a survey. Questions must not be based on a false premise or a deceit or have the effect of trapping interviewees into giving particular answers.

（iv）**Neutral questions** – Interviews should certainly not contain leading questions and should endeavour to be entirely neutral in the response they suggest：'It is very difficult in connection with an exercise such as this to think of questions which, even if they are free from the objection of being leading, are not in fact going to direct the person answering the question into a field of speculation upon which that person would never have embarked had the question not been put.' 'There must be a formulation of questions cast in such a way as to preclude a weighted or conditional response.'

（v）**Don't know option** – The interviewees should, in addition to other possible answers to questions, have a 'don't know' or 'doubtful' option, so that those who are undecided are not wrongly categorised as having answered in a specific manner.

（vi）**Recording the answer in full** – Many surveys require the interviewer merely to place the answers given to questions into particular predetermined categories. However：'the exact answers given and some sort of abbreviation or digest of the exact answer should be recorded, there must be clear proof that the answers were faithfully and accurately recorded.'

（vii）**Coding** – Answers are often coded, whether by computer or manually, both for the assessment of results overall, and sometimes for the purpose, during the interview, of deciding which question to ask next. Parties must show that this has been done properly and accurately.

（viii）**Instructions to interviewers** – The court must be made aware of：'exactly what instructions were given to persons carrying out the interviews.

（ix）**Pre-trial disclosure** – Before trial, a party must make：'the fullest possible disclosure of exactly how many surveys they have carried out, exactly how those surveys were conducted and the totality of the number of person involved ... [and] the totality of all answers given to all surveys.'."

由上可以看到，提交问卷调查证据时，需要披露的内容是非常多的，要求是最全面（fullest）的披露，也不仅仅是限于问卷调查报告中的内容。这与一般专家报告的披露要求是有所不同的,有关一般专家报告的披露可见本书第四章之11段。

尽管如此,即使问卷调查证据存在没有遵守"Whitford 指引"的地方,严格来说也不属于不可采纳的证据。毕竟是否可采纳的大原则是证据的关联性,无论是以专家证据形式的问卷调查证据,还是证人搜集程序选出的事实证人,很多时候都是有一定关联性的。但是可以想到的是,这几乎一定会对证据的分量带来影响,如果是证明价值较低,在案件管理下就会由于缺乏重要性与浪费而被法院行使裁量权排除。

即使问卷调查并非为了针对诉讼开展,如是为了在有关产品推出前作市场调查,也并不影响批准问卷调查证据,关键仍然是看有关问卷调查进行得是否合理与恰当。

6.7.2 问卷调查中提出的问题

本章前文中就已经提到了,问卷调查中的问题不能是诱导性问题(leading questions),否则在这些诱导性问题下获得的受访人的回答就可能实际上是带有偏见的。这会被认为不是受访人自然的想法,而实属在被诱导之下给出的符合采访人想法的回答。另也不要提假设性(hypothetical)、基于错误前提(false premise)或在错误基础上(wrong basis)的问题,这会带来误导性的回答或臆测。最好问简单直接的问题,以便得到简单直接的回答。

可简单节录《Phipson on Evidence》(2018 年,第 19 版)一书之 34-45 段的小结如下:"(1) Questions must not proceed upon a false premise, e. g. 'Have you ever seen or bought this make of X' is fundamentally flawed if the respondent is unlikely to have encountered make of X (e. g. because it has only been sold in another country). (2) Questions must not be leading. (3) Questions must not be on the wrong basis, e. g. 'Why do you think you mistook product X for product Y' when the respondent had not actually been mistaken, or said so. (4) There should be sufficient space on the form used for verbatim answers to be written down. (5) It should be possible to code equivocal answers, such as 'don't know' or 'maybe'. (6) Those conducting the survey should ensure that the instructions to the interviewers are followed."

但除了问题本身不能建立在错误的基础上[如 Scott Ltd v. Nice-Pak Products Ltd (1989) 1 FSR 100 先例]之外,显然也不能是诱导性问题,但具体而言调查问卷中的问题是否合适要依赖每个案件具体案情判断。这就是在 Interflora v. Marks & Spencer (No. 1)先例的一审[(2012) EWHC 1722 (Ch)]中 Arnold 大法官所说:"In my view, it is not possible to draw a hard and fast distinction between questions which are objectionable and questions which are not objectionable. There is a spectrum of questions between questions which are completely open-ended on the one hand through questions that prompt speculation, to questions that have a degree of leading quality to them, to questions that are completely misleading on the other end of the spectrum. Where on the spectrum a particular question lies is a matter of judgment in the individual case."

不妨以 Scott Ltd v. Nice-Pak Products Ltd 先例为例。在此先例中，原告与被告都生产婴儿湿纸巾，原告首创了较厚与采用长方形盒装销售的湿纸巾（过去湿纸巾主要都是较薄与圆筒形盒装销售），但后来被告提供类似包装的湿纸巾在市场上销售。原告在 1981 年就开始在美国市场提供与销售产品，在 1984 年开始在英国提供与销售。而被告一开始只在美国提供与销售，后来在 1987 年进入英国市场。原告在美国和英国都分别开始诉讼起诉被告仿冒经营。此先例中，有关问卷调查报告的证据的问题是，原告在被告于英国提供与销售产品前，在英国由非常有经验的民意调查专业公司进行过一个问卷调查报告，其中关键的部分是由采访人拿一盒由被告提供与销售的湿纸巾（这看来是被告在美国市场上的产品），并提出问题 No. 11 问"是否见过或买过这样的婴儿湿巾"（"Have you ever seen or bought this make of baby wipe?"）？如果回答是肯定的，就再拿一个由原告提供与销售的湿纸巾，并提出问题 No. 12 问"你刚刚所说的是否就是这样的婴儿湿巾"（"Did you mean that you had seen or bought this make of baby wipe?"）？如果回答仍然是肯定的，还会再进一步询问为什么会混淆这两者等后续问题。但问题是，当时在英国市场上没有被告的此类产品出售，因此这问题 No. 11 就备受批评。[54] 在上诉庭，该问卷调查证据甚至是被认为没有证明价值、不会被考虑。上诉庭的 Lawton 大法官说："The survey evidence in my judgment is so unsatisfactory that no reliance can be placed upon it. It suffers from a fundamental defect, the women who were interviewed were, by implication, given to understand that they could have seen the defendant's goods in supermarkets and shops. They could not have done so, because at the time when the survey was carried out the defendant had not started to market its goods in the United Kingdom. Further, much of the interviewing was done carelessly, . . . and in breach of the instructions given by those organising the survey.[55] Walton J（一审的大法官）. used over-harsh language about those who organised the survey. In my opinion, in good faith, they set themselves the task of trying to measure that which might happen in the future, namely, how women would react to the defendant's goods when they did appear on the market.[56] If such measurement is possible, and for my part I doubt whether it is, the results may not have much evidential value, and they had none in this case."

6.7.3　可以找个别人士出庭作证加强问卷调查证据的证明价值

为了加强问卷调查证据的价值与分量，不少案件中当事人的做法是在将问卷调查报告作为专家证据的基础上，除了将受访人的回答作为问卷调查报告的附件外，另

[54]　此先例中还有其他问题，如问题 No. 12 等被批评为是诱导性问题（leading questions）等。

[55]　这是说，在问卷调查实际进行过程中，有一些给采访人的指示（instructions）。这也是为什么本章之 6.7.1 段提到对问卷调查需要最全面（fullest）的披露，包括需要披露给采访人的指示。

[56]　本章之 6.3 段已经提到，涉及预测将来的情况的问卷调查会被视为证据分量不高。

提供有代表性的受访人的誓章证据或安排其出庭接受盘问证明调查问卷中所提的问题与他们当时给出的回答的真实性：见 O2 Holdings Ltd v. Hutchison 3G UK Ltd (2006) EWHC 601 (Ch)先例。

在 Lego Systems A/S v. Lego M Lemelstrich Ltd (1983) FSR 155 先例中，原告是乐高(LEGO)玩具商，被告也是一间有长久历史的以色列公司，主要生产设备是灌溉设备(如花园里的自动灌溉、浇水机等)，在 40 多个国家提供与销售这类设备，也以 LEGO 为商标。原告起诉要求禁止被告采用此商标，否则就属于仿冒经营。被告的抗辩则是双方经营的行业大相径庭，因此不会令公众有任何误解或混淆，而且原告也不会有任何损失。为了反驳被告抗辩，原告专门进行了市场研究/问卷调查，用来证明被告的商标会导致公众产生误解。原告在依赖采访人作为专家证人出庭提供专家意见外，还从受访人中找了 15 个回答会存在混淆的人士作为事实证人出庭解释他们为什么作出这样的回答。这看来很有效，Falconer 大法官说："Mr. Aldous(原告的代表大律师) submitted that the 15 witnesses who gave evidence, because of the representative nature of the original sample, were representative of a very substantial number of persons, members of the public. In my judgment, he was right in that submission. Mr. Morcom(被告的代表大律师) submitted that, even if drawn from a representative sample, those 15 interviewees who gave oral evidence at the trial did not in themselves constitute a representative sample. I accept that they did not in themselves constitute a representative sample of the whole adult population—but clearly they did constitute in themselves a substantial part of the whole representative sample of the survey and were, therefore, as Mr. Aldous submitted, representative of a very substantial number of persons, members of the public."

也就是说，法院认可这 15 个证人出庭作证，因为他们虽然不能代表广大的公众，但是可以代表问卷调查报告中的受访人，即如果法院认为问卷调查设计不合理或样本没有代表性，整个问卷调查报告就没有价值，不应该接受，让受访人出庭接受盘问也就同样没有意义。而如果法院接受问卷调查证据，就等于认可了样本的数量与构成可以代表公众。

但该做法也受到了批评，用个别受访人替代整个问卷调查报告存在弊端。如对于问卷调查的所有样本而言，出庭作证的个别受访人仍然会是极小的部分，很难说是否真正可以代表所有样本。又如问卷调查的进行是随机挑选或通过设计问题与条件代表性地挑选公众，但出庭作证的个别受访人是当事人自己挑选甚至会是有偏向性地挑选，做法上类似对事实证人的挑选。[57]《Phipson on Evidence》(2018 年，第 19 版)一书之 34 – 48 段说："The view taken in the Lego case was that since the respondent witnesses were a substantial part of the whole sample of the survey, and the survey was

---

〔57〕 见本书第一章之 3.2.3 段。

itself representative of the general population. Although perhaps intuitively attractive, this view may lead the court into error, for at least two reasons: (a) the numbers of respondents, and in the survey as a whole, may be very small, which makes extrapolation to the general population unreliable; (b) while the overall survey sample may be randomly selected to be statistically representative, the factors that determine whether a respondent is called to testify may not be similarly random. In the Lego case, the 15 respondents called to testify were those who were prepared to sign their completed questionnaires, were prepared to testify, gave answers favourable to the claimant's case, and were not excluded 'because of age or medical or other social reasons'."

6.8 小结

证据是为了认定事实,问卷调查证据(survey evidence)是为了认定有关公众或部分群体的思想状态或他们的"民意"对争议事实的看法。与双方当事人要引入(adduce)专家意见证据(expert opinion evidence)一样,要顾及许多方面才不会被法院拒绝批准与接受。或是,即使被接受(这在问卷调查证据是不难),证明价值的分量也不高甚至是没有或被对方压倒。要顾及的许多方面已经在以上段节有详细介绍,不再重复。

这种问卷调查证据可以是十分昂贵,所以肯花这笔费用就必须保证能起到作用,即不会被法院拒绝接受或更可能是不被给予分量。这就需要问卷调查的做法要尽量严格依照"Whitford 指引",特别注意做法上的公平(the survey must be conducted fairly)与透明,否则就起不了作用且浪费金钱。可节录《Expert Evidence: Law & Practice》(2020 年,第 5 版)一书之 18 - 008 与 18 - 009 段部分内容作为简单的结语:"Surveys are conducted as to the opinions or reactions of the public or a particular section of the public in relation to particular products, both as an incident to the commercial marketing of the product, and for the specific purpose of legal proceedings, most often in patent, copyright and passing-off actions. . . . Market research survey evidence is clearly admissible per se, so that failure to observe these procedures will go to the question of weight rather than admissibility, though it has been suggested that a serious failure to comply, particularly if it raises the question of good faith, can render such evidence inadmissible. Notwithstanding this, it is clearly a risk-laden venture to proceed to trial with survey evidence, costly as it is to compile and assimilate, which departs in any substantial sense from the requirements which have been listed."

案 例 索 引

图书在版编目(CIP)数据

证据法：基础理论、口头证据与专家证据／杨良宜，杨大明，杨大志著. -- 北京：法律出版社，2021
ISBN 978－7－5197－5821－9

Ⅰ. ①证… Ⅱ. ①杨… ②杨… ③杨… Ⅲ. ①证据－法学－中国 Ⅳ. ①D925.013

中国版本图书馆 CIP 数据核字(2021)第 161981 号

证据法:基础理论、口头证据与专家证据
ZHENGJUFA:JICHU LILUN、KOUTOU ZHENGJU YU ZHUANJIA ZHENGJU

杨良宜　杨大明　杨大志 著

责任编辑 吴　昉
装帧设计 凌点工作室

出版发行 法律出版社
编辑统筹 法律教育出版分社
责任校对 郑怡萍
责任印制 胡晓雅
经　　销 新华书店

开本 710 毫米×1000 毫米　1/16
印张 71.5　　**字数** 1436 千
版本 2021 年 8 月第 1 版
印次 2021 年 8 月第 1 次印刷
印刷 固安华明印业有限公司

地址:北京市丰台区莲花池西里 7 号(100073)
网址:www.lawpress.com.cn
投稿邮箱:info@lawpress.com.cn
举报盗版邮箱:jbwq@lawpress.com.cn

销售电话:010－83938349
客服电话:010－83938350
咨询电话:010－63939796

书号:ISBN 978－7－5197－5821－9　　**定价**:158.00 元

凡购买本社图书,如有印装错误,我社负责退换。电话:010－83938349